DIE ZEIT

Das Lexikon in 20 Bänden

DIE ZEIT

Das Lexikon in 20 Bänden

Mit dem Besten
aus der ZEIT,
u. a. mit Beiträgen
von Felix Hirsch,
Josef Müller-Marein
und Helmut Schmidt

04 **Dus–Flud**

Zeitverlag
Gerd Bucerius GmbH & Co. KG

Herausgeber
Zeitverlag Gerd Bucerius GmbH & Co. KG
Pressehaus
Speersort 1
20095 Hamburg

Redaktionsleitung Lexikon Dr. Joachim Weiß
Redaktionsleitung ZEIT Aspekte Dr. Dieter Buhl

Realisation WGV Verlagsdienstleistungen (verantwortlich: Walter Greulich), Weinheim, unter Mitarbeit von Silvia Barnert, Gabi Gumbel, Andreas Lenz und Otto Reger

Layout Sigrid Hecker
Einband- und Umschlaggestaltung Mike Kandelhardt, Hans Helfersdorfer
Herstellung Verona Meiling, Stefan Pauli

Bibliografische Information der Deutschen Bibliothek
Die Deutsche Bibliothek verzeichnet diese Publikation in der Deutschen Nationalbibliografie; detaillierte bibliografische Daten sind im Internet über http://dnb.ddb.de abrufbar.

Namen und Kennzeichen, die als Marke bekannt sind und entsprechenden Schutz genießen, sind beim blau gedruckten Stichwort durch das Zeichen ® gekennzeichnet. Handelsnamen ohne Markencharakter sind nicht gekennzeichnet. Aus dem Fehlen des Zeichens ® darf im Einzelfall nicht geschlossen werden, dass ein Name oder Zeichen frei ist. Eine Haftung für ein etwaiges Fehlen des Zeichens ® wird ausgeschlossen.

Alle Rechte vorbehalten. Nachdruck, auch auszugsweise, verboten.
Das Werk einschließlich aller seiner Teile ist urheberrechtlich geschützt. Jede Verwertung außerhalb der engen Grenzen des Urheberrechtsgesetzes ist ohne Zustimmung des Verlags unzulässig und strafbar. Das gilt insbesondere für Vervielfältigungen, Übersetzungen, Mikroverfilmungen und die Einspeicherung und Verarbeitung in elektronischen Systemen.

© Zeitverlag Gerd Bucerius GmbH & Co. KG, Hamburg 2005
Bibliographisches Institut, Mannheim 2005

Satz A–Z Satztechnik GmbH, Mannheim (PageOne, alfa Media Partner GmbH)
Druck und Bindung GGP Media GmbH, Pößneck
Printed in Germany

ISBN Gesamtwerk: 3-411-17560-5
ISBN Band 4: 3-411-17564-8

Abbildungen auf dem Einband aisa, Archivo iconografico, Barcelona: K. Adenauer, Elisabeth II., S. Freud, G. Kelly; Bibliographisches Institut, Mannheim: O. v. Bismarck, B. Brecht, F. Castro, C. Chaplin, R. Diesel, Friedrich der Große, M. Gandhi, G. Garbo, A. Schwarzer, A. Schweitzer, V. Woolf; Bundesministerium der Verteidigung, Bonn: H. Schmidt; Kinemathek Hamburg e.V.: M. Dietrich, M. Monroe; Klaus J. Kallabis, Hamburg: G. Bucerius; M. Adelmann, Zürich: S. de Beauvoir; Nobelstiftelsen, The Nobel Foundation, Stockholm: W. Churchill, M. Curie, T. Mann, R. Sussman Yalow; picture-alliance/akg-images, Frankfurt am Main: A. Einstein; picture-alliance/dpa, Frankfurt am Main: W. Allen, J. Baker, Beatrix – Königin der Niederlande, J. Beuys, H. Bogart, H. Böll, G. H. Brundtland, A. Christie, B. Clinton, J. Dean, M. Dönhoff, C. Freeman, J. Gagarin, I. Gandhi, M. Gorbatschow, J. Habermas, V. Havel, E. Hemingway, R. Herzog, A. Hitchcock, A. Lindgren, R. Luxemburg, N. Mandela, Mao Zedong, B. McClintock, G. Meir, Muhammad Ali, Mutter Teresa, P. Picasso, R. Schneider, S. Spielberg; picture-alliance/Keystone Schweiz, Frankfurt am Main: L. Meitner; picture-alliance/Picture Press/Camera Press, Frankfurt am Main: E. Presley; S. Müller, Leipzig: C. Wolf; U. S. Information Service, Bonn: J. F. Kennedy

Duschan (serb. Dušan), serb. Zar, ↑Stephan.

Duschanbe (1929–61 Stalinabad), Hptst. von Tadschikistan, im Hissartal, 610 000 Ew.; Univ., mehrere Hochschulen, Akademie der Wiss.en, Planetarium, Zoo; Baumwoll-, Naturseidewerk, Nahrungsmittel-, Maschinenbau-, Schuhindustrie; Verkehrsknotenpunkt, internat. Flughafen.

Dusche [frz.] (Brause), Wasseranwendung zur Körperreinigung, auch zur Heilbehandlung. Das Wasser wird in feinen Strahlen oder zerstäubt, auch dampfförmig, auf den Körper geleitet. Kurze kalte oder wechselwarme D. (2-3 Sekunden) wirken anregend und kreislauffördernd. Lauwarme D. (28-36 °C) wirken beruhigend.

Duse, Eleonora, italien. Schauspielerin, * Vigevano (Prov. Pavia) 3. 10. 1858, † Pittsburgh (Pa.) 21. 4. 1924; erste Erfolge in Italien, ab 1892 auch im Ausland; eine der größten Charakterdarstellerinnen ihrer Zeit in Rollen von Dumas, Ibsen, Maeterlinck und ihres Freunds D'Annunzio. ⚌ *E. D. (1859–1924). Ein Leben für die Kunst*, hg. v. F. W. Nielsen. Freiburg im Breisgau ³1994. – Maurer, D.: *E. D.* Reinbek ²1995.

Düse, Verengung eines Strömungskanals zur praktisch verlustlosen Umwandlung von Druckenergie (potenzieller Energie) eines hindurchströmenden Fluids in Bewegungsenergie (kinet. Energie), d. h., das Fluid wird beschleunigt. Bei Gasen werden D. verwendet, die sich erst verengen und anschließend wieder erweitern (**Laval-D.**). Im engsten Querschnitt kann Schallgeschwindigkeit erreicht werden. D. werden verwendet zur Erzeugung kompakter Flüssigkeits-, Dampf- oder Gasstrahlen (z. B. in Wasser- oder Dampfturbinen, Strahltriebwerken, Mundstücken von Feuerlöschgeräten), zur Verteilung durchströmender Produkte in einer bestimmten Form, meist als feine Tröpfchen (Zerstäubung, z. B. in Dieselmotoren und Einspritz-Ottomotoren, Brennern für Ölfeuerungen, Spritzpistolen), zum Mischen von Flüssigkeiten in geschlossenen Leitungen (z. B. Strahlapparate), zum Messen des Durchflusses in geschlossenen Leitungen (**Venturi-D.**) oder zur Herstellung von Chemiefasern (Spinndüse).

Düsenantrieb (Düsentriebwerk), umgangssprachl. Bez. für ↑Strahltriebwerk.

Düsenflugzeug, umgangssprachl. Bez. für Flugzeug mit ↑Strahltriebwerk.

Dussek, Johann Ladislaus, böhm. Pianist und Komponist, *Čáslav (Mittelböhm. Gebiet) 12. 2. 1760, † Saint-Germain-en-Laye 20. 3. 1812; frühromant. Kompositionen, bes. Klaviermusik.

Düsseldorf, 1) RegBez. in NRW, 5 290 km², 5,255 Mio. Ew.; besteht aus den Kreisen Kleve, Mettmann, Neuss, Viersen und Wesel sowie den kreisfreien Städten D., Duisburg, Essen, Krefeld, Mönchengladbach, Mülheim an der Ruhr, Oberhausen, Remscheid, Solingen, Wuppertal. ⚌ *Staat u. Wirtschaft am Rhein u. Ruhr. 1816–1991. 175 Jahre Regierungsbezirk D.*, hg. v. H. Hoebink. Essen 1992.

2) Hptst. des Landes NRW und des Reg.-Bez. D., kreisfreie Stadt, am Rhein zw. Köln und Duisburg gelegen, 570 800 Ew.; Sitz der Rheinisch-Westfäl. Börse und wichtiger Verbände und Organisationen von Wirtschaft und Technik, Kongress- und Ausstellungsstadt. Zahlr. Behörden, u. a. Landesreg., Landtag, Regierungspräs., Oberfinanzdirektion, OLG; Univ., Staatl. Kunstakademie, Hochschule für Musik, europ. Wirtschaftshochschule, FH, Verwaltungs- und Wirtschaftsakademie, Max-Planck-Institut für Eisenforschung, Wissenschaftszentrum NRW, Werkkunstschule; naturwiss. Museen, Kunstmuseum, Goethe-Museum, Kunstsamml. NRW, Landesbibliothek, Opernhaus (»Deutsche Oper am Rhein«), Schauspielhaus u. a. Theater, z. B. das »Kom[m]ödchen«; Ausstellungsgelände. D. nimmt im rheinisch-westfäl. Ind.gebiet auch durch seine günstige Verkehrslage eine hervorragende Stellung ein: Rheinhafen, Flughafen, U-Bahn. Ind.standort für Telekommunikation, Maschinen- und Fahrzeugbau, Stahl- und Eisenind., elektrotechn., chem., Papier-, Glasind.; Druckereien und Verlage, Brauereien; internat. Großhandel (Eisen, Stahl und Röhren, Damenoberbekleidung). – Großzügige Park- und Stadtanlagen des Klassizismus bestimmen das Stadtbild, berühmt u. a. die Königsallee (»Kö«). Die Altstadt (v. a. 17.–19. Jh.), im Zweiten Weltkrieg stark zerstört, wurde wieder aufgebaut: got. Stiftskirche St. Lambertus (1288–1394), St.-Andreas-Pfarrkirche (17. Jh.), spätgot. Altes Rathaus (1570–73); am Hofgarten Schloss Jägerhof (1752–63; heute Goethe-Museum).

DUS Düsseldorfer Tabelle

Düsseldorf 2): Landtagsgebäude (1988)

Die moderne Architektur begann mit dem Bau des Warenhauses Tietz (heute Kaufhof, 1907–09), dem Mannesmann-Haus (1911/12), dem Stumm-Haus (1922–24) u. a. Nach 1945 entstanden u. a. das Thyssen-Hochhaus (1957–60; »Dreischeibenhaus«), das Schauspielhaus (1965–69) und der Neubau für die Kunstsamml. NRW (1979–86). In der parallel zum Rhein gelegenen Parkanlage u. a. das museum kunst palast und der Kuppelbau des ehem. Planetariums, heute Tonhalle. Im Rheinpark Bilk der 234,20 m hohe Fernsehturm sowie der neue Landtag (1988). Unter Beteiligung namhafter Architekten (u. a. F. O. Gehry) begann in den 1990er-Jahren die Umgestaltung eines Teils des Haupthafens am Rand der City, während der alte Handelshafen (1896) in seiner Gesamtheit als techn. Baudenkmal erhalten blieb. – D. fiel um 1190 an die Grafen von Berg und erhielt 1288 Stadtrecht. Seit Ende des 15. Jh. berg. Residenz, fiel mit Jülich-Berg 1614 an Pfalz-Neuburg und war bis 1716 Haupt- und Residenzstadt (Blüte seit 1679 unter Kurfürst Johann Wilhelm II.); 1801–06 bayerisch. 1806 wurde D. Hptst. des napoleon. Großherzogtums Berg, 1815 kam es an Preußen. 1909 wurden Gerresheim (romanisch-got. Stiftskirche), 1929 ↑Kaiserswerth und Benrath (Rokokoschloss; Museum) eingemeindet. Seit 1946 Landeshptst. von NRW.

📖 *Schürmann, S.: D. Eine moderne Landeshauptstadt mit 700jähriger Geschichte u. Kultur.* Köln ²1989. – *D. Geschichte von den Ursprüngen bis ins 20. Jh.,* hg. v. H. Weidenhaupt, 4 Bde. Düsseldorf ²1990.

Düsseldorfer Tabelle, vom Oberlandesgericht Düsseldorf zur einfacheren Berechnung von gesetzl. Unterhaltsansprüchen ausgearbeitete, alle zwei Jahre überarbeitete Tabelle. Obgleich in der Gerichtspraxis von großer Bedeutung, besitzt sie keine Rechtsverbindlichkeit.

Dust [dʌst; engl. »Staub«] *der,* feinste Teeaussiebung.

Duszniki Zdrój [duʃˈniki ˈzdruj] (dt. Bad Reinerz), Stadt in der poln. Wwschaft Niederschlesien, im Glatzer Bergland, 550 m ü. M., 5 800 Ew.; Kurort (Eisenquellen); elektrotechn., Glasindustrie; Papiermühle (1605; heute Papiermuseum).

Dutchman [ˈdʌtʃmən; engl. »Holländer«] *der,* Schimpfwort Englisch sprechender Matrosen für dt. Seeleute.

Dutilleux [dytiˈjø], Henri, frz. Komponist, *Angers 22. 1. 1916; schuf das Ballett »Le loup« (1953), Orchesterwerke (u. a. zwei Sinfonien; »L'arbre des songs«, 1985, für Violine und Orchester), Kammer- und Klaviermusik.

Dutoit [dyˈtwa], Charles, schweizer. Dirigent, *Lausanne 7. 10. 1936; war 1968–78 Chefdirigent des Berner Symphonie-Orchesters. Als Leiter des Orchestre Symphonique de Montréal (1977–2002) setzte er sich bes. für frz. und zeitgenöss. kanad. Musik ein. 1991–2001 war er Musikdirektor des Pariser Orchestre National de France, seit 1996 ist er Chefdirigent beim NHK Symphony Orchestra Tokyo.

Dutschke, Rudolf (Rudi), Studentenführer, *Schönefeld (heute zur Gem. Nuthe-Urstromtal, Landkr. Teltow-Fläming) 7. 3. 1940, †Århus 24. 12. 1979; 1961–68 Student an der FU Berlin, Mitgl. des Sozialist. Dt. Studentenbundes (SDS), organisierte als Agitator der APO student. Protestaktionen und forderte die auf Veränderung drängenden Kräfte auf, mit »einem Marsch durch die Institutionen« das »repressive System« der Bundesrep. Dtl. allmählich abzubauen. 1968 wurde er bei einem Attentat schwer verletzt; er starb an dessen Spätfolgen.
  Chaussy, U.: Die drei Leben des R. D. Eine Biographie. Berlin 1993. – Dutschke, G.: Wir hatten ein barbarisches, schönes Leben. R. D. Eine Biographie. Köln 1996.

Duttweiler, Gottlieb, schweizer. Unternehmer und Sozialpolitiker, *Zürich 15. 8. 1888, †ebd. 8. 6. 1962; baute (ab 1925) aus sozialen Motiven das neues Verkaufssystem (↑Migros-Genossenschafts-Bund) auf. 1935–40 und 1943–49 war D. Abg. des von ihm gegr. »Landesrings der Unabhängigen« im Nationalrat.

Duty-free-Shop [ˈdjuːtɪfriːʃɔp, engl.] *der* (Tax-free-Shop), Einzelhandelsgeschäft v. a. in Flughäfen, Bahnhöfen und auf Fähren, in dem Waren ohne Belastung durch Zölle, Umsatz- und Verbrauchsteuern von Reisenden im zwischenstaatl. Verkehr gekauft werden können. Für den Reiseverkehr innerhalb der EU ist der Verkauf in D.-f.-S. seit 1. 7. 1999 nicht mehr zulässig.

Dutzend [von lat. duodecim »zwölf«], Abkürzung **Dtzd.,** alte Zähleinheit, 1 Dtzd. = 12 Stück.

Duun [duːn], Olav, norweg. Schriftsteller, *Fosnes (Nord-Trøndelag) 21. 11. 1876, †Holmestrand (Vestfold) 13. 9. 1939; Bauernsohn, Volksschullehrer, schilderte nord. Natur und norweg. Bauern, bes. in seiner 400 Jahre umgreifenden Familiengeschichte »Die Juwikinger« (1918–23).

Duvalier [dyvalˈje], **1)** François, haitian. Politiker, *Port-au-Prince 14. 4. 1907, †ebd. 21. 4. 1971, Vater von 2); Arzt, 1957 zum Präs. gewählt; herrschte, gestützt auf eine Privatarmee, die »Tontons Macoute«, unumschränkt und diktatorisch, machte sich 1964 zum Präs. auf Lebenszeit.
2) Jean-Claude, haitian. Politiker, *Port-au-Prince 3. 7. 1951, Sohn von 1); vom Vater zum Nachfolger im Präsidentenamt ernannt, musste er nach schweren Unruhen 1986 Haiti verlassen.

Duvall [dyˈval], Robert, amerikan. Filmschauspieler, *San Diego (Calif.) 5. 1. 1931; verkörperte bestimmte Typen, trat jedoch auch als Charakterdarsteller hervor: »M.A.S.H.« (1969), »Apocalypse Now« (1979), »Falling Down – Ein ganz normaler Tag« (1992), »Power of Love« (1995).

Duvanel [dyvaˈnɛl], Adelheid, schweizer. Schriftstellerin, *Basel 23. 4. 1936, †(Selbstmord) ebd. 7. 8. 1996. Im Mittelpunkt ihrer auch sprachlich knappen Erzählungen stehen hoffnungslos einsame Menschen, meist Frauen oder Kinder (»Windgeschichten«, 1980; »Anna und ich«, 1985; »Gnadenfrist«, 1991; »Die Brieffreundin«, 1995).

Duve [dyːv], Christian René de, belg. Biochemiker, *Thames Ditton (Cty. Surrey) 2. 10. 1917; entdeckte die Lysosomen und die Peroxysomen. 1974 erhielt er dafür mit A. Claude und G. E. Palade den Nobelpreis für Physiologie oder Medizin.

Duverger [dyvɛrˈʒe], Maurice, frz. Soziologe, *Angoulême 5. 6. 1917; 1955–85 Prof. in Paris; rechtssoziolog. und politikwiss. Untersuchungen (z. B. zur Parteienforschung).

Du Vergier de Hauranne [dyvɛrˈʒjedəɔˈran], Jean, auch Saint-Cyran, Pseudonym Petrus Aurelius, frz. Theologe, *Bayonne 1581, †Paris 11. 10. 1643; seit 1621 Abt von Saint-Cyran, 1638–43 von Richelieu gefangen gesetzt; beeinflusste maßgeblich die Entwicklung des Jansenismus.

Duvetine [dyfˈtiːn, frz.] *der,* Samtimitation (↑Samt).

Duvivier [dyviˈvje], Julien, frz. Filmregisseur, *Lille 8. 10. 1896, †Paris 29. 10. 1967; urspr. Bühnenschauspieler, seit 1924 beim Film, führte Regie u. a. in »Spiel der Erinnerung« (1937), »Unter dem Himmel von Paris« (1951), Filme um »Don Camillo und Peppone« (1952–53).

Dux [lat. »Führer«] *der,* **1)** *Geschichte:* in der spätröm. Kaiserzeit der Befehlshaber eines Heeresteils, seit Diokletian der militär. Oberbefehlshaber einer Prov.; im MA lat. Bez. für den Herzog.
2) *Musik:* Thema der Fuge in der Grundform.

Dux, Stadt in der Tschech. Rep., ↑Duchcov.

DUX [Deutscher Umweltindex], Gesamtindex (Kennwert) zur Beschreibung von Entwicklungstrends des Umweltschutzes in Dtl.; setzt sich aus statist. Einzelinformationen zu den Bereichen Klima, Luft, Boden, Wasser, Energie- und Rohstoffverbrauch zusammen. In jedem Bereich können bis zu 1000 Punkte erzielt werden, sodass, wenn alle umweltpolit. Ziele erreicht wären, der DUX 6000 Punkte betragen würde. Er ist ein Instrument, mit dem Entwicklungen in Problembereichen der Umweltpolitik in knapper und verständl. Form der Öffentlichkeit vermittelt werden können.

DVA, Abk. für **D**aten**v**erarbeitungs**a**nlage (↑Datenverarbeitung).

Dvaita [altind.»Zweiheit«], die Lehre der ind. Vedanta-Philosophie, dass die Wirklichkeit in eine seelisch-geistige und eine materiale gespalten sei; bes. im 13. Jh. von Madhva und Nimbarka vertreten. – Ggs.: ↑Advaita.

DVB [Abk. für engl. **d**igital **v**ideo **b**roadcasting], Projekt zur koordinierten Entwicklung und Markteinführung von Systemen und Standards, mit denen ↑digitales Fernsehen möglich gemacht wird. Neben der Nutzung von DVB durch das digitale Fernsehen stellt diese Technologie für universale Anwendungen Datenraten bis zu 39 Mio. bit/s zur Verfügung. – 1991 als European Launching Group (ELG) gegründet, sind inzwischen (2002) über 260 Unternehmen und Organisationen (Gerätehersteller, Sendeanstalten, Netzbetreiber u. a.) aus etwa 30 Ländern daran beteiligt. Aufgrund der unterschiedl. Übertragungsbedingungen entstanden spezielle Standards für die Satelliten- **(DVB-S),** die Kabel- **(DVB-C)** und die terrestr. Übertragung **(DVB-T),** die sich in der jeweils verwendeten Übertragungstechnik (Modulation, Bandbreite, Bitfehlerkorrektur), aber nicht in der digitalen Codierung der Bild- und Tonsignale unterscheiden. Digitales Fernsehen nach DVB verfügt mit der Multimedia-Home-Platform (↑MHP) über eine Schnittstelle, die die Vernetzung zw. Fernseher und Computer ermöglicht.

DVD [Abk. für engl. **d**igital **v**ersatile **d**isc], nach der CD die nächste Generation der opt. Datenträgertechnologie, die ein höheres Datenvolumen als konventionelle CDs speichern kann. Durch ein- oder zweifache Beschichtung sind derzeit 4,7 bzw. 8,5 GB (Gigabyte) Speicherkapazität möglich, durch zweiseitige Beschreibung 17 GB. Zum Auslesen sind spezielle Laserabtastsysteme nötig mit rotem Laserlicht (Wellenlänge 650 nm) nötig, z. B. mithilfe von **DVD-Playern** oder **DVD-PC-Laufwerken.** DVDs werden als Tonträger **(DVD-Audio)** und als Speicherplatte zum Speichern von Filmen **(DVD-Video,** digitale Videodisc) eingesetzt. In der Computertechnik dienen DVDs als **DVD-ROM** zum Speichern von Programmen, Daten sowie multimedialen Anwendungen durch den Hersteller. Mithilfe von **DVD-Rekordern** bzw. DVD-PC-Laufwerken lassen sich DVDs durch den Nutzer beschreiben. Dabei unterscheidet man zw. der nur einmal beschreibbaren **DVD-R** (R: recordable, »beschreibbar«) und den wieder beschreibbaren DVDs. Bei Letzteren gibt es drei versch. Formate: **DVD-RW** (RW: rewri-

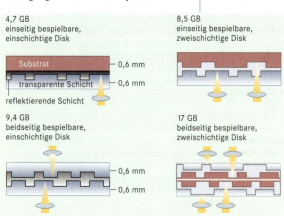

DVD: Speichervarianten der DVD

table, »wieder beschreibbar«) bzw. **DVD+RW** und **DVD-RAM,** die miteinander im Wettbewerb stehen und sich insbes. durch die verwendete Technologie zum Wiederbeschreiben unterscheiden. Mit der ↑optischen Speicherplatte **Blu-Ray** (»blauer Strahl«) ist bereits der potenzielle Nachfolger der DVD in Entwicklung.

Dvořák [ˈdvɔrʒaːk], **1)** Antonín, tschech. Komponist, *Nelahozeves (bei Prag) 8. 9. 1841, † Prag 1. 5. 1904; einer der bedeutendsten tschech. Komponisten des 19. Jh. Seine Musik von urwüchsiger Lebendigkeit und melod. Fülle, wurzelt tief in der tschech. Folklore.
Werke: Orchesterwerke: 9 Sinfonien, darunter die neunte (gedruckt als Nr. 5) in e-Moll »Aus der Neuen Welt« (1893), Ouvertüren, sinfon. Dichtungen, Slawische Rhapsodien und Tänze; Violoncellokonzert h-Moll (1895). – Kammermusik: 14 Streichquartette, 3 Streichquintette und 1 Streichsextett, 3 Klaviertrios, 2 Klavierquartette, Klavierquintett. – Klavierwerke, Lieder (u. a. Zigeunerlieder), bibl. Gesänge. – Opern: Rusalka (1901), Armida (1904) u. a. – Chorwerke: Stabat Mater, Messe, Requiem, Tedeum.
📖 *Honolka, K.: A. D. Reinbek* ¹¹2002.
2) Max, Kunsthistoriker, *Raudnitz (heute Roudnice nad Labem, Nordböhm. Gebiet) 24. 6. 1874, † Schloss Grusbach bei Znaim 8. 2. 1921; Prof. in Wien; bedeutend durch seine geistesgeschichtl. Betrachtung der Kunst (»Kunstgeschichte als Geistesgeschichte«, 1924).
3) Tomas, tschech. Leichtathlet (Mehrkämpfer), *Gottwaldov (heute Zlín) 11. 5. 1972; u. a. im Zehnkampf Weltmeister 1997, 1999 und 2001, im Siebenkampf Halleneuropameister 2000.

DVP, Abk. für **1)** ↑Demokratische Volkspartei.
2) ↑Deutsche Volkspartei.
DVU, Abk. für ↑Deutsche Volksunion.
dw, Abk. für ↑Deadweight.
dwars, *Schifffahrt:* querab, rechtwinklig zur Schiffslängsachse.
DWD, Abk. für ↑Deutscher Wetterdienst.
Dwina *die,* **1) Nördliche Dwina,** russ. **Sewernaja Dwina,** Fluss im N des europ. Teils von Russland, entsteht durch Zusammenfluss von Suchona und Jug, von hier 744 km lang, mündet bei Archangelsk in die **D.-Bucht** des Weißen Meeres; schiffbar. Das D.-Kanalsystem (136 km) verbindet die Wolga mit der Suchona.
2) Westliche Dwina, Zufluss des Rigaischen Meerbusens, ↑Düna.

Dwinger, Edwin Erich, Schriftsteller, *Kiel 23. 4. 1898, † Gmund 17. 12. 1981; schrieb mit nationalist. Tendenz über seine Erlebnisse im Ersten Weltkrieg (»Die Armee hinter Stacheldraht«, 1929).

Dwinsk, früherer Name der lett. Stadt ↑Daugavpils.

Dworjane [russ. »Hofleute«, zu dvor »Hof«], *Sg.* **Dworjanin** *der,* in Russland seit dem 12./13. Jh. die niederen Gefolgsleute der Fürsten und Bojaren, in der Folge der niedere Dienstadel, der Herkunft nach z. T. Unfreie. Seit dem 14. Jh. und bes. im Moskauer Staat seit der dynast. Krise des 15. Jh. zum Kriegsdienst herangezogen, erhielten sie als Existenzgrundlage Dienstgüter (pomestje, daher auch die Bez. **Pomeschtschiki** »Dienstgutbesitzer«), an denen sie jedoch kein Eigentum erwarben. Seit der Mitte des 18. Jh. wurde »Dworjanstwo« Bez. für den gesamten Adel.

Dworkin [ˈdwɔːkɪn], Ronald Myles, amerikan. Rechtsphilosoph, *Worcester (Mass.) 11. 12. 1931; 1969–98 Prof. in Oxford, seit 1975 auch an der New York University. Seine liberale Rechtstheorie geht von der fundamentalen Gleichheit der Rechte und Ansprüche der Bürger aus, deren individuelle Rechte ggf. gegen die Interessen der Mehrheit und gegen bestehende Gesetze zu sichern sind. Personale Autonomie schließt nach D. auch einen selbstbestimmten Tod ein.
Werke: Taking rights seriously (1977; dt. Bürgerrechte ernstgenommen); A matter of principle (1985); Law's empire (1986); Life's dominion (1993; dt. Die Grenzen des Lebens); Freedom's law (1996).

DWR, Abk. für **D**ruck**w**asser**r**eaktor, ein ↑Kernreaktor.
Dy, chem. Symbol für das Element ↑Dysprosium.
Dy [schwed. »Braunschlamm«] *der,* aus Pflanzenresten und v. a. aus ausgeflocktem Humus gebildetes Sediment in sauren, nährstoffarmen Seen.
dyadisches System [zu grch. dyás »Zweiheit«], das ↑Dualsystem.
Dyarchie [grch.] *die,* im Ggs. zur Monarchie eine Staatsform mit der Machtausübung durch zwei versch., weitgehend voneinander unabhängige Gewalten (z. B. im

DYB Dyba

Röm. Reich durch Senat und Kaiser während des Prinzipats).

Dyba, Johannes, kath. Theologe, *Berlin 15. 9. 1929, † Fulda 23. 7. 2000; 1962–83 im päpstl. diplomat. Dienst tätig; 1979 Bischofsweihe und Verleihung des persönl. Titels Erzbischof; ab 1983 Bischof von Fulda; ab 1990 auch Militärbischof für Deutschland.
📖 *Erzbischof J. D. – »Unverschämt katholisch«,* bearb. v. *G. Klein* u. *M. Sinderhauf.* Siegburg ²2002.

Dyck [dɛjk], Sir (seit 1632) Anthonis van, fläm. Maler, *Antwerpen 22. 3. 1599, † London 9. 12. 1641; Schüler und Mitarbeiter von Rubens, dann in England und Italien tätig, wo er v. a. die Werke Tizians, Giorgiones und Veroneses studierte und in Genua Porträts des Stadtadels malte, seit 1632 Hofmaler Karls I. von England. Seine von Rubens ausgehenden, mit lebhaftem Temperament gemalten religiösen Bilder zeigen zugespitzte Formen und brauntonige, venezianisch satte Farben.

Anthonis van Dyck: Philadelphia und Elisabeth Wharton (um 1630; Sankt Petersburg, Eremitage)

Weicher Gefühlsausdruck geht allmählich zu gedämpfter Pathetik religiöser Empfindsamkeit über. Der ausgewogene Stil seiner scharf beobachteten Porträts wandelte sich in England zu verfeinerter Vornehmheit, aristokrat. Haltung und verklingenden Farbandeutungen. 1630 entstand die »Ikonographie«, 100 radierte Porträts berühmter Zeitgenossen nach D.s Vorlagen (um 1630, 1. vollständige Ausgabe 1645).
Weitere Werke: Susanna im Bade (um 1621–26; München, Alte Pinakothek); Gefangennahme Christi (um 1623–27; Madrid, Prado); Kardinal Bentivoglio (um 1623; Florenz, Palazzo Pitti); Gruppenporträt der engl. Königsfamilie (1637; Schloss Windsor).
📖 *Larsen, E.:* The paintings of Anthony van Dyck, 2 Bde. Freren 1988. – *Billeter, F.:* Zur künstler. Auseinandersetzung innerhalb des Rubenskreises. Eine Untersuchung am Beispiel früher Historienbilder Jacob Jordaens' u. A. V. D.s. Frankfurt am Main u. a. 1993. – *V. D. 1599–1641,* bearb. v. *C. Brown* u. a., Ausst.-Kat. Koninklijk Museum voor Schone Kunsten Antwerpen u. a. München 1999.

Dyfed [ˈdʌvɪd], ehem. Cty. in SW-Wales, heute geteilt in die VerwBez. Ceredigion, Carmarthenshire und Pembrokeshire.

Dyje [ˈdijɛ] *die,* tschech. Name der ↑Thaya.

Dylan [ˈdɪlən], Bob, eigtl. Robert Allen Zimmermann, amerikan. Folksonginterpret und -komponist, *Duluth (Minn.) 24. 5. 1941; schloss sich der Bürgerrechtsbewegung an; bedeutend für die Entwicklung des Protestsongs Anfang der 60er-Jahre wie auch für den Folk- und Countryrock seit 1964/65.
📖 *Williams, P.:* Like a Rolling Stone. Die Musik von B. D. 1960–1973. A. d. Amerikan. Heidelberg 1994.

Dylewska Góra [diˈlɛfska ˈgura], poln. Name der ↑Kernsdorfer Höhe.

Dyn [grch.] *das,* Einheitenzeichen **dyn,** nicht gesetzliche Einheit der Kraft im CGS-System;
1 dyn = 1 g · cm/s² = 10^{-5} N.

Dynamik [grch.] *die,* **1)** *allg.:* Triebkraft, auf Veränderung gerichtete Kraft.
2) *Elektroakustik:* Verhältnis zw. der größten und der kleinsten Amplitude elektr. oder akust. Signale, meist in Dezibel (dB) angegeben.
3) *Musik:* Differenzierung der Tonstärke, ausgehend von den extremen Tönen eines Instruments, die den dynam. Bereich begrenzen.
4) *Physik:* die Lehre von der Bewegung (Zustandsänderung) physikal. Systeme un-

ter dem Einfluss innerer oder äußerer Kräfte bzw. Wechselwirkungen; i.e. S. der Teil der Mechanik, der die Änderung des Bewegungszustandes von Körpern durch Kräfte behandelt, im Ggs. zu Statik und Kinematik. Grundlage ist das 2. ↑newtonsche Axiom.

Dynamis [grch.] *die,* Begriff der antiken Philosophie, ↑Potenz.

dynamischer Druck, ↑Staudruck.

dynamische Systeme, ↑komplexe Systeme.

Dynamit [grch.] *das,* Bez. für vorwiegend aus Nitroglycerin bestehende Sprengstoffgemische, z.B. das von A. Nobel 1867 erfundene **Gur-D.** (75% Nitroglycerin, 25% Kieselgur). D. wurden v. a. durch ↑Ammon-Gelite ersetzt.

Dynamit Nobel AG, Troisdorf, Chemieunternehmen (Spreng- und Kunststoffe, Spezialchemie, Hochleistungskeramik); gegr. 1865 von A. Nobel, Tochtergesellschaft der mg technologies ag.

Dynamo [auch 'dy:-] *der,* ältere Bez. für einen selbsterregenden Gleichstromgenerator, z.B. Fahrraddynamo.

dynamoelektrisches Prinzip, 1866 von W. von Siemens entdecktes Prinzip der Selbsterregung von Gleichstromgeneratoren: Der remanente Magnetismus im Eisenkreis erzeugt einen schwachen Induktionsstrom in den Wicklungen, der das Magnetfeld verstärkt, sodass sich der Generator selbst zu voller Leistung »aufschaukelt«.

Dynamometer [grch.] *das,* **1)** *Elektrotechnik:* (Elektrodynamometer), ↑elektrodynamisches Messinstrument. **2)** *Messtechnik:* Gerät, bei dem die elast. Verformung eines Messfühlers (z.B. Feder, Torsionsstab, Dehnungsmessstreifen) zur Bestimmung von Kräften oder Drehmomenten dient. Das **Brems-D.** greift direkt am Umfang einer Scheibe an und misst das von einer laufenden Maschine abgegebene Drehmoment über eine Reibungsbremse (z.B. pronyscher Zaum).

Dynamotheorie, Theorie zur Erklärung des Auftretens von Magnetfeldern in Erde, Planeten, Sternen sowie im interstellaren Raum mittels magnetohydrodynam. Vorstellungen entsprechend dem Verhalten eines selbsterregenden Dynamos.

Dynast [grch. »Herrscher«, »Fürst«] *der,* allg. Bez. für den regierenden Angehörigen einer Dynastie.

Dynastie *die,* Herrscherfamilie, Fürstenhaus; stellt durch Erbfolge über mehrere Generationen den Landesherrn.

Dynode [grch.] *die* (Prallelektrode), spezielle Elektrode im ↑Sekundärelektronenvervielfacher.

Bob Dylan

Dyopol [grch. dýo »zwei«] *das,* Marktform, bei der nur zwei Anbieter auftreten (bei zwei Nachfragern: **Dyopson,** bei je zwei Anbietern und Nachfragern: **bilaterales D.**). Infolge der gegenseitigen Abhängigkeit der beiden Dyopolisten ist die Preisbildung bes. schwierig.

dys... [grch.], miss..., übel...

Dys|arthrie [grch.] *die,* Störung der Sprachartikulation infolge Schädigung des Nervensystems.

Dys|enterie [grch.] *die,* ↑Ruhr.

Dysfunktion [grch.-lat.] *die, Soziologie:* Begriff der strukturell-funktionalen Theorie für störende Wirkungen z.B. einer Wertorientierung, Norm oder Institution auf Umweltanpassung, Integration, Zielverwirklichung und Überlebensmöglichkeiten eines sozialen Systems.

Dyshidrose [grch.] *die, Medizin:* 1) Störung der Schweißabsonderung; 2) bläschenförmiger Ausschlag an Handflächen und Fußsohlen.

Dyskinesie [grch.] *die, Medizin:* Funktionsstörung des Bewegungsablaufs v. a. bei Hohlorganen; z.B. D. der Gallenblase, er-

schwerter Gallenabfluss, häufig bei psychovegetativem Syndrom.
Dyskrasit [zu grch. krãsis »Mischung«] *der,* silberweißes, metallisch glänzendes, rhomb. Mineral der chem. Zusammensetzung Ag_3Sb; Silbererz.
Dysmelie [grch.] *die,* Gliedmaßenfehlbildung, die während der Embryonalentwicklung entsteht (↑Embryopathie, ↑Phokomelie, ↑Thalidomid).
Dysmenorrhö [grch.] *die,* Schmerzhaftigkeit der ↑Menstruation.
Dysodil [grch.] *das,* die ↑Blätterkohle.
Dysostosis (Dysostose) *die,* angeborene Störung der Knochenbildung bzw. des Knochenwachstums; bedingt durch eine Knorpelentwicklungsstörung vor der Geburt.
Dyspepsie [grch.] *die,* ↑Verdauungsstörung. D. bei Säuglingen ↑Durchfall.
Dysphagie [grch.] *die,* Behinderung des Schluckvorgangs; Anzeichen bei Speiseröhrenerkrankungen; bedarf in jedem Fall der Abklärung.
Dysphasie [grch.] *die,* hirnorganisch bedingte Sprachstörung.
Dysphonie [grch.] *die,* Stimmstörung; Symptom ist eine heisere, raue, unreine oder belegte Stimme.
Dysplasie [grch.] *die,* Fehlbildung eines Gewebes oder Organs mit ungenügender Differenzierung.
Dyspnoe [grch.] *die,* die ↑Atemnot.
Dysprosium [grch.] *das,* **Dy,** metall. Element aus der Gruppe der ↑Lanthanoide. Ordnungszahl 66, relative Atommasse 162,50, Dichte (bei 20 °C) $8,551 g/cm^3$, Schmelzpunkt 1 411 °C, Siedepunkt 2 561 °C. – Das silberglänzende D. tritt drei- und vierwertig auf, die entsprechenden Verbindungen sind schwach gelb bis grünlich bzw. tief orangegelb gefärbt. Es wird im Reaktorbau und für magnet. Werkstoffe verwendet.
Dystonie [grch.] *die,* Störung des normalen Spannungszustandes der Muskeln und Gefäße. Wird D. durch Fehlregulationen des vegetativen Nervensystems und seiner Steuerungszentren im Zwischenhirn ausgelöst, spricht man von ↑Somatisierungsstörung.
Dystrophie [grch.] *die, Medizin:* Ernährungsstörung (↑Hungerkrankheiten). Die **D.**

beim Säugling ist eine mit unzureichender Gewichts- und Größenzunahme verbundene Entwicklungsstörung. Ursachen sind Nahrungsmangel, Fehlernährung (↑Mehlnährschaden, ↑Milchnährschaden, ↑Eiweißmangeldystrophie), häufige Durchfälle, Infektionen oder eine Störung der Nahrungsverwertung (z. B. ↑Zöliakie).
Dys|urie [grch.-lat.] *die,* erschwerte (schmerzhafte) Blasenentleerung; tritt meist infolge Harnabflussbehinderung oder Blasenentzündung auf.
dz, Einheitenzeichen für ↑Doppelzentner.
Džamonja [dʒ-], Dušan, makedon. Bildhauer, *Strumica 31. 1. 1928; schuf große Eisen- und Steinplastiken sowie Skulpturen, bei denen ein Holzkern von Nagelstrukturen ummantelt ist. Skulpturenpark bei Poreč.
DZ-Bank AG Deutsche Zentralgenossenschaftsbank, internat. tätige Geschäftsbank und genossenschaftl. Zentralbank (Zentralinstitut von 1 300 Volks- und Raiffeisenbanken in Bad.-Württ., Bayern, Berlin, Brandenburg, Bremen, Hamburg, Hessen, Mecklenburg-Vorpommern, Ndsachs., Rheinl.-Pf., Saarland, Sachsen, Sa.-Anh., Schleswig-Holstein und Thüringen); entstand 2001 durch Fusion von DG Bank Dt. Genossenschaftsbank AG und GZ-Bank AG; Sitz: Frankfurt am Main. Das Kreditinstitut fördert das dt. Genossenschaftswesen, dient dem kreditgenossenschaftl. Sektor als zentrale Clearingbank, Liquiditätsmanager sowie Serviceprovider und bietet als Gruppe über spezialisierte in- und ausländ. Tochtergesellschaften Finanzdienstleistungen verschiedenster Art an (z. B. Hypothekenbank-, Bauspar- und Investmentgeschäft, Leasing, Factoring, Versicherungen).
Dzierżoniów [dʒjɛrˈʒɔnjuf], dt. Reichenbach (Eulengebirge), Krst. in der poln. Wwschaft Niederschlesien, im Vorland des Eulengebirges, 37 500 Ew.; Textilmaschinen-, Radiogerätebau, Baumwollverarbeitung, Bekleidungs-, Holzind. – 1250 als Stadt gegründet.
D-Zug (Schnellzug), Reisezug mit Durchgangswagen (D) und wenig Aufenthalten; seit 1988 zunehmend durch Interregio- oder Intercity- bzw. Eurocityzüge ersetzt.

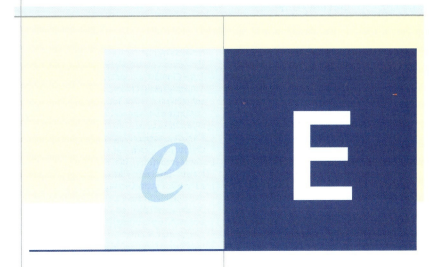

e, E, 1) Vokal (↑Laut); der 5. Buchstabe des dt. Alphabets, entstanden aus dem grch. ↑Epsilon.
2) *Formelzeichen:* E für die Energie, *E* für die elektr. Feldstärke; e für die ↑Elementarladung.
3) *Mathematik:* **e,** Symbol für die transzendente **eulersche Zahl** e = 2,71828..., die sich u. a. als Grenzwert der Folge $(1 + 1/n)^n$ mit $n \to \infty$ darstellen lässt; e ist die Basis der Exponentialfunktion und der natürl. Logarithmen.
4) *Münzwesen:* Kennbuchstabe auf dt. Münzen für die Münzstätte Dresden (1872–87) bzw. Muldenhütten (Hilbersdorf, Landkreis Freiberg, Sachsen; 1887–1953), auf preuß. Münzen (1751–1809) für Königsberg (Pr), auf österr. Münzen (1781–1868) für Karlsburg (heute Alba Iulia), auf frz. für Tours.
5) *Musik:* **E,** der dritte Ton der C-Dur-Tonleiter; **e,** Zeichen für e-Moll; **E,** Zeichen für E-Dur.
6) *Physik:* **e,** Symbol für das ↑Elektron (e⁻) und das ↑Positron (e⁺).
7) *Vorsatzzeichen:* **E** für ↑Exa.
€, Zeichen bzw. Logo für den ↑Euro.
E 605®, Handelsname für das Insektizid ↑Parathion.
Ea, babylonisch-assyr. Gott des unterird. Süßwasserozeans (Apsu), Gott der Weisheit. Hauptkultstätte war Eridu im südl. Babylonien. Ihm entspricht der Gott **Enki** der Sumerer.
E/A, *Informatik:* Abk. für Eingabe/Ausgabe, auch engl. **I/O** für **I**nput/**O**utput.
EADS N. V., Kurzbez. für **E**uropean **A**eronautic, **D**efense and **S**pace **C**ompany N. V., europ. Luft-, Raumfahrt- und Rüstungskonzern, entstanden 2000 durch Fusion der dt. DaimlerChrysler Aerospace AG (Dasa) mit der frz. Aérospatiale Matra S. A. und der span. Construcciones Aeronáuticas S. A. (Casa) als Gesellschaft niederländ. Rechts mit Sitz in Amsterdam. Hauptgeschäftsfelder: Hubschrauber (Eu-

e, E 1): Druckschriftvarianten

EAG Eagle

rocopter), Zivilflugzeuge (z. B. Airbus-Modelle), Satelliten (z. B. Ariadne-Modelle), Kampfflugzeuge (Eurofighter, Dassault), Militärtransporter, Raketen- und Waffensysteme.

Eagle [iːgl; engl. »Adler«] *der,* **1)** *Golf:* das Spielen eines Loches mit zwei Schlägen weniger als festgelegt (zwei Schläge »unter Par«).
2) *Numismatik:* Hauptgoldmünze der USA, Zehndollarstück (1792–1933).

E. A. M., [Abk. für grch. Ethnikon Apeleftherotikon Metopon, »Nat. Befreiungsfront«], kommunistisch geführte griech. Widerstandsorganisation, gegr. 1941, bekämpfte mit ihren Streitkräften (E. L. A. S., »Nat. Volksbefreiungsarmee«) die dt. und italien. Besatzungsmacht sowie die nichtkommunist. Widerstandsorganisationen; suchte 1944–49 vergeblich die Macht in Griechenland zu erringen.

Eanes [rˈanɪʃ], Antonio dos Santos Ramalho E., portugies. General und Politiker, *Alcains (bei Castelo Branco) 25. 1. 1935; unterstützte die Revolution vom 25. 4. 1974. Als Generalstabschef (1976 bis 1981) führte er die Entpolitisierung der Streitkräfte durch, als Staatspräs. (1976–86) suchte er die demokrat. Impulse der Revolution zu bewahren.

EAN-System [EAN: Abk. für Europäische Artikel-Nummerierung], 1977 eingeführtes, in allen Bereichen der Konsumgüterindustrie verwendbares internat. System zur Kennzeichnung von Erzeugnissen. Die **EAN-Nummer** ist eine 13-stellige Zahl, von der die ersten beiden Stellen die jeweilige nat. Institution für die Nummernvergabe und die fünf folgenden Stellen den Herstellerbetrieb kennzeichnen. Fünf weitere Stellen können für die eigentl. Artikelnummerierung genutzt werden, die 13. Stelle ist eine Prüfziffer. Zur Produktkennzeichnung wird die EAN-Nummer im maschinell lesbaren **EAN-Strichcode** verschlüsselt, der die automat. Erfassung der Verkaufsdaten an Computerkassen des Einzelhandels ermöglicht (Scanning). Das EAN-S. dient v. a. der Rationalisierung der Warenwirtschaft im Handel (↑Warenwirtschaftssystem) sowie der Artikelidentifikation im elektron. Geschäftsverkehr und auf Belegen.

Earl [əːl; engl., aus altnord. jarl »Krieger«] *der,* engl. Grafentitel. Die weibl. Form ist **Countess.**

Early English [ˈəːlɪ ˈɪŋglɪʃ] *das,* erste Phase der engl. Gotik, setzte mit dem Bau der Kathedralen von Canterbury (1175), Wells (um 1180) und Lincoln (1192) ein.

Earmarked Forces [ˈɪəmɑːkt ˈfɔːsɪz; engl. »vorgesehene Streitkräfte«], nat. Streitkräfte der NATO-Mitgliedsstaaten, die zu einem bestimmten Zeitpunkt nach nat. Entscheidung einer NATO-Kommandobehörde unterstellt werden können; bis zu dieser Entscheidung verbleiben sie unter nat. Kommando. Neben den E. F. sind die NATO-Streitkräfte noch in ↑Assigned Forces und ↑Command Forces unterteilt.

EAROM [iˈrɔm; Abk. für engl. **e**lectrically **a**lterable **r**ead **o**nly **m**emory, »elektrisch änderbarer Nur-Lese-Speicher«] *der,* ↑EEPROM.

Earp [əːp], Wyatt, amerikan. Abenteurer und Volksheld, *Monmouth (Ill.) 19. 3. 1848, †Los Angeles 13. 1. 1929; war u. a. Eisenbahnstreckenarbeiter, Bisonjäger, Spieler, Saloonbesitzer, Goldsucher und Ordnungshüter; wirkte als Polizist u. a. in Dodge City und Tombstone; legendär als »Revolverheld« des Wilden Westens.

East Anglia [ˈiːst ˈæŋglɪə, engl.] (Ostanglien), histor. Landschaft in O-England zw. Themse und Wash; traditioneller Mittelpunkt ist Norwich. E. A. war seit dem 5. Jh. Siedlungsgebiet der ↑Angelsachsen und bildete eines der sieben angelsächs. Kleinkönigreiche.

East Ayrshire [ˈiːst ˈeəʃɪə], Local Authority im SW von Schottland, 1 262 km², 120 200 Ew.; Zentrum ist Kilmarnock.

Präfix	Herstellernummer		
= Bundeseinheitliche Betriebsnummer der Leguan Schreibwaren GmbH		Individuelle Artikelnummer des Herstellers	Prüfziffer
40	12345	00315	4

Leguan Schulfüller ›de Luxe‹, metallicfarben, Goldfeder, Etui Rindleder

EAN-System: Beispiel für eine 13-stellige Artikelnummer und deren Strichcode

Eastbourne [ˈiːstbɔːn], Stadt an der engl. Kanalküste, in der Cty. East Sussex, 94 800 Ew.; bekanntes Seebad.
East Dunbartonshire [ˈiːst dʌnˈbɑːtnʃɪə], Local Authority in Schottland, nördl. von Glasgow, 175 km², 108 200 Ew.; Verw.sitz ist Kirkintilloch.
Eastern Establishment [ˈiːstən ɪsˈtæblɪʃmənt; engl. »östl. Führungselite«] *das,* in den USA Bez. für liberale, meist an den renommierten Universitäten des NO (Harvard, Princeton) ausgebildete Politiker und Wirtschaftsführer, die v. a. in den 1930er- und 1960er-Jahren die amerikan. Politik dominierten (bes. F. D. Roosevelt, J. F. Kennedy).
Eastern Ghats [ˈiːstən ˈɡɔːts], Gebirge in Indien, ↑Ostghats.
East Kilbride [ˈiːst ˈkɪlbraɪd], Stadt (New Town) in der schott. Local Authority South Lanarkshire, südl. von Glasgow, 70 400 Ew.; staatl. Maschinenbauversuchsanstalt, Flugzeugmotorenbau. – 1947 zur Entlastung Glasgows gegründet.
East London [ˈiːst ˈlʌndən], Hafenstadt in der Prov. Ost-Kap, Rep. Südafrika, am Buffalo River kurz vor seiner Einmündung in den Ind. Ozean, 549 000 Ew.; Kfz-Montagewerk, Textil-, Nahrungsmittelind.; Flughafen.
East Lothian [ˈiːst ˈləʊðiən], Local Authority in SO-Schottland, südl. des Firth of Forth, 679 km², 90 100 Ew.; Verw.sitz ist Haddington.
Eastman [ˈiːstmən], George, amerikan. Erfinder und Industrieller, *Waterville (N. Y.) 12. 7. 1854, †(Selbstmord) Rochester (N. Y.) 14. 3. 1932; gründete 1880 die **E. Kodak Co.** in Rochester (N. Y.), nahm 1884 mit W. C. Walker die Fabrikation von Rollfilmen auf und entwickelte 1888 den ersten Kodak-Fotoapparat.
East Renfrewshire [ˈiːst ˈrɛnfruːʃɪə], Local Authority in Schottland, südl. von Glasgow, 174 km², 89 300 Ew.; Verw.sitz ist Giffnock.
East River [ˈiːst ˈrɪvə], Wasserstraße im Stadtgebiet von New York, USA, an der O-Seite der Insel Manhattan; 26 km lang; verbindet den Long Island Sound mit der Upper Bay, von Brücken überspannt und untertunnelt.
East Sussex [ˈiːst ˈsʌsɪks], Cty. in SO-England, 1 791 km², 730 800 Ew.; Verw.sitz ist Lewes.
Eastwood [ˈiːstwʊd], Clint, amerikan. Filmschauspieler, -regisseur, -produzent, *San Francisco (Calif.) 31. 5. 1930; stieg als Darsteller in Italowestern (»Für eine Handvoll Dollar«, 1964) und Filmen von D. Siegel (»Flucht von Alcatraz«, 1979) zum internat. Star auf (»Der namenlose Reiter«, 1985; »Erbarmungslos«, 1992; »Perfect World«, 1993; »Die Brücke am Fluß«, 1995; »Absolute Power«, 1997).
easy [ˈiːzi, engl.], *umgangssprachlich:* leicht, lässig, locker.
Easy Listening [ˈiːzi ˈlɪsnɪŋ; engl. »Unterhaltendes«] *das,* 1961 in den USA eingeführte Rundfunkkategorie, die auf leicht eingängigen, unterhaltenden Musiktiteln basierte. Der Begriff wurde zu einer Art Stilbezeichnung für solche Formen der populären Musik, deren herausragendes Kennzeichen die Vermeidung aller musikal. Extreme zugunsten größtmögl. Eingängigkeit und Unterhaltsamkeit ist.
Easyrider [ˈiːziˈraɪdə, amerikan.] *der,* Motorrad mit hohem, geteiltem Lenker und einem Sattel mit hoher Rückenlehne; auch Bez. für seinen Fahrer. Bekannt geworden durch den amerikan. Film »Easy Rider« (1969), von und mit D. Hopper sowie P. Fonda, der mit der Widerspiegelung des Lebensgefühls vieler Jugendlicher in den 1960er-Jahren (Streben nach Freiheit und Spaß zw. Flowerpower, Rockmusik und Drogen) zum Kultstreifen wurde.
Eat-Art [ˈiːtˈɑːt; von engl. to eat »essen« und art »Kunst«], ironisch gemeinte Kunstrichtung, die D. ↑Spoerri Ende der 1960er-Jahre begründete. In bewusster Umkehrung der Wertvorstellung von Kunst stellte er einerseits Kunstobjekte aus Lebkuchenteig her und bot andererseits eingefärbte Speisen zum Verzehr an.
Eau de Cologne [oː də kɔˈlɔnjə, frz.] *das* (Kölnischwasser), erfrischendes, alkoholisch-wässriges Duftwasser mit 2–4% äther. Ölen der Zitrusgruppe (Bergamotte, Zitrone, Lavendel, Neroli, Pomeranze u. a.) und mindestens 70 Vol.-% Alkoholgehalt. Die Konzentration äther. Öle bei **Eau de Toilette** und **Eau de Parfum** liegt höher (4–7 bzw. 7–10%).
Eau de Vie [oː də ˈviː; frz. »Lebenswasser«] *das,* Branntwein.
Ebadi, Schirin, iran. Menschenrechtsaktivistin, *1947; Juristin, 1975–79 erste Richterin Irans, verlor nach der islam. Revolution ihr Amt und war anschließend in Teheran als Anwältin tätig. In dieser Funktion

trat sie für die Angehörigen ermordeter Regimekritiker ein und setzte sich für die Rechte von Frauen und Kindern in der islam. Gesellschaft ein. Mehrfach wegen ihrer Menschenrechtsaktivitäten inhaftiert, wurde sie 2003 als erste islam. Frau mit dem Friedensnobelpreis ausgezeichnet.

Eberbach 2): Mönchsdormitorium im ehemaligen Zisterzienserkloster (um 1270 bis um 1350)

Eban, Abba Solomon, israel. Politiker, *Kapstadt 2. 2. 1915, †Tel Aviv 17. 11. 2002; Mitgl. der Mapai, 1948–59 ständiger Vertreter Israels bei der UNO, 1960–63 Erziehungsmin., 1963–66 stellv. MinPräs., 1966–74 Außenmin.; forderte angesichts vergebl. Friedensbemühungen auf internat. Ebene direkte Verhandlungen zw. Israel und seinen arab. Nachbarstaaten zur Lösung des Nahostkonfliktes.

eBay Inc. [ˈiːbeɪ ɪnˈkɔːpəreɪtɪd], 1995 gegr. Online-Auktionshaus; Sitz: San Jose (Calif.). e. I. ist mit rd. 75,3 Mio. registrierten Nutzern (2003) die größte Online-Handelsgemeinschaft der Welt; Umsatz (2002): 1,2 Mrd. US-$, Beschäftigte: rd. 5300.

Ebbe, das Fallen des Meeresspiegels von einem Hochwasser bis zum folgenden Niedrigwasser (↑Gezeiten).

Ebbegebirge (Ebbe), Höhenzug im südwestl. Sauerland, NRW. zw. Volme- und Lennetal, in der Nordhelle 663 m ü. M.; Wintersportgebiet, Naturpark.

Ebbinghaus, 1) Hermann, Psychologe, *Barmen (heute zu Wuppertal) 24. 1. 1850, †Halle (Saale) 26. 2. 1909, Vater von 2);

förderte bes. die experimentelle Erforschung von Aufmerksamkeit und Gedächtnis. Beim E.-Test zur Prüfung der verbalen Intelligenz ist ein lückenhafter Text sinnvoll zu ergänzen **(Lückentest).**
2) Julius, Philosoph, *Berlin 9. 11. 1885, †Marburg 16. 6. 1981, Sohn von 1); Arbeiten zur Philosophie Kants, zur Staats- und Rechtsphilosophie. E. sah den Staat als Gemeinschaft mit dem alleinigen Zweck der Rechtsverwirklichung und der Verhinderung der Proletarisierung seiner Bürger.

Ebenbild Gottes, ↑Gottebenbildlichkeit.

Ebenbürtigkeit, rechtsgeschichtlich die gleichwertige Abkunft von Personen als Voraussetzung der Standes- und Rechtsgleichheit, begrifflich im MA. erstmals im Sachsenspiegel erfasst; bedeutsam im Eherecht mit Blick auf das Erb- und Lehnsrecht der Kinder. Während die privatrechtl. Bedeutung der E. abnahm, spielte sie im Privatfürstenrecht bis ins 20. Jh. (Weimarer Reichsverfassung) eine Rolle.

Ebene, 1) *Geometrie:* zweidimensionale Figur der Krümmung null. Eine E. lässt sich eindeutig festlegen durch drei nicht auf einer Geraden liegende Punkte, durch eine Gerade und einen außerhalb von ihr liegenden Punkt, durch zwei einander schneidende Geraden oder durch zwei parallele Geraden.
2) *Geomorphologie:* Teil der Erdoberfläche mit fehlenden oder kaum wahrnehmbaren Höhenunterschieden. Bei einer schwachen Reliefierung spricht man von Flachland oder Hochland. Je nach Höhenlage unterscheidet man **Tief-E.** (bis etwa 200 m ü. M.) und **Hoch-E.** (bis über 4000 m ü. M., etwa in Tibet).
3) *Physik:* ↑geneigte Ebene.

Ebene der Tonkrüge, Hochebene in Laos, ↑Tranninhplateau.

Ebenholz, braunes bis tiefschwarzes Kernholz versch. Arten der bes. in Afrika und Ostindien einheim. Gattung Diospyros aus der Familie der ↑Ebenholzgewächse. E. wird für Intarsien, Musikinstrumente und Kunstdrechslerarbeiten verwendet.

Ebenholzgewächse (Ebenaceae), Pflanzenfamilie mit rd. 450 trop. und subtrop. baumförmigen Holzgewächsen, die z. T. Ebenholz liefern.

Ebenist *der,* Kunstschreiner, benannt nach dem bei Intarsien verwendeten Ebenholz; bekannt wurde bes. A. C. ↑Boulle.

Ebensee, Marktgem. im Salzkammergut, OÖ, an der Mündung der Traun in den Traunsee, 430 m ü. M., 8700 Ew.; Sudhütte, Ammoniak- und Sodafabrik, Textilind.; Fremdenverkehr; Seilschwebebahn auf den Feuerkogel (1594 m ü. M.) im Höllengebirge, Gaßltropfsteinhöhle.

Ebenstrauß (Doldenrispe), rispiger Blütenstand, bei dem alle Einzelblüten eine Ebene bilden.

Eber, geschlechtsreifes männl. Schwein.

Eberbach, 1) Stadt im Rhein-Neckar-Kreis, Bad.-Württ., am Neckar, 15700 Ew.; Elektro- und pharmazeut. Ind., Maschinenbau, Drahtwerke, Ruderbootsbau; Kurbetrieb (Heilquelle). – Maler. Altstadt mit Fachwerkhäusern. – E., um 1230 zur Stadt erhoben, wurde 1330 pfalzgräflich und kam 1806 an Baden. **2)** ehem. Zisterzienserkloster im Rheingau (heute zu Eltville am Rhein), 1135 gegr., 1803 säkularisiert; seit dem MA. bed. Weinbau- und Weinhandelsunternehmen, heute hess. Staatsweingut. Monumentale romanische Basilika (1145–86); Klostergebäude (12.–14. Jh.), barockes Refektorium.

Eber|esche (Sorbus), Gattung der Rosengewächse, Holzpflanzen der nördl. gemäßigten Zone. Die E. (**Vogelbeerbaum,** Sorbus aucuparia) ist ein Waldbaum Europas und Westasiens mit unpaarig gefiederten Blättern, Doldenrispen, gelbweißen Blüten und scharlachroten, beerenartigen Früchten; der aus dem Mittelmeergebiet in Mitteleuropa eingebürgerte **Speierling** (Sorbus domestica) hat rötlich weiße Blüten und pflaumengroße, gelbe, rotbäckige Früchte, die z. T. als Zusatz bei der Apfelweinherstellung genutzt werden; der europ. Waldbaum **Echte Mehlbeere** (Sorbus aria) hat weißfilzige Blätter, weiße Blüten und orangegelbe Früchte; die in Europa, Nordafrika und Asien vorkommende **Elsbeere** (Sorbus torminalis) hat ahornähnl. Blätter und lederbraune Früchte; die **Zwergmehlbeere** (Sorbus chamaemespilus), ein Strauch in europ. Gebirgen, hat hellrosafarbene Blüten und orangerote Früchte.

Eberhard, württemberg. Fürsten: **1) E. I., der Erlauchte,** Graf (seit 1279), * 13. 3. 1265, † 5. 6. 1325; widersetzte sich erfolgreich dem Versuch der Habsburger, das Herzogtum Schwaben wiederherzustellen und das im Interregnum usurpierte Reichsgut zurückzugewinnen. 1323 bestätigte König Ludwig d. Bayer seinen Besitz. Unter ihm begann Württemberg sich zu einem einheitl. Territorium zu entwickeln. **2) E. II., der Greiner** [»Zänker«], auch der Rauschebart, Graf (seit 1344), * 1315, † 15. 3. 1392, Enkel von 1); bemühte sich, sein Territorium abzurunden und gegen die Städte zu sichern. Am 23. 8. 1388 besiegte er den ↑Schwäbischen Städtebund bei Döffingen (darüber Ballade von L. Uhland). **3) E. I., im Bart,** als Graf E. V., als Herzog (seit 1495) E. I, * Urach (heute Bad Urach) 11. 12. 1445, † Tübingen 24. 2. 1496; gründete 1477 die Univ. Tübingen und sicherte durch den Münzinger Vertrag 1482 die Unteilbarkeit des Landes; genoss hohes Ansehen im Reich.

Eberharter, Stephan, österr. alpiner Skiläufer, * Brixlegg 24. 3. 1969; u. a. Olympiasieger 2002 (Riesenslalom), Weltmeister 1991 (Super-G, Kombination) und 2003 (Super-G) sowie Gewinner des Gesamtweltcups 2001/02.

Ebermannstadt, Stadt im Landkreis Forchheim, Oberfranken, Bayern, im Wiesenttal in der Fränk. Schweiz, 6800 Ew.; Elektro- und Metall verarbeitende Industrie. – 1323 zur Stadt erhoben.

Eberesche: Fruchtstand des Vogelbeerbaumes

Ebern, Stadt im Landkreis Haßberge, Unterfranken, Bayern, an den östl. Ausläufern der Haßberge, 7500 Ew.; Kugellagerfabrik. – Fachwerkrathaus (1604). – 1216 erstmals genannt, 1230 als Stadt im Besitz des Bistums Würzburg.

Ebernburg, Burg in Bad Münster am Stein-Ebernburg, oberhalb der Mündung

EBE Eberndorf

der Alsenz in die Nahe; Anfang des 16. Jh. im Besitz Franz von Sickingens, als »Herberge der Gerechtigkeit« Zufluchtsort für U. von Hutten, P. Melanchthon u. a. Anhänger der Reformation; 1523 und 1697 zerstört, 1936/37 und nach 1945 restauriert.

Eberndorf, Marktgem. in Kärnten, Österreich, 476 m ü. M., 6000 Ew.; Faserplattenwerk, Maschinenfabrik. – Ehem. Augustinerchorherrenstift (15. Jh.), spätgot. Stiftskirche Maria Himmelfahrt (um 1500).

Eberraute (Zitronenkraut, Artemisia abrotanum), Beifußart aus dem Mittelmeergebiet; bis 1 m hohe, nach Zitronen duftende Staude mit kleinen, gelbl. Blütenköpfchen in schmaler Rispe; Gewürz- und Heilpflanze.

Ebersbach, Hartwig, Maler und Grafiker, *Lichtentanne (bei Zwickau) 17. 5. 1940; entwickelte eine stark expressiv-dynam. Malerei, die zunehmend eine am Informel geschulte Spontaneität auszeichnet; auch Rauminstallationen, multimediale Spektakel.

Ebersbach/Sa. (sorbisch Habrachćicy), Stadt im Landkreis Löbau-Zittau, Sachsen, an der oberen Spree im Lausitzer Bergland, an der Grenze zur Tschech. Rep., 11 000 Ew.; Textilindustrie; Umgebindehäuser.

Ebersberg, 1) Landkreis im RegBez. Oberbayern, 549 km^2, 118 800 Einwohner. **2)** Krst. von 1) in Bayern, 558 m ü. M. am O-Rand der Münchner Ebene, 10 500 Ew. – Ehem. Klosterkirche (15. Jh. auf Vorgängerbau des 13. Jh., spätere Veränderungen), Rathaus (spätgotisch, um 1529). – E. entstand um ein 934 gegr. Chorherrenstift.

Ebersmünster (amtl. frz. Ebersmunster), Ort bei Schlettstadt im Unterelsass, Dép. Bas-Rhin, Frankreich, 518 Ew. – Ehem. Benediktinerabtei (im 7. Jh. gegr.) mit bed. Barockkirche von P. Thumb, Orgel von A. Silbermann.

Eberswalde (1970–93 Eberswalde-Finow), Krst. des Landkreises Barnim, Brandenburg, am Finowkanal, 45 900 Ew.; FH, Forstl. Forschungsanstalt, Bundesforschungsanstalt für Forst- und Holzwirtschaft, Dt. Entomolog. Inst. (Zoolog. Museum); forstbotan. Garten; Kran-, Rohrleitungs- und Apparatebau, Wellpappen-, Fleischverarbeitungswerk. – Stadtkirche St. Maria Magdalena (Backsteinkirche aus dem 13. und 14. Jh., verwandt mit der nahe gelegenen Klosterkirche ↑Chorin); klassi-

Hartwig Ebersbach: Kaspar – Abwicklung eines Porträts III (1989; Privatbesitz)

zist. Alte Forstakademie (1795; Akademie 1830 von Berlin hierher verlegt). – Im Stadtteil Finow wurde 1913 einer der bedeutendsten Goldschätze Dtl.s aus der jüngeren Bronzezeit gefunden (1945 in Berlin verloren gegangen): verzierte Trinkschalen, Schmuck, Goldbarren.

Ebert, 1) Albert, Maler und Grafiker, * Halle (Saale) 26. 4. 1906, † ebd. 21. 8. 1976; Autodidakt, wurde bes. durch seine meist kleinformatigen, naiv-realist. Ölbilder von hohem kolorist. Reichtum bekannt, die Alltägliches poetisch-fantasievoll schildern.
2) Carl, amerikan. Theaterintendant dt. Herkunft, * Berlin 20. 2. 1887, † Santa Monica (Calif.) 14. 5. 1980; leitete 1931–33 und 1954–61 die Städt. Oper Berlin, begründete 1934 in der Emigration die Festspiele in Glyndebourne.
3) Friedrich, Politiker, * Heidelberg 4. 2. 1871, † Berlin 28. 2. 1925; Sattler, dann Redakteur, seit 1912 MdR, 1913–19 Vors. der SPD. Am 9. 11. 1918 wurde E. Reichskanzler, am 11. 11. übernahm er die Leitung des Rats der Volksbeauftragten; am 11. 2. 1919 von der Weimarer Nationalversammlung zum vorläufigen Reichspräsidenten gewählt. 1922 verlängerte der Reichstag unter Verzicht auf die unmittelbare Volkswahl die Amtszeit bis 30. 6. 1925. E. war ein kluger Vermittler zwischen den parteipolit. Gegensätzen und übte sein Amt überparteilich und neutral aus.
✧ siehe ZEIT Aspekte

Friedrich Ebert

📖 *F. E. u. seine Zeit. Bilanz u. Perspektiven der Forschung,* hg. v. R. König u. a. München ²1991. – Münch, R. A.: *Von Heidelberg nach Berlin. F. E. 1871–1905.* München 1991. – Witt, P.-C.: *F. E. Parteiführer, Reichskanzler, Volksbeauftragter, Reichspräsident.* Bonn ³1992.

Ebert-Groener-Pakt, Vereinbarung zw. der polit. (F. Ebert) und der militär. Führung des Dt. Reiches (General W. Groener) über die Bewahrung der inneren Ordnung in Dtl., abgeschlossen am 10. 11. 1918.

Eberwurz: Silberdistel

Eberwurz (Carlina), Gattung der Korbblütler, etwa 20 Arten in Europa und Vorderasien, Blütenstand mit strahlenförmig ausgebreiteten, trockenhäutigen, silbrig weißen inneren Hüllblättern bei der **Großen E. (Silberdistel, Wetterdistel,** Carlina acaulis) und gelben bei der **Kleinen E. (Golddistel,** Carlina vulgaris); in Trockenrasen und an Wegrändern.
Ebingen, Teil von ↑Albstadt.
Ebioniten [hebr. »die Armen«] (Nazoräer), judenchristl., in ihren christolog. Anschauungen gnostisch beeinflusste Gemeinschaft, verbreitet vom 2.–4. Jh. bes. im Ostjordanland. Die E. hielten am jüd. Gesetz (Thora), dem Sabbat und an bestimmten rituellen Reinheitsvorschriften fest. In ebionit. Kreisen entstand das an den synopt. Evangelien orientierte **E.-Evangelium,** in dem der Apostel Matthäus eine zentrale Stelle einnimmt.
EBIT [Abk. für engl. Earnings before Interest and Taxes], Gewinn bzw. operatives Ergebnis vor Zinszahlungen und Steuern unter Ausschluss von außerordentl. Einflüssen; Kennzahl für die Fundamentalanalyse von Aktien und internat. vergleichbarer Indikator für den finanziellen Erfolg eines Unternehmens sowie seine Kapitaldienstfähigkeit und Gewinnausschüttungskraft. – **EBT** (Abk. für Earnings before

Taxes) engl. Bezeichnung für Gewinn bzw. Ertrag vor Steuern.
EBITDA [Abk. für engl. **E**arnings **b**efore **I**nterest, **T**axes, **D**epreciation and **A**mortization], operatives Ergebnis vor Zinszahlungen, Steuern und Abschreibungen, das außerordentl. Faktoren ausschließt; Kennzahl für die Fundamentalanalyse von Aktien. Auch als internat. vergleichbare Größe für den Unternehmenserfolg geeignet, da Verschuldungsgrad und unterschiedl. Steuerbelastungen eliminiert werden.
EBM-Industrie, Kurzwort für Eisen-, Blech- und Metallwarenind., ↑Metallwarenindustrie.
Ebner, Ferdinand, österr. Philosoph, *Wiener Neustadt 31. 1. 1882, †Gablitz (bei Wien) 17. 10. 1931. Seine an der Ich-Du-Beziehung orientierte ↑dialogische Philosophie nahm den christl. Existenzialismus G. Marcels vorweg. Das Hauptwerk »Das Wort und die geistigen Realitäten« (1921) enthält eine religiös inspirierte Sprachphilosophie.
 Hohmann, W. L.: F. E. Bedenker u. Ebner des Wortes in der Situation der »geistigen Wende«. Essen 1995.
Ebner-Eschenbach, Marie Freifrau Ebner von Eschenbach, geb. Gräfin Dubsky, österr. Schriftstellerin, *Schloss Zdislawitz (bei Kroměříž, Südmähr. Gebiet) 13. 9. 1830, †Wien 12. 3. 1916; schuf nach lyr. und dramat. Versuchen Erzählprosa: herausragende Vertreterin des österr. Spätrealismus, wegweisend für weibl. Autorschaft, von sozialem Verantwortungsgefühl bei aristokrat. Grundhaltung (»Božena«, 1876; »Dorf- und Schloßgeschichten«, 2 Bde., 1887/88; »Das Gemeindekind«, 1887; »Unsühnbar«, 1890; schrieb außerdem »Aphorismen« (1890) und autobiograf. Werke (»Meine Kinderjahre«, 1906; »Meine Erinnerungen an Grillparzer. Aus einem zeitlosen Tagebuch«, 1916).
 Toegel, E.: M. v. E.-E. Leben u. Werk. New York u. a. 1997.
Ebola-Virus [nach dem Fluss Ebola im N der Demokrat. Rep. Kongo], zur Familie der Filoviren gehörendes RNA-Virus; wahrscheinlich in trop. Regenwäldern beheimatet. Bisher wurden drei Stämme mit extrem hoher Ansteckungsfähigkeit unterschieden, von denen zwei für Menschen pathogen sind.
Ebola-Viruskrankheit (Ebola-Fieber), äußerst gefährl., meldepflichtige Infektionskrankheit in Zentralafrika; Erreger ist das ↑Ebola-Virus. Die Übertragung erfolgt durch Schmierinfektion und verläuft beim Menschen in 50–90 % der Fälle tödlich. Nach einer Inkubationszeit von 4 bis 16 Tagen kommt es zu hohem Fieber und Übelkeit mit Erbrechen, Durchfall und Schleimhautblutungen. Die Infektion breitet sich auf den gesamten Organismus aus. Vorboten für einen tödl. Ausgang sind Blutungen im Magen-Darm-Kanal und in der Lunge. Prophylaxe: bisher keine Schutzimpfung vorhanden.
Éboli, Ana de Mendoza y de la Cerda, Fürstin von, *Cifuentes (bei Guadalajara) 29. 6. 1540, †Pastrana (bei Guadalajara) 2. 2. 1592. Politisch ehrgeizig, wurde E. infolge ihrer Indiskretionen und Intrigen 1579 vom span. Hof verbannt. Ihre Liebschaften mit Philipp II. und dessen Sekretär Antonio Pérez sind historisch nicht verbürgt; in Schillers Drama »Don Carlos« frei gestaltet.
E-Book ['iːbʊk, engl.] (elektronisches Buch), tragbares digitales Lesegerät im Format eines Buches, mit dem es möglich ist, elektronisch gespeicherte Texte (per ↑Download oder aus dem Internet zu übernehmen) zu lesen. Auch der elektronisch gespeicherte Text selbst, der auf einem solchen Gerät zu lesen ist, wird als E-B. bezeichnet.
Ebrach, Markt im Landkreis Bamberg, Oberfranken, Bayern, 325 m ü. M., im Steigerwald, 2 000 Ew.; Fremdenverkehr. – Zisterzienserkloster (1127–1803) mit frühgot. Kirche (13. Jh., Innenausstattung Ende des 18. Jh.) und barocken Gebäuden (1687 von J. L. Dientzenhofer begonnen).
Ebro *der* (katalan. Ebre, lat. Iberus), Fluss in NO-Spanien, 910 km lang, Einzugsgebiet: 83 500 km². Der E. entspringt im Kantabr. Gebirge und empfängt im E.-Becken seine Hauptnebenflüsse Jalón, Guadalope, Aragón, Gállego, Segre; durchschneidet das Katalan. Bergland. Bei Amposta beginnt das aus Flugsand und Sumpf bestehende Delta; wenig schiffbar.
EBS, Abk. für **E**lektronische **B**örse **S**chweiz (↑Schweizer Börse).
Ebstorfer Weltkarte, größte und bedeutendste Erddarstellung des MA. Die farbige Radkarte wurde im 13. Jh. entworfen; urspr. im Besitz des Klosters Ebstorf bei Uelzen, seit 1835 im Staatsarchiv in Han-

nover, dort 1943 durch Bombenangriff vernichtet; bestand aus 30 Pergamentblättern mit Jerusalem als Mittelpunkt; Faksimiledrucke im Kloster Ebstorf und in Lüneburg.

Ebullioskopie [lat.-grch.] *die,* Verfahren zur Bestimmung der Molekülmassen von gelösten, nicht flüchtigen Stoffen aus der Erhöhung des Siedepunktes der Lösung im Vergleich zum reinen Lösungsmittel (↑Kryoskopie).

Eburonen, kelt. Stamm der Belgen an Maas und Rhein, zeitweise unter german. Oberherrschaft. Die E. unter Ambiorix und Catuvolcus wurden 51 v. Chr. von Caesar vernichtet.

E-Business [ˈiːbɪznɪs, engl.], Abk. für ↑Electronic Business.

EBWE, Abk. für **E**uropäische **B**ank für **W**iederaufbau und **E**ntwicklung, ↑Osteuropabank.

ec, Abk. für ↑Eurocheque.

EC, Abk. für **1)** Eurocity (↑IC).

2) Europacup (↑Europapokal).

ECA [iːsiːˈeɪ], Abk. für engl. **E**conomic **C**ommission for **A**frica, regionale Wirtschaftskommission des Wirtschafts- und Sozialrats der Vereinten Nationen, gegr. 1958, Sitz: Addis Abeba.

Eça de Queirós [ˈɛsɐ ðə kaiˈrɔʃ], José Maria, portugies. Schriftsteller, *Póvoa de Varzim (Distr. Porto) 25. 11. 1845, †Paris 16. 8. 1900; bed. Erzähler des portugies. Realismus: »Das Verbrechen des Paters Amaro« (R., 1876), »Vetter Basilio« (R., 1878), »Der Mandarin« (Erz., 1880), »Die Reliquie« (R., 1887), »Stadt und Gebirg« (R., hg. 1901).

Écaillemalerei [eˈkaj-, frz. »Schuppe«] *die,* Dekor mit Schuppenmusterung, bes. in der Porzellanmalerei des 18. Jahrhunderts.

Écart [eˈkaːr, frz.] *der* (Ekart), Börsenwesen: Differenz zw. zwei Kursen, z. B. zw. Geld- und Briefkurs, zw. Tageskurs und Kauf- oder Verkaufspreis, zw. dem Preis einer Kauf- und einer Verkaufsoption.

Écarté [frz.] *das,* frz. Kartenspiel mit 32 Blättern der Pikettkarte für zwei Spieler. Jeder Spieler erhält fünf Karten, die 11. Karte bestimmt die Trumpffarbe; vom verdeckten Rest können für eine gleiche Zahl weggelegter (»ecartierter«) Karten neue genommen werden. Gewonnen hat, wer zuerst fünf Zählpunkte besitzt.

Eccard, Johannes, Komponist, *Mühl-hausen/Thüringen 1553, †Berlin 1611; bed. Meister des prot. Kirchenlieds; komponierte etwa 250 geistl. und weltl. mehrstimmige Gesänge.

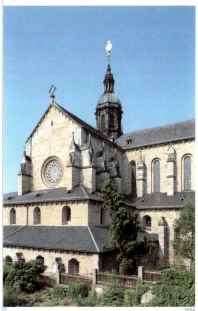

Ebrach: Kirche des ehemaligen Zisterzienserklosters (13. Jh.)

Ecce-Homo [ˈɛktsə-; lat. ecce homo »siehe, (welch) ein Mensch«], Worte des Pilatus (in der Vulgata), mit denen er den gegeißelten, dornengekrönten Jesus dem Volke vorstellte (Joh. 19, 5). – Kunst: Darstellung dieser Szene seit dem Spät-MA. (H. Bosch, M. Schongauer, Q. Massys, A. Dürer, Tizian u. a.).

Eccles [eklz], Sir John Carew, austral. Physiologe, *Melbourne 27. 1. 1903, †Contra (bei Locarno) 2. 5. 1997; Prof. in Canberra, Chicago und Buffalo (N. Y.); erforschte Gehirn- und Rückenmarkfunktionen und erkannte die Bedeutung der Ionenströme für die Erregungsübertragung an den Synapsen; Studien zum Bewusstsein (»Das Ich und sein Gehirn«, 1982; mit K. Popper). Mit A. L. Hodgkin und A. F. Huxley erhielt er 1963 den Nobelpreis für Physiologie oder Medizin.

Ecclesia [lat. »Versammlung«] *die* (grch. Ekklesia), Gemeinde, Kirche; urspr. ge-

ECC Ecclesia de Eucharistia

setzmäßig berufene Versammlung freier Bürger in den grch. Stadtstaaten, seit der Septuaginta auch religiöse Versammlung; i. w. S. die Gemeinschaft der Christen; von Paulus als E. Christi näher bestimmt. – **E. und Synagoge** (Kirche und Synagoge), personifizierte Sinnbilder für das N. T. und das A. T.; im MA. oft als Begleitfiguren der Kreuzigung dargestellt, auch als Figurenpaar an Kirchenportalen (Reims, Straßburg, Bamberg). E. wird als Siegerin mit Krone, Kreuzesfahne und Kelch, Synagoge als Besiegte, der die Gesetzestafeln entgleiten, mit gebrochener Lanze und verbundenen Augen dargestellt.

Ecclẹsia de Eucharistịa [lat.»Die Kirche (lebt) von der Eucharistie her«], Enzyklika Papst Johannes Pauls II. vom 17. 4. 2003 über die Bedeutung der Eucharistie im Leben der Kirche; hebt die zentrale Stellung der Eucharistie im Leben der Kirche hervor, beschreibt sie in Anknüpfung an Aussagen des 2. Vatikan. Konzils als Quelle und Höhepunkt des christl. Lebens und Mitte des Wachstumsprozesses der Kirche und stellt sie theologisch als Kern des christl. Heilsgeheimnisses (↑Mysterium) und als das Sakrament der Einheit der Kirche heraus.

Echinacea: Echinacea purpurea (Blütenköpfe bis 10 cm breit)

Ecclestone [ˈeklstəʊn], Charles Bernard (»Bernie«), brit. Automobilsportmanager, * London 28. 10. 1930; seit 1981 Präs. der 1971 gegründeten FOCA (Formula One Constructors Association), außerdem Vizepräs. der FIA; besitzt seit 1978 alle Formel-1-Fernsehübertragungsrechte.

Ecdysọn [grch.] *das,* Häutungs- und Metamorphosenhormon der Insekten, ein Steroid.

ECE [iːsiːˈiː], Abk. für engl. Economic Commission for Europe, regionale Wirtschaftskommission der Vereinten Nationen, gegr. 1947; Sitz: Genf.

Ecevit [ɛdʒɛˈvit], Bülent, türk. Politiker, * Istanbul 28. 5. 1925 (Geburtsdatum offiziell nicht angegeben); Journalist; 1966–71 Gen.-Sekr., ab 1972 Vors. der (1981 aufgelösten) Republikan. Volkspartei, ab 1987 Vors. der Demokrat. Linkspartei (DSP). 1974, 1978/79 und 1999–2002 Ministerpräsident.

Echappé [eʃaˈpeː, frz.] *das, Ballett:* Sprung aus der geschlossenen Position der Füße in eine offene.

Echappement [eʃapˈmã, frz.] *das,* Hemmung und Unruhschwingsystem bei Uhren.

Echarpe [eˈʃarp, frz.] *die,* 1) Schärpe, Schal; 2) (bes. schweiz.) gemustertes Umschlagtuch.

echauffieren [eʃoˈfiːrən, frz. »erhitzen«] (sich) erhitzen (durch Anstrengung oder Aufregung); (sich) aufregen.

Echec [eˈʃɛk, frz.] *der,* 1) frz. Bez. für Schach. 2) Niederlage.

Echegaray y Eizaguirre [etʃeɣaˈrai i ɛiθaˈɣirre], José, span. Dramatiker, * Madrid 19. 4. 1832, † ebd. 14. oder 16. 9. 1916; mehrfach Minister; schrieb, beeinflusst u. a. von A. Dumas d. Ä., H. Ibsen und H. Sudermann, über 60 bühnenwirksame, aber wirklichkeitsfremde ↑Mantel- und Degenstücke und gesellschaftskrit. Thesenstücke: »Wahnsinn oder Heiligkeit« (1877), »Der große Galeotto« (1881). Erhielt (mit F. Mistral) 1904 den Nobelpreis für Literatur.

Echeverịle [ɛtʃe-; nach dem mexikan. Pflanzenzeichner A. Echeverría, 19. Jh.] (Echeveria), Gattung der Dickblattgewächse mit über 150 Arten im trop. Amerika; sukkulente, stammlose Stauden oder kurzstämmige Sträucher mit spiralig angeordneten Blättern in Rosetten; Blüten in Blütenständen; Zierpflanzen.

Echidna, *grch. Mythos:* uraltes Ungeheuer, Schlange mit dem Kopf eines schönen Mädchens. Mutter u. a. des Höllenhundes ↑Kerberos, der ↑Hydra und Chimaira (↑Chimäre).

Echinacẹa [zu griech. echînos »Igel«, »Seeigel«], zur Familie der Korbblütenge-

wächse gehörende Pflanzengattung. Die Inhaltsstoffe der drei Arten E. purpurea, E. angustifolia und E. pallida werden pharmakologisch genutzt, ihnen wird eine Stimulation des Immunsystems zugeschrieben.
Echinocactus, die Pflanzengattung ↑Igelkaktus.
Echinodermata (Echinodermen), die ↑Stachelhäuter.
Echinoidea (Echinoiden), die ↑Seeigel.
Echinokokken, Gattung der ↑Bandwürmer mit den auch für den Menschen gefährl. Arten Echinococcus granulosus (Blasenwurm oder Hundebandwurm) und Echinococcus multilocularis (Fuchsbandwurm). Die Eier dieser kleinen, weniggliedrigen Bandwürmer werden mit dem Kot der befallenen Tiere ausgeschieden. Gelangen sie, z. B. mit verunreinigter Nahrung, in den Darm eines Zwischenwirts, so wandern die darin befindl. Hakenlarven auf dem Blutweg meist in die Leber (auch in die Lunge, zu 2–4% in das Zentralnervensystem), wo sie sich zu der für jede der beiden Parasitenarten kennzeichnenden Finnenform entwickeln. Die durch den Finnenbefall verursachte **Echinokokkose (E.-Krankheit, Blasenwurmkrankheit)** führt zur Zystenbildung im Gewebe. Symptome der Erkrankung sind abhängig von der Lokalisation im Körper und der Zystengröße. Durch Platzen der Zysten kommt es zur sekundären Echinokokkose mit Tochteransiedlungen und schweren allerg. Erscheinungen. – *Behandlung:* Z. T. ist eine operative Entfernung der Zysten möglich.
Echinops, die Pflanzengattung ↑Kugeldistel.
Echinus [grch. »Igel«] *der, Baukunst:* beim dor. Kapitell der wulstartige Teil zw. Säulenschaft und Deckplatte.
Echium, die Pflanzengattung ↑Natternkopf.
Echnaton, ägypt. König, ↑Amenophis IV.
Echo, *grch. Mythos:* eine Bergnymphe, die durch ihr Geschwätz Hera ablenkt, während ihr Gatte Zeus seinen Liebesabenteuern nachgeht. Hera straft die Nymphe damit, dass sie nur noch die letzten Worte der Rede anderer wiederholen kann.
Echo [grch.] *das,* **1)** *Musik:* Wiederholung eines kurzen Themas in verminderter Tonstärke.
2) *Nachrichtentechnik:* durch Reflexion der elektromagnet. Wellen auf dem Übertragungsweg verursachte, dem akust. E. vergleichbare Erscheinung; beim Funkverkehr durch Umwege in der Ausbreitung hervorgerufene Interferenzen und z. B. Mehrfachbilder beim Fernsehen.
3) *Physik:* allg. eine durch Reflexion zum Ursprungsort zurückkehrende Welle; speziell eine Schallreflexion **(Widerhall),** bei der der reflektierte Schall getrennt vom Originalschall wahrgenommen wird. Für ein E. eines kurzen Geräuschs muss das reflektierende Hindernis mindestens 33 m entfernt sein, da das menschl. Ohr zwei Schallereignisse nur dann getrennt voneinander erkennen kann, wenn zw. beiden ein zeitl. Abstand von mindestens 0,1 s besteht. Schnell aufeinander folgende E. verschmelzen zum **Nachhall.**
Echo|enzephalographie, spezielles Verfahren der Ultraschalldiagnostik, das einen Überblick über krankhafte Vorgänge im Schädelinnenraum (z. B. Hirntumor, Blutung) gestattet. Dabei wird Ultraschall gezielt auf Teile des Schädels gerichtet und dessen Reflexion in Form einer Kurve **(Echoenzephalogramm)** elektronisch dargestellt. Die E. hat seit Einführung von ↑Computertomographie und ↑Kernspintomographie an Bedeutung verloren.
Echograph *der,* Schreibgerät des ↑Echolots zur Aufnahme eines **Echogramms.** E. bezeichnet auch die gesamte Echolotanlage, mit Sender, Empfänger und Aufzeichnungsvorrichtung.
Echokardiographie (Ultraschallkardiographie, Abk. UKG, Herzsonographie), Methode der Herzdiagnostik mit Anwendung von Ultraschallimpulsen zur Untersuchung des Herzens; ermöglicht u. a. den Nachweis von Herzklappenfehlern, angeborenen Herzfehlern sowie die Beurteilung der Herzmuskelfunktion.
Echolalie *die,* das automat. und sinnfreie Nachsprechen als Stadium der frühkindl. Sprachentwicklung; auch psychopatholog. Symptom.
Echolot, Gerät zur Entfernungsmessung mithilfe reflektierter Schallimpulse (Schall, Explosion, Ultraschallimpulse). Aus der Zeit zw. Senden und Empfangen des Signals (Laufzeit) und der Schallgeschwindigkeit im jeweiligen Medium wird die Entfernung bestimmt. Im Wasser dient meist das Ultraschall-E. zum Messen der Wassertiefe, zum Anpeilen von Wracks,

Fischschwärmen (Fischlupe) usw. Daneben werden E. zur Lagerstättenexploration mithilfe von Explosionsdruckwellen verwendet. Das E. wurde 1913 von A. Behm erfunden.

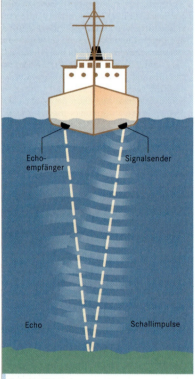

Echolot (Prinzip)

Echo|orientierung (Echoortung), *Zoologie:* Orientierung mancher Tiere durch selbst ausgesandte Laute, die von den Gegenständen ihrer Umgebung zurückgeworfen werden. So senden Fledermäuse, einige Fliegende Hunde, Delphine, Spitzmäuse und einzelne Höhlen bewohnende Vögel Schallsignale aus und bestimmen aus dem zurückkehrenden Echo die eigene Lage im Verhältnis zu Hindernissen im Raum. Die Fledermäuse, deren Ortungssystem bes. gut untersucht ist, senden Peiltöne im Ultraschallbereich aus; Stärke, Tonhöhe (Dopplereffekt), Zeitabstand und Richtung des Echos vermitteln ihnen ein räuml. »Bild« (»Bildhören«). Sie erkennen im Flug z. B. Drahthindernisse von 15 mm Stärke. Der E. sind bei landbewohnenden Tieren im Vergleich zu wasserlebenden enge Grenzen gesetzt, da die Schallgeschwindigkeit im Medium Luft erheblich geringer und die Schalldämpfung sehr viel stärker ist als im Wasser. Deshalb besitzen im Wasser lebende Tiere, v. a. einige Walarten und Delphine, die leistungsfähigsten Ortungssysteme.

Échoppe [e'ʃɔp, frz.] *die,* breite Radiernadel mit scharfer Kante, die den Schnitt des ↑Grabstichels nachahmt.

ECHO-Viren [Kw. für engl. **e**nteric **c**ytopathogenic **h**uman **o**rphan (viruses)], Sammelbz. für eine Gruppe von Enteroviren, die u. a. abakterielle Meningitis, Erkrankungen der Atmungsorgane und Gastroenteritis hervorrufen.

Echsen (Sauria), Unterordnung der Schuppenkriechtiere mit etwa 3 000 Arten, gekennzeichnet durch höcker- oder schuppenförmige Hornbedeckung, meist langen Schwanz, bewegl. Augenlider und locker in die Kieferknochen eingefügte Zähne. Die vier Gliedmaßen können mehr oder minder vollständig ausgebildet sein, aber auch fehlen. Der Schwanz kann bei manchen Arten bei Gefahr abgeworfen und später regeneriert werden. Zu den E. gehören u. a. Eidechsen, Geckos, Agamen, Leguane, Schleichen und Warane.

Echterdingen, Teil von ↑Leinfelden-Echterdingen.

Echternach, Kantonshptst. in Luxemburg, an der Sauer (Grenze zu Dtl.), 4 200 Ew.; Parfüm-, chem. Ind., Herstellung von Ind.robotern. – Wallfahrtsort, bekannt durch die alljährl. **Echternacher Springprozession** am Pfingstdienstag zum Grab des hl. Willibrord, des Begründers (698) der Benediktinerabtei. – Die ehem. Klosterkirche wurde 1016 über der Krypta des karoling. Vorgängerbaus errichtet; in der Krypta das Willibrordgrab. Nach schweren Zerstörungen 1944 wurde die Kirche wieder aufgebaut und 1989 zum Nationaldenkmal erklärt. – Die Abtei E. entwickelte sich in karoling. und otton. (8.–11. Jh.) Zeit zu einem Mittelpunkt der Schreibkunst und Buchmalerei.

Echter von Mespelbrunn, Julius, ↑Julius (Herrscher).

Echt|zeitverfahren (Realzeitverfahren, engl. real-time processing), *Informatik:* Betriebsart eines Rechnersystems, bei dem

Programme zur Verarbeitung anfallender Daten ständig betriebsbereit sind, sodass die Verarbeitungsergebnisse innerhalb einer vorgegebenen Zeitspanne verfügbar sind (z. B. Prozessrechner mit Messwerterfassungssystem). Die Daten können je nach Anwendung nach einer zufälligen zeitl. Verteilung oder zu vorbestimmten Zeitpunkten anfallen. Ggs.: ↑Stapelverarbeitung.

Écija [ˈeθixa], Stadt in Andalusien, S-Spanien, Prov. Sevilla, 36 900 Ew.; Bewässerungskulturen im Umland. – Maler. Stadtbild, arab. Alcázar und Stadtmauer, got. und Barockkirchen, Barockpaläste.

Eck, Johannes, eigtl. Maier aus Eck (Egg), kath. Theologe, *Egg a. d. Günz (bei Memmingen) 13. 11. 1486, †Ingolstadt 10. 2. 1543; Prof. in Ingolstadt; veranlasste die ↑Leipziger Disputation (1519); nahm an den Religionsgesprächen von Hagenau (1540), Worms (1541) und Regensburg (1541) teil. E. erkannte bereits früh die mit der Reformation aufgebrochenen Kontroverspunkte und trug als einer ihrer Hauptgegner entscheidend zur Verschärfung der theolog. Gegensätze bei.

Eckart (der getreue Eckart), Gestalt der dt. Heldensage, in der niederdt. Tradition Erzieher der im Breisgau ansässigen Harlungen, deren Tod er rächt. In späteren Überlieferungen symbol. Rater- und Mahnergestalt: Im Nibelungenlied bewacht er Rüdigers Mark, in der Tannhäusersage den Venusberg; spätere dichter. Bearbeitungen des E.-Stoffes bei Goethe, L. Tieck, L. Uhland.

ec-Karte, ↑Eurocheque.

Eckartsberga, Stadt im Burgenlandkreis, Sa.-Anh., an den südl. Ausläufern der Finne, 2 000 Ew.; Burg »Eckartsburg« (heute Ruine).

Eckehart, 1) Mönche in St. Gallen, ↑Ekkehart.
2) dt. Mystiker, ↑Eckhart.

Ecken Ausfahrt (Eckenlied), mhd. Gedicht, um die Mitte des 13. Jh., das erzählt, wie der ruhmgierige Riese **Ecke** und sein Bruder Fasolt im Kampf gegen Dietrich von Bern fallen.

Eckener, Hugo, Luftschiffpionier, *Flensburg 10. 8. 1868, †Friedrichshafen 14. 8. 1954; seit 1908 im Luftschiffbau tätig, führte mit Luftschiffen 1924 die erste Atlantiküberquerung nach Nordamerika (LZ 126), 1929 eine Weltfahrt, 1931 eine Nordpolfahrt (beides LZ 127) und 1936/37 fahrplanmäßige Fahrten nach Nordamerika aus (LZ 129).

Ecker, 1) Eichen- (Eichel) oder Rotbuchenfrucht (Buch-E.).
2) dt. Spielkartenfarbe, ↑Eichel.

Eckermann, Johann Peter, Schriftsteller, *Winsen (Luhe) 21. 9. 1792, †Weimar 3. 12. 1854; Vertrauter und literar. Sekretär Goethes; die von ihm herausgegebenen »Gespräche mit Goethe in den letzten Jahren seines Lebens« (3 Tle., 1836–48) entstanden aus seinem persönl. Umgang mit Goethe, sie sind ein bed. Dokument der letzten Lebensjahre des Dichters, nach dessen Tod E. auch die Herausgabe des Nachlasses besorgte.

Eckernförde, Stadt im Kreis Rendsburg-E., Schlesw.-Holst., zw. **Eckernförder Bucht** und Windebyer Noor, 22 900 Ew.; FH Kiel, Fachbereich Bauwesen E.; Ostseebad; Marinegarnison und Hafen; Jagdwaffenfabrik, Apparatebau, Wärmetechnik, feinmechan. und opt. Industrie. – Spätgot. Nikolaikirche (15. Jh.) aus Backstein. – Eine Burg E. wird 1197 erwähnt.

Johannes Eck (Kupferstich; um 1570)

Eckersberg, Christoffer Wilhelm, dän. Maler, *Båkrog (bei Apenrade) 2. 1. 1783, †Kopenhagen 22. 7. 1853; war in Paris Schüler von J.-L. David; prägte für lange

Zeit die dän. Malerei; Landschaften und Seestücke, bed. Porträts.

Eckflügler (Nymphalinae), Gattung der Tagschmetterlinge, mit vorstehender Zacke am Hinterflügel, oberseits meist bunt gefleckt, z. B. Admiral, Kleiner und Großer Fuchs, Tagpfauenauge.

Eckhardt, Fritz, österr. Schauspieler und Schriftsteller, *Linz 30. 11. 1907, †Klosterneuburg 31. 12. 1995; spielte an versch. Bühnen, in Wien im Kabarett »Der liebe Augustin« (1945 Neugründung); 1938 Berufsverbot; wirkte in zahlr. TV-Serien; auch Drehbuchautor.

Eckhart (Meister E., Eckehart), Philosoph und Theologe, Dominikaner, *Hochheim (bei Gotha) um 1260, †Avignon vor dem 30. 4. 1328; wurde 1302 Magister der Univ. Paris (daher Meister E.), 1303 Provinzial der neu geschaffenen Dominikaner-Ordensprovinz Saxonia und lehrte zw. 1311 und 1326 in Paris, Straßburg und Köln. Die Schriften E.s sind von der Intention getragen, die Einheit des Gerechten und der Gerechtigkeit, Gottes und des menschl. Geistes zu beweisen und als die Gottesgeburt im Menschen (die Wahrheit der Inkarnation Gottes in der Seele) philosophisch zu begründen. Dabei baut E. auf dem zentralen Gedanken der aristotelisch-averroist. Intellekt-Theorie (Albertus Magnus, Dietrich von Freiberg) auf: dass der Intellekt (das »Seelenfünklein« [»scintilla animae«]), wenn er aufhört, sich mit den Dingen zu verwechseln, und sich loslöst von *allen* Fixierungen (auch auf das Ich, die Tugend, den jenseitigen Gott und den Himmelslohn) die Einheit mit dem Weltgrund vollzieht, in der er *an sich* immer steht. Die aus diesem Denkansatz folgende Relativierung der Heilsgeschichte, der Sakramente und der sichtbaren Kirche brachte E. in den Verdacht der Häresie (1326 Eröffnung eines Inquisitionsverfahrens) und führte kurz nach seinem Tod zur Verurteilung von 28 Sätzen aus seinen Schriften durch Papst Johannes XXII. (Verurteilungsbulle vom 27. 3. 1329). – E.s Werk wirkte auf zahlr. Denker (F. Schlegel, F. von Baader, Schopenhauer), ist jedoch entgegen seiner Intention bis in die jüngere Vergangenheit auch weltanschaulich und politisch (E. als *der* »dt. Mystiker und Denker«) vereinnahmt worden.

📖 *Ruh, K.: Meister E. Theologe, Prediger, Mystiker.* München ²1989. – *Flasch, K.: Das philosoph. Denken im MA. Von Augustin zu Machiavelli.* Neuausg. Stuttgart ²2001. – *Wehr, G.: Meister E.* Reinbek ⁵2001.

Ecklohn, Tarifstundenlohn einer repräsentativen (meist mittleren) Lohngruppe, nach dem die Tariflöhne anderer Gruppen durch Zu- oder Abschlag festgesetzt werden.

Eckmann, Otto, Maler, Grafiker und Kunstgewerbler, *Hamburg 19. 11. 1865, †Badenweiler 11. 6. 1902; bed. Vertreter des Jugendstils; Mitarbeiter der Zeitschriften »Pan« und »Jugend«, für die er Titel und Ornamente zeichnete, schuf für K. ↑Klingspor die **E.-Schrift;** auch Entwürfe für Möbel, Textilien und Innendekorationen.

ABCDE FGHJK — Otto Eckmann: Eckmannschrift

Eckstine [ˈɛkstaɪn], Billy, eigtl. William Clarence E., amerikan. Jazzmusiker (Gesang, Trompete, Posaune) und Bandleader, *Pittsburgh (Pa.) 8. 7. 1914, †ebd. 8. 3. 1993; war 1944–47 mit seiner Band ein Hauptvertreter des ↑Bebop.

Eckstoß, Sport: allg. Schuss oder Wurf der angreifenden Mannschaft von einem der Eckpunkte in der gegner. Spielhälfte, wenn der Ball von einem verteidigenden Spieler über die eigene Torauslinie gespielt wurde; z. B. im Fußball (E.), Handball (Eckwurf), Hockey (»lange« und »kurze« Ecke«).

Eckzins (Spareckzins), Zinssatz für Spareinlagen mit »normaler« Kündigungsfrist (drei Monate), an dem sich die Zinssätze für Spareinlagen mit bes. vereinbarter Kündigungsfrist orientieren (Leitzins).

ECL [Abk. für engl. **e**mitter **c**oupled **l**ogic, »emittergekoppelte Logik«], sehr schnell arbeitende ↑Schaltkreisfamilie der Digitaltechnik auf Basis von Bipolartransistoren.

Eclair [eˈklɛːr, frz.] *das,* mit Creme oder Schlagsahne gefülltes Gebäck aus Brandteig.

ECM-Flugzeug [ECM, Abk. für engl. **e**lectronic **c**ounter **m**easurement, »elektron. Gegenmaßnahme«], für Zwecke der elektron. Kampfführung ausgerüstetes Militärflugzeug (u. a. vom Typ Tornado), das gegner. Radaranlagen stören oder täuschen kann, wodurch die Zielerfassung und -bekämpfung durch den Gegner erheblich behindert oder ausgeschlossen wird.

Eco, Umberto, italien. Semiotiker, Kunstphilosoph und Schriftsteller, *Alessandria 5. 1. 1932; Prof. in Florenz, Mailand und Bologna; verfasste zahlr. Studien zur mittelalterl. Ästhetik und Geistesgeschichte, zur Semiotik sowie zu den Ausdrucksformen der Massenkultur und -kommunikation. In der Essaysammlung »Das offene Kunstwerk« (1962) entwickelte er seine Theorie des Kunstwerks, das durch Polysemie (seinen mehrdeutigen Zeichencharakter) und Offenheit für unendlich viele Lesarten durch die Rezipienten charakterisiert ist. Ein Welterfolg wurde v. a. sein mit den Strukturen der Detektivgeschichte spielender Roman »Der Name der Rose« (1980), der die Welt des 14.Jh. als Gleichnis aktueller Verwirrung entwirft. Auch in den folgenden Romanen nutzt er histor. Stoffe, um in komplizierten Handlungsgeflechten sein Thema, die Zeichen, zu variieren (»Das Foucaultsche Pendel«, 1988; »Die Insel des vorigen Tages«, 1994; »Baudolino«, 2001). Das umfangreiche essayist. Werk diskutiert ebenfalls die Semiotik in ihren Verbindungen zu anderen Wissenschaften und zum Alltag (»Die Suche nach der vollkommenen Sprache«, 1993; »Kant und das Schnabeltier«, 1997).
🕮 *Schiffer, D. S.: U. E.: le labyrinthe du monde. Paris 1998. – Schalk, H.: U. E. und das Problem der Interpretation. Würzburg 2000.*

École de Paris [e'kɔl də pa'ri, frz.], Gruppe lose miteinander verbundener Maler versch. Nationalität, die nach dem Ende des Zweiten Weltkrieges bis etwa 1960 in Paris tätig waren. Ihr Schwerpunkt lag auf der abstrakten Malerei, des ↑informellen Kunst. – Die Bez. É. de P. wird z. T. auch auf alle seit etwa 1905 in Paris lebenden und mit den Pariser Künstlerzirkeln verbundenen in- und ausländ. Künstler bezogen.

E-Commerce ['ikɔmɔːs, engl.], Abk. für ↑Electronic Commerce.

economiesuisse – Verband der Schweizer Unternehmen, Spitzenverband der schweizer. Wirtschaft, gegr. 2000 als Nachfolger des ↑Schweizerischen Handels- und Industrie-Vereins; Sitz: Zürich.

Economiser [ɪ'kɔnəmaɪzə; engl. »Sparer«] *der,* Speisewasservorwärmer (↑Dampferzeuger).

Economist, The [ðɪ ɪ'kɔnəmɪst], brit. Wochenzeitschrift für Wirtschaft, Politik und Kultur, gegr. 1843.

Economy-Class-Syndrom [ɪ'kɔnəmi-klɑːs-] (Reisevenenthrombose), akute Beinvenenthrombose nach längerer Reise mit eingeengter Sitzgelegenheit, mangelnder Bewegung und unzureichender Flüssigkeitsaufnahme (z. B. im Flugzeug, Auto oder im Bus); verursacht durch fehlende ↑Muskelpumpe und Venenabknickung.

Economyklasse [ɪ'kɔnəmɪ-, engl.], billigste Tarifklasse im Flugverkehr.

ECOSOC, Abk. für engl. Economic and Social Council, der Wirtschafts- und Sozialrat der ↑UN.

Ecossaise [ekɔ'sɛːz; frz.»die Schottische«] *die* (Ekossaise), alter schott. Rundtanz zum Dudelsack in Dreiertakt, wurde nach 1700 in Frankreich als ↑Anglaise in höf. Tanz in geradem Takt; war in Dtl. v. a. 1800–30 populär.

Écouen [e'kwã], Ort in Frankreich, Dép. Val-d'Oise, nördlich von Paris, 4 800 Ew. – Das Schloss, heute Musée National de la Renaissance mit bed. Sammlungen von Emailarbeiten des 16.Jh., wurde etwa 1535–78 erbaut.

ECOWAS, Abk. für engl. Economic Community of West African States, ↑Wirtschaftsgemeinschaft westafrikanischer Staaten.

Ecraséleder [frz.], farbiges, glattes, pflanzlich gegerbtes Ziegenleder.

Écrins, Barre des [bardeze'krɛ̃], Gipfel des Pelvoux-Massivs in den Frz. Alpen, 4 102 m ü. M.; der Naturpark **Écrins** in den Dép. Isère und Hautes-Alpes ist mit 91 800 ha der größte Frankreichs.

Écriture automatique [ekri'tyr ɔtoma-'tik, frz.] *die,* u. a. von P. Soupault und A. Breton praktiziertes und von Breton in »Manifest des Surrealismus« (1924) theoretisch begründetes Verfahren zur Erstellung literar. Texte, das den wirkl. Ablauf des Denkens, das Nacheinander der Vorstellungen unmittelbar zum Ausdruck bringen soll. Die der É. a. inhärenten Verfahrensweisen und Ziele wurden auf die bildende Kunst und die Musik übertragen. (↑Automatismus)

ECR-Tornado, ein spezielles ↑ECM-Flugzeug vom Typ ↑Tornado.

Ecstasy ['ɛkstəsɪ; engl. »Ekstase«] *das,*

synthetisch hergestellte Drogen aus der Gruppe der Amphetamine, die zu euphor. Gefühlsstimmungen führen, aber auch Konzentrationsschwäche und Depressionen sowie Herzrasen, Muskelkrämpfe und einen gefährl. Wasserverlust des Körpers hervorrufen können; bei Überdosierung besteht die Gefahr des Herzstillstands. E. unterliegt dem Betäubungsmittelgesetz.

ECU [e'ky], Abk. für engl. European Currency Unit, ↑Europäisches Währungssystem.

Écu [e'ky; frz., von lat. scutum »Schild«] der, frz. Münze, nach ihrem Gepräge, dem königl. Wappenschild, benannt.

Ecuador

Fläche	272 045 km² (nach anderen Angaben: 283 561 km²)
Einwohner	(2003) 13,003 Mio.
Hauptstadt	Quito
Verwaltungsgliederung	22 Provinzen
Amtssprache	Spanisch
Nationalfeiertag	10. 8.
Währung	1 US-Dollar (US-$) = 100 Cent (c, ¢)
Zeitzone	MEZ − 6 Std.

Ecuador (Ekuador, amtl. span. República del E.), Staat im NW Südamerikas, beiderseits des Äquators; grenzt im W an den Pazifik, im N an Kolumbien, im O und S an Peru; zu E. gehören die ↑Galápagosinseln. **Staat und Recht:** Nach der Verf. vom 10. 8. 1998 ist E. eine präsidiale Republik. Staatsoberhaupt und oberster Inhaber der Exekutive (Reg.chef) ist der für vier Jahre direkt gewählte Präs. (einmalige Amtsperiode); er ist Oberbefehlshaber der Streitkräfte und ernennt die Mitgl. des Kabinetts. Die Legislative liegt beim Nationalkongress (100 Abg., für vier Jahre ge-

wählt). Einflussreichste Parteien: Volksdemokratie (DP), Sozial-Christl. Partei (PSC), Roldosist. Partei E.s (PRE), Demokrat. Linke (ID), Bewegung des Nat. Zusammenschlusses (MIN).

Landesnatur: E. gliedert sich in drei Landschaftszonen. Im W entlang der Küste des Pazifiks mit dem Golf von Guayaquil erstreckt sich ein 50–160 km breites Tiefland (Costa), das von einem Küstengebirge (bis 700 m ü. M.) durchzogen wird, mit im N feuchtheißem, im S trockenem Klima. Das Zentrum des Landes bildet die Andenregion (Sierra), zwei Parallelketten von 3 000 bis 6 000 m Höhe mit z. T. tätigen Vulkanen (Chimborazo 6 267 m ü. M., Cotopaxi 5 897 m ü. M.). Zw. den beiden Kordilleren ist das Hochland durch quer verlaufende Bergzüge in einzelne, etwa 2 600 m hoch gelegene Becken, die Hauptsiedlungsräume des Landes, geteilt. Bei kühlgemäßigtem Klima gibt es eine bis zu neun Monaten dauernde Trockenzeit. Die Hänge der Ostkordillere fallen nach O steil zum östl. Tiefland (Oriente) im Stromgebiet des Amazonas ab, das mit trop. Regenwald bedeckt und noch kaum erschlossen ist.

Bevölkerung: Die größten Bev.gruppen (je rd. 40%) sind die Mestizen und die Indianer. Die Indianer der Sierra sprechen meist Ketschua oder Chibcha. Schwarze und Mulatten (je rd. 5%) leben zum größten Teil im Küstentiefland. Die Weißen (10%), überwiegend in den Städten, bilden die Oberschicht. Die durchschnittl. Bev.wachstumsrate von 2,3% ist eine der höchsten Lateinamerikas, die Bev.dichte die höchste Südamerikas. In Städten (größte Städte sind Guayaquil, Quito und Cuenca) leben fast zwei Drittel der Einwohner. – Rd. 93% der Bev. gehören der kath. Kirche an, über 3% prot. Kirchen. – Es besteht eine achtjährige Schulpflicht. Die Analphabetenquote beträgt 9%. Die älteste Univ. ist die Universidad Central del E. (gegr. 1769) in Quito.

Wirtschaft und Verkehr: Die traditionell agrarisch geprägte Wirtschaftsstruktur änderte sich grundlegend durch den starken Ausbau der Erdölproduktion und des -exports in den 70er- und 80er-Jahren. Ein Anfang der 90er-Jahre eingeleitetes marktwirtsch. orientiertes Reform- und Sparprogramm führte nicht zu einer Konsolidierung der Volkswirtschaft. Infolge versäumter Strukturreformen, der Abhän-

Ecuador ECU

Ecuador: Chimborazo in der Westkordillere im Sangay-Nationalpark

gigkeit von einigen wenigen Exportgütern (Erdöl, Bananen), den negativen Auswirkungen von El ↑ Niño 1997/98 auf die Landwirtschaft und Infrastruktur des Landes u. a. kam es Ende der 90er-Jahre zu einer der schwersten Wirtschaftskrisen des Landes. – Erdöl wird seit 1917 auf der Halbinsel Santa Elena, seit 1972 im N des Oriente gefördert; der Transport erfolgt durch eine transandine Pipeline (504 km lang, 1987 durch Erdbeben zeitweise stark zerstört; erhebl. Umweltbelastung entlang der Pipeline und im Bereich der Ölfelder) zur Küste bei Esmeraldas (Erdölraffinerie). Der Bau einer neuen Schwerölleitung wurde 2001 beschlossen. Die Vorkommen an Gold sowie an Eisen- und Kupfererz sollen verstärkt abgebaut werden. Ein nach wie vor wichtiger Wirtschaftszweig ist die Landwirtschaft, die rd. 25% der Staatsfläche nutzt. Auf Plantagen im Küstenland (Costa) werden Bananen, Kaffee, Kakao und Zuckerrohr (vorwiegend für den Export) sowie Reis angebaut, für den Eigenbedarf im Hochland Getreide, Kartoffeln, Gemüse; ferner Rinder-, Schaf- und Schweinezucht. Die Regenwälder im östl. Tiefland (Oriente) werden noch wenig genutzt. Im nördl. Küstengebiet ist aber durch die infrastrukturelle Erschließung im Zusammenhang mit der Erdölsuche und -förderung ein rascher Rückgang der Waldbestände zu verzeichnen. Reiche Fischgründe (z. T. Beeinträchtigung durch El Niño) liegen im Bereich des Humboldtstroms und um die Galápagosinseln (200-Seemeilen-Grenze); wichtig für den Export ist die Krabbenzucht (ökolog. Schädigung der Mangrovenbestände). Die Industrialisierung, bisher v. a. durch Kapital- und Rohstoffmangel, unzureichende Infrastruktur und ungenügende Kaufkraft erschwert, wird stark gefördert, v. a. der Ausbau der chem. Ind. und der Metallproduktion. Die Erdölexporte führten in den letzten Jahren zu einer aktiven Handelsbilanz. Zweitwichtigste Devisenquelle sind die Überweisungen von im Ausland lebenden Ecuadorianern. Ausfuhr: Erdöl, Bananen, Garnelen; Einfuhr: bes. Rohstoffe, Maschinen und Fahrzeuge. Haupthandelspartner sind die USA, Kolumbien, Peru, Japan und Venezuela.

Wichtigster Verkehrsträger ist das gut ausgebaute Straßennetz mit einer Gesamtlänge von 43 700 km, davon entfallen 1 392 km auf die von N nach S durch die Sierra verlaufende Carretera Panamericana. Bis 1995 waren noch 956 km Eisenbahnstrecken in Betrieb, wegen Unrentabilität wurde der Schienenverkehr größtenteils eingestellt. Größter Seehafen ist Guaya-

ECU Ecuador

quil, Bananenexporthafen Puerto Bolívar, Erdölexporthafen El Balao bei Esmeraldas. Internat. Flughäfen gibt es in Guayaquil und Quito.

Geschichte: Vor der span. Eroberung (1533/34) war E., in der Küstenebene besiedelt seit etwa 3000 v. Chr., Teil des Reiches der ↑Inka; seit 1563 gehörte es zum Vizekönigreich Peru, seit 1739 zu Neugranada. Der Kampf um die Unabhängigkeit von Spanien begann 1809; mit dem Sieg General A. J. de Sucres 1822 am Vulkan Pichincha wurde E. Teil Groß-Kolumbiens, von dem es sich 1830 trennte. Die ersten Jahrzehnte der Unabhängigkeit waren von polit. Instabilität gekennzeichnet; Machtkämpfe zw. Liberalen und Konservativen endeten mit der Diktatur G. García Morenos (1861–75), der ein modernes Staatswesen schuf. Die Unruhen flammten jedoch nach seiner Ermordung 1875 wieder auf, bis sich 1895 die Liberalen durchsetzten. E. Alfaro (Präs. 1895–1901, 1906–11, ermordet 1912) modernisierte den Staat v. a. durch Zurückdrängen der kath. Kirche, die Wirtschaft wurde durch den Kakaoanbau und -export bestimmt.

Ecuador: Indios in Otavalo, einem Ort in den Anden, nördlich von Quito

Unter Präs. I. Ayoro (1925–31) wurde 1931 der langjährige Grenzstreit mit Kolumbien beigelegt. Mit der Weltwirtschaftskrise und dem Rückgang des Kakaoexports setzten die polit. Unruhen wieder ein. Nach einem Grenzkrieg mit Peru verlor E. 1942 im »Protokoll von Rio de Janeiro« (das 1960 von E. einseitig für nichtig erklärt wurde) bed. Gebiete im Amazonastiefland.
Beherrschender Politiker der folgenden Jahrzehnte war J. M. Velasco Ibarra (Präs. 1934–35, 1944–47, 1952–56, 1960–61, 1968–72, fünfmal durch Putsch gestürzt). Er erweiterte die wirtsch. Möglichkeiten seines Landes durch die Ausweitung des Außenhandels (u. a. verstärkter Erdölexport). Es gelang ihm jedoch auf Dauer nicht, die Lebensbedingungen v. a. der Landbev. grundlegend zu verbessern. 1972 übernahm eine reformorientierte Offiziersgruppe die Macht. Das starke Bev.wachstum und die Strukturprobleme auf dem Agrarsektor verhinderten auch weiterhin einen dauerhaften sozialen Ausgleich.
Nachdem 1978 durch ein Referendum eine neue Verf. angenommen worden war, ging die Macht 1979 wieder an eine gewählte Reg. über. Mit unterschiedl. polit. Akzenten versuchten die Reg., u. a. unter den Präs. J. Roldós Aguilera (1979–81, nationalistisch-populistisch), L. Febres Cordero (1984–88, christlich-sozial), R. Borja Cevallos (1988–92, sozialdemokratisch) und S. Durán Ballén (1992–96, neoliberal) gesellschaftspolit. Reformen durchzuführen, ohne die Strukturprobleme lösen zu können. Der bei den Präsidentenwahlen von 1996 mit einem nationalistisch-populist. Programm erfolgreiche A. J. Bucaram Ortiz wurde Anfang Febr. 1997 vom Parlament wegen »Unfähigkeit« abgesetzt, das Amt wurde vom bisherigen Parlamentspräs. F. Alarcón übernommen. Auch unter seinem Nachfolger, dem 1998 gewählten Christdemokraten J. Mahuad, kam das Land nicht zur Ruhe. Die schwere Wirtschaftskrise und der harte Sparkurs führten zu Streiks, sozialen Unruhen (v. a. bei den Indianern) und schließlich im Jan. 2000 zur Absetzung des Präs. durch das Militär unter Lucio Gutiérrez. Kurz darauf wählte das Parlament den bisherigen Vizepräs. G. Noboa (parteilos) zum Präs. Der Beschluss des Parlaments vom 1. 3. 2000, zur Behebung der Wirtschaftskrise den Dollar als Leitwährung einzuführen, wurde im Sept. 2000 umgesetzt. Die damit verbundene Verschärfung des neoliberalen Kurses (v. a. drast. Erhöhung der Treibstoffpreise) ließ die sozialen Unruhen Anfang 2001 erneut aufbrechen. Bei den Präsidentschaftswahlen konnte sich nach einer Stichwahl im Nov. 2002 der linksnationalist. Politiker und ehem. Oberst L. Gutiérrez durchsetzen (Amtsantritt Jan. 2003).

Seit in dem umstrittenen Grenzgebiet zw. E. und Peru Erdölvorkommen vermutet wurden, kam es zw. beiden Staaten (1995) zu einem bewaffneten Konflikt, nach internat. Vermittlung zur Einrichtung einer entmilitarisierten Zone, schließlich im Okt. 1998 zu einem Friedensvertrag.
📖 *Westphal, W.: Unter den Schwingen des Kondor. Das Reich der Inka gestern u. heute. Neuausg. Frankfurt am Main u. a. 1989. – Frank, E.: E. mit Galápagos-Inseln. Buchschlag ⁵1990, Nachdr. 1993. – Langer, M.: Geldpolitik u. Finanzsystem in Entwicklungsländern. Theoret. u. empir. Untersuchungen am Beispiel E.s. Münster u. a. 1993. – E. poverty report, hg. v. der World Bank, Washington. Washington, D. C., 1996. – Pineo, R. F.: Social and economic reform in E. Gainesville, Fla., 1996. – Borsdorf, A.: E. in Profilen. Landeskundl. Beobachtungen auf einer geograph. Exkursion. Innsbruck 1997.*

ecuadorianische Literatur, zählt zur lateinamerikan. Literatur in span. Sprache. Die Romantik vertrat bes. J. L. Mera (*1832, †1894). Essayist und Vorläufer des Modernismus war J. Montalvo (*1832, †1889). Modernist. Dichter waren u. a. A. Borja (*1892, †1912) und M. A. Silva (*1899, †1920). Soziale und polit. Probleme behandeln die Romane von J. Gallegos Lara (*1911, †1947), E. Gil Gilbert (*1912, †1973), José de la Cuadra (*1903, †1941), A. Ortiz und J. Icaza (*1906, †1978). Lyriker sind J. Carrera Andrade (*1902, †1978), J. Reyes (*1905); die Gegenwartsliteratur vertreten ferner u. a. A. Carrión (*1915, †1992), P. J. Vera (*1915), J. E. Adoum (*1923), R. Díaz Ycaza (*1939), J. Pazos Barrera (*1944).

Ed., Abk. für lat. *editio,* ↑Edition, **ed.** für **edidit,** (hat) herausgegeben, **edd.** für **ediderunt,** (haben) herausgegeben.

EDA-Komplex, Kurzwort für Elektronen-Donator-Akzeptor-Komplexe, ↑Charge-Transfer-Komplexe.

Edam-Volendam, Stadt in der Prov. Nordholland, Niederlande, am IJsselmeer, 26 800 Ew.; aus E. stammt der vollfette, meist kugelförmige und mit einer roten Wachsschicht überzogene **Edamer Käse;** Maschinen- und Metallwareind., Fischverarbeitung; Fremdenverkehr. Das Fischerdorf **Volendam** ist bekannt für die hier getragenen Trachten. – Spätgot. Sint-Nicolaaskerk (Grote Kerk; 15. und 17. Jh.), spätgot. Turm der Marienkirche (15. Jh.), Rathaus (1737).

edaphisch [grch.], bodenbedingt, auf den Boden und dessen ökologisch wirksame Faktoren bezogen.

Edaphon [zu grch. édaphos »Erdboden«] *das,* Gesamtheit der Organismen des Erdbodens.

Edda, Name zweier Werke der altisländ. Literatur, die Snorra-E. (auch jüngere oder Prosa-E.) und die Lieder-E. (auch ältere oder Sæmundar-E. Den Namen E. führte urspr. nur die Snorra-E., die Lieder-E. erhielt ihn erst im 17. Jh. durch isländ. Gelehrte.

Die **Snorra-Edda,** überliefert in Handschriften des 13. und 14. Jh., ist ein um 1225 von Snorri Sturluson verfasstes Lehrbuch der Skaldendichtkunst über die dichter. Ausdrücke, die Umschreibungen (Kenningar, ↑Kenning) und die versch. Versarten. Sie beginnt mit einer Darstellung der nord. Mythologie, der Gylfaginning (Gylfis Täuschung) in Dialogform; es folgen die Skáldskaparmál (Sprache der Dichtkunst), reich an Zitaten aus der Skaldendichtung des 9.–12. Jh.; den Schluss bildet das Háttatal (Aufzählung der Versarten), ein Lobgedicht Snorri Sturlusons auf den norweg. König Håkon und Jarl Skuli.

Die **Lieder-Edda,** früher fälschlich dem isländ. Gelehrten Sæmund Sigfússon (11./12. Jh.) zugeschrieben, ist in einer Handschrift aus dem 13. Jh. überliefert und enthält etwa 30 Götter- und Heldenlieder in Stabreimen aus dem 8.–11. Jh. Die Götterlieder umfassen Visionsdichtung (↑Völuspá), Götterschwänke, dialog. Wissensdichtung und Spruchdichtung (Hávamál). Die Heldenlieder zeigen z. T. Spuren dt. Vorlagen (z. B. das »Alte Atlilied«, die Sigurd- und Gudrunlieder aus dem Nibelungenstoff). Im Unterschied zur kunstvollen Skaldendichtung sind die E.-Lieder in volkstüml. Sprache geschrieben.
📖 *Kristjánsson, J.: E.s u. Sagas. Die mittelalterl. Lit. Islands (a. d. Isländ.) Hamburg 1994.*

Eddington [ˈedɪŋtən], Sir (seit 1930) Arthur Stanley, brit. Astronom und Physiker, *Kendal (Cty. Cumbria) 18. 12. 1882, †Cambridge 22. 11. 1944; begründete die Erforschung des inneren Aufbaus der Sterne, stellte die Pulsationstheorie der ↑Cepheiden auf, bestätigte während einer

Sonnenfinsternis 1919 die von A. Einstein vorhergesagte Lichtablenkung im Gravitationsfeld und entdeckte die Masse-Leuchtkraft-Beziehung.

Eddy, Mary, geb. Baker, amerikan. Laientheologin, *Bow (N. H.) 16. 7. 1821, † Boston 3. 12. 1910; Gründerin der ↑Christian Science.

Ede, 1) Industriegemeinde in der Prov. Gelderland, Niederlande, 101 300 Ew.; Kunstfaser-, Textil-, Möbel-, Getränke-, Verpackungsindustrie.
2) Stadt in SW-Nigeria, im Yorubaland, 284 900 Ew.; Handel mit Kakao, Palmöl u. a.; Bahnstation.

Édéa, Stadt in Kamerun, am unteren Sanaga, 31 000 Ew.; Stauanlagen mit Kraftwerk (258 MW), Aluminiumindustrie, Papierfabrik; Bahnstation.

EDEKA Handelsgruppe, genossenschaftlich orientierte Einkaufsorganisation des Lebensmitteleinzelhandels; gegr. 1907 in Leipzig; Sitz: Hamburg. Zum Verbundsystem der E. H. (4 724 Einzelhändler mit 10 074 Läden, die in 14 regionalen Genossenschaften mit 12 Großhandelsbetrieben zusammengeschlossen sind) gehören als Waren- und Dienstleistungszentrale die **EDEKA Zentrale AG,** Hamburg, als zentrales Kreditinstitut die EDEKA Bank AG, als Prüfungsverband der EDEKA Verband kaufmänn. Genossenschaften e. V.

Edelfalter, Familie der Tagfalter, ↑Ritterfalter.

Edelfäule, Zersetzung reifer Weinbeeren durch den Grauschimmelpilz (Botrytis cinerea) bei feuchtwarmem Herbstwetter.

Die rosinenähnl. Beeren liefern natursüße Weine, z. B. Beerenauslesen.

Edelfreie (Edelinge), bei german. Völkern eine durch edle Abkunft und höheres Ansehen ausgezeichnete Schicht innerhalb des Standes der ↑Freien, im Ggs. zu den ↑Ministerialen. Aus ihr entwickelten sich im 11./12. Jh. die **freien Herren,** die mit Gerichtshoheit ausgestatteten Grundherren (↑Adel).

Edelgase, die Elemente Helium, Neon, Argon, Krypton, Xenon und das radioaktive Radon, die im Periodensystem der Elemente die achte (nullte) Hauptgruppe bilden. Die E. sind einatomige, farb- und geruchlose Gase; wegen der bes. abgeschlossenen Elektronenanordnung ihrer Atome (**E.-Konfiguration**) sind die E. sehr reaktionsträge (inert) und bilden nur unter extremen Bedingungen chem. Verbindungen. E. kommen zu rd. 1 % in der atmosphär. Luft vor. Zus. mit Mineralwässern und aus Erdgasquellen treten oft Gase mit größerem Gehalt an Argon und Helium aus. Verwendung in der Beleuchtungs-, Tieftemperatur- und Kerntechnik (Helium) sowie in der Medizin.

Edelhirsch, ↑Hirsche.

Edelkastanie (Echte Kastanie, Castanea sativa), Buchengewächs in W-Asien, kultiviert und eingebürgert in S-Europa und N-Afrika, seit der Römerzeit auch in wärmeren Gebieten Dtl.s; sommergrüner, bis über 1 000 Jahre alt und über 20 m hoch werdender Baum; Nussfrüchte (**Esskastanien** oder **Maroni**) mit stachliger Fruchthülle; erste Fruchterträge nach 20 Jahren.

Edelkoralle, ↑Korallen.

Edelkastanie: Früchte der Edelkastanie, zum Teil noch in ihrer Fruchthülle

Edelman ['eɪdlmæn], Gerald Maurice, amerikan. Biochemiker, *New York 1. 7. 1929; seit 1960 Prof. an der Rockefeller University in New York; klärte 1969 die vollständige Struktur eines Immunglobulins auf; hierfür erhielt er 1972 mit R. R. Porter den Nobelpreis für Physiologie oder Medizin.

Edelmann, urspr. Angehöriger des freien Adels (↑Edelfreie), später jeder Ritter.

Edelmann, Johann Christian, Freidenker, *Weißenfels 9. 7. 1698, † Berlin 15. 2. 1767; Studium der evang. Theologie; veröffentlichte nach 1735 zahlr. Streitschriften, in denen er sich für ein Leben in der wahrhaftigen Nachfolge Jesu (des vorbildl. Menschen) aussprach und das Christentum und die Kirche als gegen die Vernunft und damit gegen Gott selbst gerichtete »Pfaffenherrschaft« der radikalen Kritik unterzog; gilt als ein Vorläufer der Aufklärung.

Edelmetalle, im elementaren Zustand sehr beständige Metalle (speziell gegen Sauerstoff und Säuren), zu denen Silber, Gold, Quecksilber und die Platinmetalle zählen; bes. für Schmuck und techn. Zwecke geeignet.

Edelreis, im Obst- und Weinbau ein zur ↑Veredelung dienendes Zweigstück.

Edelstahl, mit Stahlveredelungsmitteln wie Chrom oder Mangan legierter rostfreier Stahl mit nur geringem Gehalt an Phosphor, Schwefel u. a. unerwünschten Begleitelementen und Schlackeneinschlüssen.

Edelsteine, Sammelbez. für zur Herstellung von Schmuck oder auch kunstgewerbl. Gegenständen verwendete, durch schönes Aussehen, meist auch durch Härte und Seltenheit hervorstechende nichtmetall. Materialien. E. sind überwiegend natürlich vorkommende, heute z. T. auch synthetisch hergestellte Minerale (von den etwa 2500 bekannten Mineralen der Erdkruste etwa 70). Die zu Schmuckzwecken verwendeten Minerale wurden früher meist in die Gruppe der bes. klaren, harten, z. T. auch sehr seltenen E. (i. e. S.) und die der vielfach undurchsichtigen, nicht so widerstandsfähigen und weniger wertvollen Halb-E. unterteilt. Da sich diese Gruppen jedoch nicht klar gegeneinander abgrenzen lassen, fasst man sie heute meist alle unter dem Begriff E. oder **Schmucksteine** zusammen. Gewichtseinheit ist das Karat (0,2 g). Zu den wertvollsten E. zählen der ↑Diamant, Varietäten des ↑Berylls, ↑Korunds und ↑Chrysoberylls sowie der Opal. E. kommen in Gesteinen und Erzen vor und werden in Tagebauen und Steinbrüchen sowie aus Seifen gewonnen. – Durchsichtige E. werden zur Entfaltung der Lichtwirkung facettiert geschliffen (↑Brillant), durchscheinende und undurchsichtige meist gewölbt (gemugelt, Cabochon) oder sind als flache Siegelsteine gravierfähig. Das Schleifen umfasst Klopfen und/oder Sägen, Ebauchieren (Grobschleifen) und Facettieren (Polieren). – **Synthet. E.** (Synthesen) sind kristalline Substanzen, die ganz oder teilweise durch Kristallzüchtung hergestellt wurden, deren chem. Zusammensetzung, Feinstruktur und physikal. Eigenschaften mit den natürl. E. identisch sind. In wirtsch. bedeutenden Mengen hergestellt werden Korunde (Rubin, Saphir), Spinelle und Smaragd. – **Imitationen** gleichen nur äußerlich natürl. E.; sie bestehen vorwiegend aus gefärbten Gläsern, aber auch aus keram. Massen und Kunstharzen. Synthesen und Imitationen müssen im Handel eindeutig als solche gekennzeichnet sein. Die wirtsch. bedeutendsten E.-Lagerstätten befinden sich in Australien, Brasilien, Birma, Madagaskar, Namibia, in der Rep. Südafrika, in Simbabwe, Sri Lanka, Thailand, Jakutien (Russ. Föderation) und in der Demokrat. Rep. Kongo. Haupthandelsplätze für Roh-E. sind London, New York und Idar-Oberstein. Besondere Aufgabe der **E.-Kunde (Gemmologie)** ist die Erarbeitung von Methoden zur Unterscheidung natürl. E. von Synthesen und Imitationen; dazu werden z. B. Goniometer, Polarisationsmikroskope und Röntgenapparate eingesetzt.

Geschichte: In der Antike kamen E. v. a. aus dem Orient, seit der Entdeckung Amerikas auch aus Süd- und Mittelamerika; im 19. Jh. sind bes. in Brasilien, Russland, Afrika und in Australien neue Fundstätten erschlossen worden. Das Schleifen von E. war im Altertum kaum verbreitet; es entwickelte sich im Spät-MA. aus dem Mugeln. Hoch entwickelt war seit röm. Zeit die Steinschneidekunst. Aus frühen Ansätzen im 5. Jh. erreichte die Schmuckverwendung von E. im MA. einen Höhepunkt in Werken kirchl. Kunst und den Insignien der Herrscher. Seit dem 16. Jh. wurden E. als profaner Schmuck verwendet. In dieser Zeit entwickelte sich der Brillantschliff.

EDE Edelsteinstraße

📖 *Chudoba, K. F. u. Gübelin, E. J.: Edelsteinkundl. Handbuch.* Bonn ³1974. – *E. u. Schmucksteine. Alle Edel- u. Schmucksteine der Welt,* bearb. v. *W. Schumann.* Neuausg. München u. a. 1995. – *GU-Naturführer E. u. Schmucksteine,* bearb. v. *R. Hochleitner.* München ²1995.

Edelsteinstraße, ↑Ferienstraßen (Übersicht).

Edeltanne, ein Nadelbaum, ↑Tanne.

Edelweiß (Leontopodium), Korbblütlergattung mit etwa 40 Arten in Gebieten Asiens und Europas; weiß- oder grauhaarige Kleinstauden oder Halbsträucher mit meist trugdoldig gehäuften Blütenkörbchen. Das europ. **Leontopodium alpinum** mit strahlig abstehenden, weißfilzigen Hochblättern wächst in den Alpen ab 1700 m Höhe; steht unter Naturschutz.

Edelweiß

Eden (Garten Eden), im A. T. (1. Mose 2, 8 ff.) das ↑Paradies.

Eden [ˈiːdn] *der,* Fluss in NW-England, 105 km lang, entspringt im Pennin. Gebirge, mündet nordwestlich von Carlisle in den Solway Firth. Die breite, fruchtbare Talzone des E. trennt das Pennin. Gebirge von den Cumbrian Mountains.

Eden [ˈiːdn], Sir (seit 1954) Robert Anthony, Earl of Avon (seit 1961), brit. Politiker, *Windlestone (Cty. Durham) 12. 6. 1897, †Alvediston (Cty. Wiltshire) 14. 1. 1977; 1923–57 konservativer Abg. im Unterhaus, 1935–38 Außenmin., trat von diesem Amt aus Protest gegen die von Premiermin. A. N. Chamberlain verfolgte Beschwichtigungspolitik (»Appeasement«) gegenüber Hitler und Mussolini zurück. Bei Ausbruch des Zweiten Weltkrieges wurde er 1939 als Staatssekretär für die Dominions in die Regierung zurückberufen. In der nach dem Rücktritt Chamberlains gebildeten Koalitionsreg. unter Premiermin. W. Churchill war er 1940 Kriegsmin. und 1940–45 Außenminister. 1951–55 wieder Außenmin., strebte er eine enge, auch militär. Zusammenarbeit der westeurop. Staaten an. Auf den Viermächtekonferenzen von Berlin (1954) und Genf (1955) legte E. Pläne zur Wiedervereinigung Dtl.s und zur Entspannung in Europa vor (**E.-Pläne**). Nach dem Scheitern der Europ. Verteidigungsgemeinschaft (EVG) 1954 hatte er – vor dem Hintergrund des Ost-West-Konflikts – wesentl. Anteil am Ausbau des westl. Verteidigungssystems im Rahmen der Pariser Verträge und beteiligte sich maßgeblich an der Gründung der SEATO. Ab 1955 Premiermin., sah sich E. bereits 1957 infolge der scharfen nat. und internat. Kritik an der britisch-frz. Intervention am Sueskanal (1956) zum Rücktritt gezwungen.

Edenkoben, Stadt im Landkreis Südl. Weinstraße, Rheinl.-Pf., 6500 Ew.; Weinbaugemeinde und Luftkurort an der Haardt; FH für Finanzen; Metallwarenind.; Sanatorium. – Schloss Ludwigshöhe wurde 1845–52 als klassizist. Landsitz Ludwigs I. von Bayern erbaut. – E. wurde 1818 zur Stadt erhoben.

Edentaten [lat.], Säugetierordnung, ↑Zahnarme.

Eder *die,* linker Nebenfluss der Fulda, 176 km lang, entspringt am 676 m hohen **Ederkopf** im Rothaargebirge, mündet südöstlich von Baunatal. Die **Edertalsperre** staut die E. bei Waldeck zum **Edersee,** Fassungsvermögen 202 Mio. m³.

Eder, Georg, österr. kath. Theologe, *Mattsee (Salzburg) 6. 3. 1928; war 1989–2002 Erzbischof von Salzburg (als solcher den Ehrentitel »Primas von Dtl.« [»Primas Germaniae«] führend).

Edessa, 1) Hptst. des grch. Verw.gebietes (Nomos) Pella in W-Makedonien, auf einer Sinterterrasse, über deren Rand 70 m hohe Wasserfälle stürzen, 17 100 Ew.; Marktort; orth. Bischofssitz.
2) antike Stadt in Mesopotamien, heute die türk. Stadt ↑Şanlıurfa.

Edfu, Stadt in Oberägypten, ↑Idfu.

Edgeworth [ˈedʒwəːθ], Francis Ysidro,

Edinburgh EDI

Edinburgh: Palace of Holyroodhouse, offizielle königliche Residenz in Edinburgh

brit. Volkswirtschaftler, *Edgeworthstown (heute Mostrim, Cty. Longford, Irland) 8.2.1845, †Oxford 13.2.1926; Prof. in Oxford; gilt als Wegbereiter der mathemat. Wirtschaftstheorie in Großbritannien. In seinen preistheoret. Analysen verwendete er erstmals Indifferenzkurven.

EDI, Abk. für Eidgenössisches Departement des Innern.

edieren [lat.], **1)** Bücher herausgeben, veröffentlichen.
2) *Informatik:* svw. ↑editieren.

Edikt [lat.] *das,* obrigkeitl. Bekanntmachung; im röm. Recht Verordnungen des Magistrats, bes. der Prätoren, über die Grundsätze der Rechtsanwendung in ihrer Amtszeit; später auch Erlasse der Kaiser. In der Neuzeit einzelne Anordnungen der frz. Könige, z. B. E. **von Nantes** (↑Hugenotten). – E. **von Potsdam,** ↑Potsdam.

Edinburgh ['edɪnbərə], Hptst. von Schottland, am S-Ufer des Firth of Forth, entspricht der Local Authority **City of E.** (264 km^2), 448 600 Ew.; Sitz des Regionalparlaments, kultureller und wirtsch. Mittelpunkt Schottlands, Sitz der höchsten Behörden, der Church of Scotland, eines kath. Erzbischofs und eines anglik. Bischofs. E. hat Univ. (seit 1583), TU, FH, Akademie, Museen (u. a. Museum of Scotland von Gordon Benson und Alan Forsyth, 1998 eröffnet), Galerien, Bibliotheken; botan. und zoolog. Garten; pharmazeutisch-chem., elektron. Ind., graf. Gewerbe, Papierherstellung, Schiff-, Maschinenbau, Brauereien; Banken-, Versicherungs- und Geschäftszentrum; Hochseehafen Leith, internat. Flughafen. Seit 1947 finden jährl. die E. Musik- und Theaterfestspiele statt. – Die Altstadt wird überragt von der auf 130 m hohem Fels gelegenen Burg aus dem 11. Jh. (heute Museum); auf dem Markt die auf einen normann. Bau zurückgehende Kathedrale Saint Giles (1385 zerstört, 1387–1500 Neubau) mit 49 m hohem Glockenturm (1495), im O-Teil der Stadt der um 1500 errichtete Palace of Holyroodhouse, die königl. Residenz (1650 zerstört, 1671–79 wieder aufgebaut). Die georgian. Neustadt wird durch planmäßige Straßenanlagen und Häuser in klassizist. Stil geprägt (u. a. Royal Exchange, 1753–60; Register House, 1774; Univ., 1789); bed. Kirchen wie Saint Andrew's (1785) und Saint John's (1816). Die Stadt als architekton. Nebeneinander von MA. und Klassizismus wurde zum UNESCO-Weltkulturerbe erklärt. – E. entstand unterhalb des mindestens seit dem 6. Jh. befestigten Castle Rock, auf dem im 11. Jh. eine Burg als Sitz der schott. Könige errichtet wurde; unter Jakob III. (1460–88) offiziell zur Hauptstadt erhoben.

Edirne (früher Adrianopel), Hptst. der Prov. E. im europ. Teil der Türkei, an der Grenze zu Griechenland und nahe der Grenze zu Bulgarien, 115 100 Ew.; Univ.; Textil-, Teppich-, Leder-, Rosenölindustrie. – Die Stadt hat oriental. Gepräge mit bed. Moscheen, darunter drei große Sultansmoscheen. Ein Höhepunkt osman. Baukunst ist die von Sinan 1568–74 erbaute Selimiye-Moschee mit ihren vier über 80 m hohen Minaretten. – E., von Kaiser Hadrian gegründet (Hadrianopolis), war in byzantin. Zeit eine der wichtigsten Städte Thrakiens, wurde 1361 von Murad I. erobert und war 1365–1453 Sitz der osman. Sultane. 1920–1922/23 gehörte E. zu Griechenland.

Edirne: die Selimiye-Moschee (von Sinan 1568 – 74 erbaut)

Edison [ˈedɪsn], Thomas Alva, amerikan. Elektrotechniker, * Milan (Oh.) 11. 2. 1847, † West Orange (N. J.) 18. 10. 1931; leistete auf den verschiedensten Gebieten der Technik Pionierarbeit und meldete mehr als 1 000 Patente an. Dazu gehören u. a. 1877 das Kohlekörnermikrofon und der Phonograph (Vorläufer des Grammophons) sowie die Verbesserung des von A. G. Bell erfundenen Telefons, 1879 die Kohlefadenglühlampe (erste brauchbare Glühlampe), 1881 die Verbundmaschine (Dampfmaschine mit elektr. Generator), 1891 der Kinetograph (Filmaufnahmegerät) und 1904 der Nickel-Eisen-Akkumulator (E.-Sammler). Seine Entdeckung der ↑Glühemission von Elektronen (**E.-Effekt**) war die Voraussetzung für die Entwicklung der Elektronenröhre. – Abb. S. 38
 Schreier, W. u. Schreier, H.: T. A. E. Leipzig ⁴1987. – *Vögtle, F.:* T. A. E. Reinbek ³1997.

editieren [engl.], *Informatik:* Daten eingeben, löschen, bearbeiten.

Editio castigata [lat.] *die,* Buchausgabe, bei der religiös, politisch oder erotisch anstößige Stellen vom Herausgeber oder von der Zensur gestrichen wurden.

Edition [lat.] *die,* Abk. **Ed.,** Ausgabe, Herausgabe, Veröffentlichung eines Kunst- oder Druckwerkes; bes. für wiss., textkrit. Werkausgaben. (↑Textkritik)

Editio princeps [lat.], *die,* Erstausgabe alter (wieder entdeckter) Werke.

Editor [lat.] *der,* **1)** [ˈeːdi-, eˈdiː-], *Buchwesen:* Herausgeber (von Büchern oder Musikalien).
2) [ˈedɪtə, engl.], *Informatik:* Programm zur Erstellung und Bearbeitung von Texten.

Editorial [engl. edɪˈtɔːrɪəl] *das,* 1) Vorwort des Herausgebers in einer Zeitschrift; 2) Zeitungsleitartikel; 3) Redaktions- oder Verlagsimpressum.

Edler (Edler von, Edler Herr), Rangklasse zw. dem Freiherrn und dem untitulierten Adel.

Edmonton [ˈedməntən], Hptst. der Prov. Alberta, Kanada, am North Saskatchewan River, 616 700 Ew.; kath. Erzbischofssitz, zwei Univ., Planetarium, zoolog. Garten; Zentrum bed. Erdöl- und Erdgasfelder, petrochem. und Eisen verarbeitende Ind., Maschinenbau, Nahrungs- und Genussmittelind.; Verkehrs- und Versorgungszentrum; Flughafen. – 1807 als Handelsstation gegründet.

Edo (Bini), Bevölkerungsgruppe im Nigerdelta, Nigeria, etwa 2,7 Mio. Menschen versch. Stammesgruppen; Staatsvolk des alten Reiches Benin.

Edo (Yedo), bis 1868 Name der heutigen japan. Hptst. ↑Tokio.

Edom, Hochland östlich des Wadi al-Araba (Senke zw. dem Toten Meer und dem Roten Meer), seit dem 13. Jh. v. Chr. Gebiet der aramäischen **Edomiter**, die als Verwandte Israels betrachtet werden, da Esau als ihr Stammvater gilt. Eher als Israel kam E. zu einer festen staatl. Gliederung. Unter David und Salomon war E. ein Vasallenstaat. Im 5. Jh. v. Chr. wurden die Edomiter von den Nabatäern verdrängt und wanderten nach Westen (Idumäa) ab; um 126 v. Chr. wurden sie durch Zwangsbeschneidung der jüd. Kultgemeinde eingegliedert.

Edschmiadsin, Stadt in Armenien, ↑Etschmiadsin.

Edschmid, Kasimir, urspr. Eduard Schmid, Schriftsteller, *Darmstadt 5. 10. 1890, †Vulpera (Kt. Graubünden) 31. 8. 1966; begann als expressionist. Erzähler (»Die sechs Mündungen«, Erz., 1915; »Das rasende Leben«, Erz., 1916; »Die achatnen Kugeln«, R., 1920) und Programmatiker; schilderte in Romanen und Reisebüchern vergangene und gegenwärtige Kulturen; schrieb den Büchner-Roman »Wenn es Rosen sind, werden sie blühen« (1950).

Eduard (engl. Edward), Prinz von Wales, *Woodstock (bei Oxford) 15. 6. 1330, †Westminster (heute zu London) 8. 6. 1376; Sohn Eduards III., nach seiner Rüstung der »Schwarze Prinz« gen., besiegte im Hundertjährigen Krieg 1356 den frz. König Johann II. bei Maupertuis (bei Poitiers) und nahm ihn gefangen, erhielt 1362 Aquitanien als fast unabhängiges Herzogtum, von wo er als Kranker 1371 vertrieben wurde.

Eduard (engl. Edward), Herrscher: *England/Großbritannien:* **1) E. der Bekenner**, angelsächs. König (1042–66), *Islip (bei Oxford) um 1005, †Westminster (heute zu London) 5. 1. 1066; von norman. Günstlingen beeinflusster Herrscher; 1161 heilig gesprochen, Tag: 13. 10. **2) E. I.**, König (1272–1307), *Westminster (heute zu London) 17. 6. 1239, †Burgh by Sands (bei Carlisle) 7. 7. 1307, Vater von 3); aus dem Hause Plantagenet, besiegte als Thronfolger 1265 die aufständ. Barone bei Evesham; unterwarf 1282/83 Wales, dann vorübergehend auch Schottland. 1303 begründete er durch die Verbindung seines Sohnes E. II. mit Isabella, Tochter Philipps IV. von Frankreich, die engl. Ansprüche auf den frz. Thron (↑Hundertjähriger Krieg).

3) E. II., König (1307–27), *Caernarvon Castle (Wales) 25. 4. 1284, †(ermordet) Berkeley Castle (bei Gloucester) 21. 9. 1327, Sohn von 2), Vater von 4); unterlag den Schotten 1314 bei Bannockburn, wurde von seiner Frau Isabella von Frankreich gestürzt. **4) E. III.**, König (1327–77), *Windsor 13. 11. 1312, †Sheen Palace (heute zu Richmond upon Thames, London) 21. 6. 1377, Sohn von 3); begann wegen seiner Erbansprüche auf die frz. Krone 1339 den Hundertjährigen Krieg, siegte 1346 bei Crécy, musste aber fast die gesamten im Frieden von Brétigny (1360) gewonnenen Gebiete später wieder preisgeben. Seine Taten und seine Liebe zur Gräfin von Salisbury (später Gattin seines Sohnes Eduard, Prinz von Wales, des »Schwarzen Prinzen«) wurden oft literarisch behandelt. **5) E. IV.**, König (1461–83), aus dem Hause York, *Rouen 28. 4. 1442, †Westminster (heute zu London) 9. 4. 1483, Vater von 6); setzte sich in den Rosenkriegen gegen Heinrich VI. aus dem Haus Lancaster durch, den er besiegte und ermorden ließ; drängte die Macht des Parlaments zurück. **6) E. V.**, König (1483), *Westminster (heute zu London) 2. 11. 1470, †London im Aug. 1483, Sohn von 5); wurde von seinem Onkel Richard, Herzog von Gloucester (seit 1483 Richard III.), für unehelich erklärt, zus. mit seinem Bruder Richard im Tower gefangen gehalten und dort mit diesem ermordet. **7) E. VI.**, König (1547–53), *Hampton Court (heute zu London) 12. 10. 1537, †Greenwich (heute zu London) 6. 7. 1553; Sohn Heinrichs VIII. und der Jane Seymour. Unter E. wurde die Reformation durchgeführt. Mit ihm erlosch das Haus Tudor im Mannesstamm. **8) E. VII.**, König von Großbritannien und Irland, Kaiser von Indien (1901–10), *London 9. 11. 1841, †ebd. 6. 5. 1910; ältester Sohn der Königin Viktoria und Prinzgemahls Albert von Sachsen-Coburg-Gotha; begünstigte die Entstehung der britisch-frz. Entente von 1904. **9) E. VIII.**, König von Großbritannien und Nordirland (1936), *White Lodge (heute zu London) 23. 6. 1894, †Paris 28. 5. 1972, Enkel von 8); bestieg am 20. 1. 1936 den Thron, dankte jedoch am 11. 12. 1936 wieder ab, da sich Regierung und anglikan. Kirche gegen seine Heirat mit der geschiedenen Amerikanerin Wallis Warfield-Simpson wandten. Seit der Eheschließung (1937) lebte er als **Herzog von Windsor** im Ausland. – Schrieb »Eines Königs Geschichte« (1951).

Thomas Alva Edison: Edisons Laboratorium in seinem Winterwohnsitz in Fort Myers (Florida, USA; gebaut 1886, heute Museum)

Eduardsee, See in Afrika, ↑Rutanzigesee.
Edutainment [edju'teɪnmənt; Kw. aus engl. **Edu**cation und Enter**tainment**] *das,* die Vermittlung von Wissen auf unterhaltsame und spieler. Weise, z. B. durch Computerlernprogramme.
EDV, Abk. für **e**lektronische ↑**D**atenverarbeitung.
Edwards ['edwədz], **1)** Blake, amerikan. Filmregisseur, *Tulsa (Okla.) 26. 7. 1922; war Hörfunk- und Fernsehautor, inszenierte v. a. Filmkomödien und -satiren, z. T. mit seiner Frau (Julie Andrews).
2) Jonathan, amerikan. Theologe und Indianermissionar, *East Windsor (Conn.) 5. 10. 1703, †Princeton (N. J.) 22. 3. 1758; leitete mit seinen Bußpredigten die Erweckungsbewegung in Neuengland ein (Great Awakening) und begründete die **Neuengland-Theologie,** unter deren Einfluss bes. der Gedanke der Gleichsetzung des Reiches Gottes mit einer Idealform der menschl. Gemeinschaft seine Ausformung erfuhr.
3) Jonathan, brit. Leichtathlet (Dreispringer), *London 10. 5. 1966; u. a. Olympiasieger 2000, Weltmeister 1995 (erster regulärer Sprung über 18 m) und 2001, Europameister und Halleneuropameister 1998.
Edwards Plateau ['edwədz 'plætəʊ], Kreidekalk-Schichttafel in SW-Texas, USA, zw. Pecos River und Colorado River, 400–1 000 m ü. M.; Teil der semiariden ↑Great Plains.
Edwards-Syndrom ['edwədz-; nach dem brit. Genetiker J. H. Edwards, *1928] (Trisomie 18), auf dem überzähligen Vorhandensein des Chromosoms 18 beruhende schwere körperl. und geistige Entwicklungsstörung, die bei etwa einer von 5 000 Geburten auftritt. Es besteht meist nur eine Lebenserwartung von einigen Tagen bis Monaten.
EEG, Abk. für ↑Elektroenzephalogramm.
EEPROM [Abk. für engl. **e**lectrically **e**rasable and **p**rogrammable **r**ead-**o**nly **m**emory, »elektrisch lösch- und programmierbarer Nur-Lese-Speicher«] (auch E²PROM, EAROM), Festwertspeicher, der (im Ggs. zum EPROM) mit einer definierten elektr. Spannung gelöscht werden kann.
EEX® AG [Abk. für engl. **E**uropean **E**nergy **Ex**change], Spot- und Terminmarkt für Strom u. a. Energieprodukte in Zentraleuropa **(Europäische Energiebörse),** eröffnet 2000 in Frankfurt am Main; 2002 Fusion mit der Leipzig Power Exchange GmbH (LPX) und Verlegung des Sitzes nach Leipzig. An der EEX, die das Ziel verfolgt, europ. Marktteilnehmern den freien Handel mit Energie zu ermöglichen, sind die europ. Energiewirtschaft (Händler, Netzbetreiber, kommunale Versorgungsunternehmen) und Banken zu 52% und die ↑Eurex zu 48% beteiligt. Der Handel am Spotmarkt (Absatz und Beschaffung von Energie) wird über ↑Xetra® realisiert, der Handel am Terminmarkt (Absicherung von Preisrisiken) erfolgt über das elektron. Handelssystem der Eurex.
Efate [ɛ'fɑːti] (frz. Vaté), Insel des Staates Vanuatu (Neue Hebriden), im SW-Pazifik, 915 km²; auf E. liegt die Hptst. Port Vila.
Efe, ein Stamm der ↑Pygmäen.
Efendi [türk. »Herr«] *der* (Effendi), urspr. türk. Ehrentitel; seit dem 13./14. Jh. allg. Anrede für Personen gebildeter Stände; 1934 durch ↑Bei ersetzt.
Eferding, Bez.hauptort in Oberöster-

reich, westlich von Linz, 3 300 Ew.; Mittelpunkt des fruchtbaren Eferdinger Beckens beiderseits der Donau. – Spätgot. Kirche (15. Jh.), Starhembergsches Schloss (13. bis 16. Jh., 1784 erweitert).
Efeu (Hedera), Gattung der Araliengewächse. In Europa und Vorderasien in Wäldern, bes. auf kalkreichem Boden; heimisch ist der **Gemeine E.** (Hedera helix), ein kriechender oder bis 30 m hoch kletternder Strauch mit Haftwurzeln, ledrigen, immergrünen Blättern, Dolden gelbgrüner Blüten und erbsengroßen, blauschwarzen Beeren. Zahlr. Kulturformen sind Zimmerpflanzen.
Effekt [lat.] *der*, **1)** *allg.:* Wirkung, Erfolg; auf Wirkung abzielendes Ausdrucks- und Gestaltungsmittel; Ergebnis, sich aus etwas ergebender Nutzen.
2) *Physik:* urspr. die Leistung; heute Bez. für ein besonderes physikal. Phänomen.
Effekten [lat.], Wertpapiere, die Anteilsund Forderungsrechte beurkunden und Gegenstand des Handels sind (Aktien, Obligationen, Pfandbriefe u. a.). Das **E.-Geschäft** der Banken umfasst die Emission und den An- und Verkauf von E. für eigene und fremde Rechnung, ferner die Beleihung (Lombard- und Reportgeschäft) sowie die Aufbewahrung (Depotgeschäft) und Verw. von E. (Einlösung von Zins- und Gewinnscheinen). Der **E.-Markt** umfasst amtl. Handel, Freiverkehr und außerbörsl. Handel.
Effektensubstitution, Ersetzung eines Wertpapiers durch ein anderes; bes. Holdinggesellschaften finanzieren den Erwerb von Effekten anderer Unternehmen durch die Ausgabe eigener Anteilscheine.
effektiv [lat.], tatsächlich, wirklich; wirkungsvoll (im Verhältnis zu den aufgewendeten Mitteln); (umgangssprachl.) überhaupt, ganz und gar; lohnend.
effektive Verzinsung, Realverzinsung einer Kapitalanlage (↑Rendite).
Effektivgeschäft, Geschäft mit Waren oder Wertpapieren, bei dem im Unterschied zum ↑Differenzgeschäft und ↑Termingeschäft die Lieferung sofort bei Geschäftsabschluss oder innerhalb einer festgelegten Frist erfolgt.
Effektivität *die, Völkerrecht:* Grundsatz, wonach die Wirksamkeit und Dauerhaftigkeit einer von den betroffenen Staaten hingenommenen tatsächl. Situation (z. B. Verlauf einer Grenze, Festlegung einer Fischereizone, Entstehung eines neuen Staates, Etablierung einer illegal zur Macht gelangten Reg.) selbstständige rechtl. Bedeutung besitzt, d. h. ohne oder gegen geltende Rechtsnormen rechtl. Verbindlichkeit erlangt. So ist z. B. die E. einer durch Bürgerkrieg entstandenen Reg. Voraussetzung für die ↑Anerkennung durch andere Staaten.
Effektivlohn, der tatsächlich an den Arbeitnehmer gezahlte (Brutto-)Lohn, bestehend aus Tariflohn, Überstundenvergütungen und übertarifl. Zuschlägen.
Effektivtemperatur, die Temperatur, die ein schwarzer Körper haben müsste, um pro Flächen- und Zeiteinheit die gleiche Strahlungsenergie abzugeben wie ein Stern; somit ein Maß für die abgestrahlte Gesamtenergie eines Sterns.
Effektivwert, 1) *Physik:* die Quadratwurzel aus dem quadrat. Mittelwert einer zeitlich periodisch veränderl. Größe während einer Periode; bes. in der Wechselstromtechnik von Bedeutung. Für den E. A_{eff} der Größe $A(t) = A_0 \sin(\omega t + \varphi)$ gilt:

$$A_{\text{eff}} = A_0 / \sqrt{2}.$$

2) *Wirtschaft:* tatsächl. Wert eines Wertpapiers zu einem bestimmten Zeitpunkt (i. d. R. Börsenkurs abzüglich Spesen und Steuern); Ggs.: Nennwert.
Effektkohlen, Bogenlampenelektroden, die eine größere Lichtausbeute im Kohlebogenlicht ermöglichen, oft auch zus. mit einem Farbeneffekt. In eine Bohrung der Elektrode sind Metallsalze gepresst, die in der Hitze verdampfen und leuchten.
Effektor [lat.] *der,* **1)** *Biochemie:* als Aktivator oder Inhibitor wirkende Substanz bei Enzymreaktionen.
2) *Physiologie:* Nerv, der einen Reiz vom Zentralnervensystem zum Erfolgsorgan (z. B. Muskel) weiterleitet und dort eine Reaktion auslöst; auch Bez. für das den Reiz beantwortende Organ.
Effel, Jean, eigtl. François Lejeune, frz. Zeichner und Karikaturist, *Paris 12. 2. 1908, †ebd. 16. 10. 1982; widmete sich als Zeichner humorvoll v. a. bibl. und mytholog. Thematik; auch polit. Karikaturen.
Effelsberg, Ortsteil von Bad Münstereifel, NRW. Bei E. steht das weltweit zweitgrößte ↑Radioteleskop mit voll bewegl. Parabolspiegel (Durchmesser 100 m) des Max-Planck-Instituts für Radioastronomie. Das Teleskop wird für radioastronom. Beobachtungen bis zu einer Wellenlänge

EFF Effemination

von 3 mm genutzt und in internat. Zusammenarbeit zur Langbasisinterferometrie (↑VLBI) eingesetzt.
Effemination [lat.] *die,* Annahme weibl. Verhaltensweisen bei männl. Personen (Verweiblichung).

Effelsberg: der 100-m-Parabolspiegel des Max-Planck-Instituts für Radioastronomie bei Effelsberg

Effendi, ↑Efendi.
efferent [lat.] herausführend; z. B. efferente Nerven, die Erregungen vom Zentrum zur Peripherie (z. B. Muskeln) leiten; Ggs. ↑afferent.
Effet [εˈfεː; frz. »Wirkung«] *der,* selten *das, Ballsportarten:* die dem Ball verliehene besondere Drehung (Drall), die seine Flugbahn beeinflusst.
effettuoso [italien.], musikal. Vortrags-Bez.: effektvoll, wirkungsvoll.
effilieren [frz.], dichtes Haar beim Schneiden gleichmäßig ausdünnen.
effizient [lat.], bes. wirksam und wirtschaftlich, leistungsfähig; Ggs. ineffizient.
Effloreszenzen (Hautblüten), Grundelemente einer krankhaften Hautveränderung, z. B. Bläschen, Knötchen, Pustel, Fleck, Schuppe oder Geschwür; Größe, Form, Farbe, Sitz und Verteilung der E. sind wichtig für die dermatolog. Diagnose.
Effner, Joseph, Baumeister, Innendekorateur und Gartenarchitekt, getauft Dachau 4. 2. 1687, † München 23. 2. 1745; ausgebildet in Paris, 1715–30 bayer. Hofbaumeister, leitete den Ausbau von Park und Schloss Nymphenburg (1716) mit Pagodenburg (1716–19) sowie Schloss Schleißheim (seit 1719). E. war beteiligt an der Gestaltung der »Reichen Zimmer« der Münchener Residenz.
Effusion *die, Vulkanologie:* das Ausfließen von vulkan. Lava.
Effusivgesteine, die ↑Vulkanite.
Eforie, zu ↑Constanţa gehörender Schwarzmeerkurort in Rumänien.
EFTA, Abkürzung für European Free Trade Association, ↑Europäische Freihandelsassoziation.
eG (e. G.), Abk. für **e**ingetragene **G**enossenschaft.
EG, Abk. für die durch Umbenennung der ↑Europäischen Wirtschaftsgemeinschaft 1993 entstandene Europ. Gemeinschaft sowie für die ↑Europäischen Gemeinschaften.
egalisieren [frz.], 1) etwas Ungleichmäßiges ausgleichen, gleichmachen; 2) den Vorsprung des Gegners aufholen, ausgleichen; (einen Rekord) einstellen (Sport).
Egalitarismus [frz.] *der,* Sozialtheorie von der (möglichst) vollkommenen Gleichheit in der menschl. Gesellschaft bzw. von ihrer Verwirklichung.
Égalité [frz. »Gleichheit«] *die,* Schlagwort der Frz. Revolution, ↑Liberté, Egalité, Fraternité.
Egan [ˈiːgn], Edward Michael, amerikan. kath. Theologe, * Oak Park (Ill.) 2. 4. 1932; wurde 1957 zum Priester, 1985 zum Bischof geweiht; war ab 1988 Bischof von Bridgeport und ist seit Juni 2000 (Amtseinführung: 18. 6.) Erzbischof von New York, einer der bedeutendsten Diözesen in den Vereinigten Staaten (Nachfolger von Kardinal J. J. ↑O'Connor); seit 2001 Kardinal.
Egas Moniz [ˈεɣaʃ muˈniʃ], António, ↑Moniz Egas, António Caetano.
EGB, Abk. für ↑Europäischer Gewerkschaftsbund.
Egbert [engl. ˈεgbəːt], König von Wessex (seit 802), † 839; lebte zeitweise als Flüchtling am Hof Karls d. Gr., besiegte in der Schlacht von Ellandun (825) den König von Mercia und begründete die Vorherrschaft von Wessex über die angelsächs. Teilreiche.
Egbert von Trier, * um 950, † Trier 8./9. 12. 993; Erzbischof von Trier (977), Kanzler Kaiser Ottos II.; kämpfte gegen

Eger EGE

innerkirchl. Missstände seiner Zeit und ließ die materiellen Schäden der Normanneneinfälle in seinem Erzbistum beseitigen; förderte die Künste und ließ den Codex Egberti anfertigen, eines der wertvollsten Zeugnisse otton. Buchmalerei.

EGBGB, Abk. für Einführungsgesetz zum Bürgerlichen Gesetzbuch (↑Einführungsgesetz).

Egel (Hirudinea), hoch entwickelte, borstenlose Ringelwürmer mit stets 33 Segmenten, Mundsaugnapf und bauchseits gelegener Haftscheibe am Körperende; ernähren sich räuberisch von anderen Wassertieren oder saugen Blut an Wirbeltieren. Zu den E. gehören: Kiefer-E. (darunter ↑Blutegel), Rüssel-E. (darunter ↑Fischegel) und Schlundegel. **Egelkrankheit, Egelseuche,** die Leberegelkrankheit (↑Leberegel).

Egell, Paul, Bildhauer, Stuckateur und Grafiker, *Mannheim 9. 4. 1691, †ebd. 11. 1. 1752; bedeutender Meister des dt. Barock an der Wende zum Rokoko. Nach Gesellenjahren bei B. Permoser in Dresden wurde E. 1721 kurpfälz. Hofbildhauer in Mannheim (Stuckarbeiten im Schloss, zerstört; Ausstattung der Jesuitenkirche, 1749–52); einzigartig sind seine fein ausgeführten Elfenbeinarbeiten.

Egeln, Stadt im Landkreis Aschersleben-Staßfurt, Sa.-Anh., an der Bode, am S-Rand der Magdeburger Börde, 4400 Ew.; Museum für Vor- und Frühgeschichte; Bau von Elektroherden. – Kirche des ehemaligen Zisterzienserinnenklosters (1732–34). – Erhielt 1251 Stadtrecht.

Egelschnecken (Limacidae), Familie großer Nacktschnecken; Fraßschädlinge in Pflanzungen und Gärten, z. B. die Arten der Gattung **Ackerschnecken** (Deroceros).

Eger, 1) *die* (tschech. Ohře), linker Nebenfluss der Elbe in NW-Böhmen, 291 km lang, entspringt im Fichtelgebirge (Dtl.) und mündet bei Theresienstadt.
2) (tschech. Cheb), Stadt im Westböhm. Gebiet, Tschech. Rep., an der Eger, Hauptort des histor. **Egerlandes,** 31 600 Ew.; Maschinen-, Textil- und chem. Ind.; bed. Verkehrsknotenpunkt. – Gut erhaltener mittelalterl. Stadtkern. Kaiserburg (1742 zerstört; z. T. rekonstruiert, mit Doppelkapelle), Stadthaus, in dem Wallenstein ermordet wurde (Museum), Rathaus (18. Jh.), got. Hallenkirche St. Nikolaus und Elisabeth (1230–70, mit älteren Teilen; nach Brand von 1270 Neubau, Umbau 1456–76; der Turm 1747 barockisiert), Klara-Kirche von C. Dientzenhofer (1708–11). Im ehem. Franziskanerkloster und einem Komplex mittelalterl. (»Stöckl«) und frühneuzeitl. Häuser das histor. Stadtmuseum. – Bei der als Mittelpunkt des Egerlandes (bis 1945 fast rein dt. besiedelt) errichteten Burg (1125; Mitte des 12. Jh. Kaiserpfalz) entstand die Siedlung, die 1242 Stadtrechte erhielt und 1277 Reichsstadt wurde. 1322 verpfändete Kaiser Ludwig IV., der Bayer, E. an Böhmen (1806 rechtlich neu fixiert).
3) [ˈɛgɛr] (dt. Erlau), Bez.-Hptst. in N-Ungarn, im südwestl. Vorland des Bükkgebirges, 57 900 Ew.; kath. Erzbischofssitz;

Eger 3): Dom (1831 – 39)

elektrotechn., Maschinen-, Tabak-, Möbelind.; Thermalquellen; in der Umgebung Weinbau (»Erlauer Stierblut«). – Nach der Türkenzeit (1596–1687) Neubau der Stadt im Barockstil (Minoritenkirche, 1758–73; Bischofspalast, 1758); neoklassizist. Dom (1831–39).

Egeria, röm. Quell- und Geburtsgöttin, Gattin des Königs Numa Pompilius von Rom.

Egerling, ↑Champignon.

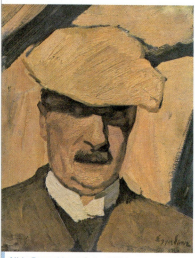

Albin Egger-Lienz: Selbstbildnis

Egge, landwirtsch. Gerät zur Bodenbearbeitung und Unkrautbekämpfung, bes. zum Zerkrümeln der oberen Bodenschicht.

Egge *die* (Eggegebirge), Teil des westl. Weserberglands, NRW, bewaldetes, 50 km langes Schichtkammgebirge (Sandsteine aus der Kreidezeit) als südl. Fortsetzung des Teutoburger Waldes mit starkem Ost- und flachem Westabfall; im Velmerstot 468 m ü. M.

Eggebrecht, 1) Axel, Schriftsteller und Publizist, * Leipzig 10. 1. 1899, † Hamburg 14. 7. 1991; schrieb Drehbücher (u. a. »Bel ami«, 1939), Essays, Hör- und Fernsehspiele sowie den Roman »Volk ans Gewehr!« (1959).
2) Hans Heinrich, Musikforscher, * Dresden 5. 1. 1919, † Freiburg im Breisgau 30. 8. 1999; war 1961–87 Prof. für Musikwiss. an der Univ. Freiburg im Breisgau; Arbeiten v. a. zur Musikgesch. von der frühen Mehrstimmigkeit bis zum 20. Jh., zur musikal. Terminologie und Musikästhetik (u. a. »Heinrich Schütz – Musicus poeticus«, 1959; »Musikal. Denken«, 1977; »Musik verstehen«, 1995).

Eggenfelden, Stadt im Landkreis Rottal-Inn, Niederbayern, 415 m ü. M., an der Rott, 12 600 Ew.; Holzverarbeitung, Textil- und Nahrungsmittelindustrie. – Spätgot. Pfarrkirche (15. Jh.). – E. erhielt 1902 Stadtrecht.

Egger-Lienz, Albin, österr. Maler, *Stribach (heute zu Dölsach, Bez. Lienz) 29. 1. 1868, † Rentsch (heute zu Bozen) 4. 11. 1926; entwickelte unter dem Eindruck der Werke F. Hodlers in Kriegs- und Bauernbildern einen zum Monumentalen neigenden Stil; auch Porträts, Landschaften und Stillleben.

Eggesin, Stadt im Uecker-Randow-Kreis, Meckl.-Vorp., 7 km vor dem Oderhaff, 6 300 Ew.; Herstellung von Elektromotoren, Saunas, chirurg. Instrumenten.

Egghead [ˈɛɡhɛd, engl.-amerikan. »Eierkopf«] *der,* (oft scherzhaft oder abwertend) Intellektueller.

Eggjum [ˈɛjjum] (Eggja), Hof in SW-Norwegen. Hier wurde 1917 eine Steinplatte (**E.-Stein**) mit langer Runeninschrift (192 Zeichen, um 700 n. Chr.) gefunden.

Egill, sagenhafter Meisterschütze, Bruder Wielands. Nach der altnord. Thidrekssaga musste E. einen Apfel vom Kopf seines Sohnes schießen. Dieses Motiv erscheint auch in der Sage von Wilhelm Tell.

Egill Skallagrimsson, einer der bedeutendsten isländ. Skalden, etwa 910–990 n. Chr. Sein abenteuerreiches Leben schildert die **Egilssaga** (13. Jh.).

Egisheim (frz. Eguisheim), Weinbaugem. im Oberelsass, Dép. Haut-Rhin, Frankreich, südlich von Colmar, 1 500 Ew.; Fremdenverkehr. – In der Ortsmitte die Burg, eine stauf. Pfalz mit achteckigem Grundriss, mit der neuroman. Leokapelle; im Verlauf der Stadtmauer eng aneinander gebaute Traufenhäuser (16. und 17. Jh.).

Egk, Werner, eigtl. W. Mayer, Komponist, *Auchsesheim (heute zu Donauwörth) 17. 5. 1901, † Inning a. Ammersee 10. 7. 1983. Seine Kompositionen zeigen eine an I. Strawinsky geschulte Harmonik und Instrumentation, rhythm. Kraft, Sinn für Volkstümlichkeit und Humor.
Werke: Opern: Die Zaubergeige (1935); Peer Gynt (1938); Columbus (1942); Iri-

sche Legende (1955); Der Revisor (1957); Die Verlobung in San Domingo (1963); 17 Tage und 4 Minuten (1966). – Ballette: Joan von Zarissa (1940); Abraxas (1948); Die chin. Nachtigall (1953); Casanova in London (1969). Orchesterwerke, Kantaten.

EGKS, Abk. für ↑Europäische Gemeinschaft für Kohle und Stahl.

Eglomisé [nach dem Pariser Kunsthändler J.-B. Glomy, † 1786] *das* (frz. Verre églomisé), Sonderform der Hinterglasmalerei, bei der schwarzer Lack auf eine Glastafel aufgetragen wird. Ornament oder Figuren werden ausgespart oder ausgekratzt und mit Metallfolie oder Goldbronze hinterlegt.

Egmond [ˈɛmɔnt], Gem. in der Prov. Nordholland, Niederlande, 11 400 Ew.; zur Gem. gehören das Seebad E. **aan Zee** und E. **aan den Hoef**, mit der Ruine des Schlosses der Grafen von Egmond.

Egmont (Egmond), Lamoraal Graf von, Fürst von Gavere, niederländ. Staatsmann, *Schloss La Hamaide (Hennegau) 18. 11. 1522, † Brüssel 5. 6. 1568; seit 1559 Statthalter von Flandern und Artois. Mit Wilhelm von Oranien und Graf Hoorn trat er an die Spitze der Adelsopposition gegen die span. Verwaltung der Niederlande. Obwohl E. am Aufstand (1566) nicht beteiligt war, ließ Alba ihn verhaften (1567) und mit Hoorn hinrichten. Das Trauerspiel von Goethe (1788, dazu Bühnenmusik von Beethoven, 1810) entspricht nicht den histor. Tatsachen.

Egmont, Mount [maʊnt -] (Maori-Name Taranaki), Berg auf der Nordinsel Neuseelands, 2 518 m ü. M., ein schneegekrönter, fast vollkommen symmetrisch geformter Vulkankegel; liegt im **Mount-Egmont-Nationalpark** (335 km²); Wintersport.

Ego [lat.] *das, Philosophie:* das Ich; vgl. ↑Alter Ego.

Egoismus [zu lat. ego »ich«] *der* (Eigenliebe, Ichliebe), die Gesamtheit der Antriebe und Strebungen, die von der eigenen Person ausgehen und diese in den Mittelpunkt stellen. Biologisch beruht der E. auf dem Selbsterhaltungstrieb. Er wird ethisch vom Wert des Lebens gefordert, da er der Erkenntnis und Verwirklichung eigener Persönlichkeitswerte dient. Ethisch verwerflich wird er, wenn er sich im Geltungs- und Machtstreben zur reinen Selbstsucht steigert. Ggs.: ↑Altruismus.

Egolzwiler Kultur, älteste neolith. Kulturgruppe der Zentralschweiz (um 3000 v. Chr.), benannt nach den Fundstellen am ehem. Wauwiler See (heute Wauwiler Moos) bei Egolzwil (nordwestl. von Sursee, Kt. Luzern); Überreste vorgeschichtl. Dörfer (Seeufersiedlungen mit Pfahlbauten).

Egomane *der,* jemand, der krankhaft selbstbezogen (egoman) ist, an krankhafter Selbstbezogenheit (Egomanie) leidet.

Egotrip, *Jargon:* augenblickl. Lebenshaltung, -gestaltung, bei der das Denken und Verhalten fast ausschl. auf die eigene Person, die eigene Erlebensweise gerichtet ist.

Égoutteur [eguˈtœr, frz.] *der,* Vorpresswalze (Siebwalze) einer Papiermaschine, die dazu dient, die noch plast. Papierbahn zu verdichten, Unebenheiten auszugleichen und eventuell das Wasserzeichen einzuprägen.

Egoyan, Atom, kanad. Filmregisseur armen. Herkunft, *Kairo 19. 7. 1960; dreht Filmkunstdramen.

Filme: Die nächsten Angehörigen (1984), Familienbilder (1987), Calendar (1993), Exotica (1994), Das süße Jenseits (1997), Felicia's Journey (1999).

Egozentrik [zu lat. ego »ich« und centrum »Mittelpunkt«] *die* (Ichbezogenheit), Haltung, die alle Erfahrungen auf das eigene Ich hin ordnet. Sie ist im Unterschied zum Egoismus nicht auf das Handeln, sondern auf die Auffassung und Verarbeitung des Erlebten ausgerichtet. Entwicklungspsychologisch ist die E. typisch für die Erlebnisweise und Sprache des Kleinkindes.

EGR [Abk. für engl. **e**mission **g**as **r**ecirculation »Abgasrückführung«], gezielte Abgasrückführung vom Auspuff zum Saugrohr eines Verbrennungsmotors, um schädl. Abgasbestandteile und die Verbrennungshöchsttemperatur zu vermindern.

EG-Recht, ↑Europarecht.

Egrenieren [frz.] (Entkernen), das Abtrennen der Baumwollfasern von den Samenkernen.

Eğridirgölü [eriˈdir-], fischreicher See im SW der Türkei, im Westtaurus, 916 m ü. M., 468 km², von über 2 000 m hohen Bergen umgeben.

Ehard, Johann (Hans), Politiker (CSU), *Bamberg 10. 11. 1887, † München 18. 10. 1980; Jurist, 1949–54 CSU-Vors., 1946–54

und 1960–62 MinPräs., 1954–60 Landtagspräs., 1962–66 Justizmin. in Bayern.
Ehe [ahd. ewe »Gesetz«], im dt. Recht die durch die Rechtsordnung anerkannte Verbindung eines Mannes und einer Frau zu dauernder Lebensgemeinschaft. Die Ordnung der E. ist von den sittl. und religiösen Grundlagen abhängig, auf denen die einzelnen Gesellschaften beruhen. Infolge ihrer gesellschaftl. Bedeutung steht die E. unter öffentl. Rechtsschutz, mindestens aber unter der Obhut der gesellschaftl. Sitte. Ihre religiösen und rechtl. Bindungen kommen in feierl. Formen der E.-Schließung zum Ausdruck.
Die v. a. durch das Christentum geprägte E.- und Familienauffassung wurde seit der Aufklärung und dem Liberalismus, der Ausformung des bürgerl. Rechtsstaates und unter dem Einfluss der Romantik mehr und mehr zu einer individuell begründeten Lebens- und Liebesgemeinschaft. In neuerer Zeit wurde die E. in den Industrieländern in ihrer traditionellen, familienzentrierten und institutionalisierten Form infrage gestellt, was sich auch in einem Anstieg der E.-Scheidungsrate ausdrückt. Wesentl. Aspekte waren die Auflösung patriarchal. Strukturen, die Individualisierung der Beziehung durch eine stärkere Betonung des partnerschaftl. Gedankens **(Liebes- und Gatten-E.)**, die Lockerung des traditionellen Rollenschemas, bes. Berufstätigkeit der Frau, Kooperation bei häusl. Aufgaben, Umkehrung der früheren Rollenverteilung (»Hausmann«). Teilweise werden nicht institutionalisierte Beziehungen **(eheähnl. Gemeinschaften)** vorgezogen, da in ihrem Verständnis von freier Verantwortung v. a. eine größere Chance individueller Entfaltung gesehen wird.
In traditionellen Stammesgesellschaften (Naturvölker) und teilweise im Islam gibt es neben der Ein-E. **(Monogamie)** die Mehr-E. **(Polygamie)**, als Verbindung eines Mannes mit mehreren Frauen **(Polygynie)** oder seltener einer Frau mit mehreren Männern **(Polyandrie)**. Dabei ist zuweilen noch Haupt-E. von Neben-E. zu trennen. Eine völlige Freiheit von ehel. Bindungen **(Promiskuität)** hat man nirgends feststellen können. Streng beachtet werden jeweils die Sitten, nach denen die E. nur innerhalb des Stammes oder der Sippe **(Endogamie)** oder nur außerhalb der eigenen Verwandtschafts- oder Totemgruppe **(Exogamie)** geschlossen werden darf. – Über die E. im staatl. Recht und im Kirchenrecht: ↑Eherecht, ↑eheliches Güterrecht, ↑Ehescheidung.
📖 *Godoy, J.:* Die Entwicklung von E. u. Familie in Europa. A. d. Engl. Neuausg. Frankfurt am Main 1989. – *Klein, T.:* Verhaltensstandards in der E.: Kontinuität u. Wandel. Eine Analyse von Anstandsbüchern der Jahre 1834 bis 1987. Hamburg 1993. – *Lévi-Strauss, C.:* Die elementaren Strukturen der Verwandtschaft. A. d. Frz. TB-Ausg. Frankfurt am Main 1993. – *Gruber, H.-G.:* Christl. E. in moderner Gesellschaft. Entwicklung – Chancen – Perspektiven. Freiburg im Breisgau u. a. ²1995. – E. u. Familie in Krisensituationen, hg. v. F. W. Busch u. R. Nave-Herz. Oldenburg 1996.
eheähnliche Gemeinschaft, das meist auf Dauer angelegte Zusammenleben von Mann und Frau ohne formelle Eheschließung. Nach der Rechtsprechung kennzeichnet die e. G. die familienähnl. innere Bindung der Partner, also über die Wohn- und Wirtschaftsgemeinschaft hinaus die gemeinsame Planung und Gestaltung der Lebensführung. In der Vergangenheit oftmals als »wilde Ehe«, »Konkubinat« rechtlich und gesellschaftlich diskreditiert, ist die e. G. zu einer weit verbreiteten Erscheinung geworden, in der sich auch gewandelte gesellschaftl. Verhältnisse widerspiegeln. In Dtl. haben e. G. nicht dieselben rechtl. Wirkungen wie die Ehe. Es entstehen keine Unterhalts-, Versorgungsausgleichs- oder gesetzl. Erbansprüche. Grundsätzlich gilt, dass Gegenstände (z. B. Hausrat) demjenigen gehören, der sie eingebracht oder erworben hat. Die rechtl. Situation der Kinder, deren Eltern nicht miteinander verheiratet sind, wurde durch das Kindschaftsrechtsreform-Ges. vom 16. 12. 1997 neu gestaltet (↑nichteheliche Kinder). Sozialrechtlich dürfen Partner einer e. G. nicht besser gestellt werden als Eheleute. Die Verbesserung der rechtl. Stellung der e. G. wird diskutiert. (↑gleichgeschlechtl. Lebensgemeinschaft)
📖 *Münch, E. M. von:* Zusammenleben ohne Trauschein. München ⁷2001.
Eheberatung (Partnerschaftsberatung), die psycholog. und soziale Beratung von Menschen, die unter Beziehungsproblemen in Ehe oder Partnerschaft leiden. E. ist eine besondere Form der psychosozia-

eheliches Güterrecht — EHE

len Beratung (Familien-, Erziehungs-, Schwangerschaftsberatung u.a.) und umfasst wie diese bes. auch rechtl. und medizin. Aspekte. Bei der Entstehung von Einrichtungen zur E. kurz vor dem Ersten Weltkrieg standen noch Fragen der Ehevorbereitung und Empfängnisregelung, hygien. Fragen und genet. Beratung im Vordergrund, die inzwischen von spezialisierten Beratungsdiensten und Ärzten wahrgenommen werden. E. wird in Dtl. von zahlr. Beratungsstellen sowie von frei praktizierenden Beratern angeboten.

Ehebruch, außerehel. Geschlechtsverkehr eines Ehegatten; nach dt. (seit 1969), schweizer. (seit 1989) und österr. (seit 1996) Recht nicht mehr strafbar.

Ehec-Bakteri|en, zu den Kolibakterien (enterhämorrhag. Escherichia coli) gehörende, weltweit verbreitete Krankheitserreger, die seit 1995 in Dtl. vermehrt zu Infektionen mit Todesfolge geführt haben. Das Zellgift löst bei Erwachsenen oft nur leichte Magenschmerzen aus; bei Kindern und Säuglingen kann eine Infektion dagegen ein hämolytisch-uräm. Syndrom (HUS) hervorrufen, bei dem es zu Ödembildungen, Nierenversagen und Schäden an Herzmuskel und Blutgefäßen im Gehirn kommt. E.-B. werden über Rohmilch, unzureichend gegartes Rindfleisch oder durch Schmierinfektion übertragen.

Ehefähigkeitszeugnis, das von Ausländern bei der Eheschließung geforderte Zeugnis einer Behörde ihres Heimatlandes, dass ein in den Gesetzen des Heimatlandes begründetes Ehehindernis nicht besteht (§ 1309 BGB).

Ehegattenbesteuerung, Besteuerungsverfahren der Einkommen von Ehegatten: 1) Bei **getrennter Veranlagung** werden beide Partner wie Alleinstehende besteuert. 2) Bei **einfacher Zusammenveranlagung** wird die Summe der Einkommen beider Ehepartner dem allg. Steuertarif unterworfen, d.h., die Partner werden wie ein Steuerpflichtiger behandelt. Diese Form führt bei einer Doppelverdienerehe aufgrund der Steuerprogression zur Benachteiligung gegenüber Unverheirateten. 3) Bei **Zusammenveranlagung mit Splitting** wird die Summe der Einkommen durch 2 geteilt und der für diesen Betrag ermittelte Steuertarif mit 2 multipliziert. In Dtl. wurde durch das Bundesverfassungsgericht am 17. 1. 1957 die einfache Zusammenveranlagung (§ 26 EStG) wegen der Benachteiligung der Familien, in denen beide Ehegatten verdienen, für verfassungswidrig erklärt. Seitdem können Ehegatten, sofern sie unbeschränkt steuerpflichtig sind und nicht dauernd getrennt leben, zw. getrennter Veranlagung und Splitting wählen.

In *Österreich* gilt seit 1972 die getrennte Veranlagung. Hat nur ein Ehepartner Einkünfte, wird ein zusätzl. Absetzbetrag gewährt. Im *Schweizer* Steuerrecht gilt die einfache Zusammenveranlagung, progressionsmindernd wirken Freibeträge.

Ehegattenerbrecht, ↑ Erbfolge.

eheliches Güterrecht, die Regelung der vermögensrechtl. Wirkungen der Ehe. Falls die Ehegatten keinen ↑ Ehevertrag abgeschlossen haben, gilt als **gesetzl. Güterstand** seit dem 1. 7. 1958 (In-Kraft-Treten des Gleichberechtigungs-Ges.) die **Zugewinngemeinschaft** (§§ 1363 ff. BGB): Für das in die Ehe eingebrachte Gut gilt der Grundsatz, dass das Vermögen des Mannes und das der Frau getrennt bleiben. Jeder Ehegatte kann sein Vermögen selbstständig verwalten und nutzen. Bei Verfügungen über das ganze Vermögen eines Ehegatten oder über Gegenstände des ehel. Haushalts ist jedoch die Zustimmung des anderen Ehegatten erforderlich. Der Vermögenserwerb während der Ehe (Zugewinn) bleibt gleichfalls Eigentum des erwerbenden Ehegatten, jedoch hat jeder Ehegatte bei Aufhebung der Zugewinngemeinschaft (bes. bei Scheidung, bei Abschluss eines das e. G. ändernden Ehevertrags) einen Anspruch auf Teilung des Zugewinns zu gleichen Teilen. Bei Tod eines Ehegatten wird der Zugewinn pauschal durch Erhöhung des gesetzl. Erbteils des überlebenden Ehegatten um ¼ der Erbschaft ausgeglichen (↑ Erbfolge), auch wenn im einzelnen Fall kein Zugewinn erzielt wurde. Wird der überlebende Ehegatte nicht Erbe, z.B. bei Ausschlagung der Erbschaft, so kann er aber den Ausgleich des Zugewinns verlangen.

Als vertragsmäßige Güterstände sind seit 1. 7. 1958 nur die **Gütertrennung,** bei der die güterrechtl. Verhältnisse der Ehegatten durch die Eheschließung nicht berührt werden (im BGB nicht näher geregelt), und die **Gütergemeinschaft** (§§ 1415 ff. BGB) möglich. Bei der Gütergemeinschaft wird das gesamte gegenwärtige und zukünftige

45

EHE Ehelichkeit

Vermögen der Ehegatten gemeinschaftl. Vermögen (Gesamtgut). Dieses kann durch den Mann, durch die Frau oder gemeinschaftlich verwaltet werden. Daneben kann jeder Ehegatte Sondergut (durch Rechtsgeschäft nicht übertragbare Gegenstände, z. B. unpfändbare Unterhaltsansprüche) und Vorbehaltsgut (vertraglich oder anderweitig dem Gesamtgut entzogene Gegenstände) besitzen. Diese Abweichungen vom gesetzl. e. G. können zum Schutz des Rechtsverkehrs in das öffentlich zugängl., beim Amts-Ger. geführte **Güterrechtsregister** eingetragen werden. – Seit der Wiedervereinigung (3. 10. 1990) gelten auch in den neuen Ländern für Ehegatten, die bis zu diesem Zeitpunkt im gesetzl. Güterstand der Eigentums- und Vermögensgemeinschaft des Familiengesetzbuches der DDR gelebt und nichts anderes vereinbart haben, die Vorschriften über den gesetzl. Güterstand der Zugewinngemeinschaft. Jeder Ehegatte konnte jedoch bis zwei Jahre nach dem Beitritt gegenüber dem Kreisgericht erklären, dass für die Ehe der Güterstand der Eigentums- und Vermögensgemeinschaft weiter gelten soll (während der Ehe aus Arbeitseinkünften erworbene Sachen gehören beiden Ehegatten; Alleineigentum: vor der Ehe erworbene Sachen, Geschenke und durch Erbschaft zugefallene Sachen).
In *Österreich* gilt als gesetzl. Güterstand die Gütertrennung, andere Güterstände können jedoch vereinbart werden; bei Scheidung werden nach Ges. vom 15. 6. 1978 das ehel. Gebrauchsvermögen und die ehel. Ersparnisse aufgeteilt. In der *Schweiz* gilt seit 1. 1. 1988 die **Errungenschaftsbeteiligung** als neuer gesetzl. Güterstand. Das Eigentum der Ehegatten bleibt getrennt; bei Auflösung des Güterstandes wird Gewinnausgleich und Ausgleich von bestimmten Wertsteigerungen vorgenommen. Durch Ehevertrag können Gütergemeinschaft oder -trennung vereinbart werden.
📖 *Jerschke, H.-U.: Mein u. Dein in der Ehe. Die Regelung von Vermögensfragen zw. Eheleuten. München* ⁷*1994.*

Ehelichkeit, nach früherem Recht Bez. für die ehel. Abstammung. Danach war ein Kind aufgrund der gesetzl., widerlegbaren Vermutung ehelich, wenn es nach der Eheschließung geboren, vor Beendigung der Ehe empfangen worden war und der Mann innerhalb der Empfängniszeit (302.–181. Tag vor der Geburt) der Frau beigewohnt hatte (§§ 1591 ff. BGB alter Fassung). Das Kind galt nicht als ehelich, wenn es den Umständen nach offenbar unmöglich war, dass die Frau es vom Ehemann empfangen hatte. Die E. konnte bzw. kann angefochten werden. Das für ehel. und ↑nichteheliche Kinder unterschiedlich geregelte Recht der Abstammung wurde durch das Kindschaftsrechtsreform-Ges. für alle ab 1. 7. 1998 geborenen Kinder vereinheitlicht (↑Mutter, ↑Vaterschaft); der Begriff der E. wird im neuen Recht nicht mehr verwendet. Ähnl. Regelungen wie im früheren dt. Recht bestehen noch in *Österreich* (§ 138 ABGB).

Ehelichkeitserklärung, ↑Legitimation.
Ehelosigkeit, der freiwillige oder erzwungene Verzicht auf die Ehe; über den kirchenrechtl. Begriff ↑Zölibat.
Ehemündigkeit, ↑Eherecht.
Eheprozess, frühere Bez. für ↑Ehesachen.

Eherecht, staatl. und kirchl. Rechtsbestimmungen über die Ehe.
Staatliches Eherecht: Die Ehe wird in Dtl. als Rechtsinstitut durch das GG (Art. 6) geschützt. Das Eheschließungsrecht ist mit Wirkung vom 1. 7. 1998 neu geordnet und in das BGB (§§ 1303 ff.) eingefügt worden; das Ehe-Ges. von 1946 wurde aufgehoben. Eine gültige Ehe kann nur vor einem Standesbeamten bei gleichzeitiger persönl. Anwesenheit der Ehewilligen geschlossen werden (obligator. Zivilehe); die Eheschließung kann vor einem oder zwei Zeugen stattfinden, sofern die Eheschließenden das wünschen. Die kirchl. Trauung hat keine bürgerlichrechtl. Wirkung und darf erst nach der standesamtl. erfolgen. Aus einem ↑Verlöbnis kann nicht auf Eingehung der Ehe geklagt werden. Die Ehemündigkeit als Voraussetzung zum Eingehen einer Ehe beginnt mit Eintritt der Volljährigkeit. Hiervon kann das Familiengericht Befreiung erteilen, wenn der Antragsteller das 16. Lebensjahr vollendet hat und sein zukünftiger Ehegatte volljährig ist. Ist die Befreiung erteilt worden, bedarf der Minderjährige zur Eheschließung nicht mehr der Einwilligung des gesetzl. Vertreters. Geschäftsunfähige können keine Ehe eingehen. Das frühere ↑Aufgebot ist zum 1. 7. 1998 abgeschafft worden. *Eheverbote* (§§ 1306 ff.

Eherecht EHE

BGB) sind: 1) Bestehen einer anderen Ehe (Verbot der Doppelehe); 2) Verwandtschaft zw. in gerader Linie Verwandten oder zw. voll- oder halbbürtigen Geschwistern; 3) Verwandtschaft aufgrund Annahme als Kind zw. angenommenem Kind (und dessen Abkömmlingen) und dem Annehmenden sowie dessen Kindern (bei Verstoß gegen das Eheverbot Aufhebung des Adoptionsverhältnisses, § 1766 BGB); unter bestimmten Voraussetzungen Befreiung durch das Familiengericht möglich. Weitere Eheverbote bestehen nicht mehr. Als Folge einer rechtsfehlerhaften Eheschließung ist nur noch die **Aufhebung** der Ehe (§§ 1313 ff. BGB) vorgesehen, d.h. die Auflösung der Ehe durch gerichtl. Urteil für die Zukunft. Die Gründe für die Eheaufhebung müssen (anders als bei der Ehescheidung) bereits bei der Eheschließung vorgelegen haben. Aufhebungsgründe sind: Geschäftsunfähigkeit; Doppelehe; Verwandtschaft in gerader Linie; Ehe zw. voll- oder halbbürtigen Geschwistern; Verstoß gegen die Vorschriften zur Ehemündigkeit oder gegen Formvorschriften; Irrtum über die Eheschließung; Bewusstlosigkeit oder vorübergehende Störung der Geistestätigkeit eines Ehegatten bei der Eheschließung; arglistige Täuschung durch den anderen; Abschluss der Ehe unter Einwirkung einer Drohung; Einigkeit der Ehegatten bei der Eheschließung, keine Verpflichtung zur ehel. Lebensgemeinschaft eingehen zu wollen. Auch bei Rückkehr eines fälschlich für tot erklärten Ehegatten kann unter bestimmten Voraussetzungen der wieder verheiratete Ehegatte die Aufhebung der neuen Ehe beantragen. Die frühere Ehenichtigkeit, bei der die Ehe durch gerichtl. Urteil rückwirkend für nichtig erklärt wurde, ist mit der Neuordnung des Eheschließungsrechts abgeschafft worden. Über die **Auflösung** einer gescheiterten Ehe ↑ Ehescheidung.

Wirkungen der Ehe (§§ 1353 ff. BGB): Die Ehegatten sind einander zur ehel. Lebensgemeinschaft verpflichtet. Sie sollen einen gemeinsamen Familiennamen führen (einen der Geburtsnamen), der nicht namengebende Ehegatte kann seinen Geburtsnamen dem Ehenamen voranstellen oder anfügen; jeder Ehegatte kann jedoch auch seinen Geburtsnamen behalten (↑ Name). Die Ehegatten sind verpflichtet, durch ihre Arbeit und mit ihrem Vermögen die Familie angemessen zu unterhalten. Die Haushaltsführung wird in gegenseitigem Einvernehmen geregelt. Ist sie einem Ehegatten allein überlassen, erfüllt er durch diese Tätigkeit die Verpflichtung, zum Unterhalt der Familie beizutragen. Jeder Ehegatte ist berechtigt, Geschäfte zur Deckung des Lebensbedarfs der Familie mit Wirkung auch für den anderen Ehegatten zu erledigen (die Berechtigung kann beschränkt werden).

In *Österreich* wurde 1938 das dt. Ehe-Ges. eingeführt und nach 1945 mit versch. Änderungen beibehalten sowie durch Neuregelungen ergänzt. Die Ehemündigkeit beginnt mit Vollendung des 18. Lebensjahres; das Gericht hat eine Person ab vollendetem 16. Lebensjahr für ehemündig zu erklären, wenn diese für die Ehe reif und der Partner volljährig ist. Familienname kann der Name des Mannes oder der der Frau sein, bei fehlender Vereinbarung wird der Name des Mannes Familienname. Der nicht namengebende Ehegatte kann einen Doppelnamen führen oder seinen bisherigen Familiennamen als alleinigen Namen behalten. Die Ehepartner sind gleichberechtigt. Die Regelung des E. der *Schweiz* ist im Wesentlichen mit der des BGB vergleichbar. Männer und Frauen sind mit Vollendung des 18. Lebensjahres ehefähig. Familienname ist grundsätzlich der Name des Mannes, die Frau kann jedoch ihren Geburtsnamen voranstellen. Seit der Teilrevision des E. (in Kraft seit 1.1.1988) wird das Leitbild einer partnerschaftl. Ehe angestrebt.

Kirchliches Eherecht: Das kirchl. E. der *kath. Kirche* ist im Codex Iuris Canonici zusammengefasst. Dogmatisch versteht die kath. *Theologie* die Ehe als eine mit der Schöpfungsordnung gegebene »Ordnung von Anfang an«. Theologisch ist sie Sakrament, das sich die (getauften) Eheleute gegenseitig spenden, rechtlich ein Vertrag, den sie in beiderseitiger Willensübereinstimmung eingehen. Das dogmat. Grundverständnis führte zur Entwicklung des kirchl. E. und hat zur Folge, dass eine nach kath. Kirchenrecht gültige und vollzogene Ehe zw. Getauften sakramentalen Charakter hat und nur durch den Tod auflösbar ist. Ehen zw. Ungetauften oder zw. einem Getauften und einem Nichtgetauften können in bestimmten Fällen getrennt werden. – Zur gültigen Eheschließung ist ge-

EHE Ehering

fordert, dass der Ehekonsens bei beiden Partnern nicht nur tatsächlich vorhanden ist, sondern auch in der rechtlich vorgeschriebenen Form kundgetan wird und dass die Partner rechtlich ehefähig sind. Fehlt eines dieser Elemente, ist die Eheschließung ungültig. Die Ehefähigkeit wird durch die Ehehindernisse näher bestimmt. Dadurch kann das Recht auf Ehe eingeschränkt sein (z. B. Blutsverwandtschaft in manchen Graden, Ordensgelübde). Die kanon. Eheschließungsform besteht in der Erklärung des Ehekonsenses vor einem bevollmächtigten kirchl. Amtsträger und zwei Zeugen. Zu ihrer Einhaltung sind alle Katholiken verpflichtet, auch wenn sie einen Nichtkatholiken heiraten (Formpflicht); doch kann in diesem Fall Dispens gewährt werden. Gefordert aber bleibt, dass der Ehekonsens in einer öffentl. Form erklärt wird, z. B. in standesamtl. oder religiöser Form. Zum Schutz der Ehe hat die kath. Kirche eine geordnete Ehegerichtsbarkeit aufgebaut.Die evang. *Kirchen* haben kein eigenes kirchl. E. entwickelt. Die bibl. Eheverkündigung bildet die Grundlage des evang. Eheverständnisses. Die Ehe kommt durch Eheschließung nach der staatl. Rechtsordnung zustande. Die kirchl. Trauung ist Proklamation der Ehe vor der christl. Gemeinde und geistl. Zuspruch an die Eheleute für ein durch christl. Grundsätze geprägtes gemeinsames Leben.
📖 *Sebott, R.: Das neue kirchl. E. Frankfurt am Main* ²*1990. – Münch, E. M. von: Ehe- u. Familienrecht von A–Z. München* ¹⁵*2002.*
Ehering, der ↑Trauung.

ehernes Lohngesetz, auf D. Ricardo zurückgehende Lohntheorie von F. Lassalle: Der Arbeitslohn könne nur kurzfristig vom Existenzminimum abweichen; höhere Löhne zögen höhere Geburtenzahlen und damit steigendes Arbeitsangebot nach sich, sodass die Löhne wieder fallen. Sinke der Lohn unter das Existenzminimum, führe eine Verminderung des Arbeitsangebots zu seinem Wiederanstieg.

Ehesachen, zivilprozessuale Verfahren auf Ehescheidung und die damit zusammenhängenden Folgesachen (z. B. elterl. Sorgerecht, Unterhaltspflicht, Zugewinnausgleich), Eheaufhebung, Feststellung des Bestehens oder Nichtbestehens einer Ehe, Herstellung der ehel. Lebensgemeinschaft (§§ 606 ff. ZPO).

Ehescheidung, die rechtl. Auflösung einer Ehe. Eine Ehe kann nur durch gerichtl. Urteil auf Antrag eines oder beider Ehegatten geschieden werden (§ 1564 BGB). Das E.recht wurde in der Bundesrep. Dtl. zum 1. 7. 1977 durch Ges. entsprechend dem Zerrüttungsprinzip neu gestaltet. Danach kann die Ehe geschieden werden, wenn sie gescheitert ist, d. h., wenn die Lebensgemeinschaft nicht mehr besteht und nicht erwartet werden kann, dass die Ehegatten sie wiederherstellen. Das Scheitern der Ehe wird **unwiderlegbar** vermutet, 1) wenn die Ehegatten seit einem Jahr getrennt leben und die Scheidung übereinstimmend beantragen; 2) wenn die Ehegatten seit drei Jahren getrennt leben (ein weiteres Zusammenleben, das dem Versuch der Versöhnung dienen soll, unterbricht oder hemmt die Trennungsfristen nicht). In diesem Fall kann auch gegen den Willen eines Ehegatten geschieden werden. Zum Vollzug der Trennung genügt auch eine völlige Trennung der Lebensbereiche in der bisherigen Wohnung. Eines Nachweises des Scheiterns der Ehe im Einzelnen bedarf es nur, wenn diese Vermutungen nicht greifen, d. h., die Ehe kann unabhängig von diesen Fristen geschieden werden, wenn ihre Fortsetzung aus Gründen, die in der Person des anderen Gatten liegen, unzumutbar ist.
Einschränkend gilt (Härteklausel des § 1568 BGB): Die Ehe soll nicht geschieden werden, wenn und solange die Aufrechterhaltung der Ehe im Interesse der aus ihr hervorgegangenen minderjährigen Kinder ausnahmsweise notwendig ist oder wenn und solange die Scheidung für den Antragsgegner aufgrund außergewöhnl. Umstände eine so schwere Härte darstellen würde, dass die Aufrechterhaltung der Ehe auch unter Berücksichtigung der Belange des Antragstellers ausnahmsweise geboten erscheint.Dies kann bei schwerer Identitätskrise des Kindes oder schwerer Krankheit der Fall sein.
Durch die E. entfallen die allg. Wirkungen der Ehe ebenso wie Erb- und Pflichtteilsrechte (diese z. T. schon mit Stellung des Scheidungsantrages § 1933 BGB). Erhalten bleiben der Ehename (§ 1355 BGB) und in gewissen Grenzen der **Unterhaltsanspruch.** Grundsätzlich hat jeder Ehegatte nach der E. für sich selbst zu sorgen. Kann ein geschiedener Ehegatte dies nicht, so

Ehewappen **EHE**

hat er einen Unterhaltsanspruch, der Leistungsfähigkeit des Verpflichteten voraussetzt. Wann dies der Fall ist, regelt das Ges. im Einzelnen (§§ 1570 ff. BGB, für die neuen Länder Art. 234, § 5 EGBGB), z. B., wenn von dem geschiedenen Ehegatten wegen Alters, Krankheit, Vorhandenseins pflege- oder erziehungsbedürftiger Kinder oder wegen notwendiger eigener Ausbildung, Fortbildung oder Umschulung eine Erwerbstätigkeit nicht oder noch nicht erwartet werden kann oder wenn der Gatte sich nach der E. nur unzureichend in das Arbeitsleben wiedereingliedern kann, schließlich, wenn aus schwerwiegenden sonstigen Gründen eine Erwerbstätigkeit nicht erwartet werden kann und Versagen des Unterhalts grob unbillig wäre (§ 1576 BGB). Umgekehrt kann der Unterhaltsanspruch bei grober Unbilligkeit ausgeschlossen werden, z. B. wenn die Ehe nur von kurzer Dauer war oder der Berechtigte seine Bedürftigkeit mutwillig herbeigeführt hat (§ 1579 BGB). Das Maß des Unterhalts bestimmt sich nach den ehel. Lebensverhältnissen und umfasst den ganzen Lebensbedarf, auch Kosten einer angemessenen Krankenversicherung sowie einer Schul- und Berufsausbildung (§ 1578 BGB).
Nach der E. wird unabhängig vom Güterstand ein **Versorgungsausgleich** (§§ 1587 ff. BGB, für die neuen Länder Art. 234, § 6 EGBGB) durchgeführt. Es wird verglichen, welche Anwartschaften oder Aussichten auf eine Versorgung wegen Alters oder Erwerbsminderung jeder Ehegatte während der Ehezeit erworben hat; übersteigen die Anwartschaften des einen Ehegatten diejenigen des anderen, so erhält der mit den geringeren Anwartschaften einen Ausgleichsanspruch auf die Hälfte des Überschusses. Die Parteien können den Versorgungsausgleich durch Ehevertrag (§ 1408 BGB) ausschließen. Sind die Eltern gemeinsam Inhaber der ↑elterlichen Sorge über minderjährige Kinder, so besteht diese nach der E. grundsätzlich fort. Jeder Elternteil kann jedoch beantragen, dass ihm das Familiengericht das Sorgerecht allein überträgt. – Der in der Ehe angefallene Zugewinn ist auszugleichen (↑eheliches Güterrecht). Können sich die geschiedenen Eheleute nicht über die künftige Nutzung der Ehewohnung und die Verteilung des Hausrates einigen, muss das Gericht darüber entscheiden; es gilt die Hausrat-VO vom 21. 10. 1944.
In *Österreich* gelten im Wesentlichen ähnl. Grundsätze (§§ 49 ff. Ehe-Ges.). Als Scheidungsgrund steht das Zerrüttungsprinzip im Vordergrund, jedoch kann die E. auch auf Verschulden der Partner gestützt werden. Die Trennungsfrist für einvernehml. E. beträgt ein halbes Jahr. Zwar besteht auch eine Härteklausel, doch kann nach sechsjähriger Trennung in jedem Falle die E. durchgesetzt werden. In der *Schweiz* gilt seit 1. 1. 2000 ein neues Scheidungsrecht, das die einvernehml. Scheidung der Partner als Normalfall regelt, aber auch die Scheidung gegen den Willen eines Partners nach mindestens vierjähriger Trennung ermöglicht (Art. 111 ff. ZGB). Das Gericht kann jedoch auch, falls Aussicht auf Wiedervereinigung der Ehegatten besteht, die Trennung der Ehe aussprechen, was den Ehegatten eine erhöhte Unabhängigkeit verschafft, die Ehe aber fortbestehen lässt.
📖 *Münch, E. M. von: Die Scheidung nach neuem Recht.* München ¹¹2002.
Eheverbote, ↑Eherecht.
Ehevermittlung (Heiratsvermittlung), die gewerbsmäßige Vermittlung von Ehemöglichkeiten. Eine versprochene Vergütung für die E. (**Ehemäklerlohn**) kann nicht eingeklagt werden, das Geleistete (z. B. ein Vorschuss) jedoch auch nicht zurückgefordert werden (§ 656 BGB). Deshalb wird bei der entgeltl. E. meist ein Vorschuss verlangt. In *Österreich* ist ein entgeltl. E.vertrag nichtig (§ 879 ABGB).
Eheversprechen, ↑Verlöbnis.
Ehevertrag, Vertrag, durch den die Ehegatten oder Verlobte ihre güterrechtl. Verhältnisse abweichend vom gesetzl. Güterstand regeln (↑eheliches Güterrecht); der E. kann z. B. im Verzicht auf den Versorgungsausgleich auch Vereinbarungen für eine etwaige ↑Ehescheidung enthalten. Der E. muss bei gleichzeitiger Anwesenheit beider Teile vor einem Notar geschlossen werden. Er wirkt gegenüber Dritten nur, wenn er im Güterrechtsregister eingetragen oder dem Dritten bekannt ist (§§ 1408 ff. BGB). – Ähnlich ist es in *Österreich,* wo güterrechtl. Vereinbarungen während der Ehe **Ehepakte** genannt werden (§ 1217 ABGB), und in der *Schweiz* (Art. 182 ff. ZGB).
Ehewappen (Allianzwappen), aus den beiden Wappen der Ehepartner gebildete

49

Wappenkombination; besteht i.d.R. aus zwei leicht schräg nach innen geneigt nebeneinander gestellten Wappenschilden oder aus zwei in einem gemeinsamen (gespaltenen) Schild vereinigten Wappen.
EHF [Abk. für engl. extremely high frequency »extrem hohe Frequenz«], internationale Bez. für ↑Millimeterwellen.
EHF-Pokal, europäischer Wettbewerb im ↑Handball.
Ehingen (Donau), Stadt (Große Kreisstadt) im Alb-Donau-Kreis, Bad.-Württ., 515 m ü. M. am S-Rand der Schwäb. Alb, 24 700 Ew.; Kranbau, Kunststoffverarbeitung, Maschinenbau, Baustoff-, feinmechan. Industrie. – Got. St.-Blasius-Pfarrkirche, spätgot. Liebfrauenkirche (beide barock umgestaltet), barocke Konviktskirche; Ritterhaus (1692), Ständehaus (1749). – 1230 von den schwäb. Grafen von Berg zur Stadt erhoben, seit 1343 bei Habsburg, kam 1806 an Württemberg.

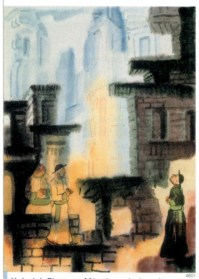

Heinrich Ehmsen: Mönche zwischen den Ruinen (Moskau, Puschkin-Museum)

Ehinger, Heinrich, Kaufmann, *Konstanz, †1537 (?); führend im südd. Fernhandel mit Spanien (bes. in Saragossa); beteiligte sich 1528–30 an der Kolonisation der Welser in Venezuela.
Ehlers, Hermann, Politiker (CDU), *Berlin 1. 10. 1904, †Oldenburg (Oldenburg) 29. 10. 1954; in der Zeit des Nationalsozialismus Mitgl. der Bekennenden Kirche, war 1949–54 MdB und 1950–54 Bundestagspräsident.
Ehmcke, Fritz Helmuth, Buchkünstler und Grafiker, *Hohensalza (heute Inowrocław) 16. 10. 1878, †Widdersberg (heute zu Herrsching a. Ammersee) 3. 2. 1965; gründete 1914 die »Rupprecht-Presse« in München, die nur Druckschriften E.s verwendete (**E.-Fraktur, E.-Antiqua** u. a.).
Ehmsen, Heinrich, Maler und Grafiker, *Kiel 9. 8. 1886, †Berlin (Ost) 6. 5. 1964. Er schuf dynamisch aufgebaute, starkfarbige Bilder, oft mit sozialkrit. Tendenz (bes. seine Grafiken); war wegen des expressiven Charakters seiner Malerei im Formalismusstreit Angriffen ausgesetzt.
Ehre, 1) die einer Person aufgrund ihres Menschseins und der damit verbundenen Würde von Natur aus zukommende, durch Worte und Handlungen bekundete Achtung; 2) innere, auf der Selbstachtung beruhende Haltung (sittl. Würde); 3) das Ansehen, das einer Person aufgrund ihrer gesellschaftl. Stellung, ihrer Lebensführung oder hoch bewerteter Leistungen zugebilligt wird. – Die Ansichten darüber, was mit der E. verträglich oder durch sie gefordert sei, sind kulturell verschieden. Konflikte der E. mit anderen hohen Gütern, z. B. der Liebe, bildeten zu allen Zeiten ein Hauptthema der Dichtung.
Rechtlich ist die E. das Maß an Achtung, das jedem unbescholtenen Menschen zukommt. Sie ist Ausfluss der in Art. 1 GG garantierten Unantastbarkeit der Menschenwürde, außerdem strafrechtlich geschützt (↑Beleidigung). Bei schuldhafter Verletzung der E. besteht ein zivilrechtl. Anspruch auf Schadensersatz und Unterlassung (§§ 823, 824, 826 BGB).
Ehrenamt, öffentl. Amt, für dessen Erfüllung kein Entgelt, sondern nur Ersatz der Auslagen gewährt wird. Die E. sind teils solche, die übernommen werden müssen (Schöffe), teils solche, die freiwillig übernommen werden (Gemeindeämter).
ehrenamtliche Richter (früher Laienrichter), Personen, die neben den Berufsrichtern, unabhängig wie diese und gleichberechtigt mit ihnen, die rechtsprechende Gewalt ausüben. Sie stehen nicht im öffentlich-rechtl. Dienstverhältnis zum Staat und bedürfen keiner jurist. Berufsausbildung. E. R. erhalten keine Vergütung, son-

Ehrenfriedersdorf EHR

Ehrenhof des Schlosses Charlottenburg in Berlin

dern nur Entschädigung für Zeitversäumnis und Unkosten. In der Zivilgerichtsbarkeit wirken sie mit in der Kammer für Handelssachen und in Landwirtschaftssachen, in der Strafgerichtsbarkeit als Schöffen im Schöffen- und Schwurgericht; ferner als Beisitzer in der Arbeits-, Sozial-, Verwaltungs- und Finanzgerichtsbarkeit.

Ehrenannahme, ↑Ehreneintritt.

Ehrenbezeigung (Ehrenerweisung), Ausdruck besonderer Hochachtung und Verehrung bei offiziellen und feierl. öffentl. Anlässen oder gegenüber Staatsoberhäuptern u. a. Persönlichkeiten, bes. durch Salutschießen oder militär. Ehrenformationen; auch zur Ehrung von Toten.

Ehrenbreitstein, rechtsrhein. Stadtteil (seit 1937) von Koblenz, überragt von der **Festung E.**; sie gehörte als Burg seit dem 11. Jh. dem Erzbistum Trier, wurde 1801 von den Franzosen gesprengt, 1815–32 durch Preußen zu einer der stärksten Rheinfestungen ausgebaut. Nach dem Versailler Vertrag wurden die Vorwerke geschleift; heute Archiv, Museum und Jugendherberge.

Ehrenburg (Erenburg), Ilja Grigorjewitsch, russ. Schriftsteller, *Kiew 27. 1. 1891, †Moskau 31. 8. 1967; floh als Revolutionär 1908 nach Paris. Seit 1940 wieder in der UdSSR, schrieb er propagandist. Romane, Schauspiele, Novellen (»Der Fall von Paris«, 1941; »Der Sturm«, 1948). Als Kriegsberichterstatter im Zweiten Weltkrieg rief er zu einer fanat. Deutschfeindlichkeit auf. Durch seinen krit. Roman »Tauwetter« (1954, zweiteilige Neufassung 1956) leitete er die gleichnamige Periode der polit. und kulturpolit. Liberalisierung nach Stalins Tod ein.

Weiteres Werk: Das Schwarzbuch. Der Genozid an den sowjet. Juden, hg. v. I. E. u. W. Grossman. Dt. hg. v. A. Lustiger (5.–6. Tsd. 1995).

📖 Ehrenburg, Irina: *So habe ich gelebt. Erinnerungen aus dem 20. Jh.,* hg. u. übers. v. A. Leetz. Berlin 1995.

Ehrenbürger, Ehrentitel von Personen, die wegen persönl. Verdienste oder weil sie sich um eine Gemeinde verdient gemacht haben, mit der Ehrenbürgerschaft ausgezeichnet wurden.

Ehrendoktor, Abk. **Dr. h. c.,** ehrenhalber, ohne Promotion verliehener Doktortitel.

Ehreneintritt (Intervention), *Recht:* das Eintreten eines Dritten für einen Wechsel, wenn der Bezogene ihn nicht annimmt oder nicht bezahlt. Die Annahme eines solchen Wechsels durch den Notadressaten wird **Ehrenannahme (Ehrenakzept),** die Einlösung **Ehrenzahlung** genannt (Art. 55 ff. Wechselgesetz).

Ehrenfels, Christian Freiherr von, österr. Philosoph und Psychologe, *Rodaun (heute zu Wien) 20. 6. 1859, †Lichtenau (NÖ) 8. 9. 1932; einer der Begründer der Gestaltpsychologie (»Über Gestaltqualitäten«, 1890).

Ehrenfest, Paul, österr. Physiker, *Wien 18. 1. 1880, †(Selbstmord) Amsterdam 25. 9. 1933; ab 1912 Prof. in Leiden; arbeitete über Atomphysik, Quantentheorie, statist. Mechanik; stellte u. a. die Quasiergodenhypothese (↑Ergodenhypothese) auf.

Ehrenfriedersdorf, Stadt im Landkreis

EHR Ehrengericht

Annaberg, Sachsen, im Erzgebirge, am Fuß der Greifensteine (Granitfelsen, bis 732 m ü. M.; Naturtheater), 5 700 Ew.; Erholungsort; Besucherbergwerk, mineralog. Museum, Greifensteinmuseum, Freilichtbühne; Kunststoffverarbeitung, Textilbetrieb, Herstellung von Schaltschränken, Drahterzeugnissen und Kartonagen. – Stadtkirche St. Nicolai (14./15. Jh.) mit Schnitzaltar (von H. Witten 1507 begonnen). – 1339 erste urkundl. Erwähnung. Vom 13. Jh. bis 1990 Zinn- und Wolframerzbergbau.

Ehrengericht, ↑Berufsgerichte.

Ehrenhof (frz. Cour d'Honneur), der Empfangshof barocker Schlossbauten vor dem Hauptportal; gerahmt vom fürstl. Wohntrakt (Corps de Logis) und seinen Flügelbauten (Communs); in der Front geschlossen durch Mauern mit Wachhäusern und/oder Gitter. – Abb. S. 51

Ehrenlegion (frz. Légion d'honneur), höchster frz. Orden, gestiftet 1802; Ordensgrade: Ritter, Offiziere, Kommandeure, Großoffiziere, Großkreuze.

Ehrenpatenschaft, die vom Staatsoberhaupt bei Familien mit einwandfreiem Ruf übernommene Patenschaft (in Dtl. für das 7. Kind).

Ehrenpreis: Gamander-Ehrenpreis

Ehrenpreis (Veronica), Gattung der Braunwurzgewächse, v. a. auf der Nordhalbkugel, meist Kräuter mit gegenständigen Blättern und überwiegend blauen Blüten in Trauben. Einheimisch sind etwa 35 Arten, u. a. **Gamander-E.** (Männertreu, Veronica chamaedrys) mit blauen Blüten auf Wiesen und der bis 20 cm hohe **Echte E.** (Veronica officinalis) mit hellvioletten Blüten auf Heiden und in Wäldern.

Ehrenrechte, alle Rechte, die einem Staatsbürger zustehen. Die Aberkennung der bürgerl. E. ist seit dem 1. Strafrechtsreform-Ges. vom 25. 6. 1969 nicht mehr möglich. Wer jedoch wegen eines Verbrechens zu Freiheitsstrafe von mindestens einem Jahr verurteilt wird, verliert kraft Gesetzes für fünf Jahre die Fähigkeit, öffentl. Ämter zu bekleiden und Rechte aus öffentl. Wahlen zu erlangen; in besonderen Fällen kann auch das Wahlrecht aberkannt werden, wenn es gesetzlich (z. B. § 129 a StGB) vorgesehen ist (§§ 45 ff. StGB). – Ähnl. Bestimmungen gelten in *Österreich*, das *schweizer*. Strafrecht kennt die Amtsunfähigkeit als Nebenstrafe (Art. 51 StGB).

Ehrenwort, feierl. Versprechen einer Leistung oder Unterlassung unter Berufung auf die Ehre; rechtlich bedeutungslos.

Ehrenzahlung, ↑Ehreneintritt.

Ehrenzeichen, alle sichtbar zu tragenden Auszeichnungen, die nicht ausdrücklich ↑Orden genannt werden; 1980 wurde vom Bundespräs. das **E. der Bundeswehr** gestiftet; in Österreich gibt es seit 1955 das **E. für Verdienste um die Republik Österreich.**

Ehrfurcht, höchste Wertschätzung und Verehrung, gesteigerte Achtung vor der sittl. Würde einer Person, eines Gesetzes, Gottes (E. vor Gott und den Menschen), des Lebens.

Ehrgeiz, das Streben, andere an Ehre, Geltung oder Macht zu übertreffen; ethisch teils positiv (als Leistungsimpuls), teils negativ bewertet, v. a. als übersteigerter E. **(Ehrsucht),** der andere in den Schatten zu drängen oder Leistungen vorzutäuschen sucht.

Ehrhardt, Hermann, Seeoffizier, * Diersburg (heute zu Hohberg, Ortenaukreis) 29. 11. 1881, † Brunn am Walde (bei Krems an der Donau) 27. 9. 1971; bildete Anfang 1919 die **Brigade E.,** mit der er die kommunist. Räteherrschaft in Braunschweig und München bekämpfte und 1920 am Kapp-Putsch teilnahm. Er gründete die rechtsradikale »Organisation Consul«.

Ehringsdorf, südl. Stadtteil von Weimar

mit Travertinsteinbruch im Ilmtal. Hier wurden Reste von Fossilien sowie altsteinzeitl. Feuerstellen, Steinwerkzeuge und menschl. Skelettreste von Präneandertalern gefunden.

Paul Ehrlich

Ehrlich, Paul, Serologe, *Strehlen 14. 3. 1854, †Bad Homburg v.d. Höhe 20. 8. 1915; führte neue diagnost. Verfahren bes. zur Anfärbung von Blut und Gewebeschnitten ein und begründete die experimentelle Chemotherapie; 1909 entwickelte er das Syphilismittel Salvarsan (mit S. Hata). E. erhielt 1908 mit I. Metschnikow den Nobelpreis für Physiologie oder Medizin.

Ehrlosigkeit, im MA. die Minderung in der Rechtsstellung, z. B. durch nichtehel. Abstammung, einen bestimmten Beruf, die Art der Lebensführung oder Verurteilung zu entehrenden Leibesstrafen (an »Haut und Haar«).

Ehrwald, Gemeinde im Bezirk Reutte, Tirol, im Becken von Lermoos, rd. 1 000 m ü. M., 2 600 Ew.; als Ausgangspunkt der österr. Zugspitz-Seilbahn bed. Fremdenverkehrsort.

Ei (Eizelle, Ovum), unbewegliche weibl. Geschlechtszelle von Mensch, Tier und Pflanze; meist wesentlich größer als die männl. Geschlechtszelle (Samenzelle), z. B. beim Menschen 0,12–0,2 mm, beim Strauß über 10 cm, bei Saugwürmern 0,012–0,017 mm im Durchmesser. Die Bildung des Eies erfolgt meist in bes. differenzierten Geschlechtsorganen, bei mehrzelligen Pflanzen u. a. in Samenanlagen, bei mehrzelligen Tieren in Eierstöcken.
Der Aufbau tier. Eier ist sehr einheitlich. Unter der von der Eizelle selbst gebildeten Eihaut (Dotterhaut) befindet sich das Eiplasma (Ooplasma) mit dem relativ großen Eikern. Die im Eiplasma gespeicherten

Reservestoffe (u. a. Proteine, Lipoproteide, Fette, Glykogen) werden in ihrer Gesamtheit als Dotter bezeichnet. Nach der Menge des Dotters im Eiplasma unterscheidet man **oligolezithale Eier** (sehr dotterarm; bei Säugetieren) und **mesolezithale Eier** (weniger dotterarm; bei Amphibien, Lungenfischen). Eier mit großer Dottermenge werden als **polylezithale Eier** bezeichnet. Bei gleichmäßiger Verteilung des Dotters spricht man von **isolezithalen Eiern** (z. B. bei Säugetieren). Die nach der ↑Befruchtung durch eine männl. Geschlechtszelle oder durch Wirksamwerden anderer Entwicklungsreize (z. B. bei der Jungfernzeugung) beginnende Eifurchung wird anfangs äußerst stark durch Menge und Verteilung des im Ei befindlichen Dotters beeinflusst. Im Zellkern des Eies ist die gesamte für die Ausbildung des Organismus notwendige Information gespeichert. Einzelne Eibezirke sind für die Bildung bestimmter Körperabschnitte des späteren Organismus mehr oder weniger ausgeprägt determiniert. Das Ei wird oft von mehreren **Eihüllen** umgeben, die Hafteinrichtungen (bei Insekten) besitzen oder hornartig (bei Haien und Rochen), gallertig (Wasserschnecken, Amphibien) oder äußerst fest (↑Dauereier) sind. Auch das Eiklar (Eiweiß) der Vogeleier mit Hagelschnüren und die Kalkschale sind Eihüllen.

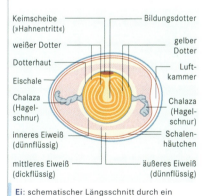

Ei: schematischer Längsschnitt durch ein Hühnerei

Im allg. Sprachgebrauch wird als Ei das befruchtet oder unbefruchtet abgelegte **Hühnerei** bezeichnet; es besteht wie jedes Vogelei aus der von der Dotterhaut begrenzten Eizelle mit Dottersubstanz sowie den tertiären Eihüllen: Eiklar (Eiweiß), Schalenhäutchen, Kalkschale (Eischale); wichtiges Nahrungsmittel, das sich aus durchschnittlich 74% Wasser, 13% Proteinen, 11% Fett, 0,7% Kohlenhydraten und 1% Mineralstoffen zusammensetzt und zahlr. Vitamine enthält. Von dem durchschnittlich 50–60 g schweren Hühnerei beträgt der Schalenanteil etwa 10% (davon sind über 90% Kalk). Das durch Laktoflavin leicht grünlich gelbe Eiklar macht etwa 58% des Hühnereis aus, der Dotter etwa 32%.

Im *Brauchtum* und *Volksglauben* vieler Völker gilt das Ei als Sinnbild der Fruchtbarkeit, der Auferstehung, als Urgrund der Welt (Weltei). Es wird als Opfer und Orakel verwendet. Im Frühjahr werden ihm Wunderkräfte zugeschrieben, so den Antlass- und Karfreitagseiern, bes. aber dem Osterei. Im Frühjahr sind vielerorts Eierspiele Brauch, das Eierrollen, -lesen, -klauben oder -laufen.

EIA, Abk. für ↑Enzymimmunoassay.

EIB, Abk. für ↑Europäische Investitionsbank.

Eibe: Zweig mit reifen Früchten, die einen roten Samenmantel tragen

Eibe (Taxus baccata), Nadelholzart der Familie Eibengewächse (Taxaceae), in Europa, im Orient und in Nordafrika heimisch; ein immergrüner Strauch oder bis 20 m hoher Baum mit rötlich brauner Rinde, flachen Nadeln und zweihäusigen Blüten. Die männl. Blüten bilden kugelige Köpfchen, die weibl. bestehen aus einer einzigen aufrechten Samenanlage, um die sich im Reifestadium ein roter, sehr süßer ungiftiger Samenmantel **(Arillus)** hüllt. Die Jungtriebe, Nadeln und Samen enthalten das giftige Alkaloid **Taxin.** Das harte, elastische, politurfähige Holz wird zu Kunsttischlerarbeiten verwendet.

Eibenstock, Stadt im Landkreis Aue-Schwarzenberg, Sachsen, im Westerzgebirge, 7400 Ew.; Erholungsort; Buntstickerei; nördlich der Stadt die Talsperre E. (74,7 Mio. m³) der Zwickauer ↑Mulde. – Im 14. Jh. beginnender Zinnerzbergbau; im 16. Jh. entwickelte sich E. zur Bergstadt.

Eibisch, 1) (Althaea), zu den Malvengewächsen gehörende Gattung dicht behaarter Kräuter und Sträucher; als Arzneipflanze an feuchten, bes. salzhaltigen Orten der bis 1,5 m hohe **Echte E.** (Althaea officinalis) mit rosafarbenen oder weißen Blüten.

2) (Hibiscus), Gattung der Malvengewächse mit über 200 meist trop. Arten; Kräuter, Sträucher oder Bäume mit trichterartigen großen, meist in den Blattachseln stehenden Blüten; als Zimmerpflanze der **Chines. Rosen-E.** (Hibiscus rosa-sinensis).

Eibl-Eibesfeldt, Irenäus, österr. Verhaltensforscher, *Wien 15. 6. 1928; seit 1970 Prof. in München; Leiter der Forschungsstelle für Humanethologie in der Max-Planck-Gesellschaft, in Andechs. E.-E. untersucht bes. die inner- und zwischenartl. Kommunikation bei Mensch und Tier.

Eibsee, See am Nordfuß der Zugspitze, Bayer. Alpen, 973 m ü. M., 1,8 km² groß, bis 32 m tief, mit sieben kleinen Inseln; durch eiszeitl. Bergsturz entstanden.

Eich, Günter, Schriftsteller, *Lebus 1. 2. 1907, †Salzburg 20. 12. 1972; ∞ mit Ilse ↑Aichinger; begann mit Natur- und Erlebnisgedichten. Exemplarisch für die frühe Nachkriegsliteratur sind seine Gedichte in »Abgelegene Gehöfte« (1948) und die Kurzgeschichte »Züge im Nebel« (1947); richtungweisend für das literar. Hörspiel der 50er- und 60er-Jahre wurde »Träume« (1951); in weiteren Hörspielen (»Die Mädchen von Viterbo«, 1953; »Die Brandung vor Setúbal«, 1957), spröden Gedichten (»Botschaften des Regens«, 1955; »Zu den Akten«, 1964; »Anlässe und Steingärten«, 1966) und witzigen, hintersinnig-iron. Prosaskizzen (»Maulwürfe«, 1968; »Ein Tibeter in meinem Büro«, 1970) werden Natur und Sprache zunehmend skeptisch betrachtet und vielschichtig chiffriert.

Eichbosonen (Austauschteilchen, intermediäre Vektorbosonen), *Physik:* allg. die Elementaranregungen der ↑Eichfelder 2), insbesondere die Feldquanten der elektromagnet., der schwachen und der starken Wechselwirkung. Zu den E. gehören das Photon (elektromagnet. Wechselwirkung), die W^+-, W^-- und Z^0-Bosonen (schwache Wechselwirkung) und die Gluonen (starke Wechselwirkung). Auch für die Gravitation soll es E. geben, die hypothet. Gravitonen. Die E. haben als Quanten der die Wechselwirkung übertragenden Vektorfelder (daher auch die Bez. intermediäre Vektorbosonen) den Spin 1; als **intermediäre Bosonen** i. e. S. bezeichnet man häufig nur die Feldquanten der schwachen Wechselwirkung.

Eiche (Quercus), Gattung der Buchengewächse, z.T. über 700 Jahre alt werdende Bäume mit gesägten bis gelappten Blättern. Die männl. Blüten sitzen in hängenden Kätzchen, die weibl. einzeln oder gebüschelt. Jede weibl. Blüte ist von einem später becherförmigen Fruchtbecher (Cupula) umgeben; die Frucht nennt man ↑Eichel. In Mitteleuropa sind heimisch: die **Stiel-** oder **Sommer-E.** (Quercus robur), die **Trauben-** oder **Winter-E.** (Quercus petraea). Von den südeurop. Eichenarten liefern die beiden **Kork-E.** (Quercus suber und Quercus occidentalis) den Kork; die **Stein-E.** (Quercus ilex) ist eine Charakterpflanze der Macchie. – Das harte, mittelschwere Eichenholz verwendet man bes. für Fässer, Parkettfußböden und Furniere. Aus der Rinde (Lohrinde) wurden früher Gerbmittel gewonnen. Schädlinge sind u.a. die Raupen der Frostspanner, des Grünen Eichenwicklers, die Larven des Eichenbocks und versch. Prachtkäfer sowie der Eichenmehltaupilz. – In der *Volkskunde* ist die E. das Sinnbild der Freiheit und Kraft. Bei vielen indogerman. Völkern, bes. den Germanen, ist sie der am meisten verehrte Baum (Donarkult).

Eichel, 1) *Anatomie:* (Glans), vorderes verdicktes Ende des männl. Gliedes (↑Penis) und des weibl. ↑Klitoris.
2) *Botanik:* (Ecker), die einsamige, runde bis eiförmige, stärke- und gerbsäurereiche Nussfrucht der Eiche, die an ihrer Basis von einem napf- bis becherförmigen, beschuppten oder filzig behaarten Fruchtbecher (Cupula) umschlossen wird, aus dem sie nach der Reife herausfällt. E. werden als Futtermittel für Schweine (**E.-Mast**) in einigen Ländern bis heute verwendet.
3) *Kartenspiel:* (Ecker) Farbe der dt. Spielkarte, entspricht dem Kreuz der frz. Spielkarte.

Eichel, Hans, Politiker (SPD), *Kassel 24.12.1941; Lehrer, 1969–72 stellv. Jusovorsitzender; 1975–91 Oberbürgermeister von Kassel, war 1991–99 MinPräs. von Hessen, wurde im April 1999 Bundesminister der Finanzen.

Eichelentzündung, die ↑Balanitis.

Eichelhäher (Garrulus glandarius), europäisch-nordasiat. Rabenvogel, etwa 35 cm lang, rötlich grau, mit blau, schwarz und weiß gebänderten Oberflügeldeckfedern und aufrichtbarer gestreifter Haube; ist in Mischwäldern verbreitet; frisst Insekten, Kleintiere, auch Jungvögel, Eier, Früchte und Samen.

Eicheltripper, ↑Balanitis.

Eichelwürmer (Enteropneusta), Klasse der Kragentiere, regenwurmförmige Meerestiere der Gezeitenzone mit bewimpertem Körper, gegliedert in Eichel, Kragen und Rumpf.

Eichen [mhd. ichen »abmessen«, zu lat. aequus »gleich«], Überprüfung und Abstimmung der Messgenauigkeit und -sicherheit von Messgeräten, die für den gesamten amtl. und geschäftl. Verkehr, das Verkehrswesen sowie die Herstellung und Prüfung von Arzneimitteln eingesetzt werden, mit der amtl. Normalen. Grundlage ist das Eich-Ges. i. d. F. v. 23.3.1992, das auch die **Eichpflicht** verankert, d.h. die Pflicht, alle für den Geschäftsverkehr bed. Messgeräte zu eichen. Dazu muss ein Messgerät eichfähig sein, d.h., seine Bauart muss richtige Messergebnisse und eine ausreichende Messbeständigkeit erwarten lassen. Messwerte müssen in gesetzl. Einheiten angezeigt werden. Die geeichten Gegenstände werden durch **Eichstriche** oder **Eichstempel** gekennzeichnet. Die oberste Fachbehörde für das E. ist die Physikalisch-Techn. Bundesanstalt.

Eichenbock (Heldbock), Art der ↑Bockkäfer.

Eichendorff, Joseph Freiherr von, Dichter, *Schloss Lubowitz (bei Racibórz) 10.3.1788, †Neisse 26.11.1857; studierte Jura, ging 1807 nach Heidelberg, 1810 zum

Abschluss seiner jurist. Studien nach Wien. Er nahm an den Befreiungskriegen teil, trat 1816 in den preuß. Staatsdienst, 1844 pensioniert; 1846 Aufenthalt in Wien, 1855 ließ er sich in Neisse nieder. Seine Gedichte sind neben denen C. Brentanos und L. Uhlands ein Höhepunkt dt. Romantik (»Gedichte«, erste selbstständige Sammlung 1837). Durch ihre oft volksliedhafte Schlichtheit, in der Bilder aus der Natur zum Ausdruck für Seelisches werden, schwingen dunkle Untertöne, auch wird die Vorstellung einer allumfassenden Weltharmonie spürbar, die die Natur als ein Symbol des Göttlichen im Sinne eines tief empfundenen Katholizismus begreift. Als Erzähler bevorzugte E. lose Szenen- und Bilderfolgen mit typisch romant. Motiven (»Ahnung und Gegenwart«, R., 1815; »Das Marmorbild«, Nov., 1819; »Aus dem Leben eines Taugenichts«, Nov., 1826; »Das Schloß Dürande«, Nov., 1834; »Die Glücksritter«, Nov., 1841). Daneben entstanden Märchenspiele, Versepen sowie literarhistor. Studien (»Gesch. der poet. Literatur Dtl.s«, 2 Bde., 1857). **Ausgaben:** Werke, hg. v. W. Frühwald u. a., 6 Bde. (1985–93); Werke. In einem Bd., hg. v. W. Rasch (Neuausg. 1995). 📖 *J. v. E. Leben u. Werk in Texten u. Bildern, hg. v. W. Frühwald u. F. Heiduk. Frankfurt am Main 1988. – Korte, H.: J. v. E. Reinbek 2000. – Schiwy, G.: E. Der Dichter und seine Zeit. München 2000.*
Eichengallwespen, Sammelbez. für mehrere Arten der ↑Gallwespen.
Eichenspinner, Bez. für zwei versch. Schmetterlinge: die Gluckenart **Lasiocampa quercus** sowie der **Japan. Augenspinner** (Antheraea yamamai), der die Tussahseide liefert.
Eichfelder, 1) *Astronomie:* (Selected Areas), ausgewählte, regelmäßig am Himmel verteilte Felder, in denen alle Sterne nach Helligkeit, Bewegung u. a. hochgenau bestimmt wurden; Grundlage für die Stellarstatistik.
2) *Physik:* physikal. Felder, die lokale Symmetrietransformationen (so genannte **Eichtransformationen**) gestatten und deren als ↑Eichbosonen bezeichnete Feldquanten Wechselwirkungen zw. Elementarteilchen vermitteln. Beispiele für die **Eichfeldtheorien (Eichtheorien)** sind die Theorien der elektroschwachen und der starken Wechselwirkung.

Eichhase (Ästiger Porling, Polypilus umbellatus), graubrauner, an Baumstümpfen von Eichen und Buchen lebender Pilz (Porling); jung essbar.
Eichhorn, Karl Friedrich, Rechtsgelehrter, *Jena 20. 11. 1781, †Köln 4. 7. 1854; wurde durch seine »Dt. Staats- und Rechtsgeschichte« (4 Bde., 1808–23) einer der Begründer der histor. Schule im dt. Recht.
Eichhörnchen (Sciurus), Gattung der Familie der Hörnchen, verbreitet über Europa, Sibirien bis zum nördl. Japan und China. Das **Eurasiat. E.** (Sciurus vulgaris), Körperlänge bis 25 cm, Schwanzlänge bis 20 cm, ist in Wäldern und Parklandschaften heimisch. E. sind gute Kletterer und Springer, wobei der buschige Schwanz als Steuer dient; das Fell ist i. d. R. rotbraun, aber auch schwarzbraun oder grau. E. bewohnen ein selbst gebautes, kugelförmiges Nest **(Kobel)** oder Vogelnester und Baumhöhlen. Hauptfeinde: Marder und Greifvögel. – E.-Felle aus Sibirien und Kanada werden als **Feh** (Fehrücken) naturell (grau) oder gefärbt zu Mänteln und Besatz verarbeitet.
Eichhornia *die,* die ↑Wasserhyazinthe.
Eichinger, Bernd, Filmproduzent und Filmverleiher, *Neuburg a. d. Donau 11. 4. 1949; gründete nach einer Regieausbildung in den 1970er-Jahren die Produktionsfirma »Solaris«; später Teilhaber der Produktions- und Verleihfirma »Constantin Film«. E. produziert (international) erfolgreiche Publikumsfilme, u. a. »Die unendl. Geschichte« (1983), »Der Name der Rose« (1986), »Das Geisterhaus« (1993), »Der bewegte Mann« (1994), »Der Schuh des Manitu« (2001), »Nirgendwo in Afrika« (2001); auch Fernsehfilme (»Vera Bruehne«, 2001).
Eichmann, Karl Adolf, SS-Obersturmbannführer, Kaufmann, *Solingen 19. 3. 1906, †(hingerichtet) Ramle (Israel) 1. 6. 1962; übernahm im Okt. 1939 die Leitung des »Judenreferates« im Reichssicherheitshauptamt. Im Zuge der sog. »Endlösung« organisierte er die Transporte jüd. Menschen in die Vernichtungslager. 1945 entkam er nach Argentinien. 1960 vom israel. Geheimdienst nach Israel entführt, wurde er in Jerusalem am 15. 12. 1961 u. a. wegen Verbrechens gegen das jüd. Volk und wegen Kriegsverbrechen zum Tode verurteilt.

Eidechsen EID

📖 *Das E.-Protokoll. Tonband-Aufzeichnungen der israel. Verhöre, hg. v. J. von Lang. Neuausg. Wien 1991. – Arendt, H.: E. in Jerusalem. A.d. Amerikan. Neuausg. München u.a. 19.–25. Tsd. 1995. – Safrian, H.: E. u. seine Gehilfen. Tb.-Ausg. Frankfurt am Main 1995.*

Eichrodt, Ludwig, Pseud. Rudolf Rodt, Schriftsteller, *Durlach (heute zu Karlsruhe) 2.2.1827, † Lahr/Schwarzwald 2.2.1892. Seinen »Gedichten des schwäb. Schullehrers Gottlieb Biedermaier und seines Freundes Horatius Treuherz« verdankt der Zeitstil seinen Namen (↑Biedermeier).

Eichsfeld, 1) das nordwestl. Randgebiet des Thüringer Beckens, durch Wipper und Leine in zwei Landschaften geschieden. Das **Obere E.** (im S) ist eine etwa 450 m hohe, mit Laubwald bestandene Muschelkalkfläche, im Höhenzug Dün bis 520 m ü. M., mit dem Hauptort Heilbad Heiligenstadt. Das **Untere E.** (im N) ist eine Buntsandsteintafel mit Zeugenbergen aus Muschelkalk, im Ohmgebirge bis 535 m ü. M., mit gutem Ackerland: Die Umgebung des Hauptortes Duderstadt heißt **Goldene Mark.**
2) Landkreis in Thüringen, 940 km², 113 400 Ew.; Krst. ist Heilbad Heiligenstadt.

Eichstätt, 1) Landkreis im RegBez. Oberbayern, 1 214 km², 119 600 Einwohner.
2) Krst. von 1), in Bayern, Große Krst., im Tal der Altmühl, 12 700 Ew.; Bischofssitz (seit 745), kath. Universität; Jura-Museum (paläontolog. Sammlung) und Ur- und Frühgeschichtl. Museum in der Willibaldsburg; Fremdenverkehr. – Das Stadtbild ist geprägt durch den als Baumaterial verwendeten weißen Kalk und den Solnhofener Plattenkalk. E. ist eine barocke geistl. Fürstenresidenz mit zahlr. Repräsentativbauten. Got. Dom (13./15. Jh. auf Vorgängerbau) mit barocker Fassade; ehem. fürstbischöfl. Residenz (Ende 17. Jh. begonnen; heute Amtsgericht) mit Treppenhaus (1768). In einem Vorort das ehem. Augustinerchorherrenstift Rebdorf (1156 gegr.). – Spätröm. Siedlung; um 790 Klostergründung; 1042 erstmals als Stadt genannt, ab 1305 bischöfl. Stadtherrschaft; fiel 1806 an Bayern.
3) Bistum E., gegr. 745 von Bonifatius und dem Erzbistum Mainz unterstellt. Das Territorium des Hochstifts E. (seit dem

14. Jh. reichsunmittelbar) wurde 1803/06 bayerisch und kam 1821 zur neu gebildeten Kirchenprovinz Bamberg.

Eid, feierl. Bekräftigung einer Aussage. Rechtlich ist der E. eine auf behördl. oder gerichtl. Anordnung in bestimmter Form abgegebene verbindl. Erklärung, die die Versicherung enthält, dass entweder eine Aussage der Wahrheit entspricht (**assertor. E., Nach-E.:** Zeugen-E. vor Gericht) oder dass der E.-Leistende seine in Verf. und Ges. begründeten Pflichten erfüllen wird (**promissor. E., Vor-E.:** Verfassungs-E., Dienst-E.). Im Prozessrecht dient der E. der Bekräftigung der Aussage des Zeugen, des Sachverständigen oder der im Zivilprozess vernommenen Partei. Im Strafprozess wird der Angeklagte nicht vereidigt. Bei Zeugen kann das Gericht von einer Vereidigung absehen, z. B. beim durch die Straftat Verletzten und dessen Angehörigen, bei Verzicht der Prozessbeteiligten. Die Vereidigung geschieht nach Hinweis auf die Bedeutung des E. (**Eidesbelehrung**). Der Richter spricht gegenüber dem Schwurpflichtigen die gesetzlich unterschiedlich geregelte Eidesnorm und der Schwurpflichtige antwortet unter Erhebung der rechten Hand mit der **Eidesformel:** »Ich schwöre es« (freigestellt: »so wahr mir Gott helfe«). Der wissentlich oder fahrlässig falsche E. ist als Meineid oder fahrlässiger Falscheid unter Strafe gestellt (↑Falscheid). – Das österr. Recht ist dem dt. Recht ähnlich. In der *Schweiz* ist der E. in kantonalen Prozessordnungen vorgesehen.

Eidechsen: Zauneidechse (Männchen)

Eidechse (lat. *Lacerta*), Sternbild am nördl. Himmel.
Eidechsen (Lacertidae), Familie schlanker Echsen mit langem Schwanz, vier lang-

EID Eidechsenwurz

zehigen Füßen und schlängelnder Fortbewegung; Bewohner trockener Gegenden der Alten Welt; Kleintier- und Pflanzenfresser. In Mitteleuropa sind z. B. heimisch die bis 25 cm lange, als Weibchen bräunl., als Männchen grünl. **Zaun-E.** (Lacerta agilis), die bis 40 cm lange, leuchtend grüne, an der Kehle blaue **Smaragd-E.** (Lacerta viridis), die in Mitteleuropa lebend gebärende, in SW-Europa Eier legende **Wald-E.** (Lacerta vivipara). Ihr Schwanz bricht leicht ab, wächst aber nach.

Eierschlangen: Eierschlange beim Fressen

Eidechsenwurz (Sauromatum), Gattung der Aronstabgewächse im trop. Asien und Afrika; einige Arten entwickeln sich aus frei liegender Knolle (Wunderknolle) als Trockenblüher (ohne Wasser- und Erdversorgung).

Eider die, Grenzfluss zw. den Landesteilen Schleswig und Holstein, entspringt südlich von Kiel und mündet bei Tönning mit einem 5 km breiten Trichter in die Nordsee; 188 km lang, ab Rendsburg schiffbar; im Mündungstrichter der **E.-Damm** mit Schifffahrtsschleuse und Sperrwerk. Ein Teil des Flusses wird oberhalb von Rendsburg vom Nord-Ostsee-Kanal aufgenommen, in Rendsburg wird er zum **E.-Hafen** aufgestaut; eine weitere Verbindung zum Nord-Ostsee-Kanal besteht vom Unterlauf der E. über den Geiselaukanal.

Eiderdänen, die 1848–69 in Dänemark herrschende nationalliberale Partei, die die Eingliederung Schleswigs bis zur Eider forderte und die Aufhebung der schleswig-holstein. Realunion betrieb.

Eider|enten (Somateria), Gattung gänsegroßer Meeresenten, bes. an nord. Küsten; die Männchen der **Eiderente** (Somateria mollissima) sind v. a. schwarz und weiß, die Weibchen schwärzlich braun. Das Nest wird mit den eigenen Daunen (**Eiderdaunen**) gepolstert. – Die Daunen werden als hochwertige Bettfüllung verwendet.

Eiderstedt, 340 km^2 große Halbinsel an der W-Küste von Schlesw.-Holst., zw. Eidermündung und dem nordfries. Wattenmeer (Hever). Die fruchtbaren Marschböden sicherten den Bauern einen Wohlstand, der in den »Haubarg« genannten prachtvollen Bauernhäusern sichtbar wird.

Eidesfähigkeit, ↑ Eidesmündigkeit.

Eideshelfer, im alten dt. Recht meist die Sippengenossen, die die Glaubwürdigkeit der schwurpflichtigen Partei beschworen.

Eidesmündigkeit, die altersbedingte Fähigkeit zur Eidesleistung vor Gericht; in Dtl. und der Schweiz mit Vollendung des 16., in Österreich des 14. Lebensjahrs.

eidesstattliche Versicherung (Versicherung an Eides statt), Mittel der Glaubhaftmachung tatsächl. Behauptungen oder zur Beteuerung der Richtigkeit von Erklärungen; sie stellt eine schwächere Bekräftigung als der Eid dar. Im Prozess unterliegt sie der freien Beweiswürdigung. Sie ist im Recht entweder vorgeschrieben oder zugelassen, z. B. im *Zivilrecht* nach § 259 BGB die Verpflichtung eines Rechenschaftspflichtigen, seinen Bericht ggf. im Rahmen einer e. V., auch vor dem Amtsgericht, zu erfüllen. Im *Zivilprozessrecht* hat sie begrifflich den früheren Offenbarungseid verdrängt; der im Zwangsvollstreckungsverfahren nicht befriedigte Gläubiger kann vom Schuldner die Abgabe einer e. V. über Umfang und Gegenstände seines Vermögens und über unentgeltl. Vermögensverfügungen verlangen (§ 807 ZPO). Besondere Bedeutung hat die e. V. bei der Eröffnung eines Verfahrens im einstweiligen Rechtsschutz. – Auf wissentlich oder fahrlässig falsche e. V. stehen Freiheits- oder Geldstrafe (§§ 156, 163 StGB).

Eidetik [zu grch. eĩdos »Bild«, »Wesen«] die, **1)** *Philosophie:* Lehre vom Wesen und der Wesens- und Ideenschau; in der Phänomenologie E. Husserls die Lehre von objektiven Sinneinheiten logisch-idealer Art. **2)** *Psychologie:* Lehre von der bei manchen Menschen (**Eidetiker**) ausgeprägten Fähigkeit, Gedächtnisbilder bei Fehlen des

Reizgegenstandes als physisch wahrzunehmen und zu beschreiben (»fotograf. Gedächtnis«).

Eidgenossenschaft, 1) kultischer oder polit. Schwurbund, v. a. städt. Bürger in Süd-Dtl. (seit 11./12. Jh.). **2) Schweizerische E.**, ↑Schweiz.

Eidgenössische Technische Hochschule Zürich, Abk. **ETHZ**, von der Schweizer. Eidgenossenschaft geführte Hochschule (Unterrichtssprache: Deutsch), gegr. 1854. Der ETHZ angeschlossen sind vier Forschungsanstalten. – Zu den berühmten Lehrern der ETHZ (früher ETH) zählen A. Einstein, W. Pauli, H. Weyl.

Eidophorverfahren [grch. »Bildträger«], Verfahren zur Wiedergabe (Projektion) von Fernsehbildern auf einer großen Bildwand. Beim E. trifft ein modulierter Elektronenstrahl auf die Oberfläche einer mit einer zähen Flüssigkeit (Öl, geschmolzenes Paraffin) beschichteten Glasplatte **(Eidophor)**, die wellenförmig deformiert wird. Diese Deformation dient der Steuerung einer Fremdlichtquelle mittels einer Schlierenoptik.

Eidos [grch. »Bild«, »Wesen«] das, *Philosophie:* Grundgestalt, das gemeinsame Wesen der versch. Dinge desselben Artbereichs; bei Platon das eigentlich Wirkliche, das Urbild (↑Idee), an dem als seinem Seinsgrund das Ding teilhat und durch das es erkennbar ist; bei E. Husserl die vom Faktum (Tatsache) unterschiedene objektive Sinneinheit.

Eidsvoll [ˈɛjdsvɔl] (früher Eidsvold), Gemeinde in der norweg. Prov. Akershus, 16 800 Ew.; Cellulose- und Papierfabrik, elektrotechn. Industrie. – Im 6 km entfernten ehem. Gut E. wurde am 16. 2. 1814 die Unabhängigkeit Norwegens ausgerufen und am 17. 5. 1814 die Verf. beschlossen.

Eierfrucht (Eierpflanze), die ↑Aubergine.

Eierlikör, Likör aus frischem Eigelb (mindestens 240 g/l) und Zucker mit mindestens 20 Vol.-% Alkohol.

Eiermann, Egon, Architekt, * Neuendorf (bei Berlin) 29. 9. 1904, † Baden-Baden 19. 7. 1970; 1947–70 Prof. an der TH Karlsruhe. E. baute Kirchen sowie Industrie- und Verwaltungsgebäude (Kaiser-Wilhelm-Gedächtnis-Kirche in Berlin, 1957–63; Abgeordnetenhochhaus in Bonn 1966–69; Olivetti-Verwaltungs- und Ausbildungszentrum Frankfurt am Main, 1969–72).

Eierschlangen (Dasypeltinae), Unterfamilie der Nattern mit je einer Gattung in Afrika und Indien. Sie ernähren sich von Eiern, die sie im Ganzen verschlingen.

Eierschwamm, ein Speisepilz, der ↑Pfifferling.

Eierstab, eine Zierleiste in der antiken ion. Baukunst (↑Kymation); der E. besteht aus abwechselnd eiförmigen und pfeilspitzenartigen Gebilden, die unten, manchmal auch oben, durch einen Perlstab abgeschlossen werden.

Eierstock (Ovarium), weibl. Keimdrüse der vielzelligen Tiere und des Menschen, in der sich die weibl. Geschlechtszellen (Eizellen, Eier) entwickeln. – Mensch und Säugetiere haben paarige E., die beim Menschen im kleinen Becken rechts und links neben der Gebärmutter liegen, vom Bauchfell gehalten werden und durch das E.-Band mit der Gebärmutter verbunden sind. Jeder E. besteht aus dem Mark und der 1–2 mm dicken Rinde. In dieser entstehen mit Flüssigkeit gefüllte (1,5 mm große) Bläschen, die **Graaf-Follikel**. Die Flüssigkeit wird von den Wandzellen des Follikels abgesondert. In dieser Wand liegt das Ei, das im reifen Zustand einen Durchmesser von etwa 0,2 mm hat. Die Zahl der in beiden E. angelegten Eier beträgt bereits zur Zeit der Geburt etwa 400 000; davon kommen nur etwa 400 zur vollen Reife. I. d. R. alle vier Wochen, zw. zwei Menstruationen, platzt ein Follikel **(Follikelsprung, Eisprung, Ovulation)**; das frei gewordene Ei wird von den trichterförmigen Enden (Fimbrien) des Eileiters aufgenommen und von diesem in die Gebärmutter befördert. Der entleerte Follikel wandelt sich zu einer Hormondrüse, dem **Gelbkörper (Corpus luteum)**. Tritt keine Schwangerschaft ein, so zerfällt der Gelbkörper bei der nächsten Menstruation und wird zu einem weißlich narbigen Körper; bei erfolgter Empfängnis bleibt er bis zur 10.–12. Schwangerschaftswoche in Funktion. Die E.- oder Ovarialhormone, deren Produktion von übergeordneten Zentren wie Hypothalamus und Hirnanhangdrüse gesteuert wird, regeln v. a. die period. Veränderungen der Gebärmutterschleimhaut. Der E. erfüllt somit zwei versch. Funktionen: einmal die generative mit dem Hervorbringen befruchtungsfähiger Eier, zum anderen die innersekretorische (vegetative) Tätigkeit (Bildung

EIE Eierstockentzündung

Gustave Eiffel: Eiffelturm in Paris (1885–89)

von Follikel- und Gelbkörperhormon, ↑Geschlechtshormone).

Eierstockentzündung (Oophoritis), Entzündung eines oder beider Eierstöcke, meist in Verbindung mit ↑Eileiterentzündung.

Eierstockkrebs (Ovarialkarzinom), bösartige Gewebeneubildung eines Eierstocks, die in jedem Alter auftreten kann und sofortige Operation mit eventueller Nachbestrahlung erforderlich macht.

Eierstockschwangerschaft, eine ↑Extrauteringravidität.

Eierstockzyste (Ovarialzyste), gutartige Gewebeneubildung eines Eierstocks, die mit Flüssigkeit angefüllt ist, sehr groß werden kann und meist operativ entfernt werden muss.

Eifel *die,* der linksrhein. Teil des Rhein. Schiefergebirges zw. Mosel und Kölner Bucht, setzt sich nach W in den Ardennen fort. Das wellige, waldreiche Hochland (400–600 m ü. M.) wird von einzelnen flachen Bergrücken härteren Gesteins **(Hohes Venn, Schnee-E.** oder **Schneifel, Kondelwald)** durchzogen. Die südl. und östl. Randlandschaften sind durch tief eingeschnittene Täler charakterisiert; die Hauptflüsse zur Mosel sind Kyll, Lieser, Alf und Elz, zum Rhein Ahr, Brohl und Nette. Teile der E. werden durch tertiären und quartären Vulkanismus geprägt: ↑Maare, Basaltkuppen (Hohe Acht 747 m ü. M.), Tuff- und Schlackenkegel. Wirtsch.

Bedeutung haben neben den Basalten und Phonolithen der Trass und Bimsstein, ferner die postvulkan. Mineralwasservorkommen (Säuerling) für die Gewinnung von Kohlensäure und Sprudel in Bad Bertrich, Daun, Gerolstein, Sinzig, Bad Neuenahr-Ahrweiler. Auf den Höhen herrscht ein raues, niederschlagsreiches Klima; der Ackerbau ist wenig ergiebig. Im NW wird fast ausschließlich Milchwirtschaft betrieben. Im Ahrtal gibt es Weinbau (v. a. Rotweine). Auch die Forstwirtschaft ist von Bedeutung. Ziele für den Fremdenverkehr sind: Freilichtmuseum in Kommern, ↑Laacher See, ↑Maifeld, die Dauner Maare, die Rennstrecke ↑Nürburgring.

📖 *E.,* hg. v. A. Hanle. Mannheim u. a. 1990. – *Meyer, Wilhelm:* Geologie der E. Stuttgart ³1994.

Eifersucht, qualvoll erlebtes Gefühl vermeintl. oder tatsächl. Liebesentzugs; leidenschaftl. Streben nach Alleinbesitz der emotionalen Zuwendungen einer Bezugsperson.

Eifersuchtswahn, wahnhafte Überzeugung, betrogen zu werden. E. wird von nicht nachlassendem Misstrauen, von ständigen Verdächtigungen u. a. begleitet.

Eiffel [nach G. Eiffel], *Informatik:* 1985 entwickelte objektorientierte Programmiersprache. Neben Klassen und Vererbung unterstützt E. eine Reihe fortgeschrittener objektorientierter Konzepte wie Mehrfachvererbung und Zusicherungen. Letztere ermöglichen die Festlegung von Bedingungen und Invarianten, die vor und/oder nach der Ausführung einer Funktion erfüllt werden müssen. Hierdurch wird u. a. das Erkennen von Fehlern erleichtert.

Eiffel [ɛˈfɛl], Alexandre Gustave, frz. Ingenieur, *Dijon 15. 12. 1832, †Paris 28. 12. 1923; konstruierte zahlr. Brücken und die Hallen der Pariser Weltausstellung von 1878 sowie 1885–89 den 300,51 m (mit Antenne 320,8 m) hohen **Eiffelturm**, ein Wahrzeichen von Paris.

Eifman, Boris Jakowlewitsch, russ. Tänzer, Choreograph und Ballettdirektor, *Rubtsowsk (Sibirien) 22. 7. 1946; übernahm 1977 die Leitung des Leningrader Ballett-Theaters (heute »Sankt Petersburger Ballett-Theater B. E.«); gilt als Repräsentant des abendfüllenden Handlungsballetts.

Eigelsteine [aus mlat. agulia »Nadel«, »Spitze«], Pfeilergrabmäler der provinzialröm. Kunst, u. a. in Mainz, Köln, Igel bei Trier (Igeler Säule).

Eigen, Manfred, Chemiker, *Bochum 9. 5. 1927; Direktor emeritus (seit 1995) am Max-Planck-Inst. für biophysikal. Chemie in Göttingen; wichtige Arbeiten zum Ablauf extrem schneller chem. und biochem. Reaktionen (dafür 1967 Nobelpreis für Chemie mit R. G. W. Norrish und G. Porter); veröffentlichte 1971 ein physikalischchem. Modell der Entstehung des Lebens (↑Entropie).

Eigenbesitzer, derjenige, der eine Sache mit der Vorstellung besitzt, sie gehöre ihm (ob zu Recht, ist gleichgültig); § 872 BGB. (↑Ersitzung)

Eigenbetrieb, öffentlich-rechtl. Unternehmen der Gem. ohne eigene Rechtspersönlichkeit; wird wie ein Privatunternehmen mit Gewinnabsicht geführt, jedoch mit größerer Selbstständigkeit als ein reiner Regiebetrieb. (↑öffentliche Unternehmen)

Eigenbewegung, die auf der Bewegung der Sterne relativ zueinander und relativ zur Sonne beruhende sehr geringe, scheinbare Ortsveränderung der Sterne an der Himmelssphäre. Die größte E. hat ↑Barnards Pfeilstern.

Eigenblut-Retransfusion, das ↑Blutdoping.

Eigendreh|impuls, Physik: der ↑Spin.

Eigenfinanzierung, ↑Finanzierung.

Eigenfrequenz, Physik: ↑Eigenschwingung.

Eigenfunktion, Mathematik: ↑Eigenwertproblem.

Eigengeschäft (Eigenhandel), ein Handelsgeschäft in eigenem Namen für eigene Rechnung; Ggs.: Kommissionsgeschäft.

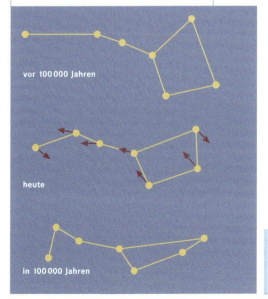

Eigenbewegung: Ortsveränderung der Sterne im Großen Wagen im Lauf von 200 000 Jahren; die gegenwärtige Größe und Richtung der Sternbewegung sind durch rote Pfeile angedeutet.

EIG Eigenheim

Eigenheim, vom Eigentümer bewohnte Wohnung (Ein-, Zweifamilienhaus, Eigentumswohnung). Im europ. Vergleich ist die E.-Quote in Dtl. (rd. 40%, mit deutl. regionalen Unterschieden, bes. zw. West- und Ost-Dtl.) niedrig. Ein Hauptgrund sind hohe Boden- und Herstellungskosten, deren Steigerungsraten in der Vergangenheit die der allgemeinen Lebenshaltungskosten wesentlich übertrafen. Fachleute werten die gesetzl. Bauvorschriften als mitverantwortlich für die Höhe der Baukosten. Die staatl. **E.-Förderung** verfolgt das Ziel, möglichst breiten Bev.schichten zu Wohnungseigentum zu verhelfen. Sie erfolgte zunächst einkommensabhängig durch Abzüge bei der Ermittlung der Einkommensteuerbemessungsgrundlage. Seit 1996 ist an die Stelle der Steuervergünstigung eine einheitl., auf acht Jahre befristete **E.-Zulage** getreten. Diese beträgt für Neufälle (seit 2004) jährl. 1 % (bei Neu- und Altbau) der Anschaffungs- oder Herstellungskosten, höchstens jedoch 1 250 €. Daneben wird eine Zulage von 800 € jährl. für jedes Kind gewährt. Anspruch auf die E.-Zulage besteht, wenn der Gesamtbetrag der Einkünfte 70 000 € (bei Verheirateten 140 000 €) nicht übersteigt (zuzüglich 30 000 € für jedes Kind).
Eigenkapital, Differenz zw. den Aktiva (Bruttobilanzvermögen) und dem Fremdkapital eines Unternehmens; bei Kapitalgesellschaften aufgegliedert in Nennkapital (Grund-, Stammkapital) und Rücklagen (gesetzl. und freie). Das E. trägt das Verlustrisiko und übernimmt damit gegenüber dem Fremdkapital eine auf seine Höhe beschränkte Haftungsfunktion (Risiko- oder Haftungskapital). Die E.-Geber haben keinen Anspruch auf eine feste Verzinsung und Tilgung, sondern auf die erzielten Gewinne (z. B. Dividende). Zur Beurteilung von Ertragskraft und Kreditwürdigkeit von Unternehmen dienen die **E.-Quote** (der Anteil des E. an der Bilanzsumme) und die **E.-Rentabilität** (Jahresüberschuss zu E.).
Eigenkapitalhilfeprogramm, die Gewährung langfristiger, zinsgünstiger staatl. Darlehen seit 1979 (mit Unterbrechungen) über die Dt. Ausgleichsbank zur Förderung von Existenzgründungen. 1993 wurden die neuen Bundesländer in das E. einbezogen.
Eigenkirche (lat. ecclesia propria), im MA. die auf privatem Grund und Boden stehende Kirche, über die der Grundherr bestimmte Rechte hatte, v. a. das Recht der Ein- und Absetzung der Geistlichen (Investitur). Die E. hat ihre Wurzeln in der röm. Latifundienkirche und im german. Eigentempelwesen. Im 11. Jh. führte das Rechtssystem der E. zw. Königtum und Papsttum zum ↑Investiturstreit.
Eigenleitung, *Physik:* elektr. Leitungsvorgang in einem (undotierten) ↑Halbleiter, hervorgerufen durch therm. Anregung. Durch Übergang von Elektronen aus dem Valenz- ins Leitungsband werden paarweise quasifreie Elektronen und Defektelektronen gebildet.
Eigenlenkung (Selbstlenkung), Verfahren zur Beeinflussung der Bewegung von Fahrzeugen, bes. von Flugkörpern, durch eine an Bord befindl. Lenkanlage. Ihre hohe Störfestigkeit ist v. a. für militär. Anwendungen von Bedeutung. Ortsfeste Zielpunkte können mithilfe der ↑Trägheitsnavigation angesteuert werden, durch die sich der momentane Standort errechnen lässt, woraus die Lenkbefehle abgeleitet werden (autonomes Lenkverfahren). Zu ortsveränderl. (bewegten) Zielen kann ein Lenkobjekt durch versch. ↑Zielsuchverfahren geführt werden. Sie dienen fast ausschließlich zur Führung militär. ↑Lenkflugkörper.
Eigenlenkverhalten, Fahrverhalten eines Fahrzeugs bei Kurvenfahrt, abhängig von Konstruktion, Lage des Schwerpunktes, Radaufhängung und Federung sowie Seitenführungseigenschaften der Reifen. Ist der Schräglaufwinkel an den Hinterrädern größer als an den Vorderrädern, weist das Fahrzeug ein **übersteuerndes E.** auf. Größere Schräglaufwinkel der Vorderachse kennzeichnen das **untersteuernde E.,** gleiche Schräglaufwinkel vorn und hinten das **neutrale E.** Übersteuernde (kurvenwillige) Fahrzeuge erfordern bei steigender Kurvengeschwindigkeit ein Zurücknehmen des Lenkeinschlags (Gegenlenken), untersteuernde (kurvenunwillige) Fahrzeuge müssen dagegen durch zunehmenden Lenkeinschlag in der Bahn gehalten werden.
eigenmächtige Abwesenheit, das eigenmächtige Fernbleiben oder Entfernen von der Truppe, von der militär. Dienststelle oder vom Zivildienst; wird, wenn sie länger als drei volle Kalendertage dauert,

Eigentum EIG

mit Freiheitsstrafe bis zu drei Jahren bestraft (§ 15 Wehrstraf-Ges., § 52 Zivildienst-Ges.).
Eigenname, Name für ein Einzelwesen oder -ding. (↑Name)
Eigennutz, das menschl. Streben nach eigenem Vorteil, das die Antriebskraft des Wirtschaftslebens bildet (B. de Mandeville). Diese Vorstellung übernahm A. Smith in die Volkswirtschaftslehre.
Eigenschaft, Merkmal oder Besonderheit einer Sache. Unterschieden werden **wesentliche (substanzielle)** E. oder Attribute und **zufällige (akzidentelle)** E. In der Psychologie werden unter E. Verhaltensdispositionen verstanden, die sich im Lauf der individuellen Entwicklung in Wechselwirkung zw. Anlage und Umwelt ausprägen.
Eigenschaftswort, das ↑Adjektiv.
Eigenschwingung, *Physik:* jede freie Schwingung eines einmalig angeregten, sich selbst überlassenen schwingungsfähigen Systems (z. B. Pendel, elektr. Schwingkreis). Die E. ist stets eine gedämpfte Schwingung mit einer charakterist. Frequenz, der **Eigenfrequenz;** die Anzahl der E. des Systems entspricht der Zahl seiner Freiheitsgrade. Durch äußeren Anstoß werden i. Allg. mehrere E. gleichzeitig angeregt, meist eine Grundschwingung bestimmter Frequenz und deren Oberschwingungen. (↑Resonanz)
Eigentum, das umfassende Recht (Besitz-, Verfügungs- und Nutzungsrecht), über Gebäude, Grund und Boden (unbewegl. Sachen) und sonstige Habe (bewegl. Sachen, Rechte u. a.) innerhalb der Grenzen der Rechtsordnung nach freiem Belieben zu bestimmen. Hierzu steht im Ggs. die bloß tatsächl. Sachherrschaft (↑Besitz). In Dtl. ist das E. als Freiheitsrecht des Einzelnen grundrechtlich geschützt (Art. 14 GG, E.-Garantie). Zugleich unterliegt es der Sozialbindung, d. h., es hat verpflichtenden Charakter, sein Gebrauch soll auch dem Wohle der Allgemeinheit dienen. In der modernen Sozialordnung sind viele E.-Begrenzungen wirksam, z. B. im Mietrecht, im Städtebau, in der Wirtschaft in Form der Mitbestimmungsrechte. Der Übergang von der rechtlich zulässigen E.-Begrenzung zur entschädigungspflichtigen E.-Entziehung (↑Enteignung) ist fließend; bes. geregelt ist der E.-Verlust durch ↑Sozialisierung, ↑Einziehung im Straf- und Verwaltungsverfahren sowie ↑Verwirkung. – In *Österreich* (Art. 5 Staatsgrund-Ges.) und in der *Schweiz* (Art. 26 Bundes-Verf.) ist das E. ähnlich wie in Dtl. gewährleistet.
Im Privatrecht (§§ 903–1011 BGB) wird E. auf unterschiedl. Weise erworben: Man unterscheidet den abgeleiteten (derivativen) E.-Erwerb durch E.-Übertragung als den Regelfall, den urspüngl. (originären) E.-Erwerb (z. B. durch Fund, Aneignung herrenloser Sachen, Ersitzung, Verarbeitung), durch Gesamtrechtsnachfolge (bes. in der Erbfolge) und kraft staatl. Aktes (z. B. in der Zwangsversteigerung. Das E. genießt einen besonderen Rechtsschutz; es bestehen Ansprüche auf Herausgabe gegenüber jedem unrechtmäßigen Besitzer, auf Unterlassung gegenüber Störungen u. a., auf Schadensersatz bei schädigenden Beeinträchtigungen. Das E. an einem Grundstück wird eingeschränkt durch das ↑Nachbarrecht. Der rechtsgeschäftl. E.-Erwerb erfordert bei Grundstücken außer dem Verpflichtungsgeschäft die ↑Auflassung und die Eintragung in das Grundbuch, bei bewegl. Sachen die Einigung über den E.-Übergang und die Übergabe der Sache. Die Übergabe kann u. a. durch Abtretung eines Herausgabeanspruchs ersetzt werden, wenn die Sache im Besitz eines Dritten ist.
Als E.-Formen kennt das BGB das Allein-E. sowie das gemeinsame E. als Mit-E. und gesamthänder. E. Sonderformen sind z. B. das Wohnungs- und das Treuhand-E. Beim **Mit-E. (Bruchteils-E.)** kann jeder Eigentümer über seinen Anteil verfügen und jederzeit Teilung verlangen; die Verwaltung steht allen gemeinsam zu. Beim **Gesamthands-E.** (Gesamthandsgemeinschaft, Gemeinschaft zur gesamten Hand), das im Gesellschaftsrecht, bei der ehel. Gütergemeinschaft und der Erbengemeinschaft vorkommt, sind die Einzelfälle versch. gestaltet, jedoch können grundsätzlich die Gesamthänder nur gemeinsam über die Sache verfügen. Zum Sicherungs-E. ↑Sicherungsübereignung. – Diese Grundsätze gelten im Wesentlichen auch für das öffentl. Besitz stehende E., das wie Privat-E. behandelt wird; ein selbstständiges Institut »öffentl. E.« gibt es in Dtl. nicht.
Die Regelungen in *Österreich* (§§ 353ff. ABGB) und der *Schweiz* (Art. 641 ff. ZGB) sind ähnlich.

63

EIG Eigentumspolitik

In den neuen Ländern finden seit dem 3. 10. 1990 grundsätzlich die Vorschriften des BGB Anwendung. Das vom Grundstück unabhängige E. an Gebäuden, Baulichkeiten, Anlagen, Anpflanzungen gemäß § 296 ZGB der DDR bleibt erhalten (Art. 231 § 5, Art. 233 § 2 EGBGB). Zur Klärung der Rechtsverhältnisse bzw. langfristigen Anpassung von schuldrechtl. Nutzungsverhältnissen an Vorschriften des BGB dienen das ↑Sachenrechtsbereinigungsgesetz und das ↑Schuldrechtsanpassungsgesetz. Das ehem. Volks-E. wurde u. a. nach den Bestimmungen des fortgeltenden Treuhand-Ges. der DDR (↑Treuhandanstalt), des Einigungsvertrages und des Vermögens-Ges. behandelt.
Über geistiges E. ↑Urheberrecht.

Völkerrecht: Vermögenswerte eines Ausländers und die damit verbundenen Rechte unterliegen der Rechtsordnung des Gebietsstaates, sofern durch völkerrechtl. Verträge keine weitergehenden Sicherheiten vereinbart wurden. Ausländ. E. darf nur aus Gründen des Gemeinwohls in nicht diskriminierender Weise und nur gegen Entschädigung entzogen werden. Entschädigungslose Enteignung gilt nach (umstrittenem) Völkergewohnheitsrecht als völkerrechtswidrige ↑Konfiskation. – Im bewaffneten Konflikt gelten für das E. feindl. Ausländer Regeln des ↑Kriegsrechts bzw. des ↑Seekriegsrechts.

📖 Brocker, M.: *Arbeit u. E. Der Paradigmenwechsel in der neuzeitl. Eigentumstheorie.* Darmstadt 1992. – Milczewski, C. von: *Der grundrechtl. Schutz des E. im Europ. Gemeinschaftsrecht.* Frankfurt am Main u. a. 1994. – Heinsohn, G. u. Steiger, O.: *E., Zins u. Geld. Ungelöste Rätsel der Wirtschaftswissenschaft.* Reinbek 1996.

Eigentumspolitik, Gesamtheit der wirtschafts- und sozialpolit. Maßnahmen, mit denen versucht wird, eine gegebene Eigentumsstruktur und die sozioökonom. Prozesse, in denen neues Eigentum gebildet wird, zu beeinflussen und die Eigentumsordnung durch Erlass von Gesetzen zu ändern. I. w. S. die Ausgestaltung der Eigentumsrechte; i. e. S. alle Maßnahmen, die auf die Änderung der bestehenden Eigentumsordnung gerichtet sind. Insofern unterscheidet sich die E. von der Vermögenspolitik, die die Verteilung von Vermögen im Rahmen der bestehenden Eigentumsordnung beeinflussen will. Maßnahmen der Eigentumspolitik sind u. a. ↑Sozialisierung und ↑Bodenreform.

Eigentumsrechte (Property-Rights), Handlungs- oder Verfügungsrechte des Einzelnen, die sich auf die Nutzung knapper Güter und seines Arbeitsvermögens beziehen. Arbeitsteilung und Gütertausch (marktl. Transaktionen) werden erst durch die Gestaltung der rechtl. und sozialen Handlungsbedingungen in Form von E. möglich, die in ihrer Gesamtheit die Eigentumsordnung bilden. Die in den 60er-Jahren v. a. von R. H. Coase und J. Buchanan entwickelte **Theorie der E.** unterstellt, dass die Ausgestaltung der E. Allokation und Nutzung ökonom. Ressourcen in spezif. Weise beeinflusst und geht der Frage nach, wie Institutionen zu gestalten sind, damit effiziente Ergebnisse erzielt werden können.

Eigentumsvorbehalt, *Recht:* die beim Verkauf einer bewegl. Sache getroffene Vereinbarung, dass die verkaufte Sache (z. B. eine Maschine) bis zur vollständigen Zahlung des Kaufpreises Eigentum des Verkäufers bleiben soll (§ 449 BGB). Der E. gibt dem Verkäufer also ein Sicherungsmittel, während der Käufer die Sache bereits nutzen kann. Bis zum Eintritt der Bedingung bleibt der Verkäufer Dritten gegenüber Eigentümer mit allen Rechten (wichtig z. B. bei Zahlungsunfähigkeit des Käufers). Im Verzugsfall kann der Verkäufer die Sache nur zurückverlangen, wenn er zuvor vom Vertrag zurückgetreten ist (§ 449 Abs. 2 BGB). Wird der Kaufpreis gezahlt, erlischt der E. automatisch.

Eigentumswohnung, ↑Wohnungseigentum.

Eigenverbrauch, Entnahme von Waren oder Leistungen aus einem Betrieb durch den Unternehmer für betriebsfremde Zwecke (z. B. für den Familienhaushalt); der E. unterliegt der Umsatzsteuer (§ 1 Abs. 1, § 3 Abs. 1 b, 9 a Umsatzsteuer-Ges.).

Eigenwertproblem, *Mathematik:* allg. die Fragestellung nach den nicht trivialen Lösungen $x \neq 0$ einer Gleichung $Lx = \lambda x$ (**Eigenwertgleichung**), in der L i. Allg. ein linearer Operator in einem linearen Raum mit den Elementen x ist. Die Werte λ, für die solche Lösungen existieren, heißen **Eigenwerte,** die Lösungen x **Eigenfunktionen** oder **Eigenvektoren**; Anwendung in der Physik (z. B. Fourier-Analyse).

Eilenburg EIL

Eigenzeit, *Relativitätstheorie:* die in einem mitbewegten Bezugssystem ablaufende Zeit, d. h. die von einer mit einem bewegten Körper mitgeführten Uhr gemessene Zeit.

Eigenzustand, jeder quantenmechan. Zustand eines mikrophysikalischen Systems, der durch eine sich als Eigenfunktion der zeitunabhängigen ↑Schrödinger-Gleichung des Systems ergebende quantenmechan. Wellenfunktion beschrieben wird.

Eiger *der,* vergletscherter Kalkgipfel der Finsteraarhorngruppe im Berner Oberland, südlich von Grindelwald, 3 970 m ü. M. Die fast 1 800 m hohe, steile E.-Nordwand ist die berühmteste Kletterwand der Alpen; 1938 von den Deutschen A. Heckmair (* 1906) und L. Vörg (* 1911, † 1941) sowie den Österreichern H. Harrer (* 1912) und F. Kasparek (* 1910, † 1954) erstmals durchstiegen.

Eignungsprüfung, die ↑Musterprüfung.

Eignungsuntersuchung, Anwendung von Testverfahren zur Feststellung der Eignung (Tauglichkeit) für eine bestimmte Aufgabe. Medizin., psycholog. und pädagog. Tests werden z. B. durch Befragung, Verhaltensbeobachtung und Lebenslaufanalyse ergänzt. E. gibt es im Schulwesen, für die Berufsberatung und bei der Einstellung von Arbeitskräften, bei den Streitkräften (Wehrpsychologie) und in der Raumfahrt.

Eihäute, die den Embryo sackartig umgebenden Hüllen (↑Mutterkuchen).

Eijkman ['ɛjkman], Christiaan, niederländ. Hygieniker, * Nijkerk (Prov. Gelderland) 11. 8. 1858, † Utrecht 5. 11. 1930; fand u. a. ein Verfahren zur Bestimmung des Gehalts an Kolibakterien im Wasser und erkannte die Beriberi als Avitaminose. Damit legte er den Grundstein für die Vitaminforschung. E. erhielt 1929 mit Sir F. G. Hopkins den Nobelpreis für Physiologie oder Medizin.

Eike (E. von Repgow, E. von Repgau, E. von Repegouw), Rechtskundiger aus Reppichau bei Dessau, * um 1180, † nach 1233; verfasste den ↑Sachsenspiegel, vielleicht auch die »Sächs. Weltchronik«.

📖 Lieberwirth, R.: *E. von Repchow u. der Sachsenspiegel.* Berlin 1982.

Eikonal [grch.] *das,* in der geometr. Optik mathemat. Funktion für die opt. Weglänge zw. Ausgangs- und Endpunkt eines Lichtstrahls.

Eikosanoide [von grch. »zwanzigmal«] (Eicosanoide), Sammelbegriff für die von der 20 Kohlenstoffatome langen Fettsäure Arachidonsäure abgeleiteten hormonähnl. Stoffe. Man unterscheidet nach dem Syntheseweg vier Gruppen der E.: Prostaglandine, Thromboxane, Leukotriene und Lipoxine. Sie haben wichtige Funktionen bei der Regulation entzündl. Prozesse, bei der Vermeidung von Blutverlusten nach Gefäßverletzungen und bei der Kontraktion der glatten Muskulatur. Auch Arzneistoffe greifen in die Bildung der E. ein; der wohl bekannteste Vertreter derartiger Verbindungen ist das Aspirin® (Acetylsalicylsäure), ein Hemmstoff der Prostaglandinsynthese.

Eilath, Stadt in Israel, ↑Elat.

Eileiter (Oviduct), Kanal, der aus den Eierstöcken abgegebene Eier aufnimmt und nach außen bzw. in die Gebärmutter leitet. Beim Menschen ist der E. (**Tuba uterina**) ein paariges, röhrenförmiges, muskulöses Organ, das sich mit seiner trichterförmigen Öffnung über den Eierstock legt und das reife Ei aufnimmt. Durch Zusammenziehen der E.-Muskulatur und durch Flimmerhaare wird das Ei in die Gebärmutter befördert. Beim Menschen findet die Befruchtung im E. statt.

Eileiterentzündung (Salpingitis), Entzündung eines Eileiters oder beider Eileiter, die meist als **Adnexitis** zus. mit einer Eierstockentzündung vorkommt oder als Komplikation zu einer Entzündung von Eierstock und Bauchfell führt. Ursache sind Bakterien, die bes. häufig nach Geburt oder Fehlgeburt durch Scheide und Gebärmutter aufsteigen, seltener auf dem Blut- oder Lymphweg oder vom Darm her in die Eileiter gelangen. Die E. ist durch Fieber und Schmerzen gekennzeichnet und kann als Spätfolge zu einer Verklebung der Eileiter und damit zu Unfruchtbarkeit führen. – *Behandlung:* Breitbandantibiotika, Glucocorticoide.

Eileiterschwangerschaft (auch: Tubenschwangerschaft), eine Form der ↑Extrauteringravidität.

Eileithyia, Göttin der Geburt, wohl vorgrch. Ursprungs, im grch. Mythos als Tochter von Hera und Zeus angesehen.

Eilenburg, Stadt im Landkreis Delitzsch, Sachsen, an der Mulde, 19 100 Ew.; Volks- und Schulsternwarte; Papier-, chem., Metall-, Holzindustrie, Kieswerk. – Renais-

65

EIL Eilhart von Oberg

sancerathaus, Stadtkirche St. Nicolai (15. Jh.), spätgot. Marienkirche, Ruine einer Burg, erhalten der »Sorbenturm« (12. Jh.). – Erhielt im 13. Jh. Stadtrecht; kam 1402 an Meißen, 1815 an Preußen.

Eilhart von Oberg (Eilhart von Oberge), mhd. Dichter aus braunschweig. Ministerialengeschlecht; dichtete um 1170 das Liebesepos »Tristrant«, die erste dt. Bearbeitung der urspr. keltischen Tristansage.

Eilsen, Bad, ↑Bad Eilsen.

Eilzustellung, besondere Art der Postzustellung für Briefe, Postkarten und Blindensendungen auf Verlangen des Absenders gegen Eilzustellgebühr durch besondere Boten **(Eilzusteller)** von 6 bis 22 Uhr. Nachts wird nur in von der Dt. Post AG festgelegten Orten zugestellt.

Eimert, Herbert, Komponist und Musiktheoretiker, *Bad Kreuznach 8. 4. 1897, †Düsseldorf 15. 12. 1972; einer der frühesten Vertreter der Zwölftonmusik in Dtl. und einer der Wegbereiter der elektron. Musik.

Einakter, Drama in einem Akt; kürzeres Bühnenwerk ohne Szenenwechsel.

Einantwortung, österr. Recht: die Übertragung der Erbschaft in den rechtl. Besitz des Erben durch das Gericht (§ 797 ABGB).

Einäscherung, ↑Feuerbestattung.

Einaudi [eiˈnaːʊdi], Luigi, italien. Politiker, *Carrù (Prov. Cuneo) 24. 3. 1874, †Rom 30. 10. 1961; Finanzwissenschaftler, 1945-48 Präs. der Bank von Italien, 1947-48 stellv. MinPräs. und Budgetminister, 1948-55 Staatspräsident.

Einback, weiches Hefegebäck, das zu langen, eingekerbten Kuchen geformt ist; in Stücke geschnitten und nochmals gebacken wird daraus **Zwieback** hergestellt.

Einbalsamieren, ein schon im 3. Jt. v. Chr. geübtes Verfahren, Leichname zum Schutz vor Verwesung (↑Mumie) mit Konservierungsstoffen (Natron, Asphalt, Harze) zu behandeln. Seit Ende des 18. Jh. werden Öle und Chemikalien injiziert.

Einband, buchbinder. Produkt (Buch) aus Buchdecke und -block.

Einbaum, aus einem einzigen Baumstamm durch Aushöhlen oder Ausbrennen gefertigtes Boot, z. T. von beträchtl. Ausmaß (in Äquatorialafrika für bis zu 70 Personen); bei vielen Völkern in Gebrauch.

Einbeck, Stadt im Landkreis Northeim, Ndsachs., an der Ilme, 29 200 Ew.; traditionelle Brauwirtschaft (Einbecker Bier, Bierversand seit 1351 belegt), Fahrradfabrik, Tapeten-, Teppich-, Papier- und Küchenmöbelind., Metallverarbeitung; Saatzucht. – Die maler. Altstadt mit noch teilweise erhaltenen Befestigungswerken bildet ein geschlossenes Fachwerkensemble; gotische St.-Alexandri-Stiftskirche (1275 bis 1503), Marktkirche St. Jacobi (im Kern 13. Jh.), Rathaus (1550-56), Fachwerkhäuser aus dem 16. und 17. Jh. – E. entstand im 12. Jh.; um 1200 entwickelte sich neben der Alt- die Neustadt (Vereinigung 1252); 1279 erhielt E. Stadtrecht und erreichte seine Blüte im 14./15. Jh. (Mitgl.).

Einbeere (Paris), asiatisch-europ. Gattung der Liliengewächse. Die mitteleurop. bis 30 cm hohe **Vierblättrige E.** (Paris quadrifolia) ist eine giftige Staude schattiger Laubwälder mit meist vier quirlständigen Blättern, gelblich grüner Blüte und blauschwarzer, bis kirschgroßer Beere.

Einbeere: blühende Vierblättrige Einbeere

Einberufung, Heranziehung eines ungedienten oder gedienten Wehrpflichtigen zum Wehrdienst mittels eines schriftl. E.-**Bescheides** des Kreiswehrersatzamts.

Einbildungskraft, seit G. W. Leibniz, C. Wolff und I. Kant übliche Bez. für die Fähigkeit zur Gruppierung der Sinneswahrnehmungen und das Anschauung und Verstand verbindende Vermögen, sich einen Gegenstand auch ohne dessen Gegenwart vorzustellen. (↑Fantasie)

Einblattdrucke, *Buchherstellung:* einseitig bedruckte Blätter. E. traten schon zu

Beginn des Buchdrucks auf (Türkenablässe, Fehdebriefe, Pestblätter, Wunderberichte, Zeitgedichte) und waren z.T. Vorstufe der Zeitungen. Bed. Künstler haben bes. im 16.Jh. Holzschnitte für E. geschaffen (A. Dürer, H. Baldung, L. Cranach d.Ä.).

Einblendung, allmähl. Einfügen einer Bild- oder Toninformation in eine andere.

Einbruch, gewaltsames Eindringen in verschlossene Räume, meist als **E.-Diebstahl** († Diebstahl).

Einbruchdiebstahlversicherung, Sachversicherung gegen Schäden durch Entwendung von versicherten Sachen mittels Einbruch aus einem Gebäude oder aus Räumen. Einfacher Diebstahl ist durch die E. nicht abgedeckt; dazu bedarf es einer eigenen **Diebstahlversicherung**, z.B. Fahrradversicherung. Für einfachen Diebstahl haften auch die Autokasko-, Tier- und Transportversicherung. I.d.R. ist die E. in der Hausratversicherung abgedeckt.

Einbruchsicherung, Sicherung gegen Einbruch mithilfe besonderer Schutzvorrichtungen. Zu den **mechan. E.** gehören Schlösser und Verriegelungen, Gitter, Tresore, baul. Vorkehrungen u.a. **Elektr. E.** sind Alarmanlagen. **Opt. E.** dienen zur Sicherung großer Räume: Gebündeltes Licht wird durch den Raum geleitet und von einem Photodetektor aufgefangen; eine Unterbrechung des Lichtstrahls löst den Alarm aus.

Einbürgerung (Naturalisierung), der staatsrechtl. Hoheitsakt, durch den einem Ausländer die Staatsangehörigkeit verliehen wird. Mindestvoraussetzungen sind in Dtl.: Aufenthalt und Wohnsitz im Inland, Unbescholtenheit, Gewähr für Lebensunterhalt. Die E. liegt i.d.R. im Ermessen der Behörde. Einen Regelanspruch auf E. haben aber Ausländer mit 8- (früher 15-)jährigem rechtmäßigem Aufenthalt, wenn sie über ausreichende Sprachkenntnisse verfügen, für sich sorgen können und straffrei sind. In bestimmten Härtefällen kann die E. unter Hinnahme entstehender Mehrstaatigkeit erfolgen. Für die E. von ausländ. Ehegatten und minderjährigen Kindern bestehen erleichterte Bedingungen. Die frühere erleichterte E. junger Ausländer ist durch die Neuordnung des Staatsangehörigkeitsrechts entfallen; stattdessen erwerben Kinder ausländ. Eltern mit der Geburt die dt. Staatsbürgerschaft, wenn ein Elternteil seit acht Jahren seinen Aufenthalt in Dtl. hat. Eine Doppelstaatsbürgerschaft ist in diesen Fällen nur bis zum Erreichen der Volljährigkeit zulässig; danach besteht die Pflicht, sich für eine Staatsbürgerschaft zu entscheiden (so genanntes Optionsmodell; Gesetz zur Reform des Staatsangehörigkeitsrechts vom 15.7.1999). – In *Österreich* erfordert die E. bei Erwachsenen u.a. einen mindestens 10-jährigen Aufenthalt, in der *Schweiz* werden die ordentl. E. (i.d.R. nach 12-jährigem Wohnsitz in der Schweiz), die erleichterte E. und die Wieder-E. unterschieden.

einchecken [-ʧɛkən, engl.], 1) Passagiere oder Gepäck vor dem Abflug abfertigen; Ggs. auschecken; 2) in ein Hotel o.Ä. einziehen, sich anmelden und die entsprechenden Formalitäten erledigen.

Eindampfen (Abdampfen), *Chemie:* das Erhitzen von Lösungen, um das Lösungsmittel vom gelösten Stoff zu trennen. **Einengen** oder **Konzentrieren** heißt das teilweise E. des Lösungsmittels.

eindeutig, *Mathematik:* Zuordnung zw. einer Menge A und einer Menge B, wenn jedem Element $x \in A$ genau ein Element $y \in B$ **(rechtseindeutig)** bzw. jedem $y \in B$ genau ein $x \in A$ zugeordnet wird **(linkseindeutig)**. Ist die Zuordnung rechtseindeutig, heißt sie **Abbildung**, ist sie sowohl rechts- als auch linkseindeutig, heißt sie **umkehrbar e.**, **eineindeutig** oder **bijektiv**.

Eindhoven [ˈɛjnthoːvə], Ind.stadt in der niederländ. Prov. Nordbrabant, an der Dommel, 198 300 Ew.; TH, Akademie für Ind.design, internat. Inst. für technolog. Studien, Museum für moderne Kunst (»Van Abbemuseum«); Großbetriebe der elektrotechn. und Kfz-Ind., Druck-, Textil-, Stahlbau- u.a. Ind.; internat. Flughafen. – Neugot. Catharinakerk (1860-67); Wohnsiedlung »'t Hool« (entworfen von J.B. Bakema und J.H. van den Broek; Ausführung 1962-72), »Multifunctioneel Wijkcentrum« (1970-73 und 1978-81). – E. erhielt 1232 Stadtrecht; im Zweiten Weltkrieg stark zerstört.

Einebnung, *Geomorphologie:* ein Ergebnis der Abtragung, bes. der †Denudation.

eineiig, aus einer befruchteten Eizelle entstanden (eineiige Zwillinge).

eineindeutig, *Mathematik:* †eindeutig.

Einem, Gottfried von, österr. Komponist, *Bern 24.1.1918, †Oberdürnbach (Gem.

Maissau, Bez. Hollabrunn) 12. 7. 1996; Vertreter einer gemäßigten Moderne; komponierte Opern: »Dantons Tod« (1947), »Der Prozeß« (1953), »Jesu Hochzeit« (1980), »Tulifant« (1990), Ballette, Chor-, Orchester- und Kammermusik, Lieder. – 1995 erschien seine Autobiografie »Ich hab' unendlich viel erlebt«.
📖 *Lezak, K.: Das Opernschaffen G. v. E.s. Wien 1990.*

Einengen, *Chemie:* das ↑Eindampfen.

Einer (Skiff), *Rudern:* kleinstes Rennboot, einsitzig, von ↑Skulls angetrieben; auch einsitziges Kanusportboot.

Eine-Welt-Laden, neuere Bezeichnung für ↑Dritte-Welt-Laden.

Einfachbindung, kovalente ↑chemische Bindung, die durch ein Elektronenpaar gebildet wird; dargestellt durch einen Valenzstrich zw. den Atomsymbolen.

einfache Formen, von A. Jolles 1930 eingeführter Begriff für die Grundformen sprachl. Gestaltens, verwirklicht in den urspr. mündlichen literar. Formen wie Legende, Märchen, Rätsel, Spruch. Typisch sind einfache Erzähltechniken und Motive. Nach Jolles lassen sich alle dichter. Gattungen und Formen auf die Grundstrukturen der e. F. zurückführen.

einfache Maschinen, Bez. für die Grundformen aller mechan. Maschinen, mit deren Hilfe Angriffspunkt, Größe oder Richtung einer Kraft geändert werden können und Arbeit mit möglichst geringem Kraftaufwand verrichtet wird, z. B. Hebel, geneigte Ebene, hydraul. Presse, feste und lose Rolle.

Einfallen, *Geologie:* Neigung von Gesteinsschichten, ↑Streichen und Fallen.

Einfallsebene, *Optik:* die Ebene, die von einem einfallenden Strahl und dem Einfallslot aufgespannt wird.

Einfallslot, *Optik:* ↑Brechung, ↑Reflexion.

Einfalt, im biblisch-christl. Verständnis die Haltung des kindl. (uneingeschränkten) Vertrauens Gott und der Lauterkeit der Menschen gegenüber.

Einfangprozesse, Kernreaktionen, bei denen ein Teilchen (Neutron, Proton, Alphateilchen, Elektron, Photon, Schwerion) von einem Atomkern eingefangen (absorbiert) wird. Dabei entsteht ein hochangeregter, kurzlebiger Kernzustand (Zwischenkern), der durch Aussendung von Gammastrahlung oder durch Zerfall in einen Endzustand übergeht, der stabil oder instabil sein kann. Die Wahrscheinlichkeit für einen Einfangsprozess hängt von den reagierenden Teilchen, deren Energie und dem absorbierenden Kern ab und wird durch den energieabhängigen ↑Wirkungsquerschnitt (auch **Einfangquerschnitt**) beschrieben. Wichtig sind z. B. **Neutroneneinfang** (im Kernreaktor) und **Elektroneneinfang** von freien Elektronen sowie die ↑Kernverdampfung.

Einflussgebiet (Einflusssphäre, Interessensphäre), *Völkerrecht:* nominell selbstständiges Gebiet, das jedoch unter dem wirtsch. und polit. Einfluss eines fremden Staates steht. Vor 1914 wurden E. häufig vertraglich abgegrenzt (China, Persien, Nordafrika).

Einfriertemperatur (Glasübergangstemperatur, Glastemperatur), für hochpolymere Stoffe kennzeichnender Temperaturbereich, bei dem sie aus dem weichen, unter Umständen elast. in den glasartig starren Zustand übergehen. Die E. bestimmt den prakt. Einsatzbereich von Kunststoffen bei der Verarbeitungs- und Gebrauchstemperatur. ↑Weichmacher können die E. erniedrigen.

Einfühlung, das Sich-Hineinversetzen in die Lage oder Seelenstimmung einer anderen Person; war als Methode der verstehenden Erschließung bes. in der »verstehenden Psychologie« von Bedeutung. Auch Grundbegriff der psycholog. Ästhetik: das schon im Anschauen enthaltene fühlende Ergreifen des seel. Gehalts, z. B. eines Kunstwerks.

Einfuhr, ↑Import.

Einfuhrumsatzsteuer, ↑Umsatzsteuer.

Einführungsgesetz, Gesetz, das i. d. R. ergänzende Bestimmungen zur Rechtsüberleitung bei umfassender Neuregelung großer Rechtsgebiete trifft, aber auch selbstständige Normen enthalten kann (z. B. E. zum BGB, Abk. EGBGB).

Eingabe, 1) *Informatik:* ↑Input.
2) *Recht:* schriftl. Gesuch an Behörden. (↑Petition)

Eingabegerät, *Informatik:* an einen Computer angeschlossenes Gerät zur Eingabe von Daten und Programmen mittels maschinell lesbarer Datenträger (z. B. Belegleser, CD-ROM), manueller Eingabe (z. B. Tastatur) sowie automat. Datenerfassung bei Prozessrechnern.

Eingang vorbehalten, Abk. E. v., Klau-

sel im Bankgeschäft zum Rückgängigmachen von Gutschriften, falls der Gegenwert hereingenommener Schecks, Wechsel u. a. nicht eingeht.
Eingeborene, die im jeweiligen Gebiet geborene und dort ansässige Bev. In der Zeit des Kolonialismus eine v. a. für unterworfene Völker in Übersee gebrauchte Bez. (häufig verbunden mit der Vorstellung kulturell-zivilisator. Unterlegenheit gegenüber den Europäern); ein Teil sieht sich heute in der Rolle von ↑indigenen Völkern.
Eingemeindung, Eingliederung einer Gem. in eine andere oder Auflösung mehrerer Gem. und Bildung einer neuen Gem. aufgrund der Einigung der beteiligten Gem. (E.-Vertrag) oder durch Landesgesetz. Wird nur die Grenze gegenüber einer fortbestehenden Gem. verschoben, handelt es sich um eine **Umgemeindung.** E. und Umgemeindungen sind in den Gem.ordnungen der Länder geregelt (↑Verwaltungsreform). E. sind nur zum öffentl. Wohl zulässig.
Eingericht (Eingerichts, Geduldflasche), eine Bastelarbeit in einer Glasflasche: Kleine Holzschnitzereien werden durch den Flaschenhals eingeführt und im Bauch der Flasche zusammengebaut oder – im Falle einer zusammenlegbaren Gesamtkonstruktion – durch (eingearbeitete) Fäden aufgeklappt; bekanntestes Beispiel ist das Buddelship. Einfache E., Erzeugnisse der Heimindustrie, sind seit dem 16. Jh. bekannt: im Allgäu, in Oberammergau und im Böhmerwald wurden religiöse Motive bevorzugt, in Sachsen Bergwerksminiaturen.
eingeschlechtig, *Botanik:* ↑Blüte.
eingestrichen, *Musik:* die Oktave vom eingestrichenen c (c') bis h (h').
Eingetragene Lebenspartnerschaft, Form einer ↑gleichgeschlechtlichen Lebensgemeinschaft.
Eingeweide (Viscera), zusammenfassende Bez. für innere Organe, v. a. der Wirbeltiere (einschl. des Menschen); nach der Lage sind Hals-, Brust-, Bauch- und Becken-E. zu unterscheiden.
Eingeweidebruch (Bruch, Hernie), Hervortreten von Eingeweiden durch eine Lücke der Bauchwand **(Bruchpforte)** in eine Ausstülpung des Bauchfells **(Bruchsack).** Benennung nach der Bruchpforte: Nabel-, Leisten-, Schenkel- (Lücke für die Oberschenkelgefäße), Zwerchfell-, Narbenbruch. Hodenbruch ist die volkstüml. Bez. für einen in den Hodensack reichenden ↑Leistenbruch. **Einklemmung** (Inkarzeration) des Bruchinhaltes erfordert baldige Operation.
Eingeweidefische (Ophidioidei), eine Unterordnung der Dorschartigen Fische, lang gestreckt, mit kleinen kehlständigen Bauchflossen; allen Flossen fehlen Stachelstrahlen. Es gibt drei Familien: die **Brotuliden** (Brotulidae), darunter Tiefseebewohner und blinde Höhlenfische; die **Bartmännchen** (Ophidiidae) mit Bauchflossen auf dem Kinn (»Bart«) und die durchsichtig hellen **Nadelfische** oder E. (Carapidae oder Fierasferidae), die z. B. im Darm von Seesternen und Muscheln leben. Im Mittelmeer lebt der etwa 20 cm lange **Fierasfer** (Carapus acus).

Eingeweidefische: Fierasfer

Eingeweidenervensystem, das ↑vegetative Nervensystem.
Eingeweidesenkung (Enteroptose), Verlagerung der bewegl. Bauchorgane (wie Magen oder Nieren) nach unten, z. B. bei Erschlaffung der Bauchdecken nach mehrfachen Geburten oder Abmagerung mit Schwund der natürl. Fettpolster.
Eingliederungshilfe für behinderte Menschen, Unterstützungsleistungen, die dem Zweck dienen, Behinderungen zu beseitigen, zu bessern oder deren Folgen zu mildern sowie von denen abzuwenden, die von einer Behinderung bedroht sind. E. f. B. sind in medizin. und berufsfördernde Leistungen, in Leistungen zur allgemeinen sozialen Eingliederung und in ergänzende Leistungen gegliedert. Träger der Leistungen sind die Institutionen der Sozialversicherung, der Sozialhilfe, der Versorgung sowie die Bundesagentur für Arbeit, geregelt v. a. im SGB VI (Rentenversicherung), III (Arbeitsförderung), IX (Rehabilitation und Teilhabe behinderter Menschen), Bundessozialhilfe-Ges., Bundesversorgungs-Ges.
Eingliederungszuschuss, finanzielle Leistungen der Bundesagentur für Arbeit an Arbeitgeber, können zur Eingliederung

EIN Eingreiftruppe

von förderungsbedürftigen Arbeitnehmern (z. B. Langzeitarbeitslose, Schwerbehinderte) als Zuschuss zu den Arbeitsentgelten zum Ausgleich von Minderleistungen erbracht werden (§§ 217 ff. SGB III).

Eingreiftruppe, mobiler militärischer Verband versch. Truppengattungen in jeweils unterschiedl. Größe und Ausrüstung zum sofortigen, gezielten und räumlich begrenzten Einsatz in Krisensituationen.

Eingriffsregelung, naturschutzrechtl. Regelung zur Wahrung der Belange von Natur und Landschaft bei Eingriffen in die Leistungsfähigkeit des Naturhaushaltes, Veränderung der Flächennutzung und Beeinträchtigungen des Landschaftsbildes, bes. im Zusammenhang mit Bauleitplanungsverfahren und Baumaßnahmen im Außenbereich von Siedlungen.

Eingriffsverwaltung, Bez. für die Bereiche der staatl. Exekutive, die durch Ge- oder Verbote oder durch die Festlegung von Pflichten und Beschränkungen in Freiheitsrechte des Einzelnen »eingreifen« (z. B. im Polizeirecht), im Unterschied zur Leistungsverw. (z. B. im Sozialhilferecht).

Einhandsegler, 1) Segelboot, das zur Bedienung durch nur eine Person eingerichtet ist (z. B. »Einhandjolle« wie Finn-Dingi, Laser); 2) Segler, der sein Boot allein über größere Meeresstrecken oder eine Rennstrecke führt.

Einhard: Um 820–27 ließ Einhard die karolingische, ursprünglich als Klosterkirche gedachte Basilika in Steinbach im Odenwald (heute zu Michelstadt) errichten.

Einhard (Eginhard), fränk. Geschichtsschreiber und Gelehrter, *in Mainfranken um 770, †Seligenstadt 14. 3. 840; Vertrauter und Berater Karls d. Gr.; ließ die Basilika in Steinbach (heute zu Michelstadt) erbauen und gründete 828 Kloster Seligenstadt; Abt mehrerer Klöster; schrieb die an Suetons Kaiserviten orientierte erste Herrscherbiografie des MA. »Vita Caroli magni« (um 835, eine Biografie Karls d. Gr.).

Ausgabe: Vita Karoli Magni. Lat./dt. Das Leben Karls des Großen, übers., Anm. u. Nachw. v. E. S. Firchow (Neudr. 1994).

Einhaus, eine Form des ↑Bauernhauses.

einhäusig, *Botanik:* männl. und weibl. Blüten befinden sich auf derselben Pflanze.

Einhegung, ↑Enclosure.

Einheit, 1) *allg.:* untrennbar Zusammengehöriges, geschlossene Ganzheit, gleich bleibendes Element einer Mehrheit.

2) *Mathematik:* das ↑Einselement einer Gruppe.

3) *Militärwesen:* Truppenverband (Kompanie, Regiment u. a.).

4) *Philosophie:* bei G. W. Leibniz Bez. für die ↑Monaden, unteilbare seel. Wirkeinheiten, als letzte Bestandteile der Wirklichkeit; im Vitalismus die Ganzheit (Entelechie) des Lebendigen, die von Beginn an alle Teile eines Organismus vollständig bestimmt. Als »E. in der Mannigfaltigkeit« bildet die E. ein wichtiges Prinzip in der Ästhetik.

Einheiten (früher Maßeinheiten), aus der Menge gleichartiger Größen ausgewählte und i. d. R. internat. vereinbarte Vergleichsgrößen (↑SI-Einheiten), die einen festen, jeweils durch ein genau vorgeschriebenes Mess- oder Eichverfahren jederzeit reproduzierbaren Betrag haben. Normalerweise werden nur die ↑Basiseinheiten eines Maßsystems festgelegt, aus denen sich die übrigen E. über Definitionsgleichungen (abgeleitete E.) oder durch Vervielfachung, gekennzeichnet durch Vorsätze, ergeben.

Einheitengesetz (Kurzbez. für Ges. über Einheiten im Messwesen der Bundesrep. Dtl. i. d. F. v. 22. 2. 1985), Ges., durch das die ↑SI-Einheiten mit ihren ↑Vorsätzen für dezimale Vielfache und Teile als gesetzl. Einheiten eingeführt sind. Weiterhin sind 50 Einheiten mit besonderen Namen gesetzlich zugelassen, z. B. dezimale Vielfache oder Teile von SI-Einheiten wie Liter, Tonne, Bar, Hertz und Grad Celsius. Hierzu gehören auch Einheiten, die nicht vom SI her definiert sind: die Zeiteinheiten

Einheiten EIN

Einheiten der wichtigsten physikalischen Größen (Auswahl)

Größenart	Einheitenzeichen	Einheitenbenennung	Beziehung zu anderen Einheiten
Raum			
Länge, Weglänge, Radius	m	Meter	–
	fm	Femtometer	$1\,fm = 10^{-15}\,m$
	[1)]Å	Ångström	$1\,Å = 10^{-10}\,m = 0{,}1\,nm$
	nm	Nanometer	$1\,nm = 10^{-9}\,m$
	µm	Mikrometer	$1\,µm = 10^{-6}\,m$
	mm	Millimeter	$1\,mm = 10^{-3}\,m$
	cm	Zentimeter	$1\,cm = 10^{-2}\,m$
	dm	Dezimeter	$1\,dm = 10^{-1}\,m$
	km	Kilometer	$1\,km = 10^{3}\,m$
	[1)]sm	internationale Seemeile	$1\,sm = 1{,}852\,km$
	[1)]AE, AU	astronomische Einheit	$1\,AE = 1\,AU = 149{,}597870 \cdot 10^{9}\,m$
	[1)]Lj	Lichtjahr	$1\,Lj = 9{,}460528 \cdot 10^{15}\,m$
	[1)]pc	Parsec	$1\,pc = 30{,}856776 \cdot 10^{15}\,m$
Fläche	m^2	Quadratmeter	$1\,m^2 = 1\,m \cdot 1\,m$
	a	Ar	$1\,a = 100\,m^2$
	ha	Hektar	$1\,ha = 100\,a = 10^{4}\,m^2$
	km^2	Quadratkilometer	$1\,km^2 = 10^{6}\,m^2 = 100\,ha$
Volumen, Rauminhalt	m^3	Kubikmeter	$1\,m^3 = 1\,m \cdot 1\,m \cdot 1\,m$
	l, L	Liter	$1\,l = 1\,L = 1\,dm^3$
	ml	Milliliter	$1\,ml = 10^{-3}\,l = 1\,cm^3$
	hl	Hektoliter	$1\,hl = 100\,l = 0{,}1\,m^3$
Zeit			
Zeit, Dauer	s	Sekunde	–
	min	Minute	$1\,min = 60\,s$
	h	Stunde	$1\,h = 60\,min = 3{,}6 \cdot 10^{3}\,s$
	d	Tag	$1\,d = 24\,h = 86{,}4 \cdot 10^{3}\,s$
	a	bürgerliches Jahr	$1\,a = 365\,d$
Frequenz	Hz	Hertz	$1\,Hz = 1\,s^{-1}$
Mechanik			
Masse	kg	Kilogramm	–
	g	Gramm	$1\,g = 10^{-3}\,kg$
	mg	Milligramm	$1\,mg = 10^{-3}\,g$
	[1)]Kt	metrisches Karat	$1\,Kt = 0{,}2\,g$
	[1)]Ztr	Zentner	$1\,Ztr = 50\,kg$
	[1)]dz	Doppelzentner	$1\,dz = 100\,kg$
	t	Tonne	$1\,t = 1\,Mg = 10^{3}\,kg$
	dt	Dezitonne	$1\,dt = 100\,kg$
	Mt	Megatonne	$1\,Mt = 10^{6}\,t = 10^{9}\,kg$
Kraft	N	Newton	$1\,N = 1\,kg \cdot m \cdot s^{-2}$
	[1)]dyn	Dyn	$1\,dyn = 1\,g \cdot cm/s^2 = 10^{-5}\,N$
Druck, mechanische Spannung	Pa	Pascal	$1\,Pa = 1\,N/m^2 = 1\,kg \cdot m^{-1} \cdot s^{-2}$
	MPa	Megapascal	$1\,MPa = 1\,N/mm^2 = 10\,bar$
	bar	Bar	$1\,bar = 10^{6}\,dyn/cm^2 = 10^{5}\,Pa = 0{,}1\,MPa$

EIN Einheiten

Einheiten der wichtigsten physikalischen Größen (Auswahl; Fortsetzung)

Größenart	Einheitenzeichen	Einheitenbenennung	Beziehung zu anderen Einheiten
Druck, mechanische Spannung	*)atm	physikalische Atmosphäre	1 atm = 1,01325 bar
	*)at	technische Atmosphäre	1 at = 1 kp/cm^2 = 0,980665 bar
	*)mWS	Meter Wassersäule	1 mWS = 9,81 kPa = 98,1 mbar
	*)mm HG	Millimeter Quecksilbersäule	1 mm Hg = 1 Torr
	*)Torr	Torr	1 Torr = 1,33322 mbar
Energie Arbeit	J	Joule	1 J = 1 Nm = 1 Ws = 1 kg · m^2 · s^{-2}
	kWh	Kilowattstunde	1 kWh = 3 600kWs = 3,6 MJ
	*)erg	Erg	1 erg = 1 dyn · cm = 10^{-7} J
	eV	Elektronvolt	1 eV = 1,6021773 · 10^{-19} J
	*)t SKE	Tonne Steinkohleneinheiten	1 t SKE = 29,3076 GJ = 8,141 MWh
Leistung	W	Watt	1 W = 1 J/s = 1 kg · m^2 · s^{-3}
	*)PS	Pferdestärke	1 PS = 75 kp · m/s = 0,73549875 kW
Elektrizität und Magnetismus			
elektrische Stromstärke	A	Ampere	–
Elektrizitätsmenge, elektrische Ladung	C	Coulomb	1 C = 1 As
elektrische Spannung	V	Volt	1 V = 1 J/C = 1 W/A = 1 kg · m^2 · s^{-3} · A^{-1}
elektrischer Widerstand	Ω	Ohm	1 Ω = 1 V/A = 1 W/A^2 = 1 kg · m^2 · s^{-3} · A^{-2}
elektrischer Leitwert	S	Siemens	1 S = 1 Ω^{-1} = 1 A/V = 1 kg^{-1} · m^{-2} · s^3 · A^2
elektrische Kapazität	F	Farad	1 F = 1 C/V = 1 s/Ω = 1 kg^{-1} · m^{-2} · s^4 · A^2
magnetischer Fluss, Induktionsfluss	Wb	Weber	1 Wb = 1 V · s = 1 J/A = 1 kg · m^2 · s^{-2} · A^{-1}
magnetische Flussdichte	T	Tesla	1 T = 1 Wb/m^2 = 1 kg · s^{-2} · A^{-1}
Induktivität	H	Henry	1 H = 1 Wb/A = 1 Ω · s
Ionisierende Strahlung			
Aktivität	Bq	Becquerel	1 Bq = 1 s^{-1}
	*)Ci	Curie	1 Ci = 3,7 · 10^{10} Bq
Energiedosis	Gy	Gray	1 Gy = 1 J/kg = 1 m^2 · s^{-2}
	*)rd	Rad	1 rd = 10^{-2} Gy
Äquivalentdosis	Sv	Sievert	1 Sv = 1 J/kg = 1 m^2 · s^{-2}
	rem	Rem	1 rem = 10^{-2} J/kg
Ionendosis	C/kg	Coulomb durch Kilogramm	–
Exposition	R	Röntgen	1 R = 258 · 10^{-6} C/kg
Lichttechnik			
Lichtstärke	cd	Candela	–
Leuchtdichte	cd/m^2	Candela durch Quadratmeter	–
	*)sb	Stilb	1 sb = 10^4 cd/m^2 = 1 cd/cm^2
	*)asb	Apostilb	1 asb = 1/π · cd/m^2
Lichtstrom	lm	Lumen	1 lm = 1 cd · sr
Beleuchtungsstärke	lx	Lux	1 lx = 1 lm/m^2
Lichtmenge	lm · s	Lumensekunde	–

Einheiten außerhalb des Internationalen Einheitensystems (SI) sind mit *) gekennzeichnet.

Minute, Stunde und Tag, die Winkeleinheiten Vollwinkel, Grad und Gon sowie die atomaren Einheiten Elektronenvolt und (vereinheitlichte) atomare Masseneinheit. Außerdem werden als gesetzlich abgeleitete Einheiten mit eingeschränktem Anwendungsbereich genannt: die Dioptrie für den Brechwert opt. Systeme, das Ar und das Hektar zur Flächenangabe von Grundstücken, das metr. Karat zur Angabe der Masse von Edelsteinen und das Tex zur Angabe der längenbezogenen Masse von textilen Fasern und Garnen. Gesetzlich festgelegt sind Einheitennamen und ↑Einheitenzeichen. Sie sind im geschäftl. und amtl. Verkehr anzuwenden. Durch das E. wurden gleiche Einheiten für Größen gleicher Art in allen Wissensgebieten (Ausnahme: Atomphysik) eingeführt, z. B. für die Kraft das Newton, für Arbeit, Energie und Wärme das Joule und für Leistung und Wärmestrom das Watt. Da die Stunde eine gesetzl. Einheit ist, bleibt neben dem Joule auch weiterhin die Kilowattstunde gesetzl. Einheit. Die EG hat das Internat. Einheitensystem durch die Richtlinie über die Einheiten im Messwesen vom 20. 12. 1979 für alle Mitgl.staaten verbindlich vorgeschrieben und daneben nur wenige andere Einheiten zugelassen, die bis zum 31. 12. 1999 ebenfalls umgestellt werden sollten. Da aber bestimmte Drittländer auf ihren Märkten keine Produkte akzeptieren, die nur mit den gesetzl. Einheiten gekennzeichnet sind, wurde diese Frist durch eine neue Richtlinie vom 24. 1. 2000 auf den 31. 12. 2009 verlängert.

Einheitensystem (früher Maßsystem), ein System von Einheiten, in dem für jede Größenart genau eine Einheit vorhanden ist, z. B. für die Größenart Länge im ↑Internationalen Einheitensystem (SI) das Meter. Daher gehören z. B. Zentimeter und Millimeter diesem System nicht an. Ein E. heißt **kohärent**, wenn die Einheiten des Systems ausschließlich durch Einheitengleichungen miteinander verbunden sind, in denen kein von »1« abweichender Zahlenfaktor vorkommt, z. B.: $1 N = 1 kg \cdot 1 m/s^2$ oder $1 N \cdot 1 m = 1 J$. Dagegen ist z. B. die Pferdestärke, $1 PS = 75 kp \cdot m/s$, eine **nichtkohärente** Einheit der Leistung des techn. Maßsystems.

Einheitenzeichen, Buchstaben oder Buchstabengruppen, die anstelle der Namen von Einheiten stehen, zum Beispiel m für Meter.

Einheitliche Europäische Akte, 1986 von den Außenmin. der EG-Mitgl.staaten unterzeichnetes Vertragswerk zur Änderung der Gründungsverträge von EGKS, EWG und EURATOM (seit 1. 7. 1987 in Kraft). Die E. E. A. erleichterte die Rechtsangleichung und Mehrheitsentscheidungen im Ministerrat, stärkte die Position des Parlaments, fixierte erstmals die europ. politische Zusammenarbeit und bildete die Basis für den Vertrag über die ↑Europäische Union.

Einheitliches UN-Kaufrecht, ↑CISG.

Einheitsfront, Schlagwort für ein von der Komintern seit 1921 verfolgtes Konzept zur Herstellung der »Aktionseinheit« zw. Kommunisten und Sozialdemokraten. Die als gelenkte Kooperation unter Führung der KP gedachte E. richtete sich u. a. gegen den aufkommenden Faschismus, wurde aber später durch die stalinsche These des »Sozialfaschismus« (Sozialdemokratie und Nationalsozialismus seien »Zwillingsschwestern« und Erstere der Hauptfeind) unterminiert; ab 1935 Übergang zur Taktik der ↑Volksfront.

Einheitsgewerkschaft, parteipolitisch und weltanschaulich unabhängige, nach dem Industrieverbandsprinzip (↑Gewerkschaften) organisierte Gewerkschaft.

Einheitskreis, Kreis mit dem Radius der Längeneinheit 1.

Einheitspreis, in Kostenvoranschlägen der Bauwirtschaft vertraglich vereinbarter Preis für eine Maßeinheit (z. B. für $1 m^3$ Mauerwerk bestimmter Ausführung).

Einheitsschule, der einheitl. Aufbau des Schulsystems eines Landes. Zuerst von J. A. Comenius gefordert, wurde die E. bes. von der Aufklärung und der dt. Schulreformbewegung vor allem in Form einer gemeinsamen Grundschule und einer weiterführenden Schulbildung ohne Rücksicht auf Konfession, Stand und Vermögen der Eltern angestrebt. 1920 wurde die 4-jährige Grundschule eingeführt. In der Folgezeit trat der Gedanke der E. in seiner durch das 19. Jh. geprägten Form hinter die Forderung nach einem differenzierten Schulsystem mit höchstmögl. Durchlässigkeit der Bildungswege zurück und wurde im Konzept der ↑Gesamtschule neu gefasst.

Einheitsstaat (Zentralstaat), Staat mit einheitl. Gesetzgebung, Verw. und Rechts-

Einheitsstrafe

pflege, im Unterschied zum ↑Bundesstaat und Staatenbund. Die öffentl. Gewalt ist entweder bei Zentralbehörden zusammengefasst (**zentralisierter E.**, ↑Zentralismus) oder z. T. Selbstverwaltungskörperschaften übertragen, die der Aufsicht der Zentralbehörden unterstehen (**dezentralisierter E.**). Die Idee des E. entstand nach der Frz. Revolution von 1789. In der Ausformung des republikan. Staatsgedankens wurde – v. a. in den roman. Ländern – der Staat als Ausdruck des Willens der Gesamtheit der Bürger zu einer unteilbaren Einheit. Der Gedanke des E. begünstigte des Öfteren die Entstehung autoritär-plebiszitärer Herrschaftsformen (z. B. die Herrschaft Napoleons I. und Napoleons III.). Die radikalste Ausformung eines E. war die Identifizierung von »Führerwillen« und »Volkswillen« im nat.-soz. Herrschaftssystem. Staaten mit marxistisch-leninist. Orientierung – seien sie auch laut Verf. bundesstaatlich organisiert – zeigten infolge ihrer Ausrichtung am ↑demokratischen Zentralismus einheitsstaatl. Züge.

Einheitsstrafe, Bez. für die einheitl. ↑Freiheitsstrafe sowie im Jugendstrafrecht für die bei Aburteilung mehrerer Straftaten festzusetzende einheitl. Unrechtsfolge im Ggs. zur ↑Gesamtstrafe des Erwachsenenstrafrechts.

Einheitsübersetzung der Heiligen Schrift, eine für den Gebrauch in Liturgie und Unterricht beider Konfessionen bestimmte, ökumenisch erarbeitete dt. Bibelübersetzung (die Endfassung des N. T. erschien 1979, die des A. T. 1980).

Einheitsversicherung, Absicherung gegen mehrere Gefahren (z. B. sämtl. Transport- und Bearbeitungsgefahren) in einem Versicherungsvertrag.

Einheitswert, steuerl. Wert, der bei mehreren Steuerarten (v. a. Erbschaft-, Gewerbe- und Grundsteuer) als einheitl. Steuerbemessungsgrundlage dient. E. werden gemäß Bewertungs-Ges. (BewG) für inländ. Grundbesitz (d. h. land- und forstwirtsch. Betriebe, Grundstücke und Betriebsgrundstücke) in Abständen von je sechs Jahren allg. ermittelt (**Hauptfeststellung,** § 21 BewG). Die Anwendung der weit unter dem Verkehrswert bleibenden E. für Grundvermögen im Rahmen der Vermögen- und der Erbschaftsteuer wurde 1995 vom Bundesverfassungsgericht für verfassungswidrig erklärt. Im Gefolge wurde die Wertermittlung für Grundbesitz bei der Erbschaft- und Grunderwerbsteuer 1996 neu geregelt: Bei unbebauten Grundstücken werden die Bodenrichtwerte der Gutachterausschüsse zugrunde gelegt, abzüglich eines pauschalen Abschlags von 20 % für wertmindernde Umstände. Für bebaute Grundstücke gilt ein **Ertragswertverfahren:** Anzusetzen ist das 12,5fache der im Durchschnitt der letzten drei Jahre erzielten Jahresnettokaltmiete. Für jedes Jahr seit Bezugsfertigkeit ist eine Altersminderung von 0,5 % (höchstens 25 %) abzuziehen. Bei Grundvermögen in den neuen Bundesländern gelten Sonderbestimmungen für land- und forstwirtsch. sowie für Betriebsvermögen.

📖 *Künftige Einheitsbewertung u. Neugestaltung der Vermögen- u. Erbschaftsteuer,* bearb. v. H. G. Christoffel. Köln 1996. – Glier, J.: *Einkommensbesteuerung, Einheitsbewertung und Bedarfsbewertung für die Erbschaft- und Schenkungsteuer und die Landwirtschaft.* Berg [19]2001. – Glier, J.: *Bedarfsbewertung für die Erbschaft- und Schenkungsteuer und Einheitsbewertung Grundsteuer für Grundvermögen, Betriebsgrundstücke.* Berg [11]2002.

Einheitszeit, für alle Orte eines Gebietes gültige Zeit (↑Zonenzeit).

Einheriler [altnord.»Alleinkämpfer«], in der altnord. Mythologie die im Kampf gefallenen Helden, die nach ihrem Tod Walhall bewohnen.

Einhorn, 1) *Astronomie:* (lat. Monoceros), Sternbild der Äquatorzone.

2) ein *Fabelwesen* von Pferdegestalt mit geradem Horn in der Stirnmitte, im MA. bes. durch den ↑Physiologus bekannt; in frühchristl. Zeit als Sinnbild gewaltiger Kraft auf Christus bezogen; später (entsprechend der Vorstellung, das E. verliere seine Wildheit, wenn es sein Haupt einer Jungfrau in den Schoß lege) Sinnbild der Keuschheit, Attribut der Jungfrau Maria.

Einhornfische, die ↑Nashornfische.
Einhufer, die ↑Pferde.
einhüllende Kurve (Enveloppe), Kurve, die jede Kurve einer anderen Kurvenschar oder Geradenschar mindestens einmal berührt.

Einigung, auf eine dingl. Rechtsänderung gerichteter Vertrag, bei der Übertragung von Grundstückseigentum **Auflassung** genannt. Er enthält das zur Übertragung, Belastung oder inhaltl. Abänderung eines

dingl. Rechts erforderl. Willenselement, das zus. mit der Übergabe (bei bewegl. Sachen) oder der Eintragung ins Grundbuch (bei Grundstücken) als Vollziehungselement die dingl. Rechtsänderung bewirkt.
Einigungsämter, in Österreich früher Behörden zur Beilegung arbeitsrechtl. Streitigkeiten (Betriebsverf. und Kündigungsschutz); seit 1. 1. 1987 sind Arbeits- und Sozialgerichte zuständig.
Einigungsstellen, 1) *Arbeitsrecht:* nach Betriebsverfassungs-Ges. (§ 76) zur Beilegung von Meinungsverschiedenheiten zw. Arbeitgeber und Betriebsrat im Bereich der betriebl. Mitbestimmung bei Bedarf einzurichtende Stelle, besetzt mit einem unparteiischen Vors. und Beisitzern beider Seiten in gleicher Zahl.
2) *Wettbewerbsrecht:* Schlichtungsstellen der Ind.- und Handelskammern zur gütl. Beilegung von Wettbewerbsstreitigkeiten.
Einigungsvertrag, Vertrag zw. der Bundesrep. Dtl. und der DDR über die Herstellung der Einheit Dtl.s vom 31. 8. 1990, nach dem die DDR gemäß Art. 23 GG der Bundesrep. Dtl. beigetreten ist. In Kapitel I werden Brandenburg, Mecklenburg-Vorpommern, Sachsen, Sachsen-Anhalt und Thüringen als neue Länder aufgeführt und die Neubildung des Landes Berlin bestimmt. Art. 2 benennt Berlin als Hptst. Deutschlands. Kapitel II legt die Änderungen des GG fest und regelt die Finanzverfassung für das neue Bundesgebiet. Art. 7 Abs. 5 bestimmt die Verwendung des Fonds »Dt. Einheit«. Kapitel III und IV beschäftigen sich mit der Rechtsangleichung und den völkerrechtl. Verträgen. Kapitel V regelt den Übergang der öffentl. Verwaltung und Rechtspflege und legt u. a. fest, dass für die Rehabilitierung der Opfer des SED-Regimes eine gesetzl. Grundlage zu schaffen ist. Kapitel VI widmet sich dem öffentl. Vermögen und den Schulden und legt fest, dass die von der DDR zu diesem Zweck gegründete Treuhandanstalt die ehem. volkseigenen Betriebe privatisiert. Kapitel VII bestimmt, dass die Sozialgesetzgebung angeglichen wird. Kapitel VIII regelt die Verhältnisse bei Rundfunk und Fernsehen, die Anerkennung von Berufsabschlüssen, die begrenzte Weiterführung von Forschungseinrichtungen und das Sportwesen. Kapitel IX enthält die Übergangs- und Schlussbestimmungen. In drei Anlagen werden nähere Bestimmungen zu einzelnen Art. des E. getroffen. Anlage III ist eine Erklärung der beiden dt. Reg. zur Regelung offener Vermögensfragen und legt u. a. fest, dass Enteignungen auf dem Gebiet der DDR zw. 1945 und 1949 nicht mehr rückgängig zu machen sind.

📖 *E. Textausg. mit Einführung,* bearb. v. *E. Bülow.* Regensburg 1990. – *Erläuterungen zum E.* Baden-Baden 1990. – *Der Vertrag zur dt. Einheit. Ausgewählte Texte,* erläutert v. *G. Bannas u. a.* Mit einer Chronik »Stationen der dt. Nachkriegsgesch. von 1949 bis 1990«, zsgest. v. *E. Fuhr.* Frankfurt am Main u. a. 1990. – *Der E.: Vertrag zw. der Bundesrep. Dtl. u. der Dt. Demokrat. Rep. über die Herstellung der Einheit Deutschlands. Der vollständige Text mit allen Ausführungsbestimmungen u. Erläuterungen.* München ³1991.

Einhorn 2): französischer Bildteppich aus der Folge »Die Dame mit dem Einhorn« (1480–1500; Paris, Musée de Cluny)

einjährig (annuell), Pflanzen von einjähriger Lebensdauer.
Einkammersystem, die Staatsform, in der die gesetzgebende Körperschaft aus einer Kammer besteht, z. B. Dänemark. (↑Zweikammersystem)
Einkapselung (Einschließung), *Umwelttechnik:* Verfahren und Maßnahmen, die einen Abschluss belasteter Böden von den umgebenden Medien bewirken sollen, um

die Ausbreitung von Schadstoffen in die Biosphäre einzudämmen (z. B. bei der Altlastensanierung).

Einkaufsgenossenschaften, Genossenschaften zum gemeinsamen (preisgünstigen) Einkauf von Waren, v. a. im landwirtsch. (Bezugsgenossenschaften) und gewerbl. Bereich. E. entwickeln sich zunehmend zu **Full-Service-Kooperationen,** d. h. überregional agierenden Zentralorganisationen mit breit gefächertem Dienstleistungsangebot.

Einkaufszentrum (Shoppingcenter), einheitlich geplante und errichtete Anlage mit rechtlich selbstständigen Einzelhandels- und Dienstleistungsbetrieben. Typisch sind einheitl. Verwaltung, auf das Einzugsgebiet abgestimmte Anbieter, verkehrsgünstige Lage und umfassendes Parkplatzangebot.

Einkeimblättrige (Monokotyledonen, Monocotyledoneae), Gruppe der Bedecktsamer unter den Blütenpflanzen, deren Keimling nur ein einziges Keimblatt hat, im Ggs. zu den ↑Zweikeimblättrigen. Die Blüten sind meist aus dreizähligen Blütenorgankreisen aufgebaut, die Blattnerven laufen parallel. E. sind u. a. Liliengewächse, Gräser, Orchideen und Palmen.

Einkindschaft, die seit dem 13. Jh. v. a. im fränk. Rechtsgebiet aufgekommene Sitte, die erstehel. Kinder von Ehegatten, die eine zweite Ehe eingehen wollten, durch Vertrag mit den aus der zweiten Ehe zu erwartenden Kindern vermögens- und familienrechtlich gleichzustellen.

Einklang, Zusammenklang zweier oder mehrerer Töne oder Stimmen im Intervall der Prime oder der Oktave. (↑Unisono)

Einkommen, alle Geldbeträge oder Naturalleistungen, die natürl. oder jurist. Personen in einem bestimmten Zeitraum aufgrund ihrer Stellung im Prozess der volkswirtsch. Wertschöpfung oder ihrer Stellung im gesellschaftl. Gefüge zufließen. Nach der auf J. Hicks zurückgehenden umfassendsten Definition der Betrag, den ein Wirtschaftssubjekt in einer Periode ausgeben könnte, ohne am Ende der Periode schlechter gestellt zu sein als am Anfang. In diesem Sinne werden also auch Veränderungen des Vermögens eines Wirtschaftssubjekts zum E. gezählt. Der E.-Begriff lässt sich in versch. Richtungen klassifizieren. Zunächst kann man zw. einem ökonom. und einem steuerrechtl. E.-Begriff unterscheiden; zur steuerrechtl. Definition ↑Einkommensteuer, ↑Körperschaftsteuer. Beim ökonom. E.-Begriff wird zw. Faktor- und Transfer-E. unterschieden. **Faktor-E.** sind Einkommen, die im Zuge des Produktionsprozesses entstehen und als Vergütung für die Leistungen der Produktionsfaktoren anzusehen sind. Sie werden auch als Erwerbs- und Vermögens-E. bezeichnet und setzen sich zusammen aus dem **Arbeitnehmerentgelt** (Löhne, Gehälter, Dienstbezüge) sowie den **Unternehmens- und Vermögens-E.** (Gewinne, Zinsen, Dividenden). **Transfer-E. (Übertragungs-E.)** sind E., die Wirtschaftssubjekten ohne wirtsch. Gegenleistung zufließen (z. B. Sozialrenten, Pensionen, Kindergeld). Weitere ökonomisch bedeutsame Begriffe sind Nominal- und Real-E., Brutto- und Netto-E. sowie ↑Volkseinkommen. Das **Nominal-E.** ist der in Geld angegebene Wert des E. zu laufenden Preisen; berücksichtigt man Änderungen des Preisniveaus, ergibt sich daraus das **Real-E.,** d. h. das E. zu konstanten Preisen. Bei Letzterem werden also inflationsbedingte E.-Erhöhungen ausgeschaltet. Das **Brutto-E.** ist die Gesamtsumme der zugeflossenen E. Der Begriff des **Netto-E.** wird in zwei unterschiedl. Bedeutungen gebraucht. Auf einzelwirtsch. (mikroökonom.) Ebene bezeichnet er das E. nach Abzug von Steuern und Sozialabgaben. Im Rahmen der ↑volkswirtschaftlichen Gesamtrechnung (makroökonom. Betrachtung) ergibt sich das Netto-E. durch Abzug der Abschreibungen vom Bruttoeinkommen.

Einkommenspolitik, i. e. S. die Gesamtheit aller staatl. Maßnahmen, die darauf gerichtet sind, durch eine Beeinflussung der Faktorpreise (Lohnsätze, Renditen, Kapitalkostensatz) und damit der Einkommensentstehung zur wirtsch. Stabilität beizutragen (Stabilitätspolitik); i. w. S. auch alle wirtschafts- und sozialpolit. Maßnahmen, die auf eine Verbesserung der Einkommensverteilung sowie auf die Förderung der Vermögensbildung gerichtet sind. **Imperative E.** greift mit nichtmarktkonformen Maßnahmen in den Preis- und Lohnbildungsprozess ein (z. B. durch Lohn- und Preisstopps), **indikative E.** umfasst u. a. das Aufstellen von Lohn- und Preisleitlinien, Indexierung von Löhnen und Preisen, Appelle seitens der Wirt-

schaftspolitiker (»Moral Suasion«). **Kooperative E.** setzt auf freiwillige einkommenspolit. Zusammenarbeit der sozialen Gruppen (z. B. die konzertierte Aktion). Ein wichtiger analyt. Ausgangspunkt der E. ist die ↑Lohn-Preis-Spirale.
Einkommensteuer, Steuer auf das Einkommen natürl. Personen. Nach dem Einkommensteuer-Ges. (EStG) sind Personen, die ihren Wohnsitz oder gewöhnl. Aufenthalt im Inland haben, unbeschränkt steuerpflichtig mit in- und ausländ. Einkünften, gebietsfremde natürl. Personen dagegen nur beschränkt steuerpflichtig mit ihren inländ. Einkünften; jurist. Personen (z. B. Kapitalgesellschaften) unterliegen der ↑Körperschaftsteuer. Die E. bemisst sich nach dem Einkommen im Kalenderjahr. Steuerpflichtig sind die Einkünfte aus sieben Einkunftsarten: die »Gewinneinkünfte« aus Land- und Forstwirtschaft, Gewerbebetrieb sowie selbstständiger Arbeit und die »Überschusseinkünfte« aus nicht selbstständiger Arbeit, Kapitalvermögen, Vermietung und Verpachtung sowie sonstigen Einkünften im Sinn von § 22 EStG (z. B. Leibrenten). Die Summe aus Gewinnen und Überschüssen nach Abzug der Verluste und des ↑Altersentlastungsbetrags ergibt den **Gesamtbetrag der Einkünfte.** Aus diesem errechnet sich durch Abzug von ↑Sonderausgaben und außergewöhnl. Belastungen das **Einkommen.** Verminderung um Kinderfreibeträge (↑Kinderlastenausgleich) und ↑Haushaltsfreibetrag liefert das **zu versteuernde Einkommen** als Bemessungsgrundlage für die tarifl. E. entsprechend dem Steuertarif des §32a EStG (für Eheleute: ↑Ehegattenbesteuerung). Oberhalb des unbesteuerten Grundfreibetrags (↑Existenzminimum) beginnen die Grenzsteuersätze mit (2004) 16 % (Eingangssteuersatz). Sie steigen linear bis zu einem Spitzensteuersatz von 45 % bei zu versteuerndem Einkommen von über 52 152 € (Ehepaare: 104 304 €). Mit der zweiten Hälfte der dritten Stufe der Steuerreform (2005) sinkt der Eingangssteuersatz auf 15 % und der Spitzensteuersatz auf 42 %. Der Grundfreibetrag und die Einkommensgrenze, ab der der Spitzensteuersatz greift, bleiben gleich.
Die E. wird auf zweierlei Weise erhoben: Beim *Veranlagungsverfahren* gibt der Steuerpflichtige nach Ablauf des Kalenderjahres eine E.-Erklärung ab, anhand deren das Finanzamt die Höhe der E. festsetzt. Bereits während des Jahres sind E.-Vorauszahlungen zu leisten, deren Höhe sich nach den Verhältnissen im Vorjahr richtet. Beim *Quellenabzugsverfahren* wird die E. unmittelbar, bevor die Einnahmen dem E.-Pflichtigen zufließen, durch den Arbeitgeber, die Bank usw. einbehalten und an das Finanzamt abgeführt (↑Lohnsteuer, ↑Kapitalertragsteuer). E.-Vorauszahlungen und bereits im Quellenabzug erhobene E. werden mit der im Veranlagungsverfahren festgesetzten E.-Schuld verrechnet. Lohnsteuerpflichtige werden zur E. nur in bestimmten Fällen veranlagt, z. B. wenn neben dem Arbeitseinkommen Einkünfte von mehr als 410 € erzielt wurden oder wenn beide Ehegatten Arbeitslohn bezogen und einer von beiden nach der Lohnsteuerklasse V oder VI besteuert worden ist (§ 46 EStG).
Die E. ist eine ↑Gemeinschaftsteuer, deren Aufkommen zw. Bund (42,5 %), Ländern (42,5 %) und Gemeinden (15 %) aufgeteilt wird; an der Kapitalertragsteuer i. e. S. sind Bund und Länder zu je 50 %, am Zinsabschlag zu je 44 % beteiligt. Das Aufkommen der E. betrug (2002) 162,2 Mrd. €, davon 132,2 Mrd. € Lohnsteuer, 7,5 Mrd. € veranlagte E. sowie 22,5 Mrd. € Kapitalertragsteuer und Zinsabschlag.
In Österreich gilt ein der dt. E. ähnl. System; Ehegatten werden getrennt veranlagt; die Grenzsteuersätze reichen von 21 % bis 50 %. In der Schweiz werden vom Bund (Grenzsteuersätze von 0,77 % bis 13,2 %, maximaler Durchschnittssteuersatz 11,5 %) sowie von Kantonen und Gemeinden progressive E. erhoben.
📖 *Biergans, E.: E. Systemat. Darstellung u. Kommentar.* München u. a. ⁶1992. – *Sicherer, K. von: E.* München u. a. ²2002.
Einkommensverteilung, die Aufteilung des Volkseinkommens entweder auf die Produktionsfaktoren Arbeit, Kapital und Boden, wobei Arbeitnehmerentgelt (Lohn, Gehalt) oder Unternehmens- und Vermögenseinkommen (Gewinn, Zins, Rente) zufließt **(funktionelle E.),** oder auf die Personen bzw. Personengruppen (private Haushalte), die Eigentümer der Produktionsfaktoren sind, ohne Rücksicht auf die Quelle des Einkommens **(personelle E.).** Eine eindeutige Unterscheidung zw. funktioneller und personeller E. ist schwierig,

EIN Einkommensverteilung

Funktionelle Einkommensverteilung in Deutschland[1] (in Milliarden DM; seit 1999 in Milliarden €)

Jahr	Volkseinkommen insgesamt	Arbeitnehmer-entgelt[2]	Unternehmens- und Vermögens-einkommen[3]	Lohnquote (in %)	Gewinn-quote (in %)
1970	530,4	360,6	169,8	68,0	32,0
1980	1 139,6	863,9	275,7	75,8	24,2
1990	1 892,2	1 317,1	575,1	69,6	30,4
1995	2 657,3	1 941,4	715,9	73,1	26,9
1997	2 753,1	1 973,2	779,9	71,7	28,3
1999	1 469,0	1 057,9	411,1	72,0	28,0
2000	1 509,2	1 098,9	410,3	72,8	27,2
2001	1 531,2	1 120,4	410,9	73,2	26,8
2002	1 559,5	1 131,5	428,1	72,6	27,5

1) Ab 1995 einschließlich neuer Bundesländer. Ermittlung der Zahlen ab 1995 nach Europäischem System Volkswirtschaftlicher Gesamtrechnungen (ESVG 95). – 2) Bis 1990 Bruttoeinkommen aus unselbstständiger Arbeit. – 3) Bis 1990 Bruttoeinkommen aus Unternehmertätigkeit und Vermögen.

weil eine Person aus mehr als einem Produktionsfaktor Einkommen beziehen kann (**Querverteilung**). Außerdem sind die aus der Einkommensteuerstatistik zu entnehmenden Angaben über Unternehmens- und Vermögenseinkommen wegen der Beeinflussbarkeit der Gewinnhöhe, Variationen der Abschreibungen usw. nur bedingt zuverlässig. Wenn man solche Ungenauigkeit vernachlässigt, kann man sagen, dass die funktionelle E. in den beiden E.-Quoten, der Lohnquote (Anteil der Arbeitnehmerentgelte am Volkseinkommen) und der Gewinnquote (Anteil der Unternehmens- und Vermögenseinkommen am Volkseinkommen), zum Ausdruck kommt. Weitere Merkmale, nach denen eine E. vorgenommen werden kann, sind z. B. Wirtschaftsbereiche (sektorale E.), Regionen (regionale E.) und Generationen (intertemporale E.). Die internat. E. meint die Verteilung des Weltnationaleinkommens auf versch. Länder oder Ländergruppen.
Die E. als grundlegender Bestimmungsfaktor für Armut und Reichtum ist ein Kernproblem der Volkswirtschaftslehre und Grundlage vielfältiger wirtschafts- und sozialpolit. Fragestellungen. Mit der volkswirtsch. Erklärung der E. befasst sich die **Distributionstheorie** oder **Verteilungstheorie**. Hierbei wird zw. ökonom. (»Markt«-)Theorien und Machttheorien unterschieden. Nach den Machttheorien wird die E. nicht durch ökonom. Gesetzmäßigkeiten, sondern primär durch außerökonom. Macht der versch. gesellschaftl.

Gruppen bestimmt. Vorherrschende wirtschaftswiss. Ansicht ist jedoch, dass prinzipiell die wirtsch. Gesetzmäßigkeiten die E. bestimmen, wobei außerökonom. Machteinflüsse von manchen Ökonomen allerdings nicht ausgeschlossen werden. Die Klassiker der Wirtschaftstheorie (z. B. D. Ricardo und K. Marx) betrachteten die E. als ein Markt- und Preisproblem, gelangten aber zu keiner einheitl. Theorie. Nach Ricardo ist der natürl. Arbeitslohn gleich den Reproduktionskosten der Arbeit (Existenzminimum des Lohnes). Daran anknüpfend geht Marx von der Existenz einer besitzlosen Arbeiter- und einer besitzenden Kapitalistenklasse (Mehrwerttheorie) aus. Die Kapitalisten verfügen über das konstante Kapital (die produzierten Produktionsmittel) und kombinieren es mit dem variablen Kapital, d. h. der Arbeit. Die marxsche E. gehört zu den Klassen- und Monopolgradtheorien, die den Profit entweder als Abzug vom natürl. Lohn oder als Aufschlag auf den natürl. Preis zu erklären suchen. Andere Lösungsvorschläge bietet die von J. H. von Thünen und John Bates Clark (* 1847, † 1938) entwickelte Grenzproduktivitätstheorie der E. an. Die neuere Theorie der E. ist durch eine Reihe unterschiedl. Forschungsansätze gekennzeichnet: die soziolog. Richtung in Frankreich, die Monopolgradtheorien (Michał Kalecki, * 1899, † 1970, E. Preiser), die kreislauftheoret. Ansätze (N. Kaldor) sowie Versuche, versch. Ansätze miteinander zu verbinden. Für die

Einlauf EIN

personelle E. sieht M. Friedman die höhere Risikobereitschaft der Selbstständigen bzw. Unternehmer als Ursache für deren gegenüber abhängig Beschäftigten höheres Einkommen.
📖 *Külp, B.: Verteilung. Theorie u. Politik.* Stuttgart u. a. ³1994. – *Zimmermann, H.: Wohlfahrtsstaat zw. Wachstum u. Verteilung.* München 1996. – *Linde, R.: Allokation, Wettbewerb u. Verteilung.* Lüneburg 1999. – *Koch, C.: Wachstum u. E.* St. Gallen 1999. – *Dietrich, F.: Dimensionen der Verteilungsgerechtigkeit.* Stuttgart 2001. – *Zur Theorie, Empirie u. Politik der E.,* hg. v. *L. Menkhoff u. F. L. Sell.* Berlin u. a. 2002.

Einkorn (Triticum monococcum), Weizenart mit meist einkörnigen Ährchen, in Vorderasien, Armenien und auf der Balkanhalbinsel.

Einkristall, Kristall, dessen atomare Bausteine ein einziges homogenes Kristallgitter bilden, im Ggs. zu polykristallinen Aggregaten; Verwendung v. a. in der Halbleitertechnologie und Mikroelektronik.

Einkünfte, ↑ Einkommensteuer.

Einlagefazilität, geldpolit. Instrument der Europ. Zentralbank (EZB), das – als »ständige Fazilität« – den Geschäftsbanken die Möglichkeit bietet, jederzeit in i. d. R. unbegrenztem Umfang Liquiditätsüberschüsse kurzfristig (bis zum nächsten Geschäftstag) zu einem vorgegebenen Zinssatz (Einlagesatz) bei den nat. Zentralbanken anzulegen (Übernachtguthaben). Der vom EZB-Rat jederzeit änderbare Einlagesatz für die E. markiert die Untergrenze für den Tagesgeldsatz des Interbankengeldmarktes.

Einlagen, 1) *Bankwesen:* Geldbeträge, die die Wirtschaftssubjekte den Banken i. d. R. gegen Zinsen zur Verfügung stellen **(Depositen). Sicht-E.** (täglich fällige Gelder) dienen dem bargeldlosen Zahlungsverkehr, werden niedrig oder nicht verzinst und als Buch- oder Giralgeld bezeichnet; **Termin-E.** sind verzinsl. Einlagen mit fester Laufzeit (Festgelder) oder mit vereinbarter Kündigungsfrist (Kündigungsgelder), die nicht dem Zahlungsverkehr dienen. **Spar-E.** sind unbefristete, nicht dem Zahlungsverkehr dienende Geldanlagen mit vereinbarter Kündigungsfrist.
2) *Recht:* in Geld oder sonstigen Vermögenswerten bestehender Beitrag eines Gesellschafters (Aktionär, Genosse) zur Ausstattung der Gesellschaft mit Kapital; wird Teil des Gesellschaftsvermögens.

Einlagensicherung, Absicherung von Anlegern gegen Verluste für den Fall, dass ihre Bank in wirtsch. Schwierigkeiten gerät. In Dtl. werden die E.-Systeme von den Spitzenverbänden der Kreditwirtschaft getragen und durch Einzahlungen ihrer Mitgliedsinstitute finanziert, wobei das System der Sparkassen und Kreditgenossenschaften auf Institutssicherung (indirekter Einlegerschutz) ausgerichtet ist, während der E.-Fonds der privaten Banken die Einlagen der Gläubiger unmittelbar sichert. Die nicht einklagbare Garantie umfasst Einlagen bis zu einer Obergrenze je Gläubiger von 30 % des haftenden Eigenkapitals des betreffenden Kreditinstituts. Das am 1. 8. 1998 in Umsetzung der E.-Richtlinie der EG in Kraft getretene E.- und Anlegerentschädigungsgesetz sieht zusätzl., von der Kreditanstalt für Wiederaufbau verwaltete Entschädigungseinrichtungen mit Pflichtmitgliedschaft der Kredit- und Finanzdienstleistungsinstitute vor, gegenüber denen Entschädigungsansprüche der Gläubiger in Höhe von 90 % der Einlagen und Verbindlichkeiten aus Wertpapiergeschäften (maximal 20 000 €) geltend gemacht werden können.

Einlagerungsverbindungen (interstitielle Verbindungen), nichtstöchiometrische chem. Verbindungen, bei denen kleinere Atome auf Zwischengitterplätzen oder in Lücken des Kristallgitters eingelagert werden, z. B. Fe_3C.

Einlassung, *Zivilprozess:* die auf Abweisung der Klage zielende Stellungnahme des Beklagten zur Sache in der mündl. Verhandlung. Die E. ist von der (prozessvorbereitenden) Klageerwiderung zu unterscheiden. Lässt sich der Beklagte auf die Sache ein, kann er bestimmte prozessuale Handlungen nicht mehr vornehmen (z. B. die Unzuständigkeit des Gerichts rügen).

Einlassungsfrist, *Zivilrecht:* Mindestfrist zw. Zustellung der Klageschrift und mündl. Verhandlung, die der Vorbereitung des Beklagten auf die Verhandlung dient. Die E. beträgt grundsätzlich zwei Wochen, sie kann jedoch in bestimmten Fällen auf Antrag abgekürzt werden.

Einlauf, 1) *Medizin:* (Darmspülung, Klistier, Klysma), das Einbringen von Flüssigkeit in den Mastdarm; Anregung der Darmentleerung.

2) *Sport:* das Überqueren der Ziellinie in Geschwindigkeitswettbewerben, auch die Reihenfolge im Ziel.

Einlaufen, 1) *Maschinenbau:* Beseitigung der Rauigkeiten neu gefertigter Gleitelemente (Lager, Kolben) während des Laufs (möglichst ohne Volllast), bis ihre Gleitflächen einwandfrei aufeinander laufen.
2) *Textilwesen:* das Schrumpfen von Textilien bei Feuchtigkeitseinwirkung.

Einlegearbeit, Flächenverzierung durch Einlagen aus andersfarbigem gleichem oder ähnl. Material in Holz (↑Intarsien), Stein (↑Pietra dura), Metall (↑Tauschierung), Leder (↑Lederarbeiten).

Einliegerwohnung, abgeschlossene oder nicht abgeschlossene zweite Wohnung von untergeordneter Bedeutung in einem vom Vermieter selbst bewohnten Gebäude. Der Kündigungsschutz für Mieter von E. ist eingeschränkt (§ 573 a BGB).

Einmaleins, Zusammenstellung aller Produkte von je zwei natürl. Zahlen unter 10 **(kleines E.)** oder unter 20 **(großes E.).**

Einmalzahlungen, *Arbeitsrecht:* Zuwendungen des Arbeitgebers, die dem Arbeitsentgelt zuzurechnen sind und nicht für die Arbeit in einem einzelnen Entgeltabrechnungszeitraum gezahlt werden (z. B. Weihnachts-, Urlaubsgeld, Urlaubsabgeltung, Tantiemen, Gratifikationen u. Ä.). E. unterliegen der Beitragspflicht zur Sozialversicherung, soweit sie zusammen mit dem laufenden Entgelt die Beitragsbemessungsgrenze nicht übersteigen, und sind bei der Berechnung von Lohnersatzleistungen (z. B. von Arbeitslosen- und Krankengeld) zu berücksichtigen.

Einmanngesellschaft, Kapitalgesellschaft, deren Anteile in einer Hand vereinigt sind; meist GmbH.

Einnahmen, 1) *Rechnungswesen:* Zahlungseingänge (bar, per Scheck, Überweisung), die ein Wirtschaftssubjekt von anderen erhält.
2) *Steuerrecht:* alle geldwerten Güter (auch so genannte geldwerte Vorteile, z. B. berufsbedingte Rabatte), die dem Steuerpflichtigen bei den »Überschusseinkünften« aus nicht selbstständiger Arbeit, Kapitalvermögen, Verpachtung, Vermietung und sonstigen Einkünften (↑Einkommensteuer) zufließen.

Einnistung, ↑Nidation.

Einöde [ahd. einoti »Einsamkeit«], einsames, unbewohntes Land.

Einödhof, einzeln gelegener Bauernhof mit Einödflur (Blockflur). Die Siedlungsart entstand durch ↑Vereinödung.

Einparkhilfen, elektron. Systeme, die den Fahrer von Personenkraftwagen beim Einparken entlasten sollen und dadurch die Sicherheit erhöhen; z. B. die Systeme Park Distance Control (PDC) und Parktronik, die in ihren Funktionen übereinstimmen: Sensoren im vorderen und im hinteren Stoßdämpfer senden Ultraschallsignale aus **(Echolot-Parksystem),** die an Hindernissen reflektiert, von den Sensoren wieder aufgenommen und in einem Steuergerät in akustische oder visuelle Warnsignale umgesetzt werden.

Einparteiensystem, ein polit. System, meist eine Diktatur, das nur eine Partei als Zentrum der polit. Willensbildung anerkennt. (↑Partei)

Einpeitscher (engl. Whip), im brit. Unterhaus der von einer Partei gewählte Abg., der u. a. bei wichtigen Abstimmungen für die Anwesenheit der Mitgl. seiner Fraktion sorgt.

Einpflanzung, *Medizin:* ↑Implantation.

Einphasenstrom, ein ↑Wechselstrom mit nur einer Phase im Ggs. zum Dreiphasenstrom (↑Drehstrom) unter Verwendung eines spannungsführenden Leiters und des Neutralleiters (z. B. Oberleitung und Schiene für Bahnstrom).

Einräumungssatz, andere Bez. für den ↑Konzessivsatz (↑Syntax, Übersicht).

Einrede, *Zivilrecht:* das Geltendmachen von Umständen, die ein Recht zur Verweigerung einer geschuldeten Leistung geben. Die E. ist rechtshemmend **(dilatorisch),** wenn sie dem erhobenen Anspruch nur zeitweilig entgegensteht (z. B. Stundung), oder rechtsausschließend **(peremptorisch),** wenn sie die Durchsetzung des Anspruchs für dauernd ausschließt (z. B. Verjährung). E. sind im Prozess nur zu berücksichtigen, wenn der Berechtigte sich auf sie beruft.

Eins, *Mathematik:* das ↑Einselement.

Einsatzgruppen, Sonderkommandos unter Leitung der SS im Zweiten Weltkrieg. Sie hatten den Befehl, im Hinterland der besetzten Ostgebiete die kommunist. Führungsschicht (↑Kommissarbefehl), Partisanen, Juden und Roma zu ermorden. Vorformen der E. kamen bereits beim Anschluss Österreichs ans nat.-soz. Dtl. (1938), bei der Annexion der Tschechoslo-

Einschlusskörperchen EIN

Einschienenbahn in Sydney

wakei (1938/39) sowie beim Angriff auf Polen (1939) zum Einsatz; zu Beginn des Überfalls auf die UdSSR 1941 als »E. der Sicherheitspolizei und des SD« neu gebildet. Die Zahl der von ihnen Ermordeten schätzt man auf ca. 2 Mio. Im Rahmen der Nürnberger Prozesse wurden die Verantwortlichen verurteilt.
📖 *Anatomie des SS-Staates, Beiträge v. H. Buchheim u. a. Neuausg. München* ^{6}*1994. – Ogorreck, R.: Die E. u. die »Genesis der Endlösung«. Berlin 1996.*
Einsatzhärten, ↑Härten.
Einsatzreserve, *Militärwesen:* in Dtl. Bez. für Reservisten, die nach ihrem Wehrdienst freiwillig Wehrübungen ableisten (mindestens 72 Tage innerhalb von drei Jahren).
Einsäuerung, ↑Gärfutter.
Einschaltquote, Zahl der Empfangsgeräte, die für eine bestimmte Sendung eingeschaltet werden, im Verhältnis zur Gesamtzahl der Hörfunk- oder Fernsehteilnehmer; wird ermittelt durch Umfragen sowie durch in ausgewählten Haushalten installierte Geräte.
Einschienenbahn, spurgeführte Eisenbahn mit nur einer Fahrschiene zum Tragen und Führen der Fahrzeuge. Entweder hängt das Fahrzeug unter dem Tragbalken und wird durch Laufwerke auf der Schiene angetrieben (**Hängebahn,** umgangssprachlich: Schwebebahn, z. B. in Wuppertal seit 1901), oder das Fahrzeug sitzt sattelförmig auf einem Tragbalken mit Schiene, läuft auf den Triebrädern und hat seitl. Führungsräder (**Sattelbahn**). Zu ih-

nen zählt die **ALWEG-Bahn** (nach dem schwed. Industriellen Axel Lenhart Wenner-Gren). (↑Magnetschwebebahn)
Einschießen, *Waffentechnik:* das Einrichten einer Waffe auf ein Ziel. Dazu werden mehrere Einzelschüsse auf einen Punkt abgefeuert, die Treffpunktlage beobachtet und die Einstellung von Kimme und Korn, bzw. bei Geschützen Seitenrichtung und Rohrerhöhung, entsprechend korrigiert.
Einschlafen der Glieder, *Medizin:* ↑Parästhesie.
Einschlag, 1) *Forstwesen:* die Menge der gefällten Bäume.
2) *Gartenbau:* vorläufiges Einpflanzen von Gehölzen und Stauden in dichten Reihen, um die Wurzeln vor Frost und Austrocknen zu schützen.
Einschließung, 1) *Strafrecht:* war früher Form einer nicht entehrenden Freiheitsstrafe von einem Tag bis zu 15 Jahren, 1970 aufgehoben. In der *Schweiz* Freiheitsstrafe von einem Tag bis zu einem Jahr für jugendl. Rechtsbrecher.
2) *Umwelttechnik:* die ↑Einkapselung.
Einschluss, 1) *Petrologie:* in ein Mineral oder ein Gestein eingeschlossener andersartiger Bestandteil (Gasblasen, Flüssigkeiten oder feste Substanzen).
2) *Werkstoffkunde:* unerwünschter, meist nichtmetall. Stoff in metall. Werkstoffen, der bei der Herstellung und Verarbeitung (z. B. Gießen) in den Werkstoff gelangt. E. können das Festigkeitsverhalten von Bauteilen beeinträchtigen.
Einschlusskörperchen, *Zytologie:* licht-

EIN Einschlussverbindungen

Einsiedeln: Kloster (1704–18) und Klosterkirche (1719–35)

mikroskopisch sichtbare Teilchen, die bei vielen virusbedingten Krankheiten im Zellleib und/oder Zellkern gebildet werden; sie bestehen aus zellulären Reaktionsprodukten und Viren.
Einschlussverbindungen, *Chemie:* Verbindungen, bei denen eine Wirtskomponente (z. B. Zeolithe) in Hohlräumen ihres Kristallgitters eine Gastkomponente aufnimmt. Sind die Hohlräume käfigartig, spricht man von **Clathraten** (z. B. Edelgase in Eiskristallen).
Einschmelzung, *Medizin:* Form des Gewebeuntergangs (Nekrose) durch zersetzende Enzyme, v. a. bei Infektionen durch Bakterien **(eitrige E.)** oder Mykobakterien **(käsige E.)** bei Tuberkulose. Eine abgekapselte, eitrige E. heißt Abszess.
Einschnitt, *Tiefbau:* das Ausschachten des Bodens für einen Verkehrsweg, der z. T. oder ganz unter der Geländeoberfläche liegt.
Einschreiben, Bez. für eine besondere Versendungsform für Briefe, Postkarten und Blindensendungen gegen ein zusätzl. Entgelt. Dabei unterscheidet man zw. **Einwurf-** und **Übergabe-E.,** wobei Letzteres nur gegen Unterschrift ausgehändigt wird.
Einschreibung, die ↑Immatrikulation.
Einschuss, *Börsenwesen:* 1) Geldbetrag, den der Kunde seiner Bank zahlen muss, wenn er sie beauftragt, für ihn Effekten zu kaufen, ohne sofort den vollen Kaufpreis bereitstellen zu können; 2) bei Termingeschäften übl. Anzahlung, die bei Abschluss eines Terminkontrakts zu entrichten ist, um die Erfüllung sicherzustellen (i. d. R. 2–7 % des Kontraktvolumens).
Eins|element (Eins), das ↑neutrale Element einer algebraischen Struktur, das bei Verknüpfung mit jedem Element a dieser Struktur wieder a ergibt; bei Gruppen auch als **Einheit** bezeichnet; im Ring der ganzen Zahlen ist die 1 das E. bezüglich der Multiplikation ($a \cdot 1 = a$), das E. bezüglich der Addition ist die 0 ($a + 0 = a$).
einsenken, ein Formwerkzeug (Einsenkstempel) in ein Werkstück eindrücken, um eine genaue Innenform, z. B. für Kunststoffformen und Umformwerkzeuge, zu erzeugen.
Einsicht, Erkenntnis eines Problemzusammenhangs, bes. wenn sie durch unmittelbare Anschauung oder unmittelbares Verstehen eines Sachverhaltes aus dessen Struktur gewonnen wird.
Einsiedeln, Wallfahrtsort im Kanton Schwyz, Schweiz, 882–902 m ü. M., in einem Hochtal beim Sihlsee (Staukraftwerk), 12 000 Ew.; graf., Holz verarbeitende und elektromechan. Industrie. – Die Benediktinerabtei **Maria E.** wurde 934 über der Zelle des 861 ermordeten Einsiedlers Meinrad gegründet, wurde 1518 exemte Abtei (vorher kirchlich dem Bistum Konstanz unterstehend) und ist seit 1907 Gebietsabtei (↑Abt). Das Kloster in seiner jetzigen Gestalt ist 1704–18 im Barockstil

Einspritzpumpe EIN

nach Plänen von K. Moosbrugger erbaut worden, die Klosterkirche (1719–35) besteht aus drei Zentralräumen mit Stuckaturen und Malereien, die u. a. von den Brüdern Asam stammen, mehreren Kapellen, darunter die 1815–17 umgestaltete Gnadenkapelle; Bibliothek mit Handschriftensammlung.

Einsiedler, ↑ Eremit.

Einsiedlerkrebse (Paguroidea), Überfamilie der Zehnfüßigen Krebse (Decapoda), die meist leere Schneckengehäuse bewohnen; ihr weichhäutiger Hinterleib steckt im Schalenhohlraum. Häufig ist das Gehäuse mit einem Kieselschwamm überzogen. Manche E. leben in Symbiose mit Seeanemonen, die an den Mahlzeiten der Aas fressenden Krebse teilnehmen und diese durch ihre nesselnden Tentakel vor Angreifern schützen. Der wachsende E. überträgt »seine« Seeanemone auf ein größeres Gehäuse. In der Nordsee lebt der **Bernhardskrebs** (Eremit, Pagurus bernardus), im Pazifik der bis 30 cm lange **Palmendieb** (Beutelkrebs, Diebskrabbe, Birgus latro), der neben Aas und Landkrabben auch Palmenfrüchte verzehrt; er atmet durch lungenartig entwickelte Kiemen.

Einsiedlerorden, nicht offizielle Bez. für Orden, die entweder aus Einsiedlervereinigungen hervorgegangen sind und später klösterl. Gemeinschaft aufgenommen haben (z. B. die Augustinereremiten) oder deren Mitgl. in einzelnen Klausen innerhalb eines Klosters wohnen (z. B. ↑ Kartäuser und ↑ Kamaldulenser). Außerdem gab es seit dem MA. zahlr. Einsiedlervereinigungen von Laienbrüdern, in Dtl. die Freisinger Eremiten-Kongregation (1686–1804); sie lebte als Verbrüderung der Eremiten vom Dritten Orden des hl. Franziskus 1843 wieder auf.

Einsitzer, *Sport:* a) Flugsport: Motor- oder Segelflugzeug für nur einen Insassen (den Piloten); b) Rennrodeln: einsitziger Rennschlitten.

einsömmrige Fische, Fische nach dem ersten Lebenssommer; sie dienen oft als Setzlinge.

Einsprache, schweizer. Bez. für einen Rechtsbehelf gegen eine verwaltungsbehördl. Verfügung. Die E. kann nur ergriffen werden, wenn ein Gesetz dies ausdrücklich vorsieht. Im Ggs. zum Beschwerdeverfahren entscheidet die verfügende Behörde und nicht eine übergeordnete Instanz über die Einsprache.

Einsprengling, größerer Einzelkristall in dichter oder feinkörniger Grundmasse von magmat. Gesteinen.

Einspritzdüse, Vorrichtung an Ottomotoren mit Benzineinspritzung und an Dieselmotoren, die dazu dient, den von einer Pumpe (z. B. ↑ Einspritzpumpe) unter Druck geförderten Kraftstoff einzuspritzen bzw. zu zerstäuben. Bei Ottomotoren erfolgt dies meist in der Ansaugleitung (↑ Benzineinspritzung), bei Dieselmotoren direkt im Brennraum. Die meisten E. haben eine federbelastete Düsennadel, die bei Förderbeginn durch den Flüssigkeitsdruck (Dieselmotoren) oder durch eine elektromechan. Steuerung (Ottomotoren) angehoben wird und die Einspritzöffnung freigibt.

Einspritzmotor, Ottomotor, bei dem die Herstellung eines zündfähigen Kraftstoff-Luft-Gemisches nicht durch einen Vergaser, sondern durch ↑ Benzineinspritzung erfolgt.

Einsiedlerkrebse: Bernhardskrebs

Einspritzpumpe, Kolbenpumpe zur Förderung des von einer besonderen Kraftstoffpumpe angelieferten Kraftstoffs zur Einspritzdüse sowie zur Dosierung der Kraftstoffmenge entsprechend der Motorbelastung und der geforderten Drehzahl. Zum Niederdruckteil gehören Kraftstoffbehälter, -filter, Förderpumpe (z. B. Flügelzellenpumpe) und die Kraftstoffzuleitungen. Im Hochdruckteil wird der zum Einspritzen benötigte Kraftstoffdruck erzeugt. Der Kraftstoff wird hierbei über das Druckventil zur Einspritzdüse gefördert. Nach der Bauart unterscheidet man Verteilerpumpen (bei denen ein zentraler Kolben [Verteilerkolben], der über eine Hubscheibe angetrieben wird, die Druckerzeugung und Verteilung auf die einzelnen Zylinder übernimmt; ein Regelschieber dosiert die Einspritzmenge), Reihenpumpen (mehrere Pumpenelemente entsprechend der Anzahl der Zylinder) und Pumpe-Düse-Systeme für kleine, schnelle Direkteinspritzmotoren.

Einspritzung, *Medizin:* die ↑Injektion.

Einspruch, fristgebundener Rechtsbehelf, der auf Änderung einer ergangenen gerichtl. oder anderen Entscheidung zielt und zunächst zur Nachprüfung der Entscheidung oder Maßnahme durch die Stelle führt, gegen die sich der E. richtet. Der E. ist v. a. gegeben: 1) im Zivilprozess gegen Versäumnisurteile und Vollstreckungsbescheide; 2) im Strafprozess gegen Strafbefehle; 3) im Bußgeldverfahren gegen den Bußgeldbescheid; 4) im Steuerrecht gegen Bescheide der Finanzbehörden. Im Verfassungsrecht ↑Einspruchsgesetze.

Einspruchsgesetze, Bundes-Ges., die im Ggs. zu den sog. Zustimmungs-Ges. nicht der Zustimmung des Bundesrates bedürfen, gegen die dieser jedoch Einspruch einlegen kann (↑Gesetzgebungsverfahren).

Einstand (Deuce), *Tennis:* das Gleichziehen im Punktstand (»40 beide«), ebenso wenn nach Vorteil (↑Advantage) wieder ausgeglichen wurde.

Einstandspreis, Einkaufspreis zuzüglich aller direkt zurechenbaren Beschaffungskosten (Fracht, Versicherung, Zoll u. a.) abzüglich gewährter Nachlässe (Rabatt, Skonto).

Einstein, 1) Albert, Physiker, * Ulm 14. 3. 1879, † Princeton (N. J.) 18. 4. 1955, Vetter von 2); Prof. in Zürich und Prag, 1914–33 Leiter des Kaiser-Wilhelm-Instituts für Physik in Berlin. 1933 veranlassten ihn die nat.-soz. Angriffe aufgrund seiner jüd. Abkunft zum Verzicht auf seine akadem. Ämter in Dtl., emigrierte in die USA, dort (bis zu seinem Tod) Prof. in Princeton. E. entwickelte um 1905 die spezielle, 1915 die allgemeine ↑Relativitätstheorie, die die moderne Physik auf neue Grundlagen stellten; 1905 formulierte er eine Theorie der brownschen Bewegung, 1907 eine Theorie der spezif. Wärme fester Körper. Seine Erklärung des äußeren Photoeffekts (1905; 1921 Nobelpreis für Physik) mithilfe der Lichtquantenhypothese trug zur Anerkennung der Quantentheorie bei, obwohl E. die statist. Interpretation der Quantenmechanik nie akzeptierte. Seine Arbeiten nach dem Ersten Weltkrieg galten der allgemeinen Relativitätstheorie, insbesondere einer Theorie der ↑Gravitation und einer einheitl. ↑Feldtheorie. Mit einem Brief an Präs. Roosevelt (1939) gab E., ein überzeugter Pazifist, aus Furcht vor einer dt. Aggression zus. mit anderen den Anstoß zum Bau der Atombombe; nach 1945 setzte er sich nachhaltig für den Abbau von Kernwaffen ein.

Albert Einstein

Werke: Die Grundlage der allg. Relativitätstheorie (1916); Über die spezielle und allgemeine Relativitätstheorie (1917); Mein Weltbild (1934); Die Evolution in der Physik (1950, mit L. Infeld); Lebenserinnerungen (1952).

□ *Kanitscheider, B.:* Das Weltbild A. E.s. München 1989. – *Fölsing, A.:* A. E. Eine Biographie. Frankfurt am Main 1995. – *Wickert, J.:* A. E. Reinbek ¹⁹1995. – *Highfield, R. u. Carter, P.:* Die geheimen Leben des A. E.s. Eine Biographie. A. d. Engl. München 1996. – *Hermann, A.:* E. Der Weltweise u. sein Jh. München ²1996. – *Pais, A.:* »Raffiniert ist der Herrgott ...«. A. E., eine wiss. Biographie. A. d. Engl. Heidelberg u. a. 2000.

2) Alfred, Musikforscher und Musikkritiker, * München 30. 12. 1880, † El Cerrito (Calif.) 13. 2. 1952, Vetter von 1); emi-

grierte 1933, lebte ab 1939 in den USA; Verfasser histor. und biograf. Werke, auch Herausgeber (u. a. 9.-11. Aufl. des »Riemann Musiklexikons«, 1919-29).
3) Carl, Kunsthistoriker und Schriftsteller, *Neuwied 26. 4. 1885, †(Selbstmord) Lestelle-Bétharram (bei Pau) 5. 7. 1940. Sein grotesker Roman »Bebuquin« (1912) wirkte auf den Dadaismus. E. war ein Kenner der expressionist. und afrikan. Kunst; er verfasste auch einflussreiche kunsthistor. Arbeiten, u. a. »Negerplastik« (1915).
Einstein-de-Haas-Effekt, 1915 von Albert Einstein und dem niederländ. Physiker W. J. de Haas (*1878, †1960) nachgewiesener ↑gyromagnetischer Effekt, bei dem ein frei aufgehängter Eisenstab durch plötzl. Magnetisierung in Rotation versetzt wird.
Einsteinium [nach Albert Einstein] *das,* Symbol **Es,** nur künstlich herstellbares radioaktives Element aus der Reihe der ↑Transurane, Ordnungszahl 99, Isotope mit Massenzahlen von 243 bis 256. Die längste Halbwertszeit (1,29 Jahre) besitzt der Alphastrahler ^{252}Es. E. wurde 1952 in den Reaktionsprodukten der ersten Wasserstoffbombe entdeckt; chemisch ähnelt es den dreiwertigen ↑Actinoiden.
einsteinsches Gesetz [nach Albert Einstein], **1)** (e. G. über die Äquivalenz von Masse und Energie), ↑Äquivalenz.
2) (Einstein-Gleichung), Beziehung zw. der Frequenz v einer elektromagnet. Welle (z. B. Licht) und der Energie W der zugeordneten Teilchen (Photonen) $W = h \cdot v$ (h plancksches Wirkungsquantum).
Einsteinturm [nach Albert Einstein], Turmteleskop zur Sonnenbeobachtung auf dem Gelände des Astrophysikal. Instituts in Potsdam. Der 1920/21 errichtete frühexpressionist. Bau von E. Mendelsohn greift Anregungen des Jugendstils auf.
Einstellung, 1) *Arbeitsrecht:* die arbeitsvertragl. Begründung eines Arbeits- oder Ausbildungsverhältnisses.
2) *Fernsehen, Film:* Phasenbildfolge bei der Dreharbeit, bestimmt durch die Optik und die Entfernung der Kamera von der aufgenommenen Szene. Die sieben gebräuchl. E. sind **Totale, Halbtotale, Amerikanisch, Halbnah-, Nah-, Groß-** und **Detailaufnahme.** Die Übergänge von einer E. zur nächsten erfolgen durch Überblendung oder Schnitt.
3) *Prozessrecht:* die Beendigung eines Verfahrens i. d. R. ohne Urteil. Die strafprozessuale E. steht im Ermittlungsverfahren der Staatsanwaltschaft zu, wenn die Ermittlungen keinen genügenden Anlass zur Erhebung der öffentl. Anklage gegeben haben. Möglich ist ferner die E. des Verfahrens bei geringer Schuld, verknüpft mit Auflagen und Weisungen (§§ 153a StPO). Nach Eröffnung des Hauptverfahrens ist die gerichtl. E. auszusprechen, wenn ein ↑Verfahrenshindernis besteht (§§ 206a, b, 260 Abs. 3 StPO).
4) *Psychologie, Soziologie:* durch frühere Erfahrungen und kulturelle, milieubedingte, erzieher. Einflüsse herausgebildete verinnerlichte Haltung gegenüber allen sozialen, psych., kognitiven, normativen u. a. Phänomenen, die auf das Verhalten und Handeln einwirkt.
Einstellungszuschuss, finanzielle Leistung, die die Bundesagentur für Arbeit einem Arbeitgeber befristet gewähren kann, der vor nicht mehr als zwei Jahren eine selbstständige Tätigkeit aufgenommen hat, und einen arbeitslosen förderungsbedürftigen Arbeitnehmer auf einem neu geschaffenen Arbeitsplatz beschäftigt (§§ 225 ff. SGB III).
Einstrahlung, *Meteorologie:* die der Erde von der Sonne zugeführte ↑Strahlung.
Einsturzbeben, *Geologie:* ↑Erdbeben.
einstweilige Anordnung, Entscheidung eines Gerichts, mit der vor Abschluss des Verfahrens vorläufiger Rechtsschutz gewährt wird, z. B. in Verfahren vor dem Bundesverfassungsgericht, in Ehesachen. Durch A. soll vermieden werden, dass noch angreifbare Entscheidungen bereits vollstreckt werden. – Die e. A. des Verwaltungsprozesses entspricht der Sache nach der ↑einstweiligen Verfügung.
einstweilige Unterbringung, an die Stelle eines Haftbefehls tretende Entscheidung (Unterbringungsbefehl) eines Strafgerichts, einen dringend Tatverdächtigen bereits vor seiner Aburteilung in eine psychiatr. Klinik oder eine Entziehungsanstalt einzuweisen, wenn mit großer Wahrscheinlichkeit zu erwarten ist, dass seine ↑Unterbringung im Strafurteil verfügt werden wird und dies die öffentl. Sicherheit erfordert.
einstweilige Verfügung, *Zivilprozessrecht:* vorläufige Anordnung eines Gerichts zur Sicherung (nicht Erfüllung) eines Rechtsanspruchs oder des Rechtsfrie-

EIN Eintafelprojektion

dens (§§ 935ff. ZPO); wird im Eilverfahren ähnlich dem ↑Arrest beantragt. Die e.V. wird erlassen, wenn ein Verfügungsanspruch (z.B. ein Herausgabeanspruch) und ein Verfügungsgrund (die Befürchtung, der Anspruch werde durch Veränderung des Zustandes vereitelt oder gefährdet) bestehen. Man unterscheidet die **Sicherungsverfügung** zur Sicherung eines nicht auf Geld lautenden Anspruchs (z.B. Herausgabe einer Sache), die **Regelungsverfügung** zur vorläufigen Sicherung des Rechtsfriedens (durch einstweilige Regelung eines streitigen Rechtsverhältnisses) und die **Leistungsverfügung** zur sofortigen Erwirkung von Leistungen (z.B. Unterhalt). – Die Rechtslage in *Österreich* und der *Schweiz* (hier spricht man auch von »vorsorgl. Maßnahmen«) ist ähnlich.

Eintafelprojektion, senkrechte Parallelprojektion auf nur eine Projektionsebene.

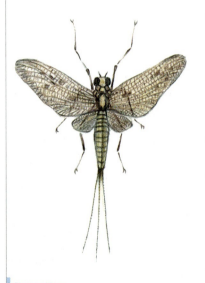

Eintagsfliege

Eintagsfliegen (Hafte, Ephemeroptera), Ordnung der Insekten, die im ausgebildeten Zustand sehr zart und nicht fressfähig sind, sich nur begatten und höchstens wenige Tage leben. Die Larven sind meist räuber. Wassertiere; mitteleurop. Arten: die ohne Schwanzborsten fast 2 cm lange **Gemeine E.** (Ephemera vulgata), **Ufer-** **aas** (Polymitarcis virgo) und die mit Schwanzborsten fast 10 cm lange **Theißblüte** (Palingenia longicauda).

Einthoven [ˈɛjnthovə], Willem, niederländ. Physiologe, *Semarang (Java) 21.5. 1860, † Leiden 29.9.1927; entwickelte u.a. die Grundlagen für die Elektrokardiographie und erhielt hierfür 1924 den Nobelpreis für Physiologie oder Medizin.

Eintragung, die Verlautbarung rechtserhebl. Tatsachen in öffentl. Registern (z.B. Grundbuch).

Eintrittspupille, Blende, die den in ein opt. System eintretenden Strahlenkegel begrenzt (↑Apertur); entsprechend ist die **Austrittspupille** für austretende Strahlen definiert.

Eintrittsrecht, das gesetzlich verfügte Recht der vorgesetzten Behörde, Angelegenheiten, für welche die nachgeordnete Behörde zuständig ist, an sich zu ziehen und anstelle der nachgeordneten Behörde zu entscheiden.

Einundzwanzig-Zentimeter-Linie (21-cm-Linie), im Radiofrequenzbereich bei der Wellenlänge von 21,11 cm liegende Spektrallinie des neutralen Wasserstoffatoms im Grundzustand; sie wird bes. von Wasserstoff in den kühleren Bereichen der interstellaren Materie emittiert oder absorbiert.

Einung, im MA. die beschworene Vereinbarung, bes. Bündnis und Vertrag unter Standesgenossen; auch der durch E. begründete Verband (z.B. Zünfte).

Einverleibung, ↑Annexion.

Einwanderung (Immigration), der Zuzug in ein anderes Staatsgebiet zum Zweck der ständigen Niederlassung, gewöhnlich mit der Absicht der Einbürgerung. Während die volkswirtsch. Vorteile der E. (Erhöhung des Humankapitals, günstigere Altersstruktur) in Europa seit dem 18. Jh. als vorrangig angesehen wurden und die E. durch die »Peuplierungspolitik« in Form von Zunftzwangbefreiungen, Schutz vor religiöser Verfolgung und steuerl. Entlastung gefördert wurde, versuchen heute viele Staaten, der E. dadurch zu begegnen, dass diese an die Erfüllung bestimmter Auflagen geknüpft wird. Durch Quotierungsregelungen nach sozialen, ethn. oder Bildungskriterien wollen die E.-Länder damit mögl. Nachteilen (soziale Spannungen, Verschiebung der ethn. Zusammensetzung) vorbeugen. Für die Herkunftsländer

Einzelhandel EIN

kann Auswanderung nachteilig sein, wenn für die techn. und wirtsch. Entwicklung wichtige Berufsgruppen keine Perspektive im eigenen Land sehen und auswandern (»Braindrain«). – Deutschen im Sinne des GG ist die E. jederzeit gestattet (Art. 11). Für die E. von ↑Ausländern sind die Vorschriften des Ausländer-Ges. vom 9. 7. 1990 und v. a. die Bestimmungen über die ↑Einbürgerung maßgeblich. Staatsangehörige aus EU-Staaten genießen ↑Niederlassungsfreiheit. ❖ siehe ZEIT Aspekte

Einwegverpackung, Verpackung, die im Unterschied zur Mehrwegverpackung nur einmal verwendet wird und dann als Abfall anfällt, z. B. Flaschen, Gläser, Dosen, Kunststoffbehälter. E. haben inzwischen hohe Marktanteile erreicht. – In der ↑Verpackungsverordnung sind die Verpackungsmengen festgelegt, die einer stoffl. Verwertung zugeführt werden müssen. Da diese für Getränkeverpackungen nicht erfüllt wurden, trat ab dem 1. 1. 2003 die bundesweite Pfandpflicht auf zahlr. E. in Kraft **(Dosenpfand).**

Einwendung, *Zivilrecht:* das Geltendmachen von Umständen, die die Entstehung des behaupteten Rechts hindern **(rechtshindernde E.,** z. B. Geschäftsunfähigkeit) oder das Recht beseitigen **(rechtsvernichtende E.,** z. B. Erfüllung). E. sind im Prozess, im Ggs. zu Einreden, von Amts wegen zu berücksichtigen.

einwertig, *Chemie:* ↑Wertigkeit.

Einwilligung, die vorherige Zustimmung eines Dritten zu einem Rechtsgeschäft, im Unterschied zur nachträgl. Genehmigung. Im *Strafrecht* das Rechtswidrigkeit und Strafbarkeit ausschließende Einverstandensein des Betroffenen mit einer Rechtsverletzung (bes. bei Körperverletzungen).

Einwohner, dauernd in einer Gemeinde Ansässiger, der nicht ↑Staatsbürger zu sein braucht.

Einwohnergleichwert, Abk. **EWG,** Verschmutzungsgrad gewerbl. und industrieller Abwässer, umgerechnet auf den **Einwohnerwert,** der die je Tag und Einwohner im Abwasser enthaltene Menge an organ. Schmutzstoffen angibt.

Einwurf, *Sport:* das Wieder-ins-Spiel-Bringen bes. des im seitl. »Aus« gegangenen Basket-, Fuß- oder Handballs; beim Rugby das Einwerfen des Balles in die »Gasse« oder ins »Gedränge«; beim Eishockey Beginn jedes Spielabschnitts und jede Wiederaufnahme des Spiels nach einem Regelverstoß oder einer Spielunterbrechung, ausgeführt durch einen der Schiedsrichter, der den Puck zw. zwei sich gegenüberstehende Spieler wirft (umgangssprachlich »Bully«).

Einzahl, *Sprache:* ↑Singular.

Einzahlung, Zahlungsmittelbetrag (Bargeld, Sichtguthaben), der einem Wirtschaftssubjekt z. B. aufgrund von Kreditaufnahme oder Verkäufen zufließt.

Einzel, *Sport:* Spielform im Badminton, Squash, Tennis, Tischtennis u. a., bei der zwei Einzelspieler gegeneinander spielen.

Einzelantrieb, elektr. Antriebsform, bei der jede Arbeitsmaschine mit einem eigenen Motor angetrieben wird.

Einzelgrabkultur, nach der herrschenden Bestattungssitte (Einzelgrabanlagen unter Hügeln) benannte Kultur der späten Jungsteinzeit (Mitte des 3. Jt. v. Chr.), bes. in Nord-Dtl., Jütland und S-Skandinavien.

Einzelhaft, die nach § 89 Strafvollzugs-Ges. mögliche Absonderung eines Gefangenen, wenn diese aus Gründen, die in der Person des Gefangenen liegen, unerlässlich ist.

Einzelhandel, Absatz von Gütern an Endverbraucher durch spezielle Handelsbetriebe, die die Waren vom Großhandel oder vom Produzenten beziehen und i. d. R. ohne Be- und Verarbeitung weitergeben. Weitere wichtige Funktionen des E. sind: Warentransport, Lagerhaltung, Sortimentsbildung, Werbung, Verkauf mit persönl. Beratung, Marktforschung, Vorfinanzierung, Kreditierung. Zum E. gehören außer dem Laden und ambulanten Handel auch Versandhandel und Automatenverkauf. Traditionelle Betriebsformen: **Fachgeschäft** (branchenspezif. oder bedarfsgruppenorientiertes Sortiment), **Spezialgeschäft** (bestimmter Sortimentsausschnitt in großer Tiefe), **Waren-** und **Kaufhäuser** (großflächige Mehrbranchengeschäfte), **Discounter** (enges, auf raschen Umschlag ausgerichtetes Sortiment zu niedrig kalkulierten Preisen), **Fachmarkt** (Sortiment aus einem Waren-, Bedarfs- oder Zielgruppenbereich bei tendenziell niedrigem bis mittlerem Preisniveau), **Selbstbedienungswarenhaus** (umfassendes Sortiment, ganz oder überwiegend Selbstbedienung, Dauerniedrig- oder Sonderangebotspreispolitik mit hoher Werbeaktivität). Die Großbetriebe des E.

genießen die Vorteile des Groß-(Gemeinschafts-)Einkaufs, die mittleren und kleineren sind vielfach in Einkaufsgenossenschaften zusammengeschlossen. Der anhaltende Konzentrationsprozess (v. a. im Lebens- und Genussmittelbereich) führt zu immer größeren Unternehmenseinheiten, abnehmender Beschäftigtenzahl, wachsendem Gewicht von Warenhäusern und Filialbetrieben gegenüber kleineren Fachgeschäften, aber auch zu neuen Formen der Kooperation. – Rechtl. Regelungen, die Standort und Entwicklung des E. beeinflussen, sind u. a. Raumordnungs-Ges., Landesplanungs-Ges., ↑Ladenschluss sowie die im Ges. gegen den unlauteren Wettbewerb fixierten Regelungen bezüglich Werbe- und Preiswettbewerb.

📖 *Tietz, B.:* Der Handelsbetrieb. München ²1993. – *Schröder, H.:* Handelsmarketing. Methoden und Instrumente im E. Landsberg/Lech 2001. – *Barth, K.:* Betriebswirtschaftslehre des Handels. Wiesbaden ⁵2002. – *Linz, S.:* Strukturwandel im E. Frankfurt am Main u. a. 2002. – *Müller-Hagedorn, L.:* Handelsmarketing. Stuttgart u. a. ³2002.

Einzelhilfe, ↑Sozialarbeit.

Einzeller, Lebewesen, die im Ggs. zu Mehrzellern nur aus einer Zelle bestehen, z. B. ↑Protozoen, ↑Bakterien, viele Algen und Pilze.

Einzelradaufhängung, bei Pkw übl. Aufhängung der Räder an den Fahrzeugachsen. Die Räder sind dabei, im Ggs. zur Starrachse, unabhängig voneinander beweglich.

Einzelrichter, allein entscheidender Richter im Ggs. zum Kollegialgericht. Als E. entscheidet im Zivilprozess und in der freiwilligen Gerichtsbarkeit der Richter beim Amtsgericht. Im Zivilprozess 1. Instanz vor dem Landgericht ist seit 2002 grundsätzlich eines der Mitgl. der Zivilkammer als E. (**originärer E.,** § 348 ZPO) zuständig. Ist die originäre E.-Zuständigkeit nicht gegeben, überträgt die Zivilkammer den Rechtsstreit einem ihrer Mitgl. als E., wenn die Sache keine besonderen Schwierigkeiten aufweist und keine grundsätzl. Bedeutung hat (§ 348a ZPO). Im Strafprozess entscheidet der E. im amtsgerichtl. Verfahren nur bei leichteren Vergehen.

Einziehung, 1) *Recht:* die Wegnahme von Sachen oder Werten als Strafe oder Sicherungsmaßnahme (Konfiskation); die E. betrifft gefährl. oder dem Täter gehörende Gegenstände, die durch eine Straftat hervorgebracht wurden, oder die Tatwerkzeuge (z. B. Transportfahrzeuge). Die E. erfolgt durch Urteil, meist nach vorheriger ↑Beschlagnahme. Das Eigentum geht an den Staat über.
2) *Verwaltungsrecht:* eine Verwaltungsanordnung, durch die ein öffentl. Weg der allg. Benutzung entzogen wird.

Eirene mit dem Plutosknaben, dem Symbol des Reichtums, römische Kopie einer Statue des Kephisodot d. Ä. (wohl 374 v. Chr.; München, Glyptothek)

Einzug, 1) *graf. Technik:* das Einrücken der Anfangszeile oder ganzer Satzteile zur Hervorhebung.
2) *Textiltechnik:* das Einziehen der Kettfäden in das ↑Geschirr.

Einzugsgebiet, 1) *Geographie:* das von einem Fluss mit all seinen Nebenflüssen ober- und unterirdisch entwässerte Gebiet (**Stromgebiet**). Das oberird. E., durch Wasserscheiden von den E. anderer Flüsse getrennt, entspricht dem **Niederschlagsgebiet,** das mit dem unterird. E. nicht unbedingt übereinstimmen muss. Die Ge-

samtheit der E. aller demselben Meer zufließenden Flüsse heißt **Abflussgebiet**. Das größte E. der Erde hat mit rund 7 Mio. km² der Amazonas.
2) *Wirtschaft:* Gebiet, das durch kulturelle und wirtsch. Einrichtungen eines zentralen Ortes mitversorgt wird und ihn mit Arbeitskräften (Pendlern) versorgt.
Einzugsverfahren, Verfahren zur Begleichung von Verbindlichkeiten über den bargeldlosen Zahlungsverkehr. Die wichtigsten E. sind die rückläufige Überweisung (Einziehungsverfahren), bei der der Kontoinhaber die Bank ermächtigt, vom Zahlungsempfänger oder dessen Bank vorgelegte Rechnungen durch Belastung seines Kontos einzulösen (bei regelmäßigen, aber in der Höhe differierenden Zahlungen), und das Rechnungs-E., bei dem der Kontoinhaber die Bank ermächtigt, an ihn gerichtete Rechnungen eines bestimmten Zahlungsempfängers bei Abforderung zu begleichen.
Eipel *die* (slowak. Ipel', ungar. Ipoly), linker Nebenfluss der Donau, 232 km lang, entspringt im Slowak. Erzgebirge (Slowak. Rep.), im Mittel- und Unterlauf Grenzfluss zw. der Slowak. Rep. und Ungarn.
Éire [ˈeərə], irischer Name für ↑Irland.
Eirene (lat. Irene), *grch. Mythos:* die Göttin des Friedens, nach Hesiod eine Tochter des Zeus und der Themis, die Jüngste der Horen. Der E. entsprach in Rom die Göttin **Pax**. Nach dem 371 v. Chr. mit Sparta geschlossenen Frieden richteten ihr die Athener einen Kult ein. – Die Göttin wird seit dem 5. Jh. v. Chr. auf grch. Vasen abgebildet; als Standbild ist die E. des att. Bildhauers Kephisodot d. Ä. (1. Hälfte des 4. Jh. v. Chr.) bezeugt.
EIRO, Abk. für engl. European Industrial Relations Observatory, 1997 auf Initiative der Europ. Kommission gegründetes Netzwerk führender wirtschafts- und sozialwiss. Forschungsinstitute der 15 EU-Staaten sowie Norwegens. Die Leitung liegt bei der Europ. Stiftung zur Verbesserung der Lebens- und Arbeitsbedingungen in Dublin. EIRO stellt v. a. für Reg. und EG-Institutionen Fakten, Analysen und Forschungsergebnisse zur Entwicklung der Arbeitsbeziehungen in den 16 Staaten zur Verfügung.
Eis, *Musik:* das um einen Halbton erhöhte E (E mit ♯).
Eis, 1) *Lebensmittel:* das ↑Speiseeis.

2) *Physik:* durch Gefrieren entstehende feste Form von Wasser; es bildet sich bei 273,15 K (0 °C) und $1{,}01325 \cdot 10^5$ Pa (Eispunkt) in versch. Kristallformen. Gewöhnl. E. (E. I) ist leichter als Wasser (Dichte 0,91674 g/cm³), die Modifikationen E. II bis E. VIII unterscheiden sich durch Dichte, Härte und elektr. Eigenschaften. – Beim Gefrieren dehnt sich das Wasser aus (etwa um 9 %) und sprengt daher Boden- und Felsspalten und unterstützt die Erosion. Bei stehenden Gewässern bildet sich das E. zuerst an der Oberfläche, bei fließenden am Grund. In der Atmosphäre ist E. als Graupel und Hagel enthalten, abgelagert als Reif.
Eisack *der* (italien. Isarco), linker Nebenfluss der Etsch in Südtirol, Italien, 95 km, entspringt westlich oberhalb des Brenners, mündet unterhalb von Bozen. Durch das tief eingeschnittene, meist enge, waldreiche E.-Tal führen Brennerstraße, -autobahn und -bahn.
Eisbär, Art der ↑Bären.
❖ **siehe ZEIT Aspekte**
Eisbarriere, mauerartiger Rand des z. T. in das Meer vorgeschobenen Inlandeises im Südpolargebiet.

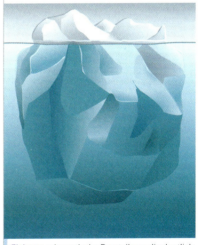

Eisberg: schematische Darstellung, die deutlich macht, dass nur ein kleiner Teil des Eisberges über die Meeresoberfläche aufragt

Eisberg, im Meer schwimmende große Eismasse, entstanden durch Abbrechen **(Kalben)** ins Meer vorgeschobener Gletscherzungen oder des Inlandeises, auch durch Auftürmen von Packeis. E. gefährden die Schifffahrt (internat. Überwachung), zumal nur ein Fünftel bis ein Achtel ihrer Masse über die Meeresoberfläche aufragt. E. vom antarkt. Eisschild gleichen riesigen Tafeln (**Tafeleisberg**).

Eisbeutel (Eisblase), mit Eisstücken gefüllter Gummibeutel zur Zusatzbehandlung akuter Entzündungen, z. B. der Gallenblase, oder zur Hemmung von Blutungen und entzündl. Schwellungszuständen nach Operationen.

Eisblink, Widerschein des Polareises am Horizont.

Eisblume, Eisbildung in vielfältigen Kristallisationsformen, meist durch Abkühlung des Wasserdampfs der Raumluft, an Fensterscheiben u. a.

Eisbrecher, kräftiges, mit starker Antriebsanlage und besonderer Vorschiffsform versehenes Spezialschiff zum Aufbrechen und Freihalten von Fahrrinnen, Seewegen, Flüssen und Häfen bei Eisgang. Hochsee-E. werden in der nördl. Ostsee und im Nordpolarmeer eingesetzt. **Binnen-** und **Hafen-E.** haben nur Schleppergröße. Antrieb meist dieselelektrisch; die sehr großen russ. E. im Nordpolarmeer werden durch Kernenergie angetrieben. E. haben einen schrägen Vorsteven, der das Vorschiff anhebt und das Eis nach unten wegbrechen lässt. Die Stömung der Antriebsschrauben in der Nähe des Stevens unterstützt das Eisbrechen, indem sie die Eisdecke unterspült. Bei Binnen-E. bringen umlaufende Umwuchtgewichte den E. in Stampfschwingungen, um so die Brechtätigkeit durch Massenbeschleunigung zu fördern und ein Festklemmen im Eis zu verhindern. Neuere Hochsee-E. schneiden mit scharfen Kanten am Pontonsteven das Eis ab, das vom Rumpf zerteilt und von Wasserstrahldüsen seitwärts unter das Festeis gedrückt wird. Die Schollen können so nicht wieder aufschwimmen, und das aufgebrochene Fahrwasser friert langsamer wieder zu.

Eisdienst, *Schifffahrt:* Überwachung und Bekanntgabe der Lage schifffahrtsgefährdender Eisvorkommen über Funk und moderne Telekommunikation.

Eiselen, Ernst Wilhelm Bernhard, Pädagoge, * Berlin 27. 9. 1793, † Misdroy (poln. Międzyzdroje, Wwschaft Westpommern) 28. 8. 1846; Anhänger F. L. Jahns, gründete 1825 die 1. Turnanstalt für orthopäd. Turnen, 1832 in Berlin die erste Turnanstalt für Mädchen.

Eisen [ahd. isarn »das feste Metall«] *das* (lat. Ferrum), Symbol **Fe,** metall. Element aus der 4. Periode des Periodensystems; wichtigstes Gebrauchsmetall. Ordnungszahl 26, relative Atommasse 55,847, Dichte (bei 20 °C) 7,874 g/cm^3, Schmelzpunkt 1538 °C, Siedepunkt 2 861 °C. – Reines E. ist bläulich weiß, polierbar und so dehnbar, dass es sich zu feinstem Draht ausziehen lässt. Die elektr. Leitfähigkeit und die Wärmeleitfähigkeit betragen $^1/_5$ bis $^1/_6$ von der des Kupfers. E. ist bes. gut magnetisierbar (unter 769 °C). In trockener Luft, in konzentrierter Salpeter- und Schwefelsäure hält sich E. unverändert; in feuchter Luft bildet sich an der Oberfläche Rost (E.-Hydroxid). Das unedle Metall wird von versch. verdünnten Säuren gelöst. **Verbindungen:** E. tritt in seinen Verbindungen v. a. in den Oxidationsstufen zwei, drei und sechs auf. **Eisen(II)-oxid,** FeO (mit leichtem O-Überschuss; Fe$_{0,90-0,95}$O), kommt als Mineral Wüstit vor. **Eisen(III)-oxid,** Fe$_2$O$_3$, entsteht beim Erhitzen von Eisen(III)-hydroxid und kommt in der Natur z. B. als E.-Glanz und als Braun-E. vor. Das geglühte reine Fe$_2$O$_3$ wird als Poliermittel sowie als Pigment (↑Eisenpigmente) benutzt. Durch starkes Glühen von Fe$_2$O$_3$ sowie bei der Verbrennung von E. entsteht schwarzes magnet. Fe$_3$O$_4$ (= FeO · Fe$_2$O$_3$), ein **Eisen(II,III)-oxid (Hammerschlag),** das in der Natur als Magnetit vorkommt. Eisen(II)-salzlösungen, mit Lauge versetzt, ergeben weißes **Eisen(II)-hydroxid,** Fe(OH)$_2$, das an der Luft und bei Einwirkung von Oxidationsmitteln in braunes **Eisen(III)-hydroxid,** Fe(OH)$_3$, übergeht. Die bei Zusatz von Lauge zu Eisen(III)-salzlösungen ausfallenden braunen, wasserhaltigen Eisen(III)–hydroxide gehen beim Trocknen und Erhitzen in E.-Glanz über. Beim Rosten des E. entsteht **Eisen(II)-oxidhydrat,** FeO(OH). Beim Erhitzen von elementarem E. in Chlorwasserstoffgas entsteht weißes **Eisen(II)-chlorid,** FeCl$_2$. Das beim Lösen von E. in verdünnter Salzsäure gebildete Eisen(II)-chlorid kristallisiert aus der Lösung als FeCl$_2$ · 6 H$_2$O, das zur Herstellung von Farbstoffen und als Reduktionsmittel dient. Wird E. im Chlorstrom erhitzt, so entsteht **Eisen(III)-chlorid,** FeCl$_3$, das

u. a. als Oxidations- und Kondensationsmittel, Farbbeize und als Flockungs- und Fällungsmittel in der Wasseraufbereitung dient. **Eisen(II)-sulfid**, FeS, fällt aus Eisen(II)-salzlösungen mit Ammoniumsulfid als grünlich schwarzer, in Säure lösl. Niederschlag aus. Technisch wird es durch Zusammenschmelzen von E. und Schwefel hergestellt; es dient zur Schwefelwasserstofferzeugung im Labor. Der wichtige **Pyrit**, FeS_2, dient zur Schwefelsäuregewinnung und E.-Herstellung. **Eisen(II)-sulfat**, $FeSO_4$, entsteht beim Lösen von E.-Abfällen in Schwefelsäure und kristallisiert als hellgrünes, an der Luft unbeständiges **E.-Vitriol**, $FeSO_4 \cdot 7H_2O$, aus. Das technisch wichtige E.-Salz wird z. B. zur Herstellung von Tinten, in der Färberei und Gerberei, im Pflanzenschutz, in der Tierheilkunde und zur Holzkonservierung genutzt. – **Eisen(II)-carbonat**, $FeCO_3$, kommt in der Natur als **E.-Spat** vor. In kohlensäurehaltigen Wässern löst es sich unter Bildung von **Eisen(II)-hydrogencarbonat**, $Fe(HCO_3)_2$, das auch Bestandteil von Trinkwasser und mancher Mineralwässer (**E.-Säuerlinge**) ist. Lufteinwirkung führt zu Abscheidung von **Eisen(III)-oxidhydrat** (Ocker), $Fe_2O_3 \cdot xH_2O$. Das hellgrüne **Eisen(II)-nitrat**, $Fe(NO_3)_2 \cdot 6H_2O$, und das fast farblose **Eisen(III)-nitrat**, $Fe(NO_3)_3 \cdot 6$ (oder 9) H_2O, sind Salze des E. mit Salpetersäure. **Eisen(II)-phosphat** kommt als Mineral **Vivianit** vor. Die E.-Salze der Kieselsäure sind im Gemisch mit anderen Silikaten als gesteinsbildende Minerale weit verbreitet. Durch besondere Beständigkeit zeichnen sich viele Komplexverbindungen des zwei- und dreiwertigen E. aus (↑Blutlaugensalz).
Vorkommen: Die Erde enthält etwa 40% E.; für den Erdkern werden rd. 90% angenommen, an der zugängl. Erdkruste ist E. mit etwa 4,7% beteiligt. Die wichtigsten E.-Erze sind Pyrit, Magnetit, E.-Glanz, Braun-E. und E.-Spat.
Gewinnung: E. wird gewonnen als chemisch reines Pulver (Rein-E.) durch Reduktion von E.-Oxid mit Wasserstoff bei niedriger Temperatur, als Carbonyl-, Elektrolyt-, Reinst-E. durch Zonenschmelzen und als techn. E. durch Verhüttung von E.-Erzen (die i. d. R. über 60% Fe enthalten), E.-Schlacken, Kiesabbränden und Gichtstaub und durch Umschmelzen von Alt-E. und Legierungen. Das Ausschmelzen des E. aus Erzen geschieht in einem **Hochofen**. Der Ofenraum wird schichtweise mit Erz, Zuschlägen und Hüttenkoks gefüllt. Die Zuschläge (hauptsächlich Kalkstein) sollen die in jedem E.-Erz enthaltenen erdigen und kieseligen Stoffe (taube Gangarten) sowie die Koksasche in eine leicht schmelzbare Schlacke überführen. Nach der Inbetriebnahme (Anblasen) bleibt ein Hochofen eine Ofenreise (zehn Jahre und länger) ununterbrochen in Betrieb. Durch große Gebläsemaschinen wird heiße Luft (Heißwind) durch Düsen (Blasformen) unter der Rast eingeblasen. Der Koks verbrennt zu Kohlendioxid, das durch unverbrannten Koks im Überschuss zu Kohlenmonoxid umgewandelt wird. Durch dieses werden im Schacht 40–70% des Erzes zu festem **Schwamm-E.** reduziert (**indirekte Reduktion**). Dem restl. Erz in der Schmelzmasse, die sich in der Rast und im Gestell ansammelt, wird durch glühenden festen Kohlenstoff der Sauerstoff entzogen (**direkte Reduktion**). Das flüssige **Roh-E.** setzt sich unter der leichteren Schlacke ab und wird alle 3–6 Stunden zus. mit der Schlacke abgestochen. Dabei rinnt das Roh-E. durch Sandrinnen in die Masselgießmaschine oder – in »gemischten« Hüttenwerken mit Hochofen, Stahl- und Walzwerken – in fahrbare Pfannen, aus denen es in große trommelartige Sammelbehälter (Mischer) gekippt wird. Die Schlacke wird vom Roh-E. getrennt und fließt in eine eigene Pfanne. Die oben entweichenden ↑Gichtgase erwärmen v. a. die Verbrennungsluft. Dazu werden sie in hohe Türme (Winderhitzer, Cowperapparate) geleitet, wo sie verbrennen und ein Gitterwerk aus feuerfesten Steinen erhitzen (Mehrzonengitterwerk). Nach der Heizperiode wird auf eine einstündige Windperiode umgeschaltet, in der der Wind im Gegenstrom durch den Winderhitzer geleitet und auf etwa 1 250°C erwärmt wird. Wegen dieser period. Betriebsweise hat jeder Hochofen stets mehrere Winderhitzer. Moderne Hochöfen erzeugen täglich über 11 000 t Roheisen. Im Elektrohochofen wird der Heizkoks durch elektr. Strom ersetzt (rd. 2 400 kWh je t Roh-E.). Den Reduktionskohlenstoff liefert Holzkohle. Im Niederschachtofen wird auch synthet. Roh-E. aus Alt-E. und Kohlungsmitteln erschmolzen.

EIS Eisen

Roh-Eisen lässt sich wegen seines über 1,5 % liegenden Kohlenstoffgehaltes nicht schmieden, walzen, hämmern oder pressen. **Graues Roh-E.** (nach der Farbe des Bruches) enthält den Kohlenstoff zum größten Teil als Graphit und dient zur Erschmelzung von **Grauguss**, der nicht sehr spröde ist. **Weißes Roh-E.**, in dem der Kohlenstoff vorwiegend als E.-Carbid vorliegt, ist hart und spröde; aus ihm wird **Hartguss** und **Temperguss** hergestellt. Eine scharfe Grenze zw. Roh- oder Guss-E. und Stahl besteht nicht; der nicht schmiedbare Zustand geht allmählich in den schmiedbaren über. Über das Frischen des Roh-E. zu Stahl ↑Stahl. – Alternativ zur Erzreduktion im Hochofen wurden ↑Direktreduktionsverfahren und die ↑Schmelzreduktionsverfahren entwickelt. **Wirtschaft:** Weltweit wurden 1999 881,3 Mio. t E.-Erz gefördert. Es ist nach Erdöl das zweithäufigste Welthandelsgut; die Nachfrage nach E.-Erz ist an die Nachfrage nach Stahl gebunden. Wichtigste Förderländer sind Brasilien, das über die größten E.-Erzvorkommen der Erde verfügt, Australien, Russland, die VR China, Indien und die USA. **Physiologie:** E. gehört zu den lebenswichtigen ↑Spurenelementen; es ist Bestandteil des roten Blutfarbstoffs (Hämoglobin) und vieler Enzyme des intrazellulären Stoffwechsels. Um einem E.-Mangel vorzubeugen, braucht der Mensch täglich etwa 15 mg E.; der Bedarf erhöht sich bei größeren Blutverlusten und in der Schwangerschaft. Der E.-Gesamtbestand des Körpers beträgt 3,5–5 g. **Geschichte:** E. wurde in vorgeschichtl. Zeit (↑Eisenzeit) erst gewonnen und verarbeitet, nachdem Bronze (↑Bronzezeit) bereits bekannt war. Die E.-Erzeugung erfolgte bis ins 14. Jh. im Allg. nur nach dem Rennfeuerverfahren meist in Gruben oder einfachen Schachtöfen. Später begann man E. in kleinen »Hochöfen« zu erzeugen, doch erst seit dem 16. Jh. kann man vom eigentl. Hochofen sprechen. 1735 beschickte A. Darby d. J. erstmals einen Hochofen ausschl. mit Koks als Reduktionsmittel.
📖 *E. u. Stahl. Texte u. Bilder zu einem Leitsektor menschl. Arbeit u. dessen Überlieferung*, hg. v. W. Buschmann. Essen 1989. – Oeters, F.: *Metallurgie der Stahlherstellung.* Berlin u. a. 1989. – Pepperhoff, W. u. Acet, M.: *Konstitution u. Magnetismus des E. u. seiner Legierungen.* Berlin u. a. 2000.

Eisen [εˈzɛn], Charles, frz. Zeichner, Kupferstecher und Maler, *Valenciennes 17. 8. 1720, †Brüssel 4. 1. 1778; einer der erfindungsreichsten Illustrations- und Vignettenkünstler des 18. Jh.; schuf Blätter und Dekorationsentwürfe in feinster Rokokomanier.

Eisenach: Lutherhaus (Ende 15. Jh.)

Eisenach, kreisfreie Stadt in Thür., an den nordwestl. Ausläufern des Thüringer Waldes, im Tal der Hörsel, von der ↑Wartburg (seit 1999 Weltkulturerbe) überragt, 44 200 Ew.; Sitz des Landesbischofs der Evang.-Luther. Kirche in Thüringen; Lutherhaus (Ende 15. Jh.), Bachhaus (Bau des 17./18. Jh.; Bachmuseum), Fritz-Reuter- und Richard-Wagner-Museum, Thüringer Museum; Automobilbau (Opelwerk), Maschinenbau, elektrotechn. und Textilindustrie. – Die Altstadt hat ihr altes Gepräge bewahrt. Am Markt befinden sich das barocke Stadtschloss (1742–51; Marstall heute mit einer Abteilung des Thüringer Museums), die Pfarrkirche St. Georg (1515 begonnen), das Residenzhaus (wohl 1507), das Rathaus (1508, 1564 umgebaut, nach dem Stadtbrand von 1636 wieder aufgebaut) und die Predigerkirche (um 1235; Thüringer Museum mit Samml. thüring. Schnitzplastik). Die roman. Nikolaikirche (um 1200) ist mit dem Nikolaitor, einem Rest der Stadtbefestigung, verbunden. – Um 1150 unterhalb der Wartburg, dem Sitz der Landgrafen von Thüringen, gegründet, 1283 Stadtrechtsbestätigung; fiel 1264 an die Wettiner (1485 an die Ernestiner); 1572–1638, 1640–44 und 1672–1741 Residenz des Herzogtums Sachsen-E., danach gehörte es zu Sachsen-Weimar. Bis 1. 1. 1998 eine der beiden Kreisstädte des Wartburgkreises.

 Humbert, E.: E. u. die Wartburg, hg. v. G. Bergmann. A. d. Frz. Eisenach 1995.

Eisenbahn, Bez. für Schienenbahnen mit Ausnahme der Straßenbahnen und Bahnen besonderer Art (z. B. Schwebe-, Hoch- oder Untergrundbahnen). Fahrzeuge sind zu Zügen gekuppelte E.-Wagen mit einer Lokomotive oder einem Triebwagen, bei dem Antriebsmaschine und Nutzraum eine Wageneinheit bilden. Die Vorteile der E. liegen v. a. in der geringen Rollreibung zwischen Rad und Schiene, sodass nur geringe Zugkräfte für hohe Anhängelasten nötig sind. E. werden nach der Spurweite in **Regelspurbahnen** (auch **Normal-** oder **Vollspurbahnen**), **Breitspur-** und **Schmalspurbahnen** (↑Eisenbahnbau) unterschieden. Nach Beschaffenheit und techn. Ausstattung unterscheidet man **Haupt-** und **Nebenbahnen,** wobei Letztere nicht schneller als 100 km/h fahren dürfen. Es gibt **Staats-** und **Privatbahnen,** die wiederum nach E. des öffentl. Verkehrs (für jedermann zugänglich) und des nicht öffentl. Verkehrs (Werk- und Industriebahnen) unterschieden werden. In Dtl. entstand 1994 aus der Dt. Bundesbahn

Eisenbahn: Stephensons Rocket

und der Dt. Reichsbahn die ↑Deutsche Bahn AG.

Zuggattungen: In Europa verkehren im Personenverkehr u. a. seit 1987 der **EuroCity (EC),** im Nachtreiseverkehr seit 1993 der **EuroNight (EN)** und seit 1995 der **EuroNightLine (ENL).** Im dt. Binnenverkehr bestehen ein Fernzugnetz mit **InterCityExpress (ICE;** seit 1991), **InterCity (IC), InterRegio (IR)** und nachts **InterCityNight (ICN)** und ein Nahverkehrsnetz in den Regionen mit **StadtExpress (SE), RegionalExpress (RE)** und **RegionalBahn (RB,** mit Halt auf allen

Eisenbahn: der französische Hochgeschwindigkeitszug TGV

EIS Eisenbahnbau

Eisenbahn: ICE T mit Neigetechnik, seit 1999 im Einsatz

Stationen) sowie S-Bahn-Netze im Bereich von Großstädten und Ballungsgebieten. Güterzüge werden im ↑kombinierten Verkehr innerhalb Dtl.s als **InterKombiExpress (IKE)** im Direktverkehr zw. Wirtschaftszentren, als **InterKombi (IK)** mit Austausch von Wagengruppen auf Zwischenbahnhöfen und als **InterKombiLogistik (IKL)** im Logistikverkehr bezeichnet.
Schnellverkehr: Ein wesentl. Ziel europ. E.-Verwaltungen ist der Ausbau ihrer Netze für den Schnellverkehr, um höhere Geschwindigkeiten und kürzere Fahrzeiten erreichen zu können. Dafür müssen E.-Strecken z. T. neu trassiert oder ausgebaut und mit modernen Signal- und Transportsteuereinrichtungen versehen werden. Fast ausnahmslos wird die elektr. Zugförderung vorgesehen. Die Höchstgeschwindigkeit des ICE beträgt 280 km/h, des IC und IR 200 km/h. Die schnellsten Züge der Welt (Frankreich, Spanien, Japan) fahren fahrplanmäßig mit 300 km/h, der Geschwindigkeitsrekord liegt bei 515,3 km/h, erreicht vom »TGV-Atlantique« (Frankreich). – Die *Eisenbahnforschung* untersucht die technisch-physikal. Bedingungen des Rad-Schiene-Systems einschl. des Fahrweges, der Fahrzeuge, Energieversorgung, Betriebsleittechnik und des Umweltschutzes.
Geschichte: 1801 erteilte das engl. Parlament die Konzession für die erste öffentl. Pferde-E. von Wandsworth nach Croydon, die jeder mit eigenem Fuhrwerk benutzen konnte. Die erste von G. Stephenson gebaute Lokomotive zog 1825 die erste öffentl. Dampf-E. (zunächst nur für Güter) Stockton–Darlington. Die erste Personen-Dampf-E. verkehrte seit 1830 zw. Liverpool und Manchester (Weiteres ↑Lokomotive). Die erste Dampf-E. Dtl.s fuhr am 7. 12. 1835 von Nürnberg nach Fürth. 1837–39 entstand die erste dt. Ferneisenbahnstrecke Leipzig–Dresden (116 km). Zw. 1870 und 1910 wurden im Dt. Reich die meisten E.-Strecken gebaut. Erste elektr. E. fuhren ab 1895. Ab 1914 setzte sich der Dieselmotor als Verbrennungskraftmaschine für E. durch.
📖 *Lexikon der E.*, hg. v. G. Adler u. a. Berlin ⁸1990. – Fiedler, J.: *Grundlagen der Bahntechnik.* Düsseldorf ³1991. – Schivelbusch, W.: *Geschichte der Eisenbahnreise.* Neuausg. Frankfurt am Main 9.–10. Tsd. 1995. – Klubescheidt, D.: *Die Eisenbahnen der Welt.* Stuttgart 1997.

Eisenbahnbau, Planung, Bau und Unterhaltung der ortsfesten Eisenbahnanlagen. Der **Bahnkörper** hat einen Unter- und Oberbau. Der **Unterbau** besteht aus dem

Eisenbahnrecht EIS

Erdkörper (Damm, Einschnitt oder Anschnitt) mit den zugehörigen Kunstbauten (z. B. Brücken, Tunnel), die den **Oberbau** aus dem Schotterbett oder einer festen Fahrbahn, den Querschwellen und den Schienen tragen. Das **Schotterbett** aus wetterfestem Hartgestein (z. B. Basalt) soll die Gleisanlagen entwässern und als deren elast. Unterlage einen ruhigen Lauf der Fahrzeuge gewährleisten. Für den Hochgeschwindigkeitsverkehr wird zunehmend ein Oberbau mit fester Fahrbahn (z. B. aus Beton oder Asphalt) in unterschiedl. Bauformen genutzt. Die **Schwellen** übertragen den Druck der Schienen auf die Bettung; sie werden aus teergetränktem Kiefern- oder Buchenholz (selten Eiche) oder Stahlbeton hergestellt. Als **Schienen** werden heute Breitfußschienen in lückenlos geschweißten Gleisen verlegt. Auftretende Wärme- und Kältespannungen werden über die Schienenbefestigungsmittel (meist Schrauben) und den Schwellenrost in den Untergrund abgeleitet, ohne dass es zu wesentl. Lageveränderungen des steifen Gleisrahmens kommt. Die **Spurweite,** d. h. der Abstand der oberen Innenkanten der beiden Schienenstränge (die zusammen das **Gleis** bilden), beträgt bei Regelspurbahnen (auch Normal- oder Vollspurbahn gen.) 1 435 mm, bei Breitspurbahnen über 1 435 mm (z. B. Russland u. a. Republiken der GUS 1 520 mm) und bei Schmalspurbahnen unter 1 435 mm (z. B. Japan, ↑Kapspur 1 067 mm). Mit Rücksicht auf die kon. Radreifen werden die Schienen mit einer Neigung von 1 : 20 bzw. 1 : 40 nach innen verlegt.

Eisenbahn-Blockeinrichtungen, ↑Signaltechnik.

Eisenbahnbremsen, Bremssysteme, die einen fahrenden Zug durch Energieumwandlung anhalten bzw. mit verringerter Geschwindigkeit befördern sollen. Man unterscheidet nach der Art der Kraftwirkung Rad-, Schienen- und Triebwerksbremsen. Bei **Radsatzbremsen** werden die Reibungskräfte über Bremsklötze auf die Lauffläche der Räder (Klotzbremse) oder über Bremsbacken auf besondere, an den Radsatzwellen oder Radscheiben befestigte Bremskörper (Trommel- oder Scheibenbremse) ausgeübt. Sie sind meist als Druckluft- oder Saugluftbremsen ausgeführt. Bei **Schienenbremsen** wirken die Bremskräfte unmittelbar auf die Schienen ein (z. B. bei Magnetschienenbremsen), und bei **Triebwerksbremsen** werden durch die Bewegung im Triebwerk Kräfte erzeugt, die den normalen Antriebskräften entgegengerichtet sind (»Kraftbremsen«, hydro- oder elektrodynam. Bremsen). Die Wirkung von **Induktionsbremsen** beruht auf elektromagnet. Streuung in den Schienen (Wirbelstrombremse). Handbremsen dienen als Feststellbremsen zum Sichern abgestellter Fahrzeuge.

Eisenbahnhaftpflicht, ↑Haftpflicht.

Eisenbahnkrankheit, ↑Kinetosen.

Eisenbahnkupplungen, Vorrichtungen an beiden Stirnseiten von Eisenbahnfahrzeugen zur Übertragung der Zugkräfte zwischen Triebfahrzeug und Wagen und zwischen den Wagen. Die zwischen den Puffern angeordnete **Schraubenkupplung** besteht aus einem Zughaken, einer damit schwenkbar verbundenen Kupplungslasche, einer Spindel mit Kupplungsschwengel und einem Kupplungsbügel. Die **automat. Kupplung** verbindet selbsttätig zwei aneinander stoßende Fahrzeuge; oft ist mit ihr gleichzeitig die selbsttätige Verbindung der Bremsluftleitung und der elektr. Anschlüsse möglich.

Eisenbahnrecht, Gesamtheit der sich auf Eisenbahnen beziehenden Rechtsnormen. Das E. ist sowohl privat- als auch öffentlich-rechtl. Natur. Das öffentl. E. umfasst v. a. die gewerberechtl. Zulassung und Aufsicht, das Tarifrecht, den strafrechtl. Schutz der Bahnanlagen und Eingriffsmöglichkeiten in fremdes Eigentum. Die maßgebl. Vorschriften sind im Allg. Eisenbahn-Ges. vom 27. 12. 1993, im StGB und der Eisenbahn-Bau- und Betriebsordnung vom 8. 5. 1967 enthalten. Im Zuge der Bahnreform wurde das Bundesbahn-Ges. mit Wirkung vom 1. 1. 1994 weitgehend aufgehoben; zugleich trat das Ges. zur Zusammenführung und Neugliederung der Bundeseisenbahnen vom 27. 12. 1993 in Kraft. Das Eisenbahnbeförderungsrecht gehört zum Handelsrecht (Privatrecht) und regelt die Beziehungen zw. Benutzern und Eisenbahnunternehmen. Hierzu gehören die Eisenbahn-Verkehrsordnung i. d. F. v. 20. 4. 1999 (Beförderung von Personen und Reisegepäck) und die frachtrechtl. Regelungen der §§ 407 ff. HGB (↑Frachtvertrag). Das Haftpflicht-Ges. i. d. F. v. 4. 1. 1978 bestimmt eine verschärfte Haftung des Eisenbahnunternehmers.

95

EIS Eisenbahnsignale

Eisenbahnsignale, sicht- und hörbare Zeichen zur Sicherung des Eisenbahnverkehrs. Art und Bedeutung der dt. E. sind in der Eisenbahn-Signalordnung (ESO) gesetzlich verankert und werden im Signalbuch ausführlich dargestellt. Haupt- und Vorsignale stehen als **Form-** oder oft als elektr. **Lichtsignale** bei rechts fahrenden Bahnen (Dtl.) meist rechts, bei links fahrenden Bahnen (Schweiz, Belgien, Großbritannien, Italien, Frankreich) meist links vom Gleis. **Hauptsignale** (Einfahr-, Ausfahr-, Zwischen-, Deckungs- oder Blocksignale) sind meist Flügelsignale, die anzeigen, ob das Gleis bis zum nächsten Hauptsignal befahren werden darf (↑Signaltechnik). Vor dem Hauptsignal steht das **Vorsignal** und kündigt an, welches Signalbild das folgende Hauptsignal zeigt (auf Nebenbahnen in 400 m, auf Hauptbahnen in 700 m oder 1 000 m Entfernung). **Weichensignale** zeigen an einem würfelförmigen Kasten mit seitl. Zeichen die Weichenstellung an, **Langsamfahrsignale** kündigen Anfang und Ende der Langsamfahrstrecke an, **Gleissperrsignale** geben beim Rangieren Weisung für Halt oder Fahrt, **Fahrleitungssignale** kennzeichnen wichtige Abschnitte der elektr. Fahrleitung, und **Zugsignale** zeigen die Zugspitze und den Zugschluss an. Die Deutsche Bahn AG hat 1994 ein einheitl. System von Kombinationssignalen eingeführt, die Fahrterlaubnis- und Geschwindigkeitssignalisierung trennen. Auf Neubaustrecken soll künftig völlig auf ortsfeste E. verzichtet werden. Die erforderl. Informationen werden ununterbrochen über Linienleiter oder Funk zw. Zug und Steuerstellen der Strecke ausgetauscht und im Führerpult angezeigt, aber auch für die automat. Fahr- und Bremssteuerung (AFB) zu vollautomat. Betrieb genutzt.
Eisenbahntarife, Verzeichnisse der für die Benutzung der Eisenbahnen zu entrichtenden Preise. Nach Art der Beförderungsgegenstände werden unterschieden: Personen-, Gepäck-, Expressgut- und Gütertarife; nach der Art der Berechnung: Entfernungstarife als Kilometertarife oder Staffeltarife. Bei Zonentarifen wächst der Preis in Stufen, da die Stationen in Entfernungszonen gleichen Preises zusammengefasst sind. Für den ICE gilt ein Relationstarif. Nach Geltungsbereich unterscheidet man Binnentarife und Tarife für den internat. Verkehr; nach Art ihrer Festsetzung Normal- und Sondertarife.
Eisenbahnwagen, schienengebundene Fahrzeuge ohne eigenen Antrieb zur Beförderung von Personen, Gepäck und Gütern aller Art. Sie bestehen aus Wagenkasten, Untergestell mit Zug- und Stoßvorrichtungen (Eisenbahnkupplungen, Puffer) und Bremseinrichtung sowie dem Laufwerk mit Radsätzen, Achslagern und Tragfedern. Der Wagenaufbau (der Wagenkasten) besteht aus dem stählernen Kastengerippe und der Verschalung aus Stahlblech oder Leichtmetall.
Reisezugwagen sind Personenwagen (unterteilt nach Abteil- und Durchgangswagen, Speise-, Bistro-, Gesellschafts-, Salon-, Liege- und Schlafwagen), Reisezuggepäckwagen und Autoreisezugwagen. Vierachsige Drehgestellwagen mit Seiten- oder Mittelgang und (im Hochgeschwindigkeitsverkehr druckdichten) Übergängen zw. den Wagen sind heute die Regel. Für Bauart und Ausstattung gibt es bei Personenwagen versch. Komfortstufen, die jeweils noch in 1.- und 2.-Klasse-Wagen unterschieden werden. E. im Fernverkehr haben einen höheren Komfort (Klimaanlage, Komfortsitze, Speisewagen), im Nahverkehr haben sie ein hohes Platzangebot (Doppelstockwagen) und ermöglichen einen schnellen Fahrgastwechsel (mehr und breitere Türen).
Güterwagen sind offen (E-Wagen) oder geschlossen (gedeckt, G-Wagen). Besondere Arten der offenen Wagen sind Rungenwagen für Rohre und Langholz, Schienenwagen für Schienen, Eisen- und Betonträger, Holz- und Containertragwagen sowie Behälterwagen für staubförmige Güter, Säure, Öl und Gas, Tiefladewagen für hohe Güter, Selbstentladewagen für Erz und Kohle. Gedeckte Wagen der klass. Bauart werden allmählich durch vielseitiger verwendbare großräumige Schiebewandwagen mit Festdach und Schiebewand-/Schiebedachwagen ersetzt. Eine Sonderbauart geschlossener Wagen sind Universalkühlwagen. Güterwagen werden künftig mit elektron. Steuerungen, automat. Kupplungen u. Ä. ausgerüstet. Besondere E. sind **Bahndienstwagen,** z. B. Hilfszugwagen, Eichwagen, Prüf-, Mess- und Unterrichtswagen, Kranwagen, Sprengwagen und Schneeschleudern.
Eisenbakteri|en, i. e. S. Bakterien, die in

sauren, eisenhaltigen Wässern leben und CO_2 in organ. Verbindungen überführen, indem sie die dazu notwendige Energie aus der Oxidation von Fe^{++} in Fe^{+++} gewinnen. I. w. S. Bez. für Bakterien (z. B. Brunnenfaden), in deren Kapseln oder Scheiden sich Eisenhydroxidniederschläge bilden können, die aus einer spontanen Oxidation von Eisen (in neutralen und alkal. Wässern) herrühren.

Eisenbarth, Johannes Andreas, urkundlich Eysenbarth, Heilkundiger (Augen- und Wundarzt), *Oberviechtach 27. 3. 1663, †Hannoversch Münden (heute Hann. Münden) 11. 11. 1727; bekannt durch sein marktschreier. Auftreten (Der Doktor E.). E. besaß als Arzt ein gediegenes Wissen und Können (er führte u. a. Hodenbruch-, Kropf- und Staroperationen aus).

Eisenberg, 1) Krst. des Saale-Holzland-Kreises in Thür., auf einem Sandsteinkegel westlich der Weißen Elster, 11 200 Ew.; Baustoffind., Armaturen-, Möbel-, Klavierbau. – Schloss Christiansburg (1677 begonnen), Schlosskapelle (1680–92); Rathaus (Renaissancebau des 16. Jh. mit späteren Veränderungen). – Als Siedlung im frühen 12. Jh. entstanden, 1196 erstmals urkundlich erwähnt, 1274 Erweiterung der Stadtrechte.
2) Eisenberg (Pfalz), Stadt im Donnersbergkreis, Rheinl.-Pf., am N-Rand des Pfälzerwaldes, 9 700 Ew.; Schaubergwerk (Tongrube), Untertagebergbau auf Eisenberger Ton, Elektroind., Eisengießerei. – Erhielt 1963 Stadtrecht.

Eisenblüte, besondere Form des Minerals ↑Aragonit.

Eisenerz, Stadt in der Steiermark, Österreich, 6 900 Ew.; Bergdirektion, Bergwerkschule, Bergmuseum, Hüttenwerke. Südöstlich von E. liegt der **Erzberg** (1 465 m ü. M.), dessen Spateisenstein schon seit röm. Zeit abgebaut wird; seit 1986 wird nur noch im Tagebau gefördert. – Die got. Kirche St. Oswald (1512 geweiht) wurde im 16. Jh. zur größten Kirchenburg der Steiermark ausgebaut. – E. erhielt 1453 Marktrecht und ist seit 1948 Stadt.

Eisenerze, ↑Eisen.

Eisenerzer Alpen, Berggruppe in der Grauwackenzone der österr. Ostalpen, zw. Enns-, Mur-, Liesing- und Paltental; im Gößeck 2 215 m ü. M.

Eisenfleckigkeit, Viruskrankheit der Kartoffelknollen, die von Nematoden übertragen wird; das Fleisch der Knollen weist rostrote Zonen auf.

Eisenglanz (Hämatit), trigonales Mineral in der chem. Zusammensetzung $\alpha\text{-}Fe_2O_3$, dunkelgraue bis schwarze, metallisch glänzende Kristalle, die in dünnsten Schichten dunkelrot durchscheinen; kommt in derben oder körnigen Aggregaten vor. E. ist ein weit verbreitetes, sehr wichtiges Eisenerz. Varietäten (meist feinkörnig und dicht): **Roteisenstein, Roter Glaskopf, Blutstein,** erdiger **Rötel.**

Eisenholz, 1) (Grey Myrtle), das sehr harte und schwer zu bearbeitende, dunkelbraune Holz des bis 10 m hohen austral. Myrtengewächses Backhousia myrtifolia. **2)** ungenaue Bez. für sehr harte, dichte und schwere Hölzer verschiedener außereurop. Bäume, z. B. von Argania spinosa.

Dwight D. Eisenhower

Eisenhower [ˈaɪzənhaʊə], Dwight David, 34. Präs. der USA (1953–61), *Denison (Tex.) 14. 10. 1890, †Washington (D. C.) 28. 3. 1969; leitete im Zweiten Weltkrieg als Oberbefehlshaber der alliierten Streitkräfte die Invasionen in N-Afrika und Sizilien (1943) sowie die Landung in der Normandie (1944). Im Dez. 1944 erhielt er den militär. Rang eines Fünf-Sterne-Generals. Am 7. 5. 1945 unterzeichnete Dtl. in seinem Hauptquartier in Reims die bedingungslose Kapitulation. 1945–48 war er Generalstabschef des Heeres, 1950–52 Oberbefehlshaber der Streitkräfte der NATO. Im Nov. 1952 wurde er als Kandidat der Republikan. Partei zum Präs. gewählt (Nov. 1956 wieder gewählt). Er bemühte sich im Zeichen eines »modern republicanism« um eine liberale innenpolit. Linie (z. B. um die Förderung der Rassenintegration und des Bildungswesens). In der Außenpolitik, die während seiner Amtszeit zunächst stark von J. F. Dulles

EIS Eisenhower-Doktrin

geprägt wurde, profilierte sich E. v. a. durch die Beendigung des Koreakriegs (1953), die Unterstützung der UNO gegen Großbritannien und Frankreich in der Sueskrise (1956), die ↑Eisenhower-Doktrin und die Bemühungen um eine Entspannung im Ost-West-Konflikt (u. a. Gespräche mit N. S. Chruschtschow). In seiner Abschiedsbotschaft warnte er vor dem Einfluss des ↑militärisch-industriellen Komplexes. ❖ **siehe ZEIT Aspekte**
Werke: Crusade in Europe (1948; dt. Kreuzzug in Europa); The White House years, 2 Bde. (1963–65; dt. Die Jahre im Weißen Haus).
📖 *Eisenhower, David:* E. at war, 1943–1945. New York 1986. – Ambrose, S. E.: E. Soldier and president. Neuausg. New York u. a. 1990.

Eisenhower-Doktrin [ˈaɪzənhaʊə-], Erklärung des amerikan. Präs. D. D. Eisenhower an den Kongress vom 5. 1. 1957 und von diesem gebilligt; erklärt die Bereitschaft der USA, die Staaten des Nahen Ostens gegen kommunist. Aggression durch wirtschaftl. und militär. Hilfe, notfalls auch durch Truppenentsendungen, zu unterstützen.

Peter Eisenman

Eisenhut, 1) *Botanik:* (Aconitum), Gattung der Hahnenfußgewächse mit rd. 300 Arten, bes. auf der Nordhalbkugel; die blauen, gelben oder weißen helmförmigen Blüten stehen in endständigen, meist verzweigten Blütentrauben; alle Pflanzenteile sind giftig, bes. die Wurzelknollen enthalten u. a. das Alkaloid Aconitin. Der geschützte **Blaue E.** (Aconitum napellus) ist auch Zierpflanze.
2) *Militärwesen:* mittelalterl. eiserner Helm, halbkugelförmig oder mit Grat, mit breiten Rändern, ohne Visier und Nackenschutz.
Eisenhut, höchster Berg der Gurktaler Alpen, zw. Kärnten und Steiermark, Österreich, 2 441 m ü. M.
Eisenhutfeh, herald. »Pelzwerk«, das urspr. aus den blauen Rücken- und weißen Bauchfellstücken des sibir. Eichhörnchens zusammengesetzt war; die Fellstücke ähneln dem Eisenhut. (↑Heraldik)
Eisenhüttenkunde, Metallurgie und Technologie des Eisens und Stahls. Die E. befasst sich mit der Gewinnung von Eisen aus Erzen und Altstoffen (Schrott), der Überführung von Roheisen und Eisenschwamm in Stahl und Gusseisen sowie mit der Formgebung von Eisen und Stahl.
Eisenhüttenstadt, Stadt im Landkreis Oder-Spree, Brandenburg, an der Oder, an der Einmündung des Oder-Spree-Kanals, 43 700 Ew.; Stahl- und Walzwerk, Anlagenbau, Werften; Binnenhafen. – Entstand seit 1950 um das Eisenhüttenkombinat Ost; hieß zunächst **Stalinstadt,** wurde 1961 mit Fürstenberg/Oder vereinigt und in E. umbenannt; E. war bis 1993 Kreisstadt. ❖ **siehe ZEIT Aspekte**
Eisenjaspilite, abbauwürdige, feinstkörnige und deutlich fein gebänderte kieselige Eisenerze und eisenschüssige Kieselgesteine in metamorphen präkambr. Gesteinen.
Eisenkerne, in Elektromagneten, Transformatoren u. Ä. den Hohlraum einer Spule ausfüllender magnetisierbarer Eisenkörper (massiv oder aus Blechen) zur Erhöhung der magnet. Induktion.
Eisenkies, häufiges Mineral, ↑Pyrit.
Eisen-Kohlenstoff-Diagramm, die grafische Darstellung der Änderungen des Aggregatzustandes (fest-flüssig) und des kristallinen Gefüges von Eisen-Kohlenstoff-Legierungen beim Erstarren, Abkühlen und Erhitzen. Abszisse und Ordinate des E.-K.-D. sind der Kohlenstoffgehalt in Prozent und die Temperatur in Grad Celsius. Es gibt das stabile Gleichgewichtssystem, in dem der Kohlenstoff als Graphit vorliegt, und das techn. bedeutsamere metastabile Gleichgewichtssystem, in dem

Eisenmangelkrankheit EIS

Peter Eisenman: Entwurf (zusammen mit Richard Serra) für das zentrale Holocaust-Mahnmal in Berlin (Fertigstellung 2004 geplant)

der Kohlenstoff als Fe_3C (Eisenkarbid oder Zementit) gebunden ist. Weil Kohlenstoff in allen techn. Eisenwerkstoffen auftritt und deren Eigenschaften beeinflusst, sind die aus dem E.-K.-D. ablesbaren Zusammenhänge wichtig. An der vertikalen Achse (°C) sind die Umwandlungstemperaturen des reinen Eisens aufgetragen: 1536 °C Erstarrung zu kubisch-raumzentriertem δ-Eisen, 1401 °C Umwandlung in kubisch-flächenzentriertes γ-Eisen, 906 °C Umwandlung in unmagnetisches, kubisch-raumzentriertes α-Eisen, 768 °C Umwandlung in ferromagnet. α-Eisen. Mit zunehmendem Kohlenstoffgehalt ändern sich die Umwandlungstemperaturen längs charakterist. Kurven, es kommt auch zu Mischkristallbildungen. Aus dem E.-K.-D. lässt sich ablesen, in welchen Temperatur- und Kohlenstoffbereichen die versch. Gefügearten anzutreffen sind.

Eisenkraut (Verbena), Gatt. der E.-Gewächse mit etwa 230 Arten; in Dtl. nur das **Echte E.** (Verbena officinalis), eine bis 1 m hohe Staude mit kleinen blasslilafarbenen Blüten in Ähren.

Eisenman [ˈaɪzənmæn], Peter David, amerikan. Architekt, *Newark (N. J.) 11. 8. 1932; Vertreter einer streng geometr. Architektur, die die Funktion den Formen unterordnet; baute u. a. das Eckhaus Friedrichstraße/Kochstraße in Berlin (Beitrag zur IBA 1987), das Wexner Center for the Visual Arts (1982–89) in Columbus (Oh.), das Aronoff Center for Design and Art (1996) in Cincinnati (Oh.). Die Entwürfe E.s gehen meist auf philosoph. Überlegungen zurück, die zu dekonstruktivist. Lösungen führen können (↑Dekonstruktivismus). Sein Entwurf für das zentrale Holocaust-Mahnmal in Berlin kommt auf Beschluss des Dt. Bundestages (1999), bereichert um ein Dokumentations- und Ausstellungszentrum, zur Ausführung (symbol. Baubeginn war im Januar 2000, Fertigstellung 2004 geplant).

Eisenmangelkrankheit (Sideropenie), auf vermindertem Bestand des Organismus an verfügbarem Eisen beruhende Erkrankung, bes. bei Frauen; bedingt durch chron. Eisenverluste, z. B. infolge verstärkter Menstruation, Schwangerschaft und Stillperiode. Kennzeichen sind u. a. Leistungsschwäche, Blässe, Infektanfälligkeit und Kreislaufstörungen; unbehandelt führt die E. zur Eisenmangelanämie (↑Anämie).

Eisenmarkt, Stadt in Rumänien, ↑Hunedoara.

Eisennickelkies, Mineral, ↑Pentlandit.

Eisenpigmente, natürl. oder künstl. Pigmente mit Eisengehalt. Besonders wichtig sind die **Eisenoxidpigmente,** sie sind beständig gegen Licht und Witterungseinflüsse, mit allen Bindemitteln verträglich, sehr farbkräftig und verhältnismäßig billig. Natürl. Eisenoxidpigmente sind z. B. Ocker, Terra di Siena, Spanisch- oder Persischrot, künstl. Eisenoxidpigmente z. B. Eisenoxidgelb, -rot, -braun und -schwarz.

Eisenquellen, eisenhaltige Heilquellen mit einem Mindestgehalt von 10 mg Eisen je 1 l Wasser.

Eisenreich, Herbert, österr. Schriftsteller, *Linz 7. 2. 1925, †Wien 6. 6. 1986; schrieb zeitnahe, nüchterne Erzählprosa, Hörspiele und Essays, die sich mit der Isolierung des Individuums auseinander setzen.

eisenschüssig, svw. eisenhaltig, Minerale und Gesteine, die Eisenoxid oder Eisenhydroxide enthalten, z. B. eisenschüssiger Ton, Sandstein.

Eisenschwamm, im Hochofen entstehendes poröses Reduktionsprodukt aus Eisenerzen.

Eisenseiten (engl. Ironsides), aus geharnischten Reitern bestehende Truppe, die Cromwell 1642 aufstellte. Ursprünglich war »Ironside« der Beiname des angelsächs. Königs Edmund II.

Eisenspat (Siderit), trigonales Mineral der chem. Zusammensetzung $FeCO_3$, mit 25–45% Eisen, oft mit Mangan- und Calciumgehalt. E. ist frisch glas- bis perlmutterglänzend und gelblich braun, matt und undurchsichtig; wichtiges Eisenerz hydrothermaler und sedimentärer Entstehung.

Eisenspeicherkrankheit, die ↑Hämochromatose.

Eisenstadt, Hptst. des österr. Bundeslandes Burgenland, am SO-Fuß des Leithagebirges, 11 700 Ew.; Sitz der Landesbehörden und eines Bischofs; kultureller Mittelpunkt mit Handelsakademie, Joseph-Haydn-Konservatorium, Haydn- und Landesmuseum; Textil-, chem. Ind.; Weinkellereien. – Spätgot. Domkirche, zahlr. Bürgerhäuser mit spätgot. und barocken Bauelementen. Im Schloss Esterházy (urspr. 14. Jh., im 17. Jh. barock umgebaut, um 1800 teilweise klassizistisch umgestaltet) wirkte J. Haydn als Kapellmeister. –

Bereits in röm. Zeit besiedelt; 1648 wurde E. zur königlich ungar. Freistadt erhoben.

Eisenstaedt, Alfred, amerikan. Bildjournalist dt. Herkunft, *Dirschau (heute Tezew) 6. 12. 1898, †Martha's Vineyard (Mass.) 23. 8. 1995; Wegbereiter des modernen Bildjournalismus; emigrierte 1935 in die USA und veröffentlichte bis 1972 über 2 000 Reportagefotos in der Zeitschrift »Life«.

Eisenstein, ↑Bayerisch Eisenstein.

Eisenstein, Sergei Michailowitsch, russ. Filmregisseur und Schriftsteller, *Riga 23. 1. 1898, †Moskau 11. 2. 1948; sein Revolutionsfilm »Panzerkreuzer Potemkin« (1925) übte größten Einfluss auf die Filmkunst aus; bahnbrechend wirkten E.s Filme bes. durch die Dynamik und Gegensätzlichkeit der Bilder, Kühnheit der Perspektive, die Bildsymbolik und -montage. *Weitere Filme:* Zehn Tage, die die Welt erschütterten/Oktober (1928), Que viva Mexiko! (1931, unvollendet), Alexander Newski (1938), Die Beshin-Wiese (1937, Montage abgebrochen), Iwan der Schreckliche (2 Tle., 1944–46; bis 1958 in der Sowjetunion verboten).

Eis|ente (Clangula hyemalis), eine Tauchente mit spießartig verlängerten mittleren Schwanzfedern, weiß und tiefbraun; nördl. Brutvogel an Tundragewässern und in den Bergen Skandinaviens, im Winter an den Ostseeküsten.

Eisen- und Stahl|industrie, ↑Stahlindustrie.

Eisenvitriol (Melanterit), hellgrünes, monoklines Mineral der chem. Zusammensetzung $FeSO_4 \cdot 7 H_2O$; Verwitterungsprodukt von Pyrit und Magnetkies; wird zur Herstellung von Farben verwendet.

Eisenwurzen *die,* Gebiet der niederösterr. Kalkvoralpen zw. Enns, Ybbs und Erlauf, nördlich des Eisenerzer Erzberges; vom 12. bis 19. Jh. Eisenverarbeitung.

Eisenzeit, nach Stein- und Bronzezeit die dritte große vorgeschichtl. Periode, in der Eisen als Werkstoff für Waffen, Geräte und Schmuck verwendet wird. Eisenschmuck und -prunkwaffen kommen vereinzelt schon in der Bronzezeit vor eiseneiszeitl. Kulturen der Alten Orients vor. Als Erfinder der Eisentechnik gelten die Hethiter, die um 1400–1200 v. Chr. eine Art Eisenmonopol im Nahen Osten hatten. In Europa wird die E. außerhalb des Bereichs der grch. und etrusk. Hochkulturen in einen älteren und einen jüngeren Abschnitt geteilt, wobei als wichtigster Vertreter der älteren Stufe die ↑Hallstattzeit, der jüngeren die ↑La-Tène-Zeit gilt. Das Ende der E. wird, dem Einsetzen schriftl. Quellen entsprechend, gebietsweise unterschiedlich datiert. Als »vorröm.« E. werden häufig die von der Hallstattkultur und der La-Tène-Kultur geprägten Perioden zusammengefasst (8.–1.Jh. v. Chr.). Es folgten die Römerzeit (1.–4.Jh. n. Chr.) und die Zeit der Völkerwanderung. In N-Europa bildete die Wikingerzeit den Abschluss der frühgeschichtl. Eisenzeit.

Eisenzeit: Dolch mit kunstvoll gestaltetem Griff; Hallstattzeit (Bern, Historisches Museum)

Die Kultur der *älteren* E. zeigt zunächst nur geringe Unterschiede gegenüber der vorangegangenen ↑Urnenfelderkultur. Doch werden bald Tendenzen zur Konzentration wirtsch. und polit. Macht bemerkbar, z. B. Salzgewinnung und -vertrieb in Hallstatt und Halle (Saale). Anlagen bewehrter Fürstensitze weisen auf krieger. Kontakte der Stammes- oder Kulturgemeinschaft hin, aber es bestanden auch Handelsbeziehungen. In O-Europa ist der Beginn der E. durch das Aufkommen des Reiterkriegertums geprägt (Kimmerier, Skythen). Grabfunde (»Fürstengräber«) weisen auf eine deutl. soziale Schichtung der Bevölkerung hin, wobei das Luxusbedürfnis der Herrenschicht die Entstehung einer spezialisierten Handwerkerschaft (Waffen- und Goldschmiede) ebenso wie den Fernhandel begünstigte (grch. Importgüter aus Etrurien seit der Epoche der Hallstattkultur). Verziert wurden Waffen, Hausrat, Schmuck und Kultgeräte aus Bronze, Gold oder Eisen. Aus Eisen wurden v. a. Werkzeuge (Beile, Äxte, Sägen,

Zangen, Messer) und landwirtsch. Geräte hergestellt. Die Entwicklung von Sense, Pflugschar und Hacke führte zu einer Intensivierung des Ackerbaus. In der *jüngeren* E. (etwa seit 500 v. Chr.) waren weite Teile Europas von der La-Tène-Kultur beeinflusst. Als ihre Träger sind kelt. (gall.) Völker bezeugt, die in krieger. Invasionen aus einem Kerngebiet in Süd-Dtl. und O-Frankreich auf N-Italien, Teile der Balkanhalbinsel und Kleinasiens, die Iber. Halbinsel und England sowie Irland ausgriffen. Im nördl. Mittel- und in N-Europa verhinderten german. Völker ein Eindringen der Kelten, gerieten aber kulturell unter deren Einfluss. Seit dem 3. Jh. v. Chr. führten kelt. Stämme nach grch. Vorbild die Geldwirtschaft ein. Es entstanden befestigte Siedlungen (Oppida), die dauernd bewohnt waren, manche von mehreren Zehntausend Personen.
Im Vergleich mit den vorangegangenen Perioden ist die E. durch eine immer schnellere soziale und kulturelle Entwicklung gekennzeichnet, die zu zentral und hierarchisch verwalteten Stammesorganisationen führte, die gelegentlich die Hochkulturen des Mittelmeerraumes gefährdeten (z. B. Kelten-, Kimbern- und Teutoneneinfälle in Italien). Andererseits wurden kulturelle Anregungen aus dem Süden in viel stärkerem Maße übernommen als in früheren Kulturperioden.
📖 *Das kelt. Jahrtausend*, hg. v. H. Dannheimer u. R. Gebhard. Ausst.-Kat., München ²1993. – *Europe in the First Millenium BC*, hg. v. K. Kristiansen u. J. Jensen. Sheffield 1994.

Eiserne Front, Zusammenschluss von SPD, freien Gewerkschaften, Reichsbanner und Arbeitersportverbänden, gegr. am 16. 12. 1931 als Gegengewicht zur Harzburger Front; 1933 wurde die E. F. aufgelöst.

Eiserne Garde, nationalist.-antisemit. Bewegung in Rumänien, 1930 hervorgegangen aus der von C. Z. ↑Codreanu 1927 gegründeten »Legion Erzengel Michael«, erstrebte die nat. Erneuerung u. a. durch Stärkung des Bauernstandes und durch Ausschaltung der nicht rumän. Minderheiten. 1933 wurde die E. G. verboten, 1935 als Partei »Alles für das Vaterland« neu gegründet, 1938 erneut verboten. Als »Legionärsbewegung« trat sie 1940 der Reg. J. Antonescus bei. Nach einem Putschver-

EIS Eiserne Krone

such (1941) wurde sie 1944 endgültig aufgelöst.

Eiserne Krone, karoling. Kronreif (9. Jh.) im Kirchenschatz des Doms von Monza; besteht aus sechs edelsteinverzierten Goldplatten, an deren Innenseite ein Eisenband (der Legende nach aus einem Nagel vom Kreuz Christi) entlangläuft; urspr. vielleicht Frauen- oder Votivkrone. Mit der E. K. wurden zu Königen von Italien gekrönt: 1530 Karl V., 1805 Napoleon I. und 1838 Ferdinand I. von Österreich.

eiserne Lunge, früher übl. Gerät zur Beatmung bei Atemlähmung (↑künstliche Atmung).

Eiserne Maske (Mann mit der E. M.), unbekannter frz. Staatsgefangener Ludwigs XIV., der erst in Pinerolo (südwestlich von Turin), dann auf der Insel Sainte-Marguerite (bei Cannes), seit 1698 in der Bastille gefangen gehalten wurde und hier am 19. 11. 1703 starb; er trug stets eine schwarze Samtmaske (nicht Eisen).

eiserne Ration, beim Militär die bes. zusammengesetzte und verpackte Verpflegung für Notlagen.

eiserner Bestand, *Betriebswirtschaftslehre:* Mindestbestand an Vorräten (z. B. Rohstoffe, Werkzeuge) in einem Lager.

eiserner Hut, bergmänn. Ausdruck für ↑Oxidationszone.

eiserner Vorhang, feuersicherer und rauchdichter Vorhang, der bei Feuergefahr die Bühne gegen den Zuschauerraum abschließt.

Eiserner Vorhang, von W. Churchill 1946 geprägtes Schlagwort für die von der UdSSR nach dem Ende des Zweiten Weltkriegs betriebene Abschließung ihres Machtbereichs (bes. in Europa) von der übrigen Welt.

Eisernes Kreuz, Abk. **EK,** Kriegsauszeichnung für alle Dienstgrade, gestiftet 1813 von Friedrich Wilhelm III. in Preußen für die Dauer des Krieges, erneuert 1870, 1914 und 1939 auf Kriegsdauer. Laut Gesetz vom 26. 7. 1957 darf das EK (ohne Hakenkreuz) wieder getragen werden.

Eisernes Tor, 1) (rumän. Porţile de Fier, serb. Đerdap), Durchbruchstal der Donau zw. den Südkarpaten (Rumänien) und dem Serb. Erzgebirge, 134 km lang. Durch den Bau des Staudammes (1971 als jugoslawisch-rumän. Gemeinschaftsprojekt fertig gestellt) entstand ein 150 km langer Stausee; Kraftwerke an beiden Ufern (je 1 050 MW); Schifffahrtsweg für 5 000-t-Schiffe bis Belgrad. 1978–85 wurde ein weiteres jugoslawisch-rumän. Stauwerk (432 MW) gebaut.

2) Pass in den Südkarpaten, SW-Rumänien, 699 m ü. M., verbindet das Banat mit Siebenbürgen.

Eisernes Viereck (portugies. Quadrilátero Ferrífero), das bedeutendste Eisenerz-Bergbaugebiet Brasiliens, im S des Bundesstaates Minas Gerais, rd. 7 000 km² groß, mit reichen Lagerstätten von Eisenerzen mit einem Metallgehalt von mehr als 60 %; Erzbahnen zu den Exporthäfen Tubarão/Vitória und Rio de Janeiro.

Eis|erzeugung, Herstellung von Kunsteis unter Anwendung von Verfahren der ↑Kältetechnik. Die Produkte der E. sind Wassereis, festes Kohlendioxid (Trockeneis) und Speiseeis (Gefrorenes).

Eis|essig, ↑Essigsäure.

Eisfjord (norweg. Isfjord), größter, im Innern stark verzweigter Fjord in Westspitzbergen, rd. 105 km lang, bis zu 400 m tief.

Eisfuchs, der Polarfuchs, ↑Füchse.

Eisgang, Abschwimmen der winterl. Eisdecke als Treibeis auf fließenden Gewässern.

Eisglas (Craquelé-Glas), Glas mit dichtem Netz von unregelmäßigen Sprüngen, entsteht dadurch, dass das ofenheiße Glas mit Flüssigkeit besprüht oder in diese eingetaucht wird. Der Zusammenhalt wird durch kurzes Anschmelzen in großer Hitze (Verwärmen) wiederhergestellt.

Eisheilige, volkstüml. Bez. für die Kälterückfälle Mitte Mai. In Nord-Dtl. werden die E. vom 11. bis 13. 5. (mit den Tagesheiligen Mamertus, Pankratius, Servatius) erwartet, in Süd-Dtl., Österreich und der Schweiz vom 12. bis 15. 5. (Pankratius, Servatius, Bonifatius, »Kalte Sophie« [↑Sophia]).

Eishockey [-hoke, -hɔki], auf einer Eisfläche betriebenes Torspiel zweier Mannschaften von je sechs Spielern (ein Torhüter, zwei Verteidiger, drei Stürmer) und bis zu 18 ständigen Auswechselspielern. Die Spieler sind mit speziellen Schlittschuhen, Stöcken (Schlägern) und (wegen der erlaubten Behinderungen beim Kampf um die Scheibe) besonderer Schutzausrüstung versehen. Das Spielfeld ist zw. den Toren (1,22 m × 1,83 m) in drei gleiche Drittel (Verteidigungs-, neutrale sowie Angriffszone, vom eigenen Tor aus gesehen) einge-

Was ist eigentlich eine …

Supernova?

a) hell aufleuchtender explodierender Stern
b) hochgiftige asiatische Riesenschlange
c) Prüfungsbeste eines Erstsemester-Jahrgangs
d) Raumschiff mit elliptischer Orbitalbahn

08:08 ☉ 17:01   12:22 ☽ 04:54
Wassermann   Albert, Notburga, Paula, Timo

Wo	53	1	2	3	4
Mo		4	11	18	25
Di		5	12	19	26
Mi		6	13	20	27
Do		7	14	21	28
Fr	1	8	15	22	29
Sa	2	9	16	23	30
So	3	10	17	24	31

26 Dienstag
Januar 2010

a) hell aufleuchtender explodierender Stern

Explosion: Eine Supernova ist das schnelle, helle Aufleuchten eines Sterns am Ende seiner Lebenszeit durch eine Explosion, wobei der Stern vernichtet wird. Die Leuchtkraft nimmt millionen- bis milliardenfach zu. Der Stern wird für kurze Zeit so hell wie eine ganze Galaxie (Milchstraße).

Entwicklung: Supernovae sind sehr späte Stadien der Sternentwicklung. Dabei wird ein erheblicher Teil der Sternmasse mit hoher Geschwindigkeit (um 10 000 km/s) abgestoßen, der als sich rasch ausdehnender Emissionsnebel zu beobachten ist. Der zentrale Teil der Supernova bleibt als schnell drehender Neutronenstern übrig (Pulsar), der zu einem Schwarzen Loch kollabiert.

Kosmische Strahlung: Supernovae reichern die interstellare Materie mit schweren Elementen an, die bei den gewaltigen Ausbrüchen freigesetzt werden. Ein Großteil der kosmischen Strahlung ist auf sie zurückzuführen.

Am 26. Januar wurden geboren:

Roger Vadim (1928–2000), frz. Filmregisseur; **Eartha Kitt** (*1928), US-amerikan. Sängerin und Schauspielerin; **Paul Newman** (1925–2008), US-amerikan. Schauspieler; **Rupprecht Geiger** (*1908), dt. Maler und Grafiker; **Bernhard Minetti** (1905–1998), dt. Schauspieler; **Louis Favre** (1826–1879), schweizer. Ingenieur (Mont-Cenis- und Sankt-Gotthard-Tunnel); **Achim von Arnim** (1781–1831), dt. Dichter der Romantik

teilt und von einer 1,22 m hohen Bande umgeben. Hinter den Toren setzt sich das Spielfeld bis zu 4 m fort. Die 156–170 g schwere Hartgummischeibe **(Puck)** von 7,62 cm Durchmesser und 2,54 cm Höhe soll möglichst oft in das gegner. Tor geschlagen werden. Die effektive Spielzeit beträgt 3 × 20 min. Die Regeln sind auf die Eigenheiten des schnellen und harten Spiels abgestimmt. Ein Tor gilt nur, wenn es mit dem Stock erzielt wurde. (↑Sportarten, Übersicht)

📖 *Eckert, H.:* E.-Lexikon. München 1993. – *Eckert, H.:* E.-Weltgeschichte. München [4]1993.

Eishockey: Stock und Schlittschuh

Eishöhle, Naturhöhle mit Höhleneis, ↑Höhle.
Eiskeil, keilartige Form des Bodeneises in Ostsibirien oder Alaska. Bis 10 m tiefe und 3 m breite E. entstanden während des Eiszeitalters auch in Mitteleuropa. Sie wurden nach Abschmelzen des Eises mit Sand, Kies u. Ä. ausgefüllt und erscheinen als **Bodenkeile.**
Eisklettern, Sonderform des Bergsteigens, durchgeführt mit Eispickel, Hammer, Steigeisen, Eisschrauben und Sicherungsseil. Ein Wettbewerb des E. ist z. B. das »Speedklettern«. Als Form des ↑Extremsports erfreut sich das Ersteigen gefrorener Wasserfälle zunehmender Beliebtheit.
Eiskraut, Art der ↑Mittagsblume.
Eiskunstlauf, nach sportl. und ästhetisch-musikal. Gesichtspunkten gestalteter Lauf mit Schlittschuhen auf Eisflächen. Disziplinen sind Einzel-, Paarlauf und Eistanz. Nach Abschaffung des Pflichtteils (außer beim Eistanz) umfasst der E. jeweils ein Kurzprogramm mit vorgeschriebenen Elementen (in maximal 2:40 min) sowie eine Kür (Männer und Paare 4:30 min, Frauen 4 min). Der **Eistanz** umfasst zwei (von 18) ausgeloste Pflichttänze, einen Originaltanz und den Kürtanz (4 min). Die Bewertung erfolgt durch mehrere Preisrichter mit Noten von 0 (nicht gelaufen) bis 6 Punkten mit Zehntelunterteilung. Im Originalprogramm, im Originaltanz und in der Kür gibt es jeweils zwei Noten (A-Note techn. Wert, B-Note künstler. Eindruck). Das Resultat wird aus den Platzziffern ermittelt, die sich aufgrund der anonym vergebenen Noten der bis zu 14 Preisrichter (nur 9 werden gewertet) ergeben und die mit dem für jeden Teil vorgegebenen Faktor (Einzel- und Paarlauf Kurzprogramm 0,5, Kür 1; Eistanz Pflicht 0,4, Originaltanz 0,6, Kür 1) multipliziert werden. (↑Sportarten, Übersicht)

❖ **siehe ZEIT Aspekte**

Eisleben (Lutherstadt E.), Krst. des Landkreises Mansfelder Land, Sa.-Anh.,

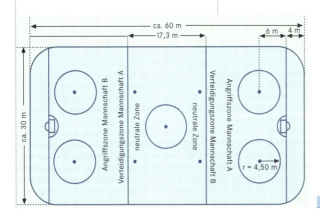

Eishockey: Spielfeld

im östl. Harzvorland, 21800 Ew.; Fachschule für Technik und Wirtschaft (1798 als Bergschule gegr.); Bau-, Lebensmittel-, Bekleidungsind.; die Kupferhütten sind heute stillgelegt. - Zwei Rathäuser (Altstädter [1519-31] und Neustädter Rathaus [1571-89]), ehem. Bergamt (1500), spätgot. Kirchen St. Andreas (2. Viertel 15. Jh. begonnen), St. Nikolai (15. Jh.) und St. Peter und Paul (15./16. Jh.); ferner Luthers Geburts- und Sterbehaus (beide Museum). Die Luthergedenkstätten wurden zum UNESCO-Weltkulturerbe erklärt. - Um 800 belegt, erhielt E. um 1180 Stadtrecht; fiel 1780 an Kursachsen, 1815 an Preußen; seit dem 13. Jh. Erzbergbau.

Eisler, 1) Georg, österr. Maler und Grafiker, *Wien 20. 4. 1928, †ebd. 14. 1. 1998, Sohn von 2); bes. beeinflusst von O. Kokoschka; malte von sozialkrit. und polit. Engagement geprägte Gruppenbilder sowie Landschaften, Akte, Porträts (A. Hrdlicka, E. Fried).
2) Hanns, Komponist, *Leipzig 6. 7. 1898, †Berlin (Ost) 6. 9. 1962, Vater von 1); Schüler von A. Schönberg und A. Webern, emigrierte 1933 und lebte 1938-48 in den USA, seit 1950 in Berlin (Ost); sein vielseitiges Schaffen umfasst über 600 Lieder (darunter die Nationalhymne der DDR), Balladen, Kantaten, über 80 Film- (»Kuhle Wampe«, 1932) und Bühnenmusiken (u. a. zu B. Brechts »Die Rundköpfe und die Spitzköpfe«, 1936, »Leben des Galilei«, 1947), Orchester- und Kammermusik.
📖 *Hennenberg, F.:* H. E. Reinbek 1987.
Eismeere, volkstüml. Bez. für die Meeresgebiete im Bereich der Arktis und der Antarktis, ↑Nordpolarmeer, ↑Südpolarmeer.
Eismeerstraße, 650 km langer Hauptverkehrsweg in N-Finnland, führt von Rovaniemi durch Finnisch-Lappland zum Inarisee.
Eisner, Kurt, Publizist und Politiker, *Berlin 14. 5. 1867, †München 21. 2. 1919; zunächst Anhänger F. Naumanns, dann der SPD, seit 1917 Mitgl. der USPD; proklamierte am 7./8. 11. 1918 den Freistaat Bayern und wurde Vors. eines Arbeiter- und Soldatenrates. Als bayer. MinPräs. vertrat er einen eigenen, philosophisch begründeten Sozialismus (»Realpolitik des Idealismus«), wobei er Rätesystem und Parlamentarismus miteinander zu verbinden suchte. E. wurde von A. Graf Arco (*1897, †1945) ermordet. Sein Tod wurde zum Signal für die Ausrufung der Räterepublik in Bayern.
Ausgaben: Die halbe Macht den Räten. Ausgewählte Aufsätze u. Reden, eingeleitet u. hg. v. R. Schmolze u. a. (1969).
📖 *Beyer, H.:* Von der Novemberrevolution zur Räterep. in München. Berlin 1957. - Die Reg. E. 1918/19. Ministerratsprotokolle u. Dokumente, eingeleitet u. bearb. v. F. J. Bauer. Düsseldorf 1987.
Eispickel, Spitzhaue mit Schneide (und Schaufel), mit der Stufen in Schnee oder in Eis geschlagen werden können.
Eispressung, Verdichtungserscheinungen beim Meereis durch Wirkung von Wind oder Strömungen, die zur Bildung von Pressrücken führen.
Eislsprung, ↑Eierstock.
Eispunkt, Gefrierpunkt des Wassers unter Normdruck; Fundamentalpunkt der Celsius-Skala (0°C = 273,15 K).
Eisregen, unterkühlter Regen, der beim Auftreffen auf Gegenstände sofort gefriert.
Eisrevue [-rə'vy:], von professionellen Eiskunstläufern zu Musik vorgetragene, tänzerisch-choreograph. bis artist. Showdarbietungen.
Eisriesenwelt, Höhlensystem mit z. T. bizarr geformten Eisbildungen im Tennengebirge bei Salzburg, Österreich; der Hauptgang tritt in 1 640 m ü. M. (mit Seilbahn erreichbar) zu Tage; Gesamtlänge rd. 50 km; 1879 entdeckt.
Eissalat (Krachsalat), dickblättrige Form des Kopfsalats.
Eisschießen, das ↑Eisstockschießen.
Eisschnelllauf, Schnelligkeits- und Dauerwettbewerb mit (Klapp-)Schlittschuhen auf einer 400 m langen E.-Bahn, die in zwei Laufbahnen von je 4-5 m Breite aufgeteilt ist. Gegenüber der Startgeraden befindet sich die Wechselgerade, auf der die im Wettkampf paarweise gegeneinander startenden Läufer jeweils die Bahn wechseln müssen. Der Bahnwechsel ist so zu vollziehen, dass der von außen kommende Läufer das »Vorfahrtsrecht« hat, wenn sich beide Läufer auf gleicher Höhe befinden. Bei der olymp. Wettbewerben gibt es nur Sieger über die einzelnen Distanzen (500 m werden zweimal gelaufen, die Zeiten addiert). Bei Welt- und Europameisterschaften werden die Punktbesten im ↑Vierkampf ermittelt. ↑Shorttrack; ↑Sportarten, Übersicht

Eiszeitalter EIS

Eissegeln, auf zugefrorenen Seen mit Segelschlitten ausgetragenes Rennen auf einem gleichseitigen Dreieckskurs von 5 oder 7,5 km Länge oder auf einem Luv-Lee-Kurs von 1 bis 5 km Länge. Die Segelschlitten sind gewöhnlich mit einem Sportler besetzt, laufen auf drei Bronze- oder Stahlkufen und haben meist nur ein Segel.

Eisvögel 2): Europäischer Eisvogel

Eisspeedway [-spi:dweɪ], einem ↑Speedwayrennen gleichender, auf einer Eisschnelllaufbahn ausgetragener Motorradwettbewerb.

Eissport, zusammenfassende Bez. für auf dem Eis ausgetragene Sportarten. Spitzenverband des E. in Dtl. ist der Dt. E.-Verband (DEV, Sitz: München), der die Fachverbände Dt. Eislauf-Union (DEU), Dt. Eisschnelllauf-Gemeinschaft (DESG), Dt. Eishockey-Bund (DEB), Dt. Curling-Verband (DCV) und Dt. Eisstock-Verband (DESV) umfasst.

Eisstockschießen (Eisschießen), Ziel- und Treibspiel auf Eisbahnen (auch Asphaltbahnen u. a.). Ziel ist es, den **Eisstock,** ein pilzartiges Wurfgerät aus Holz-, Metall- oder Kunststoffplatte mit Griff und Laufsohle aus Gummi oder Kunststoff (Gewicht 5–5,5 kg) so zu werfen, dass er möglichst nahe an der **Daube** (Gummireifen von 12 cm Durchmesser) zum Stehen kommt oder die »Zielstöcke« trifft. Das Zielschießen (Einzel, Mannschaft) wird auf der 30 × 3 m großen Stockschießbahn, das Weitschießen (nur für Männer) auf abgesteckten Bahnen ausgetragen.

Eissurfen [-sə:fen], ↑Surfen.
Eistanz, ↑Eiskunstlauf.
Eistaucher, Art der ↑Seetaucher.
Eisversetzung, an einem Hindernis im Fluss zusammengeschobenes und -gefrorenes Treibeis; engt den Abflussquerschnitt stark ein; dadurch kann es zu **Eishochwasser** kommen.
Eisvögel, 1) (Limenitis), Schmetterlinge aus der Familie der Fleckenfalter; schwarz und weiß, als Raupe auf Laubbäumen.
2) (Alcedinidae), Vogelfamilie mit 15 Gattungen und 87 Arten, bes. der Alten Welt; meist Waldbewohner. Der etwa 17 cm lange **Europ. E.** (Alcedo atthis) ist oberseits leuchtend blaugrün, unterseits rostfarben und hat kleine korallenrote Füße; lebt an fischreichen Gewässern.
Eisweine, Weine, die aus gefrorenen (bei mindestens $-7\,°C$) vollreifen Trauben gekeltert werden, wobei das in den Beeren zu Eis gefrorene Wasser nicht in den Most kommt; daraus resultiert ein sehr hoher Zuckergehalt des Mostes.
Eiszeitalter, ein Abschnitt der Erdgeschichte, der durch mehrfache Abfolge von Kalt- (Eiszeiten, Glaziale) und Warmzeiten (Interglaziale, Zwischeneiszeiten) geprägt ist. Während einer **Eiszeit** verschlechterte sich das Klima so nachhaltig (Temperaturverminderung), dass sich in weiten Teilen der Erde, v. a. in den höheren Breiten und in Gebirgen der mittleren und niederen Breiten, das Gletschereis ausdehnte. Teilweise drangen große Inlandeismassen bis in mittlere Breiten vor. Auf den Meeren dehnten sich Pack- und Treibeis aus; der Meeresspiegel sank wegen der starken Bindung des Niederschlagswassers in den Eismassen. Die Lage von ehem. Gletschern oder Inlandeis wird aus dem Vorkommen von Moränen, ortsfremden Gesteinsblöcken und Gletscherschliffen erschlossen. Für die Gebiete, in denen während dieser Zeiträume wegen zu geringer Temperatursenkung oder wegen nicht ausreichender Niederschläge keine Vereisung erfolgte, aber vielfach Periglazialerscheinungen auftraten, sollte man für diese Epoche nur von Kalt-, nicht von Eiszeit sprechen. In niederen Breiten entsprechen den Eiszeiten teilweise Pluvialzeiten. Eine allg. anerkannte Erklärung für das Auftreten von E. gibt es noch nicht. Außer im Quartär gab es E. v. a. im Paläozoikum, wohl auch im Proterozoikum.

EIS Eiszeitalter

Eiszeitalter

Zeitliche Abfolge der pleistozänen Kalt- und Warmzeiten
Eis- oder Kaltzeiten in blauer, Interglaziale oder Warmzeiten in roter Schrift

	Beginn vor (in 1000 Jahren)	Alpen	nördliches Mitteleuropa	generalisierte Paläotemperaturkurve
Jung-pleistozän	? 70 / ? 115	Würm-Eiszeit: Stephanskirchener Stadium, Olköfener S., Ebersberger S., Kirchseeoner S.	Weichsel-Eiszeit: Pommersches Stadium, Frankfurter S., Brandenburger S.	0,1 Mio.
	130	Riß-Würm-Interglazial	Eem-Interglazial	
Mittelpleistozän	195	Riß-Eiszeit: Jung-Riß, Haupt-Riß	Saale-Eiszeit: Warthe-Vereisung	0,2 Mio.
	230	Mindel-Riß-Interglazial	Treene-Warmzeit	
	? 300	Mindel-Eiszeit	Drenthe-Vereisung	
Altpleistozän		Günz-Mindel-Interglazial	Holstein-Interglazial	
	350			
		Günz-Eiszeit	Elster-Eiszeit	
		Wechsel von schwächer ausgeprägten Warm- und Kaltphasen	Cromer-Warmzeit, Elbe-Kaltzeit, weitere Warm- und Kaltphasen (Cromer-Komplex)	0,5 Mio.
Ältestpleistozän	750 / 900	Jüngere Donau-Eiszeit	Menap-Eiszeit	1,0 Mio.
		Uhlenberg-Warmzeit	Waal-Warmzeit	
	1300	? Ältere Donau-Kaltzeitengruppe	Eburon-Kaltzeit	1,2 Mio.
	1700		Tegelen-Warmzeit	1,8 Mio.
		Biber-Kaltzeitengruppe	Prätegelen-Kaltzeiten (Brüggen-Kaltzeit)	
	2500	Pliozän (Tertiär)		kalt ↔ warm

Ejakulation EJA

Das **quartäre E.** (früher Diluvium, heute **Pleistozän**) ist die Epoche unmittelbar vor der geolog. Gegenwart (↑geologisches System). Sein Anfang liegt etwa 2,5 Mio., sein Ende rd. 11 000 Jahre zurück. Es fand eine globale Verschiebung der Klimagürtel statt, verbunden mit der äquatorwärtigen Verlagerung der Luftdruck- und Windgürtel. Die Warmzeiten ähnelten in Klima und Vegetation der Gegenwart. In der Würm-Eiszeit (letzte pleistozäne alpine Vereisung, der Weichsel-Eiszeit in Nordmitteleuropa entsprechend) lag in Mitteleuropa das Januarmittel (auf die damalige Meereshöhe umgerechnet) zwischen $-14°$ und $-22°C$ und das Julimittel zwischen $+10°$ und $+5°C$. Außer Grönland, Spitzbergen und der Antarktis waren auch Nordeuropa, die Alpen, Teile Sibiriens, Nordamerikas und Patagoniens vereist. Die Vergletscherung umfasste in der letzten Eiszeit weltweit maximal 42, in der vorletzten bis über 48 Mio. km^2, d. h. eine dreimal größere Fläche als heute (15,3 Mio. km^2). In Europa reichte das nord. Inlandeis maximal bis an die dt. Mittelgebirge. Die Alpen waren bes. im W vergletschert, die Talgletscher stießen weit ins Vorland hinaus. Lokalvergletscherungen sind in den Vogesen, im Schwarzwald, Harz, Böhmerwald, Riesengebirge sowie in den Pyrenäen und in der Tatra nachgewiesen. In weitem Umkreis um Inlandeis und Gletscher herrschte ein periglazialer Formenschatz vor, z. B. Dauerfrost- und Strukturböden, Frostschutt und Blockmeere. Die nördl. Waldgrenze lag südlich der Alpen. Das eisfreie Gebiet zwischen Alpen und Inlandeis wurde von einer Tundra eingenommen; dort lebten Mammut, Höhlenbär, wollhaariges Nashorn, Wisent, Reh, Eisfuchs, Lemming u. a. Kälte gewohnte Tiere. Mit dem Pleistozän ist auch die Geschichte der Menschheit (↑Altsteinzeit) aufs Engste verknüpft. Der Rückgang des Eises wurde durch Haltepausen (Interstadiale) mit leichter Klimaverbesserung unterbrochen; neuerl. kurzfristige Eisvorstöße werden Stadialzeiten genannt.

Probst, E.: Dtl. in der Urzeit. Von der Entstehung des Lebens bis zum Ende der Eiszeit. München 1986. – Schreiner, A.: Einführung in die Quartärgeologie. Stuttgart 1992. – Ehlers, J.: Allgemeine u. histor. Quartärgeologie. Stuttgart 1994. – Kahlke, H. D.: Die Eiszeit. Leipzig u. a. ^{3}1994. – Das Quartär Deutschland., hg. v. L. Benda. Berlin u. a. 1995.

Eitelberger von Edelberg, Rudolf, österr. Kunsthistoriker, * Olmütz 17. 4. 1817, † Wien 18. 4. 1885; war seit 1852 Prof. an der Univ. Wien und seit 1864 Direktor des von ihm in Wien gegründeten Museums für angewandte Kunst. Er gilt als Reformer des Kunstgewerbes; gab 1871–82 die »Quellenschriften für Kunstgeschichte und Kunsttechnik des Mittelalters und der Renaissance« (18 Bde.) heraus.

Eiter (Pus), eine gelbgrünl. oder gelbbräunl. Flüssigkeit, die sich als Reaktion des Körpers im Laufe einer durch Bakterien (E.-Erreger) ausgelösten Entzündung bildet und weiße Blutkörperchen sowie Gewebezellen enthält. E. wird vom Körper zur Isolierung und Vernichtung der eingedrungenen Erreger (↑Phagozytose) gebildet.

Eiterbeule, der ↑Furunkel.

Eiterflechte (Eitergrind), die ↑Impetigo.

Eiweiß, 1) *allg.:* der den Dotter umgebende helle Bestandteil des Eies. **2)** *Biochemie:* (Eiweißstoff), ↑Proteine.

Eiweißharnen, die ↑Proteinurie.

Eiweißmangeldystrophie, Ernährungsstörung infolge Eiweißmangels; tritt v. a. bei Säuglingen und Kindern (bei ausschließl. Kohlenhydraternährung) auf. Symptome sind v. a. Wachstumsstörungen, Muskelschwäche, Apathie oder Anämie; Ursache ist das ernährungsbedingte Fehlen essenzieller Aminosäuren und Vitamine.

Eiweißminimum, die Mindestmenge an Eiweiß (Proteine), die der Organismus zur Erhaltung seines Eiweißbestandes benötigt und die durch keine anderen Nahrungsstoffe ersetzbar ist; beim Menschen etwa 35–50 g je Tag (0,5–0,6 g je kg Körpergewicht).

Eizahn, lanzettförmiger Zwischenkieferzahn bei Embryonen von Eidechsen und Schlangen zum Aufschlitzen der Eischale. Bei Brückenechsen, Krokodilen, Schildkröten und Vögeln bildet sich dafür eine hornige **Eischwiele;** E. und Eischwiele werden nach dem Schlüpfen abgeworfen.

Eizelle, die weibl. Keim- oder Geschlechtszelle, ↑Ei.

Ejakulation [lat.] *die* (Samenerguss), das Ausspritzen der Samenflüssigkeit aus dem erigierten Penis durch rhythm. Kontraktionen der Muskulatur des Samenleiters, der Samenblase, der Schwellkörper und des Beckenbodens. Spontane, meist nachts auftretende E. wird ↑Pollution genannt. Vorzeitiger Samenerguss vor Einführung des Gliedes (**Ejaculatio praecox**) und die stark verzögerte E. (**Ejaculatio retarda**) sind psychisch bedingt.

Ejalẹt [türk.] *das,* im Osman. Reich bis 1865 oberste Verwaltungseinheit, bestand aus mehreren Sandschaks; später Zusammenfassung mehrerer E. in einem Wilajet.

Ejektiọn [lat.] *die, Vulkanologie:* Auswurf von vulkan. Aschen.

Ejẹktor [lat.] *der,* 1) Dampfstrahlpumpe mit Absaugvorrichtung. 2) Patronenauswerfer bei Schusswaffen.

Ejido [ɛˈxido] *der,* dörfl. Grundbesitz in Mexiko, ↑Agrarkommunismus.

Ẹk, Mats, schwed. Tänzer, Choreograph und Ballettdirektor, *Malmö 18. 4. 1945, Sohn von B. Cullberg und dem Schauspieler Anders Ek; war u. a. Tänzer beim Cullberg-Ballett, in Düsseldorf; beim Nederlands Dans Theater; begann 1976 zu choreographieren, entwickelte sich zu einem der profiliertesten Avantgarde-Choreographen der Gegenwart, der sich durch seine originelle, psychologisch motivierte, oft auch skurril-humorvolle Bewegungssprache einen Namen machte; auch berühmt durch seine Neufassungen überlieferter Ballette wie »Giselle« oder »Schwanensee«. 1985–93 künstler. Direktor des Cullberg-Balletts.

Ẹka-Elemente [Sanskrit *eka* »eins«], frühere Bez. für die 1871 von D. I. Mendelejew aufgrund von Lücken in seinem Periodensystem vorausgesagten chem. Elemente.

Ekart [eˈkaːr, frz.] *der, Börsenwesen:* ↑Écart.

Ekartẹ́, ein Kartenspiel, ↑Ecarté.

Ekbạtana, in der Antike Hptst. des Mederreiches, ↑Hamadan.

Ẹkberg, Anita, schwed. Filmschauspielerin, *Malmö 29. 9. 1931; arbeitete u. a. als Model; Höhepunkt ihrer Filmkarriere war ihre Rolle in dem Film »Das süße Leben« (1959).

EKD, Abk. für ↑Evangelische Kirche in Deutschland.

Ẹkelöf, Bengt Gunnar, schwed. Schriftsteller, *Stockholm 15. 9. 1907, †Sigtuna (VerwBez. Stockholm) 16. 3. 1968; war in seinem lyr. Schaffen zunächst vom frz. Surrealismus und der Musik I. Strawinskys geprägt und entwickelte später klarere, intellektuellere und esoterischere Ausdrucksformen; auch Kunst- und Literaturkritiker.

Ẹkelund, Vilhelm, schwed. Schriftsteller, *Stehag (Schonen) 14. 10. 1880, †Saltsjöbaden (bei Stockholm) 3. 9. 1949; schrieb unter dem Einfluss Hölderlins Lyrik in freien Rhythmen, später Essays und Aphorismen in Auseinandersetzung mit der Philosophie F. Nietzsches.

Ẹkert-Rọtholz, Alice Maria, Schriftstellerin, *Hamburg 5. 9. 1900, †London 17. 6. 1995; lebte lange Zeit in Bangkok; Romane und Erzählungen vor dem Hintergrund der polit. Verhältnisse im Fernen Osten.

EKG, Abk. für ↑Elektrokardiogramm.

Ẹkhof, Konrad, Schauspieler, *Hamburg 12. 8. 1720, †Gotha 16. 6. 1778; gilt als »Vater der dt. Schauspielkunst«; überwand den pathet. frz. Spielstil durch gemäßigten Realismus.

Ekibastụs, Ind.stadt im NO von Kasachstan, 141 100 Ew.; Steinkohlenförderung im Tagebau; Elektroenergieerzeugung (4000-MW-Kraftwerk; Fernleitung zum Ural, Russland).

Ẹkkehart (Eckehart), Mönche in St. Gallen: **1) E. I.,** *bei St. Gallen um 910, †14. 1. 973, Onkel von 2); Stiftsdekan; ihm werden versch. liturg. Dichtungen zugeschrieben und das lat. Heldenepos ↑Waltharius. **2) E. II.,** *um 920, †Mainz 23. 4. 990, Neffe von 1); Leiter der Klosterschule in St. Gallen, Dompropst von Mainz, Lehrer der Herzogin Hadwig von Schwaben. Er ist das Vorbild für J. V. von Scheffels Roman »Ekkehard«. **3) E. IV.,** *nach 980, †21. 10. um 1060; Schüler von Notker III. Labeo; wurde 1022 Leiter der Domschule in Mainz und wirkte danach wieder in St. Gallen; setzte die von dem alemann. Benediktiner Ratpert (*um 840, †vor 912) begonnenen St. Galler Klostergeschichten (»Casus sancti Galli«) bis 971 fort.

Ekklesiologie [grch.] *die,* theolog. Lehre von der ↑Kirche.

Eklampsiẹ [zu grch. *eklámpein* »hervorleuchten«] *die,* schwerste Form einer am Ende der Schwangerschaft, während der Geburt oder im Wochenbett auftretenden ↑Gestose. Die E. ist durch heftige, blitzartige Krämpfe mit Bewusstlosigkeit charakterisiert bei gleichzeitiger Blutdruckerhö-

hung, Wasseransammlung im Gewebe und Nierenversagen. Es besteht Lebensgefahr für Mutter und Kind.
Eklat [e'kla, frz.] *der,* Skandal, in der Öffentlichkeit starkes Aufsehen erregender Vorfall.
eklatant, offenkundig; Aufsehen erregend; auffallend.
eklektisch, a) *abwertend:* in unschöpfer. Weise nur Ideen anderer (z. B. in einer Theorie) verwendend; b) aus bereits Vorhandenem auswählend und übernehmend.
Eklektizismus [grch.] *der,* **1)** *Kunst:* Ausdrucksweise, die sich in einem selektiven, historisch rückbezogenen Verfahren bereits entwickelter und abgeschlossener Kunstleistungen bedient. **2)** *Philosophie:* Denkweise, die ihre Argumente aus Lehrmeinungen und Zitaten anderer Autoren zusammensetzt; bes. in der Spätzeit der grch. und alexandrin. Philosophie. **3)** *Religionsgeschichte:* eine Praxis, die Elemente versch. Religionen als glaubenswert annimmt (↑Synkretismus).
Eklipse [grch. ékleipsis »das Ausbleiben«, »Verschwinden«] *die,* Sammelbegriff für die Sonnen- und die Mondfinsternis.
Ekliptik [grch.] *die,* ein Großkreis am Himmel, in dem die Ebene der Erdbahn um die Sonne die gedachte Himmelskugel schneidet. Die Erdbahnebene, die **ekliptikale Ebene,** ist durch die Verbindungslinie vom Mittelpunkt der Sonne zum Schwerpunkt des Erde-Mond-Systems definiert sowie durch die Bewegungsrichtung dieses Systemschwerpunktes um die Sonne. Durch den jährl. Umlauf der Erde um die Sonne entsteht der Eindruck, als bewege sich die Sonne unter den Sternen der in der Mitte des ↑Tierkreises liegenden E.; deshalb spricht man auch von der E. als der scheinbaren Sonnenbahn der Sphäre und nennt die von der Sonne durchlaufenen Tierkreissternbilder **ekliptikale Sternbilder.** – Die E. schneidet den Himmelsäquator im Frühlings- und im Herbstpunkt (↑Äquinoktium) unter einem Winkel von 23°27', der als **Schiefe der E.** bezeichnet wird (↑astronomische Koordinaten). Sie verändert sich mit der Zeit leicht durch die ↑Präzession der Erde und ist für den Ablauf der ↑Jahreszeiten verantwortlich.
Ekloge [grch. »Ausgewähltes«] *die,* urspr. kleines Gedicht, später Hirtengedicht, bes. bei Vergil.

Eklogit *der,* massiges bis dickschiefriges metamorphes Gestein von hoher Dichte; Hauptbestandteile sind roter Granat und grüner Pyroxen.
Ekman, Kerstin, schwed. Schriftstellerin, *Risinge (VerwBez. Södermanland) 27. 8. 1933; schrieb zunächst Kriminalromane, in ihrer Romantetralogie »Sara und ihre Schwestern« (Obertitel der dt. Übersetzung, 1994) schildert sie das bäuerl. Leben in Södermanland Anfang des 20. Jh. aus Sicht der Frauen.
Eknomus (lat. Ecnomus mons), antike Bergfeste an der S-Küste Siziliens, heute Poggio Sant' Angelo, bei Licata; hier erzwangen 256 v. Chr. im 1. Pun. Krieg die Römer unter den Konsuln Regulus und Vulso in einer der größten Seeschlachten des Altertums die Überfahrt nach Afrika gegen die Karthager.
Ekofisk ['e:ku-], Erdöl- und Erdgasfeld im norweg. Sektor der Nordsee, rd. 300 km vor der südnorweg. Küste, 1969 entdeckt, Förderung seit 1971 (Erdgas seit 1977); Erdölleitung zur engl. Küste, Erdgasleitung zur dt. Küste bei Emden.

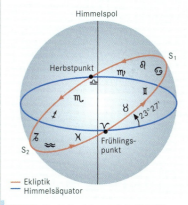

Ekliptik: Tierkreiszeichen auf der Ekliptik; S_1 Sommersonnenwende, S_2 Wintersonnenwende (alles bezogen auf die Nordhalbkugel)

Ekoi, Volksgruppe im Waldland SO-Nigerias, östlich des Cross River bis nach Kamerun, etwa 0,6 Mio Menschen. Die E. stellen mit Leder überzogene Masken für den rituellen Tanz her; dieser Brauch geht wohl auf die in dieser Gegend bes. stark verbreitete Kopfjägertradition zurück.
Ekossaise [ekɔ'sɛ:zə], ↑Ecossaise.

EKO Stahl GmbH

EKO Stahl GmbH, bis 1990 eines der größten Metallurgiekombinate der DDR (rd. 12 000 Beschäftigte), Sitz: Eisenhüttenstadt; gegr. 1951–54 als Hüttenwerk, firmierte 1963–90 als **Eisenhüttenkombinat Ost** und 1990–94 als EKO Stahl AG. Das Unternehmen ist seit 1995 Tochtergesellschaft des belg. Stahlkonzerns Cockerill-Sambre S. A. (seit 2002 der Arcelor S. A.). Nach umfassender Modernisierung und Konzentration auf das Kerngeschäft Flachstahl erwirtschafteten die rd. 3 200 Beschäftigten 2001 einen Umsatz von 918 Mio. €.

Ekphorie [grch.] *die,* durch einen Reiz ausgelöste Aktivierung von Gedächtnisinhalten und Erinnerungsvorgängen.

ekrü [frz.], ungebleicht; weißlich, gelblich.

Ekrüseide *die,* nicht vollständig entbastete Naturseide von gelbl. Farbe.

Ekstase [grch.] *die,* Bewusstseinszustand der Entrückung oder Verzückung, der als Heraustreten des Ich aus seinen Grenzen erfahren wird. – In der *Psychologie* gilt die E. als stark emotional bestimmter Zustand der Entrückung von der Wirklichkeit. E. kann besonders durch asketische Übungen, Musik, Tanz, Massenerlebnisse und Drogengebrauch hervorgerufen werden. Eine gesteigerte Neigung zu E. findet sich auch bei manchen Psychosen. – Das Phänomen der E. findet sich auch in zahlr. *Religionen* und wird von den Anhängern als Ausdruck des unmittelbaren (durch gezieltes Versetzen in einen phys. und psych. Ausnahmezustand hergestellten) Kontaktes mit Gott, Göttern oder Geistern angesehen (z. B. im Schamanismus).
📖 *Der Heilige u. die Verrückte. Religiöse E. u. psych. Grenzerfahrung, Beiträge v. C. Clément u. S. Kakar. München 1993.* – *Eliade, M.: Schamanismus u. archaische Ekstasetechnik. A. d. Frz. Neuausg. Frankfurt am Main* [8]*1994.*

Ektasie [grch.] *die,* Erweiterung von Hohlorganen, z. Beispiel der Luftröhrenäste **(Bronchiektasie)** oder des Magens **(Gastrektasie).**

Ektenie [grch.] *die,* liturg. Gebet im orth. Gottesdienst, in dem der Chor litaneiartig die Worte des Vorbeters aufnimmt. (↑Litanei)

Ekthym [grch.] *das,* meist durch Streptooder Staphylokokken hervorgerufenes, lochartig ausgestanztes Geschwür, v. a. an den Unterschenkeln.

Ektoderm [grch.] *das* (Ektoblast), äußeres Keimblatt des Embryos (↑Entwicklung).

Ektokarp [grch.] *das, Botanik:* ↑Exokarp.

Ektomie [grch.] *die,* Herausschneiden eines Organs, z. B. des Wurmfortsatzes **(Appendektomie),** der Gaumenmandeln **(Tonsillektomie).**

Ektoparasiten [grch.], auf der Körperoberfläche ihres Wirts lebende Schmarotzer. (↑Parasiten)

Ektopie [grch.] *die,* meist angeborene Verlagerung eines Organs oder Gewebes nach außen oder innerhalb des Körpers an eine abnorme Stelle, z. B. Verlagerung der Augenlinse.

Ektropium [grch.] *das* (Ektropion), Auswärtskehrung des Augenlides; entsteht häufig am Unterlid alter Menschen durch Erschlaffen der Lidhaut und des Lidschließmuskels; auch bei Fazialislähmung oder durch narbige Verkürzung der Lidhaut, z. B. nach Verbrennungen.

Ektypus [auch εk'ty:-, grch.] *der,* Nachbildung, Abbild, Kopie; Ggs. ↑Prototyp.

EKU, Abk. für ↑Evangelische **K**irche der **U**nion.

Ekuador, ↑Ecuador.

Ekwensi, Cyprian, nigerian. Schriftsteller engl. Sprache, *Minna 26. 9. 1921; schildert in Romanen Stadt- und Landleben im heutigen Nigeria;»People of the city«(1954) gilt als der erste afrikan. Gegenwartsroman; schrieb außerdem»Survive the Peace«(1976) über den Krieg um Biafra,»Jagua Nana's daughter«(1986), »For a roll of parchment«(1987).

Ekzem [grch.] *das,* häufige, nicht ansteckende, vielgestaltige, akute oder chronisch-entzündl. Hauterkrankung mit oft ausgeprägtem Juckreiz; vorwiegend verursacht durch direkte Einwirkung äußerer Schadfaktoren auf die Haut. Eine Sekundärbesiedlung mit Viren, Bakterien und Hautpilzen ist möglich. Im **akuten E.** kommt es zu flächenhafter, meist symmetr., nicht eindeutig abgegrenzter Rötung, Knötchen- und Blasenbildung, nach deren Platzen zu Hautnässen (»nässende Flechte«) und Krustenbildung. Das **chron. E.** ist durch Verhornung und Schuppenbildung der Oberhaut gekennzeichnet. Nägel und behaarte Kopfhaut können mitbefallen sein. – *Behandlung:* Ausschalten der schädigenden Substanzen und Allergenen; kühlende oder austrocknende Lotionen oder Salben, zum Stillen

elastische Schwingungen ELA

des Juckreizes auch Antihistaminika, gegen Entzündungen Corticosteroide. (↑atopisches Ekzem)

el, arab. Artikel, ↑al.

El [hebr.], semit. Gottesbezeichnung, bei den meisten semit. Völkern – so auch den vorisraelit., kanaanäischen Bewohnern Palästinas – für die höchste Gottheit; im A. T. Bez. für einzelne (lokale) Götter Syriens und Palästinas, als Abstraktplural **(Elohim)** aber auch den Gott Israels (↑Jahwe) bezeichnend.

Elaborat [lat.] *das,* flüchtig zusammengeschriebene Abhandlung, Machwerk; gelegentlich auch allg. Bez. für eine schriftl. Ausarbeitung.

elaborierter Code [- ko:t], *Soziolinguistik:* Bez. für die sprachl. Ausdrucksfähigkeit von Angehörigen der Mittelschicht; gegenüber dem ↑restringierten Code u. a. von höherer Differenziertheit, größerem Wortschatz, komplexerer Syntax gekennzeichnet.

Elaeagnus, die Pflanzengattung ↑Ölweide.

Elagabal, röm. Kaiser, ↑Heliogabal.

Elaidinsäure, Isomer der ↑Ölsäure.

Elaioplast [grch.] *der,* Fett oder Öl speichernde Form der Leukoplasten; farblose Plastiden in nicht photosynthetisch aktiven Geweben, v. a. bei einkeimblättrigen Pflanzen.

Elaiosom [grch.] *das* (Ölkörper), fett- und proteinreiches Gewebeanhängsel an pflanzl. Samen (z. B. beim Schöllkraut und Rizinus) oder an Nussfrüchten.

El-Alamein, ↑Alamein.

El Al Israel Airlines Ltd. [-ˈɪzreɪəl ˈeəlaɪnz ˈlɪmɪtɪd], israel. Luftverkehrsgesellschaft, hervorgegangen 1948 aus der militär. Lufttransportorganisation AVIRON. (↑Luftverkehrsgesellschaften, Übersicht)

Elam (grch. Elymais), altoriental. Reich östlich des unteren Tigris, im heutigen südiran. Randgebirge. Die Hptst. war Susa. Die Bewohner hießen **Elamier, Elamiter** oder **Elamer.** Im 4. Jt. v. Chr. war E. Zentrum einer bedeutenden vorgeschichtl. Kultur, die dann unter den Einfluss der sumer. Kultur geriet. Die elam. Gesch. ist eng mit der von Babylonien verknüpft. Die akkad. Könige (22. Jh. v. Chr.) führten Kriege gegen E. Unter der Dynastie der Epartiten (seit 1780 v. Chr.) konnte sich E. fast unabhängig halten und erreichte im 13./12. Jh. v. Chr. eine Zeit höchster kultureller Blüte (u. a. Tempelbau in Dur-Untasch, heute Tschoga Zanbil). 1110 v. Chr. griff Nebukadnezar I. von Babylon an und verwüstete Susa. Im 8. Jh. v. Chr. bildete sich ein »Neuelam. Reich«, das bis zur assyr. Eroberung von Susa (646 v. Chr.) bestand. E. fiel dann den Persern zu. Eigenständigkeit zeigt die Kunst E.s in der reichen Keramik, Siegelschneidekunst und im Metallguss. 📖 *Hinz, W.: Das Reich E. Stuttgart 1964.*

Elamisch (elamische Sprache), die Sprache der elam. Keilinschriften: Alt-E. (etwa 2300–1700 v. Chr.), klassisches E. (etwa 1285–1140 v. Chr.), Neu-E. (750–650 v. Chr.) und Achaimenidisch-E. (533–330 v. Chr.); bis ins 10. Jh. n. Chr. belegt ist als letzter Ausläufer des E. das Chusische im SW Irans.

Elan [auch eˈlɑ̃:, frz.] *der,* Schwung, Begeisterung.

Élan vital [eˈlɑ̃ viˈtal, frz.], in der gegen den Mechanismus und Materialismus gerichteten Philosophie von H. Bergson der dem Leben innewohnende schöpfer. und beseelende Kraft, die eigentl. Substanz alles Seienden.

Eläolith [grch. »Ölstein«] *der,* ein Mineral, ↑Nephelin.

Elara, ein Mond des Planeten ↑Jupiter.

El-Araisch, Stadt in Marokko, ↑Araisch.

El-Arisch, Stadt in Ägypten, ↑Arisch.

E. L. A. S., Abk. für Ethnikos Laikos Apeleftherotikos Stratos, ↑E. A. M.

Elasmobranchii (Elasmobranchier), Unterklasse der ↑Knorpelfische.

El-Asnam (Ech-Cheliff, früher Orléansville), Stadt in N-Algerien, am Chéliff, 129 900 Ew.; Handelszentrum. – 1954 und 1980 durch Erdbeben stark zerstört; danach Wiederaufbau.

Elaste, ↑Kunststoffe.

Elastik *das* oder *die,* Gewebe oder Gewirke mit Gummifäden oder aus Elastomergarnen.

Elastin *das,* Gerüsteiweiß (Skleroprotein) der elast. Fasern in Bindegeweben, Gefäßwandungen und manchen Sehnen.

elastische Fasern, aus Mikrofibrillen und spezif. Glykoproteiden zusammengesetzte zugelast. Bindegewebefasern mit großer chem. Widerstandsfähigkeit; kommen als einzelne Fasern und gefenstert Membranen in vielen Organen und Geweben vor.

elastische Schwingungen, durch äußere Krafteinwirkung in festen Körpern

111

ELA Elastizität

auftretende Schwingungen der atomaren Bausteine um ihre Ruhelage, die auf dem Zusammenwirken von Trägheits- und elast. Rückstellkräften beruhen. E. S. führen zu ↑Gitterschwingungen der Atome oder zu makroskop. Dichteschwankungen im Körper. Sie breiten sich in Form **elast. Wellen** aus. Beispiele für e. S. und Wellen sind neben den Gitterschwingungen und -wellen die Schallschwingungen und -wellen (↑Schall) sowie die Wellen (z. B. Oberflächenwellen) bei ↑Erdbeben.
Elastizität [grch.], **1)** *Physik:* die Eigenschaft fester Körper, ihre durch äußere Kräfte oder Temperaturunterschiede angenommene Form- oder Volumenänderung (Deformation) nach Beseitigung der Einwirkungen wieder rückgängig zu machen **(Form-** oder **Volumen-E.).** Bei Flüssigkeiten und Gasen, die unter Druck ihr Volumen ändern, spricht man von ↑Kompressibilität. Sind die äußeren Kräfte, die den mittleren Abstand der Atome verändern, im Gleichgewicht mit den zw. ihnen wirkenden Rückstellkräften, liegt eine reversible **vollkommene E.** oder **elast. Verformung** vor (v. a. bei elast. ↑Dehnung). Überschreiten die zu den einwirkenden Kräften gehörigen mechan. Spannungen einen bestimmten stoffabhängigen Wert, die **E.-Grenze**, tritt i. Allg. eine irreversible **plast. Verformung** (↑Plastizität) ein. In einigen Stoffen (z. B. bei Hochpolymeren) gehen plast. Verformungen nach gewisser Zeit (z. T.) wieder zurück (**elast. Nachwirkung**). Bei Metallen, den typ. Stoffen mit linearer E., sind geringe Formänderungen proportional den äußeren Kräften und damit den inneren Spannungen **(hookesches Gesetz, E.-Gesetz).** Es lautet für einachsige Beanspruchung $\sigma = E\varepsilon$ mit der Normalspannung σ, der Dehnung ε und dem E.-Modul E.
2) *Technik:* Maß für den Drehmomentenanstieg bei verringerter Drehzahl eines Verbrennungsmotors. Die e. bestimmt für ein Kfz die Auslegung des Schaltgetriebes und die Anzahl der erforderl. Schaltgänge.
3) *Volkswirtschaftslehre:* von A. Marshall geprägter Begriff, der das Verhältnis der relativen Änderung einer wirtsch. Größe zu der sie verursachenden relativen Änderung einer anderen Größe bezeichnet, z. B. Zunahme der Nachfrage um $x\%$ bei Senkung des Preises um 1 % (Nachfrage-E.).

Die E. ist rechnerisch der Quotient aus diesen relativen Änderungen (Wirkung geteilt durch Ursache). Ist der **E.-Koeffizient** größer als 1, spricht man von elast. Nachfrage. I. d. R. ist die Nachfrage nach lebenswichtigen Gütern unelastisch (E.-Koeffizient < 1), die nach Luxusgütern elastisch. Ähnlich werden z. B. Preis-E., Kosten-E., Einkommens-E., Substitutions-E., Produktions-E. ermittelt.
Elastomere [grch.] (Elaste), ↑Kunststoffe.
Elastomergarne, die aus Natur- oder Kunstkautschuk bestehenden Gummifäden (**Elastodien**) sowie die gummielast. Fäden aus segmentiertem Polyurethan (**Elasthane,** z. B. Lycra). Die Polyurethanfasern finden vielseitige Anwendung in der Textilindustrie.
Elạt (Elath, Eilath), Hafenstadt in Israel, an der Küste des Golfs von Akaba, 20 400 Ew.; Erdölhafen, mit den Raffinerien in Haifa, Ashqelon und Ashdod durch Ölleitungen verbunden; Fischkonservenfabrik, Malachitschleifereien; bed. Fremdenverkehr. – 1948 gegr.; im März 1949 von israel. Truppen besetzt. Im Sinaifeldzug Nov. 1956 erkämpfte sich Israel die Durchfahrt durch die Meerenge von Tiran, den Ausgang des Golfs von Akaba zum Roten Meer. Die Blockierung der Meerenge durch Ägypten führte zum 3. israelisch-arab. Krieg (1967). – Das E. der israel. Königszeit (1. Jt. v. Chr.) lag an der Stelle des jetzigen Akaba.
Elạtiv [lat.] *der, Sprache:* Steigerungsform der Adjektive, die, oft formgleich mit dem Superlativ, keine Vergleichung enthält (absoluter Superlativ, z. B. »äußerst schlecht«).
Elâzığ [ɛla:ˈzi:], Prov.-Hptst. in Ostanatolien, Türkei, 1 020 m ü. M., 224 800 Ew.; Univ.; Zement-, Kunstdünger-, Textilindustrie.
Elba, italien. Insel im Mittelmeer, Italien, Prov. Livorno, 223,5 km², 29 100 Ew.; im toskan. Inselarchipel zw. Korsika und dem Festland, von dem die Insel durch den Kanal von Piombino getrennt ist. E. ist sehr gebirgig und hat mildes Klima; wichtigster Wirtschaftszweig ist der Fremdenverkehr, daneben Wein-, Oliven-, Obstanbau. Der Abbau von Eisenerzen wurde 1982 eingestellt. Hauptort ist Portoferraio. – E., das röm. **Ilva,** gehörte im MA. zu Pisa, kam 1557 an den Herzog der Toskana, Cosi-

mo I. de' Medici; in den folgenden Jh. umstritten, 1802 zu Frankreich. Vom 3. 5. 1814 bis 26. 2. 1815 war es Verbannungsort Napoleons I.; 1815 kam E. an die Toskana, 1860 an das Königreich Italien.
El Bajío [- ba'xio], Bergland mit Thermalquellen auf dem mexikan. Zentralplateau, zw. Östl. und Westl. Sierra Madre, 1500–2000 m ü. M.; »Kornkammer« Mexikos.
Elbasạn, Bez.-Hptst. in Albanien, am Shkumbin; 83300 Ew.; metallurg. Ind., Holzverarbeitung, Erdölraffinerie.
Ẹlbe *die* (tschech. Labe), einer der Hauptströme Mitteleuropas und nach dem Rhein die längste und verkehrsreichste Fluss Dtl.s, 1165 km lang. Das gesamte Einzugsgebiet umfasst 144000 km². Die E. entspringt im Riesengebirge (Tschech. Rep.) in rd. 1500 m ü. M. mit zahlr. Quellbächen, die sich bei Spindlermühle (Špindlerův Mlýn) vereinigen. Die E. schneidet sich dann in die S-Abdachung des Riesengebirges ein, durchfließt erst in westl., dann nördl. Richtung das Böhm. Becken, nimmt die Moldau und Eger auf und durchbricht das Böhm. Mittelgebirge und das Elbsandsteingebirge. Dann erreicht sie das Dresdner Becken, durchquert die Lausitzer Granitplatte und das Norddt. Tiefland und mündet bei Cuxhaven (hier 15 km breit) in die Nordsee. In Hamburg beginnt der über 100 km lange Mündungstrichter der E., die **Unterelbe**, in der sich die Meeresgezeiten durch die auflaufende Flut flusswärts bis Geesthacht bemerkbar machen. Wichtige Nebenflüsse von links sind Moldau, Eger, Mulde und Saale, von rechts Iser, Schwarze Elster und Havel. – Durch die Anlage von Staustufen ist die E. bis Kolin und über die Moldau bis Prag schiffbar; für Seeschiffe ist sie bis Hamburg befahrbar. Über die Havel und den Elbe-Havel-Kanal ist sie mit der Spree und den Seen um Berlin, von dort über den Oder-Havel- und Finow-Kanal sowie den Oder-Spree-Kanal mit der Oder verbunden; mit dem Ruhrgebiet und dem Rhein durch den Elbeseitenkanal und den unterhalb Magdeburgs abzweigenden Mittellandkanal, mit der Ostsee durch den Elbe-Lübeck-Kanal. – Die E. wurde seit den 1950er-Jahren bis zu Beginn der 1990er-Jahre zu einem der schmutzigsten Flüsse Europas, auf weiten Strecken biologisch tot (bes. durch die umweltschädigende Ind. in der DDR und auf dem Gebiet der heutigen Tschech. Rep.). Durch den Vertrag vom 8. 10. 1990 zw. Dtl., der Tschechoslowakei und der EG wurde eine internat. Elbschutzkommission gebildet, um durch länderübergreifende Maßnahmen die Wasserqualität im Einzugsgebiet der E. und die ökolog. Beschaffenheit der Talauen zu verbessern. Seitdem hat sich die Flussgüte wesentlich verbessert. Am Mittel- und Unterlauf erstreckt sich das UNESCO-Biosphärenreservat Flusslandschaft E. (375000 ha). Ein verheerendes Hochwasser im Aug. 2002 führte v. a. in Sachsen und Sa.-Anh. zu beträchtl. Schäden. 2004 wurde das Dresdner Elbtal zum UNESCO-Weltkulturerbe erklärt.

📖 *Die E. Von der Quelle bis zur Mündung,* zsgest. v. W. Kopelke u. a. Bonn 1984. – *Dörfler, E. P.*: *Wunder der E.: Biografie eines Flusses.* Halle 2000.

Elat: Bucht bei Elat, am Golf von Akaba

Ẹlbe-Ẹlster, Landkreis in Brandenburg, 1889 km², 129100 Ew.; Krst. ist Herzberg/Elster.
Ẹlbe-Hạvel-Kanal, 56,4 km langer Binnenschifffahrtsweg, verbindet die Elbe bei Niegripp (unterhalb von Magdeburg) mit dem Plauer See (Havelsee westlich Brandenburg/Havel), ermöglicht so Schiffen bis 1000 t die Fahrt zw. Mittellandkanal und Berlin; seit 2000 Ausbau (geplant bis 2010) auf durchgängig 55 m Breite und 4 m Tiefe.
El-Beịda, ↑Beida.
Ẹlbe-Lübeck-Kanal, 62 km langer Kanal in Schlesw.-Holst., verbindet die Elbe (bei

ELB Elben

Lauenburg) und die Trave (bei Lübeck), für Schiffe bis 1 000 t.
Elben, ↑Elfen.
Elberfeld, Stadtteil von ↑Wuppertal.
Elbert ['elbǝt] (Mount Elbert), höchster Berg der Rocky Mountains, Colorado, USA, 4 402 m ü. M.; in der Sawatch Range.
Elbeseitenkanal (Nord-Süd-Kanal), Verbindungskanal zwischen der Elbe bei Artlenburg und dem Mittellandkanal bei Wolfsburg, 112,5 km lang, 1976 eröffnet. Schiffshebewerk bei Scharnebeck, Schleuse bei Uelzen (Höhenunterschied gegen die Elbe insgesamt 61 m).
Elbflorenz [wegen der Schönheit des Stadtbildes bis 1945], anderer Name für ↑Dresden.
Elbgermanen (Elbsweben), ↑Germanen.
Elbherzogtümer, bes. 1848–66 übl. Bez. für die Herzogtümer Schleswig, Holstein und Lauenburg.

Elbing: Holzflößerei im Oberländischen Kanal bei Elbing

Elbing (poln. Elbląg), Stadtkreis und Krst. in der poln. Wwschaft Ermland-Masuren, am Fluss E., zw. Drausensee und Frischem Haff, 130 200 Ew.; kath. Bischofssitz; Maschinen-, Turbinenbau, Bekleidungs-, Holz-, Lebensmittelind.; Binnenhafen am Oberländ. Kanal. – Die Altstadt, im Zweiten Weltkrieg zu 60 % zerstört, war reich an Giebelhäusern (15.–18. Jh.); nach 1945 wurden einzelne histor. Bauten wiederhergestellt; bed. u. a. Nikolai- (13.–15. Jh.), Dominikanerkirche (1246, 1504–07 umgebaut), Markttor (14./15. Jh.), St.-Georgs-Kapelle (14.–16. Jh.), Reste der Ordensburg. – 1237 errichtete der Dt. Orden bei einer vorgeschichtl. Siedlung eine Burg, in deren Schutz Lübecker Kaufleute die Stadt anlegten, die 1246 Lüb. Stadtrecht erhielt. Bis 1309 war E. Sitz des Landesmeisters des Dt. Ordens und überragte als Hansestadt bis etwa 1370 Danzig an wirtsch. Bedeutung. 1454 löste sich E. vom Orden und wurde 1466 als Freie Stadt polnisch. 1772 fiel es an Preußen und entwickelte sich im 19. Jh. zum größten Ind.zentrum Ostpreußens; kam 1945 zu Polen.
Elbingerode (Harz), Stadt im Landkreis Wernigerode, Sa.-Anh., im nordwestl. Unterharz, 4 100 Ew.; Erholungsort; Kalkind.; Fremdenverkehr; der Schwefelkiesbergbau wurde 1991 eingestellt. – Entstand im 14. Jh. bei einer Burg der Herren von Elbingerode.
Elbląg ['ɛlblɔŋk], Stadt in Polen, ↑Elbing.
Elbling, alte ertragsstarke Rebsorte mit grünl. **(weißer E.),** bei einer Varietät **(roter E.)** rötl. Beeren; v. a. an der Mosel.
Elbmarschen, Flussmarschlandschaft an der Unterelbe; zu den E. gehören am rechten Ufer die Vier- und Marschlande, die Haseldorfer Marsch, Kremper Marsch und Wilstermarsch, am linken Ufer das Alte Land, Land Kehdingen und Land Hadeln; v. a. bei Hamburg intensiver Obst- und Gemüsebau, Blumenzucht, Baumschulen.
Elbrus *der,* höchster Berg des Kaukasus, in Russland, Vulkan, der bisher als erloschen galt; 1984 wurde aber in den Quellen in Gipfelnähe eine Erwärmung auf 20 °C und eine Zunahme des Chlorgehalts festgestellt, was auf neuerliche vulkan. Aktivität schließen lässt. Westgipfel 5 642 m ü. M., Ostgipfel 5 621 m ü. M.; stark vergletschert.
Elbsandsteingebirge (tschechisch Děčínské stěny), das vorwiegend aus Kreidesandsteinen aufgebaute Bergland zw. Erzgebirge und Lausitzer Bergland, Dtl. und Tschech. Republik. Großbankige Quadersteine ragen als bizarre Felswände und -türme bis 100 m und höher auf (↑Bastei). Über dem eingeschnittenen Elbtal breiten sich in rd. 350 m ü. M. z. T. bewaldete Hochflächen (Ebenheiten) aus, überragt von inselartigen Tafelbergen, z. B. König-

Elche **ELC**

Elbsandsteingebirge: Bastei im Elbsandsteingebirge

(360 m ü. M.), Lilien- (415 m ü. M.), Pfaffenstein (427 m ü. M.) und Hoher Schneeberg (mit 721 m ü. M. höchster Berg des E.s, in Böhmen). Im O treten Basaltkuppen mit Laubwald auf. Das dt. Gebiet beiderseits des Elbdurchbruchs wird **Sächsische Schweiz** (seit 1990 ein 9 300 ha großer Nationalpark), der tschech. Teil **Böhmische Schweiz** (seit 2000 ebenfalls Nationalpark mit einer Fläche von 7 500 ha) genannt. Fremdenverkehrs- und Klettergebiet.

Elbslawen, westslaw. Stämme zw. der unteren und mittleren Elbe und dem Weichseldelta (Abodriten, Liutizen, Sorben u. a.).

Elbtalweine, Weine aus dem Weinbaugebiet Sachsen.

Elbtunnel, zwei die Elbe in Hamburg unterquerende Tunnel. Der 1911 erbaute, 448,5 m lange Tunnel (Sohlentiefe 23,5 m) führt von den Sankt-Pauli-Landungsbrücken unter der Norderelbe hindurch zur Hafeninsel Steinwerder; für Kfz und Fußgänger. 1975 wurde im Zuge der Nord-Süd-Autobahn Schlesw.-Holst.–Niedersachsen ein zweiter E. zw. dem Stadtteil Othmarschen und dem Hafengebiet Waltershof fertig gestellt (drei zweispurige Röhren, 2 653 m lang, Sohlentiefe 27 m). Im Okt. 2002 wurde eine vierte E.-Röhre in Betrieb genommen, gleichzeitig wurden die vorhandenen Röhren verlängert (Tunnellänge rd. 3 100 m).

Elburs (pers. Alburz), Gebirge im N von Iran, besteht aus mehreren, parallel zum Kasp. Meer verlaufenden Gebirgsketten, die im ↑Demawend gipfeln. Klimascheide zw. dem feuchten kasp. Tiefland und dem wüstenhaften iran. Binnenhochland.

Elcano (del Cano), Juan Sebastián, span. Seefahrer, *Guetaria (Prov. Guipúzcoa) 1486 vor 1487, † auf dem Pazif. Ozean 4. 8. 1526; vollendete nach dem Tod von F. de Magalhães (27. 4. 1521) als Kapitän der »Victoria« die erste Weltumsegelung.

Elch (Elen, Alces alces), größte Art der Hirsche im nördl. Europa, Asien und Nordamerika. E. werden bis 3 m lang, 2,4 m schulterhoch und bis zu 800 kg schwer. Das hochbeinige Tier hat einen sehr langen, schmalen Kopf, eine breite, lange Oberlippe und einen kurzen Hals. Das Fell ist graubraun oder rötlich braun bis schwarz, im Winter aufhellend; die Zehen sind spreizbar. Das Geweih des Männchens ist schaufelförmig (bis zu 20 kg schwer). E. leben in meist sumpfigen Laub- und Mischwäldern sowie in Mooren und Tundren.

Elche [ɛltʃə] (katalan. Elx), Stadt in der Region Valencia, Prov. Alicante, Spanien, 189 800 Ew.; Schuh-, Papier-, Nahrungsmittel-, Fruchtkonservenind., Alfagrasverarbeitung; nahebei der Palmenwald von E. (UNESCO-Weltkulturerbe), die größte Dattelpalmenoase Europas. – Altstadt mit maur. Grundriss; Basilika Santa María (17. Jh.; alljährl. Marien-Mysterienspiel). – Die **Dame von E.**, eine 1897 bei E. entdeckte Büste aus Kalkstein, ist wohl das Werk eines grch. Bildhauers des 4. Jh. v. Chr. (Madrid, Museo Arqueológico Nacional).

El Chichón [- tʃiˈtʃɔn], Vulkan im Bergland von Chiapas, im S Mexikos, 2 225 m ü. M.; seine Eruption im März 1982 (davor 1 260 m ü. M.) zählt zu den bisher größten des Jahrhunderts.

ELD [Abk. für engl. **e**lectro**l**uminescent **d**isplay], der ↑ Elektrolumineszenzbildschirm.

Elde die, rechter Nebenfluss der Elbe, 220 km lang, entspringt südöstlich des Plauer Sees, mündet bei Dömitz, Unterlauf kanalisiert und schiffbar.

Eldena, Stadtteil von Greifswald, Meckl.-Vorp., an der Dän. Wiek (Ostsee); ehem. Zisterzienserkloster (1199 gegr., 1533 aufgehoben), im 17./18. Jh. verfallen. Die maler. Ruine der Kirche (13.–15. Jh.) wurde mehrfach von C. D. Friedrich dargestellt.

El-Djem [-ˈdʒɛm], Marktstadt in Tunesien, südl. von Sousse, 12 000 Ew. – El-D. liegt an der Stelle der röm. Stadt **Thysdrus**, deren bed. Amphitheater über 30 000 Besucher fasste. Die erhaltenen Reste wurden zum UNESCO-Weltkulturerbe erklärt.

Eldorado [span. »der Vergoldete«] das (Dorado), **1)** allg.: üppiges, glückl. Land, Traumland, Paradies.
2) legendäres Goldland im nördl. Südamerika. Sage und Name gehen auf einen religiösen Brauch der Muisca in Guatavita (Kolumbien) zurück, wonach ihr Häuptling, am ganzen Körper mit Goldstaub überzogen, auf den heiligen See hinausfuhr, opferte und dann den Goldstaub in einem zeremoniellen Bad abwusch. – Nach dem E. suchten span. Konquistadoren sowie 1535 G. Hohermuth und Philipp von Hutten im Dienste der Welser, 1595 W. Raleigh.

📖 *El Dorado: ein legendäres Land des Goldes. Redaktion: M. Tölle u. a. A. d. Engl. Amsterdam 1995.*

Eldoret, Industrie- und Handelsstadt in W-Kenia, an der Ugandabahn, 2 090 m ü. M., 104 900 Ew.; Nahrungsmittel-, Textilind.; in der Umgebung Landwirtschaft; internat. Flughafen.

ELDR, Abk. für ↑ Europäische Liberale, Demokraten und Reformer.

Eleaten, Philosophenschule in der antiken grch. Stadt Elea (Unteritalien), gegr. im 6./5. Jh. v. Chr. von Xenophanes; fortgeführt von Parmenides, Zenon d. Ä. und Melissos. Gegen Heraklit gewendet, behaupten die E., ein Werden gebe es nicht, allein das in sich ruhende, unbewegte Sein sei wirklich; von bed. Einfluss auf Platon und die spätere Philosophie.

Electoral College [ɪˈlektərəl ˈkɔlɪdʒ], in den USA das Wahlmännergremium, das den Präs. und den Vizepräs. formal wählt. Bei den Präsidentschaftswahlen stimmen die Wähler der einzelnen Bundesstaaten eigtl. über die Zahl der Wahlmänner **(Electors)** ab, die für den jeweiligen Präsidentschaftskandidaten in das E. C. entsandt werden; der Kandidat mit den meisten Stimmen bekommt alle Wahlmänner des jeweiligen Staates zugesprochen.

Electric Jazz [ɪˈlektrɪk ˈdʒæz, engl.], in den 1970er-Jahren aufgekommene Richtung des Jazz, die viele Elemente der Rockmusik aufnimmt; den Sound prägt die elektroakust. Verstärkung und Verfremdung des Instrumentalklangs. Vertreter sind u. a. die Pianisten C. Corea und H. Hancock sowie die Gruppe »Weather Report«.

Electric Light Orchestra [ɪˈlektrɪk laɪt ˈɔːkɪstrə, engl.], 1971 in Birmingham gegründete Rockformation um Jeff Lynne (* 1947, Gitarre, Gesang, Synthesizer), Roy »Bev« Bevan (* 1944, Schlagzeug) und Roy Wood (* 1946, Gitarre, Cello, Gesang); die Band war in den 70er-Jahren mit ihrem von Klassikeinflüssen geprägten elektron. Sound sehr populär.

Electronic Banking [ɪlekˈtrɔnɪk ˈbæŋkɪŋ, engl.] *das,* das Abwickeln von Bankgeschäften durch Nutzung moderner Informations- und Kommunikationssysteme (Computer, Terminals, Telekommunikationsnetze). E. B. wird meist für kundenbezogene EDV-gestützte Bankdienstleistungen (einschl. Homebanking, Telebanking und Bankinformationsdienste) verwendet und so von rein bankinternen EDV-Anwendungen abgegrenzt. E. B. soll den Personalaufwand der Banken reduzieren und die Bankkunden von Warte- und Öffnungszeiten unabhängiger machen. Neben der EDV-gestützten Kundenselbstbedie-

Elefanten ELE

Elefanten: Afrikanische Elefanten (Steppenelefanten)

nung zur Abwicklung des Zahlungsverkehrs durch Geldausgabeautomaten, Kontoauszugsdrucker und Multifunktionsterminals umfasst E. B. auch Electronic Cash, Telekontenservice, Finanz- und Informationsdienstleistungen, Cash-Management-Systeme.
Electronic Business [ɪlek'trɔnɪk 'bɪznɪs, engl.] *das*, Abk. **E-Business**, elektron. Geschäftsabwicklung über das Internet oder andere Computernetze; umfasst den gesamten Prozess der Werbung, Geschäftsanbahnung und -abwicklung sowie Bezahlung, Kundenbetreuung, Service und schließt den elektron. Handel (↑Electronic Commerce) ein.
Electronic Cash [ɪlek'trɔnɪk 'kæʃ, engl.] *das*, bargeld- und scheckloses Zahlungsverfahren, bei dem Rechnungsbeträge für Einkäufe direkt vom Konto des Kunden abgebucht werden. Der Käufer benötigt dazu eine Eurocheque- (ec-), Kredit- oder sonstige Bankkarte, die von einem ec-Terminal bzw. einer elektron. Kasse gelesen werden kann. Nach Eingabe der persönl. Identifikationsnummer (PIN) des Kunden erfolgt nach einer Autorisierungsprüfung (Legitimation, eventuelle Kartensperre, Zahlungsfähigkeit) die Abbuchung online.
Electronic Church [ɪlek'trɔnɪk 'tʃɜːtʃ, engl.], ↑Fernsehkirche.
Electronic Commerce [ɪlek'trɔnɪk kɔ-'mɔːs, engl.] *der*, Abk. **E-Commerce**, Handel mit Waren und Dienstleistungen über elektronisch vermittelte Kommunikation, v. a. per Internet; in Dtl. bisher v. a. von Medien-, Handels-, Computer-, Touristik-, Versicherungs- und Finanzdienstleistungsunternehmen genutzt. Bei Geschäftsbeziehungen zw. Unternehmen spricht man von **Business-to-Business** (kurz **B2B**), bei Geschäften zw. Unternehmen und Privatkunden von **Business-to-Consumer** (kurz **B2C**) und bei Transaktionen zw. Unternehmen und öffentl. Hand (z. B. Ausschreibungen) von **Business-to-Government** (kurz **B2G**).
Electronic Mail [ɪlek'trɔnɪk 'meɪl, engl.] *die*, ↑E-Mail.
Elefanten [von grch. *eléphas*] (Elephantidae), Familie der Rüsseltiere, die größten, schwersten Landsäugetiere. Die Schneidezähne sind zu Stoßzähnen (↑Elfenbein) umgebildet, jede Seite des Unter- und Oberkiefers trägt nur einen großen Backenzahn mit vielen Schmelzfalten. In der tastempfindl. Rüsselspitze liegen die Nasenlöcher. Die 2–4 cm dicke Haut ist fast unbehaart. Die säulenförmigen Beine haben unter den Fußknochen ein mächtiges elast. Polster, wodurch der E. einen weichen und federnden Gang bekommt. Nach einer Tragzeit von 20 bis 22 Monaten wird ein rd. 100 kg schweres Junges geboren, das zwei Jahre lang gesäugt wird. E. werden bis zu 65 Jahre alt.

ELE Elefantenbaum

Die bekannteste Unterart der **Asiatischen E.** ist der in trop. Regenwaldgebieten Vorder- und Hinterindiens, Indonesiens und Sri Lankas lebende **Indische E.** (Elephas maximus bengalensis). Er wird bis 3 m hoch und 7 m lang (davon 2 m Rüssel und 1,5 m Schwanz); i. Allg. haben nur die Bullen Stoßzähne (bis zu 1,6 m lang und 20 kg schwer); bei einer Unterart auf Sri Lanka fehlen sie ganz. Von den beiden Unterarten des **Afrikanischen E.** ist der **Steppen-, Großohr-** oder **Spitzohr-E.** (Loxodonta africana africana) der größte; er wird häufig bis 4 m hoch und bis zu 7,5 t schwer (Gesamtlänge 8 m); im Ggs. zum Asiat. E. hat der Afrikan. E. größere Stoßzähne, die beide Geschlechter tragen; oft sind sie 2–2,5 m lang und wiegen 30–50, selten 70–90 kg. Beim kleineren **Wald-** oder **Rundohr-E.** (Loxodonta africana cyclotis) gibt es »Zwergformen«, die nur bis zu 2 m hoch werden. – E. sind klug und gelehrig und haben ein gutes Gedächtnis. Sie leben in Herden, in denen die einzelnen Familien geschlossene Verbände bilden. E. ernähren sich von Laub und Zweigen und nehmen gern Wasser- und Schlammbäder. (↑ Mammute)

Elefantenschildkröte

Elefantenbaum (Leberwurstbaum, Kigelia africana), für Westafrika charakterist. Baum mit großen Blüten und grauen, wurstförmigen, ungenießbaren Früchten.
Elefantenfarn (Todea barbara), südafrikanisch-austral. Königsfarn mit baumförmigem, etwa 1 m hohem, dickem Stamm und fast 2 m langen Blättern.
Elefantenfluss, der ↑ Olifants River.
Elefantengras (Pennisetum purpureum), im trop. Afrika vorkommendes, bis 7 m hohes Federborstengras; bildet oft ausgedehnte Dickichte; v. a. Futterpflanze.
Elefantenohr, die ↑ Blutblume.
Elefantenorden [nach dem Elefanten als Sinnbild der nicht missbrauchten Macht, des weisen Monarchen], 1) höchster dän. Orden, seit 1693, eine Klasse, Band hellblau; 2) Weißer E., thailänd. Orden, gestiftet 1861.
Elefantenrobbe, ↑ Seehunde.
Elefantenschildkröte (Galapagos-Riesenschildkröte, Testudo elephantopus), bis 1,20 m lange (Panzerlänge) und über 200 kg schwere Riesenlandschildkröte auf den Galápagosinseln, heute stark dezimiert.
Elefantiasis [grch.] *die* (Elephantiasis), unförmige Verdickung von Haut und Bindegewebe einzelner Körperteile, v. a. im Bereich der Beine, infolge Lymphstauung nach wiederholten Entzündungen der Lymphbahnen, z. B. bei Wundrose und bei Ansiedlung von Filariawürmern **(Elephantiasis tropica)**.
elegant [frz., von lat. elegans »wählerisch«, »geschmackvoll«], durch erlesenen Geschmack, bes. in der Kleidung, auffallend; kultiviert, erlesen.
Elegie [grch.] *die,* **1)** *Literatur:* bei den Griechen Gedicht beliebigen Inhalts in Distichen († Distichon). Die ältesten erhaltenen E. der grch. Literatur entstanden im 7. Jh. v. Chr. (Archilochos, Solon). In klass. Zeit wurden Klage und Trauer zu dominierenden Inhalten. Die röm. Dichter (Ovid, Catull, Tibull, Properz u. a.) knüpften an die hellenist. Tradition (Kallimachos: gelehrt-höf. E., Philetas von Kos: E. in individuellem Ton) an. In Dtl. wurde die E. zuerst von M. Opitz aufgenommen und später u. a. von Klopstock, L. Hölty, Goethe (»Röm. Elegien«), Schiller, Hölderlin, E. Mörike, Rilke (»Duineser Elegien«) gepflegt. ✣ **siehe ZEIT Aspekte**
2) *Musik:* Klagelied, Trauergesang; Titel für Lieder, auch für Instrumentalmusikstücke.
Elektra, *grch. Mythos:* Tochter des Agamemnon und der Klytämnestra, Schwester von Iphigenie und Orest, trieb ihren Bruder zur Rache an Ägisth und Klytämnestra. Trauerspiele von Aischylos, Sophokles, Euripides, J. Giraudoux, G. Hauptmann, E. O'Neill, J. P. Sartre; Oper von R. Strauss (Text von H. von Hofmannsthal).
Elektret [grch.] *der,* ein Dielektrikum mit

elektrische Energieübertragung ELE

permanenter dielektr. ↑Polarisation. Analog einem Permanentmagneten bleibt die z. B. in Harzen in geschmolzenem Zustand durch ein starkes elektr. Feld erzwungene Ausrichtung der molekularen Dipole bestehen, wenn nach der Erstarrung das Feld abgeschaltet wird.

Elektrifizierung *die,* Umstellung auf elektr. Betrieb (bei Eisenbahnen).

Elektrik *die,* Gesamtheit einer elektr. Anlage oder Einrichtung (z. B. Auto-E.).

Elektriker, ↑Elektroberufe.

elektrische Bahnen, durch elektr. Gleich- oder Wechselstrom versch. Spannung und Frequenz betriebene Bahnsysteme, z. B. Straßenbahnen, U-Bahnen, Eisen-, Berg-, Werk-, Grubenbahnen, die ihre elektr. Energie über Oberleitungen, besondere Stromschienen oder aus mitgeführten Batterien beziehen. Straßen- und Stadtbahnen werden über Oberleitungen mit Gleichstrom von 500 bis 750 V Spannung, U-Bahnen über Stromschienen mit Gleichstrom von 750 bis 1 500 V betrieben, S-Bahnen in Berlin mit 800 V und in Hamburg mit 1 200 V. Elektrifizierte Eisenbahnen **(elektrische Vollbahnen)** werden u. a. in Dtl., Österreich und in der Schweiz mit Einphasenwechselstrom hoher Fahrdrahtspannung (15 kV) und niederer Frequenz ($16\,^2/_3$ Hz = $^1/_3$ von 50 Hz) betrieben (seit 1912). Diese Frequenz wurde gewählt, weil die Konstruktion von 50-Hz-Einphasen-Kommutatormotoren damals noch nicht möglich war, andererseits das Bahnstromsystem sich mit 50-Hz-Umformern der Landesversorgung gut kuppeln lässt. Die elektr. Energie wird über Unterwerke aus einem Bahnstromnetz oder über Umformer- oder Gleichrichterwerke aus dem öffentl. Stromnetz bezogen.

Noch heute werden auch in Europa umfangreiche Vollbahnnetze mit Gleichstrom betrieben: in Großbritannien mit 750 V, in Frankreich und den Niederlanden mit 1,5 kV, in Belgien, Italien, Spanien und Russland mit 3 kV. Wegen der geringen Fahrleitungsspannung verursachen Gleichstrombahnen höhere Leitungsverluste und erfordern Stromeinspeisung in kurzen Abständen. Bei den europ. Bahnen (ohne Russland und Türkei) werden 44 % der Strecke mit Gleichstrom und 56 % mit Einphasenwechselstrom betrieben.

Bei Neuelektrifizierung wird meist Wechselstrom aus den öffentl. Netzen (50 oder 60 Hz) verwendet, um eine besondere Bahnstromversorgung zu sparen. Der Einphasenstrom aus der Oberleitung wird in den Triebfahrzeugen gleichgerichtet und heute vielfach in Drehstrom mit stufenlos veränderbarer Spannung und Frequenz umgewandelt. Damit können in den elektr. Lokomotiven Drehstrom-Induktionsmotoren verwendet werden. – Dieselelektr. Triebfahrzeuge zählen nicht zu den elektr. Bahnen.

elektrische Energieübertragung: Höchst- und Hochspannungsnetze übertragen elektrische Energie meist über Freileitungen.

elektrische Energie (Elektroenergie), in Kraftwerken aus Wärmeenergie primärer Energieträger (Kohle, Erdöl, -gas, Kernspaltstoffe) oder aus erneuerbaren Energien (z. B. Wasser, Wind, Sonne) gewonnener Strom. E. E. kann auch durch direkte chem. (Brennstoffzellen), thermoelektr. und magnetohydrodynam. Energieumwandlungen gewonnen werden. Die e. E. wird infolge ihrer leichten Übertragbarkeit, Steuer- und Regelbarkeit und wegen der hohen Betriebssicherheit in allen Wirtschaftsbereichen angewendet.

elektrische Energieübertragung, Übertragung elektr. Energie in speziellen Leitungen vom Erzeuger zum Verbraucher, meist im weiträumigen Verbund von Elektrizitätswerken (↑Stromverbund). –

ELE elektrische Energieversorgung

I. Allg. wird Wechselstrom (in Form hochgespannten Drehstroms) übertragen. Die **Hochspannungsdrehstromübertragung (HDÜ)** erfolgt bei Spannungen von 230 bzw. 400 kV (↑Hochspannung), meist über Freileitungen bzw. auch Kabel (Land- und Seekabel). Zur Überbrückung von sehr großen Entfernungen – bei Freileitungen mit Übertragungsstrecken von mehr als 600 km und bei Kabeln ab etwa 30 km – ist man aus Wirtschaftlichkeits- und Stabilitätsgründen teilweise zur **Hochspannungsgleichstromübertragung (HGÜ)**, von etwa 500 bis über 1 000 kV) übergegangen. Zur Umwandlung des Gleichstroms in Drehstrom und umgekehrt werden Stromrichter eingesetzt.

elektrische Energieversorgung, ↑Elektrizitätsversorgung.

elektrische Erregung, die ↑elektrische Flussdichte.

elektrische Feld|energie, ↑Energie.

elektrische Feldkonstante, ↑Dielektrizitätskonstante.

elektrische Feldstärke, ↑elektrisches Feld (↑Elektrizität).

elektrische Fische, die ↑Zitterfische.

elektrische Flussdichte (elektrische Verschiebung, Verschiebungsdichte, elektrische Erregung), Formelzeichen D, SI-Einheit ist C/m^2; vektorielle Größe zur Beschreibung eines ↑elektrischen Feldes. In isotropen Medien ist D der elektr. Feldstärke E proportional: $D = \varepsilon_0 \varepsilon_r E$, wobei ε_0 die elektr. Feldkonstante und ε_r die relative ↑Dielektrizitätskonstante ist.

elektrische Kapazität, ↑Kapazität (↑Elektrizität).

elektrische Ladung, Grundbegriff der Physik (↑Ladung, ↑Elektrizität).

elektrische Leitfähigkeit, ↑Leitfähigkeit.

elektrische Maschinen, Arten von Energiewandlern, deren Funktion auf den Gesetzen des Elektromagnetismus, bes. der elektromagnet. Induktion, beruht. Zu den e. M. zählen **rotierende (umlaufende) e. M.**, die mechan. in elektr. Energie (Generator) oder elektr. in mechan. Energie (Elektromotoren) umwandeln sowie solche, die Spannung, Stromstärke, Frequenz und Phasenzahl elektr. Energie verändern (Umformer). I. w. S. gehören auch die Transformatoren **(ruhende e. M.)** dazu. E. M. werden nach Stromart (Gleich-, Wechsel- und Drehstrommaschi-

nen) sowie Aufbau und Wirkungsweise (unipolare und kommutierende Gleichstrommaschinen, Synchron-, Asynchron- und Kommutatormaschinen) unterschieden. Der Leistungsbereich e. M. reicht von einigen wenigen Watt bis zu mehreren Hundert Megawatt.

📖 *Müller, G.: Grundlagen e. M. Weinheim u. a. 1994. – Müller, G.: Theorie e. M. Weinheim u. a. 1995. – Fischer, R.: E. M. München u. a. ¹¹2001.*

elektrische Organe, am Rumpf oder Schwanz versch. Fische (↑Zitterfische) vorkommende, aus quer gestreifter Muskulatur hervorgegangene Organe, die aus hintereinander geschalteten und durch gallertiges Bindegewebe getrennten Platten (elektr. Einheiten) bestehen. Ausgeteilte elektr. Schläge (bis 700 V) sollen die Beute lähmen, dienen aber auch der Orientierung und der Kontaktaufnahme mit Artgenossen.

elektrische Polarisation, *Elektrizitätslehre, Magnetismus:* ↑Polarisation.

elektrischer Fluss (früher elektrischer Kraftfluss oder Verschiebungsfluss), im elektrostat. Feld das Flächenintegral der elektr. Flussdichte D über eine beliebige Fläche der Größe A, von D durchsetzt wird. Ist n der Normaleneinheitsvektor im Flächenelement dA und $dA = n\,dA$, so gilt:

$$\Psi = \int_A D \cdot dA = \int_A D \cdot n\,dA;$$

umschließt die Fläche A eine elektr. Ladung Q, so ist $\Psi = Q$.

elektrischer Leitwert, *Elektrizitätslehre:* ↑Leitwert.

elektrischer Strom, ↑Strom (↑Elektrizität).

elektrischer Stuhl, in einigen Staaten der USA Gerät zur Vollstreckung der Todesstrafe durch einen Gleichstrom hoher Spannung.

elektrischer Widerstand, *Elektrizitätslehre:* ↑Widerstand.

elektrisches Feld, der elektr. Zustand des leeren oder stofferfüllten Raumes, der von ruhenden **(elektrostat. Feld)** oder bewegten elektr. Ladungen und zeitlich veränderlichen magnet. Feldern **(elektromagnet. Feld)** erzeugt wird und durch den jede elektr. Ladung eine ihrer Größe Q proportionale, vom Ort r abhängige Kraft $F(r)$ erfährt. In seiner räuml. Verteilung wird das e. F. durch **elektr. Feldlinien**

Elektrizität ELE

(**Kraftlinien**) dargestellt, in seiner Stärke durch die **elektrische Feldstärke** E, $E(r) = F(r)/Q$ (SI-Einheit: V/m), und die ↑elektrische Flussdichte. (↑Elektrizität)

elektrisches Feld zweier Ladungen mit entgegengesetzter Polarität (oben) und zweier positiver Punktladungen (unten)

el**e**ktrische **Sicht**, Bez. für Abstandshaltung aufeinander folgender Schienenfahrzeuge (Eisenbahn, U-Bahn, Straßenbahn) mittels elektr. Mess- und Regeleinrichtungen (↑Zugbeeinflussung).

el**e**ktrisches **Klavier**, Klavier, bei dem ein Elektromotor eine von einem Lochstreifen gesteuerte pneumat. Apparatur antreibt, die die Tastatur betätigt.

el**e**ktrische **Spannung** (elektrische Potenzialdifferenz), *Elektrizitätslehre:* ↑Spannung, ↑Elektrizität.

el**e**ktrische **Stromstärke**, ↑Stromstärke, ↑Elektrizität.

el**e**ktrische **Trennverfahren**, Aufbereitungsverfahren zur Trennung eines Mineralgemisches nach den unterschiedl. Dielektrizitätskonstanten, Ladungen und/oder Leitfähigkeiten im Hochspannungsfeld (30–100 kV).

el**e**ktrische **Ventile**, *Elektrotechnik:* ↑Ventil.

el**e**ktrische **Verschiebung**, die ↑elektrische Flussdichte.

el**e**ktrische **Zeitmessung**, die elektron. ↑Zeitnahme.

Elektrisiermaschine, Demonstrationszwecken dienendes Gerät, das hohe elektr. Spannungen durch Ladungstrennung erzeugt. Die Ladungen werden durch Spitzenentladung auf Konduktoren übertragen. Bei der **Reibungs-E.** wird eine drehbare Glasscheibe durch ein Leder positiv aufgeladen; bei der **Influenz-E.** rotieren zwei mit Metallstreifen belegte Hartgummischeiben gegenläufig und influenzieren entgegengesetzte Ladungen; E. erreichen Spannungen bis zu einigen 100 kV. Zu den E. gehört auch der ↑Bandgenerator.

Elektrisierung, 1) die elektr. Aufladung eines Körpers; 2) das Verhältnis P/ε_0 aus elektr. ↑Polarisation P und elektr. Feldkonstante ε_0 (↑Dielektrizitätskonstante).

Elektrizität [zu grch. élektron »Bernstein«, da Reibungs-E. zuerst am Bernstein beobachtet wurde] *die,* alle Erscheinungen, die von elektr. ↑Ladungen und Strömen sowie den damit verbundenen elektr. und magnet. Feldern hervorgerufen werden; i. e. S. die elektr. Ladungen selbst, in der Elektrotechnik bes. die elektr. Energie und ihre prakt. Anwendung (↑elektrische Energieübertragung, ↑Elektrizitätsversorgung, ↑Elektrizitätszähler).

Elektrostatik: Die Elektrostatik ist die Lehre von den ruhenden elektr. Ladungen und ihren zeitlich unveränderl. Feldern, die die Wechselwirkungen mit der Umgebung beschreibt. In der Natur finden sich zwei Arten **elektr. Ladungen** (positive und negative Ladungen bzw. E.), die i. d. R. in der Materie gleichmäßig verteilt sind und z. B. in Elektrisiermaschinen voneinander getrennt und gesondert angesammelt werden können. Die zw. elektrisch geladenen Körpern auftretenden elektr. Kräfte bewirken, dass sich gleichnamige Ladungen abstoßen und ungleichnamige anziehen (coulombsches Gesetz); diese Kräfte können z. B. mit der ↑Drehwaage gemessen werden. In der Umgebung einer Ladung besteht ein ↑elektrisches Feld, in dem jeder Punkt an den unmittelbar benachbarten die Kraftwirkung weitergibt. Die Richtung, in der die Kraft auf eine Probeladung in einem Feld wirkt, wird durch **Kraftlinien (Feldlinien)** angegeben. Entlang der Kraftlinien ändert sich die elektr. Feldstärke E, deren Betrag man durch die Dichte der Kraftlinien darstellt. Orte gleicher Feldstärken liegen auf zusammenhängenden Flächen, auf denen die potenzielle Energie einer Probeladung konstant ist (**Äquipotenzialflächen**). Bei Verschiebung einer Ladung Q ändert sich ihre potenzielle Energie um $W = Q \cdot U$, wobei U die **elektr. Potenzialdifferenz (elektr. Spannung)** ist. Misst man die Energiedifferenz in Joule (J), die Ladung in Coulomb

ELE Elektrizitätsentziehung

(C), so ergibt sich die Spannung in Volt (V). Ein elektr. Feld lässt sich neben der elektr. Feldstärke auch durch die ↑elektrische Flussdichte D beschreiben. Bringt man zwei sich zunächst berührende Metallplatten (Kondensator) senkrecht zu den Kraftlinien ins Feld und zieht sie auseinander, so sind sie gleich, aber mit entgegengesetzten Vorzeichen geladen. Ist A die Fläche einer Platte des Kondensators und Q die auf ihr befindl. Ladung, so gilt $Q/A = D$, d.h., der Betrag D der elektr. Flussdichte ist der Flächenladungsdichte der durch Influenz verschobenen Ladung gleich. – In einem Leiter trennen sich Ladungen durch Influenz so lange, bis in ihm kein elektr. Feld mehr besteht, das weitere Ladungen bewegen könnte, sofern in ihm nicht durch dauernde Energiezufuhr eine Potenzialdifferenz aufrechterhalten wird. Ein mit $-Q$ geladener Leiter hält in einer gegenüberstehenden, leitenden Platte die Ladung $+Q$ fest, die negativen Ladungen fließen ab. Im Endzustand haben Leiter und Platte je ein festes Potenzial. Die Potenzialdifferenz U ist proportional zu Q, es gilt: $Q = C \cdot U$. Die Konstante C, die nur von der geometr. Anordnung der Leiter zueinander abhängt, heißt **elektr. Kapazität** (Einheit: Farad [F]). Ist der Zwischenraum mit einem Dielektrikum der relativen ↑Dielektrizitätskonstante ε_r ausgefüllt, multipliziert sich die Vakuumkapazität mit ε_r.
Elektr. Strom: Ein elektr. Strom entsteht durch die Bewegung von Ladungsträgern (Elektronen, Ionen) in metall. Leitern, Halbleitern, Flüssigkeiten (Elektrolyten), Gasen und im Plasma; seine Stärke, die in der Sekunde durch den Leiter fließende Ladungsmenge, wird als **elektr. Stromstärke** I bezeichnet und in Ampere (A) gemessen. – Der elektr. Strom kann durch seine **magnet. Wirkung** (↑Magnetismus) gemessen werden: Jede bewegte elektr. Ladung wird außer von ihrem elektr. Feld zusätzlich von einem ↑Magnetfeld ringförmig umgeben. Ein Strom, der von Süden nach Norden über eine Magnetnadel geführt wird, lenkt den Nordpol der Nadel nach Westen ab, wenn man als Stromrichtung diejenige vom positiven Pol der Batterie zum negativen festsetzt **(konventionelle oder techn. Stromrichtung).** Durch ihre Magnetfelder üben zwei Strom führende Leiter Kräfte aufeinander aus (↑ampèresches Gesetz). Ein Zylinder, auf den der Strom führende Draht gewickelt ist (↑Spule), verhält sich wie ein Magnet. – Zur Erzeugung und Aufrechterhaltung elektr. Ströme nutzt man neben elektrochem. Vorgängen (↑galvanische Elemente), thermo-, pyro- und piezoelektr. Effekten v.a. die Spannung erzeugende Wirkung veränderl. Magnetfelder (↑Generator).
Elektrodynamik: Bei rasch hin- und herschwingenden Ladungen (wie sie einem Wechselstrom zugrunde liegen) lassen sich elektr. und magnet. Felder nicht mehr trennen; sie verschmelzen zum elektromagnet. Feld, dessen period. Änderungen als ↑elektromagnetische Wellen erscheinen. Die Gesamtheit der elektr. und magnet. Erscheinungen werden auch als **Elektromagnetismus** bezeichnet. Die Elektrodynamik ist die Lehre von den zeitlich veränderl. **elektromagnet. Feldern,** die mathematisch durch die ↑maxwellsche Theorie beschrieben werden. Die Erzeugung **langsam veränderl. Felder** beruht ausschl. auf der ↑Induktion: In einer Leiterschleife wird eine Spannung induziert, wenn sich der die Schleife durchsetzende magnet. Fluss zeitlich ändert. Im Unterschied zur Induktion lässt sich die magnet. Wirkung des Verschiebungsstroms (die zeitl. Änderung der elektr. Flussdichte) nur in **schnell veränderl. Feldern** beobachten. Diese entstehen z.B. in elektr. ↑Schwingkreisen durch hochfrequente Entladungsströme.
📖 *Lehrbuch der Experimentalphysik, begr. v. L. Bergmann u. C. Schaefer,* Bd. 2: *E. u. Magnetismus.* Berlin u.a. ⁷1987. – Purcell, E. M.: *E. u. Magnetismus.* A.d. Engl. Braunschweig u.a. ⁴1989. – Parker, S.: *E. Von den ersten elektrostat. Versuchen mit Bernstein bis zur Erfindung der drahtlosen Kommunikation.* A.d. Engl. Hildesheim u.a. 2002.

Elektrizitätsentziehung, die rechtswidrig in Zueignungsabsicht bewirkte Entziehung von fremder elektr. Energie; gemäß §248c StGB mit Geld- oder Freiheitsstrafe bedroht.

Elektrizitätsmenge, die elektrische ↑Ladung (↑Elektrizität).

Elektrizitätsversorgung (elektrische Energieversorgung) die Belieferung der Verbraucher mit elektr. Energie. Die E. umfasst alle Einrichtungen zur Erzeugung, Fortleitung und Verteilung elektr. Energie. Der Verbraucher erhält die elektr. Energie

Elektroakustik ELE

durch Verteilungsnetze und -leitungen von den Elektrizitätsversorgungsunternehmen (EVU). Mithilfe der Netzleittechnik lassen sich die elektr. Transport- und Verteilernetze überwachen und steuern. In Europa erfolgt die Bereitstellung von Energie heute fast nur durch ein Dreileiter-Drehstromsystem (Betriebsfrequenz 50 Hz); Einphasenwechselstrom von $16^2/_3$ Hz wird teilweise an elektr. Bahnen abgegeben. Drehstrom ist leicht transformierbar, dadurch können unterschiedl. Spannungsebenen verwendet werden. Im Zuge der Liberalisierung fand ein Konzentrationsprozess in der dt. Stromwirtschaft statt. In 5-6 Jahren sind aus 9 Verbundunternehmen 4 Übertragungsnetzbetreiber entstanden und die Zahl der Stadtwerke hat sich halbiert. Derzeit (2003) gibt es in Dtl. etwa 500 E.-Unternehmen, die für unterschiedlich große Teile des Energienetzes Verantwortung tragen. Das **Energieversorgungsnetz** besteht aus Kraftwerken, Umspannwerken, Freileitungen und Kabeln. Für weite Entfernungen wird die Höchstspannungsebene genutzt (380-220 kV), für mittlere Entfernungen die Hochspannungsebene (110-36 kV). Mittelspannungs- und Ortsnetze nutzen die Mittelspannungsebene (36-6 kV). Innerstädt. Kabelnetze arbeiten mit 20 und 10 kV, und der Haushaltskunde erhält Versorgung aus dem Niederspannungsnetz (0,4-1 kV). Der dt. Dachverband der Übertragungsnetzbetreiber ist der VDN (Verband der Netzbetreiber e. V.) im VDEW (Verband der Elektrizitätswirtschaft). Strom wird heute europaweit ausgetauscht; die größten Stromexporteure sind Frankreich und Tschechien, die größten Importeure Italien und die Niederlande. Europas Stromversorger sind in internat. Verbundnetzen zusammengeschlossen (↑Stromverbund).
📖 *Markt u. Netze: Effizienz u. Qualität der Stromversorgung, hg. v. H.-J. Haubrich. Aachen 2001. – Förster, G.: Szenarien einer liberalisierten Stromversorgung. Stuttgart 2002.*
Elektrizitätswerk, früher synonym zu Kraftwerk gebraucht, heute für Energieversorgungsunternehmen, das Strom-, Gas- und Wassernetze besitzt und an dem Kraftwerke und Stadtwerke beteiligt sind. E. liefern dem Verbraucher Produkte (z. B.

Elektrizität, Erdgas) und stellen Dienstleistungen bereit (z. B. Wasser- und Abwasser-Service).
Elektrizitätszähler (Energieverbrauchszähler, Zähler), Gerät zur Messung der elektr. Arbeit. Ein E. erfasst die Wirk- und Blindleistung des zu messenden Stroms und integriert mit einem mechan. Zählwerk über die Zeit, sodass der Energieverbrauch direkt in kWh angegeben wird. Man unterscheidet nach der *Stromart* **Wechsel-** und **Drehstromzähler** (hierbei werden **Blind-** und **Wirkverbrauchszähler** unterschieden), nach dem *Messprinzip* **Induktionszähler** und **elektron. Zähler,** nach der *Verrechnungsart* **Mehrtarif-** und **Maximumzähler.** Für Wechsel- und Drehstromanlagen werden meist Induktionszähler eingesetzt: In einer drehbaren Aluminiumscheibe erzeugte Induktionsströme bewirken, dass die Scheibe sich unter dem Einfluss von Magnetfeldern dreht, die der Versorgungsstrom erregt.

Elektrizitätsversorgung: Weltenergieverbrauch nach Energieträgern (in Mrd. t SKE[*])				
Energieträger	1970	1980	1990	1999
Erdöl	3,009	3,835	4,011	4,249
Kohle (Stein- u. Braunk.)	2,184	2,623	3,239	3,196
Erdgas und Stadtgas	1,293	1,836	2,563	3,194
Kernenergie	0,010	0,101	0,738	0,939
Wasserkraft, Sonstige	0,145	0,198	0,314	0,394
insgesamt	6,641	8,593	10,865	11,972

[*] Steinkohleeinheiten

Elektroakustik, Teilgebiet der Elektrotechnik und der techn. Akustik, das sich mit der Umwandlung von Schall (mechan. Energie) in elektr. Signale in Form tonfrequent modulierter elektr. Schwingungen (elektr. Energie) und umgekehrt befasst sowie mit der synthet. Erzeugung, Verstärkung, Übertragung, Speicherung und Wiedergabe akust. Vorgänge. Als Teilgebiet der physikal. Akustik befasst sich die E. mit der Messung von Schallfeldgrößen und der Schallanalyse mit elektroakust. Verfahren und Geräten (z. B. in der Raumakustik). Untersucht wird bes. der für das menschl. Gehör erfassbare Frequenzbereich von etwa 16 Hz bis 16 kHz.

ELE Elektroanalyse

Elektroanalyse (elektrochemische Analyse), auf elektrochem. Vorgängen beruhende analyt. Methoden zur quantitativen Bestimmung einer Substanz, z. B. die ↑Konduktometrie, ↑Potenziometrie und ↑Polarographie. (↑Maßanalyse)
Elektroauto, ↑Elektrofahrzeug.
Elektroberufe, früher Berufsgruppe »Elektriker«, versch. Ausbildungsberufe (u. a. Elektromaschinenmonteur, Energie-, Industrie- und Kommunikationselektroniker), deren Gemeinsamkeit die Anwendung der Elektrizität für die Erzeugung von Licht, Wärme und Kraft, aber auch für die Übertragung von Nachrichten und Signalen ist.
Elektrochemie, Teilgebiet der physikal. Chemie, das sich mit den Zusammenhängen zw. elektr. und chem. Vorgängen befasst. Dazu gehören v. a. das Hervorrufen chem. Reaktionen durch Zufuhr elektr. Energie von außen (↑Elektrolyse) sowie die Gewinnung elektr. Energie durch freiwillig ablaufende chem. Reaktionen in ↑galvanischen Elementen. – Die wichtigsten Grundgesetze der E. wurden von M. Faraday entdeckt. Weitere wesentl. Beiträge leisteten J. W. Hittorf (Theorie der Ionenwanderung), S. Arrhenius (Theorie der elektrolyt. Dissoziation), W. Ostwald (Verdünnungsgesetz) und W. Nernst (Theorie der galvan. Elemente).
📖 *Hamann, C. H. u. Vielstich, W.:* E. Weinheim u. a. ³1998. – *Holze, R.:* Leitfaden der E. Stuttgart u. a. 1998. – *Baglioni, P.:* Chemie. Klagenfurt 2000.
elektrochemische Elemente, Stromquellen, in denen chem. Energie in elektr. umgewandelt wird. Grundsätzlich gibt es zwei Arten e. E.: die elektrolyt. Zellen (↑Elektrolyse) und die ↑galvanischen Elemente; zu diesen gehören die **Primärelemente,** die nur für eine einmalige Entladung verwendbar sind, die wieder aufladbaren **Sekundärelemente** und die Brennstoffzellen.
elektrochemisches Abtragen, das ↑Elysieren.
elektrochemisches Äquivalent, ↑faradaysche Gesetze.
Elektrochirurgie, blutungsarmes Durchtrennen (↑Elektrotomie, ↑Elektrokoagulation) des Gewebes mithilfe des Hochfrequenzstroms. Als Vorteile gelten geringe Blutung, gute Asepsis und geringer Nachschmerz.

Elektrochromie *die,* Änderung der opt. Eigenschaften von Molekülen (insbesondere der Lichtabsorption) durch ein äußeres elektr. Feld; wird z. B. bei farbigen Anzeigeelementen ausgenutzt.
Elektrode [grch.] *die,* derjenige Teil eines festen elektr. Stromleiters, der dem Übergang elektr. Ladungsträger in ein anderes leitendes Medium (z. B. Flüssigkeit, Elektrolyt, Gas, Festkörper) oder dem Aufbau eines elektr. Feldes dient. Die mit dem positiven Pol einer Spannungsquelle verbundene E. bezeichnet man als ↑Anode, die negative E. als ↑Kathode. Zusätzl. Steuer-E. in Elektronenröhren heißen Gitter; bei Transistoren werden die E. Emitter, Basis und Kollektor (bzw. engl. drain, source, gate) genannt.
Elektrodiagnostik, die Anwendung der Elektrizität zur Krankheitserkennung (u. a. ↑Elektroenzephalogramm, ↑Elektrokardiogramm, ↑Elektromyogramm).
Elektrodynamik, die Lehre von den zeitlich veränderl. elektromagnet. Feldern (↑Elektrizität, ↑maxwellsche Theorie). Die E. ist eine klass. Theorie, d. h., sie beschreibt nicht die Erscheinungen im atomaren Bereich (↑Quantenelektrodynamik).
elektrodynamisches Messinstrument (Elektrodynamometer), Messinstrument für elektr. Gleich- und Wechselströme bzw. -spannungen, bei dem eine stromdurchflossene Spule im Feld einer zweiten (von einem zweiten Strom durchflossenen) fest stehenden Spule ausgelenkt wird; der Ausschlag ist proportional dem Produkt der Ströme in beiden Spulen. E. M. haben versch. Messwerke; das eisengeschlossene Messwerk arbeitet nach dem Prinzip des Drehspulinstruments (nur wird anstelle eines Dauermagneten eine fest stehende Spule verwendet). Der Einsatz erfolgt fast ausschließlich als Standardinstrument zur Messung der Wirkleistung in Wechselstromnetzen.
Elektro|energie, die ↑elektrische Energie.
Elektro|enzephalogramm *das,* Abk. **EEG** (Hirnstrombild), Aufzeichnung der vom Gehirn erzeugten elektr. Spannungsschwankungen, die von der Kopfhaut abgeleitet und etwa 10^6fach verstärkt werden (**Elektroenzephalographie**). Das E. dient der Erkennung und Lokalisierung von Funktionsstörungen des Gehirns, bes.

bei Verletzungen, Tumoren und Epilepsie sowie bei diffusen Hirnfunktionsbeeinträchtigungen. Das gesunde Gehirn zeigt eine wohlgeordnete rhythm. Eigentätigkeit mit versch. Wellenformen im Wach- und Schlafzustand: Alphawellen (8–13 je s), Betawellen (14–30 je s), Theta- oder Zwischenwellen (4–7 je s) und Deltawellen (0,5–3 je s). Erkrankungen des Gehirns bewirken kennzeichnende Veränderungen im Ablauf dieser Wellen. Das E. wird auch zur Feststellung des Todeszeitpunkts (Hirntod) herangezogen.
📖 *Neundörfer, B.: EEG-Fibel. Stuttgart u. a. ⁵2002.*

Elektro|erosion, abtragendes Verfahren zur Bearbeitung harter, spröder, schwer zerspanbarer, elektrisch leitfähiger Werkstoffe. Durch kurzzeitige elektr. Entladungen mittels elektr. Lichtbogens oder period. Funkenüberschläge **(Funkenerosion)** zw. Werkzeug und dem in einer dielektr. Flüssigkeit befindl. Werkstück wird das Material verdampft und abgeschmolzen.

Elektrogitarre

Elektrofahrzeug, durch Elektromotoren angetriebenes Kraftfahrzeug. Die benötigte elektr. Energie wird entweder einer Oberleitung (bei Oberleitungsomnibussen) oder meistens einer mitgeführten Akkumulatorenbatterie entnommen oder von einem mitgeführten, durch einen Verbrennungsmotor angetriebenen Generator erzeugt (↑Hybridantrieb). Elektroantriebe werden auch durch direkte Umwandlung von chem. Energie in einer Brennstoffzelle oder von Sonnenenergie in Solarzellen realisiert. Als umweltfreundl. Lösung bietet sich der Elektroantrieb für Stadtfahrzeuge an, da er ohne Abgase, geräuscharm und mit gutem Wirkungsgrad arbeitet. Seine Nachteile v. a. für Personenautos **(Elektroauto)** sind die geringe Reichweite (max. bis zu 120 km), die lange Wiederaufladezeit und die große Masse des Akkumulators. Mit der Entwicklung neuer Batterietypen (Lithium-Ionen-Batterie, Natrium-Schwefel-Batterie) erhofft man Reichweiten von 500 km und mehr realisieren zu können. Mit rasch und einfach auswechselbaren Batterien betriebene Omnibusse werden bereits im Stadtverkehr eingesetzt. Auch als Flurfördermittel (»Elektrokarren«) finden E. bereits Verwendung.

Elektrofilter, zur Luftreinhaltung (Entstaubung) dienende elektrostat. Abscheider. Die in einem hohen Spannungsfeld (30–80 kV) von einer Sprühelektrode (Kathode) ausgesendeten Elektronen ionisieren Gasmoleküle, die wiederum die Staubpartikel negativ aufladen, die dann zur Niederschlagselektrode (Anode) wandern und dort abgeschieden werden. Mit E. lassen sich auch Stäube unter 1 μm abscheiden; sie sind für große Abgasvolumenströme (bis 100 000 m³/h) und Temperaturen (bis 450 °C) geeignet.

Elektrofischerei, Fischfang mit elektr. Strom, der, ins Wasser geleitet, die Fische veranlasst, sich zur Anode zu bewegen, wo sie betäubt werden. Die E. ist genehmigungspflichtig.

Elektrofotografie (Elektrofax-Verfahren [Kw. für Elektrofaksimile-Verfahren]), fotograf. Verfahren, die photoelektr. und elektrostat. Effekte zur Bilderzeugung benutzen. Als Aufnahmematerial dienen Fotohalbleiterschichten (z. B. Selen, Zinkoxid), die durch Projektions-, Kontakt- oder Reflexbelichtung sensibilisiert werden, wobei sich eine Schicht negativer Ladung ausbildet, die bildmäßig aufgebaut wird. Das Bild wird mit ↑Toner entwickelt und mittels Wärme oder Lösungsmittel fixiert.

Elektrogitarre (E-Gitarre), Gitarre, deren Korpus mit elektromagnet. Tonabnehmern bestückt ist; die Schwingungen der (Stahl-)Saiten werden von den Tonabnehmern »abgegriffen« und durch entsprechende Instrumentenverstärker elektrisch verstärkt über Lautsprecher wiedergegeben. Die E. findet in der Pop- und Rockmusik sowie im Jazz Verwendung.

Elektroherd, Küchengerät, das in seiner klass. Form als Standgerät alle zum Kochen und Backen notwendigen Einrichtungen enthält. Die Kochmulde, meist aus emailliertem Stahl, Edelstahl oder Glaskeramik, ist i. d. R. mit vier Kochplatten ausgestattet, die durch eine elektr. Widerstandsheizung oder induktiv erhitzt werden.

Elektrojet [-ʒet], gebündelter elektr. Ringstrom, der das normale Stromsystem der ionisierten hohen Atmosphäre überlagert.

elektrokalorischer Effekt, die Umkehrung der ↑Pyroelektrizität.

Elektrokardiogramm *das,* Abk. **EKG,** die Aufzeichnung des Verlaufs der Aktionsströme des Herzens, die durch Elektroden von Gliedmaßen und Brustwand abgeleitet und meist über Direktschreiber, auch Magnetbandspeicher aufgezeichnet werden **(Elektrokardiographie).** Aus dem Kurvenlauf des E. lassen sich Herzrhythmusstörungen, Schädigungen des Herzmuskels (z. B. Herzinfarkt) u. a. feststellen.
📖 *Lindner, Udo K.: EKG in Notfällen.* Berlin u. a. ²2001. – *Neundörfer, B.: EKG-Fibel. Das EKG in der ärztl. Praxis.* München ⁵2002.

Elektrokarren, ↑Flurfördermittel.

Elektrokeramik, Sammelbez. für Bauteile aus keram. Werkstoffen für die Elektrotechnik (Zusammenschluss von Oxiden, Silikaten u. a. Verbindungen im Sinterprozess).

elektrokinetische Erscheinungen, Erscheinungen, die auf dem Vorhandensein einer elektr. ↑Doppelschicht an der Grenze zweier Stoffe beruhen und die entweder durch Bewegungsvorgänge entstehen oder in äußeren elektr. Feldern zu solchen führen. Die wichtigste e. E. ist die ↑Elektrophorese; weitere e. E. sind: 1) in einer Flüssigkeit bewegte oder fallende Körper (Kolloidteilchen, Metallkörner u. a.) erzeugen einen elektr. Strom und elektr. Auflladung; 2) eine durch eine feinporige Substanz (Diaphragma, Kapillare) gepresste Flüssigkeit erzeugt eine elektr. Spannung (Strömungspotenzial) und einen elektr. Strom (Strömungsstrom); 3) geladene Teilchen in einer Flüssigkeit bewegen sich unter dem Einfluss eines elektr. Feldes durch ein Diaphragma **(Elektroosmose);** 4) die Abhängigkeit der Oberflächenspannung eines Flüssigkeitstropfens vom Ladungszustand **(Elektrokapillarität).**

Elektroklavier (E-Piano), Sammelbez. für elektron. Musikinstrumente mit mechan. Schwingungserzeugung und für spezielle kleinere Elektronenorgeln. Letztere haben die Größe einer Klaviatur; die in ihnen erzeugten Schwingungen werden meist über einen fremden Verstärker wiedergegeben.

Elektro|koagulation (Kaltkaustik, Elektrokauterisation), operative Zerstörung von Gewebe mit hochfrequenten Wechselströmen; angewendet z. B. zur Blutstillung, zur Abtragung von Tumoren oder zur Fixierung der Netzhaut bei Netzhautablösung.

Elektrokrampftherapie, die ↑Elektroschocktherapie.

Elektrolarynx, ↑Sprechhilfen.

Elektrolumineszenz, das Auftreten und die Anregung von Leuchterscheinungen (↑Luminzenz) in Festkörpern unter Einfluss eines elektr. Feldes. Im Vergleich zu gebräuchl. Lichtquellen ist der Wirkungsgrad der E. groß, die Leuchtdichte jedoch gering; Anwendung z. B. in Lumineszenzdioden (LED).

Elektrolumineszenzbildschirm (engl. electroluminescent display, Abk. ELD), auf der ↑Elektrolumineszenz beruhender spezieller Typ des ↑Flachbildschirms. E. funktionieren ähnlich wie ein Plasmabildschirm, nur dass als Leuchtstoff nicht Gas, sondern eine Halbleiterbeschichtung dient. Die einzelnen Bildpunkte werden durch Transistorschaltungen erzeugt, die in Matrixform über die aufgedampften Leiterbahnen angesteuert werden.

Elektrolyse [grch.] *die,* Umwandlung (meist Zersetzung) eines gelösten oder geschmolzenen ↑Elektrolyten durch elektr. Strom. Beim Anlegen einer elektr. Spannung wandern die positiv geladenen Ionen (Kationen) zur Kathode, die negativ geladenen Ionen (Anionen) zur Anode; dort entladen sie sich, werden als neutrale Atome (Moleküle) abgeschieden oder gehen neue Reaktionen ein. Die an jeder

elektromagnetische Verträglichkeit ELE

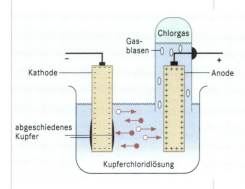

Elektrolyse: Darstellung der Elektrolyse einer Kupferchloridlösung

Elektrode abgeschiedene Stoffmenge ist der transportierten Elektrizitätsmenge proportional (↑faradaysche Gesetze). – Die E. wird technisch in **E.-Zellen** durchgeführt. Anwendung findet sie bei der Zerlegung von Wasser in Wasserstoff und Sauerstoff, der Abscheidung sehr reiner Metalle (Kupfer, Gold, Silber, Zink) aus den Lösungen ihrer Salze und in der Galvanotechnik.

Elektrolyt *der,* Stoff, der im geschmolzenen Zustand oder in meist wässriger Lösung in seine Ionen zerfällt (elektrolyt. ↑Dissoziation) und elektrisch leitfähig ist. **Schwache E.** (z. B. organ. Säuren) zerfallen auch in schwachen Konzentrationen nie völlig, **starke E.** sind in höheren Konzentrationen wenig, in schwächeren so gut wie ganz dissoziiert. Der Dissoziationsgrad ist umso größer, je verdünnter die Lösung ist. – In der *Medizin* dienen **E.-Lösungen** zum Ersatz von E.-Verlusten des Körpers (z. B. bei starken Durchfällen, anhaltendem Erbrechen). Die wichtigsten E. des Blutes sind Chloride, Hydrogencarbonate, Phosphate von Natrium, Kalium, Calcium und Magnesium.

Elektrolythaushalt, das lebensnotwendige Gleichgewicht an Elektrolyten im Organismus. Für die Aufrechterhaltung des E. bedarf dieser außer einer genügenden Wasserzufuhr eines ausgewogenen Bestandes an Elektrolyten. Die normale Mischkost mit genügend pflanzl. Bestandteilen enthält ausreichend Minerale (Natrium-, Kalium-, Calcium-, Magnesiumsalze), um den Bedarf des Organismus zu decken. Weitere unentbehrl. Stoffe sind die ↑Spurenelemente.

Elektromagnet, eine Spule mit einem unmagnet. Weicheisenkern. Fließt durch sie ein elektr. Strom, entsteht ein magnet. Feld, das den Eisenkern durchsetzt; dieser nimmt dadurch magnet. Eigenschaften an. Einsatz in den meisten elektr. Maschinen, in Messgeräten, Relais sowie als Lasthebemagnet.

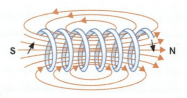

Elektromagnet: magnetische Feldlinien (Kraftlinien) in einer von Strom durchflossenen Spule

elektromagnetische Pumpe, Anlage zur Förderung flüssiger Metalle, bes. von Quecksilber, Kalium- und Natriumlegierungen, mithilfe eines starken Magnetfeldes.

elektromagnetische Verträglichkeit, Abk. **EMV** oder **EMC** [für engl. electromagnetic compatibility], die Fähigkeit elektron. Anlagen und Systeme, bei elektromagnet. Einwirkungen beliebiger Art zufrieden stellend zu funktionieren und ihrerseits keine unzulässigen elektromagnet. Störungen in ihrer Umgebung zu verursachen (↑Elektrosmog), die sowohl für Lebewesen als auch techn. Geräte gefährlich werden können. Ursachen von Störfeldern sind z. B. Leitungsnetze, Funkgeräte, elektrostat. Entladungen (Blitzschlag), EMP. Elektr. und elektron. Geräte, die mit dem CE-Zeichen gekennzeichnet sind, müssen

den EMV-Normen entsprechen (Ges. über die e. V. von Geräten vom 18. 9. 1998).
elektromagnetische Wechselwirkung, eine der vier fundamentalen ↑Wechselwirkungen im Standardmodell der Elementarteilchen.
elektromagnetische Wellen, elektromagnet. Felder, die sich im Raum, in Isolatoren, auf Leitern oder im Vakuum mit der ↑Lichtgeschwindigkeit des jeweiligen Mediums ausbreiten. E. W. zeigen die vom Licht her bekannten Reflexions-, Brechungs-, Beugungs- und Polarisationserscheinungen. In isotropen Medien sind e. W. Transversalwellen, bei denen elektr. und magnet. Felder senkrecht aufeinander und senkrecht zur Ausbreitungsrichtung stehen. Die Gesamtheit der Wellenlängen λ (bzw. der Frequenzen ν) e. W. bildet das **elektromagnet. Spektrum.** Zw. Frequenz und Wellenlänge jeder elektromagnet. Strahlung gilt im Vakuum die Beziehung $\nu = c/\lambda$ (c Lichtgeschwindigkeit). – Bei der Ausbreitung e. W. im erdnahen bzw. erdfernen Raum unterscheidet man zw. ↑Bodenwellen und ↑Raumwellen.
E. W. treten auf, wenn elektr. Ladungsträger (z. B. Elektronen) beschleunigt werden und sich damit elektr. Strom- und Ladungsdichten räumlich und zeitlich ändern (↑maxwellsche Theorie). Sie entstehen – als natürl. Schwingungsvorgänge der Ladungsträger in Atomen, Molekülen und Festkörpern – durch Quantensprünge der Elektronen in angeregten atomaren Systemen (Emission von sichtbarem Licht, Infrarot-, Ultraviolett- oder Röntgenstrahlung) oder der Protonen in angeregten Atomkernen (Emission von Gammastrahlung). Technisch erzeugt man e. W. z. B. beim Fließen hochfrequenter elektr. Wechselströme in ↑Schwingkreisen und Antennen, als Abstrahlung eines hertzschen ↑Dipols sowie durch Abbremsung geladener Teilchenstrahlen (↑Bremsstrahlung, ↑Synchrotronstrahlung). – Der Nachweis (Empfang) e. W. erfolgt im Bereich der Funkwellen (↑Funkverkehr) über Antennen mit Verstärkern, bei höheren Frequenzen vorwiegend mit Quantendetektoren (Photozellen, Photodioden) und therm. Detektoren (wie Thermoelement, Bolometer).
Elektromagnetismus, die Gesamtheit der Erscheinungen der ↑Elektrizität und des ↑Magnetismus mit ihren wechselseitigen Verknüpfungen.

Elektrometallurgie, metallurg. Verfahren mit Anwendung von Elektroenergie; bei der Pyrometallurgie dient die Elektroenergie als Heizquelle, in der Hydrometallurgie als chem. Energie.
Elektrometer, empfindl. elektrostat. Gerät zur Messung elektr. Ladungen, Spannungen und Leistungen bei Gleich- und Wechselströmen. Ausgenutzt werden die elektrostat. Kraftwirkungen zw. festen und bewegl., elektrisch geladenen Metallelektroden. Das **braunsche E.,** ein Spannungsmesser, nutzt die Kraftwirkung zw. der Spannungszuführung, einer bewegl. Nadel, und dem entgegengesetzt aufgeladenen Gehäuse.
Elektromotor, elektr. Maschine, die elektr. Energie in mechan. Arbeit umwandelt. Die Umwandlung beruht auf der Kraftwirkung, die ein Magnetfeld auf einen stromdurchflossenen Leiter ausübt, und den dadurch hervorgerufenen Drehmomenten. Das Magnetfeld wird meist von stromdurchflossenen Spulen (Erregerwicklungen) erzeugt. Die Spulen sind um den fest stehenden Ständer oder Stator (**Außenpolmaschine**) oder um den umlaufenden Läufer oder Rotor mit Antriebswelle (**Innenpolmaschine**) angebracht. Der stromdurchflossene Leiter ist um den Anker gewickelt, der bei der Außenpolmaschine der innen umlaufende Rotor, bei der Innenpolmaschine der außen fest stehende Stator ist. Der Kontakt zum Läufer oder Rotor erfolgt mit dem Kollektor über Bürsten aus Kohlefasern oder Kupfergewebe. – Alle E. können auch als Generatoren verwendet werden. Man unterscheidet ↑Linearmotoren und Rotationsmotoren (E. i. e. S.) sowie nach der Art der Stromversorgung Gleich-, Wechsel- und Drehstrommotoren.
Bei einem **Gleichstrommotor** wird dem Anker über einen Stromwender (Kommutator) fortlaufend umgepolter Strom zugeführt. Die stromdurchflossene Wicklung wird im Magnetfeld der im Ständer angebrachten Elektromagnete (Feldmagnete) abgelenkt; der Anker dreht sich, die nächste Wicklung erhält Strom usw. Das Drehmoment wirkt dabei stets in gleicher Richtung. Sind Anker- und Erregerwicklung in Reihe geschaltet, spricht man von einem **Hauptschlußmotor (Reihenschlußmotor);** er hat ein gutes Anzugsdrehmoment, die Drehzahl ändert sich

elektromagnetische Wellen ELE

elektromagnetische Wellen (Wellenlängen und Frequenzbereiche)[1]

Wellenlängenbereich	Frequenzbereich	deutsche Bezeichnung (Abkürzung)	internationale Abkürzung	Verwendung (Beispiele)
18 000 km	$16^2/_3$ Hz	technischer Wechselstrom	–	elektrische Fernbahnen
6 000 km	50 Hz	technischer Wechselstrom	–	elektrische Energieversorgung (Mitteleuropa)
30 000–15 km	10 Hz–20 kHz	Niederfrequenz (NF)	–	Regelungstechnik, Telegrafie, induktive Heizung
18 800–15 km	16 Hz–20 kHz	Tonfrequenz	–	Übertragung von Sprache und Musik
30–10 km	10–30 kHz	Längstwellen	VLF	Frequenznormale, Unterwasserfunk, Objektorientierung
10–1 km	30–300 kHz	Langwellen (LW)	LF	Zeitzeichensender, Seefunk, Wetterdienst, Langwellenrundfunk
1 km–100 m	300–3000 kHz	Mittelwellen (MW)	MF, AM	Hörrundfunk, Schiffsfunk (SOS), Flugfunk, Polizeifunk
182–100 m	1,650–3 MHz	Grenzwellen[2]	–	Küstenfunk
100–10 m	3–30 MHz	Kurzwellen (KW)	HF	transkontinentaler Funk, Rundfunk, Funkdienste, Amateurfunk, Kernspinresonanz (NMR), Radioastronomie
10–1 m	30–300 MHz	Ultrakurzwellen (UKW)	VHF, FM	Hör- und Fernsehrundfunk, Funkdienste, Richtfunk, Radioastronomie
1 m–1 dm	300–3000 MHz	Dezimeterwellen[3]	UHF	Fernsehrundfunk, Satellitensteuerung, Mobilfunk, Telematik
10–1 cm	3–30 GHz	Zentimeterwellen[3]	SHF	Richtfunk, Radar, Satellitenfunk, Maser, Mikrowellenerwärmung
10–1 mm	30–300 GHz	Millimeterwellen[3]	EHF	aerologische Funkmesstechnik, kosmische Hintergrundstrahlung
1–0,3 mm	300–1000 GHz	Submillimeterwellen (Terahertzwellen)	–	noch nicht technisch genutzt
1 mm–780 nm	$3 \cdot 10^{11}$–$3,8 \cdot 10^{14}$ Hz	Infrarot	IR	Wärmeortung, Wärmelampe, Infrarotnachrichtentechnik
780–380 nm	$3,8 \cdot 10^{14}$–$7,9 \cdot 10^{14}$ Hz	(sichtbares) Licht	VIS	Beleuchtung, Mikroskopie, Lasertechnik, Astronomie
380–10 nm	$7,9 \cdot 10^{14}$–$3 \cdot 10^{16}$ Hz	Ultraviolett	UV	Photochemie, Leuchtstoffröhre (»Neonröhre«), Sterilisation medizinischer Geräte
25–2,5 nm	10^{16}–10^{17} Hz (0,5–5 keV)	Röntgenstrahlen[4] weich	X	Röntgendiagnostik, -therapie, Röntgenspektroskopie, Kristallstrukturanalyse, Materialprüfung
2,5–0,25 nm	10^{17}–10^{18} Hz (5–50 keV)	Röntgenstrahlen[4] mittel hart	X	
0,25–3,10^{-3} nm	10^{18}–10^{20} Hz (50 keV–3 MeV)	Röntgenstrahlen[4] hart	X	
< 1 nm	$3 \cdot 10^{17}$ Hz (> 10 keV)	Gammastrahlen[4]	γ	Strahlentherapie, Materialprüfung, kosmische Sekundärstrahlung

1) Die Übergänge der angegebenen Wellenlängen- bzw. Frequenzbereiche sind fließend und je nach technischer Anwendung teilweise auch unterschiedlich. – 2) Die Grenzwellen rechnet man heute zu den Mittelwellen. – 3) Diese Bereiche werden unter der Bezeichnung Mikrowellen zusammengefasst. – 4) Die Grenzen zwischen UV-, Röntgen- und Gammastrahlen sind fließend. UV- und Röntgenstrahlen entstehen in der Elektronenhülle, Gammastrahlen durch Kern- oder Elementarteilchenreaktionen.

aber mit der Belastung. Bei Parallelschaltung von Anker- und Erregerwicklung erhält man einen **Nebenschlussmotor**; er weist gleich bleibende Drehzahl, aber ein kleines Anzugsdrehmoment auf. Der **Doppelschlussmotor (Verbund-** oder **Compoundmotor)** hat außer der Nebenschluss- eine zusätzl. Reihenschlusserregerwicklung. Gleichstrommotoren werden für Spezialantriebe verwendet, z. B. als Reihenschlussmotor für Fahrzeuge und Anlasser von Verbrennungskraftmaschinen, als Allstrommotor für Gleich- und Wechselstromspeisung, als Universalmotor für Haushaltsgeräte, Elektrowerkzeuge u. Ä., als Doppelschlussmotor mit einstellbarer Drehzahl als Grundlage aller selbsttätigen Regelschaltungen.

Drehstrom- und **Wechselstrommotoren** werden oft als Käfiganker- oder Kurzschlussläufermotoren gebaut. Bei ihnen induziert das im Ständer erzeugte Drehfeld in der kurzgeschlossenen Wicklung des Läufers einen Strom, der in Wechselwirkung mit dem Drehfeld ein Drehmoment erzeugt (Induktionsmotor); die Drehzahl des Läufers ist etwas geringer als die des Drehfeldes, deshalb heißt er auch **Asynchronmotor**. Werden die Läuferwicklungen an Schleifringe angeschlossen (Schleifringläufer), kann durch Vorschalten von Widerständen die Drehzahl geregelt werden. Je nach Bauart des Läufers unterscheidet man **Drehstromasynchronmotoren** (Drehung des Rotors asynchron zum Ständerdrehfeld; der meistangewandte Motor, enthält im Ständer drei um 120° versetzte Wicklungsstränge) und **Drehstromsynchronmotoren** (Drehung des Rotors synchron zum Ständerdrehfeld; für gleich bleibende, vom Drehfeld abhängige Drehzahl: als Drehstrommotor mit Gleichstromerregung für größere Leistung, als Einphasenmotor für Kleinstmotoren). Zu den mit (einphasigem) Wechselstrom gespeisten Wechselstrommotoren gehört der **Einphasenwechselstrommotor** (mit Kurzschlussläufer ähnlich dem Drehstromasynchron-E. nur für kleine Leistungen). Der **Reluktanzmotor** ist eine Sonderform der Wechsel- oder Drehstrommotoren mit Polansätzen im Läufer. Er hat keine Erregerwicklung, läuft asynchron an und geht selbsttätig in synchronen Lauf über. **Universalmotoren** kleiner Leistung werden mit Gleichstrom oder einphasigem Wechselstrom betrieben.

📖 *Moczala, H.: Elektr. Kleinmotoren. Ehningen* ²*1993. – Falk, K.: Der Drehstrommotor. Ein Lexikon für die Praxis. Berlin 1997.*

elektromotorische Kraft, Abk. **EMK** (Urspannung, Quellenspannung), histor. Bez. für die elektr. Spannung zw. den Klemmen einer Stromquelle im stromlosen Zustand, bei kontakt- oder thermoelektr. Erscheinungen sowie bei der elektromagnet. Induktion.

Elektromyogramm [grch.] *das*, Abk. **EMG**, Aufzeichnung des Zeitverlaufs elektr. Potenzialdifferenzen, die der tätige Muskel erzeugt. Bedeutung hat das EMG in der neurolog. Diagnostik und in der Sport- und Arbeitsphysiologie.

Elektron [grch. »Bernstein«] *das*, leichtes, elektrisch negativ geladenes, stabiles Elementarteilchen (physikal. Symbol e⁻). Sein

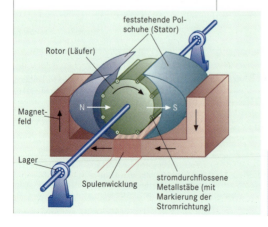

Elektromotor: einfacher elektrischer Rotationsmotor; die Stromrichtung wird durch Kreuze (Stromrichtung in Blickrichtung) bzw. Punkte (entgegen der Blickrichtung) dargestellt.

Metzgerei Ludwig Walk
Königstraße 19U, 90402 Nürnberg
Tel: 0911/223825 Fax: 2059958

```
       1              Kasse 4         # 008163
12.2005  8:25:45      255/4           Verk.    6
    kg    Tara kg      €/kg                  €
rdon Bleu
   1,236                 11,40            14,09
chschinken
  0.148                  17,00             2,52

     2 Reg.  Summe     €                 16,61

                       €                 16.61
eben                   €                  0,00
ück
der Summe enthalten sind:               brutto
00% MwSt Nr.2: 7%        1,09            16,61
2 2005  8:27:04C
```

n Nr.:8163

✱ Vielen Dank ✱

für Ihren Einkauf
Es bediente Sie
Frau Schütz

Metzgerei Ludwig Walk
Königstraße 150, 90402 Nürnberg
Tel. 0911/223825 Fax. 2059958

1	Kasse 4	# 008163
12.2005 13:43	23234	UhrZ 5
kg Tara kg	€/kg	
rdon Bleu		
1,236	11,40	14,09
cheschinken		
0,148	17,00	2,52

2Reg Summe	€	16,61
eben	€	16,61
uck	€	0,00
der Summe enthalten sind		Brutto
002 MwSt Nr.2 7%	1,05	16,61
2005 8:27:02		

on Nr:8163

* **Vielen Dank** *

für Ihren Einkauf
Es bediente Sie
Frau Schütz

Elektronenkonfiguration ELE

Antiteilchen ist das positiv geladene **Positron** (e^+). Das E. ist der wichtigste Vertreter der ↑Leptonen, da es (neben Proton und Neutron) einer der Bausteine der Materie ist. Es besitzt eine etwa 1 837-mal kleinere Masse als das Proton und ist Träger einer negativen Elementarladung. Das E. hat halbzahligen Spin, ist also ein Fermion, d. h., für statist. Gesamtheiten gilt die ↑Fermi-Dirac-Statistik. Jedes neutrale ↑Atom enthält in der Hülle so viele E., wie die Ordnungszahl angibt. In Metallen können sich die E. in den Zwischenräumen des Kristallgitters bewegen. Die freie Beweglichkeit der E. ist Ursache der guten elektr. Leitfähigkeit und der Wärmeleitfähigkeit. Nach der E.-**Gastheorie** kann man die Leitungs-E. wie ein im Metall eingeschlossenes ↑Elektronengas behandeln. Um die E. aus ihren gebundenen Zuständen zu befreien, muss ihnen Energie zugeführt werden, die die Ionisierungsenergie (Atome, Moleküle) bzw. die Austrittsarbeit (Metalle) übertrifft. Die Energie kann z. B. durch Temperaturerhöhung **(Glühemission)**, Bestrahlung mit Licht oder Röntgenstrahlung **(Photoemission)**, Beschuss mit E. **(Sekundäremission)** oder durch Anlegen starker elektr. Felder **(Feldemission)** aufgebracht werden. Freie E. spielen z. B. in E.- und Röntgenröhren, im E.-Mikroskop sowie in Teilchenbeschleunigern eine große Rolle.

Das E. zeigt wie alle atomaren Teilchen den Welle-Teilchen-Dualismus (↑Dualismus). Die **lorentzsche E.-Theorie** (1895) stellte die E. als kleine geladene Massenpunkte dar, deren Bewegung in elektromagnet. Feldern aus den Gesetzen der klass. Physik abgeleitet wurde. Während dieses Teilchenbild zur Beschreibung vieler makroskop. Effekte (z. B. E.-Röhre) ausreicht, versagt es im atomaren Bereich. Bei der Wechselwirkung mit atomaren Systemen zeigen E. ausgeprägte Welleneigenschaften wie Beugungs-, Brechungs- und Interferenzerscheinungen; den E. kann daher in atomaren Dimensionen keine Bahn im klass. Sinn zugeordnet werden. Eine gute Beschreibung des Verhaltens der E. im atomaren Bereich liefert die ↑Quantenmechanik. Auf diese Weise erhält man genaue Aussagen über den Aufbau der Atom- oder E.-Hülle eines Atoms, über die Entstehung der Atom- und Bandenspektren, über das Zustandekommen der ↑chemischen Bindung der Atome zu Molekülen und kristallinen Festkörpern durch »Verformung« und »Überlappung« der E.-Hüllen der Atome, über das Verhalten von E. in Festkörpern und die dadurch bestimmten Festkörpereigenschaften. Die Wechselwirkung mit elektromagnet. Strahlungsfeldern ist exakt nur mithilfe der ↑Quantenelektrodynamik zu berechnen.
📖 *Electron, hg. v. M. Springford. Cambridge 1997. – Schäfer, S. u. Wolf, H.: Proton u. E. Freising 2002.*

Elẹktro|negativität, Maß für die Fähigkeit eines Atoms, innerhalb eines Moleküls Elektronen des bindenden Elektronenpaars anzuziehen. Die E. bestimmt wesentlich den Charakter einer chem. Bindung.

Elektrọnen|affinität (Elektroaffinität), der Energiebetrag, den ein Atom mit nicht abgeschlossenen Elektronenschalen bei Anlagerung eines Elektrons freisetzt; kennzeichnet die Fähigkeit der Atome, Anionen zu bilden.

Elektrọnenbeugung, die Abweichung der Elektronenstrahlen von der geradlinigen Ausbreitung beim Durchgang durch (v. a. kristalline) Materie aufgrund der Welleneigenschaften des Elektrons (↑Materiewelle). Eine Methode ist das ↑LEED-Verfahren.

Elektrọnenblitzgerät, *Fotografie:* fotograf. Blitzlichtquelle, deren Licht von einer Gasentladungsröhre geliefert wird. Die Blitzröhre wird über den Synchronkontakt (X-Kontakt) des Kameraverschlusses gezündet. E. mit Lichtregelschaltung **(Blitzautomatik, Computerblitz)** messen über eine Photodiode (»Sensor«) oder über die TTL-Messzelle der Kamera das vom Aufnahmeobjekt reflektierte Licht und stimmen die Leuchtzeit auf die eingestellte Blende ab.

Elektrọneneinfang, ↑Einfangprozesse.
Elektrọnengas, die ein ↑Fermi-Gas bildende Gesamtheit von Elektronen, insbesondere von Leitungs- oder Valenzelektronen eines Metalls, die nur schwach an Atome gebunden sind und sich weitgehend frei durch das gesamte Volumen des Metalls bewegen.

Elektrọnenhülle, ↑Atom.
Elektrọnenkanone, das System zur Erzeugung des Elektronenstrahls in einer ↑Elektronenstrahlröhre.

Elektrọnenkonfiguration, die Verteilung der Elektronen in der Atomhülle auf

ELE Elektronenleitung

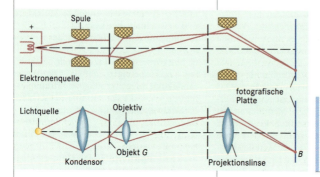

Elektronenmikroskop: schematischer Strahlengang durch ein magnetisches Elektronenmikroskop (oben) und durch ein Lichtmikroskop

die versch. Atomorbitale (↑Orbital); sie ist ein wichtiges Merkmal der elektron. Struktur eines Atoms im Periodensystem der chem. Elemente.
Elektronenleitung, der Elektrizitätstransport durch Elektronen, z. B. in ↑Halbleitern.
Elektronenlinse, ↑Elektronenoptik.
Elektronenmikroskop, Mikroskop, das anstelle von Licht gebündelte, durch Hochspannung beschleunigte Elektronen im Hochvakuum zur Abbildung und starken Vergrößerung kleinster Objekte verwendet. Da das Auflösungsvermögen eines Mikroskops durch die Wellenlänge der abbildenden Strahlen begrenzt ist, können beim Lichtmikroskop Objektpunkte von geringerem Abstand als etwa $0,4 \cdot 10^{-6}$ m nicht mehr getrennt wahrgenommen werden (bei Verwendung von langwelligem Ultraviolett bis $0,2 \cdot 10^{-6}$ m). Nach L. V. de Broglie (1924) muss einem bewegten materiellen Teilchen mit der Ruhemasse m ein zeitlich und räumlich period. Wellenvorgang zugeordnet werden (↑Materiewelle).

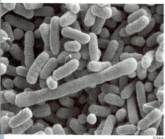

Elektronenmikroskop: Salmonellen unter dem Elektronenmikroskop. Die Länge der stäbchenförmigen Bakterien beträgt nur 2 bis 3 Mikrometer.

Die Wellenlänge λ hängt vom Impuls p bzw. der Energie E des Teilchens ab. Es gilt: $\lambda = h/p = h/\sqrt{2m \cdot E} = h/\sqrt{2m} \cdot e \cdot U$ (h plancksches Wirkungsquantum, e Elementarladung). Elektronen, die eine Beschleunigungsspannung von $U = 10^5$ V durchlaufen haben, ist demnach eine Wellenlänge von rd. $4 \cdot 10^{-12}$ m = 0,004 nm zuzuordnen, was rein rechnerisch eine Steigerung des Auflösungsvermögens gegenüber dem Lichtmikroskop um 4–5 Größenordnungen ergibt. In der Praxis wird nur eine 100–1000fache Steigerung erreicht, da sich Elektronenlinsen (↑Elektronenoptik) nicht für so weit geöffnete Strahlenbündel herstellen lassen wie opt. Glaslinsen. Mit heutigen E. lassen sich Strukturen mit atomarer Auflösung bis ca. 0,1 nm abbilden. – Als strahlenbrechende, den opt. Linsen entsprechende Elemente werden rotationssymmetrische magnet. und elektr. Felder verwendet, die in ihrer Funktion Kondensor, Objektiv und Okular eines Lichtmikroskops entsprechen.
E.-Arten: Beim **Transmissions-E.** (Abk. **TEM,** Durchstrahlungs-E.) konzentriert die als Kondensor wirkende magnet. oder elektr. Linse den von einer Elektronenquelle kommenden Elektronenstrahl auf das Objekt. Je nach Dicke und Dichte des durchstrahlten Präparats werden die Elektronen versch. stark gestreut, sodass eine entsprechende Intensitätsverteilung (z. B. mittels integrierter Elektronenenergiefilter) im Elektronenbild die Objektstruktur wiedergibt. Diese wird auf einem Leuchtschirm oder eine fotograf. Platte abgebildet. Transmissions-E. arbeiten mit Nanometerauflösung und können z. B. die lokale chem. Elementverteilung angeben. Durch Anwendung elektronenholograph.

Elektronenröhre ELE

Methoden kann die Auflösung bis in den (Sub-)Ångströmbereich gesteigert werden. – Beim **Raster-E.** (Abk. **REM**) wird ein Elektronenstrahl rasterförmig über das Objekt bewegt. Das Signal der rückgestreuten oder in der Oberfläche der Probe ausgelösten Sekundärelektronen wird durch einen Szintillator und einen angekoppelten Photomultiplier verstärkt. – Das **Elektronenemissionsmikroskop** wird zur direkten Abbildung Elektronen emittierender Metalloberflächen genutzt. Die Elektronen werden u. a. durch Aufheizung, Ionenbeschuss oder elektr. Felder aus dem Objektiv herausgelöst und durch das Linsensystem abgebildet. Ein weiteres E. zur Oberflächenuntersuchung ist das linsenlose ↑Feldionenmikroskop, das zum ↑Rastertunnelmikroskop weiterentwickelt wurde.
Geschichte: Die Entwicklung des E. begann 1931; es wurde als Transmissions-E. mit magnet. Linsen von E. Ruska, M. Knoll und Mitarbeitern konstruiert. 1942 gelang V. K. Zworykin und Mitarbeitern eine Oberflächenabbildung mit dem Raster-E. mit einer Auflösung unterhalb der des Lichtmikroskops. Heute ist das E. in Physik, Chemie, Technik und v. a. in Zytologie, Mikrobiologie und Virologie ein wichtiges Hilfsmittel für die Strukturforschung.
📖 *Flegler, S. L. u. a.: Elektronenmikroskopie. Grundlagen – Methoden – Anwendungen. A. d. Amerikan. Heidelberg u. a. 1995. – Burauer, S.: Elektronenmikroskopie komplexer Fluide. Berlin 2002.*
Elektronenoptik, Teilgebiet der Physik, das sich mit der Ablenkung von Elektronenstrahlen in elektr. und magnet. Feldern befasst sowie insbesondere mit ihren der Lichtoptik analogen abbildenden Eigenschaften. Entsprechend den Gesetzmäßigkeiten der opt. Abbildung lassen sich Strahlen geladener Teilchen durch Elektronenlinsen, -spiegel und -prismen sammeln, zerstreuen, reflektieren und brechen. Die sammelnde oder zerstreuende Wirkung rotationssymmetr. Felder für achsennahe Elektronenstrahlen wird z. B. bei der **Elektronenlinse** ausgenutzt. Die **elektr. Elektronenlinse** besteht i. Allg. aus einer Kombination von metall. Lochblenden und/oder Hohlzylindern auf unterschiedlichem elektr. Potenzial. Eine **magnet. Elektronenlinse** wird von einer stromdurchflossenen Spule gebildet. Als **Elektronenspiegel** dient z. B. eine gegen die Elektronenquelle negativ aufgeladene Flächenelektrode; je nach Krümmung des negativen Potenzialfeldes, in dem die Elektronen reflektiert werden, wirkt sie als Sammel- oder Zerstreuungsspiegel. Als **Elektronenprisma** wirkt ein homogenes elektr. oder magnet. Querfeld, das die Elektronen kontinuierlich ablenkt. Prinzipien der E. werden u. a. im Elektronenmikroskop und Sekundärelektronenvervielfacher ausgenutzt. – Die Gesetze der E. lassen sich mit geringen Abwandlungen auf Ionen übertragen **(Ionenoptik).**
Elektronenorgel, elektronisch betriebenes Orgelinstrument.
Elektronenpaarbindung, Art der ↑chemischen Bindung.
Elektronenprisma, ↑Elektronenoptik.
Elektronenresonanz, ↑Elektronenspinresonanz.
Elektronenröhre (kurz Röhre), hochevakuiertes Glas-, Keramik- oder Metallgefäß zur trägheitslosen Steuerung und Verstär-

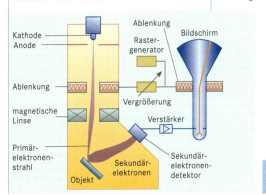

Elektronenmikroskop: schematischer Aufbau eines Rasterelektronenmikroskops

ELE Elektronenschale

kung elektr. Gleich- und Wechselströme, in dem Elektronen Träger des elektr. Stroms zw. den Elektroden sind. Die Elektroden (**Kathode, Anode** und dazwischenliegende **Gitter**) werden konstruktiv zum Röhrensystem zusammengefasst und haben herausgeführte Anschlüsse. Die Elektronen treten aus der geheizten Kathode aus (↑Glühemission) und fliegen zur Anode und zu den Gittern, die unter positiver Spannung stehen. **Steuer-, Schirm-** und **Bremsgitter** steuern den Elektronenstrom, schirmen die Elektroden ab und bremsen Sekundärelektronen. Bei Empfängerröhren unterscheidet man E. mit 2 (**Diode**), 3 (**Triode**), 4 (**Tetrode**), 5 (**Pentode**), 6 (**Hexode**), 7 (**Heptode**), 8 (**Oktode**) oder 9 (**Enneode**) Elektroden sowie Verbundröhren mit 2 oder mehr Systemen. Als Senderöhren werden Trioden oder Tetroden verwendet. Dioden, bestehend aus Kathode und Anode, dienen zur Gleichrichtung oder Demodulation. Trioden, Tetroden und Pentoden, bestehend

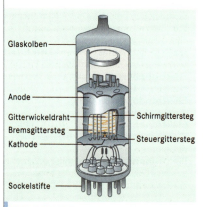

↑ **Elektronenröhre:** Aufbau einer Pentode

aus Kathode, Anode und einem oder mehreren Gittern, dienen zur Verstärkung, Erzeugung, Modulation oder Mischung, Hexoden, Heptoden und Oktoden zur Mischung, Enneoden zum Phasenvergleich elektr. Wechselspannungen bzw. -ströme. Die E. war lange Zeit das wichtigste Gerät der Elektrotechnik. Große Verbreitung fand sie insbesondere als Empfängerröhre im Rundfunk- und Fernsehempfänger, als Senderöhre und im Mikrowellenbereich als Laufzeitröhre. Wichtige Funktionen wie Gleichrichtung, Verstärkung, Modulation elektr. Schwingungen sowie Aufgaben in der Schalt- und Regelungstechnik werden heute von Halbleiterbauteilen (Halbleiterdiode, Transistor) bzw. integrierten Schaltungen erfüllt. E. wurden aus dem Bereich niedriger und mittlerer Leistungen weitgehend verdrängt, werden aber weiterhin bei hohen Leistungen und hohen Frequenzen (Mikrowellenröhren, Magnetron, Klystron) sowie zur Bildaufnahme und Bildwiedergabe (Fernsehaufnahme- und Bildröhre) verwendet. E., bei denen die Elektronen in einem gebündelten Strahl zur Bildgebung verwendet werden, heißen ↑Elektronenstrahlröhren.
Die wichtigsten Röhrenkenngrößen sind der ↑Durchgriff, die Steilheit der Strom-Spannungs-Kennlinie und der innere Widerstand der E.; ihr Produkt ist für die im Arbeitspunkt gemessenen Werte immer gleich 1 (**barkhausensche Röhrenformel**). Die Steilheit ist das Verhältnis der Anodenstromänderung zur verursachenden Gitterspannungsänderung (bei fester Anodenspannung). Der Innenwiderstand ist der Wechselstromwiderstand, gegeben durch das Verhältnis einer Anodenspannungsänderung zur zugehörigen Anodenstromänderung (bei fester Gitterspannung).
📖 *Handbuch der Vakuumelektronik,* hg. v. *J. Eichmeier u. H. Heynisch.* München u. a. *1989.* – *Ratheiser, L.: Das grosse Röhren-Handbuch. Röhren-Ratgeber mit den Kennwerten von rd. 4 000 Röhren aus Europa u. USA inklusive Vergleichsangaben. Reprint der Ausg. von 1955. Poing 1995.*
Elektronenschale, *Atomphysik:* Räume des wahrscheinlichsten Aufenthaltes von Elektronen mit gleichem Energieniveau (↑Schalenmodell). Jede E. kann danach eine bestimmte maximale Zahl von Elektronen aufnehmen; allg. gilt, dass die n-te Schale $2n^2$ Elektronen aufnehmen kann (n Hauptquantenzahl). – Bei den Atomen der Edelgase sind alle E. **abgeschlossene Schalen,** die keine weiteren Elektronen aufnehmen können.
Elektronenspiegel, ↑Elektronenoptik.
Elektronenspin, der Eigendrehimpuls (↑Spin) eines Elektrons.
Elektronenspinresonanz, Abk. **ESR,** durch Mikrowellen ausgelöster Übergang zw. zwei Energieniveaus in einem paramagnet. Material, daher auch als **para-**

magnet. (Elektronen-)Resonanz (Abk. **EPR**) bezeichnet. Die versch. Energien entsprechen den versch. Einstellungsmöglichkeiten des Spins eines ungepaarten Elektrons des Systems in einem stat. Magnetfeld. Die **E.-Spektroskopie** (ESR-Spektroskopie) komplizierter Moleküle erlaubt u. a. wichtige Aussagen über Kristall- und Molekülstruktur, Kernmomente und chem. Reaktionen.

Elektronenstrahlbohren, das Herstellen von kleinsten Durchbrüchen in harten, schlecht bearbeitbaren Werkstoffen unter Vakuum mithilfe eines gebündelten Elektronenstrahls. Zur Erzeugung eines ausreichenden Elektronenstrahls sind Spannungen zw. 60 und 175 kV nötig. Der Werkstoff verdampft an der Auftreffstelle des Strahls.

Elektronenstrahlen, freie Elektronen, die sich im Vakuum, in Gasen oder Plasmen strahlenförmig ausbreiten, z. B. Kathoden- und Betastrahlen; durch geeignete elektronenopt. Anordnungen lassen sie sich bündeln.

Elektronenstrahl|oszilloskop, ↑Oszilloskop.

Elektronenstrahlröhre (Kathodenstrahlröhre), aus der ↑braunschen Röhre weiterentwickelte evakuierte oder mit geringen Gasmengen gefüllte Elektronenröhre, bei der die von der Glühkathode emittierten Elektronen durch elektrostat. oder magnet. Felder gebündelt werden, auf einen Leuchtschirm (Bildschirm) gelenkt und dort als Elektronenstrahl sichtbar gemacht werden; angewendet als Fernsehbildröhre (↑Bildröhre), als Oszilloskopröhre (↑Oszilloskop) und an Bildschirmgeräten. – Abb. S. 136

Elektronenzerfall, der mit Elektronenemission verbundene Betazerfall (↑Betastrahlung).

Elektronik [grch.] *die,* Wissenschaftsgebiet, das sich mit den durch elektr. oder magnet. Felder, durch elektr. Ströme, durch Strahlung (Licht) oder Wärme beeinflussten physikal. Vorgängen, v. a. der Elektrizitätsleitung im Vakuum, in Gasen, Festkörpern, Flüssigkeiten oder Flüssigkristallen befasst und diese sowie die dabei auftretenden Effekte in technisch realisierbare Anwendungen umzusetzen sucht. Dafür entwickelt und nutzt die E. unterschiedlich aufgebaute *elektron. Bauelemente,* die sich u. a. durch das Fehlen mechanisch bewegter Teile (Kontakte), durch große Zuverlässigkeit und lange Lebensdauer, hohe Schaltgeschwindigkeit (d. h. nahezu trägheitslose Informationsverarbeitung) sowie geringen Energie- und Platzbedarf auszeichnen. Die E. war ursprünglich ein Bereich der Elektrotechnik und bezog sich v. a. auf das Gebiet kleiner Leistungen. Sie gründet sich auf die Entwicklung der ↑Elektronenröhre und umfasste zunächst die dort und in ähnl. Anordnungen auftretenden physikal. Erscheinungen. Insbesondere durch die Grundlagen der Festkörper- bzw. Halbleiterphysik hat sie sich zu einem eigenständigen Gebiet entwickelt. – Heute ist die **Halbleiter-E.** von großer Bedeutung, die sich mit der Untersuchung und Ausnutzung gesteuerter Ströme und Ladungsverteilungen von Elektronen und Defektelektronen (Löchern) in gebietsweise unterschiedlich dotierten Halbleiterkristallen sowie den dort auftretenden Effekten befasst. Ihre wesentl. Aufgabe ist die Entwicklung und Anwendung von Halbleiterbauelementen, integrierten Schaltungen und Mikroprozessoren (↑Mikroelektronik). Weitere Bereiche und Spezialgebiete der E. sind ↑Akustoelektronik, ↑Hochperaturelektronik, ↑Leistungselektronik, ↑Magnetoelektronik, ↑Optoelektronik, ↑Polymerelektronik und ↑Quantenelektronik. In der **Informations-E.** dienen elektr. Ströme als Informationsträger. In ihrer digitalen Form (Digital-E.) findet sie Anwendung in der ↑Digitaltechnik. Die E. wird u. a. auch in der Nachrichten-, Energie-, Medizin- und Regelungstechnik sowie im Unterhaltungsbereich eingesetzt.

📖 *Einführung in die E.,* hg. v. *J. Pütz.* Frankfurt am Main 235.–237.Tsd. 1993. – *Weddigen, C.* u. *Jüngst, W.: E.* Berlin u. a. ²1993. – *Herberg, H.: E. Einführung für alle Studiengänge,* hg. v. *O. Mildenberger.* Braunschweig u. a. 2002.

Elektronikschrott, Sammelbegriff für ausgediente Elektrogeräte und elektron. Bauteile (wie Computer, Telefaxgeräte, Chips), die aufgrund ihrer Anteile an Schwermetallen (Blei, Nickel, Cadmium, Zinn, Kupfer) und anderen Verbindungen eine sorgfältige Entsorgung erfordern. Beim Recycling von E. müssen die aus einer Vielzahl unterschiedl. Materialien bestehenden Altgeräte in alle Bestandteile zerlegt, diese sortiert und getrennt ent-

ELE elektronische Datenverarbeitung

sorgt werden (z. B. cadmiumhaltige Bildröhren als Sonderabfall). – Nach der Richtlinie 2002/96/EG vom 27. 1. 2003, die bis August 2004 in nat. Recht umzusetzen ist, sind die Hersteller verpflichtet, E. ab 2005 kostenfrei vom Verbraucher zurückzunehmen und umweltschonend zu entsorgen. Ab 1. 7. 2006 dürfen neue Elektro- und Elektronikgeräte gefährl. Stoffe, wie Blei, Cadmium, Quecksilber und bestimmte Chrom- und Bromverbindungen nicht mehr enthalten.

Elektronenstrahlröhre

elektronische Datenverarbeitung, Abk. **EDV,** ↑Datenverarbeitung.

elektronische Form, *Recht:* ↑Formvorschriften.

elektronische Geldbörse, mit einem Mikrochip ausgestattete ec-, Kredit- oder Bankkarte, auf der bestimmte Geldbeträge elektronisch gespeichert und zu Zahlungszwecken offline, ohne Eingabe der persönl. Geheimzahl, verwendet werden können. Nach Verbrauch des Guthabens kann die e. G. per Geldautomat wieder aufgeladen werden. In Dtl. wurde Ende 1996 mit der Ausgabe entsprechender Chipkarten begonnen.

elektronische Geräte, alle Geräte, in denen Elektronenröhren, Transistoren u. a. aktive Elemente der Elektronik als schaltende, steuernde, speichernde und anzeigende Bauelemente für die Signal- oder Informationsverarbeitung, die automat. Steuerung, Zählung, Überwachung, Regelung und zur Bild- und Tonübertragung (Fernseh- und Rundfunkgeräte) benutzt werden.

elektronische Kampfführung, Abk. **Eloka,** alle Maßnahmen, mit denen die elektron. Hilfsmittel eines Gegners behin-

dert, gestört oder ausgeschaltet **(elektron. Gegenmaßnahmen)** und die eigenen vor derartigen Beeinflussungen geschützt werden **(elektron. Schutzmaßnahmen);** außerdem alle Maßnahmen zur elektron. Aufklärung und Überwachung der von gegner. Anlagen abgestrahlten Signale (u. a. Funkverkehr, Funknavigationssysteme, Radarsysteme).

elektronische Musik, Sammelbegriff für jede Art von Musik, bei deren Entstehung oder Wiedergabe elektron. Mittel eingesetzt werden. Zu unterscheiden sind: 1) Klänge, die mit elektron. Musikinstrumenten erzeugt werden und entweder klass. Instrumente nachahmen (elektron. Orgelmusik) oder neue Klangformen aufweisen (z. B. beim ↑Synthesizer); 2) i. e. S. Musik, die mittels elektron. Apparaturen erzeugt und von diesen direkt in einen Klangspeicher (Tonband) eingegeben wird, von dem sie über Lautsprecher wiedergegeben werden kann, sodass die Mittlerrolle des Interpreten entfällt; 3) ↑Computermusik. – Ziel der e. M. ist die Entdeckung neuer Klangräume, deren breites Spektrum die Geräuschkomponente einschließt und hinsichtlich Tonhöhe, Tondauer, Klangfarbe und Geräuschform Kombinationen von unendl. Variabilität zulässt. Als Material für neuartige Klangformen dienen reine Töne (Sinusschwingungen), Geräusche (z. B. weißes Rauschen), Tongemische und Impulse.

Die e. M. wird vom Komponisten im elektron. Studio am Mischpult hergestellt. Als Grundlage dient ihm die »Realisationspartitur«, die eine verbale oder skizzenhaft schemat. Beschreibung der techn. Vorgänge enthält. Das techn. Instrumentarium besteht aus ↑Tongeneratoren; Zusatzgeräte dienen der Klangfarbenbeeinflussung. Der heute vielfach verwendete Synthesizer vereinigt in sich die Möglichkeit sowohl der Erzeugung als auch der Veränderung von Klängen. – Während die e. M. ihre Schallereignisse somit auf rein synthet. Weg gewinnt, nimmt die konkrete Musik (↑Musique concrète) Umweltgeräusche aus allen Bereichen des Hörbaren auf, die mithilfe des Instrumentariums des Studios verfremdet und nach einem zuvor entworfenen Plan kombiniert werden. Für die weitere Entwicklung der e. M. ist die Einbeziehung raumakust. Parameter, v. a. im Bereich der ↑Live-Elektronik, von Bedeutung.

elektronische Signatur ELE

1951 wurde beim Westdt. Rundfunk in Köln das erste Studio für e. M. in der Bundesrep. Dtl. gegründet, ihm folgten Studios an vielen europ. Rundfunkanstalten. Das 1965 an der Musikhochschule Köln errichtete zweite Kölner Studio für e. M. dient v. a. Lehr- und Ausbildungszwecken (↑IRCAM). Bekannte Komponisten von e. M. sind L. Berio, P. Boulez, Y. Höller, M. Kagel, E. Krenek, G. Ligeti, K. Stockhausen, L. Nono u. a.

elektronische Musikinstrumente (Elektrophone), 1) Instrumente mit elektron. Schwingungserzeugung, die außer dem Tasten- und Schaltmechanismus keinerlei mechanisch schwingende Teile enthalten, mit Ausnahme der Lautsprechermembran, die den Schall abstrahlt. Die Schwingungserzeugung geschieht in Tongeneratoren, die Verarbeitung erfolgt überwiegend in Filtern und Verzerrern. – 2) Instrumente mit mechan. Schwingungserzeugung (Zungen, Saiten, Platten u. a.) und elektron. Schwingungsverarbeitung. Die primäre mechan. Schwingung wird von einem Tonabnehmer, Mikrofon oder einer Photozelle in eine elektr. Schwingung umgewandelt. Seit den 1930er-Jahren wurden zahlr. e. M. entwickelt, u. a. Neo-Bechstein-Flügel, Elektrochord, Wurlitzerorgel, Pianet, Cembalet, Guitaret, Superpianino, Welte-Lichtton-Orgel, Hammondorgel, Ondes Martenot, Hellertion, Trautonium, Mixturtrautonium. Bis auf wenige Ausnahmen wurden fast alle diese Instrumente inzwischen von Elektronenorgeln und Synthesizern verdrängt.

elektronische Post (engl. electronic mail), die ↑E-Mail.

elektronischer Geschäftsverkehr, auf die Lieferung von Waren oder Dienstleistungen gerichtete Verträge, die durch den Einsatz von Fernkommunikationstechniken, bes. das Internet, zustande kommen. Auf diese Weise abgeschlossene Verträge sind nach allgemeinem Vertragsrecht gültig, wobei sich das anzuwendende Recht nach dem internat. Privatrecht bestimmt. V. a. bei Verbraucherverträgen ist dies regelmäßig das inländ. Recht (Art. 27–29 Einführungs-Ges. zum BGB). Verbraucherschützende Sonderregeln ergeben sich aus der europ. Fernabsatzrichtlinie von 1997 (durch Ges. vom 27. 6. 2000 in dt. Recht umgesetzt: v. a. Informationspflichten, §§ 312b ff. BGB, ein zweiwöchiges Widerrufsrecht nach § 355 BGB) und aus der Richtlinie über rechtl. Aspekte des e. G. im Binnenmarkt von 2000 (durch Ges. vom 14. 12. 2001 umgesetzt: bestätigt die Rechtsgültigkeit elektron. Verträge; legt fest, dass für den Diensteanbieter das Recht des Mitgliedsstaates gilt, in dem er seine Niederlassung hat, nicht das des Standortes seines Servers). ↑Fernabsatzvertrag

elektronischer Programmführer, Fernsehtechnik: ↑EPG.

elektronisches Buch, ↑E-Book.

elektronisches Geld, ↑Geld.

elektronische Signatur (digitale Signatur, digitale Unterschrift), Methode, um die Identifikations- und Integritätsunsicherheit elektron. Dokumente auszuschließen. Eine e. S. stellt eine Bitfolge dar, die aus dem zu signierenden Text und dem privaten Schlüssel des Unterzeichners bestimmt wird. Dazu werden spezielle (asymmetr.) Verschlüsselungsverfahren benutzt (↑Kryptologie). E. S. erlauben u. a. die Überprüfung der Authentizität der Nachricht (wer ist der Verfasser?) und den Schutz vor Veränderungen während der Übermittlung.

Recht: Die Rahmenbedingungen für sichere e. S. wurden in Dtl. erstmals durch das am 1. 8. 1997 in Kraft getretene **Signatur-Ges.** geregelt, welches durch das Signatur-Ges. vom 16. 5. 2001 abgelöst wurde. Das Ges. soll Voraussetzungen schaffen, unter denen e. S. als fälschungssicher gelten können und Fälschungen oder Verfälschungen von signierten Daten zuverlässig festgestellt werden können. Zum Signieren hat danach der Nutzer ein von einer Zertifizierungsstelle festgelegtes Schlüsselpaar zur Verfügung; der geheime private Schlüssel dient zum Signieren, mit dem öffentl. Schlüssel können die Unverfälschtheit der Daten und die Identität des Inhabers festgestellt werden. Das Ges. unterscheidet zw. der qualifizierten und der fortgeschrittenen e. S. Die **qualifizierte e. S.** wird von speziellen Zertifizierungsdiensten vergeben, die bei der Regulierungsbehörde für Telekommunikation und Post akkreditiert sind und freiwillig prüfen lassen, ob sie die Sicherheitsanforderungen des Signatur-Ges. erfüllen. Die gesetzlich vorgeschriebene Schriftform kann nach §§ 126, 126a BGB durch die elektron. Form (Aussteller muss der Erklä-

rung seinen Namen hinzufügen und das elektron. Dokument mit einer qualifizierten e. S. versehen, ↑Formvorschriften) ersetzt werden. Die Vertraulichkeit von ganzen Datensätzen wird durch die e. S. und zusätzl. Verschlüsselung (nicht rechtlich geregelt) erreicht.
elektronisches Publizieren, das Publizieren von Texten, Bildern, Informationen u. Ä. offline auf elektron. Datenträgern (z. B. CD-ROM) oder online **(Onlinepublishing)** über Computernetze (z. B. Internet) zur Wiedergabe auf Computern u. a. elektron. Ausgabegeräten. Bei elektron. Publikationen sind Vorschriften des ↑Urheberrechts zu beachten.
elektronische Steuerung, Steuerung von Fahrzeugen, Werkzeugmaschinen, chem. Prozessen, Haushaltsgeräten, EDV-Anlagen u. a. nach einem festen Programm oder in Abhängigkeit von äußeren Daten. Von einer e. S. spricht man, wenn bei der Programm- oder Datenerfassung oder -verarbeitung oder bei der Übertragung der Steuersignale elektron. Schaltkreise in wichtigen Funktionen mitwirken.
elektronische Uhr, elektr. Uhr, die die physikal. Eigenschaften der Elektronen in Halbleiterbauelementen nutzt, um das Schwingsystem anzutreiben und den Ablauf der Uhr zu steuern.
Elektronvolt (Elektronenvolt), Einheitenzeichen eV, gesetzl. Einheit der Energie in der Atomphysik: 1 Elektronvolt ist jene Energie, die ein Elektron beim Durchlaufen einer Potenzialdifferenz von 1 Volt im Vakuum gewinnt: $1 \text{ eV} = 1{,}6021773 \cdot 10^{-19}$ J (Joule).
Elektro|öfen, die am vielseitigsten verwendbare Gruppe von ↑Industrieöfen, bei denen die Erwärmung oder Aufheizung eines Gutes mithilfe elektr. Energie nach unterschiedl. Verfahren erfolgt. Man unterscheidet: Lichtbogenöfen (z. B. zum Schmelzen), Widerstandsöfen (z. B. für elektr. Heizgeräte, zum Schmelzen, Härten), Induktionsöfen (z. B. zum Löten, Schmelzen), Plasmaöfen (z. B. zum Schweißen, Schneiden, Schmelzen), elektr. Öfen (z. B. zum Trocknen, Kunststoffschweißen), Infrarotöfen (z. B. zum Trocknen), Elektronenstrahlöfen und Laserstrahlöfen (z. B. zum Schweißen, Schmelzen, Abtragen durch Verdampfen).
Elektro|optik, Teilgebiet der Physik, das sich mit der Beeinflussung von opt. Materialeigenschaften durch elektr. Felder sowie deren Anwendung zur Steuerung von Licht beschäftigt. Wichtige **elektroopt. Effekte** sind der ↑Kerr-Effekt, ↑Pockels-Effekt, ↑Stark-Effekt.
Elektro|osmose, ↑elektrokinetische Erscheinungen.
elektrophile Reaktion, ion. Reaktion der organ. Chemie, bei der ein elektrophiles (elektronenfreundl.) Kation eine nucleophile Verbindung angreift. E. R. sind bes. Substitutionen, z. B. Halogenierung, Nitrierung.
Elektrophon das, Musikinstrument, dessen Klangrealisation auf elektron. Wege erfolgt.
Elektrophorese die, Wanderung elektrisch geladener suspendierter oder kolloidaler Teilchen in einem elektr. Feld; sie heißt bei negativ geladenen Teilchen auch **Anaphorese,** bei positiven Teilchen **Kataphorese.** Die E. ist die wichtigste ↑elektrokinetische Erscheinung, wird in der analyt. Chemie und Biochemie zur Trennung hochmolekularer Stoffe, industriell z. B. zur Oberflächenbeschichtung angewendet. In der Medizin dient die E. bes. zur Differenzierung der im Blut enthaltenen Proteine nach Art und Menge. Eine Abweichung von der Norm gibt Hinweise auf bestimmte Erkrankungen, z. B. der Leber.
Elektrophysiologie, Teilgebiet der Physiologie, das sich mit der Messung elektr. Erscheinungen im Organismus, ihrer Entstehung und Veränderung bei Tätigkeit befasst; z. B. Aktionspotenzialmessung und Elektrokardiographie.
Elektro|retinogramm das, Abk. **ERG,** Aufzeichnung der bioelektr. Potenzialdifferenzen der Netzhaut während der Belichtung des Auges zur Diagnose bestimmter Augenerkrankungen.
Elektroschiff, ein Schiff, bei dem die Schiffsschraube durch einen Elektromotor angetrieben wird, wobei als Stromquelle Akkumulatoren, Turbogeneratoren (Turbo-E.) oder Dieselgeneratoren (Diesel-E.) dienen. E. sind vorwiegend Spezialschiffe, auf denen die Generatoranlage außer dem Antrieb noch anderen Betriebszwecken dient (Bagger, Schwimmkrane, Feuerlöschboote) oder auf denen eine elast. Kupplung zw. Propeller und Antriebsanlage erforderlich ist (Eisbrecher).
Elektroschocktherapie (Elektro-

Elektrotherapie ELE

krampftherapie), *Psychiatrie:* umstrittene, nur noch selten angewendete Behandlungsmethode, bei der in Narkose durch Anwenden von elektr. Strom Krämpfe der Körpermuskulatur hervorgerufen werden.
elektroschwache Wechselwirkung, eine der vier fundamentalen ↑Wechselwirkungen im Standardmodell der Elementarteilchen.
Elektroskop [grch.] *das,* Gerät zum Nachweis elektr. Ladungen; höhere Genauigkeiten erreicht man mit dem ↑Elektrometer.
Elektrosmog, technisch verursachte elektromagnet. Strahlung in der Umwelt. Als wesentl. Strahlungsquellen gelten die Elektrizitätsversorgung, das Stromnetz der Dt. Bahn AG, Sendeeinrichtungen von Hörfunk und Fernsehen sowie Mobilfunksysteme. Mit den gesundheitl. Auswirkungen elektromagnet. Strahlung befassen sich epidemiol. und experimentelle Studien. Dort werden v. a. die im menschl. Körper hervorgerufene Wärmeeinwirkung und die damit eventuell verbundenen schädl. physiolog. Veränderungen bzw. der Einfluss auf die Erregbarkeit der Zellmembranen untersucht. – In Dtl. gilt seit dem 1. 1. 1997 die VO über elektromagnet. Felder, in der frequenzabhängige Grenzwerte für elektromagnet. Emissionen festgeschrieben sind. (↑elektromagnetische Verträglichkeit)
📖 *Nimtz, G. u. Mäcker, S.: E. Die Wirkung elektromagnet. Strahlung. Mannheim u. a. 1994. – Leute, U.: Was ist dran am E. ? Weil der Stadt 2001. – E. Grundlagen, Grenzwerte, Verbraucherschutz/Katalyse, hg. v. Institut für Angewandte Umweltforschung e. V. Heidelberg* ^{5}*2002.*
Elektrospeicherheizung, Heizungsart mit Wärmeerzeugung durch eine elektr. Widerstandsheizung. Die erzeugte Wärme wird in Wasser, Öl, Keramik u. a. gespeichert und bei Bedarf vom Medium abgegeben.
Elektrostal (bis 1938 Satischje), Stadt im Gebiet Moskau, Russland, 147 600 Ew.; Edelstahlwerk, Maschinenbau.
Elektrostatik, ↑Elektrizität.
elektrostatische Aufladung, ↑Aufladung.
elektrostatische Bindung, die Ionenbindung (↑chemische Bindung).
Elektrostriktion *die,* elast. Verformung eines Dielektrikums im elektr. Feld, verursacht durch die gegenseitige Anziehung der durch das Feld polarisierten Moleküle. (↑Piezoelektrizität)
Elektrotechnik, Ingenieurwiss., die sich mit der techn. Anwendung der physikal. Grundlagen und Erkenntnisse der Elektrizitätslehre befasst, d. h., die Erscheinungsformen und Wirkungen elektr. Ladungen und Ströme, die von ihnen erzeugten elektr. und magnet. Felder sowie ihre wechselseitigen elektromagnet. Beeinflussungen technisch ausnutzt. Es gibt versch. Einteilungen der E., z. B. in **Gleich-** und **Wechselstromtechnik,** die sich wiederum in den Niederfrequenz- und den Tonfrequenzbereich sowie die Hochfrequenztechnik aufteilt. Früher wurde auch zw. **Starkstromtechnik** mit Spannungen über ca. 250 V (heute elektr. ↑Energietechnik) und **Schwachstromtechnik** (heute ↑Nachrichtentechnik) unterschieden. Weitere Teilgebiete der E. sind die elektr. Mess-, Regel- und Steuerungstechnik sowie i. w. S. auch die ↑Elektronik, die heute ein selbstständiges Wissensgebiet ist.
📖 *Einführung in die E. Beiträge v. K. Lunze u. a. 2 Bde. Berlin* $^{7-13}$*1991. – Junge, H.-D. u. Müller, G.: Lexikon E. Weinheim u. a. 1994. – Hagmann, G.: Grundlagen der E. Wiesbaden* ^{5}*1995. – Lindner, H. u. a.: Tb. der E. u. Elektronik. Leipzig* ^{7}*1999. – Müller, R.: E. Lexikon für die Praxis. Berlin 2002.*
elektrotechnische und elektronische Industrie, zum verarbeitenden Gewerbe gehörender Industriezweig, in dem Gebrauchs- und Investitionsgüter sowie Vorerzeugnisse hergestellt werden, die der Erzeugung, Umwandlung, Verteilung und Anwendung von elektr. Energie dienen. Zum Produktionsprogramm zählen u. a. Geräte der Unterhaltungselektronik, Haushaltsgeräte, Lampen und Leuchten sowie Produkte und Systeme der Nachrichten-, Mess-, Regel- und Steuer-, Datenverarbeitungs-, Audio- und Videotechnik und Autoelektronik.
Elektrotherapie, *Medizin:* die Anwendung von elektr. Energie zu Heilzwecken, z. B. die ↑Kurzwellenbehandlung, bei der hochfrequente Wechselströme (10–300 MHz) in einem Körperteil durch ein hochfrequentes elektr. Feld zw. zwei angelegten Elektroden erzeugt werden und eine Hochfrequenzerwärmung verursachen. Die Mikrowellentherapie (Frequenz meist 2 450

ELE Elektrothermie

MHz) wird meist zur Behandlung von entzündl. und rheumat. Muskelerkrankungen benutzt.

Elektrothermie [grch.] *die,* Erwärmung mithilfe der Elektrizität.

Elektrotomie [grch.] *die,* Verfahren der Elektrochirurgie, bei dem die Gewebedurchtrennung mit Hochfrequenzstrom erfolgt. Im Unterschied zum verschorfenden Schnitt der ↑Elektrokoagulation wird bei der E. durch geringere Stromstärke mithilfe lanzett- oder schlingenförmiger Aktivelektroden ein scharfer »Schmelzschnitt« erzielt.

Elektro|unfall (elektrischer Unfall), durch Einwirken elektr. Stroms auf den Organismus verursachte Körperschäden (Bewusstlosigkeit, Herzversagen) und örtl. Verbrennungen (Strommarken) an den Ein- und Austrittsstellen des Stroms. Der Grad der Gefährlichkeit des Stroms wächst mit der Spannung, v. a. aber mit der Stromstärke (0,1 A können tödlich sein). Wesentlich für E. sind die Leitfähigkeit des Untergrundes, die Beschaffenheit der Kleidung und die Feuchtigkeit der Haut. (↑erste Hilfe, Übersicht)

Elektroviskosität, Eigenschaft bestimmter Suspensionen, in einem elektr. Feld sehr schnell fest zu werden. Die E. beruht auf der Bildung geordneter Strukturen mikroskopisch kleiner Teilchen, die in einer nicht leitenden Flüssigkeit fein verteilt sind.

Elektroweidezaun, isoliert verlegter Draht an Pfählen, in den regelmäßige Stromstöße kurzer Dauer mit sehr geringer Stromstärke sowie hoher Spannung (zw. 2 und 5 kV) geschickt werden. Bei Berührung erhalten Weidetiere elektr. Schläge.

Elektrowerkzeuge, elektrisch betriebene Geräte von handl. Form und geringer Masse (z. B. Handbohrmaschine); häufig als Universalgeräte für auswechselbare Werkzeuge gebaut und von einem wahlweise durch Wechsel- oder Gleichstrom gespeisten Universalmotor angetrieben.

Elektrum *das,* natürlich vorkommende Goldlegierung aus etwa 3 Teilen Gold und einem Teil Silber. Die Legierung wurde schon im Altertum für Gefäße, Schmuck und zur Münzprägung verwendet.

Element [lat.] *das,* 1) *allg.:* Grundbestandteil; typ. Merkmal; Naturkraft.
2) *Chemie:* ↑chemische Elemente.
3) *Logik, Mathematik:* Bestandteil einer Menge (↑Mengenlehre).

4) *Philosophie:* Bez. für Grundsätze (↑Axiom) axiomatisch aufgebauter Wiss.en (Euklids »Elemente«), v. a. aber für den Grundstoff bzw. Urstoff. Empedokles begründete die traditionelle Lehre von der Vierzahl der E. (Feuer, Luft, Wasser, Erde); Platon und Aristoteles fügten den Äther als fünftes E. hinzu und fassten die E. als ineinander umwandelbar auf.
📖 *Böhme, G. u. Böhme, H.: Feuer, Wasser, Erde, Luft. Eine Kulturgesch. der E.* München 1996.

Element 110, das chem. Element ↑Darmstadtium.

Element 111, künstlich erzeugtes chem. Element der Kernladungszahl 111; erstmals 1994 bei der GSI nachgewiesen. Durch Beschuss von ^{209}Bi mit ^{64}Ni entstand nach Emission eines Neutrons das Isotop ^{272}111 (Halbwertszeit ca. 1,5 ms).

Element 112, künstlich erzeugtes chem. Element der Kernladungszahl 112; erstmals 1996 bei der GSI nachgewiesen. Das Isotop ^{277}112 entstand durch Beschuss von ^{208}Pb mit ^{70}Zn nach Emission eines Neutrons (Halbwertszeit 280 μs).

Element 113, Ununtrium (Uut), künstlich erzeugtes chem. Element der Kernladungszahl 113; erstmals 2006 durch ein russ.-amerikan. Team am JISP in Dubna nachgewiesen, von anderen Forschern aber noch nicht bestätigt. Das Element entstand beim Zerfall von ↑Element 115 und war für 1,2 s stabil.

Element 114, ↑chemische Elemente, ↑superschwere Elemente.

Element 115, Ununpentium (Uup), künstlich erzeugtes chem. Element der Kernladungszahl 115; erstmals 2004 durch ein russ.-amerikan. Team am JISP in Dubna nachgewiesen, von anderen Forschern aber noch nicht bestätigt. Das Element entstand durch Beschuss von Americium ($^{243}_{95}$Am) mit Calcium ($^{48}_{20}$Ca) und Fusion beider Kerne. Die Halbwertszeit war zirka 90 ms relativ lang. Dann zerfiel der Kern, wobei mit Element 113 ein weiteres bislang unbekanntes Element entstand.

Element 116, ↑chemische Elemente.

Element 118, ↑chemische Elemente.

Elementaranalyse, Methode zur Bestimmung der in organ. Verbindungen enthaltenen Elemente Kohlenstoff, Wasserstoff, Sauerstoff, Stickstoff, Schwefel u. a. (qualitative E.) und ihres prozentualen Ge-

halts (quantitative E.). Aus dem prozentualen Gehalt kann man bei bekannter Molekülmasse die Summenformel einer Verbindung berechnen.
Elementaranregungen, mögl. Anregungsformen eines Festkörpers aus seinem Grundzustand. E. beschreibt man als ↑Quasiteilchen.
Elementarfelder, hypothet. Felder, die den Gesetzen der ↑Quantenfeldtheorie genügen und die eingeführt werden, um die Vielfalt der ↑Elementarteilchen und der Beziehungen zw. ihnen auf einfache Grundgesetze zurückzuführen.
Elementargeister, nach mittelalterl. Glauben die Geister der vier Elemente, später »elbische Wesen«: Salamander im Feuer, Undinen im Wasser, Sylphen in der Luft, Gnomen in der Erde.
Elementarladung, Formelzeichen e, eine Naturkonstante; die kleinste nachgewiesene positive oder negative elektr. Ladung: $e \approx 1{,}6022 \cdot 10^{-19}$ Coulomb. Träger einzelner E. sind die ↑Elementarteilchen, z.B. das Elektron.
Elementarlänge, *Physik:* hypothetische, kleinstmögl. universelle Länge. Sie wurde (ausgehend z.B. vom klass. Elektronenradius oder vom gegenseitigen Abstand der Nukleonen im Kern) urspr. in der Größenordnung 10^{-13} cm angenommen. Aufgrund genauerer Untersuchungen der Nukleonenstruktur und der Überprüfung des Gültigkeitsbereichs der Quantenelektrodynamik dürfte die E. in der Größenordnung von 10^{-33} cm liegen **(Planck-Länge, planckschen E.).**
Elementarmagnet, kleinste magnet. Einheit eines Stoffes, die ein konstantes, von äußeren Feldern unabhängiges ↑magnetisches Moment besitzt. In unmagnet. Körpern sind die E. ungeordnet. Sie werden durch ein äußeres Feld ausgerichtet, soweit die Temperaturbewegung dem nicht entgegenwirkt. Bei paramagnet. Stoffen (↑Paramagnetismus) sind die E. die magnet. Momente einzelner Atome oder Moleküle, die dadurch zustande kommen, dass die magnet. Eigen- und Bahnmomente ihrer Elektronen sich nicht gegenseitig aufheben. In ferromagnet. Körpern (↑Ferromagnetismus) werden die E. durch größere Gruppen von Atomen, die magnetisch gesättigten Bereiche (↑Weiss-Bezirke), gebildet.
Elementarmembran, *Biologie:* aus zwei monomolekularen Lipoproteidschichten aufgebaute Lamellenstruktur in Zellen, nur elektronenmikroskopisch nachweisbar. E. bilden z.B. das endoplasmat. Retikulum und das Plasmalemma (↑Zelle).
Elementarprozesse, i.e.S. Vorgänge zw. und an ↑Elementarteilchen; i.w.S. auch Prozesse an den atomaren Bestandteilen eines Systems, die ein makroskop. Geschehen bestimmen. Beispiele sind: Absorption und Emission von Photonen (Lichtquanten) durch Atome, Paarbildung, Ionisation von Atomen sowie die Rekombination von Ionen und Elektronen.
Elementarsatz, ein logisch nicht weiter analysierbarer, sich unmittelbar auf eine Prädikation beziehender Satz.
Elementarschädenversicherung, Versicherung gegen Schäden durch Naturgewalten (Hagel, Sturm, Erdbeben u.a.).
Elementarteilchen, subatomare Existenzformen der Materie, die sich unter Berücksichtigung der ↑Erhaltungssätze für Energie, Impuls und bestimmte Quantenzahlen ineinander umwandeln können und die in der E.-Physik (Hochenergiephysik) erforscht werden. Sie sind die kleinsten bisher beobachteten physikal. Objekte und können (mit den zur Verfügung stehenden Mitteln und Energien) nicht weiter zerlegt werden. Außer den bekannten Bestandteilen der Atome, den ↑Elektronen, ↑Protonen und ↑Neutronen, sind bei der Untersuchung radioaktiver Zerfälle und der kosm. Strahlung sowie in Teilchenbeschleunigern über 200 weitere, meist sehr schnell zerfallende E. entdeckt worden.
Die E. lassen sich in ↑Leptonen und ↑Hadronen (zu diesen gehören die ↑Baryonen und ↑Mesonen) sowie in ↑Eichbosonen **(Feldquanten** oder **Austauschteilchen)** unterteilen, die elementare ↑Wechselwirkungen vermitteln. Man hält heute die Leptonen und die ↑Quarks für die fundamentalen Bausteine; die Hadronen werden als Kombinationen von Quarks angesehen, wobei Baryonen aus je drei Quarks und/oder Antiquarks, Mesonen aus je einem Quark-Antiquark-Paar gebildet werden. Versuche zur Klärung der Frage, ob auch Quarks, die bislang nicht als frei existierende Teilchen beobachtet wurden, noch aus kleineren Einheiten aufgebaut sind, werden z.B. an der Elektron-Proton-Speicherringanlage HERA des ↑Deutschen Elektronen-Synchrotrons (DESY) unter-

ELE Elementarteilchenphysik

Elementarteilchen: Klassifizierung der Elementarteilchen

nommen. Die ↑Wechselwirkungen zw. den Teilchen werden nach den Vorstellungen der ↑Quantenfeldtheorie durch die Feldquanten der Strahlungsfelder vermittelt. Diese sind die Photonen für die elektromagnet., die W- und Z-Bosonen für die schwache, die Gluonen für die starke Wechselwirkung und die (hypothet.) Gravitonen für die Gravitationswechselwirkung. Die Feldquanten haben ganzzahligen Spin und sind somit **Bosonen,** die fundamentalen E. Quarks und Leptonen besitzen dagegen halbzahligen Spin und sind **Fermionen.**
Zu jedem Teilchentyp gibt es einen Antiteilchentyp; einige E. sind ihren ↑Antiteilchen gleich. Unter den E. sind nur die Elektronen, Protonen, Neutronen (wenn in Atomkernen gebunden), Photonen und Neutrinos stabil, alle anderen sowie das Neutron im freien Zustand sind unbeständig. Neben diesen langlebigen E. gibt es sehr kurzlebige E. (Lebensdauer < 10^{-20} s), die so genannten ↑Massenresonanzen **(Teilchenresonanzen** oder **Resonanzen).** Jedes E. ist durch Masse (Ruhemasse), Spin, (mittlere) Lebensdauer, elektr. Ladung, magnet. Moment und weitere innere Quantenzahlen charakterisiert. Die wesentl. Ergebnisse der E.-Physik werden heute im so genannten **Standardmodell der E.** zusammengefasst, nach dem es als Materieteilchen drei Familien von Quarks und von Leptonen und deren Antiteilchen sowie vier fundamentale Naturkräfte gibt. Es gibt zahlr. Versuche, alle elementaren Wechselwirkungen in einer ↑Großen Vereinheitlichten Theorie zu vereinheitlichen. Erste Schritte dazu sind die ↑Glashow-Salam-Weinberg-Theorie, die die elektromagnet. und die schwache zur elektroschwachen Wechselwirkung zusammenfasst, sowie supersymmetr. Theorien, die auch die Gravitation mit einzubeziehen suchen (↑Supersymmetrie, ↑Stringtheorie). – Die Erkenntnisse der E.-Physik sind v. a. in der ↑Kosmologie von entscheidender Bedeutung.
📖 *Okun, L. B.:* Physik der E. A. d. Russ. Berlin 1991. – Kern- u. Elementarteilchenphysik, bearb. v. G. Musiol u. a. Neuausg. Frankfurt am Main u. a. ²1995. – *Sibold, K.:* Theorie der E. Stuttgart u. a. 2001. – *Berger, C.:* E.-Physik. Von den Grundlagen zu den modernen Experimenten. Berlin u. a. 2002.

Elementarteilchenphysik (Hochenergiephysik), Teilgebiet der Physik, das die Erzeugung und Umwandlung von ↑Elementarteilchen bei extrem hohen Energien (oberhalb etwa 150 MeV) sowie ihre Struktur und Wechselwirkungen untersucht. Derartige Energien, deren untere Grenze durch die zur Energie äquivalenten Ruhemasse der Teilchen bestimmt wird, kommen in der kosm. Strahlung vor (bis 10^{11} GeV) oder werden in großen ↑Teilchenbeschleunigern über Stoßprozesse (v. a. von Protonen und Elektronen) künstlich erzeugt. Die wichtigsten Beschleuniger der E. in Westeuropa stehen in Hamburg (↑Deutsches Elektronen-Synchrotron) und bei Genf (↑CERN). Die Experimente haben zur Entdeckung sehr vieler instabiler Elementarteilchen und kurzlebiger Resonanzen sowie zu wesentl. Erkenntnissen in der Theorie der Elementarteilchen geführt.

Elementarunterricht, 1) Anfangs-, Einführungsunterricht; 2) Grundschulunterricht.

Elementarwelle, nach dem ↑huygensschen Prinzip die von jedem Punkt des Raumes, der von einer Welle (Primärwelle) erreicht wird, ausgehende Kugelwelle. Die Hüllkurve aller E. ist dabei identisch mit der sich ausbreitenden Wellenfront.

Elementarzeit, die Zeit (etwa 10^{-23} s), die das Licht im Vakuum benötigt, um eine Strecke von der Größe der ↑Elementarlänge zu durchlaufen. Die E. entspricht etwa der Lebensdauer von Massenresonanzen und der Wirkungsdauer der starken Wechselwirkung.

Elementarzelle (Gitterzelle), kleinste Baueinheit, aus der sich durch Verschiebung nach drei versch. Raumrichtungen ein Kristallgitter aufbauen lässt. Spezielle E. sind die Einheitszelle und die Wigner-Seitz-Zelle.

Element|entstehung (Nukleogenese, Nukleosynthese), *Astrophysik:* die Bildung der im Weltall vorhandenen Elemente (genauer der Nuklide) durch Kernreaktionen. (↑Kosmologie)

Elemi [arab.-span.] *das,* natürl. Harz der trop. Balsambaumgewächse (Gatt. Canarium); verwendet u. a. für Parfüms, Öllacke, Hautsalben.

Elen [altlitauisch ellenis »Hirsch«], ↑Elch.

Elen|antilope (Tragelaphus oryx), größte Art der ↑Waldböcke in afrikan. Steppengebieten, mit schraubig gedrehten, bis 1,2 m langen Hörnern.

Elendsviertel, meist am Rand großer Städte gelegene, aber auch innerstädt. Verfallsräume umfassende Wohngebiete von unterprivilegierten Bev.-Gruppen, v. a. von Zuwanderern vom Land. Für die E. sind unterschiedl. Namen gebräuchlich, wie Slums (1821 zuerst in Großbritannien, heute allg. verwendet), Bidonvilles (im frz. Sprachraum), Shantytowns oder Squattertowns (im engl. Sprachraum), Favelas (Lateinamerika), Basti (Indien), Gecekondusiedlungen (Türkei).

Eleonore von Aquitanien (frz. Aliénor), Erbtochter Wilhelms X., Herzog von Aquitanien, *um 1122, †Kloster Fontevrault (bei Saumur) 31. 3. oder 1. 4. 1204; heiratete 1137 König Ludwig VII. von Frankreich, nach Annullierung dieser Ehe 1152 Heinrich Plantagenet (seit 1154 als Heinrich II. König von England). Ihre Söhne aus dieser Ehe waren u. a. Richard I. Löwenherz und Johann I. ohne Land. E. v. A. besaß großen polit. Einfluss. Ihre glänzende Hofhaltung vermittelte dem Norden die Troubadourpoesie.

Elephanta (Gharapuri), felsige Insel in der Bucht von Bombay, Indien; wichtiger Wallfahrtsort der Hindus mit sechs dem Gott Shiva geweihten Höhlentempeln (UNESCO-Weltkulturerbe). Die im Haupttempel (7. Jh.) aus dem Fels gehauene Reliefplastik des dreiköpfigen Shiva sowie die Torwächter sind Meisterwerke ind. Kunst.

Elephantiasis [grch.], die ↑Elefantiasis.

Elephantine (ägypt. Jebu), Nilinsel bei Assuan mit gleichnamigem antikem Ort auf ihrem S-Ende; schon im 4. Jt. v. Chr. besiedelt, war Grenzfeste gegen Nubien; Reste ägypt. Tempel, zahlr. Funde von Weihegaben. 1893 wurden Papyrustexte (**E.-Urkunden**) des 5. Jh. v. Chr. in aramäischer Sprache gefunden, die wichtige Quellen für das rechtl., soziale und religiöse Leben einer frühen jüd. Diaspora darstellen.

Eleusis (ngrch. Elevsis), Stadt am Saron. Golf, im Verw.gebiet Attika, Griechenland, 22 800 Ew.; archäolog. Museum; Erdölraffinerie, Stahlwerk, Bauxitabbau, Zement-, Sprengstoffindustrie. – Im Altertum war E. berühmt durch den Fruchtbarkeitskult der Göttinnen Demeter und Persephone und deren Fest im Herbst, die **Eleusinischen Mysterien.** Ausgrabungen haben den heiligen Bezirk freigelegt. Die früheste Anlage des Telesterions (Mysterientempel) stammt aus myken. Zeit (1400 bis 1200 v. Chr.); es folgte ein Bau Solons (um 700 v. Chr.) sowie ein Tempel aus dem letzten Drittel des 6. Jh. v. Chr. (480 v. Chr. von den Persern zerstört). Aus der Mitte des 5. Jh. v. Chr. stammt die nach einem Plan des Iktinos errichtete quadrat. Halle. Der Architekt Philon fügte um 330 v. Chr. eine Vorhalle hinzu (unvollendet). Den Eingang bildeten die kleinen (etwa 40 v. Chr.), seit der Mitte des 2. Jh. n. Chr. die großen Propyläen.

📖 *Lauenstein, D.: Die Mysterien von E.* Stuttgart 1987.

Elevation [lat.] *die,* **1)** *Astronomie:* die ↑Höhe eines Gestirns.
2) *Parapsychologie:* das Sich-Erheben von Gegenständen (↑Levitation).

Elevator [lat.] *der,* Fördertechnik: ↑Becherwerk.

Eleve [frz.] *der,* Schüler in Ballett und Schauspiel; Praktikant in Land- und Forstwirtschaft.

El-Faijum, ↑Faijum.

Elf Aquitaine S. A.

Elf Aquitaine S. A. [ɛlfaki'tɛːn -], frz. Erdöl- und Erdgaskonzern; Sitz: Paris; entstanden 1976 durch Fusion der ELF-Erap (gegr. 1966) mit der Société Nationale des Pétroles d'Aquitaine (gegr. 1941); fusionierte 2000 mit der Totalfina S. A. zur ↑Totalfina Elf S. A.

El-Fatah [-fa'tax], ↑Fatah.

Elfen (Elben, Alben), in der german. Sage und im Märchen Mittelwesen zw. Menschen und Göttern in Erde, Wasser und Luft. Die nord. Mythologie (Snorra-Edda) unterscheidet Licht- und Dunkelelben, zu denen die Zwerge gehören. Andere Arten von E. sind Wasser- (Nixen) und Hausgeister. Die Vorstellung von E. als anmutigen weibl. Wesen stammt aus dem 18. Jahrhundert. (↑Alberich, ↑Erlkönig)

Elfenbeinküste

Fläche	322 462 km²
Einwohner	(2003) 16,631 Mio.
Hauptstadt	Yamoussoukro
Regierungssitz	Abidjan
Verwaltungsgliederung	50 Dép. in 16 Regionen
Amtssprache	Französisch
Nationalfeiertag	7. 8.
Währung	1 CFA-Franc = 100 Centime
Zeitzone	MEZ −1 Std.

Elfenbein [ahd. helfantbein »Elefantenknochen«], aus Zahnbein bestehende Stoßzähne von Elefant und ausgestorbenem Mammut, i. w. S. Zähne von Walross, Narwal und Flusspferd; bes. zur Herstellung von Schnitzereien, Billardkugeln, Klaviertasten verwendet. – Um den Afrikan. Elefanten vor der Ausrottung zu retten, wurde er 1989 in das Washingtoner Artenschutzabkommen aufgenommen, wodurch der Handel mit E. verboten wurde (1997 wurde Simbabwe, Namibia und Botswana ein kontrollierter Handel gestattet).

Elfenbeinküste (amtl. frz. République de Côte d'Ivoire), Staat in Westafrika, grenzt im S an den Golf von Guinea (Atlantik), im W an Liberia und Guinea, im N an Mali und Burkina Faso, im O an Ghana.

Staat und Recht: Nach der am 23./24. 7. 2000 durch Referendum gebilligten Verf. ist die E. eine präsidiale Rep. mit Mehrparteiensystem. Staatsoberhaupt und oberster Inhaber der Exekutive ist der mit weitgehenden Vollmachten ausgestattete Präs. (auf 7 Jahre direkt gewählt). Er ernennt das Kabinett unter Vorsitz des ihm verantwortlichen MinPräs. Die Legislative liegt bei der Nationalversammlung (225 Abg., für 5 Jahre gewählt). – Einflussreichste Parteien: Volksfront der E. (FPI), Republikan. Sammlungsbewegung (RDR), Demokrat. Partei der E. (PDCI).

Landesnatur: Auf die 550 km lange, im W felsige, im Übrigen flache und lagunenreiche Küste mit Mangrovenwäldern folgt ein 150–300 km breiter Regenwaldgürtel, der durch Holznutzung und die Anlage von Plantagen stark gelichtet ist. Nach N folgen Feuchtsavanne, dann Trockensavanne, die durch Wanderfeldbau und Beweidung stark verändert wurden. Das Land ist eine schwach zum Golf von Guinea geneigte, leicht gewellte Rumpffläche, überragt von Inselbergen, auf der die großen Flüsse Cavally, Sassandra, Bandama und Komoé (nur streckenweise schiffbar) zum Atlantik fließen. Im NW hat E. Anteil am Guineahochland (im dem 1 752 m hohen Nimba. – Das Klima ist im S tropisch-feucht mit fast ganzjährigen Niederschlägen (bis 2 300 mm jährlich) und hohen Temperaturen; nach N nehmen die jahreszeitl. Temperaturunterschiede zu, die Niederschläge werden geringer (1 500–1 100 mm) und fallen in einer ausgeprägten Regenzeit von Juni bis Oktober.

Bevölkerung: Die Bev. setzt sich aus etwa 60 meist sudaniden Stämmen zusammen; im Zentrum und SO leben die zu den Akan gehörenden Baule und Agni, im SW Kru, im NW Mandevölker (bes. Malinke, Dan, Guru), im N v. a. die zu den Gur zählenden Senufo, im S die stark gemischten »Lagunenstämme« (eine ältere Bev.schicht). Im ganzen Land verstreut leben die Dyula, deren Sprache weitgehend als einheim. Verkehrssprache benutzt wird. Über 25 % der

Elfenbeinküste ELF

Bev. sind Ausländer, v.a. Wanderarbeiter aus den Nachbarländern Mali, Burkina Faso, Ghana, auch polit. Flüchtlinge; ferner Europäer, Libanesen und Syrer. 46% der Bev. leben in Städten. Wichtigste Städte sind Abidjan, Bouaké, Yamoussoukro, Daloa und Korhogo. Am dichtesten besiedelt ist das Gebiet um Bouaké; der NO ist kaum bewohnt. – Rd. 37% der Bev. werden traditionellen afrikan. Religionen zugerechnet, über 30% bekennen sich zum Islam (der am stärksten wachsenden Religionsgemeinschaft), rd. 29% gehören christl. Kirchen an. – Es besteht eine sechsjährige Grundschulpflicht. Die Analphabetenquote beträgt 53%. Univ. in Abidjan (gegr. 1964).

Wirtschaft und Verkehr: Seit der Unabhängigkeit hat sich die Ind. stark entwickelt, bes. Nahrungsmittel-, Textil-, Baustoff-, Düngemittelind., Erdölverarbeitung. Ausgebeutet werden Diamantenvorkommen bei Korhogo und Erdöllager im Schelfgebiet vor Abidjan. Hauptwirtschaftszweig ist weiterhin die Landwirtschaft, die mit Forstwirtschaft (Edelhölzer) und Fischerei ein Drittel des Bruttoinlandsprodukts und etwa 75% der Exporterlöse erbringt. Für den Eigenbedarf u.a. Anbau von Reis, Hirse, Jamswurzeln, Erdnüssen; hauptsächlich für den Export bestimmt sind Kakao (weltgrößter Kakaolieferant), Kaffee, Baumwolle, Bananen, Kautschuk und Ölpalmprodukte. Importiert werden Nahrungsmittel, Konsumgüter, techn. Ausrüstungen. Haupthandelspartner sind Frankreich u.a. EU-Länder sowie die USA. – Das Verkehrsnetz ist gut entwickelt, das Straßennetz ist insgesamt rd. 70 000 km lang, davon etwa 7 000 km asphaltiert. Die E. ist ein wichtiges Transitland, bes. für den überseeischen Warenverkehr von Mali und Burkina Faso. Die einzige Eisenbahnstrecke (1 264 km lang, davon 638 km in der E.) verbindet Abidjan mit Ouagadougou (Burkina Faso). Hauptüberseehafen und größter Hafen Westafrikas ist Abidjan, daneben San Pedro (v.a. Holzausfuhr und Fischerei). Internat. Flughäfen bei Abidjan (Port Bouët), Bouaké und Yamoussoukro.

Geschichte: Der SO des heutigen Staates E. stand im 18./19. Jh. unter dem Einfluss der Ashanti. Nach 1700 wanderten von O, aus dem Gebiet des heutigen Ghana, die zu den Akan gehörigen Baule und Agni ein.

Die Savanne des N gehörte zum Einflussgebiet des Reiches Mali und seiner Nachfolgestaaten. 1843 errichtete Frankreich den ersten Marinestützpunkt in Grand-Bassam; 1895–1958 war das heutige Staatsgebiet Teil von Frz.-Westafrika, das 1958 die Autonomie erhielt, 1960 die Unabhängigkeit. Staatspräs. war 1960–93 F. Houphouët-Boigny, der das Land zu einem Einparteienstaat auf der Basis der PDCI umformte und einen prowestl. Kurs verfolgte. Internat. Druck und Unruhen unter der städt. Bev. führten im Mai 1990 zur Einführung eines Mehrparteiensystems. Bei den allgemeinen Wahlen von 1990 siegte die PDCI. Nach dem Tod des zuletzt 1990 wieder gewählten Präs. Houphouët-Boigny folgte ihm der bisherige Parlamentspräs. Henri Konan Bédié 1993 im Amt nach. Bei den von den Oppositionsparteien boykottierten Wahlen von 1995 wurde die PDCI als Reg.partei und Bédié als Staatspräs. bestätigt. Schwerpunkt der Wirtschaftspolitik war die Umsetzung des 1995 formulierten Reformprogramms, das u.a. mehrere große Infrastrukturprojekte und eine Modernisierung der Wirtschaft vorsah, basierend v.a. auf der Privatisierung von Staatsunternehmen sowie der Förderung der Exportwirtschaft. Nach einem unblutigen Militärputsch im Dez. 1999 übernahm der ehem. Generalstabschef Robert Gueï die Macht und bildete eine Übergangsreg.; der ehem. Präs. Bédié floh ins Ausland. Neuer Staatspräs. wurde nach Wahlen im Okt. 2000 der Sozialist Laurent Gbagbo, Führer der FPI. Am 19. 9. 2002 begann eine Rebellion von vorwiegend ehem. Soldaten, die u.a. die Absetzung von Präs. Gbagbo, Neuwahlen sowie Gleichberechtigung für die im N des Landes lebende muslimisch geprägte Bev.mehrheit forderten. Vom N ausgehend, eroberten die Aufständischen innerhalb kurzer Zeit einen Großteil des Staatsgebietes. Zur Überwachung eines am 17. 10. 2002 unterzeichneten Waffenstillstandes wurden etwa 2 000 Soldaten aus den ECOWAS-Ländern entsandt, die rd. 2 500 im Land stationierten frz. Soldaten unterstützen sollten. Die Kämpfe hielten jedoch unvermindert an. Am 24. 1. 2003 einigten sich bei Paris die Konfliktparteien auf ein Friedensabkommen. Dieses sieht vor, dass Präs. Gbagbo bis 2005 im Amt bleibt, die Rebellen an einer »Reg.

ELF Elfenbeinpalme

der nat. Versöhnung« zu beteiligen sind, die Konfliktparteien entwaffnet und Neuwahlen vorbereitet werden sollen. Der aus dem N des Landes stammende Muslim Seydou Diarra wurde zum MinPräs. bestimmt. Gegen das Friedensabkommen und v. a. die geplante Reg.beteiligung der Rebellen protestierten Zehntausende; auch kam es zu schweren Ausschreitungen, die sich hauptsächlich gegen frz. Einrichtungen im Land richteten. Um den Bürgerkrieg friedlich zu beenden, billigten schließlich Anfang März 2003 die am Konflikt Beteiligten eine Übergangsreg. unter Diarra. In der ersten Jahreshälfte 2004 kam es erneut zu ernsten Auseinandersetzungen zwischen den Konfliktparteien (z. B. entließ Präs. Gbagbo im März drei Min. wegen Vernachlässigung der Amtspflichten, boykottierten Opposition und Rebellen vier Monate lang die Reg. und fanden im Juni schwere Kämpfe zwischen den Rebellenfraktionen im Norden statt). Am 30. 7. 2004 einigten sich die Forces Nouvelles und die Reg. bei einem Gipfeltreffen westafrikanischer Staatschefs auf eine Neuauflage des Friedensabkommens (»Accra III«), die den Friedensprozess neu beleben soll. – Anfang August fanden UN-Menschenrechtsfachleute im Norden des Landes Massengräber mit etwa 100 Leichen.

📖 *Hutter, B.: Die Republik E. Analyse ihrer wirtsch. u. sozialen Entwicklung, unter besonderer Berücksichtigung des Tourismus u. dessen Auswirkungen in einem Entwicklungsland. Bayreuth 1988. – Wiese, B.: E. Erfolge u. Probleme eines Entwicklungslandes in den westafrikan. Tropen. Darmstadt 1988. – Coffy, G.: Le soleil des eclus. Côte d'Ivoire. La lutte pour la démocratie. Paris 1994. – Kanté, K.: Die Problematik der polit. Macht u. Herrschaft in der postkolonialen Côte d'Ivoire. Staat u. Gesellschaft (1960–1992). Münster u. a. 1994. – Grootaert, C.: Analyzing poverty and policy reform. The experience of Côte d'Ivoire. Aldershot u. a. 1996. – Fofana, Y.: Côte d'Ivoire: eine Auswahlbibliographie (1990–1999). Hamburg 1999.*

Elfenbeinpalme (Steinnusspalme, Phytelephas), Palmengattung mit 13 Arten, bes. von Peru bis Panama verbreitet. Die Samen zweier Arten, **Steinnüsse,** liefern das vegetabil. Elfenbein.

Elfenbeinporzellan, heute nicht mehr gebräuchl. Bez. für gelbl., matt glänzendes Porzellan (meist Vasen und Figuren des 18. Jh.), das dem Aussehen von Elfenbein ähnelt.

Elfenbeinschnitzerei, in Europa seit dem Jungpaläolithikum (z. B. Dolní Věstonice und Vogelherdhöhle), in Vorderasien und Ägypten seit dem 3. Jt. (Ur, Mari) belegte Kleinkunst; im 2. Jt. befanden sich Zentren der E. in Assyrien, Phönikien und Syrien. Die E. wurde von der minoisch-myken. Kultur aus dem Orient übernommen. In der grch. Kunst entstanden im 6. und 5. Jh. v. Chr. riesige Götterstatuen aus Holz, die mit Gold- und Elfenbeinplatten (chryselephantine Bildwerke) verblendet wurden, z. B. die Kultbilder des Phidias. Umfangreich war die E. in der röm., byzantin. und frühchristl. Kunst (Diptychen, Reliquienkästchen u. a.); bedeutendstes Zeugnis ist die Cathedra des Erzbischofs Maximian in Ravenna (um 550, Ravenna, Erzbischöfl. Museum). Eine Erneuerung der E. setzte in der karolingisch-otton. Kunst ein, aus dieser Zeit stammt der Buchdeckel (985–991) des Codex aureus aus Echternach (heute im German. Nationalmuseum Nürnberg). In der Gotik lag

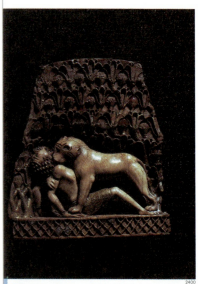

Elfenbeinschnitzerei: Löwin tötet einen Mann, Elfenbeinarbeit mit Einlagen aus Gold, Lapislazuli und Karneol aus Kalach (8. Jh. v. Chr.; Bagdad, Irak-Museum)

das künstler. Zentrum der E. in Frankreich, wo (v. a. in Paris) neben Madonnenstatuetten und Marienaltären bes. Passionsdiptychen und -triptychen angefertigt wurden. Im Manierismus erfuhr die E. eine Wiederbelebung im Kunsthandwerk (Möbelintarsien); im 17. und 18. Jh. fand bes. Kleinplastik sowie Elfenbeindrechslerei Anerkennung; Werke der E. waren fester Bestand fürstl. Kunstkammern. Mit dem Ende des Rokoko verlor die E. an Bedeutung. Eine Wiederbelebung ging Ende des 19. Jh. von Frankreich und Belgien aus, bes. im Bereich der Kleinplastik. Sie erreichte ihren Höhepunkt im Stil des Art déco. Bed. E. auch in der islam. Kunst (Omaijadenkästchen, Olifantenhörner in fatimid. Stil), in China (Kleinplastik der Ming- und frühen Qingzeit), Japan, Nordamerika (E. aus den Stoßzähnen von Walrossen bei den Eskimo) und bei zahlr. Stämmen in Afrika.
📖 *Volbach, W. F.: Elfenbeinarbeiten der Spätantike u. des frühen Mittelalters. Mainz ³1976. – Hegemann, H.-W.: Das Elfenbein in Kunst u. Kultur Europas. Ein Überblick von der Antike bis zur Gegenwart. Mainz 1988.*
Elfenbeinturm, Symbol praxisfremder, auch hochmütiger Absonderung von der Welt.
Elfenblauvögel (Irenen, Ireninae), Unterfamilie amselgroßer Blattvögel mit zwei Arten in den Wäldern S- und SO-Asiens; am bekanntesten der **Ind. Elfenblauvogel** (**Irene**, Irena puella) in S-Asien; schwarz mit leuchtend blauer Oberseite und roter Iris; wird als Käfigvogel gehalten.
Elfmeter (Elfer), allgemeinsprachlich für ↑Strafstoß.
Elf Scharfrichter, ↑Kabarett.
Elfstädtetour [-tu:r] (niederländ. Elfstedentocht), 1909 erstmals durchgeführter Eisschnelllaufwettbewerb (rd. 200 km) über die zugefrorenen Kanäle der niederländ. Prov. Friesland, entlang an elf Städten; in den Niederlanden eine der populärsten Sportveranstaltungen.
Elfter September (11. September, amerikan. September Eleven, 9-11), Datum der verheerenden, 2001 von islamist. Extremisten verübten Terroranschläge auf das World Trade Center in New York und das Pentagon (mit insgesamt mehr als 3000 Todesopfern), in deren Folge sich die USA um die Formierung einer von ihnen geführten internat. Antiterrorallianz bemühten und der weltweite Kampf gegen den Terrorismus eine neue Dimension erreichte (↑Antiterrorkrieg; ↑Vereinigte Staaten von Amerika, Geschichte).

Elfenbeinschnitzerei: »Evangelium Longum«, eine der beiden vom Mönch Tuotilo geschnitzten und mit Gold und Edelsteinen verzierten Elfenbeintafeln als Buchdeckel eines Evangelistars (um 894; Sankt Gallen, Stiftsbibliothek)

El Fuerte de Samaipata, Ruinenstätte in den östl. Ausläufern der Anden Boliviens, 1900 m ü. M., in der Nähe von ↑Samaipata.
Elgar [ˈelgaː], Sir (seit 1904) Edward, engl. Komponist, * Broadheath (bei Worcester) 2. 6. 1857, † Worcester 23. 2. 1934. Von der dt. Spätromantik inspiriert, hat er die Entwicklung der engl. Musik stark beeinflusst; u. a. Oratorien (z. B. »The dream of Gerontius«, 1900), Orchesterwerke (u. a. 2 Sinfonien, 1908, 1911; Märsche »Pomp and circumstance«, 1901-30), Kammermusik, Lieder, Bühnenwerke.
📖 *Moore, J. N.: E. E. A creative life. Oxford u. a. 1987.*
Elgin Marbles [ˈelgɪn ˈmaːblz, engl.], die von Thomas Bruce, 7. Earl of Elgin, 1803-12 von Griechenland nach Großbri-

tannien gebrachten und 1816 vom brit. Staat angekauften Kunstwerke, v.a. die Parthenonskulpturen (London, Brit. Museum).

Elgon, Mount [maʊnt 'elgɔn], erloschener Vulkan an der Grenze Kenia/Uganda, 4321 m ü. M., mit einer Caldera von 8 km Durchmesser. Der Mount E. bedeckt eine Fläche von etwa 3200 km²; Anbau von Kaffee, Tee und Chrysanthemumarten (zur Pyrethrumgewinnung).

Eliade, Mircea, rumän. Religionswissenschaftler, *Bukarest 9. 3. 1907, †Chicago (Ill.) 23. 4. 1986; seit 1956 Prof. in Chicago; einer der führenden Religionsforscher der Gegenwart; wurde bekannt durch zahlr. Werke zum Verständnis des Mythos und seiner Symbolsprache.
Werke: Die Religionen und das Heilige (1948); Schamanismus und archaische Ekstasetechnik (1951); Geschichte der religiösen Ideen, 3 Bde. (1976–78).
📖 *Sehnsucht nach dem Ursprung. Zu M. E.*, hg. v. H. P. Duerr. Frankfurt am Main 1983. – Wachtmann, C.: *Der Religionsbegriff bei M. E.* Frankfurt am Main u.a. 1996. – Reschika, R.: *M. E. zur Einf.* Hamburg 1997.

Elias (hebr. Elijja, Elijjahu), israelit. Prophet; trat in der 1. Hälfte des 9. Jh. v. Chr. in Israel gegen den unter König Ahab geduldeten Kult des Baal auf und setzte sich für die alleinige Verehrung Jahwes ein (1. Kön. 17–19; 2. Kön. 1). Man übertrug auf ihn Legendenmotive (etwa das der ihn speisenden Raben), erzählte von seiner ↑Entrückung im Feuerwagen und erwartete in nachexil. Zeit seine Wiederkehr als Vorläufer des Messias.

Norbert Elias

Elias, Norbert, Soziologe, *Breslau 22. 6. 1897, †Amsterdam 1. 8. 1990; hatte nach der Emigration nach Großbritannien und Frankreich ab 1954 zahlr. Professuren inne. In seinem Hauptwerk »Über den Prozeß der Zivilisation« (1939) versuchte E. den Zusammenhang von Sozio- und Psychogenese des Menschen aufzuzeigen; er beeinflusste u.a. die Soziologie, Sozialpsychologie und Pädagogik.
Weitere Werke: Was ist Soziologie? (1970); Die Gesellschaft der Individuen (1987).
📖 *Baumgart, R. u. Eichener, V.: N.E. zur Einführung.* Hamburg ²1997.

Elías Calles [- 'kajɛs], Plutarco, mexikan. Politiker, *Guaymas (Sonora) 25. 9. 1877, †Mexiko 19. 10. 1945; war 1920 Kriegs-, 1920–23 Innenmin., setzte sich als Staatspräs. (1924–28) für eine Landreform ein, kämpfte gegen die beherrschende Rolle der kath. Kirche und versuchte, den Einfluss der USA zurückzudrängen. Mit Gründung des »Partido Nacional Revolucionario« (PNR) 1928 schuf er das für Jahrzehnte gültige polit. System Mexikos.

elidieren [lat.], eine ↑Elision vornehmen; streichen, tilgen.

Eligius, Bischof von Noyon (seit 641), *Chaptelat (bei Limoges) um 588, †Noyon (Dép. Oise) 1. 12. um 660; urspr. Münzmeister und Goldschmied am Merowingerhof, dann Priester und Missionar der in N-Frankreich ansässigen Germanen; Patron der Schmiede und Goldarbeiter; Heiliger, Tag: 1. 12.

Elimination [lat.] *die*, 1) *allg.*: Beseitigung, Ausschaltung.
2) *Biologie:* das Verlorengehen bestimmter Erbmerkmale im Laufe der stammesgeschichtl. Entwicklung.
3) *Mathematik:* Verfahren zur Entfernung (mindestens) einer von mehreren Unbekannten aus einem Gleichungssystem.
4) *Pharmazie:* Gesamtheit aller Vorgänge im Organismus, die zur Konzentrationsabnahme eines Arzneistoffs führen. Die E. umfasst sowohl die Ausscheidung über Nieren, Darm, Lunge u.a. Organe als auch die chem. Um- und Abbaureaktionen durch Enzyme (Biotransformation).

Eliminierung, chem. Reaktion, bei der Atome oder Atomgruppen ohne Ersatz durch andere Gruppen aus einem Molekül entfernt werden. Die E. ist eine Umkehrung der ↑Addition. E. sind z.B. ↑Dehydrierung, ↑Dehydratisierung.

Elin-Pelin, eigtl. Dimitar Iwanow Stojanow, bulgar. Schriftsteller, *Bailowo (bei Sofia) 18. 7. 1878, †Sofia 3. 12. 1949; schrieb realistisch-psychol. Erzählungen

Elisabeth ELI

und Romane über das bäuerlich-patriarchal. Leben und dessen Verfall.
Elion [ˈeljən], Gertrude Belle, amerikan. Pharmakologin und Biochemikerin, *New York 23. 1. 1918, †Chapel Hill (N. C.) 21. 2. 1999; ab 1944 Mitarbeiterin von G. H. Hitchings, ab 1973 auch Prof. in Chapel Hill (N. C.); erhielt 1988 (mit J. W. Black und Hitchings) für die Entwicklung neuer, selektiv wirksamer Chemotherapeutika den Nobelpreis für Physiologie oder Medizin.

T. S. Eliot

Eliot [ˈeljət], **1)** George, eigtl. Mary Ann Evans, engl. Schriftstellerin, *Arbury Farm (bei Coventry) 22. 11. 1819, †London 22. 12. 1880; Tochter eines strenggläubigen Methodisten, wandte sich früh dem Freidenkertum zu; übersetzte Schriften von D. F. Strauß und L. Feuerbach. E. gehört zu den ersten bedeutenden Vertretern des psychologisch-sozialen Romans in England: »Adam Bede« (1859), »Die Mühle am Fluss« (1860), »Silas Marner« (Erz., 1861).
📖 *Maletzke, E.: G. E. Eine Biographie. Neuausg. Frankfurt am Main u. a. 1997.*
2) T. S. (Thomas Stearns), amerikan.-engl. Schriftsteller, *Saint Louis (Mo.) 26. 9. 1888, †London 4. 1. 1965; seit 1927 brit. Staatsbürger, trat 1928 zur anglikan. Kirche über. E. leitete den Verlag Faber & Faber und wirkte stark auf die angelsächs. Literatur. Seine spröde, beziehungsreiche Lyrik (»Das wüste Land«, 1922; »Aschermittwoch«, 1930; »Vier Quartette«, 1943; »Ausgewählte Gedichte«, 1950) ist reich an Anspielungen auf Mythos, Kultur und Dichtung der Jahrtausende. Sie spiegelt eine aus den Fugen geratene Welt und versucht das Existenzproblem des modernen Menschen durch Hinwendung zu einem christlich fundierten Humanismus zu lösen (»Beiträge zum Begriff der Kultur«, Essay, 1948). In seinen Bühnenwerken (»Mord im Dom«, 1935; »Der Familientag«, 1939; »Die Cocktailparty«, 1950; »Der Privatsekretär«, 1954; »Ein verdienter Staatsmann«, 1959) unternahm er eine Wiederbelebung des poet. Dramas. 1948 erhielt er den Nobelpreis für Literatur.
📖 *Ackroyd, P.: T. S. E. A. d. Amerikan. Frankfurt am Main 1988. – Riquelme, J. P.: Harmony of dissonances. T. S. E., romanticism, and imagination. Baltimore, Md., 1991. – Ricks, C.: T. S. E. and prejudice. London 1994.*

Elis (ngrch. Ilia), Küstenlandschaft und Verw.-Bez. (2 681 km², 179 400 Ew., Hptst. Pyrgos) im NW der Peloponnes (Griechenland); intensive landwirtsch. Nutzung. – Die antike Stadt Olympia wurde ab 570 v. Chr. von E. beherrscht.

Elisa [hebr. Elischa »Gott hat geholfen«], israelit. Prophet, Schüler und Nachfolger des Elias (1. Kön. 19, 16 ff.).

ELISA, Abk. für engl. enzyme-linked immunosorbent assay (↑Enzymimmunassay).

Elisabeth, bibl. Gestalt, Frau des Priesters Zacharias, Mutter Johannes' des Täufers (Lk. 1, 5); Heilige, Tag: 5. 11.

Elisabeth (engl. Elizabeth), Gemahlin (⚭ 1923) von König Georg VI. von Großbritannien und Nordirland, urspr. Lady Elizabeth Angela Marguerite Bowes-Lyon, *London 4. 8. 1900, †Windsor (Royal Lodge) 30. 3. 2002; entstammte einem alten schott. Adelsgeschlecht. Als Herzogin von York fühlte sich E. bes. dem sozialen Engagement für Kinder verpflichtet. Im Zweiten Weltkrieg erwarb sie sich mit ihrem Gemahl großen Respekt für ihr Verbleiben in London während der dt. Luftangriffe und wurde seit dem Tod Georgs (1952) von den Briten als »**Queen Mother**« hoch verehrt. Ihrer Ehe entstammen die heutige Königin ↑Elisabeth II. (*1926) und Prinzessin (Princess) Margaret (*1930, †2002).

Elisabeth, Herrscherinnen:
England/Großbritannien: **1)** E. I. (engl. Elizabeth), Königin von England (1558 bis 1603), letzte Herrscherin aus dem Hause Tudor, *Greenwich (heute zu London) 7. 9. 1533, †Richmond upon Thames (heute zu London) 24. 3. 1603; Tochter Heinrichs VIII. und der Anna Boleyn; gelangte nach dem Tod ihrer Halbschwester Maria der Katholischen auf den Thron und errichtete mit der polit. Hilfe von Baron

ELI Elisabeth

↑Burghley eine starke Krongewalt; stellte durch die Uniformitätsakte von 1559 die anglikan. Staatskirche wieder her. Als Papst Pius V. 1570 E. exkommunizierte, wurden die Katholiken unter harte Ausnahmegesetze gestellt. E.s kath. Nebenbuhlerin Maria Stuart, die Königin von Schottland, geriet 1568 in ihre Gefangenschaft und wurde unter dem Vorwurf der Teilnahme an Verschwörungen 1587 hingerichtet. Außenpolitisch in Gegensatz zu Spanien unter Philipp II. geraten, unterstützte E. den niederländ. Unabhängigkeitskampf und die Übergriffe engl. Freibeuter (F. Drake, W. Raleigh) gegen span. Schiffe. Der Sieg über die ↑Armada 1588 sicherte Englands Rolle als prot. Großmacht (Aufschwung von Handel und Schifffahrt). Die Anfänge des engl. Kolonialreichs wurden geschaffen (Virginia). Zu polit. Macht und wirtsch. Aufstieg trat die Blüte des geistigen Lebens (Shakespeare) im so genannten **Elisabethanischen Zeitalter**. Zu den Günstlingen E.s gehörten R. Dudley, Earl of ↑Leicester,

Elisabeth I., Königin von England (16. Jh.; Florenz, Galleria Palatina)

und R. Devereux, Earl of ↑Essex. E. blieb unvermählt (»jungfräul. Königin«, engl. »the Virgin Queen«).
📖 Neale, J. E.: E. I. Königin von England. A. d. Engl. Sonderausg. München 1994. –
Williams, N.: E. I. von England. Beherrscherin eines Weltreiches. A. d. Engl. Tb.-Ausg. München 1994.

Elisabeth II., Königin von Großbritannien und Nordirland

2) E. II. (engl. Elizabeth), Königin von Großbritannien und Nordirland, Haupt des Commonwealth, * London 21. 4. 1926; bestieg nach dem Tod ihres Vaters, Georg VI., 1952 den Thron (gekrönt 1953); ⚭ seit 20. 11. 1947 mit Philip Mountbatten (↑Philip, Herzog von Edinburgh); der Ehe entstammen ↑Charles, Anne (* 1950), Andrew (* 1960) und Edward (* 1964).
Österreich-Ungarn: **3) E.**, Kaiserin von Österreich und Königin von Ungarn (gen. Sisi), * München 24. 12. 1837, † Genf 10. 9. 1898; Tochter des Herzogs Maximilian Joseph in Bayern, ⚭ seit 1854 mit Kaiser Franz Joseph I. Sie setzte sich bes. für den Ausgleich mit Ungarn ein und entzog sich, v. a. nach dem Tod des Kronprinzen Rudolf (1889), dem Hofleben durch Reisen; in Genf von dem italien. Anarchisten L. Luccheni erstochen.
Ausgaben: Kaiserin E. Das poet. Tagebuch, hg. v. B. Hamann. Wien ⁴1997.
📖 *Hamann, B.: E. Kaiserin wider Willen. Überarbeitete Neuausg. Tb.-Neuausg. München ²1999.*

Pfalz: **4) E.**, Kurfürstin von der Pfalz und Königin von Böhmen, * Falkland Castle (bei Perth) 19. 8. 1596, † London 13. 2. 1662; Tochter Jakobs I. von England, ⚭ seit 1613 mit Kurfürst Friedrich V. von der Pfalz, dem böhm. »Winterkönig«; ging mit ihm 1620 in die Niederlande ins Exil, kehrte 1661 nach England zurück.
5) E. Charlotte, gen. Liselotte von der Pfalz, Herzogin von Orléans, * Heidelberg 27. 5. 1652, † Saint-Cloud (Dép. Hauts-de-Seine) 8. 12. 1722; Enkelin von 4), ⚭ seit 1671 mit Herzog Philipp I. von Orléans, Bruder Ludwigs XIV.; am frz. Hof bewahrte sie ihr urwüchsiges und natürl. Wesen, das sich bes. in ihren Briefen aus-

drückt. Ihre Erbansprüche beim Tod ihres Bruders, des Kurfürsten Karl († 1685), boten Ludwig XIV. den Anlass zum ↑Pfälzischen Erbfolgkrieg.

📖 *Lebigre, A.: Liselotte von der Pfalz. Eine Wittelsbacherin am Hofe Ludwigs des XIV. A. d. Frz. Tb.-Ausg. München 1995.*

Preußen: **6) E. Christine,** Königin, * Wolfenbüttel 8. 11. 1715, † Berlin 13. 1. 1797; Tochter des Herzogs Ferdinand Albrecht II. von Braunschweig-Bevern, Nichte Kaiser Karls VI., ∞ seit 1733 mit dem späteren preuß. König Friedrich II., d. Gr., lebte seit dessen Regierungsantritt (1740) in kinderloser Ehe von ihm getrennt.

Rumänien: **7) E.,** Königin, * Schloss Monrepos (bei Neuwied) 29. 12. 1843, † Bukarest 2. 3. 1916; ∞ seit 1869 mit Fürst Karl von Hohenzollern (seit 1881 König Carol I. von Rumänien); schrieb unter dem Namen **Carmen Sylva** Gedichte und Unterhaltungsromane über rumän. Landschaft und Bräuche.

Russland: **8) E. Petrowna** (Jelisaweta Petrowna), Kaiserin (1741–62), * Kolomenskoje (heute zu Moskau) 29. 12. 1709, † Sankt Petersburg 5. 1. 1762; Tochter Peters I., d. Gr., und Katharinas I., setzte ihre Thronansprüche gegen die Regentin Anna Leopoldowna durch die Palastrevolution von 1741 durch. Sie beendete 1743 den Krieg mit Schweden und war im Siebenjährigen Krieg Verbündete Österreichs und Frankreichs gegen Friedrich d. Gr. Sie bestimmte den späteren Peter III. zu ihrem Nachfolger und vermählte ihn 1745 mit der späteren Kaiserin Katharina II. 1755 gründete sie die Univ. Moskau, 1757 die Akademie der schönen Künste in Sankt Petersburg.

📖 *Rice, T. T.: E. von Rußland. Die letzte Romanow auf dem Zarenthron. A. d. Engl. München 1973. – Coughlan, R.: Frauen auf dem Zarenthron. E. u. Katharina. A. d. Amerikan. Düsseldorf 1976.*

Spanien: **9) E. von Valois,** Königin, * Fontainebleau 13. 4. 1545, † Aranjuez 3. 10. 1568; Tochter Heinrichs II. von Frankreich und der Katharina von Medici, seit 1559 die dritte Gemahlin König Philipps II. Das ihr nachgesagte Liebesverhältnis zu ihrem Stiefsohn Carlos hat nicht bestanden.

10) E. Farnese, Königin, * Parma 25. 10. 1692, † Aranjuez 11. 7. 1766; Tochter des Herzogs von Parma, zweite Gemahlin Philipps V. (seit 1714); politisch ehrgeizig und erfolgreich, erreichte sie durch Verhandlungen und Kriege, dass von ihren Söhnen Karl 1735 Neapel-Sizilien und Philipp 1748 Parma erhielt.

Elisabeth, Kaiserin von Österreich und Königin von Ungarn (Ausschnitt aus einem Gemälde von Franz Xaver Winterhalter, 1864)

Thüringen: **11) E.** (E. von Ungarn), Landgräfin, * Burg Sárospatak (Ungarn) 1207, † Marburg 17. 11. 1231; Tochter König Andreas' II. von Ungarn, ∞ seit 1221 mit Landgraf Ludwig IV. von Thüringen. Nach seinem Kreuzfahrertod 1227 im Winter 1227/28 durch Heinrich Raspe (IV.) von der Wartburg verwiesen, widmete sich E. in dem von ihr in Marburg gestifteten Hospital ganz der Armen- und Krankenpflege. 1235 heilig gesprochen, Tag: 19. 11.

📖 *Jaschke, G.: Die Heilige E. von Thüringen. Langen 1990. – Hoppe, G.: E., Landgräfin von Thüringen. Eisenach ³1991. – Ohler, N.: E. von Thüringen. Fürstin im Dienst der Niedrigsten. Göttingen u. a. ³1997.*

elisabethanisch, aus dem Zeitalter Elisabeths I. von England stammend, sich darauf beziehend.

Elisabethinerinnen, Bez. für mehrere

kath. Frauenkongregationen, die sich nach dem Vorbild der hl. Elisabeth sozial-karitativen Aufgaben (v. a. der Krankenpflege) widmen.

Elisabethville [-'vil], bis 1966 Name von ↑Lubumbashi.

Elision [lat.] *die, Sprache:* Schwund eines Vokals im Wortinnern oder am Wortende, z. B. *sel'ge* (statt selige).

Ellesmere Island: blühender Alpenehrenpreis im Juli

Elista (1944–57 Stepnoi), Hptst. der Rep. Kalmückien innerhalb der Russ. Föderation, im Jergeni-Hügelland in der Kalmückensteppe, 101 600 Ew.; Univ. (1970 gegr.); Nahrungsmittelind., Holzverarbeitung; internat. Flughafen.

elitär [französierende Ableitung von »Elite«], a) einer Elite angehörend; auserlesen; b) auf die (vermeintl.) Zugehörigkeit zu einer Elite begründet (und daher dünkelhaft-eingebildet).

Elite [frz., zu lat. eligere »auslesen«] *die,* **1)** *Politik:* politisch oder sozial führende Minderheit. Die Maßstäbe, nach denen sich die Zugehörigkeit zur E. bestimmt, sind in den Gesellschaftsordnungen verschieden: Auf polit., ökonom. und militär. Vorherrschaft gründet sich die **Machtelite.** Neben die traditionelle, durch Standeszugehörigkeit, Geburt (**Geburts-E.**), Vermögen, Bildung oder andere allg. anerkannte Qualitäten (**Wert-E.**) gekennzeichnete E. sind Führungsgruppen getreten, die sich aufgrund ihrer beruflich-fachl. Fähigkeiten und ihrer Leistung qualifizieren (**Funktions-E.**). Letztere begreifen neuere E.-Theorien als gesellschaftl. Notwendigkeit. ✦ **siehe ZEIT Aspekte**
📖 *Röhrich, W.: E.n u. das Ethos der Demokratie.* München 1991.

2) *Radsport:* bedeutendste Alterskategorie im Rennsport; umfasst die Fahrer im Alter von 23 Jahren (Frauen 19) und älter (**E.-Fahrer**).

Elitetruppen, die aufgrund besonderer Personalauswahl und intensiver Ausbildung zur Erfüllung außergewöhnlich hoher Anforderungen befähigten Truppenteile oder -gattungen.

Elixier [alchimistenlat. elixirium, aus arab. al-iksīr »Stein der Weisen«] *das,* nur noch selten gebrauchte Bez. für einen alkohol. Pflanzenauszug mit Zusätzen; im übertragenen Sinn Zaubertrank, Heiltrunk.

Elizabeth [ɪ'lɪzəbəθ], Stadt in New Jersey, USA, 110 000 Ew.; Schiff- und Maschinenbau, Textil-, Auto-, chem. u. a. Industrie. – Entstand ab 1664.

Ełk [ɛuk] (dt. Lyck), Krst. in der poln. Wwschaft Ermland-Masuren, an der Mündung des Lyck (Ełk) in den Lycksee (Jezioro Ełk), 56 600 Ew.; kath. Bischofssitz; Lebensmittel-, elektrotechn., Holzind., Flachsrösterei. – Der Ort entstand um 1400 bei einer Burg des Dt. Ordens; seit 1669 Stadt.

El-Kab (Elkab), Ruinenstätte der altägypt. Stadt **Necheb,** am rechten Nilufer nördlich von Idfu gelegen; im Mittleren Reich Hptst. des 3. oberägypt. Gaues; Ortsgottheit war die Geiergöttin Nechbet. Erhalten sind Reste der Stadtmauer, versch. Tempel (»Wüstentempel«), Felsengräber mit histor. Inschriften und Darstellungen.

El-Kaida (El Kaida, Al Kaida), islamist. Terrororganisation, ↑al-Qaida.

Elk Island National Park ['elk 'aɪlənd 'næʃnl 'pɑːk], Nationalpark in der Prov. Alberta, Kanada, östlich von Edmonton, 194 km²; Reservat u. a. für Elche, Bisons; eingerichtet 1913.

ELKRAS, Abk. für ↑Evangelisch-Lutherische **K**irche in **R**ussland und **a**nderen **S**taaten.

El-Kuds, arab. Name für ↑Jerusalem.

Ellbogen (Ellenbogen), Bez. für den gesamten Bereich des E.-Gelenks, i. e. S. der bei gebeugtem Arm am weitesten vorspringende Fortsatz am oberen Ende der Elle.

Elle, 1) *Anatomie:* (Ulna) Röhrenknochen auf der Kleinfingerseite des Unterarms. **2)** *Messwesen:* alte Längeneinheit, urspr. die Länge des Unterarms; festgelegt zw. 50 und über 80 cm.

Ellesmere Island [ˈelzmɪə ˈaɪlənd], Insel im NO des Kanadisch-Arktis. Archipels, 196 236 km²; erstreckt sich bis 83° 07′ n. Br. (nördlichster Punkt Kanadas), z. T. vergletschert, z. T. Tundra mit polarer Tierwelt, bis 2 604 m ü. M.; einzelne Eskimosiedlungen, Wetterstationen. Seit 1985 39 500 km² großer Nationalpark. – 1616 von W. Baffin entdeckt.

Ellesmere Port [ˈelzmɪə ˈpɔːt], Ind.stadt in der engl. Cty. Cheshire, am Manchester Ship Canal, 64 500 Ew.; Erdölraffinerie, Maschinenbau, chem. u. a. Industrie.

Ellice-Inseln [ˈelɪs-], Gruppe von neun Atollen im Pazif. Ozean, ↑Tuvalu.

Ellington [ˈelɪŋtən], Duke, eigtl. Edward Kennedy E., amerikan. Jazzmusiker (Orchesterleiter, Komponist, Pianist), *Washington (D. C.) 29. 4. 1899, †New York 24. 5. 1974; Mitbegründer des modernen Bigbandstils. Seine vom Impressionismus beeinflusste Musikauffassung führte zu dem besonderen »Ellington-Klang« (Junglestyle, Moodstyle); als Komponist beeinflusste er zahlr. Musiker des modernen Jazz und des Free Jazz.
📖 *Collier, J. L.: D. E. Genius des Jazz. A. d. Amerikan. Lizenzausg. Berlin 1999.*

Ellipse [grch. »Mangel«] *die*, **1)** *Geometrie:* eine zu den ↑Kegelschnitten gehörende geschlossene Kurve, der Ort aller Punkte P einer Ebene, für die die Summe der Abstände zu den beiden **Brennpunkten** F_1 und F_2 bzw. die Summe der Länge der Brennstrahlen konstant ($= 2a$) ist. Die E. hat einen größten (Hauptachse) und einen kleinsten Durchmesser (Nebenachse), die aufeinander senkrecht stehen und sich im Mittelpunkt der E. schneiden; a ist die große, b die kleine Halbachsenlänge. Sonderfall der E. ist der Kreis ($a = b$). Die Entfernung des Mittelpunkts von einem der Brennpunkte heißt **lineare Exzentrizität** e. Die Fläche A der E. berechnet sich nach $A = \pi ab$. Liegt der Mittelpunkt im Ursprung eines kartes. Koordinatensystems, so lautet ihre Gleichung:

$$\frac{x^2}{a^2} + \frac{y^2}{b^2} = 1.$$

2) *Sprachwissenschaft:* Weglassen eines Satzgliedes, das aus dem Sinnzusammenhang rekonstruiert werden kann (z. B. »sie spielte Violine, er Klavier«).

Ellipsoid *das*, geschlossene Fläche 2. Ordnung (bzw. der von ihr umschlossene Körper), deren ebene Schnitte Ellipsen oder Kreise sind. Das E. hat im rechtwinkligen Koordinatensystem die Gleichung:

$$\frac{x^2}{a^2} + \frac{y^2}{b^2} + \frac{z^2}{c^2} = 1.$$

Sind die drei Hauptachsen a, b, c gleich lang, ist das E. eine Kugel, sind sie ungleich lang, heißt das E. **dreiachsig**; von einem **Rotations-E.** spricht man bei zwei gleich langen Achsen.

Ellis Island [-ˈaɪlənd], Insel in der Upper New York Bay, USA, nahe der Freiheitsstatue. Auf ihr befand sich 1892–1943 die Kontrollstelle für Einwanderer, bis 1954 ein Internierungslager.

Ellison [ˈelɪsn], Ralph Waldo, afroamerikan. Schriftsteller, *Oklahoma City (Okla.) 1. 3. 1914, †New York 16. 4. 1994; bemühte sich in seinen Werken »Unsichtbar« (1952, R.) und »Shadow and act« (1964) um eine Klärung der menschlichsittl. Problematik von Rasse und sozialer Klasse.

Ellora [eˈlɔːrə] (Elura), Dorf im Staat Ma-

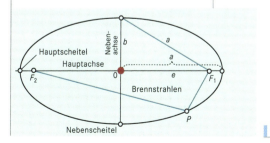

Ellipse 1)

harashtra, Indien, mit buddhist., hinduist. und dschainist. Höhlentempeln (5.–10. Jh.; UNESCO-Weltkulturerbe); bedeutendster Tempel ist der als Monolith aus dem Fels gemeißelte Shiva-Tempel Kailasanatha (8. Jh.).
Ellore [eˈlɔː], Stadt in Indien, ↑Eluru.
Ellroy, James, amerikan. Schriftsteller, *Los Angeles (Calif.) 4. 3. 1948; schreibt realist. Kriminalromane: »Browns Grabgesang« (1981; dt.), »Die schwarze Dahlie« (1987), »L. A. confidential« (1990), »White jazz« (1992), »Ein amerikan. Thriller« (1995), »Die Rothaarige« (1996), »Crime wave« (1999).
Ellsworthhochland [ˈelzwəːθ-], Gebiet der Westantarktis südlich der Antarkt. Halbinsel; die das Inlandeis durchragende Sentinelkette erreicht im Vinsonmassiv 5140 m ü. M. (höchste Erhebung der Antarktis).
Ellwangen (Jagst), Stadt (Große Kreisstadt) im Ostalbkreis, Bad.-Württ., an der Jagst, am SO-Rand der Ellwanger Berge (bis 570 m ü. M.), 24 500 Ew.; Herstellung von Batterien, Akkumulatoren, Bekleidung und Kühlgeräten. – Ehem. Stiftskirche (1182–1233 über Vorgängerbau; im Inneren barock umgestaltet), Schloss im Renaissancestil (1603–08, barocke Inneneinrichtung). – E., bei einem um 764 gegründeten Benediktinerkloster entstanden, 1201 erstmals erwähnt, ist 1229 als Stadt bezeugt. Die Abtei, seit 817 Reichsabtei, 1460 **Fürstpropstei Ellwangen,** kam 1802 an Württemberg.
Ellwein, Thomas, Politologe und Erziehungswissenschaftler, *Hof 16. 7. 1927, †Schliersee 6. 1. 1998; 1961–70 Prof. in Frankfurt am Main, 1974–76 Präs. der Bundeswehrhochschule in Hamburg, 1976–89 Prof. für polit. Wiss.en in Konstanz.
Werke: Das Regierungssystem der Bundesrep. Dtl. (1963); Gewerkschaften u. öffentl. Dienst (1980); Die dt. Univ. vom MA. bis zur Gegenwart (1985); Das Dilemma der Verwaltung (1994).
Elm *der,* Muschelkalk- und Buntsandsteinsattel im nördl. Harzvorland südöstlich von Braunschweig, im Kuxberg 322 m ü. M.; Buchenwald; Teil des Naturparks **Elm-Lappwald** (470 km²).
El-Minia, Stadt in Ägypten, ↑Minia.
Elmsfeuer, Sprüh-, Büschel- oder Glimmentladung an hervorstehenden Kanten und Spitzen bei hohen elektr. Feldstärken in der Luft (Gewitter), z. B. an Mastspitzen von Schiffen.
Elmshorn, Stadt im Kr. Pinneberg, Schlesw.-Holst., am O-Rand der Elbmarschen, 47 000 Ew.; Pferdezucht mit Reit- und Fahrschule; Nahrungsmittel-, Kunststoff-, chem. Ind., Fahrzeugbau. – 1141 erstmals erwähnt, erhielt 1870 Stadtrecht.
El Niño [-ˈninjo, span.], Klimaanomalie im südl. Pazifik, ↑Niño.
Elodea, die Pflanzengattung ↑Wasserpest.
Eloge [eˈloʒə, frz.] *die,* Lobrede, Lobschrift; in der frz. Literatur des 17. und 18. Jh. in kunstreicher Rhetorik gestaltete Rede. Heute oft ironisch gebraucht (im Sinne von Lobhudelei).
Elogium [lat. »Grabschrift«, von grch. elegeîon »Klagelied«] *das,* in der röm. Antike Inschrift auf Grabsteinen, Statuen u. a.; (gehoben) für Lobrede.
Elohim [hebr.], *A. T.:* ↑El.
Elohist *der,* bibl. Quellenschrift im ↑Pentateuch, die im Ggs. zum Jahwisten den Gottesbez. Elohim verwendet und stärker theologisch reflektierend berichtet.
Elongation [lat.] *die,* **1)** *Astronomie:* der Winkelabstand eines Planeten von der Sonne, gemessen in ekliptikaler Länge. Steht ein Planet in westl. E., so geht er der Sonne auf (Morgenstern); steht er in östl. E., so geht er nach der Sonne unter und kann am Abendhimmel beobachtet werden (z. B. Venus als Abendstern).
2) *Physik:* bei einer Schwingung die momentane Auslenkung aus der Ruhelage.
Eloquenz [lat.] *die,* Beredsamkeit.
Elo-System [nach dem amerikan. Erfinder] (Ratingsystem), *Schach:* Wertungssystem zur leistungsgemäßen Einordnung der Spieler. Die Leistungsstärke eines Spielers wird durch eine Wertungszahl **(Elo-Zahl, Ratingzahl)** ausgedrückt, die durch gute bzw. schlechte Turnierergebnisse steigt bzw. sinkt.
Eloxieren, Bez. für die ↑anodische Oxidation von Aluminiumwerkstoffen.
El Paso [-ˈpɑːsəʊ], Stadt in Texas, USA, 1126 m ü. M., am Rio Grande, an der Grenze zu Mexiko, 554 500 Ew.; Zweig der University of Texas; Zentrum eines Gebiets mit Rinderzucht, Baumwollanbau und Bergbau; Kupfer- und Bleischmelzen, Kupferraffinerie u. a. Ind.; bed. Eisenbahn- und Straßenknotenpunkt. Nahebei liegt **Fort Bliss** mit Flugabwehrraketen-

El Salvador ELS

schule des amerikan. Heeres und Raketenschule der dt. Luftwaffe. – Entwickelte sich um eine 1659 gegründete Missionsstation der Franziskaner.
Elritze *die* (Pfrille, Phoxinus phoxinus), bis 10 cm langer Karpfenfisch, mit kleinen Schuppen, oft seitlich gefleckt; lebt gesellig in klaren Gewässern Europas und Asiens. Nach der Roten Liste in Dtl. in ihrem Bestand stark gefährdet.

El Salvador

Fläche	21 041 km²
Einwohner	(2003) 6,515 Mio.
Hauptstadt	San Salvador
Verwaltungsgliederung	14 Departamentos
Amtssprache	Spanisch
Nationalfeiertag	15. 9.
Währung	seit 2001: US-Dollar
Zeitzone	MEZ – 7 Std.

El Salvador (amtlich span. República de El Salvador; dt. Republik El Salvador), die kleinste Rep. Zentralamerikas, an der Küste des Pazif. Ozeans; grenzt im W an Guatemala, im N und O an Honduras. **Staat und Recht:** Nach der Verf. von 1983 ist El S. eine präsidiale Republik. Staatsoberhaupt und Reg.chef ist der auf 5 Jahre direkt gewählte Präsident. Gesetzgebendes Organ ist das Abg.haus (84 Abg., für 3 Jahre gewählt); es besteht Wahlpflicht für Bürger über 18 Jahre. Einflussreichste Parteien: Nat. Befreiungsfront Farabundo Martí (FMLN), Nationalist. Republikan. Allianz (ARENA), Nat. Versöhnungspartei (PCN), Vereinigtes Demokrat. Zentrum (CDU) und Christdemokrat. Partei (PDC).
Landesnatur: El S. ist bis auf einen schmalen, feuchtheißen Küstenstreifen fruchtbares Hügel- und Gebirgsland (»Gartenrepublik«). Das Innere, ein 400–500 m hohes, vom Rio Lempa durchflossenes Plateau mit Grasfluren und Seen (Ilopangosee, 60 km², 248 m tief), wird von je einem parallel zur Küste verlaufenden bewaldeten Gebirgszug begrenzt, im N bis 1 650 m ü. M. hoch; im S (Küstengebirge) 14 z. T. noch tätige Vulkane (Santa Ana 2 381 m ü. M., San Salvador 1 950 m ü. M.). – Die Temperaturen des wechselfeuchten trop. Klimas (mittlere Jahrestemperatur 26,8 °C; größte Niederschlagsmengen Mai bis Okt.) nehmen in Höhen über 500 m ü. M. ab.
Bevölkerung: Rd. 94 % der Bev. sind Mestizen, 5 % Indios und 1 % Weiße (meist altspan. Abstammung). El S. ist das am dichtesten besiedelte Land Zentralamerikas. Groß ist der Auswanderungsdruck in die Nachbarländer und bes. in die USA. Das jährliche Bevölkerungswachstum beträgt 1,6 %. In Städten leben 47 % der Einwohner. Größte Städte sind San Salvador, Santa Ana, Nueva San Salvador (Santa Tecla) und San Miguel. – Rd. 80 % der Bev. gehören der kath. Kirche an, über 15 % prot. Kirchen (v. a. Pfingstler). – Es besteht eine sechs- (auf dem Land) bzw. achtjährige (in den Städten) Grundschulpflicht. Die Analphabetenquote beträgt 21 %. Die älteste Univ. ist die Universidad de El S. (gegr. 1841) in San Salvador.
Wirtschaft und Verkehr: Die innenpolit. Unruhen der letzten Jahre, stark sinkende Preise des Hauptexportproduktes Kaffee bei gleichzeitig steigenden Rohölpreisen sowie die Nachwirkungen des Hurrikans »Mitch« im Herbst 1998 und des schweren Erdbebens Anfang 2001 wirken sich negativ auf die wirtsch. Entwicklung des Landes aus. Der wichtigste Wirtschaftszweig ist die Landwirtschaft. Die landwirtsch. Nutzfläche ist sehr ungleich verteilt (3 % der Eigentümer besitzen 45 % der landwirtsch. Nutzfläche). Knapp die Hälfte der erwerbsfähigen Bev. ist arbeitslos. Neben Kaffee sind Zucker, Baumwolle und Blumen die Hauptexportgüter, für die Selbstversorgung Mais, Reis, Bohnen und Hirse. In den Savannen wird Viehzucht betrieben. Die Forstwirtschaft ist weltgrößter Produzent von Perubalsam. In der Fischwirtschaft erfolgte eine Spezialisierung auf Krustentiere. Neben Guatemala ist El S. das industriell am weitesten entwickelte Land Zentralamerikas. In kleineren

ELS El Salvador

El Salvador: der 1950 m hohe Vulkan San Salvador

und mittleren Betrieben werden heim. Rohstoffe und Halbfertigwaren weiterverarbeitet. Die Handelsbilanz ist negativ. Hauptausfuhrgüter sind Kaffee, Zucker, Krustentiere und Textilien. Wichtigste Handelspartner sind die USA, Guatemala und Honduras. – El S. besitzt ein gut ausgebautes Verkehrsnetz mit einem 549 km langen Eisenbahnnetz, v. a. für den Kaffee- und Baumwolltransport, sowie 12 250 km Straßen (davon etwa 2 000 km asphaltiert), darunter die 327 km lange »Carretera Panamericana« zw. Guatemala und Honduras und die nahezu parallel verlaufende Küstenstraße. Haupthäfen sind Acajutla, Cutuco, La Unión u. a.; der Zugang zum Hafen Puerto Barrios in Guatemala ist vertraglich zugesichert; internat. Flughafen bei San Salvador.

Geschichte: El S. wurde 1524/25 von P. de Alvarado unterworfen; es gehörte bis 1821 zum Generalkapitanat Guatemala der span. Kolonien, 1823–38/41 zur Zentralamerikan. Föderation; seitdem unabhängige Republik. Das polit. Leben wurde von den rivalisierenden Gruppen der Liberalen und Konservativen bestimmt; der wirtsch. Einfluss der USA wuchs bis zur Weltwirtschaftskrise 1929 ständig (Kaffeemonokultur). Bauernunruhen unter dem KP-Führer Farabundo Martí, hervorgerufen durch die starken sozialen Widersprüche, brachten schließlich 1931 General M. Hernández Martínez an die Macht; er regierte das Land (bis 1944) diktatorisch, leitete aber eine Reformpolitik ein, die zwar nach seinem Sturz durch die folgende Militärreg. fortgesetzt wurde, aber keine grundlegenden Verbesserungen erzielte. Soziale Spannungen entluden sich auch im »Fußballkrieg« gegen Honduras 1969. Nach dem Sturz von C. H. Romero (Präs. 1977–79) und der Machtübernahme durch eine Militärjunta begann ein blutiger, die ganze Region bedrohender Bürgerkrieg, in dem Reg.truppen mit Unterstützung der USA gegen die linksgerichtete Nat. Befreiungsfront Farabundo Martí (FMLN) kämpften. Der reformorientierte Präs. J. N. Duarte (PDC, 1980–82, erneut 1984–89) begann Verhandlungen mit der FMLN, die auch unter seinem Nachfolger A. F. Cristiani von der rechtsgerichteten ARENA-Partei weitergeführt wurden. Die seit 1990 von der UNO, der OAS und der kath. Kirche vermittelten Gespräche führten am 16. 1. 1992 zu einem Friedensabkommen zw. den Bürgerkriegsparteien (Überwachung des Waffenstillstandes bis 1995 durch eine UN-Friedenstruppe, Wiedereingliederung der Guerilla ins zivile Leben, Reduzierung der Armee, Landreform). Im Dez. 1992 wurde der Bürgerkrieg offiziell für beendet erklärt. Nach

Elsass ELS

Schätzungen hat er 75 000 bis 80 000 Tote gefordert; etwa 500 000 Menschen wurden vertrieben oder flüchteten. Aus den Wahlen von 1994 ging wieder die ARENA-Partei als Siegerin hervor (mit A. Calderón Sol als Staatspräs.), zweitstärkste Gruppe wurde die zur Partei umgeformte FMLN. Die polit. Kräfteverteilung änderte sich bis heute nicht. Bei den Parlamentswahlen 2000 und 2003 siegte die FMLN, ohne jedoch die absolute Mehrheit zu erringen. Bei den Präsidentschaftswahlen 1999 erreichten mit F. Flores und 2004 mit Antonio Saca jeweils die Kandidaten der ARENA-Partei die Mehrheit. Die Reg. führte zum 1. 1. 2001 den US-Dollar als offizielle Währung ein, um die Wirtschaft zu beleben.

📖 *Anderson, T. P.: Politics in Central America. Guatemala, El S., Honduras, and Nicaragua. Neuausg. New York 1988. – Gabriel, L.: Aufstand der Kulturen. Konfliktregion Zentralamerika: Guatemala, El S., Nicaragua. Neuausg. München 1988. – Keeping the peace. Multidimensional UN operations in Cambodia and El S., hg. v. M. W. Doyle u. a. Cambridge 1997.*

streckt sich zw. Pfälzerwald und Schweizer Jura über die südwestl. Oberrheinebene (110–250 m ü. M.) bis auf den Kamm der Vogesen (Großer Belchen, 1 424 m), im NW über Zaberner Senke (326 m) und niederes Bergland (530 m) bis zur Saar. Im S bildet das Hügelland des Sundgaus den Übergang zum Schweizer Jura und zur Burgund. Pforte. Hauptflüsse sind Ill, Moder und Zorn.

Bevölkerung: Sie besteht überwiegend aus Elsässern (vorwiegend kath.); die neben dem Französischen gebräuchliche dt. Umgangssprache gehört dem alemannischen, nördlich des Hagenauer Forsts dem rheinfränkischen Sprachgebiet an. An den Schulen wird auch Deutsch als Unterrichtssprache verwendet.

Wirtschaft: In der klimatisch begünstigten Rheinebene wird intensive Landwirtschaft betrieben (Weizen, Tabak, Hopfen, Gemüse- und Obstbau, im Hügelland Weinbau, in den Vogesen Alm- und Waldwirtschaft. Ein wichtiger Wirtschaftszweig ist der Fremdenverkehr. Ind.zweige sind die zurückgehende Textilind. um Mülhausen und Colmar, Maschinen-, Papier-,

Elsass: Weinberge

Elsass (frz. Alsace), histor. Landschaft westlich des Oberrheins, heute Region O-Frankreichs mit den Dép. Haut-Rhin und Bas-Rhin; 8 280 km², (1999) 1,734 Mio. Ew.; Hptst. ist Straßburg. Das E. er-

Schuhind. u. a.; der Kalisalzbergbau bei Mülhausen wurde 2002 eingestellt. Die Erdölraffinerie (Reichstett) wird durch die Pipeline von Lavéra am Mittelmeer nach Karlsruhe versorgt. Kraftwerke und Ind.zonen entstanden am ↑Rheinseitenkanal. Das E. ist Verkehrsdurchgangsland mit dichtem Eisenbahn- und Straßennetz. Wichtiger Hafen und Handelsplatz ist Straßburg.

Geschichte: Die kelt. Urbevölkerung des E. wurde schon im 1. Jh. v. Chr. von german. Stämmen durchsetzt. 58 v. Chr. (Caesars Sieg über Ariovist) geriet das Land unter röm. Herrschaft. In der Völkerwanderung wurde es von Alemannen besetzt, die 496 durch Chlodwig der fränk. Herrschaft unterworfen wurden. Seit dem Vertrag von Mersen (870; ↑Meerssen) gehörte das E. zum ostfränk., später zum Hl. Röm. Reich; 925 wurde es mit dem Herzogtum Schwaben vereinigt. Im 13. Jh. zerfiel es in viele geistl. und weltl. Gebiete. Elsäss. Reichsstädte schlossen 1354 den »Zehnstädtebund« (↑Dekapolis). Die Reformation setzte sich bes. in den Reichsstädten durch. 1648 fielen die habsburg. Besitzungen und die Vogtei über die zehn Reichsstädte an Frankreich. Die ↑Reunionen Ludwigs XIV. dehnten die Oberhoheit der frz. Krone weiter aus; 1681 wurde Straßburg besetzt. Doch rissen die wirtsch. und geistigen Verbindungen mit Dtl. nicht ab. Im Verlauf der Frz. Revolution wurde das E. ganz mit dem frz. Staat verschmolzen und in Départements aufgeteilt. Nach dem ↑Deutsch-Französischen Krieg 1870/71 bildete das E. mit einem Teil Lothringens das Reichsland ↑Elsass-Lothringen. – Durch den Versailler Vertrag (1919) kam das E. wieder an Frankreich. Eine autonomist. Bewegung wurde seit 1926 vom frz. Staat unterdrückt. Von Juni 1940 bis Febr. 1945 war das E. von dt. Truppen besetzt und dt. Zivilverwaltung unterstellt. Seit 1945 ist es wieder voll in den frz. Staat integriert. Es gibt Bestrebungen zur Pflege von Eigensprachlichkeit und kultureller Eigenart.

📖 *Ebert, K.:* Das E. Wegzeichen europ. Kultur u. Geschichte zw. Oberrhein u. Vogesen. Köln ¹²1991. – *Büttner, H.:* Geschichte des E., Bd. 1: Polit. Geschichte des Landes von der Landnahmezeit bis zum Tode Ottos III. Sigmaringen 1991, m. n. e. – Das E.: histor. Landschaft im Wandel der Zeit, hg. v. M. Erbe. Stuttgart 2002.

Elsass-Lothringen (amtl. Reichsland Elsass-Lothringen), 1871–1918 ein Gebietsteil des Dt. Reiches.

Geschichte: Im Frankfurter Frieden (10. 5. 1871) musste Frankreich nach dem Dt.-Frz. Krieg das Elsass (außer Belfort) und einen Teil Lothringens (mit Metz) an das Dt. Reich abtreten; die zum Reichsland E.-L. zusammengeschlossenen Gebiete wurden (mit staatsrechtl. Sonderstatus) 1871–79 nach dem Muster einer preuß. Provinz verwaltet und erhielten 1879 (Verfassungsgesetz: Statthalter, Ministerium, Landesausschuss) Teilautonomie. Frankreich wurde wegen der Annexion E.-L.s zum unversöhnl. Feind Deutschlands. Erst in den 1890er-Jahren wurden bei Reichstagswahlen neben Vertretern des polit. Katholizismus auch deutschnational orientierte Abgeordnete gewählt. Das Wirtschaftsleben (Kaliindustrie im Elsass; Eisenind. in Lothringen) nahm einen großen Aufschwung. Mit der Verfassungsänderung von 1911 erhielt E.-L. einen eigenen Landtag (zwei Kammern) sowie drei Stimmen im Bundesrat und wurde einem Bundesstaat nahezu gleichgestellt. Im Ersten Weltkrieg stand E.-L. unter Militärverwaltung. Trotz Gewährung der vollen Autonomie (Okt. 1918) blieb die ablehnende Haltung der Bev. bestehen. Durch den Versailler Vertrag (1919) fielen ↑Elsass und ↑Lothringen an Frankreich zurück.

📖 *Wehler, H.-U.:* Krisenherde des Kaiserreichs 1871–1918. Studien zur deutschen Sozial- u. Verfassungsgeschichte. Göttingen ²1979. – *Hiery, H.:* Reichstagswahlen im Reichsland. Ein Beitrag zur Landesgeschichte von E.-L. u. zur Wahlgeschichte des Dt. Reiches 1871–1918. Düsseldorf 1986.

Elsbeere, Art der Gattung ↑Eberesche.

Elser, Johann Georg, Widerstandskämpfer, *Hermaringen (heute Landkreis Heidenheim) 4. 1. 1903, †(erschossen) KZ Dachau 9. 4. 1945; Tischler; das in einer Einzelaktion von ihm geplante und ausgeführte Attentat auf A. Hitler im Münchner Bürgerbräukeller (8. 11. 1939) schlug fehl. E. wurde beim Fluchtversuch in die Schweiz verhaftet und als »Sonderhäftling des Führers« in das KZ Sachsenhausen, später in das KZ Dachau eingeliefert.

✦ **siehe ZEIT Aspekte**

📖 *Haasis, H. G.:* »Den Hitler jag' ich in die Luft«. Der Attentäter Georg E. Eine Biographie. Reinbek 2001. – *Ortner, H.:* Der einsame Attentäter. Der Mann, der Hitler töten wollte. Göttingen Neuausg. 2001.

Elsevier [ˈɛlsəviːr] (Elsevir, Elzevier), niederländ. Buchhändler-, Drucker- und Ver-

Elster ELS

Adam Elsheimer: Jupiter und Merkur bei Philemon und Baucis (um 1608/09; Dresden, Staatliche Kunstsammlungen)

legerfamilie, im 17. Jh. führend im westeurop. Buchgewerbe. Gründer des Hauses war Louis (Lodewijk) E. (*um 1542, †1617), der 1587 Buchhändler, ab 1593 Verleger in Leiden war, dessen Sohn Bonaventura (*1583, †1652) und Enkel Abraham (*1592, †1652) als eigentl. Begründer des Verlags gelten. Zu den Verlagserzeugnissen (**Elseviriana**) gehörten bes. die wegen ihrer typograph. Gestaltung berühmten Duodezausgaben. – 1880 wurde der Verlag in Rotterdam von Jacobus George Robbers (*1839, †1925) neu gegründet, aus dem ein bei wiss. Publikationen führendes Medienunternehmen wurde. 1993 erfolgte die Fusion mit Reed International plc zur ↑Reed Elsevier plc. Von E. wird u. a. die Enzyklopädie »Grote Winkler Prins« (1. Aufl. 1870–82, 9. Aufl. 1990–93 in 26 Bden.) herausgegeben.

Elsheimer, Adam, Maler und Radierer, getauft Frankfurt am Main 18. 3. 1578, begraben Rom 11. 12. 1610; wanderte 1598 nach Venedig, 1600 nach Rom; verarbeitete Anregungen altdt., niederländ. und italien. (bes. Caravaggio) Malerei. In seinen vorwiegend auf kleinformatige Kupferplatten gemalten Bildern (v. a. Landschaften mit mytholog. und bibl. Themen) eröffnete er mit einer neuartigen maler. Qualität (Lichteffekte) die frühbarocke Malerei; beeinflusste bes. Rubens, Rembrandt und C. Lorrain. E. hinterließ ein umfangreiches Gouachenwerk, Radierungen und zahlr. Zeichnungen.

Elsner, 1) Gisela, Schriftstellerin, *Nürnberg 2. 5. 1937, †(Selbstmord) München 13. 5. 1992; schrieb den Alltag karikierende Erzählungen und Romane: »Die Riesenzwerge« (1964), »Das Windei« (1987), »Fliegeralarm« (1989).

2) Hannelore, Schauspielerin, *Burghausen (Oberbayern) 26. 7. 1942; spielt seit den 1960er-Jahren Film- (»Berlinger – Ein dt. Abenteuer«, 1975; »Die Unberührbare«, 1999) und Fernsehrollen (»Die schöne Marianne«, 1977; »Die Kommissarin«, 1994 ff.); daneben Theaterengagements.

Elster

Elßler, Fanny, österr. Tänzerin, *Gumpendorf (heute zu Wien) 23. 6. 1810, †Wien 27. 11. 1884; gefeiertste Ballerina ihrer Zeit.

Elster (Pica pica), Art der ↑Rabenvögel; metallisch schimmerndes schwarzes Gefieder, Bauch, Schultern und Flanken weiß; mit den sehr langen Schwanzfedern insgesamt 45 cm lang. Sie ist ein Allesfresser, der auch Eier und Jungvögel von Kleinvögeln frisst.

Elster, Bad, ↑Bad Elster.

Elster, 1) Schwarze Elster, Nebenfluss der Elbe, 181 km lang, entspringt im Lausitzer Bergland, mündet oberhalb von Wittenberg. Südlich von Senftenberg die Speicheranlage Senftenberger See (12,2 km^2, Stauinhalt 18 Mio. m^3).
2) Weiße Elster, rechter Nebenfluss der Saale, 248 km lang, entspringt im Elstergebirge auf tschech. Gebiet, nimmt in Leipzig die Pleiße auf, gabelt sich in E. und Luppe, die zw. Merseburg und Halle (Saale) in die Saale münden. Unterhalb von Oelsnitz die Talsperre Pirk (Stauraum 10 Mio. m^3).

Elstergebirge, Bergland im S des oberen Vogtlandes, in der Tschech. Rep., Ausläufer in Bayern, zw. Erz- und Fichtelgebirge, im Kapellenberg 759 m ü. M.

Elsterwerda, Stadt im Landkreis Elbe-Elster, Brandenburg, an der Schwarzen Elster, 10 400 Ew.; Melkanlagenbau, Milch-, Lederverarbeitung, Metallwaren-, Steingutindustrie. – Schloss (Umbau 1720 bis 37). – Seit 1343 als Stadt bezeugt.

El Tajín [-ta'xin], Ruinenstadt (UNESCO-Weltkulturerbe) der Totonakenkultur (etwa 600–1200 n. Chr.) im mexikan. Staat Veracruz, Blütezeit 600–900, unter toltek. Einfluss bis 1100; 25 m hohe Nischenpyramide mit 365 stuckverzierten Nischen auf sechs Stufen; bemerkenswerte Flachreliefs der Ballspielplätze.

El Teniente, eines der größten Kupfererzbergwerke der Erde, in Chile, 100 km südöstl. von Santiago, 2 400 m ü. M.; Kupferhütte.

Elter *der* oder *das, Biologie, Statistik:* ein Elternteil.

elterliche Sorge, das Recht und die Pflicht der Eltern, für die Person und das Vermögen ihrer minderjährigen Kinder zu sorgen (§§ 1626 ff. BGB). Die e. S., die die gesetzl. Vertretung des Kindes umfasst, wurde durch das Kindschaftsrechtsreform-Ges. vom 16. 12. 1997, in Kraft ab 1. 7. 1998, teilweise neu geregelt. Sie steht während der Ehe dem Vater und der Mutter gleichermaßen zu. Sind die Eltern bei der Geburt des Kindes nicht miteinander verheiratet, steht die e. S. ihnen gemeinsam zu, wenn sie öffentlich beurkundete »Sorgeerklärungen« abgeben oder einander heiraten. Sonst hat die Mutter das Sorgerecht (§§ 1626 a ff.). Zur Unterstützung des Elternteils, dem die e. S. allein zusteht, wird auf Antrag das Jugendamt Beistand des Kindes für die Feststellung der Vaterschaft und die Geltendmachung von Unterhaltsansprüchen (§§ 1712 ff.). Die Eltern haben das Sorgerecht in gegenseitigem Einvernehmen zum Wohl des Kindes auszuüben. Können sie in wichtigen Fragen keine Einigung erzielen, kann das Familiengericht die Entscheidung auf einen Elternteil übertragen. Die Eltern haben bei ihren Entscheidungen die wachsende Fähigkeit des Kindes zu selbstständigem Handeln zu berücksichtigen. In Fragen der Ausbildung sind Neigung und Eignung des Kindes zu beachten. Wenn es das Wohl des Kindes erfordert, kann das Familiengericht einem Elternteil oder beiden Eltern das elterl. Sorgerecht bezüglich einzelner Gegenstände oder insgesamt entziehen; wird es beiden Eltern entzogen, ist ein Vormund oder Pfleger zu bestellen. Im Falle von dauerndem Getrenntleben und von Scheidung geht das reformierte Recht von der fortbestehenden und gemeinsam praktizierten e. S. aus, jedenfalls so lange, bis ein Elternteil das alleinige Sorgerecht beantragt, über das das Familiengericht entscheidet. Die **Personensorge** umfasst das Recht und die Pflicht, das Kind zu pflegen, zu erziehen, zu beaufsichtigen und seinen Aufenthalt zu bestimmen. Kinder haben ein Recht auf gewaltfreie Erziehung. Körperl. Bestrafungen, seel. Verletzungen u. a. entwürdigende Maßnahmen sind unzulässig (§ 1631 BGB). Die **Vermögenssorge** umfasst die Verpflichtung der Eltern, das gesamte Vermögen des Kindes zu verwalten mit Ausnahme letztwilliger Zuwendungen, die eine entgegenstehende Anordnung enthalten (§§ 1638 ff. BGB). Das Geld ist nach den Grundsätzen einer wirtsch. Vermögensverwaltung anzulegen, soweit es nicht zur Bestreitung von Ausgaben bereitzuhalten ist. – In *Österreich* ist die e. S. in den §§ 137 ff. ABGB geregelt. Die Eltern sind bei der Wahrnehmung der e. gleichberechtigt und -verpflichtet. In der *Schweiz* unterstehen unmündige Kinder der e. S., die die Eltern während der Ehe gemeinsam ausüben (Art. 296 ff. ZGB). Die Übertragung der gemeinsamen

e. S. auf nicht verheiratete Eltern ist möglich (Art. 298 a ZGB).
📖 *Klüsener, B.: Das neue Kindschaftsrecht. Bad Münstereifel ³1999. – Schulte, A.: Eltern u. Kinder. Elterliche Sorge, Umgang, Unterhalt. München 2002.*
Eltern, Verwandte ersten Grades, jedoch im Rechtssinn nicht nur die leibl. E. (Mutter und Vater), sondern auch andere mit elterl. Sorgerecht ausgestattete Personen (Adoptiv-E.). – Das **E.-Recht** ist das durch Art. 6 Abs. 2 GG den E. garantierte Recht, Pflege und Erziehung der minderjährigen Kinder in Selbstverantwortung, aber pflichtgebunden zum Kindeswohl, wahrzunehmen. Der Staat hat über die Pflege und Erziehung der Kinder zu wachen und diese notfalls sicherzustellen. (↑elterliche Sorge)
Elternrente, in der gesetzl. Unfallversicherung Rente für die Eltern u. a. Verwandte der aufsteigenden Linie eines verstorbenen Versicherten, wenn diese einen Unterhaltsanspruch hatten; auch in der Kriegsopferversorgung.
Elternvertretungen (Elternbeiräte), durch Landesrecht geregelte Organe, die es den Eltern ermöglichen, beratend die Erziehungs- und Unterrichtsarbeit der Schule ihrer Kinder zu fördern.
Elternzeit, 1986 unter der Bez. Erziehungsurlaub zus. mit dem ↑Erziehungsgeld eingeführter, befristeter Freistellungsanspruch. Anspruch auf E. haben Arbeitnehmerinnen oder Arbeitnehmer bis zum vollendeten dritten Lebensjahr eines Kindes, für das ihnen grundsätzlich das elterl. Sorgerecht zusteht und die es selbst betreuen und erziehen. Bis zu zwölf Monate der E. sind bei Geburten ab 2001 mit Zustimmung des Arbeitgebers auf Zeiten bis zur Vollendung des 8. Lebensjahres des Kindes übertragbar. Die E. kann, auch anteilig, von jedem Elternteil allein oder gemeinsam genommen werden, sie ist jedoch auf bis zu drei Jahre je Kind begrenzt. Erwerbstätigkeit ist bis zu 30 Stunden wöchentlich für jeden Elternteil, der E. nimmt, möglich. Während der E. besteht grundsätzlich ein gesetzl. Anspruch auf Verringerung der Arbeitszeit auf 15 bis 30 Wochenstunden (in Betrieben mit mehr als 15 Beschäftigten). Kündigungsschutz besteht i. d. R. ab Beantragung und während der Elternzeit.
El Tigre [- ˈtiɣre], Stadt im Zentrum von Erdöl- und Erdgasfeldern im NO Venezuelas, 73 600 Ew.; Fernleitungen nach N zum Hafen Puerto la Cruz (Erdölraffinerien) und nach SO (Santo Tomé de Guayana).
Eltville am Rhein, Stadt im Rheingau-Taunus-Kreis, Hessen, am rechten Rheinufer, 16 800 Ew.; Weinbauschule, Weinbauamt; Weinbau und -handel, Sektkellereien, Maschinenbau, Textil-, Elektroind.; Fremdenverkehr. – Got. Pfarrkirche (um 1350 über Vorgängerbauten begonnen), Burg (1330–44, 1635 zerstört, 1682 wieder aufgebaut), Reste der Stadtbefestigung, Adelssitze, Fachwerkhäuser des 16. bis 18. Jh. Im Ortsteil Erbach Schloss Reinhartshausen (1801 ff.). Zum Stadtgebiet gehört das Kloster ↑Eberbach. – E. erhielt 1332 Stadtrecht.
Eltz, Burg in der Gem. Wierschem, Landkreis Mayen-Koblenz, Rheinl.-Pf.; eine der besterhaltenen Burgen des MA. (Bauten des 13.–16. Jh.); nach Brand 1920 wiederhergestellt; in Familienbesitz befindl. Stammsitz der Grafen von und zu Eltz; Gauerenburg. – Abb. S. 162
Éluard [elyˈaːr], Paul, eigtl. Eugène Grindel, frz. Lyriker, * Saint-Denis (bei Paris) 14. 12. 1895, † Charenton-le-Pont (bei Paris) 18. 11. 1952; führender Vertreter des ↑Surrealismus (»Hauptstadt der Schmerzen«, 1926; »Die öffentl. Rose«, 1934); seit den 30er-Jahren antifaschist. Engagement, seit 1940 aktiv in der Résistance, wurde 1942 Mitgl. der frz. KP; zeigt auch in seiner polit. Dichtung (»Sieben Liebesgedichte im Kriege«, 1943, »Polit. Gedichte«, 1948) poet. Sensibilität und sprachschöpfer. Kraft.
📖 *Gateau, J.-C.: P. E. oder Der sehende Bruder. Biographie ohne Maske. A. d. Frz. Berlin 1994.*
Elura, Dorf in Indien, ↑Ellora.
Eluru [eˈluɾə] (früher Ellore), Stadt im Bundesstaat Andhra Pradesh, im S von Indien, am Zusammenfluss der Bewässerungskanäle von Godavari und Krishna, 212 900 Einwohner.
Elution [zu lat. eluere »auswaschen«, »ausspülen«] *die,* das Herauslösen von adsorbierten Stoffen aus festen oder mit Flüssigkeit getränkten Adsorptionsmitteln.
Eluvialhorizont, durch Auswaschung an organ. Substanz, Ton oder Eisen- und Aluminiumverbindungen verarmter Bodenhorizont. (↑Boden)

ELV Elvas

Eltz: Gesamtansicht der Burganlage

Elvas [ˈɛlvaʃ], Stadt in Portugal, im Alentejo, 13 400 Ew. – E. war jahrhundertelang eine wichtige Grenzbefestigung gegen Spanien; Festungsanlage aus dem 13./14. Jh.; gut erhaltene Altstadt mit ehem. Kathedrale (16. Jh.). Der vierstöckige Aquädukt von **Amoreira** (1498–1622; auf röm. Basis erbaut) ist noch heute in Funktion.

El-Vizcaíno [-vis-], Halbinsel der Baja California, Mexiko; Biosphärengebiet (5 548 km²) mit vielfältiger Tier- und Pflanzenwelt; die Lagunen von Ojo de Liebre und San Ignacio vor E. sind als Schutzgebiet für Grauwale ausgewiesen (UNESCO-Weltnaturerbe).

Elvström [-strøːm], Poul, dän. Sportsegler, *Hellerup (heute zu Kopenhagen) 25. 2. 1928; u. a. im »Finn-Dingi« vierfacher Olympiasieger (1948–60), Weltmeister (1958, 1959) und Europameister (1960), im »Flying Dutchman« Weltmeister (1962, 1973) und Europameister (1954), im »Soling« Weltmeister (1969, 1974) und Europameister (1970, 1971) sowie im »Star« Weltmeister (1966, 1967).

Ely [ˈiːlɪ], Stadt in der engl. Cty. Cambridgeshire, am Ouse, 13 200 Ew.; anglikan. Bischofssitz; Marktzentrum der südl. Fens. – Kathedrale Holy Trinity (1083 begonnen), bed. Bau der angelsächsisch-norman. Schule, gotisch erweitert. Prior's House (14./15. Jh.) gehört heute zur King's School, einer der ältesten Public Schools in Großbritannien.

Elyot [ˈeljət], Sir (seit 1530) Thomas, engl. Gelehrter und Schriftsteller, *Wiltshire um 1490, †Carleton (bei Cambridge) 20. 3. 1546; schrieb Abhandlungen über Moralphilosophie, Erziehung und Politik (am bekanntesten der Fürstenspiegel »Das Buch vom Führer«, 1531).

Élysée-Palast [eliˈzeː-], Amtssitz der frz. Präs. seit 1873, erbaut 1718 von C. Mollet.

Élysées [eliˈze], ↑Champs-Élysées.

Elysieren (elektrochemisches Abtragen), die elektrolyt. Bearbeitung der Oberfläche harter Metalle, wobei das Metall sich als Anode in einem rasch fließenden Elektrolyten einer Kathode in geringem Abstand gegenüber befindet und oberflächlich gelöst (abgetragen) wird. Hierbei erhält das Metall seine durch die Form der Kathode und ihre Bewegung bedingte Gestalt oder Oberfläche. Ein verwandtes, aber nicht elektrochem. Verfahren ist die ↑Elektroerosion.

Elysium (grch. Elysion, auch elysische Gefilde), *grch. Mythos:* die Inseln der Seligen am Westrand der Erde, wohin auserwählte Helden und die Söhne der Götter versetzt werden, ohne den Tod zu erleiden. Im Ggs. zu den Schatten im Hades behielten sie hier ihre menschl. Natur und gingen ihren Interessen nach. Später bildete sich der Glaube aus, dass die Frommen und Gerechten nach ihrem Tod in das E. versetzt werden, das nun als Teil des Totenreichs gedacht wurde.

Elytis, Odysseas, eigtl. O. Alepudelis, grch. Lyriker, *Heraklion (auf Kreta) 2. 11. 1911, †Athen 18. 3. 1996; gehörte zum Kreis um G. Seferis, der die ngrch. Dichtung in den 1930er-Jahren erneuerte; schuf gemäßigt surrealist., naturverbundene und bildhafte Lyrik; erhielt 1979 den Nobelpreis für Literatur.

Elz *die,* **1)** rechter Nebenfluss des Rheins, entspringt im mittleren Schwarzwald, 90 km lang.
2) linker Nebenfluss der Mosel in der Eifel, 44 km lang, mündet bei Moselkern, am Unterlauf Burg ↑Eltz.

Elze, Stadt im Landkreis Hildesheim, Ndsachs., an der Leine, 9 600 Ew.; Waggon- und Containerbau, Holzverarbeitung, Genussmittel- und Getränkeindustrie. – Das Stadtbild prägen die zweistöckigen Fachwerkbauten des 18. und 19. Jahrhunderts. – E. erhielt 1579 Stadtrecht.

Elzevier [ˈɛlzəviːr], niederländ. Verlag, ↑Elsevier.

EM, *Sport:* Abk. für ↑**E**uropa**m**eisterschaft.

em. (emer., emerit.), Abk. für **e**meritus, von der Lehrtätigkeit entbunden (bei Hochschullehrern); ↑Emeritierung.

Email [eˈmaj, frz.] *das* (Emaille), auf Metall als Schutz oder zur Zierde aufgeschmolzener, glasartiger Überzug, meist ein leicht schmelzendes, bleifreies Sonderglas aus Quarz, Feldspat, Borax, Soda, Pottasche und Aluminiumoxid, das mit Antimonaten, Zirkonoxid oder Titanidoxid weiß, mit Kobalt-, Chromoxid u. a. bunt gefärbt ist. Das Glas wird bei 1 200 °C geschmolzen und abgeschreckt, die entstehenden Körner werden mit den Färbemitteln gemahlen. Die E.-Grundmasse wird auf die gereinigten Metalloberflächen, z. B. durch Eintauchen, Spritzen oder Aufpudern, aufgetragen und bei 800–900 °C eingebrannt.

E-Mail [ˈiːmeɪl; Abk. für engl. **e**lectronic **m**ail], die Übermittlung von Dokumenten auf elektron. Weg durch Datenübertragung. Dadurch ist ein Informationsaustausch zw. zwei Datenendgeräten (Computer, Terminal) in einem Datennetz über große Entfernungen in Bruchteilen von Sekunden möglich, auch wenn die Endgeräte an versch. Rechnern und in versch. Netzen angeschlossen sind. Das Datenendgerät des Empfängers muss mit einem speziellen Speicher (**Mailbox**) ausgestattet sein, in dem die Dokumente abgelegt werden. Die Bearbeitungsmöglichkeiten von E-Mail (z. B. Anhängen von Dateien, automat. Rückantworten) sind vom verwendeten E-Mail-Programm abhängig. Mailadressen bestehen oftmals aus einem Benutzernamen, dem @-Zeichen (engl. »at«) und einer Folge von Rechner- und Domain-Namen (↑Domain), beispielsweise president@whitehouse.gov.

E-Mail: das @-Zeichen, das bei E-Mail-Adressen zwischen dem Namen des Empfängers und der Zielanschrift steht und das Internet symbolisiert

Emailkunst [eˈmaj-] (Schmelzarbeit), alle künstler. Arbeiten, bei denen auf einen Metalluntergrund (z. B. Kupfer, Bronze, Eisen sowie Silber und Gold) gefärbte Glasflüsse aufgeschmolzen oder zum Bemalen verwendet werden.
Die ersten echten Emailarbeiten wurden auf Zypern gefunden, wo sie wahrscheinlich schon im 12. Jh. v. Chr. entstanden sind. In der La-Tène-Zeit bildeten die Kelten den **Furchen-** oder **Grubenschmelz** aus, indem sie Vertiefungen in Bronze eingruben und mit roter Schmelzmasse füllten

Emailkunst: hausförmiger Reliquienschrein aus Limoges mit Szenen aus dem Leben der hl. Valeria, Grubenemail auf Kupfer (um 1170; Sankt Petersburg, Eremitage)

EMA Emanation

(»Blutemail«). Der **Zellenschmelz (Émail cloisonné),** bei dem Metallstege aufgelötet und in die so entstehenden Zellen Emailflüsse eingelassen werden (zum Beispiel das Mailänder Aribert-Evangeliar, 1018–45), ist seit dem 2. Jt. v. Chr. (Ägäis, Ägypten) bekannt. Nach Europa gelangte er über Byzanz (6. Jh. n. Chr.). Eine auf röm. Zeit zurückgehende Weiterbildung des Furchenschmelzes ist der **Émail champlevé,** bei dem aus Kupfer ausgehobene Vertiefungen mit undurchsichtigen Farbschmelzen gefüllt und die stehen gebliebenen Metallteile ziseliert und feuervergoldet werden, eine im 12. und 13. Jh. zu höchster Vollkommenheit entwickelte Technik, die für Reliquiare, Tragaltäre und anderes liturg. Gerät Verwendung fand, bes. im Rheinland (Werkstatt in St. Pantaleon in Köln), im Maasgebiet (↑Nikolaus von Verdun) und in Limoges. Eine Abwandlung des Grubenschmelzes ist der um 1300 in Italien und Frankreich ausgebildete **Silberrelief-** oder **Tiefschnittschmelz,** bei dem in Silber eingeschnittene figürl. Darstellungen mit durchsichtigen Farbschmelzen überzogen werden. Bei dem um 1500 vermutlich aus den Niederlanden, dann aus Italien kommenden **Maleremail** wurde meist Kupfer mit einer dunklen Schmelzmasse überzogen, darauf brannte man undurchsichtige Glasflüsse auf. Später kamen Metalleinlagen dazu. Frankreich brachte diese Technik, deren eine Spielart aufgrund der starken Grauwirkung Grau-in-grau-Malerei (Grisailletechnik, nach frz. gris = grau) genannt wurde, in den Werkstätten von Limoges zu Weltruhm (Hauptwerke 16. Jh.). In der **Emailmalerei** werden Metalloxidfarben auf weißen Emailgrund aufgetragen (18. Jh.). Mit der Entwicklung der Porzellanmalerei trat die E. im 18. Jh. allmählich zurück. Mit dem Jugendstil um 1900 und später unter Einwirkung des Expressionismus nahm die E. dann noch einmal neuen Aufschwung.

Emanation [zu lat. emanare »herausfließen«] *die, Philosophie:* das Hervorgehen aller Dinge aus einem höchsten Ursprung. Die bei den Indern und Persern verbreitete, später auch von den christl. Gnostikern und den Neuplatonikern, v. a. von Plotin, vertretene **E.-Lehre** nimmt ein Hervorgehen aus dem Einen, Vollkommenen an, sodass das Niedere (die Weltseele) aus dem Höheren (Geist bzw. Nus) und das Höhere aus der unbedingten Einheit und Vollkommenheit des Einen, Ersten, Guten hervorgeht; so »ist« allein das Eine, während alles Emanierte ein Sein lediglich »hat«. Gegen die E.-Lehre gerichtet ist die altkirchl. Lehre der ↑Creatio ex nihilo.

Emanationstherapie, umstrittene Bade-, Trink- oder Inhalationsbehandlung (v. a. bei rheumat. Erkrankungen, Gicht und Ischias) mit radioaktiven Gasen (meist mit Radon), früher Emanation gen., die aus einer in Quellen oder Heilschlamm enthaltenen Muttersubstanz austreten.

Emancipation Proclamation [ɪmænsɪˈpeɪʃn prɔkləˈmeɪʃn; engl. »Befreiungsproklamation«], in den USA die während des Sezessionskrieges von A. Lincoln 1862 mit Wirkung vom 1. 1. 1863 verkündete Aufhebung der Sklaverei in den Konföderierten Staaten von Amerika (zunächst nicht betroffen die ↑Border States); trat offiziell erst mit dem 13. Verfassungszusatz im Dez. 1865 in Kraft; brachte für etwa 3 Mio. schwarzer Sklaven die Freiheit.

emanieren [lat.], ausströmen; durch natürl. oder künstl. Radioaktivität Strahlen aussenden.

Emanuel, Herrscher:
Portugal: **1)** E. I. portugies. Manuel I., gen. der Glückliche, König (1495–1521), * Alcochete (bei Lissabon) 31. 5. 1469, † Lissabon 13. 12. 1521; unterstützte die überseeischen Entdeckungsfahrten, bes. Vasco da Gamas und P. Cabrals, und zentralisierte die Verwaltung. Er vertrieb die Juden und die nach dem Fall Granadas nach Portugal geflohenen Mauren aus dem Land. Seine Heiratspolitik führte nach dem Aussterben der Dynastie Avis (1580) zur Vereinigung Portugals mit Spanien. Unter seiner Reg. blühten Wiss. und Kunst. (↑Emanuelstil)
Savoyen: **2)** E. Philibert, Herzog (1553 bis 1580), * Chambéry 8. 7. 1528, † Turin 30. 8. 1580; erlangte mithilfe Spaniens im Frieden von Cateau-Cambrésis 1559 den größten Teil seiner seit 1536 von Frankreich besetzten Erblande zurück; er bereitete durch Reformen den späteren Aufstieg seines Landes vor.

Emanuelstil, nach König Emanuel I. benannter dekorativer Stil des spätgot. Architektur in Portugal. Er verbindet die von Flamboyantstil, Mudéjarstil und Plateresken geprägten Formen mit Elementen naut., maritimen und exot. Ursprungs.

Emanze *die,* umgangssprachlich, abwertend für (junge) Frau, die sich bewusst emanzipiert gibt und sich aktiv für die ↑Emanzipation der Frauen einsetzt.

Emanzipation [lat. »Freilassung«] *die,* die Befreiung von Individuen oder Gruppen aus rechtl., politisch-sozialer, geistiger oder psych. Abhängigkeit. – Im röm. Recht galt als E. die Entlassung eines Sohnes aus der väterl. Gewalt. Die neuzeitl. Rechts- und Gesellschaftsentwicklung geht mit einer E. immer weiterer Teilgruppen der Gesellschaft einher, denen die ständ. Ordnung des MA. und des Absolutismus die polit. Freiheit und die volle Rechtsfähigkeit versagt hatte. Entscheidende Bedeutung hatten die nordamerikan. Verfassung und die Erklärung der Menschenrechte in der Frz. Revolution. Bes. durch die Ideen der Aufklärung wurde die Bauernbefreiung ausgelöst, ebenso die E. der Juden. Nach dem Übergang zur Industriegesellschaft wurde der E.-Begriff ausgedehnt auf die politisch-soziale Gleichstellung der Arbeiter und der Frau (↑Frauenbewegung). In der 2. Hälfte des 20. Jh. setzte sich ein erweitertes Verständnis von E. als einer individuellen Fähigkeit zur krit. Urteilsbildung und eigenverantwortl. Lebensgestaltung (z. B. von Jugendlichen, Minderheiten) durch. ❖ **siehe ZEIT Aspekte**
📖 *Dülmen, R. van: Die Gesellschaft der Aufklärer. Zur bürgerl. E. u. aufklärerischen Kultur in Deutschland. Durchges. Neuausg. Frankfurt am Main u. a. 1996.*

Emba *die,* Fluss im W von Kasachstan, 712 km lang, erreicht nur bei Hochwasser das Kasp. Meer; am Unterlauf Erdölförderung.

Emballage [ãbaˈlaːʒə, frz.] *die,* Verpackung einer Ware (z. B. Kisten, Fässer); wird i. d. R. dem Käufer in Rechnung gestellt.

Embargo [span.] *das,* urspr. die von einem Staat verfügte Zurückhaltung fremder Handelsschiffe und ihrer Ladungen zur Verhinderung unerwünschter Ausfuhr; heute Zwangsmaßnahmen versch. Art eines Staates oder einer Staatengruppe zur Durchsetzung außenpolit. Ziele (z. B. Öl-E. der ↑OPEC 1973 gegen westl. Ind.staaten) bzw. von Völkerrechtsnormen (z. B. Handels-E. des UN-Sicherheitsrates gegen Irak 1990–2003), oder zur Verhinderung der Stärkung des militär. Potenzials eines Staates oder einer Staatengruppe (z. B. Waffen-E. gegen die Staaten des ehem. Jugoslawien 1992–96). Eine internat. Koordinierung von E.-Maßnahmen erfolgte u. a. 1950–94 im Rahmen des ↑COCOM.
📖 *Bockslaff, K.: Das völkerrechtl. Interventionsverbot als Schranke außenpolit. motivierter Handelsbeschränkungen. Berlin 1987.*

Embaterion [grch.] *das,* Marschlied, Kriegsgesang bes. der spartan. Soldaten.

Emblem [frz. ãˈblɛːm; von grch. émblēma »Einlegearbeit mit Symbolgehalt«] *das,* **1)** *allg.:* Wahrzeichen, Hoheitszeichen.
2) *Kunst* und *Literatur:* i. e. S. eine aus Bild und Text zusammengesetzte Kunstform. Das meist allegorisch gemeinte Bild (**Ikon**; auch als **Pictura**, **Imago** oder **Symbolon** bezeichnet), häufig ein Motiv aus Natur, Kunst, Historie, bibl. Geschichte (z. B. Ölzweig für Frieden) oder Mythologie, war mit einem Titel (Überschrift; auch **Motto** oder **Inscriptio**) sowie einer den Sinn erläuternden Unterschrift (**Subscriptio**; oft als Epigramm) versehen. Viele Aussagen dieser streng dreigeteilten und v. a. in der barocken Literatur des 16.–18. Jh. (von Spanien ausgehend) weit verbreiteten Kunstform sind heute nur mithilfe der Emblematik verständlich.

Emblematik *die,* Forschungsrichtung, die sich mit der Herkunft und Bedeutung von ↑Emblemen 2) befasst; ein wichtiger Bereich der Toposforschung.

Embolie [grch. embolḗ »das Hineindringen«] *die,* plötzl. Blutgefäßverschluss durch einen in die Blutbahn geratenen, mit dem Blutstrom verschleppten körpereigenen oder körperfremden Stoff (**Embolus**) und die dadurch bedingten patholog. Folgezustände. Ein Embolus, der aus dem linken Herzen oder den Arterien stammt, gerät in die Arterien des Körperkreislaufs und kann u. a. Arterien in Gehirn, Milz, Darm und Gliedmaßen verstopfen. Liegt der Ursprung in den Venen, kommt es zu einer Wanderung durch die Hohlvenen und die rechte Herzhälfte in die Lungenarterien, ebenso bei einem aus dem rechten Herzen losgerissenen Embolus. Meist stellt eine E. durch abgerissene Blutgerinnsel (Thrombus, **Thrombo-E.**) ein, die sich in den Gefäßen oder den Herzhöhlen gebildet haben. Außerdem können zerfallendes Körpergewebe, im schweren

EMB Embolisation

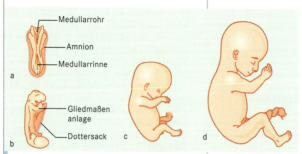

Embryo 1): vorgeburtliche Entwicklung; a in der 4. Entwicklungswoche faltet sich der dreiblättrige Keim auf und bildet das Neuralrohr; b eine Woche später sind schon die Anlagen von Armen und Beinen erkennbar; c mit der 8. Entwicklungswoche endet die Embryonalperiode, alle Organe und Gliedmaßen sind zu diesem Zeitpunkt bereits angelegt; d Weiterentwicklung in der Fetalzeit durch Zellvermehrung

Schock Fetttröpfchen **(Fett-E.)**, Fruchtwasser, Parasiten sowie bei der Öffnung von Venen oder bei Lungenverletzungen Luftbläschen **(Luft-E.)** mit dem Blut verschleppt werden. Die Symptome einer E. sind i. Allg. plötzlich auftretender starker Schmerz aufgrund der Gefäßverkrampfung und Funktionsstörungen der Blutversorgung, die bis zum Absterben (Infarkt) des befallenen Bezirks reichen. Eine **Lungen-E.** führt (je nach Größe des verstopften Blutgefäßes) zu Atemnot und blutigem Auswurf oder durch Überlastung der rechten Herzkammer zum Tod, E. von Hirnarterien zu Bewusstlosigkeit und Lähmungen (↑Schlaganfall), die selteneren E. von Kranzarterien des Herzens zum ↑Herzinfarkt. – *Behandlung:* Die akute E. v. a. der Gliedmaßen kann bei raschem Eingriff häufig durch Entfernen des Embolus **(Embolektomie)** beseitigt werden; zuvor besteht auch die Möglichkeit einer Lösung des begleitenden Gefäßkrampfs durch Neuroblockade und Auflösung von Blutgerinnseln durch Enzympräparate. (↑Fibrinolytika)

Embolisation *die,* mit einem Spezialkatheter ausgeführter Gefäßverschluss mit Gewebeklebern, flüssigen Kunststoffen u. a. bei lebensbedrohl. Blutungen, bei Gefäßfehlbildungen oder zur Tumorbehandlung.

Embolit *der* (Bromchlorargyrit), kub. Mineral der chem. Zusammensetzung Ag(Br, Cl); kommt in Silbererzen vor.

Embonpoint [ãbɔ̃ˈpwɛ̃, frz.] *das,* Wohlbeleibtheit, Körperfülle; (scherzhaft) dicker Bauch.

Embouchure [ãbuˈʃyːrə, frz.] *die, Musik:* 1) Mundstück von Blasinstrumenten; 2) Mundstellung, Ansatz beim Blasen eines Blasinstruments.

Ẹmbryo [grch.] *der,* österr. auch *das* (Keim, Keimling), **1)** *Anatomie, Zoologie:* der sich aus der befruchteten Eizelle entwickelnde Organismus, solange er sich noch in den Eihüllen, der Eischale oder im mütterl. Körper befindet. Die E. höherer Wirbeltiere (Amnioten) sind von besonderen Embryonalhüllen (Amnion und Serosa) umgeben. Bei den meisten Säugetieren wird die Serosa unter Ausbildung von Zotten zur Zottenhaut (Chorion). Der E. schwimmt, gegen Druck- und Temperaturschwankungen geschützt, im Fruchtwasser der Amnionhöhle. Er ist bei Säugetieren über den Nabelstrang und den Mutterkuchen (Plazenta) mit dem ihn ernährenden mütterl. Organismus verbunden. Beim Menschen und den Säugetieren wird die Leibesfrucht bis zum Ende der Organentwicklung (beim Menschen bis zum Ende des 3. Schwangerschaftsmonats) als E. bezeichnet; danach als **Fetus**.
Seit Entwicklung der In-vitro-Fertilisation werden in größerem Umfang Experimente an lebenden menschl. E. vorgenommen. Bei den zur Forschung verwendeten E. handelt es sich v. a. um »überzählige E.«, d. h. E., die im Rahmen einer In-vitro-Fertilisation erzeugt, jedoch anschließend nicht implantiert wurden. Die Experimente an menschl. lebenden E. sind umstritten. (↑Embryonenschutzgesetz)
Rechtliches: ↑Leibesfrucht.

Emerging Markets EME

2) *Botanik:* die aus der befruchteten oder unbefruchteten (↑Jungfernzeugung) Eizelle hervorgehende, aus teilungsfähigen Zellen bestehende junge Anlage des Sporophyten der Moose, Farn- und Samenpflanzen.
Embryonenschutzgesetz, Gesetz vom 13. 12. 1990 zum Schutz des menschlichen Lebens von seinem Beginn an; stellt u. a. die missbräuchliche Anwendung von Fortpflanzungstechniken, die missbräuchliche Verwendung menschlicher Embryonen, die künstliche Veränderung menschlicher Keimbahnzellen und das Klonen menschlicher Embryonen unter Strafe. (↑Bioethik, ↑Stammzellen)
Embryonentransfer (Embryonenübertragung, Embryonenimplantation), Übertragung des außerhalb des Körpers (↑In-vitro-Fertilisation) entstandenen Embryos (Retortenbaby, meist im 4- bis 8-Zellen-Stadium) in die hormonell für die Einnistung vorbereitete Schleimhaut der Gebärmutter; angewendet bei Sterilität und vorhandener Funktionsfähigkeit von Eierstock und Gebärmutter. Nach dem Embryonenschutzgesetz dürfen innerhalb eines Menstruationszyklus nicht mehr als drei Embryonen übertragen werden. – In der *Tierzucht* das Ausspülen der im Muttertier entstandenen Embryonen aus dem Genitaltrakt und das Übertragen auf Ammentiere, um viele Nachkommen von wertvollen Zuchttieren zu gewinnen.
Embryopathie [grch.] *die,* Entwicklungsstörung des Embryos aufgrund einer Fruchtschädigung während der ersten drei Schwangerschaftsmonate. Die E. wird v. a. durch Virusinfektionen (Röteln) und chem. Substanzen (Arzneimittel, z. B. zytostat.Mittel oder so genannte Umweltgifte und -chemikalien) hervorgerufen. Als Folgen können u. a. angeborene Herzfehler, Hirnfehlbildungen (Wasserkopf), Taubheit, Katarakt (grauer Star) und fehlgebildete Gliedmaßen auftreten.
Embryosack, der Teil der ↑Samenanlage der Samenpflanzen, in dem sich der Embryo bildet.
Embu, Stadt im zentralen Kenia, südlich des Mount Kenya, 1 350 m ü. M., 15 900 Ew.; Marktzentrum der Embu, die Kaffee-, Sisalanbau und Milchwirtschaft betreiben.
Emden, kreisfreie Stadt im RegBez. Weser-Ems, Ndsachs., nördlich des Dollart, an der Mündung der Ems in die Nordsee, 51 000 Ew.; Wasser- und Schifffahrtsamt; FH Ostfriesland, Ostfries. Landesmuseum, Rüstkammer, Kunsthalle; Baustoffind., Schiffbau, Automobilind. und -verschiffung, Erdölraffinerie; Fischverarbeitung. E. ist Seehafen (Massengüter), durch den Dortmund-Ems-Kanal mit dem Ruhrgebiet verbunden. Fährhafen für Borkum. – Nach starken Zerstörungen im Zweiten Weltkrieg wurden u. a. die Neue Kirche (1643–48) und das Renaissancerathaus (1574–76) wieder aufgebaut. – Im 7./8. Jh. als Handelssiedlung gegr.; im 15. Jh. Entwicklung zur Stadt (Stapelrecht 1494), 1536 Ausbau des Hafens; im 17. Jh. wirtsch. Niedergang durch die Verlagerung der Ems und den Dreißigjährigen Krieg. Mit Ostfriesland kam E. 1744 an Preußen, 1815 an Hannover, 1866 wieder an Preußen. ⌑ *Geschichte der Stadt E., 3 Bde.* Leer 1980–94.
Emden, Robert, schweizer. Astrophysiker, *St. Gallen 4. 3. 1862, †Zürich 9. 10. 1940; Prof. in München und Zürich. Sein Hauptwerk »Gaskugeln« (1907) begründete die thermodynam. Theorie des Sternaufbaus.
Emei Shan [emeɪ ʃan] (Omei Shan), einer der vier hl. Berge des Buddhismus in China, am SW-Rand des Sichuanbeckens; 3 099 m ü. M.; seit dem 2. Jh. Ansiedlung von Klöstern, von denen zahlr. erhalten sind. Die Berglandschaft des E. S. gehört zum UNESCO-Welterbe. – Abb. S. 168
Emendation [lat.] *die,* Textkritik: bessernder Eingriff in einen falsch oder unvollständig überlieferten Text.
Emergenz [lat.] *die,* **1)** *Botanik:* pflanzl. Gebilde aus der Oberhaut und subepidermalen Gewebsschichten (z. B. Brennhaar, Stachel der Rose).
2) *Wissenschaftstheorie:* das Auftreten neuer, nicht voraussagbarer Qualitäten beim Zusammenwirken mehrerer Faktoren (z. B. chem. Elemente).
Emerging Markets [ɪˈmɜːdʒɪŋ ˈmɑːkɪts, engl.], Bez. für die Aktienmärkte in Schwellenländern sowie in einigen mittel- und osteurop. Reformstaaten (v. a. Polen, Tschech. Rep., Ungarn), die z. T. bereits hohe Kapitalisierung und Umsätze erreichen. E. M. gelten für Kapitalanleger als aussichtsreich, unterliegen allerdings einem relativ hohen Risiko.

167

EME Emeritierung

Emeritierung [lat.], früher bei beamteten Hochschullehrern die Entbindung von den amtl. Pflichten; durch das Hochschulrahmen-Ges. von 1976 abgeschafft. Nach heutigem Hochschulrecht werden i. d. R. Professoren an wiss. Hochschulen bei Erreichen der Altersgrenze wie andere Beamte in den Ruhestand versetzt.

Emei Shan: Berglandschaft des Emei Shan

Emersion [lat.] *die,* **1)** *Astronomie:* Austritt eines Mondes aus dem Schatten seines Planeten.
2) *Geologie:* Emportauchen des Festlandes über den Meeresspiegel, verursacht durch eine Landhebung oder durch eine Meeresspiegelsenkung. Gs.: Submersion.
Emerson ['eməsn], Ralph Waldo, amerikan. Philosoph und Dichter, * Boston (Mass.) 25. 5. 1803, † Concord (Mass.) 27. 4. 1882; verband Naturanschauung und Transzendentalphilosophie; sein Erstlingswerk »Nature« (1836) lehrt ein Leben in myst. Verbindung mit der Weltseele, die sich in der Schönheit der Natur und der Unbedingtheit sittl. Handelns offenbart. E.s romantisch-philosophische Ideen, die unter dem Begriff der »self-reliance« den Selbstwert des Individuums und sein durch Intuition gewonnenes Selbstverständnis betonen, sind darüber hinaus auf die Gemeinschaft aller Menschen in der Vorstellung der »over-soul« sowie auf die kulturelle Unabhängigkeit der amerikan. Nation bezogen (»The American scholar«, 1837). E.s Essays gehören zum klassischen amerikan. Schrifttum. Seine Gedichte sind zur Sentenz neigende Gedankenlyrik.
Emesis [grch.] *die, Medizin:* das ↑Erbrechen.
Emetika [grch.], *Medizin:* die ↑Brechmittel.
Emetin [grch.] *das,* Alkaloid der Brechwurzel.
Emigrantenliteratur, ↑Exilliteratur.
Emigration [lat. emigratio »das Wegziehen«] *die,* das freiwillige oder erzwungene Verlassen des Heimatlandes aus polit., weltanschaul., religiösen oder rass. Gründen; rechtlich ein Fall der ↑Auswanderung. Zur E. sehen sich Menschen v. a. dort veranlaßt, wo eine Diktatur sich immer stärker ausbildet und mit wachsendem Druck von ihren Bürgern eine bestimmte Gesinnung verlangt. Die im Lande verbleibenden Gegner eines solchen Regimes ziehen sich oft in die **innere E.** zurück (eine politisch umstrittene Form des Widerstands der scheinbar Angepaßten).
Die Abgrenzung von Emigranten gegen ↑Flüchtlinge oder ↑Vertriebene ist fließend. Eine E. Einzelner oder kleiner Gruppen hat es zu allen Zeiten gegeben. Die erste umfangreiche E. im Altertum war die der Juden (↑Exodus). Im konfessionellen Zeitalter (16./17. Jh.) wurde die E. eine Dauererscheinung (Exulanten, Pilgerväter, Hugenotten, Quäker). Revolutionen und Freiheitsbewegungen (1789 und 1848) veranlaßten nach der Niederschlagung ihre Führer oft zur E., im 19. Jh. auch die Bekämpfung sozialist. Bewegungen. Im 20. Jh. lösten die russ. Oktoberrevolution (1917) und der Bürgerkrieg (1917–21), die Verfolgung der Juden und der polit. Gegner im nat.-soz. Dtl. (1933–45), die Gründung des Staates Israel in Palästina (1948), die Ausdehnung des kommunist. Machtbereichs nach dem Zweiten Weltkrieg in Europa (↑Sowjetzonenflüchtlinge) und Asien

(u. a. Boatpeople), die fundamentalistisch-islam. Revolution in Iran (1979), zahlr. Diktaturen in Lateinamerika sowie zuletzt der Bürgerkrieg im zerfallenden Jugoslawien (1991/92) Massen-E. aus. (↑Asylrecht, ↑Exilliteratur, ↑Vertreibung)
Emilia-Romagna [-ro'maɲɲa], Region und Landschaft in N-Italien zw. Apenninkamm, Po und Adria, mit den Prov. Bologna, Ferrara, Forlì-Cesena, Modena, Parma, Piacenza, Ravenna, Reggio nell'Emilia und Rimini, zus. 22 124 km² mit 4,008 Mio. Ew.; Hptst. ist Bologna. Die bedeutendsten Städte liegen fast alle an der röm. Via Aemilia, auch heute noch eine wichtige Verkehrslinie am Apenninfuß. In der Poebene wird intensive Landwirtschaft betrieben, v. a. Tomaten- und Zuckerrübenanbau, Obstbau, Weinbau, im siedlungsarmen Bergland Viehwirtschaft; Erdgasgewinnung; hoch entwickelte Nahrungsmittel-, Metall- und chem. Ind., Maschinenbau. An der Adriaküste bed. Fremdenverkehr. – Die Landschaft ist benannt nach der röm. **Via Aemilia,** der von dem Konsul Marcus Aemilius Lepidus von 187 bis 175 v. Chr. angelegten Militärstraße, die von Rimini nach Piacenza führte.
eminent [frz.], außerordentlich, sehr, äußerst, in hohem Maße (bes. in Bezug auf eine als positiv empfundene Qualität, Eigenschaft).
Eminenz [lat.»das Hervorragen«] *die,* Ehrentitel und Anrede für Kardinäle und den Großmeister des Malteserordens.
Eminescu, Mihai, eigtl. M. Eminovici, rumän. Dichter, *Botoşani 15. 1. 1850, †Bukarest 15. 6. 1889; gilt als rumän. Nationaldichter; durch seine stark an der Volksdichtung orientierte Sprache wurde er wegweisend für die rumän. Lyrik (u. a. Poem »Der Abendstern«, 1883); auch Erzähler und Essayist.
Emin Pascha, Mehmed, eigtl. Eduard Schnitzer, Afrikareisender, *Oppeln 28. 3. 1840, †(ermordet) Kinena (heute in der Demokrat. Rep. Kongo) 23. 10. 1892; trat als Arzt 1865 in türk. und 1876 im Sudan in ägypt. Dienste; 1878–90 Gouverneur der ägypt. Äquatorialprovinz im Sudan, dessen östl. Teil er geographisch erschloss. Durch den Mahdiaufstand wurde er 1883 von Ägypten und Europa abgeschnitten, besiegte jedoch 1888 die Truppen der Aufständischen bei Dufili. Im April 1888 traf er am Albertsee zum ersten Mal mit dem zu seiner Befreiung entsandten H. M. Stanley zusammen, der ihn an die O-Küste führte (Ankunft in Bagamojo im Dez. 1889). 1890 trat E. P. in dt. Dienste. Er leistete wertvolle Beiträge zur Kenntnis von Geographie, Völker- und Sprachenkunde Afrikas.

Emin Pascha

Emir [arab.] *der,* Titel arab. Stammesführer und Fürsten, urspr. für osman. Heerführer.
Emirat *das,* Rang und Herrschaftsgebiet eines Emirs.
Emissär [lat.-frz.] *der,* Sendbote, Abgesandter mit einem bestimmten Auftrag.
Emission [zu lat. emittere »ausschicken«] *die,* **1)** *Bank- und Börsenwesen:* Ausgabe von Wertpapieren durch private Unternehmen, öffentl. Körperschaften und Banken sowie die Unterbringung auf dem Kapitalmarkt. Durch Vermittlung einer Bank (**E.-Bank**) oder Bankengruppe (E.-Konsortium) wird ein bestimmter Personenkreis (z. B. alle Aktionäre einer AG) oder die Allgemeinheit zur Subskription (Zeichnung) oder zum Erwerb aufgefordert (**E.-Geschäft**). Die Banken übernehmen die Stücke entweder zu einem festen Kurs, um sie zu einem höheren Kurs weiterzugeben, oder auch kommissionsweise. Wertpapiere können zum Nennwert (Pari-E.), unter (Unterpari-E., bei Aktien verboten) oder über Nennwert (Überpari-E., bei Aktien üblich) emittiert werden.
2) *Physik:* die Aussendung einer Wellen- oder Teilchenstrahlung durch ein atomares System, z. B. die E. von Licht durch leuchtende Körper (↑Lumineszenz), von Alpha-, Beta- oder Gammastrahlung durch radioaktive Stoffe oder die E. von Elektronen aus Metallen durch hohe Temperatur (↑Glühemission) oder durch Licht (↑Photoeffekt). Während die **spontane E.** von elektromagnetischer Strahlung (z. B. die

EMI Emissionscomputertomographie

Licht-E.) ohne äußere Einwirkung erfolgt, wird die **induzierte (stimulierte)** E. durch Einwirkung einer Strahlung ausgelöst (↑Laser).

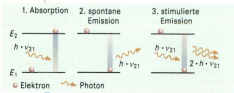

Emission 2): Absorption und Emission von Photonen; beim Übergang eines atomaren Systems von einem angeregten Energiezustand E_2 in einen niedrigeren Energiezustand E_1 wird die Energiedifferenz zwischen den Energieniveaus als Photonen der Energie $E = h\nu$ abgestrahlt (ν Frequenz, h plancksches Wirkungsquantum). Diese Übergänge können spontan erfolgen oder durch Strahlung angeregt (stimuliert) werden.

3) *Umweltschutz:* das Ablassen oder Ausströmen fester, flüssiger oder gasförmiger Stoffe aus Anlagen oder techn. Abläufen bzw. aus natürl. Quellen (z. B. Vulkane), die die Luft, das Wasser oder andere Umweltbereiche verunreinigen; auch Bez. für die abgegebenen Stoffe selbst. E. im Sinne der TA Luft sind auch Geräusche und Erschütterungen sowie Licht-, Wärme- und radioaktive Strahlen. Verursacher von E. heißen **Emittenten**. E. führen in der Umwelt zu ↑Immissionen. Der von Menschen verursachte, ständig zunehmende E.-Anteil gefährdet das ökolog. Gleichgewicht der gesamten Erde. (↑Treibhauseffekt)
Emissionscomputertomographie [-kɔmpju:tər-], Abk. **ECT** (Schichtszintigraphie), nuklearmedizin. Schnittbildverfahren zur Ermittlung der räuml. Aktivitätsverteilung eines Radiopharmakons in einem Organ.
Emissionsgrenzwerte, Höchstmengen des Schadstoffausstoßes von techn. Anlagen und Einrichtungen (u. a. Kfz-Motoren). E. für genehmigungspflichtige Anlagen sind z. B. in der ↑TA Luft bzw. in zahlr. Verordnungen des Bundesimmissionsschutzgesetzes festgelegt.
Emissionshandel, ↑Weltklimakonferenz.
Emissionskataster, Datensammlung zur Beschreibung der Emissionssituation in regionalen oder überregionalen Räumen für luftverunreinigende Schadstoffe. Der E. enthält Angaben über Art, Menge, räuml. und zeitl. Verteilung und Austrittsbedingungen von Schadstoffen aus Ind., Gewerbe, Hausbrand und Verkehr.
Emissionsnebel, *Astronomie:* ↑Nebel.
Emissionsrendite, Rendite neu aufgelegter festverzinsl. Wertpapiere, kann vom Nominalzins abweichen. Bei Abzinsungspapieren wird die E. aus der Differenz zw. Nennwert und Erwerbspreis sowie der Laufzeit bis zur Tilgung errechnet. (↑Umlaufrendite)
Emissionszertifikat, *Umweltpolitik:* umweltpolit. Instrument, mit dem das Recht des Inhabers verbrieft wird, in einem festgelegten Zeitraum eine vorgegebene Menge an bestimmten (Umwelt-)Emissionen zu verursachen. Die Gesamtheit der ausgegebenen E. definiert die Gesamtmenge an Emissionen im gegebenen Zeitraum (sofern nicht auch Emissionen ohne entsprechende Zertifikate erlaubt sind). Die zulässige Emissionsmenge je Zertifikat kann im Zeitablauf verringert werden (die Zertifikate werden »abgewertet«), sodass sich die Gesamtmenge an Emissionen entsprechend vermindert. Diese kann durch E. relativ zielgenau gesteuert werden, insbes. im Vergleich zu Emissionsabgaben (↑Umweltabgaben) oder Emissionsstandards (↑Umweltstandards). E. sind handelbar und ermöglichen dadurch eine aus volkswirtsch. Sicht möglichst kostengünstige (effiziente) Verminderung der Gesamtemissionsmenge.
Emittẹnt [lat.] *der*, **1)** *Bankwesen:* Herausgeber, Aussteller von Wertpapieren. **2)** *Umweltschutz:* ↑Emission.
Emitter [engl., von lat. emittere »ausschicken«] *der*, Elektronen abgebende Elektrode des ↑Bipolartransistors.
Emitterfolger, *Elektronik:* ↑Kollektorschaltung.
emittieren [lat. emittere »ausschicken«], ausgeben, in Umlauf setzen (Wertpapiere oder Geld); aussenden (z. B. Strahlung); (verunreinigende Stoffe) an die Umwelt abgeben.
EMK, Abk. für ↑elektromotorische Kraft.
Ẹmma, feminist. Zeitschrift, gegr. und hg. von Alice Schwarzer, erscheint seit 1977 in Köln, heute zweimonatlich; Auflage (2003, 4. Quartal): 48 000.
Ẹmmaus (arab. Amwas), Ort 23 km nordwestlich von Jerusalem, 220 Stadtrecht und Umbenennung in **Nikopolis;** im

4. Jh. Bischofssitz. Nach dem N.T. (Lk. 24, 13–35) erschien Jesus nach der Auferstehung hier zwei Jüngern.

Emme *die,* zwei Flüsse im nördl. Voralpenland der Schweiz; die 80 km lange **Große E.** entspringt nördlich vom Brienzer See, durchfließt das Emmental und mündet unterhalb von Solothurn in die Aare; die **Kleine E.**, linker Nebenfluss der Reuss, 60 km lang, im Oberlauf auch **Waldemme** gen., mündet bei Luzern.

Emmen, 1) [niederländ. 'ɛmə], Stadt in der niederländ. Prov. Drente, 105 200 Ew.; Fehnmuseum, zoolog. Garten; Chemiefaser-, Textil-, Metallwaren-, elektrotechn., pharmazeut. Industrie.
2) Industriegemeinde im schweizer. Kt. Luzern, nördlich von Luzern, an der Mündung der Kleinen Emme in die Reuss, 26 500 Ew.; Textil-, Stahl-, Elektrowerke, Gießerei.

Emmendingen, 1) Landkreis im RegBez. Freiburg, Bad.-Württ., 680 km², 151 400 Einwohner.
2) Kreisstadt von 1), Große Kreisstadt in Bad.-Württ., zw. Schwarzwald und Kaiserstuhl, 25 000 Ew.; Apparate-, Maschinen- und Werkzeugbau, elektron. und feinmechan. Ind., Kunststoffverarbeitung. – 1094 erstmals erwähnt, erhielt 1590 Stadtrecht.

Emmental, Landschaft im NO des Kt. Bern, Schweiz, von der Ilfis und Großen Emme entwässert. Im oberen E. (Napfbergland) intensive Almwirtschaft **(Emmentaler Käse),** im hügeligen unteren E. auch Getreide- und Obstbau, Holz-, Leinenind.; Hauptort: Langnau.

Emmer (Amer, Zweikorn, Triticum dicoccon), Weizenart mit lang begrannten, meist zweiblütigen Ährchen; wird in Europa kaum noch angebaut.

Emmeram (Heimhram), fränk. Missionsbischof, † als Märtyrer; wirkte im letzten Drittel des 7. Jh. in Regensburg. Gesichert sind sein Martyrium in Kleinhelfendorf (bei Bad Aibling) und seine Bestattung in Aschheim (heute Aschheim-Feldkirchen; Landkr. München), von wo aus sein Leichnam nach Regensburg überführt und über seinem Grab Anfang des 8. Jh. die Benediktinerabtei Sankt Emmeram gegründet wurde. – Heiliger; Tag: 22. 9.

Emmerich, Stadt im Kr. Kleve, NRW, auf dem rechten Ufer des Niederrheins, an der niederländ. Grenze, 29 100 Ew.; Zollamt; Rheinmuseum; Nahrungs-, Genussmittel-, chem. u. a. Ind.; Maschinenbau; Ind.hafen, Speditionen. – Die Rheinbrücke E. ist die größte dt. Hängebrücke. Nach starken Kriegszerstörungen wurde die ehem. Stiftskirche St. Martin (11.–15. Jh.) wieder aufgebaut. – E., 828 erstmals schriftlich bezeugt, entstand vermutlich um eine gegen 700 von Willibrord geweihte Kirche; entwickelte sich schon früh zu einem wichtigen Handelsplatz und erhielt 1233 Stadtrecht.

Emmerich, Roland, Filmregisseur, *Stuttgart 10. 11. 1955; nach Anfängen in Dtl. arbeitet E. seit Ende der 1980er-Jahre in den USA. Bekannte Filme sind u. a. »Moon 44« (1989), »Stargate« (1994), »Independence Day« (1996), »Godzilla« (1998).

Emmetropie [grch.] *die,* ↑ Normalsichtigkeit.

Emmy (Emmys, Emmy Award), jährl. amerikan. Fernsehpreis (seit 1948) nach dem Vorbild des Academy Award (↑ Oscar), von der Academy of Television Arts and Sciences und der National Academy of Television Arts and Sciences in über 100 Kategorien verliehen.

Emoticon [-k-, engl. ɪ'mɔtɪkɔn; Kw. aus engl. emotion »Emotion« und icon »Bild«] *das, Informatik:* ↑ Smiley.

Emotion [lat.] *die,* Gemütsbewegung, Gefühlsregung; in der *Psychologie* die individuell unterschiedlich ausgeprägte Anteilnahme und Erregbarkeit, auch als Ausdruck eines unspezif. Ab- oder Hinwendungsverhaltens. Für die Gesamtheit des Gefühlslebens prägte E. Bleuler die Bez. **Emotionalität.**

emotional [lat.] (emotionell), mit Emotionen verbunden; aus einer Emotion, einer inneren Erregung erfolgend; gefühlsmäßig.

EMP (NEMP) [Abk. für engl. (**n**uclear) **e**lectro**m**agnetic **p**ulse »(nuklearer) elektromagnetischer Impuls«], bei exosphär. Kernwaffenexplosionen kurzzeitig auftretende äußerst intensive elektromagnet. »Stoßwelle«, ausgelöst durch die bei der Explosion entstehende Gammastrahlung, deren Photonen (Gammaquanten) beim Auftreffen auf Luftmoleküle durch den ↑ Compton-Effekt Elektronen herausschleudern; dadurch entsteht infolge Ladungstrennung ein elektr. Feld, dessen zeitl. Änderung mit den spiralförmigen Bewegungen der Elektronen um die Feldli-

EMP Empaquetage

nien des Erdmagnetfeldes sehr intensive elektromagnet. Wellen hervorruft. Dieses kann noch in einer Entfernung von mehreren 100 km vom Explosionsort zu elektr. Feldstärken von bis zu 50 kV/m führen, die ihrerseits starke Ströme in elektron. Geräten induzieren können. - Durch einen EMP können elektron. Geräte, z. B. Computer oder Radaranlagen, ausfallen. Eine »Härtung« elektron. Baugruppen gegen den EMP ist möglich, jedoch umfangreich und sehr kostenaufwendig; sie geschieht v. a. durch Abschirmung in Form eines ↑Faraday-Käfigs.

Empaquetage [ã'pak'taːʒə, frz.] *die;* Bez. für die Verpackungskunst; zuerst von M. Ray im Gefolge von Dada in den 1920er-Jahren entwickelt, fand dann seit den 60er-Jahren durch ↑Christo ihre internat. Verbreitung.

Empathie [grch.-engl.] *die,* Bereitschaft und Fähigkeit, die Erlebensweise anderer Menschen zu verstehen, nachzuvollziehen, sich in andere einzufühlen.

Empedokles, grch. Philosoph, * Akragas (heute Agrigent, Sizilien) um 483 v. Chr., † zw. 430 und 420 v. Chr.; spielte eine wichtige polit. Rolle, sammelte als Arzt, Priester und Wanderprediger viele Anhänger; soll sich der Legende nach in den Ätna gestürzt haben. Seine Philosophie verbindet Lehren der Eleaten und Heraklits mit naturphilosoph. Gedanken: Es gebe kein Entstehen und Vergehen, nur Mischung und Trennung der vier Elemente Feuer, Luft, Wasser, Erde, bestimmt von den Urkräften Liebe und Hass. In seiner Erkenntnislehre vertritt E. die Ansicht, Gleiches könne nur durch Gleiches erkannt werden. Orphisch-pythagoreisch beeinflusst, ist er von der Seelenwanderung überzeugt. - Tragödienfragment »Der Tod des E.« (1826) von F. Hölderlin.

Empfänger (Receiver), Gerät, Schaltung oder Bauelement zur Aufnahme, Wandlung und Verstärkung von Signalen. Die Signale können von einem Sender erzeugt und abgegeben und mittels elektromagnet. Wellen, elektr. Impulse, Lichtstrahlen, Schallwellen u. a. übertragen werden. Der Empfang ist mit entsprechend eingerichteten Geräten möglich, z. B. mit Rundfunk- und Fernsehgeräten (über Empfangsantennen), Mikrofonen und Sensoren (optoelektron. Empfänger).

Empfängnis (Konzeption, Conceptio),

die ↑Befruchtung der Eizelle durch die Samenzelle, die i. d. R. zur Schwangerschaft führt. (↑Befruchtungsoptimum)

Empfängnisverhütung (Schwangerschaftsverhütung, Antikonzeption, Konzeptionsverhütung, Kontrazeption), Maßnahmen zur Verhütung der Befruchtung einer Eizelle oder zur Verhinderung der Einnistung einer befruchteten Eizelle in die Gebärmutterschleimhaut; dient der Geburtenregelung. Die Zuverlässigkeit der E.-Methoden wird nach dem **Pearl-Index (PI)** bewertet: Z. B. ergibt sich der Index 2, wenn 100 Frauen ein Jahr lang ein Intrauterinpessar verwenden und zwei von ihnen schwanger werden. Sehr wirksame E.-Methoden haben einen PI von < 1,0. Zur E. werden mechan., chem. und hormonelle **(empfängnisverhütende Mittel, antikonzeptionelle Mittel, Kontrazeptiva)** sowie natürl. Maßnahmen (ohne Hilfsmittel) angewendet. Zu den natürl. Methoden gehört v. a. der **Coitus interruptus**, bei dem der Geschlechtsakt vor dem Samenerguss unterbrochen wird. Bei der period. Enthaltsamkeit müssen die fruchtbaren Tage, d. h. die Zeitspanne einer mögl. Befruchtung nach dem Eisprung, berechnet werden. Nach der **Knaus-Ogino-Methode** besteht die »fruchtbare Zeitspanne« vom 8. bis 19. Zyklustag. Zuverlässigere Daten für den wahrscheinl. Zeitpunkt des Eisprungs bietet die **Temperaturmethode.** Die ↑Basaltemperatur steigt zw. den Monatsblutungen innerhalb von 1 bis 2 Tagen um ungefähr 0,5°C an. Bis zum Beginn der nächsten Regelblutung bleibt sie auf dieser Höhe. Der Eisprung erfolgt im Durchschnitt 1–2 Tage vor dem Temperaturanstieg. Zw. dem 2. Tag nach dem Temperaturanstieg und der folgenden Regelblutung ist mit einer Empfängnis nicht zu rechnen. Mit der **Billings-Methode** wird die sich zyklisch ändernde Konsistenz des Gebärmutterhalsschleims beobachtet; in Kombination mit der Temperaturmethode wird sie als **symptothermale Methode** bezeichnet. Unter den mechan. Methoden ist in erster Linie das **Kondom** (Präservativ, ein über das Glied gestreifter Gummischutz) zu nennen. Auch ein **Kondom für die Frau,** das durch einen äußeren Ring außerhalb der Scheide und einen inneren Ring in der Scheide fixiert ist, wird angeboten. Das **Scheidendiaphragma** (Scheidenpessar), eine gummiüberzogene Drahtspirale mit einer elast. Gummimembran, wird vor dem Geschlechtsverkehr in die Scheide eingeführt und danach wieder entfernt. **Intrauterinpessare** sind aus gewebefreundl. Kunststoff gefertigte Ringe oder Spiralen, die vom Arzt in die Gebärmutter eingeführt werden. Chem. Mittel zur E. sind Salben, Tabletten, Sprays oder Zäpfchen, die vor dem Geschlechtsverkehr in die Scheide eingeführt werden. Ihre Wirkung beruht darauf, dass sie die Samenzellen abtöten oder bewegungsunfähig machen, sodass diese nicht mehr in die Gebärmutter aufsteigen können. Die hormonelle E. verhindert den Eisprung durch abgewandelte Eierstockhormone (Estrogene, Gestagene). Diese als »**Antibabypille**« bekannt gewordenen Präparate beeinflussen die Hypophyse dahin gehend, dass sie die zum Eisprung notwendigen Hormone nicht bildet. Nach der Zusammensetzung unterscheidet man die **Kombinationspräparate** mit über den Zyklus gleich bleibendem Wirkstoffgehalt und die **Sequenzialpräparate**, die die Hormonbestandteile in gestufter Folge und Konzentration enthalten und damit den natürl. Schwankungen des Hormonspiegels stärker entsprechen. Die **Minipille** enthält nur Gestagen in minimaler Konzentration. Die aus einem schwach dosierten Estrogenanteil mit geringem Gestagenanteil bestehende **Mikropille** wirkt fast ausschl. als Ovulationshemmer. Die **Pille danach** (Postkoitalpille) enthält hoch dosiert Estrogen und Gestagen und muss innerhalb von 48 Stunden nach ungeschütztem Geschlechtsverkehr eingenommen werden. **Depotpräparate** enthalten nur ein Gestagen und müssen injiziert oder unter die Haut implantiert werden. Sie sind aber häufig durch Blutungsstörungen belastet. Deshalb enthalten neu entwickelte Präparate auch ein Depotestrogen, z. B. besitzt Itonogestrel (Implanon®) eine Wirkdauer von drei Jahren. Möglich ist auch die Anwendung des Antigestagens ↑Mifepriston, das einen Frühabort auslöst. Eine i. d. R. nicht mehr rückgängig zu machende Methode der E. ist die ↑Sterilisation.

📖 *Kuhl, H.: Kontrazeption. Stuttgart u. a. 1999. – Heßmann-Kosaris A.: Natürlich verhüten. Die besten Alternativen zur Pille. München 2002.*

Empfängniszeit, ↑Vaterschaft.
Empfehlung, unverbindl. Rechtsakt des Rates der EU oder der Europ. Kommission. (↑Stellungnahme)
Empfindlichkeit, **1)** *Fotografie:* Angabe zur Licht-E. des fotograf. Materials, erfolgt in ISO-Werten (↑Fotografie), wobei die früheren E.-Angaben nach DIN und ASA kombiniert werden, z. B. 21 DIN = 100 ASA = ISO 100/21°.
2) *Nachrichtentechnik:* ein Maß für die Fähigkeit eines Empfängers, schwache Signale aufzunehmen.
3) *Messtechnik:* bei einem Messgerät das Verhältnis der Änderung seiner Anzeige zu der sie verursachenden Änderung der Messgröße.
Empfindsamkeit, literar. Strömung innerhalb der ↑Aufklärung (2. Hälfte des 18. Jh.); das Wort »empfindsam« wurde erst auf Anregung G. E. Lessings durch J. J. Bode 1768 als Übersetzung des engl. »sentimental« eingeführt. Kennzeichnend war die Hinwendung zu einer enthusiast., »sentimentalen« Weltsicht zunächst im religiösen Bereich (↑Pietismus), dann auch in anderen Lebensbereichen. Das Naturgefühl mit idyllisch-heiteren wie elegisch-düsteren Stimmungen und Reflexionen war nicht naiv, sondern bewusst antirationalistisch reflektiert (sentimentalisch). Die Höhepunkte der durch das gefühlvolle Schrifttum Englands (S. Richardson, L. Sterne, O. Goldsmith, E. Young) und Frankreichs (A. F. Prévost d'Exiles, J.-J. Rousseau) beeinflussten dt. Dichtung der E. sind F. G. Klopstocks Gesänge und Goethes Roman »Die Leiden des jungen Werthers« (1774).
📖 *Krüger, R.: Das Zeitalter der E. Kunst u. Kultur des späten 18. Jh. in Deutschland. Wien 1972. – Kaiser, G.: Aufklärung, E., Sturm u. Drang. Tübingen u. a. ⁵1996.*
Empfindung, *Psychologie:* die als Folge einer Reizeinwirkung durch nervl. Erregungsleitung vermittelte Sinneswahrnehmung.
Emphase [grch.-lat.] *die, Sprachwissenschaft:* nachdrückl. Hervorhebung durch phonet. (z. B. Betonung, Stimmhebung) oder syntakt. Mittel (z. B. rhetor. Frage, Ausruf).
Emphysem [grch.] *das*, krankhafte Aufblähung von Geweben (z. B. Haut) oder Organen (z. B. Lunge) durch Luft oder (seltener) durch Fäulnisgase. Eine häufige

EMP Empire

Krankheit ist das **chron. Lungen-E.**, das mit Dyspnoe (Atemnot, Kurzatmigkeit) verbunden ist und auf einer Überblähung (vermehrten Luftfüllung) der Lungenalveolen infolge herabgesetzter Dehnbarkeit der elast. Fasern der Lunge beruht. Häufig handelt es sich hierbei um die Folge anderer langwieriger Erkrankungen der Luftwege, v. a. eines chron. Asthmas oder einer chron. Bronchitis.

Empire State Building

Empire [von lat. imperium »Reich«, »Herrschaft«] *das,* **1)** [ã'piːr, frz.], das Kaiserreich Napoleons I. 1804–14/15 (Premier E.) und Napoleons III. 1852–70 (Second E.). (↑Empirestil)
2) ['empaɪə, engl.] (British E.), ↑Britisches Reich und Commonwealth.
Empire-Konferenzen ['empaɪə-] (engl. Imperial Conferences), die Konferenzen der Premiermin. Großbritanniens und der Dominions (seit 1907), dienten der gegenseitigen außen-, verteidigungs-, währungs- und handelspolit. Abstimmung der selbstständigen Glieder des ↑Britischen Reichs und Commonwealth. Nach dessen Umbau zum »Commonwealth of Nations« finden seit 1944 periodisch **Commonwealth-Konferenzen** statt, deren Beschlüsse empfehlenden Charakter tragen.
Empirem [grch.-lat.] *das,* Erfahrungstatsache.
Empire State ['empaɪə 'steɪt], von G. Washington geprägter Spitzname für den amerikan. Bundesstaat New York.
Empire State Building ['empaɪə 'steɪt 'bɪldɪŋ], bis 1970 höchstes Gebäude (Bürohochhaus) der Erde in New York, 1931 von William Frederick Lamb erbaut, 381 m hoch (mit Fernsehturm, seit 1950, fast 449 m), 102 Stockwerke.
Empirestil [ã'piːr-], **1)** *Kunst:* im letzten Jahrzehnt des 18. Jh. in Frankreich einsetzender, unter Napoleon I. nach 1804 über ganz Europa bis nach Russland verbreiteter und bis gegen 1830 vorherrschender strenger, auf Repräsentation ausgerichteter Dekorationsstil innerhalb des Klassizismus, der gleichermaßen Innenraumdekoration, Möbelkunst und Kunsthandwerk wie Kleidermode erfasste. Seine Anfänge bestimmten bes. der Maler J. L. David, unter dessen Leitung 1793 die »Salle de la Convention« in den Tuilerien in Paris ausgestattet wurde, und die von Napoleon bevorzugten Architekten P. F. L. Fontaine und C. Percier, die führend wurden in der Ausstattung von Schlössern und Palästen (Tuilerien, Élysée-Palast, beide in Paris; Schlösser Malmaison, Compiègne, Fontainebleau, Saint-Cloud u. a.). Die wuchtigen, schweren Möbel sind aus geometr. Formen gefügt, wobei man an Hölzern Mahagoni, Ebenholz und Zeder bevorzugte und häufig Samtbespannungen, Goldbronze für Löwenklauenfüße sowie Marmor verwendete. Beliebt waren grch., ägypt., röm., bei Wanddekorationen bes. pompejan. Motive.
2) *Mode:* die Kleidung während der Herrschaft Napoleons I.; folgte der Directoiremode, Herren trugen Tuchfrack, lange (auch Reit-)Hose und Stiefel, die Damen ein fußfreies, unter der Brust gebundenes Kleid und absatzlose Schuhe. Diese Mode wurde um 1815/20 durch die Biedermeierkleidung abgelöst.
Empirie [grch.] *die,* ↑Erfahrung.
Empiriker [grch.-lat.] *der,* jemand, der aufgrund von Erfahrung denkt und handelt; jemand, der die Empirie als einzige Erkenntnisquelle gelten lässt.
Empiriokritizismus [grch.] *der,* von R. Avenarius und E. Mach vertretene, kritisch-empirist., positivist. Lehre, welche

die These von der Existenz einer bewusstseinsunabhängigen Objektwelt als metaphys. Annahme ablehnt und durch eine »Kritik der reinen Erfahrung« die »Empfindungen« als Elemente des »natürl. Weltbildes« zu erweisen sucht.
empirisch [grch.-lat.], erfahrungsgemäß; aus der Erfahrung, Beobachtung (erwachsen); dem Experiment entnommen.
empirische Sozialforschung, die systemat., methodenorientierte Erhebung und Interpretation von Daten über Gegebenheiten und Vorgänge im soziokulturellen Bereich. Die Forschungsergebnisse dienen u. a. der Überprüfung von Theorien und Hypothesen über soziale Zusammenhänge. Methoden der e. S. sind v. a. Befragung, Beobachtung, Experiment, Gruppendiskussion, Inhaltsanalyse, Skalierung und Soziometrie.
Empirismus [grch.] *der, Philosophie:* die Lehre, dass alle gültige Erkenntnis (nur) auf Erfahrung, bes. auf Beobachtung und Experiment, gegründet sei (Ggs. Rationalismus); gelten die Sinne als einzige Quelle der Erfahrung, spricht man von ↑Sensualismus. Der E. wurde von T. Hobbes, J. Locke, D. Hume und J. S. Mill begründet. Dagegen versuchte v. a. I. Kant zu zeigen, dass schon die Erfahrung als solche auf nicht empir. Grundlagen (Anschauungs- und Verstandesformen) beruhe. Eingeleitet durch den Empiriokritizismus, entstand im 20. Jh. in Verbindung mit dem Positivismus ein neuer E. (↑logischer Empirismus).
Empoli, italien. Stadt in der Toskana, Prov. Florenz, am Arno, 44 500 Ew.; Museum; Glas-, Möbel-, Nahrungsmittel- und Textilindustrie. – Kollegiatskirche Sant' Andrea (1093 ff.).
Empore *die,* in der kirchl. Baukunst meist über den Seitenschiffen gelegenes, zum Kirchenraum geöffnetes, galerieartiges Obergeschoss, das bestimmten Personen (Frauen, Nonnen, Sängern, Hofstaat) oder Zwecken vorbehalten war; zuerst bei den röm. Marktbasiliken nachweisbar, gelangte die E. über die östl. Sakralarchitektur nach Europa und war v. a. im mittelalterl. Kirchenbau, später bei prot. Kirchen als Orgel-E. verbreitet, in Barock und Rokoko fand sie auch in der Profanarchitektur (z. B. Bibliotheken) Anwendung.
Emporium [lat.] *das,* in der Antike zentraler Handelsplatz, Markt.

Empressement [ãprɛsə'mã:, frz.] *das,* Eifer, Bereitwilligkeit, Diensteifer.
Empson ['empsn], Sir (seit 1979) William, engl. Dichter und Kritiker, *Yokefleet Hall (bei Kingston upon Hull) 27. 9. 1906, † London 15. 4. 1984; einflussreich mit seiner experimentellen Lyrik; seine literaturwiss. Arbeiten waren für den ↑New Criticism wegweisend.
Empyem [grch.] *das,* Eiteransammlung in einer Körperhöhle durch Infektion, z. B. Gelenk- oder Gallenblasen-Empyem. *Behandlung:* operative Eröffnung, Drainage, Antibiotika.
Empyreum [grch.] *das,* im Weltbild der antiken und scholast. Philosophie der oberste Himmel, der sich über der Erde wölbt, der Bereich des Feuers oder des Lichtes, die Wohnung der Seligen.

Empirestil 2): Dame und Herr in der Mode des Empire

Ems *die,* Fluss im Norddt. Tiefland, 371 km lang, 238 km schiffbar, entspringt in der Senne, durchfließt das Münsterland, mündet bei Emden in den Dollart; Nebenflüsse: Hase und Leda. Die 5,5 km breite

EMS Ems, Bad

Mündung wird durch die Insel Borkum in die **Oster-** und **Wester-E.** geteilt; streckenweise in den Dortmund-Ems-Kanal einbezogen.

Ems, Bad, ↑Bad Ems.

Emscher *die,* rechter Nebenfluss des Rheins, 78 km lang, entspringt südöstlich von Dortmund, durchfließt das Ruhrgebiet, wurde ab 1906 wegen der erhebl. Bergsenkungen aufgrund des untertägigen Kohlenabbaus und der ständigen Überschwemmungen im Ruhrgebiet begradigt und eingedeicht, zentraler Abwassersammler des Ind.gebiets, mündet (seit 1949; durch Flussregulierung) bei Dinslaken, urspr. in Alsum; ab 1990 Umbau des E.-Systems mit dem Ziel, das gesamte Abwasser in unterird. Kanalrohren parallel zur E. drei Kläranlagen zuzuleiten, sodass die E. etwa ab 2015 nur noch Quellwasser, Regenwasser und gereinigtes Abwasser führt.

Emscherbrunnen (Imhoff-Tank), doppelstöckige Absetz- und Schlammfaulanlage zur ↑Abwasserreinigung, in der die Sinkstoffe aus dem oberen Teil durch die stark geneigten Zwischendecken über einen schmalen Schlitz in den unteren Teil gelangen. Das Wasser kann aus dem oberen Teil abfließen; im unteren Raum findet das Ausfaulen des Schlammes statt. Der E. ist nur für häusl. oder ähnl. Abwässer geeignet.

Emscher Park (Internationale Bauausstellung E. P.), Abk. **IBA E. P.,** von der Landesreg. NRW begründetes Strukturprogramm mit einer zehnjährigen Laufzeit (1989–99) zur städtebaul. und ökolog. Erneuerung des nördl. Ruhrgebiets (Emscher Region).

Emsdetten, Stadt im Kr. Steinfurt, NRW, 33 700 Ew.; Heimat- und Wannenmachermuseum; Textil-, Bekleidungsind., Metall- und Kunststoffverarbeitung. – E. wurde 1178 erstmals erwähnt; seit 1938 Stadt.

Emser Depesche, das Telegramm von H. Abeken vom 13. 7. 1870 aus Bad Ems mit dem Bericht über die Unterredung Königs Wilhelms I. von Preußen mit dem frz. Botschafter V. Graf Benedetti über die frz. Forderung nach einem Verzicht auf die ↑hohenzollernsche Thronkandidatur in Spanien. Bismarck veröffentlichte am 14. 7. die Depesche in radikal gekürzter Form und provozierte damit (gegen die Absicht des preuß. Königs) wegen der seit längerem gespannten Beziehungen zw. Dtl. und Frankreich die frz. Kriegserklärung (19. 7. 1870; ↑Deutsch-Französischer Krieg 1870/71).

Emser Punktation, die in Bad Ems am 25. 8. 1786 gefassten Beschlüsse der Erzbischöfe von Mainz, Trier, Köln und Salzburg zur Beschränkung des päpstl. Einflusses zugunsten einer dt. Nationalkirche. Die Frz. Revolution und die Politik der röm. Kurie verhinderten die Realisierung der E. P. (↑Febronianismus)

Ems-Jade-Kanal, Kanal in Ndsachs., bildet seit 1887 eine Verbindung zw. Ems (Emden) und Jadebusen (Wilhelmshaven); 72 km lang, für Schiffe bis 200 t befahrbar, dient heute v. a. der Entwässerung der ostfries. Moorregion.

Emsland, 1) Grenzlandschaft zu den Niederlanden, beiderseits der mittleren Ems. Nach dem **E.-Plan** wurden seit 1951 aus Moor- und Heideflächen Kulturland gewonnen, Ödland aufgeforstet und zahlreiche landwirtsch. Betriebe geschaffen. Seit 1942 werden Erdöl- und Erdgasvorkommen erbohrt und erschlossen; traditioneller Torfabbau.

2) Landkreis im RegBez. Weser-Ems, Ndsachs. 2 881 km^2, 303 800 Ew.; umfasst den größten Teil der Landschaft E.; Verw.sitz ist Meppen.

Emslandlager, Bez. für die nat.-soz. KZ in Esterwegen (1933–36) und in Börgermoor (1933–35/36; bekannt durch den Bericht »Die Moorsoldaten« von W. Langhoff, 1935).

Emu [portugies.] *der* (Dromaius novaehollandiae), flugunfähiger, straußenähnl., bis 1,8 m hoher Vogel in den Buschsteppen Australiens. Der Lebensraum des E. erstreckt sich von locker bewaldeten Gebieten bis zur Halbwüste. Die Nahrung besteht aus Früchten, Knospen, Gras und Insekten. Der E. kann auf kurzen Strecken rennend mehr als 50 km/h erreichen. Brut und Jungenaufzucht besorgt allein das Männchen.

Emulator [lat.] *der, Informatik:* Einrichtung oder Programm(e) zur Sicherstellung der Kompatibilität zw. Rechenanlagen und Anwendungsprogrammen oder (als Zusatz zur Zentraleinheit eines Computers) zur Erweiterung des Anwendungsbereichs.

Emulgator [lat.] *der,* Mittel, das die Bildung einer ↑Emulsion erleichtert.

emulgieren [lat.], eine Emulsion herstellen; einen (unlösl.) Stoff in einer Flüssigkeit verteilen.
Emulsion [lat.] *die,* eine ↑Dispersion aus zwei oder mehr nicht mischbaren Flüssigkeiten, bei der die eine Flüssigkeit, die **disperse Phase,** in Form kleiner Tröpfchen in der anderen, der **geschlossenen Phase,** suspendiert (verteilt) ist. E. stabilisiert man durch Zugabe von **Emulgatoren,** die die Oberflächenspannung der emulgierten Flüssigkeit herabsetzen.
EMV, Abk. für ↑elektromagnetische Verträglichkeit.
Enakiter (hebr. Anakim), angeblich riesenhaftes Volk im vorisrael. S-Palästina.
Enallage [auch: eˈnalage, grch.] *die, Sprachwissenschaft:* veränderte syntakt. Stellung bes. eines Adjektivs, das grammatisch nicht dem begrifflich zugehörigen Beziehungswort zugeordnet ist, z. B. »mit einem blauen Lächeln seiner Augen« statt »mit einem Lächeln seiner blauen Augen«.
Enanthem [grch.-nlat.] *das,* entzündl. Veränderungen im Bereich der Schleimhäute, z. B. in Mund, Nase und Rachen.
Enantiomerie [grch.] *die,* die Spiegelbildisomerie, ↑Isomerie von Molekülen.
Enantiomorphie [grch.] *die,* spiegelbildl. Bau von Kristallen, z. B. Rechts- und Linksquarz.
Enantiotropie [grch.] *die,* Modifikationsänderung eines Stoffes (Phasenumwandlung) an scharf definierten Umwandlungspunkten beliebig oft nach beiden Richtungen; z. B. bei flüssigen Kristallen.
Enare, schwed. Name für den See ↑Inari.
Enargit [grch.] *der,* metallisch glänzendes dunkelgraues bis schwarzes rhomb. Mineral der chem. Zusammensetzung Cu_3AsS_4, Kupferarsensulfid; wichtiges Kupfererz.
en avant! [ãnaˈvã, frz.], vorwärts!
en bloc [ãˈblɔk, frz.], im Ganzen, in Bausch und Bogen.
En-bloc-Resektion [ãˈblɔk-], erweiterte Radikaloperation eines bösartigen Tumors in einem einzigen Operationsgang; neben dem Tumor werden auch die eventuell mitbefallenen Gewebestrukturen und Organe entfernt.
Encarnación [ɛŋkarnaˈsjɔn], Hptst. des Dep. Itapúa, Paraguay, am Paraná, 27 600 Ew.; Handels- und Verkehrszentrum, Hafen; Eisenbahnfähre nach Posadas (Argentinien).

Enceinte [ãˈsẽːt, lat.-frz.] *die,* Umwallung, Außenwerk einer Festung.
Enceladus, ein Mond des Planeten ↑Saturn.
Encephalon [grch.-nlat.] *das,* das ↑Gehirn.
Enchiridion [grch.] *das,* kurz gefasstes Handbuch, kleines Lehrbuch; Quellensammlung.

Emu: Emu-Familie

Encina [enˈθina], Juan del, span. Dichter und Komponist, * Encina de San Silvestre (bei Salamanca) (?) 1469, † León 1529; Geistlicher; gilt als »Vater« des span. Theaters; begann mit volkstüml. religiösen Hirtenspielen (von E. »églogas« oder »representaciones« genannt); in seinen späteren Stücken gestaltete er typ. Renaissancethemen.
Encke, Johann Franz, Astronom, * Hamburg 23. 9. 1791, † Spandau (heute zu Berlin) 28. 8. 1865; ab 1825 Leiter der Sternwarte Berlin, berechnete die Bahn des 1786 entdeckten und später nach ihm benannten **Enckeschen Kometen** und entdeckte 1837 eine Lücke im A-Ring des Saturns **(enckesche Teilung).**
Enclosure [ɪnˈkləʊʒə; engl. »Einfriedung«], der Prozess, durch den v. a. in England seit dem ausgehenden MA. das der dörfl. Gemeinschaft zur allgemeinen Nutzung offen stehende Land (Allmende) teilweise in Privatbesitz umgewandelt wurde, wobei die nun privaten Parzellen zum Schutz gegen fremde Nutzung mit Hecken umgeben wurden.
Encoder [ɪnˈkoʊdə, engl.] *der,* Einrichtung

zum Verschlüsseln von Daten usw.; Datenverschlüsseler in einem ↑Computer; Ggs. ↑Decoder.
Encounter [ɪnˈkaʊntə, engl.] *der* oder *das,* Begegnung, Zusammenstoß.
Encountergruppe [ɪnˈkaʊntə-, engl.], Personenkreis, der an einem ↑Sensitivitätstraining teilnimmt.
encouragieren [ãkuraˈʒiːrən, frz.], ermutigen, anfeuern.
Ende, Michael, Schriftsteller, *Garmisch-Partenkirchen 12. 11. 1929, † Filderstadt 28. 8. 1995; schrieb Kinderbücher (»Jim Knopf und Lukas, der Lokomotivführer«, 1960, u.a.), Gedichte, Fernsehspiele; war bes. erfolgreich mit fantast. Erzählwerken: »Momo« (1973), »Die unendl. Geschichte« (1979, beide verfilmt), »Der satanarchäolügenialkohöll. Wunschpunsch« (1989).
Endeavour [nach dem ersten Schiff des Seefahrers J. Cook], *Raumfahrt:* Name des fünften amerikan. ↑Spaceshuttles (erste E.-Mission 1992).
Endecasillabo [italien. »Elfsilbler«], in der italien. Verskunst elfsilbiger Vers mit weibl. Versausgang und zwei Haupttonstellen; ältester belegter italien. Vers; als Vers des ↑Sonetts, der ↑Terzine, der ↑Stanze, der ↑Sestine u.a. wichtigster Vers der italien. Dichtung.
Endemie [grch.] *die,* ↑Epidemie.
endemisch, *Biologie:* in einem bestimmten Gebiet verbreitet; z.B. Beuteltiere in Australien.
Ender, Erwin Josef, kath. Theologe und päpstl. Diplomat, *Steingrund (heute Wwschaft Niederschlesien) 7. 9. 1937; 1990 zum Bischof geweiht (Titularerzbischof); seit 1970 in versch. Funktionen im päpstl. diplomat. Dienst tätig; seit Nov. 2003 Apostol. Nuntius in Deutschland.
endergonisch, Energie verbrauchend; eine **endergon. Reaktion** ist eine chem. Reaktion, die nur abläuft, wenn den reagierenden Stoffen Energie zugeführt wird. Ggs.: exergonisch.
Enders [ˈɛndəz], John Franklin, amerikan. Bakteriologe, *West Hartford (Conn.) 10. 2. 1897, † Waterford (Conn.) 8. 9. 1985; arbeitete bes. auf dem Gebiet der spinalen Kinderlähmung; erhielt 1954 (mit F. C. Robbins und T. H. Weller) den Nobelpreis für Physiologie oder Medizin.
en détail [ãdeˈtaj, frz.], im Kleinen; einzeln; im Einzelverkauf; Ggs.: ↑en gros.

Endhandlung ↑Appetenzverhalten.
Endivie [frz.] *die* (Winterendivie, Cichorium endivia), aus dem Mittelmeergebiet stammender, heute in ganz Europa kultivierter Korbblütler, Zuchtform der Zwergzichorie mit breiten **(Eskariol)** oder schmalen, kraus gewellten, zerschlitzten Blättern **(Krause E.)**, Salatpflanze.
Endlagerung, die sichere Verwahrung von schädl. und giftigen, bes. aber radioaktiven Abfällen mit dem Ziel (im Ggs. zur ↑Zwischenlagerung), eine dauernde Isolierung der Schadstoffe vom menschl. Lebensbereich zu gewährleisten. Als relativ sichere Methode der E. radioaktiver Abfälle gilt heute die Verwahrung in geolog. Formationen des tieferen Untergrunds (Salz, Granit, Ton, Tuff). Die wesentl. Anforderungen an ein solches **Endlager** sind: geolog. Stabilität über einen Zeitraum von etwa 10 000 Jahren, Sicherheit gegenüber dem Zutritt von Wasser, das die Schadstoffe auslaugen und transportieren könnte, gute Wärmeleitfähigkeit zur Abfuhr der beim radioaktiven Zerfall auftretenden Wärme. Die radioaktiven Abfälle müssen dabei in eine zur E. geeignete, meist feste Form gebracht werden, die ein Austreten radioaktiver Stoffe auch über derart lange Zeiträume verhindert **(Endkonditionierung).** Schwach- bis mittelaktive Abfallstoffe, z. B. in Form radioaktiver Abwässer, werden dazu i. Allg. mit Bitumen oder Beton in Stahlfässern fixiert, hochradioaktive Stoffe mit Glas verschmolzen (Verglasung) und anschließend von rostfreiem Stahl umschlossen. – Die E. durch Versenken von Abfällen ins Meer in Tiefen von mehr als 4 000 m wurde bis 1983 vorwiegend für schwachaktive Abfälle praktiziert und ist seitdem weltweit gestoppt.
In Dtl. wird zurzeit ein Endlager in Morsleben betrieben, für weitere wird die Genehmigung angestrebt (Gorleben, Schacht »Konrad« bei Salzgitter).
Die E. hochradioaktiver Abfälle ist weltweit ein bisher nicht gelöstes Problem.
Endler, Adolf, Schriftsteller, *Düsseldorf 10. 9. 1930; lebte seit 1955 in der DDR, zu der er zunehmend auf krit. Distanz ging. Verarbeitet in Lyrik und Prosa ironisch Alltagsmaterial (u. a. »Vorbildlich schleimlösend. Nachrichten aus einer Hauptstadt 1972–2008«, 1990; »Tarzan am Prenzlauer Berg. Sudelblätter 1981–1983«, 1994).

Weitere Werke: Akte Endler (Ged.e, 1981); Ohne Nennung von Gründen (Prosa, 1985); Warnung vor Utah (1996); Der Pudding der Apokalypse. Gedichte 1993–1998 (1999).
Endlichkeit, räumliche, zeitl. oder zahlenmäßige Begrenztheit von Dingen, Personen, Mengen, kosm. Systemen u. Ä. Die Frage der E. oder ↑Unendlichkeit wird mindestens seit altgrch. Zeit erörtert. Raum, Zeit und die Welt als Ganzes wurden in der Neuzeit zunächst als unendlich vorgestellt (so z. B. bei G. Bruno), doch wird in der heutigen Kosmologie überwiegend die Annahme einer räumlich und zeitlich endl. Welt vertreten. – In der christl. Theologie und in der Philosophie wird E. dem durch einen unendl. Schöpfergott Geschaffenen, dem nicht durch sich selbst Bestimmten, zugesprochen.
Endlösung der Judenfrage, nat.-soz. Umschreibung für die Ermordung der Juden (↑Holocaust, ↑Nationalsozialismus).
Endmaße, *Messtechnik:* Körper aus gehärtetem Stahl mit vorwiegend rechteckigem Querschnitt und parallelen Messflächen **(Parallel-E.);** dienen als Längenmaßnormale. Durch Aneinandersetzen mehrerer E. können beliebige Maßlängen (bis auf 0,001 mm genau) gebildet werden.
endo... [grch.], innen, innerhalb.
Endobiose [grch.] *die, Biologie:* Sonderform der ↑Symbiose; der **Endobiont** lebt im Inneren eines anderen Lebewesens (z. B. Bakterien im Darm der Tiere).
Endoblastem [zu grch. blastós »Spross«] *die,* durch Ausscheidung aus Restlösungen bewirkte spät- bis nachmagmat. Umkristallisation von Tiefengesteinen, dabei wachsen bestimmte Minerale bevorzugt.
Endodermis [grch.] *die, Botanik:* innerste, meist einzellige Schicht der Wurzelrinde.
Endogamie [grch.] *die,* eine Form der ↑Ehe bei Naturvölkern.
endogen [grch.], **1)** *allg.:* von innen kommend, innen entstehend; Ggs.: exogen.
2) *Geowissenschaften:* (innenbürtig) bezeichnet geolog. Vorgänge oder Erscheinungen, die durch Kräfte aus dem Erdinnern hervorgerufen werden, z. B. Magmatismus, Metamorphose, Tektonik. Ggs.: exogen.
3) *Medizin:* im Körper entstehend, z. B. Krankheiten.
Endokard [grch.] *das,* die Herzinnenhaut.

Endokarditis [grch.] *die,* Entzündung der Herzinnenhaut, bes. der Herzklappen. *Behandlung:* Therapie der Grunderkrankung, Antibiotika nach Erregernachweis.
Endokarp [grch.] *das, Botanik:* innerste Fruchtwandschicht.
endokrin [grch.], *Physiologie:* innere Sekretion aufweisend; Ggs.: exokrin.
endokrine Drüsen, Drüsen mit ↑innerer Sekretion.
Endokrinologie [grch.] *die,* wiss. Disziplin, die sich mit den endokrinen Drüsen, ihren Produkten (Hormonen) und Krankheiten befasst.
Endolymphe [grch.] *die,* Flüssigkeit, die das häutige Labyrinth des Innenohrs ausfüllt.
Endometriose [grch.] *die,* Vorkommen von Gebärmutterschleimhaut außerhalb der Gebärmutter, in der Gebärmuttermuskulatur, in anderen Organen oder Geweben. Die verlagerte Schleimhaut macht den Funktionsablauf der an normaler Stelle sich entwickelnden Gebärmutterschleimhaut mit. In den E.-Herden kommt es zyklisch zu Blutungen und Spannungsschmerzen.
Endometritis [grch.] *die,* Entzündung der Gebärmutterschleimhaut (Endometrium).
Endoparasiten [grch.] (Entoparasiten) im Wirt lebende Schmarotzer, z. B. Bandwurm; Ggs.: Ektoparasiten.
Endophyten [grch.] (Entophyten), pflanzl. Organismen (v. a. Pilze, Algen), die im Inneren anderer Organismen leben.
endoplasmatisches Retikulum, Abk. **ER,** ↑Zelle.
Endor [hebr.], alte kanaanäische Stadt im N-Teil Israels, südlich vom Berg Tabor, nahe dem heutigen En Dor. Nach 1. Sam. 28, 7 ff. Wohnort einer Totenbeschwörerin (sog. **Hexe von Endor).**
Endorf i. OB, seit 1988 ↑Bad Endorf.
Endorphine [Kurzwort aus **end**ogene **Morphine**], Sammelbez. für versch. körpereigene, morphinartig wirkende Peptide, die im Gehirn und in der Hypophyse vorkommen. E. besitzen eine schmerzstillende Wirkung; ihrer prakt. Anwendung stehen Blut-Hirn-Schranke, rascher Abbau und Abhängigkeitserzeugung entgegen.
Endoskopie [grch.] *die,* diagnost. Verfahren zur Untersuchung (»Spiegelung«) von Körperhöhlen und -kanälen sowie Hohlorganen durch Ausleuchtung und unmittelbare Betrachtung mithilfe eines **Endo-**

END endoskopische Chirurgie

skops. Dieses besteht entweder aus einem starren Rohr mit Beleuchtungseinrichtung (Niedervoltlampe) und einem opt. System von Prismen und Linsen oder, als Fibroskop (Fiberendoskop), aus einer biegsamen Faseroptik aus Glasfaserbündeln. Bei diesem verläuft die Bildübertragung über das aus Material mit hoher Brechzahl bestehende Leitbündel, der Lichttransport über die umgebenden Lichtleitfasern. Es liefert einen erweiterten Betrachtungsraum bei größerer Helligkeit. Das Fibroskop verfügt über einen als miniaturisierte Fernsehkamera fungierenden CCD-Bildwandlerchip, der eine Bildschirmwiedergabe ermöglicht. E. der Gelenkhöhlen heißt **Arthroskopie,** der Luftröhre und ihrer Äste **Bronchoskopie,** des Magens **Gastroskopie,** des Dickdarms **Koloskopie,** des Scheidengewölbes **Kolposkopie,** der Bauchhöhle **Laparoskopie,** des Mastdarms **Rektoskopie** und der Harnblase **Zystoskopie.** Auch die Herzkammern und die großen Gefäße können endoskopisch untersucht werden. Die E. ermöglicht außerdem das Spülen der Körperhöhlen sowie die Entnahme von Gewebeproben und mithilfe eingeführter Instrumente kleinere operative Eingriffe.

endoskopische Chirurgie [-ç-], die ↑ minimalinvasive Chirurgie.

Endosperm [grch.] *das,* Nährgewebe im Embryosack der Samenpflanzen (↑ Samenanlage).

Endosymbiontenhypothese, Erklärungsmodell für die Entstehung der eukaryontischen Zelle, die u. a. durch den Besitz von Zellorganellen charakterisiert ist. Die E. geht davon aus, dass die eukaryontische Zelle das Produkt eines symbiontischen Zusammenschlusses ist. Gärende zellwandfreie Bakterien sollen im Laufe der Evolution symbiontische Cyanobakterien und aerobe Bakterien aufgenommen haben, die dann zu ↑Chloroplasten und ↑Mitochondrien wurden. Hauptargumente für diese weitgehend anerkannte Hypothese sind das Vorhandensein von DNA und eines vollständigen Proteinsyntheseapparates in diesen Organellen, der in Aufbau und Empfindlichkeit gegenüber Hemmstoffen dem rezenter Bakterien ähnlicher ist als dem des Zytoplasmas der »Wirtszelle«; die genannten ↑Organellen sind zur eigenständigen Vermehrung (Autoreduplikation) innerhalb der Zelle fähig.

Im Laufe der Evolution wurde ein großer Teil des genetischen Materials der Symbionten auf den Zellkern der Wirtszelle übertragen, die hierdurch kodierten Proteine werden im Zytoplasma synthetisiert und dann in das Organell transportiert.

Endothel [grch.] *das,* innere Zellauskleidung des Herzens sowie der Blut- und Lymphgefäße.

endotherm [grch.], Wärme aufnehmend, Bez. für chem. oder physikal. Prozesse, die unter Wärmeverbrauch ablaufen; Ggs.: exotherm.

endotroph [grch.], *Botanik:* im Innern wachsend; ↑Mykorrhiza.

Endplatte (motorische Endplatte), in der Skelettmuskulatur liegendes Organ zur Übertragung der nervösen Erregung auf die Muskelfaser.

Endseen, abflusslose Seen in ariden Gebieten, bei denen das durch den Zufluss gewonnene Wasser vornehmlich über die Verdunstung verloren geht (Kasp. Meer, Aralsee, Tschadsee); sie unterliegen daher der Versalzung.

Endspiel, *Sport:* 1) ↑Finale; 2) im Schach letzte und wichtigste Phase einer Partie. Man unterscheidet Bauern-, Damen- und Turmendspiel.

Endung, *Grammatik:* die v. a. bei der Flexion abwandbaren Schlusslaute oder -silben.

Enduro [span.] *die, Motorradsport:* geländegängiges Serienmotorrad mit Einzylindermotor.

Endwirt, Lebewesen, in dem ein Schmarotzer mit Wirtswechsel geschlechtsreif wird.

Endymion, *grch. Mythos:* der Geliebte der Mondgöttin Selene, die ihn in Schlaf versenkte, um ihn ungestört zu küssen; dargestellt als Jäger oder Hirt.

Endzeit, die religiöse Vorstellung vom Ende der bisherigen Welt, meist mit Vorstellungen über den Anbruch einer neuen Welt verbunden (↑Eschatologie).

Endzeitgemeinschaften, *Kirchengeschichte:* aus dem Christentum hervorgegangene Glaubensgemeinschaften, die die Wiederkunft Christi (Parusie) in einem überschaubaren Zeitraum bzw. noch zu ihren Lebzeiten erwarten und diese Erwartung mit dem Anspruch verbinden, (allein) die Gemeinschaft der vor Gott Gerechten und in seinem Gericht Erretteten zu repräsentieren; in der frühen Kirche z. B. die

Energie ENE

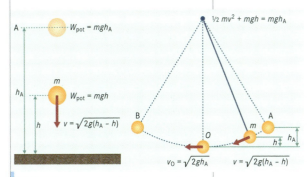

Energie 1): Beim freien Fall (links) wandelt sich die potenzielle Energie W_{pot} des aus der Höhe h_A fallenden Körpers (Masse m) in kinetische Energie $W_{kin} = \frac{1}{2}mv^2$ um; g Fallbeschleunigung, v Geschwindigkeit; rechts: Wechselspiel von potenzieller und kinetischer Energie bei einem zwischen den Ruhepunkten A und B hin- und herschwingenden Pendel. In A und B liegt die Gesamtenergie nur als potenzielle Energie vor, die Geschwindigkeit und damit die kinetische Energie ist null; im Punkt 0 erreicht das Pendel seine maximale Geschwindigkeit v_0, die Gesamtenergie liegt nur als kinetische Energie vor.

Montanisten (↑Montanismus), heute bes. die Adventisten und die Zeugen Jehovas.
Energeia [grch.] *die, Philosophie:* svw. Akt, ↑Potenz.
Energetik [grch.] *die,* **1)** *Naturwissenschaften:* die Lehre von der Energie und den mögl. Umwandlungen zw. ihren versch. Formen sowie den dabei auftretenden Auswirkungen und Gesetzmäßigkeiten. Ihre techn. Anwendung findet die E. in der auch als **technische E.** bezeichneten allg. ↑Energietechnik. Ein wesentl. Zweig ist auch die ↑Bioenergetik.
2) *Philosophie:* die monist. Lehre, dass alles Sein und Werden, Materie und auch Geist, auf Energien (Kräfte) zurückgeführt werden könne (vertreten z. B. von W. Ostwald).
Energide [grch.] *die,* Zellkern mit Zellplasma.
Energie [grch. enérgeia »Wirksamkeit«] *die,* **1)** *Physik:* Formelzeichen E oder W, SI-Einheit ist das Joule (J): $1J = 1Nm = 1Ws$, gesetzl. Einheiten sind außerdem Kilowattstunde (kWh) und Elektronvolt (eV), veraltete, nicht gesetzl. Einheiten das Erg (erg) und die Kalorie (cal); die in einem physikal. System gespeicherte ↑Arbeit (Arbeitsvermögen) bzw. die Fähigkeit, Arbeit zu verrichten. Die Änderung der E. eines Systems bei einem Vorgang ist gleich der von außen verrichteten oder nach außen abgegebenen Arbeit. E. hat sehr unterschiedl. Erscheinungsformen (z. B. als mechan., elektr., magnet., therm., chem., Kern-E.), die an das Vorhandensein von materiellen Körpern, ihre Bewegungen und Wechselwirkungen gebunden sind, oder die mit physikal. Feldern verknüpft sind **(Feld-E.).** Alle E.-Formen sind ineinander umwandelbar. In einem abgeschlossenen System bleibt die Gesamt-E. konstant (↑Energiesatz).
Mechanik: a) Ein im Schwerefeld der Erde um die Höhe h gehobener Körper der Masse m besitzt aufgrund seiner Lage die **potenzielle** oder **Lage-E.** $E_{pot} = m \cdot g \cdot h$ (g Fallbeschleunigung). b) Ein Körper der Masse m mit der Geschwindigkeit v hat die **kinetische** oder **Bewegungs-Energie** $E_{kin} = \frac{1}{2}m \cdot v^2$. c) Analog hat ein Körper bei einer Drehbewegung mit der Winkelgeschwindigkeit ω die **Rotations-E.** $E_{rot} = \frac{1}{2}I \cdot \omega^2$ (I Trägheitsmoment um die Drehachse).
Elektrizitätslehre: a) Allg. ist die **elektr. Feld-E.** eines Feldes der Feldstärke E durch das Volumenintegral seiner E.-Dichte $w_{el} = \frac{1}{2}E \cdot D$ gegeben (D elektr. Flussdichte). Für einen Leiter mit dem konstanten elektr. Potenzial V, auf dem sich die Ladung Q befindet, gilt $E_{el} = \frac{1}{2}Q \cdot V$. b) Ein stationärer elektr. Strom mit der Stromstärke I gibt beim Durchfließen eines Leiters (zw. dessen Enden die Spannung U besteht) während der Zeit t die E. $E_{el} = U \cdot I \cdot t$ ab. c) Die in einem auf die Spannung U aufgeladenen Kondensator der Kapazität C gespeicherte E. beträgt: $E_{el} = \frac{1}{2}C \cdot U^2$. d) Ein vom

ENE Energiebändermodell

Strom I durchflossener Leiter (z. B. eine Spule) mit der (Selbst-)Induktivität L ist von einem Magnetfeld umgeben, in dem die **magnet. Feld-E.** $E_{mag} = \frac{1}{2} L \cdot I^2$ gespeichert ist. e) Bei Systemen bewegter elektr. Ladungen tritt zur kinet. E. der Ladungsträger die im elektr. und im magnet. Feld dieser Ladungen gespeicherte **elektromagnet. Feld-E.** hinzu. Aufgrund der elektromagnet. ↑Induktion ist ↑magnetische Energie in elektrische umwandelbar und umgekehrt. Eine Ausbreitung von elektromagnet. Feld-E. (z. B. Licht-E.) ist auch ohne Trägermedium durch elektromagnet. Wellen möglich.
Wärmelehre: Auch die **Wärmemenge** Q ist eine Form der E.; sie ist die in der ungeordneten Wärmebewegung der Teilchen gespeicherte **therm.** oder **Wärme-E.** eines thermodynam. Systems (↑innere Energie). Die Umsetzung therm. E. in Arbeit wird durch den 2. Hauptsatz der ↑Thermodynamik eingeschränkt.
Chemie: Die in chem. Verbindungen gespeicherte **chem. E.** ist gleich der bei der ↑chemischen Bindung frei werdenden chem. Bindungs-E. (↑Bindung). So wird z. B. beim Akkumulator die zugeführte elektr. E. in chem. E. umgewandelt und gespeichert.
Kern- und Elementarteilchenphysik: Nach der speziellen Relativitätstheorie sind auch Masse und E. zueinander äquivalent, daher entspricht jeder Masse m die E. $E = mc^2$ (c Lichtgeschwindigkeit); sie wird bei der Paarvernichtung vollständig freigesetzt. Beim Aufbau der Atomkerne aus einzelnen Protonen und Neutronen tritt ein ↑Massendefekt Δm auf, wobei die Bindungs-E. $E = \Delta m c^2$ frei wird. Da die Bindungs-E. je Nukleon für mittelschwere Kerne am größten ist, kann ↑Kernenergie sowohl durch Kernfusion leichter Kerne (↑Sonnenenergie) als auch durch Kernspaltung schwerer Kerne gewonnen werden.
Technik: Bei der E.-Erzeugung und E.-versorgung unterscheidet man die in natürl. E.-Trägern wie Kohle, Erdöl, Erdgas, Kernbrennstoffen sowie die in Wasser, Wind, Sonnenstrahlung u. a. Trägern erneuerbarer Energien enthaltene **Primär-E.** und die daraus durch Umwandlung gewonnene **Sekundär-E.,** die in erster Linie als elektr., aber auch mechan., therm. oder chem. E. vorliegt.

Geschichte: Die physikal. Bedeutung des E.-Begriffs wurde erst im 19. Jh. nach den Arbeiten von J. R. von Mayer, J. P. Joule und H. von Helmholtz erkannt. Der Begriff Arbeit wurde 1828 von C. G. de Coriolis und J. V. Poncelet, der der E. 1851/52 von W. Thomson und W. M. Rankine eingeführt. Eine wesentl. Erweiterung erfuhr der E.-Begriff 1905 durch A. Einsteins Folgerung der ↑Äquivalenz von Masse und E. aus der speziellen Relativitätstheorie.
2) *Philosophie:* bei Aristoteles die Wirkkraft, durch die Mögliches (grch. dynamis, ↑Potenz) in Seiendes übergeht.
Energiebändermodell (Bändermodell), quantenmechan. Modellvorstellung zur Beschreibung des Energiespektrums der Elektronen in ↑Festkörpern. In einem ausgedehnten Kristall spalten sich die Energiezustände der Elektronen infolge der Wechselwirkung der Atome auf und überlagern sich zu Energiebändern. Neben besetzten und unbesetzten Energiebändern gibt es **verbotene Zonen (Energie-** oder **Bandlücken),** in denen die Elektronen sich nicht aufhalten können. Bei sehr tiefen Temperaturen T werden sämtl. Energiezustände bis zu einer Grenzenergie **(Fermi-Energie, Fermi-Grenze)** besetzt. Das oberste, bei $T = 0$ K voll besetzte Band heißt **Valenzband,** das niedrigste leere oder teilweise besetzte **Leitungsband.** Von der Besetzung dieser Bänder sowie deren Abstand zueinander hängen viele physikal. Eigenschaften ab, v. a. die unterschiedliche elektr. Leitfähigkeit von Isolatoren, Halbleitern und Metallen.
Energiedirektumwandlung (Energiekonversion), Sammelbez. für Methoden zur unmittelbaren Erzeugung elektr. Energie aus anderen Energieformen ohne den Umweg über mechan. Energien.
Energiedosis, *Physik, Strahlenschutz,* ↑Dosis.
Energieforschung, die Forschung zur Erschließung neuer und zur optimalen Nutzung vorhandener Energiequellen. Fragen der Begrenztheit von Energierohstoffen, der Umweltverträglichkeit und der Wirtschaftlichkeit (↑Energiewirtschaft) stehen im Vordergrund. Als Alternative zur Energiegewinnung aus fossilen Brennstoffen wurde v. a. die Kern-E. weltweit gefördert. Unter dem Eindruck der die Sicherheit von Kernkraftwerken infrage stellenden Reaktorunglücke (bes. Tschernobyl

1986) verstärkt sich jedoch das Interesse an der Erschließung und Nutzbarmachung regenerativer Energiequellen (Erdwärme, Sonnen-, Gezeiten-, Wind-, Meereswärme- und Bioenergie). Zu den Schwerpunkten der E. zählen heute: 1) Sicherheitsfragen in der Kernenergienutzung, 2) Erschließung regenerativer Energiequellen, 3) Entwicklung Kraftstoff sparender Motoren und alternativer Motorkraftstoffe, 4) Entwicklung empfindlicherer Methoden für die Erkundung von Erdöl- und Erdgasvorkommen, Verbesserung des Wirkungsgrads bei der Ausbeutung von Erdölquellen (zurzeit nur etwa 35%) und Erdgaslagern (zurzeit rd. 70%) sowie Schaffung von Techniken für den Abbau in größeren Tiefen, 5) Entwicklung verbesserter und neuer Techniken für die Energieübertragung, -speicherung und -umwandlung, 6) techn. Innovationen, die die Wirtschaftlichkeit der Energienutzung steigern, etwa die Nutzung anfallender Abwärme (z. B. Kraft-Wärme-Kopplung, Wärmepumpen).

Energieniveau [-nivo:], Bez. für jeden der von einem quantenmechan. System (z. B. Atomkern, Atom, Molekül) in den mögl. stationären oder quasistationären Energiezuständen angenommenen Energiewerte. Die Gesamtheit der mögl. E. bildet das **Energiespektrum**, ihre graf. Darstellung das **E.-Schema** oder (v. a. in der Spektroskopie) **Termschema**.

Energiepolitik, Teil der sektoralen Wirtschafts-, Struktur- und Umweltpolitik zur staatl. Steuerung des Energiesektors. Die E. umfasst alle Stufen der Energieversorgung (Gewinnung, Lagerung, Bevorratung, Umwandlung, Transport und Verteilung von Energie, Entsorgungsfragen sowie Außenhandel), in zunehmendem Maße staatl. Aktivitäten zur Beeinflussung der Energienachfrage und zur rationellen Energienutzung bzw. Energieeinsparung. Die Ziele der E. haben sich seit 1945 erheblich verändert und werden z. T. kontrovers bewertet. Anerkanntes Ziel der E. ist die langfristig sichere, risikoarme, kostengünstige sowie umwelt- und ressourcenschonende Bereitstellung von Energiedienstleistungen (z. B. warme Räume, ausreichende Beleuchtung, Prozesswärme, Bewegung und Informationsübertragung). Durch die E. werden sowohl der rechtl. Rahmen (z. B. die Wettbewerbsordnung für einzelne Energieträger) vorgegeben als auch technisch-naturwiss. Randbedingungen, beispielsweise über die ↑Energieforschung, mitgestaltet. Die E. steht in (z. T. spannungsreicher) Wechselbeziehung zu anderen Politikbereichen wie Wettbewerbs-, Finanz-, Industrie-, Regional-, Forschungs- und Technologiepolitik und ist mit der Umwelt- sowie der Sicherheits- und Außenpolitik verzahnt.

Schwerpunkte der E. waren in den 50er-Jahren zunächst die Kohle- und die Kernenergiepolitik. Nach den Ölpreiskrisen 1973/74 und 1978/79 konzentrierte sich die E. darauf, die Ölimportabhängigkeit zu verringern (Ersetzung von Erdöl [durch andere Energieträger] und unsicheren Lieferländern) und mit den Energieprogrammen ein neues Konzept (u. a. Energiebevorratung, »Kohlevorrang-Politik«) zu entwickeln. Der Ausbau der Kernenergie wurde als vorrangig angesehen, war jedoch wegen der damit verbundenen Umweltrisiken (Endlagerung radioaktiver Abfälle) umstritten und aufgrund von Protesten der Bev. infrage gestellt. 2001 wurde deshalb die Vereinbarung zum Ausstieg aus der Nutzung der Kernenergie unterzeichnet (↑Atomausstieg). Unter ordnungspolit. Aspekten und im Zusammenhang mit dem europ. Einigungsprozess rückten in den letzten Jahren Fragen der Deregulierung (»Aufhebung der Versorgungsmonopole« bei Erdgas und Elektrizität) v. a. in der leitungsgebundenen Energiewirtschaft in den Vordergrund. Dem gegenüber stehen ökolog. Regulierungsansätze, die durch »Dezentralisierung« und »Rekommunalisierung« den kommunalen und regionalen Einfluss auf die Energieversorgung stärken wollen. Die E. in Dtl. hat die Nutzung der relativ teuren einheim. Kohle zur Stromgewinnung wegen der Sicherung der Versorgung und der Arbeitsplätze u. a. durch das Verstromungs-Ges. und den »Jahrhundertvertrag« unterstützt und bis zum Jahr 2005 weitere Subventionen bewilligt.

Ein aktuelles und akutes Problem der E. ist angesichts von Klimaveränderungen (Treibhauseffekt) die Notwendigkeit, die bei der Energienutzung anfallenden Treibhausgase (Kohlendioxid, Stickoxide, Methan) drastisch zu reduzieren. Eine vordringl. Aufgabe der E. ist die Lösung der ökonom., sozialen und gesellschaftl. Pro-

ENE Energiesatz

bleme, die mit einer ausreichenden Energieversorgung bei wachsender Weltbev. verbunden sind. Dafür sind techn. Effizienzsteigerungen (Erhöhung der Energieproduktivität), aber auch Änderungen des Produktions- und Lebensstils nötig, z. B. ein verringerter Pro-Kopf-Verbrauch an Energie in den Industrieländern.
📖 *Lehmann, H. u. Reetz, T.: Zukunftsenergien. Strategien einer neuen E. Berlin u. a. 1995. – Mehr Zukunft für die Erde. Nachhaltige E. für dauerhaften Klimaschutz, hg. v. der Enquete-Kommission »Schutz der Erdatmosphäre«. Bonn 1995. – Weber, R.: Erneuerbare Energien. Energieformen, Nutzungstechniken, Umwelteinflüsse. Vaduz 33.–34. Tsd. ^{2}1995. – A. Lovins u. P. Hennicke: Voller Energie. Vision: Die globale Faktor-Vier-Strategie für Klimaschutz und Atomausstieg. Frankfurt am Main 1999. – Energie-Daten: nationale u. internationale Entwicklung, hg. vom Bundesministerium für Wirtschaft u. Technologie. Bonn 1999.*

Energiesatz (Energieerhaltungssatz, Energieprinzip), allgemein gültiges Naturgesetz, nach dem Energie weder erzeugt noch vernichtet, sondern nur von einer Form in eine andere (oder in mehrere andere Energieformen) umgewandelt werden kann (↑Erhaltungssätze); in einem abgeschlossenen physikal. System ist somit die Gesamtenergie zeitlich konstant. Ein ↑Perpetuum mobile 1. Art, d. h. eine Maschine, die mehr Energie abgibt, als sie aufnimmt, ist danach unmöglich. Wegen der ↑Äquivalenz von Masse und Energie wird in der Relativitätstheorie die Masse in die Energiebilanz einbezogen.

Energiesparen, Aktivitäten zur Verringerung des Energieverbrauchs je Leistungs- oder Produkteinheit; angesichts begrenzter Ressourcen wichtiges Ziel der ↑Energiepolitik. Handlungsfelder für das E. sind: 1) energiebewusstere Nutzung vorhandener Anlagen und Geräte durch die Verbraucher, 2) Einsatz von Geräten und Anlagen mit höherer Energieeffizienz, 3) Entwicklung neuer Anwendungstechnologien mit höherer Nutzungseffizienz. Prakt. Unterstützung des E. erfolgt mittels Beratung u. a. durch Elektrizitätsversorgungsunternehmen, kommunale Einrichtungen, Verbraucherverbände, Industrie- und Handelskammern, Wirtschaftsministerien, die auch über Programme zur finanziellen Förderung von Energiesparinvestitionen informieren. (↑Contracting)

Energie sparende Antriebe, Fahrzeugantriebe, die wegen der Verknappung fossiler Brennstoffe und der Notwendigkeit verminderter Schadstoffemission eine besondere Bedeutung haben, z. B. Elektro-, Erdgas- und Wasserstoffantrieb.

Energiesparlampe, ↑Leuchtstofflampen.

Energiespeicherung, Speicherung von Sekundärenergie, die jederzeit in gewünschter Menge über einen gewissen Zeitraum rationell zur Verfügung stehen soll. Die Speicherung von Wärmeenergie gehört zu den ältesten Formen der Energiespeicherung. Die Wärme-E. nutzt die Wärmespeicherkapazität bestimmter Stoffe (z. B. Wasser, Öl, Gestein) und ist v. a. für Wärmekraftmaschinen (↑Wärmespeicher) und Heizzwecke von großer Bedeutung. Die Speicherung mechan. Energie ist in Pumpspeicherwerken (↑Wasserkraftwerk) möglich. Ein mechan. Kurzzeit-Energiespeicher ist das Schwungrad. Elektr. E. erfolgt meist elektrochemisch in ↑Akkumulatoren (z. B. Blei-Schwefel-, Natrium-Schwefel-, Zink-Nickel-Akkumulator, Lithium-Schwefel-Batterie). Elektr. Kurzzeit-Energiespeicher sind neuere, für Sonderzwecke supraleitende Magnetspulen. Elektr. E. in Form von Wasserstoff (oder auch Metallhydriden; ↑Wasserstoffenergietechnik), der durch Elektrolyse von Wasser gewonnen und mit ↑Brennstoffzellen am Verbraucherort wieder in Elektrizität umgewandelt wird, ist bisher wegen der zu geringen Umwandlungsausbeuten noch unwirtschaftlich.

Energiesteuern, i. w. S. alle fiskal. Sonderbelastungen auf Energieerzeugung und -verbrauch durch Steuern und steuerähnl. Abgaben (Erdölsonder-, Erdölbevorratungs-, Förder- und Konzessionsabgabe, Mineralöl- und Stromsteuer). Bei den bestehenden E. überwiegt eindeutig das fiskal. Ziel der Mittelbeschaffung. Diskutiert werden seit längerem E. als verhaltenslenkende Abgaben, die dazu dienen sollen, den Energieverbrauch zu verteuern und als »Ökosteuer« das Energiesparen zu forcieren. Im 1999 begonnene »ökolog. Steuerreform« soll durch Anhebungen der Mineralöl- und Stromsteuer in mehreren Stufen (vorerst bis 2003) umweltschädigende Aktivitäten finanziell belasten und Anreize

Energiewirtschaft ENE

Primärenergieverbrauch 1990
508,9 Mio. t SKE (Steinkohleneinheiten)

Primärenergieverbrauch 2003
489,1 Mio. t SKE

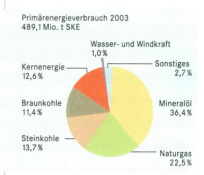

Energiewirtschaft: Primärenergieverbrauch nach Energieträgern in Deutschland 1990 und 2003

zum sparsameren Umgang mit elektr. Energie und Kraftstoffen schaffen. Außerdem wird ein Teil der Einnahmen aus den E. zur Stabilisierung der Beiträge zur gesetzl. Rentenversicherung verwendet. (↑Umweltabgaben)
Energietechnik (technische Energetik), die Gesamtheit der Verfahren, Vorrichtungen und Anlagen zur möglichst optimalen (d. h. mit einem hohen Wirkungsgrad bei geringer Umweltbelastung) Umwandlung jeder Art von Primärenergie (↑Energie) in eine der nutzbaren Sekundärenergieformen (↑Solartechnik, ↑Wärmekraftwerk, ↑Windkraftwerk). Zur E. gehört neben der **Wärmetechnik** die **elektr. E. (Elektro-E.)**, die sich mit der Erzeugung, Fortleitung und Verteilung von Elektroenergie (Elektrizitätsversorgung) in Industrie, Verkehrswesen und Haushalt befasst, darunter auch mit der Beherrschung hoher Spannungen (Hochspannungstechnik) sowie mit der Verwertung der elektr. Energie (Elektroenergieumwandlung); hierzu gehören u. a. Elektrowärmetechnik, Lichttechnik, Elektrochemie und elektr. Antriebstechnik (Elektromotoren, Generatoren).
📖 *VDI-Lexikon E.*, hg. v. H. Schaefer. Düsseldorf 1994. – *Litzow,W.: Ohne Energie geht nichts.* Aachen 2002.
Energieterm, Physik: ↑Term.
Energieübertragung, die leitungsgebundene Übertragung unmittelbar nutzbarer Energie (vorwiegend elektr. Energie und Wärmeenergie, i.w.S. auch chemisch gebundene Energie) vom Ort der Erzeugung zum Verbraucher, z.T. über sehr große Entfernungen. Elektr. Energie wird über Leitungen und Kabel transportiert. Zukünftig könnten supraleitende Kabel wegen ihrer großen Übertragungskapazität beim Stromtransport eine Rolle spielen. Wasserstoff könnte als transportabler Energieträger Verwendung finden (↑Wasserstoffenergietechnik). Wärmeenergie wird meist mit Wasser als Wärmespeichermedium in Rohrleitungen transportiert (↑Fernwärme).
Energieversorgung, die Versorgung von Wirtschaft, Haushalten und Verkehr mit Primär- (Öl, Gas) oder Sekundärenergie (Strom, Wärme), die in ihrer Qualität und Quantität unterschiedlich sein können (↑Elektrizitätsversorgung, ↑Energiewirtschaft).
Energiewirtschaft, zusammenfassende Bez. für Aktivitäten in unterschiedl. Wirtschaftsbereichen zur Bereitstellung von Energiedienstleistungen. Darunter fallen Erzeugung, Import, Umwandlung, Lagerung, Transport (mit energieträgerspezif. Transportmitteln) und Verteilung von Energie sowie die Umwandlung der Endenergie bei den Verbrauchern (Haushalte, Industrie, Verkehr) in Nutzenergie bzw. Energiedienstleistungen (Wärme, mechan. Arbeit, Licht, Schall u. a.). Zur Erzeugung und Umwandlung von Energie gehören sowohl die Bereitstellung der Primärenergieträger (v. a. Erdöl, Erdgas, Kohle, Kernbrennstoffe, Wasser- und Windkraft, Biomasse) als auch deren Umwandlung in Sekundärenergie (Treibstoffe, Heizöle, Elektrizität, Koks, Fernwärme u.a.). Effizienz und Wirkungsgrad der Energieumwandlung über die gesamte Prozesskette bestimmen den Aufwand an erneuerbaren und nicht erneuerbaren Primärenergieträgern pro Energiedienstleistung.

ENE Enervation

Die E. nimmt in einer Volkswirtschaft eine Schlüsselstellung ein, da sie den übrigen Wirtschaftssektoren unverzichtbare Vorleistungen zur Verfügung stellt. Sie ist kapitalintensiv und weist eine hohe Investitionstätigkeit auf; strukturelle Änderungen lassen sich nur langfristig erzielen, da Energie i.d.R. durch langlebige Kapitalgüter erzeugt und verbraucht wird (Kraftwerke, Hochöfen, Raffinerien, Heizungsanlagen, Kraftfahrzeuge, Haushaltsgeräte). Die Standortgebundenheit der Energieproduktion, die den Anbietern ein natürl. Monopol verleihen könnte, hatte in allen Ländern einen starken Einfluss des Staates auf die E. zur Folge (↑Energiepolitik), der im Zuge von Deregulierung, Privatisierung und Liberalisierung des europ. Strommarktes deutlich reduziert wurde. In Dtl. vollziehen sich seit dem neuen E.-Ges. vom 24. 4. 1998 deutl. Strukturveränderungen, die von Rationalisierungen und Fusionen von Energieversorgungsunternehmen bis zu Stromhandel, bundesweitem Marketing und der Entstehung von Energiebörsen (↑EEX® AG) reichen. Zw. den privaten, gemischtwirtsch. und öffentl. Energieversorgungsunternehmen, die mit den Gem. Wegenutzungsverträge schließen, herrscht ein harter Verdrängungswettbewerb.

Der Energieverbrauch steigt weltweit (1990–2000 rd. 11%). Allerdings hat sich die seit den 70er-Jahren andauernde Verlangsamung des Verbrauchsanstiegs v.a. durch Einsparmaßnahmen in den westl. Ind.staaten unter dem Aspekt des Klimaschutzes und die zurückgehende Bedeutung der energieintensiven Schwerindustrie in den letzten Jahren fortgesetzt. Der globale Energieverbrauch ist jedoch nach wie vor sehr ungleich verteilt. Während sich der Anteil der Industrieregionen Nordamerikas und Europas (einschließlich Russland) am Weltenergieverbrauch (1999) auf 59,7% belaufe, waren Afrika sowie Mittel- und Südamerika nur mit 2,9% bzw. 5,6% am Weltenergieverbrauch beteiligt. Der Anteil der einzelnen Energieträger an der Deckung des Weltenergiebedarfs hat sich seit Mitte der 70er-Jahre erheblich geändert: Während der Anteil des Erdöls und der festen Brennstoffe abgenommen hat, haben die Anteile von Erdgas, erneuerbarer Energie und Kernenergie zugenommen. Allerdings sind Erdöl,

Kohle und Erdgas weiterhin die wichtigsten Energieträger. In Dtl. ist der Primärenergieverbrauch in den letzten Jahren zurückgegangen; Ursache dafür war v.a. die Deindustrialisierung in den neuen Bundesländern, deren Verbrauchsstruktur sich zulasten der Braunkohle und zugunsten von Mineralöl und Erdgas änderte.
📖 *Erdmann, G.: Energieökonomie. Theorie u. Anwendungen.* Stuttgart u.a. ²1995. – *Köhler-Frost, W.: Liberalisierung in der E.* Berlin ²2000. – *E. im Aufbruch,* hg. v. *P. Becker.* Köln 2001. – *Schiffer, H.-W.: Energiemarkt Deutschland.* Köln ⁸2002.

Enervation [lat.] *die* (Enervierung), Überbeanspruchung der Nerven; Belastung der seel. Kräfte.

enervieren, 1) jemandes Nerven überbeanspruchen; auf Nerven und seel. Kräfte zerstörerisch wirken; 2) die ein Organ versorgenden Nerven zu therapeut. Zwecken chirurgisch durchtrennen.

Enescu, George (frz. Georges Enesco), rumän. Violinist und Komponist, *Liveni (heute George Enescu, Kr. Botoşani) 19.8. 1881, †Paris 4. 5. 1955; bed. Bach-Interpret; komponierte u.a. die lyr. Tragödie »Ödipus« (1936), Orchesterwerke (zwei »Rumän. Rhapsodien«, 1901, 1902; UA 1903), Kammermusik, Klavierwerke.

E-Netz, *Telekommunikation:* digitales Mobilfunknetz (↑Mobilfunk), das sich in die Netze E 1 und E 2 unterteilt.

en face [ã'fas, frz.], von vorn gesehen; in gerader Ansicht (bes. von Bildnisdarstellungen), im Unterschied zu ↑en profil.

en famille [ãfa'mij, frz.], in engem, vertrautem Kreis.

Enfant terrible [ãfãtɛ'ribl, frz. »schreckliches Kind«] *das,* jemand, der durch Verstoß gegen gesellschaftlich geübte Regeln Aufsehen erregt und Peinlichkeiten erzeugt.

Enfilade [ãfi-; frz., zu enfiler »einfädeln«, »aufreihen«] *die,* eine Raumfolge, bei der die Türen in einer Flucht liegen, sodass man durch alle Räume hindurchblicken kann; Anfänge in der italien. Renaissance, konsequente Anwendung in der frz. Schlossarchitektur des 17. Jahrhunderts.

Enfle [ãfl, lat.-frz.] *das,* frz. Kartenspiel mit 52 Whistkarten, meist unter sechs Teilnehmern.

Enfleurage [ãflœ'ra:ʒ, frz.] *die,* Gewinnung von Blütenriechstoffen durch wiederholtes Aufstreuen von Blüten auf Rahmen,

Engel ENG

Engadin: die Dolomitberge der Scharl-Decke mit Piz Pisoc, Piz San Jon und Piz Lischana im Unterengadin

die mit Fett bestrichen sind, und Extraktion des mit Duftstoffen angereicherten Fettes mit Alkohol.

Engadin (bündnerroman. Engiadina), Hochtal im Kt. Graubünden, Schweiz, zw. den nördl. Rät. Alpen und der Berninagruppe, vom oberen Inn durchflossen, 91 km lang, erstreckt sich vom Malojapass (1 815 m ü. M.) im SW bis zur Schlucht des Passes Finstermünz an der österr. Grenze bei Martina (1 035 m ü. M.) im NO. Das **Ober-E.** ist ein breites Muldental mit relativ mildem Klima, Seen und den Höhenkurorten und Wintersportplätzen Maloja, Sils, Silvaplana, Sankt Moritz, Samedan, Pontresina. Durch starke Zuwanderung ist die einheim. rätoroman. Bev. zurückgegangen. Das **Unter-E.**, vom oberen Tal durch die Enge von Zernez-Susch getrennt, ist landschaftlich abwechslungsreicher, das Klima ungewöhnlich trocken; Kurorte sind Scuol, Tarasp-Vulpera, Val Sinestra. In beiden Teilen herrscht Viehwirtschaft gegenüber dem Ackerbau vor. Östlich von Zernez liegt der Schweizer. Nationalpark (rd. 169 km²). – Das durchweg romanisierte E. behauptete seine Sprache auch nach dem Erwerb durch das Bistum Chur (Unter-E. im 10. Jh., Ober-E. 1139); 1367 ging aus dem Churer Bischofsstaat der Gotteshausbund, einer der drei Bünde in Rätien, hervor. († Graubünden, Geschichte)

Engadiner Fleisch, das ↑Bündner Fleisch.

Engagement [ãgaʒə'mã, frz.] *das,* 1) *allg.:* persönl. Einsatz, leidenschaftl. Eintreten für etwas. 2) *Theater, Film u. a.:* Anstellung eines Künstlers, bes. beim Theater.

engagieren [ãga'ʒi:rən, frz.], jemanden (bes. einen Künstler) unter Vertrag nehmen, für eine Aufgabe verpflichten.

engagierte Literatur [ãga'ʒi:-], Sammelbegriff für jegl. Literatur, in der ein religiöses, gesellschaftl., ideolog. oder polit. Engagement vertreten wird; i. e. S. die **Littérature engagée,** eine von J.-P. Sartre geforderte Form der Literatur; als »Literatur der Praxis« verstanden, soll sie an die Freiheit des Lesers appellieren und in Zusammenarbeit von Autor und Leser in schöpfer. Akten das Sein als »Tun«, als veränderlich und veränderbar, enthüllen.

Engastrimant [grch.] *der,* Wahrsagender mithilfe des Bauchredens.

Engebrechtsz. [-xts], Cornelis, niederländ. Maler, ↑Engelbrechtsen, Cornelis.

Engel [von grch. ángelos »Bote«], v. a. in monotheist. Religionen Mittlerwesen zw. Gott und Mensch. Die E. sind ihrer Gottheit als höchste Stufe der Schöpfung in personaler Gestalt untergeordnet. Sie haben einen Licht-, Äther- oder Feuerleib. Widergöttliche, dämon. Mächte gelten oft

ENG Engel

als **gefallene E.** (z. B. Luzifer). Im A.T. treten E. v. a. als Boten (z. B. 1. Mos. 19, 1) und Söhne Gottes (Hiob 1, 6), Wächter und **Schutz-E.** auf (Dan. 6, 23; im N.T. in dieser Funktion z. B. Mt. 18, 10), im N.T. erscheinen sie bes. als Boten Gottes (Lk. 1, 26; 2, 9 ff.), aber auch als böse Geister (Mt. 25, 41). – In der *bildenden Kunst*

Engel: Darstellung der Verkündigung Mariä durch den Erzengel Gabriel; deutscher Meister (1470–80; Moskau, Puschkin-Museum)

wurde der E. schon in frühchristl. Zeit dargestellt, erst flügellos und durchaus männlich, seit dem 4. Jh. nach dem Vorbild antiker Viktorien und Genien geflügelt, im Ggs. zu diesen aber voll bekleidet. Als Attribute erhielt er Nimbus und Zepter oder Buchrolle. Die Kleidung ist meist weiß, auf grch. Ikonen rot (Symbol des Feuerleibs). Seit dem 5. Jh. sind die E. vorwiegend jugendlich dargestellt, im MA. meist lang gewandet. Seit der Renaissance, die auch den antiken ↑Putto zum engelhaften Wesen machte, konnte der E. wieder wie eine Viktoria werden. Halb bekleidet, erschien er im Barock und Rokoko sehr sinnenhaft. Am häufigsten dargestellt wurde wohl Gabriel als der E. der Verkündigung. In der dt. Kunst findet sich bes. häufig Michael. Die Darstellung der **E.-Chöre** scheint im 11. Jh. im Osten aufgekommen zu sein.

📖 *Rosenberg, A.: E. u. Dämonen. Gestaltwandel eines Urbildes.* München ³1992. – *Westermann, C.: Gottes E. brauchen keine Flügel.* Stuttgart ⁶1993. – *Vorgrimler, H.:* *Wiederkehr der E.?* Kevelaer ²1994. – *Das große Buch der E.*, hg. v. U. Wolff. Freiburg im Breisgau ²1995.

Engel, 1) Erich, Theaterspielleiter und Regisseur, *Hamburg 14. 2. 1891, †Berlin (West) 10. 5. 1966; inszenierte die UA fast aller frühen Stücke B. Brechts bis zur »Dreigroschenoper« (1928); als Filmregisseur bekannt u. a. durch »Der Maulkorb« (1938), »Affäre Blum« (1948), »Der Biberpelz« (1948), »Der fröhliche Weinberg« (1952).

2) Johann Carl Ludwig, Baumeister, *Berlin 3. 7. 1778, †Helsinki 14. 5. 1840; seit 1816 in Helsinki tätig, führender Architekt des finn. Klassizismus (u. a. Altes Senatsgebäude, 1818–22; Nikolaikirche in Helsinki, 1830 ff., 1852 nach veränderten Plänen vollendet).

3) Wolfgang, Regisseur und Schauspieler, *Schwerin 13. 8. 1943; 1980–91 am Staatsschauspiel Dresden; ab 1991/92 Schauspieldirektor in Frankfurt am Main, seit 1995 Intendant in Leipzig.

Engelberg, Kurort und Wintersportplatz im Kt. Obwalden, Schweiz, 1 050 m ü. M., 3 400 Ew.; Hauptort des **Engelberger Tals.** Das Benediktinerkloster (1120 gegr.), das früh eine große Blüte seiner Schreib- und Malschule erlebte, wurde nach einem Brand 1730–37 im Stil der frühen ↑Vorarlberger Bauschule neu gebaut.

Engelbert I., der Heilige, Graf von Berg, Erzbischof von Köln (seit 1216), *um 1185, †(ermordet) bei Gevelsberg 7. 11. 1225; seit 1220 Reichsverweser und Vormund Heinrichs VII.; seine Politik führte zur Festigung der Kölner Herrschaft am Niederrhein. E. wird (ohne Kanonisation) im Erzbistum Köln als Heiliger verehrt; Tag: 7. 11.

Engelbrechtsen [-xts-] (Engebrechtsz.), Cornelis, niederländ. Maler, *Leiden 1468, †ebd. 1533; Lehrer des Lucas van Leyden. In seinen Andachtsbildern, Porträts und Glasgemälden verbinden sich spätgotisch-manierierte Linienführung und Renaissanceelemente im Ornament.

Engel des Herrn, *kath. Kirche:* ↑Angelus Domini.

Enge Linie (Bleistiftlinie), 1948 von C. Dior lancierte Mode mit extrem schmalem Rock und mit Dior-Schlitz (mit dem Stoff des Rockes unterlegter Gehschlitz) als Gegensatz zum New Look. Bes. J. Fath galt als »Meister« der Engen Linie.

Engelke, Gerrit, Schriftsteller, *Hannover 21. 10. 1890, †in einem brit. Lazarett bei Cambrai 13. 10. 1918; Arbeiterdichter; expressionist. Lyrik »Rhythmus des neuen Europa« (hg. 1921); schuf auch Zeichnungen und Aquarelle.

Engels (bis 1932 Pokrowsk), Stadt im Gebiet Saratow, Russland, am Wolgograder Stausee der Wolga, 189 100 Ew.; Autobusbau, Chemiefaserwerk, Maschinenbau, chem., elektrotechn., Textil-, Nahrungsmittelind.; Wolgahafen. – 1924–41 Hptst. der ASSR der Wolgadeutschen (↑Wolgadeutsche Republik).

Engels, Friedrich, Philosoph und Politiker, *Barmen (heute zu Wuppertal) 28. 11. 1820, †London 5. 8. 1895; Kaufmann; Mitbegründer des Marxismus, engster Freund und Mitarbeiter von K. Marx, mit dem er die Theorie des wiss. Sozialismus ausarbeitete und mit der Arbeiterbewegung verband. Sein philosoph. Denken begann in den Auseinandersetzungen der Junghegelianer und unter dem Einfluss von L. Feuerbach. Als Kaufmann in England studierte er die soziale Lage des Proletariats (»Die Lage der arbeitenden Klasse in England«, 1845) und legte damit den Grundstein zur marxist. Analyse des Kapitalismus. Führend im Bund der Kommunisten, entwarf E. 1847 die »Grundsätze des Kommunismus«, den Vorläufer des 1847/48 mit Marx verfassten »Kommunist. Manifests«. Seine wesentl. Beiträge zum philosoph. und ökonom. Gedankengut des Marxismus sind (vom Frühwerk

Friedrich Engels

abgesehen): »Die Dialektik der Natur« (1935; 1873–83 entstanden), »Herrn Eugen Dührings Umwälzung der Wissenschaft« (»Anti-Dühring«, 1878), »Die Entwicklung des Sozialismus von der Utopie zur Wissenschaft« (1882), »Der Ursprung der Familie, des Privateigentums und des Staates« (1884). Nach dem Tod von Marx (1883) erstreckte sich die wiss. Tätigkeit von E. außerdem auf die Fertigstellung und Herausgabe des 2. (1885) und des 3. (1894) Bandes des »Kapitals«. 1870 wurde E. Sekretär im Generalrat der »Internat. Arbeiterassoziation« und nahm in dieser Funktion entscheidenden Einfluss auf Organisation und Ausbau der sozialist. Bewegung.
📖 *Hirsch, H.: F. E. Reinbek 44.–46. Tsd. 1993. – Zw. Utopie u. Kritik. F. E. Ein »Klassiker« nach 100 Jahren, hg. v. T. Bergmann u. a. Hamburg 1996.*

Engelsberg, ehem. Bergwerksort nahe der Stadt Fagersta (13 700 Ew.), VerwBez. Västmanland, Schweden. – Die zahlr., z. T. originalgetreu restaurierten Gebäude und Anlagen der Eisenhütte (heute Freilichtmuseum, u. a. ein Hochofen von 1778) gehören zum UNESCO-Weltkulturerbe.

Engelsburg (italien. Castel Sant' Angelo), Rundbau in Rom, 135–139 n. Chr. als Mausoleum für Kaiser Hadrian erbaut; diente später als Kastell, im 13. Jh. von Papst Nikolaus III. wiederhergestellt (seit 1277 gedeckter Gang zum Vatikan); Renaissanceausstattung; heute Museum. Die Bez. »E.« geht auf eine legendäre Erscheinung des Erzengels Michael bei einer Pestprozession Papst Gregors d. Gr. (590) zurück, eine Kapelle (um 610) und ein Standbild des Erzengels Michael erinnern daran. Die E. wurde von der UNESCO zum Weltkulturerbe erklärt. – Abb. S. 190

engelsches Gesetz, von dem Statistiker Ernst Engel (*1821, †1896) aufgezeigter Zusammenhang zw. Einkommen und Konsum, wonach mit steigendem Einkommen die Ausgaben für Nahrungsmittel zwar absolut zunehmen, ihr relativer Anteil jedoch sinkt.

Engelstrompete (Datura suaveolens), baumartige Stechapfelart aus Mexiko mit rd. 20 cm langen, wohlriechenden, trichterförmigen weißen (bei Zuchtformen auch gelben oder rosafarbenen) hängenden Blüten; beliebte Zierpflanze; enthält hochgiftige Alkaloide (u. a. Atropin, Scopolamin).

Engelsüß, Art der Gattung ↑Tüpfelfarn.

Engelwurz (Angelika, Angelica), Gattung der Doldenblütler auf der Nordhalbkugel und in Neuseeland. In Mitteleuropa in Wäldern und auf feuchten Wiesen die 1,5 m hohe **Wald-E.** (Angelica silvestris)

ENG Engen

Engelsburg: Tiber und Engelsburg (um 1868)

mit weißen oder rötl. Blüten; an Ufern die aromatisch duftende **Echte E.** (Angelica archangelica) mit grünl. Blüten (Gewürz und Heilpflanze).
Ẹngen, Stadt im Landkreis Konstanz, Bad.-Württ., im Hegau, 9 800 Ew.; Textil-, Metallwarenindustrie. – Spätroman. Pfarrkirche, Krenkinger Schloss (16. Jh.). – Erhielt zw. 1240 und 1280 Stadtrecht.
Ẹnger, Stadt im Kr. Herford, NRW, im Ravensberger Hügelland, 19 600 Ew.; Möbelind., Textil- und Kunststoffverarbeitung. – Nach der Überlieferung befindet sich hier in der evang. Pfarrkirche das Grab Widukinds.
Engerling, Larve der Blatthornkäfer; die E. einiger Arten (z. B. des Maikäfers) schädigen Wurzeln.
Engführung, *Musik:* Art der Themendurchführung, v. a. in der ↑Fuge, bei der eine Stimme mit dem Thema einsetzt, bevor es in einer anderen Stimme beendet ist.
Enghien [ã'gɛ̃], Louis Antoine Henri de Bourbon, Prinz von Condé, Herzog von E., *Chantilly 2. 8. 1772, †(erschossen) Vincennes 21. 3. 1804; lebte seit 1801 in Ettenheim (Baden). Napoleon I. sah in ihm einen Hintermann der Monarchisten, ließ ihn entführen (15. 3. 1804), von einem Kriegsgericht zum Tod verurteilen und hinrichten.
Ẹngland [engl. 'ɪŋglənd], der mittlere und südl. Teil der Insel Großbritannien, das Kernland des Vereinigten Königreichs von Großbritannien und Nordirland, oft fälschlich für die ganze Insel gebraucht;

130 281 km², (2001) 49,139 Mio. Ew.; Hauptstadt ist London.
Engländer, ↑Schraubenschlüssel.
Engle [eŋgl], Robert F., amerikan. Ökonometriker, *Syracuse (N. Y.) Nov. 1942; 1975–2000 Prof. an der University of California, San Diego, und seit 2000 an der New York University; beschäftigt sich u. a. mit zufälligen zeitl. Schwankungen an Finanzmärkten und Zeitreihenanalysen. Erhielt 2003 zus. mit C. Granger den Nobelpreis für Wirtschaftswiss.en für neue Methoden (ARCH-Modelle, Abk. für autoregressive bedingte Heteroskedastizität) zur Analyse ökonom. Zeitreihen mit zeitlich variabler Volatilität, die v. a. bei der Risikoanalyse auf Finanzmärkten eine Rolle spielen.
Ẹngler, Adolf, Botaniker, *Sagan 25. 3. 1844, †Berlin 10. 10. 1930; Prof. in Kiel und Breslau; Pflanzensystematiker, erklärte die Pflanzenverbreitung nach morpholog. Merkmalen.
Ẹngler-Grad [nach dem Chemiker C. Engler, *1842, †1925], Zeichen °E, veraltete Einheit für die kinemat. ↑Viskosität bes. von Mineralölen.
Englische Fräulein (lat. Institutum Beatae Mariae Virginis, Abk. IBMV), kath. Frauenkongregation zur Erziehung der weibl. Jugend. Die E. F. gehen zurück auf die 1609 von der Engländerin Mary Ward gegründeten »Jesuitinnen«.
ẹnglische Geschichte, ↑Großbritannien und Nordirland, Geschichte.
ẹnglische Komödianten, wandernde Schauspielertruppen, die seit 1586 aus

englische Kunst ENG

England auf das Festland, bes. in das protestant. Dtl., kamen, allmählich auch mit dt. Berufsspielern durchsetzt und um 1650 von rein dt. Wandertruppen abgelöst wurden. Die Truppe leitete meist der Darsteller des Narren (Stockfisch, Pickelhering). Frauenrollen wurden von Männern dargestellt. Die e. K. schöpften v. a. aus dem Repertoire des elisabethan. Theaters.

ẹnglische Krankheit, die ↑Rachitis.

ẹnglische Kunst, die Kunst Großbritanniens (ausgenommen die ↑keltische Kunst). Die spezielle geograph. Lage hat eine Kunst von besonderer Eigenart gefördert, die ihrerseits immer wieder Anregungen vom Festland übernommen, aber auch zahlr. Einflüsse an das westl. Europa vermittelt hat.

Anglonormannische Kunst: Sie umfasst die angelsächs. Frühzeit mit ihrer Synthese von ↑keltischer Kunst und röm. Überlieferung und die Epoche der Normannen (1066 ff.), die Elemente der nordfrz. Romanik mitbrachten. In der Baukunst übernahm der Kirchenbau der angelsächs. Epoche das Vorbild der röm. Basilika und führte diese noch zu Beginn des 11. Jh. z. T. in Holzbauweise aus (Blockbaukirche von Greensted, Essex; um 1013). Die Steinbaukirche setzte sich mit der Christianisierung Ende des 6. Jh. durch (Kirche von Escomb, Durham; 7. Jh.). In der normann. Zeit begann der Bau der großen Kathedralen, die roman. und anglisierte Formen miteinander verbanden; Basiliken mit zweitürmigen Westfassaden, Vierungsturm über einem weit vorspringenden Querhaus, Chöre von ungewöhnl. Ausdehnung. Die Hauptschiffe wurden flach gedeckt (Ely, Norwich, Peterborough, Winchester), doch die großen Bogen- und Fensteröffnungen zielten bereits auf die Rippenwölbung, die sich in der Kathedrale von Durham (1093 ff.) als einem der frühesten europ. Beispiele verwirklicht fand. In der Profanbaukunst erhielt der Festungsbau vorrangige Bedeutung (Blütezeit in der 2. Hälfte des 12. Jh.). Die Plastik der angelsächs. Zeit setzte gegen Ende des 7. Jh. mit monumentalen Hochkreuzen einen eigenständigen Akzent. Die Bauplastik entwickelte eine reichhaltige ornamentale Bildsprache. Eine bedeutende Kunstleistung stellt die Buchmalerei dar. Sie griff im 7. Jh. von Irland auf die brit. Hauptinsel über (Schreib- und Malschulen in den Klöstern). Die Wandmalereien der Romanik gingen bis auf wenige Reste verloren.

Gotik: Sie wurde zum bedeutendsten engl. Nationalstil, der bis ins 19. Jh. wirkte. Obwohl die Baukunst von der frz. Kathedralgotik ausging, war das Early English (1175 bis um 1250) bereits durch Betonung der Horizontalen gekennzeichnet: Breitenausdehnung der Fassaden, Verlängerung des Chores durch die »Lady Chapel« (Marienkapelle), die Türme blieben niedriger und gedrungener als etwa in Frankreich und Dtl.; Hauptwerke u. a. Neubau des Chores von Canterbury (1175 ff.), Kathedralen von Wells (um 1180 ff.), Lincoln (1192 ff.), Salisbury (1220 ff.), York (südl. Querhaus, 1230 ff.). Im Decorated Style (bis um 1350) wuchs die Tendenz zu dekorativen Schmuckformen. Im Perpendicular Style (bis um 1520) wurden senkrechtes Stabwerk als Gliederungsordnung für hohe und breite Fenster, Fächergewölbe und in

englische Kunst: Konsolfigur eines Mönchs an der Kathedrale in Wells (um 1180 ff.)

Flammenform aufgelöstes Maßwerk (Flamboyantstil) charakteristisch. Neben Umbauten von Kathedralen (Winchester, Gloucester, Canterbury) wurden auch Profanbauten (Colleges in Oxford und Cam-

ENG englische Kunst

englische Kunst: Kathedrale von Salisbury (1220 ff.)

bridge) in diesem Stil errichtet. Die got. Plastik bestimmten Kathedralskulptur (Wells) und Grabfiguren. In der Malerei dominierte bis zum Ende des 15. Jh. die Buchmalerei, nun von frz. Vorbildern beeinflusst. Bedeutsam wurde gegen Ende des 14. Jh. die Glasmalerei (wichtige Meister: Thomas von Oxford und John Thronton aus Coventry), während Wand- und Tafelmalerei sich nur vereinzelt nachweisen lassen.

englische Kunst: Christopher Wren, Saint Paul's Cathedral in London (1675–1711)

Renaissance: Die Aufnahme von Elementen der festländ. Renaissance setzte bereits im Perpendicular Style ein. Der nachfolgende Tudorstil (1520–58) nahm noch bewusster Formen der europ. Renaissance in die Baukunst auf, doch erst im Queen-Elizabeth-Style des 16. Jh. wurden die Neuerungen der Renaissance mit der eigenen Tradition zu einer typisch engl. Ausdrucksform verschmolzen (Schlösser und Landsitze des Hofadels). Hier setzten bes. frz. Vorbilder durch. Frz. und italien. Einflüsse wurden auch für die Entwicklung der nachmittelalterl. Plastik in England entscheidend. Heinrich VIII. verpflichtete auswärtige Künstler. Neben italien. Meistern war es v. a. der 1536 zum Hofmaler ernannte Hans Holbein d. J., der die Malerei in England nachhaltig beeinflusste, obwohl er nicht i. e. S. schulbildend wirkte.
Klassizismus und Neugotik: Die engl. Baukunst des 17. und 18. Jh. wurde von dem von I. Jones eingeführten palladian. Klassizismus beherrscht (Schloss Whitehall, 1619–22), seit etwa 1750 breitete sich daneben die Neugotik aus. Jones' Schüler C. Wren und J. Webb entwickelten die Architektur Palladios in England weiter. Wrens Hauptwerk, der Neubau von Saint Paul's Cathedral in London (1675–1711) bot nach dem Vorbild des Petersdomes in Rom eine Synthese zw. traditionellem Langhaus, Zentralbauweise und palladian. Klassizismus. Barocke Stilelemente wurden durch klassizist. Grundhaltung überlagert (Queen-Anne-Style). Der Klassizismus wirkte bis ins 19. Jh. (Brit. Museum,

englische Kunst ENG

1823 ff.); seit 1750 entstanden aber auch zahlr. neugot. Bauten. Eine bis heute weiterwirkende Entwicklung nahm der engl. Garten bzw. Park seit den 30er-Jahren des 18. Jh. als natürl. Landschaftspark. In der Malerei des 17. Jh. wurde am engl. Hof der Flame A. van Dyck prägend, bis sein Stil im 18. Jh. von der Porträtkunst J. Reynolds und T. Gainsboroughs abgelöst wurde. W. Hogarth leitete die Bewegung der politisch-satir. Illustrationsgrafik ein. Möbel (Chippendale), Keramik (Wedgwood) und Tafelsilber erlebten im 18. Jh. eine Blüte.
19. und 20. Jahrhundert: In der Viktorian. Epoche (1837–1901) dominierte in der Baukunst die Neugotik (»Gothic Revival«); u. a. Parlamentsgebäude (1837 ff.). Den neuen Eisenskelettbau zeigte der Kristallpalast in London (1851). Einen eigenständigen Beitrag zu städtebaul. Reformbestrebungen stellte um 1900 die Idee der ↑ Gartenstadt dar, die noch im Plan von Groß-London (1945) nachwirkte (sieben Satellitenstädte, 1956). 1960 wurde das Programm der New Cities (u. a. Milton Keyes) entwickelt. Neue Wege suchten u. a. A. und P. Smithson und J. Stirling (nach seinen Plänen entstand der Erweiterungsbau der Tate Gallery in London, 1982–87) sowie J. Gowan. Im Zuge des Baubooms der 1980er-Jahre konnten zahlr. Architekten aufwendige Bürohochhäuser entwerfen. Bekannt wurde u. a. M. Hopkins (Shad Thames, London 1990–91, Neubau des Opernhauses von Glyndebourne, 1993/94). T. Farrell trat in London mit postmodernen Lösungen urbanen Zuschnitts hervor (AM-TV-Hauptgebäude; Midland Bank, Filiale Fenchurch Street, u.a.). An öffentl. Bauten sind N. Grimshaws Bahnhofshalle für die Londoner Waterloo Station (1994), das River and Rowing Museum in Henley-on-Thames von D. Chipperfield (1998 eröffnet), die New Art Gallery in Walsall (2000 fertig gestellt) von Caruso & John sowie die Londoner

englische Kunst: Sir Joshua Reynolds, »Lady Cockburn und ihre drei ältesten Söhne« (1773; London, National Gallery)

englische Kunst: William Turner, »Schneesturm« (1842; London, Tate Gallery)

ENG englische Kunst

englische Kunst: Francis Bacon, »Papst Innozenz X.« (1951; Aberdeen, Art Gallery)

»Tate Modern« (2000 eröffnet) des schweizer. Architektenbüros Herzog & de Meuron hervorzuheben. Eine ökolog. Orientierung zeigt R. Erskine in seinem Bürohaus »The Ark« (1992), auch das britischtschech. Architekturbüro Future Systems entwirft ökologisch ausgetüftelte Architektur (u. a. Media Centre in London, 1999 fertig gestellt). Lord N. Foster steuert konsequente Hightecharchitektur bei (u. a. Hightechglasbau für Willis, Faber & Dumas in Ipswich, 1975–79; Abfertigungshalle für den Flughafen Stansted im Großraum London, 1981–91; City Hall in London, 2002 fertig gestellt). Im gleichen Stil besticht die Londoner Sendezentrale Channel Four (1994) von Sir R. Rogers, der auch dem Millennium Dome in Greenwich (1997–99) und den Terminal 5 des Flughafens Heathrow in London (Fertigstellung 2007 geplant) entwarf.

Die Malerei wirkte mit der neuen Freilichtkunst des frühen 19. Jh. (W. Turner und J. Constable) auf Frankreich (Schule von Barbizon, Impressionismus). Die Bilder der ↑Präraffaeliten zeigten ein neues Interesse an religiösen und sozialen Themen. Die vereinfachende Malweise im Spätwerk von D. G. Rossetti und E. Burne-Jones, die z. T. auf den eigenartig abstrahierenden Zeichnungen W. Blakes vom Anfang des 19. Jh. beruhte, gab starke Anregungen für den Symbolismus und den Jugendstil. Der in London lebende Amerikaner J. A. M. Whistler trat als Verfechter der modernen Kunst und als Wortführer der L'art-pour-l'art-Bewegung auf, aus der A. Beardsley, der Hauptvertreter des Art nouveau, hervorging. Die Erneuerung des Kunsthandwerks (W. Morris, J. Ruskin, Arts and Crafts Movement) strahlte auf die europ. Entwicklung aus (Jugendstil). Im 20. Jh. brachte die engl. Plastik in H. Moore einen ihrer bedeutendsten Vertreter hervor, neben ihm arbeiteten u. a. L. Chadwick, E. Paolozzi, R. Butler, J. Davies, B. Hepworth. Den akademisch empfundenen abstrakten Plastiken von A. Caro, P. King u. a. begegneten B. Flanagan, T. Cragg, B. Woodrow oder der v. a. als Architekt und Designer tätige N. Coates mit z. T. organ. Plastik und Rauminstallationen. R. Long gilt als bedeutendster europ. Vertreter der plastiknahen Land-Art. Internat. Anerkennung fanden auch A. Gormley, J. Opie, R. Deacon und Rachel Whiteread. In der Malerei traten u. a. B. Nicholson, G. Sutherland, F. Bacon, V. Pasmore hervor. Die Malerin B. Riley zeigte in der Op-Art, R. Hamilton, D. Hockney, P. Blake und A. Jones leisteten in der engl. Pop-Art einen eigenständigen Beitrag. Neben abstrakten Malern unterschiedl. Intention, wie R. Danny, H. Hodgkin, A. Charlton, A. Green, behaupteten sich Vertreter einer expressiven, figurativen und pastosen Malerei, so F. Auerbach, L. Freud, L. Kossof. In der Concept-Art trat die Gruppe »Art & Language« hervor, auf dem Gebiet von Performance, Foto- und Videokunst machten B. McLean, Latham, S. Brisley, M. Boyle, J. Hills, Gilbert & George und D. Graham auf sich aufmerksam.

📖 *The Oxford history of English art,* hg. v. T. S. R. Boase u. a., auf mehrere Bde. ber. Oxford 1949 ff. – Pevsner, N.: *The buildings of England,* auf mehrere Bde. ber. Harmondsworth 1951. – Sunderland, J.: *Painting in Britain, 1525 to 1975.* Oxford 1976. – *Engl. Landschaftsmalerei,* bearb. v. M. Schwarz. A. d. Engl. Ausst.-Kat. Badischer Kunstverein, Karlsruhe. 1977. – Marks, R. u. Morgan, N.: *Engl. Buchmalerei der Gotik.* München 1980. – Denvir, B.: *The late Victorians. Art, design and society,*

englische Literatur ENG

1852–1910. London u. a. 1986. – Jacob, J.: Die Entwicklung der Pop-art in England ... von ihren Anfängen bis 1957. Frankfurt am Main 1986. – E. K. im 20. Jh. Malerei u. Plastik, hg. v. S. Compton. Ausst.-Kat. Staatsgalerie Stuttgart. München 1987. – Schäfke, W.: Engl. Kathedralen. Eine Reise zu den Höhepunkten engl. Architektur von 1966 bis heute. Köln ³1989. – Technique Anglaise. Current trends in British art, hg. v. A. Renton. London 1991. – The Thames and Hudson encyclopedia of British art, hg. v. D. Bindman. Neuausg. London 1992. – Gaunt, W.: English painting. A concise history. Neuausg. London 1993. – Contemporary British architects. Recent projects from the architecture room of the Royal Academy summer exhibition, Beiträge v. P. Murray u. a. München 1994. – Spalding, F.: British art since 1900. Neuausg. London 1994. – Laing, L. R. u. Laing, J.: Early English art and architecture. Dover 1996. – Blast to freeze. Brit. Kunst im 20. Jh., hg. v. Kunstmuseum Wolfsburg. Ausst.-Kat. Kunstmuseum Wolfsburg. Ostfildern-Ruit 2002.

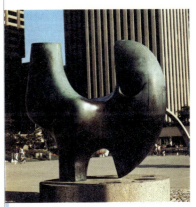

englische Kunst: Henry Moore, »Der Bogenschütze«, Bronzeplastik (1966 enthüllt; Toronto, Nathan Phillips Square vor dem neuen Rathaus)

englische Literatur, im weitesten Sinne die weltweit in engl. Sprache verfasste Literatur, i. e. S. die Literatur Großbritanniens und Irlands, wobei die nat. bzw. regionale Eigenständigkeit englischsprachigen Schrifttums v. a. aus Irland, Schottland und Wales betont wird. Entsprechend der Gliederung der engl. Sprachgeschichte unterscheidet man zw. altengl. (7.–11. Jh.), mittelengl. (11.–15. Jh.) und neuengl. Literatur (15.–20. Jahrhundert).

ALTENGLISCHE LITERATUR

Die Landnahme Britanniens durch die Angeln, Sachsen und Jüten im 5. Jh. brachte heidnisch-german. Sagen- und Dichtungsgut, das in Runeninschriften und Merkversen, Segens-, Zauber- und Rätselsprüchen überliefert ist. Die Christianisierung (seit 597) ließ die geistigen Zentren Canterbury und York entstehen, die durch lat. Schriften wirkten, und begünstigte auch die volkssprachl. Versdichtung. Deren frühestes erhaltenes Beispiel ist der Schöpfungshymnus des Caedmon († um 680); Bibel- und Legendenepen stammen von Cynewulf (um 800?). »Beowulf« ist das älteste vollständig erhaltene german. Heldenepos. Die Prosaliteratur wurde von König Alfred d. Gr. (Ende 9. Jh.) gefördert, der lat. Werke übersetzen ließ.

MITTELENGLISCHE LITERATUR

Nach der normann. Eroberung (1066) wurde der anglonormann. Hof im 12. Jh. Hochburg von Gelehrsamkeit und Dichtkunst. Im 14. Jh., als sich das Englische – nun mit roman. Elementen vermischt – als Kultursprache wieder durchsetzte, kam es zu einer Blütezeit der mittelengl. Literatur: W. Langlands Traumdichtung »The vision of William concerning Piers the plowman« (dt. u. d. T. »Peter der Pflüger«; 3 Versionen, um 1370, um 1377/79, nach 1390, gedruckt 1550; etwa 1370 ff.), die Allegorien J. Gowers, G. Chaucers »Canterbury tales« (begonnen um 1387, gedruckt um 1478). Für die Weiterentwicklung der Prosa wurde J. Wycliffes und N. Herefords Bibelübersetzung (1383 erschien das N. T.) bedeutungsvoll; im 15. Jh. erlangten T. Malorys Artus- und Gralssagen Verbreitung (»Le morte Darthur«, entstanden um 1460–70, gedruckt 1485). In der Schauspieldichtung standen urspr. Mysterien (mit bibl. Stoffen) und Mirakel (dichter. Gestaltung von Heiligenleben) nebeneinander. Im 15. Jh. entstanden die allegor. Moralitäten. Ende des Jh. tauchte als neue dramat. Gattung das Interlude (Zwischenspiel) auf.

NEUENGLISCHE LITERATUR

Renaissance, Puritanismus und Restauration (16. und 17. Jh.): Die Anfänge der engl. Renaissanceliteratur fallen in die Regierungszeit Heinrichs VIII. (1509–47); es entstanden humanist. Schriften und

ENG englische Literatur

»Utopia« von T. More (lat. 1516, engl. 1551) sowie Sonette von T. Wyatt und H. Howard, Earl of Surrey. Erst das Elisabethan. Zeitalter (1558–1603), eine Periode des entstehenden nat. Selbstbewusstseins und wirtsch. Aufschwungs, bildet einen Höhepunkt der e. L. Manieristisch überhöhte Erzählprosa schrieb J. Lyly in seinem Erziehungsroman »Euphues« (1578). P. Sidney machte den Schäferroman, T. Nashe den Schelmenroman in England heimisch, E. Spenser unternahm mit der allegor. Dichtung »The faerie queene« (1590–96) den Versuch eines Nationalepos. Die Lyrik pflegte Sonett (Sidney, Spenser, Shakespeare) und Schäferdichtung (Spenser). F. Bacon veröffentlichte 1597 die ersten Essays in engl. Sprache. Die Errichtung öffentl. Theaterbauten ab 1576 und das Aufstreben professioneller Schauspielertruppen ermöglichten einen lebhaften Spielbetrieb (elisabethan. Drama). Es wurden Komödien von J. Lyly, G. Peele, R. Greene, Tragödien von T. Kyd, C. Marlowe und Historien von Marlowe aufgeführt. Shakespeare schuf dann als Vollender der engl. Renaissance und am Beginn einer neuen Periode Meisterwerke für alle dramat. Gattungen. Neben ihm wirkte B. Jonson, nach ihm traten als Dramatiker u. a. T. Dekker, T. Heywood, F. Beaumont, J. Fletcher und T. Middleton hervor. Die Schließung aller öffentl. Theater durch die Puritaner (1642) bedeutete das Ende des Renaissancedramas. In der religiösen Lyrik von J. Donne (Anfang des 17. Jh.) und G. Herbert wurden Weltverachtung und das Streben nach Ruhe in Gott zum Hauptthema (»metaphysische Dichtung«); fortgeführt wurde diese Lyrik des Barocks von R. Crashaw und H. Vaughan. Anakreont. und religiöse Lyrik schrieb R. Herrick. Der eigentl. Vertreter des Puritanismus ist J. Milton mit seinem Blankversepos »Das verlorene Paradies« (1667). J. Bunyan schrieb sein Erbauungsbuch »Eines Christen Reise nach der Seeligen Ewigkeit...« (1678–84). In der Restaurationszeit prägte der Einfluss der frz. Literatur ein elitäres Literaturverständnis. Neben Dryden war u. a. S. Butler ein bed. Satiriker (»Hudibras«, 1663–78). Eine neue Theaterkultur brachten die heroischen Schauspiele von J. Dryden, N. Lee, T. Otway u. a. sowie geistreich-frivole Sittenstücke (Dryden, G. Etherege, W. Congreve) hervor.

Klassizismus und Aufklärung (18. Jh.): Der Rationalismus erfuhr im engl. Klassizismus (Ende des 17. Jh. bis um 1760) eine starke Aufwertung; A. Popes und J. Gays Dichtungen in Reimpaaren sind Ausdruck dieser aufklärer. Tendenzen. Die Prosa entwickelte sich zum Hauptmedium der Literatur, durch das sowohl die Intellektuellen angesprochen (J. Swift, S. Johnson) als auch das Bürgertum – hauptsächlich durch die »Moralischen Wochenschriften« (J. Addison, R. Steele) – gebildet werden sollten. Seit dem frühen 18. Jh. entfaltete sich der engl. Roman. Neben dem Reise- und Abenteuerroman D. Defoes (»Robinson Crusoe«, 1719/20) steht die groteske Satire Swifts (»Gullivers sämtl. Reisen«, 1726); S. Richardson schuf den bürgerl. Familienroman (»Pamela«, 1740), H. Fielding den ersten engl. realist. Roman (»Tom Jones«, 1749) und T. Smollett humorist. Romane. Im Drama entstand die neue Gattung des bürgerl. Trauerspiels (G. Lillo), daneben kamen Pantomimen, Farcen, Singspiele (J. Gay u. a.) auf. S. Johnson war als Kritiker die beherrschende Figur des Zeitalters. – Mitte des 18. Jh. setzte eine gegen den Rationalismus der Aufklärung gerichtete Strömung ein, die den Kräften des Gefühls und des Willens größere Bedeutung beimaß und im Vernunftkult eine Abkehr vom Natürlichen erblickte. In der Lyrik hatte schon J. Thomson einen Vorstoß in Richtung einer romant. Naturdichtung unternommen; ihm folgten E. Young, T. Gray, W. Cowper, W. Blake u. a. Das Interesse an Balladen des MA. und der Volksdichtung wuchs (J. Macpherson, T. Percy, T. Chatterton). Den sentimentalen (d. h. empfindsamen) Roman pflegten L. Sterne, O. Goldsmith, S. Richardson u. a.; L. Sterne parodierte in seinem »Tristram Shandy« (1760–67) den rationalen Geist des 18. Jh.; daneben entstanden Schauerromane (Gothic Novels). **Romantik und Viktorianismus** (19. Jh.): W. Wordsworth und S. T. Coleridge leiteten mit ihren »Lyrical ballads« (1798, erw. 1800) die Dichtung der Romantik ein. Einer zweiten Romantikergeneration gehörten die Lyriker Lord Byron, P. B. Shelley und J. Keats an. W. Scotts histor. Romane übten starken Einfluss auf die europ. Literatur des 19. Jh. aus. Jane Austen schrieb psycholog. Romane. Die Kunst des Essays pflegten C. Lamb, T. de Quincey, W. Haz-

englische Literatur **ENG**

litt u. a. – Die folgende Zeit (Reg. der Königin Viktoria 1837–1901) umfasste viele gegensätzl. Strömungen. T. Carlyle wandte sich gegen den Materialismus der Zeit, ebenso auf religiösem Gebiet Kardinal J. H. Newman. M. Arnold und W. Pater gingen in ihrer literar. Kritik auf antike Vorstellungen zurück; J. Ruskin war ein Anwalt der Gruppe der ↑Präraffaeliten. In der Lyrik traten A. Tennyson, R. Browning und Elizabeth Barrett-Browning hervor, später A. C. Swinburne und die Präraffaeliten (D. G. Rossetti, Christina Rossetti). C. Dickens schuf den engl. sozialen Roman (»Oliver Twist«, 1838); W. M. Thackerays Stärke als Erzähler war die Gesellschaftssatire. Die Schwestern Charlotte, Emily und Anne Brontë eröffneten, romant. Elemente aufnehmend, die Reihe bed. engl. Frauenromane. Die Werke der Schriftstellerin George Eliot sind ein Höhepunkt des realist. Romans. Im Verlauf des Jh. wurde der engl. Roman bes. von Frankreich und Russland beeinflusst. G. Meredith gab komödienhafte Deutungen der vom wiss. Fortschritt bestimmten Welt. T. Hardys Wessex-Romane brachten die stärkste Ausprägung des engl. Naturalismus. Mit realist. Stilmitteln arbeitet die Abenteuerromantik von R. L. Stevenson, an die sich der Kriminalroman von A. C. Doyle anschließt; R. Kipling schilderte ferne Länder. E. Lear und L. Carroll (»Alice im Wunderland«, 1865) stehen für eine charakterist. Seite des engl. Humors. – Wortführer der jüngeren Generation gegen Ende des Jh. wurde S. Butler. Einen Ästhetizismus pflegte O. Wilde.

20. Jahrhundert: Mit dem Jahr 1912 (Anthologie »Georgian poetry«) vollzog sich eine Abkehr vom viktorian. Gefühlskult. Eine realist. Note zeigten auch die Versdichtung J. Masefields und die Naturdichtung von W. H. Davies und A. E. Housman. Angeführt von T. E. Hulme und kritisch beraten von E. Pound, legten die Imagisten (↑Imagismus) den Akzent auf Sprache und Dichtungstechnik. Nach dem Erlebnis des Ersten Weltkriegs zeigte T. S. Eliot in »Das wüste Land« (1922) die Richtungslosigkeit des modernen Lebens auf. Während er sich zum christl. Glauben hinwandte, suchten jüngere Autoren (W. H. Auden, C. Day-Lewis, S. Spender) die Lösung in der Veränderung der Gesellschaft. Bedeutsam war auch W. B. Yeat's mythisch-symbol. Dichten. Im Mittelpunkt der Erzählkunst stand zu Beginn des 20. Jh. der Charakter als Produkt der Umwelt. Bed. Erzähler waren J. Conrad, A. Bennett, J. Galsworthy, W. S. Maugham. Gesellschaftskritik übten H. G. Wells, G. K. Chesterton, H. Belloc. Unmittelbar vor dem Ersten Weltkrieg beschritt der Roman neue formale Wege unter dem Einfluss der Psychoanalyse: D. H. Lawrence, J. Joyce (»Ulysses«, 1922; Technik des Bewusstseinsstroms, innerer Monolog), Dorothy Richardson, Virginia Woolf, Katherine Mansfield. Zu einem Schilderer interkultureller Begegnung wurde E. M. Forster. Nach dem Ersten Weltkrieg traten hervor: der Skeptiker A. Huxley, der Biograf L. Strachey, die Erzähler C. Morgan, J. C. Powys, E. Waugh. Einen großen Anteil an der Romanproduktion hatten Frauen: S. Kaye-Smith, I. Compton-Burnett, R. Macaulay, R. West, E. Bowen u. a. Mit dem Kriegsgeschehen befassten sich die Erzähler R. Aldington, C. E. Montague, R. H. Mottram, S. Sassoon. In den 1930er- und 1940er-Jahren wurde der gesellschaftskrit. Roman von G. Orwell, H. Spring, A. D. Powell, H. Green, die Richtung der weltanschaul. Romane von G. Greene, E. Waugh, B. Marshall u. a. fortgesetzt; eine Sonderstellung nehmen die Romane von J. Cary ein.

Das moderne Drama beginnt in England mit G. B. Shaw, dessen sozialkrit. Stücke nachhaltigen Einfluss hatten. Nach dem Ersten Weltkrieg war N. Coward mit seinen Gesellschaftskomödien erfolgreich. Von M. H. Auden und C. Isherwood stammen polit. Thesenstücke, beeinflusst vom epischen Theater B. Brechts; konventionelle Wege beschritten J. B. Priestley und T. Rattigan. T. S. Eliot belebte das poet. Drama neu. C. Fry entwickelte das Versdrama weiter.

Nach dem Zweiten Weltkrieg war D. Thomas Repräsentant einer neuromant. Richtung in der Lyrik. Die nachfolgende Generation (K. Amis, J. Wain, P. Larkin u. a.) berief sich ihm gegenüber auf Ironie und nüchterne Analyse. W. Empson trat mit experimenteller Lyrik hervor. Die Lyrik der jüngeren Zeit neigt ebenfalls zum Experimentellen sowie zur Betonung des Hässlichen, Grausamen, Grotesken (Ted Hughes, D. J. Enright). Formbetont ist die Lyrik von C. Tomlinson und D. Davie. Für

ENG englische Musik

die jüngere Generation (»Ulster poets«) irischer Dichter ist S. Heaneys (Nobelpreis für Literatur 1995) Naturlyrik Vorbild. Als seine Nachfolger zeigen sich u.a. P. Muldoon, T. Paulin, C. Carson. Zu den Vertretern der lyr. Postmoderne gehören C. Raine, B. Morrison, P. Reding, Denise Riley u.a. Nach dem posthumen Erfolg von Sylvia Plath machten auch viele Lyrikerinnen auf sich aufmerksam. Im Roman setzten sich P. H. Newby, A. Wilson, N. Balchin, K. Amis, J. Wain, Iris Murdoch, A. Comfort, A. Sillitoe, L. Durrell, W. Golding, Doris Lessing, Muriel Spark, J. Fowles, Susan Hill, M. Bradbury, Antonia S. Byatt, Margaret Drabble, Angela Carter, I. McEwan u.a. mit vielfältigen gesellschaftl. und psycholog. Fragen auseinander. A. Burgess ist der modernen frz. Philosophie verpflichtet. Originelle Beiträge zum modernen engl. Roman kommen auch von den aus Irland stammenden Autoren Edna O'Brien, J. McGahern und Julia O'Faolain. J. Barnes und P. Ackroyd setzen konsequent die von der Postmoderne gebotenen Möglichkeiten ein, auch G. Swift, M. Amis und Fay Weldon nutzen sie. In der Dramatik dominierten zu Beginn der 1950er-Jahre die Stücke von Eliot, C. Fry, P. Ustinov, J. Whiting. Mit J. Osborne erlangten die »Zornigen jungen Männer« das Wort. Ablehnung jeder Überlieferung kam auch – mit den Mitteln des sozialen Realismus – von J. Arden und A. Wesker, mit den Mitteln des absurden Theaters von H. Pinter und N. F. Simpson; weitere erfolgreiche Dramatiker sind P. Shaffer, N. Dennis, E. Bond, T. Stoppard, J. Orton und A. Ayckbourn. Feminist. Positionen bringen Caryl Churchill, Pam Gems, Olwen Wymark auf die Bühne, ähnlich in der jüngeren Generation Louise Page und Sarah Daniels, mit einer Ästhetik des Schreckens arbeitete Sarah Kane. Vertreter ethn. Minderheiten bringen die Erfahrungen anderer Kulturbereiche ein (S. Rushdie, H. Kureishi, K. Ishiguro). Bed. ist der Beitrag der e. L. für die Unterhaltungsliteratur aller Spielarten. Die Kriminal- und Detektivromane von Agatha Christie und E. Wallace wurden vorbildhaft für die Gattung, A. J. Cronin und Daphne du Maurier knüpften erfolgreich an den breit erzählten Gesellschaftsroman an, die fantast. Mythen J. R. R. Tolkiens leiteten die Fantasyliteratur ein, die in jüngster Zeit mit den »Harry Potter«-Romanen der Joanne K. Rowling der e. L. wiederum einen Welterfolg brachten. (↑irische Literatur, ↑schottische Literatur) ⌑ Göller, K. H.: Gesch. der altengl. Literatur. Unter Mitarbeit v. U. Böker. Berlin 1971. – Weiß, W.: Das Drama der Shakespeare-Zeit. Stuttgart u. a. 1979. – Schirmer, W. F.: Gesch. der engl. u. amerikan. Literatur, 2 Bde. in 4 Teilen. Tübingen [6]1983. – Williams, J.: Twentieth-century British poetry. A critical introduction. London u.a. 1987. – Engl. Literaturgeschichte, Beiträge v. E. Standop u. E. Mertner. Heidelberg [5]1992. – Engl. Literaturgeschichte, hg. v. H. U. Seeber. Stuttgart [2]1993. – Engl. Theater der Gegenwart. Geschichte(n) u. Strukturen, hg. v. Klaus Peter Müller. Tübingen 1993. – Fichte, J. O. u. Kemmler, F.: Alt- u. mittelengl. Literatur. Eine Einführung. Tübingen [2]1994. – Plett, H. F.: English Renaissance rhetoric and poetics. A systematic bibliography of primary and secondary sources. Leiden 1995. – Cambridge paperback guide to literature in English, hg. v. I. Ousby. Cambridge 1996. – Sanders, A.: The short Oxford history of English literature. Neuausg. Oxford 1996. – Die e. L., hg. v. B. Fabian, 2 Bde. München [3]1997. – The Cambridge companion to English literature. 1650 – 1740, hg. v. S. N. Zwicker. Cambridge 1998. – The Cambridge companion to old English literature, hg. v. M. Godden u. a. Neudr. Cambridge 1998. – The Cambridge guide to literature in English, hg. v. I. Ousby. Neudr. Cambridge 1998. – Ousby, I.: Cambridge guide to fiction in English. Cambridge 1998. – The Oxford companion to English literature, hg. v. M. Drabble. Neuausg. Oxford [5]1998. – The Cambridge history of medieval English literature, hg. v. D. Wallace. Cambridge 1999.

e̱nglische Musi̱k. Vom ältesten, kelt., Musikgut (↑Barde) ist einiges in der Volksmusik erhalten. Seit der Christianisierung wurde der Kirchengesang gepflegt, der an der Entwicklung der frühen Mehrstimmigkeit seit etwa 1000 entscheidend beteiligt war. Erster Meister der kunstvollen mehrstimmigen Gesangsmusik ist J. Dunstable († 1453). Seit H. Ashton († 1522) erlangte die Virginalmusik (Musik für Cembalo) große Bedeutung. Den Höhepunkt des Elisabethan. Zeitalters bildeten die kunstvollen Madrigale von W. Byrd, O. Gibbons, T. Morley, J. Dowland, J. Bull. Daneben

englische Philosophie ENG

blühte die kirchl. Gesangsmusik der Anthems (T. Tallis, Gibbons, Byrd). Im 17. Jh. hielt die italien. Oper ihren Einzug. H. Purcell, der bedeutendste Komponist in der 2. Hälfte des 17. Jh., führte die Tradition des Anthems zu einem Höhepunkt und bereicherte die e. M. auf den Gebieten der Oper, der Instrumental- und der Vokalmusik. Seit 1712 lebte G. F. Händel in England; mit ihm begann der große Einfluss des Auslands auf das engl. Musikleben. Bekannte engl. Komponisten des 19. Jh. waren J. Field und der Operettenkomponist A. Sullivan. Um 1880 begann unter dem Einfluss der dt. Musik ein Abschnitt neuen eigenen Schaffens (H. Parry, C. V. Stanford, A. Mackenzie, Ethel Smyth). E. Elgar entwickelte einen Stil stark nat. Eigenart. Mit F. Delius und C. Scott folgte der Anschluss an den frz. Impressionismus. Als bed. Sinfoniker, Opernkomponist und Förderer der engl. Volksliedbewegung trat R. Vaughan Williams hervor. Daneben sind G. Holst und F. Bridge (* 1879, † 1941) zu nennen. Von den um 1900 geborenen Komponisten sind v. a. A. Bliss und M. Tippett über Großbritannien hinaus bekannt geworden. Um die Mitte des 20. Jh. waren B. Britten als Opernkomponist und P. R. Fricker (* 1920, † 1990) als Sinfoniker führend. Der Zwölftontechnik bedienten sich E. Lutyens (* 1906, † 1983) und H. Searle (* 1915, † 1982). Zur internat. Avantgarde zählen u. a. B. Ferneyhough (* 1943), P. M. Davies und H. Birtwistle. Neueste Tendenzen, einschl. der elektron. Musik, sind auch bei R. Smalley (* 1943), Tim Souster (* 1943) und John Tavener (* 1944) vertreten, ferner bei Judith Weir (* 1954), Marc-Anthony Turnage (* 1960) und Thomas Adès (* 1971).

📖 Nagel, W.: Gesch. der Musik in England, 2 Bde. Straßburg 1894–97. – British music now. A guide to the work of younger composers, hg. v. L. Foreman. London 1975. – Caldwell, J.: The Oxford history of English music, 2 Bde. Oxford 1991–99. – Foreman, L.: Music in England 1885–1920. London 1994. – Blake, A.: The land without music. Music, culture and society in twentieth century Britain. Manchester 1997. – Day, J.: »Englishness« in music. London 1999.

englische Philosophie. Die Tradition der e. P. beginnt mit den frühen Vertretern der Vorscholastik und Scholastik, die bereits den für die weitere Entwicklung bezeichnenden Hang zu einer Wirklichkeitsbegründung durch die Erfahrung erkennen lassen. Zu ihnen rechnen u. a. Beda Venerabilis, Johannes Scotus Eriugena, Adelard von Bath, Richard von St. Viktor und Johannes von Salisbury. Kennzeich-

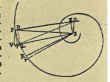

englische Philosophie: Seite aus Isaac Newtons »Philosophiae naturalis principia mathematica« (1687)

nend ist auch der immer wieder wirksam werdende Einfluss der idealist., platonisch-augustin. Denktradition, der durch Alexander von Hales und die Oxforder Franziskanerschule im 13. Jh. zu besonderer Ausprägung gelangte. Zu ihr gehörten u. a. Robert Grosseteste, Roger Bacon und J. Duns Scotus. Im weiteren Verlauf trat v. a. W. von Ockham als Hauptvertreter des Nominalismus an der Wende der Neuzeit hervor. Richtungweisende Beiträge lieferte die e. P. im Zeitalter der Renaissance bes. zur Staats- und Naturrechtslehre (T. More, R. Hooker); F. Bacons erfahrungsorientiertem Sytem der Wiss.en, das wiss. und techn. Entwicklung favorisierte, ordnete R. Boyle Mathematik und Atomismus zu. Im 17. und 18. Jh. entwickelte sich das geistige Leben weitgehend unabhängig von den

ENG englische Philosophie

kontinentalen Denkrichtungen, übte jedoch auf diese bes. in der Auseinandersetzung um den Empirismus eine starke Wirkung aus. Seit den Kämpfen um die Volkssouveränität im 17. Jh. stand die polit. Theorie im Vordergrund der e. P. Ähnl. Bedeutung hatte in der Folgezeit die Anerkennung der mathematisch-naturwiss. Methode, bes. seit der Kosmologie von I. Newton, deren weltanschaul. Konsequenzen v. a. das Aufklärungszeitalter beherrschten. Der erste neuzeitl. Systembildner der e. P. war T. Hobbes, dessen empiristisch geprägte erkenntnistheoret. Position, im Ggs. zu Descartes, nur die Körperwelt als real gelten ließ (Naturalismus). Er blieb ohne Anhänger, doch knüpften die meisten engl. Denker des folgenden Jh. kritisch an seine Lehren an. Eine Erneuerung des Platonismus wurde gegenüber Hobbes in der Cambridger Schule (H. More, R. Cudworth, A. Conway) angestrebt. Vom Standpunkt einer natürl. Religion ging der Deismus mit seiner Kritik an der auf die Offenbarung gestützten christl. Theologie aus (u. a. Edward Herbert, Lord of Cherbury, J. Toland, A. Collins und M. Tindal). Als Gegner Hobbes' und Cudworths suchte J. Locke, der wichtigste Vertreter des engl. Empirismus im 17. Jh., den Streit um die Grundsätze der Philosophie durch eine Untersuchung des menschl. Erkenntnisvermögens zu entscheiden. Er führte alle Erkenntnis auf Erfahrung zurück und begründete eine sensualist. Assoziationspsychologie. Lockes Lehren wurden von G. Berkeley im Sinne einer die Körperwelt leugnenden Metaphysik (Immaterialismus), von D. Hume zu einem positivist. Empirismus fortentwickelt. Gegenüber diesen empirist. Lehren wurden, z. T. wieder an die platon. Tradition anknüpfend, bes. von T. Reid und der von ihm gegründeten Schottischen Schule (J. Beattie, T. Brown, später W. Hamilton) von der äußeren Erfahrung unabhängige Prinzipien der Erkenntnis angenommen. Bed. Einfluss auf die Aufklärung hatten die engl. Moralisten, bes. A. Shaftesbury, J. Butler, F. Hutcheson, dessen Schüler Adam Smith v. a. durch seine liberale Wirtschaftslehre bekannt wurde, und E. Burke. Gegen Shaftesburys Idealismus richtete sich B. de Mandeville, der durch das Zusammenspiel egoist. Einzelinteressen ein Höchstmaß an Gemeinwohl garantiert sah.

Die empirist. Tradition wurde im 18. und 19. Jh. von J. Bentham und J. S. Mill in vorwiegend sozialreformer. Absicht im Sinne eines Utilitarismus, von H. Spencer unter dem Einfluss C. Darwins in einer universalen Entwicklungslehre fortgeführt. Während Kant schon auf W. Hamilton und die spätere Schottische Schule, bes. aber auf W. Whewell gewirkt hatte, breitete sich gegenüber dem Empirismus und der Schottischen Schule seit etwa 1865 der Einfluss Hegels aus, bes. durch T. H. Green. Er fand selbstständige Ausprägungen im metaphys. Idealismus F. H. Bradleys, B. Bosanquets und J. McTaggarts. J. H. Newman vertrat eine gegen die Aufklärung gerichtete, das Gewissen betonende Religionsphilosophie. In der Folgezeit traten zwei Hauptrichtungen hervor, z. T. in krit. Ggs. zum Idealismus: der Pragmatismus von F. C. S. Schiller und v. a. der Neurealismus, der hauptsächlich auf G. E. Moore zurückgeht. Er sucht erkenntnistheoretisch an den Skeptizismus und Empirismus von Hume anzuknüpfen. Bed. Vertreter des Neurealismus waren bes. A. N. Whitehead, der einen evolutionist. Theismus vertrat, z. T. gemeinsam mit B. Russell, aber auch Problemen der mathemat. Logik nachging. Unter dem Einfluss Russells, dessen Erkenntnislehre Empirismus und log. Positivismus verbindet, und des Wieners L. Wittgenstein bildete sich die analyt. Philosophie (A. J. Ayer, G. Ryle, J. L. Austin, P. F. Strawson, A. J. T. Wisdom), die Wissenschaftstheorie und Sprachlogik in den Vordergrund rückt. Eine in Abhebung von O. Spengler entwickelte, umfassende Kulturtheorie entwarf A. J. Toynbee. Kennzeichnend für die moderne e. P. sind weiterhin logischsystemat. und wissenschaftstheoret. Fragestellungen (M. Dummett, Ayer), Beschäftigung mit formaler Logik (J. Łukasiewicz, W. und M. Kneale), Ethik (R. M. Hare, B. Williams), analyt. Sprachphilosophie (H. P. Grice) und analyt. Rechtstheorie (H. L. A. Hart).

📖 *The encyclopedia of philosophy, hg. v. P. Edwards u. a. 8 in 4 Bden. Neudr. New York u. a. 1972. Ergänzungsbd. hg. v. D. M. Borchert. Ebd. 1996. – Priest, S.: The British empiricists. Hobbes to Ayer. London u. a. 1990. – British philosophy and the Age of Enlightenment, hg. v. S. Brown. New York u. a. 1996.*

Englischer Gruß, ↑Ave-Maria, ↑Verkündigung Mariä.

englische Sprache, zur westgerman. Gruppe der indogerman. Sprachen gehörende Sprache mit etwa 300–350 Mio. Sprechern, davon rd. 215 Mio. in den USA, rd. 60 Mio. Sprecher auf den Brit. Inseln, die übrigen in Kanada, Australien, Neuseeland, der Rep. Südafrika u. a. ehem. brit. Kolonien. Darüber hinaus ist die e. S. für weitere etwa 350 Mio. Sprecher in Indien, Pakistan, Nigeria, Kenia u. a. Staaten offizielle Zweitsprache und oft einziges überregionales Verständigungsmittel. Die e. S. ist die am weitesten verbreitete Fremdsprache der Erde, z. B. als Hauptsprache des internat. Verkehrs, der Wirtschaft, Technik und Wiss. sowie – neben dem Französischen – auch der Diplomatie; einen besonderen Platz nimmt sie im Rahmen der Unterhaltungsind., Werbung und Jugendkultur ein. **Entwicklung:** Die engl. Sprachgeschichte wird gewöhnlich in die Perioden **Altenglisch** (etwa 450–1100), **Mittelenglisch** (etwa 1100–1500) und **Neuenglisch** (seit etwa 1500) gegliedert. Die erste in Großbritannien geschichtlich nachweisbare Sprache war das Keltische. Als seit Mitte des 5. Jh. die german. Stämme der Angeln, Sachsen und Jüten Britannien eroberten, wurden die kelt. Dialekte in Randgebiete des Westens und Nordens zurückgedrängt. Nach der normann. Eroberung (1066) war England lange Zeit zweisprachig (amtl. Sprache war das normann. Französisch), bis sich im Laufe des 14. Jh. das Englische (mit vielen frz. Lehnwörtern) wieder durchsetzte. Aus der Sprache der Londoner Kanzleien ging die neuengl. Sprache hervor. – Die e. S. hat einen sehr umfangreichen und heterogenen Wortschatz. Ein hoher Prozentsatz des heutigen Vokabulars ist frz. Ursprungs. Zahlreich sind auch die Entlehnungen aus dem Lateinischen, Griechischen, Niederländischen, Spanischen und Deutschen. In der Orthographie zeigten sich nach Einführung des Buchdrucks durch W. Caxton (1476) erste Tendenzen »zur Vereinheitlichung. Mit S. Johnsons »Dictionary of the English Language« (1755) war die engl. Orthographie bereits weitgehend festgelegt; sie spiegelt den Lautstand des späteren Mittelenglischen, d. h. der Zeit um 1500, wider. Lautung und Schreibweise weichen in der e. S. sehr stark voneinander ab. Das Neuenglische hat einen sehr begrenzten Flexionsbestand. Der Plural wird bis auf wenige Ausnahmen durch das Anhängen eines -s gebildet. Im Pronominalsystem werden formal drei Kasus, im Nominalsystem zwei Kasus unterschieden. Das Neuenglische kennt fast nur ein natürl. Geschlecht und unterscheidet im Wesentlichen zwei Modi und drei Zeitstufen. Die strikte Wortstellung von »Subjekt–Verb–Objekt« erfuhr bereits im 18. Jh. durch normative Grammatiken ihre endgültige Fixierung. – Die neben dem brit. Englisch (einschl. seiner regionalen bzw. Dialekte, darunter das **Schottische** und **Angloirische**) bedeutendste Variante ist das **amerikan. Englisch;** seine Wurzeln sind im Englischen des Elisabethan. Zeitalters zu suchen. Das amerikan. Englisch weist v. a. im Wortschatz größere Gemeinsamkeiten mit dem brit. Englisch auf. Bed. Unterschiede zum brit. Englisch bestehen im Wortschatz, in der Orthographie und v. a. in der Aussprache. Das **kanad. Englisch** steht dem amerikan. Englisch nahe, weist aber auch viele Gemeinsamkeiten mit dem brit. Englisch auf. Das **austral. Englisch** und das **neuseeländ. Englisch** sind eng an der brit. Standardsprache orientiert (sie weisen jedoch Besonderheiten in Wortschatz und Aussprache auf). Das **südafrikan. Englisch** ist vom Afrikaans beeinflusst. In Indien und ost- und westafrikan. Ländern ist die e. S. meist die Sprache der Gebildeten, der Wiss., Technik und Verwaltung. Eine soziale und ethn. Sonderform ist das **Black English.**
📖 *English as a world language,* hg. v. R. W. Bailey u. a. Neuausg. Cambridge 1984. – *Koziol, H.:* Grundzüge der Geschichte der e. S. Darmstadt ³1984. – *Leisi, E.:* Das heutige Englisch. Wesenszüge u. Probleme. Heidelberg ⁷1985. – *Faiß, K.:* Engl. Sprachgeschichte. Tübingen 1989. – *Mencken, H. L.:* The American language. Neuausg. New York ⁴1992. – *Trudgill, P. u. Hannah, J.:* International English. London ³1994. – *A comprehensive grammar of the English language,* bearb. v. R. Quirk u. a. Neuausg. London 1995.

Englisches Vollblut, auf der Grundlage oriental. Pferde sowie irischer und kelt. Landrassen seit dem 17. Jh. gezüchtete edle Pferderasse; Stockmaß 160–170 cm; Kopf klein, leicht, mit großen Augen und weiten Nüstern; eingesetzt im Rennsport,

ENG Englischhorn

Reitsport und zur Veredlung von Warmblütern in der Zucht.
Englischhorn, Altoboe in F (Umfang es–b²; klingt eine Quinte tiefer als notiert) mit birnenförmigem Schallbecher.

Englisches Vollblut

Englishwaltz [ˈɪŋlɪʃˈwɔːl(t)s, engl.] *der,* langsamer Walzer in ruhigem ³/₄-Takt; kam um 1920 aus den USA nach Europa und gehört seit 1929 zu den Standardtänzen.
Engobe [ãˈgoːbə, frz.] *die,* dünner Überzug aus Tonschlamm auf einer keram. Grundmasse, der beim Brennen eine gleichmäßige Oberfläche und Färbung liefert.
en gros [ãˈgro, frz.], im Großen; Ggs. ↑en détail.
Enhancement [ɪnˈhɑːnsmənt, engl.] *das,* Verstärkung, Steigerung, Beschleunigung, z. B. einer pharmakolog. Wirkung oder einer Kontrastverstärkung nach Gabe eines Röntgenkontrastmittels.
Enharmonik [grch.] *die,* seit dem 16. Jh. Bez. für Intervalle, die kleiner als der chromat. Halbton sind. Heute bezeichnet E. das Verhältnis zweier Töne, die durch Erhöhung bzw. Erniedrigung zweier benachbarter Stammtöne gebildet werden, z. B. fis (als Erhöhung von f) und ges (als Erniedrigung von g). **Enharmon. Verwechslung** nennt man das bloße schreibtechn. Auswechseln von ♯ und ♭; **enharmon. Umdeutung** findet statt, wenn die andere Schreibweise des gleichen Tons eine Modulation in eine andere Tonart anzeigt (z. B. fis in D-Dur wird zu ges in Des-Dur).
Enigma, ↑Änigma.
Enigma [von grch. aínigma »Rätsel«], Name eines Verschlüsselungssystems, das das Dt. Reich im Zweiten Weltkrieg zur Chiffrierung geheimer Nachrichten nutzte. Mit der E. wurde während des Zweiten Weltkriegs der größte Teil der Funksprüche der dt. Wehrmacht und Marine vor dem Absenden verschlüsselt und nach dem Empfang wieder entschlüsselt. Die mit der E. chiffrierten Funksprüche wurden während des Kriegs (mit Unterbrechungen) in der brit. Chiffrierstelle in Bletchley Park trotz immer neuer techn. Raffinessen dechiffriert, sodass die Alliierten diesen Teil des militär. Funkverkehrs mit einigen Ausnahmen mithören konnten. Man nimmt an, dass während des Zweiten Weltkriegs 100 000 bis 200 000 solcher Verschlüsselungsmaschinen gebaut wurden.
ENI S. p. A., Abk. für Ente Nazionale Idrocarburi, italien. Energiekonzern (Erdöl, Erdgas, Petrochemie), gegr. 1953; Sitz: Rom. Zu den zahlr. Tochterges. gehört z. B. die AGIP Petroli S. p. A.; 1992 Umwandlung in eine AG, 1995 Teilprivatisierung des bisher staatl. Unternehmens.
Eniwetok [eˈniːwətɔk, enɪˈwiːtɔk], Atoll mit 40 Inseln in der Ralikgruppe der Marshallinseln; am 1. 11. 1952 zündeten die USA hier die erste Wasserstoffbombe.
Enjambement [ãʒãbˈmã, frz. »Überschreiten«] *das* (Zeilensprung), das Übergreifen des Satzes und damit des Sinnes über das Ende eines Verses oder einer Strophe; z. B.:
»Ich melde dieses neue Hindernis
dem Könige geschwind; beginne du
das heil'ge Werk nicht eh', bis er's erlaubt.«
(Goethe, »Iphigenie«)
In der mhd. Dichtung wurde das E. bewusst zu einer Eigenart der Verstechnik entwickelt (↑Reimbrechung).
Enkaustik [grch.] *die,* antike Maltechnik (4. Jh. v. Chr. [?] bis 4. Jh. n. Chr.), bei der die Pigmente, mit »pun. Wachs« (mit Soda und Meerwasser aufgekochtes Bienenwachs) verschmolzen, heiß aufgetragen und mit Pinseln und erhitzten Metallspachteln auf dünnen Brettchen vermalt wurden, so z. B. bei den ägyptischen Mumienporträts (↑Mumie).
Enkel [ahd. eninchili, Verkleinerung von Ahn, da der E. als der wieder geborene Großvater galt], Kindeskind.
Enkeltafel (Nachfahrentafel), *Genealogie:* familienkundl. Aufstellung, auf der in absteigender Linie die von einem Ehepaar

Enns ENN

abstammenden Menschen in männl. und weibl. Linie verzeichnet sind; Ggs.: ↑Ahnentafel.

Enkhuizen [εŋk'hœjzə], Hafenstadt in der Prov. Nordholland, Niederlande, am IJsselmeer, 16 600 Ew.; Zuiderzeemuseum; Papierverarbeitung, Blumenzwiebelzucht, Gemüseanbau; Fremdenverkehr. – Gut erhaltene, von Grachten durchzogene Altstadt mit Zuiderkerk (15. Jh.), Westerkerk (15./16. Jh.); Reste der Verteidigungsanlagen.

Enklave [frz.] *die,* vom eigenen Staatsgebiet umschlossener Gebietsteil eines anderen Staates. Eigenes Staatsgebiet innerhalb eines anderen Staates bezeichnet man als **Exklave**.

Enklise [grch.] *die,* Vorgang, dass sich ein Wort ohne selbstständige Betonung mit dem vorhergehenden Wort zu einer Akzenteinheit verbindet, z. B. »es« in »geht es?«, oder beim **Enklitikon** mit Lautverlust, z. B. »geht's?«.

Enkolpion [grch.] *das,* meist oval geformtes Medaillon mit einem Bild (häufig von der Gottesmutter), das die ostkirchl. Bischöfe auf der Brust tragen, entstanden aus der in der frühen Kirche allgemein »zum Schutz des Lebens« getragenen Reliquienkapsel.

Enkomiastik [grch.] *die,* die Kunst, bedeutende und verdiente Personen in einer Lobrede oder einem Lobgedicht zu preisen.

Enkomion [grch.-lat.] *das,* (Enkomium), Lobrede, Lobgedicht.

Enköping ['e:ntçø:piŋ], Ind.stadt nördl. vom Mälarsee, Schweden, 36 300 Ew.; zahlr. bemalte Holzhäuser; Liebfrauenkirche (12. Jh.). – E. erhielt 1300 Stadtrecht.

Enkulturation [lat.] *die,* Prozess im Rahmen der frühkindl. (»primären«) ↑Sozialisation, in dem Grundzüge (bes. »Kernrollen« sozialen Verhaltens) der eigenen Kultur vermittelt und durch bewusste und unbewusste Lernprozesse angeeignet werden; im Unterschied zur ↑Akkulturation.

en masse [ã'mas, frz.], in großer Menge, Zahl (vorhanden, vorkommend); sehr viel.

en miniature [ãminja'ty:r, frz.], in kleinem Maßstab; einem Vorbild in kleinerem Ausmaß ungefähr entsprechend; im Kleinen dargestellt, vorhanden, und zwar in Bezug auf etwas, was eigentlich als Größeres existiert.

Enna, 1) Provinz in Mittelsizilien, Italien, 2 562 km², 180 200 Einwohner.

2) (bis 1927 Castrogiovanni), Hptst. von 1), auf steiler Anhöhe 931 m ü. M., 28 400 Ew.; Agrarzentrum, Sommerfrische. – Beherrschende normannisch-stauf. Burganlage (Castello di Lombardia) mit sechs (urspr. 20) Türmen; Dom (urspr. gotisch, barock umgestaltet). – Im Altertum bed. Heiligtum der Göttinnen Demeter und Persephone. Unter den Staufern war die Stadt häufig Residenz.

Enneagramm [grch.] *das,* auf der Einteilung des menschl. Charakters in neun Grundtypen beruhendes Erklärungssystem der menschl. Persönlichkeit; symbolisiert durch einen in neun Teile gegliederten Kreis; bes. im Bereich der Esoterik verbreitet.

Ennedi, Sandstein-Tafelbergland in der Sahara, in NO-Tschad, bis 1 450 m ü. M.; vorgeschichtl. Funde (Keramik) aus dem 6. Jt. v. Chr.; am W-Rand des E. fand man zahlr. Felsbilder (Wild- und Haustiere zus. mit Menschen).

Ennepe *die,* linker Nebenfluss der Volme, im Sauerland, NRW, 40 km lang, entspringt bei Halver, mündet in Hagen; Stausee (12,6 Mio. m³).

Ennepe-Ruhr-Kreis, Kreis im RegBez. Arnsberg, NRW; 408 km², 350 000 Ew.; Verw.sitz ist Schwelm.

Ennepetal, Stadt im Ennepe-Ruhr-Kr., NRW, an der Ennepe im Sauerland, an der Schwelle zum Bergischen Land, 34 100 Ew.; Kleineisen-, Autozubehör-, Kunststoffind., Maschinenbau. Die **Kluterthöhle,** mit 6 km erforschten Gängen eine der größten Naturhöhlen Dtl.s, dient als Heilstätte bei Erkrankungen der Atemwege und der Haut.

Ennius, Quintus, lat. Dichter, *Rudiae (Kalabrien) 239 v. Chr., †169 v. Chr.; schrieb u. a. Tragödien und Komödien nach grch. Muster (bes. Euripides). Sein bedeutendstes Werk waren die »Annales«, in denen er die röm. Geschichte von der Ankunft des Äneas in Italien bis zu E.' Zeit darstellte. Von seinem Werk sind nur Bruchstücke erhalten.

Enns, 1) *die,* rechter Nebenfluss der Donau in Österreich, 254 km lang, entspringt in den Radstädter Tauern, durchbricht im ↑Gesäuse die Ennstaler Alpen, mündet bei Enns. Ihr Unterlauf bildet die Grenze zw. Nieder- und Oberösterreich. Laufwasserkraftwerkskette (zehn Werke).

2) Stadt im Bezirk Linz-Land, Oberöster-

203

ENN Ennstaler Alpen

reich, nahe der Mündung der Enns in die Donau, 10 600 Ew.; Zuckerfabrik, Herstellung von Gablonzer Schmuckwaren. – Got. Pfarrkirche, Bürgerhäuser aus Renaissance und Barock, auf dem Hauptplatz ein 59 m hoher Stadtturm (1554–68), Römermuseum mit Funden aus dem ehem. Römerlager **Lauriacum** (Lorch). – Die **Ennsburg**, gegr. um 900, war Bollwerk gegen die Ungarn; Stadtrecht 1212.

Enns 2): Der 59 m hohe Stadtturm wurde 1564–68 als Ausdruck stolzen Bürgersinns auf dem rechteckigen Hauptplatz errichtet.

Ennstaler Alpen, Teil der Nördl. Kalkalpen im N und S des Engtales der mittleren Enns, Österreich, im Hochtor 2369 m hoch.

Eno [ˈiːnəʊ], Brian, eigtl. B. Peter George St. Baptiste de la Salle E., brit. Klangkünstler, Komponist und Produzent, *Woodbridge (Suffolk) 15. 5. 1948; elektron. Klangmontagen im Grenzbereich zw. Rock, Avantgarde, Jazz und New Age; u. a. Zusammenarbeit mit D. Bowie.

Enole, ungesättigte Alkohole mit der chem. Gruppe $-C(OH)=CH-$; sie sind tautomer (↑Tautomerie) zu Carbonylverbindungen mit der Gruppe $-CO-CH_2-$ (Keto-Enol-Tautomerie).

enorm [frz.], von außergewöhnlich großem Ausmaß, außerordentlich; erstaunlich.

Enosis [grch. »Vereinigung«], von der grch. Bevölkerungsmehrheit auf Zypern getragene polit. Bewegung, fordert unter Führung der orth. Kirche den Anschluss der Insel an Griechenland, wandte sich seit dem 19. Jh. gegen die türk., seit 1925 gegen die brit. Herrschaft (Aufstand von 1931). Um 1950 wurde Erzbischof Makarios III. der polit. Führer der Enosis. In ihrem Zeichen baute General G. Grivas ab 1955 die ↑E. O. K. A., eine militär. Untergrundarmee, auf. (↑Zypern, Geschichte)

en passant [ãpaˈsã; frz.], »im Vorübergehen«], **1)** *allg.:* nebenher (in Bezug auf etwas, was neben dem Eigentlichen mehr am Rande noch mit erledigt wird).

2) *Schach:* Rückt ein Bauer aus der Grundstellung in einem Zug zwei Felder vor, so kann ein gegner. Bauer, der neben dem neuen Standfeld des Bauerns steht, diesen nur im unmittelbar folgenden Zug en passant, nämlich so schlagen, als ob er nur ein Feld vorgerückt sei.

en profil [ãproˈfil, frz.], im Profil, von der Seite; Ggs. en face.

Enquete [ãˈkɛːt, frz.] *die,* eine Untersuchung v. a. sozial- oder wirtschaftspolit. Verhältnisse durch mündl. oder schriftl. Befragung einer möglichst großen Zahl Beteiligter oder Sachverständiger. **Parlamentar. E.** ↑Untersuchungsausschuss.

Enquist, Per Olov, schwed. Schriftsteller, *Hjoggböle (VerwBez. Västerbotten) 23. 9. 1934; verfasste Romane (»Gestürzter Engel«, 1985; »Kapitän Nemos Bibliothek«, 1991; »Der Besuch des Leibarztes«, 1999), Dramen (»Die Bildermacher«, UA 1998), u. a. (»Die Kartenzeichner«, 1992, Essay) mit histor. Hintergrund. Die Grundstimmung E.s ist von Pessimismus geprägt, die Motive Betrug und Niederlage kehren immer wieder.

enragiert [ãraˈʒiːrt, frz.], leidenschaftlich für etwas eingenommen; leidenschaftlich erregt.

Enron Corp. [ˈenrən kɔːpəˈreɪʃn], weltweit führender Energiekonzern (v. a. Großhandels-, Energie-, Breitband- und Transportdienstleistungen) und größter Erdgashändler der USA; entstanden 1985 durch Fusion von Houston Natural Gas Co. und InterNorth of Omaha Inc., Sitz: Houston (Texas). Der in mehr als 40 Ländern tätige

Konzern erzielte 2001 mit 15 400 Beschäftigten einen Umsatz von 138,7 Mrd. US-$. – Im Dezember 2001 musste das hochverschuldete Unternehmen Konkurs anmelden und einräumen, dass in den letzten vier Jahren Bilanzen manipuliert, d. h. Gewinne und Schulden nicht exakt ausgewiesen worden waren. Das amerikan. Justizministerium hat Anfang 2002 ein Ermittlungsverfahren gegen den Konzern (u. a. wegen des Verdachts auf Bilanzbetrug und Verstöße gegen das Wertpapierrecht) eingeleitet. Ein offizielles Untersuchungsverfahren zu den Hintergründen der größten Firmenpleite in der Geschichte der USA läuft auch im US-Kongress.

en route [ã'rut, frz.], unterwegs.

Ens [lat.] *das,* philosoph. Bez. für Existierendes bzw. Wirkliches, dem das Sein auf versch. Weise zukommt: Vom real Seienden (**E. reale**) unterscheidet sich das gedachte Seiende (**E. rationis**). Das E. reale ist entweder das durch sich selbst bestehende, ursachenlose göttl. Sein (**E. a se**), das vollkommene Sein (**E. perfectissimum**), Gott als das allerrealste Seiende (**E. realissimum**) oder die für sich existierende, aber in Ursachenreihen verflochtene Substanz (**E. per se**) und die an ihr haftenden, von ihr abhängigen Eigenschaften (**E. in alio** und **E. ab alio**).

Enschede ['ɛnsxədə:], Industriestadt in der Prov. Overijssel, Niederlande, am Twentekanal, 148 400 Ew.; TU, Rijksmuseum Twente, Textilindustriemuseum; traditionelle Textilindustrie, Maschinenbau, Möbel-, Reifen-, Elektronik-, opt. Industrie. – Erhielt 1325 Stadtrecht.

Ensemble [ãˈsãːbəl, frz.] *das,* **1)** *allg.:* Ganzes, planvolle, wirkungsvoll gruppierte Gesamtheit.
2) *Musik:* das solist. Zusammenspiel einer instrumentalen oder vokalen Gruppe (z. B. Kammerorchester), auch kleine Besetzung.
3) *statist. Physik:* die ↑Gesamtheit.
4) *Theater:* Gesamtheit der an einem Theater, einer Opernbühne oder bei einer Truppe engagierten Schauspieler bzw. Sänger.

Ensenada, Stadt im N von Baja California Norte, einer der wichtigsten Pazifikhäfen Mexikos, 315 300 Ew.; Fischerei, Fischverarbeitung; bed. Fremdenverkehr aus den USA.

Ensenada, Zenón de Somodevilla y Bengoechea, Marqués de la, span. Staatsmann, *Alesanco (Prov. Logroño) 2. 6. 1702, † Medina del Campo 2. 12. 1781; als Kriegs- und Finanzmin. Hauptvertreter des aufgeklärten Absolutismus in Spanien, setzte wichtige Reformen durch (u. a. Förderung der Wirtschaft auf physiokrat. Grundlage); 1754 gestürzt.

Ensinger, Ulrich (U. von Ensingen), Baumeister, *Einsingen (heute zu Ulm) oder Oberensingen (heute zu Nürtingen) um 1350, † Straßburg 10. 2. 1419; war 1392–1417 Baumeister und Leiter des Ulmer Münsterbaus, ab 1399 gleichzeitig in Straßburg am Münster (Oktogongeschoss des Nordturms), seit 1400 auch Bauleiter der Frauenkirche in Esslingen.

James Ensor: Das maskierte Paar (1927)

Ensor, James, belg. Maler, *Ostende 13. 4. 1860, † ebd. 19. 11. 1949; malte seit den 1880er-Jahren dem Symbolismus nahe stehende, fantast. Visionen mit Masken und Gespenstern, die den Alltag mit bunten, grellen Farben ins Bedrohliche, Spukhafte verfremden. E. übte starken Einfluss auf den dt. Expressionismus aus und war Vorläufer der Surrealisten.

📖 *Heusinger von Waldegg, J.:* J. E. Legende vom Ich. Neuausg. Köln 1999. – J. E. Visionär der Moderne, Beiträge v. J. Becker

ENS Enstatit

u. a., *Ausstellungskatalog Galerie Albstadt.* Albstadt 1999.

Enstatit [grch.] *der,* grauweißes bis grünl. Mineral, ein ↑Pyroxen.

en suite [ãˈsɥit, frz.], im Folgenden, demzufolge; ununterbrochen.

Entaktivierung, Beseitigung Neutronen absorbierender Verunreinigungen aus dem Brennstoff oder der Moderatorsubstanz eines Kernreaktors.

ent|artete Kunst, während der nat.-soz. Diktatur in Dtl. die offizielle, auf der Rassentheorie beruhende Bez., mit der nahezu das gesamte moderne Kunstschaffen diffamiert werden sollte. Werke der »Verfallskunst« wurden in den dt. Museen beschlagnahmt. 1937 fand in den Hofgartenarkaden in München eine groß angelegte, später auch in anderen Städten gezeigte Ausstellung mit dem Titel »Entartete Kunst« statt, die in demütigender Präsentation zahlr. Beispiele der avantgardist. Kunst zeigte. Außer Werken der Wegbereiter der modernen Kunst befanden sich dort auch solche von E. Barlach, R. Belling, M. Chagall, O. Dix, P. Klee, E. Nolde. Ein Teil der beschlagnahmten Werke wurde 1939 in einer öffentl. Auktion der Galerie Fischer in Luzern versteigert, andere Werke wurden im selben Jahr in Berlin verbrannt. Viele der dt. Künstler erhielten Ausstellungs- und Arbeitsverbot, einigen gelang es zu emigrieren.

Neben den bildenden Künstlern wurden auch Komponisten als »entartet« diffamiert, v. a. die Wiener Schule A. Schönbergs mit A. Webern und A. Berg, aber auch P. Hindemith, E. Křenek, F. Schreker, K. Weill u. a. Was man unter »entarteter Musik« verstand, zeigte eine Ausstellung im Kunstpalast in Düsseldorf 1938. Komponisten, Dirigenten, Kritiker, Musikpädagogen und -wissenschaftler wurden des »Kultur- und Musikbolschewismus« beschuldigt. Viele der als »entartet« verleumdeten Komponisten emigrierten. In den 1990er-Jahren ist das Werk zahlr. verfolgter Komponisten wieder entdeckt und durch Aufführungen rehabilitiert worden, so das des in Auschwitz ermordeten V. Ullmann.

📖 *E. K. Das Schicksal der Avantgarde im Nazi-Dtl.,* hg. v. S. Barron, Ausst.-Kat. Altes Museum, Berlin. 1992. – Prieberg, F. K.: *Musik im NS-Staat.* Sonderausg. Köln 2000.

Ent|artung, 1) *Medizin:* die ↑Degeneration.

2) *Physik:* von bestimmten Gesetzmäßigkeiten abweichende Verhaltensweise physikal. Systeme; z. B. Erscheinungsform eines quantenmechan. Systems (Atom), bei dem zur gleichen Energie zwei oder mehrere Bewegungszustände gehören (d. h., zu demselben Energieeigenwert gehören mehrere Eigenfunktionen; ↑Eigenwertproblem), oder in der *Quantenstatistik* durch die Nichtunterscheidbarkeit ident. Teilchen bedingte Abweichung vom klassischphysikal. Verhalten bei Vielteilchensystemen (↑Gasentartung).

Entasis [grch.] *die* (Entase), *antike Baukunst:* die leichte An- und Abschwellung in der Kontur des Säulenschaftes sowie der Stufen (bes. von Tempeln).

Entbasten (Degummieren), *Textiltechnik:* das Behandeln von Rohseide mit heißen Seifenlösungen, um den Seidenbast zu entfernen und dadurch Glanz und Griff zu erreichen.

Entbindung, die ↑Geburt.

Entdeckungsgeschichte, die Geschichte des Auffindens und der Erschließung von Gebieten der Erde, die dem entdeckenden Kulturkreis zuvor unbekannt waren. Es handelte sich dabei häufig um Territorien, die bereits andere Kulturkreise besiedelt hatten. Ins Zentrum der histor. Betrachtung rückten v. a. die Entdeckungsreisen der Europäer seit dem Beginn der Neuzeit (Zeitalter der großen Entdeckungen) mit ihren weit reichenden wirtsch. und polit. Folgen (u. a. Entstehung der Kolonialreiche). Die bereits im Altertum einsetzende Erkundung fremder Gebiete erfolgte zunächst v. a. im Zusammenhang mit Kriegszügen und der Ausdehnung des Handels, später kamen die überseeische Expansion der europ. Seefahrernationen, Abenteurertum (z. B. Suche der Konquistadoren nach dem legendären ↑El Dorado), Missionierung und zunehmend auch wiss. Forscherdrang als Motive hinzu.

Altertum: Die älteste schriftlich überlieferte Entdeckungsreise ist die von der ägypt. Königin Hatschepsut veranlasste Expedition nach Punt Anfang des 15. Jh. v. Chr. Bereits Anfang des 6. Jh. v. Chr. umsegelten die Phöniker Afrika. Den Griechen und Römern waren außer dem Mittelmeergebiet auch die Küsten des Schwarzen Meeres gut bekannt. Die wichtigsten Entdeckungsreisen galten Afrika und Vorderasien (Herodot, 5. Jh. v. Chr.); der Alexanderzug (334–324 v. Chr.) führte bis zur Schwelle Indiens. Durch die Reisen des Pytheas aus Massalia (etwa 330 v. Chr.) wurde Genaueres über W- und N-Europa berichtet. Die größte Ausdehnung des Röm. Reiches unter Trajan (98–117) ermöglichte bereits ein geograph. Denken in dem weiten Raum von England bis Mesopotamien.

Mittelalter: Die seefahrtkundigen Wikinger erreichten um 860 das allerdings schon früher von iroschott. Mönchen besiedelte Island und 982 Grönland; von hier aus entdeckte Leif Eriksson um 1000 die NO-Küste Nordamerikas; eine Besiedlung (L'Anse aux Meadows) war aber nicht von Dauer. Diese Kenntnis von der Existenz Amerikas ging jedoch wieder verloren. – Die Araber übernahmen das Erbe der grch. Geographie. Sie querten die Sahara, gelangten bis in die Sudanzone und besaßen im MA. weit bessere Kenntnisse von Afrika, Vorder- und Südasien als die Europäer. Der Marokkaner Ibn Battuta war der bedeutendste Landreisende seiner Zeit; er lernte auf seinen Reisen (1325–53) große Teile N-Afrikas, Vorderasien, Indien, den Malaiischen Archipel und China kennen. – Das Wissen über Asien erweiterten die zu den Mongolenherrschern gesandten päpstl. Boten G. del Carpini (1246) und W. von Rubruk (1254) sowie v. a. Marco Polo, der 1271–95 Persien, Zentralasien, China und Indien bereiste und den Pazif. Ozean entdeckte. Aus seiner Reisebeschreibung ergab sich die Kenntnis, dass O- und S-Asien vom Meer umschlossen sind.

Zeitalter der großen Entdeckungen: Von Heinrich dem Seefahrer angeregt, unternahmen Portugiesen (seit 1418) Entdeckungsfahrten, zunächst entlang der W-Küste Afrikas (Madeira 1420, Azoren 1427), bes. nachdem die Türken 1453 durch die Einnahme Konstantinopels den Zugang nach Indien gesperrt hatten. Die Suche eines Seewegs nach Indien durch die Spanier führte zur weltgeschichtlich folgenreichen Landung von C. Kolumbus in Amerika (12. 10. 1492); weite Gebiete der Neuen Welt wurden Europa jetzt bekannt (seit 1498 Südamerika, seit 1502 Zentralamerika). Spanien und Portugal beanspruchten als die führenden Nationen der Zeit die Beherrschung der von ihnen entdeckten Räume; sie schrieben ihre Interessensphären in den Verträgen von Tordesillas (1494) und Saragossa (1529) fest. Bereits 1487/88 umsegelte B. Diaz die S-Spitze Afrikas; 1497/98 fand Vasco da Gama den Seeweg nach Indien. Nachfolgend wurden Malakka (1508), die Molukken (1512), S-China (Kanton 1517), Neuguinea (1526) und schließlich Japan (1542) erreicht. 1519–22 bewies die von F. Magalhães begonnene 1. Weltumsegelung die Kugelgestalt der Erde. Der Vorherrschaft der iber. Nationen widersetzten sich Franzosen, Niederländer und Engländer. In engl. Auftrag wurde seit 1553 nach der Nordostpassage (S. Caboto) und seit 1576 nach der Nordwestpassage gesucht; damit begann die Erforschung des Kanadisch-Arkt. Archipels (J. Davis, W. Barents u. a.). F. Drake gelang 1577–80 die 2. Weltumsegelung. – So ergab sich am Ende dieses Zeitalters eine beispiellose Ausweitung des geograph. Wissens. Süd- und Mittelamerika waren in ihren Küstengebieten und besiedelbaren Hochländern wesentlich besser bekannt als Nordamerika, das seit der Entdeckung Neufundlands (G. und S. Caboto, 1497) und Floridas (J. Ponce de León, 1513) erforscht wurde.

17. und 18. Jahrhundert: Engländer (1600) und Niederländer (1602) gründeten Handelskompanien und legten in Indien und im Malaiischen Archipel die Grundlage für ihre Kolonialreiche. 1606 entdeckte W. Jansz. die NW-Küste Australiens, 1642 A. J. Tasman die später nach ihm benannte Insel. – Kosaken erreichten 1639 über Sibirien das Ochotskische Meer. Christl. Missionare kamen nach China und gelangten von Indien aus nach Tibet. E. Kaempfer prägte nach Reisen in Japan (1690–92) die für Europa bis ins 19. Jh. maßgebende Vorstellung von diesem Land. – Im N der Neuen Welt entdeckten Franzosen die Großen Seen (S. de Champlain, 1615). S. I. Deschnjow umfuhr 1648 das NO-Kap Asiens. Die von V. J. Bering geleitete »Große Nord. Expedition« (1733–43) sowie die Reisen C. Niebuhrs (1761–67) und A. von Humboldts (1799–1804) waren Ausdruck des wachsenden wiss. Forschungsinteresses. Auch die drei Weltumsegelungen von J. Cook (1768–71, 1772–75 und 1776–79), dem letzten großen maritimen Entdecker, bedeute-

ENT Entdeckungsgeschichte

Europäische Entdeckungsreisen und Kolonisationen im 15. und 16. Jahrhundert

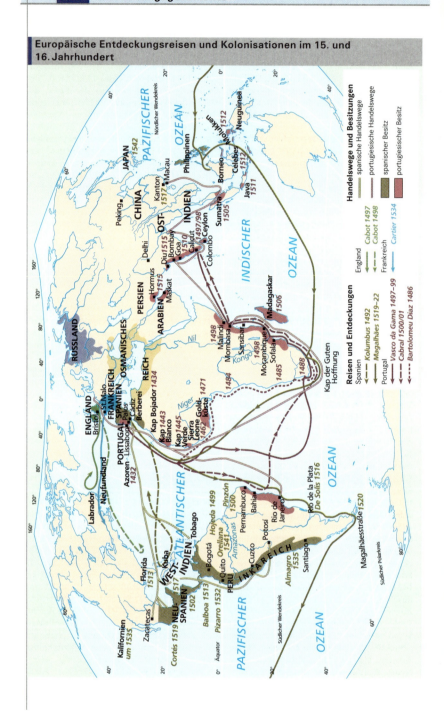

ten neben der seefahrer. eine wiss. Leistung. – Europa wandte sich nach der Gründung der »African Association« (1788) v. a. der Erforschung Afrikas zu. M. Park (1795 ff.) suchte den Nigerlauf zu klären, F. K. Hornemann gelang als erstem Europäer die Durchquerung der Sahara (1797–1800). **19. und 20. Jahrhundert:** Mit der Umsegelung der Antarktis 1819–21 (durch F. G. von Bellingshausen) begann deren Erforschung; den Südpol erreichte im Dez. 1911 R. Amundsen kurz vor R. F. Scott (Jan. 1912). Die Erforschung der Arktis blieb z. T. mit der Suche nach der Nordostpassage (A. E. von Nordenskiöld, 1878/79) und der Nordwestpassage (R. Amundsen, 1903–06) verbunden; in die Nähe des Nordpols gelangte R. E. Peary (1908/1909). Die erste Überfliegung des Nordpols im Luftschiff gelang 1926 R. Amundsen und U. Nobile, die des Südpols R. E. Byrd, der mit seinen vier Antarktisexpeditionen zw. 1928 und 1947 die wesentl. Entdeckungen in diesem Polargebiet machte. Die erste Durchquerung der Antarktis auf dem Landweg gelang V. E. Fuchs 1957/58. – Die Erschließung Innerafrikas war v. a. mit der Klärung des Laufs der großen Ströme (bes. Niger, Nil und Kongo) verbunden; bahnbrechende Expeditionen unternahmen z. B. D. Livingstone (1849 ff.), H. Barth (1850–55) und H. M. Stanley (1871 ff.). – Die abgelegenen Gebiete Zentralasiens wurden vom letzten großen Landreisenden S. Hedin erforscht (Expeditionen zw. 1894 und 1935). Schwer begehbare Gebiete, die in den 1960er-Jahren nur annähernd bekannt und kartographisch erfasst waren, konnten inzwischen durch Fernerkundung der Satelliten umfassend aufgenommen werden. 1995 gelang einer britisch-frz. Expedition die Entdeckung der Quelle des Mekong im Hochland von Tibet.

📖 *Henze, D.: Enzyklopädie der Entdecker u. Erforscher der Erde. Graz 1978 ff. – Krämer, W.: Die Entdeckung u. Erforschung der Erde. Leipzig* ⁸*1979. – Bitterli, U.: Alte Welt – neue Welt. Formen des europäisch-überseeischen Kulturkontakts vom 15. bis zum 18. Jh. Neuausg. München 1992. – Salentiny, F.: Dumont's Enzyklopädie der Seefahrer u. Entdecker. Von Amundsen bis Zeppelin. hg. u. ergänzt v. W. Waldmann. Köln 2002. – Großer Atlas der Forscher und Entdecker, hg. v. S. Grimbly. München 2003.*

Ente, 1) [Übersetzung des gleichbedeutenden frz. canard] *allg.:* haltloses Gerücht, Falschmeldung, z. B. Zeitungsente. **2)** *Biologie:* Schwimmvogel, ↑ Enten. **3)** *Medizin:* Harngefäß für bettlägerige männl. Kranke.

Entẹbbe, Stadt in Uganda, südlich von Kampala, 1 176 m ü. M. am NW-Ufer des Victoriasees, 41 600 Ew.; veterinärmedizin. Inst., ostafrikan. Inst. für Virusforschung, Fachschulen, Museen (für Geologie, Holzarten, Jagd und Fischerei); botan. Garten; Hafen, internat. Flughafen. – 1894–1962 Verw.sitz von Uganda.

Enteignung (lat. Expropriation), die teilweise oder völlige Entziehung des Eigentums, *rechtlich* im Sinne des Bundesverfassungsgerichts die vollständige oder teilweise Entziehung vermögenswerter Rechtspositionen durch einen gezielten hoheitl. Rechtsakt zur Erfüllung bestimmter hoheitl. Aufgaben. Die E. unterscheidet sich von der ↑ Konfiskation und der ↑ Sozialisierung. Art. 14 GG lässt eine E. nur zum Wohle der Allgemeinheit zu. Sie darf nur durch Gesetze oder aufgrund eines Gesetzes erfolgen, das Art und Ausmaß der Entschädigung regelt. Die Entschädigung ist unter gerechter Abwägung der Interessen der Allgemeinheit und der Betroffenen zu bestimmen. Während für die Zulässigkeit der E. als solcher die Verwaltungsgerichte zuständig sind, sind Streitigkeiten über die Höhe der Entschädigung von den ordentl. Gerichten zu entscheiden. Eine E. liegt nicht nur dann vor, wenn Eigentum im Sinne des bürgerl. Rechts entzogen wird, auch Rechtspositionen können Gegenstand von E. sein, z. B. ein Rentenanspruch, eine schuldrechtl. Forderung. – Umstritten bleibt die Bestimmung des Einigungsvertrages, die Auswirkungen der »Bodenreform« in der sowjet. besetzten Zone zw. 1945 und 1949, obwohl mit rechtsstaatl. Maßstäben nicht zu vereinbaren, im Prinzip unangetastet zu lassen (verankert auch in Art. 143 Abs. 3 GG). Das Bundesverfassungsgericht hat am 23. 4. 1991 diese Bestimmung für nicht verfassungswidrig erklärt, aber eine Ausgleichsregelung verlangt. Diese soll das Ges. vom 27. 9. 1994 bes. in Form von Schuldverschreibungen bewirken, die den Wert des entzogenen Eigentums i. d. R. bei

ENT Enteisungsanlage

Enteisungsanlage des Münchener Flughafens in Betrieb

weitem nicht erreichen und erst ab 2004 einlösbar sind.
In *Österreich* gelten ähnl. Grundsätze wie in Dtl. (Art. 5 Staatsgrund-Ges., § 365 ABGB). In der *Schweiz* ist zw. formeller E. (E. in einem gesetzlich geregelten Verfahren) und materieller E. (staatl. Eingriff in das Eigentum, das Eigentumsrecht wird jedoch dem Eigentümer belassen) zu unterscheiden (beide entschädigungspflichtig).
📖 *Riva, E.: Hauptfragen der materiellen E. Bern 1990. – Diekmann, B.: Das System der Rückerstattungstatbestände nach dem Gesetz zur Regelung offener Vermögensfragen. Frankfurt am Main u. a. 1992. – Handbuch des Enteignungsrechts, Beiträge v. K. Korinek u. a. Wien u. a. 1994. – Kreft, F.: Öffentlich-rechtl. Ersatzleistungen. Eigentum, E., Entschädigung. Berlin u. a. 1998.*

Enteisungsanlage, Bordanlage eines Luftfahrzeugs oder stationäre Anlage auf Flughäfen zur Verhinderung oder Beseitigung des fluggefährdenden Eisansatzes an Flügel- und Leitwerksvorderkanten, Luftschrauben u. a.

Entelechie [grch.] *die,* vollendete Wirksamkeit, inneres aktives Formprinzip (↑Teleologie). In Anlehnung an Platons Form- und Ideebegriff konzipiert Aristoteles die E. als Verwirklichung der in einem Seienden angelegten Gestaltmöglichkeiten; erste E. eines organ. Körpers z.B. ist die Seele. Der Begriff E. wurde u.a. von Leibniz (substanzielle Form), Goethe und H. Driesch (prozeßsteuernder Faktor im organ. Leben) wieder aufgenommen.

Enten (Anatinae), heterogene Unterfamilie der Gänsevögel, i.e.S. die **Schwimm-E.**, mit etwa 35 Gattungen und 115 Arten; starker Geschlechtsdimorphismus in Kehlkopfstruktur, Stimme und Gefieder; die Männchen **(Enterich** oder **Erpel)** tragen zur Paarungszeit ein Prachtkleid, die Weibchen sind tarnfarben. E. suchen ihre Nahrung gewöhnlich auf dem Wasser durch Gründeln, nicht durch Untertauchen wie die ↑Tauchenten. In Europa, Asien und Nordamerika weit verbreitet ist die 60 cm lange **Stock-E.** (Anas platyrhynchos). Etwas kleiner als sie ist die **Schnatter-** oder **Mittel-E.** (Anas strepera), am kleinsten die 36 cm lange **Krick-E.** (Anas crecca) und die bis 40 cm lange **Knäk-E.** (Anas querquedula) mit weißem Schaft der Handschwingen. Durch breiten Löffelschnabel fällt die **Löffel-E.** (Anas clypeata) auf, durch sehr langen dünnen Hals und spießartig verlängerte mittlere Steuerfedern die **Spieß-E.** (Anas acuta). Fast ausschl. auf dem Durchzug von Norden erscheint die **Pfeif-E.** (Anas penelope), Erpel mit heller Blesse auf rotbraunem Kopf. Zu den Meeres-E. gehören u. a. die ↑Eiderenten.
Die **Haus-E.** stammen von der Stock-E. ab; es gibt etwa 30 Rassen. Mastrassen sind: **Rouen-E., Peking-E.;** Legerassen: **Khaki-E., Campbell-E.** – **Enteneier** sollten nur gekocht gegessen werden, da sie Paratyphuserreger enthalten können. – Im Volksglauben gilt die E. als Wetterprophetin und Hexentier.

Entenflugzeug, Flugzeug mit an der Rumpfspitze (vor dem Tragflügel liegendem) angebrachtem Höhenleitwerk, dadurch verbesserte Flugeigenschaften.

Entengrütze (Entengrün, Entenflott), die Pflanzengattung ↑Wasserlinse.

Entente [ã'tãt, frz.] *die,* Einverständnis,

Bündnis; v. a. die **E. cordiale** zw. Großbritannien und Frankreich seit der Verständigung über die nordafrikan. Kolonialfragen (1904); aus dieser entwickelte sich durch Einbeziehung Russlands (seit 1907) die ↑Tripelentente. Als »E.-Mächte« bezeichnete man die Gegner der ↑Mittelmächte im Ersten Weltkrieg. 1920/21 entstand die ↑Kleine Entente.
Entenwal, Art der ↑Schnabelwale.
enteral [grch.], den Darm bzw. die Eingeweide betreffend.
Ent|erbung, Ausschluss eines Verwandten oder des Ehegatten von der gesetzl. Erbfolge; sie kann stillschweigend durch Einsetzen einer anderen Person als Erbe geschehen. Bei ausdrückl. E. durch Testament ist die Einsetzung eines anderen Erben nicht erforderlich (§ 1938 BGB). Abkömmlinge, Eltern und Ehegatte des Erblassers, die von der Erbfolge ausgeschlossen wurden, haben gegen den Erben einen Anspruch auf den ↑Pflichtteil (§ 2303). – Nach *österr.* und *schweizer. Recht* wird als E. die gänzl. oder teilweise Entziehung des Pflichtteils bezeichnet.
Enterich (Erpel), männliche Ente.
Enteritis [grch.] *die,* ↑Darmentzündung.
Entern [niederdt., von span. entrar »eindringen«], 1) das Erklettern der Masten eines Schiffes; 2) in der Seekriegführung seit der röm. Antike bis ins 16. Jh. das Rammen und Erstürmen eines feindl. Schiffes.

enterogen [grch.], im Darmbereich entstanden.
Enteroptose [grch.] *die,* ↑Eingeweidesenkung.
Enterostomie [grch.] *die,* operatives Anlegen einer künstl. Darmöffnung nach außen (z. B. beim ↑Kunstafter) meist seitlich am Bauch. Hierbei wird nach Bauchschnitt eine an die Bauchwand gezogene und angenähte Darmschlinge geöffnet.
Enterotoxine, hitzestabile bakterielle Giftstoffe, die nach Verzehr verunreinigter Lebensmittel im Darm nicht abgebaut werden können, häufige Ursache von Lebensmittelvergiftungen.
Enteroviren (Darmviren), Sammelbez. für eine Gruppe der Picornaviren, die sich hauptsächlich in der Darmschleimhaut vermehren und mit dem Stuhl ausgeschieden werden. Zu den E. gehören die ↑Coxsackie-Viren, ↑ECHO-Viren und Poliomyelitisviren. Sie sind Erreger der unterschiedlichsten Krankheiten (Kinderlähmung, abakterielle Hirnhautentzündung, Schnupfen u. a.).
Enterprise ['entəpraɪz; engl.], Name des als Testgerät dienenden Prototyps für den Orbiter des amerikan. Raumtransporters. E. wurde mit einem Flugzeug auf Höhe gebracht; eignet sich also nicht für einen Start auf eine Erdumlaufbahn.
Entertainer ['entəteɪnə, engl.] *der,* (Allein-)Unterhalter, bes. im Showgeschäft. –

Enten: Stockentenpaar, links Erpel

ENT Entfernung

Entertainment, berufsmäßig gebotene Unterhaltung.
Entfernung, *Mathematik:* ↑Abstand.
Entfernungsbestimmung (E. von Himmelskörpern), *Astronomie:* ↑Parallaxe.
Entfernungsmesser (Telemeter), Gerät zum Messen der Entfernung eines Zielpunktes vom eigenen Standort. Es gibt optische und elektrooptische E., die man in Zielwinkel-, Standwinkel- und Raumbild-E. sowie Laser-E. unterscheidet. Zielwinkel- und Standwinkel-E. beruhen auf dem Prinzip der Dreiecksmessung. Beim **Zielwinkel-E.** wird die Entfernung mithilfe einer Messlatte, die sich am Zielpunkt befindet, und des Gesichtswinkels, unter dem sie am Beobachtungspunkt erscheint, bestimmt. Beim **Standwinkel-E.** wird das Ziel von zwei Punkten aus anvisiert. Die Entfernung wird bestimmt aus dem Abstand dieser Punkte (Standlinie) und aus dem Winkel, den die Visierlinien miteinander bilden. Ist die Standlinie so lang, dass zwei getrennte Geräte zum Anvisieren des Zieles benutzt werden, ist es ein **Zweistand-E.** Der **Einstand-E.** vereinigt die beiden Geräte zu einer Einheit, die Standlinie ist bis 15 m lang. Beim **Koinzidenz-E.** werden die beiden Bilder im Gesichtsfeld des Beobachters mithilfe verdreh- oder schwenkbarer opt. Bauelemente (Spiegel, Prismen, Linsen) so gegeneinander verschoben, dass sie entweder zur Deckung kommen (Mischbild-E.) oder durch eine scharfe Trennungslinie getrennt übereinander liegen (Schnittbild-E.), sodass anschließend die Entfernung abgelesen werden kann. Beim **Raumbild-E.** (Stereo-E.) wird dem Beobachter ein räuml. Bild des Zielbereiches dargeboten, zus. mit einer im Gesichtsfeld erscheinenden bewegl. Messmarke oder einer feststehenden Messmarkenreihe. Aus dem Tiefenvergleich von Zielbild und Messmarke folgt der Messwert. Für topograph. Aufnahmen eingesetzte opt. Tachymeter benutzen eine im Zielpunkt vertikal aufgestellte Distanzlatte als Basis. Der parallakt. Winkel wird durch zwei auf der Strichplatte des Zielfernrohrs angebrachte Distanzfäden festgelegt, die auf dem Lattenbild den Abschnitt *b* herausschneiden. Nach Anbringen eines Multiplikationsfaktors und Anfügen der Additionskonstanten ergibt sich die schräge Distanz *D*. Die Reduktion auf die horizontale Entfernung wird mit dem Neigungswinkel β entweder rechnerisch oder mit veränderl. Distanzkurven bereits im Instrument vorgenommen (Reduktionstachymeter). Bei Reichweiten bis zu einigen 100 m beträgt die Genauigkeit dieser opt. Verfahren zw. 0,1 und 1 %. Der **Laser-E.** enthält als Hauptbaugruppen Laser, Empfänger, Auswerte- und Anzeigeeinheit. Der aus dem Sender austretende Laserimpuls von etwa 15 ns Dauer (Pulslänge 4,5 m) startet über eine Photodiode einen Laufzeitmesser (Zähler). Eine Empfangsoptik mit Photodiode registriert unter Abstoppen des Zählers das vom Ziel reflektierte Restlicht. Die Entfernung wird aus der Laufzeit bestimmt.
Entfernungspauschale, zum 1. 1. 2001 eingeführter pauschaler einkommensteuerl. Werbungskostenabzug für Fahrten zw. Wohnung und Arbeitsstätte; tritt an die Stelle der bisherigen ↑Kilometerpauschale. Unabhängig von der Art des benutzten Verkehrsmittels können Arbeitnehmer (seit 1. 1. 2004) 0,30 € pro Entfernungskilometer (einfache Fahrtstrecke) bis zu einem Betrag von 4 500 € im Jahr ohne Nachweis als Werbungskosten absetzen. Wird eine höhere Summe als 4 500 € geltend gemacht, sind die Beträge (wie bisher) nachzuweisen bzw. glaubhaft zu machen.
Entfetten, *Werkstofftechnik:* ↑Metallreinigung.
Entflammungstemperatur, Temperatur am ↑Flammpunkt.
Entflechtung, die Auflösung von Konzernen und Unternehmenszusammenschlüssen durch rechtl. und wirtsch. Verselbstständigung ihrer Teile, um ökonom. Machtkonzentration abzubauen (Dekonzentration); in Dtl. im Ggs. zu den USA nicht als Instrument der Wettbewerbspolitik vorgesehen. – Die nach dem Zweiten Weltkrieg in Dtl. entsprechend dem Potsdamer Abkommen von den Alliierten durchgeführte E. (z. B. Vereinigte Stahlwerke, IG Farbenindustrie, Dt. Bank, Dresdner Bank, Commerzbank) ist durch neue Unternehmenszusammenschlüsse in versch. Bereichen (z. B. Bankwesen) wieder aufgehoben worden.
Entfremdung, von Hegel in die Philosophie eingeführter Begriff, dessen Wurzeln bis in die mittelalterl. Theologie zurückverfolgt werden können (Bonaventura). In Hegels Philosophie bezeichnet E. den Prozess der Selbstvergegenständlichung der

Enthalpie ENT

absoluten Idee in Natur und Geschichte: Allein durch E. werde sich der Weltgeist seiner selbst bewusst. Für Marx ist E. die historisch bedingte Form der Entäußerung und Vergegenständlichung des Menschen im Arbeitsprozess, verursacht durch die Trennung des Arbeiters von seinem Produkt durch das Privateigentum an Produktionsmitteln im Kapitalismus.

Entführung, i.w.S. Bez. für bestimmte, gegen die Freiheit des Einzelnen gerichtete Delikte. Das StGB kennt neben dem allg. Tatbestand der ↑Freiheitsberaubung (§ 239 StGB) eine Reihe von Vorschriften gegen besondere Formen der E.: den ↑Menschenraub (§ 234 StGB), den erpresser. Menschenraub (§ 239a StGB), die ↑Verschleppung (§ 234a StGB), die ↑Geiselnahme (§ 239b StGB), die ↑Entziehung Minderjähriger (§ 235 StGB) und den ↑Kinderhandel (§ 236 StGB). Ferner ↑Luftpiraterie. – Ähnl. Bestimmungen enthalten das *österr.* und das *schweizer.* StGB.

Entgasung, Entfernung von fein verteilten, gelösten oder gebundenen Gasen aus chem. Stoffen, z. B. durch Unterdruck, Ultraschall oder chem. Zusätze. Kohle wird durch Erhitzen unter Luftabschluss (Schwelen, Verkokung) entgast.

Entgelt, Vergütung für eine Leistung, z. B. Arbeits-E. (↑Lohn).

Entgeltfortzahlung, gesetzliche Bez. für die ↑Lohnfortzahlung.

Entgeltsicherung für ältere Arbeitnehmer, durch die Gesetzgebung zur Arbeitsmarktreform mit Wirkung ab 1. 1. 2003 in § 421j SGB III eingeführte Regelung, die einen Anreiz zur Aufnahme einer geringer entlohnten Tätigkeit für ältere Arbeitslose schaffen soll. Unter bestimmten Bedingungen kann die Hälfte der Differenz des neuen Nettoentgelts zum früheren Nettoentgelt von der Arbeitsagentur befristet als Zuschuss gezahlt werden. Außerdem wird ein zusätzl. Beitrag zur gesetzl. Rentenversicherung gewährt. Voraussetzung ist u. a., dass ein Arbeitsloser oder von Arbeitslosigkeit Bedrohter das 50. Lebensjahr vollendet hat und (potenziell) arbeitslosengeldberechtigt ist.

Entgeltumwandlung, durch das Rentenreform-Ges. 1999 gesetzlich geregelte Form der betriebl. Altersversorgung. Seit 2002 haben Arbeitnehmer einen gesetzl. Anspruch darauf, dass der Arbeitgeber einen Teil des ihnen zustehenden Arbeitsentgelts (maximal 4% der Beitragsbemessungsgrenze in der gesetzl. Rentenversicherung, 2002: 2160 €) nicht auszahlt, sondern für den Aufbau einer ↑betrieblichen Altersversorgung verwendet. Unterschieden wird zw. der E. aus dem Nettoentgelt, also nach Abzug von Steuern und Sozialabgaben, und der E. aus dem Bruttoentgelt. Der Staat fördert bei der Netto-E. mit Grund- und Kinderzulagen oder dem steuerl. Sonderausgabenabzug (§§ 10a, 79 ff. Einkommensteuer-Ges., Abk. EStG), bei der Brutto-E. durch Steuerfreiheit und Befreiung des Beitrags von den Sozialabgaben bis 2008 (§ 3 Nr. 63 EStG). Neben Netto- und Brutto-E. können Arbeitnehmer u. U. auch weiterhin die Möglichkeit nutzen, Entgelt bis zu einer Höhe von 1752 € pauschal versteuert (20 % zuzüglich Solidaritätszuschlag) in eine Direktversicherung zu zahlen (§ 40b EStG).

Entgiftung, 1) *Medizin:* (Detoxikation, Detoxifikation), alle Behandlungsverfahren, die darauf abzielen, Gifte, die in den Körper eingedrungen sind, zu entfernen. *Therapeut. Maßnahmen:* Blutreinigungsverfahren (z. B. künstl. Niere), Verminderung der Giftaufnahme (z. B. durch Magenspülung), Beschleunigung der Giftausscheidung (z. B. durch harntreibende Mittel) oder Inaktivierung von Giftstoffen durch Gegengifte.
2) *Physiologie:* (Detoxikation), Umwandlung im Körper entstandener giftiger Substanzen in ausscheidbare Stoffe, v. a. in der Leber durch Abbau, Umbau oder Bindung an andere Substanzen.

Entgraten, ↑Grat.

Enthaarung, das Entfernen von Haaren, als **Epilation** mit den Haarwurzeln, als **Depilation** nur des über der Hautoberfläche stehenden Haares.

Enthalpie [grch.] *die,* von J. W. Gibbs eingeführte thermodynam. Zustandsfunktion H, definiert als die Summe aus innerer Energie U und Volumenarbeit pV; $H = U + pV$ (p äußerer Druck, V Volumen). Sie hat die Dimension einer Energie. Bei einer unter konstantem Druck ablaufenden Zustandsänderung (z. B. Verdampfung) ist die Änderung der E. gleich der vom System mit der Umgebung ausgetauschten Wärmemenge. Die E. besitzt techn. Bedeutung bei der Berechnung von Wärmekraftmaschinen. Die **freie E.** ist der Teil der E., der bei umkehrbarer isoba-

rer Prozessführung in einem thermodynam. System in jede beliebige Energieform umwandelbar ist.
Enthaltsamkeit, ↑Abstinenz, ↑Askese.
Enthärtung, Entfernung v. a. der Calcium- und Magnesiumionen aus Trink- oder Betriebswasser. Die Entfernung der temporären Wasserhärte heißt **Entkalkung.**
enthusiasmieren [grch.-frz.], begeistern, in Begeisterung versetzen, entzücken.
Enthusiasmus [zu grch. éntheos »gottbegeistert«, eigtl. »worin ein Gott ist«] *der,* leidenschaftl. Begeisterung; im christl. Sinne das (plötzl.) Ergriffensein vom Hl. Geist; prägendes Moment charismat. Frömmigkeit.
enthusiastisch, begeistert, schwärmerisch.
Enthymem [grch.-lat.] *das, Logik:* verkürzter Syllogismus, bei dem die nicht genannte Prämisse oder Konklusion in Gedanken ergänzt wird.
Entideologisierung, Nachweis und Abbau von ideolog. Voraussetzungen und Zielsetzungen (↑Ideologie) im wirtsch., gesellschaftl., kulturellen und bes. im polit. Bereich.
Entität *Politik:* im Abkommen von Dayton (1995) Bez. für die beiden weitgehend selbstständigen Teile von Bosnien und Herzegowina (bosniak.-kroat. Föderation und Serb. Republik).
Entkalkung, *Wasserwirtschaft:* ↑Enthärtung.
Entkeimung, 1) *Lebensmitteltechnik:* das Abtöten oder Entfernen krankheitserregender oder den Verderb der Lebensmittel fördernder Mikroorganismen, v. a. bei der ↑Konservierung.
2) *Medizin:* das Vernichten von Krankheitserregern durch ↑Sterilisation.
Entkolonialisierung (Entkolonisierung, Dekolonisation), die Aufhebung kolonialer Herrschaftsverhältnisse, bes. die Entwicklung europ. Kolonien in Asien und Afrika zu unabhängigen Staaten seit 1945. Die E. vollzog sich i. d. R. entweder durch gewaltsame Aktionen nat. Befreiungsbewegungen (z. B. Algerien, Vietnam) oder durch freiwillige Entlassung der Kolonie (aufgrund von Verhandlungen mit der Kolonialmacht) in die Unabhängigkeit (z. B. Indien, Pakistan). Mischformen finden sich u. a. in der Geschichte Indonesiens, Birmas, Kenias und Marokkos. In einzelnen Fällen erfolgte die E. durch Integration in den Staatsverband der früheren Kolonialmacht (z. B. Hawaii als Bundesstaat der USA).
Eine erste Phase der E. schloss ab mit der Unabhängigkeit europ. Siedlungskolonien in Nordamerika (USA 1776 ff.), der Befreiung der meisten Länder Lateinamerikas aus span. oder portugies. Kolonialherrschaft (1810 ff.) und dem Verselbstständigungsprozess der aus Europa stammenden Siedler in Kanada, Australien, Neuseeland (ab 2. Hälfte des 19. Jh.). – Entscheidend für die E. nach 1945 waren v. a. die Schwächung und der Prestigeverlust vieler Kolonialmächte während des Zweiten Weltkrieges (Belgien, Frankreich und Niederlande als besetzte Länder, Italien und Japan als Kriegsverlierer), verstärkter Emanzipationswille der Bevölkerung der Kolonien, zunehmende Ablehnung der Kolonialherrschaft durch die öffentl. Meinung und der zunehmende Druck der USA und der UdSSR auf die Kolonialmächte. – Obwohl die meisten ehem. Kolonien inzwischen die Unabhängigkeit erlangt haben, ist für diese der Vorgang der E. oft noch nicht abgeschlossen, da die von den Kolonialregimen geschaffenen innenpolit., sozialen und wirtsch. Strukturen i. d. R. nur langfristig aufgelöst werden können und weiterhin Abhängigkeiten zum früheren Mutterland bestehen. Zum Teil riefen die kolonialen Hinterlassenschaften, insbesondere die häufig von den Kolonialmächten ohne Berücksichtigung ethn. Siedlungsräume gezogenen territorialen Grenzen, versch. ↑ethnische Konflikte hervor (in Afrika u. a. ↑Tribalismus). Viele der aus Kolonien hervorgegangenen Länder, die politisch zumeist der ↑Dritten Welt zugerechnet werden, bedürfen der Entwicklungshilfe und fordern eine Änderung der Weltwirtschaftsordnung. (↑Entwicklungsländer)
📖 *Kolonisation u. Dekolonisation,* hg. v. H. Christmann. Schwäbisch-Gmünd 1989. – *Osterhammel, J.:* Kolonialismus. Geschichte, Formen, Folgen. München 1995. – *Postkoloniale Transformation in Afrika. Zur Neubestimmung der Soziologie der Dekolonisation,* hg. v. A.-M. Brandstetter u. D. Neubert. Berlin, Hamburg, Münster 2002.
Entkopplung (Entkoppelung), **1)** *Elektrotechnik:* schaltungstechn. und/oder kon-

struktive Maßnahme zur Vermeidung von unerwünschten induktiven, kapazitiven oder galvan. Beeinflussungen zw. elektr. Stromkreisen, Nachrichtenkanälen, Baugruppen u. Ä. **2)** *Wirtschaftspolitik:* Loslösung der Entwicklung des realen Bruttoinlandsprodukts vom Wachstum des gesamtwirtsch. Energieverbrauchs. Die Entwicklung neuer Energie sparender Technologien hat in den meisten Ind.ländern zu einer E. geführt (in Dtl. seit Mitte der 1970er-Jahre).
Entladung, elektr. Ladungsausgleich zw. entgegengesetzt aufgeladenen Körpern (z. B. Elektroden). E. sind stets mit dem Fließen eines elektr. Stroms, in Gasen auch mit Funkenbildung verbunden (↑Gasentladungen).
Entladungslampe, ↑Gasentladungslampe.
Entlassung, *Recht:* a) Beendigung des Arbeitsverhältnisses durch ↑Kündigung des Arbeitgebers; b) Beendigung des Beamtenverhältnisses durch Gesetz oder Verwaltungsakt.
Entlastung, *Gesellschaftsrecht:* die förml. Billigung der Geschäftsführung durch die Gesellschaft (Versammlung der Gesellschafter) für einen bestimmten Zeitraum.
Entlastungsbetrag für Alleinerziehende, steuerrechtl. Freibetrag für allein stehende Steuerpflichtige, die mit mindestens einem Kind unter 18 Jahren eine Haushaltsgemeinschaft in einer gemeinsamen Wohnung bilden und in der gemeinsamen Wohnung mit Hauptwohnsitz gemeldet sind. Der Alleinerziehende darf nicht die Voraussetzungen für eine Ehegattenveranlagung nach § 26 Abs. 1 EStG erfüllen und keine Haushaltsgemeinschaft mit einer weiteren Person bilden. Der E. f. A. beträgt pro Jahr 1 308 €.
Entlaubungsmittel (Defoliantien), Substanzen, die bei Pflanzen das Abfallen der Blätter (Entlaubung, Defoliation) bewirken. E. werden zur Erleichterung des Aberntens pflanzl. Produkte (z. B. Baumwolle) verwendet. Ein natürl. E. ist die Abscisinsäure, praktisch angewendet werden v. a. synthetisch hergestellte Substanzen. Bes. bekannt wurden bestimmte E. durch ihre Verwendung als ticht. chem. Waffen während des Vietnamkrieges.
Entlebuch, Landschaft und Bezirk im Kt. Luzern, Schweiz, im Einzugsgebiet der Kleinen Emme, 410 km², 18 900 Ew.; Viehzucht, Holzwirtschaft; Hauptorte: E., Schüpfheim, Escholzmatt.
Entmagnetisierung, *Physik:* 1) die Zurückführung eines ferromagnet. Stoffes in den unmagnet. Zustand; 2) die Schwächung eines äußeren Magnetfeldes im Inneren eines nicht geschlossenen magnet. Kreises; das durch die Magnetisierung hervorgerufene zusätzl. Magnetfeld erzeugt nach der lenzschen Regel ein dem äußeren Feld entgegengerichtetes (entmagnetisierendes) Feld; 3) **adiabat. E.,** ↑magnetokalorischer Effekt.
Entmilitarisierung, Verpflichtung eines Staates zur vollständigen oder teilweisen Abrüstung, begründet durch Vertrag, i. d. R. ↑Friedensvertrag zulasten des Besiegten.
Entmündigung [von ahd. munt »Schutz«], gerichtl. Akt, durch den die Geschäftsfähigkeit einer Person beschränkt oder aufgehoben wird. Durch das Betreuungs-Ges. vom 12. 9. 1990 (in Kraft seit 1. 1. 1992) wurde die E. abgeschafft. Die Vormundschaft über Volljährige und die Gebrechlichkeitspflegschaft wurden durch die ↑Betreuung ersetzt. – In Österreich ist seit 1. 7. 1984 für psych. Kranke und geistig Behinderte, die alle oder einzelne ihrer Angelegenheiten nicht mehr selbst besorgen können, die Sachwalterschaft vorgesehen (§§ 273 ff. ABGB). Das Ausmaß der Behinderung bestimmt u. a. den Pflichtenkreis des Sachwalters. Das *schweizer.* Recht verwendet für die E. den Begriff »Bevormundung« (Art. 368 ff. ZGB).
Entmythologisierung, von R. Bultmann geprägter Begriff für einen Interpretationsansatz des N. T., der zw. dessen zeitgebundener Einbettung in ein myth. Weltbild, das dem modernen Menschen vielfach unverständlich geworden sei, und dem in den neutestamentl. Bibeltexten transportierten zeitlos gültigen Wort Gottes (↑Kerygma) unterscheidet, das die menschl. Existenz treffe (»existenziale Interpretation«).
Entnahme, Verwendung von Wirtschaftsgütern (Bargeld, Waren u. a.) aus dem Betriebsvermögen eines Steuerpflichtigen für sich, seinen Haushalt oder andere betriebsfremde Zwecke. Die E. werden dem Gewinn zugerechnet (§ 4 EStG).
Entnazifizierung, Maßnahmen der alliierten Siegermächte in Dtl. nach 1945 zur möglichst raschen Zerschlagung aller nat.-

ENT ento...

soz. Organisationen und zur Ausschaltung von Nationalsozialisten aus staatl., wirtsch. und kulturellen Schlüsselstellungen. Die E. bildet eine Einheit mit den Prozessen gegen die Kriegsverbrecher (u. a. ↑Nürnberger Prozesse). 1945 auf den Konferenzen von Jalta und Potsdam beschlossen, wurde die E. bis 1947 in den westl. Besatzungszonen Dtl.s nach dem Alliierten Kontrollrats-Ges. Nr. 10 vom 20. 12. 1945 durch E.-**Ausschüsse** unter Verantwortung der Besatzungsmacht und mit der Verabschiedung von E.-**Gesetzen** (1947/48) unter teilweiser Verantwortung der Länder mit unterschiedlich großer Beteiligung dt. Spruchkammern betrieben. Nach 1949 ging sie ganz in dt. Verantwortung über. Die 1945 in der amerikan. Besatzungszone, wo die E. am strengsten durchgeführt wurde, entwickelte Einstufung Beschuldigter wurde im Okt. 1946 auch in den übrigen Zonen verbindlich: 1. Hauptschuldige, 2. Belastete (Aktivisten), 3. Minderbelastete, 4. Mitläufer, 5. Entlastete. Sanktionen waren u. a. Freiheitsentzug, Vermögenseinziehung, Berufsverbot, Amts- oder Pensionsverlust, Geldbuße, Verlust des Wahlrechts. Insgesamt waren in der westl. Besatzungszonen 6,08 Mio. Menschen von der E. betroffen, über 95% wurden als Entlastete oder Mitläufer eingestuft. 1951–54 wurden in den einzelnen Ländern die E.-**Schlussgesetze** erlassen (zuletzt in Bayern). – In der SBZ benutzte die UdSSR die E. (1948 offiziell beendet) zur Ausschaltung von Adel und Besitzbürgertum als politisch wirksame Faktoren. Bis Aug. 1947 wurden über 800000 frühere NSDAP-Mitgl. überprüft, etwa 500000 verloren ihren Arbeitsplatz. Politischer Straftaten verdächtige Personen wurden von Sonderkammern der Landgerichte verurteilt (Höhepunkt: ↑Waldheimer Prozesse, 1950). Die Mitläufer der NSDAP sahen sich v. a. dann von Sühnemaßnahmen befreit, wenn sie sich – öffentlich erkennbar – zur Politik der Besatzungsmacht und der SED bekannten. Im Zuge der E. entledigten sich Besatzungsmacht und SED auch zahlreicher politisch anders Denkender (u. a. Einweisung in Internierungs- bzw. Speziallager). – In Österreich begann die E. mit dem Verbots-Ges. vom 8. 5. 1945, das die NSDAP und ihre Gliederungen verbot und für deren Mitgl. Registrierung und Sühnefolgen anordnete (beendet mit der »NS-Amnestie« vom 14. 3. 1957). Das Kriegsverbrecher-Ges. vom 26. 6. 1945 berief zur strafrechtl. Verfolgung von nat.-soz. Verbrechen Volksgerichte. Das Nationalsozialisten-Ges. vom 6. 2. 1947 nahm eine Abstufung zw. Belasteten und Minderbelasteten vor. ⌑ *Verdrängte Schuld, verfehlte Sühne. E. in Österreich, 1945–1955,* hg. v. S. Meissl u. a. München 1986. – *E. Polit. Säuberung u. Rehabilitierung in den vier Besatzungszonen 1945–1949,* hg. v. C. Vollnhals u. T. Schlemmer. München 1991. – Wille, M.: *E. in der Sowjet. Besatzungszone Deutschlands 1945–48.* Magdeburg 1993.

ento... [grch.], inner..., innen...

Entoderm [grch.] *das* (Entoblast), inneres Keimblatt der Gastrula (↑Entwicklung).

entodermal, vom inneren Keimblatt abstammend.

Entökie [grch.] *die* (Einmietertum), Beziehungssystem zw. Tieren, die sich in Bauten anderer Tiere als Mitbewohner einnisten (z. B. einige Ameisengäste), und ihren Wirtstieren.

Entomologie [grch.] *die,* die Wissenschaft von den Insekten.

Entoparasiten, ↑Endoparasiten.

entopisch [grch.], am Ort befindlich; einheimisch, örtlich.

entoptische Wahrnehmungen [grch.], als Schatten im Gesichtsfeld wahrgenommene Gebilde, die sich im eigenen Auge befinden; verursacht z. B. durch Trübung der brechenden Medien des Auges (Hornhaut, Linse, Glaskörper). Am bekanntesten sind die als »fliegende Mücken« (»Mouches volantes«) wahrgenommenen Gebilde im Glaskörper.

Entpersönlichung, ↑Depersonalisation.

Entpolitisierung, krit. Bez. für Bemühungen, gesellschaftl. Aufgaben und Probleme vorrangig von sachlog. Gesichtspunkten her zu lösen oder polit. Kräfte vor der Lenkung öffentlich wirksamer Institutionen auszuschalten.

Entreacte [ãtr'akt, lat.-frz.] *der* (Entreakt), Zwischenaktmusik von Opern und Schauspielen.

Entrechat [ãtrəʃa, frz.] *der, Ballett:* gerader Sprung in die Höhe, bei dem die Fersen in der Luft (mehrmals) gekreuzt übereinander geschlagen werden.

Entrecôte [ãtr'ko:t, frz.] *das,* Zwischenrippenstück vom Rind; Scheiben vom Roastbeef.

Entropium ENT

Entre-Deux-Mers [ãtrdø'mɛr], trockener frz. Weißwein (A. C.) aus dem Gebiet zw. Dordogne und Garonne östlich von Bordeaux; v. a. aus den Rebsorten Sauvignon, Sémillon und Muscadelle bereitet.
Entrée [ã'tre:, frz.] *das,* **1)** *allg.:* Eingang; Vorzimmer, Diele; auch Eintritt(sgeld). **2)** *Kochkunst:* erster Gang nach der Suppe. **3)** *Musik:* im 16.–18. Jh. im frz. Ballett zunächst der einzelne Szenenauftritt der Tänzer, i. w. S. dann auch Bez. für den Ballettakt selbst sowie die dazugehörige Musik.
Entrefilet [ãtrəfi'le:, frz.] *das,* eingeschobene (halbamtl.) Zeitungsnachricht.
Entrelacs [ãtrə'la(:), frz.], Ornamente aus sich verschlingenden, verflechtenden oder kreuzenden Bändern oder Streifen; verwendet in der Baukunst, im Kunstgewerbe und in der Schriftkunst.
Entremés [span. »Zwischenspiel«] *das,* im span. Theater urspr. possenhafter Einakter, der zw. zwei Akten eines Dramas aufgeführt wurde.
Entremont, Val d' [valdãtrə'mɔ̃], 25 km langes Hochtal der westl. Walliser Alpen, Schweiz, von der Drance durchflossen. Erstreckt sich vom Großen Sankt Bernhard nach N bis zur Vereinigung mit dem Val de Bagnes.
entre nous [ãtrə'nu; frz. »unter uns«], ohne die Gegenwart eines Fremden und daher in der nötigen Atmosphäre der Vertraulichkeit.
Entrepreneur [ãtrəprə'nø:r, frz.] *der,* Unternehmer, Veranstalter, Agent, z. B. von Konzerten, Theateraufführungen.
Entreprise [ãtrə'priz, frz.] *die,* Unternehmung.
Entresol [ãtrə'sɔl, frz.] *das,* Zwischengeschoss, Halbgeschoss.
Entropie [grch.] *die,* Formelzeichen S, SI-Einheit: Joule/Kelvin (J/K); von R. J. E. Clausius eingeführte makrophysikal. Zustandsfunktion thermodynam. Systeme. Sie ist ein Maß für den Ordnungszustand thermodynam. Systeme bzw. für die Irreversibilität der in ihnen ablaufenden thermodynam. Prozesse. In einem **abgeschlossenen System** (ohne Energie- und Massenaustausch) ist die E.-Änderung bei **reversiblen** Vorgängen konstant. Sie ist gegeben durch den Quotienten aus zu- oder abgeführter Wärmemenge dQ und der Temperatur T, bei der der Wärmeaustausch mit der Umgebung erfolgt:

$dS = dQ/T$. Der Absolutwert der E. wird festgelegt durch den 3. Hauptsatz der Thermodynamik, der besagt, dass die E. am absoluten Nullpunkt der Temperatur null ist. Für **irreversible** Vorgänge gilt $dS \geq dQ/T$. Die Gesamt-E. kann in einem abgeschlossenen System nie abnehmen. Dieser als **E.-Satz** bezeichnete Zusammenhang ist identisch mit dem 2. Hauptsatz der Thermodynamik. Vorgänge, bei denen die E. zunimmt, verlaufen von selbst (Selbstorganisation), können aber nicht ohne anderweitigen Aufwand von Energie rückgängig gemacht werden. Dieses Prinzip legt die Richtung eines thermodynam. Prozesses fest. In einem **offenen System**, das durch Stoffaustausch mit seiner Umgebung verbunden ist (z. B. ein lebender Organismus; ↑dissipative Strukturen), kann die E. zunehmen, gleich bleiben oder abnehmen. Trotz der laufenden Aufnahme und Abgabe von Materie und Energie auf mikroskop. Ebene kann der makroskop. Zustand des offenen Systems stationär werden (↑Fließgleichgewicht). Diese bei Abnahme der E. mögl. Zunahme der Komplexität offener Systeme stellt nach M. Eigen die Basis für die Entstehung und Evolution von Lebewesen dar.
Zu einer anschau. Deutung der E. führt die *statist.* Mechanik, die die Wärmeenergie eines Gases durch die ungeordnete Bewegung der Moleküle erklärt. Von allen Verteilungen der Moleküle auf räuml. Positionen und mögl. Geschwindigkeiten wird sich wegen der Zusammenstöße als Gleichgewicht ein Zustand mit einer gleichmäßigen Verteilung einstellen. Dieser Zustand größter »Unordnung« besitzt die größte Wahrscheinlichkeit (L. Boltzmann, 1866). – Die auf R. J. E. Clausius zurückgehende Übertragung dieser Überlegungen auf das Weltall als Ganzes (↑Wärmetod) ist nach der modernen Kosmologie nicht haltbar.
📖 *Rifkin, J.:* E. Ein neues Weltbild. A. d. Engl. Neuausg. Frankfurt am Main 1989. – *Bader, F.:* E. Herrin der Energie. Hannover 1993. – *Schwabl, F.:* Statist. Mechanik. Berlin u. a. 2000. – *Boltzmann, L.:* E. u. Wahrscheinlichkeit. Frankfurt am Main 2000.
Entropium [grch.-nlat.] *das* (Entropion), Einwärtskehrung der Augenlidränder, die am Unterlid meist als Altersveränderung vorkommt (seniles E.), am Oberlid dage-

gen überwiegend nach Verletzung oder Trachom.

Entrosten, das Entfernen des Rostes oder rosthaltiger Schichten von Eisen- oder Stahloberflächen durch mechan., therm., chem. oder elektrochem. Behandlung, z. B. durch Sandstrahlen, Flammstrahlen, Beizen in Säuren oder elektrolyt. E. in heißen alkal. Lösungen.

Entrückung, *Religionsgeschichte:* die Versetzung eines Menschen an einen anderen ird. oder himml. Ort, ohne dass der Tod dazwischentritt. Beispiele sind im A. T. die E. des Propheten Elias (2. Kön. 2, 1 ff.), im grch. Mythos die des Ganymed in den Olymp.

Entsalzung, Entfernung der im Wasser gelösten Mineralstoffe zur Gewinnung von Trink- und Brauchwasser durch versch. Verfahren, z. B. Destillation (Verdampfung), Ionenaustausch, Elektrodialyse, Hyperfiltration (umgekehrte Osmose), Gefrierverfahren. (↑Meerwasserentsalzung)

Entsatz, *Militärwesen:* Befreiung eingeschlossener Truppenteile durch Angriff von außen.

Entsäuerung, *Weinbereitung:* die Herabsetzung des natürl. Säuregehaltes des unfertigen Weines.

Entschädigung, *öffentl. Recht:* Ausgleich für einen durch hoheitl. Handeln verursachten Schaden. Anders als der Schadensersatz setzt sie kein Verschulden voraus und kann materiell geringer ausfallen als dieser. E.-Ansprüche entstehen durch Eingriffe von Hoheitsträgern in private Rechte zugunsten der Allgemeinheit, die mit besonderen Opfern verbunden sind (↑Aufopferung, ↑Enteignung). E.-Ansprüche können sich u. a. auch aus einzelnen Rechtsvorschriften ergeben, z. B. aus dem Ges. über die E. für Strafverfolgungsmaßnahmen, dem Bundesentschädigungs-Ges. für die Opfer der nat.-soz. Verfolgung, dem Opferentschädigungs-Ges. für Opfer von Gewalttaten. Die SED-Unrechtsbereinigungs-Ges. regeln die E. von Opfern der polit. Strafjustiz der DDR (↑Rehabilitation). – Auch in *Österreich* und der *Schweiz* bestehen in versch. Spezial-Ges. Regelungen zur E., z. B. bei Enteignung, unberechtigter Strafverfolgung.

Entschädigungsfonds [-fõ], gemäß §§ 9–11 Entschädigungs-Ges. vom 27. 9. 1994 gebildetes nicht rechtsfähiges Sondervermögen des Bundes, aus dem Entschädigungen und Ausgleichsleistungen für enteignete Alteigentümer, NS-Verfolgte und Vertriebene erbracht werden. Der E. wird vom Bundesamt zur Regelung offener Vermögensfragen auf Weisung und unter Aufsicht des Bundesministeriums der Finanzen verwaltet. Er begibt an Entschädigungs- und Leistungsberechtigte Schuldverschreibungen, die ab 2004 verzinst und in 5 Jahrestranchen eingelöst werden (Gesamthöhe der Leistungen 6,1 Mrd. €). Die Mittel des E. stammen aus Beiträgen der Bundesanstalt für vereinigungsbedingte Sonderaufgaben, aus Finanzvermögen der DDR, Rückflüssen aus dem Lastenausgleich sowie aus jährl. Bundeszuschüssen (ab 2004).

Entschädigungs- und Ausgleichsleistungsgesetz, ↑Vermögensgesetz.

Entscheidung, 1) *Philosophie:* Akt des menschl. Verhaltens, die endgültige Festlegung auf eine unter mehreren Möglichkeiten. Philosophisch wurde noch vom dt. Idealismus die Auffassung von E.-Findung durch Reflexion vertreten, seit S. Kierkegaard jedoch die E. als Grundsituation menschl. Seins der Reflexion entgegengesetzt.

2) *Recht:* a) im Europarecht der zur Regelung eines Einzelfalles erlassene Rechtsakt des Rates der EU oder der Europ. Kommission, der sich an Einzelpersonen oder Unternehmen richten kann und verbindlich ist; b) im Prozessrecht jede Willenserklärung des Gerichts, d. h. Urteil, Beschluss oder Verfügung.

Entscheidungsbaumverfahren, Rechenverfahren des Operations-Research zur optimalen Lösung kombinator. Probleme, für die eine große Anzahl aufeinander abzustimmender Einzelentscheidungen und/oder eine Vielzahl unterschiedl. Konsequenzen charakteristisch ist. Die Beziehungen zw. Entscheidungen und Konsequenzen werden in Form eines Baumes dargestellt, sodass der Lösungsprozess als ein speziellen Regeln folgender Suchvorgang organisiert werden kann.

Entscheidungstheorie, Zweig der theoret. Statistik, Lehre von den Entscheidungsinhalten, -prozessen und vom Entscheidungsverhalten bei Individual- oder Kollektiventscheidungen. Es gibt – bei mehreren Handlungsmöglichkeiten – Entscheidungen bei vollständiger Information

(Gewissheit), unter Risiko und unter Unsicherheit. Auf der Grundlage von objektiven oder subjektiven Wahrscheinlichkeiten werden bestimmte Entscheidungsregeln angewandt, so z. B. das **Bernoulli-Prinzip,** bei dem alle mit den infrage kommenden Handlungsalternativen verbundenen Ergebnisse mithilfe einer so genannten Risiko-Nutzen-Funktion in Nutzwerte umgerechnet werden und die Alternative mit dem maximalen math. Erwartungswert gewählt wird, oder das **Bayes-Kriterium,** das eine Lösung wählt, für die die Risikoerwartung minimal ist. (↑Spieltheorie)
Entschwefelung, Bez. für Verfahren zur Entfernung von Schwefelverbindungen aus fossilen Brennstoffen, Abgasen (↑Rauchgasentschwefelung) u. a., meist zum Zwecke der Luftreinhaltung. Wichtigstes Verfahren zur E. von Erdölprodukten ist das ↑Hydrotreating.
Entsendegesetz, Kurz-Bez. für das Ges. über zwingende Arbeitsbedingungen bei grenzüberschreitenden Dienstleistungen vom 26. 2. 1996. Es bestimmt, dass für allgemein verbindlich erklärte Tarifvertragsbestimmungen des Baugewerbes, soweit sie Entgelt und Urlaub betreffen, auch für ausländ. Arbeitgeber und ihre in Dtl. beschäftigten Arbeitnehmer gelten. Ist Antrag auf Allgemeinverbindlicherklärung gestellt worden, kann das Bundesministerium für Wirtschaft und Arbeit durch Rechtsverordnung bestimmen, dass die Bestimmungen des Tarifvertrages für alle unter seinen Geltungsbereich fallenden und nicht tarifgebundenen Arbeitgeber und Arbeitnehmer Anwendung finden.
Entseuchung, 1) *Medizin:* die ↑Desinfektion.
2) ↑Dekontamination.
Entsorgung, der Abtransport und die geordnete Beseitigung, wie Aufbereitung, Behandlung (Konditionierung) und/oder gefahrlose Deponierung (↑Deponie) von Abfallstoffen aller Art (einschl. Abgase, Abwasser), auch die Abfallverwertung (↑Recycling). V. a. bei der **nuklearen E.,** die die ↑Wiederaufarbeitung, ↑Zwischenlagerung und ↑Endlagerung radioaktiver Abfälle umfasst, und der E. von ↑Sonderabfall müssen besondere Sicherheitsmaßnahmen für Mensch und Umwelt getroffen werden.
📖 *Osthorst, W.: Abfall als Ware. Vom Entsorgungsnotstand zur Liberalisierung der Abfall-E.* Bremen 2002. – *Wagner, K.: Europ. Abfallkatalog 2002. Abfallverzeichnis und Einstufungen nach AVV.* Landsberg 2002.
Entsorgungsbergbau, Anlegen von Grubenräumen oder Nutzung vom Gewinnungsbergbau geschaffener Grubenräume für die Deponierung bergbaul. Reststoffe.
Entspannung, 1) *Physik:* (thermodynam. E.), der Übergang eines Gases von einem Zustand höheren Drucks in einen mit niedrigerem Druck.
2) *Politik:* (frz. Détente), i. w. S. der durch internat. Bemühungen, durch Maßnahmen der Abrüstung sowie durch polit. und wirtsch. Vereinbarungen geförderte Prozess, bestehende Konflikte zu entschärfen oder neue – im Rahmen der ↑Friedenssicherung – zu vermeiden. I. e. S. die Gesamtheit der Bemühungen während des ↑Ost-West-Konfliktes, den machtpolit. und ideolog. Gegensatz zw. der UdSSR und den USA (und den mit ihnen verbundenen Staaten) durch Maßnahmen der Abrüstung, Zusammenarbeit und der Vertrauensbildung zu entschärfen.
Nach der Konfrontation der USA und der UdSSR sowie der von ihnen geführten Bündnissysteme im ↑Kalten Krieg kam es zw. 1963 und 1979 zu zwei- und mehrseitigen Vertragsabschlüssen in Fragen der Rüstungskontrolle und Rüstungsbegrenzung (↑Abrüstung). In Europa fügten sich die neue ↑Ostpolitik der Bundesrep. Dtl. (seit 1969/70) und die Konferenz über Sicherheit und Zusammenarbeit in Europa (↑KSZE) mit ihren Nachfolgekonferenzen in diese internat. Bemühungen ein. Die führenden Länder der Dritten Welt entwickelten eigene Initiativen. In der 2. Hälfte der 70er-Jahre (bes. nach dem Einmarsch sowjet. Truppen in Afghanistan im Dez. 1979) verschärften sich die Ost-West-Spannungen (↑NATO-Doppelbeschluss) jedoch wieder. Eine grundsätzl. Verbesserung der internat. Beziehungen ermöglichte die sowjet. Abrüstungspolitik in der 2. Hälfte der 80er-Jahre. Diese Entwicklung führte – insbesondere seit der gesellschaftl. Umwälzung in Mittel- und Osteuropa 1989–90 – zum Abbau der starren militär. Blockkonfrontation und zum Ende des Ost-West-Konflikts; sie wurde zugleich eine wichtige Voraussetzung für die Wiederherstellung der Einheit Dtl.s 1990. Nach dem Ende der kommunist. Reg.sys-

ENT Entspiegeln

teme in Europa und dem Zerfall der Sowjetunion brachen angesichts der Entstehung neuer souveräner Staaten zwischenstaatl. Spannungen auf, die bis dahin durch Systemzwänge überdeckt worden waren. Der UNO, EU, NATO oder/und OSZE fiel eine herausragende Rolle bei der – nur teilweise erfolgreichen – Beilegung der Konflikte zu. Das NATO-Programm ↑Partnerschaft für den Frieden (1994) und die Grundakte über gegenseitige Beziehungen, Zusammenarbeit und Sicherheit zw. der NATO und Russland (1997) schufen die Voraussetzungen für die Osterweiterung der NATO (seit 1999). Nach den islamist. Terroranschlägen vom 11. 9. 2001 in New York und Washington bemühten sich die USA um eine umfassende »Antiterrorkoalition« unter Einschluss Russlands und Chinas zur Bekämpfung des internat. Terrorismus.
3) *Psychologie, Medizin:* Zustand psych. und körperl. Gelöstheit; im Rahmen der Erholung biologisch notwendiger Ausgleich für Anspannung und Erregung. Der gezielten Erreichung dienen E.-Techniken (bes. ↑autogenes Training, Meditationsverfahren). Als Therapie bei körperl. Verkrampfungen wird E. durch Massage und Gymnastik angestrebt.
Entspiegeln, *Optik:* Form der ↑Vergütung von opt. Elementen (z. B. Brillen, Fotoobjektive).
Entstalinisierung, polit. Schlagwort, bezeichnet die nach dem Tod Stalins (1953) eingeleitete Abkehr vom ↑Stalinismus; sie kam v. a. durch den XX. Parteitag der KPdSU (1956) in Gang, auf dem N. S. Chruschtschow in einem Geheimreferat die persönl. Diktatur Stalins und die Umwandlung der Partei zu dessen alleinigem Machtinstrument verurteilte und die Wiederherstellung einer kollektiven Führung sowie die Beachtung einer »sozialist. Gesetzlichkeit« forderte.
Die E. fand ihren sichtbaren Ausdruck u. a. in der Auflösung des ↑GULAG (1956), der Rehabilitierung einiger Opfer des stalinist. Terrors und der Ächtung führender Stalinisten als »Parteifeinde« sowie in der Beseitigung von äußeren Zeichen des Personenkults um Stalin: Abriss von Denkmälern, Änderung geograph. Namen (z. B. Stalingrad in Wolgograd umbenannt), Entfernung des Leichnams von Stalin aus dem Leninmausoleum.

Die E. griff mit unterschiedl. Intensität auch auf andere Staaten des Ostblocks über; sie löste bes. in Polen und Ungarn 1956 schwere innenpolit. Krisen aus und leitete den Konflikt zwischen der sowjet. und chines. KP-Führung ein. Nach dem Sturz Chruschtschows (1964) wurde die E. unter L. I. Breschnew abgebrochen; z. T. wurde Stalin rehabilitiert (»Neostalinismus«). Erst nach dem Machtantritt M. S. Gorbatschows (1985) begann eine 2. Etappe der E. (Einleitung einer umfassenden Rehabilitierung stalinist. Opfer, krit. Auseinandersetzung mit den gesellschaftl. Folgen des Stalinismus, polit. Reformen). – Durch die gesellschaftl. Umwälzung in Mittel- und Osteuropa (1989–91) wurden dort die vorhandenen stalinist. Strukturen abgebaut (u. a. Abschaffung des Machtmonopols der KP, Auflösung der kommunist. Geheimdienste) und eine Demokratisierung sowie der Übergang zur Marktwirtschaft eingeleitet.
Entstaubung, das Entfernung von Stäuben aus Gasströmen (insbes. Luft) zur (Luft)reinhaltung oder Wiederverwertung, wobei trockene und nasse E.-Verfahren unterschieden werden. Die **Trocken-E.** beruht auf der Einwirkung der Schwerkraft auf die Staubteilchen (Staubkammer). In Fliehkraftabscheidern (↑Zyklon) erfolgt die Abscheidung der Stäube aufgrund von Fliehkräften, bei der **Filter-E.** werden die Stäube durch gewebte oder vliesartige Filterstoffe abgeschieden (↑Gewebefilter). Bei der **Nass-E.,** wird der Staub in mit Wasser oder Öl berieselten Füllkörpertürmen aus der Luft ausgewaschen. Die **Elektro-E.** beruht darauf, dass Staubteilchen elektrostatisch aufgeladen werden und sich anschließend an Niederschlagselektroden ablagern (↑Elektrofilter).
Entstickung, ↑Rauchgasentstickung.
Entstörung, Beseitigung oder Reduzierung unerwünschter elektr. Beeinflussungen bei elektrischen Geräten oder Anlagen (↑elektromagnetische Verträglichkeit, ↑Funkentstörung). Bes. anfällig sind z. B. nachrichtentechn. Anlagen gegenüber Störungen durch Starkstromanlagen, Haushaltsgeräte u. a.
Entwässerung, 1) *Bergbau:* Maßnahmen zur Absenkung des Grundwasserspiegels und zur Verhinderung von Zuflüssen beim Tagebau. Beim Untertagebetrieb ↑Wasserhaltung.

2) *chem. Verfahrenstechnik:* Verfahren zur Fest-flüssig-Trennung einer Suspension. Man unterscheidet mechan. (↑Sedimentation, ↑Filtration) und therm. (↑Trocknung, ↑Calcinieren) Verfahren.
3) *Erd- und Straßenbau, Landtechnik:* Abführung des Oberflächenwassers von Sportplätzen und Straßen (durch Quergefälle der Fahrbahndecke) sowie des Wasserüberschusses im Boden durch ↑Dränung.
4) *Gebäudetechnik:* Abführung aller Regen- und Schmutzwässer aus Haushalt und Industrie sowie deren Sammlung und Ableitung in der ↑Kanalisation.
5) *Medizin:* Ausschwemmung von überschüssigem Wasser aus Geweben und Körperhöhlen (Bauchhöhle, Rippenfellraum, Herzbeutel), durch medikamentöse (z. B. harntreibende Mittel) und diätet. (Einschränkung der Flüssigkeits- und Kochsalzzufuhr) Maßnahmen.
Entweichgeschwindigkeit, die zweite ↑kosmische Geschwindigkeit.
Entweihung, *Religion:* der Missbrauch heiliger (geweihter) Räume und Gegenstände zu gewöhnl. (profanem) Gebrauch.
Entwesung, das Vernichten tier. Schädlinge und krankheitsübertragender Lebewesen, bes. Insekten und Nager, durch physikal. oder chem. Verfahren (z. B. Insektizide).
Entwickler (fotografischer E.), Lösung reduzierender Substanzen, die das durch die Belichtung entstandene unsichtbare (latente) Bild sichtbar machen. Durch die Belichtung werden die in der lichtempfindl. Schicht fein verteilten Silberhalogenidkristalle so verändert, dass sie durch den chem. Vorgang der **Entwicklung** zu Silber reduziert werden. Ein E. enthält gewöhnlich mehrere Substanzen, meist Benzolderivate mit Hydroxyl- oder Aminogruppen. **Farb-E.** sind meist Derivate des p-Phenylendiamins (z. B. Diäthyl-p-Phenylendiamin), deren Oxidationsprodukte mit den Farbkomponenten oder Farbkupplern des Films farbige Verbindungen eingehen. Die Farbkomponenten werden den einzelnen Farbfilmschichten entweder beim Ansatz der Emulsion zugesetzt oder beim Entwicklungsprozess nachträglich eingebracht; sie »kuppeln« mit dem beim Entwicklungsprozess oxidierten E. an allen Stellen, an denen ein Bromsilberkorn entwickelt wurde. Es entsteht also neben dem schwarzen Silberbild noch ein Farbstoffbild. (↑Farbfotografie)
Entwicklung, 1) *Biologie:* der Werdegang der Lebewesen von der Eizelle bis zum Tod. Beim Menschen und bei mehrzelligen Tieren gliedert sich die **Individual-E. (Ontogenese, Ontogenie)** in vier Abschnitte: 1) **Embryonal-E.**; eine befruchtete Eizelle beginnt mit ihrer **Furchung,** d. h. einer schrittweise verlaufenden Teilung in 2, 4, 8, 16, 32 usw. Zellen, die Furchungszellen. Es entsteht zunächst ein Zellhaufen, der **Maulbeerkeim** (Morula), hieraus weiter die hohlkugelähnl. **Keimblase** (Blastula). Die einschichtige Wand nennt man **Keimhaut** (Blastoderm), den Raum im Innern **Furchungshöhle** (Blastozöl). Nun entwickelt sich die Körpergrundgestalt meist durch Eindellung der Keimhaut der Blastula (Gastrulation). Es entsteht der zweischichtige **Becherkeim** (Becherlarve, Gastrula) mit einer Öffnung, dem **Urmund** (Blastoporus), der Einstülpungshöhle (**Urdarm**) und den beiden Zellschichten, **äußeres Keimblatt** (Ektoderm, Ektoblast) und **inneres Keimblatt** (Entoderm, Entoblast), aus dem heraus sich später ein drittes, **mittleres Keimblatt** (Mesoderm, Mesoblast) bildet. Die Keimblätter enthalten die Anlagen der späteren Organe. In der Folge bildet sich eine Medullarplatte aus, aus der die Anlagen von Gehirn und Rückenmark entstehen (Medullarrohr, Neuralrohr). Dieses Stadium heißt Neurula. 2) **Jugend-E. (postembryonale E., Juvenilstadium),** dauert von der Geburt bzw. vom Schlüpfen aus dem Ei oder den Embryonalhüllen zum Erreichen der Geschlechtsreife; 3) **Reifeperiode (adulte Periode),** gekennzeichnet durch das geschlechtsreife Lebewesen, wobei zu Beginn dieser Phase die Körper-E. noch nicht endgültig abgeschlossen zu sein braucht; 4) **Periode des Alterns,** in ihr vollziehen sich im Körper Abbauprozesse, die der natürl. Tod als Abschluss bringt. Über die Keimes-E. der Pflanzen ↑Keimung, ↑Embryo. Die **Stammesentwicklung** (↑Phylogenese) beschreibt die E. von niederen Organismen bis zu höchstentwickelten Lebewesen.
2) *Wissenschaftsgeschichte:* naturwiss. und philosoph. Begriff im Ggs. zur »Schöpfung«, dem Hervorbringen aus dem Nichts, oder zur spontanen »Gestaltung« aus einem Chaos oder einem Stoff. E.

ENT Entwicklungsachsen

kennzeichnet den (gesetzmäßigen) Prozess der Veränderung von Dingen und Erscheinungen als Aufeinanderfolge versch. Formen oder Zustände; bes. die Entfaltung von Anlagen, die in den Anfangsstadien vorgegeben sind, zu ausgebildeten Formen (»Auswicklung« eines vorher »Eingewickelten«). Der Begriff enthält oft den Gedanken eines immanenten Ziels (Teleologie). Wird dieses Ziel oder die darauf gerichtete Bewegung als ein Wert (bes. sittlich oder religiös) bestimmt, so nimmt der E.-Begriff selbst einen Wertcharakter an (Höher-E., Vervollkommnung, ↑Fortschritt). In dieser Fassung wurde er im dt. Idealismus (J. G. Herder, F. W. J. von Schelling, G. W. F. Hegel) zu einem Grundbegriff der Kultur-, Geschichts- und Naturphilosophie (E. als Selbstentfaltung des Göttlichen in der Welt). Dagegen strebten die biolog. und positivist. Richtungen der Philosophie danach, ihn wertfrei zu definieren, z. B. als zunehmende Differenzierung und Integration der Formen und Funktionen (H. Spencer) oder als fortschreitende Anpassung an die Bedingungen der Umwelt (C. Darwin). Ungeachtet dieser Differenzen wurde er im 19. Jh. zu einem der beherrschenden Begriffe in allen Wissenschaften.

Entwicklungs|achsen, *Raumordnung* und *Regionalpolitik:* die durch großräumige Verkehrs- und Kommunikationswege geschaffenen Möglichkeiten der wirtsch. Entwicklung. Das Konzept der E. führt zu bandartigen Strukturen von Siedlungen und Unternehmensstandorten im Unterschied zu zentralen Orten, Wachstumspolen u. a. regionalen Entwicklungskonzepten.

Entwicklungsbeschleunigung (Akzeleration), seit dem 20. Jh. verstärkt auftretende Erscheinung, dass die Kinder schneller wachsen, größer werden (Zunahme der Endgröße bei beiden Geschlechtern) und sich biologisch (nicht geistig) früher entwickeln. Als Ursachen werden Veränderungen der Umweltbedingungen, v. a. der Ernährungssituation, verbesserte medizin. Betreuung und zivilisationsbedingte Einwirkungen angesehen.

Entwicklungshilfe, Know-how-, Technologie- und Ressourcentransfer zu Vorzugsbedingungen in Entwicklungsländer mit dem Ziel, die sozioökonom. Entwicklung zu fördern und die Lebensbedingungen zu verbessern. E. wird durch private, öffentl. und internat. Organisationen sowie durch Staaten als **Kapitalhilfe** (Kredite, Bürgschaften), **techn. Hilfe** (Bereitstellung von Fachleuten, Bildungs-, Beratungshilfe), **Güterhilfe** (Nahrungsmittel, Medikamente, Investitionsgüter) und **Handelshilfe** (z. B. Abbau von Zöllen und Kontingenten) gewährt. – Das 1970 von den Vereinten Nationen formulierte Ziel, dass die Ind.länder 0,7 % ihres Bruttonationaleinkommens (Bruttosozialprodukts) für öffentl. E. aufwenden sollen, wird vielfach nicht erreicht. Neben strategisch-machtpolit. Überlegungen (Schaffung weltpolit. Einflusszonen) sind v. a. die Wahrung binnen- und außenwirtsch. Interessen (Exportförderung, Markterschließung, Sicherung von Rohstoffreserven), aber auch idealistisch-humanitäre Gründe wesentl. Motive für E. Wie von K. G. Myrdal vorgeschlagen, soll E. nicht so sehr Ind.projekte unterstützen, sondern vielmehr Maßnahmen zu Produktivitätssteigerungen im Nahrungsmittelsektor, Verbesserungen im Bereich der Hygiene, des Gesundheitswesens, der Geburtenkontrolle und Bildung sowie die Verbreitung angepasster Technologie und direkte Armutshilfe anstreben.

📖 *Kaltefleiter, V.: Die E. der Europ. Union. Heidelberg 1995. – E. u. ihre Folgen. Ergebnisse empir. Untersuchungen in Afrika, hg. v. T. Bierschenk u. G. Elwert. Frankfurt am Main u. a. ²1997. – Michaelowa, K.: Die neue polit. Ökonomie liefergebundener E. Baden-Baden 1998. – Bliss, F.: Zum Beispiel E. Göttingen 2001.*

Entwicklungsländer, Bez. für eine nicht einheitlich definierte Gruppe von Ländern, deren Entwicklungsstand im Vergleich zu den Ind.staaten gering ist (↑Dritte Welt). Kriterien für die Zuordnung zu den E. sind v. a. niedriges Pro-Kopf-Einkommen, ungenügende Versorgung mit Nahrungsmitteln, schlechter Gesundheitszustand und niedriger Lebensstandard der Bev., hohe Arbeitslosen- und Analphabetenquote, mangelhafte Infrastruktur, hoher Anteil der Produktion landwirtsch. Erzeugnisse, Abhängigkeit von Rohstoffexporten und damit vom Preisniveau des Weltmarktes, z. T. hohe Verschuldung (↑Schuldenkrise). In den rd. 140 von der OECD als E. eingestuften Staaten leben drei Viertel der Weltbev., die

Entwicklungspolitik ENT

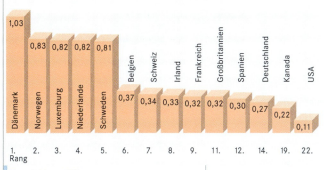

Entwicklungshilfe:
öffentliche Entwicklungshilfe in % des Bruttonationaleinkommens (Bruttosozialprodukts) 2001

aber nur ein Fünftel der Weltwirtschaftsleistung erbringen.
Die Weltbank unterscheidet nach dem Hauptkriterium Bruttonationaleinkommen (BNE) je Ew. (Pro-Kopf-Einkommen) folgende Ländergruppen: **Low income countries** (Abk. **LIC**; Länder mit niedrigem Einkommen; max. 745 US-$ pro Jahr; Angaben für das Jahr 2001), **Lower middle income countries** (Abk. **LMIC**; Länder mit mittlerem Einkommen; max. 2 975 US-$), **Upper middle income countries** (Abk. **UMIC**; Länder mit hohem mittlerem Einkommen; max. 9 205 US-$) sowie Länder (Ind.länder) mit hohem Einkommen (über 9 206 US-$). Die UN führten 1971 die Bezeichnung **Least developed countries** (am wenigsten entwickelte Länder; Abk. **LDC**) für eine Gruppe von (2001) 49 E. ein, die Anspruch auf zusätzl. internationale Hilfe (z. B. günstigere Kredite als andere Länder) haben. Kriterien für den LDC-Status sind u. a. Bruttoinlandsprodukt (BIP) pro Kopf der Bev. im Durchschnitt aus drei Jahren unter 900 US-$, Einwohnerzahl von max. 75 Mio., geringer Anteil der Ind.produktion und der Dienstleistungen am BIP, Instabilität der landwirtsch. Produktion sowie ein erweiterter Index des Lebensstandards (berechnet aus Lebenserwartung, Kalorienversorgung, Einschulungs- und Alphabetisierungsrate) von weniger als 59 (bei 100 möglichen) Punkten. Nach 1973 (starke Erhöhung der Erdölpreise) definierten die UN auch die Kategorie der **Most seriously affected countries** (am schwerwiegendsten betroffenen Länder; Abk. **MSAC**): niedriges Pro-Kopf-Einkommen, hohe Verschuldung durch Preisanstieg bei wichtigen Importen und geringe Exporterlöse. Die Grenzen zw. LDC und MSAC sind fließend. Die E. treten offiziell seit 1967 als ↑Gruppe der 77 auf. Ein Teil der E. gehört zur ↑OPEC und kann durch Erlöse aus Erdölexporten seine Industrialisierung z. T. selbst finanzieren oder zählt bereits zu den ↑Schwellenländern. Um den ↑Nord-Süd-Konflikt zu mildern, fanden zahlr. Konferenzen statt, die teilweise zu Abkommen (↑Lomé-Abkommen) in Richtung auf eine von den E. geforderte Änderung der Weltwirtschaftsordnung führten.
📖 *Lexikon Dritte Welt. Länder, Organisationen, Theorien, Begriffe, Personen*, hg. v. D. Nohlen. Neuausg. Reinbek 99.–107. Tsd. 2002. – Hemmer, H.-R.: *Wirtschaftsprobleme der E.* München 2002.
Entwicklungsphysiologie, Teilgebiet der Biologie, urspr. auch als Entwicklungsmechanik bezeichnet; sucht die Entstehung eines Entwicklungsstadiums aus dem Vorhergehenden zu erklären und so zu Gesetzen der Formbildung bei Lebewesen zu gelangen; erforscht durch Versuche an Eiern und frühen Keimlingszuständen die Ursachen der Entwicklungsvorgänge am Einzelwesen.
Entwicklungspolitik, Gesamtheit der Maßnahmen, die von den Entwicklungsländern selbst oder (zu ihren Gunsten) von den Ind.staaten oder internat. Organisationen ergriffen werden, um durch bessere Nutzung des wirtsch. Potenzials das wirtsch. Wachstum und somit sozialen Fortschritt und höheren Lebensstandard

223

ENT Entwicklungspsychologie

zu fördern und die Unterentwicklung zu überwinden. Erklärt wird die (ökonom.) Unterentwicklung als Folge unzureichender Ausstattung mit Produktionsfaktoren unterschiedlichster Art (v. a. Kapitalausstattung), als Folge des internat. Handels (einseitige Ausrichtung auf den Export, benachteiligende Weltwirtschaftsstrukturen), als Folge dualist. Wirtschaftsstrukturen oder unzulängl. Modernisierung und Demokratisierung. **Maßnahmen:** Zu den zahlr. Entwicklungsstrategien gehören u. a. Eindämmung von Nahrungsmittelmangel und Landflucht durch Bodenreformen und Infrastrukturmaßnahmen (angepasste Technologie statt industrieller Groß- oder Prestigeobjekte) im Sinne einer integrierten ländl. Entwicklung, Importsubstitution, Diversifikation der Exportprodukte, Verringerung des Bev.wachstums, verstärkte Kapitalbildung über Ersparnisse, Aufbau eines funktionierenden Steuersystems, ferner aber auch eine Reform des internat. Wirtschafts- und Finanzsystems. Bei der von der IAO entwickelten Strategie sollen v. a. Investitionen in Einrichtungen getätigt werden, durch die die Grundbedürfnisse der Bev. wie Nahrung, Wohnung, Bildung befriedigt werden.
📖 *Nuscheler, F.: Lern- u. Arbeitsbuch E.* Neuausg. Bonn 1996. – *E. im Wandel,* hg. v. der Dt. Stiftung für Internat. Entwicklung. Bonn 2000. – *Haskamp, S.: Neue Tendenzen in der E.* Oldenburg 2002. – *Böttner, T.: Weltgesellschaft und Entwicklung. E. für den Markt.* Münster u. a. 2002.

Entwicklungspsychologie, Teilbereich der Psychologie, der sich mit den kausalen Zusammenhängen, Gesetzen und Formen der seel. Reifung des menschl. Individuums von der Kindheit bis hin zum Alter befasst. Änderungen im Fühlen, Denken, Sprechen und Verhalten werden entweder auf rein innere Impulse oder auf äußere Einwirkungen physiko-chem., biolog. oder sozialer Art zurückgeführt. Namhafte Vertreter der E., deren Forschungsgebiet weitgehend mit dem der Lernpsychologie zusammenfällt, sind J. Piaget, W. Peters und H. Nickel.

Entwicklungsstörungen, Sammelbez. für die Normabweichungen in der embryonalen wie auch körperl. und seelisch-geistigen kindl. Entwicklung; tief greifende E. liegen z. B. beim frühkindl. Autismus vor.

Entwöhnung, Behandlung bei Drogenabhängigkeit, meist mit stationärer Aufnahme (↑Entziehungskur). Auch das Beenden der Stillphase beim Säugling.

Entzerrung, 1) *Nachrichtentechnik:* Beseitigung oder Verringerung übertragungsbedingter Verfälschungen elektr. Signale, die die Erkennbarkeit und Verwertbarkeit der Information (z. B. Sprache, Musik) beeinträchtigen.
2) *Photogrammetrie:* opt., graf. oder rechner. Verfahren zur Beseitigung projektiver Verzerrungen von Messbildern, die bei der fotograf. Aufnahme entstehen, wenn Bild- und Objektebene nicht parallel ausgerichtet sind. Zur opt. E. dienen (z. T. elektronisch gesteuerte) **E.-Geräte,** mit denen Projektions- und Bild- oder Objektivebene zueinander geneigt werden unter Benutzung von Passpunkten.

Entzerrung 2): Entzerrungsgerät zur Vermeidung stürzender Linien bei der fotografischen Vergrößerung

Entziehung Minderjähriger (früher Kinderraub, Kindesentziehung), Straftat, die begeht, wer einen Minderjährigen unter 18 Jahren durch List, Drohung oder Gewalt oder ein Kind, ohne dessen Angehöriger zu sein, seinen Eltern, einem Elternteil, dem Vormund oder Pfleger entzieht; bestraft mit Freiheitsstrafe bis zu fünf Jahren oder mit Geldstrafe, in bes. schweren Fällen mit Freiheitsstrafe bis zu zehn Jahren (§ 235 StGB). Wer eine E. M. zum Zweck der Erpressung von Lösegeld (Kidnapping) begeht, wird nach § 239 a wegen erpresser. ↑Menschenraubs bestraft. – In *Österreich* und der *Schweiz* wird die E. M. als Entführung bestraft.

Entziehungskur, meist mehrere Wochen oder Monate dauernde, stationär durchgeführte Behandlung Drogenabhängiger (Suchtkranke) zur Entwöhnung von Sucht-

Enver Pascha ENV

mitteln. Bei Alkohol, Stimulanzien und Morphin erfolgt sofortiger Entzug, bei Barbituraten und barbituratfreien Schlafmitteln eine langsame Reduzierung der Dosis. Das bei der E. auftretende Entzugssyndrom wird symptomatisch (i. d. R. durch Ersatzmittel) behandelt. Die Therapie mit Methadon befreit den Drogenabhängigen von Entzugssymptomen und ermöglicht ihm darüber hinaus, ein im weitesten Sinne gesellschaftl. Normen entsprechendes Leben zu führen. Jedoch muss in den meisten Fällen die Methadonbehandlung ein Leben lang fortgeführt werden, um Rückfälle zu vermeiden. Wichtig für den Erfolg einer E. sind die begleitende psychotherapeut. Behandlung (Einzel- oder Gruppentherapie) sowie Maßnahmen, die der Reintegration in die Gesellschaft dienen (u. a. Nachbetreuung durch Hausarzt, Drogenberatungsstellen oder Selbsthilfegruppen; mitunter auch zunächst spezielle Übergangseinrichtungen wie betreutes Wohnen und geschützte Arbeitsplätze).

Entzugssyndrom (Abstinenzerscheinungen), nach Absetzen eines regelmäßig zugeführten, Abhängigkeit hervorrufenden Stoffs (Alkohol, Beruhigungsmittel, Rauschgifte) auftretende Störungen. Die seel. Reaktionen **(psych. E.)** bestehen in Unruhe, Angstzuständen, Verstimmungen sowie (im Extremfall) Selbstmordneigung, die körperl. **(phys. E.)** in vegetativen Erscheinungen (Zittern, Frieren, Schweißausbrüche), Durchfall, Erbrechen, Übelkeit, Schlaflosigkeit sowie Krampfanfällen.

Entzündung, 1) *Chemie:* Beginn einer Verbrennung oder allg. einer chem. Reaktion, die lebhaft unter Wärme- und Lichtentwicklung abläuft; sie setzt ein, sobald der brennbare Stoff in Berührung mit Luft oder Sauerstoff die **E.-Temperatur** erreicht hat. Bei flüssigen Brennstoffen, Schmierölen und dgl. unterscheidet man zw. dem **Flammpunkt (Entflammungstemperatur),** bei dem sich die entwickelten brennbaren Dämpfe entzünden lassen, und dem **Brennpunkt,** bei dem die Flüssigkeit selbst weiter brennt.
2) *Medizin:* (Inflammatio), örtl. Reaktion des Gefäßbindegewebes und meist auch des umgebenden Gewebes zur Abwehr eines krankhaften Reizes (bakterielle, allerg., chem., mechan., therm. u. a. Schädigungen); dabei kann es zum Ausschwitzen von Blutflüssigkeit (Exsudat) und Austritt von weißen Blutkörperchen aus den Gefäßen in das Gewebe **(seröse E.)** kommen oder zu Zellschädigung (örtl. Gewebetod: **nekrotisierende E.**) und Zellwucherung, mit denen der Körper die schädigende Ursache unschädlich zu machen sucht, teils mit Eiterbildung **(eitrige E.).** Die entzündeten Teile zeigen Schwellung, Röte, Hitze, Schmerzhaftigkeit und Störung ihrer normalen Tätigkeit. Durch Neubildung von Gewebezellen wird das infolge der E. verlorene Gewebe wieder ersetzt. – Als Begleitvorgänge bei E. können auftreten: Fieber, Abgeschlagenheit, Vermehrung der weißen Blutkörperchen im Blut, allerg. Reaktionen, Verschleppung der E. in andere Organe, Sepsis u. a. Kann der E.-Reiz, der die **akute E.** hervorgerufen hat, nicht völlig beseitigt werden, so entsteht eine **chron. E.** – Die *Behandlung* von E. richtet sich nach den Ursachen und besteht grundsätzlich in Ruhigstellung, bei Eiterung in chirurg. Drainage oder Entfernung sowie Anwendung von Antibiotika und Chemotherapeutika, ggf. von entzündungshemmenden Mitteln.

entzündungshemmende Mittel (Antiphlogistika), Arzneimittel zur Behandlung von Entzündungen, v. a. bei rheumat. Erkrankungen; zu den e. M. gehören z. B. Salicylate, Indometacin, Anthranilsäurederivate, Arylessigsäure- und Arylpropionsäurederivate sowie Glucocorticoide.

Enugu, Hptst. des Bundesstaates E. in S-Nigeria, 308 200 Ew.; Colleges; Lkw-Montagewerk, Zementwerk; westlich von E. Steinkohlenbergbau, nordöstlich Flughafen und Walzwerk.

Enumeration [lat. »Aufzählung«] *die, Recht:* das Aufzählen einzelner Tatbestände in einer Gesetzesnorm (E.-Prinzip); im Ggs. zur ↑Generalklausel.

E-Nummer, Bez. für die im Bereich der EG/EU zur Kennzeichnung von Zusatzstoffen in Lebensmitteln verwendeten drei- und vierstelligen Zahlen mit vorangestelltem E (Lebensmittelkennzeichnungs-VO vom 22. 12. 1981 in der jeweils geltenden Fassung).

Enuresis (Enurese) *die,* ↑Bettnässen.

Enveloppe [ãvə'ləp, frz.] *die, Mathematik:* die ↑einhüllende Kurve.

Enver Pascha, türk. General und Politiker, *Konstantinopel 22. 11. 1881, × bei

ENV Environment

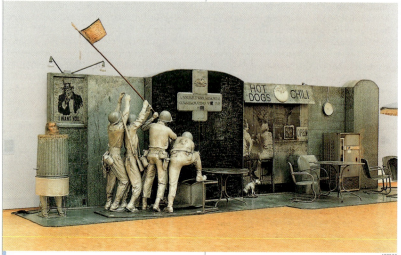

Environment: Edward Kienholz, »Das tragbare Kriegerdenkmal« (1968; Köln, Museum Ludwig)

Baldschuan (Tadschikistan) 4. 8. 1922; nahm 1908 und 1913 führend am Aufstand der Jungtürken teil. Als Kriegsmin. erwirkte er 1914, dass die Türkei an die Seite Dtl.s trat, und leitete als Vizegeneralissimus die türk. Operationen bis Kriegsende; floh 1918 als Gegner Atatürks nach Berlin; unterstützte seit 1921 in Buchara den Kampf gegen das Sowjetregime.

Environment [ɪnˈvaɪərənmənt; engl. »Umgebung«] *das* (Ambiente), Ausdrucksform der bildenden Kunst in der 2. Hälfte des 20. Jh., die aus Assemblage und Combine-Painting entwickelt wurde und wichtige Impulse aus der Happeningbewegung erhielt. Das E. besteht aus einer räumlich definierten Anordnung verschiedenartiger Materialien und/oder (Gebrauchs-)Gegenstände und bezieht den Betrachter unmittelbar ein. Bed. Vertreter: A. Kaprow, R. Rauschenberg, C. Oldenburg, G. Segal, E. Kienholz, J. Beuys.

Environtologie *die,* Teilgebiet der Futurologie, das sich speziell mit den Umweltfaktoren befasst; versucht v. a. festzustellen, welche Veränderungen in der Umwelt durch den wiss.-techn. Fortschritt zu erwarten sind und wie sie auf den Menschen zurückwirken werden oder könnten.

Envisat [Abk. für engl. **env**ironmental **sat**ellite, »Umweltsatellit«], von der ESA am 1. 3. 2002 gestarteter Erderkundungssatellit. Envisat umläuft in 100,6 min in rd. 800 km Höhe die Erde in einer nahezu idealen Kreisbahn, wobei die Bahnebene relativ zur Sonne konstant bleibt, sodass am Erdäquator für die überflogenen Orte immer die gleichen Beleuchtungsverhältnisse herrschen. Der Umweltsatellit soll fünf Jahre lang Daten für die Umweltforschung sammeln und damit Antworten auf zahlr. Fragen der Geoforschung geben, v. a. hinsichtlich der Biosphäre der Erde. Damit sollen u. a. die Ursachen für das Ozonloch, die globale Erwärmung und für die Ausdehnung der Wüsten untersucht werden. – Hauptinstrumente sind u. a. hochgenaue Radar-Höhenmesser, hochauflösende Spektrometer im ultravioletten, visuellen und infraroten Spektralbereich.

en vogue [ãˈvɔg, frz.], in Mode.

Envoyé [ãwaˈjeː, frz.] *der,* Gesandter.

Enwezor [-z-], Okwui, amerikan. Kunstkritiker und Lyriker nigerian. Herkunft, *Calabar 23. 10. 1963; kam 1982 in die USA und studierte dort Politik und Literatur, lebt heute in New York und Kassel. E. arbeitet u. a. als Korrespondent für Kunstzeitschriften, in denen er sich insbesondere der afrikan. Gegenwartskunst in Auseinandersetzung mit der zeitgenössischen westl. Kunst widmet. Unter diesem Gesichtspunkt konzipierte er Ausstellungen wie »African Photographers, 1940–Present« im Guggenheim-Museum New York (1996), durch die er internat. bekannt wurde, und fungierte als Organisator der 2. Johannesburg-Biennale (1997). E. ist Gründer und Herausgeber der Zeitschrift »Nka: Journal of Contemporary African Art«, die als wichtigstes Medium der zeitgenössischen afrikan. Kunst gilt. Als künstler. Leiter der »Documenta11« in Kassel (2002) trug er dazu bei, den Blick auf die internat. Gegenwartskunst zu erweitern.

Enz *die,* linker Nebenfluss des Neckars, 103 km lang, entspringt im nördl. Schwarzwald, mündet bei Besigheim.

Enzensberger, Hans Magnus, Schriftsteller, *Kaufbeuren 11. 11. 1929; trat zunächst mit zeitkrit., moderne Stilmittel (z. B. Montagen) verarbeitender Lyrik (»verteidigung der wölfe«, 1957; »landessprache«, 1960) und v. a. medienkrit. Essays (»Einzelheiten«, 1962–64) hervor, unter dem Eindruck der 68er Ereignisse mit dokumentarisch-literar. Arbeiten (»Das Verhör von Habana«, 1970); später Essays, die zunehmend einer pragmat. Haltung Ausdruck verleihen (u. a. »Ach, Europa! Wahrnehmungen aus 7 Ländern«, 1987; »Die Elixiere der Wissenschaft«, 2002); die Lyrik der 90er-Jahre zeichnet sich durch ihre schlichte Sprache aus (»Zukunftsmusik«, 1991; »Kiosk«, 1995; »Leichter als Luft«, 1999). Auch umfangreiche Hg.-Tätigkeit (u. a. 1965–75 Hg. der Ztschr. »Kursbuch« und der Reihe »Die andere Bibliothek«, seit 1985); ferner Hörspiel- und Jugendbuchautor, Übersetzer (»Geisterstimmen«, 1999; internat. Lyrik). Georg-Büchner-Preis 1963, Heinrich-Heine-Preis der Stadt Düsseldorf 1998.
📖 *Lau, J.: H. M. E. Ein öffentl. Leben.* Neuausg. Frankfurt am Main 2001.

Enzephalitis [grch.] *die,* ↑Gehirnentzündung.

Enzephalographie [zu grch. enképhalos »Gehirn«] *die,* übergeordneter Begriff für versch. Verfahren zur Untersuchung von Struktur und Funktion des Gehirns durch Aufzeichnung der Aktionspotenziale (↑Elektroenzephalogramm) oder mittels Ultraschall (↑Echoenzephalographie); bei der Pneum-E. werden die Hirnkammern (nach Lufteinbringung) röntgenologisch dargestellt. Inzwischen ist die E. weitgehend durch die ↑Computertomographie ersetzt.

Enzephalopathie [grch.] *die,* Sammelbegriff für nichtentzündl. Erkrankungen oder Schädigungen des Gehirns.

Enzian [ahd. (g)encian(e), aus gleichbed. lat. gentiana] (Gentiana), Gattung der E.-Gewächse mit über 450 Arten, die v. a. in den Gebirgen der Nordhalbkugel vorkommen; Kräuter mit ganzrandigen, kahlen Blättern und trichter- oder glockenförmigen Blüten. Sämtl. in Mitteleuropa vorkommenden Arten (rd. 30) sind geschützt, u. a. der gelb blühende, in Magerrasen und Hochgrasfluren vorkommende **Gelbe E.** (Gentiana lutea), der dunkelrot blühende **Purpur-E.** (Gentiana purpurea) und der **Tüpfel-E.** (Gentiana punctata); Blüten blassgelb mit schwarzen Punkten. Blau blühen u. a. der Kalk liebende, in subalpinen und alpinen Magerrasen vorkommende **Stängellose E.** (Gentiana acaulis), der in alpinen Steinrasen verbreitete **Schnee-E.** (Gentiana nivalis) sowie die u. a. in subalpinen Steinrasen vorkommenden Arten **Fransen-E.** (Gentiana ciliata) und **Frühlings-E.** (Gentiana verna). – Die Wurzeln versch. Arten enthalten Bitterstoffe und werden als appetitanregendes Mittel, bei der Behandlung von Verdauungsstörungen sowie zur Herstellung von Branntwein und Kräuterlikören verwendet.

Enzian: Stängelloser Enzian (Höhe 5–10 cm)

Enzio [italien. »Heinz«] (Enzo), König von Sardinien, *wohl in Dtl. um 1220, †Bologna 14. 3. 1272; natürl. Sohn Kaiser Friedrichs II., 1238–43 ∞ mit Adelasia, der Erbin Sardiniens; 1239 von seinem Vater zum Generallegaten von Italien ernannt,

1249 auf einem seiner zahlr. Feldzüge gegen kaiserfeindl. Städte von den Bolognesern gefangen genommen und bis zu seinem Tod inhaftiert. Er ist, nach seinem Vater, einer der ersten italien. Lyriker, der in enger Anlehnung an die provenzal. Troubadoure Kanzonen und Sonette dichtete.
Enzkreis, Landkreis im RegBez. Karlsruhe, Bad.-Württ.; 574 km², 192 900 Ew.; Krst. ist Pforzheim.
Enzo|otie [grch.] die, Stall- oder Ortsseuche, eine auf eng begrenzte Bezirke beschränkte Tierseuche, z. B. Milzbrand. Ggs.: Epizootie.
Enzyklika [grch.] die, kath. Kirche: an alle Gläubigen gerichtetes Rundschreiben des Papstes, i. d. R. in lat. Sprache verfasst und nach den Anfangsworten zitiert. Die E. bilden bedeutsame Dokumente der kirchl. Verkündigung und hatten in jüngster Zeit zum Gegenstand bes. Fragen der Ethik und Seelsorge (↑Veritatis splendor; ↑Evangelium vitae), Ökumene (↑Ut unum sint), Theologie und Philosophie (↑Fides et Ratio) und der kath. Sozialllehre (↑Sozialenzykliken) sowie die Bedeutung der Eucharistie (↑Ecclesia de Eucharistia).
Enzyklopädie [aus grch. enkýklios paideía »Kreis der Bildung« (universales Wissen)] die, Darstellung des gesamten Wissens (Allgemein-E. oder Universal-E.) oder eines Fachgebietes (Real-E.).
In der Antike meinte der Begriff E. zunächst die Bildung selbst, erst im MA. wurde er zur Bezeichnung für Werke, die, basierend auf dem System der sieben ↑freien Künste (Artes liberales), die Gesamtheit des Wissens darstellen. Diese frühen E. und ihre Vorläufer waren *systematisch* (d. h. nach Themenkreisen) geordnet. Ihre Vorläufer waren röm. Darstellungen (z. B. die des M. Terentius Varro) in Form von Lehrbüchern, es folgten ma. Kompendien in lat. Sprache (z. B. das des Isidor von Sevilla) und ab dem 13. Jh. nationalsprachl. Bearbeitungen dieser Vorlagen (z. B. der von Vinzenz von Beauvais, †1264).
In der Neuzeit entstehen hingegen hauptsächlich *alphabetisch* geordnete E. Herausragend sind u. a. die E. »Grand dictionnaire historique« (1674, ¹⁰1759) des Jesuiten L. Moréri und das von P. Bayle im Sinne des krit. Geistes der Frühaufklärung ergänzte und kommentierte, als »Dictionnaire historique et critique« (2 Bde.,

1695-97, dt. von J. C. Gottsched, 4 Bde., 1741-44) herausgegebene Werk. Im 18. Jh. erschien als erste bedeutende dt. E. das Zedlersche »Große vollständige Universallexikon aller Wiss. und Künste« (68 Bde., 1731-54, Neudruck 1961-64). Den Geist der Aufklärung spiegelt die von den ↑Enzyklopädisten verfasste »Encyclopédie ou Dictionnaire raisonné des sciences, des arts et des métiers«, hg. von D. Diderot und J.-B. d'Alembert; 1751-72, Neudruck 1964). Bleibende internat. Bedeutung erlangte die »Encyclopaedia Britannica or a dictionary of arts and sciences« (1768-71, 3 Bde., ¹⁴1929, 24 Bde.). Die umfangreichste europ. E. war, obwohl sie unvollendet blieb, die »Allgemeine E. der Wiss. und Künste« (167 Bde., 1818-89) von J. S. Ersch und J. G. Gruber.
Im 19. Jh. trat das **Konversationslexikon** an die Stelle der großen wiss. E. Seine Entwicklung ist bes. mit den Verlagshäusern F. A. Brockhaus und J. Meyer verbunden. Brockhaus übernahm das 1796 von R. G. Löbel und C. W. Franke begr. »Conversations-Lexicon« und brachte es 1808 neu auf den Markt. Die 5. Auflage (1819-20) wurde erstmals unter Zugrundelegung einer wiss. Systematik von einer großen Anzahl von Fachgelehrten bearbeitet. Meyer verlegte das »Große Konversationslexikon« (zuerst 1840-55), das zur intellektuellen Emanzipation breiter Volksschichten beitragen sollte. Daneben erschien u. a. »Herders Conversations-Lexikon« (zuerst 1854-57). Im 20. Jh. erschienen bes. viele Fach-E. sowie Spezial- und Fachlexika; daneben entstanden politisch-weltanschaulich beeinflusste E. (»Große Sowjetenzyklopädie«, 1926-47; »Enciclopedia Italiana«, 1929-37; beide mit Staatsunterstützung). Neben die E. in Buchform sind seit den 1990er-Jahren enzyklopäd. Werke in elektronischer Form (CD-ROM, Internetdatenbanken) getreten.
📖 *Collison, R. L.: Encyclopaedias: their history throughout the ages. New York u. a. ²1966. – Kleine Geschichte großer Lexika. Neuausg. Gütersloh 1990.*
Enzyklopädisten, die Herausgeber und Mitarbeiter an der frz. »Encyclopédie ou Dictionnaire raisonné des sciences, des arts et des métiers«, die unter Leitung von D. Diderot und (bis 1759) J.-B. d'Alembert 1751-65 (17 Bde., 11 Tafelbde. 1762-72, Neudruck 1964) erschienen. Die »Encyclo-

pédie« war das große Gemeinschaftswerk der frz. Aufklärung; trotz unterschiedl. Weltanschauung einte die E. die Überzeugung, durch Sammlung und Aufzeichnung alles verfügbaren Wissens dem Fortschritt der Menschheit zu dienen. Besondere Beachtung fanden die prakt. Bereiche (Handwerk, Manufakturwesen, Handel). Zu den E. gehörten über 160 Wissenschaftler, Schriftsteller, Handwerker, darunter führende Vertreter der Aufklärung: J.-J. Rousseau (bes. Musik); Voltaire und É. B. de Condillac (Philosophie); Montesquieu (Artikel »goût«); J.-F. Marmontel (Literaturkritik); P. H. T. d'Holbach (Naturwiss.); A. R. J. Turgot (Volkswirtschaft). Von Kirche und Staat mit Misstrauen und Verboten begleitet, leitete die Arbeit der E. die militante Phase der frz. Aufklärung ein.

Enzymdiagnostik, auf der Messung von Enzymaktivitäten im Serum oder in anderen Körperflüssigkeiten beruhende Untersuchungsmethode; zeigt mit hoher Empfindlichkeit und Spezifität Zellschädigungen an und dient der Erkennung und Verlaufsbeobachtung zahlr. Krankheiten (u. a. Herzinfarkt, Muskelerkrankungen und Hepatitis).

Enzyme [grch.] (früher Fermente), in der Zelle gebildete hochmolekulare Proteine, die als Biokatalysatoren der Organismen deren Stoffwechsel katalytisch steuern. Zu ihren Aufgaben gehört es, die Zellversorgung zu gewährleisten, tox. Stoffe zu entfernen oder abzubauen, andere (Fett, Glykogen) aus den Depots zu mobilisieren und die Prozesse auszulösen und zu beschleunigen (katalysieren), die zur Gewinnung der für den Organismus nötigen Energie erforderlich sind. E. kommen kolloidal in den Körperflüssigkeiten oder an Membranen gebunden vor. Sie ermöglichen einen raschen Ablauf biochem. Reaktionen bei niedrigen Temperaturen in wässrigem Medium. Wie »Schloss und Schlüssel« besteht strenge Spezifität des jeweiligen E. zu seinem Substrat. – In ihrem Aufbau unterscheiden sich die E. nicht von anderen Proteinen. Ihre physiolog. Aktivität beruht vielmehr auf der Eigenart der Verknüpfung der Peptidketten (Sekundär-, Tertiär- und Quartärstrukturen). Die meisten E. bestehen aus dem eigentl. Enzymproteinanteil, dem **Apoenzym,** und einem Nichtproteinbestandteil, dem **Coenzym** oder der **prosthet. Gruppe.** Beide zus. bilden das **Holoenzym.** Die Coenzyme sind organ. Substanzen, die die Übertragung bestimmter funktioneller Gruppen oder Atome vom oder auf das Substrat bewirken.
Die E. bilden mit ihrem Substrat an den aktiven Zentren **Enzym-Substrat-Komplexe.** An diesen erfolgt auch die Umwandlung oder Spaltung des Substrats, worauf das Reaktionsprodukt wieder abgespalten wird und das Enzymmolekül für eine neue Umsetzung frei ist: Da die Zahl der E. infolge ihrer Spezifität sehr groß ist, erfordern viele Reaktionswege im Organismus ganze **Enzymsysteme** wie der Zitronensäurezyklus oder die Atmungskette. Bei den enzymat. Biosynthesewegen spielen auch **Gruppenübertragungsreaktionen** (Austauschreaktionen zw. zwei Substraten) eine Rolle, so z. B. die Übertragung von »energiereichem« Phosphat durch Adenosintriphosphat.
Die techn. Anwendung von E. hat in den letzten Jahren erheblich zugenommen, bedingt durch Methoden der ↑Gentechnik, die eine Synthese zahlr. E. durch Mikroorganismen ermöglicht. Einsatzbereiche sind u. a. Arzneimittelherstellung, Lebensmittelverarbeitung, Energiegewinnung, Abwasserüberwachung, Waschmittelindustrie. (↑Biotechnologie)

Enzym|immunassay [-əseɪ, engl.], Abk. **EIA,** quantitative Bestimmung biologisch aktiver Substanzen (z. B. Hormone, Pharmaka, Viren, Antikörper) in Körperflüssigkeiten mit Antigenen, die mit Enzymen markiert sind; z. B. als Aidstest (ELISA, Abk. für engl. **e**nzyme-**l**inked **i**mmun**o**s**o**rbent **a**ssay) angewendet.

Enzymopathie [grch.] *die,* Erkrankung des Organismus, die auf einem angeborenen Mangel oder auf einem Nichtvorhandensein oder auf einer Blockierung von Enzymfunktionen beruht, z. B. Glykogenspeicherkrankheit, Phenylketonurie und genetische Krankheiten.

Enzympräparate, Mittel mit den für die Verdauung der Nahrung im Magen und Darm notwendigen Enzymen; werden bei ungenügender oder fehlender Bildung dieser Enzyme verordnet.

e. o., Abk. für ↑**ex** officio.

Eobanus Hessus, nlat. Dichter, ↑Hessus.

eo ipso [lat.], eben dadurch; von selbst, selbstverständlich.

E. O. K. A., Abk. für ngrch. Ethnike Orga-

EON E.ON AG

nosis Kypriakon Agoniston [»Nationale Organisation der zypriot. Kämpfer«], eine Untergrundorganisation, die 1955-60 unter General G. Grivas für den Anschluss (grch. »Enosis«) Zyperns an Griechenland kämpfte. Unter dem Vorwurf, den Gedanken der »Enosis« aufgegeben zu haben, sammelte Grivas nach der Entlassung der Insel in die Unabhängigkeit (1960) in der **E. O. K. A. II** radikale Gegner des zypriot. Präs., des Erzbischofs Makarios III., den er 1974 durch einen Putsch zu stürzen versuchte (↑Zypern, Geschichte).

E.ON AG, einer der größten dt. Industriekonzerne (Umsatz [2001]: 79,7 Mrd. €, 152 000 Beschäftigte) mit den Kerngeschäftsfeldern Energie und Spezialchemie; entstanden 2000 durch Fusion von VEBA AG und VIAG AG; Sitz: Düsseldorf. Die E.ON AG ist eine konzernleitende Holding, das operative Geschäft liegt bei den Tochtergesellschaften, z. B. E.ON Energie AG und VEBA Oel AG (Energie), Degussa AG (Chemie), VIAG Telecom Beteiligungs GmbH und E.ON Telecom GmbH (Telekommunikation), Viterra AG (Immobilien). 2002 wurden die VAW aluminium AG an die Norsk Hydro AS, die Stinnes AG an die Dt. Bahn AG und die Klöckner & Co. AG an die Balli Group plc. verkauft; 2003 erfolgte die Fusion mit der Ruhrgas AG.

EONIA [Abk. für engl. Euro Overnight Index Average], seit 4. 1. 1999 von der EZB berechneter Durchschnittszinssatz für Tagesgelder (»Übernachttransaktionen«) im Interbankenhandel, basierend auf effektiven Umsätzen.

Eos [grch.] (röm. Aurora), grch. *Mythos:* die »rosenfingrige« Göttin der Morgenröte, Tochter des Titanen Hyperion und der Theia, Schwester des Helios und der Selene; bei Homer die Geliebte des Tithonos. An jedem Morgen fährt E. mit ihren Rossen aus der Tiefe des Meeres herauf. – E. wurde oft auf grch. Vasen dargestellt, im Barock auf den Fresken von G. Reni im Palazzo Rospigliosi, von Guercino in der Villa Ludovisi in Rom.

Eosander, Johann Friedrich, Freiherr von (seit 1713), gen. E. von Göthe, Baumeister und Offizier, getauft Stralsund 23. 8. 1669, † Dresden 22. 5. 1728; seit 1699 Hofarchitekt in Berlin, ab 1722 in sächs. Diensten; leitete ab 1707 als Nachfolger von A. Schlüter den Bau des Berliner Schlosses; seit 1704 Ausbau von Schloss Charlottenburg, 1724/25 Schloss Übigau in Dresden. Seine Bauten markieren den Übergang vom Spätbarock zum Klassizismus.

Eosin [grch., nach Eos] *das,* wasserlösl. roter Xanthenfarbstoff, der durch Einwirkung von Brom auf Fluorescein entsteht; wirkt fotosensibilisierend. Verwendet für Lacke, rote Tinte u. a. sowie in der Mikroskopie.

Eötvös [ˈøtvøʃ], **1)** József Baron von, ungar. Schriftsteller und Politiker, *Ofen (heute zu Budapest) 13. 9. 1813, † Pest (heute zu Budapest) 2. 2. 1871, Vater von 2); war seit 1840 der geistige Führer der ungar. Reformbewegung, 1848 Kultusmin. der Revolutionsreg., trat im Ggs. zu L. Kossuth für eine kulturelle ungar. Autonomie innerhalb der österr.-ungar. Zentralreg. ein. Als Kultusmin. (erneut seit 1867) setzte E. die Gleichberechtigung der Konfessionen durch und schuf die ungar. Volksschule.

2) Loránd (Roland) Baron von, ungar. Physiker, *Buda (heute zu Budapest) 27. 7. 1848, † Budapest 8. 4. 1919, Sohn von 1); Prof. in Budapest, auch Präs. der Ungar. Akademie der Wissenschaften; bewies mit der von ihm konstruierten Drehwaage (**E.-Waage**) die Gleichheit von träger und schwerer Masse. Der **E.-Effekt** ist die durch die Erddrehung bedingte geringe Abnahme (Zunahme) der Fallbeschleunigung eines Körpers, wenn er sich nach Osten (Westen) bewegt, eine Folge der ↑Coriolis-Kraft.

3) Péter, ungar. Komponist und Dirigent, *Székelyudvarhely (heute Odorheiu Secuiesc, Rumänien) 2. 1. 1944; arbeitete ab 1966 mit K. Stockhausen zusammen; war 1979–91 als musikal. Leiter des Ensemble InterContemporain in Paris, daneben international als Gastdirigent tätig. 1992–98 lehrte er an der Musikhochschule in Karlsruhe, 1998–2001 in Köln. E. gründete 1993 in Budapest das Internat. E.-Institut für zeitgenöss. Musik. Er komponierte u. a. drei Madrigalkomödien (1963–90), elektron. Musik sowie die Oper »Trois sœrs« (1998; nach A. Tschechow).

Eozän [grch.] *das,* zweitälteste Stufe des ↑Tertiärs.

Eozoikum [grch.] *das,* frühere Bez. für das ↑Proterozoikum.

EP, Abk. für ↑Europäisches Parlament.

Epagoge [grch.] *die, Logik:* ↑Anagoge.

Epheserbrief EPH

Epakte [grch.-lat.] *die,* Anzahl der Tage vom letzten Neumond des alten bis zum Beginn des neuen Jahres.

Epaminondas (grch. Epameinondas), theban. Staatsmann und Feldherr, *um 420 v. Chr., ✕ Mantineia 362 v. Chr.; schlug 371 v. Chr. die Spartaner bei Leuktra (wandte dabei erstmals die so genannte schiefe Schlachtordnung an), drang 370 in Lakonien ein und stellte 369 Messenien als Staat wieder her. Er fiel im Kampf gegen die Spartaner; die theban. Vormacht fand damit ihr Ende.

Epanalepse [grch.] *die* (Epizeuxis), rhetor. Figur: Wiederholung eines Wortes oder einer Wortgruppe meist am Anfang eines Satzes, z. B. »Mein Vater, mein Vater, jetzt fasst er mich an« (Goethe, »Erlkönig«).

Epanodos [grch.] *die, Sprachwissenschaft:* Wiederholung eines Satzes, aber in umgekehrter Wortfolge, z. B. »Ich preise den Herrn, den Herrn preise ich«.

Eparch [grch. »Befehlshaber«] *der,* in der röm. Kaiserzeit Titel ziviler und militär. Amtsträger, im Byzantin. Reich Stadtvorsteher, v. a. der E. von Konstantinopel.

Eparchie *die,* in den *Ostkirchen* der Amtsbereich eines Bischofs (Eparchen). – *Kath. Kirche:* ↑Diözese.

Epaulette [epoˈlɛt, frz.] *die,* Schulterstück bei Uniformen, urspr. als Wappenschild, ab Ende des 17. Jh. mit Rangabzeichen.

Péter Eötvös

epd, Abk. für Evangelischer Pressedienst, konfessionelle Nachrichtenagentur, gegr. 1910, Neugründung 1946, Zentralredaktion Frankfurt am Main.

Epeirophorese [grch.-lat.] *die, Geologie:* horizontale Verschiebung der Kontinente.

Epeisodion [grch.] *das,* Dialogszene zw. zwei Chorliedern, als Bauelement der grch.(-röm.) Tragödie.

Epenthese [grch.] *die, Sprachwissenschaft:* Einschub eines Lautes zur Erleichterung der Aussprache, z. B. das »t« in »wissentlich«.

Eperi|es (ungar. Eperjes), Stadt in der Slowak. Rep., ↑Prešov.

Eperjes [ˈɛpɛrjɛʃ], ungar. Name von ↑Prešov.

Épernay [epɛrˈnɛ], frz. Stadt in der Champagne, Dép. Marne, an der Marne, 27 700 Ew.; neben Reims das Zentrum der Champagnerherstellung; Weinmuseum; Zulieferbetriebe für den Weinbau.

EPG [iːpiːˈdʒi, Abk. für engl. **e**lectronic **p**rogram **g**uide, »elektron. Programmführer«] *der,* beim ↑digitalen Fernsehen auf dem Bildschirm als Bedienoberfläche dargestellte Programmübersicht. So werden z. B. Hintergrundinformationen zu Sendungen geliefert oder die automat. Aufzeichnung auf einem Videorekorder aktiviert. Für Inhalt und Gestaltung des EPG ist der jeweilige Anbieter/Sender (für sein Programmpaket) verantwortlich.

Epheben [grch.], in der grch. Antike die jungen Männer zw. 18 und 20 Jahren, die seit dem 4. Jh. v. Chr. nach athen. Vorbild von Staats wegen eine militär. Erziehung erhielten.

Ephedrin *das,* aus versch. Pflanzen der Gatt. **Ephedra** (Meerträubel) oder synthetisch gewonnenes Alkaloid; angewendet z. B. bei Bronchialasthma, Heuschnupfen, Husten.

Epheliden [grch.-lat.] *die,* die ↑Sommersprossen.

Ephemeriden [grch. »Tagebücher«], **1)** *Astronomie:* Vorausberechnungen der tägl. Stellungen der Himmelskörper, die in den astronom. oder naut. Jahrbüchern (ebenfalls E. genannt) veröffentlicht werden. Das zur Berechnung der E. von Sonne, Mond und Planeten dienende streng gleichförmige Zeitmaß ist die **E.-Zeit** (Abk. ET). (↑Zeit)

2) *Geschichte:* die (verlorenen) Tagebücher Alexanders d. Gr. (Umfang und Inhalt umstritten).

3) *Zoologie:* (Ephemeroptera) die ↑Eintagsfliegen.

Epheserbrief, Abk. **Eph.,** im N. T. ein

Ephesos: die reich gegliederte Fassade der Celsusbibliothek (frühes 2. Jh. n. Chr., 1970–78 wieder aufgebaut)

Paulus zugeschriebener, wohl aber von einem seiner Schüler zw. 80 und 100 verfasster Brief an die Gemeinde in Ephesos. Thema ist die Gnade der Berufung durch Jesus Christus und die dieser entsprechende Lebensführung.

Ephesos (lat. Ephesus), antike grch. Stadt in W-Anatolien, urspr. an der Kaystrosmündung (Verlandung in nachchristl. Zeit); seit dem 10. Jh. v. Chr. von ion. Griechen besiedelt; entwickelte sich wegen seiner Lage zum wichtigsten Handelsplatz W-Kleinasiens. Seit dem 6. Jh. unter lyd., dann pers. Herrschaft. Um 290 Verlegung der Stadt, als **Arsinoeia** neu gegr., war in der Folgezeit seleukidisch, 190–133 pergamenisch und dann römisch (Hptst. der Prov. Asia). Verfall seit dem 3./4. Jh. n. Chr.; vom 4. Jh. bis 1403 Metropolitansitz; durch Mongolen und Osmanen zerstört.

Österr. Ausgrabungen seit 1895; u. a. Ruinen eines grch.-röm. Theaters (3. Jh. v. Chr., erneuert 1. Jh. n. Chr.), marmorne Prachtstraße (Arkadiane), Agora mit Celsusbibliothek, Serapeion, neron. Stadion, Marienkirche, Tempel, Gymnasium, Thermen sowie außerhalb der Stadtmauer Reste des Artemision (↑Artemis), byzantin. Kastell mit Johanneskirche (5./6. Jh.) und seldschuk. Isa-Bei-Moschee.

In E. tagte das 431 durch Kaiser Theodosius II. einberufene 3. ökumen. Konzil (**Konzil von E.**), um die christolog. Differenzen (Auseinandersetzung mit den ↑Nestorianern) zw. den Schulen von Antiochia und Alexandria über das Verhältnis von göttl. und menschl. Natur in der Person Christi zu klären. (↑Gottesgebärerin)

📖 Elliger, W.: E. Gesch. einer antiken Weltstadt. Stuttgart u. a. ²1992. – Karwiese, S.: Groß ist die Artemis von E. Die Gesch. einer der großen Städte der Antike. Wien 1995.

EPH-Gestose, im letzten Drittel der Schwangerschaft auftretende Störung, v. a. mit Ödembildung, Proteinurie und Hypertonie (engl. **e**dema, **p**roteinuria, **h**ypertension), kann in eine ↑Eklampsie übergehen.

Ephoren [grch. »Aufseher«], in Sparta die alle fünf Jahre gewählten höchsten Beamten, die das **Ephorat** (überwachte die königl. Machtbefugnisse, das Gerichts-, Erziehungs-, Behördenwesen) bildeten.

Ephraim [nach dem palästinens. Gebirge zw. Bethel und Sichem], Name eines israelit. Stammes. Sein Siedlungsgebiet bildete unter dem Ephraimiter ↑Jerobeam I. das Kernstück des Nordreiches Israel (1. Kön. 12 ff.); wurde 722 v. Chr. assyr., später babylon. und pers. Provinz.

Ephräm der Syrer (Afrem), syr. Kirchenschriftsteller, *Nisibis (heute Nusaybin) um 306, †Edessa (heute Urfa) 9. 6. 373; Diakon, theolog. Lehrer in Nisibis (heute Nusaybin, Türkei) und (ab 363) in Edessa; brachte in seinen zahlr. theolog. Werken (Bibelkommentaren, Reden, Hymnen) die eigenständige Theologie der syr. Kirchen zum Ausdruck und gilt als deren fruchtbarster Schriftsteller. Kirchenlehrer. Heiliger, Tag: 9. 6.

Ephron [ˈɪfrən], Nora, amerikan. Drehbuchautorin und Filmregisseurin, *New York 19. 5. 1941; Drehbücher, insbeson-

dere für Filmromanzen; u.a. für »Silkwood« (1983), »Harry and Sally« (1989), »Schlaflos in Seattle« (1994, auch Regie), »E-M@il für dich« (1998, auch Regie).
epi... [grch.], auf..., über..., an... (räumlich, z.B. Epizentrum, Epigramm); nach... (zeitlich, z.B. Epilog).
Epicedium [-'tse:-, grch.-lat.] *das,* ↑Epikedeion.
Epidauros, grch. Ort in der Argolis, auf der Peloponnes, am Saron. Golf, 1400 Ew. Bis Anfang des 6.Jh. v.Chr. eine bed. Hafen- und Handelsstadt. Berühmt war E. im Altertum wegen seines **Asklepieions** (Heiligtum des Gottes Asklepios), wo Kranke durch Orakel und durch ärztl. Behandlung Heilung suchten (teilweise freigelegt). Im SO liegt das besterhaltene grch. Theater (3.Jh., im 2.Jh. v.Chr. vergrößert, 55 Sitzreihen, 14000 Plätze), das heute wieder benutzt wird. Die Überreste der antiken Stadt wurden von der UNESCO zum Weltkulturerbe erklärt.
📖 *Gerkan, A. von u. Müller-Wiener, W.:* Das Theater von E. Stuttgart 1961. – *Papadakis, T.:* E. Das Heiligtum des Asklepios. München u.a. ⁶1978.
Epideiktik [grch.] *die,* Rhetorik, Stilistik: rhetorisch reich ausgeschmückte Fest- und Preisrede; bei Fest- und Gelegenheitsreden übl. Redestil.
epideiktisch, die Epideiktik betreffend, in den Vordergrund stellend; prahlend, prunkend.
Epidemie [grch. »im Volk verbreitet«] *die,* stark gehäuftes, örtlich und zeitlich begrenztes Auftreten einer Krankheit (v.a. Infektionskrankheiten). Sind nur kleinere örtl. Bezirke betroffen, spricht man von **Endemie,** bei Verbreitung über größere Gebiete (Länder, Erdteile) von **Pandemie.** Eine E. entsteht infolge Massenansteckung mit Krankheitserregern durch verunreinigtes Wasser, Nahrungsmittel (bes. Milch), auch durch Staub- oder Tröpfcheninfektion (beim Niesen, Husten, Sprechen), durch Gebrauchsgegenstände oder ↑Dauerausscheider. Zwischenträger von Krankheitserregern können Tiere sein, so Rattenflöhe (Pest) oder Fiebermücken (Malaria).
Epidemiologie [grch.] *die,* Wiss. von der Entstehung und Verbreitung von Krankheiten.
Epidermis [grch.] *die,* 1) *Anatomie:* oberste Schicht der ↑Haut.
2) *Botanik:* primäres, meist einschichtiges Abschlussgewebe der höheren Pflanzen.
Epidiaskop [grch.] *das,* ↑Projektor.
Epididymis [grch.] *die,* der ↑Nebenhoden.
Epididymitis [grch.-nlat.] *die,* die ↑Nebenhodenentzündung.
Epidot [grch.] *der* (Pistazit), monoklines, meist grünes durchscheinendes, glasglänzendes (z.T. als Schmuckstein verwendetes) Mineral der chem. Zusammensetzung $Ca_2(Al,Fe^{3+})Al_2[O|OH|SiO_4|Si_2O_7]$.
Epigenese *die* (Epigenesis, Postformationstheorie), von C.F. Wolff 1759 der ↑Präformationstheorie entgegengestellte, heute allg. anerkannte Lehre, nach der der Organismus sich von der befruchteten Eizelle zum Lebewesen über eine Kette vielgestaltiger Zelldifferenzierungsvorgänge entwickeln muss.
epigenetisch, *Geowissenschaften:* jünger

Epidauros: griechisches Theater

EPI Epiglottis

als die Umgebung, zum Beispiel Erzlagerstätten und Täler.

Epiglottis [grch.] *die* (Kehldeckel), ↑Kehlkopf.

epigonal [grch.-nlat.], unschöpferisch, nachahmend.

Epigonen [grch. »Nachgeborene«], *grch. Mythos:* die Söhne der sieben vor Theben gefallenen Helden (↑Sieben gegen Theben). Zehn Jahre nach dem fehlgeschlagenen Versuch ihrer Väter eroberten und zerstörten sie die Stadt; übertragen: unschöpfer. Nachahmer großer Vorbilder.

Epigramm [grch. »Aufschrift«] *das,* Gattung der Gedankenlyrik, in der eine zugespitzt formulierte oder überraschende Sinndeutung des aufgegriffenen Gegenstandes gegeben wird. Meistgebrauchte Form ist das Distichon. In der grch. Antike waren E. urspr. knappe Aufschriften auf Weihegeschenken, Grabmälern u. a.; als Begründer der poet. Form im 5. Jh. gilt Simonides von Keos. Im antiken Rom gab bes. Martial dem E. den straffen, satir. Charakter, der in Humanismus und Barock vorbildhaft wurde. In der dt. Literatur führte M. Opitz das E. ein (1625).
📖 *Das E. Zur Gesch. einer inschriftl. u. literar. Gattung,* hg. v. G. Pfohl. Darmstadt 1969. – Hess, P.: *E.* Stuttgart 1989.

Epigraphik [grch.] *die,* ↑Inschriftenkunde.

Epik [grch., zu Epos] *die* (erzählende Dichtung, epische Dichtung), neben Lyrik und Dramatik eine der drei literar. Grundgattungen. In der E. werden als vergangen angenommene Geschehnisse vergegenwärtigt, als Erzählzeit wird daher vorwiegend das ep. Präteritum verwendet, seltener das histor. Präsens. Der Epiker ist nicht durch Grenzen von Raum und Zeit eingeengt wie der Dramatiker; er kann zeitdehnend, zeitraffend oder zeitdeckend erzählen, sich der Technik der Rückblende bedienen oder durch Vorausdeutung künftige Ereignisse vorwegnehmen.
Die **ep. Grundformen** (Erzählweisen) treten meist vermischt auf; Basis aller E. ist der mehr oder minder zeitraffende Bericht. Zeitdehnend wirken Beschreibung und Erörterung. Annähernd zeitdeckend ist die ep. Szene, zu der neben dem Gespräch in direkter Rede auch indirekte Redeformen, erlebte Rede und innerer Monolog gehören. Die E. kann nach versch. Gesichtspunkten untergliedert werden, z. B.

in ↑einfache Formen (Legende, Sage, Märchen) und Kunstformen verschiedenster Gattungen, in Vers-E. und Erzählprosa sowie in Groß-E. oder Lang-E. und Klein-E. oder Kurzepik. Zur **Groß-E.** zählen ↑Epos, ↑Saga und den ↑Roman; zur **Kurz-E.** gehören ↑Novelle, ↑Erzählung (i. e. S.), ↑Kurzgeschichte, ↑Anekdote, ↑Fabel, ↑Parabel, die episch-lyr. Mischformen wie ↑Idylle, ↑Romanze, ↑Ballade und allgemein die ↑Verserzählung.
Mit einer Theorie der E. befassten sich erstmals Platon und v. a. Aristoteles; die Theorie beschränkte sich bis ins 18. Jh. auf normative oder beschreibende Angaben zum Epos. Seitdem wurde sie entweder als Abgrenzung der E. von anderen Grundgattungen versucht oder mit Blick auf einzelne Erscheinungsformen und Gatt. ausgebaut. (↑Erzähler)
📖 Lämmert, E.: *Bauformen des Erzählens.* Stuttgart 56.–57. Tsd., [8]1991. – Tarot, R.: *Narratio viva. Untersuchungen zur Entwicklungsgeschichte der Erzählkunst vom Ausgang des 17. Jh. bis zum Beginn des 20. Jh.,* auf 2 Bde. ber. Bern u. a. [1-2]1993 ff.

Epikard [grch.] *das,* inneres Blatt des Herzbeutels, das dem Herzen und dem herznahen Abschnitt der großen Blutgefäße unmittelbar anliegt.

Epikedeion [grch.] *das* (lat. Epicedium), antikes Trauer- und Trostgedicht, meist in Form der Elegie oder des Epigramms.

Epikie [grch.] *die,* Prinzip der kath. Moraltheologie; besagt, dass es in Fällen, in denen konkret anstehende Probleme mithilfe der in Gesellschaft und Kirche vorgegebenen Gesetze nicht gelöst werden können, legitim ist, unter Absehung vom Gesetzeswortlaut dem zu folgen, »was die innere Gerechtigkeit und der gemeine Nutzen fordern« (Thomas von Aquino).

Epiklese [grch. »Anrufung«] *die,* Wandlungsgebet; in der liturg. Sprache der *orth. Kirche* die in der Eucharistiefeier an den Hl. Geist gerichtete Bitte, Brot und Wein in den Leib und das Blut Jesu Christi zu verwandeln.

Epikondylitis [grch.] *die,* schmerzhafter entzündl. Reizzustand der Knochenhaut an den Knochenvorsprüngen des Oberarmknochens am Ellbogengelenk, vorwiegend des äußeren (Tennisellbogen). Die E. entsteht meist nach Überanstrengung oder ungewohnter Beanspruchung der an diesen Knochenvorsprüngen ansetzenden Seh-

nen. Oft besteht ein Zusammenhang mit Funktionsstörungen der Halswirbelsäule.
epikontinental [grch.-lat.], *Geologie:* in der kontinentalen Randzone liegend, z. B. ein zeitweilig das Festland überflutendes Randmeer.
Epikrise [grch.] *die,* zusammenfassender, krit. Abschlussbericht über den Verlauf einer Krankheit im Krankenhaus.
Epiktet (grch. Epiktetos), grch. Philosoph, *Hierapolis in Phrygien um 50 n. Chr., †Nikopolis (Epirus) um 140; Sklave, nach Neros Tod freigelassen; gründete in Nikopolis eine Schule der Stoa: Unser Denken und Begehren, somit unser Glück, stehen in unserer Gewalt; der Mensch soll unabhängig werden von Äußerlichem, Besitz oder Ansehen; das ganze Leben soll in Gottverbundenheit gelebt werden. – E.s Lehre war von großem Einfluss auf das frühe Christentum.
Epikur (grch. Epikuros), grch. Philosoph, *Samos 341 v. Chr., †Athen 271 v. Chr., als Haupt der von ihm 306 gegründeten Philosophenschule. Der Kern der Philosophie E.s ist die Ethik (Naturerkenntnis ist lediglich Mittel), ihr Ziel, durch richtiges Denken ein glückseliges Leben zu gewinnen. Der Maßstab der Wahrheit ist die sinnl. Wahrnehmung, auf die sich auch alle Vernunfterkenntnis aufbaut. Wahre Glückseligkeit (Eudämonie) als Wesen des Sittlichen sei nicht durch grobe Sinnenlust, sondern nur durch weise Abwägung des Genusses, durch Selbstbeherrschung, Tugend, Gerechtigkeit erreichbar. Ihre höchste Form sei die unerschütterl. Ruhe der Seele (Ataraxie). E.s Lehre wurde oft zum ↑Hedonismus vergröbert.
📖 *Hossenfelder, M.: E. München 1991. – Geyer, C.-F.: E. zur Einführung. Hamburg 2000.*
Epilation [lat.] *die,* ↑Enthaarung.
Epilepsie [grch. »Anfall«] *die* (Fallsucht), anfallartig auftretende Funktionsstörungen des Gehirns, verbunden mit Krampfzuständen des gesamten Körpers; Kennzeichen sind Zuckungen in den Gliedmaßen und meist kurze Bewusstlosigkeit, Schaum vor dem Mund, Zungenbiss, selten Harnabgang. Auf Lichteinfall reagieren die sehr weiten Pupillen nicht. Es kann auch zu Absence und Dämmerzustand kommen. Die epilept. Anfälle entstehen durch synchrone Entladung von Ganglienzellen und beruhen meist auf dem Zusammenwirken äußerer (exogener) und innerer (endogener) Faktoren. Exogene Ursachen sind versch. Erkrankungen des Gehirns selbst (z. B. Blutung, Entzündung) und Erkrankungen des Gesamtorganismus, die von einer Funktionsstörung des Gehirns (z. B. Stoffwechselstörung wie Harnvergiftung) begleitet werden. Endogene Faktoren werden auf erbl. Disposition zurückgeführt. Nach dem äußeren Erscheinungsbild unterscheidet man zw. einem großen Krampfanfall **(Grand Mal),** der mehrere Minuten dauert, und den kleinen Anfällen **(Petit Mal),** die am häufigsten im Kindesalter auftreten und z. B. als **Blitz-Nick-Salaam-Krämpfe** (blitzartiges Vorschleudern von Armen und Beinen, Beugebewegungen von Kopf, Rumpf und Beinen) oder als Absencen (Bewusstseinsstörungen von wenigen Sekunden Dauer, Verharren in der gerade aufgenommenen Stellung) in Erscheinung treten. – Die *Behandlung* besteht in der Beseitigung vorhandener hirnorgan. Ursache, meist jedoch in der Unterdrückung der Anfälle durch fortlaufende Arzneimittelgaben. (↑erste Hilfe, Übersicht)
📖 *Blaeser-Kiel, G.: E. bei Kindern. Nicht nur die Anfallsaktivität im Visier haben. Berlin u. a. 2001. – Dannhard, G.: E. Grundlagen u. Therapien. Heidelberg u. a. 2002.*
Epilimnion [grch.] *das,* warme Oberflächenschicht in Seen oberhalb des Metalimnions (↑Sprungschicht).
Epilobium, die Pflanzengattung ↑Weidenröschen.
Epilog [grch.] *der* (Nachrede, Schlussrede), bes. im Drama die Schlussworte, die einer der Mitwirkenden oder in der Antike ein »Epilogos« an die Zuschauer richtet. In der antiken Tragödie, bei Hans Sachs und im Barockdrama wurde im E. das Dargestellte mit den sittl. Folgerungen zusammengefasst. Ggs.: ↑Prolog.
Epimenides, grch. Priester und Seher aus Kreta, der Ende des 7. Jh. v. Chr. gewirkt haben soll. Sein Ausspruch, dass alle Kreter lügen, wurde (da er selbst Kreter war) ein berühmtes Beispiel einer log. Paradoxie. E. soll 57 Jahre in einer Höhle geschlafen haben; behandelt von Goethe in dem Festspiel »Des E. Erwachen« (1814).
epimetheisch [grch. nach Epimetheus, dem Bruder des Prometheus »der zu spät Denkende«], erst später mit dem Denken einsetzend; erst handelnd, dann denkend.

Epimetheus [grch.], **1)** *Astronomie:* Mond des Planeten ↑Saturn.
2) *grch. Mythos:* der jüngere Bruder des Prometheus. Er nahm, trotz der Warnungen seines Bruders, Pandora auf, mit der er ↑Pyrrha zeugte.
Épinal, Hptst. des Dép. Vosges, O-Frankreich, im steil eingeschnittenen Tal der Mosel, 36 700 Ew.; Messestadt; Textil-, Metall verarbeitende, Möbel-, Gummi-, Papierindustrie. Im Museum befinden sich die weltberühmten **Bilderbogen von É.** (um 1840). – Basilika Saint-Maurice (11.–14. Jh. mit Westturm des 9./11. Jh.). – Entstand Ende des 10. Jh.; war um 1800 ein Zentrum der Fayenceherstellung.
Epinastie [grch.] *die, Botanik:* eine Wachstumsbewegung infolge stärkeren Wachstums der Oberseite eines Pflanzenorgans im Vergleich zu dessen Unterseite; führt zu einer Krümmung des Organs nach unten; Ggs. ↑Hyponastie.
Épinay-sur-Seine [epinεsyrˈsεn], Stadt im Dép. Seine-Saint-Denis, nördlich von Paris, an der Seine, 48 700 Ew.; chem. u. a. Ind.; Filmstudios.
Epinephrin [grch.] *das,* internat. Bez. für ↑Adrenalin.

Epiphyten: An der Westabdachung der Anden sind die Bäume der Wolkenwälder mit einer Fülle von epiphytischen Pflanzen (Aufsitzerpflanzen) besetzt.

Epinglé [epɛ̃ˈgle:, lat.-frz.] *der,* **1)** Stoff für Damenkleider mit versch. breiten Rippen; **2)** Möbelbezugsstoff mit nicht aufgeschnittenen Schlingen.
Epinikion [grch. »Siegeslied«] *das,* von einem Chor vorgetragenes Preislied zu Ehren der Sieger bei den antiken Festspielen der Griechen.

Epiphanie [grch. »Erscheinung«] *die,* in der Antike Bez. für das plötzl. Sichtbarwerden einer Gottheit (Theophanie). Im Herrscherkult ist E. das Erscheinen des als Gott verehrten Herrschers. Für den christl. Glauben ist E. das Erscheinen Gottes in der Welt in Christus. – Das christl. Fest der E. (Fest der Erscheinung des Herrn, in den evang. Kirchen **Epiphanias** gen.; 6. 1.) wurde volkstümlich zum Fest der Hl. Drei Könige **(Dreikönigsfest).**
Epiphänomen [grch.] *das,* Begleiterscheinung. Als E., als bloße »Spiegelung« des materiell-physikal. Geschehens, betrachten manche Materialisten (T. Huxley) Bewusstsein und Geist (Epiphänomenalismus). (↑psychophysisches Problem)
Epipher [grch.] *die,* Wiederholung eines Wortes oder einer Wortgruppe am Ende mehrerer einander folgender Sätze oder Satzteile, z. B. »Er will alles, kann alles, tut alles«. Ggs.: Anapher.
Epiphyllum *das,* eine Gattung der ↑Blattkakteen.
Epiphyse [grch.] *die,* **1)** bei Menschen und Wirbeltieren das Gelenkende eines Röhrenknochens, von dem Mittelstück (Diaphyse) während des Wachstums durch die **Epiphysenfuge** getrennt.
2) Zirbeldrüse (↑Gehirn).
Epiphyten [grch.] (Aufsitzer), Gewächse, die ohne Kontakt mit dem Erdboden auf anderen Pflanzen, bes. Bäumen, wachsen, ohne diesen Nährstoffe zu entziehen. In den Klimabereichen der gemäßigten Zone sind es hauptsächlich Algen, Moose und Flechten. In den trop. Regenwäldern sind es manche Farne, Orchideen und Ananasgewächse, die zum Speichern von Wasser und Humus Organe entwickelt haben wie Sprossknollen, Blattbecher, Nischenblätter oder Schildhaare.
Epirogenese [grch.] *die,* Bez. für Bewegungsvorgänge in der Erdkruste, bei denen über lange geolog. Zeiträume hinweg Krustenteile aufsteigen oder absinken, ohne dass dabei Gesteinszusammenhang, Struktur und Gefüge beeinflusst werden (im Ggs. zur Orogenese). Ursachen der E. sind meist Massenverlagerungen im Erdmantel, aber auch Vorgänge der Glazialisostasie (↑Isostasie). Sie äußert sich in der Gegenwart durch Niveauänderungen in der Größenordnung von mm und cm pro Jahr, in der Vergangenheit durch Vordringen und Zurückweichen der Meere sowie

durch Einsenkung und sedimentäre Auffüllung weit gespannter Becken oder langfristige Heraushebung und Abtragung von Teilen der Erdkruste.
Epirus (neugrch. Ipiros), Region im NW Griechenlands, 9204 km², 369700 Ew. Als histor. Gebiet umfasst E. auch Gebietsteile des heutigen Albanien. E. wird von vier parallel zur Küste verlaufenden, aus Kalksteinen und Flysch aufgebauten Gebirgsketten durchzogen, höchste Erhebung ist der Smolikas (2637 m ü. M.) im Pindos. In den Gebirgsregionen leben häufig noch Wanderhirten (Aromunen) mit ihren Schafherden. Wirtsch. Mittelpunkt des in den Schwemmlandebenen und Becken ackerbaulich genutzten Gebiets ist Ioannina. – Im 4. Jh. v. Chr. entstand ein Bund epirot. Stämme, die der Molosserkönig Pyrrhos I. (306–302, 297–272 v. Chr.) unter seiner Herrschaft einte. 233 v. Chr. löste eine republikan. Verfassung das Königreich ab, 148 v. Chr. wurde E. röm. Provinz. Um 300 kam es durch die Verw.reform Diokletians zur Trennung in Alt-E. und Neu-E. (späteres Albanien). Seit dem 7. Jh. drangen Slawen ein. Nach byzantin., Kreuzfahrer- und serb. Herrschaft im MA. gehörte E. seit Mitte des 15. Jh. zum Osman. Reich. 1834 bzw. 1884 kam der SO, 1912 der größte Teil an Griechenland. Der Konflikt um Nord-E. wurde 1923 zugunsten Albaniens entschieden. Die Aufteilung von E. führte zur Bildung nat. Minderheiten in beiden Staaten und in den 1990er-Jahren erneut zu griechisch-alban. Spannungen.
📖 *Franke, P. R.: Alt-E. u. das Königtum der Molosser.* Kallmünz 1955.
episch [lat.], die Epik betreffend; erzählerisch, erzählend; sehr ausführlich (berichtend); nichts auslassend, alle Einzelheiten enthaltend.
epische Dichtung, die ↑Epik.
episches Theater, Form des modernen Theaters und Dramas, die von B. Brecht in den 1920er-Jahren als Gegenkonzept zur aristotel. Wirkungsästhetik (Furcht und Mitleid) entwickelt wurde. Der Zuschauer soll sich nicht mit den Figuren identifizieren oder mit ihnen mitfühlen; stattdessen wird die Handlung verfremdet, z. B. durch ihre Kommentare (durch einen Erzähler) oder durch das Heraustreten des Schauspielers aus seiner Rolle. Dadurch wird dem Zuschauer bewusst, in der Dis-tanz einem Spiel beizuwohnen, wobei ihn der **Verfremdungseffekt** zur krit. Betrachtung der gesellschaftl. Verhältnisse und deren Veränderbarkeit anregen soll. Das Konzept determiniert sowohl den Dramenaufbau, welcher sich als lockere Montage einzelner Szenen darstellt, als auch den Schluss des Dramas, der offen bleibt – der Zuschauer soll selbst Antworten auf die aufgeworfenen Fragen finden und eine (polit.) Entscheidung treffen.
📖 *Eckhardt, J.: Das e. T.* Darmstadt 1983. – *Kesting, M.: Das e. T. Zur Struktur des modernen Dramas.* Stuttgart u. a. ⁸1989.
Episcopus [grch. epískopos »Aufseher«] *der,* in der lat. Sprache der christl. Kirchen der ↑Bischof.
Episkop [grch.] *das,* ↑Projektor.
Episkopalismus [grch.] *der,* in der Geschichte der *kath. Kirche* eine – letztlich auf ↑Cyprianus von Karthago zurückgehende – Strömung, die nach dem kirchengeschichtl. Vorbild der ersten Jahrhunderte die Leitungsvollmacht über die Gesamtkirche (Kirchengewalt) im Grundsatz für das Kollegium der Bischöfe insgesamt beansprucht und die kirchenrechtl. Stellung des Papstes in diesen Zusammenhang eingebunden sehen will (↑Konziliarismus).
Episkopalisten, aus der reformator. Bewegung in England hervorgegangene Kirchen mit bischöfl. Verfassung im Unterschied zu ↑Presbyterianern und Kongregationalisten (↑Kongregationalismus).
Episkopalsystem, Anfang des 17. Jh. entwickelte evang. kirchenrechtl. Auffassung, wonach seit dem Augsburger Religionsfrieden (1555) in den prot. Territorien die kath. bischöfl. Jurisdiktionsgewalt treuhänderisch auf die evang. Landesherren (↑Summepiskopat) übergegangen sei.
Episkopat *der* oder *das,* 1) Bischofsamt; 2) die Gesamtheit der Bischöfe (eines Landes).
Episode [grch.] *die,* **1)** *allg.:* Zeitabschnitt innerhalb eines größeren zusammenhängenden Geschehens; Zwischenspiel, nebensächl. Erlebnis.
2) *Literatur:* eingeschobene Nebenhandlung; urspr. ein Dialogteil zw. den Vorgängen in der antiken Tragödie; als eigenständige literar. Form der Darstellung eines scheinbar nebensächl. Ereignisses, vielfach in Form der Novelle oder Kurzgeschichte.
3) *Musik:* Zwischenspiel in der Fuge.
Episodenstück, Film-, Hörfunk- oder

Fernsehdarbietung, die aus versch., in sich geschlossenen, nur über das Thema miteinander verbundenen Einzelstücken (Episoden) eines oder mehrerer Autoren besteht und von einem oder mehreren Regisseuren inszeniert wird.

Epistaxis [grch.] *die,* das ↑Nasenbluten.

Epistel [lat.] *die,* **1)** *allg.:* kunstvoller Brief; auch Ermahnung (↑Epistula). **2)** *Literatur:* antike literar. Form, in der Regel in Versen, bes. von Horaz und Ovid gepflegt; wieder aufgegriffen von den Humanisten. **3)** *Theologie:* von Aposteln verfasster bzw. ihnen zugeschriebener Brief im N.T. sowie der Abschnitt (↑Perikope), der im Gottesdienst daraus verlesen wird.

Episteme [grch.] *die,* Wissen, Erkenntnis, Einsicht (z.B. bei Platon und Aristoteles) im Unterschied zu der auf der Sinneswahrnehmung beruhenden (bloßen) Meinung (Doxa).

Epistemologie *die,* Lehre vom Wissen, Erkenntnislehre.

Epistolae obscurorum Virorum [lat.], die ↑Dunkelmännerbriefe.

Epistropheus [grch.] *der, Anatomie:* der 2. Halswirbel, ↑Axis.

Epistula [lat. »Brief«] *die* (Epistola), in Briefform abgefasstes Schriftstück (bes. bei antiken und mittelalterl. Autoren, u.a. auch Erlasse röm. Kaiser).

Epistyl [grch.] *das* (Epistylion), *Baukunst:* der ↑Architrav.

Epitaph [grch.] *das,* **1)** *Antike:* Grabschrift, Grabrede. **2)** *Kunst:* Gedächtnismal für einen Verstorbenen an einer Wand oder einem Pfeiler, auch an der Außenmauer von Kirchen, i.d.R. nicht identisch mit der Grabstelle; seit Mitte des 14. Jh. vorkommend, bes. in der Barockzeit beliebt.

Epitaxie [grch.] *die,* das Aufwachsen einer Kristallschicht auf einer Kristalloberfläche der gleichen Substanz (**Homo-E.**) oder einer anderen Substanz (**Hetero-E.**). Halbleiterbauelemente werden nach versch. E.-Verfahren hergestellt. Bei der **Flüssigkeitsphasen-E.** wird der Trägerkristall (Substratkristall) mit einer gesättigten Lösung und bei der **Gasphasen-E.** mit einer gesättigten Atmosphäre von Atomen des aufwachsenden Kristalls in Kontakt gebracht. Bei der **Molekularstrahl-E.** werden die elementaren Bestandteile des aufwachsenden Kristalls durch Molekularstrahlen im Ultrahochvakuum zur Substratoberfläche transportiert und dort Atom für Atom angelagert.

Epithalamion [grch.-lat.] *das* (Epithalamium), Hochzeitsgedicht, -lied (bei Griechen, Römern), u.a. bei Sappho, Theokrit und Catull.

Epithel [grch.] *das* (Epithelgewebe, Deckgewebe), Verband von Zellen, der äußere oder innere Oberflächen des Körpers oder von Hohlorganen beim Menschen und bei Tieren bedeckt. Nach der Form unterscheidet man **Platten-E.** mit flachen, plattenartigen Zellen (z.B. in Gefäßen), **Pflaster-E.** mit kub. Zellen (z.B. in Nierenkanälchen) und **Zylinder-E.** mit zylindr. Zellen (z.B. in der Magen- und Darmwand). Nach der Funktion unterscheidet man **Deck-E.** (Schutzfunktion, z.B. die ↑Haut), **Flimmer-E.**, das mit Geißel- oder Flimmerzellen besetzt ist (z.B. in den oberen Luftwegen), **Drüsen-E.** als innere Auskleidung von Drüsenorganen (mit Sekretionsfunktion) und das von Sinneszellen gebildete **Sinnes-E.** (z.B. das **Riech-E.** in der Nase der Säugetiere).

Epithelkörperchen, die ↑Nebenschilddrüsen.

Epitheton [grch.] *das,* Beiwort. **E. ornans,** schmückendes Beiwort (↑Redefiguren, Übersicht).

Epitome [grch.-lat.] *die,* Auszug aus einem Schriftwerk; wiss. oder geschichtl. Abriss (in der altröm. und humanist. Literatur).

Epizentrum [grch.-lat.], das senkrecht über einem Erdbebenherd liegende Gebiet, in dem die stärksten Bewegungen auftreten.

Epizoen [grch.], Tiere, die auf anderen Tieren leben, ohne sie zu schädigen, z.B. Seepocken auf Muscheln.

Epizootie [grch.] *die* (Landseuche), Tierkrankheit, die örtlich und zeitlich gehäuft auftritt (z.B. Rinderpest); Ggs.: Enzootie.

Epizykeltheorie, die Annahme, dass die Bahnen des Mondes und der Planeten auf kleinen Kreisen (**Epizykeln**) verlaufen. Die E. begründete ↑Apollonios von Perge, um die Schleifenbahn der Planeten zu erklären; noch von Kopernikus vertreten, wurde die E. von Kepler widerlegt.

Epizykloide [grch.] *die,* eine ↑Zykloide.

e pluribus unum [lat. »aus vielen zu einem«], Motto auf dem Wappen der USA und zahlr. amerikan. Münzen, das sich auf

den Zusammenschluss der einst 13 Kolonien zu einem Staat bezieht; urspr. Devise des amerikan. Kontinentalkongresses (1774–89).
EPO, Abk. für ↑Erythropoetin.
epochal [nlat.], über den Augenblick hinaus bedeutsam, in die Zukunft hinein wirkend; (umgangssprachl.:) Aufsehen erregend; bedeutend.
Epoche [griech. »die Zurückhaltung«] *die, Philosophie:* die Enthaltung von jegl. Urteil über einen Sachverhalt (wegen der Ungewissheit allen Erkennens).
Epoche [grch. »das Anhalten«] *die,* **1)** *Astronomie:* der Zeitpunkt, auf den sich astronom. Beobachtungen oder Größen (z.B. Bahnelemente, Ephemeriden) beziehen.
2) *Chronologie:* (E.-Tag), der Anfang einer neuen Zeitrechnung, einer neuen ↑Ära.
3) *Geschichte:* ein größerer Zeitabschnitt, dessen Beginn und Ende mit einem deutl., einschneidenden Wandel der Verhältnisse verbunden sind (zur Problematik ↑Periodisierung); auch verstanden als Zeitpunkt, mit dem eine neue bedeutsame Entwicklung beginnt.
Epode [grch. »Nachgesang«] *die,* **1)** *altgrch. Tragödie:* der auf Strophe und Gegenstrophe folgende Abgesang. **2)** *Metrik:* Versart, die eine längere und eine kürzere Zeile, bes. einen jamb. Trimeter und jamb. Dimeter, verbindet.
Epökie [grch.] *die* (Aufsiedlertum), Lebensweise von Pflanzen (Algen, Flechten, Moosen, Orchideen) und Tieren (Wimpertierchen, Polypen, Seepocken) auf anderen Organismen, wobei lediglich die von diesen gebotenen Wuchsorte genutzt werden, ohne bei ihnen zu schmarotzen. (↑Epiphyten, ↑Epizoen)
Epona, kelt., bes. in Gallien verehrte Göttin der Pferde; ihr Kult drang bis Rom vor.
Eponym [grch.] *das,* Gattungsbez., die auf einen Personennamen zurückgeht, z.B. »Zeppelin« für »Luftschiff«.
Epopöe [auch: -'pø:, grch.] *die,* veraltet für Epos.
Epos [grch. »das Gesagte«, »Berichtete«] *das* (im 18.Jh. auch Epopöe), früh ausgebildete Großform erzählender Dichtung in gleichartig gebauten Versen oder Strophen (Versepos), meist mehrere Teile (Gesänge, Bücher, Aventiuren) umfassend. Kennzeichen sind gehobene Sprache, typisierende Gestaltungsmittel (epische Breite, Wieder-

holungen, Gleichnis, Formel), auf Erzählerebene die »epische Distanz«, ein Leitgedanke oder eine zentrale Gestalt. Das E. hat seinen Ursprung in jenem Stadium früher Epochen, in dem neben dem myth. Weltbild ein spezif. Geschichtsbewusstsein von der kulturtragenden Gruppe eines Volkes ausgebildet wurde. Seine Voraussetzung und zugleich sein Publikum war eine einheitlich (z.B. feudalistisch) strukturierte Gesellschaft, deren Anfangsgeschichte realhistor. Grundlage der frühen E. ist. Als literar. Vorstufe gelten kult. Einzelgesänge (Götter-, Helden-, Preislieder), die von anonymen Dichtern zu »Volks-E.« ausgestaltet und mündlich vorgetragen wurden. Es entwickelten sich Einzelgattungen wie National-, Lehr-, Tier- und Scherzepen.
Die *Geschichte* der E.-Überlieferung beginnt im Orient mit dem babylon. »Gilgamesch-Epos« (2.Jt. v.Chr.), in Indien mit dem »Mahabharata« (4.Jh. v.Chr. bis 4.Jh. n.Chr.) und dem »Ramayana« (4./3.Jh. v.Chr. bis 2.Jh. n.Chr.). Höhepunkt der neupers. E. ist die Samml. des Firdausi, »Schah-Name« (Königsbuch, 10./11.Jh). Die homer. Epen »Ilias« und »Odyssee« des Homer sind die frühesten Zeugnisse (8.Jh. v.Chr.) des europ. Epos. Weiterer Höhepunkt des antiken E. ist Vergils »Äneis« (Ende des 1.Jh. v.Chr.). Fortsetzung finden lat. und grch. E. im MA. in den byzantin. Geschichts- und Preis-E. (7.–12.Jh.), im mlat. geistl. E. (Bibel-E.) sowie in mlat. Herrscherviten, Chroniken oder Bearbeitungen auch german. Stoffe (»Waltharius«, 9. oder 10.Jh.) erschließlich im mlat. gelehrten E., z.B. in Petrarcas »Africa« (1338–42). Parallele Formen in der jeweiligen Volkssprache sind die frühmittelhochdt. »Kaiserchronik« (um 1145) und der altfrz. »Roman de Brut« (um 1150) des Anglonormannen Robert Wace.
Im Mittelalter wurden auch neue, nat. Stoffe in volkssprachl. Helden-E. gestaltet: Beispiele bieten das altengl. Helden-E. »Beowulf« (wahrscheinlich 10.Jh.) und das mittelhochdt. »Nibelungenlied« (um 1200); die karoling. Grenz- und Glaubenskämpfe und der Kreuzzugsgeist des hohen MA. finden Niederschlag im roman. Helden-E. (das altfrz. »Rolandslied« um 1100, u.a. Chansons de Geste; der altspan. »Poema del Cid«, um 1140). Bedeutendstes Helden-E. der slaw. Literaturen ist das

altruss. »Igorlied« (12. Jh.). Das Abenteuer-E. der Spielmannsdichtung steht zw. Helden-E. und dem höf. E. des hohen MA. (Chrétien de Troyes, Hartmann von Aue, Heinrich von Veldeke, Wolfram von Eschenbach, Gottfried von Straßburg). Dantes »Göttliche Komödie« (1307–21) steht an der Schwelle zur Renaissance, in der die Gattung mit dem National-E. als bewusster Kunstschöpfung einen neuen Höhepunkt erlebte, u. a. in Italien durch L. Ariostos »Der rasende Roland« (1516), T. Tassos »Das befreite Jerusalem« (1581), in Portugal durch L. Vaz de Camões' »Lusiaden« (1572), in Spanien durch die »Araucana« (1569–89) von A. de Ercilla y Zúñiga, in England durch E. Spensers »The faerie queene« (1590–96); auch die kroat. »Judita« (1521) von M. Marulić steht in dieser Tradition. – Zunehmende Subjektivierung und Verbürgerlichung der Weltansicht standen der weiteren Entfaltung des E. entgegen, das aber von einigen Dichtern noch als oppositionelle Form gegen Verflachung von Leben und Poesie genutzt wurde (J. Milton, F. G. Klopstock). Die Wiederbelebungsversuche im 19. und bis zur Mitte des 20. Jh. sind zahlreich, meist in Form von National-E. oder Weltanschauungs-E., die sich mit ihrer Neigung zur lyrisch-ep. Versdichtung (P. B. Shelley, J. Keats und Lord Byron; W. Whitman und E. Pound; Saint-John Perse; C. Brentano, R. Dehmel; A. S. Puschkin) von der urspr. rein berichtenden Gattung abheben. Der ↑Roman hatte sich als Nachfolger des E. bereits im 18. Jh. durchgesetzt.
📖 *Das dt. Versepos,* hg. v. W. J. Schröder. Darmstadt 1969. – *Europ. Heldendichtung,* hg. v. K. von See. Darmstadt 1978. – Bartels, H.: *E. – die Gattung in der Geschichte.* Heidelberg 1982. – *Formen der Literatur in Einzeldarstellungen,* hg. v. O. Knörrich. Stuttgart ²1991. – Rüpke, J.: *Antike Epik.* Potsdam 1998.

Epoxide (Oxirane), reaktive organ. Verbindungen, die einen dreigliedrigen Ring mit einem Sauerstoffatom **(Epoxidgruppe)** enthalten. Das einfachste E. ist das ↑Äthylenoxid. E. sind Ausgangsstoffe zur Herstellung von Kunststoffen.

Epoxidharze, Abk. **EP,** durch Umsetzung von Epichlorhydrin mit zweiwertigen Phenolen hergestellte Kunstharze, deren Moleküle mehr als eine Epoxidgruppe enthalten. Sie werden während der Verarbeitung mit Härtern versetzt; um die Eigenschaften zu modifizieren, gibt man Füllstoffe, Weichmacher, Glasfasern u. a. zu. E. werden in Zweikomponenten-Reaktionslacken und Einbrennlacken, als Zweikomponentenkleber, Gießharze und zur Herstellung von glasfaserverstärkten Kunststoffen verwendet.

Eppan an der Weinstraße (italien. Appiano sulla Strada del Vino), Gemeinde in der italien. Provinz Bozen, Südtirol, 411 m ü. M., 12 500 Ew.; Wein- und Obstbau. – Die auf einem Felskegel gelegene Ruine **Hocheppan** (italien. **Castel d'Appiano**) ist die bedeutendste mittelalterl. Burganlage Südtirols (12. Jh., erweitert im 13. und 16. Jh.); in der roman. Burgkapelle Wandmalereien (12. Jahrhundert).

Eppelmann, Rainer, Theologe und Politiker, *Berlin 12. 2. 1943; Maurer; als Hilfsprediger und Pfarrer in Berlin (Samaritergemeinde; 1974–89) in der Bürgerrechtsbewegung der DDR aktiv, u. a. 1982 mit R. Havemann Mitautor des »Berliner Appells« (»Frieden schaffen ohne Waffen«), sowie Mitgründer (1989) und Vors. (1990) des »Demokrat. Aufbruchs«, Min. für Abrüstung und Verteidigung der DDR (1990); wurde nach dem Beitritt der DDR zur Bundesrep. Dtl. (3. 10. 1990) im Dez. 1990 MdB, 1992 Vors. einer Enquetekommission des Bundestages zur Aufarbeitung der DDR-Geschichte (1998). – E. war 1994–2001 Bundesvors. der Christlich-Demokrat. Arbeitnehmerschaft (CDA; jetzt Ehrenvorsitzender).

Eppelsheimer, Hanns Wilhelm, Bibliothekar, Literarhistoriker und Bibliograf, *Wörrstadt (Landkreis Alzey-Worms) 17. 10. 1890, †Frankfurt am Main 24. 8. 1972; 1947–59 erster Direktor der Dt. Bibliothek Frankfurt am Main; schrieb u. a. »Hb. der Weltliteratur« (1935–37), »Gesch. der europ. Weltliteratur« (1970).

Eppingen, Stadt im Landkreis Heilbronn, Bad.-Württ., im Kraichgau, 19 200 Ew.; Heimatmuseum in der »Alten Universität«; Maschinenbau, Brauerei. – Fachwerkhäuser und Reste der Stadtummauerung. – Erhielt 1282 die Rechte einer Reichsstadt; 1564/65 Sitz der Univ. Heidelberg während der Pestepidemie.

Eppstein, Stadt im Main-Taunus-Kreis, Hessen, 13 600 Ew.; Luftkurort im Vordertaunus; Aluminiumfolien-, Druckfarbenherstellung. – Burgruine (12.–14. Jh.); im

Epulis EPU

Eppingen: Stadtansicht (Luftaufnahme)

so genannten Mainzer Schloss heute das Heimatmuseum, evang. Pfarrkirche (ab 1435, über roman. Vorgängerbau). – Die Herren von E. stellten 1200–1305 vier Erzbischöfe von Mainz. E. erhielt 1318 Stadtrecht.

eppur si muove [italien.], »Und sie (die Erde) bewegt sich doch«, legendärer Ausruf Galileis.

EPR, *Physik:* ↑Elektronenspinresonanz.

Épreuves d'Artiste [e'prœv dar'tist, frz.], die ↑Künstlerdrucke.

EPR-Experiment (EPR-Paradoxon), nach A. Einstein, B. Podolski und N. Rosen benanntes Gedankenexperiment (1939) zum Verhalten verschränkter Zweiteilchenzustände bei der Messung an einem Teilchen. Die Quantenmechanik sagt vorher, dass eine Messung am Teilchen A ein gleichzeitig an einem weit entfernten Teilchen B ausgeführtes Experiment beeinflusst, wenn beide sich in einem ↑verschränkten Zustand befinden. Diese Aussage der Quantenmechanik wurde 1999 experimentell an verschränkten Photonen zweifelsfrei bestätigt. Das Experiment beweist das Vorhandensein nichtlokaler Korrelationen bei Superpositionszuständen und ist die Grundlage für die Quantenkryptologie und die Quantenteleportation.

EPROM [Abk. für engl. erasable programmable read only memory, »löschbarer (und wieder) programmierbarer Festwertspeicher«], Festwertspeicher, der zur Aufnahme von Daten dient, die sich nur selten ändern (z. B. Systemkonstanten).

Epsilon *das* (E, ε), der fünfte Buchstabe des grch. Alphabets, bezeichnet das kurze und überwiegend geschlossene e.

Epsom and Ewell ['epsəm ənd 'ju:əl], Stadt in der engl. Cty. Surrey, südwestlich von London, 64 400 Ew.; Pferderennbahn; Bittersalzquellen.

Epsomit [nach der Gewinnung aus den Mineralquellen von Epsom (Epsom and Ewell)] *der* (Bittersalz), farbloses rhomb. Mineral der chem. Zusammensetzung $MgSO_4 \cdot 7 H_2O$; Verwendung als Magnesiumrohstoff.

Epstein ['epstaɪn], Sir (seit 1954) Jacob, brit. Bildhauer polnisch-russ. Abkunft, *New York 10. 11. 1880, †London 19. 8. 1959; stand dem ↑Vortizismus nahe, schuf Figurengruppen mit religiöser und literar. Thematik, auch monumentale Werke (Grabmal für O. Wilde; Paris, Père Lachaise) sowie Porträtbüsten (u. a. A. Einstein, G. B. Shaw, Sir W. Churchill). – Abb. S. 242

Epstein-Barr-Virus [nach den brit. Virologen M. A. Epstein und Y. M. Barr], zur Gruppe der Herpesviren gehörender Erreger der infektiösen ↑Mononukleose. Außerdem besteht eine enge Beziehung zu zwei beim Menschen auftretenden Tumorformen, dem Burkitt-Tumor und dem Nasopharyngealkarzinom.

Epulis [grch.] *die,* dem Zahnfleisch aufsitzende Granulationsgewebebildung unterschiedl. Zellstruktur; verursacht v. a. durch chronisch entzündl. und mechan. Reizeinflüsse; in den meisten Fällen muss deren Entfernung mit der Extraktion des Zahnes kombiniert werden.

Jacob Epstein: Madame N. de B. (Paris, Musée National d'Art Moderne)

Equalizer ['iːkwəlaɪzə, engl.] *der,* Klangregeleinrichtung an Verstärkern von Hi-Fi-Anlagen zur Korrektur, Entzerrung oder sonstigen Beeinflussung des Klangbildes, wobei der gesamte Tonfrequenzbereich in mehrere Bänder aufgeteilt wird.
Equestrik [nlat.] *die,* Reitkunst (bes. im Zirkus).
Equipe [eˈkip, frz.] *die,* Sportmannschaft, bes. im Reitsport.
Equites [lat.], Reiter, Ritter; im antiken Rom waren die E. urspr. die nur aus dem Adel gebildete Reiterei. Seit dem 2. Jh. v. Chr. entstand ein neuer 2. Stand **(Ordo equester)** nach den Senatoren.
Equity ['ekwɪtɪ; engl. »Billigkeit«], im angloamerikan. Recht Regeln zur Ergänzung des ↑Common Law zum Ausgleich von Härten; urspr. einzelfallbezogen, entwickelte es sich zu einem festen, nicht kodifizierten Rechtssystem.

Equuleus [lat.], das Sternbild ↑Füllen.
Er, chem. Symbol für ↑Erbium.
ER, Abk. für endoplasmatisches Retikulum, ↑Zelle.
Eradikationstherapie [grch.], medikamentöse Maßnahmen zum Entfernen der bakteriellen Besiedlung der Magenschleimhaut mit Helicobacter pylori und zum Behandeln der dadurch evtl. hervorgerufenen Erkrankungen wie Magenschleimhautentzündung, Magen- oder Zwölffingerdarmgeschwür; verwendet werden versch. Kombinationen von Arzneimitteln, z. B. Magensäuresekretionshemmer und Antibiotika.
Eranthis, die Pflanzengattung ↑Winterling.
Erasmus (Rasmus, Elmo), legendärer Märtyrer, † Formiae (Kampanien) um 305, einer der 14 Nothelfer; u. a. Schutzpatron der Seeleute, die ihn unter dem Namen Elmo wohl bereits im Früh-MA. verehrt und mit dem Elmsfeuer in Verbindung gebracht haben; Heiliger; Tag: 2. 6.
ERASMUS, Kurzwort für engl. **E**uropean **A**ction **S**cheme for the **M**obility of **U**niversity **S**tudents, 1987 gestartetes Aktionsprogramm der Europ. Union zur Förderung des Studentenaustauschs und der Hochschulkooperation in Europa. Langfristiges Ziel des Programms ist, dass 10 % aller europ. Studierenden eine Studienphase in einem anderen Mitgliedsland der EU verbringen. Die finanzielle Förderung des Auslandsaufenthalts – drei Monate bis zu einem akadem. Jahr – erfolgt über ein Teilstipendium, vergeben über nat. Einrichtungen. (↑SOKRATES)
Erasmuspreis (Praemium Erasmianum), 1958 gestifteter niederländ. Preis für bes. Verdienste um die europ. Kultur und das europ. Bewusstsein.
Erasmus von Rotterdam (E. Desiderius), niederländ. Humanist und Theologe, * Rotterdam 28. 10. 1466 oder 1469, † Basel 12. 7. 1536; urspr. Augustiner (1492 Priesterweihe), lebte als freier Gelehrter in den Niederlanden, in England, seit 1521 meist in Basel. Als Textkritiker, Herausgeber (Kirchenväter, N. T.) und Grammatiker hat E. v. R. die neuzeitl. Philologie mitbegründet. Von ihm stammt die heute übl. Aussprache des Altgriechischen (Etazismus). Seine geistvollen Schriften, darunter »Encomion moriae« (1510, »Lob der Torheit«), »Colloquia familiaria« (1518, »Ver-

Erasmus von Rotterdam (Gemälde von Hans Holbein d. J., 1523)

traute Gespräche«), und seine fein stilisierten Briefe genossen europ. Berühmtheit. In der religiösen Bewegung nahm E. v. R., der geistig-gedanklich zur Vorbereitung der Reformation beigetragen hatte, eine vermittelnde Stellung zu den reformator. Bestrebungen ein. Er lehnte Luthers Reformation aber ab, als sie zum Bruch mit der Kirche führte. Sein Streit mit Luther (»Über die Freiheit des Willens«, 1524) führte zur Trennung von Reformation und Humanismus. Er selbst suchte ein freies, vernunftgemäßes, den sittl. Gehalt des N. T. betonendes Christentum (»Enchiridion militis christiani«, 1502, »Handbuch des christl. Streiters«).

📖 *Walter, P.: Theologie aus dem Geist der Rhetorik. Zur Schriftauslegung des E. v. R. Mainz 1991. – Huizinga, J.: E. Eine Biographie. Neuausg. Reinbek 31.–38. Tsd. 1993. – Gail, A. J.: E. v. R. Reinbek 29.–31. Tsd. 1994. – Augustijn, C.: E. – der Humanist als Theologe u. Kirchenreformer. Leiden u. a. 1996.*

Erastus (eigtl. Lüber, Lieber oder Liebler), Thomas, schweizerisch-dt. Mediziner und ref. Theologe, *Baden (Kt. Aargau) 7. 5. 1524 (?), †Basel 1. 1. 1583; Zwinglianer, seit 1555 Prof. in Heidelberg. Als Mitgl. des Kirchenrats (1559–64) nahm E. wesentl. Anteil an der Einführung und Durchsetzung des ref. Kirchenwesens in der Pfalz; forderte den Primat des Staates über die Kirche.

Erato [grch.], die Muse der Liebesdichtung und des Tanzes; ihr Attribut ist ein Saiteninstrument.

Eratosthenes von Kyrene, grch. Gelehrter, *Kyrene um 290, †um 214 v. Chr.; Vorsteher der Bibliothek in Alexandria, verfasste Dichtungen und philolog. Schriften, fand Lösungen mathemat. Probleme (z. B. ↑Sieb des Eratosthenes), berechnete als Erster den Erdumfang.

Erbach, Krst. des Odenwaldkreises, Hessen, an der Mümling, 220 m ü. M., 13 100 Ew.; Luftkurort; Dt. Elfenbeinmuseum; Kunsthandwerk (Elfenbeinschnitzerei, Bernsteinbearbeitung, Goldschmiedearbeiten u. a.); Metall- und Kunststoffverarbeitung. – Das Schloss (v. a. Bauten des 16.–18. Jh.; Waffen- und Kunstsammlung) war urspr. eine Wasserburg (Bergfried erhalten, um 1200); evang. Stadtkirche (1747–50), Altes Rathaus (1545 erbaut). – 1321 erstmals Stadt genannt.

Erbämter, im Hl. Röm. Reich seit dem 13. Jh. bis 1806 die Hofämter (auch an lan-

Erbach: Blick zum Alten Rathaus (1545 erbaut), im Hintergrund die evangelische Stadtkirche (1747–50)

ERB **Erbanfall**

desfürstl. Höfen) im erbl. Besitz bestimmter Geschlechter (↑Kurfürsten), die stellvertretend für die fürstl. Inhaber der ↑Erzämter wahrgenommen wurden.

Erbanfall, der sich mit dem Tod des Erblassers von selbst vollziehende Erwerb der Erbschaft (§ 1922 BGB); der E. wird durch Ausschlagen der Erbschaft beseitigt.

Erbanlage (Erbfaktoren), die ↑Gene.

Erbärmdebild, ein ↑Andachtsbild.

Erbauung, Begriff der christl. Frömmigkeit. Gemeinschaftsbezogen im Gottesdienst und individuell in der persönl. Frömmigkeitsübung ist die E. dem Christen Mittel zur Festigung und Stärkung (Auferbauung) seines Glaubens.

Erbbauer, Bauer mit erbl. Besitzrecht auf fremdem Land (Erbzinsrecht, Meierrecht, Erbleihe, Erbpacht); früher auch der mit dem Gut seines Herrn vererbte Hörige.

Erbbaurecht, veräußerl. und vererbl. Recht, auf einem fremden Grundstück ein Bauwerk (z. B. ein Haus) zu errichten (VO v. 15. 1. 1919). Es entsteht durch Einigung und Eintragung ins Grundbuch. Als grundstücksgleiches Recht ist das E. belastbar, wovon das Grundeigentum unberührt bleibt. Der Erbbauberechtigte ist i. d. R. verpflichtet, den Erbbauzins zu zahlen (wiederkehrendes Entgelt). Das E. erlischt nach Ablauf der vereinbarten Zeit. Das Eigentum am Bauwerk geht dann auf den Grundeigentümer über, der zur Zahlung einer Entschädigung verpflichtet ist. Eine besondere Art der Übertragung ist der **Heimfall,** d. h. die Verpflichtung des Erbbauberechtigten, beim Eintritt bestimmter Bedingungen das E. auf den Eigentümer des Grundstücks zu übertragen (gegen angemessene Vergütung).

📖 *Linde, T. u. Richter, R.: E. u. Erbbauzins. Münster ³2001. – Oefele, H. von u. Winkler, K.: Handbuch des Erbbaurechts. München ³2002.*

Erbbiologie, die ↑Genetik.

erbbiologisches Gutachten, Form des Beweises der Abstammung, dient dem Nachweis der ↑Vaterschaft.

Erbe, derjenige, auf den mit dem Tode **(Erbfall)** einer Person **(Erblasser)** deren Vermögen **(Erbschaft, Nachlass,** in Österreich auch **Verlassenschaft)** als Ganzes übergeht (§ 1922 BGB). Fällt die Erbschaft an mehrere Personen gemeinschaftlich, so sind sie **Miterben.** Die ↑Erbfolge kann auf Ges. **(gesetzl. E.)** oder auf dem Willen des Erblassers (Testament, Erbvertrag) beruhen **(Testaments-, Vertrags-E.).** Ein E., der erst nach einem anderen (dem **Vor-E.**) E. wird, heißt **Nach-E.** (§ 2100 BGB). Wenn jemand als E. für den Fall berufen wird, dass ein anderer E. vor oder nach dem Erbfall wegfällt, so wird er als **Ersatz-E.** (§ 2096 BGB) bezeichnet. Die Fähigkeit, E. zu werden **(Erbfähigkeit),** steht jeder natürl. (auch schon vor ihrer Geburt) und jurist. Person zu. Nach § 1942 BGB geht die Erbschaft mit dem Tod des Erblassers auf den berufenen E. über (Anfall der Erbschaft), doch hat der E. das Recht, die Erbschaft durch Erklärung in öffentlich beglaubigter Form oder zur Niederschrift des Nachlass-Ger.) gegenüber dem Nachlass-Ger. auszuschlagen. Dieses Recht erlischt, wenn der E. die Erbschaft angenommen hat (ausdrücklich oder stillschweigend) oder wenn seit der Kenntnisnahme von Anfall und Grund der Berufung sechs Wochen verstrichen sind (Ausschlagungsfrist). Gegen jeden, der etwas aus der Erbschaft aufgrund eines ihm in Wirklichkeit nicht zustehenden Erbrechts erlangt hat **(Erbschaftsbesitzer),** hat der E. einen Anspruch auf Herausgabe des Erlangten **(Erbschaftsanspruch,** § 2018 BGB). **Erbunwürdig** (§§ 2339 ff. BGB) ist u. a., wer den Erblasser getötet oder zu töten versucht oder es in anderer Weise unternommen hat, den Erblasser an der Errichtung oder Aufhebung eines Testaments nach seinem freien Willen zu hindern, ferner, wer ein Testament fälscht oder vernichtet. Ein gesetzl. E. oder ein in einer Verfügung von Todes wegen Bedachte kann auf sein künftiges Erbrecht durch notariellen Vertrag mit dem Erblasser verzichten **(Erbverzicht,** §§ 2346 ff. BGB). – Vom E. zu unterscheiden ist der **Vermächtnisnehmer,** der nur kraft letztwilliger Verfügung in Bezug auf einzelne Nachlassgegenstände am Nachlass teilhat.

📖 *Eckebrecht, M.: Die Rechtsstellung des erbrechtl. Anwärters vor u. nach dem Erbfall. Frankfurt am Main u. a. 1992. – Huber, G.: Richtig erben u. vererben von A–Z. Planegg ³1999. – Bartsch, H.: Handbuch Erbrecht. Erben u. vererben: richtig vorsorgen. Berlin u. a. ²2001.*

Erben, Karel Jaromír, tschech. Gelehrter, Dichter und Übersetzer, * Miletín 7. 11. 1811, † Prag 21. 11. 1870; sammelte im

Geist der Romantik tschech. Volkslieder und veröffentlichte meisterhaft nacherzählte Volksmärchen.

Erbengemeinschaft, ↑Miterbe.

Erbenhaftung, Haftung der Erben für die Nachlassverbindlichkeiten, d. h. die Schulden des Erblassers und die Verbindlichkeiten, die infolge des Erbfalls entstehen (z. B. Vermächtnisse, Kosten der Beerdigung oder der Testamentsvollstreckung, ↑Dreißigster §§ 1967 ff. BGB). Erben haften für die Nachlassverbindlichkeiten grundsätzlich unbeschränkt (auch mit eigenem Vermögen), können aber ihre Haftung auf den Nachlass beschränken, indem sie unverzüglich Nachlassverwaltung oder, bei Zahlungsunfähigkeit oder Überschuldung des Nachlasses, das Nachlassinsolvenzverfahren beantragen. Ist der Nachlass zu gering, um die Kosten dieser Maßnahmen zu lohnen, haftet der Erbe nur beschränkt (§ 1990 BGB, Einrede der Dürftigkeit des Nachlasses). Er muss in diesem Fall den Nachlass zur Befriedigung der Gläubiger im Wege der Zwangsvollstreckung herausgeben. Eine Beschränkung der E. kann auch dadurch erreicht werden, dass jeder Erbe die Nachlassgläubiger öffentlich auffordert, ihre Forderungen binnen einer Aufgebotsfrist (höchstens sechs Monate) beim Nachlass-Ger. anzumelden. Dem im Aufgebotsverfahren Ausgeschlossenen haftet er ebenfalls nur beschränkt. – In *Österreich* haftet vor der Einantwortung (Übergabe des Erbes) nur der Nachlass für die Nachlassschulden; nach der Einantwortung haftet der Erbe mit seinem ganzen Vermögen, entweder für den vollen Betrag der Nachlassschulden und Vermächtnisse oder nur für einen Teil, wenn ein Inventar errichtet wurde. – In der *Schweiz* kann bei überschuldetem Nachlass der Erbe die Erbschaft ausschlagen, ein öffentl. Inventar verlangen oder die amtl. Liquidation beantragen (Art. 560, 580, 593 ZGB).

📖 *Frei, W.: Die E. für Forderungen aus dem Steuerrechtsverhältnis. Konstanz 1995.*

Erbersatzanspruch, bis zum 31. 3. 1998 der Erbanspruch des nichtehel. Kindes im alten Bundesgebiet, der ihm beim Tode des Vaters neben ehel. Abkömmlingen und dem überlebenden Ehegatten anstelle des gesetzl. Erbteils zustand. Er war ein Geldanspruch in Höhe des Wertes des Erbteils (§ 1934 a BGB alter Fassung). Durch das Ges. zur erbrechtl. Gleichstellung nicht-ehel. Kinder vom 16. 12. 1998 wurden die Vorschriften über den E. sowie den vorzeitigen Erbausgleich aufgehoben, da in Bezug auf das Erbrecht nicht mehr zw. ehel. und nichtehel. Abkömmlingen unterschieden wird.

Ẹrbeskopf, höchster Berg (818 m ü. M.) des ↑Hunsrücks.

Erbfähigkeit, ↑Erbe.

Erbfolge, der Eintritt des Erben in das Vermögen und die Verbindlichkeiten des Erblassers. Hat der Erblasser über sein Vermögen keine Verfügung getroffen, so tritt die **gesetzl. E.** ein, während die **gewillkürte E.** auf Testament oder Erbvertrag beruht (§§ 1937, 1941 BGB). Die **gesetzl. E.** beruft die Verwandten in bestimmten Gruppen (Ordnungen, **Parentelen**) nacheinander, wobei die Verwandten der näheren Ordnung die der entfernteren Ordnungen ausschließen. Die 1. Ordnung bilden die Abkömmlinge des Erblassers (Kinder), die zu gleichen Teilen erben (zw. ehel. und nichtehel. Kindern wird nicht mehr unterschieden). Ist ein Abkömmling zur Zeit des Erbfalls verstorben, treten an die Stelle des Verstorbenen dessen Abkömmlinge. Zur 2. Ordnung gehören die Eltern des Erblassers und deren Abkömmlinge (Geschwister des Erblassers, deren Kinder und Kindeskinder). In der 3. Ordnung erben die Großeltern und deren Abkömmlinge (Onkel und Tanten des Erblassers, deren Kinder und Kindeskinder), in der 4. Ordnung die Urgroßeltern des Erblassers und, wenn keine Urgroßeltern mehr leben, derjenige unter ihren Abkömmlingen, der mit dem Erblasser dem Grade nach am nächsten verwandt ist. Der überlebende Ehegatte ist neben Verwandten der 1. Ordnung zu einem Viertel, neben Verwandten der 2. Ordnung oder neben Großeltern zur Hälfte der Erbschaft gesetzl. Erbe. Neben Verwandten der 2. Ordnung oder Großeltern erhält der überlebende Ehegatte außerdem noch die zum ehel. Haushalt gehörenden Gegenstände als **Voraus**; neben Verwandten der 1. Ordnung gebühren ihm diese Gegenstände, soweit er sie zur Führung eines angemessenen Haushalts benötigt. Sind nur Abkömmlinge von Großeltern oder Verwandte der 4. und folgenden Ordnungen vorhanden, erhält der Ehegatte den ganzen Nachlass (§§ 1924 ff. BGB). Haben die Ehegatten im gesetzl. Güterstand der

ERB Erbfolgekriege

Zugewinngemeinschaft gelebt, erhöht sich der Erbteil des überlebenden Ehegatten, unabhängig von der Dauer der Ehe und dem Umfang des Zugewinns, zusätzlich um ein Viertel. Es steht ihm frei, stattdessen die Erbschaft auszuschlagen, aber dennoch den Pflichtteil und den tatsächl. Zugewinn zu verlangen (§ 1371 BGB). Sind weder ein Ehegatte noch ein Verwandter vorhanden, wird der Fiskus Erbe.

In *Österreich* erben die Verwandten ebenfalls nach Parentelen (Linien). Jedoch ist die Verwandten-E. beschränkt; sie erstreckt sich bis zu den Stammeltern der 4. Linie (Urgroßeltern), nicht mehr aber auf deren Nachkommenschaft (§§ 727–751 ABGB). Der überlebende Ehegatte erbt neben den Kindern ein Drittel, neben Eltern und Großeltern des Erblassers zwei Drittel des Nachlasses. – In der *Schweiz* gilt ebenfalls ein Parentelsystem, doch hört hier mit dem Stamm der Großeltern die Erbberechtigung der Blutsverwandten auf. Zwischen nichtehel., adoptierten und ehel. Verwandten wird in erbrechtl. Hinsicht kein Unterschied gemacht. Fehlt es an gesetzl. Erben, so fällt der Nachlass an den Staat (Kanton oder Gemeinde des letzten Wohnsitzes). Das Recht des Ehegatten ist dem dt. Recht ähnlich geregelt (Art. 457 ff. ZGB).

📖 *Spiegelberger, S.: Vermögensnachfolge. Vorweggenommene E., Erbauseinandersetzung u. Unternehmertestament. München 1994.*

Erbfolgekriege (Sukzessionskriege), aus Streitigkeiten über Thronfolgerechte entstandene Kriege, so der ↑Spanische Erbfolgekrieg (1701–13/14), der ↑Polnische Thronfolgekrieg (1733–35/38), der ↑Österreichische Erbfolgekrieg (1740–48) und der Bayerische E. (1778/79; ↑Bayern, Geschichte).

Erbgesundheitslehre, ↑Eugenik.
Erbgrind, ↑Favus.
Erbgut|entschlüsselung, Identifizierung des Erbgutes, i. e. S. durch DNA-Analyse; die gesamte Erbinformation des Menschen liegt in jeder Zelle in kettenförmiger Anordnung in 46 Elementen, den Chromosomen, vor. Sie ist in der DNA der Chromosomen als Folge von etwa 6 Mrd. Bausteinen, den Basen, festgelegt, wobei die eine Hälfte des Erbgutes von der Mutter, die andere vom Vater stammt. Es gibt nur vier Basen – Adenin, Cytosin, Guanin und Thymin –, in deren Abfolge die genet. Information gespeichert ist. Die systemat. Entschlüsselung des Erbgutes des Menschen ist das Ziel des ↑Human-Genom-Projektes. Als Endergebnis soll die Sequenz, also die Abfolge der Basen der DNA, vollständig ermittelt sein und damit auch der genet. Code eines jeden Gens zur Verfügung stehen. Die DNA der Chromosomen 21 und 22 (der zwei kleinsten Chromosomen des Menschen) sind nahezu vollständig entschlüsselt. Die Sequenz des restl. Erbgutes ist zu mehr als 90 % aufgeklärt. Die Beschreibung der Basenabfolge des gesamten Erbgutes ermöglicht die Erkennung von Veränderungen in den Genen, den so genannten Mutationen. Mit diesen Informationen ist bei einigen genetisch bedingten Erkrankungen eine annähernd sichere Prognose möglich. Hierbei handelt es sich um die Gruppe monogen bedingter (d. h. aufgrund nur einer Krankheitsanlage auftretender) Erkrankungen, die durch eine eher direkte Wirkung des Genproduktes eine enge Korrelation von Genmutation und Phänotyp zeigen, z. B. Albinismus und Phenylketonurie. Für die überwiegende Mehrzahl von genet. Merkmalen, Erkrankungen und Fehlbildungen

Erbfolge gesetzlich (bei Fehlen einer letztwilligen Verfügung)	→ Ehegatte
gesetzliche Erben 1. Ordnung	Kinder des Erblassers und deren Abkömmlinge
gesetzliche Erben 2. Ordnung	Eltern des Erblassers und deren Abkömmlinge
gesetzliche Erben 3. Ordnung	Großeltern des Erblassers und deren Abkömmlinge
gesetzliche Erben 4. Ordnung	Urgroßeltern des Erblassers und deren Abkömmlinge

Erbfolge: schematische Darstellung der gesetzlichen Erbfolge

aber gilt, dass ihre Ausprägung durch ein Zusammenspiel von genet. Faktoren, Umwelt und Zufall bestimmt wird, sie also eine stärkere Variabilität zeigen. Damit ist nicht die Sequenzanalyse der DNA die eigentl. Herausforderung bei der Bekämpfung von Krankheiten, sondern die funktionelle Genomanalyse, die Untersuchung der Proteinausstattung, des ↑Proteoms, eines Individuums. Die Wiss. (Proteomics) untersucht die Wechselwirkungen der Genprodukte (Proteine), um veränderte Proteine und ihre Fehlsteuerungen feststellen zu können.

Erbhof, ↑Höferecht.

Erbhygiene, ↑Eugenik.

Erbil (Arbil, Irbil), Hptst. der Prov. E. im nördl. Irak, 486 000 Ew.; auf einem Hügel gelegenes Zentrum einer landwirtsch. intensiv genutzten Ebene; Eisenbahnendpunkt. – Ziegelminarett der alten Moschee (1190–1223). – E., das antike **Arbela,** sumer. **Urbilum,** akkad. **Arbailu,** bereits in Quellen des 3. Jt. erwähnt, war später eine bed. Stadt Assyriens und Kultort der babylon. Göttin Ischtar. Unweit E., bei Gaugamela, fand 331 v. Chr. die Entscheidungsschlacht Alexanders d. Gr. gegen die Perser statt.

Erbium *das,* Symbol **Er,** Seltenerdmetall aus der Gruppe der Lanthanoide. Ordnungszahl 68, relative Atommasse 167,26, Dichte 9,066 g/cm³ (bei 20 °C), Schmelzpunkt 1529 °C, Siedepunkt 2862 °C. – E. findet sich in der Natur in geringen Konzentrationen in den ↑Yttererden. Techn. Bedeutung hat es nur vereinzelt, v. a. in der Metallurgie und als Dotiermaterial in speziellen Lasern.

Erbkaiserliche, die später meist **Kleindeutsche** genannte polit. Gruppe in der ↑Frankfurter Nationalversammlung, die gegenüber den Großdeutschen das preuß. Erbkaisertum vertrat.

Erbkrankheiten, ↑genetische Krankheiten.

Erblande, der Stammbesitz eines Herrscherhauses.

Erblastentilgungsfonds [-fɔ̃], 1993 geschaffenes nicht rechtsfähiges Sondervermögen des Bundes, in dem seit 1995 die wesentl. Elemente der finanziellen Erblast der DDR zusammengefasst, verzinst und getilgt werden; die Verbindlichkeiten des 1994 aufgelösten Kreditabwicklungsfonds (102,4 Mrd. DM), die Finanzschulden der Treuhandanstalt (204,6 Mrd. DM) sowie die Altschulden der ostdt. Wohnungswirtschaft (28,5 Mrd. DM). Zum 1. 1. 1997 wurden auch die Altschulden für gesellschaftl. Einrichtungen (8,4 Mrd. DM) in den E. übernommen. Bis Ende 1998 wurde der Schuldendienst im Wesentlichen durch laufende Zuschüsse aus dem Bundeshaushalt finanziert; außerdem flossen dem E. ein Teil der Bundesbankgewinne sowie der Privatisierungserlöse der ostdt. Wohnungsunternehmen zu. Seit 1999 ist der Schuldendienst des E. in den Bundeshaushalt integriert. Am 31. 12. 2001 betrugen die Gesamtschulden des E. noch 84,4 Mrd. €.

Erbil: Gelände der historischen Festung

Erblehre, die ↑Genetik.

Erbleihe, ↑Erbpacht.

Erblichkeit, die Übertragbarkeit bestimmter, nicht umweltbedingter elterl. Merkmale auf die Nachkommen.

Erbpacht, früher das erbl. und veräußerl. dingliche Nutzungsrecht an einem Grundstück, bes. an einem Bauerngut, gegen Zahlung des jährl. **Erbzinses** und Leistung von Abgaben und Diensten. Rechtlich ähnlich geregelt war die **Erbleihe,** die vererbl. und veräußerl. dingliche Leihe.

Erbprinz, Titel des ältesten Sohnes und Thronfolgers eines regierenden wie auch eines mediatisierten Herzogs oder Fürsten.

Erbrechen (Emesis, Vomitus), komplexer Vorgang des ruckweisen Entleerens von Mageninhalt, u. a. infolge Überfüllung oder Reizung des Magens, bei Magen- und Darmerkrankungen, Störung des Gleichgewichtssinnes (z. B. Seekrankheit), zu Be-

ERB Erbrecht

ginn fieberhafter Krankheiten, in der Schwangerschaft, bei Widerwillen gegen bestimmte Speisen, durch Brechmittel. Die Koordinierung des E. erfolgt über das im verlängerten Mark gelegene Brechzentrum. – *Behandlung:* Ruhe, Wärme, Fasten, Flüssigkeitszufuhr; möglichst Beseitigung der Grunderkrankung.

Erbrecht, im objektiven Sinn alle Bestimmungen, die den Rechts- und Pflichtenübergang eines Verstorbenen (**Erblasser**) auf andere Personen (↑Erbe) zum Gegenstand haben; subjektiv das sich aus dem objektiven E. ergebende Recht des Erben auf die Erbschaft. Das E. ist in Dtl. verfassungsrechtlich als Grundrecht garantiert (Art. 14 GG); es umschließt bes. die Testierfreiheit und den Schutz vor konfiskator. Erbschaftsteuern. Bürgerlich-rechtlich ist das E. im 5. Buch des BGB (§§ 1922 ff.) geregelt; es wird von den Prinzipien **Universalsukzession** (Gesamtrechtsnachfolge, d. h., von Gesetzes wegen geht das Vermögen ohne weiteres als Ganzes auf den/die Erben über), **Testierfreiheit** (↑Testament) und **Verwandten-E.** (gesetzl. Erben sind Blutsverwandte und Ehegatten) beherrscht. Je nachdem, ob beim **Erbfall** (Tod des Erblassers) eine Verfügung des Erblassers (Erbvertrag, Testament) vorliegt oder nicht, spricht man von gewillkürter oder gesetzl. ↑Erbfolge. Das *österr.* (§§ 531–824 ABGB) und das *schweizer.* E. (Art. 457–640 ZGB) folgen gleichen Grundsätzen.

📖 Schlüter, W.: E. Ein Studienbuch. München ¹⁴2000. – Lange, H.: Lehrbuch des Erbrechts, fortgeführt v. K. Kuchinke. München ⁵2001.

Erbschaft (Nachlass, österr. und schweizer.: Verlassenschaft), das Vermögen eines Verstorbenen. Nach § 1922 BGB geht die E. mit dem Erbfall als Ganzes kraft Gesetzes auf einen oder mehrere ↑Erben über, ohne dass es einer Annahme bedarf (§ 1942). Zur E. gehören alle Vermögensrechte des Erblassers einschließlich der Schulden. Nicht zur E. gehören u. a. Renten- und Unterhaltsansprüche des Erblassers.

📖 Rinsche, F.-J.: E. Augsburg 2000.

Erbschaftskauf, der Vertrag, durch den sich der Erbe zur Übertragung der gesamten Erbschaft an den Käufer gegen Entgelt verpflichtet; bedarf der notariellen Beurkundung (§ 2371 BGB).

Erbschaftsteuer, Steuer auf das Vermögen, das beim Tod einer natürl. Person auf andere Personen übergeht. Die E. kann bemessen werden nach dem Vermögen des Erblassers (**Nachlasssteuer**) oder nach der Höhe des dem einzelnen Erben zufallenden Erbes (**Erbanfallsteuer**). Auch Schenkungen unter Lebenden werden meist der Besteuerung (**Schenkungsteuer**) unterworfen, um Steuerumgehung auszuschließen. In Dtl. ist die E. als Erbanfallsteuer ausgestaltet. Rechtsgrundlage ist das E.- und Schenkungsteuer-Ges. i. d. F. v. 27. 2. 1997. Steuerpflichtig ist der Wert des erworbenen Vermögens nach Abzug von Schulden, Bestattungskosten und gesetzl. Freibeträgen. Bewertet wird das Vermögen nach dem Bewertungs-Ges. (↑Einheitswert). Zuwendungen, die der Begünstigte in den zurückliegenden 10 Jahren vom Erblasser erhalten hat, werden zusammengerechnet und mitberücksichtigt. Nach dem persönl. Verhältnis des Erwerbers zum Erblasser/Schenker werden drei Tarifklassen unterschieden, und zwar Klasse I: Steuersatz 7–30 % (Ehegatten, Kinder, Abkömmlinge von Kindern, Eltern und Großeltern), Klasse II: Steuersatz 12–40 % (Geschwister, Schwiegereltern und -kinder, geschiedene Ehegatten; bei Schenkungen auch Eltern und Großeltern), Klasse III: Steuersatz 17–50 % (alle übrigen Erwerber). Der Erwerb von Todes wegen durch den Ehegatten bleibt in Höhe von 307 000 €, bei Kindern in Höhe von 205 000 € steuerfrei. Für die übrigen Personen der Steuerklasse I beträgt der persönl. Freibetrag 51 200 €, in der Steuerklasse II 10 300 € und in der Steuerklasse III 5 200 €. Neben diesen persönl. Freibeträgen existieren Versorgungsfreibeträge (Ehegatten 256 000 €, Kinder 10 300 bis 52 000 €) sowie sachl. Freibeträge für Hausrat, Kunstgegenstände und Sammlungen sowie für persönl. Gegenstände (z. B. Kfz). – Das E.-Aufkommen (2001: 3,1 Mrd. €) fließt den Ländern zu.

In *Österreich* gelten bei vergleichbarem System erheblich niedrigere Freibeträge (höchstens 30 000 S), die Steuersätze reichen von 2 bis 60 %. In der *Schweiz* erheben Kantone (überwiegend als Erbanfallsteuer) und Gemeinden Erbschaftsteuern.

📖 Christoffel, H. G.: E.-Sparbuch. 60 Steuertipps für Erblasser und Schenker betreffend steuerlich optimale Vermögensübertragungen. Bonn 2000.

Erbschein (Erbschaftszeugnis), auf Antrag ausgestellte Bescheinigung des Nachlassgerichts über das Erbrecht, die Größe des Erbteils einer oder mehrerer Personen und evtl. Beschränkungen des Erbrechts; dient dem Erben dazu, Dritten gegenüber den Nachweis seines Erbrechts zu führen. Entsprechendes gibt es in *Österreich* als Einantwortungsurkunde und in der *Schweiz* als Erbenbescheinigung oder Erbgangsbeurkundung.

Erbse: blühende Zuckererbse

Erbse (Pisum), Gattung der Schmetterlingsblütler, einjährige Kräuter mit gefiederten, bläulich grünen Blättern, deren endständige Fiedern zu Ranken umgebildet sind. Die Wurzeln haben kleine Wurzelknöllchen, durch die der Boden mit Stickstoff angereichert wird (Gründüngung). Als Kulturpflanze bedeutend ist die weiß blühende etwa 1 m hohe **Gemüse-E.** (**Garten-E.**, Pisum sativum ssp. sativum) mit Hülsenfrüchten (fälschlich »Schoten« gen.), die die Samen (Erbsen) enthalten. E. werden in zahlr. Sorten als Gemüsepflanzen kultiviert, u. a. Pal-E., Zucker-E., Mark-E.; auch Futter-E. – Im Volksglauben findet sich die E. häufig als Zaubermittel; sie gilt als Sinnbild der Fruchtbarkeit.
Erbsenstein, Mineral, Varietät des ↑Aragonit.
Erbsenstrauch (Caragana), Schmetterlingsblütlergattung; Bäume oder Sträucher Mittel- und Ostasiens mit Fiederblättern und gelben oder rötlich weißen Blüten. Der bis 6 m hohe **Große E.** (Caragana arborescens) ist ein verbreiteter Zierstrauch.

Erbsünde, nach christl. Lehre die durch den ↑Sündenfall der ersten Menschen (↑Adam und Eva) bewirkte Sündhaftigkeit des Menschengeschlechts. Nach *kath. Glaubenslehre* besteht diese in dem Mangel der heilig machenden Gnade. Durch die Taufe wird dieser Mangel aufgehoben, nicht jedoch die Folgen der E., Tod und sinnl. Begierde. Nach *evang. Auffassung* wird die E. nicht durch die Taufe getilgt, sondern ist als Hang zur Sünde (Konkupiszenz) in jedem Menschen wirksam, Ursprung der aktuellen Sünden und echte Schuld.
📖 *Zur kirchl. Erbsündenlehre. Stellungnahmen zu einer brennenden Frage,* Beiträge v. C. Schönborn u. A. Görres. Freiburg im Breisgau ²1994.
Erbteil, der Anteil eines ↑Miterben an der (gesamten) Erbschaft.
Erbtochter, Tochter (i. w. S. auch die nächste direkte Verwandte, z. B. Schwester oder Nichte) des letzten Inhabers eines vorrangig im Mannesstamm erbl. Reiches, Landes, Erblehens, Allodial- oder Fideikomissgutes.
Erbuntertänigkeit, ein der Leibeigenschaft ähnl. Abhängigkeitsverhältnis des Bauern vom Gutsherrn, bes. im 17./18. Jh. in Ost- und Westpreußen.
Erbunwürdigkeit, ↑Erbe.
Erbverbrüderung, durch Erbvertrag gegenseitig zugesichertes Erbrecht zweier oder mehrerer regierender Fürstenhäuser für den Fall ihres Aussterbens.
Erbvertrag, Vertrag des Erblassers mit einer oder mehreren anderen Personen über eine Erbeinsetzung, die Anordnung von Vermächtnissen oder Auflagen (§§ 1941, 2274 ff. BGB). Der E. muss zur Niederschrift eines Notars bei gleichzeitiger Anwesenheit beider Teile geschlossen werden. Der Erblasser kann ihn, wenn nichts anderes bestimmt ist, nicht wieder einseitig aufheben. Das Recht des Erblassers, bis zu seinem Tode über sein Vermögen durch Rechtsgeschäft unter Lebenden zu verfügen, wird durch den E. nicht berührt. Wechselseitige Verfügungen von Todes wegen wie das ↑Berliner Testament folgen eigenen Regeln. In *Österreich* §§ 602, 1249–1254 ABGB, in der *Schweiz* Art. 494, 496, 512–515 ZGB.
Erbverzicht, ↑Erbe.
Erbzins, ↑Erbpacht.
Erciyas Dağı [ˈɛrdʒijas daːˈə], erloschener

ERC Ercolano

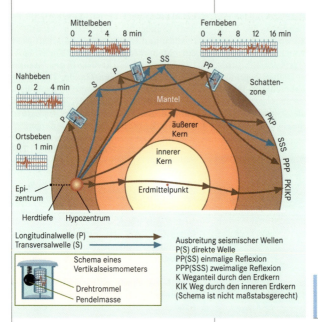

Erdbeben: schematische Darstellung der Ausbreitung seismischer Wellen

Vulkan in der Zentraltürkei, mit zwei Gipfeln: 3 917 m ü. M. und 3 703 m ü. M.
Ercolano (bis 1969 Resina), Gemeinde in Süditalien, Prov. Neapel, 56 900 Ew.; E. liegt am Fuß des Vesuvs, auf Lava- und Ascheschichten, unter denen ↑Herculaneum begraben liegt.
Erda, nicht überlieferter, sondern von J. Grimm erschlossener und von R. Wagner übernommener dt. Name der altnord. **Jörd,** der german. Erdgottheit, der Mutter des Gottes Thor.
Erd|alkalimetalle, Sammelbez. für die in der 2. Hauptgruppe des Periodensystems stehenden Elemente Calcium, Strontium, Barium und Radium; zur **Erdalkaligruppe** zählt man auch Beryllium und Magnesium. In ihrem Reaktionsverhalten stehen die E. zw. den bes. reaktionsfähigen Alkalimetallen und den beständigeren Erdmetallen. Mit Ausnahme des Radiums sind die E. Leichtmetalle. Die Oxide der E. heißen **Erdalkalien.**
Erdaltertum, das ↑Paläozoikum.
Erdanziehung, Anziehungskraft der Erde, ein Sonderfall der Massenanziehung (↑Gravitation, ↑Schwerkraft).
Erdapfel, der älteste erhaltene Erdglobus, von M. ↑Behaim erstellt.

Erdbau, Teilgebiet des ↑Tiefbaus, das sich mit der Konstruktion und Herstellung von E.-Werken (Dämmen, Deichen, Böschungen, Einschnitten, Bodenbe- und Bodenverfestigungen, Bodensicherungen u. dgl.) befasst.
Erdbeben, großräumige Erschütterungen des Erdbodens, die sich, von einem Ursprungsort, dem **E.-Zentrum** oder **Hypozentrum,** im Erdinnern ausgehend, über einen großen Teil der Erdoberfläche und des Erdinnern oder die ganze Erde (Weltbeben) ausbreiten. Die meisten E. sind natürl. Ursprungs, werden oft durch plötzl. Ausgleichsbewegungen in der Erdkruste ausgelöst und sind häufig mit Bildung von Erdspalten, Schlamm- und Wasserausbrüchen, Senkungen, Rutschungen verbunden. Man unterscheidet: 1) die durch den Einsturz unterird. Hohlräume entstehenden, meist lokalen **Einsturzbeben** (auch durch die Wassermassen in neu errichteten Stauwerken), 2) die durch Vulkanausbrüche hervorgerufenen ebenfalls lokalen **vulkan.** oder **Ausbruchsbeben** und 3) die nach Brüchen oder Verschiebungen in der Erdkruste sowie im oberen Erdmantel und von Gebirgsfaltungen (Faltungsbeben) auftretenden **tekton.** oder **Dislokations-**

250

Erdbeben ERD

Erdbeben – Epizentren 1961–69 und ihre Beziehung zur Plattentektonik

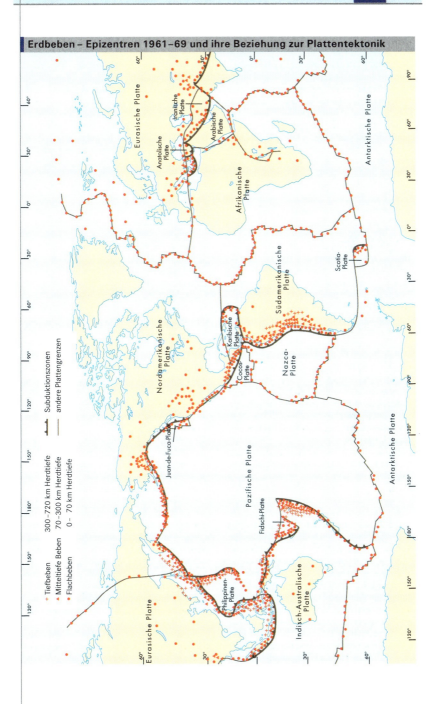

ERD erdbebensichere Bauweisen

beben. Letztere kommen am häufigsten vor und gehören zu den stärksten Erdbeben. Je nach Entfernung vom E.-Herd spricht man von Orts-, Nah- und Fernbeben; die Stelle der Erdoberfläche unmittelbar über dem Herd ist das **Epizentrum**. Bei **Seebeben** liegt der Herd unter dem Meeresboden, verheerende Überschwemmungen an den Küsten können die Folge sein (↑Tsunami). E. treten bes. an den großen Bruch- und Faltungszonen der Erdkruste und am Rand der Kontinentalplatten (↑Plattentektonik) auf, also an der Umrandung des Stillen Ozeans und an den Rändern der Zone jüngerer Faltengebirge im S von Asien und Europa, ferner in O-Afrika. Andere erdbebenartige Erscheinungen entstehen durch Meteorfälle, vom Menschen veranlasste Explosionen und durch den Bau von Stau- und Speicherwerken aufgebaute tekton. Spannungen. Die Zahl der fühlbaren E. wird auf jährlich etwa 150 000 geschätzt, instrumentell sind mehr als 1 Mio. nachweisbar.
In den mit Seismographen ausgestatteten **E.-Warten** werden die vom Hypozentrum ausgehenden elastischen seism. Wellen aufgezeichnet. Als Erste kommen die longitudinalen **P-Wellen** (Kompressionswellen; durchschnittl. Geschwindigkeit bis 13 km/s), anschließend die transversalen **S-Wellen** (Scherwellen; bis 7,5 km/s), gefolgt von den langsameren **Oberflächen-** oder **L-Wellen** (3,8 km/s). Zur Kennzeichnung der Stärke von E. im Erschütterungsgebiet dienen makroseism. **E.-Skalen**, wie die ↑Richter-Skala, die eine Einstufung der E.-Stärke nach ↑Magnituden und damit der freigesetzten Energie gestatten. Die 12-stufige **Mercalli-Skala** registriert die Erschütterungsgrade nach fühl- und sichtbaren Wirkungen. Verbindet man auf einer Karte die Orte gleicher E.-Stärke, so erhält man Isoseisten. Makroseism. Untersuchungen sind auch wichtig für **erdbebensichere Bauweisen** (konstruktive Maßnahmen zum Abfangen vorrangig horizontaler Kräfte: weiche Zwischenlager, Sollbruchstellen in vertikalen Fugen). – Seit 1951 arbeiten die europ. E.-Forscher in der Europ. Seismolog. Kommission zusammen, v. a. auf dem Gebiet der E.-Vorhersage, die bisher noch nicht möglich ist. In Dtl. ist das Geoforschungszentrum in Potsdam bei der E.-Forschung führend.

❖ **siehe ZEIT Aspekte**

📖 E. u. Erdbebengefährdung, hg. v. E. Hurtig u. H. Stiller. Berlin 1984. – Schneider, G.: Erdbebengefährdung. Darmstadt 1992.

erdbebensichere Bauweisen, konstruktive Maßnahmen zum Abfangen vorrangig horizontaler Kräfte (weiche Zwischenlager, Sollbruchstellen in vertikalen Fugen).

Erdbeerbaum (Arbutus), Gattung der Heidekrautgewächse; baumartige immergrüne Sträucher mit essbaren kirschgroßen, scharlachroten warzigen Beerenfrüchten.

Erdbeere (Fragaria), Gattung der Rosengewächse mit weißen Blüten und roter, fleischiger Sammelnussfrucht. Heim. Arten sind u. a. die **Wald-E.** (Fragaria vesca) in Laubwäldern oder die **Knack-E.** (Fragaria viridis) in Trockengebüschen. Die **Garten-E.** (Fragaria ananassa) ist eine in vielen Sorten gezüchtete Bastardart aus der chilen. Fragaria chiloensis und der nordamerikan. Fragaria virginiana. Die kleinfrüchtige **Monats-E.** fruchtet mehrmals im Jahr. E. vermehren sich vegetativ durch Ausläufer. – *Krankheiten:* An E. tritt u. a. häufig Grau- und Lederfäule auf. Schadtiere sind Erdbeerälchen, -milbe, -wickler, -stängelstecher und -blütenstecher.

Erdbeschleunigung, die ↑Fallbeschleunigung der Erde.

Erdbestattung, die Beerdigung eines Verstorbenen (↑Leiche); sie darf vor der Eintragung des Sterbefalls im Sterbebuch nur mit ortspolizeil. Genehmigung auf einem Friedhof oder in genehmigter Einzelgruft stattfinden.

Erdbienen (Sandbienen, Andrena), Gattung der solitären Bienen mit weltweit über 1 000 Arten; Beinsammler; die Weibchen nisten in selbst gegrabenen Brutröhren.

Erdbirne, ↑Topinambur.

Erddruck, Bez. für Kräfte und Spannungen, die an der Grenzfläche zw. Baukonstruktion und Erdreich auftreten.

Erde, nach Merkur und Venus von der Sonne aus der drittnächste Planet des Sonnensystems; sie wird zu den inneren (terrestr.) Planeten gezählt. Die E. bewegt sich wie alle Planeten auf einer Ellipsenbahn, in deren einem Brennpunkt die Sonne steht. Durch die Masseanziehung, die Gravitation, der Sonne wird die E. auf ihrer Bahn gehalten. Ihr nahezu kreisförmiger Umlauf

Erde ERD

um die Sonne erfolgt, vom Nordpol der Erdbahnebene aus betrachtet, entgegen dem Uhrzeigersinn. Die mittlere Entfernung der E. von der Sonne beträgt 149,6 Mio. km. Im sonnennächsten Punkt ihrer Bahn, im Perihel, ist die E. 147 Mio. km, im sonnenfernsten Punkt, im Aphel, 152 Mio. km von der Sonne entfernt. Das Perihel wird Anfang Januar, das Aphel Anfang Juli durchlaufen. Der Umfang der Erdbahn beträgt rund 940 Mio. km, diese Strecke wird von der E. mit einer mittleren Geschwindigkeit von 29,8 km/s in einem Jahr zurückgelegt. Die Geschwindigkeit der E. in ihrer Bahn variiert, sie ist in Sonnennähe größer, in Sonnenferne kleiner als die mittlere Geschwindigkeit. Je nach dem Bezugspunkt (Stern, Frühlingspunkt, Perihel) hat das Jahr, das als Maßeinheit dient, eine etwas unterschiedl. Länge: Das trop. Jahr, vom Frühlingspunkt gemessen, ist 365,24220 Tage lang, das anomalist. Jahr (Perihel – Perihel) 365,25964 Tage, das sider. Jahr (Fixstern – Fixstern) 365,25636 Tage. Die Bahnebene der E., also die durch den Mittelpunkt der Sonne und den Schwerpunkt des E.-Mond-Systems gehende Ebene, wird Ekliptikalebene genannt. Schnittpunkt dieser Ebene mit dem Himmelskugel ist die ↑Ekliptik. Die Erdachse ist um 66°33′ gegen die Erdbahn geneigt. Neben der Bewegung in ihrer Bahn führt die E. eine von dieser unabhängige Drehung, eine Rotation um ihre eigene Körperachse, aus. Die Rotation der E. erfolgt von W nach O, also im gleichen Drehsinn wie ihre Bewegung in ihrer Bahn. Diese Drehbewegung spiegelt sich in der scheinbaren Drehung des Himmelsgewölbes von O nach W wider. Die Rotationsdauer um die Erdachse, gemessen an der Wiederkehr der Kulmination eines Sterns, beträgt 23 h 56 m 4 s, diese Zeit wird ein Sterntag genannt. Wird die Rotationsdauer hingegen an der Wiederkehr der Kulmination der Sonne gemessen, so ist sie um 3 min 56 s länger und beträgt 24 h, das ist ein mittlerer Sonnentag.

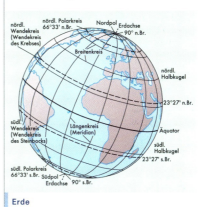

Erde

Die E. ist umgeben vom erdmagnet. Feld (↑Erdmagnetismus), das wie ein Schutzschirm gegen die elektrisch geladenen Teilchen der kosm. Strahlung wirkt. Nach neuesten Erkenntnissen erstrecken sich drei Strahlungsgürtel (↑Van-Allen-Gürtel) im Abstand bis zu etwa 25000 km um die Erde. Zusätzl. Schutz liefert die Erdatmosphäre (↑Atmosphäre, ↑Ionosphäre), die auch einen großen Teil der elektromagnet. Strahlung der Sonne absorbiert. Die E. wird vom Mond umrundet, dessen große Nähe (mittlere Entfernung 384403 km) und große Masse (rd. $1/_{81}$ Erdmasse) auf der E. zu deutl. Gezeiteneffekten (↑Gezeiten) führen.
Auch der Erdpol liegt nicht absolut fest, sondern wandert ständig. Entsprechend variiert auch die Lage des Erdäquators. Diese Polbewegung lässt sich in säkulare Polwanderungen und in period. Polbewegungen, die Breitenschwankung, aufspalten. Der Erdachse werden ferner noch Drehbewegungen durch äußere Kräfte aufgezwungen. Wirksam sind die Gravitationskräfte des Mondes, der Sonne und im gewissen Maße die Wirkungen der Planeten. Diese Drehbewegungen der Erdachse werden als Präzession und Nutation bezeichnet.

Erde: die wichtigsten Daten des Erdkörpers	
Äquatorradius	6 378 137 m
Polradius	6 356 752 m
Abplattung	1 : 298,257
Äquatorumfang	40 075 017 m
Meridianumfang	40 007 863 m
Oberfläche	510 065 600 km²
Volumen	1 083 207 000 000 km³
Masse	$5{,}974 \cdot 10^{24}$ kg
mittlere Dichte	5,516 g/cm³
mittlerer Erdradius	6 371 000 m

ERD Erde

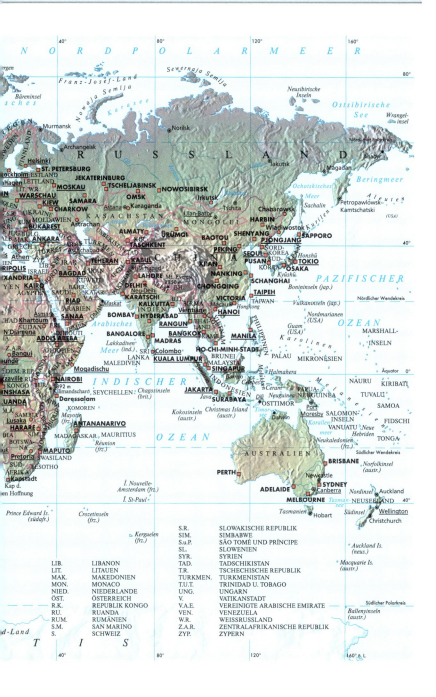

S.R.	SLOWAKISCHE REPUBLIK
SIM.	SIMBABWE
S.u.P.	SÃO TOMÉ UND PRÍNCIPE
SL.	SLOWENIEN
SYR.	SYRIEN
TAD.	TADSCHIKISTAN
T.R.	TSCHECHISCHE REPUBLIK
TURKMEN.	TURKMENISTAN
T.U.T.	TRINIDAD U. TOBAGO
UNG.	UNGARN
V.	VATIKANSTADT
V.A.E.	VEREINIGTE ARABISCHE EMIRATE
VEN.	VENEZUELA
W.R.	WEISSRUSSLAND
Z.A.R.	ZENTRALAFRIKANISCHE REPUBLIK
ZYP.	ZYPERN

LIB.	LIBANON
LIT.	LITAUEN
MAK.	MAKEDONIEN
MON.	MONACO
NIED.	NIEDERLANDE
ÖST.	ÖSTERREICH
R.K.	REPUBLIK KONGO
RU.	RUANDA
RUM.	RUMÄNIEN
S.M.	SAN MARINO
S.	SCHWEIZ

ERD Erdeessen

Die E. hat in erster Annäherung die Gestalt einer Kugel. Wird die Annäherung weitergetrieben, so nimmt die E. die Gestalt eines abgeplatteten Rotationsellipsoids ein. Der Erdkörper ist nicht durch eine einfache geometr. Figur beschreibbar, neben geometr. müssen physikal. Messungen treten, z. B. Schweremessungen. Dies führt nun dazu, von der Erdfigur als dem **Geoid** zu sprechen. Die Internat. Union für Geodäsie und Geophysik hat aber die Maße des »Internat. Ellipsoids« für die Erdfigur als verbindlich angenommen.

Zur Ortsbestimmung auf der Erdoberfläche dient das **Koordinatennetz.** Es besteht aus den **Breitenkreisen (Parallelkreisen),** parallel zum Äquator, und aus den **Längenkreisen (Meridianen),** die senkrecht zu den Breitenkreisen zw. den Polen verlaufen. Die **geograph. Breite** wird vom Äquator aus polwärts von 0° bis 90° gezählt (nördl. und südl. Breite), die **geograph. Länge** vom Nullmeridian (Meridian von Greenwich) aus östl. und westl. von 0° bis 180°. Die Breitenkreise in 23°27' nördl. und südl. Breite heißen Wendekreis des Krebses (nördl. Wendekreis) und Wendekreis des Steinbocks (südl. Wendekreis). Über ihnen steht die Sonne am 22. Juni und 22. Dezember um 12 Uhr im Zenit. Zw. ihnen liegt die heiße Zone (Tropen), in der die Sonne im Laufe eines Jahres an jedem Ort zweimal im Zenit steht. Nördlich und südlich der Tropen liegen die gemäßigten Zonen, sie reichen bis zu den Polarkreisen in 66°33' nördl. und südl. Breite. Von den Polarkreisen zu den Polen erstrecken sich die kalten oder Polarzonen; je nach Breite bleibt in ihnen die Sonne 1 Tag bis 6 Monate über oder unter dem Horizont.

Zum Aufbau der E. ↑Erdinneres. Das Alter der E. wird auf etwa 4,6 bis 5 Mrd. Jahre geschätzt.

Die Oberfläche der E. misst rd. 510 Mio. km^2, und zwar 149 Mio. km^2 (29,2%) Land- und 361 Mio. km^2 (70,8%) Wasserfläche. Verteilung und Form der Landmasse sind ungleich: Eurasien und Nordamerika haben zw. 40 und 70° n. Br. ihre größte Flächenausdehnung, verschmälern sich dann rasch nach S; auch die Kontinente der S-Halbkugel verengen sich nach S und enden in zugespitzten Endländern (Südafrika in 35°, Tasmanien in 43°, Südamerika in 56° s. Br.). Das Nordpolargebiet ist weitgehend meerbedeckt, um den Südpol liegt der Kontinent Antarktika.

📖 *Strobach, K.: Vom »Urknall« zur E. Werden u. Wandlung unseres Planeten im Kosmos. Augsburg 1990. – Unsere einzigartige E. Die Entwicklungsgeschichte der Welt, Beiträge v. D. Attenborough u. a. München 1990. – Schumann, W.: Das Buch der E. Entstehung, Aufbau, Oberfläche, Klima, Leben. Neuausg. München 1992. – Elsom, D.: Die E. Werden u. Wandel eines Planeten. Beiträge v. K. Addison u. a., hg. v. N. Bradley. A. d. Engl. Remseck 1993. – Der lebende Planet E. Text v. P. Jakes. Ill. v. A. Absolon. A. d. Engl. Hanau 1994. – Lanius, K.: Die E. im Wandel. Grenzen des Vorhersagbaren. Heidelberg u. a. 1995. – Mitscherlich, G.: Die Welt, in der wir leben. Entstehung, Entwicklung, heutiger Stand. Freiburg im Breisgau 1995.*

Erde|essen (grch. Geophagie, Erdessen), das bes. bei Naturvölkern verbreitete Verzehren bestimmter Erdsorten; wohl Symptom für Mangelernährung.

Erdefunkstelle, Bodenstation zur Abwicklung des Nachrichtenverkehrs mit Raumflugkörpern.

Erdély [ˈɛrdeːj], ungar. Name von ↑Siebenbürgen.

Erdély [ˈɛrdeːj], Miklós, ungar. Künstler, *Budapest 4. 7. 1928, †ebd. 22. 5. 1986; wurde mit Environments, Happenings und experimentellen Filmen zu einer zentralen Persönlichkeit der ungar. Avantgarde der 60er- und 70er-Jahre.

Erdenet, drittgrößte Stadt der Mongolei, im zentralen N des Landes, 72 500 Ew.; Industriekomplex mit Erzaufbereitungswerk (Kupfer-Molybdän-Erz).

Erderkundungssatellit (auch: Erderforschungssatellit), Satellit, der die Erde nahezu kontinuierlich mit Spezialgeräten (Spektrometer, CCD-Kamera u. a.) abtastet und der ↑Fernerkundung der Erdoberfläche dient. E. (z. B. ↑Envisat) übertragen u. a. geolog., kartograph., ozeanograph. und klimat. Informationen.

Erdexpansion, Hypothese über die Erdentwicklung, die im Ggs. zur **Kontraktionshypothese** eine langsame Ausdehnung des Erdkörpers von etwa 0,6 mm/Jahr annimmt. Die E. wird meist als Folge einer hypothetisch langsamen Abnahme der **Gravitationskonstante (Dirac-Hypothese)** gedeutet.

Erdfall, durch unterird. Auslaugung von

Erdgasantrieb ERD

Salz, Gips oder Karbonatgesteinen an der Erdoberfläche entstandener dolinenartiger Einsturztrichter (Erdtrichter).
Erdfarben, natürl. Mineralpigmente oder Füllstoffe, die nach mechan. Aufbereitung (Mahlen, Sieben, Schlämmen) in den Handel kommen, z. B. Kreide, Ocker, Umbra.
Erdferkel (Erdschwein, Orycteropus afer), einzige rezente Art der **Röhrenzähner** (Tubulidentata), in Afrika südlich der Sahara verbreitet; plumpe Tiere (Körperlänge bis 160 cm, Schwanzlänge bis 60 cm), nachtaktive Termiten- und Ameisenfresser mit lang vorstreckbarer, klebriger Zunge, langen Ohren und hufartigen Krallen.
Erdferne, *Astronomie:* das Apogäum (↑Apsiden).
Erdfließen, die ↑Solifluktion.
Erdflöhe (Flohkäfer, Halticinae), Unterfamilie der Blattkäfer mit mehr als 5 000 Arten (in Mitteleuropa etwa 240). E. sind sprungfähig (verdickte Hinterschenkel), meist 2–6 mm lang, einfarbig schwarz, braun bzw. einfarbig mit metall. Schimmer (Rapserdfloh) oder mit gelben Längsstreifen (z. B. Großer Gelbstreifiger Kohlerdfloh). Pflanzenfresser; Kulturpflanzenschädlinge.
Erdgas, Sammelbegriff für brennbare, in der Erdkruste vorkommende Naturgase, die neben anderen Bestandteilen (z. B. Äthan, Propan, Stickstoff, Kohlendioxid) überwiegend Methan enthalten. E. ist z. T. gemeinsam mit Erdöl entstanden, z. T. hat es sich im Lauf der Inkohlung aus Kohle gebildet. Die Suche nach E.-Lagerstätten und Ausführung der Bohrungen ist ähnlich wie beim Erdöl. E. tritt aus der Lagerstätte stets mit einem Überdruck (bis zu 400 bar) aus, der mit zunehmender Ausbeutung der Lagerstätte sinkt. Je nach dem Gehalt an sauren Komponenten unterscheidet man **Sauergas** (über 1 Vol.-% Schwefelwasserstoff), **Leangas** (unter 1 Vol.-% Schwefelwasserstoff) und **Süßgas** (unter 2 Vol.-% Kohlendioxid, kein Schwefelwasserstoff). E. nennt man **trocken**, wenn es ohne Abscheidung von Kondensat abgekühlt werden kann. Aus **nassen** E., die überwiegend zus. mit Erdöl vorkommen, kondensieren bei Abkühlung höhere Kohlenwasserstoffe. E. wird überwiegend für Heizzwecke, aber auch als chem. Rohstoff (↑Synthesegas) verwendet. In Dtl. wurden Ende 2001 rd. 45 % der Wohnungen mit E. beheizt. Von den 2001 verbrauchten 83,5

Mrd. m³ E. entfielen rd. 50 % auf Haushalte und Kleinverbraucher, knapp 25 % auf die Ind., 14 % auf nichtenerget. Verbrauch und Fernwärmeerzeugung sowie 12 % auf Kraftwerke. Wichtige Qualitätsnormen für E. sind der Schwefelgehalt (maximal 150 mg/m³), der Taupunkt (maximal −5 °C) und der Brennwert. Nach DIN wird E. in die 3. Gruppe der Brenngase (Starkgase mit Brennwert 30–60 MJ/m³) eingeordnet. Für die Brenneigenschaften ist auch die Wobbe-Zahl wichtig, die für die E.-Gruppe L (Erdgas) um 45, für die E.-Gruppe H (Erdölgas) um 50 MJ/m³ liegt. E. wird unter einem Druck von 65 bis 70 bar über weite Strecken in Rohrleitungen (Pipelines) transportiert. **LNG** (engl. liquefied natural gas) ist verflüssigtes E., das bei −162 °C drucklos mit speziellen Tankschiffen transportiert wird. E. steht in der Versorgung der Welt mit Primärenergie nach Erdöl und Kohle an 3. Stelle. Die Weltreserven wurden (2001) mit 154 248 Mrd. m³ angegeben, ihre statist. Reichweite beträgt noch 60 Jahre. Die Weltförderung betrug (2001) rd. 2 509 Mrd. m³; die größten Förderländer waren (in Mrd. m³): Russland (581,0), die USA (548,5), Kanada (184,0), Großbritannien (115,6), Algerien (84,0), die Niederlande (75,9), Indonesien (68,0), Usbekistan (56,0) und Norwegen (51,8). In Dtl. wurden 20,3 Mrd. m³ E. gefördert.
📖 *Jahrbuch der europ. Energie-u. Rohstoffwirtschaft: Bergbau, Erdöl u. E., Petrochemie, Elektrizität, Umweltschutz (elektron. Ressource).* Essen 2001.
Erdgas|antrieb, Kraftfahrzeugantrieb, der anstelle flüssigen Kraftstoffes mit Erdgas arbeitet. Für Pkw werden konventionelle Ottomotoren für den Erdgaseinsatz umgerüstet und i. d. R. bivalent betrieben; Lkw und Busse nutzen umgebaute Dieselmotoren ausschließlich monovalent. Als Erdgastank werden Druckbehälter (bis 200 bar) aus Stahl, Kompositwerkstoffen oder Kunststoffen verwendet, was in jedem Fall zusätzliche Sicherheitstechnik erfordert. Die Reichweite einer Erdgastankfüllung von 200–600 km kann beim bivalenten Betrieb durch den zusätzlichen Benzintank erhöht werden. Erdgasantrieb zeichnet sich im Vergleich zum Benzinbetrieb von Ottomotoren durch deutlich verringerte Abgasemission (Kohlenwasserstoffe und Stickoxide um 20 %, Kohlen-

ERD Erdgeister

monoxid um 75%, Kohlendioxid um 25%) aus. Die Euro-3-Abgasgrenzwerte werden von Erdgasmotoren bereits deutlich unterschritten. Weltweit gibt es heute etwa 3,3 Mio. erdgasbetriebene Kraftfahrzeuge, wobei Argentinien, Italien, die USA und Brasilien führend sind. Deutschland besitzt derzeit (2004) 19 105 Erdgasfahrzeuge (zum Vergleich 1998: 2100) und rd. 400 Erdgastankstellen (1998:41).

Erdgeister, ↑Elementargeister.

Erdgeschichte, der durch die ↑Geologie, bes. durch die Erforschung der ↑geologischen Systeme und der ↑Stratigraphie erschlossene Verlauf der Entwicklung der Erdkruste.

Erdhülle, die ↑Geosphäre.

erdige Säuerlinge, Mineralwässer mit mindestens 1 g kohlensauren Salzen von Calcium, Magnesium oder Strontium je Liter Wasser.

Erding ['er-, auch 'ɛr-], **1)** Landkreis im RegBez. Oberbayern, 870 km², 115 900 Einwohner.
2) Krst. von 1), in Bayern, am S-Rand des **Erdinger Mooses,** 29 900 Ew.; Mühlen- und Braugewerbe. – In der kath. Stadtpfarrkirche St. Johannes (Backsteinhalle des 14./15. Jh. auf Vorgängerbau; Veränderungen im 17. und 19. Jh.) ein Triumphbogenkruzifix von H. Leinberger (um 1525), Wallfahrtskirche Hl. Blut (1675–77) am Rande der Stadt. Die Wallfahrt ist hier bereits 1360 bezeugt. In **Altenerding** katholische Pfarrkirche Mariä Verkündigung (1724 ff.). – Das um 1228 gegr. E. erhielt 1228 Marktrecht und wurde 1314 Stadt. Der aus einem Königshof des 9. Jh. entstandene ältere salzburg. Pfarrort in der Nähe wurde im Unterschied zur bayer. Neugründung »Altenerding« genannt.

Erdinger Moos, Niedermoorgebiet in Bayern, nordöstlich von München; seit 1825 Besiedlung und Kultivierungsmaßnahmen, die durch Grundwasserabsenkungen z. T. zu Versteppung führten; Heilpflanzenanbau, Saatkartoffel- und Getreidezucht. Im E. M. wurde 1992 der neue internat. Flughafen München eröffnet.

Erdinneres. Da die tiefsten Bohrlöcher nicht einmal ein Prozent der Entfernung bis zum Erdmittelpunkt erreichen, ist man bei der Erforschung des überwiegenden Teils des E. auf indirekte, v. a. seism. Verfahren angewiesen. Die Auswertung von Erdbebenwellen hat ergeben, dass das E. aus mehreren Schalen aufgebaut ist. Man nimmt drei Schalen an, Kruste, Mantel und Kern. Über ihren Inhalt bestehen z. T. unterschiedl. Auffassungen.

Bei der **Erdkruste** unterscheidet man zwei versch. Bautypen, die kontinentale Kruste im Bereich der Kontinente und die ozean. Kruste im Bereich der Tiefsee des Atlant., Ind. und Pazif. Ozeans. Die kontinentale Kruste schließt den Schelf mit ein; im Mittel ist sie 30–45 km dick, kann aber unter Gebirgen 50–60 km Mächtigkeit erreichen (hier spricht man von Gebirgswurzel). Sieht man von den insgesamt gesehen wenig mächtigen Sedimenten ab, besteht sie aus zwei Schichten. Die obere Schicht weist hauptsächlich Silicium-Aluminium-Verbindungen auf und wird als **Sial** bezeichnet. Da Granite u. a. saure Tiefen-, saure Erguss- und saure metamorphe Gesteine (v. a. Gneis) vorherrschen, spricht man auch von einer Granit- oder Gneisschicht. Durch eine seism. Unstetigkeitsfläche (Sprungfläche), die **Conrad-Diskontinuität,** ist sie von der darunter lagernden Schicht getrennt. Diese setzt sich überwiegend aus Silicium-Magnesium-Verbindungen zusammen und wird als **Sima** bezeichnet, nach den vorherrschenden bas. Gesteinen auch Basalt- oder Gabbroschicht. In der ozean. Kruste fehlt die obere Schicht, hier bildet also die untere Schicht den von mehr oder weniger geringmächtigen Sedimenten bedeckten Tiefseeboden.

Die Temperatur in der Erdkruste nimmt mit der Tiefe zu, in größerer Tiefe aber sicher in geringerem Maße, als es der geotherm. Tiefenstufe entspricht. Die spezif. Dichte der oberen Kruste beträgt 2,7 g/cm³, die der unteren Kruste 3,0 g/cm³. Da die mittlere Dichte der gesamten Erde 5,5 g/cm³ ausmacht, müssen die Werte für das tiefere Erdinnere wesentlich höher liegen. Das Material der Erdkruste ist fest und verhält sich spröde gegenüber Erschütterungen (diese Eigenschaft führt zu Erdbeben). In der unteren Erdkruste sind wahrscheinlich kleinere Areale glutflüssigen Magmas vorhanden.

Der **Erdmantel** wird durch eine weitere seism. Unstetigkeitsfläche, die **Mohorovičić-Diskontinuität** (kurz **Moho** gen.), von der Erdkruste getrennt. Der Erdmantel ist 2 800–2 900 km dick. Seine äußere, im Durchschnitt bis in etwa 60 km Tiefe

258

reichende, aber sehr verschiedenmächtige Zone besteht aus einem ultrabas. Material; das ihm entsprechende, an die Erdoberfläche gelangte Gestein ist Peridotit; man spricht deshalb von der **Peridotitschicht.** Diese ähnelt dem Sima und wird oft auch als **Ultrasima** bezeichnet. Das Material verhält sich gegenüber Erdbebenwellen wie ein fester elast. Körper und reagiert auf langsame Bewegungen wie eine viskose Flüssigkeit. Daher ist entsprechend den Vorstellungen von der Isostasie der Erdkruste vermutlich die Peridotitschicht am isostat. Gleichgewicht beteiligt.

In 100–300 km Tiefe ist der obere Erdmantel von einer Zone durchsetzt, in der die Fortpflanzungsgeschwindigkeit der Erdbebenwellen sprunghaft zurückgeht. Diese **Low-Velocity-Zone** oder **Asthenosphäre** ist fast schmelzflüssig, da hier die Temperatur gerade so hoch und der Druck niedrig genug ist, dass das Erdmantelmaterial zum kleinen Teil aufgeschmolzen und daher weniger fest ist. Der Bereich oberhalb der Asthenosphäre, die **Lithosphäre,** umfasst die oberste Erdmantelschicht und die Erdkruste. Sie besteht aus einer Reihe mehr oder weniger starrer »Platten«, die sich von den großen mittelozean. Rücken aus auf der Asthenosphäre bewegen. Als Antriebsmittel der Bewegung dienen die aus den Zentralspalten der mittelozean. Rücken austretenden basalt. Schmelzen der Asthenosphäre, aber auch die innerhalb der Asthenosphäre zirkulierenden therm. Ausgleichsströmungen (Konvektionsströmungen). Durch ↑Subduktion wird der Asthenosphäre wieder Lithosphärenmaterial zugeführt (↑Plattentektonik).

Unter dem oberen Erdmantel folgt in 400–900 km Tiefe der mittlere Erdmantel mit deutlich höherer Geschwindigkeit der Erdbebenwellen. Die stoffl. Zusammensetzung ist hier wahrscheinlich die gleiche wie im oberen Erdmantel. Durch den höheren Druck ist aber das dort im Peridotit vorherrschende Mineral Olivin wahrscheinlich durch den kompakter gebauten Spinell ersetzt, ab 650–670 km Tiefe durch das ausgesprochene Hochdruckmineral Perowskit. Für den unteren Erdmantels nimmt man eine Zusammensetzung aus Sulfiden und Oxiden oder bas. Silikaten, Eisen und Schwermetallen an. Die Temperatur nimmt im Erdmantel von 1 400 °C an der Obergrenze bis zur Untergrenze in

2 900 km Tiefe auf 3 000 °C zu, die Dichte von 3,3 auf 5,7 g/cm^3.

Der **Erdkern** hat einen Durchmesser von rd. 7 000 km. Über seinen Aufbau herrscht am wenigsten Gewissheit. Viele nehmen an, dass er aus Nickel und Eisen **(Nife)** besteht, und unterscheiden einen äußeren Kern von 2 200 km Mächtigkeit mit Temperaturen von 3 000–5 000 °C (vielleicht auch bis über 5 000 °C) und einer Dichte von 9,4 g/cm^3 sowie einem inneren Kern von 1 271 km mit Temperaturen bis zu 7 000 °C und einer Dichte von 11–13,5 g/cm^3; trotz dieser hohen Temperaturen ist der innere Kern wegen des hohen Drucks möglicherweise fest. Der äußere Kern verhält sich dagegen sowohl gegenüber den Gezeitenkräften wie den kurzperiod. Erdbebenwellen wie eine Flüssigkeit; in ihm gibt es eine Konvektionsströmung, die Ursache des erdmagnet. Feldes ist. Nach anderer Ansicht soll der Erdkern aus einer an Wasserstoff und Helium stark verarmten Sonnenmaterie bestehen, d. h. einem sehr heißen, unter hohem Druck stehenden, vollständig ionisierten Gas, einem Plasma. Dieses soll sich Erdbebenwellen gegenüber wie ein fester Körper verhalten.

📖 *Wille, H. H.: Vorstoß ins Innere der Erde.* Leipzig ^{3}1982. – *Albrecht, J.: Ins Innere der Erde.* Braunschweig 1992.

Erdkampfflugzeug, leichtes wendiges Kampfflugzeug, zur Unterstützung der Bodentruppen.

Erdkunde, die ↑Geographie.

Erdleguane (Liolaemus), Gattung bodenbewohnender, oft metallisch glänzender Echsen mit etwa 50 Arten in Südamerika, meist in trockenen Gebieten; bis 25 cm lang. Der **Magellan-Leguan** (Liolaemus magellanicus) in Feuerland ist das am weitesten nach S vordringende Reptil.

Erdmagnetismus (Geomagnetismus), Gesamtheit derjenigen physikal. Eigenschaften des Erdkörpers und der physikal. Vorgänge in ihm, die das erdmagnet. Feld und seine Änderungen hervorrufen. Der E. wirkt sich u. a. darin aus, dass eine allseitig frei bewegl. Magnetnadel eine bestimmte Richtung einnimmt. Der Nordpol einer Magnetnadel zeigt nach dem nördl. Magnetpol (ungefähr nach der geograph. N-Richtung); die Abweichung der Magnetnadel von der genauen N–S-Richtung heißt **magnet. Missweisung** oder **Deklination** (*D*). Die Neigung einer frei aufge-

ERD Erdmandel

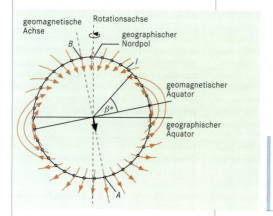

Erdmagnetismus: Darstellung des Dipolfeldanteils in der durch die Rotationsachse und die geomagnetische Achse $\overline{BA}$ festgelegten Ebene; I Inklination, β^* geomagnetische Breite (die Linie $\beta^* = 0°$ zeigt den geomagnetischen Äquator an)

hängten Magnetnadel gegen die Waagerechte heißt **Inklination** (I); die gesamte Feldstärke wird als **Totalintensität** (F), ihr waagerechter Anteil als **Horizontalintensität** (H), ihr senkrechter als **Vertikalintensität** (Z) bezeichnet. D, I, F, H, Z heißen auch die Elemente des erdmagnet. Feldes. Die Erde verhält sich wie ein großer Magnet, ihre beiden Pole ändern ihre Lage mit der Zeit. Nach den Messungen des internat. Breitendienstes bewegt sich der nördl. arkt. oder **boreale Magnetpol** (eigtl. ein magnet. Südpol) jährlich um etwa 7,5 km in nördl. Richtung. Er lag 1980 bei 77,3° n. Br., 101,8° w. L., während er 1831 bei seiner Entdeckung bei 70,1° n. Br., 98,6° w. L. lag. Der südl. antarkt. oder **australe Magnetpol** (eigtl. ein magnet. Nordpol) befand sich 1983 bei 65,2° s. Br., 138,7° ö. L., 1912 bei 72,2° s. Br., 150,7° ö. L.; er verschiebt sich zurzeit um etwa 10 km pro Jahr in nordwestl. Richtung. Das an der Erdoberfläche beobachtete Magnetfeld hat Quellen im Erdinneren (**Innenfeld**) und außerhalb der Erde (**Außenfeld**). Der größte Teil des Innenfeldes wird von Stromsystemen im äußeren flüssigen Erdkern erzeugt. Es hat die Geometrie eines im Zentrum der Erde gedachten Permanentmagneten (**Dipol**). Die Verlängerung dieses gedachten Magneten (Dipolachse) trifft die Erdoberfläche an den zwei magnet. Polen. Weitere kleine Teile des erdmagnet. Feldes, gemessen an der Erdoberfläche, werden erzeugt durch die variablen elektr. Ströme in der **Ionosphäre** und in der **Magnetosphäre**, die bis in Entfernungen von zehn Erdradien reicht (↑Atmosphäre). Richtung und Stärke des erdmagnet. Feldes sind nicht konstant, sondern unterliegen einer über Jahrzehnte gleichförmig gerichteten Veränderung (Säkularvariation). Das erdmagnet. Feld wird deshalb innerhalb einzelner Areale etwa alle fünf Jahre vermessen, sodass Karten der Elemente D, I, F, H, Z gezeichnet werden können. Daneben treten kurzzeitige period. und unregelmäßige Schwankungen auf, die mit Vorgängen in der Ionosphäre und auf der Sonne in Verbindung stehen. Mit zunehmender Entfernung von der Erde wird das geomagnet. Feld schwächer. In einer Entfernung von etwa sechs Erdradien ist das erdmagnet. Feld nur wenig größer als die vom Sonnenwind mitgeschleppten unregelmäßigen Magnetfelder, sodass sich aus der Wechselwirkung vom Magnetfeld der Erde und dem des Sonnenwindes eine neue Konfiguration des gesamten Magnetfeldes ergibt. Auf der Sonne zugewandten Seite sind die Feldlinien gestaucht; auf der anderen Seite sind sie auseinander gezogen. – Durch Ausmessen der Magnetisierungsrichtungen (**Paläomagnetismus**) an orientiert entnommenen Gesteinsproben lassen sich die fossilen Richtungen des erdmagnet. Feldes ermitteln und die Lage der geomagnet. Pole in den geolog. Systemen berechnen.

📖 *Soffel, H.: Paläomagnetismus u. Archäomagnetismus. Berlin u. a. 1991.*

Erdmandel (Cyperus esculentus), nordafrikan. Art der Sauergräser mit nährstoffreichen, essbaren Knöllchen (Mandelgeschmack).

Erdmann, 1) Benno, Philosoph und Psychologe, * Guhrau (bei Glogau) 30. 5. 1851, † Berlin 7. 1. 1921; Kantforscher; lieferte Beiträge zur Denkpsychologie, schrieb: »Kants Kriticismus« (1878), »Logik« (1892).
2) Eduard, Pianist, * Wenden (heute Cēsis, Lettland) 5. 3. 1896, † Hamburg 21. 6. 1958; setzte sich bes. für zeitgenöss. Musik ein; auch Komponist (u. a. 4 Sinfonien und ein Klavierkonzert).
3) Johann Eduard, Philosoph, * Wolmar (heute Valmiera, Lettland) 13. 6. 1805, † Halle (Saale) 12. 6. 1892; gehörte der rechten Hegelschule an; schrieb u. a. »Versuch einer wiss. Darstellung der Gesch. der neueren Philosophie« (6 Bde., 1834–53); »Grundriß der Gesch. der Philosophie« (2 Bde., 1866).
4) Karl Dietrich, Historiker, * Köln-Mülheim 29. 4. 1910, † Kiel 23. 6. 1990; seit 1953 Prof. in Kiel, verfasste u. a. »Die Zeit der Weltkriege« (»Hb. der dt. Gesch.«, Bd. 4; ⁹1976).
Erdmännchen, Art der ↑Schleichkatzen.
Erdmannsdorff, Friedrich Wilhelm Freiherr von, Baumeister, * Dresden 18. 5. 1736, † Dessau 9. 3. 1800; bed. Vertreter des dt. Frühklassizismus, beeinflusst von J. J. Winckelmann und der engl. Architektur in der Nachfolge A. Palladios. Sein Hauptwerk ist Schloss und Park Wörlitz bei Dessau (1769–73).
Erdmetalle, ältere Bez. für die Elemente Aluminium, Scandium, Yttrium und die Lanthanoide.
Erdmittelalter, das ↑Mesozoikum.
Erdnähe, *Astronomie:* das Perigäum (↑Apsiden).
Erdnaht, *Geologie:* das ↑Lineament.
Erdneuzeit, das ↑Känozoikum.
Erdnuss (Arachis hypogaea), einjähriger, 30–80 cm hoher Schmetterlingsblütler der trop. Südamerika, in den Tropen und Subtropen angebaut. Nach dem Abblühen krümmen sich die Blütenstiele (Fruchtträger) abwärts und drücken die junge Frucht in den Erdboden, wo sie reift. Die öl- und proteinhaltigen Samen liefern ein wertvolles Öl; sie werden roh, geröstet oder gesalzen gegessen.
Erdoğan [ɛrdoan], Recep Tayyip, türk. Politiker, * Rize 26. 2. 1954; Wirtschaftsmanager; gemäßigter Islamist, 2001 Gründer und Vors. der Partei für Gerechtigkeit und Entwicklung (AKP; Wahlsieg am 3. 11.

2002), wurde im März 2003 MinPräs. (nach Nachwahlerfolg).
Erdöl (engl. Petroleum), helles bis schwarzgrünes, flüssiges Gemisch versch. Kohlenwasserstoffe mit meist kleinen Anteilen an organ. und anorgan. Nichtkohlenwasserstoffen unterschiedl. Zusammensetzung. E. ist weltweit der wichtigste Primärenergieträger (rd. 37% des Weltenergiebedarfs) und Rohstoff für die Petrochemie. Es bildet sich unter anaeroben Verhältnissen aus abgestorbenem tier. und pflanzl. Plankton, das in schlecht belüfteten reduzierten (durch Schwefelwasserstoff) marinen Ablagerungsräumen oder auch in gut durchlüftetem Wasser unter der Oberfläche feinklast. Sedimente, v. a. im Bereich des Kontinentalschelfs, angereichert und mithilfe von Bakterien chemisch umgebildet wird **(Faulschlamm).** Aus diesem vorwiegend tonigen **E.-Muttergestein** lässt sich E. nicht gewinnen; es weicht durch Wanderung **(Migration)** in poröse und klüftige **Speichergesteine** aus, wo es sich unter undurchlässigen Deckschichten in **E.-Fallen** zu Lagerstätten anreichert. E.-Lagerstätten befinden sich häufig in Schichtsätteln (Antiklinalen), an Verwerfungen und Diskordanzen sowie an den Flanken und dem Dach von Salzstöcken. Im Idealfall sammelt sich im höchsten Teil der Struktur Erdgas (Gaskappe)

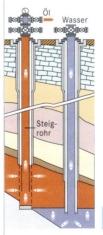

Erdöl: Förderung durch Wasserfluten

an, darunter das vom Randwasser unterlagerte Erdöl. Solche geolog. Strukturen sucht man in »ölhöffigen« Sedimentgestei-

ERD Erdöl

nen mit geophysikal. Aufschlussverfahren von der Erdoberfläche aus festzustellen. Durch **Aufschluss-(Prospektions-)Bohrungen** wird die Struktur »abgebohrt«, durch geophysikal. Bohrlochmessung werden die physikal. Eigenschaften der Gesteine bestimmt. Bei positivem Befund wird aufgrund dieser Ergebnisse eine Förder-(Produktions-)Bohrung abgeteuft.

Erdöl: stillgelegter Bohrturm im alten Wietzer Erdölfeld

Förderung: Erdöllager werden durch Tiefbohrung (↑Bohren) erschlossen, auch durch Unterwasserbohrungen (↑Offshoretechnik). Primäre Gewinnungsmethoden **(Primärverfahren)** nutzen den natürl. Lagerstättendruck, der v. a. durch sich aus dem E. lösende und ausdehnende Gase erzeugt wird. Der Ausbeutegrad der Lagerstätte **(Entölungsgrad)** liegt in diesem Fall zw. 10 und 30%. Bei **Sekundärverfahren** wird der Lagerstättendruck durch Injektion von Wasser (Wasserfluten) oder Erdgas (Gaslift) aufrechterhalten und damit der Entölungsgrad auf etwa 30–40% erhöht. Der Entölungsgrad kann durch **Tertiärverfahren** weiter verbessert werden, bei denen dem Flutwasser Tenside (Tensidfluten) oder Polyelektrolyte (Polymerfluten) zugesetzt werden oder bei denen Dampf oder Kohlendioxid (Dampf- oder Kohlendioxidfluten) in die Lagerstätte injiziert wird. Von den Tertiärverfahren hat das Dampffluten bisher die größte Bedeutung. Zur Aufbereitung (Reinigung) des geförderten Nassöls werden Erdgas, Wasser und Feststoffe (Salze, Schlamm) durch therm., mechan. und chemisch-physikal. Behandlung abgetrennt. Das Rohöl wird in Tanks gesammelt und durch Ölleitungen (Pipelines) zum Verarbeitungsort oder zum Ausfuhrhafen befördert. Zur Beförderung auf dem Wasserweg dienen Tanker.

Verarbeitung: Das Rohöl wird in Raffinerien durch fraktionierte Destillation (in turmartigen Destillierkolonnen) in seine versch. hoch siedenden Anteile zerlegt. Die Destillate werden gekrackt (↑Cracken) und gereinigt, wodurch man versch. Benzine, Dieselöle, Leichtöle, Schmieröle, Paraffin und Asphaltbitumen erhält.

Geschichte: Die Entwicklung der E.-Ind. begann Mitte des 19. Jh. mit der Erschließung und der planmäßigen Ausbeutung größerer E.-Felder: in den USA (Pennsylvania, Texas), in Russland (Baku), in Rumänien u. a. Seit 1900 wurden neue Felder erschlossen (Mexiko, Naher Osten, Sahara); das E. wurde zum wichtigsten Energieträger und bedeutendsten Rohstoff für die organisch-chem. Industrie. Um bessere Konzessionsbedingungen und höhere E.-Preise zu erreichen, schlossen sich die Förderländer 1960 zur ↑OPEC, die arab. E. exportierenden Länder 1968 zur OAPEC zusammen, der die leistungsfähigsten Lieferländer angehören. Da alle Ind.länder auf den E.-Import angewiesen sind, ist E. heute das wichtigste Welthandelsprodukt. Die beiden »Energiekrisen« 1973/74 und 1979/80 lösten Preisschübe des Rohstoffs E. aus, weshalb die Öl importierenden Länder die Importmenge durch Sparmaßnahmen und Förderung anderer Energieträger zu reduzieren suchten. Nach 1980 nahm der E. bis dahin stets zunehmende Verbrauch erstmals ab, bis 1986 durch Wachstum des Verkehrs und der Ind.produktion v. a. in den ostasiat. Schwellenländern wieder eine Steigerung zu verzeichnen war. Nach der Klimarahmenkonvention von Rio (in Kraft seit 1994) mit dem Ziel der

CO_2-Einsparung muss der Verbrauch speziell der Ind.länder in den nächsten Jahren überproportional zurückgehen. Die sicheren Welterdölreserven betrugen (2001) 140,134 Mrd. t. Die Weltförderung betrug 2001 3,414 Mrd. t; 38 % des geförderten E. stammen aus OPEC-Staaten. Die wichtigsten Förderstaaten (Angabe in Mio. t) waren Saudi-Arabien (378,7), die USA (352,9) und Russland (351,7). – In Dtl. wurden (2001) 3,4 Mio. t gefördert. Die Ölfelder liegen im Raum Hannover, Emsland, Weser-Ems-Gebiet, Schleswig-Holstein, Alpenvorland, Oberrheintal (Hessisches Ried).
📖 *Die Energierohstoffe E. u. Erdgas. Vorkommen, Erschließung, Förderung, bearb. v. G. Pusch u. a. Berlin 1995. – Ehrke, M.: E. u. Strategie. Bonn 2002.*

Erd|orgeln (geologische Orgeln), kessel-, sack-, schachtförmige Vertiefungen an der Erdoberfläche, im Kalkstein oder Gips, durch Auslaugungen entstanden, häufig mit Schutt oder Lehm angefüllt.

Erdpyramiden (Erdpfeiler), säulen- bis spitzkegel- und nadelartige Erosionsformen in geröll- und blockdurchsetzten, durch Kalk- oder Tongehalt standfesten Lockergesteinen (Moränen, Tuff, Seekreide), z. T. durch Deckgesteine geschützt, z. B. die bis 35 m hohen E. auf dem Ritten bei Bozen und die E. von Göreme (Anatolien).

Erdrauch (Fumaria), Gattung der E.-Gewächse in den gemäßigten Gebieten Europas und Asiens, einjährige Kräuter, mit fein fiederschnittigen zarten Blättern, traubig angeordneten, gespornten Blüten und kugeligen Nüsschenfrüchten. Der bis 30 cm hohe **Gemeine E.** (Fumaria officinalis) mit roten Blüten wächst auf Äckern und in Gärten; Arzneipflanze.

Erdrutsch, ↑Bergsturz.

Erdsatellit, ein Körper, der unter der Wirkung der Erdanziehung die Erde längere Zeit antriebslos umläuft. Der einzige **natürl. E.** ist der Mond. Bei **künstl. E.** unterscheidet man Satelliten, deren Bahn ganz oder teilweise in der oberen Erdatmosphäre verläuft und Fernsatelliten (z. B. geostationäre Satelliten) außerhalb der Atmosphäre. Der erste künstl. E. war Sputnik 1.

Erdschlipf (Bergschlipf), ↑Bergsturz.

Erdschluss, *Elektrotechnik:* ↑Kurzschluss.

Erdschocke [aus Erd-Artischocke], ↑Topinambur.

Erdstall [zu mhd. »Stelle«, »Ort«], kleine künstl. Höhle unter einem Bauernhof, einer Kirche, kleineren Ortschaften. Die vorwiegend in Rodungsgebieten im Hoch- und Spätmittelalter entstandenen E. sind besonders in Bayern, Ober- und Niederösterreich sowie in Böhmen und Mähren dicht verbreitet.

Erdrauch

Erdstern (Geastrum), Bauchpilzgattung, bei der die Außenwand sternförmig aufreißt und sich bei Trockenheit aufrollt.

Erdstrahlen, 1) umgangssprachl. Bez. für hypothet., nicht nachgewiesene Strahlung, die auf Mensch und Tier einen (meist negativen) Einfluss haben soll (z. B. Ursache von Krankheiten) und angeblich von bestimmten Personen mit Wünschelruten oder Pendeln wahrgenommen werden kann.
2) *Physik:* Bez. für die α-, β- und γ-Strahlen aus radioaktiven Bestandteilen des Bodens oder des Gesteins.

Erdströme, 1) (induzierte E., tellur. E.), elektr. Ströme in der Erde, bes. in der Erdkruste und im oberen Erdmantel, erzeugt durch elektromagnet. Induktion infolge der zeitl. Variation des erdmagnet. Feldes; **2)** (elektrochemisch erzeugte [eingeprägte] E.), elektr. Ströme, die bes. dicht unter der Erdoberfläche an Grenzen zw. Gesteinskörpern entstehen, die in Klüften und Po-

ERD Erdteil

Erechtheion auf der Akropolis in Athen

ren Bergwässer enthalten, auch beim Transport des Wassers durch die Poren im Gestein.

Erdteil (Kontinent), Bez. für die großen geschlossenen Landmassen der Erde mit den ihnen vorgelagerten oder zugerechneten Inseln: Europa, Asien, Afrika (»Alte Welt«), Nordamerika, Südamerika (»Neue Welt«), Australien (mit Ozeanien) und das Südpolargebiet (Antarktika). Europa und Asien bilden zus. Eurasien.

Erdtrichter, *Geomorphologie:* ↑Erdfall.

Erdung, das Herstellen einer leitenden Verbindung zwischen elektr. Geräten und Leitungen sowie der Erde (Erdleitung) zum Schutz gegen Gefährdung durch zu hohe Berührungsspannungen oder Blitzschlag, zum Senden und Empfangen in der Funktechnik, zum Beseitigen von Störungen in der Nachrichtentechnik. Nach ihrer Funktion unterscheidet man die **Betriebs-E.** elektr. Anlagenteile, die **Schutz-E.** zum Berührungsspannungsschutz und die **Blitzschutz-E.** zum Schutz gegen Blitzeinschläge.

Erdwachs (Ozokerit), natürl. Gemenge hochmolekularer fester Kohlenwasserstoffe, wachsähnl., verharzte Rückstände paraffinreicher Erdöle; kommt in Erdspalten oder Erdgängen vor und wird bergmännisch gewonnen. Gereinigtes Erdwachs dient zur Herstellung von Polituren, Kerzen und anderem.

Erdwanzen (Cydnidae), Familie der Landwanzen; saugen an Wurzeln; gelegentlich Kulturpflanzenschädlinge.

Erdwärme, die Wärme des Erdkörpers. In der äußeren Erdkruste nimmt die Temperatur mit der Tiefe zu **(geotherm. Tiefenstufe).** Daneben besteht ein kontinuierl. Wärmestrom zur Erdoberfläche hin, der auf rd. $6,5 \cdot 10^{20}$ J pro Jahr geschätzt wird und durch Zerfallsprozesse radioaktiver Elemente in den Gesteinen entsteht. Diese nahezu unerschöpfl. Energiequelle ist bes. hoch in Vulkangebieten, im Bereich großer geotekton. Störungen oder an den Rändern der Erdkrustenplatten (↑Plattentektonik), an geolog. Gräben und im Rückland junger Faltengebirge. – Als alternative Energiequelle gewinnt die E. zunehmende Bedeutung. Neben den in E.-Kraftwerken, zur Gebäudeheizung und Warmwasserbereitung genutzten vulkan. Heißwasser- und Dampfspeichern (Island, Italien) werden auch **geotherm. Anomalien** interessant (in Dtl. z. B. bei Bad Urach und Landau in der Pfalz). Die bed. Wärmereserven in heißen Gesteinsmassen **(hot dry rock)** sind durch Bohrungen erschließbar, in die kaltes Wasser eingepumpt wird, das sich erhitzt und als heißes Wasser wieder austritt.

Erdzeitalter (Ära), größter Zeitraum der

Erdgeschichte. († geologisches System, Übersicht)

ERE, Abk. für Europäische Rechnungseinheit, ↑ Rechnungseinheit.

Erebos [grch.], *grch. Mythos:* die Finsternis (bes. der Unterwelt); bei Hesiod aus dem Chaos hervorgegangen.

Erebus, Mount [maʊnt ˈerɪbəs, engl.], tätiger Vulkan auf der Rossinsel (Antarktis), 3794 m ü. M.; Hänge teilweise vergletschert.

Erec, Held einer Ritterdichtung aus dem Artuskreis, die nach breton. Quelle zuerst Chrétien de Troyes und nach diesem Muster, etwa um 1185, Hartmann von Aue bearbeitete. Der Held versäumt um der Minne willen seine Ritterpflichten und muss zahlreiche Abenteuer bestehen, um seine Ehre wiederzugewinnen.

Erechtheion [grch.] *das,* Tempel auf der Akropolis von Athen, im attisch-ion. Stil 421–414 und 409–406 v. Chr. erbaut, ben. nach dem sagenhaften König Erechtheus.

Ereğli [ˈɛrɛjli], **1)** Hafen- und Industriestadt in der Türkei, am Schwarzen Meer, 63 800 Ew. Das Stahl- und Walzwerk verarbeitet Steinkohle aus dem nahe gelegenen Revier von Zonguldak. – E. ist das antike **Herakleia Pontice.**
2) türk. Stadt im südl. Inneranatolien, 74 300 Ew.; Zentrum eines Bewässerungsanbaugebietes. – E. hieß im Altertum **Herakleia,** später **Kybistra.**

Ereignis, 1) *Physik:* physikal. Vorgang mit vernachlässigbar kleiner räuml. und zeitl. Ausdehnung, z. B. die Wechselwirkung zw. Elementarteilchen.
2) *Stochastik:* Bez. für eine Teilmenge der Menge aller mögl. Ausgänge eines Zufallsexperiments; z. B. tritt beim Würfeln mit zwei Würfeln das E. »Pasch« ein, wenn beide Würfel die gleiche Augenzahl zeigen. Bestehen die E. nur aus einem Element, heißen sie **Elementar-E.;** die Menge aller zufälligen E. bildet den **E.-Raum.**

Ereignishorizont, *Astrophysik:* ↑ Schwarzes Loch.

Erektion [lat.] *die,* die reflektor. Anschwellung, Aufrichtung, Vergrößerung des männl. Gliedes **(Penis)** durch Blutzufuhr in dessen Schwellkörper bei gleichzeitig vermindertem Abfluss, auch des weibl. Kitzlers **(Klitoris);** mangelnde **E.-Fähigkeit** verursacht ↑ Impotenz; krankhafte E. ↑ Priapismus. – Ein erektiles Organ ist auch die weibl. Brustwarze.

Eremit [zu grch. erēmos »einsam«] *der,* Einsiedler; Mönch, der nicht in einer Klostergemeinschaft, sondern in der Einsamkeit lebt (Klausner); im frühen Christentum ↑ Anachoret genannt.

Eremitage [-ˈtaːʒə, frz.] *die,* **1)** urspr. Einsiedelei; seit dem 18. Jh. ein bewusst schlicht gehaltenes, einsam gelegenes Garten- oder Landhaus.
2) Museum in Sankt Petersburg, benannt nach dem 1764–67 für Katharina II. erbauten Schloss (»Kleine E.«); das Museum umfasst heute darüber hinaus das Winterpalais (»Viertes Winterpalais« von B. F. Rastrelli, 1754–64), die »Alte E.« (1775 bis 1784) und die »Neue E.« (von L. von Klenze, 1839–52). Die E. beherbergt eine Gemäldegalerie mit über 5000 Werken (umfangreichste Rembrandt-Kollektion) und eine graf. Sammlung (40 000 Handzeichnungen). Sie präsentiert ferner skyth. und grch. Goldarbeiten, vorgeschichtl. Funde aus dem Kaukasus, eine Sammlung sassanid. und byzantin. Kunst, Denkmäler vorislam. Kunst aus Mittelasien sowie islam., ind. und ostasiat. Kunst, ferner eine Antikenabteilung und eine Abteilung für russ. Kulturgeschichte.

Eremitage 2): B. F. Rastrelli, Winterpalais (»Viertes Winterpalais«) in Sankt Petersburg; 1754–64

Erenburg, Ilja Grigorjewitsch, russ. Schriftsteller, ↑ Ehrenburg.

Eresburg, von Karl d. Gr. 772 eroberte sächs. Befestigung, wohl mit der 900 m langen und 350 m breiten, nach allen Seiten steil abfallenden Bergkuppe von Obermarsberg (heute zu Marsberg, NRW) gleichzusetzen. Wahrscheinlich Standort des sächs. Heiligtums ↑ Irminsul.

Eretria, bed. antike Stadt auf Euböa, die im 8./7. Jh. v. Chr. ihre Blütezeit erlebte; 490 von den Persern, 198 v. Chr. durch die Römer zerstört; u. a. Reste eines Apollon- (6. Jh. v. Chr.) und eines Dionysostempels (4. Jh. v. Chr), eines Theaters (4. Jh. v. Chr.) und der Stadtmauer.

Erewan, Stadt in Armenien, ↑Jerewan.

Erfahrung, eine durch Praxis erworbene Fähigkeit sicherer Orientierung in Handlungs- und Sachzusammenhängen ohne Rekurs auf ein hiervon unabhängiges theoret. Wissen. In der *Philosophie* eine Form der Erkenntnis **(Empirie);** als **äußere E.** die Wahrnehmung durch die äußeren Sinne, als **innere E.** die Erfassung von Bewusstseinsinhalten. Die **experimentelle E.,** gekennzeichnet durch planmäßige, wiederholte Beobachtung unter definierten Bedingungen, ist die Hauptmethode der **E.-Wissenschaft** (empir. Wiss.). Für den Empirismus entspringt E. allein den Sinnesempfindungen und psycholog. Assoziations- bzw. Abstraktionsleistungen (D. Hume: Gewöhnung, Übung). Für Kant ist E. das Produkt aus Sinnes- und Verstandestätigkeit; Letztere beruht auf nichtempir., aprior. Formen.

Erfinderrecht, ein mit der Vollendung der Erfindung für den Erfinder entstehendes absolutes, übertragbares und vererbbares Recht; umfasst das Recht, als Erfinder genannt und anerkannt zu werden, über die Erfindung zu entscheiden (Veröffentlichung oder Geheimhaltung, Anmeldung als Patent) und sie zu verwerten.

Erfindung, im Sinne des Patent- und Gebrauchsmusterrechts die schöpfer. Lösung eines naturwiss.-techn. Problems, die unter Ausnutzung naturgesetzl. Kräfte oder Vorgänge erfolgte. Voraussetzung für die Erteilung eines ↑Patents oder die Eintragung als Gebrauchsmuster sind die gewerbl. Verwertbarkeit und die Neuheit der E. (↑Arbeitnehmererfindung).

📖 *Lexikon der Forscher u. Erfinder, hg. v. R. Zey. Reinbek 1997.*

Erfolg, 1) *Betriebswirtschaftslehre:* Ergebnis der wirtsch. Tätigkeit eines Unternehmens während eines Berichtszeitraums. Der E. kann positiv **(Gewinn)** oder negativ **(Verlust)** sein. In der Kosten- und Leistungsrechnung ist E. die Differenz zw. Erlös und Kosten. (↑Gewinn-und-Verlust-Rechnung)

2) *Psychologie:* von Anspruchsniveau und Leistungsmotivation bestimmtes Bestätigungserlebnis bei der geglückten Verwirklichung von Zielen, das seinerseits motivierend und anspruchssteigernd wirkt.

Erfolgsethik, ↑Gesinnungsethik.

Erfoud [ɛrˈfud], Hauptort der Oasengruppe Tafilalt, SO-Marokko, am Oued Ziz, 18 500 Ew.; Dattelpalmen, Lederverarbeitung; Fremdenverkehr.

Erfrierung, 1) *Botanik:* ↑Frostschäden.
2) *Medizin:* (Congelatio), allg. oder örtl. Schädigung des Organismus durch Kälteeinwirkung. Bei einer **allg. E.** sinkt die Körpertemperatur (Bluttemperatur kann bis auf 27 °C, Rektaltemperatur noch einige Grade tiefer absinken) ab, und es kommt zu einer Unterkühlung des gesamten Organismus. Die kältebedingte Stoffwechselsenkung der Gewebe, v. a. des Gehirns, führt zu einer zunehmenden Verwirrtheit des Erfrierenden und schließlich zur Bewusstlosigkeit. In der Folge tritt eine nicht rückbildungsfähige Schädigung des Atemzentrums und dadurch der **E.-Tod (Kältetod)** ein. Die **örtl. E.** betrifft v. a. Nase, Ohren, Wangen, Finger, Zehen. Hierbei unterscheidet man drei Schweregrade: 1. Grad: starke Rötung der Haut durch reaktive Mehrdurchblutung; 2. Grad: Blasen- und Ödembildung infolge erhöhter Durchlässigkeit der geschädigten Gewebe; 3. Grad: Nekrosebildung, d. h. völlige, nicht mehr rückbildungsfähige Schädigung der Gewebe mit nachfolgendem Absterben. Über erste Maßnahmen gegen E. ↑erste Hilfe, Übersicht.

Erft *die,* linker Nebenfluss des Rheins, 113 km lang, entspringt in der N-Eifel, mündet bei Neuss; speist teilw. **(E.-Kanal)** den Neusser Hafen.

Erftkreis, Kreis im RegBez. Köln, NRW, 704 km², 458 400 Ew.; Verw.sitz ist Bergheim.

Erftstadt, Stadt im Erftkreis, NRW, an der Erft und am W-Hang der Ville, 49 500 Ew.; Nahrungs- und Genussmittelind.; Erholungsgebiet (Liblarer Seenplatte) auf dem rekultivierten Gelände ausgebeuteter Braunkohlenlager. – Schloss Gracht (17. und 19. Jh.); Schloss ↑Gymnich war bis 1990 Gästehaus der Bundesregierung. – 1969 durch Zusammenschluss der Stadt Lechenich mit 13 Gemeinden entstanden. – Lechenich war Hauptort eines kurköln. Amts (Wasserburg, ehemals kurköln. Landesfeste, seit 1689 Ruine).

Erfurt ERF

Erfurt 1): Stadtansicht mit Dom

Erfüllung, Tilgung einer Schuld durch Bewirken der geschuldeten Leistung, z. B. Zahlung einer Geldschuld (§§ 362 ff. BGB). Je nach Sachlage kann eine Schuld auch durch Hinterlegung, Aufrechnung oder Erlass getilgt werden. Durch E. erlischt das Schuldverhältnis; Sicherungen zugunsten des Gläubigers wie Bürgschaft, Pfandrecht u. a. erlöschen ebenfalls oder gehen auf den, der die E. bewirkt hat, über. Eine andere als die geschuldete Leistung oder eine mangelhafte Leistung muss der Gläubiger nicht annehmen. Zu Teilleistungen ist der Schuldner nicht berechtigt. Die geschuldete Leistung ist an dem Ort zu erfüllen (**E.-Ort, Leistungsort**), der durch ausdrückl. Vereinbarung dazu bestimmt ist oder sich aus der Natur des Vertrags ergibt. Wo beides nicht der Fall ist, hat der Schuldner an dem Ort zu erfüllen, an dem er z. Z. der Entstehung des Schuldverhältnisses seinen Wohnsitz oder (bei einer Schuld aus einem Gewerbebetrieb) seine gewerbl. Niederlassung hatte (§ 269 BGB). Bei E. durch einen **E.-Gehilfen** (z. B. den Handwerksgehilfen eines Bauunternehmers) haftet der Schuldner für das Verschulden des Gehilfen wie für eigenes Verschulden (§ 278 BGB).

Erfüllungspolitik, abwertendes Schlagwort der Rechtsparteien in der Weimarer Republik, bes. der Deutschnationalen und Nationalsozialisten, für die 1921 von Reichskanzler J. Wirth und Außenmin. W. Rathenau eingeleitete Politik der dt. Reichsregierungen, die Verpflichtungen des Versailler Vertrags nach Möglichkeit zu erfüllen, um damit zugleich die Grenzen der Leistungsfähigkeit Dtl.s offenkundig und eine Revision der Reparationsbestimmungen des Versailler Vertrags unabweisbar zu machen.

Ęrfurt, 1) Hptst. von Thüringen und kreisfreie Stadt, im Thüringer Becken, an der Gera, 158–430 m ü. M., 200 100 Ew.; E. ist Sitz zahlr. Behörden und (seit 1999) des Bundesarbeitsgerichts; die wieder gegr. (1994) Univ. hat ihren Lehrbetrieb mit dem Herbstsemester 1999 aufgenommen (Integration der früheren Medizin. Akademie, PH und [2003] kath. Theolog. Fakultät), FH für Gartenbau und Bauwesen; kath. Bischofssitz; Luther-Gedenkstätte; Museen u. a. für Thüringer Volkskunde und für Gartenbau; Wiss. Allgemeinbibliothek E. mit der Amploniana (mittelalterl. Handschriftensammlung); Thüringer Zoopark; Städt. Bühnen mit mehreren Theatern; Erwerbsgartenbau mit Blumen- und Saatzucht; Büromaschinen- und Werkzeugmaschinenbau, elektrotechn., elektron., opt. und Bekleidungsind.; Verkehrsknotenpunkt, internat. Flughafen. – Die Stadt wird überragt vom Dom (14./15. Jh., auf Vorgängerbau) und der dreitürmigen Seve-

rikirche (um 1278 bis um 1400); erhalten sind mehrere mittelalterl. Kirchen, u.a. Überreste der ehem. Benediktinerklosterkirche St. Peter und Paul (12.Jh.; 1813 zerstört), Klosterkirche der Ursulinen (13.Jh.), Prediger- oder Dominikanerkirche (13.-14.Jh.), Barfüßer- oder Franziskanerkirche (13.-15.Jh.), Augustinerkirche (13.-14.Jh.). Der spätgot. Bau der Alten Univ. brannte 1945 aus; mit Häusern überbaut ist die Krämerbrücke (14.Jh.): in der Altstadt zahlr. Häuser aus der Renaissance; am Stadtrand zwei Festungen. – E. entstand an einer Furt durch die Gera; 742 durch Bonifatius vorübergehend Bistum (755 zum Bistum Mainz, das seine Rechte an Stadt und Gebiet bis 1802 sicherte [1664 mit Gewalt]). Im MA. eine der bedeutendsten und bevölkerungsreichsten dt. Städte; 1379–1816 Univ., um 1500 Mittelpunkt des dt. Humanismus. 1802 kam E. an Preußen, 1807–13 war es eine Napoleon I. reservierte Domäne. Auf dem **Erfurter Fürstentag** 1808 verhandelten Napoleon I. und Alexander I. von Russland im Beisein dt. Rheinbundfürsten über ihre Interessensphären. 1850 tagte hier das **Erfurter Parlament** der preuß. Union (↑Union). 1815–1944 gehörte E. zur preuß. Provinz Sachsen; 1944 kam es zu Thüringen; 1948/50–52 und seit 1990 Landeshptst.; 1952–90 Hptst. des gleichnamigen DDR-Bezirks.
2) Bistum in der Kirchenprovinz Paderborn, 1994 in den Grenzen des ehem. (1973–94) Bischöfl. Amtes E.-Meiningen (unter Ausgliederung des Dekanats Geisa) errichtet; geschichtlich in der Tradition des von Bonifatius 742 gegründeten Bistums E. stehend, das allerdings nur wenige Jahre bestand.

Erfurter Programm, das 1891 vom Parteitag in Erfurt beschlossene Programm der SPD, ersetzte das Gothaer Programm (1875) und wurde durch das Görlitzer Programm abgelöst (1921); der theoret. Teil wurde von K. Kautsky, der prakt. Teil von E. Bernstein verfasst. (↑Sozialdemokratie)

Erfurth, Hugo, Fotograf, *Halle (Saale) 14.10.1874, †Gaienhofen (Kr. Konstanz) 14.2.1948; arbeitete ab etwa 1917 als Porträtfotograf in Dresden, ab 1934 in Köln. Bekannt wurden v.a. seine Bildnisse von Künstlern und Schriftstellern.

Erg [grch.] *das,* Einheitszeichen **erg,** nicht gesetzl. Einheit der Energie im CGS-System: $1\,\text{erg} = 1\,\text{dyn}\cdot\text{cm} = 10^{-7}\,\text{Nm}$ (Newtonmeter) $= 10^{-7}\,\text{J}$ (Joule).

Erg [arab.] *der* (in Libyen: Edeien), Name für Sandwüsten mit Dünenbildung in der Sahara. Die größten E. sind der **Westl.** und **Östl. Große Erg.**

Ergänzungsabgabe, zusätzl. Einkommen- und Körperschaftsteuer; kann vom Bund per Gesetz eingeführt werden, um einen besonderen Finanzbedarf zu decken (Art. 106 GG). der Ertrag steht ausschließlich dem Bund zu. Eine E. zur Einkommensteuer gab es 1966–74 und zur Körperschaftsteuer 1968–76. Auch der ↑Solidaritätszuschlag wird als E. erhoben.

Ergänzungshaushalt, Ergänzung des ↑Haushaltsplans, die (im Ggs. zum Nachtragshaushalt) noch während der parlamentar. Beratungen des Haushaltsentwurfes nachgeschoben und in das zu verabschiedende Haushaltsgesetz eingearbeitet wird.

Ergebnisabführungsvertrag, der ↑Gewinnabführungsvertrag.

ergo [lat.], also, folglich.

ergo bibamus!, also lasst uns trinken! (Kehrreim von mittelalt. Trinkliedern).

Ergodenhypothese, *statist. Mechanik:* Hypothese, die von W. Boltzmann in die kinet. Gastheorie eingeführt und später von P. und T. Ehrenfest durch die genauere **Quasi-E.** ersetzt wurde. Danach wird in einem sich selbst überlassenen thermodynam. System (z.B. einem Gas) bei Vorhandensein einer bestimmten Gesamtenergie im Laufe der Zeit jeder mögl. Bewegungszustand des Systems mit beliebiger Annäherung verwirklicht. Die E. spielt eine Rolle in den Berechnungen der Chaostheorie.

Ergograph [grch.] *der,* Gerät, das die Arbeit bestimmter Muskeln misst und registriert. Der E. dient zur Untersuchung von Leistungsfähigkeit und Ermüdung sowie zur Diagnose krankhafter Störungen von Muskel- und Nervenfunktionen.

Ergologie [grch.] *die,* Forschungsbereich der Völker- und Volkskunde, der die materiellen und techn. Erzeugnisse menschl. Kultur untersucht (u.a. Tracht, Nahrung, Obdach, Geräte und Verfahren, Verkehr, Waffen).

Ergometer [grch.] *das,* Gerät zur Messung der körperl. Leistungsfähigkeit, das eine dosierbare Belastung ermöglicht. Am gebräuchlichsten ist das **Fahrrad-E.** zur mechan. Leistungsprüfung, bei dem die mechan. Arbeit in eine registrierbare elektr. Energie umgewandelt wird (Belastungselektrokardiogramm); die therapeut. Anwendung dient zur Verbesserung der körperl. Leistungsfähigkeit. Das **Spiro-E.** dient zur Messung des Sauerstoffverbrauchs.

Ergonomie [grch.] *die,* **1)** *Arbeitswissenschaft:* Disziplin, die sich mit der Anpassung der Arbeit(sbedingungen) an die Eigenschaften des menschl. Organismus beschäftigt. Mithilfe der E. sollen techn. Prozesse aufgrund von Messungen (der oft einseitigen Beanspruchungen) und Erkenntnissen der Arbeitsmedizin, -physiologie und -psychologie sowohl hinsichtlich humanitärer wie auch ökonom. Ziele optimal gestaltet werden (z. B. durch körpergerechte Konstruktion von Arbeitsmitteln, Gestaltung von Arbeitsabläufen). **2)** *Informatik:* ↑Softwareergonomie.

Ergosterin *das* (Ergosterol), ein Mycosterin (in Pilzen vorkommendes Sterin), geht durch UV-Bestrahlung in Vitamin D_2 (↑Vitamine) über.

Ergotherapie, ↑Arbeitstherapie.

Ergotismus *der,* Vergiftung mit ↑Mutterkorn.

ergotrop [grch.], den gesamten Organismus auf erhöhte Aktivität einstellend, bes. auf die Erregung des Sympathikus bezogen.

Ergo Versicherungsgruppe AG, 1997 durch Fusion der VICTORIA-Versicherungsgruppe und der Hamburg-Mannheimer AG entstandener Versicherungskonzern, zu dem auch die Dt. Krankenversicherung AG (DKV) und der Rechtsschutzversicherer D. A. S. gehören; Sitz: Düsseldorf.

Ergun He, Fluss in China, ↑Argun.

Ergussgesteine, die ↑Vulkanite.

Erhaltungssätze, Grundgesetze der Naturwissenschaften, nach denen bestimmte physikal. Größen **(Erhaltungsgrößen)** in abgeschlossenen Systemen bei jeder zeitl. Zustandsänderung ihren Wert beibehalten. Die fundamentalen E. sind: der E. der Energie (↑Energiesatz), der wegen der ↑Äquivalenz von Masse und Energie auch den Satz von der Erhaltung der Masse enthält, der E. des Impulses (↑Impulssatz), dem der ↑Schwerpunktsatz gleichwertig ist, und der E. für den ↑Drehimpuls. In Systemen, bei denen Ladungsträger bzw. makroskop. Ladungsmengen auftreten und in Wechselwirkung stehen, gilt der E. der elektr. ↑Ladung. – Neben diesen klass. E. führen so genannte innere Symmetrien der Materie zu E. für Spin, Isospin, Parität, Strangeness, Baryonen- und Leptonenzahl; diese E. sind v. a. zur Klassifizierung der Elementarteilchen von Bedeutung. Zw. den E. und den Symmetrien der Naturgesetze besteht ein enger Zusammenhang: Die Erhaltungsgrößen sind die ↑Invarianten derjenigen Symmetrietransformationen, die die Naturgesetze ungeändert (invariant) lassen.

Erhängen, durch Zusammenschnüren des Halses herbeigeführte Todesart; häufigste Form des Selbstmordes. Die Halsschlinge drückt die Hals- und Wirbelsäulenschlagader ab, mit der Folge einer Blutleere des Gehirns, die zu Bewusstlosigkeit und Tod führt; selten ein Genickbruch.

Erhard, Ludwig, Politiker (CDU), * Fürth 4. 2. 1897, † Bonn 5. 5. 1977; war 1928–42 am Institut für Industrieforschung in Nürnberg tätig, befasste sich gegen Ende des Zweiten Weltkrieges mit Fragen der Wirtschafts- und Finanzentwicklung Dtl.s nach dem Kriege. Nach dem dt. Zusammenbruch war er 1945–46 bayer. Wirtschaftsmin., 1948–49 Direktor der Wirtschaftsverwaltung des Vereinigten Wirtschaftsgebiets, erklärte am Tag der Währungsreform (20. 6. 1948) gegen den Widerstand der Besatzungsmächte das Ende der Zwangswirtschaft. 1949–76 war

Ludwig Erhard

er MdB, 1949–63 Bundeswirtschaftsmin., 1957–63 zugleich Vizekanzler. Er setzte das Prinzip der ↑sozialen Marktwirtschaft durch, wobei er sich bes. gegen Wettbewerbsbeschränkungen durch Kartelle und Monopole wandte. Der von ihm geleitete Aufschwung begründete seinen Ruf als »Vater des Wirtschaftswunders«. Von Okt.

1963 bis Okt. 1966 führte er als Bundeskanzler eine Reg.koalition aus CDU/CSU und FDP, vom Okt. bis zum 1. 12. 1966 eine CDU/CSU-Minderheitsregierung. Seine Kanzlerschaft scheiterte an den Spannungen innerhalb der Koalition sowie an der Kritik innerhalb der Unionsparteien an seinem Führungsstil. 1966–67 war E. auch Vors. der CDU, danach ihr Ehrenvorsitzender. – Er schrieb: »Wohlstand für alle« (1957); »Dt. Wirtschaftspolitik« (1962).
📖 *Hentschel, V.: L. E. Ein Politikerleben.* München u. a. 1996.

Erhardt, Heinz, Conférencier und Vortragskünstler, * Riga 20. 2. 1909, † Hamburg 5. 6. 1979; ab Mitte der 1950er-Jahre beim Film; E. moderierte Unterhaltungssendungen im Fernsehen; bekannt v. a. durch die Rolle des »kleinen Mannes«, des Finanzbuchhalters Willi Winzig. E. agierte mit betulich-unbeholfener Rede, Sprachwitz und schelmenhaftem Humor.

Erhart, Gregor, Bildschnitzer, * Ulm um 1465/70, † Augsburg um 1540; seit 1494 in Augsburg in eigener Werkstatt; das einzig gesicherte Werk ist die lebensgroße Schutzmantelmadonna vom Hochaltar der Zisterzienserkirche in Kaisheim bei Donauwörth (1502–04; 1945 in Berlin verbrannt). Große Ausdruckskraft zeigt die ihm zugeschriebene Madonna (um 1510) der Frauensteiner Wallfahrtskirche (OÖ).

Erhebung, *Statistik:* jedes systemat. Einholen von Informationen, in der Wirtschafts- und Sozialstatistik meist durch Befragung, in der naturwiss. Statistik bes. durch Beobachtung und Experiment.

Erhöhung (Elevation), der Winkel, den die Seelenachse einer Feuerwaffe mit der Waagerechten bildet, ausgedrückt in Grad, Strich oder in der sich daraus ergebenden Schussentfernung.

Erhöhungszeichen, in der musikal. Notation das Versetzungszeichen, das die Erhöhung eines Tones um einen Halbton oder um zwei Halbtöne vorschreibt: Durch ein Kreuz (♯) wird z. B. c zu cis; durch ein Doppelkreuz (x) wird z. B. c zu cisis.

Erholung, 1) *Medizin:* Rückgewinnung verbrauchter körperl. oder psych. Kräfte durch Schlaf, Ruhe, Ausgleichstätigkeit (Freizeit, Urlaub); auch die Rückbildung einer v. a. krankheitsbedingten Schädigung des Organismus oder einzelner Organe durch therapeut. Maßnahmen (z. B. Kuren).

2) *Werkstoffkunde:* Entfestigung der durch plast. Kaltumformung oder Partikelbestrahlung bewirkten Verfestigung in Metallen und Legierungen; geschieht i. d. R. durch therm. Aktivierung.

Erica, Pflanzengattung, ↑ Heide.

Erice [ˈeːritʃe] (bis 1934 Monte San Giuliano), italien. Stadt in der Prov. Trapani, Sizilien, auf der Spitze des Monte E. (751 m ü. M.) gelegen, 30 800 Einwohner. – Die Stadt antiken Ursprungs hat ihren mittelalterl. Charakter bewahrt; an der Stelle eines alten Fruchtbarkeitsheiligtums ein normann. Kastell. – Im Altertum hieß sie **Eryx** und war Bergfestung der Elymer, später der Punier.

Erice: normannisches Kastell

Erich, schwed. Könige: **1) E. IX.,** der Heilige, † (ermordet) 5. (nach anderen Angaben 18.) 5. 1160; förderte die Verbreitung des christl. Glaubens; bereits Ende des 12. Jh. als Märtyrer verehrt.

2) E. XIII. (E. von Pommern), Unionskönig von Dänemark (als E. VII.), Schweden und Norwegen (als E. IV.), * in Pommern um 1382, † Rügenwalde 3. 5. 1459; aus dem pommerschen Herzogshaus, wurde als Großneffe der Königin Margarete 1397 in Kalmar gekrönt; nach ihrem Tod übernahm er 1412 die Reg. und versuchte, eine Vormachtstellung der nord. Länder zu begründen. Im Kampf um Schleswig unterlag er den Schauenburgern und der Hanse. 1439 wurde E. in Dänemark, später auch in Schweden und in Norwegen abgesetzt.

3) E. XIV. (1560–68), * Stockholm 13. 12. 1533, † Örbyhus (bei Uppsala) 26. 2. 1577; Sohn Gustavs I. Wasa; erwarb 1561 Estland und führte seit 1563 den »Dreikronenkrieg« gegen Dänemark. Zunehmend geisteskrank, wurde er 1568 mit Zustimmung der Stände abgesetzt.

Erich der Rote, Wikinger, *Jæren (S-Norwegen) um 950, †Brattahlid (bei Qaqortoq, S-Grönland) vor 1005; wegen Totschlags aus Island verbannt, gelangte er 982 nach Grönland; besiedelte seit 986 mit Gefolgsleuten den äußersten SW um Brattahlid. Sein Sohn Leif Eriksson entdeckte von dort aus die nordamerikan. Küste.

Ericsson AB (Kurzbez. für Telefonaktiebolaget L. M. E.), schwed. Telekommunikationskonzern, gegr. 1876; Sitz: Stockholm; stellt u. a. Telefonvermittlungssysteme und Mobiltelefone her.

Eridanus, 1) *Astronomie:* (Fluss E.), Sternbild des südl. Himmels.
2) *grch. Mythos:* (Eridanos), Fluss im fernen Norden oder Westen der Erde.

Eridu, altbabylon. Stadt in Südmesopotamien, heute der Ruinenhügel **Tell Abu-Schahrein** in S-Irak; urspr. an einer Lagune des Pers. Golfes gelegen, südwestlich von Ur. – Die dörfl. Vorstufen von E. reichen bis ins 6. Jt. v. Chr. zurück. Am Hauptheiligtum kann in 16 Schichten die frühe Gesch. des babylon. Tempelbaus verfolgt werden. Nach 2000 v. Chr. wurde E., wo der Gott der Weisheit und der Heilkunde, Enki (Ea), verehrt wurde, wegen Versandung der Lagune aufgegeben.

Erie ['ɪərɪ], Hafenstadt in Pennsylvania, USA, am Eriesee, 105 300 Ew.; Eisengießereien, Maschinen- und Schiffbau, elektrotechn. Industrie. Der **Eriesee,** der südlichste der fünf Großen Seen Nordamerikas (25 700 km², 174 m ü. M., bis 64 m tief), ist mit dem Huronsee, dem Ontariosee und dem Hudson River (**Eriekanal,** 584 km lang; 1825 eröffnet) verbunden.

Erigeron, die Pflanzengattung ↑Berufkraut.

Erika [grch.], umgangssprachlich für Schneeheide (↑Heide).

Erikson, Erik Homburger, amerikan. Psychologe dt. Herkunft, *Frankfurt am Main 15. 6. 1902, †Harwich (Mass.) 12. 5. 1994; emigrierte 1933 in die USA, Prof. in Berkeley (Calif.), in Pittsburgh (Pa.) und an der Harvard University; einer der führenden Vertreter der Jugendpsychologie.
Werke: Kindheit und Gesellschaft (1950); Jugend und Krise (1968).

Eringertal, schweizer. Tal, ↑Hérens (Val d'Hérens).

Erinnerung, 1) *Psychologie:* die Fähigkeit, Vergangenes in der Vorstellung wieder zu beleben (↑Gedächtnis); auch der entsprechende Gedächtnisinhalt. **E.-Täuschungen** sind i. Allg. durch Aufmerksamkeitsdefizite bei der Wahrnehmung oder durch bestimmte Einstellungen, Erwartungen, Wünsche u. a. beeinflusst, können aber auch auf seel. Krankheiten (Neurosen, Psychosen) hinweisen. (↑Déjà-vu-Erlebnis)
2) *Recht:* Rechtsbehelf gegen Entscheidungen des beauftragten oder ersuchten Richters, des Rechtspflegers, des Urkundsbeamten oder des Gerichtsvollziehers gegen Maßnahmen im Vollstreckungsverfahren in gesetzlich bestimmten Fällen.

Erinnerungskultur, Begriff der Kulturwiss.en, der sich im Zuge der polit. und kulturellen Diskussionen um die Funktion von kulturellen Mustern der Erinnerung, die Bedeutung von Gedächtnis und Erinnerung für die Ausbildung von Identität und über den Umgang mit Geschichte und Vergangenheit im kollektiven Rahmen (nat. Geschichten, nat. Gedenken) entwickelt hat. Bes. in Dtl. (Holocaust), aber auch in anderen Ländern und mit anderen Bezugspunken (z. B. Sklaverei, Kolonialismus, Zerstörung indigener Kulturen) stehen dabei der Umgang mit Verbrechen und Schuld in der Vergangenheit sowie deren gegenwärtige Bedeutung im Vordergrund. (↑Vergangenheitsbewältigung)

Erinnerungsposten, Merkposten in der Bilanz (meist 1 €) für abgeschriebene, aber noch genutzte Wirtschaftsgüter.

Erinnyen [grch. »die Zürnenden«], die grch. Rachegöttinnen, bei den späteren Dichtern drei: **Tisiphone** (die »Rächerin des Mordes«), **Allekto** (die »Unablässige«), **Megaira** (die »Neidische«). Beschönigend nannte man sie auch **Eumeniden** (die »Wohlgesinnten«). In Rom wurden ihnen die **Furien** gleichgesetzt.

Erinome, ein Mond des Planeten Jupiter.

Eriophorum, die Pflanzengattung ↑Wollgras.

Eris, grch. Mythos: Göttin der Zwietracht. Da nicht zur Hochzeit des Peleus und der Thetis eingeladen, entfesselte sie aus Rache Streit unter den Göttinnen, indem sie einen Apfel (**E.-Apfel,** Zankapfel) mit der Aufschrift »Der Schönsten« unter die Gäste warf. Der Streit wurde von Paris zugunsten Aphrodites entschieden und führte zum ↑Trojanischen Krieg.

Eristik [grch.] *die,* die Kunst und Technik des wiss. Streitgesprächs. (↑Dialektik)

ERI Eritrea

Eritrea

Fläche	124 324 km²
Einwohner	(2003) 4,141 Mio.
Hauptstadt	Asmara
Verwaltungsgliederung	6 Regionen
Amtssprachen	Tigrinja und Arabisch
Nationalfeiertag	24. 5.
Währung	1 Nakfa (Nfa) = 100 Cent (ct.)
Zeitzone	MEZ + 2 Std.

Eritrea, Staat (Republik) in NO-Afrika, am Roten Meer, grenzt im SO an Djibouti, im S an Äthiopien, im W und NW an die Rep. Sudan.
Staat und Recht: Nach der Verf. vom 23. 5. 1997 ist E. eine präsidiale Rep. mit Einparteiensystem. Staatsoberhaupt ist der mit weitgehenden Vollmachten ausgestattete Präs. (für maximal zweimal 5 Jahre vom Parlament gewählt). Er ist Vors. der Legislative, Chef der Reg. (Staatsrat), Oberbefehlshaber der Streitkräfte und ernennt die Mitgl. des Kabinetts. Bis zur Durchführung freier Wahlen besteht ein Übergangsparlament (Nationalversammlung) mit 175 Abg. (75 Mitgl. des Zentralrats der Volksfront für Demokratie und Gerechtigkeit [PFDJ, 1994 hervorgegangen aus der Volksbefreiungsfront E.s], 60 Repräsentanten der Regionalparlamente und 15 Vertreter der im Ausland lebenden Eritreer). Einzige legale Partei ist die PFDJ; die oppositionellen Organisationen sind in der Alliance of Eritrean National Forces (AENF) zusammengeschlossen.
Landesnatur: Die 1000 km lange Küste reicht im S bis zur Meeresstraße Bab el-Mandeb, die das Rote Meer mit dem Ind. Ozean verbindet. Ihr vorgelagert ist die aus Korallenkalk aufgebaute Inselgruppe des Dahlak-Archipels. Die halbwüstenhafte südl. Küstenebene gehört zu der geolog.

aktiven Afarsenke. Landeinwärts erhebt sich im N ein bis 2633 m hohes Randgebirge, im S die Danakilberge mit einigen Vulkanen. Mit ihrem N-Zipfel reicht die heiße Salzwüste der Danakilsenke nach E. hinein. Als Folge von Abholzung ist Bodenerosion weit verbreitet. In der niederschlagsarmen, feuchtheißen Küstenebene ist die Hafenstadt Massaua einer der heißesten Orte der Erde (Jahresmittel 30 °C); von März bis Juli weht von der Arab. Halbinsel gelegentlich ein heißer, staubhaltiger Wind. Die Temperaturen im Hochland sind angenehmer.
Bevölkerung: Hauptsiedlungsgebiet ist das Hochland, in dem Tigrinja, Tigre, Amhara, Kunama und Saho leben. Der SO wird vom Hirtenvolk der Afar (Danakil) bewohnt. Im Küstengebiet und an der Grenze zum Sudan leben Araber. 19% der Bev. leben in Städten. Zahlr. im Ausland lebende polit. Flüchtlinge sind inzwischen wieder in ihre Heimat zurückgekehrt. – Die Bev. bekennt sich je etwa zur Hälfte zum Christentum und zum Islam. Die Christen gehören ganz überwiegend der eritreisch-orth. Kirche an (↑äthiopische Kirche). – Es besteht eine fünfjährige Grundschulpflicht. Die Analphabetenquote beträgt 54%. Univ. in Asmara (gegr. 1958/68).
Wirtschaft und Verkehr: E. gehört zu den ärmsten Ländern der Erde; nach dem Ende des Bürgerkriegs 1991 setzte internat. Hilfe nur zögernd ein. Wichtigster Wirtschaftssektor ist die Landwirtschaft; angebaut werden Getreide (Mais, Weizen, Hirse und Tef, eine Süßgrasart), Kaffee, Baumwolle und Tabak. Im SO herrscht Nomadenwirtschaft vor. E. ist auf Nahrungsmittelimporte angewiesen. Im Roten Meer und in der Afarsenke gibt es Erdöl- und Erdgaslagerstätten, in der Umgebung von Asmara mindestens 15 Goldminen. Traditionelle Ind.zweige wie Glas-, Zement-, Schuh- und Konservenind. werden wieder aufgebaut.
Im Bürgerkrieg wurde die einzige Eisenbahnlinie zw. Akordat (über Asmara) und der Hafenstadt Massaua zerstört (Teilstrecken wieder eröffnet); die Instandsetzung der ebenfalls beschädigten Straßenverbindung zw. Asmara und Massaua hat höchste Priorität. Assab ist neben dem 1990 fast völlig zerstörten Massaua die zweite große Hafenstadt. Äthiopien darf nach einem 1993 mit E. geschlossenen Abkommen

beide Häfen nutzen. Der internat. Flughafen liegt nahe der Hauptstadt Asmara. **Geschichte:** Vom 14. bis 19. Jh. war die Küstenregion E.s zw. Türken, Arabern, Äthiopiern und Portugiesen umkämpft. Das Hinterland stand bis ins 19. Jh. überwiegend unter äthiop. Einfluss. Nach 1881 setzten sich die Italiener in E. fest und erklärten es 1890 zu ihrer Kolonie. 1936–41 war E. Teil von ↑Italienisch-Ostafrika. 1941 kam es unter brit. Verwaltung. Nach einem Beschluss der UN-Generalversammlung wurde es 1952 als autonomes Gebiet Äthiopien zugesprochen, das jedoch 1962 die Autonomie aufhob. Seit 1961 entwickelten sich separatist. Bestrebungen, die sich seit dem Sturz der Monarchie (1974) und der Errichtung eines marxistisch-leninist. Herrschaftssystems in Äthiopien zum Aufstand gegen die äthiop. Zentralreg. ausweiteten. Die Unabhängigkeitsbewegung wurde zunächst getragen von der Eritreischen Befreiungsfront (ELF, gegr. 1960) und später v. a. von der mit ihr konkurrierenden (marxist.) Eritreischen Volksbefreiungsfront (EPLF, gegr. 1977). Mit Unterstützung kuban. Streitkräfte suchte die äthiop. Zentralreg. den Aufstand zu unterdrücken; 1987 erklärte sie E. zur autonomen Region, um den Konflikt politisch zu entschärfen. Nach dem Zusammenbruch des kommunist. Reg.systems in Äthiopien 1991 setzte sich die EPLF, die sich seit 1987 marktwirtsch. Vorstellungen näherte, in ganz E. durch und bildete eine provisor. Regierung. Nach einem Referendum am 25. 4. 1993 und der Wahl I. Afewerkis zum Staatspräs. (21. 5.) wurde am 24. 5. 1993 in Übereinstimmung mit der neuen äthiop. Reg. die unabhängige Republik E. ausgerufen. 1995 unterzeichneten E. und Äthiopien ein Abkommen über die Bildung einer Freihandelszone. Nach einem Urteil des Internat. Gerichtshofs gab E. 1998 die Hanisch-Inseln an Jemen zurück und beendete damit einen dreijährigen Streit um die für die Schifffahrt wichtigen Inseln. Ab 1998 kam es zu einem Grenzkrieg mit Äthiopien, der sich ins Landesinnere von E. ausweitete und 2000 beendet werden konnte.

📖 *Handbuch E. Gesch. u. Gegenwart eines Konfliktes,* hg. v. E. Furrer-Kreski u. a. Zürich 1990. – Gebremedhin, T. G.: *Beyond survival. The economic challenges of agriculture & development in post-independence E.* Lawrencehill, N. J., 1996. – Matthies, V.: *Äthiopien, E., Somalia, Djibouti. Das Horn von Afrika.* München ³1997. – Killion, T.: *Historical dictionary of E.* Lanham, Md., 1998. – Murtaza, N.: *The pillage of sustainability in E. 1660s–1990s.* Westport, Conn., 1998.

Eriugena, mittelalterl. Philosoph, ↑Johannes Scotus.

Eriwạn, bis 1936 russ. Name für ↑Jerewan.

Erkältung (Erkältungskrankheiten), meist durch Virusinfektionen hervorgerufene akute Schleimhautentzündung der Atemwege (↑grippaler Infekt, ↑Schnupfen). Durch Kälteeinwirkung wird die Immunabwehr des Körpers so herabgesetzt, dass Krankheitserreger, die sich bereits im Körper befinden, Krankheiten auslösen können.

Eritrea: Blick auf die Hauptstadt Asmara

Erkel, Ferenc (Franz), ungar. Komponist, *Gyula (Bez. Békés) 7. 11. 1810, †Budapest 15. 6. 1893; Schöpfer der ungar. Nationaloper (»Hunyadi László«, 1844; »Bánk bán«, 1861) und der ungar. Nationalhymne (1844).

Erkelenz, Stadt im Kr. Heinsberg, NRW, im N der Jül. Börde; 42 800 Ew.; Maschinen- und Bohrgerätebau, Textil-, Holz-, Nahrungsmittel- und Kunststoff verarbeitende Ind.; Baumschulen. – Kath. Pfarrkirche St. Lambertus (1954) mit Westturm des zerstörten Vorgängerbaus (11./12. Jh.). – Stadtrecht seit 1326; im Zweiten Weltkrieg wurde E. stark zerstört.

erkenne dich selbst (grch. gnothi seauton), Inschrift am Apollontempel in Delphi, einem der ↑sieben Weisen (Thales von Milet oder Chilon von Lakedämon) zugeschrieben.

Erkenntnis, vom Bewusstsein der Wahrheit begleitete Einsicht eines Erkenntnissubjekts in einen objektiven Sachverhalt (Erkennen) und das Ergebnis dieses Vorgangs, das Erkannte. Unmittelbare E. durch Anschauung der Sache **(intuitive E.)** unterscheidet sich von der mittelbaren **(diskursiven E.).** Letztere schließt begriffl. Vermittlung, log. Folgern und Schließen ein. Des Weiteren wird unterschieden zw. der durch Erfahrung **(a posteriori)** und der auf dem Wege reinen Vernunftdenkens **(a priori)** gewonnenen Erkenntnis. (↑Denken)

Erkenntnistheorie (Gnoseologie), philosoph. Disziplin, die sich mit Voraussetzungen, Prinzipien und Grenzen des Erkennens beschäftigt. Entscheidende Beiträge zur Entwicklung der E. zu einer eigenständigen Disziplin lieferten R. Descartes und J. Locke. Zur Grundlage philosoph. Nachdenkens wurde die E. durch I. Kants Erkenntniskritik, für die auf »Bedingungen der Möglichkeit« (natur)wiss. Erkennens zielende Fragen und erkenntnisbegrenzende Fragestellungen charakteristisch sind. W. Dilthey bezog aus der Einsicht in die histor. Bedingtheit des Erkennens (↑Historismus) auch die Begriffe und Methoden der histor. Wiss. ein und ergänzte die naturwiss. Erklärung durch das Verstehen (Hermeneutik). Das der E. zugrunde liegende ↑Subjekt-Objekt-Problem führte zu der auch heute noch fundamentalen Unterscheidung zw. Realismus und Idealismus. In der Auseinandersetzung zwischen Rationalismus (Descartes, G. W. Leibniz, B. de Spinoza) und Empirismus (T. Hobbes, Locke, D. Hume) ging der Erstere von einem menschl. Subjekt mit eingeborenen Ideen aus: Der Subjektpol konstituiert im Wesentl. die Erkenntnis; der Empirismus dagegen behauptete, dass sich die Erkenntnis allein auf Erfahrung gründe: Der Objektpol ist entscheidend für das Entstehen der Erkenntnis. Kant suchte die Synthese beider Positionen. In der Gegenwart verliert die E. ihre Bedeutung. So suchte Heidegger die Subjekt-Objekt-Beziehung durch das In-der-Welt-Sein des Menschen zu ersetzen. E. geht dabei in der Philosophie der Existenz auf. – Grundfragen der E. werden heute im Rahmen der Wissenschaftstheorie behandelt. (↑evolutionäre Erkenntnistheorie)

📖 *Prauss, G.:* Einführung in die E. Darmstadt ³1993. – *Schnädelbach, H.:* E. zur Einführung. Hamburg 2002.

Erkennungsdienst, Abteilung der Kriminalpolizei, zu deren Aufgaben Personenfeststellungen, die Identifizierung von Personen, Tatort- und Spurenuntersuchungen und z. T. deren Auswertung gehören. Unter **erkennungsdienstl. Behandlung**, die auf der Grundlage von § 81b StPO auch gegen den Willen der Betroffenen erfolgen kann, zählen bes. die polizeil. Aufnahme von Lichtbildern und Abdrücken der Hautflächen (Finger, Hand, Fuß). Die Hauptaufgabe des E. zur Identitätsfeststellung ist dem Bundeskriminalamt anvertraut.

Erkennungsmarke, vom Soldaten an einer Kette um den Hals zu tragende zweiteilige Metallmarke. Auf beiden Teilen sind persönl. Daten zur Identifizierung des Trägers eingraviert. Auf der E. der Bundeswehrsoldaten sind die Personenkennziffer und »GE« (Germany) eingeprägt.

Erker, über ein oder mehrere Geschosse reichender Vorbau an der Fassade oder Ecke eines Gebäudes; er kragt meist frei vor oder ruht auf Konsolen, ist kastenförmig, vieleckig oder halbrund. In der islam. Baukunst und im mittelalterl. Befestigungsbau diente der E. zur Erweiterung der Sicht und zur Verteidigung, seit der Spätgotik und der Renaissance im Wohnhaus zur besseren Belichtung der Räume und als künstler. Gliederungsmotiv der Fassade.

Erklärung, 1) *Philosophie:* Darlegung des

Erle ERL

Zusammenhangs, aus dem eine Tatsache oder ein Sachverhalt zu begreifen ist, d. h. Zurückführung von Aussagen und Tatsachen auf andere Aussagen, Gesetze oder Theorien. W. Dilthey hob vom Erklären der Natur- das Verstehen der Geisteswissenschaften ab.
2) *Politik:* öffentl., oft amtl. Bekundung von Grundsätzen, Programmen, staatspolitisch bedeutsamen Entscheidungen (z. B. Regierungs-E., Unabhängigkeits-E., Kriegserklärung).
Erkner, Gemeinde im Landkreis Oder-Spree, Brandenburg, am SO-Rand von Berlin, 12 200 Ew.; Gerhart-Hauptmann-Museum (im ehem. Wohnhaus des Dichters); chem. Industrie.
Erkrath, Stadt im Kr. Mettmann, NRW, an der Düssel, 49 600 Ew.; Papier-, Edelstahl-, Maschinenind., Fahrzeugbau. Nahebei das ↑Neandertal. – E. ist seit 1966 Stadt.
Erl, Gemeinde in Tirol, Österreich, an der bayer. Grenze, 476 m ü. M.; 1 400 Ew.; Passionsspiele seit 1610 (zurzeit alle 6 Jahre).
Erlander, Tage, schwed. Politiker, *Ransäter (Gem. Munkfors, Värmland) 13. 6. 1901, †Stockholm 21. 6. 1985; Mitgl. der Sozialdemokrat. Arbeiterpartei, 1945–46 Erziehungsmin., 1946–69 Vors. seiner Partei und MinPräs.; führte Schweden durch seine soziale Reformpolitik im Sinne seines Vorgängers P. A. Hansson auf den Weg eines Wohlfahrtsstaates. Außenpolitisch hielt er an Neutralität und Bündnisfreiheit seines Landes fest.
Erlangen, kreisfreie Stadt und Verw.sitz des Landkreises E.-Höchstadt in Mittelfranken, Bayern, an der Regnitz, 100 800 Ew.; Univ. E.-Nürnberg, Landesanstalt für Bienenzucht (Imkerei bereits 1002 erwähnt), Theater, Stadtmuseum, Gemäldegalerie; elektrotechn. Industrie, Maschinenbau. Hafen am Rhein-Main-Donau-Großschifffahrtsweg. – Barockbauten prägen (auch in der durch Brand 1706 zerstörten Altstadt) das Stadtbild; Schloss (1700–04; 1814 ausgebrannt, 1821/25 wiederhergestellt) mit Schlossgarten (Orangerie, Hugenottenbrunnen, beide 1705/06), Markgrafentheater (1715–18, 1743/44 innen umgestaltet), zahlr. Kirchen, Rathaus (1728–30) und ehem. Ritterakademie (1700, seit 1743 Univ.). – 1002 erstmals erwähnt; 1361 von Kaiser Karl IV. erworben, danach Bau der Altstadt; Stadtrecht 1398 bestätigt; kam 1402 an die Burggrafen von Nürnberg, in der Folge an die Markgrafen von Kulmbach-Bayreuth, die 1686 für hugenott. Glaubensflüchtlinge die Neustadt mit rechtwinkligem Straßennetz und 1743 die Univ. gründeten, 1791 an Preußen, 1810 an Bayern.
Erlangen-Höchstadt, Landkreis im RegBez. Mittelfranken, Bayern, 565 km^2, 128 900 Ew.; Sitz der Kreisverwaltung ist Erlangen.
Erlanger ['ɔːlæŋə], Joseph, amerikan. Neurophysiologe, *San Francisco (Calif.) 5. 1. 1874, †Saint Louis (Mo.) 5. 12. 1965; erhielt für die Entdeckung der hoch differenzierten Tätigkeit der einzelnen Nervenfasern 1944 mit H. S. Gasser den Nobelpreis für Physiologie oder Medizin.
Erlass, 1) *Schuldrecht:* Erlöschen einer Schuld durch Vertrag (E.-Vertrag), durch den der Gläubiger die Schuld erlässt und der Schuldner den E. annimmt (§ 397 BGB). Ein einseitiger Verzicht des Gläubigers hätte diese Wirkung nicht.
2) *Verwaltungsrecht:* Verwaltungsanordnung der obersten Verwaltungsbehörden (Ministerial-E.), die nur interne Verbindlichkeit besitzt.
Erlassjahr, *Judentum:* das ↑Jubeljahr.
Erlau, Stadt in Ungarn, ↑Eger.
Erlaubnis, *Recht:* ein begünstigender, antragsgebundener Verwaltungsakt, mit dem ein bestimmtes, erlaubnispflichtiges Verhalten (z. B. Bauen, Betreiben eines Gewerbes) zugelassen wird. Von E. (**Genehmigung**) i. e. S. spricht man, wenn eine Verbotsnorm von vornherein mit E.-Vorbehalt versehen ist, i. w. S. dann, wenn von einem grundsätzl. Verbot eine begünstigende Ausnahme gemacht wird. Die E. kann mit Auflagen versehen werden.
Erlaucht [mhd. erliuht »erleuchtet«, nach lat. illustris], im Hl. Röm. Reich (Dt. Nation) der Titel der regierenden Reichsgrafen; 1829 den Häuptern der mediatisierten gräfl. Häuser zuerkannt.
Erle (Eller, Alnus), Gattung der Birkengewächse. Die männl. Blüten sind zu hängenden Kätzchen vereinigt, die weibl. zu kurzen Zapfen. Die als Fruchtstände verholzen und den Winter über am Baum bleiben. Sie besitzen Wurzelknöllchen, in denen Strahlenpilze freien atmosphär. Stickstoff binden. Die in Europa beheimatete **Schwarz-E.** (Alnus glutinosa) wächst an Ufern und auf Flachmooren (**Erlenbrü-**

ERL Erlebnis

che). Sie hat schwärzl. Rinde (Tafelborke), klebrige Knospen und Blätter sowie reichen Stockausschlag. Das Holz wird als Schnitzholz und im Möbelbau verwendet. Die **Grau-E.** (Alnus incana) wächst in Europa, O-Asien und Nordamerika bes. auf Kalkboden. Sie hat spitze, nicht klebrige, unten grau behaarte Blätter, geflügelte Nüsschen, graue Rinde. Die **Grün-E.** (**Laublatsche,** Alnus viridis) wächst in den Hoch- und Mittelgebirgen Mitteleuropas als 1–4 m hohes Knieholz und dient zur ersten Aufforstung.

Erle: Zweige der Schwarzerle mit männlichen (gelblichen) und weiblichen (rötlichen) Kätzchen sowie vorjährigen Fruchtständen (oben) und diesjährigen Fruchtständen (unten)

Erlebnis, das Innewerden eines bedeutsamen inneren oder äußeren Geschehens; von W. Dilthey als Grundbegriff der Geisteswissenschaften eingeführt. **E.-Dichtung** verarbeitet persönl. Erlebnisse des Autors; in der dt. Literatur wesentl. Form der Lyrik seit dem Ende des 18. Jahrhunderts.
Erlebnisgesellschaft, von dem dt. Soziologen Gerhard Schulz (* 1944) in seiner Studie »Die E. Kultursoziologie der Gegenwart« (1992) geprägter Begriff für die sozialwiss. These, dass sich die soziale Stellung der Menschen in heutigen westl. Gesellschaften nicht mehr allein nach überwiegend objektiven Maßstäben (Einkommen, Besitz, Bildung) bestimmen lasse, sondern vor dem Hintergrund wachsender Konsum- und Freizeitmöglichkeiten, eines in der Breite gestiegenen Bildungsniveaus und vielfältiger Möglichkeiten der Mediennutzung zunehmend von dem subjektiv als Erlebnis und Sinn Erfahrenen sowie der individuell gewollten Zugehörigkeit zu ganz bestimmten »Erlebnismilieus« bestimmt wird.
erlebte Rede, episches Stilmittel; die e. R. steht zw. direkter und indirekter Rede, zw. Rede und Bericht: Gedanken werden im Indikativ statt im Konjunktiv (↑Rede) und meist im Präteritum ausgedrückt, z. B.: »Der Konsul bewegte nervös die Schultern. Er hatte keine Zeit, er war bei Gott überhäuft« (T. Mann, »Buddenbrooks«); der 2. Satz enthält das vom Konsul Gedachte oder Gesagte. Die e. R. wird in der modernen Erzählprosa (G. Flaubert u. a.) als Stilmittel objektiv-unpersönl. Erzählens verwendet; sie ist verwandt, aber nicht identisch mit dem ↑inneren Monolog.
Erledigung der Hauptsache, Beendigung eines Rechtsstreits durch ein Ereignis (z. B. Zahlung der eingeklagten Forderung vor gerichtl. Entscheidung), das die Klage gegenstandslos macht. Entweder erklären beide Parteien einvernehmlich die E. d. H., oder das Gericht stellt auf Antrag einer Partei fest, dass E. d. H. eingetreten ist (nach Prüfung von Zulässigkeit und Begründetheit der Klage und des erledigenden Ereignisses). Über die Kosten entscheidet das Gericht nach billigem Ermessen (§ 91 a ZPO).
Erlenmeyer-Kolben [nach dem Chemiker E. Erlenmeyer, * 1825, † 1909], kegelförmiger Glaskolben zum Erhitzen von Flüssigkeiten im Labor.
Erler, Fritz, Politiker (SPD), * Berlin 14. 7. 1913, † Pforzheim 22. 2. 1967; als NS-Gegner 1939–45 inhaftiert; war 1946–49 MdL von Württemberg-Hohenzollern, seit 1949 MdB. Als außen- und wehrpolit. Sprecher seiner Partei zunächst ein entschiedener Gegner der Wiederbewaffnung, befürwortete er später eine aktive Verteidigungspolitik der Bundesrep. Dtl. im Rahmen der NATO. Er hatte zugleich maßgebl. Anteil an der Durchsetzung des Godesberger Programms der SPD. 1964 wurde er stellv. Vors. seiner Partei und Vors. ihrer Bundestagsfraktion; schrieb »Politik für Dtl.« (1968). ❖ siehe ZEIT Aspekte
Erleuchtung, plötzl., wunderbar anmutende Erkenntnis; wird als eine existenziell erfahrene Erkenntnis beschrieben, in der sich die Wirklichkeit ganzheitlich erschließt, häufig als blitzartige Schau des Göttlichen. – In der *Philosophie* ↑Illuminationstheorie.
Erlkönig, Sagengestalt; das dt. Wort geht

auf J. G. Herders missverständl. Übersetzung des dän. »ellerkonge« (Elfenkönig) zurück, volkstümlich wurde die Gestalt durch Goethes Ballade (vertont von F. Schubert und C. Loewe).
Erlös, barer oder unbarer Gegenwert (Einnahmen) aus dem Verkauf von Gütern, i. w. S. jedes Entgelt für Lieferungen und Leistungen an Dritte. In der Erfolgsrechnung werden als E. nur die Umsätze ausgewiesen, die aus dem eigentl. Betriebszweck resultieren (Umsatzerlöse).
Erlöser, ↑Heiland.
Erlösung, Grundbegriff jeder höheren Religion (Universalreligion). Die mehr myst. Religionen wie Brahmanismus, Buddhismus, Hinduismus beschreiben E. als die Befreiung des Menschen aus seiner existenziellen Gebundenheit an die körperl. und vergängl. (oft als nicht wirklich angesehene) Welt und sein Aufgehen in einer (in *der*) überpersönl. heiligen Wirklichkeit. Für die prophet. Religionen Christentum und Islam bedeutet E. dagegen das Heraustreten aus einer von Schuld und Sünde bestimmten Existenz und das Eintreten in die Gemeinschaft mit dem sich dem Menschen persönlich zuwendenden Gott; für die Christen ermöglicht durch das Heilswerk Jesu Christi und den dieses annehmenden Glauben, für die Muslime durch die Offenbarung des Willens Allahs im Koran und sein Erbarmen den Gläubigen gegenüber.
Ermächtigung, die Befugnis, im eigenen Namen über ein fremdes Recht zu verfügen, z. B. Einzugs-E. Die E. ist, zw. Vollmacht und Abtretung stehend, im BGB nicht geregelt.
Ermächtigungsgesetz, Gesetz, durch das ein Parlament ein Staatsorgan, meist die Reg., ermächtigt, an seiner Stelle Gesetze oder Verordnungen mit Gesetzeskraft (**gesetzvertretende Verordnungen**) zu erlassen. E. sind meist zeitlich und sachlich begrenzt; sie durchbrechen den Grundsatz der Gewaltenteilung und werden bes. in Kriegs- und Notzeiten erlassen, so in Dtl. die E. vom 4. 8. 1914 und zw. 1919 und 1923. Durch das gegen die Stimmen der SPD und bei Abwesenheit zahlr. rechtswidrig verhafteter Mitgl. des Reichstages verabschiedete E. vom 24. 3. 1933 (»Ges. zur Behebung der Not von Volk und Reich«) wurde die gesamte Staatsgewalt der nat.-soz. Reg. überantwortet und ihr die Möglichkeit gegeben, ein totalitäres Regime zu errichten. In der Bundesrep. Dtl. sind E. ausgeschlossen (Art. 80 GG).
Ermahnung, eine bes. im Jugendstrafverfahren zulässige richterl. Maßnahme, die auf Anregung des Staatsanwalts ergriffen werden kann, wenn der Beschuldigte geständig ist, eine Ahndung des begangenen Unrechts durch Urteil entbehrlich erscheint und das Verfahren eingestellt wird.
Ermanarich (Ermanrich, Ermenrich), erster historisch belegter ostgot. König; aus dem Geschlecht der ↑Amaler. Sein Großreich am Schwarzen Meer wurde 375/376 von den Hunnen zerstört, worauf er sich tötete. In der german. Heldensage treuloser Tyrann, der später von Dietrich von Bern bei Ravenna besiegt wird (Rabenschlacht).
Ermes [Abk. für engl. **e**uropean **r**adio **m**essage **s**ystem, »europ. Funknachrichtensystem«], digital arbeitender Funkrufdienst, der europaweit genormt ist, sodass Ermes-Kunden auch außerhalb Dtl.s Funkrufe empfangen können.
Ermessen, *öffentl. Recht:* die der Verwaltungsbehörde durch Gesetz eingeräumte Entscheidungsfreiheit des Handelns oder Unterlassens und der Art und Weise des Handelns. Das E. ist stets ein pflichtgemäß auszuübendes E., d. h. ein rechtlich gebundenes Wählen im Hinblick auf versch. Entscheidungsmöglichkeiten, bei dem die Grenzen der Ermächtigung einzuhalten sind und die Entscheidungsfreiheit entsprechend dem Zweck der Ermächtigung und ohne Willkür auszuüben ist. Bei Vorliegen von E.-Überschreitung oder E.-Missbrauch (die Berücksichtigung gesetzeswidriger, sachfremder Erwägungen bei der Entscheidung) ist eine Maßnahme rechtswidrig.
Erminonen, westgerman. Stammesverband, ↑Herminonen.
Ermittlungsverfahren (Vorverfahren), der erste Abschnitt des Strafverfahrens, in dem unter Leitung der Staatsanwaltschaft bei Vorliegen des Verdachts einer Straftat ein bestimmter Sachverhalt erforscht wird. Bietet das E. genügenden Anlass zur Erhebung der Anklage, reicht die Staatsanwaltschaft die Anklageschrift beim zuständigen Gericht ein; andernfalls wird das E. eingestellt.
Ermland (poln. Warmia), histor. Landschaft im mittleren Ostpreußen, erstreckt

ERM Ermland-Masuren, Woiwodschaft

sich vom Frischen Haff bis zur Masur. Seenplatte. Seit Mitte des 13. Jh. wurde der altpreuß. Gau **Warmien** von niederdt. und schles. Einwanderern besiedelt. Das unter der Hoheit des Dt. Ordens stehende Gebiet gelangte mit dem 2. Thorner Frieden 1466, endgültig 1479 unter poln. Oberhoheit. 1772 fiel das E. an Preußen, 1945 kam es zu Polen.
Die **Diözese E.**, 1243 gegr., umfasste als größtes und wichtigstes preuß. Bistum im MA. einen großen Teil des späteren Ostpreußen. Die Bischöfe waren seit dem 14. Jh. Reichsfürsten. Kathedralsitz war 1288–1972 Frauenburg, Bischofsresidenz 1350–1836 Heilsberg. Sitz des Erzbischofs des heutigen Erzbistums Warmia (errichtet 1992) ist Allenstein.
Ermland-Masuren, Woiwodschaft (poln. Województwo Warmińsko-Mazurskie), Wwschaft (seit 1999) im NO Polens, 24203 km², 1,47 Mio. Ew.; Hptst. ist Allenstein.
Ermüdung, 1) *allg.:* nach längerer Tätigkeit auftretende Abnahme der körperl. und geistigen Leistungsfähigkeit und -bereitschaft. Psycholog. Indikatoren sind Reizbarkeit, Unlustgefühle, Verminderung der Konzentrations- und Denkfähigkeit sowie ein allg. »Müdigkeitsgefühl«.
2) *Physiologie:* die durch Anhäufung von Stoffwechselprodukten (z. B. Milchsäure bei Muskel-E.) in den Zellen auftretende Funktionsminderung eines Organismus oder Organs.
3) *Werkstoffkunde:* durch häufig wiederholte Beanspruchung bewirkte Verminderung der Festigkeit eines Werkstoffes aufgrund geringfügiger plast. Verformungen in seinem Innern.
Ermunduren, german. Stamm, ↑Hermunduren.
Ernährung, die Aufnahme der Nahrungsstoffe für das Wachstum, die Erhaltung und Fortpflanzung eines Lebewesens.
Die grünen **Pflanzen** können die körpereigenen organ. Substanzen aus anorgan. Stoffen (Kohlendioxid, Wasser, Mineralsalze) aufbauen, sie sind autotroph. Ihre Energiequelle ist die Sonne. Durch ihre Synthesetätigkeit liefern die grünen Pflanzen allen heterotrophen, auf organ. Nährstoffe angewiesenen Organismen (Bakterien, Pilze, nichtgrüne höhere Pflanzen, Tiere, Mensch) die Existenzgrundlage. Wichtigster Ernährungsvorgang dieser Pflanzen ist die ↑Photosynthese. – Die nichtgrünen Pflanzen (Saprophyten, Parasiten) decken ihren Energie- und Kohlenstoffbedarf aus lebender oder toter organ. Substanz. – Für ihre E. müssen Tiere und Menschen lebenswichtige organ. Verbindungen aufnehmen, um dem Organismus die Energiesubstrate für seine Leistungen (Betriebsstoffwechsel), die Stoffe für das Wachstum und den laufenden Ersatz verbrauchter Körpersubstanzen (Baustoffwechsel) zuzuführen.
Nach der Art der Nahrungsaufnahme unterscheidet man bei **Tieren** u. a.: Strudler (z. B. Muscheln), Substratfresser (Regenwurm), Schlinger (Schlangen) und Zerkleinerer (viele Insekten, Weichtiere und Wirbeltiere). Endoparasiten nehmen durch ihre Körperoberfläche Nahrungsstoffe ihrer Wirtstiere auf. – Je nach bevorzugter Nahrungsquelle unterscheidet man **Fleischfresser** (Karnivoren), **Pflanzenfresser** (Herbivoren) und **Allesfresser** (Omnivoren).
Die E. des **Menschen** entspricht derjenigen von tier. Allesfressern. Art, Menge, Zusammensetzung und Zubereitung der pflanzl. (Gemüse, Obst, Getreide) und tier. (Milch, Eier, Fleisch) Nahrungsmittel hängen von biolog. und sozialen Gegebenheiten ab. Die aufgenommenen Nährstoffe werden im Verdauungskanal in eine lösl. und damit resorbierbare Form gebracht, mit dem Blut in die versch. Gewebe transportiert und dort in den einzelnen Zellen mithilfe von Enzymen abgebaut (↑Verdauung). Dieser Vorgang ist einer Verbrennung vergleichbar, die Bewegungsenergie und Wärme liefert. Die Abfallprodukte dieser Verbrennung werden aus dem Körper durch den Stuhl, den Harn und die Atmung ausgeschieden. Kohlenhydrate und Fette sind hauptsächlich Energiespender, während Proteine vorwiegend zum Aufbau und Ersatz von Zellen und zur Bildung von Enzymen und Hormonen benötigt werden. Bei einer richtig zusammengestellten Kost sollen etwa 55–60% des Joulebedarfs (Kalorienbedarf) aus Kohlenhydraten, 25–30% aus Fetten und 10–15% aus Proteinen (Eiweißen) gedeckt werden. Die Proteinzufuhr sollte täglich 1 g je kg Körpergewicht betragen (Eiweißminimum). Bei Jugendlichen und Schwangeren sowie während der Stillperiode erhöht sich der Proteinbedarf auf 1,5 g je kg Körperge-

wicht und Tag. Beim Erwachsenen sollten (nach einer Empfehlung der Dt. Gesellschaft für Ernährung) 0,4 g Proteine je kg Körpergewicht, mindestens aber 20 g je Tag tier. Herkunft sein. – Das wichtigste Kohlenhydrat ist die Stärke, die u. a. in Getreideprodukten und Kartoffeln enthalten ist. Fette sind wegen ihres hohen Joulegehaltes die wichtigste Energiereserve des Körpers. 1 g Kohlenhydrate und 1 g Protein liefern jeweils 17,2 kJ (4,1 kcal); 1 g Fett dagegen 39 kJ (9,3 kcal). Einige lebenswichtige Fettsäuren wie Linolsäure und Linolensäure kann der Organismus nicht selbst aufbauen. Die Zufuhr dieser essenziellen Fettsäuren sollte täglich etwa 4–6 g betragen (enthalten in zwei Teelöffeln Sonnenblumenöl oder in 45 g Margarine bzw. 150 g Butter). Fette sind außerdem wichtig für die Resorption der fettlösl. Vitamine A, D und K, die nur zus. mit Fetten die Darmwand passieren können. Der tägl. Energiebedarf eines gesunden Menschen ist v. a. von der körperl. Beanspruchung abhängig.

📖 *Weiss, T.: Krank im Schlaraffenland. Wie wirkt E. auf unsere Gesundheit? München 1994. – Schlieper, C. A.: Grundfragen der E. Hamburg [12]1994. – Kollath, W.: Die Ordnung unserer Nahrung. Heidelberg [16]2001.*

ernährungsbedingte Krankheiten, durch übermäßige, falsch zusammengesetzte, bezüglich der Inhaltsstoffe unzureichende oder mit Schadstoffen belastete Nahrung verursachte Krankheiten, z. B. Bluthochdruck, Arteriosklerose, Osteoporose, Proteinmangel, Fettsucht, sowie durch die Ernährungsweise beeinflusste Erkrankungen, z. B. Krankheiten der Verdauungsorgane (Blinddarmentzündung, Verstopfung), rheumat. Erkrankungen, mangelnde Infektabwehr. Weiterhin wird ein Zusammenhang zw. der Entstehung oder dem Verlauf einiger Krankheiten (z. B. bestimmte Krebsformen, multiple Sklerose) und der Ernährung vermutet.

Ernährungssicherheit, Bez. der Gewährleistung der Welternährung und der Bekämpfung von Mangel- bzw. Unterernährung (Hunger).

Ernährungstherapie (Diätetik), Behandlung von ↑ernährungsbedingten Krankheiten sowie Erkrankungen, die auf einer Störung der Aufnahme, des Abbaus oder der Ausscheidung bestimmter Nahrungsbestandteile oder ihrer Folgeprodukte beruhen (z. B. Diabetes, Phenylketonurie).

Ernährungswissenschaft, wiss. Disziplin, die sich fachübergreifend mit Fragen der Ernährung befasst. Sie untersucht u. a. den quantitativen und qualitativen Nahrungsbedarf unter versch. Lebensbedingungen und in unterschiedl. Lebensphasen sowie die Zusammensetzung von Lebensmitteln im Hinblick auf den Bedarf des menschl. Organismus oder die Ernährungsgewohnheiten.

Erne [ə:n] *der,* Fluss in der Rep. Irland und im südwestl. Nordirland, Abfluss des Lough Gowna, mündet in die Donegal Bay (Atlant. Ozean), 103 km lang; am Unterlauf Wasserkraftwerke.

Ernennung, *Beamtenrecht:* ein Verwaltungsakt, durch den ein Beamtenverhältnis begründet oder verändert (z. B. Beförderung) wird.

Ernestiner, auf den Kurfürsten von Sachsen ↑Ernst zurückgehende Linie der ↑Wettiner; 1485–1547 Kurfürsten von Sachsen.

erneuerbare Energien (regenerative Energien, Alternativenergien), regenerierbare, d. h. sich erneuernde und im Gegensatz zu fossilen Energieträgern und Kernbrennstoffen – in menschl. Zeiträumen gemessen – nicht erschöpfbare Energieformen. Sie gelten zudem als klima- und umweltverträglich, da mit ihrer Nutzung geringere Umweltbelastungen verbunden sind und mit Ausnahme der vorgelagerten Prozesskette (z. B. Anlagenherstellung) keine klimarelevanten Spurengase freigesetzt werden. Das Energieangebot der e. E. basiert auf drei versch. Energiequellen, der Wärmeenergie im Inneren der Erde, der Rotationsenergie der Erde und den Kernfusionsprozessen in der Sonne. Dennoch trugen sie 2000 in Dtl. insgesamt nur zu rd. 2,1 % zur Deckung des Primärenergiebedarfs bei. An der Deckung des Strombedarfs aber waren sie bereits zu 6,25 % beteiligt. Ihre Bedeutung ist damit heute noch vergleichsweise gering. Für die Zukunft wird jedoch insbesondere infolge weltweit zunehmender Bemühungen zum Klimaschutz eine verstärkte Ausschöpfung der bestehenden Potenziale erwartet. Die Bundesreg. will ihren Anteil an der Deckung des Primärenergiebedarfs bis 2010 verdoppeln. Die wichtigsten bereits genutzten e. E. sind Sonnenenergie (↑Solartechnik,

ERN Erneuerungsschein

↑Solarzelle), Wind- (↑Windkraftwerk) und Wasserenergie (↑Wasserkraftwerk), aber auch geotherm. Energie (Erdwärme) oder die Energie aus Biomasse.
Erneuerungsschein (Talon), Legitimationspapier, das zum Empfang neuer Dividenden- oder Zinsscheine berechtigt (↑Bogen).
Erni, Hans, schweizer. Maler und Grafiker, *Luzern 21. 2. 1909; fand, von Picasso ausgehend, einen zeichnerisch bestimmten Stil, in dem er fantasievolle, dem Surrealismus verwandte Bilder schuf; auch Keramik, Plakate und Bühnenbilder.
Erniedrigungszeichen, in der musikal. Notation das Versetzungszeichen, das die Erniedrigung eines Tones um einen Halbton oder um zwei Halbtöne vorschreibt: Durch ein B (♭) wird z. B. c zu ces; durch ein Doppel-B (♭♭) wird z. B. c zu ceses.
Ernst, Herrscher:
Braunschweig-Lüneburg: **1) E. August,** Herzog von Cumberland und zu Braunschweig-Lüneburg, ↑Cumberland.
2) E. August, Prinz von Hannover, Herzog (1913–18), *Penzing (heute zu Wien) 17. 11. 1887, †Schloss Marienburg (Gem. Pattensen, Kr. Hannover) 30. 1. 1953, Sohn von 1), Enkel von König Georg V. von Hannover; ∞ 1913 mit Herzogin Viktoria Luise, Tochter Kaiser Wilhelms II.
Hannover: **3) E. August,** Kurfürst (seit 1692), *Herzberg am Harz 30. 11. 1629, †Herrenhausen (heute zu Hannover) 2. 2. 1698; wurde 1679 Herzog von Braunschweig-Calenberg-Göttingen, setzte 1682 die Primogenitur im Welfenhaus durch, erwarb 1692 die neunte Kurwürde für Hannover. Seine Witwe Sophie von der Pfalz (Enkelin König Jakobs I. von England) brachte seinem Haus die Anwartschaft auf den engl. Thron (1701).
4) E. August, Herzog von Cumberland (seit 1799), König (seit 1837), *London 5. 6. 1771, †Hannover 18. 11. 1851; Sohn von König Georg III. von Großbritannien und Hannover; als 1837 die Personalunion zw. Hannover und Großbritannien endete, trat er die Reg. in Hannover an; hob gegen den Protest der ↑Göttinger Sieben das Staatsgrundgesetz von 1833 auf, musste aber 1848 eine liberale Reg. (Stüve) berufen.
Hessen-Darmstadt: **5) E. Ludwig,** Großherzog von Hessen und bei Rhein (1892–1918), *Darmstadt 25. 11. 1868, †Schloss Wolfsgarten (bei Langen) 9. 10. 1937; Kunstfreund, gründete die Darmstädter Künstlerkolonie.
Köln: **6) E.,** Herzog von Bayern, Erzbischof und Kurfürst (seit 1583), *München 17. 12. 1554, †Arnsberg 17. 2. 1612; Sohn von Albrecht V. von Bayern; Bischof von Freising (seit 1566), Hildesheim (seit 1572), Fürstbischof von Lüttich (seit 1581) und Münster (1585); förderte in seinen Diözesen die Jesuiten.
Sachsen: **7) E.,** Kurfürst (seit 1464), *Meißen 24. 3. 1441, †Colditz 26. 8. 1486; Sohn von Kurfürst Friedrich II., übernahm 1464 mit seinem Bruder Albrecht dem Beherzten die Reg.; führte 1485 die so genannte Leipziger Teilung des Hauses Wettin in Ernestiner und Albertiner durch.
Sachsen-Coburg und Gotha: **8) E. II.,** Herzog (seit 1844), *Coburg 21. 6. 1818, †Schloss Reinhardsbrunn (bei Friedrichroda) 22. 8. 1893, Vorkämpfer der nat. und liberalen Bewegung; unter seinem Schutz entstand 1859 der Dt. Nationalverein; widmete sich nach 1871 kulturpolit. Fragen und der Industrialisierung seines Landes.
Sachsen-Gotha-Altenburg: **9) E. I.,** der Fromme, Herzog (seit 1640), *Altenburg 25. 12. 1601, †Gotha 26. 3. 1675; kämpfte im Dreißigjährigen Krieg auf schwed. Seite, baute mithilfe seines Kanzlers V. L. von ↑Seckendorff eine für die dt. Kleinstaaten vorbildl. Staatsverwaltung auf; reformierte das Unterrichtswesen nach J. A. ↑Comenius, führte 1642 die Schulpflicht ein.
Schwaben: **10) E. II.,** Herzog (seit 1015), *1007, ⚔ Burg Falkenstein (auf der Baar) 17. 8. 1030; empörte sich 1026 und 1027 erfolglos gegen seinen Stiefvater, Kaiser Konrad II. Als er sich weigerte, an seinem Freund Werner von Kyburg die Reichsacht zu vollstrecken, wurde er abgesetzt und (nach 1027) geächtet; beide fielen im Kampf gegen seinen Nachfolger. – *Literar. Behandlung:* ↑Herzog Ernst.
Ernst, 1) Max, frz. Maler und Grafiker dt. Herkunft, *Brühl (Erftkreis) 2. 4. 1891, †Paris 1. 4. 1976; gründete 1919 u. a. mit H. Arp die Kölner Dada-Gruppe. Seit 1922 lebte E. in Paris und wurde dort zu einem Hauptvertreter des Surrealismus; 1941 Emigration nach New York, 1954 Rückkehr nach Frankreich. Seine Bilder, auf denen Naturformen und Zivilisationsrequisiten irrationale Verbindungen eingehen, bringen in oft beklemmender Weise die Welt des Unbewussten zum Ausdruck.

Er entwickelte die Technik der ↑Frottage und später die der ↑Grattage. Seinen dem Surrealismus bes. verpflichteten Collageromanen (»La Femme 100 têtes«, 1929) legte er u. a. Illustrationen aus Zeitschriften des 19. Jh. zugrunde. Seine Plastiken (ab 1928) zeigen Anregungen aus der Kunst der Naturvölker.
2) Otto, eigtl. Otto Ernst Schmidt, Schriftsteller, *Ottensen (heute zu Hamburg) 7. 10. 1862, †Groß-Flottbek (heute zu Hamburg) 5. 3. 1926; urspr. Volksschullehrer, schilderte in seinen Dramen (»Flachsmann als Erzieher«, 1901), Romanen (»Asmus Sempers Jugendland«, 1905) und Erzählungen (»Appelschnut«, 1907) satirisch und humorvoll kleinbürgerl. Verhältnisse.
3) Paul, Schriftsteller, *Elbingerode (Harz) 7. 3. 1866, †Sankt Georgen an der Stiefing (Steiermark) 13. 5. 1933; anfänglich beeinflusst von dem Naturalisten A. Holz, wandte er sich unter dem Eindruck einer Italienreise (1900) einem sittl. Werten und Ideen verpflichteten Klassizismus zu; schrieb neben Schauspielen (»Demetrios«, 1905) v. a. Novellen (»Komödiantengeschichten«, 1920), außerdem das Versepos »Das Kaiserbuch« (3 Bde., 1922–28), kurze Romane, Essays (»Der Weg zur Form«, Samml., 1906).
4) Richard R., schweizer. Physikochemiker, *Winterthur 14. 8. 1933; seit 1976 Prof. an der ETH Zürich; erhielt für seine bahnbrechenden Beiträge zur Weiterentwicklung der Kernresonanzspektroskopie 1991 den Nobelpreis für Chemie.

Ernste Bibelforscher, bis 1931 Name der ↑Zeugen Jehovas.
Ernte, Einbringen der Feld- und Gartenfrüchte; Sinnbild für Ertrag aus eigener Arbeit. – *Brauchtum:* E.-Bräuche hielten sich bis Ende des 19. Jh. in der dörfl. Arbeitswelt, werden jedoch bis auf das Erntedankfest heute kaum noch gepflegt; sie begleiteten den Beginn und bes. den Abschluss der E.: gemeinsames Gebet vor Arbeitsbeginn, Schmücken des ersten und des letzten E.-Wagens, spezielle Riten für letzten Schnitt und letzte Garbe, gemeinsames Mahl mit Tanz nach Beendigung der Feldarbeit sowie Erntesprüche.
Erntedankfest, kirchliches Fest, in dem die Gemeinde für die eingebrachte Ernte dankt; heute wird es allg. am ersten Sonntag im Oktober gefeiert. (↑Thanksgiving Day).
Erodium, die Pflanzengattung ↑Reiherschnabel.
Eröffnungsverfahren (Zwischenverfahren), nach Erhebung der Anklage der Teil des Strafprozesses, in dem das Gericht entscheidet, ob es das Hauptverfahren eröffnet. Diese im **Eröffnungsbeschluss** niederzulegende Entscheidung setzt voraus, dass es den Angeschuldigten der Straftat für »hinreichend verdächtig« hält (§§ 199 ff. StPO).
erogene Zonen, Körperregionen (z. B. Genitalgegend, Brust, Lippen, Hals), deren Berührung bevorzugt Lustempfinden und sexuelle Erregung auslöst.
Erongo, Bergmassiv im mittleren Nami-

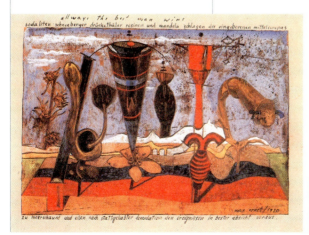

Max Ernst: Übermalung einer Schautafel aus einem Kölner Lehrmittelkatalog (1920)

bia, bis 2350 m ü. M.; Felsbilder; Wolfram- und Zinnminen.
Erophila, die Pflanzengattung ↑Hungerblümchen.

Erosion 1): die durch Tiefenerosion entstandene, bis zu 600 m tiefe Samariaschlucht im Westen Kretas

Eros [grch.], **1)** *Astronomie:* 1898 entdeckter Planetoid zw. Erde und Mars im mittleren Abstand von 1,46 AE von der Sonne; er ist rd. 30 km lang und 13 km breit. Wegen seiner außergewöhnl. Bahn wurde er zur Bestimmung der Sonnenparallaxe (Maß für die Entfernung Sonne–Erde) herangezogen. E. wurde von Februar 2000 bis 2001 von der Raumsonde »NEAR Shoemaker« (engl. für **n**ear **e**arth **a**steroid **r**endezvous) erforscht, die als erste Sonde auf einem Planetoiden landete.
2) *grch. Mythos:* (lat. Amor oder Cupido), der grch. Gott der Liebe. In der frühen grch. Kunst erscheint E. als heranwachsender Jüngling, oft geflügelt, später knabenhaft, auch mit einem Bogen und zusammen mit ↑Psyche. Auch in der Mehrzahl als **Eroten** und **Amoretten** (geflügelte kleine Knaben) dargestellt, aus denen die Putten der Renaissance hervorgingen.
3) *der, Philosophie:* die Form der Liebe, die nach antiker Anschauung sinnlich, seelisch und geistig zugleich ist. Nach der Lehre der Kirchenväter steht der sinnl. E. der christlich verstandenen Liebe (Agape) gegenüber.
Eroscenter [-'sentə, grch.-engl.] *das,* Großbordell; ↑Prostitution.
Erosion [lat. »Ausnagung«] *die,* **1)** *Geomorphologie:* im internat. Sprachgebrauch meist i. w. S. für Abtragung gebraucht; im Deutschen vorzugsweise für die linear wirkende Abtragung der Erdoberfläche, bes. durch fließendes Wasser und Eis, durch Vertiefung, Bildung und Verbreiterung der Täler, im Ggs. zur flächenhaften Abtragung (↑Denudation). Zum Erosionsschutz ↑Bodenerosion.
2) *Medizin:* oberflächl., narbenlos abheilende Haut- oder Schleimhautabschürfung.
3) *Werkstoffkunde:* von der Oberfläche ausgehende Zerstörung eines Werkstoffes, bes. durch die mechan. Wirkung von Feststoff- und/oder Flüssigkeitsteilchen enthaltenden strömenden Gasen und Dämpfen oder von Feststoffteilchen enthaltenden Flüssigkeiten.
Erostess [Kw.] *die,* Prostituierte.
Erotema [grch.] *das,* Frage, Fragesatz.
Erotematik [grch.] *die,* Kunst der richtigen Fragestellung; Unterrichtsform, bei der gefragt und geantwortet wird.
Eroten [grch.], allegor. Darstellungen geflügelter Liebesgötter, meist in Kindergestalt; Eros.
Erotical [-kl, Kw.] *das,* Bühnenstück, Film mit erot. Inhalt.
Erotik [zu Eros] *die,* i. w. S. alle Erscheinungsformen der Liebe, wie sie im zwischenmenschl. Bereich zum Ausdruck kommen; i. e. S. meist die geistig-seel. Entfaltung der Geschlechtlichkeit und das Spiel mit deren Reizen, ebenso die Auswirkungen in Gesellschaft, Mode, Kunst, Werbung und Publizistik. Die E. als elementare Ausdrucksform menschl. Kommunikation überschreitet damit die Grenzen der ↑Sexualität. Das Christentum, der Puritanismus, der Gefühlskult des 18. Jh. und romant. Strömungen des 19. Jh. verstanden

E. in unterschiedl. Weise als »höhere«, vergeistigte Form der Liebe. In der Mystik fand die E. Eingang in die religiöse Vorstellungswelt.
Erotiker [grch.] *der,* Verfasser von Erotika; sinnl. Mensch.
Erotikon [grch.] *das,* 1) Werk, Dichtung mit erot. Inhalt; 2) im Hinblick auf sexuelle Betätigung anregendes Mittel.
erotisch [grch.-frz.], die Liebe betreffend in ihrer ästhetisch-sinnl. Anziehungskraft; (verhüllend) sexuell.
erotische Literatur, literar. Werke aller Gattungen, in denen das Erotische dargestellt wird. Nicht immer ist die Abgrenzung gegenüber einer das Gefühlhafte, den seelisch-geistigen Bereich der Liebe artikulierenden Liebesdichtung oder aber gegenüber pornograph. Lit. eindeutig zu ziehen. Häufig enthält e. L. auch gesellschaftskrit. Elemente. – Berühmte Beispiele e. L. stammen aus Indien, vermutlich aus den ersten nachchristl. Jh. (»Kamasutra«) sowie aus dem Orient (»Tausendundeine Nacht«, entstanden seit dem 8. Jh., endgültige Fassung wohl 16. Jh.). Das »Hohelied« des A. T. dürfte zum überwiegenden Teil nach dem Babylon. Exil entstanden sein. China (»Jin-ping-mei«, 16. Jh.) und Japan (Ihara Saikaku, »Yonosuke, der dreitausendfache Liebhaber«, 1682) entfalteten eine reiche e. L. – In der europ. antiken Lit. wurde die e. L. durch die »Milesischen Geschichten« von Aristides von Milet um 100 v. Chr. eingeleitet, sie wirkten noch auf röm. Schriftsteller wie Petronius und Apuleius. Zur e. L. der röm. Lit. trugen u. a. Catull, Ovid und Martial bei. Berühmt wurden die Renaissancedichter Italiens, G. Boccaccio, P. Aretino, M. Bandello, in England G. Chaucer, in Frankreich Margarete von Navarra, im 17. Jh. J. de La Fontaine, im galanten 18. Jh. C.-P. J. de Crébillon d. J., P. A. F. Choderlos de Laclos, N. Restif de La Bretonne, G. G. Casanova, J. Cleland. Einen Grenzfall bilden die Werke des Marquis de Sade. Auch Goethe und H. de Balzac trugen zur e. L. bei. In der Dekadenzdichtung wird die Erotik psychologisch begründet: A. Schnitzler, A. Sacher-Masoch. Mit A. Strindbergs »Okkultem Tagebuch« (hg. 1977) setzte eine so genannte Selbstentblößungsliteratur ein (u. a. H. Miller). Teilweise oder ganz der e. L. zuzurechnen sind im 20. Jh. u. a. auch die Werke von D. H. Lawrence, V. Nabokov, J. Genet und Anaïs Nin. Seit den 1950er-Jahren erscheint verstärkt e. L. von Frauen (Erica Jong, Kathy Acker, Benoîte Groult).
📖 *Englisch, P.:* Geschichte der e. L. Stuttgart 1927, Nachdr. Wiesbaden ³1987. – *Seeßlen, G.:* Lexikon der e. L. München 1984.
erotisieren [grch-nlat.], durch ästhetischsinnl. Reize sinnl. Verlangen hervorrufen, wecken.
Erotomane [grch.] *der,* männl. Person, die an Erotomanie leidet.
Erotomanie [grch.] *die* (Liebeswahn), paranoider Zustand, bei dem sich der Betroffene einbildet, von einer unbeteiligten Person geliebt zu werden.
ERP [Abk. für engl. **E**uropean **R**ecovery **P**rogram, »Europ. Wiederaufbauprogramm«] (Marshallplan), das 1947 auf Vorschlag von G. C. Marshall geschaffene Hilfsprogramm für die durch den Zweiten Weltkrieg zerstörten Länder Europas, trat am 3. 4. 1948 in Kraft (wegen der Ablehnung der Mitarbeit durch die Ostblockländer nur für W-Europa). Die aufgrund des Marshallplans gewährte Hilfe umfasste Sachlieferungen und Kredite. Durch Gründung der Organisation für europ. wirtsch. Zusammenarbeit wurden die Voraussetzungen für eine Kooperation der westeurop. Staaten geschaffen. Im Rahmen des ERP erhielten diese bis 1952 Leistungen im Werte von rd. 13 Mrd. US-$ (die Bundesrep. Dtl., am 15. 12. 1949 beigetreten, und Berlin [West] bis Ende 1957 1,7 Mrd. US-$). Ein Sonderprogramm (GORIA) umfasste außerdem lebenswichtige Güter im Wert von 1,6 Mrd. US-$. Die amerikan. Gesamthilfe an die Bundesrep. Dtl. belief sich auf rd. 3,3 Mrd. DM. Beträge, die als Gegenwert für die im Rahmen des Marshallplans eingeführten Waren von Importeuren eingezahlt, aber nicht ins Ausland transferiert wurden (Gegenwertmittel, Gegenwertfonds, Counterpart-Funds), wurden im Rahmen des Abkommens über die wirtsch. Zusammenarbeit zw. den USA und der Bundesrep. Dtl. (15. 12. 1949) im **ERP-Sondervermögen** zusammengefasst. Es wird als Sondervermögen des Bundes getrennt vom übrigen Bundesvermögen und damit auch vom Bundeshaushalt verwaltet. Seine Mittel werden zur Vergabe langfristiger, zinsgünstiger Darlehen an die dt. Wirtschaft (v. a. kleine und mittlere Unternehmen) eingesetzt. Die Mittel, die u. a. für Exis-

tenzgründungen, die neuen Bundesländer und die Regionalförderung vergeben werden, stammen heute aus Zins- und Tilgungsrückflüssen aus früher gewährten Krediten sowie aus Kapitalmarktmitteln. Die günstigen ERP-Kredite werden über die Kreditanstalt für Wiederaufbau und die Dt. Ausgleichsbank abgewickelt.
📖 *Der Marshall-Plan. Geschichte u. Zukunft*, hg. v. H.-H. Holzamer u. M. Hoch. Landsberg a. Lech 1997. – Lehmann, A.: *Der Marshall-Plan und das neue Dtl.* Münster u. a. 2000.

Erpel, männl. Ente.

Erpressung, Vermögensdelikt, das begeht, wer, um sich oder einen Dritten zu Unrecht zu bereichern, einen anderen rechtswidrig (d. h. in verwerfl. Weise) mit Gewalt oder durch Drohung mit einem empfindl. Übel zu einer Handlung, Duldung oder Unterlassung nötigt und dadurch dem Vermögen des Genötigten oder eines anderen Nachteil zufügt (§ 253 StGB, Geld- oder Freiheitsstrafe bis zu fünf Jahren). Wird die E. durch Gewalt gegen eine Person oder unter Anwendung von Drohungen mit gegenwärtiger Gefahr für Leib oder Leben begangen (**räuber. E.**), wird sie wie Raub bestraft (§ 255 StGB). – Ähnlich wird die E. in Österreich (§§ 144, 145 StGB) und der *Schweiz* (Art. 156 StGB) geahndet.

Errachidia (Ar-Rachidia; früher Ksar es-Souk), Stadt in SO-Marokko, am SO-Abfall des Hohen Atlas, am Oued Ziz, 1 060 m ü. M., 27 000 Ew.; Markt- und Gewerbezentrum an der »Straße der Kasbas«; Flugplatz.

errare humanum est [lat.], »Irren ist menschlich«, lat. Sprichwort (nach dem Kirchenvater Hieronymus, 57. Brief).

erratisch [lat. »verirrt, zerstreut«], vom Ursprungsort weit entfernt.

erratische Blöcke (Findlinge), ortsfremde Felsblöcke in ehemals vereisten Gebieten; sie wurden durch Gletscher oder Inlandeis oft Hunderte von Kilometern weit vom Ursprungsort an ihre Fundstätte transportiert. Im Volksglauben wurde die Verbreitung oft auf Riesen oder den Teufel zurückgeführt. (↑Geschiebe)

Erratum [lat. »Irrtum«] *das, Buchwesen:* Druckfehler; **Errata** *(Pl.),* Verzeichnis von Druckfehlern, die im letzten Bogen eines Buches oder auf einem Beiblatt berichtet werden.

Erregbarkeit, die Fähigkeit lebender Zellen und Gewebe, bes. von Sinnesorganen, Nerven und Muskeln, Reize in physiolog. Reaktionen umzuwandeln.

Erreger, Verursacher, bes. einer Krankheit.

Erregermaschine, elektr. Gleichstrom- oder Drehstromgenerator mit Gleichrichter zur Erregung großer Synchron- bzw. Gleichstromgeneratoren.

Erregerwicklung (Feldwicklung), in elektr. Maschinen (z. B. Elektromotoren, Generatoren) die Wicklung, durch die der Strom fließt, der das Magnetfeld erregt.

Erregung, **1)** *Physik:* (elektrische E.), von M. Faraday formulierter Begriff für die ↑elektrische Flussdichte.
2) *Physiologie:* spezif. Reaktion bestimmter erregbarer Gewebesysteme auf äußere oder innere Reize, z. B. bei Kontraktion von Muskelzellen.
3) *Psychologie:* Reizaufnahme und -beantwortung, bes. in affektiver Hinsicht.

Erregungsleitungsstörungen, ↑Herzrhythmusstörungen.

Erregungsleitungssystem (Reizleitungssystem), Gesamtheit spezifisch aufgebauter Herzmuskelzellen, die Erregung bilden bzw. weiterleiten und damit für die Tätigkeit des Herzens verantwortlich sind. Zum E. gehören Sinusknoten (im rechten Vorhof, mit etwa 70 Erregungen je Minute der Schrittmacher), Atrioventrikularknoten (an der Vorhofkammergrenze, etwa 40 Erregungen je Minute), His-Bündel (Verbindung zw. Vorhof und Kammer, etwa 30 Erregungen je Minute) mit Aufgliederung in zwei Schenkel (rechte und linke Kammer) und Purkinje-Fasern (Endverzweigung). Erregungen werden im Sinusknoten gebildet, breiten sich über das gesamte Herz aus und bestimmen dessen Schlagfolge. Bei Ausfall oder Unterbrechung der Verbindung zum nächsten Zentrum kann dieses mit entsprechend geringerer Frequenz die Funktion übernehmen. Das E. wird durch das vegetative Nervensystem beeinflusst (z. B. gesteigerte Herzfrequenz bei Angstzuständen).

Er-Riad, Hptst. Saudi-Arabiens, ↑Riad.

Error [ˈerə; engl. »Fehler«], *Informatik:* Fehlermeldung bei Computern, bedingt durch Hardware-, Bedienungs- oder Programmfehler.

Erröten, Veränderung der Gesichtsfarbe, beruht auf Erweiterung der feinsten Blut-

Mensch & Gesellschaft

Wo errichtete der Reformator Johannes Calvin eine »Gottesherrschaft«?

a) Basel   b) Genf   c) Paris   d) Straßburg

♋ Krebs   28. Woche   05:18 ☉ 21:36   22:52 ☾ 08:24

10 Freitag
Juli

Sehr kalt 18°C
Regen

2009

b) Genf

Reformator: Johannes Calvin (1509-1564) war der radikalste der drei großen Reformatoren neben Martin Luther (1483-1546) und Ulrich Zwingli (1484-1531). Als Protestant musste er 1535 aus Frankreich fliehen und predigte zunächst in Basel und Straßburg, bevor er sich 1541 in Genf etablieren konnte. Dort errichtete der imposante Prediger eine »Gottesherrschaft« mit strenger Kirchenzucht. Calvin schreckte auch vor Verfolgungen und Scheiterhaufen nicht zurück. Von Genf aus verbreitete sich seine Lehre in Teilen Frankreichs (bei den Hugenotten) und Deutschlands (Kurpfalz), vor allem aber in den Niederlanden und in Schottland.

Lehre: Durch seine Lehre von der »doppelten Prädestination« verschärfte Calvins Gedanken, dass der Mensch vollständig von der göttlichen Gnade abhängig sei. Einige Menschen seien von Gott zur Seligkeit, andere allerdings zur ewigen Verdammnis vorherbestimmt, was sich an ihrer Lebensweise erkennen lasse. Calvin förderte das protestantische Ethos der Sinnenfeindlichkeit und der harten Arbeitsamkeit, das nach Max Weber (1864-1920) als »innerweltliche Askese« den Aufstieg des Kapitalismus in Europa entscheidend begünstigte.

Am 10. Juli wurden geboren:

Kurt Alder (1902-1958), dt. Chemiker, Chemienobelpreisträger 1950; Carl Orff (1895-1982), dt. Komponist und Musikpädagoge; Giorgio De Chirico (1888-1978), italien. Maler; Marcel Proust (1871-1922), frz. Schriftsteller; Helene Sofia Schjerfbeck (1862-1946), finn. Malerin; Camille Pissarro (1830-1903), frz. Maler und Grafiker des Impressionismus; Johannes Calvin (1509-1564), frz.-schweizer. Reformator

Allgemeinbildung 2009

gefäße und ist körperl. Ausdruck psych. Zustände wie Freude, Zorn oder Scham.
Errungenschaftsbeteiligung, ↑eheliches Güterrecht *(Schweiz).*
Ersatzdehnung, *Sprache:* die Längung eines Vokals infolge Einwirkung eines anderen Lautes, z. B. got.»brahta«, »er brachte«, aus der (erschlossenen) german. Form branhta.
Ersatzfreiheitsstrafe, die an die Stelle einer uneinbringl. Geldstrafe tretende Freiheitsstrafe (§ 43 StGB, § 19 österr., Art. 49 schweizer. StGB).
Ersatzhandlung, *Psychoanalyse:* eine bei Verdrängung oder äußerer Hemmung eines Triebes oder Bedürfnisses auftretende Verschiebung des äußeren Handlungszieles (Ersatzbefriedigung).
Ersatzkasse (Ersatzkrankenkasse), einer der Träger der gesetzl. Krankenversicherung in Dtl., in der die Mitgliedschaft durch Beitrittserklärung entsteht. Es bestanden (2002) fünf E. für Arbeiter und sieben für Angestellte. Seit 1996 sind Beschränkungen des aufnahmeberechtigten Mitgliederkreises bei den E. nicht mehr zulässig.
Ersatzreligion, ↑Quasireligion.
Ersatzreserve, *Militärwesen:* die Gesamtheit der ungedienten Wehrpflichtigen, deren Tauglichkeit und Verfügbarkeit aufgrund der Musterung festgestellt ist.
Ersatzvornahme, *Recht:* die Vornahme einer vom Pflichtigen geschuldeten Handlung durch einen Dritten auf Kosten des Pflichtigen, möglich v. a. im Werkvertrags-, Miet- und Verw.recht.
Ersatzzeiten, in der gesetzl. Rentenversicherung Zeiten ohne Beitragsleistung vor dem 1. 1. 1992, die als beitragsfreie Zeiten angerechnet werden (z. B. Militärdienst, Kriegsgefangenschaft).
Erscheinung, *Philosophie:* das sinnlich Wahrgenommene, auch Phänomen gen.; erkenntnistheoretisch ist E. Bekundung und Anzeichen von etwas Anderem: Kant unterschied E. vom Ding an sich als der unerkennbaren, jedoch denkbaren Grundlage der Erscheinung.
Erscheinung Christi, christl. Fest, ↑Epiphanie.
Erscheinungsbild, *Genetik:* der ↑Phänotyp.
Erschleichung, Herbeiführen eines Erfolges auf unrechtmäßigem oder unmoral. Wege, im *Recht* das nach § 265a StGB strafbare unrechtmäßige Erzielen einer Leistung ohne Zahlung des geforderten Entgelts, bes. das Erschleichen der Leistung eines Automaten, das bewusste »Schwarzfahren« oder der Zutritt zu einer Veranstaltung in der Absicht, das Entgelt nicht zu bezahlen.

Erschließung, Maßnahmen einer Gem., durch die Grundstücke an das öffentl. Verkehrs- und Versorgungsnetz angebunden werden, z. B. Bau von Straßen, Park- und Grünflächen. Die Gem. kann, soweit keine anderweitige Deckung vorhanden ist, die Kosten für die erstmalige Herstellung der E. satzungsgemäß in Form von **E.-Beiträgen** auf die Grundeigentümer/Erbbauberechtigten umlegen (§§ 123 ff. Baugesetzbuch).

Erschöpfung, starker Abfall der körperl. und psych. Leistungsfähigkeit durch länger dauernde Überbeanspruchung, eventuell unter Missbrauch von Anregungsmitteln; im Unterschied zur Ermüdung nur durch längere Erholung zu überwinden.

Ersitzung, *Recht:* eine Form des gesetzl. Eigentumserwerbs; wer eine bewegl. Sache zehn Jahre in Eigenbesitz gehabt, d. h. als ihm gehörig besessen hat, erwirbt die Sache zu Eigentum. Die E. ist ausgeschlossen, wenn der Erwerber bei dem Erwerb des Eigenbesitzes nicht in gutem Glauben war oder wenn er später erfährt, dass ihm das Eigentum nicht zusteht (§ 937 BGB). Ein Grundstücksrecht, z. B. das Eigentum am Grundstück, wird durch dreißigjährige fälschl. Eintragung als Berechtigter im Grundbuch und durch Eigenbesitz in dieser Zeit erworben (**Buch-E., Tabular-E.,** § 900 BGB). – In *Österreich* ist zur E. bewegl. Sachen ein dreijähriger (bei jurist. Personen ein sechsjähriger), zur unbewegl. Sachen ein dreißigjähriger (bei jurist. Personen ein vierzigjähriger) redl. Besitz erforderlich (§§ 1452 ff. ABGB). Grundeigentum wird in der *Schweiz* durch zehnjährigen gutgläubigen Besitz ersessen, wenn der Ersitzende im Grundbuch als Eigentümer eingetragen ist, durch dreißigjährigen Besitz, wenn das Grundstück im Grundbuch nicht eingetragen ist. Bewegl. Sachen werden durch fünfjährigen gutgläubigen Besitz ersessen (Art. 661–663, 728 ZGB).

Erskine [ˈɔːskɪn], John, amerikan. Schriftsteller, *New York 5. 10. 1879,

† ebd. 2. 6. 1951; persiflierte in seinen Romanen Stoffe der Weltliteratur und Geschichte (»Das Privatleben der schönen Helena«, 1925; »Das kurze Glück des François Villon«, 1937); auch autobiograf. Schriften.

Ersparnis, derjenige Teil des verfügbaren Nettoeinkommens der Wirtschaftssektoren (private Haushalte, Staat, Unternehmen), der nicht für konsumtive Zwecke verwendet wird. Die E. des Staates ist gleich der Differenz zw. laufenden Einnahmen und Ausgaben.

Erstarrung, der Übergang vom flüssigen in den festen Aggregatzustand, erfolgt bei chemisch einheitl. Stoffen beim Unterschreiten der druckabhängigen **E.-Temperatur (E.-Punkt),** die der Schmelztemperatur gleich ist, Stoffgemische (z. B. Wachs, Glas) erstarren in einem Temperaturintervall, dem **E.-Intervall.** Eine E. von Stoffen, die unter Normbedingungen flüssig sind, nennt man ↑Gefrieren. – In der Bautechnik ist E. die früher als Abbinden bezeichnete erste Phase der Verfestigung eines Baustoffs.

Erstarrungsgesteine, die ↑magmatischen Gesteine.

Erstattung, *Recht:* die Rückgabe von Leistungen, die ohne Rechtsgrund erbracht worden sind (↑ungerechtfertigte Bereicherung).

Erstaufführung (Premiere), die erste Aufführung eines neu inszenierten dramat. oder musikal. (Bühnen-)Werkes, auch eines Films. (↑Uraufführung)

Erstausgabe, erste selbstständige Veröffentlichung eines literar. Werkes; von Bedeutung für die Textphilologie und als Sammelobjekt. – E. (lat. Editiones principes) hießen auch die im Renaissancehumanismus erstmals nach Handschriften gefertigten Drucke antiker Autorentexte.

Erstbesiedlung, *Ökologie:* Eroberung neu entstandener Lebensräume (z. B. vulkan. Rohböden, Inseln) durch Organismen; die Zusammensetzung einer sich neu entwickelnden Lebensgemeinschaft wird meist durch solche Organismen geprägt, die zufällig durch Wind, Wasserströmung, mit fliegenden Tieren oder durch Eigenflug den neuen Lebensraum erreichen (z. B. Bakterien, Algen, Moose, Flechten sowie tier. Einzeller).

Erste Bank der österreichischen Sparkassen AG, Spitzeninstitut der österr. Sparkassenorganisation und eine der größten privaten Universalbanken Österreichs, Sitz: Wien; entstanden 1997 durch Fusion von GiroCredit Bank AG der Sparkassen (gegr. 1937) und Erster österr. Spar-Casse-Bank AG (gegr. 1819).

erste Hilfe, sofortige, vorläufige Hilfeleistung angesichts offenbarer Gefahr für Gesundheit oder Leben eines anderen Menschen, bis ein Arzt die weitere medizin. Versorgung übernimmt. §323c StGB bedroht jeden mit Strafe, der eine erforderl., ihm zumutbare Hilfeleistung unterlassen hat. Der Ablauf der e. H. gliedert sich in Sofortmaßnahmen wie die Entfernung eines Verunglückten aus dem Gefahrenbereich, Benachrichtigung des Rettungsdienstes über den telefon. Notruf (in Dtl. 110) oder Notrufsäulen, Versorgung des Betroffenen durch unmittelbare Hilfe-

erste Hilfe: stabile Seitenlage (NATO-Lage); der Helfer legt den ausgestreckten Arm des Bewusstlosen neben dessen Körper und schiebt die Hand unter sein Gesäß (1), er winkelt das ihm zugewandte Bein an (2) und dreht den Verletzten vorsichtig zu sich herüber (3); der unten liegende Arm wird zur Stabilisierung nach hinten abgewinkelt (4), der Kopf weit in den Nacken gebeugt, die Wange so auf den Handrücken des Verletzten gebettet, dass der Mund erdwärts gewandt ist (5)

Erster Mai ERS

erste Hilfe (Notmaßnahmen)

Abbinden, Abdrücken:	Vergleiche Abschnitt Blutstillung.
Armbruch:	Vergleiche Abschnitt Knochenbrüche.
Atemspende:	Seitlich am Kopf des Liegenden hinknien, mit beiden Händen (an Stirnhaargrenze und Kinn) den Kopf extrem nach rückwärts beugen, diese Lage nach Möglichkeit durch gerolltes Kleidungsstück stabilisieren. Bei Mund-zu-Nase-Beatmung den Mund des Verunglückten durch Daumendruck verschließen. Den eigenen weit geöffneten Mund auf das Gesicht (um die Nase herum!) oder, bei Mund-zu-Mund-Beatmung, unter Verschließen der Nase des Verunglückten den eigenen Mund auf den Mund des Verunglückten (möglichst unter Zwischenlegung eines speziellen Beatmungstuches zur Vermeidung von Infektionen) fest aufsetzen, Luft einblasen; den Mund abheben, ohne Kopflage zu verändern, die Luft aus der Lunge entweichen lassen, erneutes Aufpressen des Mundes und Einblasen, etwa 12-mal in der Minute, bei Kindern und Säuglingen etwa 24–40 Atemstöße je Minute. Die Beatmung kann auch mittels einer über Mund und Nase aufgesetzten Atemmaske durchgeführt werden.
Atemstillstand:	Wenn bei Prüfung durch Handauflegen auf die Magengrube und den untersten Rippenrand (Rippenbogen) keine Atembewegungen zu spüren sind, künstliche Beatmung durch Atemspende. Atmet der Verunglückte wieder, ist er aber noch bewusstlos, in stabile Seitenlage drehen!
Augenverletzung:	Das verletzte Auge behutsam keimfrei bedecken, beide Augen mit Dreiecktuchkrawatte zubinden, ohne Druck auf die Augäpfel auszuüben! Sofort zum Augenarzt!
Augenverätzung:	Ober- und Unterlid auseinander spreizen und mit reichlich Wasser spülen.
Fremdkörper im Auge:	a) Bei Fremdkörper auf der Bindehaut Augenoberlid an den Wimpern nach unten über Unterlid ziehen und plötzlich loslassen, sodass die Wimpern des Unterlids den Fremdkörper von der Innenfläche des Oberlids abfegen, dann Unterlid mit zwei Fingern vom Augapfel abheben. Innenfläche mit trockenem Taschentuchzipfel vorsichtig zur Nase hin auswischen. – b) Fremdkörper auf oder im Augapfel nicht zu entfernen versuchen! Beide Augen mit Dreiecktuchkrawatte zubinden, auf dem schnellsten Weg zum Augenarzt!
Beinbruch:	Vergleiche Abschnitt Knochenbrüche.
Bewusstlosigkeit:	Hand auf den vorderen unteren Rippenrand legen, um Atembewegungen festzustellen; Spiegel (oder Brille) zur Beschlagprobe vor Mund oder Nase halten. Ist Atmung vorhanden, in stabile Seitenlage drehen; bei Atemstillstand Atemspende! Sobald diese erfolgreich ist, stabile Seitenlage. Notruf!
Bisswunde:	Verletztes Glied ruhig stellen, Wunde keimfrei verbinden, sofort ärztliche Behandlung, Tollwutgefahr! Über Verletzungen durch Giftschlangen vergleiche Abschnitt Schlangenbiss.
Blitzschlag:	Bei Bewusstlosigkeit Atmung prüfen; gegebenenfalls künstliche Beatmung durch Atemspende; Brandwunden keimfrei verbinden. Notruf!
Bluterbrechen:	Blut aus dem Magen sieht braun wie Kaffeesatz aus, Blut aus der Speiseröhre (sofern es nicht heruntergeschluckt wurde) oder aus geplatzten Krampfadern ist hell- oder dunkelrot, je nachdem, ob es aus einer Arterie (hellrot) oder aus einer Vene (dunkelrot) kommt, Blut aus der Lunge (Bluthusten) ist hellrot und schaumig. Bettruhe mit erhöhtem Oberkörper, Ess- und Trinkverbot, sofort Arzt rufen!

leistung, v. a. Lagerung sowie Überwachung und Abwehr lebensbedrohl. Zustände durch Atemspende, Herzmassage, Blutstillung, Notverbände, Schockbekämpfung u. a., bis zum Abtransport durch Rettungsfahrzeuge. Zur Bergung eines Bewusstlosen durch einen einzelnen Helfer wird der Rautek-Griff angewendet (Abb. S. 291) Anschließend wird der Betroffene in stabile Seitenlage (NATO-Lage) gebracht, die ein Ersticken durch Verlegung der Atemwege mit Blut, Schleim oder Erbrochenem verhindert. **Erste Kammer,** ↑Zweikammersystem. **Erster Mai,** gesetzl. Feiertag in zahlr. Ländern der Erde, von der Zweiten Internationale auf ihrem Gründungskongress (1889) als »Kampftag der Arbeit« begründet und 1890 mit Massendemonstrationen erstmals begangen; wurde unter der

ERS erste Hilfe

erste Hilfe (Notmaßnahmen; Fortsetzung)

Blutstillung:	Druckverband anlegen; Wundbedeckung mit keimfreier Auflage bei gleichzeitiger Druckausübung, nach einigen Wickelgängen mit der Mullbinde ein faustgroßes Mullpolster aufbringen, weiterwickeln unter mäßigem Druck und Fixierung. Gliedmaßen hochlagern. Bei bedrohlich blutender Wunde Abdrücken; am Arm: mit 2. bis 4. Finger von unten auf die Oberarminnenfläche greifen und dort in der Muskellücke die Armschlagader gegen den Knochen drücken; am Bein: neben dem Kopf des Liegenden kniend den Oberschenkel des gegenüberliegenden verletzten Beines mit beiden Händen umfassen und mit beiden Daumen auf der Mitte der Leistenbeuge die Oberschenkelarterie gegen den darunter liegenden Beckenknochen drücken; Abbinden nur bei bedrohl. Blutung nach Arm- oder Beinabtrennung, aus einer größeren Wunde, in der ein Fremdkörper steckt, oder aus einer großflächigen Wunde. Uhrzeit notieren, Zettel an Verband anheften. Notruf!
Elektrounfälle:	1) durch Hochspannungsstrom (mehr als 1000 Volt durch Blitzpfeil gekennzeichnet): Verunglückten wegen Selbstgefährdung nicht berühren, Notruf zwecks Abschaltung der Stromzufuhr an zentraler Stelle. Fließt kein Strom mehr, löst sich bei dem Verunglückten die Muskelspannung, er stürzt ab. Nach Möglichkeit Aufprall mildern. Arzt rufen! Bis zu seinem Eintreffen bei Atem- und Kreislaufstillstand unverzüglich Atemspende und Herzmassage. 2) durch Hausstrom (weniger als 1000 Volt): Abschalten des Stroms (Stecker ziehen, Sicherung herausschrauben)! Falls dies nicht möglich, Eigenisolierung auf trockenem Material, dann Betroffenen an der Kleidung, mit einem Besen oder Ähnlichem aus dem Stromkreis reißen, an Ort und Stelle Bewusstsein, Atmung und Puls prüfen. Bei Bewusstlosigkeit stabile Seitenlage, bei Atemstillstand Atemspende. Notruf!
epileptischer Krampfanfall:	Krampfbewegungen (regelloses Umsichschlagen der Glieder) nicht verhindern! Einschieben eines zur Rolle gewickelten Taschentuchs oder Ähnliches zwischen die Kiefer zur Verhütung eines Zungenbisses. Notruf!
Erfrierung:	Örtlich erfrorene Körperspitzen (blass und sehr kalt) durch Körperwärme beeinflussen: Finger- oder Fußspitzen in die Achselhöhle eines anderen legen. Nicht reiben! Unter Verwendung reichlichen Polstermaterials verbinden; schneller Transport des warm zu haltenden Patienten ins Krankenhaus.
Ersticken:	Betroffener ringt nach Luft, wird blau. Möglichst Beseitigung der Ursache, z. B. Fremdkörper in der Luftröhre; dazu Oberkörper nach unten hängen, Kinder an den Füßen mit nach unten hängendem Kopf halten, Schläge zwischen die Schulterblätter oder Heimlich-Handgriff anwenden: Der Helfer tritt hinter den Betroffenen, umfasst ihn in der Höhe der Magengrube, legt beide Hände übereinander auf diese und übt einen einmaligen, plötzlichen Ruck gegen den Magen aus. Durch die aus dem Magen und den Lungen ausgepresste Luft soll der Fremdkörper herausgedrückt werden. Bei Atemstillstand trotz Fremdkörperentfernung Atemspende! Notruf!
Ertrinken:	Nach Verbringen in ein Boot oder an Land den Betroffenen in Rückenlage bringen (Kopftieflage), prüfen, ob Atemwege frei sind und gegebenenfalls Schmutz und Erbrochenes entfernen! Atmung prüfen. Bei Atemstillstand Atemspende, nach Erfolg in stabile Seitenlage drehen. Notruf!
Fremdkörper im Auge:	Vergleiche Abschnitt Augenverletzung.
Fremdkörper in einer Wunde:	Vergleiche Abschnitt Wunde.
Gehirnerschütterung:	Drei Anzeichen, die sie vermuten lassen, sind: eine meist nur kurz dauernde Bewusstlosigkeit, Übelkeit bis zum Erbrechen und spätere Gedächtnislücke. Bei Bewusstlosigkeit Seitenlagerung, gegebenenfalls Atemspende. Nach Wiederkehr des Bewusstseins absolute Ruhelage des Betroffenen wegen der zusätzlichen Gefahr einer Blutung im Schädelinnern. Notruf!
Gelenkverrenkung:	Vergleiche Abschnitt Verstauchung.
Gelenkverstauchung:	Vergleiche Abschnitt Verstauchung.

erste Hilfe ERS

erste Hilfe (Notmaßnahmen; Fortsetzung)

Herzanfall:	Heftige, in Schulter (auch Hals) und Arm, meist bes. nach links ausstrahlende Herzschmerzen, verbunden mit Angstgefühl, verfallenem Aussehen, kaltem Stirnschweiß (Angina pectoris, Herzinfarkt); mit erhöhtem Oberkörper lagern. Notruf!
Herzmassage, Herzdruckmassage	Erfolg versprechend bei rechtzeitigem Beginn (spätestens 3 Minuten nach Herzstillstand) und bei gleichzeitiger Atemspende durch einen zweiten Helfer (äußere Herzmassage darf nur von dazu besonders ausgebildeten Ersthelfern ausgeführt werden). Bei zusätzlichem Atemstillstand und Anwesenheit von 2 Helfern sollte das Verhältnis von Herzmassage zu Beatmung 5 zu 1 sein. Ist nur ein Helfer anwesend, beträgt es 15 zu 2. Für die Atemspende ist die Herzmassage kurzfristig zu unterbrechen.
Herzstillstand:	Sofortmaßnahme durch Herzmassage und Atemspende (vergleiche betreffende Abschnitte).
Hitzschlag:	Bei schwüler Witterung durch Verlust des Schwitzvermögens eintretender Wärmestau mit plötzlicher Bewusstlosigkeit; weitere Kennzeichen sind: warme trockene Haut, Verwirrung, Krämpfe. Betroffenen an schattigen Ort bringen, Kleidung ausziehen, Atmung prüfen! Bei Atemstillstand Atemspende, nach Erfolg in stabile Seitenlage drehen. Ferner kalte Übergießungen, Besprengungen oder kaltfeuchte Umschläge, Eisbeutel auf den Kopf, Luft fächeln. Notruf (Rückfallgefahr)!
Hundebiss:	Vergleiche Abschnitt Bisswunde.
Insektenstich:	Den eventuell stecken gebliebenen Stachel entfernen; feuchte Umschläge, antiallergische Salben und alkoholhaltige Lösungen verringern Juckreiz, Schwellung und Schmerz. Bei Fieber und Kreislaufstörungen Notruf!
Knochenbrüche:	Bei Arm- und Beinbruch gegebenenfalls vorhandene Wunde mit Verbandpäckchen keimfrei verbinden.
a) Armbruch:	Ruhigstellung mit Armtragetuch und zwei Dreiecktuchkrawatten um Arm und Brustkorb. Wegen Schockgefahr hinlegen.
b) Beinbruch:	Keine Änderung der Beinlage! Bedecken mit weicher Kleidung oder Decke. Schwere Gegenstände (z. B. Steine) vorsichtig von allen Seiten an das Bein heranschieben. Notruf! Rettungswagen, der Schienmaterial mitbringt, abwarten! Kein Behelfstransport.
c) Wirbelbruch:	Verdacht auf Prüfung der selbsttätigen Bewegungsfähigkeit von Armen und Beinen erhärten, indem man den Verunglückten auffordert, nacheinander beide Arme und beide Beine anzuheben; kein Aufrichtungsversuch! Bei Vorliegen eines Wirbelbruchs wird der Betroffene angeben, an bestimmter Stelle im Rücken Schmerz zu empfinden, oder er wird jede Bewegung unterlassen, weil seine Glieder »eingeschlafen« oder nicht zu fühlen sind. Keine Veränderung der Lage! Notruf, Vakuummatratze anfordern!
Kreislaufkollaps:	Vergleiche Abschnitt Ohnmacht.
Nasenbluten:	Vornübergebeugt hinsetzen, Kopf in die Hände stützen oder blutendes Nasenloch zudrücken. Kalte Umschläge in den Nacken, oft erneuern; nicht schnäuzen. Auf normales, ruhiges Atmen achten, um Überventilation zu vermeiden. Bei Unbeeinflussbarkeit Arzt rufen!
Notverband:	Bei Verrenkung, Verstauchung der oberen Gliedmaßen können z. B. Dreiecktuch, Krawatte, Kleidungsstücke zur Ruhigstellung verwendet werden.
Ohnmacht:	Plötzliche Besinnungslosigkeit mit Zusammensinken ohne ersichtlichen Grund. Den Ohnmächtigen flach lagern, Körper warm halten (Decke), Kleider öffnen, bei Wiederkehr des Bewusstseins gesüßten Bohnenkaffee oder Obstsaft zu trinken geben. Später vorsichtiges Aufrichten, aufstehen lassen, an die frische Luft bringen, tief atmen lassen. Bei längerer Bewusstlosigkeit Arzt rufen.
Schädelbruch:	Ist nach entsprechender Gewalteinwirkung auf den Schädel bei Bewusstlosigkeit zu vermuten. Zuerst Prüfung der Atmung, ggf. Atemspende, nach Erfolg in stabile Seitenlage drehen; Freihalten der Atemwege, da Schädelverletzte zu Erbrechen neigen. Notruf!
Schlaganfall:	Plötzlich auftretende Bewusstlosigkeit ohne sofort erkennbare Ursache, starke Gesichtsrötung, röchelnde Atmung. Nachfolgend entsteht oft eine Halbseitenlähmung. Notruf!

ERS erste Hilfe

erste Hilfe (Notmaßnahmen; Fortsetzung))

Schlangenbiss:	Nur Kreuzotter- und Sandviperbisse sind in europäischen Breiten gefährlich. Anlegen einer Stauung etwa 5 cm herzwärts der Bissstelle mit Dreiecktuch, Schal oder Krawatte, sodass das Blut noch hinein-, aber nicht mehr zurückfließen kann; der Puls muss tastbar bleiben. Wunde nicht aussaugen, -schneiden oder -brennen. Absolute Ruhelage bis zum Abtransport im Liegen. Arzt injiziert Schlangenserum und löst dann die Stauung.
Schock:	Anzeichen sind fahle Blässe, kalte Haut, Schweiß auf Nase und Stirn, zitterndes Frieren, schneller, zunehmend schlechter tastbarer Puls, allgemeine Unruhe, weit geöffnete Augen, leerer Blick. Möglichst Beseitigung der Schockursache (z. B. bedrohl. Blutung). Pulskontrolle am Hals. Schocklage mit hochgestellten Beinen herstellen. Beruhigend zureden. Notruf!
Schussverletzung:	Keimfreier Verband, der Einschuss-, gegebenfalls auch Ausschusswunde bedeckt.
Seitenlage:	Vergleiche Abbildung.
Sonnenstich:	Anzeichen nach intensiver Sonneneinstrahlung auf Kopf und Nacken sind starke Kopfschmerzen, Übelkeit, Erbrechen, stark geröteter und heißer Kopf, Schwindel. Betroffenen in den Schatten bringen, Kleider öffnen, mit erhöhtem Oberkörper lagern, Stirn und Nacken mit feuchten Tüchern kühlen, schluckweise erfrischende Getränke geben. Arzt rufen!
Verätzung:	Bei Augenverätzung: vergleiche Abschnitt Augenverletzung. – Bei Hautverätzung: Spülen mit Wasser, bis Ätzschmerz ausbleibt, dann trocknen, keimfreien Verband. – Bei innerlicher Verätzung: Verschluckte Säuren und Laugen verursachen starke Schmerzen; reichlich Wasser, keinesfalls Erbrechen herbeiführen, sofort ins Krankenhaus bringen.
Verbrennung, Verbrühung:	Betroffene Körperstelle sofort unter fließendes kaltes Wasser halten, bis der starke Schmerz nachlässt. Danach trocken-keimfrei verbinden. – Gesichtsverbrennung weder bedecken noch verbinden! Keine Hausmittel, Brandsalben, Brandgelees oder Puder verwenden (Infektionsgefahr). Bei ausgedehnten Verbrennungen Schutzmaßnahmen gegen Wärmeverlust. Notruf!
Vergiftung:	Besonders durch Schlucken von Arzneimitteln, Waschmitteln, Haushaltspflege- und Reinigungsmitteln, Pflanzenschutz- und Schädlingsbekämpfungsmitteln, auch durch Verzehr von giftigen Beeren, Pilzen und verdorbenen Nahrungsmitteln möglich. Allgemeine Symptome sind Übelkeit, Erbrechen, Magenschmerz und Durchfall mit Koliken und Schwinden des Bewusstseins. Erwachsene (außer bei Vergiftung durch ätzende Mittel) zum Erbrechen bringen, solange sie noch bei Bewusstsein sind, keinesfalls jedoch Kleinkinder (1- bis 4-Jährige), da Erstickungsgefahr. Bei Atemstillstand Atemspende (nicht bei Blausäurevergiftung, da Selbstgefährdung). Bei Bewusstlosigkeit kein Erbrechen herbeiführen; stabile Seitenlage. Notruf und Anruf bei der örtl. Informations- und Beratungszentrale für Vergiftungen, die Anweisungen erteilt. Bei dem Anruf sollten folgende Angaben gemacht werden: Zeitpunkt der Gifteinnahme, was wurde geschluckt, wie viel wurde geschluckt, Auftreten erster Vergiftungserscheinungen (Uhrzeit).
Verrenkung:	Bewirkt immer sehr schmerzhafte, abnorme Gelenkstellung an Arm oder Bein. Keinen Bewegungs- oder Einrenkungsversuch! Notruf!
Verschlucken:	Arme hochhalten lassen, Schläge zwischen die Schulterblätter; Kleinkinder mit dem Kopf nach unten halten. Erwachsene entsprechend über Stuhl lagern. Bei Atemstillstand Atemspende; Notruf!
Verstauchung:	Heftiger Anfangsschmerz, der meist schnell vergeht; vorsichtiger Bewegungsversuch erweist, dass Bewegungsmöglichkeit vorhanden, nur schmerzhaft eingeschränkt ist. Deshalb Ruhiglagerung, kalte Umschläge, gegebenenfalls Arztbehandlung.
Wirbelbruch:	Vergleiche Abschnitt Knochenbrüche.
Wunde:	Nicht berühren! Nicht auswaschen! Nicht desinfizieren! Keine Behandlung mit »Hausmitteln« oder Medikamenten! Der Arzt muss die Wunde sehen, wie sie durch das Unglück hervorgerufen wurde! Daher mit Verbandpäckchen trocken und keimfrei verbinden. Fremdkörper, die in der Wunde stecken, nicht entfernen, in Verband einbeziehen! Arztbehandlung wegen Wundstarrkrampfgefahr!

nat.-soz. Herrschaft in Dtl. (1933–45) zum »Tag der nat. Arbeit« ideologisch umgewertet und propagandistisch von der nach Ausschaltung der Gewerkschaften (Mai 1933) gebildeten Dt. Arbeitsfront getragen. In den Ländern des kommunist. Ostblocks wurde der E. M. als »Internat. Kampf- und Feiertag der Werktätigen« begangen und diente mit seinen von der Staatspartei und den Einheitsgewerkschaften organisierten Massenaufmärschen der Selbstdarstellung des Regimes.

Erster Offizier, Stellvertreter des Kommandanten bzw. Kapitäns eines Schiffes, verantwortlich für den gesamten Schiffsbetrieb, bes. für inneren Dienst und Ausbildung.

Erster Orden, kath. Ordensgemeinschaften: in großen Ordensfamilien mit versch. Zweigen (Männer, Frauen, Laien beiderlei Geschlechts) Bez. für den männl. Zweig.

Erster Weltkrieg, ↑Weltkrieg.

Erstgeburt, das Vorzugsrecht des Erstgeborenen, das bei den Völkern des Altertums besondere rechtl. und religiös-kult. Bedeutung hatte. Über E. im rechtl. Sinn ↑Majorat, ↑Primogenitur.

Ersticken, Tod infolge Sauerstoffmangels der Gewebe, v. a. des Gehirns. Beim **äußeren E.** (Erhängen, Erwürgen, Fremdkörper in den Luftwegen) wird die Luftzufuhr von außen abgeschnitten; beim **inneren E.** infolge Vergiftung mit Blutfarbstoffgiften (z. B. Kohlenmonoxid, Blausäure) verlieren die roten Blutkörperchen die Fähigkeit, Sauerstoff aufzunehmen. (↑erste Hilfe, Übersicht)

Erstkommunion, kath. Kirche: die erste Teilnahme an der Eucharistiefeier, i. d. R. im Rahmen eines besonderen, festl. Gottesdienstes. (↑Kommunion)

Erstlingsopfer, Religionsgeschichte: ↑Opfer.

Erstmilch, das ↑Kolostrum.

Erstschlagfähigkeit, Fähigkeit eines Staates oder Bündnisses, mit einem ersten atomaren Schlag das strateg. Kernwaffenpotenzial des Gegners so weit vernichten zu können, dass ein Vergeltungsschlag des Angegriffenen (Zweitschlagfähigkeit) verhindert oder abgefangen wird. Die E. ist jedoch nur eine hypothetische Möglichkeit, da die Nuklearmächte weder mit dem ersten Schlag eine hinreichende Menge der gegner. Atomraketen oder strategische Bomber vernichten oder sich durch ein Abwehrsystem vor einem Gegenschlag schützen können.

Erststimme, in Dtl. die Stimme, die der Wähler bei Bundestagswahlen für einen Kandidaten in seinem Wahlkreis abgibt; bei den Kandidaten muss die Parteizugehörigkeit, bei Parteilosen ein Kennwort im Wahlvorschlag angegeben sein. Gewählt ist der Kandidat im Wahlkreis, der die meisten Stimmen auf sich vereinigt (Direktmandat). Die andere Stimme **(Zweitstimme)** gibt der Wähler der Kandidatenliste einer Partei im betreffenden Bundesland (Landesliste). Auf der Grundlage der Zweitstimmen wird nach dem ↑Hare-Niemeyer-Verfahren die Anzahl der Sitze der Parteien im Bundestag errechnet (↑Wahlrecht). Direktmandate werden von dieser Zahl abgezogen (↑Überhangmandate, ↑Fünfprozentklausel).

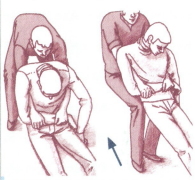

erste Hilfe: Rautek-Griff; der Helfer legt einen Arm des Verletzten angewinkelt vor dessen Brust, schiebt seine Arme von hinten unter den Achselhöhlen des Bewusstlosen hindurch und greift mit beiden Händen den quer liegenden Unterarm mit beiden Händen, wobei die Daumen parallel zu den Fingern liegen; er zieht den Körper des Verunglückten auf seine leicht angewinkelten Oberschenkel und kann so den Verletzten, langsam rückwärts gehend, transportieren

ersuchter Richter, ein Amtsrichter, der aufgrund eines Ersuchens um Rechtshilfe in seinem Bezirk eine Amtshandlung für ein auswärtiges Gericht vornimmt (§§ 156ff. GVG).

Erté, eigtl. Romain de Tirtoff, frz. Zeichner, Bühnenbildner, Modeschöpfer und Designer russ. Herkunft, *Sankt Petersburg 1892, †Paris 21. 4. 1990. Sein theatral. Art-déco-Stil wird durch ein kontrastreiches Gegeneinandersetzen von Farben

ERT Erteböllekultur

(bes. von Schwarz und Weiß) charakterisiert; v. a. Entwürfe von Bühnenkostümen, die anregend auf die Haute Couture wirkten.
Erteböllekultur, mittelsteinzeitl. Kulturgruppe in den Küstengebieten Dänemarks, S-Schwedens und im dt. Ostseeraum, ben. nach Funden aus einem Muschelhaufen bei Ertebølle am Limfjord (Dänemark); u. a. makrolith. Feuersteingeräte sowie Geräte aus Knochen, Geweih und Holz (Speere, Pfeile, Fischreusen), in der jüngeren Stufe bereits erste grobe Tongefäße.
Ertl, 1) Josef, Politiker (FDP), *Oberschleißheim 7. 3. 1925, † Murnau a. Staffelsee 16. 11. 2000; Diplomlandwirt, war 1961–87 MdB, 1969–82 und nach kurzer Unterbrechung 1982–83 Bundesmin. für Ernährung, Landwirtschaft und Forsten; 1971–83 Vors. der FDP in Bayern (ab 1983 Ehrenvors.). Er wurde dem rechten Flügel seiner Partei zugerechnet. E. war außerdem 1984–90 Präs. der Dt. Landwirtschaftsgesellschaft (ab 1990 Ehrenpräs.) und 1978–91 Präs. des Dt. Skiverbandes. E. starb an den Folgen einer schweren Brandverletzung.
Werk: Erinnerungen: Agrarpolitik ohne Illusionen (1985).
2) Martina, alpine Skiläuferin, *Lenggries 12. 9. 1973; u. a. Weltmeisterin 2001 in der Kombination, gewann 1995/96 und 1997/98 den Weltcup im Riesenslalom.
Ertrag, 1) *Betriebswirtschaftslehre:* von einem Unternehmen in einer bestimmten Periode durch Erstellung von Gütern erwirtschaftete Einnahmen; Ggs. Aufwand. Übersteigt (unterschreitet) der E. den Aufwand, erzielt das Unternehmen einen Gewinn (Verlust). Man unterscheidet **Betriebs-E.** und **neutralen E.,** der sich aufgrund betriebsfremder, außerordentl. Geschäftsvorfälle ergibt (z. B. Währungsgewinne, Steuerrückzahlungen).
2) *Volkswirtschaftslehre:* Gütermenge, die mit einem gegebenen Aufwand an Produktionsfaktoren in einer Zeiteinheit hergestellt wird.
Ertragsbeteiligung, am Umsatz oder der Wertschöpfung als Bemessungsgrundlage orientierte finanzielle Beteiligung der Arbeitnehmer am Unternehmenserfolg; im Ggs. zur ↑Gewinnbeteiligung fallen auch bei Verlusten Zahlungen an.
Ertragsgesetz, Beziehung zw. dem Einsatz von Produktionsfaktoren und dem Ertrag. Nach dem E. bringt ein Mehreinsatz eines Produktionsfaktors bei Konstanz der übrigen Produktionsfaktormengen zuerst steigende, von einer bestimmten Einsatzmenge an abnehmende Ertragszuwächse und schließlich sogar Ertragsrückgänge. Zuerst formuliert von J. Turgot als Gesetz vom abnehmenden Ertragszuwachs (Grenzertrag) in der Landwirtschaft (Bodenertragsgesetz).
Ertragsteuern (Objektsteuern, Realsteuern), Steuern, die Ertrag bringende Objekte nach objektiven Maßstäben erfassen, gleichgültig, wem die Erträge zufließen, und ohne Rücksicht auf die Leistungsfähigkeit des Steuerpflichtigen; heute gelten als E. nur noch die Grund- und die Gewerbesteuer. I. w. S. begreift man in Abgrenzung zu den Substanzsteuern als E. auch die Einkommen- und die Körperschaftsteuer.
Ertragswert, Wert in Geldeinheiten, der durch Kapitalisierung (Abzinsung zukünftiger Periodenerträge) der erwarteten Reinerträge einer ganzen Unternehmung ermittelt wird (Firmenwert, Unternehmungswert). Der E. ist im Steuerrecht Grundlage der Ermittlung des ↑Einheitswertes.
Ertrinken, Tod infolge Sauerstoffmangels durch Eindringen von Wasser in die Lungen, meist bei Unfällen im Wasser; beim E. im Süßwasser meist durch Kammerflimmern (Übertritt von Wasser ins Blut, Hämolyse), im Salzwasser infolge eines Lungenödems (Übertritt von Salz ins Blut und von Blutserum in die Lungenbläschen). I. w. S. rechnet man zum E. auch das Sterben im Wasser aus anderen Ursachen, z. B. durch reflektor. Herzstillstand beim Sprung ins kalte Wasser mit erhitztem Körper. (↑erste Hilfe, Übersicht)
eruieren [lat.], etwas durch gründl. Untersuchungen herausfinden; jemanden ermitteln, ausfindig machen.
Eruler, german. Volksstamm, ↑Heruler.
Eruption [lat.] *die,* **1)** *allg.:* Sammelbez. für alle Arten vulkan. Ausbruchstätigkeit. **2)** *Astronomie:* Strahlungsausbruch, z. B. als **chromosphär. E.** bei der Sonne (↑Flare).
3) *Medizin:* Auftreten eines Hautausschlags; auch der Ausschlag selbst.
Eruptivgesteine (Eruptiva), ältere Bez. für ↑magmatische Gesteine; i. e. S. für Vulkanite.

292

Erwerbsminderung ERW

Erwachsenenbildung, Sammelbez. für alle Initiativen zur Weiterbildung Erwachsener im Verlauf ihres Lebens, sei es in dafür geschaffenen Einrichtungen (Volkshochschule, Fernunterricht, Funk- und Telekolleg, Einrichtungen der Kirchen, Gewerkschaften, Parteien und der Wirtschaft) oder in selbst organisierter Form. E. ist als Weiterbildung die ständige Fortsetzung von Ausbildung und Qualifizierung, bes. unter dem Aspekt qualifizierender Aufstiegsfortbildung, und umfasst auch Anpassungsfortbildung wie Umschulung. Ein spezieller Bereich ist die ↑Geragogik. (↑zweiter Bildungsweg)
📖 *Kade, J.: E. u. Identität. Eine empir. Studie zur Aneignung von Bildungsangeboten.* Weinheim ²1992. – *Loeber-Pautsch, U.: Familie u. Weiterbildung.* Oldenburg 1993.

Erwahrungsbeschluss, in der *Schweiz* die verbindl. Feststellung eines Abstimmungsergebnisses durch den Bundesrat oder das kantonale Parlament bzw. die Regierung.

Erwartungswert, *Stochastik:* Maßzahl zur Charakterisierung der Verteilung einer Zufallsvariablen X; nimmt diese die (diskreten) Werte $x_1, x_2, ..., x_n$ an und ist für x_i die Wahrscheinlichkeit p_i, so ist

$$E(X) = \sum_{i=1}^{n} x_i p_i$$

der E. von X. Wiederholt man das zugrunde liegende Zufallsexperiment sehr oft, so erhält man $E(X)$ als **Mittelwert der Zufallsvariablen** X.

Erweckungsbewegungen, innerhalb des Protestantismus im 18./19. Jh. in Europa (Großbritannien, Skandinavien, Schweiz, Dtl., Frankreich) und Neuengland (J. ↑Edwards) aufgebrochene geistl. Erneuerungsbewegungen, gerichtet v. a. gegen die Verkürzung der christl. Botschaft durch einen einseitigen aufklärer. Rationalismus. Zur ersten E. ↑Methodismus. In Dtl. erfasste und belebte die E. bes. den Pietismus.

Erweichungspunkt, der Temperaturbereich, der den Übergang vom festen zum flüssigen Aggregatzustand bei amorphen Stoffen oder solchen mit teilkristallinen Anteilen (z. B. bei Gläsern) umfasst (im Ggs. zu kristallinen Körpern mit definiertem Schmelzpunkt).

erweitern, *Mathematik:* Zähler und Nenner eines Bruches mit der gleichen (von null versch.) Zahl multiplizieren; der Wert des Bruchs bleibt dabei unverändert.

Erwerbseinkünfte, Einnahmen öffentl. Gebietskörperschaften, die nicht durch Geltendmachung von Hoheitsrechten, sondern durch Beteiligung an der Wertschöpfung einer Volkswirtschaft erzielt werden.

Erwerbslose, Personen ohne Arbeitsverhältnis, die sich um eine Stelle bemühen, unabhängig davon, ob sie bei der Arbeitsagentur gemeldet sind.

Eruption 1): Ausbruch des Mount Saint Helens (Bundesstaat Washington, USA) im April 1980

Erwerbsminderung, Bez. für einen Versicherungsfall in der gesetzl. Rentenversicherung. Das Recht der Renten wegen verminderter Erwerbsfähigkeit ist mit Wirkung vom 1. 1. 2001 neu geregelt worden. Die bisherigen Renten wegen ↑Berufsunfähigkeit und ↑Erwerbsunfähigkeit wurden abgeschafft und (bei Rentenbeginn ab 2001) durch Renten wegen teilweiser Minderung der Erwerbsfähigkeit und wegen voller Minderung der Erwerbsfähigkeit ersetzt. Eine **Rente wegen teilweiser E.** erhalten Versicherte, die auf dem allg. Arbeitsmarkt wegen Krankheit oder Behinderung nur noch drei bis unter sechs Stunden täglich erwerbstätig sein können (§ 43 Abs. 1 SGB VI). Der Anspruch auf eine **Rente wegen voller E.** besteht bei einem Restleistungsvermögen von unter drei Stunden täglich (§ 43 Abs. 2 SGB VI). Keinen Anspruch auf E.-Rente haben dementsprechend Versicherte mit einem Restleistungsvermögen von sechs Stunden und mehr (§ 43 Abs. 3 SGB VI). Maßstab für die Feststellung des Leistungsvermögens ist die Erwerbsfähigkeit des Versicherten auf dem allg. Arbeitsmarkt, d. h. in jeder nur denkbaren Tätigkeit, die es auf dem Arbeitsmarkt gibt. E.-Renten, die vor dem vollendeten 63. Lebensjahr bezogen werden, werden mit einem Rentenabschlag von 0,3 % je Kalendermonat der vorzeitigen Inanspruchnahme (maximal jedoch 10,8 %) belegt.

Erwerbspersonen, alle Personen mit Wohnsitz im Bundesgebiet, die eine unmittelbar oder mittelbar auf Erwerb gerichtete Tätigkeit ausüben oder suchen. Zu den E. gehören Erwerbslose und Erwerbstätige. Die **Erwerbsquote** ist der Anteil der E. (in %) an der gesamten Wohnbevölkerung.

Erwerbspersonenpotenzial, Schätzgröße der Arbeitsmarktforschung für das maximale Arbeitskräfteangebot einer Volkswirtschaft. Das E. setzt sich zus. aus den Erwerbstätigen, den registrierten Arbeitslosen und der ↑stillen Reserve, umfasst also neben den registrierten Erwerbspersonen eine geschätzte Zahl versteckter Arbeitsloser.

Erwerbstätige, Personen, die in einem Arbeitsverhältnis stehen (auch Soldaten), selbstständig ein Gewerbe betreiben oder einen freien Beruf ausüben. Nach der Stellung im Beruf ergibt sich die Unterscheidung der E. in ↑Selbstständige, ↑mithelfende Familienangehörige und **abhängig Beschäftigte** (Angestellte, Arbeiter, Beamte, Auszubildende).

Erwerbsunfähigkeit, in der gesetzl. Rentenversicherung eine der Voraussetzungen für die Gewährung der E.-Rente. Das Ges. zur Reform der Renten wegen verminderter Erwerbsfähigkeit vom 20. 12. 2000 ersetzte die Berufsunfähigkeits- und die E.-Rente (bei Rentenbeginn ab 2001) durch eine zweistufige Rente wegen ↑Erwerbsminderung. E. lag nach dem früheren Recht vor, wenn ein Versicherter wegen Krankheit oder Behinderung auf unbestimmte Zeit nicht in der Lage war, eine Erwerbstätigkeit in gewisser Regelmäßigkeit auszuüben oder Einkünfte von mehr als 630 DM durch Arbeit zu erzielen.

erwerbswirtschaftliches Prinzip (Erwerbsprinzip), das Streben, durch die wirtsch. Betätigung Gewinne zu erzielen, im Ggs. zur Bedarfsdeckung. Im Ggs. zum systemindifferenten Wirtschaftlichkeitsprinzip dient das e. P. zur Kennzeichnung marktwirtsch. Systeme und zur begriffl. Abgrenzung von Unternehmen und Betrieb. Durch Verfolgung des e. P. durch Unternehmen (Gewinnmaximierung) wird die Bedarfsdeckung indirekt erreicht, werden die Produktionsfaktoren optimal eingesetzt und wird das auch gesamtwirtschaftlich gesehen bestmögl. Produktionsergebnis erzielt. Erwerbswirtschaftlich handelnde Wirtschaftseinheiten werden nach W. Sombart als **Erwerbswirtschaften** bezeichnet.

Erwin von Steinbach (Meister Erwin; Beiname seit dem 17. Jh.), *um 1244, †Straßburg 17. 1. 1318; Leiter der Straßburger Münsterbauhütte. Sein Anteil an Entwurf und Ausführung der unteren Teile der Westfassade (1276 begonnen) ist umstritten. E. v. S. spielt seit der Erwähnung bei Goethe (»Von dt. Baukunst«, 1773) eine wichtige Rolle bei der Neubewertung der mittelalterl. Baukunst.

Erwitte, Stadt im Kr. Soest, NRW, auf dem nordöstl. Haarstrang, 15 400 Ew.; Kalk- und Zementind.; der Stadtteil **Bad Westernkotten** (eisen- und kohlensäurehaltige Solquellen) ist ein anerkanntes Heilbad; Gradierwerke. – E. erhielt 1936 Stadtrecht.

Erxleben, Dorothea Christiana, Ärztin, *Quedlinburg 13. 11. 1715, †ebd. 13. 6. 1762; erwarb 1754 in Halle (Saale) als erste Frau in Dtl. den medizin. Doktorgrad.

Erymanthischer Eber, riesiger Eber, den ↑Herakles für Eurystheus fangen musste. Der Held hetzte das Ungeheuer so lange durch tiefen Schnee, bis es sich erschöpft fesseln ließ.

Eryngium, die Pflanzengattung ↑Mannstreu.

Erysipel [grch.] *das, Medizin:* die ↑Wundrose.

Erysipeloid [grch.] *das, Medizin:* der ↑Rotlauf beim Menschen.

Erysiphaceae [grch.], die Echten Mehltaupilze (↑Mehltau).

Erythem [grch.] *das,* Rötung der Haut durch vermehrte Durchblutung; kann bei psych. Erregung, bei Dauerweitstellung der Hautgefäße und bei Entzündungen der Haut auftreten.

erythr... [grch.], rot...

Erythrämie [grch.] *die,* bösartige Wucherung des Bildungssystems der roten Blutkörperchen, die zur Entstehung unreifer und entarteter Erythroblasten, zu Blut-

plättchenmangel und schließlich zunehmender Anämie führt. Die **akute** E. führt meist in wenigen Monaten durch Blutungen oder Komplikationen (Infekte, Kreislaufinsuffizienz) zum Tod. Die **chron.** E. verläuft weniger ausgeprägt und kann sich über mehrere Jahre erstrecken.
Erythrin [grch.] *der,* Mineral, ↑Kobaltblüte.
Erythroblastose [grch.] *die,* die hämolyt. ↑Neugeborenengelbsucht.
Erythronium, die Pflanzengattung ↑Zahnlilie.
Erythropathie [grch.] *die,* Sammelbez. für Blutkrankheiten, die meist mit einer Schädigung oder Fehlbildung der roten Blutkörperchen verbunden sind, v. a. die Formen der hämolyt. Anämie.
Erythropo|etin [grch.] *das,* Abk. **EPO** (Erythropoietin), in der Niere gebildetes Hormon, das die Bildung roter Blutkörperchen (Erythropoese) fördert. E. ist ein Glykoprotein, es steigert die Zellteilung und den Stoffwechsel von Erythrozytenvorläuferzellen. E. wird heute gentechnisch gewonnen und v. a. zur Behandlung von Patienten mit Blutarmut eingesetzt. Die Möglichkeit, mit einer E.-Behandlung die Erythrozytenzahl und damit die Sauerstofftransportkapazität des Blutes zu steigern (erkennbar an einem erhöhten Hämatokritwert), und die Tatsache, dass es eine im Körper selbst gebildete Substanz ist, hat E. zu einem weit verbreiteten Dopingmittel im Ausdauersport, v. a. bei Radfahrern, werden lassen.
Erythroprosopalgie [grch.] *die,* das ↑Horton-Syndrom.
Erythrozyten [grch.], die roten Blutkörperchen (↑Blut).
Eryx, antiker Name von ↑Erice.

Erz: Weichmanganerz

Erz, Bez. für ein Mineral (**E.-Mineral**) oder Gestein, das Metalle enthält; oft metallisch glänzend und von hoher Dichte; i. e. S. bezeichnet E. ein in der Natur vorkommendes Mineralaggregat oder Gestein, in dem nutzbares Metall rein (gediegen) oder in E.-Mineralen so stark angereichert ist, dass es mit wirtsch. Nutzen gewonnen werden kann. Die nichtmetall. Anteile des E., z. B. Kalk, Quarz, Schwerspat, werden **Gangart** oder **taubes Gestein** genannt. Überwiegen die bas. Anteile, liegt ein **bas.** E. vor, überwiegt Quarz (Kieselsäure), spricht man von **saurem Erz.** (↑Erzlagerstätten)
erzählende Dichtung, die ↑Epik.
Erzähler, erzählende fiktive Gestalt, die als Vermittler zw. den dargebotenen Vorgängen und den Zuhörern oder Lesern fungiert. Als Person (erlebendes oder erzählendes Ich) ist der E. an den dargestellten Vorgängen beteiligt, zahlr. sind Er-E. und Formen der ep. Einkleidung (Rahmenerzählung, Tagebuch, Brief o. Ä.). So ergibt sich eine bestimmte **Erzählsituation:** Sie ist **auktorial,** wenn der E. allwissend ist und gestaltend in das Geschehen eingreift, **personal,** wenn das Geschehen durch eine oder mehrere Figuren erschlossen wird, **neutral,** wenn weder ein Erzähler noch ein personales Medium erkennbar sind.
Erzählung, i. w. S. Bez. für alle Formen des Erzählens, i. e. S. Einzelgattung der Epik, die sich häufig mit den übrigen ep. Gattungen überschneidet; sie ist kürzer als der Roman, im Unterschied zur Novelle weniger streng gebaut, umfangreicher und weniger pointiert als die Kurzgeschichte.
Erz|ämter, im Hl. Röm. Reich oberste Hofämter, seit dem 13. Jh. erbl. Reichslehen und als Ehrenämter mit der Kurwürde verbunden: **Erztruchsess** (Pfalzgraf bei Rhein), **Erzmarschall** (Herzog von Sachsen), **Erzkämmerer** (Markgraf von Brandenburg), **Erzschenk** (König von Böhmen). Zu diesen kamen als **Erzkanzler** die drei rhein. Erzbischöfe (Mainz für das Reich, Köln für Italien, Trier für Gallien und Burgund). 1652 kam das Amt des **Erzschatzmeisters** für die restituierte Kurpfalz, verbunden mit der 8. Kur, hinzu; es fiel 1778 an Hannover, dessen Kurfürst seit 1692/1708 (9. Kur) **Erzbannerherr** war. Ohne Kurwürde blieb das Amt des **Erzjägermeisters,** das der Markgraf von Meißen innehatte.
Erzberger, Matthias, Politiker (Zentrum), * Buttenhausen (heute zu Münsingen) 20. 9. 1875, † (ermordet) bei Bad Griesbach (heute Bad Peterstal-Griesbach) 26. 8.

1921; Mitgl. des Zentrums; beteiligte sich 1899 an der Gründung der christl. Gewerkschaften; ab 1903 war er MdR. Im Ersten Weltkrieg trat er für eine Verfassungsreform und für einen Verständigungsfrieden ein (Friedensresolution des Reichstages, 19. 7. 1917). E. hatte maßgebl. Anteil am Sturz des Reichskanzlers T. von Bethmann Hollweg. Er unterzeichnete den Waffenstillstand von Compiègne (11. 11. 1918). Als Reichsfinanzmin. und Vizekanzler 1919–20 führte er eine Finanzreform, die **erzbergersche Finanzreform,** durch, die u. a. den Aufbau einer einheitl. Reichsfinanzverwaltung und eine Vereinheitlichung des Steuerrechts umfasste. Als Initiator der »Friedensresolution« des Reichstages (Juli 1917) und als scharfer Kritiker der dt. Führung im Weltkrieg war E. die Zielscheibe persönl. Angriffe der antirepublikan. Rechten (Organisation Consul).
⚅ *Epstein, K.:* M. E. u. das Dilemma der dt. Demokratie. A. d. Engl. Neuausg. Frankfurt am Main u. a. 1976. – *Ruge, W.:* M. E. Eine polit. Biographie. Berlin 1976.

Erzbischof (lat. Archiepiscopus), in der kath. Kirche Amtstitel des Leiters einer Kirchenprovinz (Metropolit) oder eines Bischofs, der einer Erzdiözese vorsteht; auch vom Papst verliehener persönl. Titel einzelner Bischöfe. – In den Ostkirchen Titel des Leiters einer autokephalen Kirche ohne Patriarchatsrang, dem im Wesentlichen die Stellung eines Patriarchen zukommt. – In der anglikan. Kirche ist der Titel E. mit den Bischofssitzen von Canterbury und York verbunden. – Innerhalb der luther. Kirchen gibt es den Titel E. in den Kirchen von Schweden, Finnland und (seit 1999) in der ↑Evangelisch-Lutherischen Kirche in Russland und anderen Staaten (ELKRAS).

Erzengel, in der Bibel die bedeutendsten Engel: Michael, Gabriel, Raphael. – Fest: 29. 9. (Michaelistag).

Erzeugende, *Geometrie:* eine Gerade oder Kurve, die bei ihrer Bewegung eine Fläche erzeugt. Kegel und Zylinder lassen sich z. B. durch Geraden erzeugen.

Erzeugergemeinschaft, Zusammenschluss von landwirtsch. Betrieben mit dem Zweck, Erzeugung und Absatz den Erfordernissen des Marktes anzupassen. Nach Anerkennung durch die zuständigen Behörden ist staatl. Förderung möglich.

Erzgebirge, 1) (tschech. Krušné hory), Mittelgebirge am NW-Rand des Böhm. Beckens, über dessen Kamm die dt.-tschech. Grenze verläuft; erstreckt sich vom Elster- bis zum Elbsandsteingebirge in SW-NO-Richtung, etwa 130 km lang, rd. 35 km breit. Es ist eine im Tertiär gehobene Pultscholle, die nach SO steil zum Tal der Eger abfällt. Höchste Erhebungen sind auf dt. Seite der Fichtelberg (1 214 m ü. M.), auf tschech. Seite der Keilberg (1 244 m ü. M.). Das E. wird aus kristallinen, hochmetamorphen und magmat. Gesteinen des Paläozoikums aufgebaut. Im O und in der Mitte sind es bes. Gneise und Granite, im W und N Phyllite und Glimmerschiefer; tertiäre Basalte bilden im SO Härtlinge (Bärenstein, Pöhlberg, Scheibenberg, Geising). Die Entstehung der weit verteilten Erzlagerstätten hängt mit der Bildung der Tiefengesteine und paläovulkan. Ergüssen zusammen. Das Klima ist in den Höhenlagen rau und niederschlagsreich mit kräftigen Winden; dort kommen noch Fichtenwälder vor, die durch industriell verursachte Schadstoffimmissionen (bes. von der tschech. Braunkohlen- und chemischen Ind.) und Schädlingsbefall stark geschädigt sind.

Die Besiedlung begann erst im 12. Jh. (Waldhufendörfer); heute ist es dicht besiedelt. 1163 wurde in Freiberg Silbererz gefunden, das zunächst durch Harzer Bergleute gefördert wurde; die Blüte des Bergbaus im 15./16. Jh. begründete, verbunden mit Hammerwerken, den damaligen Reichtum Sachsens (Silber-, Blei-, Zinn-, Kobalt-, Eisenerze) und führte zum heutigen Namen des Gebirges. Im Lauf des 17. Jh. erlosch der Bergbau allmählich; im Ost-E. kam ab 1750 (Zentrum: Seiffen) eine bed. Holzwaren- (Weihnachtsfiguren) und Spielzeugherstellung auf, in Glashütte entstanden seit 1845 Betriebe der Uhrenindustrie. Nach 1945 bis Ende 1990 umfangreicher Abbau von Uranerzen (↑Wismut AG) im westl. Erzgebirge. Wirtsch. Bedeutung haben neben dem Fremden- (Radiumbäder, Thermalquellen, Wintersport) und Ausflugsverkehr (bes. in der Vorweihnachtszeit wegen der erzgebirg. Advents- und Weihnachtsbräuche; zahlr. histor. Bergbauanlagen) die Papier- und Zellstoffherstellung sowie sonstige Holzverarbeitung (bes. Schnitzerei und Drechslerei, geprägt von einer auf Weihnachten ausgerichteten Volkskunst), Textil- und Metall-

warenind. und die Spitzenklöppelei. Große Teile des E.s sind seit 1996 Naturpark (1 500 km²).
📖 *Erzgebirgs-Lexikon, hg. v. M. Blechschmidt u. K. Walther. Mit Fotos v. C. Georgi. Chemnitz 1991. – Bergbaukultur im E. Grundzüge u. Auswirkungen, hg. v. G. Heilfurth. Dresden 1995.*
2) ↑Siebenbürger Erzgebirge.
3) ↑Slowakisches Erzgebirge.
4) ↑Serbisches Erzgebirge.
Erzherzog (mlat. Archidux), 1453–1918 reichsrechtlich verbindl. Titel der Prinzen des österr. Hauses Habsburg.
Erzieher, i.e.S. Beruf für Frauen und Männer mit zweijähriger Ausbildungszeit und einem Jahr Anerkennungspraktikum; umfasst die Tätigkeiten der früheren Berufe Kindergärtnerin und Heimerzieher. E. betreuen Kinder und Jugendliche u.a. in Kindergärten, Tagesstätten, Heimen, Einrichtungen für Behinderte. – I.w.S. umfasst E. alle mit Erziehung betrauten Personen.
Erziehung, Unterstützung und Förderung des heranwachsenden Menschen, die ihn in seiner geistigen und charakterl. Entwicklung befähigen soll, sich sozial zu verhalten und als selbstständiger Mensch eigenverantwortlich zu handeln. Der zu Erziehende soll die Verhaltenserwartungen (d.h. Normen oder E.-Ziele) seiner sozialen Umwelt kennen, beurteilen, ggf. als begründet anerkennen und erfüllen lernen. Erzwungene Anpassung führt zu Autoritätsgebundenheit oder blinder Protesthaltung. E. in modernem Verständnis meint einfühlende Begleitung.
📖 *Jaschke,H.: Grenzen finden in der E. Über die schwierige Kunst, sich auseinanderzusetzen. Mainz 1992. – Bildung u. E. an der Schwelle zum dritten Jahrtausend, hg. v. N. Seibert u. H.J. Serve. München 1994.*
Erziehungsbeistandschaft, Unterstützung des Personensorgeberechtigten (↑elterliche Sorge) bei der Erziehung eines Kindes oder Jugendlichen durch einen Erziehungsbeistand oder Betreuungshelfer bei der Bewältigung von Entwicklungsproblemen (§ 30 SGB VIII, ↑Kinder- und Jugendhilfe). Ist der Jugendliche straffällig geworden, kann E. als ↑Erziehungsmaßregel durch das Jugendgericht angeordnet werden (§ 12 Jugendgerichtsgesetz).
Erziehungsberatung, die beratende und tätige Unterstützung von Erziehern (Eltern, Lehrern u.a.) sowie Kindern und Jugendlichen bei Schwierigkeiten und Problemen, die sich im Rahmen der Erziehung ergeben. Die institutionelle E. wird von eigens eingerichteten E.-Stellen ausgeübt, in denen mehrere, meist hauptamtl. Erziehungsberater in einer Arbeitsgruppe zusammenarbeiten (Ärzte, Psychologen, Pädagogen und Sozialarbeiter). Die rechtl. Grundlage der E. bildet § 28 SGB VIII.
Erziehungsberechtigter, *Recht:* derjenige, der Rechte und Pflichten der ↑elterlichen Sorge ausübt (↑Vormundschaft).
Erziehungsgeld, seit 1986 Leistung mit dem Ziel eines finanziellen Ausgleichs für die Erziehung in der ersten Lebensphase eines Kindes. Anspruch hat, wer a) einen Wohnsitz oder gewöhnl. Aufenthalt in Dtl. hat, b) mit einem Kind, für das ihm die Personensorge zusteht, in einem Haushalt lebt, c) es selbst betreut und erzieht und d) keine (volle) Erwerbstätigkeit ausübt (BErzGG i.d.F. v. 9.2.2004). Anspruchsberechtigt sind auch Personen, die vorübergehend in das Ausland entsandt sind und Versorgungsbezüge beziehen, sowie Entwicklungshelfer. Anspruchsberechtigt können EU-Bürger und sonstige Ausländer sein, wenn sie die Voraussetzungen a) bis d) erfüllen. Das monatl. E. beträgt bei einer beantragten Zahlung für längstens bis zur Vollendung des 12. Lebensmonats 450 € (Budget) und des 24. Lebensmonats 300 € (Regelbetrag). Übersteigt das Einkommen bei Eltern, die nicht dauernd getrennt leben, 30 000 € und bei anderen Berechtigten 23 000 €, entfällt der Anspruch auf den Regelbetrag in den ersten sechs Lebensmonaten. Im Übrigen bestehen gestaffelte Einkommensgrenzen je nach Alter des Kindes. Mutterschaftsgeld und entsprechende Bezüge werden angerechnet (↑Erziehungsurlaub).
Erziehungshilfe, Anspruch des Personensorgeberechtigten (↑elterliche Sorge) auf Hilfe bei der Erziehung eines Kindes oder Jugendlichen, wenn eine dem Wohl des Kindes oder Jugendlichen entsprechende Erziehung nicht gewährleistet ist und die Hilfe für seine Entwicklung geeignet und notwendig ist. Die E. wird z.B. durch Erziehungsberatung, soziale Gruppenarbeit, Erziehung in einer Tagesgruppe, Vollzeitpflege, Heimerziehung oder Krankenhilfe geleistet (§§ 27 ff. SGB VIII, ↑Kinder- und Jugendhilfe).

ERZ Erziehungsmaßregeln

Erziehungsmaßregeln, Erziehungsmittel, die vom Familien-, Vormundschafts- oder vom Jugendgericht angeordnet werden können, wenn die Eltern ihr Sorgerecht missbrauchen, das Kind vernachlässigen oder ein Jugendlicher straffällig geworden ist. E. sind Weisungen, die ↑Erziehungsbeistandschaft, Heimerziehung oder Erziehung in sonstigen betreuten Wohnformen (§§ 1666 ff. BGB, § 9 Jugendgerichtsgesetz).
Erziehungsregister, ↑Bundeszentralregister.
Erziehungsurlaub, ↑Elternzeit.
Erziehungswissenschaft, Teilbereich der Pädagogik, der sich mit der Erforschung der mit Erziehung und Bildung zusammenhängenden Prozesse, Institutionen und deren historisch-gesellschaftl. Kontext beschäftigt.
Erzincan [ˈɛrzindʒan], Hptst. der Provinz E., in O-Anatolien, Türkei, am Karasu, dem rechten Quellfluss des Euphrat, 1 200 m ü. M., 90 800 Ew.; Verarbeitung landwirtsch. Produkte, Textilindustrie. – E. wurde mehrfach (zuletzt 1991) von starken Erdbeben heimgesucht (1939 völlig zerstört).
Erzlagerstätten, natürl. und abbauwürdige Anreicherungen von Erzen in der Erdkruste; für die Abbauwürdigkeit sind die Erzkonzentration (z. B. bei Eisen mindestens 25 %, bei Gold 0,001 %) sowie techn. und wirtsch. Faktoren ausschlaggebend. Die Bildung (Genese) der Erzvorkommen entspricht i. Allg. der der Gesteine, d. h., es werden **magmat., sedimentäre** und **metamorphe** E. unterschieden.
Die Lagerstätten der magmat. Abfolge hängen eng mit den Vorgängen bei der Erstarrung des Magmas zusammen. **Liquidmagmat. E.** entstehen während der Frühkristallisation zugleich mit bas. und ultrabas. Gesteinen. An Erzen treten auf: Nickelmagnet- und Kupferkies, Titanomagnetit, Ilmenit, Chromit, oft mit hohem Platin- und Palladiumgehalt. Während der Hauptkristallisation der Tiefengesteine findet keine Erzbildung statt; sie setzt erst wieder mit der Restkristallisation ein. Elemente mit sehr großen oder sehr kleinen Ionenradien (z. B. Lithium, Beryllium, Niob, Tantal) reichern sich in der pegmatit. Phase an **(pegmatit. E.)**; in der anschließenden pneumatolyt. Phase, bei der es auch zu starken Umwandlungen des Nebengesteins kommt, bilden sich als **pneumatolyt. E.** u. a. Lagerstätten von Zinn-, Wolfram-, Molybdän-, Kupfer-, Eisen- und Zinkerz. In der hydrothermalen Phase bei 400 °C und weniger entstehen **hydrothermale E.,** und zwar je nach Temperaturbereich E. von Gold, Eisen, Kupfer, Arsen, Blei, Zink, Silber, Kobalt, Nickel, Chrom, Wismut und Zinn. – In der vulkan. Phase der magmat. Abfolge treten u. a. Lagerstätten von Schwefel, Bor, Eisen- und Manganerz auf, in den submarinen heißen Erzschlämmen Anreicherungen von Eisen, Mangan, Zink und Kupfer. Auch die an submarinen Plattengrenzen (Zentralgräben) wie im Roten Meer austretenden heißen Lösungen (Hotbrines) gehören hierher. Sie bilden **Erzschlämme** mit einem Buntmetallgehalt bis über 10 %.
Nach Bildungsort und -vorgang werden die **sedimentären** E. unterschieden. So entstehen festländ. **Verwitterungslagerstätten** u. a. durch chem. Umlagerungen (↑Oxidationszone), aus chem. Rückständen der Verwitterung (Bauxit, Laterit), durch die Wirkung von Verwitterungslösungen als Erzanreicherungen aus erzarmen Lagerstätten oder schwach Erz führenden Gesteinen sowie aus Rückständen der mechan. Verwitterung. **Seifen- und Trümmerlagerstätten** können sich aufgrund mechan. Anreicherung wie fluviatile Gold- und Zinnseifen oder marinlitorale Titanit-, Zirkon- und Magnetitsande bilden. In Binnengewässern und Meeren kommt es zur chem. Ausfällung von ↑Raseneisenerz, von oolith. Eisen- und Manganerzen, von sulfid. Erzen (↑Kupferschiefer), im Tiefseebereich von ↑Manganknollen.
Bei den durch Druck- und Temperaturerhöhung geprägten **metamorphen E.** handelt es sich meist um bereits vorhandene Lagerstätten, bei denen es durch Umbildung und/oder Stoffzufuhr zur Anreicherung der Erze kommen kann. Daneben gibt es erst durch Metamorphose gebildete E., wie einige Uranerzlagerstätten.
📖 *Evans, A. M.:* Erzlagerstättenkunde. A. d. Engl. Stuttgart 1992. – *Clement, M.:* Tausend Jahre Metallerzbergbau in Mitteleuropa. Essen 1996.
Erzlaute, eine Art der ↑Laute.
Erzschlämme, ↑Erzlagerstätten.
Erzurum [-z-], Hptst. der Provinz E. in O-Anatolien, Türkei, 1 950 m ü. M., am

Eschatologie ESC

Karasu, dem rechten Quellfluss des Euphrat, 247 600 Ew.; Univ.; Nahrungsmittelind., Maschinenbau; Verkehrsknotenpunkt. – Auf einer Anhöhe liegt die Zitadelle (im 5. Jh. angelegt); Moscheen und Medresen aus seldschuk. und osman. Zeit. – E. beherrschte in strategisch wichtiger Lage die Straßen zw. Kleinasien und Iran; seit 1517 türkisch.

Erzväter, von M. Luther geprägte Bez. für die Stammväter Israels; ↑ Patriarch.

Erzwespen (Chalcidoidea), 0,2–16 mm lange Hautflügler, deren Larven in anderen Insekten schmarotzen.

es, *Musik:* das um einen Halbton erniedrigte e (e mit b).

Es, chem. Symbol für ↑ Einsteinium.

Es, in der *Tiefenpsychologie* das Unbewusste, der Bereich der psych. Antriebe, der der bewussten Kontrolle entzogen ist, in dem – nach S. Freud – das Lustprinzip regiert. (↑ Ich, ↑ Über-Ich)

📖 *Freud, S. u. Groddeck, G.: Briefe über das Es, hg. v. M. Honegger. Lizenzausg. Frankfurt am Main 1988.*

E. S. (Meister E. S.), Kupferstecher mit Namenszeichen E. S., tätig zw. 1450 und 1467 am Oberrhein oder in der N-Schweiz. Es sind drei Zeichnungen und mehr als 300 sorgfältig durchgearbeitete Kupferstiche bekannt (einige davon mit der Jahreszahl 1466 oder 1467 versehen), die eine unmittelbare Vorstufe zum Werk M. Schongauers bilden. Da seine Stiche in allen Werkstätten als Vorlagen benutzt wurden, haben sie stark stilbildend gewirkt.

ESA [Abk. für engl. European Space Agency, »Europ. Weltraumagentur«], 1975 aus den Organisationen ELDO (Organisation zur Entwicklung europ. Trägerraketen) und ESRO (Europ. Organisation für Weltraumforschung) hervorgegangene europ. Raumfahrtbehörde, Sitz: Paris; dient der Koordinierung, Durchführung und Unterstützung europ. Projekte zur friedl. Erforschung und Nutzung des Weltraums. Außenzentren der ESA sind **ESTEC** (Europ. Zentrum für Weltraumforschung und -technologie, Niederlande), **ESOC** (Europ. Operationszentrum für Weltraumforschung, Dtl.), **ESRIN** (Europ. Weltraumforschungs-Institut, Dokumentationszentrum, Italien) u. a. **EAC** (Europ. Astronautenzentrum, Dtl.). Aktuelle Forschungsprogramme der ESA sind u. a. ↑ Cluster II, Huygens (↑ Cassini),

das ↑ Hubble-Weltraumteleskop, ↑ SOHO, ↑ Ulysses und ↑ XMM-Newton; beteiligt ist die ESA z. B. an ↑ ISS.

Esaki, Leo, japan. Physiker, * Ōsaka 12. 3. 1925; wies das Auftreten des Tunneleffekts beim Durchgang von Elektronen durch extrem dünne pn-Übergänge zw. unterschiedlich dotierten Halbleitern nach und entwickelte die ↑ Tunneldiode **(E.-Diode);** erhielt hierfür 1973 mit I. Giaever und B. D. Josephson den Nobelpreis für Physik.

Esau [hebr. »der Behaarte«] (Beiname Edom), Sohn Isaaks und Rebekkas, älterer Zwillingsbruder Jakobs, von diesem um das Recht seiner Erstgeburt gebracht (1. Mos. 25, 29 ff.); legendärer Stammvater der Edomiter (↑ Edom).

Esbjerg [ˈɛsbjɛr], Stadt an der W-Küste Jütlands, Dänemark, 82 800 Ew.; Konservatorium, Fischerei-, Seemannsschule; Werft, Maschinenbau; Treibhausgärtnereien und Pelztierfarmen im Umland. E. ist der größte dän. Fischereihafen (mit Fischverarbeitung); Fährverbindung nach Großbritannien und zur Insel Fanø.

Esbo, schwed. Name der finn. Stadt ↑ Espoo.

ESCA [Abk. für engl. **e**lectron **s**pectros**c**opy for **c**hemical **a**nalysis] (induzierte Elektronenemission), ↑ Photoelektronenspektroskopie.

Escalopes [eskaˈlɔp(s), frz.], dünne, gebratene Fleisch-, Geflügel- oder Fischscheibchen.

Escapetaste [ɪsˈkeɪp-, engl.] (Abbruchtaste), Taste einer Computertastatur, mit der nach einer fehlerhaften Eingabe oder einer Fehlfunktion zum Ausgang zurückgekehrt werden kann.

Esch *der* oder *das,* bei der Dreifelderwirtschaft eines der Flurstücke, in die die gesamte Dorfflur zerfiel und deren jedes mit der gleichen Frucht bestellt wurde.

Esch an der Alzette [-alˈzɛt] (frz. Esch-sur-Alzette), Kantonshptst. in Luxemburg, nahe der Grenze zu Frankreich, 24 600 Ew.; Mittelpunkt eines Bergbau- und Eisenindustriegebiets (der Abbau von Minette-Eisenerzen wurde 1980 eingestellt); chem. Industrie.

Es|chatologie [zu grch. éschata »letzte Dinge«] *die,* Lehre von den letzten Dingen; in versch. prophet. Religionen die Lehre von einem neuen Zustand der Welt nach Weltgericht und Weltende: als messian.

299

ESC Eschborn

Reich (Judentum), Reich Gottes (Christentum) oder Paradies (Islam). – In der christl. Theologie beschreibt die E. die Vollendung des Einzelnen und der ganzen Schöpfung (Auferstehung der Toten, Jüngstes Gericht, Weltende).
📖 *Taubes, J.: Abendländ. E. München 1991. – Hendriksen, W.: Das Jenseits. Grundriß der bibl. Lehre von den letzten Dingen. A. d. Amerikan. Marburg 1992.*

Eschborn, Stadt im Main-Taunus-Kreis, Hessen, 19 300 Ew.; Sitz des Bundesamtes für Wirtschaft und Ausfuhrkontrolle, der Gesellschaft für techn. Zusammenarbeit (GTZ) sowie mehrerer Unternehmenszentralen. – 1970 wurde E. Stadt.

Eschdorf, der ↑Drubbel.

Esche: Gemeine Esche

Esche (Fraxinus), Gattung der Ölbaumgewächse, rd. 60 Arten mit gegenständigen, meist unpaarig gefiederten Blättern, die Blüten erscheinen vor dem Laubaustrieb, Früchte geflügelt. Die **Gemeine E.** (Fraxinus excelsior), ein bis 40 m hoher Baum, wächst meist in feuchten Niederungen; hat anfangs grünlich graue, glatte, später rissige Borke. Das Holz eignet sich gut für Drechslerarbeiten. In S-Europa und Kleinasien (in Dtl. als Zierbaum) ist die **Manna-E.** (**Blumen-E.,** Fraxinus ornus) heimisch; bis 8 m hoch mit weißen, duftenden Blüten; der erhärtende Saft (»Manna«) enthält das ↑Mannit.

Esche, Eberhard, Schauspieler, *Leipzig 25. 10. 1933, spielt seit den 1960er-Jahren bes. klass. Bühnenrollen (v. a. am Dt. Theater Berlin); daneben auch Filmrollen (»Der geteilte Himmel«, 1964; »Spur der Steine«, 1965).

Eschenbach, 1) Christoph, eigentlich C. Ringmann, Pianist und Dirigent, *Breslau 20. 2. 1940; war 1979–83 GMD der Staatsphilharmonie Rheinl.-Pf. in Ludwigshafen am Rhein und 1982–86 Chefdirigent des Tonhalle-Orchesters in Zürich; 1988–99 leitete er das Houston Symphony Orchestra, seit 1998 ist er Chefdirigent des NDR-Sinfonieorchesters in Hamburg, daneben seit 2000 musikal. Leiter des Orchestre de Paris und seit Sommer 2003 des Philadelphia Orchestra.
2) ↑Wolfram von Eschenbach.

Eschenbach i. d. OPf., Stadt im Landkreis Neustadt a. d. Waldnaab, Bayern, 3 900 Ew.; Ofenbau, Wellpappenfabrik, Herstellung keram. Folien; nahebei das um 1145 gegründete Prämonstratenserkloster **Speinshart.**

Eschenburg, 1) Johann Joachim, Literarhistoriker, *Hamburg 7. 12. 1743, †Braunschweig 29. 2. 1820; schuf die erste vollständige Übertragung (in Prosa) von Shakespeares Schauspielen ins Deutsche (13 Bde., 1775–82).
2) Theodor, Politikwissenschaftler, *Kiel 24. 10. 1904, †Tübingen 10. 7. 1999; Prof. in Tübingen, schrieb über polit. System und Verw. der Bundesrep. Dtl.; Hg. der »Vierteljahreshefte für Zeitgeschichte« 1953–77.   ❖ **siehe ZEIT Aspekte**
Werke: Zur polit. Praxis in der Bundesrep. Dtl. (3 Bde., 1961–72); Gesch. der Bundesrep. Dtl. (1983); Also hören Sie mal zu. Geschichte u. Geschichten 1904 bis 1933 (1995); Letzten Endes meine ich doch. Erinnerungen 1933–1999 (2000).

Escher, 1) Alfred Martin, schweizer. Diplomat, *Zürich 23. 3. 1906, †Zollikon 14. 2. 1980; organisierte 1948–50 das Flüchtlingshilfswerk in Palästina. 1954–55 war er Mitgl. der Überwachungskommission für den Waffenstillstand in Korea, 1972–73 Sonderbeauftragter der UNO für Namibia.
2) [niederländ. ˈɛsər], Maurits Cornelis, niederländ. Grafiker, *Leeuwarden 17. 6.

1898, †Hilversum 27. 3. 1972; schuf ab 1937, meist in Holzschnitten, Holzstichen und Lithographien, mathematisch durchdachte »Gedankenbilder« mit suggestiver Wirkung, indem er versch. Beobachtungsebenen in einer einzigen Raumperspektive vereinte, oft als endlose Muster, die sich aus regelmäßigen Wiederholungen geometr. Grundfiguren zusammensetzen.
📖 *Hofstadter, D. R.:* Gödel, E., Bach. Ein endloses geflochtenes Band. A. d. Amerikan. Stuttgart ¹⁶2001.

Escherich, Georg, Politiker, * Schwandorf 4. 1. 1870, † Isen (Kr. Erding) 26. 8. 1941; organisierte 1919 während der Unruhen in Bayern (in der Zeit der Räterepublik) Wehrverbände (»Organisation E.«, Abk. »Orgesch«), die in ganz Dtl. und Österreich bis 1921 bestanden.

Escher vom Glas, Johann Heinrich Alfred, schweizer. Politiker, * Zürich 20. 2. 1819, † ebd. 6. 12. 1882; in den 1850er- und 1870er-Jahren einflussreiches Mitgl. der Bundesversammlung, Verfechter des klass. Liberalismus, verteidigte die Neutralität; Mitgründer des Eidgenöss. Polytechnikums und der Gotthardbahn.

Eschkol, Levi, israel. Politiker, * Oratowo (bei Kiew) 25. 10. 1895, † Jerusalem 26. 2. 1969; beteiligte sich an der Gründung von Degania, einem der ersten Kibbuzim. Er war Mitbegründer der Gewerkschaftsorganisation Histadrut und der sozialist. Mapai (-Partei). Nach der Gründung des Staates Israel (1948) war er 1951–63 Finanzmin. und 1963–69 MinPräs. seines Landes.

Eschnunna (Ischnuna, Aschnun), altoriental. Stadt, heute der Ruinenhügel **Tell Asmar,** etwa 35 km nordöstlich von Bagdad; Ausgrabungen (1930–38, 1942) erschlossen die Stadtentwicklung seit Beginn des 3. Jt. v. Chr.; freigelegt wurden ein Tempel (dabei Fund von 12 Beterstatuetten) sowie ein Palast der altbabylon. Dynastie von E. (etwa 1960–1695 v. Chr.). Die Rechtssammlung von E. (18. Jh. v. Chr.), ein Keilschriftarchiv, wurde nahebei in einem Ruinenhügel gefunden.

Eschscholtzia [nach dem Naturforscher J. F. Eschscholtz, * 1793, † 1831] (Goldmohn), Gattung der Ölbaumgewächse, rd. 60 Arten mit gegenständigen, meist unparig gefiederten Blättern, die Blüten erscheinen vor dem Laubaustrieb, Früchte geflügelt. Die E. californica ist eine beliebte Gartenzierpflanze.

Eschwege, Krst. des Werra-Meißner-Kreises, Hessen, an der Werra, 22 100 Ew.; Maschinenbau, Textil-, pharmazeut. Ind. – Maler. Stadtbild mit Schloss (1386, im 16.–18. Jh. umgebaut), ehem. Hochzeitshaus (1578), Altem Rathaus (1660) und Neuem Rathaus (1842–43), zahlr. Fachwerkhäusern des 17./18. Jh. mit typ. Flachschnitzerei. – 974 erstmals als Königshof erwähnt, erhielt 1326 Stadtrechte; alter Tuchmachersitz.

Eschweiler, Stadt im Kreis Aachen, NRW, 55 800 Ew.; Großkraftwerk, Eisen- und Stahlerzeugung, Maschinen- und Apparatebau, Kunststoffind.; nahebei Braunkohlentagebau (bis 1944 Abbau von Steinkohle). – Stadt seit 1858.

Escompte [ɛsˈkɔ̃t, frz.] *die,* Bez. für Diskont, bes. in Österreich.

Escorial (El E.), eigtl. San Lorenzo el Real de El E., Klosterresidenz etwa 60 km nordwestlich von Madrid (im Ort El E., 8 100 Ew.), die Philipp II. von Spanien nach Entwürfen von Juan Bautista de Toledo und Juan de Herrera 1563–84 errichten ließ. Seit Karl V. Grabstätte der span. Könige. Das größte Renaissancebauwerk der Erde, eine streng regelmäßige Anlage von 207 m × 162 m aus Granitquadern, wird durch eine monumentale Fassade gegliedert und umschließt rd. 400 Räume, 16 Innenhöfe, 15 Kreuzgänge und die Basilika (1575 ff.), einen Zentralbau nach dem Vorbild der Peterskirche in Rom. Der E. besitzt eine wertvolle Bibliothek (ca. 130 000 Bde.), eine kostbare Handschriftensammlung sowie Gemälde- und Gobelinsammlungen. Die UNESCO erklärte die Anlage zum Weltkulturerbe. – Abb. S. 302

Escudo [portugies. ˈkuðu; span.-portugies., von lat. scutum »Schild«] *der,* urspr. Bez. für span., portugies. und südamerikan. Goldmünzen. In Spanien war 1864–68 der halbe Silberpeso als E. die Hauptmünze. In Portugal war der E. zunächst eine Goldmünze, geprägt vom 15. Jh. bis 1828. Er blieb bis zur Einführung einer neuen Goldwährung 1854 Rechnungsmünze. 1911 wurde der E. (Abk. Esc) erneut eingeführt (1 E. = 100 Centavo) und blieb bis zur Einführung des Euro offizielle Währungseinheit. – Heute ist der E. Währungseinheit von Kap Verde (1 Kap-Verde-E., Abk. KEsc, = 100 Centavo).

ESCWA, Abk. für engl. Economic and So-

ESE Esel

Escorial: Anlage des Klosterpalastes San Lorenzo el Real de El Escorial (1563–84)

cial **Commission for Western Asia**, regionale Wirtschaftskommission des Wirtschafts- und Sozialrats der Vereinten Nationen, 1985 durch Umbenennung der Economic Commission for Western Asia (ECWA) entstanden, Sitz: Amman.

Esel [lat. asinus (asellus) »Esel«] (Afrikanischer Wildesel, Equus asinus), zur Familie der Pferde gehörender, 1,4 m schulterhoher Unpaarhufer mit schmalen, hohen Hufen, langen Ohren und Quastenschwanz in Afrika. Von den urspr. drei Unterarten ist mindestens eine, der **Nordafrikan.**

Esel: Hengst

Wild-E., ausgestorben; der gelblich graue **Nub. Wild-E.** und der graue **Somali-Wild-E.** sind stark bedroht. Der vom Nub. Wild-E. abstammende **Haus-E.** ist ein genügsames Lasttier; kann mit Pferden gekreuzt werden (↑Maulesel, ↑Maultier).

Eselsohr, umgeknickte Ecke einer Buch- oder Heftseite.

Eselsrücken (Kielbogen), ein kielförmig geschweifter Spitzbogen, v. a. in der islam. Kunst, auch in der Spätgotik.

Esens, Stadt im Landkreis Wittmund, Ndsachs., Ostfriesland, 6 600 Ew.; Zentrum des Harlinger Landes; Holographiemuseum; der Ortsteil **Bensersiel** ist Nordseebad, hat Fährverbindung zur Insel Langeoog.

Eserin *das,* das Alkaloid ↑Physostigmin.

Esfahan, Stadt in Iran, ↑Isfahan.

Eskadron [frz.] *die,* Einheit der berittenen oder motorisierten Kavallerie; entspricht der Kompanie bzw. Batterie; bei der dt. Wehrmacht 1935–45 Schwadron.

Eskalade [frz.] *die,* Erstürmung einer Festung mit Sturmleitern.

Eskalation [lat.-engl.] *die,* ein aus dem angloamerikan. Sprachgebrauch stammender Begriff; bezeichnet i. w. S. die stufenweise Steigerung politisch-militär. Druckmittel oder von Gewalt und Terror zur Durchsetzung meist polit. Ziele; i. e. S. bezeichnet er den Übergang eines internat. Konflikts in einen höheren Intensitätsgrad

Eskimo-Aleutisch ESK

durch sich wechselseitig verschärfende Aktionen und Reaktionen. Im Ggs. zu E. umschreibt der Begriff **Deeskalation** Verfahren zur Begrenzung oder Verminderung derartiger Krisen.
eskalieren, stufenweise steigern, verschärfen; ausweiten; Ggs. deeskalieren.
Eskamotage [-'taːʒə, frz.] *die,* Taschenspielertrick, Zauberkunststück.
Eskapade [frz.] *die,* falscher Sprung eines Dressurpferdes; mutwilliger Streich, Abenteuer, Seitensprung.
Eskapismus [engl.] *der,* (neurot.) Tendenz, vor der Realität und ihren Anforderungen in Illusionen oder Zerstreuungen auszuweichen.
Eskarpe [frz.] *die,* innere Grabenböschung bei Befestigungen.
Eskilstuna [-stuːna], Stadt in Schweden, südlich des Mälarsees, 88 700 Ew.; Hauptsitz der schwed. Kleineisenind. mit zahlr. Spezialerzeugnissen.
Eskimo [indian. »Rohfleischesser«] (eigener, in Kanada offizieller Name Inuit), eine über die gesamte nordamerikan. Arktis (von Alaska bis Grönland) und NO-Sibirien verbreitete mongolide Volksgruppe mit etwa 135 000 Angehörigen mit einheitl. Sprache (↑Eskimo-Aleutisch). Die E. lebten einst verstreut in Lokalgruppen, heute meist in größeren Siedlungen. Die im Wesentlichen einheitl. traditionelle Kultur war dem arkt. Milieu hervorragend angepasst und hatte zahlr. Geräte und Techniken hervorgebracht: Kajak, Tranlampe, Iglu, Anorak, Schlitten u. a.; im religiösen Bereich war der Schamanismus ausgeprägt (↑Schamane). In Alaska zeigten sich stärkere Einflüsse aus den indian. Küstenkulturen mit erbl. Häuptlingstum, hierarch. Gesellschaft und Maskenwesen. Die meisten E. lebten an der Küste von der Robbenjagd und vom Fischfang. Ende des 19. Jh.

Eskimo – Verbreitung

wurde in Alaska und NW-Kanada die Rentierzucht eingeführt; in Grönland wurde eine Fischfangind. aufgebaut, Viehzucht und Ackerbau eingeführt. Die Isolation der Arktis wurde während und nach dem Zweiten Weltkrieg durch Militärbasen, meteorolog. und Radiostationen, Prospektion und Ausbeutung von Bodenschätzen aufgebrochen; die E. wurden gezwungen, sich in einer sich verändernden Umwelt neue Lebensgrundlagen zu schaffen. Seit dem 1. April 1999 besitzen die E. in Kanada ihr eigenes, aus den Northwest Territories herausgelöstes Territorium (↑Nunavut-Territory) mit weitreichenden Autonomierechten.
📖 *Ölschleger, H.-D.: Indianer u. E. Bonn 1990.*
Eskimo-Aleutisch, in Kanada, Alaska,

Eskimo in Alaska

ESK Eskimorolle

Grönland (dort Amtssprache) und Sibirien verbreitete Sprachfamilie; die Verwandtschaft des Aleutischen mit dem Eskimoischen ist erst seit 1951 wiss. belegt. Die wenig erforschten Aleutsprachen sind im Aussterben begriffen. Die Eskimosprachen gehören zum agglutinierenden Sprachtyp und sind synthetisch. Die sibir. Eskimo erhielten in den 1930er-Jahren eine eigene Rechtschreibung. In S-Alaska wurden um 1900 lokale Schriftsysteme entwickelt; in N-Alaska bildete sich die so genannte Iñupiat-Rechtschreibung heraus (beide auf der Grundlage des lat. Alphabets). In Grönland entwickelte sich eine eskimoische (grönländ.) Literatur.

Eskimorolle (Kenterrolle), *Kanusport:* von den Eskimo erfundene Technik, um ein Kajak nach dem Kentern wieder aufzurichten, ohne es verlassen zu müssen. Der Fahrer stützt sich auf das schnell durch das Wasser gezogene Paddel und nutzt den Gegendruck aus, um sich aus dem Wasser zu drücken.

Eskişehir [ɛsˈkiʃɛhir], Hptst. der Prov. E., Türkei, im nordwestl. Inneranatolien, 455 300 Ew.; Univ.; Eisenbahnwerkstätten, Baustoff-, Textilind., Maschinenbau; bei E. Meerschaumgruben. – Ruinen der antiken phryg. Stadt Dorylaeum.

Eskompte [ɛsˈkõːt, frz.] *der,* 1) Rabatt, Preisnachlass bei Barzahlung; 2) ↑Diskont.

eskomptieren, 1) Preisnachlass gewähren; 2) den Einfluss eines Ereignisses auf den Börsenkurs im Voraus einkalkulieren und den Kurs entsprechend gestalten.

Eskorte [frz.] *die,* Geleit für Personen und Sachen, Begleitmannschaft.

Esmarch, Friedrich von, Chirurg, *Tönning 9.1.1823, †Kiel 23.2.1908; bed. Arbeiten über Kriegs- und Unfallchirurgie; wurde v. a. durch das Verfahren der künstl. Blutleere (**E.-Blutleere**) durch Abbinden bekannt.

Esmeralda [span.] *die,* span. Tanz.

Esmeraldas, Prov.-Hptst. im N von Ecuador, 117 700 Ew.; Endpunkt einer transandinen Erdölleitung, Erdölraffinerie; Erdölausfuhrhafen.

ESO, ↑Europäische Südsternwarte.

Esophorie [grch.] *die,* ↑Schielen.

Esoterik [grch.] *die,* Sammelbez. 1) für okkulte Praktiken, Lehren und Weltanschauungsgemeinschaften (↑Okkultismus); 2) für »innere Wege«, bestimmte spirituelle Erfahrungen zu erlangen, die von einer bloß »äußeren« Befolgung von Dogmen und Vorschriften zu unterscheiden sind. In der Antike bezeichnete das grch. Adjektiv *esōterikós* die nur für den engeren Schülerkreis bestimmten Lehren im philosoph. Lehrbetrieb der Peripatetiker. Die Wurzeln des heutigen E.-Verständnisses liegen jedoch nicht in der klass. antiken Philosophie, sondern in der Gnosis. Der Begriff E. selbst taucht zuerst um 1870 bei dem frz. Okkultisten E. ↑Lévi auf.

📖 Bogun, W. u. Straet, N.: *Lexikon der Esoterik.* Köln 1997.

Esoteriker *der,* jemand, der in die Geheimlehren einer Religion, Schule oder Lehre eingeweiht ist; Ggs. ↑Exoteriker.

esoterisch, nur für einen ausgesuchten Kreis bes. Begabter oder Würdiger (»Eingeweihter«) bestimmt.

Esotropie [grch.] *die,* ↑Schielen.

ESP: schematischer Wirkungsablauf: Bricht das Fahrzeug aus, wird ein Rad gebremst (gelber Pfeil), sodass sich der Wagen um die Hochachse wieder in die richtige Bahn dreht (links beim Untersteuern, rechts beim Übersteuern des Fahrzeugs).

ESP, Abk. für **E**lektronisches **S**tabilitäts**p**rogramm, *Fahrzeugtechnik:* Fahrdynamikregelung, die neben der Längsdynamik auch die Querdynamik eines Fahrzeuges betrachtet. Neben den herkömml. Brems- und Radschlupfregelsystemen (ABS, EBV, EDS, ASR) beinhaltet ESP als wesentl. Funktionsmodul einen Giermomentenregler. Aufgrund einer Vielzahl von Daten versch. Sensoren (z. B. Giergeschwindigkeits-, Lenkwinkel-, Querbeschleunigungssensor) wird die Notwendigkeit eines gezielten Bremseingriffes an einem Rad berechnet und durchgeführt.

Espagnole [ɛspanˈjɔːlə, frz.] *die,* span. Tanz.

España [esˈpaɲa, span.], ↑Spanien.

ESR-Datierung ESR

Esparsette [-ˈzɛt, frz.] *die* (Onobrychis), Gattung der Schmetterlingsblütler; in Mitteleuropa auf trockenen Kalkböden häufig als Kulturpflanze die **Saat-E.** oder **Futter-E.** (Onobrychis viciifolia), bis 1 m hoch mit rosaroten Blüten; Futterpflanze.

Esparto [span.] *der,* die trockenen, zähen Halme und Blätter 1) des **E.-Grases** (Stipa tenacissima) der Steppengebiete am westl. Mittelmeer, 2) vom Gras **Lygeum spartum,** das als Begleiter von Stipa tenacissima wächst, 3) vom schilfähnl. **Rebenrohr** (Ampelodesma tenax). Alle drei dienen als Flechtstoff und Papierrohstoff (↑Alfa).

Espe, anderer Name der Zitterpappel, ↑Pappel.

Espeletia, Korbblütlergattung; Charakterpflanzen der Hochanden mit wolligem Blattschopf.

Espelkamp, Stadt im Kr. Minden-Lübbecke, NRW, 27 100 Ew.; elektrotechn., Maschinenbau-, Möbel- u. a. Ind. – E. wurde 1221 erstmals erwähnt, seit 1959 Stadt. – Die »Stadt im Walde« wurde ab 1949 planmäßig als Siedlung für Vertriebene angelegt.

Espenhain, Gem. im Landkreis Leipziger Land, Sachsen, 2 900 Ew.; Wiss.- und Technologiepark (Campus E.). Von 1937 bis 1994 Braunkohlenabbau (↑Markkleeberg).

Espérance [ɛspeˈrãːs, frz.] *die,* Glücksspiel mit zwei Würfeln.

Esperanto *das,* eine von dem poln. Arzt L. Zamenhof 1887 geschaffene ↑Welthilfssprache. E. hat 16 grammat. Grundregeln, der Lautbestand umfasst 28 Buchstaben, der Wortschatz (rd. 80 000 Wörter) entstammt v. a. roman. Sprachen und dem Englischen.

Espina y Tagle [-i ˈtaɣle], Concha, eigtl. Concepción Espina de la Serna, span. Schriftstellerin, * Santander 15. 4. 1879, † Madrid 19. 5. 1955; schrieb viel gelesene realist. Romane, u. a. »Die Sphinx der Maragatos« (1914), »Das Metall der Toten« (1920).

espirando [italien.], musikal. Vortragsbez.: verhauchend, ersterbend, verlöschend.

Espírito Santo [isˈpiritu ˈsãntu], Bundesstaat in Brasilien, am Atlant. Ozean, 46 184 km², 3,09 Mio. Ew.; Hptst. ist Vitória. Im fruchtbaren trop. Küstenland wird v. a. Kaffee angebaut, daneben Zuckerrohr, Reis, Baumwolle, Bananen, Zitrusfrüchte; der N ist Kakaoanbaugebiet. Die Wälder im Landesinnern sind durch Raubbau weitgehend zerstört.

Espíritu Santo [- ˈsæntəʊ], größte Insel der Neuen Hebriden, im SW-Pazifik, Vanuatu, 3 626 km², 25 600 Ew.; vulkan. Ursprungs, bis 1 879 m ü. M.; dicht bewaldet und fruchtbar; Landwirtschaft (Export von Kopra, Kaffee, Kakao), Rinderzucht und Thunfischfang.

Esplanade [frz.] *die,* freier Platz vor größeren (öffentl.) Gebäuden oder Gärten.

Espoo (schwed. Esbo), Stadt in S-Finnland, in der Agglomeration Helsinki, 205 000 Ew.; TH von Helsinki im Stadtteil Otaniemi.

espressivo [italien.], musikal. Vortragsbez.: ausdrucksvoll.

Espresso [italien.] *der,* starker Kaffee nach italien. Art; wird in einer E.-Maschine zubereitet.

Esprit [ɛsˈpriː, frz.] *der,* Geist, Witz.

Esprit de Corps [ɛspridˈkɔːr, frz.] *der,* Korpsgeist, Standesbewusstsein.

Espronceda y Delgado [ɛspronˈθeða i delˈɣaðo], José Leonardo de, span. Lyriker, * zw. Villafranca de los Barros und Almendralejo (Prov. Badajoz) 25. 3. 1808, † Madrid 23. 5. 1842; Neuromantiker, beeinflusst von Byron und den zeitgenöss. Freiheitsbewegungen.

Esq., Abk. für englisch ↑Esquire.

Esquilin, einer der sieben Hügel Roms.

Esquire [ɪsˈkwaɪə; engl. zu lat. scutarius »Schildträger«] *der,* Abk. **Esq.,** engl. Höflichkeitstitel; seit dem 16. Jh. für Angehörige der Gentry und wappenführende Bürger; seit dem 19. Jh. allg. in der Briefanschrift verwendet (abgekürzt hinter dem Namen, ohne vorangehendes Mr.).

Esra [hebr. »Hilfe«] (Ezra, Vulgata: Esdras), bedeutendster jüd. Gesetzeslehrer und Reformer des 5./4. Jh. v. Chr.; entstammte dem babylon. Judentum; leitete die Rückkehr der Juden aus dem babylon. Exil und den Wiederaufbau des Tempels in Jerusalem; sein Wirken (nicht in allen Details histor. gesichert) wird im **Buch E.** als Teil des zw. 300 und 200 v. Chr. entstandenen chronist. Geschichtswerkes des A. T. geschildert.

ESR-Datierung, auf der ↑Elektronenspinresonanz (ESR) beruhendes Verfahren zur Altersbestimmung prähistor. Objekte von einigen Tausend bis zu vielen Hunderttausend Jahren, wie Tropfsteine, Travertine, Knochen und Zähne. Durch die radioaktive Umgebungsstrahlung werden in der festen kristallinen Materie Defekte in der regulären Gitterstruktur erzeugt, deren Zahl ein Maß für das Alter der Probe ist. Im Ggs. zur Thermolumineszenzdatierung werden bei der ESR-D. die Defekte nicht ausgeheilt, sondern nur registriert.

ESRF [Abk. für engl. European Synchrotron Radiation Facility, »Europ. Synchrotronstrahlungsanlage«], europ. Forschungszentrum in Grenoble (Frankreich) mit dem gleichnamigen, 1994 in Betrieb gegangenen Elektronenspeicherring zur Erzeugung von ↑Synchrotronstrahlung im Röntgenbereich. An der ESRF, die in einen Komplex mit dem Institut Laue-Langevin integriert wurde, sind 17 (2002) Länder beteiligt, darunter Frankreich mit 27,5% und Dtl. mit 25,5% Kostenanteil.

Essaouira [ɛsa'wira, frz.] (arab. As-Suweira, früher Mogador), Prov.-Hptst. in Marokko, Hafen und Seebad an der atlant. Küste, 55 900 Ew.; Fischfang (Sardinen); Kunsttischlereien. – Planmäßige Stadtneugründung von 1760 im Festungsstil Vaubans unter Einbeziehung des port. Forts von 1560. Ummauerte Medina (UNESCO-Weltkulturerbe) mit Kasba und Moschee, 200 m langer Küstenbatterie und Mellah (Judenviertel, seit 1764); turmbewehrte Hafenbastei.

Essay [ˈɛseɪ; engl. »Versuch«] *der* oder *das*, Abhandlung, die einen Gegenstand auf besondere Weise erörtert: Ein E. unterscheidet sich einerseits durch Stilbewusstsein und subjektive Formulierung von der objektiven, wiss. Abhandlung (der Übergang zu dieser ist jedoch fließend), andererseits durch breitere Anlage und inhaltl. Anspruch vom journalist. Feuilleton. Als Schöpfer der Kunstform des E. gilt M. de Montaigne; von ihm übernahm F. Bacon das Wort E. als Gattungsbezeichnung für seine – stärker von der Sache bestimmten – Aufsätze. Oft wurde die Bezeichnung E. von Philosophen benutzt, um den Fragmentcharakter ihrer Abhandlungen zu betonen (B. Pascal, J. Locke, D. Hume, Voltaire). In Dtl. begann sich die Form im 18. Jh. einzubürgern (G. E. Lessing, J. G. Herder, C. M. Wieland, G. Forster, G. C. Lichtenberg, J. W. Goethe, A. W. und F. Schlegel), die Bezeichnung E. übernahm in Dtl. erst H. Grimm (1859). Bed. Essayisten des 19. Jh. im engl. Sprachbereich waren u. a. T. Carlyle, J. Ruskin, T. B. Macauley, R. W. Emerson, H. D. Thoreau, E. A. Poe und O. Wilde; in Frankreich u. a. H. F. R. de Lamennais, A. Sainte-Beuve und H. Taine. Seit F. Nietzsche hat sich der E. als die geeignete Gattung erwiesen, Probleme von Krisen- und Umbruchszeiten zu diskutieren, in diesem Sinne hat das 20. Jh. eine Fülle philosoph., kulturkrit. und literar. E. hervorgebracht (u. a. von S. Freud, G. Simmel, K. Kraus, M. Weber, E. Jünger, E. Canetti, W. Benjamin, E. Bloch, T. W. Adorno; G. K. Chesterton, A. Huxley, T. S. Eliot; P. Valéry, P. Claudel, J.-P. Sartre, A. Camus, R. Barthes; M. de Unamuno, J. Ortega y Gasset; B. Croce, U. Eco).

📖 *Hiebel, F.: Biographik u. Essayistik. Zur Gesch. der schönen Wiss.en. Bern u. a. 1970. – Adorno, T. W.: Noten zur Literatur. Frankfurt am Main* ⁶*1994. – Müller-Funk, W.: Erfahrung u. Experiment. Studien zur Theorie u. Gesch. des Essayismus. Berlin 1995. – Encyclopedia of the essay, hg. v. T. Chevalier. London u. a. 1997. – Schärf, C.: Gesch. des E. Göttingen 1999. – Pfammatter, R.: E. – Anspruch u. Möglichkeit. Hamburg 2002.*

Essbrechsucht (Bulimia nervosa), psychogene Essstörung, bei der größere Nahrungsmittelmengen in kurzer Zeit zugeführt werden (Essattacke); durch anschließendes (selbst herbeigeführtes) Erbrechen und missbräuchl. Einnahme von Abführ- oder harntreibenden Mitteln soll das vorhandene Körpergewicht erhalten bleiben. *Behandlung:* Psychotherapie (z. B. Verhaltenstherapie).

esse est percipi [lat. »Sein heißt vorgestellt werden«], Grundlehrsatz der Philosophie G. ↑Berkeleys, der alles Seiende als Vorstellungen, als Bewusstseinsinhalte, interpretiert. Nun sieht er jedoch, dass es neben Fantasievorstellungen auch zwingende Vorstellungen gibt, an denen das Subjekt nichts ändern kann, die somit äußeren Ursachen entstammen müssen, da so Berkeley, nur Vorstellungen auf Vorstellungen wirken können, müssen die zwingenden Vorstellungen von einem höheren Geist herkommen, von Gott, der wirkt, wenn das Subjekt denkt. (↑Okkasionalismus)

Esseg, Stadt in Kroatien, ↑Osijek.

Essen, kreisfreie Stadt im RegBez. Düsseldorf, NRW, 591 900 Ew. E. liegt inmit-

Essen ESS

ten des Ruhrgebiets und erstreckt sich vom hügeligen Gelände beiderseits der Ruhr im S über die nach N abfallende Hellwegebene bis über den Rhein-Herne-Kanal und an die Emscher (30 bis 202 m ü. M.). Die früher durch Kohleförderung und Eisenerzeugung geprägte Stadt hat heute ihren wirtsch. Schwerpunkt auf Handel und Dienstleistungen (v. a. Verwaltung) sowie Lehre und Forschung verlagert: Landessozialgericht, Postbank, Dt. Wetterdienst. E. ist Sitz eines kath. Bischofs, des Stifterverbandes der dt. Wiss., des Kommunalverbandes Ruhrgebiet, des Landesumweltamtes, der Emschergenossenschaft, des Lippeverbandes, des Ruhrverbandes sowie zahlr. Wirtschaftsverbände und -vereinigungen. E. hat eine Univ. (Gesamthochschule), die Folkwang-Hochschule für Musik, Theater und Tanz, FH, Verw.- und Wirtschaftsakademie, Rheinisch-Westfäl. Inst. für Wirtschaftsforschung und zahlr. weitere Bildungs- und Forschungseinrichtungen. Museen (u. a. ↑Museum Folkwang, Dt. Plakatmuseum, Ruhrlandmuseum, Villa Hügel mit histor. Samml. Krupp) und Theater (u. a. Grillo-Theater). E. ist Zentrum der dt. Energiewirtschaft (u. a. RWE AG) sowie führender Wirtschaftsunternehmen. – Während der früher bed. Steinkohlenbergbau 1986 eingestellt wurde, hat die Eisenind. ihr Schwergewicht von der Erzeugung auf die Verarbeitung verlagert; Herstellung von Motoren, Lastkraftwagen, Lokomotiven, Stahlbauten und Edelstählen; ferner Elektro-, Glas-, Textil-, Brauerei-, Kleineisen- und chem. Ind.; internat. Fachmessen; Häfen am Rhein-Herne-Kanal; U-Bahn. – Fast 50 % des Stadtgebiets sind Grünflächen. Im S leitet der Grugapark (mit Grugahalle und -stadion) zu den Villenvororten und Erholungsgebieten im Ruhrtal (Regattastrecke auf dem Baldeneysee) über.

Stadtbild: Das got. Münster (1275–1327, auf Vorgängerbauten) mit spätotton. Krypta und bed. Münsterschatz ist die ehem. Stiftskirche des Damenstifts. E. besitzt mehrere Beispiele modernen Kirchenbaus: Auferstehungskirche im Stadtteil **Huttrop** (1929–30), St. Engelbert (1934–36), St. Franziskus (1958), Alte Synagoge (1911–13; seit 1980 Gedenkstätte), Neue Synagoge (1958–59). Weitere bemerkenswerte Bauten: Villa Hügel (1870–72), Rathaus (1979), Aalto-Theater (Opernhaus; 1983–88 nach Entwurf von A. Aalto); wichtige Zeugnisse der Ind.architektur sind u. a. die Malakofftürme (19. Jh.) und die Zentralschachtanlage der Zeche Zollverein (Schacht XII; 1927–32, 1986 stillgelegt und Umbau zum Kulturzentrum, Sitz des Design Zentrums Nordrhein-Westfalen), die 2001 zum UNESCO-Weltkulturerbe erklärt wurde; Gartenstadt Margarethenhöhe (1909). – Im Stadtteil **Borbeck** Schloss Borbeck (18. Jh.; urspr. Wasserburg), im Stadtteil **Werden** ehem. spätroman. Abteikirche Sankt Ludgerus (1256 ff., auf Vorgängerbau) mit karoling. Ringkrypta (827–839), otton. Westwerk (943 geweiht); im 1975 eingemeindeten Stadtteil **Kettwig** Schloss Hugenpoet (17. Jh.; heute Hotel).

Essen: Zeche Zollverein, seit 2001 Weltkulturerbe der UNESCO

Geschichte: Keimzelle von E. ist ein adeliges Damenstift (gegr. um 852); dabei entstand seit dem 11. Jh. eine Siedlung (Stadterhebung unbekannt), die 1377 die Reichsunmittelbarkeit zugesprochen bekam (1380, endgültig 1670 zurückgenommen). Das 1929 eingemeindete Werden war Benediktinerabtei (gegr. um 800, zeitweilig reichsunmittelbar; beide Stifte kamen nach der Säkularisation 1802/03 (endgültig 1815) zu Preußen; um die Mitte des 19. Jh. Ausbau des Kohleabbaus (seit 1317 bezeugt) und Industrialisierung (Krupp-Werke); schwere Zerstörungen im Zweiten Weltkrieg; seit 1946 zu NRW. – Das **Bistum E.** wurde 1957 aus Teilen der Bistümer Köln, Münster und Paderborn errichtet; es gehört zur Kirchenprovinz Köln.

📖 Burghard, H. u. a.: Essen – Gesch. einer Stadt. Essen 2002. – Mohaupt, H.: Kleine

ESS Essener

Gesch. E.s. Von den Anfängen bis zur Gegenwart. Essen ³2002.

Essener [aramäisch »die Frommen«] (Essäer), jüd. Gemeinschaft mit ordensähnl. Verfassung, die 150 v. Chr. bis 70 n. Chr. bestand, den Tempel- und Opferdienst in Jerusalem für entartet hielt und ihr Leben in Gütergemeinschaft durch strenge Disziplin, tägl. Waschungen, Gebet, Schriftauslegung, Mahlzeiten kult. Charakters und Arbeit regelte. Das Weltbild war dualistisch und eschatologisch. Ein Teil ihres Schrifttums wurde am Toten Meer († Qumran) entdeckt.

📖 Stemberger, G.: *Pharisäer, Sadduzäer, E.* Stuttgart 1991. – Stegemann, H.: *Die E., Qumran, Johannes der Täufer u. Jesus.* Freiburg im Breisgau u. a. ⁴1994.

Essener: In diesen Felshöhlen des Wadi Qumran am Toten Meer wurden 1947 Tonkrüge mit Schriften der Essener gefunden.

Essenz [lat.] *die,* **1)** *Lebensmittelchemie:* hoch konzentrierte naturreine oder künstl., meist alkohol. Lösung von Geschmacks- oder Geruchsstoffen zur Aromatisierung von Lebens- und Genussmitteln.
2) *Philosophie:* (Essentia), das †Wesen, im Unterschied zum Akzidens, dem Zufälligen, und zur Existenz, dem Dasein.

Essenzialen *Pl.* (engl. Essentials), lebensnotwendige Güter, die im Inland nicht oder nur unzureichend vorhanden sind und eingeführt werden müssen.

Essenzialien *Pl., Recht:* †Akzidentalien.
essenziell [lat.], **1)** *allg.:* wesensbestimmend.

2) *Biochemie:* zur Kennzeichnung von Nahrungsinhaltsstoffen gebraucht, die für den Organismus lebensnotwendig sind und von diesem nicht aus anderen Stoffen aufgebaut werden können (z. B. essenzielle †Aminosäuren, essenzielle †Fettsäuren).
3) *Medizin:* selbstständig, eigenständig; auf Krankheitserscheinungen bezogen, die als nicht symptomatisch für bestimmte Krankheiten zu werten sind, sondern ein eigenständiges Krankheitsbild darstellen.

Essequibo [-ˈkwɪbəʊ], der längste (965 km) und wichtigste Fluss in Guyana, entspringt in den Kamoa Mountains, mündet nordwestlich von Georgetown in den Atlantik.

Essex [ˈesɪks], County in SO-England, 3 670 km², 1,578 Mio. Ew.; Verw.sitz ist Chelmsford. Im Namen E. lebt das angelsächs. Königreich Eastseaxe (»Ostsachsen«) fort, das früh auch Middlesex einbezog und im 7. Jh. London zu seinem Zentrum machte.

Essex [ˈesɪks], Robert Devereux, 2. Earl of E., Günstling der engl. Königin Elisabeth I., * Netherwood (Cty. Hereford and Worcester) 10. 11. 1566 oder 1567, † London 25. 2. 1601; wurde 1599 als Statthalter in das aufständ. Irland gesandt. Als er sich hier auf einen Waffenstillstand einließ, wurde er abgesetzt; darauf unternahm er einen Aufstandsversuch und wurde hingerichtet.

Essig, ein sauer schmeckendes Würz- und Konservierungsmittel, wird aus alkoholhaltigen Flüssigkeiten durch Gärung (**Gärungs-E.**) oder durch Verdünnen von (meist synthet. hergestellter) 100%iger †Essigsäure (Eis-E.) auf 80 % Säuregehalt (**E.-Essenz**) gewonnen. Der handelsübl. E. hat einen Gehalt von 5 bis 15,5 g E.-Säure pro 100 cm³. Je nach den verwendeten Rohstoffen unterscheidet man Branntwein-E., Wein-E., Malz-E., Obst-E., Kräuter-E. (Gewürz-E.). Letzteren erhält man durch Auslaugen von Gewürzkräutern mit Essig.
Für die Herstellung von Gärungs-E. wandte man früher das **Orléans-Verfahren** an, ein Oberflächengärverfahren, bei dem die alkoholhaltige Maische »ruhend« in mit Luftlöchern versehenen Fässern oder offenen Gärbottichen vergoren wurde; dabei bildeten die E.-Säurebakterien auf der Flüssigkeit eine Haut (**E.-Kahm, E.-Mutter**). Dieses Verfahren lie-

Establishment EST

fert bes. aromareichen E., ist aber zeitaufwendig. Aus ihm entwickelten sich die **Fesselgärverfahren (Schnellessigverfahren)**, bei denen die E.-Säurebakterien auf großflächigen (lockeren) Trägermaterialien fixiert sind, über die man die Maische unter Luftzufuhr leitet, wobei der Alkohol zu E.-Säure oxidiert wird. – Bevorzugt wird bei der Herstellung von Gärungs-E. heute das **Generatorverfahren (Rundpumpverfahren)**, bei dem die Maische mehrfach durch 4–5 m hohe, mit Holzspänen gefüllte Behälter (E.-Generatoren) gepumpt wird, bis der Alkohol in E.-Säure umgewandelt ist. Dabei werden die Menge der Aufgussmaische, die Luftzufuhr und die Temperatur automatisch geregelt. Große Bedeutung für die Gewinnung von Gärungs-E. haben heute auch mehrere **submerse Gärverfahren,** bei denen die alkoholhaltigen Lösungen durch frei schwimmende E.-Säurebakterien in einem Fermenter unter kontrollierten Bedingungen (Regelung von Alkoholkonzentration, Luftzufuhr und Temperatur) in E. übergeführt werden.
Essigbakteri|en, ↑Essigsäurebakterien.
Essigbaum, ein ↑Sumach.
Essigfliegen, die ↑Taufliegen.
Essigsäure (Äthansäure, Ethansäure), wichtige Monocarbonsäure. Wasserfreie E. (**Eisessig**) riecht stechend, wirkt stark ätzend, siedet bei 117,9 °C und erstarrt bei 16,6 °C; Dichte 1,049 g/cm³. E. kommt in Form ihrer Salze und Ester, der **Acetate,** in der Natur verbreitet vor; in freier Form findet sie sich in manchen Pflanzensäften und tier. Sekreten. Sie bildet sich durch Gärung verdünnter wässriger Lösungen von Alkohol unter dem Einfluss von E.- Bakterien (↑Essig). Technisch wird E. nach unterschiedl. Verfahren synthetisch hergestellt, v. a. durch katalyt. Umsetzung von Methanol mit Kohlenmonoxid (Carbonylierung), durch Oxidation von Acetaldehyd und durch Direktoxidation von Kohlenwasserstoffen. Durch Holzverkohlung gewonnene E. (**Holzessig**) hat keine Bedeutung mehr. – E. wird v. a. zu E.-Estern weiterverarbeitet, wobei Vinylacetat (für Kunststoff), Celluloseacetat (Faserrohstoff), Äthylacetat und Butylacetat (Lösungsmittel) die größte Bedeutung haben.
Essigsäure|anhydrid (Acetanhydrid), stechend riechende Flüssigkeit, die zur Einführung der Acetylgruppe (Acetylierung) in organ. Verbindungen und zur Herstellung von Acetylcellulose und Acetylsalicylsäure verwendet wird.
Essigsäure|äthylester (Äthylacetat, Ethylacetat), Essigester; Lösungsmittel und Aromastoff.
Essigsäurebakteri|en (Essigbakterien), eine Gruppe von Bakterien; gramnegative, bewegl. oder unbewegl. Stäbchen, die v. a. in freigesetzten Pflanzensäften leben. Technisch werden E. verwendet zur Erzeugung von Sorbose aus Sorbit (bei der Vitamin-C-Synthese), von Gluconsäure aus Glucose und v. a. von Essigsäure (bzw. Essig).
essigsaure Tonerde, wässrige Lösung von bas. Aluminiumacetat; wirkt entzündungshemmend und zusammenziehend. Anstelle von e. T. wird inzwischen **essigweinsaure Tonerde** verwendet.
Eßling, ehem. Dorf in Niederösterreich, seit 1938 Stadtteil von Wien; bekannt durch die Schlacht bei ↑Aspern.
Esslingen, Landkreis im RegBez. Stuttgart, Bad.-Württ., 641 km², 500 700 Einwohner.
Esslingen am Neckar, Krst. des Landkreises Esslingen, Bad.-Württ., 90 000 Ew.; zwei FH für Technik und Sozialwesen, Hochschule für Kirchenmusik, Techn. Akademie; Stadttheater; Stahl-, Maschinen-, Fahrzeugbau, elektrotechn., feinmechan. und opt. Industrie. – Altertüml. Stadt mit vielen Kirchen und schönen Gebäuden, u. a. spätgot. Alten Rathaus (um 1430) mit Renaissancefassade (1589); von der Burg (12.–13. Jh., 1515–27 erweitert) sind Reste der Mauer und der Dicke Turm erhalten. – E. a. N., 777 erstmals erwähnt, seit 1228 Stadt; kam 1802 zu Württemberg.
📖 *Borst, O.: Gesch. der Stadt E. am Neckar. Esslingen am Neckar ³1978. – Gesch., Archäologie u. Bauforschung in E., hg. v. Landesdenkmalamt Bad.-Württ.. Materialhefte zur Archäologie in Bad.-Württ.; H. 64. Stuttgart 2001.*
Esso AG, Mineralölunternehmen, Sitz: Hamburg, gegr. 1890, Tochtergesellschaft der Exxon Mobil Corp.
Essonne [ɛˈsɔn], Dép. in Frankreich, südlich von Paris in der Île-de-France, 1 804 km², 1,133 Mio. Ew.; Hptst. ist Évry.
Esssucht, die ↑Bulimie.
Establishment [ɪsˈtæblɪʃmənt; engl. »das Bestehende«] *das,* durch die Studentenbe-

EST Estang

wegung der 1960er-Jahre geprägtes Schlagwort für die herrschenden, auf Verfestigung ihrer Macht und Unterdrückung nicht privilegierter Schichten gerichteten Kräfte in Staat und Gesellschaft.
Estang [ɛsˈtã], Luc, eigtl. Lucien Bastard, frz. Schriftsteller, *Paris 12. 11. 1911, †ebd. 25. 7. 1992; ist – von F. M. Dostojewski und G. Bernanos beeinflusst – um die Tradition einer christl. Innerlichkeit bemüht; schrieb Gedichte, Essays, Romane, u. a. die Trilogie »Gezeichnete«, »Und suchet, wen er verschlinge«, »Brunnen der Tiefe« (1949–54), »Le démon de pitié« (1987).
Estaunié [ɛstoˈnje], Édouard, frz. Schriftsteller, *Dijon 4. 2. 1862, † Paris 3. 4. 1942. Nach autobiograf. Anfängen (»L'empreinte«, 1895) gestalten seine zunehmend psychologisch motivierten Romane Alltag und soziale Beziehungen unauffälliger Menschen: »Das geheime Leben« (1908), »Der Fall Clapain« (1932).
Este, Stadt in Venetien, Italien, Prov. Padua, 17 000 Ew.; Agrarzentrum; chem. Ind., Töpfereien. – Stammburg der ↑Este (gegr. im 11. Jh.), Barockkirchen, im Palazzo Mocenigo Museum. – E., das antike **Ateste**, war im 8.–4. Jh. v. Chr. Hauptort der Veneter.
Este, italien. Adelsgeschlecht, benannt nach einer Burg bei der Stadt Este. Aus der Ehe Azzos II. mit einer Schwester des Herzogs Welf III. von Kärnten stammen Welf IV., der Stammvater der **Welf-E**. (↑Welfen), und Fulco I. (*um 1060, †um 1135), Stammvater der **(Fulc-)E.**, die Ende des 13. Jh. Ferrara, Modena und Reggio besaßen. Markgraf Borso (*1413, †1471) wurde 1452 zum Herzog von Modena und Reggio und 1471 zum Herzog von Ferrara erhoben. Unter den Herzögen Ercole I. (†1505), Alfonso I. (†1534), dem Gemahl der Lucrezia Borgia, Ercole II. (†1559) und Alfonso II. (†1597) war Ferrara ein glänzender Mittelpunkt der italien. Renaissance. Hier lebten u. a. Ariosto und Tasso. Mit dem Aussterben der Fulc-E. 1597 fiel das päpstl. Lehen Ferrara an den Kirchenstaat zurück und wurde 1598 eingezogen. Die urspr. kaiserl. Lehen Modena und Reggio gingen an eine Bastardlinie, die 1803 im Mannesstamm ausstarb. Die Erbtochter Maria Beatrice (*1750, †1829) war mit dem österr. Erzherzog Ferdinand Karl verheiratet, der das neue Haus **Österreich-E.** gründete, das in Modena und Reggio bis 1860 regierte.
Estébanez Calderón [-βanɛθ -], Serafín, span. Schriftsteller, *Málaga 27. 12. 1799, †Madrid 5. 2. 1867; hatte mehrere hohe Staatsämter inne; veröffentlichte unter dem Decknamen **El Solitario** humorvolle, später in »Escenas andaluzas« (1847) gesammelte Skizzen aus dem andalus. Volksleben.
Esten (estn. Eestlased), zum ostseefinn. Zweig der finnougr. Sprachfamilie gehörendes Volk, etwa 1,1 Mio. E., davon knapp 1 Mio. in Estland, ferner in Russland, Schweden, Kanada und den USA; Volkskunst und -brauchtum noch in ländl. Gebieten erhalten.
📖 *Abriß der estn. Volkskunde*, hg. v. H. Moora u. a. A. d. Russ. Reval 1964.
Ester [Kw. aus Essig und Äther], organ. Verbindungen, die formal aus Säuren und Alkoholen unter Wasseraustritt entstehen: R – COOH + R′OH → R – COOR′ + H₂O (R, R′ = organ. Reste) und auch durch Umesterung aus anderen E. oder aus Olefinen hergestellt werden. Durch Hydrolyse (Verseifung) können E. in Säure und Alkohol zurückgespalten werden. Viele E. sind fruchtartig riechende Flüssigkeiten. Glycerin-E. von Fettsäuren treten in der Natur als Fette, Öle und Wachse auf. Phthalsäure-E. haben als Weichmacher, der Methyl-E. der Terephthalsäure hat bei der Herstellung von Polyestern Bedeutung.
Esterházy [ˈɛstɔrhaːzi] (E. von Galántha), ungar. Magnatengeschlecht. Der Zweig Forchtenstein wurde 1687 in den Reichsfürstenstand erhoben; das fürstl. Majorat (seit 1695 Fideikommiss) war bis 1945 der größte Grundbesitz Ungarns.
Esterházy [ˈɛstɔrhaːzi], Péter, ungar. Schriftsteller, *Budapest 14. 4. 1950; Mathematiker. Seit dem »Produktionsroman« (1979) verbindet E.s Prosa sprachl. Experimentierfreudigkeit mit scharfer iron. Gesellschaftskritik. Dabei nutzt er Zitate, Collagen, Wechsel der Stilebenen u. a. Möglichkeiten postmodernen Erzählens, so im Roman »Donau abwärts« (1991) und im Prosaband »Eine Frau« (1995). Als sein Opus magnum gilt »Harmonia Caelestis« (2000), 2002 ergänzt um »Verbesserte Ausgabe«. E. erhielt 2004 den Friedenspreis des Deutschen Buchhandels.
Weitere Werke: Romane: Die Hilfsver-

ben des Herzens (1984); Das Buch Hrabals (1990). – Andere Prosa: Thomas Mann mampft Kebab am Fuße des Holstentors (dt. Ausw. 1999).

Estland	
Fläche	43 432 km²
Einwohner	(2003) 1,323 Mio.
Hauptstadt	Tallinn
Verwaltungs-gliederung	15 Bezirke
Amtssprache	Estnisch
Nationalfeiertag	24. 2.
Währung	1 Estn. Krone (ekr) = 100 Senti
Zeitzone	OEZ

Estes [ˈestɪs], **1)** Richard, amerikan. Maler, *Kewanee (Ill.) 14. 5. 1932; einer der wichtigsten Vertreter des ↑Fotorealismus; Darstellungen v. a. von Straßen- und Stadtansichten, Reklamefronten, Schaufensterfassaden.
2) Simon, amerikan. Sänger (Bassbariton), *Centerville (Ia.) 2. 3. 1938; wurde v. a. mit Partien in Opern von R. Wagner bekannt; auch Konzertsänger.
Estevez, Emilio, amerikan. Filmschauspieler, *New York 12. 5. 1962; Sohn von Martin Sheen, Bruder von Charlie Sheen; Filmrollen in »St. Elmo's Fire« (1985), »Young Guns« (1988), »Men at Work« (1989), »Die Abservierer« (1993), »Mighty Ducks 3« (1996), »Dollar for the Dead« (1998).
EStG, Abk. für **E**inkommen**st**euer**g**esetz.
Ẹsther, Buch des A. T.; schildert die Vereitelung der geplanten Judenverfolgung des Haman durch E., die Gemahlin des Perserkönigs Xerxes I.; Zeugnis der jüd. Literatur des hellenist. Zeitalters; im jüd. Kultus Festrolle (↑Megillot) für das ↑Purimfest.

estinguendo [-ɪŋˈguɛndo, italien.], musikal. Vortragsbez.: verlöschend, ausgehend, ersterbend.
Estland (estn. Eesti, amtl. Eesti Vabariik; dt. Republik E.), Staat in NO-Europa, grenzt im W an den Rigischen Meerbusen, im N an den Finn. Meerbusen, im O (Grenzverlauf überwiegend durch den Peipussee) an Russland, im S an Lettland.
Staat und Recht: Nach der am 28. 6. 1992 durch Referendum gebilligten Verf. ist E. eine parlamentar. Republik. Der mit weit reichenden Befugnissen ausgestattete Präs. (auf 5 Jahre vom Parlament gewählt) ist Staatsoberhaupt und oberster Befehlshaber der Streitkräfte. Die Legislative liegt bei der Staatsversammlung (101 Abg., für 4 Jahre gewählt), die auch den MinPräs. wählt. Einflussreichste Parteien: Res Publica (RP), Estn. Zentrumspartei (K), Vaterlandsunion (I), Estn. Reformpartei (RE), Partei der Moderaten (M), Estn. Volksunion (ERL), Estn. Vereinigte Volkspartei (EÜRP). Die Koalitionspartei (KE) löste sich 2001 auf.
Landesnatur: E. liegt im NW der Osteurop. Ebene und umfasst das nördl. Baltikum. Die glazial geformte, teils flache, teils hügelige, zu 90% unter 100 m ü. M. gelegene Oberfläche ist mit Sumpfland (über 20% der Fläche) und Seen (Peipussee, Võrtsjärv) durchsetzt. Im SO treten iso-

Estland: vom Fluss Pärnu durchflossene Landschaft

EST Estland

lierte kuppige Erhebungen (Endmoränen) auf (bis 318 m ü. M.). Der stark gegliederten, buchtenreichen Küste sind etwa 1 520 Inseln vorgelagert; die größten sind Saaremaa (Ösel), Hiiumaa (Dagö), Muhu (Moon) und Vormsi (Worms). Die Küste fällt in einer steilen Kalksteinstufe, dem Glint, zum Finn. Meerbusen ab. Das Klima ist durch den Ostseeeinfluss maritim, die Sommer daher mäßig warm und die Winter nicht so extrem kalt. Die jährl. mittlere Niederschlagsmenge liegt zw. 500 und 700 mm. Etwa 45% der Gesamtfläche sind bewaldet (v. a. Kiefern, Fichten und Birken). In E. bestehen 4 Nationalparks und 213 unterschiedl. Schutzgebiete.

Bevölkerung: 2000 waren von den Bewohnern 65% Esten, 28% Russen, 2,5% Ukrainer, 1,5% Weißrussen, 1% Finnen sowie 2% Angehörige anderer Nationalitäten. Seit 1990 ist eine negative Bev.entwicklung festzustellen, die sowohl auf die Emigration russ. Bev.gruppen (etwa 30%) als auch auf sinkende Geburtenraten zurückzuführen ist. E. ist der am dünnsten besiedelte balt. Staat. In Städten leben 69% der Bewohner E.s. – Die Bev. ist in ihrer Mehrheit traditionell der evang.-luth. Kirche verbunden, Kirchen-Mitgl. im rechtl. Sinne sind allerdings nur rd. 12%. Der orth. Kirche als der zweitgrößten Religionsgemeinschaft fühlen sich etwa 20% der Bev. verbunden. – Es besteht eine neunjährige Schulpflicht. Es gibt es eine Univ. in Tartu (gegr. 1632) und eine Techn. Univ. in Tallinn (gegr. 1936); die erste Privat-Univ. wurde 1988 gegründet (Estonian Business School in Tallinn).

Wirtschaft und Verkehr: Der nach der Unabhängigkeit einsetzende, mit großen Schwierigkeiten verlaufende Reformprozess ist nahezu vollendet, die Privatisierung und der notwendige Strukturwandel vollzogen, seit Mitte der 1990er-Jahre wächst das Bruttoinlandsprodukt. E. ist auf die Einfuhr devisenträchtiger Brennstoffe (Erdöl, -gas) und Elektroenergie, v. a. aus Russland, angewiesen. Ein noch bedeutender Wirtschaftszweig ist die Landwirtschaft mit dem Anbau von Kartoffeln, Futterpflanzen, Getreide, Flachs sowie mit Milchvieh-, Schweine-, Schaf- und Geflügelhaltung. Die Nahrungsmittelind. (bes. Milch-, Fleisch-, Fischverarbeitung) ist wertmäßig mit einem Drittel an der Ind.produktion beteiligt. Die Phosphorite bei Tallinn werden zur Herstellung von Düngemitteln genutzt. Die mächtigen Ölschiefervorkommen im NO sind die wichtigste Energiequelle. Aus den alten Textilmanufakturen entstand in Narva und Tallinn die Baumwollindustrie. Wich-

Estland EST

tige Zweige sind außerdem der Bau elektro-, rundfunktechn. und elektron. Anlagen, der Maschinen- und Schiffbau sowie die aufstrebende Holzverarbeitung und Papierindustrie. Ausgeführt werden Erzeugnisse der Textilind., Maschinen und Ausrüstungen, Holz und Holzprodukte, Chemikalien, Kunststoffartikel sowie Nahrungsmittel, eingeführt Roh- und Brennstoffe, Maschinen und Ind.anlagen sowie Fahrzeuge. Wichtige Handelspartner sind Finnland, Russland, Dtl. und Schweden. – E. verfügt über ein dichtes Verkehrswegenetz. Das befestigte Autostraßennetz ist 16 437 km, das Eisenbahnnetz 1 018 km lang. 80 % des Außenhandels von E. gehen über den Hochseehafen Tallinn. Hier befindet sich auch der bedeutendste internat. Flughafen des Landes. Nat. Fluggesellschaft ist die Estonian Air. An der Ostseeküste liegen mehrere Bade- und Kurorte, bes. Pärnu, Haapsalu und Kuressaare (auf der Insel Saaremaa).
Geschichte: Das heutige Gebiet von E., das erst nach dem Ersten Weltkrieg Eigenstaatlichkeit erhielt, entstand aus der histor. Provinz E. (urspr. nur der nördl. Landesteil) und dem 1918 angeschlossenen, vorwiegend von Esten besiedelten N-Livland. Im 11. Jh. unternahm der Kiewer Fürst Jaroslaw der Weise Feldzüge in das südöstl. Estland. 1207–27 unterwarfen Deutsche (Schwertbrüderorden) und Dänen die Esten und christianisierten sie. 1346 verkaufte Waldemar IV. den dän. Anteil am estn. Gebiet an den Dt. Orden. 1561 kam E. an Schweden. 1584 wurden die vier Landschaften Harrien, Wierland, Jerwen und Wiek zum Herzogtum »Esthen« erhoben. Die Herrschaft der Schweden wurde erst durch den Sieg des russ. Kaisers Peter I. über den schwed. König Karl XII. im 2. Nord. Krieg (1700–21) beendet (Frieden von Nystad, 1721). Unter russ. Herrschaft wurde die autonome Stellung E.s (zunächst noch bed. Rolle der dt. Ritterschaft) zunehmend abgebaut; im 19. Jh. setzte eine starke Russifizierungspolitik ein. Industrialisierung und Urbanisierung förderten den Zuzug estn. Arbeitskräfte und vergrößerten den estn. Bev.anteil in den Städten. Nach Ausbruch der russ. Revolution von 1905 kam es im Baltikum zu bes. schweren Unruhen, die von der Reg. blutig niedergeschlagen wurden. Unter der provisor. Reg. Russlands konnten estn. Politiker 1917 die administrative Zusammenlegung des Gouv. E. mit N-Livland und den Inseln erreichen. Mit der Oktoberrevolution von 1917 kam in Reval eine bolschewist. Rätereg. an die Macht, während die bürgerl. Kreise nun nach einer Loslösung von Russland strebten. In der Nacht vom 24. 2. zum 25. 2. 1918 nutzte man die kurze Frist zw. dem Abzug der Bolschewiki aus Reval und dem Einmarsch der Deutschen, um die Unabhängigkeit E.s zu proklamieren. Nach der Kapitulation Dtl.s im Ersten Weltkrieg wurde E. erneut von der Roten Armee besetzt. Es gelang jedoch der jungen estn. Armee im Verband mit finn. Freiwilligen und einem Baltenregiment, bis zum ersten Jahrestag der estn. Staatsgründung das gesamte Land unter ihre Kontrolle zu bringen. Im russ. Bürgerkrieg setzte sich der »weiße« russ. General N. N. Judenitsch mit seinen antibolschewist. Kräften in E. fest (Reval war Sitz einer »Nordwestruss. Reg.«), löste aber seine Truppen auf, nachdem 1919 ein Angriff auf Petrograd (heute Sankt Petersburg) gescheitert war. Im Frieden von Dorpat (2. 2. 1920) erkannte das bolschewist. Russland die staatl. Unabhängigkeit E.s an. Mit der Enteignung des Großgrundbesitzes (1919), der sich zu einem großen Teil in der Hand der Baltendeutschen befand, wurde deren alte Vormachtstellung in E. gebrochen. 1920 gab sich E. eine demokrat. Verf.; mit einem Gesetz zur Kulturselbstverwaltung (12. 5. 1925) erhielten die nat. Minderheiten (Deutsche, Russen und Schweden) eine weitgehende kulturelle Autonomie. Nach einem Staatsstreich (1934) errichtete K. Päts, gestützt auf die konservative Bauernpartei, ein autoritäres Reg.system, das mit der Präsidialverf. vom 3. 9. 1937 seine endgültige Form erhielt. Päts wurde 1938 Staatspräsident. Dtl., am 7. 6. 1939 mit E. einen Nichtangriffspakt geschlossen hatte, überließ im Hitler-Stalin-Pakt (23. 8. 1939) E. und Lettland, im Sept. 1939 auch Litauen der sowjet. Einflusssphäre. Im Juni 1940 besetzten sowjet. Truppen E., das am 6. 8. 1940 als Estn. SSR in die UdSSR eingegliedert wurde. Umfangreiche sowjet. Deportationen (1941 und nach 1944) sowie die dt. Besetzung (1941–44) trafen v. a. die estn. Intelligenz und die Bauern. Vor der Rückeroberung E.s durch die Rote Armee (1944) flohen etwa 70 000 Esten außer Landes. Infolge der Ansied-

EST Estland

lung von Allunionsbetrieben kam es zur forcierten Zuwanderung von Russen. Im Zeichen der von M. S. Gorbatschow in der UdSSR eingeleiteten gesellschaftl. Reformen bildete sich 1988 eine »Volksfront«, die die staatl. Unabhängigkeit E.s durchsetzen wollte. Ein 1989 erlassenes Wahl-Ges. wies den im Land lebenden Russen eine Minderheitenposition zu. Nach dem Wahlsieg der »Volksfront« bei den Parlamentswahlen vom 18. 3. 1990 proklamierte E. am 30. 3. 1990 den stufenweisen Übergang zur Unabhängigkeit, was zum Konflikt mit der sowjet. Unionsregierung führte. Am 8. 5. 1990 setzte das Parlament Teile der Verf. von 1938 wieder in Kraft und benannte die Estn. SSR in »Republik E.« um. Gemeinsam mit Lettland und Litauen unterzeichnete E. am 12. 5. 1990 ein Abkommen zur Neugründung des bereits 1934–40 existierenden Balt. Rates. Nachdem im Zusammenhang mit dem Putschversuch reformfeindl. Kräfte der KPdSU in Moskau sowjet. Truppen auch in die estn. Republik einmarschiert waren, erklärte E. am 20. 8. 1991 seine Unabhängigkeit. Am 17. 9. 1991 wurde E. in die UNO aufgenommen. Nach der Annahme einer neuen Verf. durch ein Referendum am 28. 6. 1992 fanden am 20. 9. 1992 unter Ausschluss der nicht estn. Bev. (rd. ein Drittel, v. a. Russen) Wahlen statt, aus denen das nat.-konservative Parteienbündnis »Vaterland« als stärkste Parlamentsfraktion hervorging. Im Okt. 1992 wurde L. Meri (Vaterlandsunion) Staatspräs. (1996 im Amt bestätigt). Nach Unterzeichnung eines Abkommens durch Meri und B. N. Jelzin verließen Ende Aug. 1994 die letzten 2 000 russ. Soldaten das Land. 1992–94 war Mart Laar MinPräs., dessen Kabinett im Zusammenhang mit einem Finanzskandal vom Parlament durch ein Misstrauensvotum gestürzt wurde. Nachfolger als Reg.chef wurde Andres Tarand (parteilos, 1994/95), den nach den Parlamentswahlen vom März 1995 Tiit Vähi als MinPräs. einer Reg. aus Koalitionspartei, Agrarunion und Zentrumspartei ablöste. 1995 wurde ein neues Staatsbürgerschafts-Ges. verabschiedet (1998 Änderungen zur Erleichterung der Einbürgerung). Nach dem Rücktritt Vähis (1997) stand Mart Siimann (Koalitionspartei) an der Spitze einer Minderheitsregierung. Aus den Parlamentswahlen vom März 1999 gingen die Mitte-rechts-Parteien erfolgreich hervor; M. Laar wurde danach erneut Reg.chef. 2001 übernahm A. Rüütel das Amt des Staatspräs. Dieser unterzeichnete im Dez. 2001 ein neues Sprach-Ges. (Aufhebung der Klausel, wonach alle Kandidaten bei Wahlen die estnische Sprache beherrschen mussten), womit ein wichtiger Schritt zur weiteren Integration der russ. Minderheit erfolgte. Nach dem Rücktritt Laars folgte diesem im Jan. 2002 Siim Kallas (Reformpartei) als MinPräs. einer Minderheitsreg. mit der Zentrumspartei. Die Parlamentswahlen im März 2003 endeten mit einem Patt zw. der Zentrumspartei und der Partei Res Publica. Juhan Parts (Res Publica) wurde MinPräs. einer Mitte-rechts-Koalition mit Reformpartei und Volksunion. Außenpolitisch strebt E., das sich zunehmend aus der Einflusssphäre von Russland lösen konnte, nach Anlehnung an die westl. Demokratien Europas. 1993 wurde es Mitgl. des Europarates, trat 1994 dem NATO-Programm »Partnerschaft für den Frieden« bei und schloss 1995 mit der EG ein Assoziierungsabkommen; am 4. 12. 1995 stellte das Land einen Antrag auf Mitgliedschaft in der Europ. Union. Nachdem die balt. Staaten eine von Russland am 24. 10. 1997 offerierte Sicherheitsgarantie in darauf folgenden Monat abgelehnt hatten, unterzeichnete E. zus. mit Lettland und Litauen am 16. 1. 1998 eine »Charta der Partnerschaft« mit den USA. Im Nov. 1999 erfolgte E.s Aufnahme in die WTO. Auf dem Prager Gipfeltreffen der NATO vom 21./22. 11. 2002 wurde E. zum Beitritt eingeladen (für 2004 vorgesehen). Nach Beendigung der EU-Beitrittsverhandlungen (1998–2002) beschloss der EU-Gipfel in Kopenhagen im Dez. 2002 die Aufnahme des Landes zum 1. 5. 2004. Diesen Schritt befürwortete auch die Bev. (mit 66,9 % der Stimmen bei einer Wahlbeteiligung von 63 %) in einem Referendum am 14. 9. 2003. Am 29. 3. 2004 wurde E. Mitglied der NATO, am 1. 5. 2004 trat die Republik der EU bei.

📖 *Die balt. Nationen. E., Lettland, Litauen*, hg. v. B. Meissner. Köln ²1991. – Hartmann, U. u. Winkel, A.: *E. Zurück in Europa.* Karlsruhe 1992. – Rajangu, V.: *Das Bildungswesen in E.* Köln u. a. 1993. – Karin, T.: *E. Kulturelle u. landschaftl. Vielfalt in einem histor. Grenzland zwischen Ost u. West.* Köln 1995. – Ludwig, K.: *E.* München

1999. – Ettmayer, W.: E. Der Aufbruch nach Europa. Berlin 1999. – Mahrt, I. u. P.: E. Würzburg 2002.

estnische Literatur, die alte estn. Volksdichtung bestand im Wesentlichen aus mittelalterl. und frühneuzeitl. Liedgut (die im 19. Jh. angelegten Sammlungen gehören heute zu den größten der Welt.) Bis zum Ausgang des 18. Jh. hatte die e. L. meist kirchl. Charakter. Im 19. Jh. entstand, in Anlehnung an das finn. »Kalevala«, das Nationalepos »Kalevipoeg« (1857–61) von F. R. Kreutzwald. Von großer Bedeutung war die patriot. Lyrik von L. Koidula in der Nationalromantik Mitte des 19. Jh. Mit dem Realismus (E. Vilde, J. Liiv) der Jahrhundertwende und der Bewegung Noor-Eesti (Jung-Estland, 1905–17) unter der Führung von G. Suits und F. Tuglas entstand eine sich an die europ. Bewegungen anschließende moderne e. L. (Lyriker: H. Visnapuu, Marie Under; Erzähler: A. H. Tammsaare, A. Gailit, A. Mälk). Nach 1944 entwickelte sich neben der Lit. in Estland eine bedeutende Emigrantenlit. (u.a. mit G. Suits, M. Under, H. Visnapuu, A. Gailit, A. Mälk, B. Kangro, R. Ristikivi, K. Lepik, I. Grünthal); Vertreter der modernen Gegenwartslit. in Estland sind u.a. M. Traat, M. Unt, E. Vetemaa, A. Beekman, A. Valton, P. Kuusberg, L. Meri, J. Kross. Seit der Unabhängigkeit Estlands 1990/91 tragen auch zahlr. jüngere Lyriker (u.a. P. Beier, Doris Kareva, T. Trubetzky, K. Sinijärv) und Prosaautoren (u.a. Viivi Luik, Mari Saat, Ü. Mattheus) zur Wiederbelebung der e. L. und des estn. Nationalbewusstseins bei. Seitdem ist auch, u.a. mit dem Nachdruck von Werken estn. Exilautoren in Estland, ein Prozess der Wiederannäherung der e. L. im Exil und der e. L. in Estland in Gang gekommen.

📖 Nirk, E.: Estonian literature. Historical survey with bibliographical appendix. Tallinn ²1987. – Hasselblatt, C. u. Pirsich, V.: E. L. in dt. Sprache 1802–1985. Bibliographie der Primär- u. Sekundärliteratur. Hamburg 1988. – Scholz, F.: Die Literaturen des Baltikums. Opladen 1990.

estnische Sprache, die mit dem Finnischen nah verwandte Sprache der Esten, die zur ostseefinn. Gruppe der finnougr. Sprachen gehört; seit dem 13. Jh. im Wortschatz stark durch das Deutsche beeinflusst; verwendet wird die lat. Schrift; man unterscheidet die Hauptdialekte **Nordest-**nisch, auf dem die heutige Schriftsprache beruht, und **Südestnisch**.

Estomihi [lat. »sei mir (ein starker Fels)«], in den evang. Kirchen der Sonntag vor der Passionszeit; in der kath. Kirche der Sonntag vor Aschermittwoch, früher ↑Quinquagesima.

Estournelles [ɛstur'nɛl], Paul Balluat Baron de Constant de Rebecque d', frz. Politiker, *La Flèche (Dép. Sarthe) 22. 11. 1852, † Paris 15. 5. 1924; Pazifist; vertrat 1907 Frankreich auf der ↑Haager Friedenskonferenz; erhielt 1909 zus. mit A. Beernaert den Friedensnobelpreis.

Estrada, Joseph Ejercito (»Erap«), *Manila 19. 4. 1937; Filmschauspieler, 1969–86 Bürgermeister von San Juan (Satellitenstadt von Manila), ab 1987 Mitgl. des Senats, 1992–98 Vizepräs., wurde 1998 Staatspräsident. Nach Einleitung eines Amtsenthebungsverfahrens unter dem Vorwurf der Korruption (2000) durch Massenproteste im Jan. 2001 gestürzt.

Estrade [frz.] die, volkstüml. künstler. Veranstaltung mit gemischtem musikal. und artist. Programm.

Estragon (Artemisia dracunculus), Beifußart aus Asien und Nordamerika, 1,2 m hoch, mit 3 mm großen gelben Blütenkörbchen; in Mitteleuropa Gewürzpflanze.

Estrêla [iʃ'trela; portugies. »Sterngebirge«] (Serra da E.), höchster Gebirgszug Portugals, Teil des Iber. Scheidegebirges, im Malhão 1 991 m ü. M.

Estremadura, **1)** [portugies. iʃtrəma-'ðurə], histor. Provinz in Mittelportugal, erstreckt sich an der W-Küste von der Sadomündung über die Halbinsel von Setúbal, jenseits des Tejomündungsgebiets bis südlich Coimbra; umfasst den Distrikt Lissabon und Teile der Distrikte Setúbal und Leiria. Das Innere ist gebirgig, die Küste überwiegend Steilküste. Der S-Teil wird vom Großraum Lissabon mit seiner Ind.produktion eingenommen, in den übrigen E. v.a. mediterrane Trockenbaukulturen (Weizen, Reben, Ölbaum, Feigen), um Setúbal Korkverarbeitung; Fischerei.

2) Region in Spanien, ↑Extremadura.

Estrich der, Träger für den Fußbodenbelag, wird nass oder als Trocken-E. auf die Rohdecke aufgebracht (Zement-E., Kunstharz-E. u.a.). Ein **schwimmender E.** wird auf einer Unterlage aus Dämmplatten ohne Verbindung zur Baukonstruktion verlegt.

Estrogene, die ↑Östrogene.

ESVG, Abk. für ↑Europäisches System Volkswirtschaftlicher Gesamtrechnungen.
ESVP, ↑Europäische Sicherheits- und Verteidigungspolitik.
ESZB, Abk. für Europäisches System der Zentralbanken, ↑Europäische Zentralbank.
Esztergom [ˈɛstɛr-] (dt. Gran), Stadt in Ungarn, an der Donau (Grenze zur Slowakei), 28 100 Ew.; kath. Erzbischofssitz; Maschinen- und Gerätebau, Textilindustrie. – Auf dem Festungsberg Reste der königl. Burg (1172–96) mit gut erhaltener Burgkapelle und die klassizist. Kathedrale (1822–69). – Kelt. Siedlung, später röm. Militärlager **Solva;** im 5. Jh. Residenz Attilas, im 11.–13. Jh. der Arpaden; Stephan I. gründete um 1000 das Erzbistum Gran; 1242 von den Mongolen zerstört; im 15. Jh. Zentrum der ungar. Renaissance. 1543–95 und 1605–83 osmanisch; 1708 königl. Freistadt.

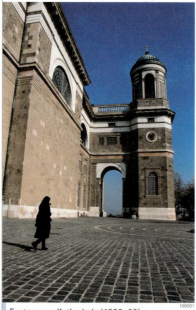

Esztergom: Kathedrale (1822–69)

et [lateinisch], und; Zeichen (in Firmennamen): &.
Eta *das* (H, η), der 7. Buchstabe des grch. Alphabets (↑Etazismus).
ETA, Abk. für baskisch Euzkadi Ta Azkatasuna [»das Baskenland und seine Freiheit«], bask. Untergrundorganisation, gegr. 1959, spaltete sich Mitte der 1970er-Jahre in ETA militar und ETA politico-militar; radikale Verfechterin bask. Autonomieforderungen in Spanien. Das Ziel – ein selbstständiger bask. Staat, der das frz. Baskenland einschließt – wird mit terrorist. Aktivitäten verfolgt (seit 1968 mehr als 800 Tote durch Attentate). Verhandlungen mit der span. Reg. scheiterten bisher immer an den Maximalforderungen der ETA, die eine im Sept. 1998 ausgerufene Waffenruhe bereits im Nov. 1999 wieder aufkündigte. Als polit. Arm der ETA gilt die Partei »Batasuna« (früher »Herri Batasuna«), deren Tätigkeit 2002 zunächst für drei Jahre untersagt wurde (nach einem entsprechenden Antrag der span. Reg. vom Obersten Gerichtshof im März 2003 verboten).
etablieren [frz.], einrichten, gründen (z. B. ein Geschäft).
Etage [eˈtaːʒə, frz.] *die, Bautechnik:* das ↑Geschoss.
Etagere [-ˈʒeːrə, frz.] *die,* 1) Gestell für Bücher oder für Geschirr; auch Stufengestell aus meist drei übereinander befindl. Schalen unterschiedl. Größe für Obst; 2) aufhängbare Kosmetiktasche mit Fächern.
Etalon [etaˈlɔ̃, frz.] *der,* 1) *Messwesen:* das ↑Normal.
2) *Physik:* zwei genau parallel montierte Spiegelflächen bester Ebenheit, die in der Interferometrie verwendet werden, z. B. beim Fabry-Pérot-Interferometer.
Étampes [eˈtãp], Stadt im Dép. Essonne, Frankreich, südlich von Paris, in der Beauce, 21 400 Ew.; Markt- und Fremdenverkehrsort mit mittelalterl. Stadtbild (u. a. Kirchen Notre-Dame du Fort, 12./13. Jh., Saint-Martin, 12./13. Jh.).
Etappe [frz.] *die,* 1) *allg.:* Teilstrecke, Abschnitt.
2) *Militärwesen:* früher, bes. im Ersten Weltkrieg, das Gebiet zw. Kampfgebiet und Heimat.
Etat [eˈta, frz.] *der,* ↑Haushaltsplan.
État Français [etafrãˈsɛ], 1940–44 offizieller Name des frz. Staates, ↑Frankreich.
Etatismus [zu frz., état »Staat«] *der,* in krit. Sinne gebrauchte Bez. für Bestrebungen, die Verwaltung des Staates und ihre Kompetenz auf Kosten der eigenständigen Bereiche von Gesellschaft und Wirtschaft auszudehnen.

États généraux [etaʒene'ro], die frz. ↑Generalstände.

Etazismus [von grch. Eta] *der*, die Aussprache des altgrch. Buchstabens Eta als »e« und nicht als »i« **(Itazismus).**

et cetera [lat. »und die übrigen (Sachen)«], Abk. **etc.,** und so weiter.

et cum spiritu tuo [lat. »und mit deinem Geiste«], Antwort der Gemeinde auf den Gruß Dominus vobiscum (↑Dominus).

Eteokles, *grch. Mythos:* Sohn des Ödipus und der Iokaste, Bruder der Antigone und des Polyneikes. Die Brüder töteten einander im Zweikampf. (↑Sieben gegen Theben)

Eteokreter, Volksstamm im antiken Kreta.

etepetete [niederdt. oder frz.], *umgangssprachlich:* geziert, zimperlich, übertrieben empfindlich; steif und konventionell, nicht ungezwungen, nicht aufgeschlossen.

Etesien [grch. »jährliche Winde«], beständige, trockene N- bis NW-Winde bes. im Ägäischen Meer und im östl. Mittelmeer, wehen etwa von April bis Oktober. Das **E.-Klima** der subtrop. Zonen hat Sommertrockenheit und Winterregen.

Eth..., fachsprachl. Schreibung für Äth... in organ. Verbindungen, z. B. Ethanol – Äthanol, etherisch – ätherisch.

Ethan, das ↑Äthan.

Ethen, das ↑Äthylen.

Ethernet ['ɪːθə-], Typ eines lokalen Rechnernetzes (↑LAN).

Ethik [zu grch. éthos »Sitte«, »Brauch«] *die,* philosoph. Wiss. vom Sittlichen (↑Sittlichkeit); sie sucht Antworten auf die Frage: »Was sollen wir tun?« Gegenstände ihrer Betrachtung sind die menschl. Handlungen, die Gesinnung, aus der diese hervorgehen **(Gesinnungs-E.),** die von ihnen erzeugten Wirkungen **(Erfolgs-E.)** und die Werte und Normen selbst **(Wert-E.).** Von dieser **Individual-E.** wird eine ↑Sozialethik unterschieden. Ein besonderer Ausgangspunkt des eth. Denkens ist die Frage, ob die sittl. Willensantriebe und Wertschätzungen angeboren, also in gewissem Ausmaß allen Menschen gemeinsam sind oder ob sie aus der Erfahrung gewonnen werden und daher nach Völkern und Zeitaltern wechseln. Das Wesen des Sittlichen kann in einer Form gefunden werden, die allen sittl. Handlungen gemeinsam ist, so bes. die Vernünftigkeit der Intention **(formale E.),** aber auch in bestimmten Wertinhalten, in die sich die Welt der sittl. Erscheinungen gliedert **(materiale E.).** Einige Richtungen der E. ergeben sich aus dem Versuch, die sittl. Erscheinungen auf einen einheitl., an sich außersittl. Wert zurückzuführen, etwa die Glückseligkeit (↑Eudämonismus), die Lust (↑Hedonismus), den eigenen oder den allgemeinen Nutzen (↑Utilitarismus). (↑Moralphilosophie, ↑Moraltheologie, ↑theologische Ethik)

Geschichte: Als Wiss. ist E. zuerst von Aristoteles entwickelt worden (Tugendlehre; ↑Tugend). Die Stoa betonte dann die sittl. Forderung eines von der Natur gegebenen Gesetzes. Dieser Gedanke verband sich im Christentum mit dem des geoffenbarten Gesetzes Gottes. Erst bei Thomas von Aquin entstand daraus eine umfassende philosophisch-theolog. Synthese, deren Grundbegriffe bis in die Aufklärung erhalten blieben. In der Neuzeit wurde die Forderung erhoben, jede faktisch allgemein befolgte sittl. Norm als vernünftige Vereinbarung zu begründen; Begründungsregel bei Kant ist der ↑kategorische Imperativ. In Abkehr von Kants Formalismus entstand im 20. Jh. in Dtl. u. a. eine phänomenologisch **materiale Wert-E.** (M. Scheler, N. Hartmann u. a.); in Anlehnung an Kant in neuerer Zeit die normativkrit. **konstruktive E.** der »Erlanger Schule« (P. Lorenzen). – In Frankreich deckte die existenzialist. E. der Nachkriegszeit (J.-P. Sartre, A. Camus) bes. die anthropolog. Voraussetzungen der E. auf, ließ allerdings die eth. Sinnfrage zurücktreten. Von Großbritannien aus hat sich die sprachanalyt. ↑Metaethik ausgebreitet, die unter dem Einfluss der Gedanken G. E. Moores (»Principia ethica«) und L. Wittgensteins steht. Großes öffentl. Interesse gilt in der Gegenwart bes. den Gebieten der **angewandten E.** wie ↑Bioethik, medizin., ökolog. E., Technik- oder ↑Wirtschaftsethik.

📖 *Gesch. der neueren E., hg. v. A. Pieper,* 2 Bde. Tübingen 1992. – *Singer, P.:* Prakt. *E. A. d. Engl. Stuttgart ²1994. – E. u. wiss. Fortschritt, hg. v. P. Mittelstaedt. Bonn 1995. – Irrgang, B.: Grundriß der medizin. E. München u. a. 1995. – MacIntyre, A.: Gesch. der E. im Überblick. A. d. Amerikan. Weinheim ³1995. – Angewandte E. Die Bereichsethiken u. ihre theoret. Fundierung, hg. v. J. Nida-Rümelin. Stuttgart 1996. – Angewandte E. Eine Einf., hg. v. A. Pieper u.*

ETH Ethikunterricht

U. Thurnherr. München 1998. – Habermas, J.: Faktizität u. Geltung. Neuausg. Frankfurt am Main 1998. – Pieper, A.: Einf. in die E. Tübingen u. a. ⁴2000. – Lexikon der E., hg. v. O. Höffe. München ⁶2002.
Ethikunterricht, in einzelnen Bundesländern Unterrichtsfach für Schüler, die nicht am konfessionellen Religionsunterricht teilnehmen.
Ethin, das ↑Acetylen.
Ethnarch [grch.»Stammesführer«] der, Titel von Stammesfürsten in Gebieten unter röm. Oberhoheit; seit dem 2. Jh. v. Chr. auch Titel des Hohen Priesters in Jerusalem.
Ethnie [grch.] die, Gruppe von Menschen, die der gleichen Kultur angehören.
ethnisch [grch. ethnikós »zum Volk gehörend«, »dem Volk eigentümlich«], die (einheitl.) Kultur- und Lebensgemeinschaft einer Volksgruppe bezeugend oder diese betreffend.
ethnische Konflikte, Bez. für Auseinandersetzungen, in denen die Berufung auf ethn. Zugehörigkeit oder Interessen die Grundlage sozialer Zusammenstöße, Parteiungen und Zielvorgaben darstellt. Die ethn. Zuschreibung kann unter Umständen verschärfender, legitimierender oder ideologisierender Faktor in bereits durch andere Problemfelder (soziale Spannungen, Grenzfragen und Gebietsansprüche, polit. Partizipation) bestimmten Konflikten sein. Das Zusammenleben in fest eingegrenzten, sich als Nat.staaten verstehenden polit. Einheiten hat sich – von Europa ausgehend – erst im 19. und 20. Jh. weltweit verbreitet. Da global nach Schätzungen von der Existenz von 2 500 bis 8 000 Völkern, Ethnien oder Sprachgruppen auszugehen ist, jedoch Ende des 20. Jh. nur etwa 200 Staaten bestehen, ist der multiethn. Staat der Normalfall, der homogene Nationalstaat die Ausnahme. Die Kriegsstatistik zeigt v. a. nach der globalen Wende 1989/90 einen Trend von zwischenstaatl. Kriegen zu Bürgerkriegen. Dies macht deutlich, dass sich hinter der Fassade des Nat.staats in der Gesch. des jeweiligen Landes noch immer unterschiedl. disparate Gruppenmuster (z. B. Regionen oder Ethnien) finden lassen, deren Anteile an der Konfliktdynamik bzw. -eskalation in der nationalstaatl. Politik jeweils gesondert (historisch) zu betrachten sind. (↑Nationalitätenfrage)

Ethnizität. Wiss. u. Minderheiten, hg. v. E. J. Dittrich u. a. Opladen 1990. – Heckmann, F.: Ethn. Minderheiten, Volk u. Nation. Soziologie interethn. Beziehungen. Stuttgart 1992. – Bosnien u. Europa. Die Ethnisierung der Gesellschaft, hg. v. N. Stefanov u. M. Werz. Frankfurt am Main 1994. – Nationalism, ethnic conflict and democracy. hg. v. L. Diamond u. M. F. Plattner. Baltimore 1994. – Ryan, S.: Ethnic conflict and international relations. Aldershot ²1995. – Kakar, S.: Die Gewalt der Frommen. Zur Psychologie religiöser u. e. K. A. d. Engl., München 1997. – Senghaas, D.: Zivilisierung wider Willen. Der Konflikt der Kulturen mit sich selbst. Frankfurt am Main 1999. – E. K. in der Dritten Welt. Ursachen u. Konsequenzen, hg. v. G. Meyer u. A. Timm. Mainz 2001.
ethnische Säuberungen, im Zusammenhang mit dem Bürgerkrieg im ehem. Jugoslawien aufgekommene verharmlosende Bez. für die systemat., gewaltsame Vertreibung von Volksgruppen aus einem ethn. Mischgebiet zugunsten des Wohn- und Lebensrechtes einer Volksgruppe.
ethno... [grch. éthnos »Volk«, »Schar«], volks..., Volk..., Stamm...
Ethnographie [grch.] die, ↑Völkerkunde.
Ethnolinguistik [grch.-lat.], linguist. Disziplin, die Sprache im Zusammenhang mit der Geschichte der Kultur der jeweiligen Sprecher untersucht.
Ethnologie [grch.] die, ↑Völkerkunde.
Ethnomedizin [grch.], Heilkunde speziell der Naturvölker und deren besondere Heilmittel.
Ethnopsychologie [grch.], die ↑Völkerpsychologie.
Ethnozentrismus [grch.], Soziologie: Einstellung, Auffassung oder Lehre, die das eigene soziale Kollektiv (Gruppe, Schicht, Ethnie, Volk, Nation, Rasse u. a.) in den Mittelpunkt stellt und gegenüber anderen, fremden als höherwertig, überlegen interpretiert.
Ethogramm das (Aktionskatalog, Verhaltensinventar), Verhaltensforschung: eine umfassende Beschreibung des Verhaltens einer Tierart, das unter bestimmten Umweltbedingungen gezeigt wird.
Ethologie [grch.] die, ↑Verhaltensforschung.
Ethos [grch.] das, Sitte, moral. Gesamthaltung eines Einzelnen oder einer Gruppe.

318

Ethyl *das,* ↑Äthyl.
ETHZ, Abk. für ↑Eidgenössische Technische Hochschule Zürich.
Étienne-Martin [e'tjɛn mar'tɛ̃], eigtl. Étienne Martin, frz. Bildhauer und Objektkünstler, *Loriol-sur-Drôme 4. 2. 1913, † Paris 21. 3. 1995; schuf Großplastiken mit organisch wirkenden barocken Formen, seit den 1960er-Jahren eine Serie von »Behausungen« (»Demeures«), raumgreifende Plastiken sowie Objekte; auf der documenta 5 (1972) wurde er als ein Hauptvertreter der ↑individuellen Mythologie vorgestellt.
Etikętt [frz. urspr. »Markierung an einem in die Erde gesteckten Pfahl«] *das,* mit einer Aufschrift versehenes Schildchen (zum Aufkleben oder Anhängen).
Etikętte [frz., eigtl. »Zettel mit Hinweisen (auf das Hofzeremoniell)«] *die,* zur bloßen Förmlichkeit erstarrte offizielle Umgangsform; Gesamtheit der allg. oder in einem bestimmten Bereich geltenden gesellschaftl. Umgangsformen.
Etiolement [etiolə'mã, frz.] *das, Botanik:* das ↑Vergeilen.
Ętkind, Jefim Grigorjewitsch, russ. Literaturwissenschaftler, *Petrograd 26. 2. 1918, † Potsdam 22. 11. 1999; lehrte an der Univ. Paris-Nanterre; behandelte Probleme der Stilistik, Verskunde und Übersetzung. 1974 wegen seines Eintretens für verfemte Autoren gemaßregelt und zur Auswanderung (nach Frankreich) gezwungen, schrieb u. a. »Aufzeichnungen eines Nichtverschwörers« (1977), »Unblutige Hinrichtung« (1977, Memoiren).
Ętmal *das, Schifffahrt:* von einem Schiff in der Zeit von Mittag bis Mittag zurückgelegte Distanz.
Étoile [e'twal; frz. »Stern«], in der Hierarchie des Balletts der Pariser Oper ein Titel, der mitunter an einzelne männl. oder weibl. Erste Solisten vergeben wird.
Eton ['i:tn], Schulstadt in der Cty. Berkshire, England, an der Themse, 3 500 Ew.; das **Eton College,** die berühmteste Privatschule Englands (↑Public School), wurde 1440 von Heinrich VI. gegründet, die Backsteingebäude des Colleges wurden 80 Jahre später erbaut, die Kapelle stammt aus dem 15. Jahrhundert.
Etoschapfanne, Salztonebene in N-Namibia, etwa 4600 km², 1050 m ü. M., völlig eben, meist mit einer salzigen Kalkschlammkruste bedeckt; Teil des **Etoscha-Nationalparks,** mit 22270 km² eines der größten Wildschutzgebiete der Erde.
Etrurilen, antike Landschaft im westl. Italien, benannt nach dem Volk der ↑Etrusker, am Tyrrhen. Meer, zw. Tiber, Apennin und Arno. Die Bedeutung des Landes beruhte auf seiner Fruchtbarkeit und seinem Metallreichtum. Der antike Name E. wurde seit dem 3. Jh. durch die Namen **Tuscia,** später **Toscana** verdrängt; im napoleon. Königreich E. (1801–08) lebte der alte Name wieder auf.
Etrusker (lat. Etrusci, Tusci, grch. Tyrsenoi, Tyrrhenoi, etrusk. Rasenna), im Altertum ein nicht indogerman. Volk in Italien (Herkunft umstritten), das als Kernland Etrurien bewohnte und vom 7. bis 4. Jh. v. Chr. seine kulturelle Blüte erreichte. Die E. bildeten Stadtstaaten, die bis gegen Ende des 6. Jh. v. Chr. unter Königen, seit dem 5. Jh. v. Chr. unter Oberbeamten standen. Die Stadtstaaten schlossen sich zu einem lockeren Zwölfstädtebund aus Caere (heute Cerveteri), Tarquinii (Tarquinia), Populonia, Rusellae (Roselle), Vetulonia, Volaterrae (Volterra), Arretium (Arezzo), Cortona, Perusia (Perugia), Clusium (Chiusi), Volsinii (bei Orvieto) und Veii (Veji) zusammen. Entsprechende Bünde entstanden im 6. Jh. v. Chr. in der Poebene und in Kampanien; gleichzeitig herrschten etrusk. Könige in Rom (bis 507 v. Chr.). 424 v. Chr. verdrängten die Samniten die E. aus Capua (Zusammenbruch des kampan. Städtebunds); um 400 v. Chr. fiel der Städtebund des Pogebiets den in Italien eingedrungenen Kelten zum Opfer. Entscheidend für das Schicksal der E. wurde der Aufstieg Roms, dessen Eroberung des mächtigen Veji zu Beginn des 4. v. Chr. ihren Untergang einleitete. 264 v. Chr. (Einnahme von Volsinii durch die Römer) wurde die Unterwerfung Etruriens im Wesentlichen vollendet. Nach dem Bundesgenossenkrieg (91–89 v. Chr.) erhielten auch die E. das röm. Bürgerrecht, ihre völlige Romanisierung vollzog sich erst unter Augustus.
Der *Religion* kam eine zentrale Stellung im Leben der E. zu. Bestimmend war das Gefühl der schicksalhaften Abhängigkeit von den Göttern, deren Willen durch Orakel (»disciplina etrusca«) erforscht wurde. Die Götter waren zunächst nach Zahl und Gestalt unbestimmt, Voltumna, der oberste Gott, war gleichermaßen Dämon, Vegeta-

ETR etruskische Kunst

Etrusker – das etruskische Kernland

tions- oder Kriegsgott. Diese Auffassung machte (etwa im 6. Jh. v. Chr.) allmählich der Individualisierung nach grch. Vorbild Platz. Die etrusk. Götter wurden den grch. gleichgestellt und durch grch. vermehrt (z. B. Herakles, Artemis, Apoll, Dionysos, Hephaistos). Die Römer übernahmen die grch. Gottheiten meist durch etrusk. Vermittlung. ✦ siehe ZEIT Aspekte
📖 Torelli, M.: Die E.. Geschichte, Kultur, Gesellschaft. A. d. Italien. Sonderausg. Wiesbaden 1998. – Falchetti, F. u. Romualdi, A.: Die E.. A. d. Italien. Stuttgart 2001.
etruskische Kunst, eigenständige, aber deutlich vom Orient und der archaischen grch. Kunst beeinflusste Kunst; sie umfasst das Kunstschaffen des von den Etrus-

kern bewohnten Gebiets Mittelitaliens vom 8. bis 1. Jh. v. Chr.
Baukunst: Am besten erhalten sind die Gräber. Neben einfachen Fossagräbern (rechteckige Grabkammern, bisweilen mit Steinen ausgekleidet) kamen im 7. Jh. monumentale Grabanlagen auf, in N-Etrurien aus Steinblöcken unter Erdhügeln (Tumuli), im S in das vulkan. Tuffgestein gemeißelt. Im Innern besitzen sie ein System von Grabkammern. Seit dem 6. Jh. wurden die nach außen runden Tumulusgräber allmählich von anderen Grabformen abgelöst (Würfel- und Ädikulagrab), die bes. in der Spätzeit aufwendige Grabfassaden in Form von Tempeln oder Häusern zeigen (Sovana, Norchia, Castel d'Asso). Im In-

etruskische Kunst ETR

nern wurde die frühere Vielräumigkeit zugunsten einer einzigen Bestattungskammer (Tomba dei Rilievi in Cerveteri) aufgegeben. Die Gräber lagen außerhalb der Siedlungen in Totenstädten (Nekropolen). – Für die Anlage der Wohnsiedlungen wurden isolierte Bergrücken oder Tuffplateaus bevorzugt, die nur an wenigen Stellen Befestigungsmauern erforderten. Die Wohnhäuser waren vor der Mitte des 7. Jh. v. Chr. vorwiegend Ovalbauten, später Rechteckhäuser (Acquarossa), teilweise um zentrale Höfe angeordnet (Marzabotto). Die Anfänge des Tempelbaus sind ungewiss. Eine bed. Rolle muss jedoch die von Vitruv als »tuskan. Tempel« beschriebene Form mit drei nebeneinander liegenden Zellen und gleich tiefer Vorhalle über quadrat. Grundriss gespielt haben (Pyrgi). Das Dach ragte weit über die Seitenwände vor und war überreich mit farbigen Tonplatten und -figuren geschmückt. – Großartige techn. Leistungen waren die Hafenanlagen (Tagliata Etrusca bei Ansedonia südlich von Grosseto) sowie Wasserleitungen.

etruskische Kunst: Wandmalerei mit Flötenspieler (um 480 v. Chr.; Tarquinia, Grab der Leoparden)

etruskische Kunst: Kopf des Hermes vom Portonaccioheiligtum in Veji, Terrakotta (um 500 v. Chr.; Rom, Villa Giulia)

Malerei und Plastik: Seit der Mitte des 7. Jh. v. Chr. entstanden in den südetrusk. Kammergräbern Freskomalereien (bes. Tarquinia), bei denen zunächst dekorative landschaftl. Motive und Szenen aus dem tägl. wie festl. Leben dominieren; in der Spätzeit werden dagegen ernste, sich mit dem Tod und Jenseits beschäftigende Motive dargestellt (Todesdämonen, Unterweltszenen). Die Plastik ist im 7. Jh. v. Chr. vorwiegend orientalisch geprägt (lebensgroße Steinstatuen aus dem »Pietrera-Grab« in Vetulonia), weist aber auch bodenständige Leistungen auf, wie die Kanopen aus dem Gebiet von Chiusi. Die Plastik des 6.–4. Jh. v. Chr. mit Werken aus Ton (Apoll und Herakles aus Veji), Bronze (»Kapitolin. Wölfin«, »Mars von Todi«, »Chimäre« aus Arezzo) und Stein (Kentaur aus Vulci) steht zwar unter dem Einfluss der grch. Kunst, ist aber in ihrem Hang zur Stilisierung, der reichen Oberflächenmodellierung und der Betonung von Kopf und Gestik durchaus eigenständig. Die Plastik der Spätzeit (Porträtstatue des »Arringatore« im Archäolog. Museum Florenz, Deckelfiguren auf Sarkophagen und Urnen) beeinflusste die röm. Kunst.

etruskische Kunst: Teller mit Fischdekor (um 350 v. Chr.; Madrid, Archäologisches Nationalmuseum)

ETR etruskische Schrift

Kunsthandwerk: Bedeutend sind die granulierten oder ziselierten Goldschmiedearbeiten, Elfenbeinschnitzereien, ziselierten Bronzegeräte und schwarztonigen Vasen. 📖 *Die Etrusker. Kunst u. Gesch.*, bearb. v. M. Sprenger u. a. München 1977. – *Gröteke, F.: Etruskerland. Gesch., Kunst, Kultur.* Stuttgart u. a. ³1993.

etruskische Schrift, die bei den Etruskern gebräuchl. Alphabetschrift; sie wurde um 700 v.Chr. aus einem (west)grch. Alphabet übernommen und ist ihrerseits Quelle des lat. Alphabets. Die Schriftrichtung ist fast durchgehend linksläufig; die Wörter wurden zunächst gar nicht, später durch Punkte oder Spatien getrennt. Die Ziffern sind den römischen sehr ähnlich.

etruskische Sprache, die Sprache der Etrusker ist nach heutiger Kenntnis mit keiner Sprache der Erde sicher verwandt; sie wird deshalb nicht mit der sprachvergleichenden (»etymolog.«) Methode, sondern aus sich selbst heraus (»kombinator. Methode«) und unter Einbeziehung z. B. archäolog. Kenntnisse erschlossen; im Sprachvergleich konnten nur grch. und italische Lehnwörter festgestellt werden. Derzeit sind etwa 8 000 Texte bekannt (meist Grabinschriften).

Etsch *die* (italien. Adige), Hauptfluss Südtirols und mit 410 km Länge zweitgrößter Fluss Italiens, entspringt am Reschenpass, fließt durch den Vintschgau, mündet südlich von Chioggia in das Adriat. Meer.

Etschmiadsin (Edschmiadsin, bis 1945 Wagarschapat), Stadt in Armenien, 15 km westlich von Jerewan, 53 000 Ew.; Sitz des Oberhauptes (Katholikos) und geistl. Zentrum der ↑armenischen Kirche; Weinkellerei. – Das Kloster E. mit der Kathedrale (303 gegr., 495/496 neu erbaut, u.a. im 17./18.Jh. erneuert) sowie die Hripsime-Kirche (618 gegr., erneuert 1652) und die Gajane-Kirche (630–636, 1652 restauriert) wurden von der UNESCO zum Weltkulturerbe erklärt. Nahe E. liegt **Swartnoz,** ein bed. Architekturensemble des 7.Jh. – An der Stelle einer im 2.Jh. v.Chr. entstandenen Siedlung wurde im 2.Jh. n.Chr. Wagarschapat gegründet, das vom 2. bis 4.Jh. die Hptst. Armeniens war.

Ettal, Gemeinde im Landkreis Garmisch-Partenkirchen, Oberbayern, 900 m ü.M., am Fuß des Ettaler Mandls (1 633 m ü.M.), 900 Ew.; Fremdenverkehr. – Benediktinerabtei E., 1330 gegr.; die Klosterkirche (1370 geweiht) wurde 1710 ff. von Enrico Zuccalli und Joseph Schmuzer barock umgebaut, im Innern reiche Rokokoausstattung. Im Kloster wird der **Ettaler Kräuterlikör** hergestellt. – Zur Gemeinde gehört Schloss **Linderhof,** erbaut für Ludwig II. von Bayern im frz. Rokokostil 1874–78 von G. von Dollmann; mit Parkanlagen nach Entwürfen von K. von Effner.

Etter [ahd. etar »Zaun«], Planken, lebender Zaun, seltener Mauer, die einen Bauernhof, vom Spät-MA. bis ins 19.Jh. auch ein ganzes Dorf (**E.-Dorf**) oder eine Kleinstadt, umgab und von der Flur trennte. Der E. schied den Raum »innert E.« als Ort höheren Rechtsfriedens aus, daher auch »Einfriedung« genannt. Daneben bezeichnet E. v. a. in Süd-Dtl. den geschlossenen Wohnbereich (**Orts-E.**).

Etter, Philipp, schweizer. Politiker, * Menzingen (Kt. Zug) 21.12. 1891, † Bern 23.12. 1977; Mitgl. der Kath.-Konservativen Partei, 1934–59 Bundesrat (Innendepartement), erhob 1937 das Rätoromanische zur 4. Landessprache; 1939, 1942, 1947 und 1953 Bundespräsident.

Ettersberg, Muschelkalkrücken nördlich von Weimar, Thür., 478 m ü.M.; hier befand sich 1937–45 das nat.-soz. KZ ↑Buchenwald.

Ettlingen, Stadt (Große Kreisstadt) im Landkreis Karlsruhe, Bad.-Württ., am Eintritt des Albtals in die Rheinebene, 38 500 Ew.; Albgaumuseum; Papier-, Textil-, pharmazeut., Nahrungsmittelind., Maschinenind. – Rathaus (1737); Schloss (14.–16.Jh.) im 18.Jh. umgestaltet; Hofkapelle mit Deckenfresko von C. D. Asam. – E. erhielt um 1192 Stadtrecht.

Etüde [frz.] *die, Musik:* Übungsstück zum Erlernen spezieller spieltechn. Fertigkeit. Künstlerisch gestaltet und zum virtuosen Vortrag bestimmt sind die **Konzert-E.** von F. Liszt, F. Chopin, C. Debussy, A. N. Skrjabin u. a.

Etui [et'vi:, e'tɥi:, frz.] *das,* kleines (flaches) Behältnis zum Aufbewahren kostbarer oder empfindl. Gegenstände.

Etymologie [grch.-lat.] *die,* Richtung der vergleichenden Sprachwiss., die Herkunft, Grundbedeutung und histor. Entwicklung der Wörter sowie ihre Verwandtschaft mit Wörtern gleichen Ursprungs untersucht. Schon in der grch. Antike stellte man Überlegungen zur Lautsymbolik an. Grch.

Philosophen versuchten, die Wörter als Zusammensetzungen aus einfacheren, lautlich verwandten Grundwörtern zu verstehen. Auf diesem Wege glaubte man, auch etwas über das Wesen der bezeichneten Dinge zu erfahren. Die antiken Grammatiker benutzten die These vom willkürl. Lautzuwachs oder -verlust, Lautwechsel oder von Lautumstellung dazu, die Herkunft der Wörter zu erschließen. Das bedeutendste etymolog. Werk des MA. ist Isidor von Sevillas »Etymologiae«. – Die moderne wiss. E. beginnt mit F. A. Potts »Etymolog. Forschungen auf dem Gebiete der Indo-German. Sprachen« (1833–36), die die geschichtl. Vorgänge der Wortbildung untersuchten. Zunehmend werden dabei kulturgeschichtl. Forschungen einbezogen, so Zeit und Umstände einer Wortbildung sowie Ursachen etwa abweichender Verwendungen und gesetzmäßige Veränderungen der Lautgestalt eines Wortes. Bei Wörtern aus vorgeschichtl. Zeit muss sich die E. meist mit dem Nachweis begnügen, dass sie in derselben Gestalt in verwandten Sprachen vorhanden sind. **Innere E.** existiert innerhalb der Wortfamilien einer Sprache (siechen: Sucht), **äußere E.** vergleicht das Wortgut verwandter Sprachen, z. B. Zimmer zu grch. demo »ich baue«. (↑Volksetymologie)
📖 *Etymolog. Wörterbuch des Deutschen, hg. v. W. Pfeifer. Neuausg. München 1995. – Duden, Herkunftswörterbuch, E. der dt. Sprache, hg. v. der Dudenredaktion. Mannheim u. a. ³2001. – Kluge, F.: Etymolog. Wörterbuch der dt. Sprache, bearb. v. E. Seebold. Berlin ²⁴2002.*
Etymon [grch.] *das,* Grund-, Stammwort.
Etzel, mhd. Name des Hunnenkönigs Attila, erstmals in der Mitte des 12. Jh. in der »Kaiserchronik« belegt; edler, ritterl. Heidenkönig in der mhd. Heldenepik (im »Nibelungenlied« als Gemahl Kriemhilds). Der Atli der nord. Sage ist grausam, er erschlägt die Brüder seiner Frau Gudrun und wird von ihr getötet.
Etzioni, Amitai, eigtl. Werner Falk, amerikan. Soziologe deutsch-jüd. Herkunft, *Köln 4. 1. 1929; emigrierte 1936 nach Palästina; lehrt seit 1958 in den USA; Mitbegründer des ↑Kommunitarismus.
Etzlaub, Erhard, Kartograph, Mathematiker und Astronom, * um 1462, † 1532; fertigte u. a. eine Umgebungskarte von Nürnberg (1492) und 1501 die »Romwegkarten«, d. h. Landstraßenkarten von Mitteleuropa für Rompilger.
Eu, chem. Symbol für ↑Europium.
EU, Abk. für ↑Europäische Union.
Eubakteri|en [grch.-nlat.] (Eubacteria), neuere Bez. für das Reich der Bakterien, in das die Mehrzahl der bekannten ↑Prokaryonten einschl. der Strahlenpilze, phototrophen Bakterien und Cyanobakterien (Blaualgen) eingeordnet werden. Die übrigen Prokaryonten werden im Reich der ↑Archaebakterien zusammengefasst.
Eubiotik [grch.-nlat.] *die,* Lehre vom gesunden (körperl. und geistigen) Leben.
Euböa (ngrch. Evia), zweitgrößte Insel Griechenlands, rd. 170 km lang, 3 655 km², 208 400 Ew.; Hauptort ist Chalkis; durch den schmalen Golf von E. (eine Brücke und Fähren) vom mittelgrch. Festland getrennt. E. ist überwiegend gebirgig (bis 1 743 m ü. M.) mit kleinen fruchtbaren Ebenen, bes. im W (Anbau von Wein, Oliven, Zitrusfrüchten, Getreide); der N ist bewaldet, die O-Küste felsig und ohne Häfen. Abgebaut werden Magnesit, Braunkohle und Marmor. – Die im Altertum von Ioniern bewohnte Insel wurde 146 v. Chr. römisch. 1205 geriet E. unter lombard., 1366 unter venezian. Herrschaft; 1470–1830 türkisch.
Eucharistie [grch. »Danksagung«] *die,* in der christl. Urgemeinde zunächst die Danksagung innerhalb der Feier des ↑Abendmahls; seit Ausgang des 1. Jh. in der frühen Kirche allg. Bez. für die Abendmahlsfeier, später wird die E. liturgisch zur E.-Feier (kath. Kirche), Abendmahlsfeier (evang. Kirchen) und Feier der göttl. Liturgie (orth. Kirchen) ausgeformt. In der *kath. Kirche* die in der E.-Feier mittels der Konsekration erwirkte, als wahrhaft, wirklich und wesentlich verstandene Gegenwart des erhöhten Gottmenschen Jesus Christus mit Leib und Blut unter den Gestalten von Brot und Wein. Auf dem Konzil von Trient (1551) wurde die eucharist. Gegenwart Christi als Transsubstantiation bestimmt, die durch die Konsekration von Brot und Wein vollzogen wird (↑Wandlung).
📖 *Die Diskussion über Taufe, E. u. Amt 1982–1990, hg. vom Ökumen. Rat der Kirchen, Kommission für Glauben u. Kirchenverfassung. A. d. Engl. Frankfurt am Main u. a. 1990. – Slenczka, N.: Realpräsenz u. Ontologie. Göttingen 1993.*

Eucharistische Kongresse, von der kath. Kirche veranstaltete, der Eucharistie gewidmete internat. Tagungen (seit 1881, regelmäßig seit 1952). Bislang fanden 47 Eucharist. Weltkongresse statt, zuletzt 2000 in Rom.

Euchologion [grch. »Buch der Gebete«] das, orth. Liturgie: das wichtigste Ritualbuch der byzantin. Liturgie. Sein Inhalt entspricht dem lat. Missale, Rituale und Pontifikale.

Eucken, 1) Rudolf Christoph, Philosoph, *Aurich 5.1. 1846, †Jena 16. 9. 1926, Vater von 2); knüpfte an den dt. Idealismus (bes. J. G. Fichte) an und formte ihn zu einem sozialethisch verstandenen »schöpfer. Aktivismus« um; wandte sich im Sinne eines ethisch verwurzelten Geisteslebens gegen den Intellektualismus der Gelehrtenphilosophie und eine dem Technischen verfallene Scheinkultur. 1908 erhielt E. den Nobelpreis für Literatur.
Werke: Die Einheit des Geisteslebens in Bewußtsein und Tat der Menschheit (1888); Mensch und Welt (1918).
2) Walter, Volkswirtschaftler, *Jena 17. 1. 1891, †London 20. 3. 1950, Sohn von 1); Begründer der Freiburger Schule; trat für eine Wirtschaftsordnung ein, die durch staatl., marktkonforme Maßnahmen (z. B. Monopolkontrolle) gesichert ist. Seine Ideen übten starken Einfluss auf die Wirtschaftspolitik in der Bundesrep. Dtl. aus.
Werke: Die Grundlagen der Nationalökonomie (1940), Grundsätze der Wirtschaftspolitik (1952).

Eucumbene [juːkəmˈbiːn] (Lake E.), größter Stausee Australiens, in New South Wales, südwestlich von Canberra, rd. 150 km², 4,8 Mrd. m³ Fassungsvermögen.

Eudämonismus der, die Lehre, nach der alles menschl. Handeln durch das Streben nach (der unterschiedlich definierten) Glückseligkeit **(Eudämonie)** bestimmt wird. Sokrates, Platon, Aristoteles sahen die Erfüllung in einem tugendhaften Leben. Epikur, J. Locke u. a. strebten das Erleben von Lust im Sinne von Schmerzlosigkeit und Seelenruhe an (↑Hedonismus). Der **individuelle (individualist.) E.** setzte allein das Glück des Einzelnen als Maßstab; zugleich entwickelte sich der Gedanke, dass das Glück des Einzelnen im Streben nach Glück für andere gefunden werden solle (F. Hutcheson). Aus diesem **Sozial-E.** entwickelte sich der ↑Utilitarismus (J. Bentham, J. S. Mill).

Eudokia (Eudoxia), byzantinische Kaiserin, †6. 10. 404, Tochter des fränk. Feldherrn Bauto; ∞ mit Kaiser Arkadios; beeinflusste die Reichspolitik; Mutter Kaiser Theodosios' II.

Eudoxos von Knidos, grch. Mathematiker, Naturforscher und Philosoph der 1. Hälfte des 4. Jh. v. Chr.; war Schüler der Platon. Akademie und gründete eine eigene Schule in Athen. Seine Untersuchungen zum Kegelschnitt sind in die Lehre Euklids eingegangen, ebenso ist Aristoteles von seinem Modell der Planetenbewegungen angeregt worden. Seine »Erdumwanderung« entwickelte eine Theorie von der Krümmung der Erde.

EU-Erweiterung, ↑europäische Integration.

Eugen, Prinz von Savoyen-Carignan, österr. Heerführer, *Paris 18. 10. 1663, †Wien 21. 4. 1736, Sohn von Eugen Moritz Prinz von Savoyen-Carignan und der Olympia Mancini, Nichte des Kardinals Mazarin. Von Ludwig XIV. zur geistl. Laufbahn bestimmt, floh er 1683 nach Wien und trat in das kaiserl. Heer ein. Im Großen Türkenkrieg (1683–99) wurde er 1693 Feldmarschall, erhielt 1697 den Oberbefehl am 11. 9. 1697 den entscheidenden Sieg gegen die Türken bei Zenta. Im Span. Erbfolgekrieg führte er 1701/02 die siegreichen Kämpfe gegen die Franzosen in Oberitalien, errang die Siege bei Höchstädt (1704, mit dem Herzog von Marlborough) und Turin (1706) und, wieder mit Marlborough, bei Oudenaarde (1708) und Malplaquet (1709). 1707 zum Reichsfeldmarschall ernannt, führte er im Auftrag des Kaisers 1714 die Friedensverhandlungen von Rastatt und Baden. Im Türkenkrieg 1714/16–18 errang er den Sieg bei Peterwardein (1716) und eroberte Belgrad (1717). 1716–24 war er Statthalter der Österr. Niederlande. Er galt als fähigster Feldherr seiner Zeit; als weit blickender polit. Berater orientierte er sich an der Idee der Staatsräson. Als Freund der Kunst und Wiss. ließ er u. a. Schloss Belvedere in Wien erbauen.
📖 *Oppenheimer, W.: Prinz E. von Savoyen. Feldherr – Staatsmann – Mäzen.* Lizenzausg. München 1996.

Eugene [juːˈdʒiːn], Stadt im westl. Oregon, USA, 133 950 Ew.; Univ.; Holzverar-

euklidischer Raum EUK

beitung, Aluminiumgewinnung. – Gegr. 1846.

Eugénie [øʒe'ni, frz.], Kaiserin der Franzosen (1853–70), Gemahlin Napoleons III., *Granada 5. 5. 1826, †Madrid 11. 7. 1920; Tochter des span. Grafen de Montijo; trug durch ihren Einfluss zum Glanz wie zum Sturz des 2. Kaiserreichs bei. Sie stützte den Papst gegen die italien. Nationalbewegung, drängte zur mexikan. Expedition, förderte in der dt. Frage die antipreuß. Kräfte, gehörte 1870 zur Kriegspartei; seit der frz. Niederlage im Exil.

Eugenik [grch., Lehre von der »guten« Erbveranlagung] *die* (Erbgesundheitslehre, Erbhygiene), von dem brit. Naturforscher F. Galton 1883 geprägte Bez. für die Lehre von der Verbesserung des Erbguts. Ziel eugen. Maßnahmen ist es, unter Anwendung genet. Erkenntnisse den Fortbestand günstiger Erbanlagen in einer menschl. Population zu sichern und zu fördern (**positive E.**) sowie die Ausbreitung nachteiliger Gene einzuschränken (**negative** oder **präventive E.**). In der Zeit des Nationalsozialismus wurde mit der E. der Massenmord an geistig und körperlich behinderten Menschen begründet (↑Euthanasie).

❖ **siehe ZEIT Aspekte**

📖 *Medizin u. Gesundheitspolitik in der NS-Zeit*, hg. v. N. Frei. München 1991. – Weingart, P. u. a.: *Rasse, Blut u. Gene. Gesch. der E. u. Rassenhygiene in Deutschland*. Frankfurt am Main ²1996. – Schweizer, M.: *Die psychiatr. E. in Dtl. u. in der Schweiz zur Zeit des Nationalsozialismus*. Bern 2002.

Eugenol *das*, ein ungesättigtes Phenol (4-Allyl-2-methoxyphenol) in äther. Ölen, bes. Basilikum- und Nelkenöl; Riechstoff.

EuGH, Abk. für ↑**Eu**ropäischer **G**erichts**h**of.

Euglena, Gattung einzelliger Flagellaten, meist grün, mit rotem Augenfleck; in nährstoffreichem Süßwasser.

Eukalyptus [grch.] *der* (Eucalyptus), australisch-polynes. Gattung der Myrtengewächse, z. T. über 100 m hohe Bäume oder Sträucher mit ledrigen, immergrünen Blättern. Versch. Arten enthalten stark riechendes äther. Öl (**E.-Öl**) das technisch und medizinisch verwendet wird. Einige Arten, v. a. der bis 40 m hohe **Fiebergummibaum** (Eucalyptus globulus), wurden zur Trockenlegung von Sümpfen oder zur Wiederaufforstung angepflanzt.

Eukaryonten [grch.] (Eukaryoten, Eukaryota), zusammenfassende Bez. für alle Organismen, deren Zellen einen echten Zellkern besitzen.

Eukinetik [grch.] *die, Ballett:* Lehre von der schönen und harmon. Bewegung.

Euklid (grch. Eukleides), grch. Mathematiker, lehrte um 300 v. Chr. in Alexandria. Sein Werk »Die Elemente« gilt als das einflussreichste Mathematikbuch aller Zeiten; hierin fasst E. die math. Kenntnisse seiner Zeit zusammen. Es sind 13 Bücher erhalten, das so genannte 14. Buch stammt von Hypsikles (2. Jh. v. Chr.), das 15. vermutlich von Damaskios (6. Jh. n. Chr.). Weitere Werke E.s befassen sich mit geometr. Optik, Kegelschnitten, Musiktheorie und astronom. Problemen.

euklidische Geometrie [nach Euklid], Teil der ↑Geometrie, der auf dem **Parallelenaxiom** basiert: Durch einen außerhalb einer Geraden liegenden Punkt kann zu dieser Geraden nur eine einzige Parallele gezogen werden. Ggs.: nichteuklid. Geometrie.

Eukalyptus: Eukalyptusbaum in der australischen Savanne

euklidischer Algorithmus [nach Euklid], Verfahren zur Bestimmung des größten gemeinsamen Teilers zweier positiver natürl. Zahlen durch schrittweise Division mit Rest.

euklidischer Lehrsatz [nach Euklid], der ↑Kathetensatz.

euklidischer Raum [nach Euklid], *Mathematik:* allgemein der anschaul. dreidimensionale ↑Raum.

325

Euklid von Megara, grch. Philosoph, *um 450, †um 370 v. Chr.; Begründer der megarischen Schule. E. gab dem sokrat. Grundbegriff des Guten eine metaphys. Wendung, indem er das eine unbewegl., unveränderl. Sein der Eleaten mit dem Guten identifizierte und in ihm, ähnlich wie Platon, das Vernünftige und Göttliche sah.

EU-Konvent, ↑Europäischer Konvent.

Eulaliasequenz (Eulalialied), ältestes erhaltenes frz. Literaturdenkmal, um 881 nach einer lat. Sequenz (Messgesang) zu Ehren der hl. Eulalia von Mérida (Spanien) entstanden, die um 300 zwölfjährig den Märtyrertod erlitt.

Eulen, 1) (Strigiformes), Ordnung der Vögel mit rd. 145 Arten; die meisten E. jagen im Dunkeln Kleinsäuger, auch Vögel, Insekten und Würmer, die sie mit den Füßen packen und mit den spitzen Krallen töten. Ihre unbewegl. Augen sind nach vorn gerichtet, der Gehörsinn ist gut entwickelt. – Einige E.-Arten werden als »Käuze« bezeichnet. Die größte E. ist der ↑Uhu; weit verbreitet in Wäldern ist die **Waldohr-E.** (Asio otus). Die **Sumpfohr-E.** (Asio flammeus) nistet in Moorgebieten und auf nassen Wiesen. In lockeren Baumbeständen, an Felsen und Gemäuern lebt der **Steinkauz** (Athene noctua), in großen Nadelwäldern der seltene **Raufußkauz** (Aegolius funereus), in den Alpen und im Schwarzwald der z. T. tagsüber jagende **Sperlingskauz** (Glaucidium passerinum). Bis in die Parks und Gärten der Städte hat sich der rindenfarbige **Waldkauz** (Strix aluco) ausgebreitet. Die **Schleier-E.** (Tyto alba) lebt oft im Gebälk von Türmen und in altem Mauerwerk. Nord- und osteurop. E. sind **Schnee-E.** (Nyctea scandiaca), **Sperber-E.** (Surnia ulula) und **Habichtskauz** (Strix uralensis). Alle E. stehen unter Naturschutz.

2) Familie der Schmetterlinge, ↑Eulenschmetterlinge.

Eulenberg, Herbert, Schriftsteller, *Mülheim (heute zu Köln) 25. 1. 1876, †Kaiserswerth (heute zu Düsseldorf) 4. 9. 1949; schrieb mit romant. Fantasie histor. Dramen, v. a. aber biograf. Skizzen bed. Menschen (»Schattenbilder«, 1910 ff.).

Eulenburg, obersächsisches Uradelsgeschlecht, erstmals 1170 erwähnt, urspr. in Eilenburg, dann in der Mark Meißen, Böhmen und in der Lausitz, seit dem 14. Jh. in Preußen ansässig; 1786 in den preuß. Grafenstand erhoben:
1) *Friedrich Albrecht Graf zu,* *Königsberg (Pr) 29. 6. 1815, †Berlin 2. 4. 1881, Onkel von 2); 1862–78 (Rücktritt) preuß. Min. des Innern, unterstützte Bismarck im Verfassungskonflikt. Seine Kreisordnung (1872) stärkte die Selbstverwaltung.
📖 *Lange, G.: Die Bedeutung des preuß. Innenministers F. A. Graf zu E. für die Entwicklung Preußens zum Rechtsstaat. Berlin 1993.*

2) *Philipp, Fürst zu E. und Hertefeld* (seit 1900), *Königsberg (Pr) 12. 2. 1847, †Schloss Liebenberg (bei Templin) 17. 9. 1921, Neffe von 1); war 1894–1903 Botschafter in Wien, hatte als Freund und Vertrauter Wilhelms II. großen Einfluss auf dessen Politik, förderte die Laufbahn B. von Bülows; wurde 1906 Zentralfigur einer v. a. von M. Harden provozierten Affäre, die mit ihren Vorwürfen (Homosexualität, Meineid) das Ansehen des Kaisers schwer schädigte.

Eulengebirge (poln. Góry Sowie), ein dem Hauptkamm der Sudeten nach O vorgelagerter, größtenteils aus Gneis bestehender Gebirgskamm zw. Waldenburger Bergland im NW und Reichensteiner Gebirge im SO, in Polen. Höchste Erhebung ist mit 1 015 m ü. M. die Hohe Eule (Wielka Sowa).

Eulenschmetterlinge (Eulenfalter, Eulen, Noctuidae), größte Familie der Schmetterlinge mit über 25 000 Arten; Flügelspannweiten 1–7 cm, bei der brasilian. **Rieseneule** (Thysania agrippina) bis 30 cm; Vorderflügel mit charakterist. »Eulenzeichnung«. Die oft nackten Raupen leben tagsüber in Bodenstreu oder Erde **(Erdraupen);** sie fressen nachts, wobei sie vielfach Kulturpflanzen schädigen (Erbsen-, Gemüse-, Kohl-, Wintersaateule, ↑Forleule). Die **Gammaeule** (Phytometra gamma) mit etwa 4 cm Flügelspannweite ist ein Wanderfalter.

Eulenspiegel (Ulenspegel), Till oder Tile, Held einer Schwanksamml. (↑Volksbücher), die auf einer zu Beginn des 16. Jh. verfassten Kompilation von an E. geknüpften Geschichten und älterem umlaufendem Schwankgut beruht oder niederdt. Urdruck ist nicht erhalten, zahlr. Neudrucke, u. a. Straßburger Drucke 1515 und 1519). »Ein kurtzweilig Lesen von Dyl Ulenspiegel« wurde in die meisten europ. Sprachen

übersetzt. Histor. Nachrichten zur Person des E. fehlen weitgehend; der biograf. angeordneten Schwanksamml. zufolge soll er in Kneitlingen (im Braunschweigischen) geboren, in Mölln 1350 gestorben und dort begraben worden sein. In den Schwänken spielt E. Vertretern aller Stände seine Streiche; bekannt v. a. die Schwänke, die auf Wortwitz, auf wörtl. Ausführung eines bildl. Befehls, beruhen. Zahlr. Bearbeitungen, u. a. von J. N. Nestroy, C. de Coster, F. Lienhard, G. Hauptmann; sinfon. Dichtung von R. Strauss »T. E.s lustige Streiche« (1890). Als märk. E. gilt **Hans Clauert**, als jüd. **Hersch Ostropoler**, als türk. der **Hodscha Nasreddin**.
📖 *Aichmayr, M. J.: Der Symbolgehalt der E.-Figur im Kontext der europ. Narren- u. Schelmenliteratur. Göppingen 1991.*

Eulenspiegel: Titelblatt der Ausgabe des Volksbuches von 1515

Euler, **1)** August, eigtl. A. Reith, Ingenieur, Flugzeugbauer und Flugpionier, * Oelde 20. 11. 1868, † Feldberg (Schwarzwald) 1. 7. 1957; baute die ersten dt. Motorflugzeuge, erhielt 1910 den dt. Flugzeugführerschein Nr. 1, leitete 1918–21 das neu gegr. Reichsluftfahrtamt, bewirkte in dieser Zeit die Zulassung der ersten Luftverkehrsunternehmen in Dtl. und schuf die erste Luftverkehrsordnung.
2) Leonhard, schweizer. Mathematiker, * Basel 15. 4. 1707, † Sankt Petersburg 18. 9. 1783; seine wiss. Tätigkeit umfasste sämtl. Zweige der reinen und angewandten Mathematik, Physik und Astronomie. Er stellte u. a. die nach ihm ben. Gleichungen für die Flüssigkeitsströmung und für die Kreiselbewegung auf, führte den Begriff des Trägheitsmoments und der freien Drehachse ein und bediente sich bereits der Vektorrechnung. Er vertrat (1746) eine Wellentheorie des Lichts. Umfassende Darstellungen zur angewandten Mathematik sind die »Musiktheorie« (1739), die »Theorie der Planetenbewegung« (1744), die »Grundsätze der Artillerie« (Ballistik, 1745), die »Theorie des Schiffbaues« (1749) und die »Dioptrica« (1769–71). E. entwickelte aus Ansätzen bei Jakob und Johann Bernoulli die Variationsrechnung und gab 1744 dem Prinzip der kleinsten Wirkung eine exakte math. Formulierung. Er schuf die moderne Zahlentheorie und die kombinator. Topologie und lieferte zahlr. Beiträge zur Geometrie, Reihenlehre, zur Theorie der Differenzialgleichungen und -geometrie.

Euler-Chelpin [-'kɛlpi:n], **1)** Hans von, schwed. Chemiker dt. Herkunft, * Augsburg 15. 2. 1873, † Stockholm 7. 11. 1964, Vater von 2); entwickelte neue Methoden zur Untersuchung der Enzyme und Vitamine. 1929 erhielt er mit A. Harden den Nobelpreis für Chemie für die Erforschung der Gärung von Zuckern und der Gärungsenzyme.
2) Ulf Svante von, schwed. Physiologe, * Stockholm 7. 2. 1905, † ebd. 11. 3. 1983, Sohn von 1); erhielt für seine Untersuchungen über die chem. Natur des Neurotransmitters Noradrenalin an den Synapsen mit J. Axelrod und B. Katz 1970 den Nobelpreis für Physiologie oder Medizin.

Euler Hermes S. A., in 35 Ländern tätiger frz. Versicherungskonzern (Tätigkeitsfelder: Kreditversicherung, Refinanzierung von Forderungen, Kautionsversicherung, Bonitätsbewertung von Kreditportfolios), entstanden 2002 aus der Fusion der Euler S. A. (gegr. 1927) und der †Hermes Kreditversicherungs-AG; Sitz: Paris. Großaktionär: Allianz AG.

eulersche Formel [nach L. Euler], Glei-

EUL eulersche Gerade

chung, die die Exponentialfunktion mit den Winkelfunktionen verknüpft:

$$e^{iz} = \cos z + i \sin z \text{ (mit } i = \sqrt{-1}\text{)}.$$

Die e. F. führt auf die eulersche Darstellung einer ↑komplexen Zahl.

eulersche Gerade [nach L. Euler], Gerade, die durch den Schwerpunkt (S), den Höhenschnittpunkt (H) und den Mittelpunkt des Umkreises (M) eines Dreiecks geht.

eulerscher Polyedersatz [nach L. Euler], geometr. Satz, wonach für ein Polyeder mit e Ecken, k Kanten und f Flächen gilt: $e - k + f = 2$.

eulersche Zahl [nach Leonhard Euler], die Zahl ↑e.

Eumenes II. Soter, König von Pergamon (seit 197), *vor 221 v. Chr., †159 v. Chr.; Verbündeter Roms. Unter ihm erlebte das Pergamen. Reich seine größte Blüte (u. a. Bau des Pergamonaltars).

Eumeniden, grch. Mythos: ↑Erinnyen.

Eunuch [grch. »Betthüter«] der, Kastrat, Haremswächter.

Eunuchismus der, Veränderungen beim Mann durch Fehlen oder Funktionsuntüchtigkeit der Hoden (Entwicklungsdefekt, operative Beseitigung [↑Kastration]) vor der Pubertät. Der Mangel an männl. Geschlechtshormonen bewirkt Hoch- oder Riesenwuchs mit langen Gliedmaßen, Unterentwicklung der Muskulatur und der sekundären Geschlechtsmerkmale (geringe Körper-, Bart- und Schambehaarung) mit fehlendem Stimmbruch (»Fistelstimme«), auch Störungen der psych. Entwicklung. Beim **Eunuchoidismus** bestehen ähnl. Veränderungen des Körperbaus infolge Androgenmangels oder Hodenschädigung.

Eupatoria, Stadt auf der Krim, ↑Jewpatorija.

Eupatriden [grch. »Söhne edler Väter«], Standesbez. der herrschenden Adelsgeschlechter im antiken Athen.

Eupen, Stadt in der Prov. Lüttich, im deutschsprachigen Teil Belgiens, 17 300 Ew.; Woll-, Röhren-, Elektroind., Brauereien, Gerberei, Großmolkerei, Schokoladenherstellung. – Aus dem 18. Jh. sind u. a. einige barocke Patrizierhäuser von dem Aachener Stadtbaumeister J. J. Couven (*1701, †1763) erhalten, der auch den Hochaltar (1740) zur doppeltürigen Barockkirche St. Nikolaus (1721 begonnen) schuf. – Das zunächst zum Herzogtum Limburg gehörende E. erhielt 1808 Stadtrecht, fiel 1815 an Preußen und kam 1920 zus. mit Malmedy zu Belgien.

Eupen-Malmedy, Grenzgebiet in O-Belgien, Teil der Prov. Lüttich; rd. 1 036 km²; wurde 1920 mit seiner zu 45 % deutschsprachigen Bev. aufgrund des Versailler Vertrags nach einer nicht geheimen Volksbefragung unter Druck an Belgien abgetreten. 1940–45 von Dtl. annektiert; endgültige Grenzziehung 1956 durch ein Abkommen zw. der Bundesrep. Dtl. und Belgien.
📖 *Doepgen, H.: Die Abtretung des Gebietes von E.-M. an Belgien im Jahre 1920*. Bonn 1966.

Euphonium [grch.-nlat.] das, 1) Glasröhrenspiel, das durch Bestreichen mit den Fingern zum Klingen gebracht wird; 2) Baritonhorn.

Euphorbia [grch.-lat.], die Pflanzengattung ↑Wolfsmilch.

Euphorie [grch.] die, Zustand einer – objektiv als unangemessen bewerteten – gehobenen Stimmung und eines gesteigerten Antriebs mit subjektivem Wohlbefinden, z. B. unter Einfluss von Alkohol, Arzneimitteln, bei Drogenmissbrauch und Gehirnerkrankungen.

Euphorion, der auf den Inseln der Seligen geborene geflügelte Sohn des Achill und der Helena, eine dichter. Erfindung des 1. Jh. n. Chr.; in »Faust II« Sohn des Faust und der Helena; in dieser Gestalt verherrlichte Goethe den engl. Dichter Lord Byron.

Euphranor, grch. Maler und Bildhauer des 4. Jh. v. Chr. vom (korinth.?) Isthmus; schuf Wandbilder für die Stoa Eleutherios an der Agora in Athen sowie zahlr. Statuen, jedoch gelangen bisher keine Zuweisungen.

Euphrasia, die Pflanzengattung ↑Augentrost.

Euphrat der (arab. Al-Furat, türk. Fırat), der größte Strom Vorderasiens, mit dem Murat 3 380 km lang; entsteht aus den Quellflüssen **Karasu** (Westl. E.) und **Murat** (Östl. E.) im Hochland O-Anatoliens (Türkei), durchbricht den östl. Taurus, quert als Fremdlingsfluss das syrisch-irak. Tafelland, umschließt mit dem Tigris das weite unterirak. Tiefland (in diesem Zwischenstromland entwickelten sich die Kulturen Mesopotamiens) und vereinigt sich mit diesem Fluss zum Schatt el-Arab. – Zur Bewässerung und Energiegewinnung wurden Staudämme in der Türkei v. a. bei Keban (seit 1974; Kraftwerksleistung: 1328 MW), Karakaya (seit 1987; 1800 MW) sowie bei Şanlıurfa im Rahmen des ↑Südostanatolien-Projektes (Atatürk-Staudamm [seit 1990]; Kraftwerksleistung [Beginn 1994]; 2400 MW), Birecik (ab Ende 2000/2001; geplant 672 MW) und Karkamis (seit 1999; 189 MW), in Syrien bei Tabqa (seit 1978; 800 MW; Assad-Stausee: 625 km^2), in Irak bei Haditha (seit 1986; 600 MW) sowie umfangreiche Wasserregulierungsanlagen im irak. Tiefland errichtet. Seit 1988 ist der Thartharkanal zw. E. und Tigris fertig gestellt.

Euphronios, attischer Vasenmaler, tätig um 510–490 v. Chr.; einer der Hauptmeister des frühen rotfigurigen Stils; bemalte v. a. große Gefäße mit großfigurigen Bildkompositionen, u. a. Kelchkrater mit Herakles und Antaios (zw. 510 und 505 v. Chr.; Paris, Louvre).

Euphrosyne, ↑Chariten.

Euphuismus *der,* ein nach J. Lylys Roman »Euphues« (2 Tle., 1578 und 1580) benannter manierist. Stil des Frühbarock mit reich gegliederten Satzkonstruktionen, spitzfindigen Wortspielen und überladenen Bildern.

Eupolis, einer der drei Meister der alten att. Komödie, † bald nach 412 v. Chr.; Zeitgenosse und Konkurrent des Aristophanes, schrieb polit. Stücke in der Zeit des Peloponnes. Krieges (»Demoi«, 412).

Eurasien, zusammenfassende Bez. für Europa und Asien, bildet die größte zusammenhängende Landmasse der Erde (rd. 54 Mio. km^2).

EURATOM, Abk. für ↑Europäische Atomgemeinschaft.

Eure [œːr], **1)** *die,* linker Nebenfluss der Seine, 225 km lang, entspringt im Hügelland der Perche, mündet bei Rouen. **2)** Dép. in der Normandie, Frankreich, 6040 km^2, 541000 Ew.; Hptst. ist Évreux.

Eureca [Abk. für engl. European retrievable carrier, »europ. rückholbarer Träger«], erstes unbemanntes, rückholbares Forschungslabor, das im Auftrag der ESA gebaut und im Juli 1992 von der amerikan. Raumfähre Atlantis ausgesetzt wurde. E. führte auf einer Erdumlaufbahn Versuche im Bereich der Bio- und Werkstoffwiss. unter Bedingungen der Schwerelosigkeit aus und wurde elf Monate später wieder zur Erde zurückgeholt.

Eure-et-Loir [œreˈlwaːr], Dép. in Frankreich, im Orléanais, 5880 km^2, 408000 Ew.; Hptst. ist Chartres.

Euregio, Abk. für **Eu**ropäische **Regio**n, grenzüberschreitende Zusammenarbeit kommunaler Körperschaften in Grenzregionen. Schwerpunkte liegen im wirtsch., sozialen und kulturellen Bereich. Neben der dt.-niederländ. E. (Sitz: Gronau) entstanden weitere Vereinigungen in anderen europ. Grenzräumen.

Eurex, Abk. für engl. **Eu**ropean **Ex**change, erste und weltweit größte transnat. Börsenplattform im Derivatemarkt für Handel und Clearing mit einheitl. techn. Standard und harmonisiertem Regelwerk, entstanden 1998 durch Zusammenführung der beiden elektron. Terminbörsen Eurex Dtl. (firmierte bis Juni 1998 als Dt. Terminbörse) und Eurex Zürich

Euphrat: Atatürkstaudamm

EUR EURIBOR

(vormals Swiss Options and Financial Futures Exchange [SOFFEX]), die jedoch beide weiterhin rechtlich selbstständig sind. An der von den Muttergesellschaften der beiden Terminbörsen (Dt. Börse AG und Schweizer Börse) gegr. Eurex AG sind die Kooperationspartner zu je 50% beteiligt. Seit 1998 besteht eine Kooperation mit den frz. Terminbörsen MATIF S. A. und MONEP S. A. Mit der Tochtergesellschaft Eurex US gründete die Eurex eine eigene Börse in Chicago, die am 8. 2. 2004 den Handel auf dem amerikan. Terminmarkt aufnahm.

EURIBOR [Abk. für engl. **Eu**ro **I**nterbank **O**ffered **R**ate], seit 1. 1. 1999 bestehende Familie von Euro-Referenzzinssätzen für den Interbankenhandel am Geldmarkt, differenziert nach Laufzeiten (ein bis zwölf Monate); ermittelt als Durchschnittswert aus den gemeldeten Briefkursen von 49 Banken (42 aus der Euro-Zone, drei aus anderen EU-Staaten, vier aus Nicht-EU-Staaten). Der E. ersetzte in der Euro-Zone die bisherigen Referenzzinssätze einzelner Länder bzw. Währungen (z. B. den FIBOR) und dient v. a. als Bezugsgröße für variabel verzinsliche Anleihen und Kreditverträge; wird durch den ↑EONIA ergänzt.

Eurich, König der Westgoten (466–84), † Arles Dez. 484; machte sich von Rom unabhängig und vergrößerte sein Reich in SW-Frankreich nach N bis zur Loire, nach O bis zu den Alpen und nach S bis zur Meerenge von Gibraltar. Der Arianer E. ließ erstmals westgot. Recht im **Codex Euricianus** aufschreiben.

Eurimages [øriˈmaːʒə, frz.], 1988 in Straßburg gegr. Filmfonds des Europarates, der europ. Koproduktionen (Spiel- und Dokumentarfilme), an denen mindestens drei Länder beteiligt sind, Kinos und die Distribution europ. Filmproduktionen fördert. Dem Fonds gehören (2002) 27 Mitgl. an.

Euripides, der jüngste der drei großen athen. Tragiker, * 485/484 oder um 480, † Anfang 406 v. Chr. in Makedonien am Hof von König Archelaos. Von den 92 ihm zugeschriebenen Dramen sind außer zahlr. Fragmenten vollständig erhalten: die Tragödien »Alkestis« (438), »Medea« (431), »Hippolytos« (428), »Andromache« (um 429), »Die Herakliden« (um 430), »Herakles«, »Die Hiketiden« (Schutzflehenden),

»Hekabe«, »Die Troerinnen« (415), »Elektra«, »Helena« (412), »Iphigenie bei den Tauriern« (um 412), »Der Kyklop« (Satyrspiel), »Ion« (um 412), »Orest« (408), »Die Phoenissen« (nach 412, vor 408), »Iphigenie in Aulis« (nach 406), »Die Bakchen«

Euripides: römische Büste (nach einem griechischen Original des 5. Jh. v. Chr.)

(nach 406). Im Gegensatz zu Aischylos und Sophokles stellt E. die überlieferten Göttervorstellungen und Moralbegriffe infrage. Er zeigt Menschen in ihrer Vielschichtigkeit, in der Widersprüchlichkeit ihrer Empfindungen und Leidenschaften (v. a. Frauengestalten). E.' Tragödien beeinflussten erheblich die Entwicklung des europ. Dramas und werden bis in die Gegenwart immer wieder bearbeitet.

Ausgabe: Sämtl. Tragödien. Nach der Übersetzung v. *J. J. Donner* bearb. v. *R. Kannicht,* 2 Bde. Stuttgart ²1958, Nachdr. 1984.

📖 *Murray, G.: E. u. seine Zeit. A. d. Engl. Darmstadt ²1969. – Conacher, D. J.: E. and the Sophists.* London 1998.

Euro, Abk. **EUR**, E.-Zeichen €, europ. Einheitswährung; 1 E. = 100 Cent (Eurocent). Mit Beginn der dritten Stufe der Europ. Wirtschafts- und Währungsunion (EWWU) wurde der E. ab 1. 1. 1999 in zunächst elf Ländern (↑Euro-Zone) als Buchgeld im bargeldlosen Zahlungsverkehr eingeführt. Im Bargeldbereich wurden die nat. Währungen, die für einen Übergangszeitraum als Untereinheit des E. weiter galten, zum 1. 1. 2002 durch den E. als gesetzl. Zahlungsmittel ersetzt (zu den Umrechnungskursen der nat. Währungen in E. ↑Europäische Wirtschafts- und Währungsunion). Das E.-Zeichen (E.-Logo) ist eine Kombination aus dem grch. Epsilon (Symbol für die Wiege der europ. Zivilisation), dem Buchstaben E für Europa und einem doppelten Querstrich als Zeichen der Stabilität. Die Banknoten haben eine Stücke-

Eurocheque EUR

Euro: Eurobanknoten im Nennwert von 5 bis 500 Euro (oben jeweils Vorderseite, unten Rückseite)

lung von 5, 10, 20, 50, 100, 200 und 500 E., die Münzen von 1, 2, 5, 10, 20, 50 Cent sowie 1 und 2 E. Die E.-Scheine zeigen auf der Vorderseite jeweils fiktive Bauwerke, die wichtige europ. Stilrichtungen repräsentieren. Die Rückseite der mit zahlr. Sicherheitsmerkmalen (↑Banknote) ausgestatteten Noten zeigt die europ. Landkarte, die Flagge der EU und jeweils eine Brücke als Sinnbild für Verbindungswege sowohl zw. den Völkern Europas als auch zw. Europa und der übrigen Welt. Die Größe der Scheine variiert zw. 120 mm × 62 mm und 160 mm × 82 mm. Die Münzen weisen Unterschiede in Größe, Gewicht, Material und Farbe auf. Ihre Vorderseite ist einheitlich gestaltet und zeigt neben dem Nennwert die 12 Sterne der EU und einen Globus bzw. die Umrisse der EU-Staaten als Relief, die Rückseite wird von jedem Land mit nat. Motiven gestaltet.
Der E. ist seit 1.1.2002 nicht nur gesetzl. Zahlungsmittel in den 12 Mitgl.-Staaten der Euro-Zone. Auch in den europ. Kleinstaaten (Andorra, Monaco, San Marino und Vatikanstadt), in denen bisher die italien. Lira bzw. der frz. Franc umliefen, sowie in einigen Überseegebieten, die enge Beziehungen zu Frankreich und den Niederlanden unterhalten (u.a. Französisch-Guayana, Guadeloupe, Martinique, Réunion), wurde der E. eingeführt. In Kosovo und Montenegro wurde die D-Mark als offizielles Zahlungsmittel durch die europ. Gemeinschaftswährung ersetzt. – Abb. S. 332 ff.

Eurocard *die,* ↑Kreditkarte.
Eurocheque [-ʃɛk] *der,* Abk. **ec** (Euroscheck), Bar- oder Verrechnungsscheck, der in Verbindung mit einer Ausweiskarte (**ec-Karte**) vom bezogenen Kreditinstitut

EUR Euro

Staat	Euro- und Centmünzen*)					
	gleiche Vorderseite					
	2 EURO	1 EURO	50 CENT	20 CENT	10 CENT	
	länderspezifische Rückseite					
Belgien						
Deutschland						
Finnland						
Frankreich						
Griechenland						
Irland						

Euro EUR

gleiche Vorderseite	Kommentar

länderspezifische Rückseite	
	Belgien alle Münzen: Bildnis von König Albert II. (derzeitiges Staatsoberhaupt), umgeben von den 12 europäischen Sternen und dem Monogramm des Königs (großes A) unter einer Krone
	Deutschland 1, 2, 5 Cent: Eichenlaub 10, 20, 50 Cent: Brandenburger Tor 1, 2 Euro: stilisierter Bundesadler
	Finnland 1, 2, 5, 10, 20, 50 Cent: finnisches Wappen – ein auf den Hinterbeinen stehender, ein Schwert schwingender Löwe mit Krone 1 Euro: zwei über eine Seenlandschaft fliegende Schwäne 2 Euro: Moltebeere
	Frankreich 1, 2, 5 Cent: Büste der Marianne (Gestalt der Französischen Revolution und Symbol der Französischen Republik) 10, 20, 50 Cent: eine Säerin 1, 2 Euro: stilisierter Lebensbaum innerhalb eines Sechsecks, umgeben von dem republikanischen Motto »Liberté, Egalité, Fraternité« (»Freiheit, Gleichheit, Brüderlichkeit«)
	Griechenland 1 Cent: Modell einer athenischen Trireme (Kriegsschiff) 2 Cent: stilisierte Korvette (Schiffstyp aus dem griechischen Unabhängigkeitskrieg) 5 Cent: moderner Hochseetanker 10 Cent: Porträt von Rigas Velestinlis-Fereos (1757–1798; Vordenker der griechischen Aufklärung) 20 Cent: Porträt von Ioannis Capodistrias (1776–1831; 1830–1831 erster Präsident Griechenlands nach dem Unabhängigkeitskrieg) 50 Cent: Porträt von Eleftherios Venizelos (1864–1936; griechischer Politiker und Sozialreformer) 1 Euro: Eule (Symbol der Weisheit) von einer antiken 4-Drachmen-Münze (Athen 5. Jh. v. Chr.) 2 Euro: Szene eines Mosaiks in Sparta (3. Jh. n. Chr.; Entführung Europas durch Zeus in Gestalt eines Stiers)
	Irland alle Münzen: Modell einer keltischen Harfe (Nationalsymbol)

EUR Euro

Staat	Euro- und Centmünzen				
	gleiche Vorderseite				
	2 Euro	1 Euro	50 Cent	20 Cent	10 Cent
	länderspezifische Rückseite				
Italien					
Luxemburg					
Niederlande					
Österreich					
Portugal					
Spanien					

Euro **EUR**

gleiche Vorderseite	Kommentar
länderspezifische Rückseite	
	Italien 1 Cent: Castel del Monte 2 Cent: Turm der Mole Antonelliana in Turin 5 Cent: Kolosseum in Rom 10 Cent: »Geburt der Venus« von Sandro Botticelli 20 Cent: »Urformen der Bewegung im Raum«, Skulptur von Umberto Boccioni 50 Cent: Reiterstandbild des Kaisers Mark Aurel 1 Euro: Zeichnung von Leonardo da Vinci mit den Idealproportionen des Menschen 2 Euro: Porträt von Dante Alighieri, gemalt von Raffael
	Luxemburg alle Münzen: verschiedene Porträts von Großherzog Henri (derzeitiges Staatsoberhaupt)
	Niederlande alle Münzen: verschiedene Porträts von Königin Beatrix (derzeitiges Staatsoberhaupt)
	Österreich 1 Cent: Enzianblüte 2 Cent: Edelweiß 5 Cent: Alpenprimel 10 Cent: gotische Türme des Stephansdoms in Wien 20 Cent: Barockschloss Belvedere 50 Cent: Gebäude der Wiener Sezession (bedeutendes Jugendstilbauwerk) 1 Euro: Porträt von Wolfgang Amadeus Mozart 2 Euro: Bildnis von Bertha von Suttner
	Portugal 1, 2, 5 Cent: Siegel von König Alfons I. (Gründer des portugiesischen Reiches) von 1134, umgeben von 5 Wappen und 7 Burgen des Landes 10, 20, 50 Cent: Siegel von König Alfons I. von 1142, umgeben von 5 Wappen und 7 Burgen des Landes 1, 2 Euro: Siegel von König Alfons I. von 1144, umgeben von 5 Wappen und 7 Burgen des Landes
	Spanien 1, 2, 5 Cent: Obradoiro-Fassade der Kathedrale von Santiago de Compostela 10, 20, 50 Cent: Bildnis von Miguel de Cervantes 1, 2 Euro: Bildnis von König Juan Carlos I. (derzeitiges Staatsoberhaupt)

EUR Eurocity

Euro- und Centmünzen*) (Fortsetzung)

Staat	gleiche Vorderseite
	2€, 1€, 50 Cent, 20 Cent, 10 Cent

	länderspezifische Rückseite
San Marino	
Vatikanstadt	

bis zu einem bestimmten Höchstbetrag (seit 1985 400 DM) eingelöst wurde. Die in Dtl. ausgegebenen ec-Karten sind Magnetstreifenkarten, die den Zugang zum elektron. Geldverkehr (u.a. Nutzung von Geldausgabeautomaten, verbunden mit einer persönl. Identifikationsnummer [PIN] ermöglichen und seit 1996 auch als elektron. Geldbörse genutzt werden können. Am 1.1. 2002 entfiel die Zahlungsgarantie der Kreditinstitute für E. Das bedeutet, dass Händler, Firmen und Kreditinstitute keine Schecks mehr akzeptieren müssen. Die ec-Karte, die sich inzwischen von einer »Zahlungsgarantie-Zusatzkarte« zu einer Multifunktionskarte gewandelt hat, kann weiterhin weltweit an Geldausgabeautomaten und zur Bezahlung an elektron. Kassen (↑POS-Systeme) genutzt werden.

Eurocity [-sɪtɪ], Abk. **EC**, im Fernreisezugverkehr mit dem Ausland eingesetzte ↑IC®; die Bez. EC wurde mit dem Sommerfahrplan 1987 eingeführt.

Eurocontrol, 1960 gegr. europ. Organisation für Flugsicherung; Mitgliedstaaten (2000): Belgien, Bulgarien, Dänemark, Dtl., Frankreich, Makedonien, Griechenland, Großbritannien, Italien, Irland, Kroatien, Luxemburg, Malta, Monaco, Niederlande, Norwegen, Österreich, Portugal, Rumänien, Schweden, Schweiz, Slowak. Rep., Slowenien, Spanien, Tschech. Rep., Türkei, Ungarn und Zypern; Aufgaben: Festlegung gemeinsamer Ziele und mittelfristiger Pläne auf dem Gebiet der Flugsicherung; Sitz: Brüssel.

Eurodollar, auf US-Dollar lautende Guthaben, die bei Banken außerhalb des Währungsgebiets der USA gehalten und für Laufzeiten bis zu sechs Monaten gehandelt werden. Der **E.-Markt** ist Teil des Eurogeldmarktes (↑Euromarkt).

Euro Express, weltweites Paket- und Expressnetz der Dt. Post AG, das die Produktionsbereiche »Paket«, »Express« und »International« umfasst.

Eurofighter 2000 [-faɪtə-], ein seit 1988

Eurokommunismus EUR

gleiche Vorderseite	Kommentar
länderspezifische Rückseite	**San Marino** 1 Cent: Festungsturm »Montale« 2 Cent: Freiheitsstatue von San Marino 5 Cent: Festungsturm »Guaita« 10 Cent: Basilica del Santo 20 Cent: Heiliger Marinus (Patron des Staates) 50 Cent: die drei Festungstürme auf dem Monte Titano »Guaita «, »Cesta« und »Montale« 1 Euro: Staatswappen von San Marino 2 Euro: Regierungspalast **Vatikanstadt** alle Münzen: Porträt von Papst Johannes Paul II. **Monaco** 1, 2, 5 Cent: fürstliches Wappen 10, 20, 50 Cent: fürstliches Siegel 1 Euro: Doppelporträt von Fürst Rainier III. und Albert I. (1848–1922; Fürst seit 1889) 2 Euro: Porträt von Fürst Rainier III. (derzeitiges Staatsoberhaupt)

*) In der Übersicht sind die Münzen der 12 Mitgliedstaaten der Europäischen Währungsunion sowie von San Marino und Vatikanstadt abgebildet. Während Andorra auf die Prägung eigener Münzen verzichtet, gibt Monaco Euro- und Centmünzen mit nebenstehenden Motiven heraus.

geplantes und seit 2003 in Serie produziertes Kampfflugzeug, an dem die NATO-Partner Dtl., Großbritannien, Italien und Spanien beteiligt sind. Urspr. konzipiert unter der Bez. European Fighter Aircraft (Abk. EFA), in Dtl. auch als Jäger 90 bekannt, ist der E. 2000 ein einsitziges Jagdflugzeug mit zwei Triebwerken, Deltaflügel und Entenflügeln, einer Leermasse von 10 t, einer maximalen Geschwindigkeit von Mach 2 in 11 000 m Höhe, einer Reichweite von etwa 1 400 km und mit einer Bewaffnung von Luft-Luft-Raketen mittlerer und kurzer Reichweite sowie einer 27-mm-Kanone. Nach Fertigstellung der beiden ersten Prototypen fand der offizielle Erstflug 1994 statt. Vor dem Hintergrund des beendeten Ost-West-Konflikts hatten die an der Entwicklung beteiligten Staaten Ende 1992 vereinbart, den von der Ind. 1991 genannten Systempreis von 133 Mio. DM um bis zu 30 % zu senken. Um dies zu erreichen, wurden die militär. Anforderungen an das nun E. 2000 genannte Flugzeug neu festgelegt. Insgesamt sollen 620 Maschinen gebaut werden, davon 180 für die Bundesluftwaffe zu einem Stückpreis von etwa 83 Mio. €.

Eurohypo AG, 2002 durch Fusion von Dt. Hypothekenbank Frankfurt-Hamburg AG, Eurohypo AG Europ. Hypothekenbank der Dt. Bank sowie RHEINHYP Rhein. Hypothekenbank AG (gegr. 1871) entstandenes Kreditinstitut; Sitz: Frankfurt am Main; zählt zu den führenden europ. Banken für Immobilien- und Staatsfinanzierung; Großaktionäre: Commerzbank AG (34,57 %), Dt. Bank AG (34,51 %) und Allianz-Gruppe (28,66 %).

Eurokommunismus, bes. Mitte der 1970er-Jahre auftretende Tendenzen innerhalb mehrerer westeurop. kommunist. Parteien, unabhängig von der kommunist. Weltbewegung sowjet. Prägung autonome Wege zum Sozialismus zu beschreiten. Unter Zurückstellung zweier Forderungen der marxistisch-leninist. Herrschaftstheorie, der Diktatur des Proletariats und des

Eurokorps

proletar. Internationalismus, bekannte sich der E. auch für den Fall einer sozialist. Gesellschaftsordnung zum Parteienpluralismus, zum Recht aller auf organisierte Opposition, auf Meinungs-, Presse- und Religionsfreiheit sowie auf periodisch wiederkehrende freie Wahlen. Der E. wurde v. a. vertreten von den Kommunist. Parteien Italiens und Spaniens, zeitweilig auch von der Kommunist. Partei Frankreichs.

Eurokorps [-ko:r], am 5. 11. 1993 in Dienst gestellter multinationaler militär. Verband, dessen Aufstellung auf dem 59. dt.-frz. Gipfeltreffen am 22. 5. 1992 beschlossen wurde. Der offiziellen dt.-frz. Einladung an die WEU-Staaten, sich am E. zu beteiligen, folgten Belgien, Luxemburg und Spanien. Der gemeinsame Korpsstab in Straßburg führt im Frieden unmittelbar nur wenige Truppenteile, so v. a. die dt.-frz. Brigade. Im Ernstfall übernimmt er das Kommando noch über andere belg., dt., frz., luxemburg. und span. Truppenteile. In seinem Auftrag ist das E. an die NATO gebunden. Der Großverband ist ein »zentraler Baustein in einer späteren europ. Verteidigungsstruktur«. Unter Wahrung der Bestimmungen der UN-Charta übernimmt das E. seit dem 1. 10. 1995 folgende Aufträge: Verteidigung der Mitgl. der WEU und der NATO, Teilnahme an Maßnahmen zur Aufrechterhaltung und Wiederherstellung des Friedens, Teilnahme an humanitären Einsätzen.

EUROLIBOR, Abk. für Euro London Interbank Offered Rate, seit Einführung der Europ. Währungsunion entstandener Referenzzinssatz, zu dem internat. agierende Banken in London kurzfristige Geldmarktgeschäfte tätigen; dient vor allem als Bezugsgröße für Roll-over-Kredite, (Zins-)Swaps und Floating-Rate-Notes.

Euromarkt, die Gesamtheit der internat. Finanzmärkte, an denen Gläubiger-Schuldner-Beziehungen in einer Währung außerhalb ihres Ursprungslandes entstehen (z. B. Eurodollarmarkt, Euro-Yen-Markt). Da der E. geographisch nicht auf Europa begrenzt ist, spricht man auch von Fremdwährungs- oder Xenomärkten. Die Geschäfte werden in einer i. d. R. für beide Marktparteien fremden Währung abgewickelt. Die E. unterliegen bisher keinerlei Kontrollen durch nat. oder internat. Währungsbehörden. Traditionelle Zentren sind die Bankplätze London, Luxemburg, New York sowie seit den 70er-Jahren zunehmend die Offshorezentren in Asien und der Karibik; Teilmärkte: **Eurogeldmarkt** für Handel mit kurzfristigen Termingeldern; **Eurokapitalmarkt** (Eurobondmarkt) umfasst den Markt für internat. Anleihen, z. B. Eurobonds; **Eurokreditmarkt** umfasst den Handel mit mittelfristigen Krediten (zw. ein und zehn Jahren). Die Übergänge zw. den Teilmärkten sind fließend. Eurogeld- und Eurokreditmarkt sind v. a. durch den Roll-over-Kredit, Eurokapital- und Eurogeldmarkt durch die Floating-Rate-Notes verknüpft.

Europa: Landschaft in Lappland mit dem Fluss Kemijoki, Finnland

Europa EUR

Europa: Dorf am Sustenpass zwischen Berner und Urner Alpen, Schweiz

EUROMET, ↑Meterkonvention.
Euromir, Bez. für zwei russ.-europ. Raumfahrtmissionen zur Raumstation Mir: E. '94 (4. 10.–4. 11. 1994) mit U. Merbold und E. '95 (3. 9. 1995–29. 2. 1996) mit T. Reiter.
Euromix, seit 1997 in den meisten europ. Ländern eingesetztes Testverfahren für den Kraftstoffverbrauch von Pkw, das im Vergleich zum ↑Drittelmix realere Verbrauchswerte liefert.
EuroNews [-nju:z], europ. Privatfernsehsender, digitaler Spartenkanal für Nachrichten, Sendestart 1. 1. 1993; Sitz: Lyon. E. sendet in sechs Sprachen (Deutsch, Englisch, Französisch, Italienisch, Portugiesisch, Spanisch) und kann über Kabel, Satellit und terrestrisch in 43 Ländern empfangen werden (in Dtl. im Digitalangebot ZDF.vision).
Euronotes [-nəʊts, engl. ˈjʊərəʊnəʊts], meist auf US-Dollar lautende Schuldtitel mit Laufzeiten bis zu einem Jahr, die Schuldner erster Bonität (z. B. Staaten, Banken, Großunternehmen) an internat. Finanzmärkten platzieren. E. sind kurzfristige Geldmarktpapiere, die sich aus den in den USA gebräuchl. Commercial Papers entwickelten; sie verknüpfen einen Konsortialkredit (z. B. Roll-over-Kredit) mit einer Anleihefinanzierung (z. B. Floating-Rate-Notes). E. zählen zu den Finanzinnovationen; sie wurden erstmals 1980 geschaffen.
Europa, mit einer Fläche von rd. 10,5 Mio. km² nach Australien der kleinste Erdteil; etwa 7 % der Landfläche entfallen auf Inseln. E., der Westteil der Alten Welt, ist die stark gegliederte westl. Halbinsel Asiens, mit dem es den Kontinent Eurasien bildet; aufgrund seiner kulturellen und histor. Rolle wird es aber als selbstständiger Erdteil betrachtet.
Lage: Als konventionelle Grenzen gegen Asien gelten Ural, Uralfluss, Kasp. Meer und die Manytschniederung bis zum Asowschen Meer. Von Vorderasien und Afrika trennen es Schwarzes Meer, Bosporus, Marmarameer, Dardanellen, Mittelmeer und die Straße von Gibraltar. Im W und NW bildet der Atlant. Ozean mit seinen Nebenmeeren die Grenze. Größte Halbinseln sind die Skandinavische, die Iberische, die Apennin- und die Balkanhalbinsel; größte Inseln sind Großbritannien, Island und Irland. Als Nordspitze E.s gilt gemeinhin das ↑Nordkap in Norwegen, tatsächlich ist es aber Knivskjelodden, 4 km weiter westlich (71° 11′ 08″ n. Br.), der südlichste Punkt des europ. Festlandes befindet sich in Spanien (Punta Marroquí, 36° n. Br.), der westlichste in Portugal (Kap Roca, 9° 30′ w. L.), der östlichste in Russland (im Polarural, bei 66° ö. L.).

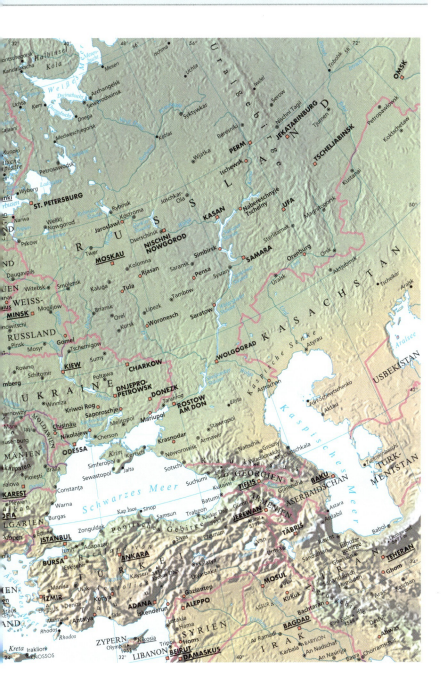

EUR Europa

Oberflächengestalt: Vom Uralgebirge aus erstreckt sich in Richtung W ein breites Tiefland, die Osteurop. Ebene (Russ. Ebene), die ohne scharfe Grenze in das mitteleurop., an Ost- und Nordsee angrenzende Tiefland übergeht, das keilförmig bis nach N-Frankreich reicht. Es ist im N überwiegend von eiszeitl. Ablagerungen, im S von Löss überdeckt. Skandinavien wird von einem fast 2 500 m hohen alten Gebirgsrumpf (Kaledon. Gebirge) durchzogen, der auf den Brit. Inseln seine Fortsetzung findet (1 343 m ü. M.). Den Landschaftscharakter im SO Skandinaviens bestimmen die Ebenen und Bergländer im Bereich des Balt. Schildes. Die vielgestaltigen Mittelgebirgsräume Mittel- und West-E.s umfassen die Reste des Varisk. Gebirges und die jüngeren, aus Sedimenten bestehenden Schichtstufenländer. Vereinzelt treten Zeugnisse eines noch jüngeren Vulkanismus auf. Die Rumpfschollengebirge, Beckenlandschaften und Hügelländer sind unter 2 000 m ü. M. hoch. Im S begrenzt diesen Landschaftsraum ein Zug junger Faltengebirge, der vom Atlant. Ozean bis zum Schwarzen Meer reicht; er setzt sich zusammen aus den Pyrenäen (bis 3 404 m ü. M.), den Alpen (höchste Erhebung E.s: Montblanc 4 810 m ü. M.), den Karpaten (bis 2 663 m ü. M.), dem Balkan (bis 2 375 m ü. M.) und Zweigen auf der Apennin- und Balkanhalbinsel. In Süd-E. kommen häufiger jungvulkan. Bildungen vor (Vesuv, Ätna, Liparische Inseln, Santorin). In das weite Teile der Iber. Halbinsel einnehmende Hochland und in N-Italien sind ausgedehnte Tieflandbecken eingeschaltet. – Der längste Strom E.s, die Wolga (3 530 km), mündet in das Kasp. Meer, der zweitgrößte, die Donau (2 858 km), in das Schwarze Meer. Die bed. Zuflüsse des Mittelmeers sind Po, Rhone und Ebro, der Ostsee Weichsel und Oder, der Nordsee Elbe, Rhein und Themse und des offenen Atlant. Ozeans Loire, Duero und Tajo. Seen sind bes. zahlreich im N von E., die größten sind Ladoga- und Onegasee. Auch das Alpengebiet hat viele, eiszeitlich entstandene Seen (Genfer See, Vierwaldstätter See, Bodensee, Gardasee u. a.), im Ungar. Tiefland liegt der Plattensee.

Klima: E. liegt mit Ausnahme des hohen N (arkt. Klima) und des äußersten SO an der unteren Wolga (sommerheißes Kontinentalklima) im Westwindgürtel der gemäßigten Breiten. Infolge warmer Meeresströme (Golfstrom) und der vorherrschenden Westwinde hat E. ein milderes Klima als ihm seiner geograph. Breite nach zukommt, bes. in Westeuropa. Drei umfangreiche Luftdrucksysteme steuern das

Europa: Kalkgebirge Parnass in Mittelgriechenland

Klima: das Islandtief, das Azorenhoch und das jahreszeitlich wechselnde Druckgebiet über Asien (im Sommer ein Wärmetief, im Winter ein ausgedehntes Kältehoch); Letzteres ist von grundlegender Bedeutung für den Unterschied zw. dem Klima Nord- und Mittel-E.s und dem Mittelmeerklima. In Süd-E. ist der Sommer heiß und trocken. In N- und Ost-E. erhöhen sich landeinwärts die jahreszeitl. Gegensätze zw. hartem, schneereichem Winter und warmem, trockenem Sommer. Die Verteilung der Niederschläge hängt mit den ozean. Winden zusammen: Im O fällt die Hauptregenzeit auf den Sommer, im W sind die reichlich fallenden Niederschläge über das ganze Jahr verteilt. Reliefunterschiede beeinflussen in hohem Maße die regionale Niederschlagsverteilung.

Vegetation und Tierwelt: Sie sind bestimmt durch die Wärmezunahme von N nach S und den Übergang vom ozean. zu kontinentalem Klima von W nach O. Im nördlichsten Teil E.s, im skandinav. Hochgebirge und in Island, herrscht Tundra mit Moosen, Flechten und Zwergstrauchheiden und den Polartieren wie Ren, Schneehase, Polarfuchs, Lemming u. a. vor. Darauf folgt südwärts von Finnland und N-Russland bis zu den Gebirgen Süd-E.s ein breiter Waldgürtel, im N vorwiegend Nadelwälder, in Mittel- und West-E. Laub- und Mischwälder, die durch Kulturland stark auf die Gebirge und unfruchtbare Böden zurückgedrängt sind. Hier hat sich auch deren Tierwelt (Fuchs, Dachs, Marder, Hirsch, Reh, Nagetiere) erhalten. Wolf, Luchs, Bär u. a. sind weitgehend vom Aussterben bedroht. Der Süden Ost-E.s von der unteren Donau bis zur unteren Wolga gehört zum pont. Steppengebiet, das bis zum Schwarzen Meer, dem Kaukasus und der Halbwüste der Kasp. Senke reicht. Die Hochgebirge tragen über der Waldgrenze (1 000 bis 2 500 m ü. M.) alpine Gehölze und Matten mit alpinen Tierarten (Gämse, Murmeltier). Im ↑Mittelmeerraum sind die immergrünen hartlaubigen Eichen- und Kiefernwälder weitgehend durch Macchien und Gariden ersetzt; es überwiegen Wärme und Trockenheit liebende Tierarten.

Bevölkerung: E. ist die Heimat der Europiden. Die Einwohnerzahl stieg von (1650) 100 Mio. über (1900) 403 Mio. auf (1999) 728 Mio. und hat damit eine fast ebenso große Bev. wie der Doppelkontinent Amerika. Mit einer mittleren Bev.dichte von 100 Ew./km² steht E. an der Spitze aller Erdteile, doch ist die Bev. sehr ungleichmäßig verteilt, z. B. 3 Ew./km² auf Island und 380 Ew./km² in den Niederlanden. Ein relativ hoher Prozentsatz der Bev. lebt in

Europa: Felsformationen an der Algarveküste, Portugal

Städten, in Belgien, Schweden, Dänemark, Dtl., den Niederlanden und Großbritannien 65 bis über 80%, in Albanien, Portugal, Rumänien, Bulgarien und Irland nur 35 bis 45%. – In E. werden heute über 60, meist indogerman. Sprachen gesprochen. Rd. 35% der Bev. sprechen slaw. Sprachen, rd. 30% german. Sprachen und 27% roman. Sprachen. In wenigen Ländern gesprochene Sprachen sind Baskisch, die kelt. (Bretonisch, Irisch, Schottisch-Gälisch, Walisisch) und balt. Sprachen (Lettisch, Litauisch), Neugriechisch, Albanisch, die finnougr. Sprachen (Estnisch, Finnisch, Lappisch, Ungarisch), Maltesisch und Turksprachen. Über ganz E. verbreitet sind das Jiddische und Romani.

EUR Europa

Europa: staatliche Gliederung (2003)[1]

Staat	Staatsform	Fläche in km²	Einwohner in 1 000	Hauptstadt
Albanien	Republik	28 748	3 166	Tirana
Andorra	Fürstentum	468	66[2]	Andorra la Vella
Belgien	Königreich	30 528	10 318	Brüssel
Bosnien und Herzegowina	Republik	51 197	4 161	Sarajevo
Bulgarien	Republik	110 994	7 897	Sofia
Dänemark	Königreich	43 094	5 364	Kopenhagen
Deutschland	Republik	357 027	82 476	Berlin
Estland	Republik	43 432	1 323	Tallinn
Finnland	Republik	338 145	5 207	Helsinki
Frankreich	Republik	543 965	60 144	Paris
Griechenland	Republik	131 626	10 976	Athen
Großbritannien und Nordirland	Königreich	243 820	59 251	London
Irland	Republik	70 273	3 956	Dublin
Island	Republik	103 000	290	Reykjavík
Italien	Republik	301 316	57 423	Rom
Kroatien	Republik	56 542	4 428	Zagreb
Lettland	Republik	64 589	2 307	Riga
Liechtenstein	Fürstentum	160	34[3]	Vaduz
Litauen	Republik	65 300	3 444	Vilnius
Luxemburg	Großherzogtum	2 586	453	Luxemburg
Makedonien	Republik	25 713	2 056	Skopje
Malta	Republik	316	394	Valletta
Moldawien	Republik	33 800	4 267	Chișinău
Monaco	Fürstentum	1,95	33[3]	Monaco
Niederlande	Königreich	41 526	16 149	Amsterdam
Norwegen	Königreich	323 758	4 533	Oslo
Österreich	Republik	83 859	8 116	Wien
Polen	Republik	312 685	38 587	Warschau
Portugal[4]	Republik	91 906	10 062	Lissabon
Rumänien	Republik	238 391	22 334	Bukarest
Russland (mit asiatischem Teil)[5]	Republik	17 075 400	143 246	Moskau
San Marino	Republik	61,2	27[2]	San Marino
Schweden	Königreich	449 964	8 876	Stockholm
Schweiz	Republik	41 284	7 169	Bern
Serbien und Montenegro	Republik	102 173	10 527	Belgrad[6]
Slowakische Republik	Republik	49 035	5 402	Bratislava
Slowenien	Republik	20 273	1 984[3]	Ljubljana
Spanien[7]	Königreich	504 790	41 060	Madrid
Tschechische Republik	Republik	78 866	10 236	Prag
Ukraine	Republik	603 700	48 523	Kiew
Ungarn	Republik	93 029	9 877[3]	Budapest
Vatikanstadt		0,44	1	
Weißrussland	Republik	207 595	9 895	Minsk

Europa EUR

Europa: staatliche Gliederung (2003; Fortsetzung)[1]

Staat	Staatsform	Fläche in km²	Einwohner in 1 000	Hauptstadt
abhängige Gebiete				
Färöer (von Dänemark)		1 399	47[8]	Tórshavn
Gibraltar (von Großbritannien)		6,5	29[2]	
Kanalinseln (von Großbritannien)		194	145	Saint Hélier Saint Peter Port
Man (von Großbritannien)		572	76[8]	Douglas

1) Fläche: Letzte verfügbare nationale Vermessungsergebnisse, in Einzelfällen Angaben der UN. Einwohner: Fortgeschriebene oder geschätzte Zahlen auf Basis der Ergebnisse der jeweils letzten Volkszählung; Schätzungen der UN. Ohne die europäischen Teile der Türkei (23 764 km²) und Kasachstans (rund 50 000 km²). – 2) 2000. – 3) 2002. – 4) Mit Azoren und Madeira. – 5) Ca. 80 % der Fläche und 36 % der Bevölkerung befinden sich im asiatischen Teil. – 6) Verwaltungssitz. – 7) Spanien insgesamt. – 8) 2001.

GESCHICHTE

Vorgeschichte und Altertum: Eine Besiedlung seit dem Altpaläolithikum wird durch vorgeschichtl. Fundstellen in fast ganz E. bezeugt. Aus dem Mittelpaläolithikum stammen die Neandertalerfunde. Im Jungpaläolithikum bildeten sich eine sesshaftere Lebensweise und bessere Jagdtechniken aus; erste Kunstwerke (u. a. Höhlenmalerei) stammen aus dieser Zeit. Im Neolithikum kam es zur Ausbildung zahlr. regionaler Kulturformen, für die v. a. die Keramik, aber auch Grabformen typisch waren. Bereits im Neolithikum entstandene Beziehungen zw. den Teilen E.s vertieften sich in der Bronzezeit ebenso wie Einflüsse aus den Hochkulturen des östl. Mittelmeerraums (v. a. über Südost-E.).

Die eisenzeitl. Kulturen breiteten sich aus dem ägäischen Raum über Italien und die Balkanhalbinsel nach Mittel- und West-E. aus (weiterführend: ↑Mitteleuropa, ↑Mittelmeerraum, ↑Nordeuropa, ↑Osteuropa und ↑Westeuropa). Der histor. Raum der klass. Antike rund um das Mittelmeer gehört zwar zu drei Erdteilen, die grch. Kultur, von den Römern übernommen und umgeformt, bildet aber in Verbindung mit dem Christentum die prägende Grundlage der europ. Geschichte.

Mittelalter: Durch Germanen und Araber wurde die Kultureinheit der antiken Welt zerbrochen. In der Völkerwanderung gerieten die Ostgermanen in den Einflussbereich der römisch-antiken Kulturwelt. Im westgot. Reich finden sich Frühformen

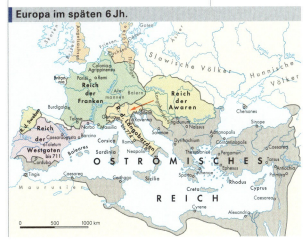

Europa im späten 6. Jh.

EUR Europa

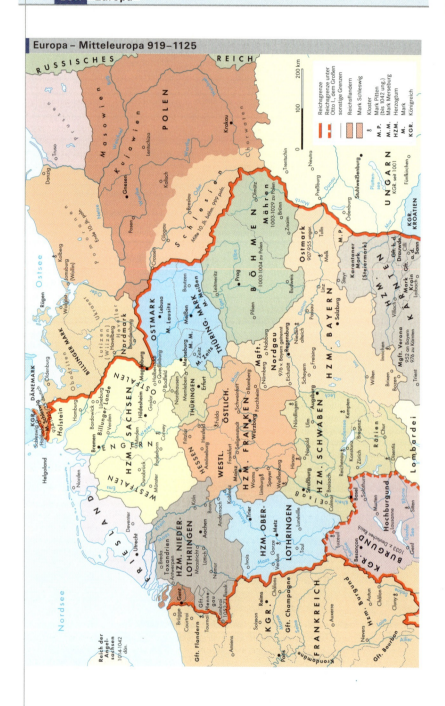

Europa – Mitteleuropa 919–1125

der für das MA. charakterist. Verbindung von Antike, Germanentum und Christentum, doch wurde durch den Arabereinbruch 711 der Großteil der Iber. Halbinsel E. entfremdet. Eigentl. Wegbereiter des abendländ. MA. wurden die westgerman. Franken, die im 5./6. Jh. das röm. Gallien unterwarfen und auch nach dem german. Mittel-E. ausgriffen, sodass sich ein Miteinander von Romanen und Germanen entfalten konnte. 754 ging das Fränk. Reich jenes enge Bündnis mit der röm. Kirche ein, das mit der Kaiserkrönung Karls d. Gr. 800 für das mittelalterl. (Hl. Röm.) Reich bestimmend wurde. Das Reich Karls d. Gr. umfasste das langobard. Italien, Mittel-E. und dessen Vorfeld sowie Spanien bis zum Ebro. Seine polit., sozialen und kulturellen Strukturen (Lehnswesen, Grundherrschaft, Kirchen- und Verwaltungssystem, karoling. Schrift) wirkten sich ebenfalls in den christl. Kleinkönigreichen des nördl. Spanien, in England und Dänemark aus. Auch nach den Teilungen des Fränk. Reiches 843–880 blieben die Nachfolgestaaten noch lange einander zugeordnet. Durch die Verbindung der röm. Kaiserwürde mit dem dt. Regnum 962 leitete Otto I., d. Gr., die polit. Vormachtstellung des Hl. Röm. Reiches in E. ein. Doch gab es neben diesem und dem Byzantin. Reich bis dahin noch ein drittes, das heidn. Europa (u. a. Slawen). Im späten 9. Jh. brachen die Magyaren über die Karpaten in den Donau-Theiß-Raum ein und durchzogen Mittel-E. bis zur Schlacht auf dem Lechfeld 955, ehe sie ein einheitl. (christl.) Staatsgebilde aufbauten. Vom N her plünderten seefahrende Normannen die Küsten und Flusslandschaften. Schwed. Waräger waren maßgeblich an der Gründung des Kiewer Reichs (988/989 durch Byzanz christianisiert) beteiligt. Die bis zum 11. Jh. an vielen Stellen E.s sesshaft und christlich gewordenen Normannen schufen bes. in England und auf Sizilien Vorbilder für die Staaten des Spätmittelalters.

Die Spannungen zw. der östl. und westl. Kirche führten 1054 zum Morgenländ. Schisma. Byzanz hatte im Zeitalter der Kreuzzüge neue Kontakte mit dem Westen. Doch der 4. Kreuzzug führte 1204 zur vorübergehenden Zerstörung des Byzantin. Reiches (1261 teilweise Wiederherstellung) und zur Errichtung des Lat. Kaiserreichs von Konstantinopel bzw. der »fränk.« Kreuzfahrerstaaten in Griechenland. Der offene Kampf zw. Kaiser und Papst (Investiturstreit) endete mit der Erschütterung des universalen Anspruchs des Kaisertums (Ende des 11. Jh.). Kennzeichen des 12. Jh. ist neben den polit. Auswirkungen der Kreuzzüge das kulturelle Vorrücken der Romanen. Neue Formen des Fernhandels und des städt. Lebens waren in Italien und Frankreich am stärksten ausgeprägt. Das Papsttum, unter Innozenz III. auch politisch führend, geriet nach 1250 unter frz. Einfluss und schließlich in die völlige Abhängigkeit von Avignon. Exil (1305/09–76). Das Kaisertum war seit dem Ende der Dynastie der Staufer (1254/1268) durch Wahlkönigtum und Erstarken der Territorialfürsten politisch geschwächt. In Frankreich und England, die im ↑Hundertjährigen Krieg (1337–1453) um die Vorherrschaft in West-E. kämpften, begann die Ausformung des neuzeitl. Staates. Mit den portugies. und span. Entdeckungsfahrten des 15./16. Jh. wurde die europ. Überseeexpansion eingeleitet. Zunehmend trat das Bürgertum hervor, die Wirtschaft nahm im 15. Jh. Züge des Frühkapitalismus an. Von Italien strahlten Frühhumanismus (seit dem 14. Jh.) und Renaissance (seit 1450) ins übrige E. aus; nur im östl. E. kam es zu keiner solchen Entwicklung, v. a. aufgrund äußerer Bedrohungen durch die Mongolen (Goldene Horde) und Osmanen. Mit der Eroberung Konstantinopels durch die Osmanen 1453 endete die tausendjährige Geschichte des Byzantin. Reiches.

Neuzeit: Den Machtkampf zw. Frankreich und dem zur europ. Großmacht aufsteigenden Haus Österreich konnte Kaiser Karl V. bis 1544 für sich entscheiden. Er herrschte über einen halb E. umfassenden Machtblock mit Besitzrecht in der Neuen Welt. Karl V. scheiterte in seinem Anspruch auf die universale Führung der Christenheit sowohl bei der Abwehr der (mit Frankreich verbündeten) Osmanen als auch beim Versuch, gemeinsam mit dem Papst die Einheit der Kirche gegen die Reformation wiederherzustellen. Mit den frz. Hugenottenkriegen (1562–98) begann eine Reihe konfessioneller Bürgerkriege, die den ↑Dreißigjährigen Krieg bestimmten und mit dem 1. Nord. Krieg (1655–60) endeten. Die Niederlage der Armada 1588 signalisierte den Niedergang Spaniens und

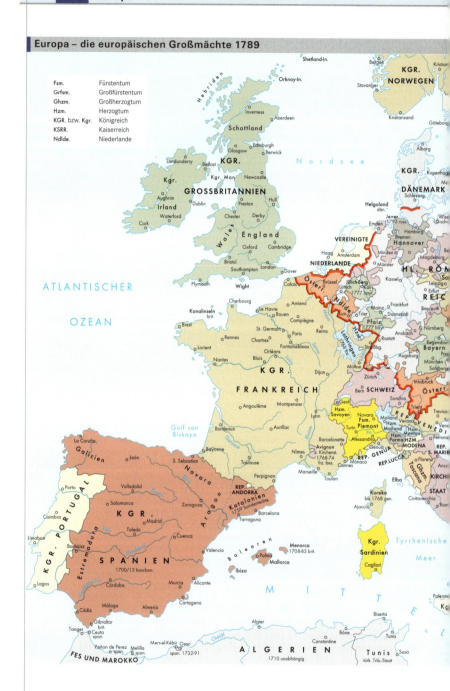

EUR Europa

Europa – Mitteleuropa und angrenzende Gebiete 1919–45

1 Teschen 1920 geteilt. Östl. Umland 1920 polnisch, westl. Umland 1938 polnisch.
2 Sudetenland 1938 an Deutschland angegliedert
3 Saargebiet 1920-35 Völkerbundsmandat
4 Elsass-Lothringen 1940-44 dem Dt. Reich angegliedert
5 Hultschiner Ländchen 1919/20 tschechisch
6 Prekmurje bis 1918 und 1941-45 ungarisch
7 Südböhmen und Südmähren 1938 zu den dt. Reichsgauen Oberdonau bzw. Niederdonau
8 Südtirol 1919/20 ital., 1943-45 dt. Zivilverwaltung
9 Slowenien
10 Baranja
11 Batschka
12 Banat
13 Bukowina
14 Süddobrudscha

EUR Europa

den Aufstieg Englands als Seemacht. Der Westfäl. Friede (1648) am Ende des Dreißigjährigen Krieges schrieb eine neue Friedens- und Staatenordnung fest; in ihr nahm Frankreich eine Vorrangstellung im kontinentalen West-E. und Schweden in Nord-E. ein. Unter Ludwig XIV. entstand in Frankreich ein für E. beispielgebender moderner Machtstaat des ↑Absolutismus. England ging mit der »Glorreichen Revolution« 1688 richtungweisend zum Konstitutionalismus über und baute außenpolitisch seine maritime Weltstellung auf. Das im Span. Erbfolgekrieg 1713/14 von Großbritannien durchgesetzte Prinzip des Gleichgewichts der europ. Mächte verhinderte bis zu Napoleon I. jeden Versuch, E. imperial zu beherrschen. Dazu trug auch der gleichzeitige Aufstieg Russlands zur europ. Großmacht bei. Im Siebenjährigen Krieg (1756–63) erkämpfte sich Preußen gegen Österreich seine europ. Großmachtposition und Großbritannien gegen den frz. Rivalen seine Weltmachtstellung.

Die Frz. Revolution von 1789, die im Erbe der Aufklärung die Proklamation universaler Menschenrechte, die Entstehung von Nationalismus, Liberalismus und Demokratie brachte, erschütterte E. fundamental. Der napoleon. Versuch der Beherrschung E.s, der u. a. das Ende des Hl. Röm. Reiches (1806) besiegelte, scheiterte in den ↑Befreiungskriegen. Die Restauration des alten Mächtesystems auf dem Wiener Kongress 1814/15 und Metternichs antirevolutionär-sozialkonservative Sicherheitspolitik trugen der Dynamik der bürgerl. Konstitutions- und Nationalbewegung nicht Rechnung. Die frz. Julirevolution 1830 wurde von West-E. bis Skandinavien Anstoß für die Errichtung moderner Verfassungsstaaten. Die europ. Revolutionsbewegung 1848 endete in konstitutionellen Kompromissen mit den alten Fürstenstaaten bzw. in neoabsolutist. Ansätzen. Wirtschaftlich blieb Großbritannien führend in der Welt, doch gewann Preußen mit dem Dt. Zollverein an Bedeutung. Die mit der Industrialisierung rasch anwachsenden Arbeitermassen organisierten sich seit etwa 1860 (↑Arbeiterbewegung).

Das durch die Errichtung des italien. Nationalstaats (1860–70) und die Gründung des Dt. Reichs (1871) neu ausbalancierte europ. Mächtegleichgewicht wurde zunehmend bedroht durch nat. Autonomiebewegungen in Ost- und Südost-E., die angesichts der Schwächung des Osman. Reichs und der Donaumonarchie Auftrieb erhielten und wiederholt Balkankrisen auslösten. Der v. a. durch die Rivalität und Expansionspolitik (Imperialismus) der europ. Großmächte verursachte Erste Weltkrieg, in dem die Mittelmächte der Entente unterlagen, führte zum Zerfall der Vielvölkerstaaten Österreich-Ungarn und Osman. Reich und zu tief greifenden innenpolit. Erschütterungen in zahlr. Ländern (z. B. Februar- und Oktoberrevolution in Russland 1917, Novemberrevolution in Dtl. 1918). Die USA, die 1917 in den Krieg eingegriffen hatten, zogen sich nach 1920 wieder weitgehend aus E. zurück (Nichtbeitritt zum Völkerbund). Die in den Pariser Vorortverträgen (1919/20) verankerte territoriale Neuordnung E.s erwies sich als Quelle von Spannungen und Revisionsforderungen (bes. seitens des durch den Versailler Vertrag niedergehaltenen Dtl.). In Russland entstand nach dem Sturz der Zarenherrschaft und der Machtergreifung der Bolschewiki unter Lenin erstmals ein kommunist. Staat (seit 1922 UdSSR), der sich einem Bürgerkrieg sowie der militär. Intervention der Westmächte (1918–21/22) ausgesetzt sah. Die meisten Territorien, die sich dem russ. Machtbereich 1917/18 durch ihre Proklamation zu unabhängigen Staaten entzogen hatten, wurden ab 1920 (zumeist durch Einmarsch der Roten Armee) zu Sowjetrep. umgeformt und schließlich in die UdSSR eingegliedert (u. a. Georgien, Armenien, Aserbaidschan, 1940 schließlich auch die balt. Republiken). Seit Mitte der 20er-Jahre errichtete J. W. Stalin ein totalitäres Herrschaftssystem in der UdSSR (↑Stalinismus, ↑Sowjetunion, Geschichte). Vor dem Hintergrund der wirtsch. Krise der Zwischenkriegszeit und unter Einsatz nationalist. sowie rassist. Ideologie konnten sich in einigen europ. Ländern autoritäre bzw. faschist. Regime etablieren; in Italien übernahm 1922 der Faschismus unter B. Mussolini die Macht, in Dtl. 1933 der Nationalsozialismus unter A. Hitler, dessen außenpolit. Ziele Raumgewinn (v. a. in Ost-E.) und Weltmachtstellung waren. Auch in Spanien, Portugal sowie in Ost- und Südost-E. setzten sich autoritäre Regierungsformen durch. Das mit Italien und Japan verbündete Dtl., dessen expansiven Bestrebungen

Europa EUR

Europa – Zusammenschlüsse in Europa nach dem Zweiten Weltkrieg

- EGKS (1952) (Europäische Gemeinschaft für Kohle und Stahl)
- EVG (1952) (Europäische Verteidigungsgemeinschaft)
- EWG und EURATOM (1958) (Europäische Wirtschaftsgemeinschaft und Europäische Atomgemeinschaft)
- WEU (1955) (Westeuropäische Union)
- EFTA (1960) (European Free Trade Association / Europäische Freihandelszone)
- RGW (1949) (Rat für gegenseitige Wirtschaftshilfe; auch: Comecon/Council for Mutual Economic Assistance)

die Westmächte mit einer Beschwichtigungspolitik (»Appeasement«) zu begegnen versuchten (1938 Münchner Abkommen), entfesselte 1939 mit dem Überfall auf Polen den Zweiten Weltkrieg, nachdem es kurz zuvor mit der UdSSR einen (nur bis 1941 eingehaltenen) Nichtangriffspakt abgeschlossen und darin mit dieser das östl. E. in Interessensphären aufgeteilt hatte.

Am Ende des verheerenden Krieges stand die Zerschlagung der totalitären Systeme in Italien und Dtl., aber auch die Teilung des aus seiner weltmachtpolit. Rolle verdrängten E. in ein unter Hegemonie der UdSSR stehendes kommunist. Staatensystem in Ost- und Mittel-E. (Ostblock) und die unter Einfluss der USA stehenden westeurop. Länder (NATO-Staaten). Im Zeichen des nun aufbrechenden Ost-West-Konflikts (↑Kalter Krieg) kam es 1949 auch zur staatl. Spaltung Deutschlands. Den politisch-wirtsch. und militär. Zusammenschlüssen des Ostblocks (1949 RGW, 1955 Warschauer Pakt) standen ein westl. Bündnissystem (seit 1949 NATO) und die im Rahmen einer westeurop. Einigungsbewegung gebildeten Institutionen und Organisationen (u. a. 1949 Europarat, 1954 Westeurop. Union, 1957 EWG, 1960 EFTA) gegenüber. Erhebungen gegen das stalinist. System (1953 in der DDR, 1956 in Ungarn) und reformkommunist. Bewegungen (1968 in der Tschechoslowakei) wurden von der UdSSR bzw. Staaten des Warschauer Pakts militärisch unterdrückt. Die nach Erreichen des atomaren Patts zw. den Blöcken seit den 60er-Jahren in Gang gekommene Entspannungspolitik (↑Entspannung) wurde durch den sowjet. Einmarsch in Afghanistan (1979) und die dadurch bedingte Abkühlung im Ost-West-Verhältnis gefährdet.

Die KSZE-Schlussakte von Helsinki (1975) und u. a. die Gründung von Solidarność in Polen (1980) förderten die Entwicklung von ↑Bürgerbewegungen in den kommunist. Staaten E.s. Die von M. Gorbatschow 1985 eingeleitete Politik von ↑Glasnost und ↑Perestroika schuf Voraussetzungen für substanzielle Fortschritte in

Europa – Europäische Union

der Abrüstungspolitik und bewirkte 1989/91 tief greifende polit. Veränderungen. Im Sommer/Herbst 1989 wurden die Bürgerbewegungen zum Kern einer die mittel- und osteurop. Staaten erfassenden Protestbewegung, die zur Auflösung der erstarrten polit. Strukturen und zur Beendigung des Kalten Krieges führte (Charta von Paris, 1990). Der Zusammenbruch der kommunist. Staaten, der Fall des Eisernen Vorhangs (u. a. Öffnung der Berliner Mauer und der innerdt. Grenze am 9./10. 11. 1989), die dadurch in Gang gesetzte Wiedervereinigung Deutschlands 1990, abgesichert durch die Zwei-plus-vier-Verhandlungen, sowie der schließl. Zerfall der UdSSR wie auch Jugoslawiens 1991/92 veränderten E. komplex; RGW und Warschauer Pakt lösten sich auf. Einerseits stellten diese Vorgänge, bes. die schwierigen nat. Selbstfindungsprozesse in Ost-E., die europ. Politik immer wieder vor schwierige Probleme (Bemühungen um Konfliktbeilegung z. B. durch die ↑OSZE; gesamteurop. Dimension der Krise im ↑Kosovo, bes. seit der NATO-Militäraktion 1999), andererseits eröffneten das Streben dieser Staaten nach Mitgliedschaft in der ↑Europäischen Union, bes. nach dem EU-»Erweiterungsgipfel« vom Dez. 2002 (↑europäische Integration, Öffnung der NATO), und das Voranschreiten der Reform der europ. Institutionen neue Chancen für den europ. Integrationsprozess (Vertrag von Nizza 2001, Europ. Grundrechtecharta). Im Juni 2004 einigten sich die Partei- und Reg.chefs der 25 Mitgliedsstaaten auf eine Verf., die im Herbst unterzeichnet werden soll. Einige Länder (z. B. Belgien, Dänemark, Frankreich, Großbritannien, Irland, Luxemburg, Niederlande, Polen, Portugal, Spa-

Europaflagge EUR

nien) haben Referenden hierzu angekündigt. Planmäßig verlief die Einführung des Euro ab 1.1.1999 bzw. 1.1.2002. Mit den Terroranschlägen vom 11. 9. 2001 in den USA und ihren Folgen wurden E., die EU sowie die Partnerschaft E.s mit den USA vor neue Herausforderungen gestellt (↑Antiterrorkrieg).

📖 *Handbuch der europ. Gesch., hg. v. T. Schieder, 7 Bde. in 8 Tlen. Stuttgart $^{1-4}$1968–96. – Handbuch der europ. Wirtschafts- u. Sozialgesch., hg. v. W. Fischer u.a., 6 Bde. Stuttgart 1980–93. – Bowle, J.: Gesch. E.s. Von der Vorgeschichte bis ins 20. Jh. München 1993. – Geiss, I.: E. Vielfalt u. Einheit. Eine histor. Erklärung. Mannheim u.a. 1993. – Brown, P.: Die Entstehung des christl. E. A.d. Engl. München 1996. – Schönenberg, R. u. Neugebauer, J.: Einführung in die Geologie E.s. Freiburg im Breisgau ^{7}1997. – Davies, N.: Europe. A history. Oxford ^{2}1997. – Tielker, W.: E. – die Genese einer polit.Idee. Von der Antike bis zur Gegenwart. Münster 1998. – Pan, C. u. Pfeil, Beate Sibylle: Die Volksgruppen in E. Ein Handbuch. Wien 2000. – Schümer, D.: Das Gesicht E.s. Ein Kontinent wächst zusammen. Hamburg 2000. – McCormick, M.: Origins of the european economy. Communications and commerce A. D. 300–900. Cambridge 2001. – Schulz, G.: E. u. der Globus. Städte, Staaten u. Imperien seit dem Altertum. Stuttgart 2001. – Salewski, M.: Gesch. E.s. Staaten u. Nationen von der Antike bis zur Gegenwart. München 2000. – Bade, K. J.: E. in Bewegung. Migration vom späten 18. Jahrhundert bis zur Gegenwart. München 2002. – Seibt, F.: Die Begründung E.s. Ein Zwischenbericht über die letzten tausend Jahre. Frankfurt am Main 2002. – E.-Handbuch, hg. v. W. Weidenfeld. Gütersloh 2002.*

Europa, 1) *Astronomie:* kleinster der Galileischen Monde des Planeten Jupiter. Die an topolog. Formationen arme Oberfläche (ø rd. 3 140 km) besteht aus einem (vermutlich 80 bis zu 170 km starken) Eismantel. Es wurde eine sehr dünne sauerstoffhaltige Atmosphäre entdeckt.
2) *grch. Mythos:* die Schwester des ↑Kadmos, durch Zeus in Stiergestalt auf die Insel Kreta entführt, Mutter des ↑Minos.
Europabrücke, 785 m lange Brücke (größte Pfeilerhöhe 198 m) über das Silltal südlich von Innsbruck (Tirol); erbaut 1959–63.

Europacup [-kʌp], Abk. **EC,** *Sport:* der ↑Europapokal.
Europa der Regionen, ein polit. Ordnungskonzept zum Aufbau föderativer Strukturen bei der Integration Europas; sieht vor, die Regionen (z. B. die Länder in Dtl., die autonomen Regionen in Spanien, die Regionen in Frankreich und Italien sowie die Regionen und Gemeinschaften in Belgien) als »dritte Ebene« neben den einzelnen Nationalstaaten und der Europ. Union in die Arbeit der europ. Institutionen einzubeziehen. Der Maastrichter Vertrag (in Kraft seit 1.11.1993) legte gemäß dem dort verankerten Subsidiaritätsprinzip die Schaffung eines ↑Ausschusses der Regionen (222 vom Rat der EU ernannte Mitgl.) mit beratender Funktion fest.
Europadörfer, Einrichtungen des von dem belg. Dominikanerpater D. G. Pire 1950 gegründeten Hilfswerks »Hilfe für heimatlose Ausländer«, das die Integration ausländ. Familien und ihrer Kinder in ihre neuen Heimatländer unterstützt.

Europa 2): Europa wird von Zeus in Gestalt eines Stiers entführt (Metope aus Selinunt, 6. Jh. v. Chr.).

Europäerreben, die aus europ. und vorderasiat. Wildformen der Echten Weinrebe hervorgegangenen Kultursorten der Weinrebe; sind reblausanfällig. (↑Amerikanerreben)
Europaflagge, 1) 1949–93 Flagge der Europ. Bewegung, seitdem Symbol der

EUR Europagedanke

Union Europäischen Föderalisten (↑Europa-Union Deutschland); ein weiß ausgespartes grünes E; 2) offizielle Flagge des Europarates (1955) und der Europ. Gemeinschaften (1986), seit ihrer Gründung Symbol der EU, seit 1993 auch der Europ. Bewegung; auf blauem Grund ein Kreis von zwölf goldgelben Sternen (Symbol für die europ. Völker und Sinnbild für Vollkommenheit).
Europagedanke, ↑europäische Einigungsbewegung.
Europahymne, 1972 vom Ministerkomitee des Europarates zur europ. Hymne erklärte »Ode an die Freude« aus der 9. Sinfonie (1822–24) von Beethoven. Am 21. 4. 1986 wurde die E. (zus. mit der Europaflagge) von den EG-Außenmin. nach Absprache mit dem Europarat als einheitl. Symbol für alle europ. Institutionen festgelegt.
Europäische Artikelnummerierung, ↑EAN-System.
Europäische Atomgemeinschaft, Abk. **EURATOM,** zus. mit der EWG durch die Röm. Verträge vom 25. 3. 1957 (seit 1. 1. 1958 in Kraft) errichtete supranat. Organisation zur friedl. Nutzung der Kernenergie mit eigener Rechtspersönlichkeit, seit 1967 organschaftlich mit der EWG und EGKS verbunden, Teil der EG; Sitz: Brüssel. Aufgaben: Förderung, Koordinierung und Kontrolle der Forschung, Nutzung und Entsorgung im Kernenergiebereich der Mitgl.länder, Sicherstellung der Versorgung der Gemeinschaft mit Kernbrennstoffen, Gewährleistung der Sicherheit der entsprechenden Anlagen, Schaffung eines gemeinsamen Kernenergiemarktes, Verbindung zu dritten Staaten und internat. Organisationen.
Europäische Bank für Wiederaufbau und Entwicklung, ↑Osteuropabank.
Europäische Bewegung, internat. überparteil. Organisation zur Förderung des europ. Einigungsprozesses; gegr. 1948 auf dem Europakongress in Den Haag. Mitgl.: (2003) 40 nat. Sektionen (darunter die **Europäische Bewegung Deutschland e. V.**) sowie weitere europ. Verbände und Vereinigungen. Organe: u. a. der Bundesrat und das Exekutivkomitee; an der Spitze steht der Präs. Grundlegendes europapolit. Konzept ist die Schaffung eines föderalen Staatsgebildes, das über eine vom Europ. Parlament kontrollierte Reg. und eine eigenständige Verf. verfügt. Zum Symbol der E. B. ↑Europaflagge.
europäische Einigungsbewegung, das nach dem Ersten Weltkrieg einsetzende polit. Bemühen um den Zusammenschluss der parlamentarisch-demokrat. Staaten Europas; fußt auf dem wesentlich älteren **Europagedanken,** den schon die Philosophen der Aufklärung mit dem eth. Ziel einer europ. Rechts- und Friedensordnung in Form eines Völkerbundes verknüpften. Bis ins 19. Jh. konzentrierte sich die Europapolitik jedoch auf die Herstellung und Erhaltung des ↑europäischen Gleichgewichts (»Konzert der europ. Mächte«). Politisch organisierte sich die e. E. erstmals in der 1923 von R. N. Graf Coudenhove-Kalergi begründeten ↑Paneuropa-Bewegung. Der Plan des frz. Min-Präs. und Außenmin. A. Briand für den föderativen Zusammenschluss der europ. Staaten (1929–30) scheiterte an den divergierenden Interessen der europ. Großmächte. Nach dem Zweiten Weltkrieg fand der Gedanke der polit. Einigung Europas, zuerst (1946) nachdrücklich von W. Churchill vertreten, ein starkes Echo. Ein für 1948 in Den Haag einberufener Kongress mündete in die Gründung der ↑Europäischen Bewegung und führte zu Verhandlungen zw. den Reg. von zehn westeurop. Staaten. In der Auseinandersetzung zw. »Föderalisten« und »Unionisten« konnten sich Letztere gegen die Preisgabe nat. Souveränitätsrechte innerhalb einer »Union« europ. Staaten behaupten. Auf der völkerrechtl. Ebene gab die e. E. den Anstoß zur Gründung des ↑Europarates 1949. (↑europäische Integration).
Europäische Energiecharta [-k-], am 17. 12. 1991 in Den Haag von 45 Staaten unterzeichneter Vertrag über die Förderung der langfristigen Zusammenarbeit im Energiebereich und die Entwicklung eines offenen Marktes für Primärenergieträger und Energieerzeugnisse ohne Wettbewerbsbeschränkungen.
Europäische Filmakademie, ↑European Film Academy.
Europäische Freihandelsassoziation (engl. European Free Trade Association, Abk. EFTA), am 4. 1. 1960 von Dänemark, Großbritannien, Norwegen, Österreich, Portugal, Schweden und der Schweiz gegründete Freihandelszone (in Kraft seit 3. 5. 1960). Nachdem 1973 Großbritannien

Europäische Gemeinschaften EUR

Stimmen im Ministerrat:[2)]

Deutschland	29	Belgien	12	Schweden	10
Frankreich	29	Griechenland	12	Dänemark	7
Großbritannien	29	Portugal	12	Finnland	7
Italien	29	Tschechische		Irland	7
Polen	27	Republik	12	Litauen	7
Spanien	27	Ungarn	12	Slowakei	7
Niederlande	13	Österreich	10	Estland	4

Lettland	4
Luxemburg	4
Slowenien	4
Zypern	4
Malta	3

Europäische Gemeinschaften: die Europäischen Gemeinschaften und ihre Organe

und Dänemark, 1986 Portugal sowie 1995 Finnland (Mitgl. seit 1985), Österreich und Schweden der EG beitraten und damit aus der EFTA ausschieden, gehören der Freihandelszone nunmehr Island (seit 1970), Liechtenstein (seit 1991), Norwegen und die Schweiz an; Sitz: Genf. Wichtigste Organe sind der EFTA-Rat, das Sekretariat und der Gerichtshof (gegr. 1994). Der im EFTA-Vertrag festgelegte Abbau von Handelszöllen (ausgenommen landwirtschaftliche Erzeugnisse) und Ausfuhrbeschränkungen zw. den Mitgl.ländern wurde schrittweise bis 1967 erreicht. Durch den am 2. 5. 1992 unterzeichneten und am 1. 1. 1994 in Kraft getretenen Vertrag über den ↑Europäischen Wirtschaftsraum gelten auch für drei EFTA-Mitgl. (die Schweiz lehnte die Teilnahme ab) die Freiheiten des Europ. Binnenmarktes.
📖 *Senti, R.: EG, EFTA, Binnenmarkt. Organisation, Funktionsweise, Perspektiven.* Zürich ²1992.
Europäische Gemeinschaft, Abk. **EG,** seit 1. 11. 1993 Bez. für die ↑Europäische Wirtschaftsgemeinschaft.
Europäische Gemeinschaften, Abk. **EG,** gemeinsame Bez. für die im Rahmen der europ. Einigungsbewegung nach dem Zweiten Weltkrieg entstandene Europ. Gemeinschaft (EG; bis 1993 ↑Europäische Wirtschaftsgemeinschaft [EWG]) und die ↑Europäische Atomgemeinschaft (EURATOM). Die urspr. dazugehörige ↑Europäische Gemeinschaft für Kohle und Stahl (EGKS) stellte am 23. 7. 2002 ihre Tätigkeit ein.
Seit In-Kraft-Treten des Maastrichter Vertrages (1. 11. 1993) bilden die EG (zusammen mit der Europ. Wirtschafts- und Währungsunion) die »1. Säule« der ↑Europäischen Union. Der Vertrag von Maastricht hat den EWG-Vertrag von 1957 modifiziert und um Vorschriften ergänzt, die über die rein wirtsch. Integration hinausgehen, sowie die EWG in Europ. Gemeinschaft umbenannt. Die Abk. EG steht seither sowohl für diese Gemeinschaft als auch für die zwei (ursprüngl. drei) Gemeinschaften. Die derzeit 25 Mitgl.länder sind Belgien, Dänemark, Dtl., Finnland, Frankreich, Griechenland, Großbritannien, Irland, Italien, Luxemburg, die Niederlande, Österreich, Portugal, Schweden und Spanien sowie (seit 1. 5. 2004) Estland, Lettland, Litauen, Malta, Polen, Slowak. Rep., Slowenien, Tschech. Rep., Ungarn und Zypern; die Aufnahme von Bulgarien

Europäische Gemeinschaft für Kohle und Stahl

und Rumänien ist für 2007 vorgesehen (↑europäische Integration). Obwohl die zwei E. G. nach wie vor formalrechtlich nebeneinander und mit eigener Rechtspersönlichkeit und Zuständigkeit bestehen, haben sie dieselben Mitgl. und seit 1967 gemeinsame Organe; die wichtigsten sind: das ↑Europäische Parlament, der **Rat der Europ.** Union (Rat der EU, Ministerrat), der ↑Europäische Rat sowie die ↑Europäische Kommission. Der Rat der EU (Sitz: Brüssel), das wichtigste Entscheidungs- und Rechtsetzungsorgan der Gemeinschaft, besteht aus je einem Vertreter der Mitgl.länder auf Ministerebene, sodass für Dtl. z. B. auch Landesmin. entsandt werden können, wenn sie nach innerstaatl. Recht befugt sind, für die Reg. verbindlich zu handeln. Beschlüsse können einstimmig oder mit qualifizierter Mehrheit gefasst werden. Gemäß ↑Vertrag von Nizza werden die Stimmengewichtung und das System der Beschlussfassung mit qualifizierter Mehrheit für die Osterweiterung modifiziert. Von Mai bis November 2004 gilt eine Übergangsregelung, ab 1. 11. 2004 eine Neuregelung, eine endgültige Regelung dann erst 2007 mit dem Beitritt Bulgariens und Rumäniens. Den Vorsitz führen die Mitgl.länder in einer einstimmig beschlossenen Reihenfolge nacheinander für je 6 Monate. Weitere Organe sind: der ↑Europäische Gerichtshof, der Europ. Rechnungshof (Sitz: Luxemburg; 25, auf sechs Jahre vom Rat der EU ernannte Mitgl.) sowie der ↑Wirtschafts- und Sozialausschuss, der ↑Ausschuss der Regionen und der ↑Wirtschafts- und Finanzausschuss. Als Finanzierungsinstitut besteht die ↑Europäische Investitionsbank; am 1. 1. 1999 erhielten die ↑Europäische Zentralbank und das Europ. System der Zentralbanken ihre vollen Zuständigkeiten. (↑Europarecht, ↑Vertrag von Amsterdam.)
📖 *Nanz, K.-P. u. Silberberg, R.: Strategien für das Europa von morgen. EG-Vertrag u. EU-Vertrag in der Fassung des Vertrages von Amsterdam. Texte u. Kurzkommentar. Starnberg 1998. – Handlexikon der Europ. Union, hg. v. W. W. Mickel. Köln ²1998. – Geiger, R.: EUV, EGV. Vertrag über die Europ. Union und Vertrag zur Gründung der Europ. Gemeinschaft. München ³2000. – Koenig, C. u. Haratsch, A.: Europarecht. Tübingen ³2000. – Europa-Handbuch, hg. v. W. Weidenfeld. Gütersloh ²2002. – Europa*

von A bis Z, hg. v. W. Weidenfeld u. W. Wessels. Bonn ⁸2002.
Europäische Gemeinschaft für Kohle und Stahl, Abk. **EGKS** (Montanunion), durch den Pariser Vertrag vom 18. 4. 1951 (in Kraft seit 23. 7. 1952) zw. Belgien, der Bundesrep. Dtl., Frankreich, Italien, Luxemburg und den Niederlanden gegründete supranat. Organisation zur Errichtung eines gemeinsamen Marktes für Kohle und Stahl. Die EGKS geht auf die Initiative des frz. Außen-Min. R. Schuman zurück (»Schuman-Plan«) und bildet den Anfang der europ. Integration nach 1945. Seit dem »Fusionsvertrag« von 1965 (in Kraft seit 1. 7. 1967) war die EGKS organschaftlich mit der EURATOM und der EWG verbunden und damit Teil der ↑Europäischen Gemeinschaften. Ziele: Unterstützung der Kohle und Stahl produzierenden Unternehmen (Kredite für Investitionen), Sicherung der Versorgung durch Kontrolle der Preisgestaltung und des Wettbewerbs, Gewährung von Anpassungsbeihilfen an Arbeitnehmer. Nach Ablauf des auf 50 Jahre begrenzten Vertrages (23. 7. 2002) stellte die Organisation ihre Tätigkeit ein; ihre spezif. Befugnisse sowie ihr Aktiv- und Passivvermögen gingen auf die EG über.
Europäische Grundrechte-Charta (Charta der Grundrechte der EU), ↑Grundrechte-Charta.
Europäische Grüne Partei, Abk. **EGP**, gegr. im Febr. 2004, ging die EGP aus der seit 1993 bestehenden Europ. Föderation Grüner Parteien (Abk. EFGP) hervor; zuvor existierte seit 1984 ein transnat. Kooperationsforum, die Europ. Koordination Grüner Parteien. Die EGP umfasst 32 Parteien aus 29 europ. Staaten (auch über die EU hinaus). Programmatisch zielt die EGP auf eine ökologisch nachhaltige, demokrat. und soziale Fortentwicklung der EU; die EU soll sich in den internat. Beziehungen für friedl. Konfliktlösungen und ein solidar. Welthandelssystem einsetzen. Im Europ. Parlament existiert eine Fraktion grüner Parteien erst seit 1989. Seither hat sich die Zahl ihrer Mandate, auch durch grüne Abg. neuer Mitgl.staaten, weiter erhöht (1999: 47, 2004: 42 Mandate).
europäische Integration, der Prozess der europ. Einigung; zielt auf eine gemeinsame, in sich verbundene wirtsch., soziale

europäische Integration EUR

und polit. Struktur der europ. Staaten; hervorgegangen aus der ↑europäischen Einigungsbewegung. Nach dem Zweiten Weltkrieg kamen die ersten Anstöße zu einer wirtsch. Integration Westeuropas allerdings von außen: Zur Durchführung des amerikan. Wirtschaftshilfeprogramms für den Wiederaufbau Europas (Marshallplan, 1947) wurde 1948 die Organisation für europ. wirtsch. Zusammenarbeit (OEEC) errichtet. Die OEEC und die Europ. Zahlungsunion (EZU, gegr. 1950) leiteten eine Liberalisierung des Handels und des Zahlungsverkehrs unter den 17 Mitgl.staaten ein. Beschränkt auf einen engeren Rahmen (»Europa der Sechs«: Belgien, Bundesrepublik Dtl., Frankreich, Italien, Luxemburg, Niederlande) war zunächst die Gründung der drei ↑Europäischen Gemeinschaften: der ↑Europäischen Gemeinschaft für Kohle und Stahl (EGKS; »Montanunion«) 1951/52 sowie der ↑Europäischen Wirtschaftsgemeinschaft (EWG) und der ↑Europäischen Atomgemeinschaft (EURATOM) durch die Römischen Verträge 1957 (1958 in Kraft getreten). Diese Vertragsgemeinschaften (1992 Umbenennung der EWG in EG; die EGKS stellte 2002 ihre Tätigkeit ein) beherrschen mit ihren 1967 fusionierten Organen (↑Europäisches Parlament, Rat der Europäischen Union, ↑Europäische Kommission) bis heute den europ. Einigungsprozess. Die Vergemeinschaftung des Agrarmarktes (ab 1962), die Gründung einer Zollunion (1968) sowie die Errichtung eines ↑Europäischen Währungssystems (EWS, 1979) führten zu einer gemeinsamen Agrar-, Handels- und Währungspolitik. Neben der Vertiefung der wirtsch. Integration wurde die Schaffung einer Europ. Verteidigungsgemeinschaft angestrebt. Der EVG-Vertrag von 1952 scheiterte aber beim Ratifizierungsverfahren. Durch die ↑Einheitliche Europäische Akte (1986) wurde erstmals die europ. polit. Zusammenarbeit fixiert.

Eine Erweiterung der Gemeinschaft erfolgte durch den Beitritt von Dänemark, Großbritannien, Irland (1973), Griechenland (1981), Spanien und Portugal (1986). Die zwölf Mitgl.staaten gründeten mit dem Maastrichter Vertrag 1992 (am 1. 11. 1993 in Kraft getreten) die ↑Europäische Union. Als nächsten Integrationsschritt beinhaltete der Vertrag die Einrichtung der ↑Europäischen Wirtschafts- und Währungsunion (EWWU) mit einem gemeinsamen Binnenmarkt (1993), der ↑Europäischen Zentralbank (EZB) und einer Gemeinschaftswährung, dem Euro (ersetzte in 12 Teilnehmerländern zum 1. 1. 2002 die nat. Währungen, ↑Euro-Zone). Neben der Umsetzung dieser wirtsch. Ziele wurde auch die polit. Integration durch eine Gemeinsame Außen- und Sicherheitspolitik (GASP) und die Zusammenarbeit in den Bereichen Justiz und Inneres vorangetrieben. 1992 vereinbarten die Mitgl.staaten von EG und ↑Europäischer Freihandelsassoziation (EFTA) die Bildung eines ↑Europäischen Wirtschaftsraums (EWR). Parallel dazu bewarben sich die EFTA-Mitgl. Finnland, Österreich und Schweden um einen Beitritt zur EG (seit 1995 Mitgliedschaft in der EU); in Norwegen und der Schweiz wurde ein Beitritt in Referenden abgelehnt (ab 1999 jedoch zahlr. Abkommen zw. der Schweiz und der EG). Im ↑Vertrag von Amsterdam (1997, seit 1. 5. 1999 in Kraft) wurde die EWWU durch einen ↑Stabilitäts- und Wachstumspakt ergänzt und Konvergenzkriterien zur Teilnahme festgelegt. Gleichzeitig wurde die Osterweiterung der EU beschlossen. Durch das komplizierte wirtsch. und polit. Erbe der Transformationsstaaten Ostmittel- und Osteuropas wurde deren rasche Einbindung in den europ. Einigungsprozess jedoch erschwert. Die als Vorbedingungen für eine Erweiterung angesehenen Reformen der europ. Organe wurden während des Gipfeltreffens in Nizza im Dez. 2000 vereinbart. Der ↑Vertrag von Nizza (In-Kraft-Treten am 1. 2. 2003) ebnete den Weg für die Aufnahme von zehn Beitrittsstaaten (Estland, Lettland, Litauen, Malta, Polen, Slowak. Rep., Slowenien, Tschech. Rep., Ungarn und Zypern); beim EU-Gipfel in Kopenhagen (Dez. 2002) wurde ihr Beitritt zum 1. 5. 2004 beschlossen (vollzogen). Die Türkei behielt zunächst den 1999 eingeräumten Kandidatenstatus, insbes. weil die EU die Aufnahme von Beitrittsverhandlungen an die Erfüllung bestimmter polit. Kriterien knüpft. Die Mitgliedschaft Bulgariens und Rumäniens wurde auf 2007 verschoben; die zukünftige Erweiterung orientiert sich nun v. a. auf die Balkanregion. Der wirtsch., polit. und soziale Integrationsprozess ist unterdessen noch nicht abgeschlossen. Nachdem bereits 2000 die

EUR Europäische Investitionsbank

Europ. ↑Grundrechte-Charta verabschiedet worden war, legte im Juni 2003 der ↑Europäische Konvent den Entwurf für eine europ. Verfassung vor. Darin ist u.a. die Einrichtung einer hauptamtl. Präsidentschaft des ↑Europäischen Rats und eines EU-Außenministeramtes vorgesehen. Ein Jahr später einigten sich die Partei- und Reg.chefs auf eine Verf., die im Herbst 2004 unterzeichnet werden soll. Einige Länder (z. B. Belgien, Dänemark, Frankreich, Großbritannien, Irland, Luxemburg, Niederlande, Polen, Portugal, Spanien) haben hierzu Referenden angekündigt.
📖 *Jb. der e. I., hg. v. W. Weidenfeld u. W. Wessels. Bonn 1981ff. – Europ. Union. Institutionelles System, Binnenmarkt sowie Wirtschafts- und Währungsunion auf der Grundlage des Maastrichter Vertrages, begr. v. J. Weindl u. fortgef. v. W. Woyke. München* ⁴*1999. – Die Europ. Union. Ein Kompendium aus dt. Sicht, hg. v. R. Strohmeier. Opladen* ²*1999. – Oppermann, T.: Europarecht. Ein Studienbuch. München* ²*1999. – Pechstein, M. u. Koenig, C.: Die Europ. Union. Tübingen* ³*2000. – Vertrag von Amsterdam. Texte des EU-Vertrages u. des EG-Vertrages mit den dt. Begleitgesetzen, hg. v. T. Läufer. Bonn 2000. – Wie problemlösungsfähig ist die EU? Regieren im europ. Mehrebenensystem, hg. v. E. Grande u. M. Jachtenfuchs. Baden-Baden 2000. – Vertrag von Nizza. Texte des EU-Vertrages u. des EG-Vertrages, Charta der Grundrechte der Europ. Union, dt. Begleitgesetze, hg. v. T. Läufer. Bonn 2002. – Europa von A bis Z. Tb. der e. I., hg. v. W. Weidenfeld u. W. Wessels. Bonn* ⁸*2002. – Europa-Hb. hg. v. W. Weidenfeld. Bonn 2002. – E. I., hg. v. M. Jachtenfuchs u. B. Kohler-Koch. Opladen* ²*2003.*

Europäische Investitionsbank, Abk. **EIB,** 1958 gegründetes öffentlich-rechtl. Kreditinstitut der EG; Sitz: Luxemburg. Aufgaben: Gewährung von Krediten und Bürgschaften, v. a. zur Erschließung weniger entwickelter Regionen, zur Modernisierung von Unternehmen oder zur Schaffung von Arbeitsplätzen sowie für Projekte von gemeinsamem Interesse mehrerer Mitgl.staaten. Neuere Aufgaben sind die Finanzierung von Infrastrukturmaßnahmen (v. a. Verkehr, Energie, städtebaul. Entwicklung, Telekommunikation, Umweltschutz), die Errichtung des Europ. Investitionsfonds sowie die Beteiligung an Vorhaben des Kohäsionsfonds und der Europ. Strukturfonds. Die EIB vergibt auch Darlehen an Drittstaaten.

Europäische Kernenergie-Agentur, ↑Nuclear Energy Agency.

Europäische Kommission (Kommission der EG), gemeinsames Organ der ↑Europäischen Gemeinschaften. Die Mitgl. werden von den Reg. der EU-Staaten im gegenseitigen Einvernehmen und nach Zustimmung des Europ. Parlaments für fünf Jahre ernannt. Ab dem 7. 1. 1995 20 Mitgl. (je zwei aus Dtl., Frankreich, Großbritannien, Italien, Spanien, jeweils eines aus den anderen Ländern), vom 1. 5. bis 31. 10. 2004 30 Mitgl. (pro Beitrittsstaat ein Kommissar ohne Geschäftsbereich). Gemäß ↑Vertrag von Nizza wird jeder Mitgl.staat danach nur noch einen Kommissar stellen. Über die endgültige Anzahl der Kommissare soll erst entschieden werden, wenn die EU durch Beitritte auf 27 Mitgl.staaten angewachsen ist. Der Präs. der Kommission wird nach dem gleichen Verfahren eingesetzt. Die Aufteilung der Aufgaben der Kommissions-Mitgl. **(Kommissare)** folgt dem Kollegialprinzip, d. h., jedem Kommissar sind spezielle Aufgabenbereiche zugewiesen; ihm unterstehen ein oder zwei Generaldirektionen. Dem Präs. untersteht das Generalsekretariat. Sitz der Kommission ist Brüssel, einige Dienststellen sind in Luxemburg untergebracht. Die E. K. hat ein Initiativrecht (Vorschlagsrecht) für alle gemeinschaftlichen Rechtsakte, achtet auf die Einhaltung des Gemeinschaftsrechts (»Hüterin der Verträge«) und verfügt auch über exekutive Befugnisse (v. a. im Rahmen des Haushaltsplans und des Kartellrechts). Sie vertritt die Gemeinschaftsinteressen nach außen (z. B. Abschluss von Verträgen mit Drittstaaten und internat. Organisationen).

Europäische Konvention zum Schutze der Menschenrechte und Grundfreiheiten, ↑Menschenrechte.

Europäische Kulturhauptstadt, ↑Kulturstadt Europas.

Europäische Liberale, Demokraten und Reformer, Abk. **ELDR,** gegr. im März 1976 als Föderation europ. liberaler und demokrat. Parteien unter dem Namen **Föderation liberaler und demokrat. Parteien der Europ. Gemeinschaft** (Abk. FLIDPEG; ab Juli 1977: Europ. Liberale Demokraten, Abk. ELD; heutige

Europäischer Fonds für regionale Entwicklung — EUR

Bez. seit Dez. 1993). Die ELDR hat sich zum Ziel gesetzt, die liberale demokrat. Reformbewegung in der EU durch die Stärkung von Marktmechanismen und den Abbau von dirigist. Eingriffen zu stärken. Ihr gehören 48 liberaldemokrat. Parteien aus Europa (nicht nur aus EU-Staaten) an. Präs. der ELDR ist seit Sept. 2000 Werner Hoyer (FDP). Bei der Europawahl im Juni 2004 erzielte die ELDR (als Fraktion der Allianz der Liberalen und Demokraten für Europa, Abk. ALDE) einschl. ihr beigetretener unabhängiger Abg. 88 Mandate und wurde nach 1999 (67 Mandate) erneut drittstärkste Fraktion im Europ. Parlament.

Europäische Organisation für Kernforschung, ↑CERN.

Europäische Pflanzenschutz-Organisation, Abk. **EPPO** (für engl. European Plant Protection Organization), Organisation, die internat. notwendige Pflanzenschutz- und Quarantänemaßnahmen in Europa koordiniert und die dazu notwendigen Gesetze mit den einzelnen Ländern abstimmt.

Europäische Politische Zusammenarbeit, Abk. **EPZ,** Bez. für die institutionalisierte Zusammenarbeit der EG-Staaten in außenpolit. Fragen. Ausdruck der engen Beziehungen zw. EPZ und Europ. Rat ist das gemeinsame Generalsekretariat in Brüssel. Dem Vertrag von Maastricht (unterzeichnet am 7. 2. 1992) gemäß wurde sie unter dem Namen Gemeinsame Außen- und Sicherheitspolitik eine der drei Säulen der Europ. Union.

Europäischer Ausrichtungs- und Garantiefonds für die Landwirtschaft [-fɔ̃-], Abk. **EAGFL,** Strukturfonds zur Finanzierung der gemeinsamen Agrarpolitik der EU-Staaten; untergliedert in zwei Abteilungen. Die Abt. Garantie finanziert Preisstützungsmaßnahmen und Ausfuhrerstattungen, die den Landwirten feste Preise sichern (↑Agrarmarktordnungen der EG), während die Abt. Ausrichtung durch Subventionen Rationalisierungen, Modernisierungen und Strukturverbesserungen in der Landwirtschaft unterstützt.

Europäischer Binnenmarkt, am 1. 1. 1993 in Kraft getretene Vereinbarung auf dem Weg zur wirtsch. Integration innerhalb der EG. Danach sind die EG ein Raum ohne Binnengrenzen, in dem der freie Verkehr von Waren, Personen, Dienstleistungen und Kapital (»Vier Freiheiten«) gewährleistet ist. Die Bestimmungen sollen u. a. sicherstellen, dass 1) beim Warenaustausch grundsätzlich keine Grenzkontrollen mehr stattfinden, techn. Normen sowie Verbrauch- und Umsatzsteuern harmonisiert werden, 2) ein freier Geld-, Kapital- und Zahlungsverkehr gewährleistet ist, 3) der Dienstleistungsbereich liberalisiert wird (Öffnung der Märkte für nat. Banken und Versicherungen oder Kommunikationswege) und 4) zugunsten der Freizügigkeit der Personen die Grenzkontrollen entfallen (↑Schengener Abkommen); außerdem dürfen Staatsangehörige von EU-Staaten in anderen EU-Staaten freien Aufenthalt und freie Niederlassung wählen, sie haben die freie Wahl des Arbeitsplatzes und können die wechselseitige Anerkennung ihrer Berufsabschlüsse verlangen. (↑Europäischer Wirtschaftsraum, ↑Europäische Wirtschafts- und Währungsunion)

📖 *Die Vollendung des Binnenmarktes,* hg. von der Kommission der Europ. Gemeinschaften, 6 Bde. Luxemburg 1992.

Europäische Rechtsakademie Trier, öffentl. Stiftung des Privatrechts, Sitz: Trier, getragen von Luxemburg, der Bundesrep. Dtl., den dt. Ländern, der Stadt Trier sowie einem Förderverein, 1991 auf Initiative des Europ. Parlaments gegründet; Ziele: Vertiefung der Kenntnisse des europ. Gemeinschaftsrechts durch Fortbildungsveranstaltungen und Schaffung eines internat. Forums für den europarechtl. Dialog.

Europäischer Entwicklungsfonds [-fɔ̃-], Abk. **EEF,** 1959 gegr. Fonds zur Finanzierung von Projekten in Entwicklungsländern (z. B. in Ind., Landwirtschaft, Fremdenverkehr, Bildung, Gesundheitswesen, Kultur). Die jeweils für fünf Jahre laufenden EEF werden aus Beiträgen der EU-Staaten finanziert (Finanzvolumen 2002–2007: 13,5 Mrd. €).

Europäischer Filmpreis, ↑European Film Academy.

Europäischer Fonds für regionale Entwicklung [-fɔ̃-] (Europäischer Regionalfonds), Abk. **EFRE,** 1975 gegründeter Fonds der EG zur Verringerung wirtsch., sozialer und regionaler Ungleichgewichte innerhalb der Mitgl.staaten. Die Mittel kommen aus dem Haushalt der EG, die Verw. obliegt der Europ. Kommission.

EUR Europäischer Fußballverband

Europäischer Fußballverband, die ↑UEFA.

Europäischer Gerichtshof, Abk. **EuGH,** 1957 errichtetes einheitl. Gericht der drei Europ. Gemeinschaften, Sitz: Luxemburg; besetzt mit (seit der Osterweiterung am 1.5.2004) 25 Richtern (ein Richter je Mitgl.staat) und acht Generalanwälten. Der EuGH ist u.a. zuständig für die Auslegung der Gründungsverträge und des sekundären Gemeinschaftsrechts (↑Europarecht). Er entscheidet auch über die Rechtmäßigkeit des Handelns von Rat, Kommission und Mitgl.staaten. Mit Wirkung vom 25.9.1989 wurde der EuGH durch ein »Gericht erster Instanz« verstärkt (weitere 25 Richter), das sich v.a. mit Klagen von Bediensteten der EG, mit Nichtigkeits- und Untätigkeitsklagen gegen Gemeinschaftsorgane sowie mit Wettbewerbssachen befasst; gegen seine Entscheidungen ist Revision beim EuGH möglich. Seit In-Kraft-Treten des ↑Vertrages von Nizza ist der Gerichtshof erster Instanz erstinstanzlich für alle direkten Klagen mit Ausnahme des Vertragsverletzungsverfahrens zuständig. Außerdem besteht die Möglichkeit, dass ihm in der Satzung die Zuständigkeit für Vorabentscheidungsverfahren auf bestimmten Gebieten übertragen wird.

Europäischer Gerichtshof für Menschenrechte, Kontrollorgan der Europ. Menschenrechtskonvention des Europarates (↑Menschenrechte), 1959 neben der Europ. Kommission für Menschenrechte eingerichtet; Sitz: Straßburg. Bis 1994 konnte der nicht ständige E.G.f.M. nur von den Mitgl.staaten des Europarates oder durch die Europ. Kommission für Menschenrechte, an die sich Staaten und Einzelpersonen zuerst wenden mussten, mit Beschwerden befasst werden. Seither können Einzelpersonen den Gerichtshof unmittelbar anrufen. Eine 1994 unterzeichnete Reform des Beschwerdeverfahrens führte 1998 zur Schaffung eines ständigen E.G.f.M. unter Wegfall der Kommission. Die Urteile des E.G.f.M. sind für die Vertragsstaaten der Europ. Menschenrechtskonvention verbindlich.

Europäischer Gewerkschaftsbund, Abk. **EGB,** Spitzenorganisation von nat. Arbeitnehmerorganisationen europ. Staaten. Ende 1995 wurden erstmals Gewerkschaften aus Ländern Mittel- und Osteuropas aufgenommen. Der EGB wurde 1973 als Nachfolger des Europ. Bundes Freier Gewerkschaften (EBFG) gegründet, Sitz: Brüssel.

Europäischer Investitionsfonds [-fɔ̃], Abk. **EIF,** 1994 geschaffener Fonds zur Förderung von Investitionen zugunsten kleiner und mittlerer Unternehmen (KMU) sowie großer Infrastrukturvorhaben im Rahmen der Transeurop. Netze; Sitz: Luxemburg. Seit der Reform von 2000 ist der EIF auf Risikokapitalfinanzierungen und Garantien für KMU spezialisiert. Mehrheitsaktionär des gezeichneten Kapitals (2 Mrd. €) ist die Europ. Investitionsbank (EIB; 60,75 %), die mit ihm zusammen die EIB-Gruppe bildet.

Europäischer Konvent (EU-Konvent), Gremium, das im Dez. 2001 durch den Europ. Rat mit der Erarbeitung von Vorschlägen für die grundlegende Erneuerung der Verträge beauftragt wurde. Dem E.K., der im Febr. 2002 zusammentrat, gehören neben dem früheren frz. Staatspräs. V. Giscard d'Estaing als Vors. sowie G. Amato und J.-L. Dehaene als stellv. Vors. 15 Vertreter der Staats- und Regierungschefs der EU-Mitgliedsstaaten, 30 Vertreter der nat. Parlamente, 16 Vertreter des Europ. Parlaments und 2 Vertreter der Europ. Kommission an. Des Weiteren fungieren Delegierte der Beitrittskandidaten als Beobachter, die jedoch kein Stimmrecht bei den Beratungen des Konvents haben. Der E.K. hat den Auftrag u.a. zu prüfen, wie die Zuständigkeiten zw. Union und Mitgliedsstaaten und auch zw. den Organen der EU besser aufzuteilen sind, wie sich eine effiziente gemeinsame Außen- und Sicherheitspolitik entwickeln lässt und wie sich die demokrat. Legitimation der EU gewährleisten lässt. Im Juni 2003 hat der E.K. den Entwurf für eine europ. Verfassung vorgelegt und am 10.7.2003 seine Arbeit offiziell abgeschlossen. Der erste Teil der Verfassung behandelt die Ziele, Zuständigkeiten und Organe der Union sowie (allg.) die Grundrechte. In den zweiten Teil ist die Europ. ↑Grundrechte-Charta übernommen worden. Im dritten Teil werden die einzelnen Politikbereiche und die Arbeitsweise der Union geregelt, während der vierte Teil Schlussbestimmungen enthält. Über die Annahme der Verf. und die Reform der Verträge sollte durch die Konferenz der Staats- und Reg.chefs der EU im

Europäische Sicherheits- und Verteidigungspolitik **EUR**

Dez. 2003 entschieden werden; am 14.12. 2003 wurde die Konferenz jedoch aufgrund unüberbrückbarer Meinungsverschiedenheiten, v.a. über die Frage der Stimmrechtsverteilung im Ministerrat, vorzeitig abgebrochen. Demzufolge ist derzeit offen, ob und wann es zu einer Europ. Verf. kommen wird. Sollte doch noch eine Einigung auf Regierungsebene erzielt werden, so wäre für ein In-Kraft-Treten auch noch die Ratifizierung durch die Mitgl.staaten erforderlich.

Europäischer Rat, seit 1975 institutionalisierte Tagungen (zweimal jährlich) der Staats- und Reg.chefs der EU-Staaten; erhielt 1987 durch die ↑Einheitliche Europäische Akte erstmals eine vertragl. Grundlage. Im Vertrag von Maastricht wurde er offiziell als Institution der EU verankert. Der E. R., dem auch der Präs. der Europ. Kommission angehört und der von den Außenmin. der Mitgl.staaten unterstützt wird, kann rechtsverbindl. Beschlüsse fassen.

Europäischer Rechnungshof, Kontrollorgan der ↑Europäischen Gemeinschaften.

Europäischer Regionalfonds [-fɔ̃], Kurzbez. für ↑Europäischer Fonds für regionale Entwicklung.

Europäischer Sozialfonds [-fɔ̃], aufgrund des EWG-Vertrags 1960 errichteter Fonds zur Finanzierung der Gemeinschaftsaufgaben im Rahmen der Sozialpolitik. Er stellt Finanzhilfen zur Vermeidung und Bekämpfung von Arbeitslosigkeit (v. a. von Langzeit- und Jugendarbeitslosigkeit), zur Förderung der sozialen Eingliederung und der Beschäftigungsfähigkeit, zur Erleichterung von wirtsch. und sozialem Wandel sowie zur verstärkten Einbeziehung von Frauen in den Arbeitsmarkt zur Verfügung. Er ist nicht auf bestimmte Regionen oder Länder beschränkt.

Europäischer Wirtschaftsraum, Abk. **EWR**, die zw. den Mitgl.staaten von EG und EFTA vertraglich vereinbarte und 1994 in Kraft getretene Integration der beiden Zusammenschlüsse zur Schaffung eines großen europ. Binnenmarkts. Der EWR setzt sich zusammen aus den 15 EU-Staaten und drei EFTA-Staaten (die Schweiz lehnte die Teilnahme in einer Volksabstimmung ab). Durch den Vertrag gelten auch für die EFTA-Mitgl. die »Vier Freiheiten« (freier Verkehr von Waren, Dienstleistungen, Kapital und Personen) des Europ. Binnenmarktes; die Zusammenarbeit erstreckt sich auch auf Wiss., Bildung, Verbraucher-, Umwelt- und Sozialpolitik sowie die Abstimmung im Finanz- und Währungsbereich (nicht aber auf die EG-Agrarpolitik). Die EFTA-Länder haben keine Entscheidungsgewalt, sondern nur Mitsprache- und Anhörungsrechte. Organe sind der EWR-Ministerrat, der Gemischte Ausschuss (Gemeinsamer EWR-Ausschuss) als Ausführungsgremium und der Gemeinsame Parlamentar. Ausschuss.

europäisches Gleichgewicht (engl. Balance of Power), polit. Grundsatz, seit dem 16. Jh. bes. von England aufgestellt, fordert die Aufrechterhaltung oder Wiederherstellung eines Gleichgewichts der Kräfte unter den europ. Mächten; kein Staat soll so viel Macht erlangen dürfen, dass ihm nicht alle übrigen mit gleicher Macht als Gegengewicht entgegentreten könnten. Dieser Grundsatz wurde von Großbritannien zur Abwehr der Vormachtstellung einer einzelnen Macht auf dem europ. Festland angewandt, so gegen Ludwig XIV. und Napoleon I. Im Ergebnis des Ersten Weltkriegs, in dem sich die Mittelmächte und die Entente gegenüberstanden, wurde das e. G. stark erschüttert. Nach dem Zweiten Weltkrieg bildete sich ein Gleichgewicht zw. den von den USA und der UdSSR geführten Machtblöcken, die Europa politisch, militärisch und wirtschaftlich teilten, heraus. Mit dem Ende des Ost-West-Konflikts trat die ↑europäische Integration in den Vordergrund.

Europäisches Hochschulinstitut, 1972 von den Mitgl.staaten der EG gegründete und 1976 in Fiesole bei Florenz eröffnete Hochschule (für Bewerber mit abgeschlossenem Studium) mit den Abteilungen Geschichts- und Kulturwiss., Wirtschaftswiss., Rechtswiss., Politik- und Sozialwissenschaft. Das E. H., an dem Dozenten aus versch. europ. Ländern lehren, dient der Forschung im Sinne des Gedankens der europ. Einigung (zwei- bis dreijähriges Studium mit Promotion).

Europäische Sicherheitskonferenz, die ↑KSZE.

Europäische Sicherheits- und Verteidigungspolitik, Abk. **ESVP**, die vom Europ. Rat im Dez. 1999 gebilligte Entwicklung der Fähigkeit der EU zur militär. und

EUR Europäisches Konzert

zivilen Krisenbewältigung und Konfliktprävention im Einklang mit den Grundsätzen der UN-Charta. Damit soll die EU in die Lage versetzt werden, autonom Beschlüsse zu fassen und in den Fällen, in denen die NATO als Ganzes nicht beteiligt ist, jedoch in enger Konsultation und Kooperation mit der NATO, als Reaktion auf internat. Krisen EU-geführte militär. Operationen einzuleiten und durchzuführen. Die Schaffung einer europ. Armee ist damit jedoch nicht vorgesehen. Zur Koordinierung der militär. Aktivitäten wurden im Jan. 2001 ein Polit. und Sicherheitspolit. Komitee (PSK), ein Militärausschuss und ein Militärstab als ständige Institutionen etabliert. Im zivilen Bereich ist die Schaffung eines Ausschusses zur Koordinierung des zivilen Krisenmanagements geplant. Außerdem wurde sukzessive eine schnelle Eingreiftruppe für Kriseneinsätze (geplante Stärke bis zu 60 000 Mann) aufgestellt. Im Febr. 2004 schlugen Frankreich, Großbritannien und Dtl. vor, im Rahmen dieser Eingreiftruppe bes. schnell verlegbare Truppenverbände (sog. »Battle Groups«) zu bilden, die in einer Stärke von etwa 1 500 Mann innerhalb von 15 Tagen für bes. schwierige Missionen zur Verfügung stehen sollen.
Die EU und die NATO unterzeichneten im März 2003 einen Vertrag über ihre Zusammenarbeit, der u. a. die mögliche Nutzung von NATO-Kommando- und -Planungsstrukturen bei militär. Einsätzen der EU regelt. Außerdem verabredeten Belgien, Dtl., Frankreich und Luxemburg im April 2003 ein engeres Zusammenwirken innerhalb der ESVP. Diese Initiative, die allen EU-Staaten offen steht, sieht u. a. vor, bis 2004 einen von der NATO unabhängigen Führungs- und Planungsstab aufzubauen. Im Dez. 2003 billigten die Staats- und Reg.chefs der EU-Staaten eine Sicherheitsstrategie, um den Bedrohungen durch den internat. Terrorismus, die Verbreitung von Massenvernichtungswaffen, durch regionale und innerstaatl. Konflikte sowie durch die organisierte Kriminalität wirkungsvoll begegnen zu können. Im Einklang mit den Grundsätzen der Vereinten Nationen und durch möglichst präventive Maßnahmen auf polit., wirtsch. und militär. Gebiet sowie durch die Stärkung internat. Organisationen soll damit Frieden und Sicherheit gewährleistet werden.

Den ersten Militäreinsatz übernahm die EU im Rahmen der ESVP von März bis Dez. 2003 mit der Führung der Operation »Concordia« (rd. 350 Soldaten aus 27 Staaten) zur militär. Sicherheitspräsenz in Makedonien. Dieser Einsatz wurde abgelöst durch die zivile EU-Polizeimission »Proxima« (etwa 180 Mann), die den Aufbau makedon. Polizeikräfte unterstützen soll. Bereits seit Jan. 2003 sind in Bosnien und Herzegowina EU-Polizeieinheiten im Einsatz. Nach einem entsprechenden UN-Mandat setzte die EU im Sommer 2003 erstmals außerhalb Europas und ohne Rückgriff auf NATO-Strukturen eine etwa 1 500 Mann starke Eingreiftruppe unter dem Kommando Frankreichs zur Konfliktentschärfung in der Demokrat. Rep. Kongo ein (Operation »Artémis«).

Europäisches Konzert [frz. concert »Einklang«] (Konzert der europäischen Mächte), diplomat. Bez. für die Einheit und das Zusammenwirken der europ. Staatenwelt, bes. der Großmächte, seit dem 16./17. Jh. Im 18. Jh. waren es zunächst Österreich, Frankreich, Großbritannien, die Niederlande und Spanien, später anstelle der beiden Letzteren Preußen und Russland, die – meist nach dem Grundsatz des ↑europäischen Gleichgewichts – über Krieg und Frieden in Europa entschieden. Im Pariser Frieden von 1856 (Ende des Krimkriegs) wurde der Begriff zum letzten Mal offiziell gebraucht (Aufnahme der Türkei in das E. K.).

Europäisches Markenamt (Harmonisierungsamt für den Binnenmarkt [Marken, Muster und Modelle]), zentrale Behörde der Europ. Gemeinschaften, die für die Anmeldung und Registrierung von europ. Gemeinschaftsmarken (↑Marken) zuständig ist, Sitz: Alicante.

Europäisches Observatorium für die Entwicklung der Arbeitsbeziehungen, ↑EIRO.

Europäische Sozialcharta [-k-], im Rahmen des Europarats 1961 unterzeichneter Vertrag über soziale Rechte (1965 für die Bundesrep. Dtl. in Kraft getreten). Von den 19 sozialen Rechten sind sieben so genannte Kernrechte (von denen mindestens fünf für jeden Mitgl.staat bindend sind): Recht auf Arbeit, Vereinigungsrecht, Recht auf Kollektivverhandlungen, Recht auf soziale Sicherheit, Recht auf Fürsorge, Recht auf sozialen, gesetzl. und wirtsch.

Europäisches Patentamt — EUR

Europäisches Parlament: Gebäude des Europäischen Parlaments in Straßburg

Schutz der Familie, Recht der Wanderarbeitnehmer auf Schutz und Beistand. Die **Revidierte E. S.** (in Kraft seit 1. 7. 1999, von Dtl. nicht unterzeichnet) integriert die Rechte des 1. Zusatzprotokolls von 1981 und fügt wichtige neue Rechte hinzu.

Europäisches Parlament, parlamentar. Organ der ↑Europäischen Gemeinschaften, Sitz: Straßburg; Tagungen des Plenums und der ständigen Ausschüsse (zurzeit 17) finden auch in Brüssel statt; das Generalsekretariat ist in Luxemburg. Das E. P. setzte sich seit dem 1. 1. 1995 aus 626 Abg. zusammen, nach der Osterweiterung am 1. 5. 2004 und den anschließenden Europawahlen beträgt deren Anzahl 732. Jedes Land besetzt gemäß seiner Bev.größe eine bestimmte Anzahl von Sitzen, zw. 99 (Dtl.) und fünf (Malta). Die endgültige, im ↑Vertrag von Nizza festgelegte Regelung, die nach wie vor 732 Sitze vorsieht, wird erst mit dem Beitritt Bulgariens und Rumäniens 2007 in Kraft treten. Bis dahin sind die für die beiden Nachzügler vorgesehenen Sitze auf andere Staaten verteilt, die dadurch gegenwärtig eine höhere Zahl von Abg. haben, als ihnen ab 2007 zusteht. Während Dtl. und Luxemburg ihre Mandate behielten, mussten alle anderen Mitgl.länder Sitze zugunsten der neuen Mitgl. abgeben.

Die gewählten Abg. bilden unabhängig von ihrer Nationalität Fraktionen und arbeiten in Ausschüssen zusammen. Ein Petitionsausschuss sowie ein Bürgerbeauftragter sind für Beschwerden und Bitten der Bürger der EU-Staaten zuständig. Die Abg. wählen einen Präs., der das E. P. vertritt und die Sitzungen leitet, sowie 14 Vizepräsidenten. Die Aufgaben und Befugnisse des E. P. sind – zuletzt durch den ↑Vertrag von Amsterdam – kontinuierlich erweitert worden. Es übt Kontrollrechte gegenüber der Kommission aus (Zustimmungsrecht bei Einsetzung einer neuen Kommission insgesamt, Interpellationsrecht, Misstrauensvotum) und kann zur Klärung wesentl. Sachverhalte Untersuchungsausschüsse einsetzen. Das E. P. verfügt über kein Initiativrecht bei der Rechtsetzung, nimmt jedoch durch Zusammenarbeit und Mitentscheidung gestaltend daran teil. Bei der Festsetzung des Haushaltes der Gemeinschaft ist es mitbestimmungsberechtigt.

europäisches Patent, Patent, das aufgrund einer einzigen Anmeldung beim Europ. Patentamt erteilt wird und in den Signatarstaaten des Europ. Patentübereinkommens (EPÜ) Schutz wie ein nat. Patent bietet. Das e. P. besteht neben dem Gemeinschaftspatent und dem nat. Patent.

Europäisches Patentamt, Abk. **EPA,** als Organ der europ. Patentorganisation errichtete und seit 1978 tätige Behörde zur

vereinfachten Erteilung und Verwaltung von europ. Patenten nach dem Europ. Patentübereinkommen von 1973 und von Gemeinschaftspatenten nach dem Gemeinschaftspatentübereinkommen von 1975 (GPÜ) i. d. F. der Vereinbarung über Gemeinschaftspatente von 1989; Sitz: München (Zweigstelle in Den Haag, weitere Dienststellen in Berlin und Wien).
Europäisches System der Zentralbanken, Abk. **ESZB**, zweistufiges Zentralbanksystem der Europ. Wirtschafts- und Währungsunion (↑Europäische Zentralbank).
Europäisches System Volkswirtschaftlicher Gesamtrechnungen, Abk. **ESVG**, 1995 verabschiedetes (daher auch ESVG '95), auf dem System of National Accounts der UN (SNA 1993) basierendes System der volkswirtsch. Gesamtrechnungen der EU-Staaten. Die nat. Systeme der Mitgl.staaten werden ab 1999 angepasst, wobei ein längerer Übergangszeitraum vorgesehen ist. Für die dt. ↑volkswirtschaftliche Gesamtrechnung ergibt sich daraus eine Vielzahl z. T. gravierender method. und konzeptioneller Änderungen. So wird die Wirtschaft nun in eine größere Zahl anders als im bisherigen System abgegrenzter Hauptsektoren untergliedert. Da sich hierdurch nur eine andere sektorale Zuordnung der Produktionsleistung ergibt, hat diese Neuregelung zwar keinen Einfluss auf die Höhe des ausgewiesenen Bruttoinlandsprodukts, jedoch sind das nach ESVG berechnete BIP sowie daraus abgeleitete Größen aufgrund weiterer Modifikationen nicht mehr unmittelbar mit den vorherigen Werten vergleichbar. Eine Rückrechnung nach der neuen Systematik wird nur bis 1991 vorgenommen. Zu den wichtigsten terminolog. Neuerungen gehört die Ablösung des Begriffs Sozialprodukt durch Nationaleinkommen.
Europäische Strukturfonds [-fɔ̃], Oberbegriff für versch. Programme zur Abschwächung des wirtsch. und sozialen Gefälles zw. einzelnen Regionen der EU. Zu den E. S. zählen der ↑Europäische Fonds für regionale Entwicklung, der ↑Europäische Sozialfonds, der ↑Europäische Ausrichtungs- und Garantiefonds für die Landwirtschaft und das ↑Finanzinstrument zur Ausrichtung der Fischerei. Einer der wichtigsten Grundsätze der Strukturfondspolitik ist das Subsidiaritätsprinzip,

d. h., die Maßnahmen der Union sind nur als Ergänzung zu strukturpolit. Aktivitäten auf regionaler und nat. Ebene gedacht und setzen eine enge Zusammenarbeit zw. der Europ. Kommission und dem betreffenden Mitgl.land voraus. Mit der Reform der E. S. (1999) wurde die Zahl der vorrangigen Förderziele von sieben auf drei reduziert. *Ziel 1:* Förderung von Regionen mit Entwicklungsrückstand (Regionen mit einem Pro-Kopf-BIP von weniger als 75 % des EU-Durchschnitts) sowie Regionen in äußerster Randlage oder mit sehr geringer Bev.dichte; *Ziel 2:* Unterstützung der wirtsch. und sozialen Umstellung von Gebieten mit Strukturproblemen (z. B. Deindustrialisierung, rückläufige Entwicklung ländl. Räume, hohe Arbeitslosigkeit, rückläufige Bev.) außerhalb der Ziel-1-Regionen; *Ziel 3:* Anpassung und Modernisierung der Bildungs-, Ausbildungs- und Beschäftigungspolitiken und -systeme, unabhängig von einer regionalen Bindung. (↑Regionalpolitik)
Europäische Südsternwarte (engl. European Southern Observatory, Abk. ESO), von zehn Mitgliedsländern (Belgien, Dänemark, Dtl., Frankreich, Italien, Niederlande, Portugal, Schweden, Schweiz, seit 2002 Großbritannien) getragene europ. Organisation zur astronom. Forschung am südl. Sternhimmel; gegr. 1962, Sitz: Garching (bei München). Die ESO betreibt auf dem chilen. Berg La Silla (2 400 m ü. M.), etwa 500 km nördlich von Santiago de Chile, eine astronom. Großforschungsanlage (**La-Silla-Observatorium**, auch **Europ. Südsternwarte**) sowie auf dem Cerro Paranal (2 664 m ü. M.) in der Atacamawüste in N-Chile (**Paranal Observatorium**) das Very Large Telescope (↑VLT). Das La-Silla-Observatorium ist mit 15 Teleskopen ausgestattet, u. a. mit einem 3,6-m-Spiegelteleskop und einem 15-m-Radioteleskop. Für zwei der Geräte wird Fernbeobachtungsbetrieb (Telemetrie) von Garching aus über Satellit angeboten, darunter für das auf der Basis adaptiver Optik arbeitende New Technology Telescope (↑NTT). – Die ESO ist maßgebend bei der Vorbereitung des »Atacama Large Millimeter Array« (**ALMA**) beteiligt, eines in internat. Zusammenarbeit geplanten Netzwerks (Interferometer) von 64 Radioteleskopen in der Atacama-Wüste, das der Erforschung von Millimeter- und Submilli-

Europäische Umweltagentur EUR

meterstrahlung dienen soll. ALMA ist eines der großen Projekte der erdgebundenen Astronomie der nächsten Jahre, die Inbetriebnahme ist für etwa 2005 geplant, die endgültige Fertigstellung für 2011.
Europäisches Währungsinstitut, Abk. EWI, vom 1.1.1994 bis 1.6.1998 bestehender Vorgänger der ↑Europäischen Zentralbank (EZB); Sitz: Frankfurt am Main. Aufgaben: Koordination der Geldpolitiken der nat. Notenbanken, Stärkung ihrer Zusammenarbeit, techn. Vorbereitung des Europ. Systems der Zentralbanken und der EZB (Ausbau der Zahlungsverkehrsinfrastruktur, Vorbereitung der Euro-Banknoten und der geldpolit. Instrumente der EZB; Überwachung des Europ. Währungssystems und Fortführung der Aufgaben des Europ. Fonds für währungspolit. Zusammenarbeit; geleitet vom EWI-Rat, der sich aus einem Präs. und den Präs. der Notenbanken der EG-Staaten zusammensetzte.

Europäisches Währungssystem: von Belgien 1987 geprägte Medaille zu 5 ECU, rechts Vorderseite, links Rückseite mit dem Porträt von Kaiser Karl V.

Europäisches Währungssystem, Abk. EWS, am 13.3.1979 in Kraft getretenes Wechselkurssystem der EG-Länder; Ziel: größere Stabilität von Wechselkursen und Preisen, Erleichterung des Güter- und Kapitalverkehrs, gemeinsame Währungspolitik, Stabilisierung des internat. Währungs- und Wirtschaftssystems. Dem EWS gehörten die Zentralbanken aller EU-Staaten an. Allerdings nahm Schweden gar nicht am Wechselkurs- bzw. Interventionsmechanismus teil, Großbritannien nur vom 8.10.1990 bis 16.9.1992 und Griechenland erst ab 16.3.1998. Italien war zw. 17.9.1992 und 24.11.1996 nicht am Wechselkursmechanismus beteiligt. Kernstück des EWS bildete die **Europ. Währungseinheit**, engl.

European Currency Unit (Abk. ECU), die innerhalb des EWS als Rechen- und Bezugsgröße der Wechselkurse sowie von den Zentralbanken als Zahlungsmittel und Reservewährung verwendet wurde. Im Rahmen eines Wechselkurs- und Interventionsmechanismus legten die Teilnehmerländer Leitkurse, ausgedrückt in ECU, fest, aus denen sich bilaterale Leitkurse (»Kreuzparitäten«) ermitteln ließen. Um die bilateralen Leitkurse waren Bandbreiten (obere und untere Interventionspunkte) von ±15% (bis Juli 1993 ±2,25% und z.T. ±6%) festgelegt. Die jeweiligen Notenbanken mussten die Einhaltung der Bandbreiten sicherstellen (ggf. durch An- und Verkauf von Devisen). Bis Ende 1993 war der Europäische Fonds für währungspolit. Zusammenarbeit (EFWZ) Teil des EWS, dessen Aufgaben (Zusammenfassung der EWS-Kreditmechanismen und Saldenausgleich) 1994 vom ↑Europäischen Währungsinstitut übernommen wurden. Mit Beginn der Endstufe der EWWU hörte das EWS am 1.1.1999 in seiner bisherigen Form auf zu existieren. Der ECU wurde im Verhältnis 1:1 auf den Euro umgestellt. Für die drei bisher nicht dem Euro-Währungsgebiet angehörenden EU-Länder (»pre-ins«) wurde mit dem **EWS II** (auch Wechselkursmechanismus II, Abkürzung **WKM II**) ein neuer Wechselkursmechanismus zw. dem Euro und ihren nat. Währungen geschaffen. Analog zur Praxis im EWS ist die Teilnahme freiwillig; Dänemark nimmt von Anfang an teil, Großbritannien und Schweden sind vorerst nicht beteiligt. Die Schwankungen der Währungen der »pre-ins« gegenüber dem Euro werden auf die Marge von ±2,25% bzw. ±15% um den Leitkurs zum Euro begrenzt. Im Einzelfall kann, je nach Konvergenzfortschritt oder Annäherung an die Wirtschaftsentwicklung im Euro-Raum, auch eine engere Bandbreite vereinbart werden. Überwachungs- und Koordinationsfunktionen für EWS II liegen beim Erweiterten Rat der EZB (Präs. und Vizepräs. der EZB, Notenbankpräs. der Euro-Länder sowie der »pre-ins«).

❖ siehe ZEIT Aspekte
Europäisches Wiederaufbauprogramm, ↑ERP.
Europäische Synchrotronstrahlungsanlage, ↑ESRF.
Europäische Umweltagentur, durch

EUR Europäische Union

den Rat der Europ. Union 1990 gegr. Agentur mit Sitz in Kopenhagen, die ihre Arbeit 1994 aufgenommen hat. Aufgaben sind die Analyse von Umweltdaten auf europ. Ebene als Basis für Umweltschutzmaßnahmen (Aufbau eines Umweltinformations- und Umweltbeobachtungsnetzes, Fortführung des EG-Programms zur Dokumentation von Umweltdaten »Corine«), die finanzielle Bewertung von Umweltschäden sowie Öffentlichkeitsarbeit.

Europäische Union, Abk. **EU,** durch den am 1. 11. 1993 in Kraft getretenen Vertrag über die EU (Maastrichter Vertrag) gegründeter polit. und wirtsch. Zusammenschluss der Mitgl.staaten der ↑Europäischen Gemeinschaften (EG). Ziele der EU sind die Förderung des sozialen und wirtsch. Fortschritts durch einen Raum ohne Binnengrenzen und eine Wirtschafts- und Währungsunion; eine gemeinsame Außen- und Sicherheitspolitik der Mitgl.staaten, zu der zu einem späteren Zeitpunkt auch eine gemeinsame Verteidigungspolitik gehören soll; die Stärkung der Bürgerrechte der Angehörigen der Mitgliedstaaten durch die Einführung einer Unionsbürgerschaft; die Wahrung und Weiterentwicklung des bisher im Rahmen der EG Erreichten. Zur Wahrung der Kontinuität und der Kohärenz der Maßnahmen der Union wurden die Zuständigkeiten der Organe der EG erweitert, sodass diese zugleich Aufgaben der EU wahrnehmen (einheitl. institutioneller Rahmen). Grundlage der EU sind die um die EWWU ergänzten EG (»erste Säule«), die Gemeinsame Außen- und Sicherheitspolitik (»zweite Säule«) und die Zusammenarbeit der Mitgl.staaten in den Bereichen Justiz und Inneres (»dritte Säule«). Die beiden letztgenannten Bereiche machen die polit. Union aus; sie verbleiben jedoch auf der Ebene der intergouvernementalen Zusammenarbeit, d. h., die Staaten der EU arbeiten hier letztlich nach den allg. Regeln des Völkerrechts zusammen; im Ggs. zu den Maßnahmen im Rahmen der supranat. EG müssen Entscheidungen hier grundsätzlich einstimmig getroffen werden und gelten nicht direkt im Recht der Mitgl.staaten. Die EU ist eine neuartige Staatenverbin-

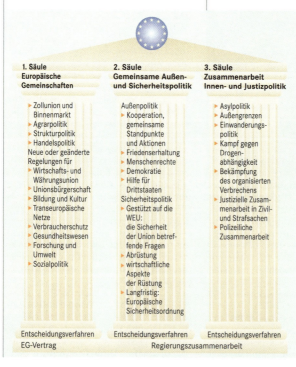

Europäische Union: die drei Säulen der Europäischen Union

dung, die als Staatenbund oder internat. Organisation eigener Art bezeichnet wird, in deren Rahmen sowohl die EG als auch die Mitgl.staaten ihre eigene Rechtspersönlichkeit bewahren. – Gegenwärtig befindet sich die EU in einer Zwischenetappe ihrer Entwicklung; v. a. die mit der bevorstehenden Erweiterung verbundenen institutionellen Fragen und Probleme bedürfen einer Klärung. Erste Lösungsansätze bietet der ↑Vertrag von Nizza. (Europäische ↑Grundrechte-Charta, ↑Vertrag von Amsterdam)

📖 *Hb. der europ. Integration. Strategie – Struktur – Politik der EU, hg. v. M. Röttinger u. C. W. Weyringer. Wien ²1996. – Handlexikon der EU, hg. v. W. W. Mickel. Köln ²1998. – Woyke, W.: EU. München u. a. 1998. – Thun-Hohenstein, C. u. Cede, F.: Europarecht. Das Recht der EU unter besonderer Berücksichtigung des EU-Beitritts Österreichs. Wien ³1999. – Pechstein, M. u. Koenig, C.: Die EU. Die Verträge von Maastricht u. Amsterdam. Tübingen ³2000. – Geiger, R.: EUV, EGV. Vertrag über die EU u. Vertrag zur Gründung der Europ. Gemeinschaft. München ³2000. – Rappenglück, S. u. Stegman, B.: Europa neu gestalten. Die EU zw. Vertiefung u. Erweiterung. Schwalbach/Ts. 2001. – Pfetsch, F. R.: Die EU. Gesch., Institutionen, Prozesse. München ²2001. – Schmitz, T.: Integration in der supranat. Union. Baden-Baden 2001. – Europa-Hb., hg. v. W. Weidenfeld. Gütersloh ²2002. – Kreft, M.: Die EU als Sicherheitsinstitution. Osnabrück 2002.*

Europäische Verteidigungsgemeinschaft, Abk. **EVG,** übernat. Verteidigungsorganisation, eine im Pariser Vertrag vom 27. 5. 1952 vorgesehene Verteidigungsgemeinschaft Belgiens, der Bundesrep. Dtl., Frankreichs, Italiens, Luxemburgs und der Niederlande. Die militär. Grundeinheiten sollten bis zur Divisionsstärke nat. geschlossen bleiben, höhere Einheiten, Kommando und Versorgungsorganisation sollten übernat. zusammengesetzt, Ausrüstung, Uniformierung, Bewaffnung, Ausbildung und Dienstzeit vereinheitlicht werden.
Der EVG-Vertrag fußte auf einem Plan des frz. Verteidigungsmin. R. Pleven (**Pleven-Plan**), der die bes. von den USA gewünschte Beteiligung dt. Streitkräfte an der Verteidigung W-Europas mit den v. a. von frz. Seite gehegten Befürchtungen vor der dt. Wiederbewaffnung abzustimmen suchte. Der Vertrag wurde 1954 vom frz. Parlament abgelehnt. Der dt. Verteidigungsbeitrag wurde später im Rahmen der ↑Westeuropäischen Union verwirklicht (↑Pariser Verträge).

Europäische Volkspartei, Abk. **EVP,** gegr. im Juli 1976 als Föderation der christl.-demokrat. Parteien in der Europ. Gemeinschaft. Die EVP unterstützt den Prozess der europ. Einigung mit dem Ziel einer föderalen, freiheitl., pluralist. und demokrat. EU. Der EVP gehören 24 europ. Parteien an. Im Europ. Parlament konnte die EVP-Fraktion – auch **Fraktion der Europ. Volkspartei (Christdemokraten) und europ. Demokraten,** Abk. **PPE-DE** bzw. **EVP-ED (Christdemokraten)** gen. – ihre Position seit der ersten Direktwahl 1979 beständig ausbauen. Bei der Europawahl 2004 kam sie auf 268 Mandate und stellt damit nach 1999 erneut die größte Fraktion im Europ. Parlament.

Europäische Währungseinheit, ↑Europäisches Währungssystem.

Europäische Währungsunion, Abk. **EWU,** seit 1. 1. 1999 zw. 11 EU-Staaten (↑Euro-Zone) bestehende Union (am 1. 1. 2001 Beitritt Griechenlands); gekennzeichnet durch die unwiderrufl. Fixierung der Währungen der Teilnehmerländer, die Einführung einer gemeinsamen Währung (↑Euro) und die Zentralisierung der Geld- und Währungspolitik (↑Europäische Zentralbank). Die EWU ist Endstufe der ↑Europäischen Wirtschafts- und Währungsunion.

Europäische Weltraumagentur, ↑ESA.

Europäische Wirtschaftliche Interessenvereinigung, Abk. **EWIV,** Typ einer jurist. Person des europ. Rechts, der aufgrund VO des Rates der EG vom 31. 7. 1985 mit Wirkung ab dem 1. 7. 1989 gegründet werden kann, um die grenzüberschreitende Zusammenarbeit zu fördern. Gründungsmitgl.: natürl. und jurist. Personen aus EU-Staaten, mindestens zwei müssen ihren Sitz in versch. EU-Staaten haben. Die EWIV wird im Sitzland registriert und erlangt dadurch Rechtsfähigkeit.

Europäische Wirtschaftsgemeinschaft, Abk. **EWG** (frz. Communauté Économique Européenne, Abk. **CEE,** engl. European Economic Community, Abk. **EEC**), die durch den Vertrag von Rom (**Röm. Verträge**), unterzeichnet am 25. 3.

EUR Europäische Wirtschaftsgemeinschaft

1957 (in Kraft seit 1. 1. 1958), zw. Belgien, der Bundesrep. Dtl., Frankreich, Italien, Luxemburg und den Niederlanden begründete überstaatl. Gemeinschaft zum Zweck der wirtsch. Integration; Sitz: Brüssel und Luxemburg. Am 1. 1. 1973 traten Dänemark, Großbritannien und Irland, am 1. 1. 1981 Griechenland, am 1. 1. 1986 Spanien und Portugal, am 1. 1. 1995 Finnland, Österreich und Schweden bei. Durch den am 1. 11. 1993 in Kraft getretenen Maastrichter Vertrag zur Gründung der EU wurden der zeitlich unbefristete EWG-Vertrag nach Erweiterung in wesentl. Punkten in EG-Vertrag und die EWG in **Europ. Gemeinschaft (EG)** umbenannt. Seit 1967 ist die EWG/EG neben der Europ. Gemeinschaft für Kohle und Stahl (EGKS; stellte am 23. 7. 2002 ihre Tätigkeit ein) und der Europ. Atomgemeinschaft (EURATOM) durch Fusionsvertrag organisatorisch integrierter Bestandteil der Europ. Gemeinschaften (EG) und deren wichtigste Teilorganisation.

Die erste Stufe der wirtsch. Integration der Gemeinschaft war die Errichtung eines **gemeinsamen Marktes**. Sie umfasste alle Maßnahmen, die einen freien Waren-, Dienstleistungs-, Personen- und Kapitalverkehr gewährleisten, die Freizügigkeit der Arbeitnehmer innerhalb der Gemeinschaft sichern und zur Vereinheitlichung des Wirtschaftsrechts beitragen. Diese »Vier Freiheiten« wurden durch den ↑Europäischen Binnenmarkt weitgehend verwirklicht. Bes. wichtig für die Errichtung eines freien Warenverkehrs innerhalb der Gemeinschaft war die Bildung einer **Zollunion**. Diese führte zum schrittweisen Abbau der Ein- und Ausfuhrzölle aller Waren und zum Verbot mengenmäßiger Einfuhrbeschränkungen der Mitgl.staaten untereinander. Dazu gehören ferner Bestimmungen über einheitl. Zolltarife im Warenaustausch mit Drittländern (Außenzölle). Die Einbeziehung der Erzeugung von und des Handels mit landwirtsch. Produkten **(gemeinsamer Agrarmarkt)** in den Integrationsprozess des gemeinsamen Marktes hat aufgrund der unterschiedl. Strukturen und Organisationen der einzelstaatl. Märkte eine Anzahl besonderer Probleme mit sich gebracht, die nicht mit den Mitteln zur Schaffung eines allg., freien Warenverkehrs gelöst werden konnten. Um die vertragl. Ziele der EWG/EG auf landwirtsch. Gebiet zu erreichen, einigten sich die Mitgl.staaten auf die Grundlinien einer gemeinsamen ↑Agrarpolitik (↑Agrarmarktordnungen der EG). Zu deren Finanzierung wurde der ↑Europäische Ausrichtungs- und Garantiefonds für die Landwirtschaft (EAGFL) gegründet. 1993 wurde die Agrarpolitik mit dem Ziel reformiert, die Überproduktion zu verringern und die Einkommenssicherung – statt über Aufkaufpreise – durch Ausgleichszahlungen an die Landwirte zu erreichen.

Im Sinne einer größeren Freizügigkeit im **Personenverkehr** und **Niederlassungsrecht** verpflichten sich die Mitgl.staaten, alle rechtl. Bestimmungen zu beseitigen, durch die Personen und Gesellschaften an der Ausübung ihrer wirtsch. Tätigkeiten gehindert werden. Zur Herstellung der Freizügigkeit gehört die Verwirklichung der Bedingungen, die es den Arbeitnehmern innerhalb der EWG/EG ermöglichen, ungeachtet ihrer Staatszugehörigkeit unter gleichen Voraussetzungen bezüglich Beschäftigung, Entlohnung und sozialer Sicherheit ihren Arbeitsplatz zu wählen. Der EWG-Vertrag sah zunächst lediglich für die Bereiche Wettbewerb, Landwirtschaft und Fischerei sowie Verkehr eine gemeinsame Politik vor. Mit unterschiedlich ausgeprägten Gemeinschaftskompetenzen sind inzwischen weitere Politikbereiche hinzugekommen: Wirtschafts-, Währungs-, Sozial- und Umweltpolitik, die Bereiche Bildung, Kultur, Gesundheit, Verbraucherschutz, Transeurop. Netze, Industrie und Forschung sowie technolog. Entwicklung. Die gemeinsame Wettbewerbspolitik verbietet alle Absprachen zw. Unternehmen, die eine Verhinderung, Einschränkung oder Verfälschung des Wettbewerbs innerhalb des gemeinsamen Marktes bezwecken oder bewirken. Um die missbräuchl. Ausnutzung einer beherrschenden Stellung eines Unternehmens auf dem gemeinsamen Markt besser zu verhindern, wird seit 1990 eine europ. Fusionskontrolle durchgeführt. Den Wettbewerb beeinträchtigende Subventionen sind verboten. 1971 fasste der Min.rat eine Grundsatzentschließung (»Werner-Plan«) zur Verwirklichung einer ↑Europäischen Wirtschafts- und Währungsunion. Wichtig für deren Umsetzung war eine enge währungspolit. Zusammenarbeit, die schließlich zur Schaffung des ↑Europäischen Währungs-

Europäische Wirtschafts- und Währungsunion EUR

systems und der ↑Europäischen Währungsunion führte. Struktur- und Regionalpolitik dienen dazu, Unterschiede im wirtsch. Entwicklungsstand zw. den verschiedenen Regionen der EU zu beseitigen. Zur Förderung strukturschwacher Gebiete (v. a. hohe strukturelle Arbeitslosigkeit, niedrige Pro-Kopf-Einkommen) wurden der ↑Europäische Fonds für regionale Entwicklung und der ↑Kohäsionsfonds geschaffen. Die Europ. Investitionsbank unterstützt durch Darlehen und Bürgschaften Projekte zur Beseitigung regionaler Benachteiligungen. Im Bereich der Sozialpolitik steht eine umfassende Harmonisierung der einzelstaatl. Vorschriften noch aus; die EG kann lediglich Mindestvorschriften erlassen. Zur Finanzierung sozialpolit. und v. a. arbeitsmarktpolit. Maßnahmen wurde der ↑Europäische Sozialfonds gebildet.

Die **Außenwirtschaftspolitik** enthält als wesentl. Element ein gemeinsames Zolltarifsystem gegenüber Drittländern (↑Zoll, ↑Zolltarif). Ein weiteres bed. Element der gemeinsamen Außenhandelspolitik ist die schrittweise Abtretung einzelstaatl. Rechte an die Europ. Kommission, Handelsabkommen mit Drittländern zu vereinbaren. Mit zahlr. Ländern im Mittelmeerraum und mit EFTA-Mitgl. sind entsprechende Abkommen geschlossen worden. Aufgrund des »Systems allgemeiner Präferenzen« können Entwicklungsländern bei der Einfuhr von Halb- und Fertigprodukten in den gemeinsamen Markt Zollpräferenzen eingeräumt werden. Mit Staaten, die intensivere wirtsch. Beziehungen zur Gemeinschaft pflegen wollen, wurden Assoziierungs- (Israel: 1995, Jordanien: 1997, Malta: 1971, Marokko: 1996, Türkei: 1964, Tunesien: 1998, Zypern: 1973) bzw. Europaabkommen (10 mittel- und osteurop. Staaten) geschlossen; 77 Länder (2002) des afrikan., karib. und pazif. Raumes (AKP-Staaten) sind durch die ↑Lomé-Abkommen mit der EWG/EG verbunden. Kooperationsabkommen bzw. Verträge über Zusammenarbeit bestehen u. a. mit den ASEAN-Staaten, dem Andenpakt, dem Mercosur und 11 GUS-Staaten. Zur Finanzierung sozialer Einrichtungen und zur Förderung der Investitionstätigkeit in den assoziierten Ländern wurde der ↑Europäische Entwicklungsfonds (EEF) eingerichtet.

📖 *HB. des EG-Wirtschaftsrechts*, hg. v. M. A. Dauses. Loseblatt-Ausg. München 1993 ff. – *Europ. Integration*, hg. v. R. Ohr. Stuttgart 1997. – *Kommentar zum EU-, EG-Vertrag*, hg. v. H. von der Groeben u. a., 6 Bde. Baden-Baden ⁶1999. – Oppermann, T.: *Europarecht*. München ²1999. – Geiger, R.: *EUV, EGV. Vertrag über die Europ. Union u. Vertrag zur Gründung der Europ. Gemeinschaft*. München ³2000. – Koenig, C. u. Haratsch, A.: *Europarecht*. Tübingen ³2000. – *Kompendium Europ. Wirtschaftspolitik*, hg. v. R. Ohr u. T. Theurl. München 2001. – Mayer, A.: *Ordnungspolitik u. europ. Integration*. Frankfurt am Main u. a. 2002.

Europäische Wirtschafts- und Währungsunion, Abk. **EWWU** (Wirtschafts- und Währungsunion, Abk. WWU), nach dem Maastrichter Vertrag in drei Stufen zu realisierende engste Form wirtsch. Integration im Rahmen der EU. Im Mittelpunkt der ersten Stufe (Mitte 1990 bis Ende 1993) standen die Vollendung des Europ. Binnenmarkts sowie die stabilitätspolitisch orientierte Koordination der Wirtschafts- und Finanzpolitik einerseits und der Geld- und Währungspolitik andererseits. Die Einbeziehung aller EG-Währungen in den Wechselkursverbund des Europ. Währungssystems scheiterte dagegen an Währungsturbulenzen im Sommer 1993, in deren Folge die Bandbreiten auf 15 % ausgeweitet wurden. Zu den wichtigsten Maßnahmen der zweiten Stufe (1. 1. 1994 bis 31. 12. 1998) gehörten die Gründung des Europ. Währungsinstituts als Vorläufer der Europ. Zentralbank (EZB), die unmittelbare techn. und prozedurale Vorbereitung der Währungsunion, die Einigung über den rechtl. Rahmen und das geldpolit. Instrumentarium von EZB und Europ. System der Zentralbanken (ESZB), die Entscheidung über die Teilnehmerländer und die Gründung der EZB. Seit Beginn der zweiten Stufe, in der die wirtsch., fiskal. und monetäre Konvergenz der Mitgl.länder gestärkt werden sollte, galt grundsätzlich ein Verbot, öffentl. Defizite durch die Notenbanken zu finanzieren. Mit dem Eintritt in die dritte Stufe zum 1. 1. 1999 ging die Verantwortung für die Geldpolitik in der ↑Euro-Zone auf das ESZB über. Ferner wurden die Wechselkurse der beteiligten Länder untereinander fixiert, die Umrechnungskurse der nat. Währungen zum ↑Euro unwiderruflich festgelegt und das europ. Zahlungsverkehrssystem

EUR Europäische Zentralbank

TARGET in Betrieb genommen. Während im Zahlungsverkehr zw. Banken und Nichtbanken bereits ab 1. 1. 1999 die Landeswährungen durch den Euro ersetzt wurden, erfolgt die Ausgabe von Euro-Banknoten und -münzen erst ab 1. 1. 2002.

Europäische Wirtschafts- und Währungsunion: Umrechnungskurse der nationalen Währungen der Euroländer für 1 Euro

Staaten	Währungen (Abkürzung)	Umrechnungskurs
Belgien	Belg. Franc (bfr)	40,3399
Deutschland	Deutsche Mark (DM)	1,95583
Finnland	Finnmark (Fmk)	5,94573
Frankreich	Franz. Franc (FF)	6,55957
Griechenland*)	Drachme (Dr.)	340,750
Irland	Irisches Pfund (Ir£)	0,787564
Italien	Ital. Lira (Lit)	1 936,27
Luxemburg	Luxemburg. Franc (lfr)	40,3399
Niederlande	Holländ. Gulden (hfl)	2,20371
Österreich	Schilling (öS)	13,7603
Portugal	Escudo (Esc)	200,482
Spanien	Peseta (Pta)	166,386

*) Mitglied der Eurozone seit 1. 1. 2001

Die Teilnahme an der EWWU ist von der Erfüllung folgender **Konvergenzkriterien** abhängig: 1) Die durchschnittl. Inflationsrate darf höchstens 1,5 Prozentpunkte über derjenigen der drei preisstabilsten Länder liegen. 2) Der langfristige Nominalzins darf im Verlauf eines Jahres vor dem Konvergenztest höchstens 2 Prozentpunkte über denjenigen der drei Mitgl.staaten mit den niedrigsten Inflationsraten liegen. 3) Das jährl. Haushaltsdefizit darf 3% des Bruttoinlandsprodukts (BIP) nicht überschreiten, es sei denn, die Quote ist erheblich und laufend zurückgegangen. 4) Der öffentl. Schuldenstand, bezogen auf das BIP, darf 60% nicht übersteigen, es sei denn, die Quote ist hinreichend rückläufig. – Im Juni 1997 einigten sich die Staats- und Reg.chefs der EU-Länder auf den ↑Stabilitäts- und Wachstumspakt zur Sicherstellung einer dauerhaften Einhaltung der Konvergenzkriterien, im Mai 1998 wurden die Teilnehmerländer beim Gipfeltreffen in Brüssel festgelegt, im Sept. 1998 wurde ein Abkommen zw. der EZB und den nat. Zentralbanken der nicht dem Euro-Währungsgebiet angehörenden EU-Staaten über einen neuen, flexiblen Wechselkursmechanismus (EWS II, ↑Europäisches Währungssystem) geschlossen. – Als Vorteile der EWWU gelten insbesondere der Wegfall der Wechselkursrisiken sowie währungsbedingter Transaktions- und Kurssicherungskosten, erhöhte Planungssicherheit für Investitionen und die Beseitigung währungsbedingter Wettbewerbsverzerrungen.

📖 Hallensleben, P. M.: Vom Europäischen Währungssystem zum Wechselkursmechanismus II der EWWU. Hamburg 2001. – Picker, R.-J. H.: EURO, Europäische Währungsunion. Starnberg 2001. – Konow, C.: Der Stabilitäts- u. Wachstumspakt. Ein Rechtsrahmen für Stabilität in der Wirtschafts- u. Währungsunion. Baden-Baden 2002. – Polster, W.: Europ. Währungsintegration. Marburg 2002.

Europäische Zentralbank, Abk. **EZB,** zum 1. 6. 1998 gegründete Institution, die zus. mit den Notenbanken der Mitgl.länder das **Europ. System der Zentralbanken (ESZB)** bildet und seit 1. 1. 1999 (Beginn der dritten Stufe der Europ. Wirtschafts- und Währungsunion) für die einheitl. Geld- und Währungspolitik in der ↑Euro-Zone zuständig ist. Die EZB besitzt eine eigene Rechtspersönlichkeit; Sitz ist Frankfurt am Main. Zeichner und Inhaber des Grundkapitals (5 Mrd. €) sind die nat. Zentralbanken. Die EZB und das ESZB sind unabhängig. Beschlussorgane der EZB sind der EZB-Rat (Mitgl. des Direktoriums und Präs. der nat. Zentralbanken der Länder der Euro-Zone) und das Direktorium (Präs., Vizepräs. und vier weitere Mitgl.). Aufgaben des Erweiterten Rats (Präs. und Vizepräs. der EZB sowie die Notenbank-Präs. aller EU-Staaten) sind Berichterstattung über die Konvergenzfortschritte der nicht zur Euro-Zone gehörenden EU-Staaten und Erhebung statist. Daten. Vorläufer der EZB war das Europ. Währungsinstitut. Vorrangiges Ziel der EZB ist es, die Preisniveaustabilität zu gewährleisten. Unter dieser Prämisse unterstützt sie die allg. Wirtschaftspolitik in der Gemeinschaft. Zum umfangreichen geldpolit. Instrumentarium der EZB gehören neben versch. Formen von Offenmarktgeschäften (Hauptrefinanzierungs- und längerfristige Refinanzierungsgeschäfte, Feinsteuerungsoperationen wie Devisenswapgeschäfte, Hereinnahme von Termin-

Europarat EUR

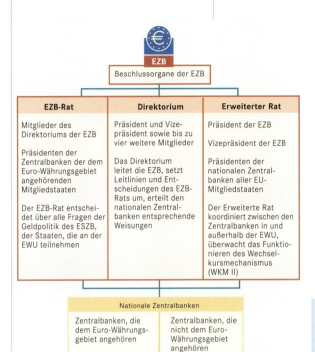

Europäische Zentralbank: Organisation der Europäischen Zentralbank und des Europäischen Systems der Zentralbanken

geldern, Schnelltendergeschäfte, definitive Käufe und Verkäufe sowie strukturelle Operationen durch Emission von Schuldverschreibungen) die Spitzenrefinanzierungs- und die Einlagenfazilität (»ständige Fazilitäten«), mit denen am Geldmarkt eine Zinsober- und eine Zinsuntergrenze markiert werden kann.

Europakanal, Teil des ↑Rhein-Main-Donau-Großschifffahrtsweges.

Europa-Kolleg, internat. Bildungseinrichtungen für postuniversitäre Studien auf den Gebieten der Rechts-, Wirtschafts- und polit. Wissenschaften; bereitet auf Tätigkeiten in europ., internat. sowie nat. Behörden, Verwaltungen und Verbänden mit europ. Bezug vor; Abschluss: »Master of European Studies«. Das erste E.-K. wurde 1949 in Brügge gegr., ein zweites 1992 in Warschau eröffnet.

Europameisterschaft, Abk. **EM,** *Sport:* Wettkampf auf europ. Ebene. E. werden in vielen Sportarten in jeweils unterschiedl. Abständen ausgetragen. Der Sieger eines Wettbewerbs heißt **Europameister.** (↑Weltmeisterschaft)

Europa, Picos de [ˈpikɔs ðe eu̯-], verkarstete Kalkgebirgskette des Kantabr. Gebirges, Spanien, höchster Gipfel ist der Torre de Cerredo mit 2648 m ü. M. 1995 wurde die Gebirgskette unter Einbeziehung des bestehenden Nationalparks Montaña de Covadonga zum Nationalpark P. d. E. erklärt (650 km²). Die Felsenhöhle Cueva Santa von Covadonga ist Nationalheiligtum.

Europapokal (Europacup, Abk. EC), *Sport:* in vielen Sportarten zumeist jährlich ausgetragener Pokalwettbewerb auf europ. Ebene. E.-Wettbewerbe werden meist für Landesmeister und nat. Pokalsieger (Vereinsmannschaften), aber auch für Nationalmannschaften und Einzelsportler durchgeführt. – Im *Fußball* ist der E. ein Wettbewerb für europ. und israel. Vereinsmannschaften. Seit 1955/56 wird der »E. der Landesmeister« (seit 1991/92 ↑Champions League) und seit 1971/72 der ↑UEFA-Pokal ausgetragen. Der »E. der Pokalsieger«, 1960/61 begonnen, wurde 1998/99 beendet und ging in den UEFA-Pokal ein.

Europarat (engl. Council of Europe, frz.

Conseil de l'Europe), internat. Organisation europ. Staaten zur Wahrung des gemeinsamen europ. Erbes und zur Förderung des wirtsch. und sozialen Fortschritts, gegr. auf der Londoner Konferenz von 1949, Sitz: Straßburg. Gründungsmitgl. waren: Belgien, Dänemark, Frankreich, Großbritannien, Irland, Italien, Luxemburg, Niederlande, Norwegen und Schweden. Die Zahl der Mitgl.länder beträgt (April 2003) 45; Kanada, die USA, Japan und der Heilige Stuhl haben Beobachterstatus. Organe: die **Parlamentarische Versammlung**, bestehend aus den von den nat. Parlamenten entsprechend der Größe der Mitgl.staaten entsandten Abg., das **Ministerkomitee** (die Außenmin. der Mitgl.staaten oder ihre Stellv.), das **Generalsekretariat** und der **Kongress der Gemeinden und Regionen Europas**. Der E. erlässt keine unmittelbar geltenden Rechtsakte; seine Organe empfehlen den Mitgl. den Abschluss von Abkommen auf wirtsch., sozialem, kulturellem und wiss. Gebiet, die oft der Rechtsvereinheitlichung dienen. Wichtige Abkommen sind u. a. die Europ. Konvention zum Schutze der Menschenrechte und Grundfreiheiten, die Europ. Sozialcharta, das Europ. Übereinkommen zur Bekämpfung des Terrorismus (27. 1. 1977), das Europ. Datenschutzabkommen (28. 1. 1981), die Konvention gegen Folter und entwürdigende Behandlung (26. 11. 1987). 1995 verabschiedete der E. die Konvention zum Schutz von Minderheiten, 1996 die Konvention zur Bioethik. – Beim E. besteht der ↑Europäische Gerichtshof für Menschenrechte. – Über die Flagge des E. ↑Europaflagge.

Europarecht, i. w. S. das sich im Wesentlichen seit dem Ende des Zweiten Weltkrieges entwickelnde Recht der zwischenstaatl. Integration Europas; i. e. S. das Recht der Europ. Gemeinschaften (EG-Recht oder Gemeinschaftsrecht). Das Gemeinschaftsrecht ist eine autonome Rechtsordnung, die mit der intensiven Integration der Mitgl. der Europ. Gemeinschaften entstand. Es findet im Unterschied zum Völkerrecht in den Mitgl.staaten der EU weitgehend unmittelbar Anwendung. Es wird untergliedert: a) in das **primäre Gemeinschaftsrecht,** das aus den Gründungs-, Beitritts- und sonstigen Änderungsverträgen zu den Europ. Gemeinschaften besteht (z. B. EG-Vertrag von 1957); b) in das **sekundäre Gemeinschaftsrecht,** d. h. das von den Organen der Gemeinschaften erlassene **Folgerecht,** nämlich Verordnungen, Richtlinien, Entscheidungen und Stellungnahmen. Ziel der gemeinschaftsrechtl. Regelungen ist die Rechtsangleichung zw. den Mitgl.staaten zur Erleichterung der internat. Zusammenarbeit. Das Gemeinschaftsrecht hat Vorrang vor dem nationalen Recht der Mitgl.staaten. Die Klärung von Zweifelsfragen bei der Auslegung des Gemeinschaftsrechts ist Aufgabe des Europ. Gerichtshofes. Die Umsetzung des E. wird in Dtl. durch Art. 23, 24 GG erleichtert.
📖 *Nicolaysen, G.: E., 2 Bde. Baden-Baden 1991–96. – Rohde, C.: E. Schnell erfasst. Berlin u. a. ²1999.*

Europareservat, Prädikat für bes. wichtige Landschaftsteile, die mindestens die Kriterien internationales Interesse, Lebensraum einer großen Zahl von Wat- und Wasservögeln, Teilverbot der Jagd und allgemeine Beruhigung, Kernbereich Naturschutzgebiet sowie wiss. Überwachung und Betreuung erfüllen müssen. Der Titel E. wird in Dtl. vom Dt. Rat für Vogelschutz verliehen und durch Bird Life International anerkannt. In Dtl. gibt es (2002) 20 E., u. a. Nordfries. Wattenmeer, Dümmer, Steckby-Lödderitzer Forst und Federsee.

Europaschiff, Typschiff (Motorgüterschiff) der europ. Binnenschifffahrt, 85 m lang, 9,50 m breit, 2,80 m Tiefgang, bis 1 500 t Tragfähigkeit; danach werden Querschnitt und Wassertiefe wichtiger Binnenwasserstraßen bemessen.

Europaschulen, mehrsprachige Schulen von der Grundschule bis zur höheren Schule (Europ. Abitur) bes. für Kinder von Bediensteten der EG.

Europastraßen, Fernstraßen des internat. Verkehrs in Europa, die durch Verkehrsschilder (weißes E und weiße Nummer auf grünem Grund) gekennzeichnet sind. Seit 1975 findet eine Neustrukturierung statt (Rasterprinzip); danach werden Hauptfernverkehrsstraßen mit E 1 bis E 95 bezeichnet, Zubringer- und Verbindungsstraßen mit E und dreizifriger Zahl.

Europa-Union Deutschland, überparteilicher, unabhängiger polit. Verband, der sich für die europ. Einigung auf demokrat. und föderalist. Grundlage einsetzt; gegr.

am 9. 12. 1946 in Syke (bei Bremen). Die E.-U. D. ist die dt. Sektion der **Union Europäischer Föderalisten.**
Eur̥opawahl, die Wahl der Abg. des ↑Europäischen Parlaments.
Europe ['jʊərəp; engl.], *Segeln:* olymp. Einhandjolle (seit 1992) für Frauen; Länge 3,35 m, Breite 1,38 m, Tiefgang (mit Schwert) 1 m, Segelfläche 7 m^2; Segelzeichen: E.
European Aeronautic, Defense and Space Company [jʊərə'piːən eərə'nɔːtɪk dɪ'fens ənd 'speɪs 'kʌmpənɪ], ↑EADS N. V.
European Business School [jʊərə'piːən 'bɪznɪs 'skuːl, engl.], Abk. **EBS,** 1971 gegründete private Fachhochschule für Betriebswirtschaft und Wirtschaftsinformatik (Sitz: Oestrich-Winkel, Rheingau-Taunus-Kreis) mit Schwesterschulen in Paris, London und Phoenix (Arizona).
European Film Academy [jʊərə'piːən fɪlm ə'kædəmɪ, engl.] (Europäische Filmakademie), 1991 aus der European Cinema Society (gegr. 1988) hervorgegangene Organisation zur Förderung des europ. Films; Sitz: Berlin; verleiht jährlich den **Europ. Filmpreis,** gen. **Felix** (in Form einer Statuette), in versch. Kategorien (u. a. bester Film, Einzelleistungen, Gesamtwerk).
European Recovery Program [jʊərə'piːən rɪ'kʌverɪ 'prəʊgræm, engl.,»Europ. Wiederaufbauprogramm«], Abk. ↑ERP.
Europide, typolog. Kategorie für die Gesamtheit der in Europa, Nordafrika und dem Westteil Asiens einheim. Menschen, deren auffälligstes Kennzeichen die Pigmentarmut von Haut, Haar und Augen ist. Die versch. Erscheinungsbilder haben zeitlich und geographisch vielfach fluktuiert und unterliegen auch heute noch Veränderungen, die nicht genetisch bedingt sind.
Eur̥opium *das,* chem. Symbol **Eu,** Seltenerdmetall aus der Gruppe der ↑Lanthanoide, Ordnungszahl 63, relative Atommasse 151,96, Dichte (bei 25 °C) 5,24 g/cm^3, Schmelzpunkt 822 °C, Siedepunkt 1596 °C. - E. ist ein eisengraues, schmiedbares Metall; es wird als Aktivator in Leuchtmassen der Farbfernsehschirme und als Neutronenabsorber in der Kerntechnik verwendet.
Europol, Abk. für Europäisches Polizeiamt, Behörde der Staaten der EU mit Sitz in Den Haag. E. ist zuständig für die polizeil. Zusammenarbeit zur Verhütung und Bekämpfung des Terrorismus, des illegalen Drogenhandels und sonstiger schwerwiegender Formen der internat. Kriminalität in Verbindung mit dem Aufbau eines unionsweiten Systems zum Austausch von Informationen (↑organisierte Kriminalität). Rechtsgrundlage für die Tätigkeit von E. ist die E.-Konvention vom 26. 7. 1995 (am 1. 10. 1998 in Kraft getreten). Bereits seit Anfang 1994 arbeitete eine Vorläuferorganisation von E., die »E. Drugs Unit«, die insbesondere dem Datenaustausch der nat. Polizeibehörden zur Bekämpfung der Rauschgiftkriminalität diente.
Europoort ['øːroːpoːrt], die 1958-81 gebauten Hafenanlagen von Rotterdam, Niederlande; bes. Erz-, Kohle-, Container- und Erdölhafen.
Euroscheck, ↑Eurocheque.
Eurostar, Name der Hochgeschwindigkeitszüge, die seit 1994 London direkt mit Paris und Brüssel verbinden, wobei für die Verbindung zw. Frankreich und Großbritannien der Fahrweg des ↑Eurotunnels benutzt wird. E. ist eine Kooperation zw. den frz. Eisenbahnen (SNCF), den belg. Eisenbahnen (SNCB/NMBS) und der European Passenger Services Ltd. in Großbritannien. Auf den Hochgeschwindigkeitsstrecken in Frankreich und Belgien werden 300 km/h, im Eurotunnel 160 km/h erreicht.
Eurostat, Kurzbez. für das Statistische Amt der Europäischen Gemeinschaften, eine Generaldirektion der Europ. Kommission; Hauptsitz: Luxemburg (mit Verbindungsbüro in Brüssel und »Data Shops« in den Hauptstädten der Mitgl.staaten der EU). In Zusammenarbeit mit den Statist. Ämtern der 15 Mitgl.länder koordiniert es im Rahmen des Europ. Statist. Systems die amtl. Statistiken mit dem Ziel, vergleichbare Daten für die Länder der EU zu erheben, aufzubereiten und zu verbreiten. Es greift hierbei auf nat. Angaben zurück, die nach gemeinsamen Normen und Methoden ausgearbeitet werden. Hauptnutzer sind die Institutionen der EG, die nat. Behörden, Medien und Fachleute aus Wirtschaft und Politik.
Eurotunnel, der 1994 fertig gestellte Eisenbahntunnel zw. Fréthun (bei Calais), Frankreich, und Cheriton (bei Folkestone), Großbritannien, unter dem Ärmelkanal, bestehend aus drei separaten, paral-

lel verlaufenden Röhren (für den Zugverkehr in jeweils einer Richtung sowie ein Servicetunnel), Gesamtlänge 50,45 km.
Eurovision, Einrichtung der Union der Europ. Rundfunkorganisationen zum Austausch von Fernsehprogrammen und Nachrichtenbeiträgen; gegr. 1954; Sitz: Genf.
Euro-Zone (Euro-Währungsraum, Euro-Währungsgebiet), das Gebiet der EU-Staaten (Belgien, Dtl., Finnland, Frankreich, Griechenland [seit 1. 1. 2001], Irland, Italien, Luxemburg, Niederlande, Österreich, Portugal, Spanien), die zum 1. 1. 1999 den Euro als einheitl. Währung eingeführt haben.
Eurydike [auch -'di:ke:] (lat. Eurydice), *grch. Mythos:* Gemahlin des ↑Orpheus.
Euryökie [grch.] *die,* das Vermögen einiger Tier- und Pflanzenarten, in sehr unterschiedl. Biotopen zu leben.
Eurystheus, *grch. Mythos:* König von Mykene, Tiryns und Midea in Argolis; er trug Herakles die 12 Arbeiten auf.
Eurythmie [grch.»schöne Bewegung«] *die, Anthroposophie:* die von R. Steiner geschaffene Bewegungskunst, die geistige Inhalte durch eine neuartige Gebärdensprache darzustellen sucht.
Eusebie [grch.] *die,* Gottesfurcht, Frömmigkeit; Ggs. ↑Asebie.
Eusebios von Caesarea, Kirchenhistoriker, * Palästina um 263, † 339; seit 313 Bischof (war vorübergehend abgesetzt) von Caesarea Palaestinae; verfasste die erste Kirchengeschichte (↑Kirchengeschichtsschreibung).
Euskadi, bask. Name des ↑Baskenlandes.
Euskirchen, 1) Kreis im RegBez. Köln, NRW, 1 249 km², 190 600 Einwohner.
2) Krst. von 1) in NRW, am NO-Rand der Eifel, 52 600 Ew.; Fraunhofer-Institut, Amt für Militärisches Geowesen; Papierverarbeitung, Maschinen-, Zucker-, Tiernahrungs-, Elektro- und Steinzeugindustrie. – Kath. Pfarrkirche St. Martin (12.–15. Jh.), eine Pfeilerbasilika, mit Antwerpener Schnitzaltar (um 1520) und roman. Taufbecken (12. Jh.). – E. erhielt 1302 Stadtrechte, 1355 kam es an das Herzogtum Jülich.
Eustachi-Röhre (Ohrtrompete), von dem italien. Anatomen B. Eustachi (*1520, †1574) entdeckte Verbindung zw. Nasenrachenraum und Mittelohr; dient zur Belüftung des Mittelohrraumes.
Eustachius, legendärer Märtyrer um 120/130, einer der vierzehn Nothelfer; wird neben ↑Hubertus als Patron der Jäger verehrt. – Tag: 20. 9.
eustatische Bewegungen, Schwankungen des Meeresspiegels durch Veränderungen in der Gesamtwassermenge der Weltmeere, die durch wechselnde Bindung des Wassers in großen Schnee- und Eismassen bedingt sind, z. B. Hebung des Wasserspiegels bei verstärktem Abschmelzen des Eises.
Eutektikum [grch.] *das,* festes Gemenge zweier Stoffe (z. B. Metalllegierungen), die in festem Zustand nicht, in flüssigem dagegen völlig miteinander mischbar sind. Eine Flüssigkeit, die gerade die **eutekt.** Zusammensetzung hat, erstarrt ohne Änderung der Zusammensetzung und hat die tiefste Erstarrungstemperatur **(eutekt. Temperatur)** des Systems.
EUTELSAT, Abk. für engl. **Eu**ropean **Tele**communications **Sat**ellite Organization, europ. Betreibergesellschaft für Satelliten zur Übertragung von Telekommunikations-, Fernseh- und Rundfunkdiensten; 1982 gegr., Sitz: Paris. EUTELSAT bietet satellitenbasierte Kommunikationslösungen auch in Bereichen wie Internetzugang, Multimedia, Unternehmensnetzwerke an und betreibt 18 (2002) geostationäre Satelliten, u. a. aus der Reihe EUTELSAT und HOT BIRD.
Euter, paarig angelegte (zwei oder vier) Milchdrüsen in der Leistengegend weibl. Huftiere. Das E. entwickelt sich unter Hormonwirkung bei Eintritt der Geschlechtsreife, die volle Ausbildung erfolgt während der Säugeperiode. Die produzierte Milch gelangt durch Milchgänge in ein Becken (»Zisterne«), aus dem sie mithilfe von Zitzen vom Jungtier aufgenommen wird. Überzählige Zitzen werden als Afterzitzen bezeichnet. Wichtige E.-Erkrankungen sind der ↑gelbe Galt und die ↑Holsteinische Euterseuche.
Euterpe [grch.], *grch. Mythos:* Muse der lyr. Dichtung; dargestellt mit der Doppelflöte.
Euthanasie [zu grch. euthanasía »schöner Tod«] *die,* Sterbehilfe für unheilbar Kranke und Schwerstverletzte mit dem Zweck, ihnen ein qualvolles Ende zu ersparen. Die E. i. w. S. hat mehrere Bedeutungen: 1) Tötung auf Verlangen (aktive E.); 2) a) Hilfe beim Sterben ohne Lebensverkürzung, b) Hilfe zum Sterben mit in Kauf

genommener Lebensverkürzung (passive E.). – *Recht:* Die Bestimmungen des StGB verwenden den Begriff E. nicht; die absichtl. und aktive Lebensverkürzung ist auch dann, wenn sie auf ausdrückl. und ernstl. Verlangen eines Sterbenden erfolgt, strafbar (Tötung auf Verlangen, ↑Tötungsdelikte). Außerordentlich umstritten ist die ↑Sterbehilfe. **Geschichte:** Der Begriff E. findet sich bereits in der griechisch-röm. Antike; er bezog sich jedoch nicht auf das Eingreifen eines Menschen in den Sterbeverlauf. Erstmals F. Bacon (1605) sah die Schmerzlinderung bei Sterbenden als eine ärztl. Aufgabe an. In den Kreisen des Monistenbundes begann 1913 die Diskussion um die Straffreiheit einer E. mit gezielter Lebensverkürzung als Tötung auf Verlangen von Sterbenden und unheilbar Kranken. Das Recht des Individuums auf einen angenehmen Tod ist auch Programmpunkt der seit den 1930er-Jahren v. a. in den angelsächs. Ländern entstehenden E.-Gesetze. Unter der irreführenden Tarn-Bez. »E.« führte die nat.-soz. Reg. in Dtl. ein Programm (1940–45) zur systemat. Tötung missgebildeter Kinder (Gehirnfehlbildung) und erwachsener geistig Behinderter durch. Sie stützte sich dabei auf eine sozialdarwinistisch geprägte Humangenetik, die unter der Bez. »Rassenhygiene« bereits in der Zeit der Weimarer Rep. vertreten worden war (K. Binding, A. Hoche: »Die Freigabe der Vernichtung lebensunwerten Lebens«, 1920). Die »Tötung lebensunwerten Lebens« – so auch die nat.-soz. Terminologie –, die seit 1938 offen propagiert wurde, ging auf eine Zustimmung Hitlers zur Gewährung des »Gnadentodes durch namentlich zu bestimmende Ärzte« zurück, die auf den 1. 9. 1939 datiert wurde. Zw. Anfang 1940 und dem 23. 8. 1941, dem Zeitpunkt, an dem die Mordaktion aufgrund kirchl. Proteste (v. a. des Bischofs Graf von Galen, 1941) gestoppt wurde, fielen dem nat.-soz. E.-Programm bis zu 100 000 Menschen zum Opfer. Unter strengerer Geheimhaltung wurde die Mordaktion von Sept. 1941 bis Mitte 1944 (in einigen Anstalten bis April 1945) fortgesetzt; ihr fielen noch einmal 20 000 bis 30 000 Menschen zum Opfer. Nach Kriegsende erfolgte in zahlr. Fällen eine Verurteilung von Ärzten und Pflegepersonal.
📖 *Dokumente zur »E.«, hg. v. E. Klee.*

Frankfurt am Main 11.–12. Tausend 1992. – Schmuhl, H.-W.: Rassenhygiene, Nationalsozialismus, E. Göttingen ²1992. – Beck, C.: Sozialdarwinismus, Rassenhygiene, Zwangssterilisation und Vernichtung »lebensunwerten« Lebens. Bonn ²1995. – Bastian, T.: Furchtbare Ärzte. Medizin. Verbrechen im Dritten Reich. München ²1996. – Klee, E.: Auschwitz, die NS-Medizin und ihre Opfer. Überarb. Neuausg., Frankfurt am Main 2001. – Burleigh, M.: Tod u. Erlösung. E. in Dtl. 1900–1945. A. d. Engl., Zürich u. a. 2002.

Euthymides, grch. Vasenmaler des rotfigurigen Stils, tätig um 510–490 v. Chr.; ein führender Meister der att. rotfigurigen Vasenmalerei am Übergang vom spätarchaischen zum frühen strengen Stil (↑Vase).

Eutin, Krst. des Kreises Ostholstein, Schlesw.-Holst., in der Holstein. Schweiz zw. dem Großen und Kleinen Eutiner See, 17 100 Ew.; Landesbibliothek, Ostholsteinmuseum; Landespolizeischule; Elektro-, Papier-, Metallwarenind.; Sommerspiele auf der Freilichtbühne im Schlosspark. – Spätroman. Michaeliskirche; Barockschloss (urspr. Wasserburg) mit engl. Garten. – Um 1143 als Marktort gegr., kam E. 1156 an das Bistum Oldenburg und erhielt 1257 Lüb. Recht. E. war Residenz der Bischöfe und der evang., seit 1586 stets gottorfischen Fürstbischöfe; seit 1803 Hptst. des Fürstentums Lübeck, seit 1919 des oldenburg. Landesteils Lübeck, der 1937 preußisch wurde.

Eutonie [grch.] *die,* normaler Spannungszustand von Muskeln und Gefäßen; Ggs.: Dystonie.

Eutrophie [grch.] *die,* normaler Ernährungszustand eines Säuglings im Unterschied zu ↑Dystrophie.

Eutrophierung [grch.], unerwünschte Anreicherung eines Gewässers an Nährstoffen, bes. an Phosphor- und Stickstoffverbindungen (hauptsächlich durch Einleiten von Abwässern und Abschwemmung von Düngemitteln). Führt zur Übervermehrung von Pflanzen (v. a. Algen) und tier. Plankton (erhebl. Verminderung des Sauerstoffgehaltes des Wassers).

Eutropius, röm. Geschichtsschreiber des 4. Jh. n. Chr., verfasste im Auftrag des Kaisers Valens (364–78) einen Abriss der röm. Gesch. in zehn Büchern (»Breviarum ab urbe condita«) von der Gründung Roms bis 364 n. Chr.

eV, Einheitenzeichen für ↑Elektronvolt.
e. V., Abk. für eingetragener Verein.
Eva ['e:va, 'e:fa; hebräisch »Leben«], nach 1. Mos. 3,20 der kollektiv zu verstehende Name (als Stammmutter des Menschengeschlechts) der Frau des ersten Menschen Adam (↑Adam und Eva).
Evakuierung [lat.], **1)** *allg.:* Räumung einer Wohnung, einer Stadt oder eines Gebietes von der Zivilbev. aus militär. oder Sicherheitsgründen.
2) *Physik:* das Entleeren, Auspumpen eines Raumes, um ein Vakuum zu erzeugen.
Evaluation [lat.-frz.-engl.] *die,* Analyse und Bewertung eines Sachverhalts, z. B. Effizienz- und Erfolgskontrolle einer Innovation, Beurteilung von Zielen und Maßnahmen einer Planung, Einschätzung von Wirksamkeit und Wirkungszusammenhängen in Sozialforschung, Pädagogik, Wirtschaftswiss., Entwicklungspolitik u. a.

Evangeliar: Illustration aus einem mittelalterlichen Evangeliar (Sankt Gallen, Stiftsbibliothek)

Evangeliar [grch.-lat.] *das,* liturg. Buch mit dem vollständigen Text der vier Evangelien. Prachtvoll geschmückte E. sind bes. aus dem frühen MA. erhalten.
Evangeli|enharmonie, eine aus den vier Evangelien zusammengestellte einheitl. Darstellung des Lebens und Wirkens Jesu, die die Widersprüche in den Aussagen der einzelnen Evangelien zu glätten versucht. Älteste E. ist das **Diatessaron** des Tatian (um 170). E. genannte freie Nachgestaltungen des Lebens Jesu sind das ahd. Epos des Mönchs ↑Otfried von Weißenburg und der altsächs. ↑Heliand (beide 9.Jh.). Für die moderne Bibelwiss. ist solch eine Harmonisierung allerdings nicht möglich, da die Evangelien in erster Linie nicht histor. Lebensbeschreibungen Jesu sind, sondern in unterschiedl. Umfeldern entstandene Zeugnisse früher Christen über die Grundlagen ihres Glaubens.
Evangelikale *der,* Vertreter einer Theologie und Frömmigkeit innerhalb des Protestantismus, die, auf unbedingte Autorität des N. T. (Evangeliums) vertrauend, dieses als von Gott unmittelbar und wortwörtlich gegebene Handlungsanweisung zur Gestaltung des eigenen Lebens oder des Lebens der christl. Gemeinde interpretieren.
Evangelisation [grch.] *die,* urspr. Bezeichnung für jede Verkündigung des ↑Evangeliums, dann in den evang. Kirchen für das Bemühen, die Bev. in kath. Gebieten für sich zu gewinnen. Heute meint E. die Erstverkündigung im Unterschied zur regelmäßigen Gemeindepredigt, z. B. durch besondere Evangelisationsveranstaltungen wie ↑ProChrist.
evangelisch, aus dem Evangelium (bzw. den Evangelien) stammend, dem Evangelium in Glaube und Lebensführung entsprechend. Von M. Luther 1521 vorgeschlagene Bez. für die Anhänger der reformator. Lehre. Seit den innerprot. Unionen des 19. Jh. Selbst-Bez. zahlr. ↑unierter Kirchen. Im allgemeinen Sprachgebrauch ist die Bez. »e.« heute in Dtl. weithin an die Stelle der (teilweise als polemisch empfundenen) Bez. »protestantisch« getreten.
Evangelisch-Augsburgische Kirche in der Republik Polen, luth. Kirche in Polen; konstituiert 1918, geschichtlich in der Tradition der im 16.Jh. in Polen entstandenen (seit 1768 staatlich offiziell tolerierten) luth. Gemeinden stehend. Heute (2002) mit rd. 80 000 Mitgl. in 121 Gemeinden die größte prot. Kirche Polens. Sitz der Kirchenkanzlei und des Bischofs: Warschau.
Evangelische Akademien, Einrichtungen der evang. Landeskirchen in Dtl., zusammengeschlossen als »Evang. Akademien in Dtl. e. V.«, Abk. EAD e. V. (Sitz: Bad Boll, gegr. 1947). Die heute (2003) 19 E. A. verstehen sich als Stätten des Gesprächs über Fragen der Zeit, des Dialogs

Evangelische Kirche in Deutschland EVA

zw. den versch. Gruppen der Gesellschaft, der Reflexion gesellschaftl. Probleme auf der Grundlage eines christl. Grundverständnisses und der Begegnung zw. Menschen unterschiedl. Herkunft, Religion und Kultur. Die erste Tagung einer E. A. fand 1945 in Bad Boll statt. – Die E. A. sind Teil eines gesamteurop. Netzwerkes (»Ökumen. Vereinigung der Akademien und Laienzentren in Europa e. V.«, Sitz: Bad Boll) sowie des entsprechenden weltweiten Netzwerkes (»World Collaboration Committee«, Koordination durch den ÖRK in Genf).
Evangelische Allianz, internat. Zusammenschluss evangelikal orientierter Christen, christl. Gruppen und Verbände, 1846 unter dem Einfluss der Erweckungsbewegung von evang. Christen aus zwölf Ländern in London gegründet. Die E. A. versteht sich – im Unterschied zur ↑ökumenischen Bewegung – nicht als institutionelles Forum christl. Kirchen, sondern als interkonfessionelle Gemeinschaft bibelorientierter entschiedener Christen. Heute vertritt die weltweite Allianzbewegung nach eigenen Angaben rd. 150 Mio. Christen in über 110 Ländern (starkes Wachstum v. a. in Asien und Afrika).
Evangelische Arbeitnehmer-Bewegung, Abk. **EAB,** organisator. Zusammenschluss evang. Arbeitnehmer in Dtl. mit Sitz (EAB-Bundesverband) in Berlin. Die EAB vertritt auf der Grundlage der evang. Sozialethik die Interessen evang. Arbeitnehmer auf sozialpolit. Gebiet (u. a. Mitwirkung an Gesetzgebungsverfahren des Bundes und der Länder und bei der Erarbeitung sozialpolit. Veröffentlichungen der EKD). Hervorgegangen ist die EAB aus den im 19. Jh. als Gegen- bzw. Parallelbewegung zu den kath. Arbeitervereinen entstandenen **Evangelischen Arbeitervereinen.** (↑Katholische Arbeitnehmer-Bewegung)
Evangelische Gemeinschaft, ehem. evang. Freikirche, hervorgegangen aus der von dem dt.-amerikan. Prediger Jacob Albrecht (* 1759, † 1808) in Pennsylvania gegründeten selbstständigen deutschsprachigen methodist. Gemeinschaft (den »Albrechtsleuten«), die sich 1816 den Namen E. G. gab und nach 1850 durch die Rückkehr dt. Auswanderer auch in Dtl. Fuß fasste; 1968 durch Vereinigung in der Evang.-methodist. Kirche (Teil der weltweiten United Methodist Church) aufgegangen. (↑Methodismus)
Evangelische Kirche Augsburgischen Bekenntnisses in Siebenbürgen, luther. Kirche in Siebenbürgen; als selbstständige, bischöflich verfasste Landeskirche der Siebenbürger Sachsen auf der Grundlage der Kirchenordnung von 1547 entstanden. Heute (2002) rd. 16 000 Mitgl. in 260 Gemeinden (die knappe Hälfte mit weniger als 20 Mitgl.). Sitz der Kirchenleitung: Hermannstadt.
📖 *Klein, C.:* Ausschau nach Zukunft. Die Siebenbürgisch-Sächs. Kirche im Wandel. Erlangen 1998.
Evangelische Kirche Augsburgischen und Helvetischen Bekenntnisses in Österreich, Zusammenschluss (bei voller Wahrung des Bekenntnisstandes) der von einem Bischof geleiteten luth. Kirche (2002: rd. 341 000 Mitgl.) und der von einem Landessuperintendenten geleiteten ref. Kirche (2002: rd. 10 000 Mitgl.) in Österreich, die geschichtlich in der Tradition der im 16. Jh. in Österreich entstandenen prot. Gemeinden stehen. Sitz des Bischofs und des Landessuperintendenten ist Wien.
Evangelische Kirche der Union, Abk. **EKU,** von 1954 bis 2003 bestehender institutioneller Zusammenschluss evang. Kirchen luth. und ref. Tradition; am 1. 4. 1954 hervorgegangen aus der »Evang. Kirche der altpreuß. Union« (der 1817 vollzogenen Vereinigung der luth. und ref. Kirchen in Preußen); am 1. 7. 2003 eingegangen in die neu gebildete Union Evang. Kirchen (UEK) innerhalb der EKD. Die EKU bildete eine Union von sieben selbstständigen Landeskirchen: Evang. Landeskirche Anhalts, Evang. Kirche in Berlin-Brandenburg, Evang. Kirche der schles. Oberlausitz, Pommersche Evang. Kirche, Evang. Kirche im Rheinland, Evang. Kirchenprovinz Sachsen, Evang. Kirche von Westfalen. 1972–90 war die EKU verwaltungstechnisch in die Bereiche Bundesrep. Dtl. und DDR unterteilt. Seit 1992 gab es wieder eine gemeinsame Synode. Sitz der EKU-Kirchenkanzlei war Berlin.
Evangelische Kirche in Deutschland, Abk. **EKD,** der rechtl. Überbau, zu dem sich 24 luth., reformierte und unierte Kirchen in Dtl. zusammengeschlossen haben. 25. Gliedkirche der EKD war bis 2003 (Bildung der Union Evang. Kirchen) die

EVA Evangelische Kirche in Deutschland

Evangelische Kirche in Deutschland: Gliedkirchen (Stand 2004)

Gliedkirche	Mitglieder[1]	leitender Geistlicher[2]	(geb.; seit ...)
lutherische Gliedkirchen			
Evangelisch-Lutherische Kirche in Bayern	2 700 000	LB Johannes Friedrich	(1948; 1999)
Evangelisch-Lutherische Landeskirche in Braunschweig	437 000	LB Friedrich Weber	(1949; 2002)
Evangelisch-Lutherische Landeskirche Hannovers	3 173 000	LB[3] Margot Käßmann	(1958; 1999)
Evangelisch-Lutherische Landeskirche Mecklenburgs	226 000	LB Hermann Beste	(1940; 1996)
Nordelbische Evangelisch-Lutherische Kirche	2 200 000	B Hans-Christian Knuth (Sprengel Schleswig)	(1940; 1991)
		B[4] Maria Jepsen (Sprengel Hamburg)	(1945; 1992)
		B[4] Bärbel Wartenberg-Potter (Sprengel Holstein-Lübeck)	(1943; 2001)
Evangelisch-Lutherische Kirche in Oldenburg	476 000	B Peter Krug	(1943; 1998)
Evangelisch-Lutherische Landeskirche Sachsens	930 000	LB Jochen Bohl	(1950; 2004)
Evangelisch-Lutherische Landeskirche Schaumburg-Lippe	66 000	LB Jürgen Johannesdotter	(1943; 2001)
Evangelisch-Lutherische Kirche in Thüringen	501 000	LB Christoph Kähler	(1944; 2001)
Evangelische Landeskirche in Württemberg	2 375 000	LB Gerhard Maier	(1937; 2001)
unierte Gliedkirchen			
Evangelische Landeskirche Anhalts	60 000	KP Helge Klassohn	(1944; 1994)
Evangelische Landeskirche in Baden	1 327 000	LB Ulrich Fischer	(1949; 1998)
Evangelische Kirche Berlin-Brandenburg-schlesische Oberlausitz[5]	1 327 000	B Wolfgang Huber	(1942; 2004)
Bremische Evangelische Kirche	255 000	P Brigitte Boehme	(1940; 2001)
Evangelische Kirche in Hessen und Nassau	1 875 000	KP Peter Steinacker	(1943; 1993)
Evangelische Kirche von Kurhessen-Waldeck	989 000	B Martin Hein	(1954; 2000)
Evangelische Kirche der Pfalz (Prot. Landeskirche)	630 000	KP Eberhard Cherdron	(1943; 1998)
Pommersche Evangelische Kirche	115 000	B Hans-Jürgen Abromeit	(1954; 2001)
Evangelische Kirche im Rheinland	3 035 000	PR Nikolaus Schneider	(1947; 2003)
Evangelische Kirche der Kirchenprovinz Sachsen[6]	542 000	B Axel Noack	(1949; 1997)
Evangelische Kirche von Westfalen	2 727 000	PR Alfred Buß	(1947; 2004)
reformierte Gliedkirchen			
Evangelisch-reformierte Kirche (Synode evangelisch-reformierter Kirchen in Bayern und Nordwestdeutschland)	191 000	PR Garrelt Duin	(1939; 2000)
Lippische Landeskirche	206 000	LS Gerrit Noltensmeier	(1941; 1996)

1) Mitgliederzahlen: Stand Dezember 2001. – 2) B Bischof, KP Kirchenpräsident, LB Landesbischof, LS Landessuperintendent, P Präsident/Präsidentin, PR Präses. – 3) LB Landesbischöfin. – 4) B Bischöfin. – 5) Zusammenschluss der Evang. Kirche in Berlin-Brandenburg und der Evang. Kirche der schles. Oberlausitz zum 1. 1. 2004. – – 6) Teilkirche der 2004 gebildeten Föderation Evang. Kirchen in Mitteldeutschland.

Evang. Kirche der Union (EKU). Der EKD angeschlossen sind die »Evang. Brüder-Unität in Dtl.« (↑Brüdergemeine) und der »Bund evangelisch-ref. Kirchen Dtl.s«. Die EKD ist ein Kirchenbund, dessen rechtl. Grundlage die am 3. 12. 1948 in Kraft gesetzte Grundordnung bildet. Mit (Ende 2002) rd. 26,2 Mio. Mitgl. in rd. 17 000 Kirchengemeinden umfassen ihre Gliedkirchen den größten Teil der evang. Christen in Deutschland.
Organe: Die Synode der EKD hat 120 Mitglieder. Sie hat die Aufgabe, kirchl. Gesetze zu beschließen, und gibt Stellungnahmen zu kirchl. und gesellschaftl. Fragen ab. Sie tritt i. d. R. einmal jährlich zusammen. Die Kirchenkonferenz wird von den Kirchenleitungen der Gliedkirchen gebildet. In ihr haben Gliedkirchen mit mehr als 2 Mio. Mitgl. zwei Stimmen, die anderen Gliedkirchen je eine Stimme. Sie wirkt bei der Wahl des Rates und bei der Gesetzgebung mit. Der Rat der EKD leitet die EKD und vertritt sie nach außen. Er hat 15 Mitgl. (Laien und Theologen), von der Synode und der Kirchenkonferenz auf sechs Jahre gewählt. Die Verw. der EKD erfolgt durch das **Kirchenamt der EKD,** mit Hauptsitz in Hannover und einer Außenstelle in Berlin. Bei der Bundesrep. Dtl. ist die EKD durch einen Bevollmächtigten vertreten, der sie zugleich bei der Europ. Gemeinschaft vertritt.
Kirchenmitgliedschaft: Der einzelne evang. Christ ist Mitgl. seiner Gemeinde und seiner Landeskirche (Mitgl. der EKD sind allein die Gliedkirchen). Die Mitgliedschaft ist an Taufe und Wohnsitz geknüpft: Wer in einer evang. Landeskirche die Taufe empfangen und seinen Wohnsitz im Bereich einer EKD-Gliedkirche hat, ist damit Mitgl. dieser Kirche. Verlegt er seinen Wohnsitz in das Gebiet einer anderen EKD-Gliedkirche, so wird er dort Kirchenmitglied.
Geschichte: Der erste Versuch eines größeren Zusammenschlusses der seit der Reformation entstandenen Landeskirchen führte 1848 in Wittenberg zu einem Kirchentag. Ziel war die Bildung eines evang. Kirchenbundes für Deutschland. Das Bemühen scheiterte zunächst an gegenseitigen Misstrauen, führte dann jedoch 1852 zur Gründung der **Eisenacher Konferenz.** Diese trat in der Folgezeit regelmäßig zusammen, behandelte aber eher sekundäre Fragen. In der Frage des kirchl. Zusammenschlusses führte ihre Tätigkeit zu keinen grundlegenden Ergebnissen. Ihr ausführendes Organ war seit 1903 der **Deutsche Evang. Kirchenausschuss.** Die rechtl. und organisator. Selbstständigkeit der einzelnen Landeskirchen blieb auch nach dem Ende des Staatskirchentums 1918 erhalten. 1919 kam es zum Zusammenschluss im »Deutschen Evang. Kirchentag«, der 1921 die Verf. des **Deutschen Evang. Kirchenbundes** annahm. Dieser wurde 1933 unter maßgebl. Einfluss der ↑Deutschen Christen zur **Deutschen Evang. Kirche** umgewandelt, die sich als dt. evang. »Reichskirche« im Sinne der nat.-soz. Kirchenpolitik verstand und nach dem »Führerprinzip« von einem »Reichsbischof« (↑Müller, Ludwig) geleitet wurde. – Als Gegenbewegung gegen die damit verbundenen Versuche der Verfälschung von Lehre und Verkündigung entstand die ↑Bekennende Kirche (↑Kirchenkampf). Die Neuordnung der Gesamtkirche wurde nach dem Kriegsende 1945 unter dem Namen **Evang. Kirche in Dtl. (EKD)** verwirklicht. – Die acht evang. Landeskirchen auf dem Gebiet der DDR schieden 1969 aus der EKD aus und bildeten bis zu ihrem Wiederbeitritt 1991 den institutionell eigenständigen ↑Bund der Evang. Kirchen in der DDR (BEK).

evangelische Presse, konfessionell-kirchliche Druckerzeugnisse evang. Prägung. Dachorganisation der regionalen evang. Presseverbände ist das »Gemeinschaftswerk der Evang. Publizistik«, GEP, Sitz: Frankfurt am Main.

Evangelische Räte (lat. Consilia evangelica), in der kath. Theologie Bez. für empfohlene, nicht unbedingt geforderte Weisungen aus dem Geist des Evangeliums, die sich auf eine intensiv gelebte Form der Nachfolge Christi beziehen: Armut (z. B. Mt. 19, 21), **Ehelosigkeit (Jungfräulichkeit)** (z. B. Mt. 19, 12) und **Gehorsam** um des Evangeliums willen (z. B. Mk. 1, 16 ff.). Die E. R. bilden die Kerngelübde des Ordenslebens (↑Gelübde).

Evangelischer Bund, 1886 in Erfurt gegründete Vereinigung »zur Wahrung des dt.-protest. Interessen« gegenüber dem röm. Katholizismus nach dem ↑Kulturkampf. Heute will der E. B. die Botschaft der Reformation in den konfessionellen und gesellschaftl. Dialog einbringen; seit

EVA Evangelischer Entwicklungsdienst e. V.

1947 besitzt er mit dem **Konfessionskundl. Institut** in Bensheim eine wiss. Arbeitsstätte.

📖 *Müller-Dreier, A.: Konfession in Politik, Gesellschaft u. Kultur des Kaiserreichs. Der E. B. 1886–1914. Gütersloh 1998.*

Evangelischer Entwicklungsdienst e. V., Abk. **EED,** gemeinsame Entwicklungsorganisation der evang. Kirchen Dtl.s zur Durchführung und Koordinierung kirchl. Entwicklungshilfe und -politik; gegr. 2000; Sitz: Bonn. Träger des EED sind die Evang. Kirche in Dtl. (EKD), die Vereinigung Evang. Freikirchen (VEF), die Selbständige Evang.-Luth. Kirche (SELK), das Evang. Missionswerk in Dtl. (EMW) und die Altkath. Kirche in Deutschland. – *Publikation:* »der überblick« (gemeinsam herausgegeben mit »Brot für die Welt«).

Evangelischer Kirchentag, ↑Kirchentag.

Evangelischer Pressedienst, ↑epd.

evangelische Soziallehre, ↑Soziallehren der christlichen Kirchen.

Evangelisches Studi[en]werk e. V., Begabtenförderungswerk der evang. Landeskirchen in Dtl. für fachlich qualifizierte, sozial engagierte und verantwortungsbereite junge Menschen evang. Konfession; gegr. 1948, Sitz: Schwerte.

Evangelische Zentralstelle für Weltanschauungsfragen, Abk. **EZW,** 1960 gegründete Einrichtung der EKD mit Sitz in Berlin. Die EZW beobachtet die religiösen und weltanschaul. Strömungen der Gegenwart, analysiert diese und informiert über (neu-)religiöse und weltanschaul. Gemeinschaften. – Eine Vorläuferin war 1919–35 die »**Apologet. Centrale**« in Berlin-Spandau.

evangelisch-lutherisch (lutherisch), Konfessionsbez. der evang. Kirchen luther. Prägung und ihrer Mitgl. (↑lutherische Kirchen, ↑Luthertum)

Evangelisch-Lutherische Freikirchen, ↑Altlutheraner.

Evangelisch-Lutherische Kirche in Russland und anderen Staaten, Abk. **ELKRAS,** geschichtlich in der Tradition der luth. Gemeinden in Russland stehende, bischöflich verfasste luth. Kirche in der GUS; heute (2002) über 500 Gemeinden mit etwa 250 000 Mitgl. (überwiegend Russlanddeutsche) in Russland, der Ukraine, Weißrussland, Georgien, Aserbaidschan, Kasachstan, Usbekistan, Kirgistan, Tadschikistan und Turkmenistan. Sitz der Kirchenkanzlei und des Erzbischofs: Sankt Petersburg.

Evangelisch-methodistische Kirche, ↑Methodismus.

evangelisch-reformiert (reformiert), Konfessionsbez. der evang. Kirchen ref. Prägung und ihrer Mitgl. (↑reformierte Kirchen)

Evangelisch-sozialer Kongress, Verein zur Förderung der christl. Sozialarbeit und sozialen Aufklärung, 1890 von führenden Persönlichkeiten des dt. Protestantismus (A. Stoecker, A. Wagner, A. von Harnack u. a.) gegründet; 1933 durch den nat.-soz. Staat verboten; nach 1945 in seinen Intentionen in die EKD eingegangen.

Evangelistar *das* (Perikopenbuch), liturg. Buch, das die Abschnitte aus den Evangelien enthält, die während der Messe verlesen werden (Perikopen).

Evangelisten, seit dem 3. Jh. Bez. für die Verfasser der vier Evangelien, nach kirchl. Tradition Matthäus, Markus, Lukas und Johannes. In der christl. Urgemeinde war E. die Bez. für Mitarbeiter der Apostel, heute werden mit ihr auch Prediger in den evang. Freikirchen, v. a. aber in der ↑Ge-

Evangelisten: Darstellung der Evangelistensymbole in einer mittelalterlichen Handschrift (9. Jh.; Dublin, Trinity College Library)

meinschaftsbewegung bezeichnet. – Die den E. in der *christl. Kunst* seit dem 4. Jh. zugeordneten Sinnbilder (**E.-Symbole**) gehen auf die Visionen des Propheten Ezechiel (Ez. 1, 10) und der Apokalypse des Johannes (Apk. 4, 7) zurück: Löwe = Markus, Mensch = Matthäus, Stier = Lukas, Adler = Johannes.
Evangelịsti [-dʒ-], Franco, italien. Komponist, *Rom 21. 1. 1926, †ebd. 28. 1. 1980; gründete 1961 in Rom das Ensemble »Nuova Consonanza«; lehrte 1969–72 elektron. Musik in Rom.
Evangẹlium [grch. »frohe Botschaft«] *das,* in der Antike die Siegesbotschaft oder der Gottesspruch eines Orakels. Im speziellen Sinn (in den christl. Kirchen) Bez. für die Botschaft Jesu vom Kommen des Reiches Gottes, seine Worte und Taten, wie sie in den vier neutestamentl. Schriften über sein Leben und Wirken, den zw. 70 und 150 verfassten **Evangelien,** niedergelegt sind: ↑Matthäusevangelium, ↑Markusevangelium, ↑Lukasevangelium, ↑Johannesevangelium. Die ersten drei E., in Inhalt und Aufbau einander ähnlich, werden die synopt. E. genannt (↑Synoptiker). – Neben den vier von der Kirche für kanonisch (↑Kanon) erklärten E. gibt es noch mehrere apokryphe E. (↑Apokryphen).
Evangẹlium vịtae [lat. »Evangelium des Lebens«], Enzyklika Papst Johannes Pauls II. vom 25. 3. 1995 über den Wert und die Unantastbarkeit des menschl. Lebens; betont bes. den unbedingten Schutz des ungeborenen und des behinderten Lebens.
Evans [ˈevənz], **1)** Sir (seit 1911) Arthur, engl. Archäologe, *Nash Mills (bei London) 8. 7. 1851, †Oxford 11. 7. 1941; Prof. in Oxford; begann seine Forschungen 1893 auf Kreta, entdeckte im Zuge seiner 1900 begonnenen Ausgrabungen in Knossos den sagenhaften Palast des Minos; aufgrund seiner Grabungen erstellte er eine Chronologie der minoischen Kultur (↑ägäische Kultur).
2) Bill, eigtl. William John, amerikan. Jazzmusiker (Pianist, Komponist), *Plainfield (N. J.) 16. 8. 1929, †New York 15. 9. 1980; sein Stil beeinflusste die Pianisten des Free Jazz.
3) Sir (seit 1971) Geraint Llewellyn, brit. Sänger (Bariton), *Pontypridd 16. 2. 1922, †Aberystwyth 19. 9. 1992; wurde v. a. bekannt als Mozart-Interpret sowie als Falstaff (G. Verdi) und Wozzeck (A. Berg).

4) Gil, eigtl. Ian Ernest Gilmore Green, amerikan. Jazzmusiker (Arrangeur, Komponist, Pianist), *Toronto 13. 5. 1912, †Cuernavaca (Mexiko) 20. 3. 1988; einflussreicher Arrangeur des modernen Jazz.
Evaporation [lat.] *die,* ↑Verdunstung.
Evaporịt *der,* durch Verdunstung des Wassers in abgeschnürten Meeresbecken oder in Salzpfannen und -seen entstandenes Gestein, z. B. Salzabscheidungen des Zechsteinmeeres wie Steinsalz, Gips.
Evaporographie [grch.] *die,* fotograf. Verfahren, das zur Abbildung eines Gegenstandes die von diesem ausgehenden Wärmestrahlen benutzt.
Evasion [lat.] *die,* das Entweichen, Flucht.
evasọrisch, ausweichend, Ausflüchte suchend.
Evdokịmova, Eva, amerikan. Tänzerin, *Genf 1. 12. 1948; debütierte 1966 beim Königlich-Dän. Ballett in Kopenhagen, kam 1969 als Solotänzerin an die Dt. Oper Berlin (seit 1973 Primaballerina), wo sie bis 1985 klass. und moderne Rollen tanzte.
Evektion [lat.] *die,* von Ptolemäus entdeckte Störung der Mondbewegung mit einer Periode von 32 Tagen.
Evenement [evənəˈmãː, frz.] *das,* Begebenheit, Ereignis; Erfolg, Ausgang einer Sache.
Event [ɪˈvɛnt, engl.] *der* oder *das,* Veranstaltung, Ereignis.
Eventail [evãˈtaːj, frz.] *das,* Fächermuster auf Bucheinbänden.
Eventualbudget [-bydʒe, frz.] (Eventualhaushalt), zusätzl. Ausgaben im öffentl. Haushaltsplan, die nur im Bedarfsfall und konjunkturgerecht eingesetzt werden sollen; i. d. R. durch Schuldenaufnahme finanziert.
Eventualität [lat.] *die,* Möglichkeit, möglicher Fall.
eventuẹll [frz.], Abk. **evtl.,** möglicherweise eintretend; gegebenenfalls, unter Umständen, vielleicht.
Ẹverding, August, Regisseur und Theaterleiter, *Bottrop 31. 10. 1928, †München 26. 1. 1999; wurde 1963 Intendant der Münchner Kammerspiele, inszenierte ab 1975 auch Opern; 1973–77 war er Intendant der Hamburg. Staatsoper, 1977–82 der Bayer. Staatsoper, 1982–93 Generalintendant der Bayer. Staatstheater. Ab 1989 war er Präs. des Dt. Bühnenvereins und ab

EVE Everdingen

Mount Everest

1991 der dt. Sektion des Internat. Theater-Instituts.

E̱verdingen [-ŋə], Allaert van, niederländ. Maler, Radierer, getauft Alkmaar 18. 6. 1621, begraben Amsterdam 8. 11. 1675; reiste 1644 nach Norwegen und Schweden, malte bes. skandinav. Gebirgslandschaften mit Wasserfällen, die J. van Ruisdael beeinflusst haben.

Everest, Mount [maʊnt 'evərɪst] (tibet. Chomolungma, Tschomolungma, nepalesisch Sagarmatha [»Himmelskönig«]), höchster Berg der Erde, im O-Himalaja, an der Grenze zw. Nepal und China (Tibet), nach der Neuvermessung 1999: 8 850 m ü. M. (bisherige Höhenangabe seit 1954: 8 848 m ü. M., nach der 1992 gleichzeitig von nepales. und chines. Seite durchgeführten Neuvermessung 8 846 m ü. M.). Das ganzjährig schneebedeckte Bergmassiv (Schneegrenze bei rd. 5 800 m Höhe) ist Nährgebiet für vier bed. Gletscher. Die Erstbesteigung glückte am 29. 5. 1953 dem Neuseeländer E. P. Hillary und dem Sherpa Tenzing Norgay, die Besteigung ohne Sauerstoffgeräte am 8. 5. 1978 R. Messner und P. Habeler und nochmals am 20. 8. 1980 R. Messner im Alleingang.
📖 *Mantovani, R.: E. The history of the himalayan giant.* Shrewsbury 1997. – *Messner, R.: E. Expedition zum Endpunkt.* Neuausg. München u. a. ²1998.

Everest ['evərɪst], Sir (seit 1861) George, britischer Ingenieuroffizier, * Gwernvale (Wales) 4. 7. 1790, † London 1. 12. 1866; leitete 1823–43 die trigonometr. Vermessung Indiens. Nach ihm wurde der Mount Everest benannt.

Everglades ['evəgleɪdz], Sumpfgebiet im S von Florida (USA), Teile im N um den Okeechobeesee werden seit 1905 durch Entwässerung ackerbaulich genutzt, sodass die E. in ihrer urspr. Form nur noch im S erhalten sind. Hier besteht seit 1947 (1934 erschlossen) der **E. National Park** (5 660 km², UNESCO-Weltnaturerbe) als Schutzgebiet für Pflanzen (Gräser, Mangroven u. a.) und Tiere (Alligatoren, Flamingos, Pelikane, Schlangen, Pumas u. a.); in den letzten Jahren Renaturierungsbemühungen (größtes Projekt dieser Art in den USA); starker Fremdenverkehr. – Die E. sind Rückzugsgebiet für einen Teil der Seminolen-Indianer.

Everglaze ['ɛvəgleɪz, engl.«] *das,* durch bestimmtes Verfahren krumpf- und knitterfrei gemachtes (Baumwoll-)Gewebe mit erhaben geprägter Kleinmusterung.

Evergreen ['evəgriːn, engl. »immergrün«] *der,* Musikstück, das auch nach längerer Zeit noch unverändert populär ist; die entsprechende Bez. im Jazz ist »Standard«, im Rock und Pop »Oldie«.

Everybody's Da̱rling ['evrɪbɔdiz -, engl.] *der,* jemand, der (aufgrund seines Bemü-

Inhaber Heike Kühnlein-Dorn
Dorfstraße 6
Nürnberg-Neunhof
0911 / 305596   Fax: 0911 / 3067254

St.Nr. 238/212/1098457

TSCHNR.		5
ils		2,30
1.Hopfinger alkoholfrei		2,50
Cappuccino		2,20
	2 X 4,80	
Speckbackers		9,60

SUMME	16,60
MWST 19%	2,65
NETTO	13,95
B A R	16,60

000051   R02 Bed.8
MON 1 FEB 2007

Alle Preise in Euro
VIELEN DANK
Dienstag Ruhetag

hens, allen zu gefallen, es allen recht zu machen) überall beliebt, gern gesehen ist.

EVG, Abk. für ↑Europäische Verteidigungsgemeinschaft.

Évian-les-Bains [evjāle'bɛ̃], Kur- und Badeort im Dép. Haute-Savoie, Frankreich, am Genfer See, 375 m ü. M., 6900 Ew.; Kongressstadt mit Festspielhaus und Spielkasino. – Mit dem **Abkommen von Évian** vom 18. 3. 1962 gestand Frankreich Algerien die staatl. Unabhängigkeit zu.

evident [lat.], offenkundig und klar ersichtlich; offen zutage liegend; überzeugend.

Evidenz [lat.»Augenfälligkeit«] *die, Philosophie:* unmittelbare, mit besonderem Wahrheitsanspruch auftretende, intuitive Einsicht. Bei Platon liegt E. vor, wenn es sich um die Ideenschau handelt; bei R. Descartes, wenn eine Vorstellung klar und deutlich erfasst wird; in E. Husserls Phänomenologie im Fall der Schau eines objektiven Wesenssachverhalts.

evidenzbasierte Medizin, medizin. Vorgehensweise, bei der diagnost. und/oder therapeut. Entscheidungen auf der Basis systematisch zusammengetragener und bewerteter wiss. Erkenntnisse getroffen werden, um damit für den einzelnen Patienten das beste Ergebnis möglichst ressourcenschonend zu erzielen. Die erforderlichen ärztl. Entscheidungen dürfen jedoch nicht allein aufgrund solcher Erkenntnisse und damit schematisch erfolgen, vielmehr sind auch die vielen individuellen Besonderheiten jedes einzelnen Patienten zu berücksichtigen.

Evidenzzentrale, Erfassungsstelle der Dt. Bundesbank, bei der nach § 14 Kreditwesen-Ges. Kredit- und Finanzdienstleistungsinst. sowie Finanzunternehmen vierteljährlich alle Kreditnehmer melden müssen, die bei ihnen mit 1,5 Mio. € und mehr verschuldet sind.

Evokation [lat.] *die,* **1)** *allg.:* Erweckung von Vorstellungen, Assoziationen (z. B. durch ein Kunstwerk).
2) *Okkultismus:* mag. Ritual zur Beeinflussung von Geistern u. a. Wesenheiten (z. B. »Hervorrufen« eines Verstorbenen).
3) *Recht:* im MA. das Recht des Königs, jeden Prozess vor sein Hofgericht zu ziehen; in der Goldenen Bulle von 1356 verzichtete der König hierauf gegenüber den Kurfürsten. Heute innerhalb der Staatsanwaltschaft das Recht der übergeordneten Behörde, Verfahren an sich zu ziehen und wieder abzugeben, so in Abgabenstrafsachen (§ 386 AO) oder in Staatsschutzsachen das E.recht des Generalbundesanwalts (§ 74 a Gerichtsverfassungsgesetz).

Evolute [lat.] *die,* geometr. Ort der Krümmungsmittelpunkte einer ebenen Kurve. Wenn man einen die E. berührenden Faden im Berührungspunkt befestigt und in dauernd gespannter Lage der E. mehr und mehr anschmiegt, so beschreibt der andere Endpunkt die ursprüngl. Kurve (**Evolvente**).

Everglades: Everglades National Park

Evolution [lat.] *die,* langsame, kontinuierlich fortschreitende Entwicklung (im Unterschied zur Revolution) in versch. (v. a. großräumigen) Zusammenhängen und Beziehungen, z. B. kosmolog. E. (↑Kosmologie), ↑chemische Evolution. In der *Biologie* bezeichnet E. den Verlauf der Stammesgeschichte von den niedrigsten Organisationsstufen des Lebens bis zu den heutigen hoch organisierten Formen. E. erfolgt, weil **E.-Faktoren** (↑Hardy-Weinberg-Gesetz) wirken, bes. Mutation, Rekombination, Selektion, Isolation und Zufall. (↑Abstammungslehre)

evolutionär [nlat.], auf Evolution beruhend; sich allmählich und stufenweise entwickelnd.

evolutionäre Erkenntnistheorie, Richtung innerhalb der neueren Erkenntnistheorie, die das menschl. Erkenntnisvermögen als Produkt der biolog. Evolution betrachtet: Nur die Art überlebt, deren Erkenntniswerkzeuge der Außenwelt optimal angepasst sind. Hauptvertreter: K. Lorenz, G. Vollmer, R. Riedl.

Evolutionismus *der,* natur- und kulturphilosoph. Lehre von der Evolution. In der 2. Hälfte des 19. Jh. war der E., der die Evolution als dem Universum zugrunde liegendes Gesetz (Entwicklung und Fortschritt als Urkräfte) betrachtet, die herrschende philosoph. Strömung (H. Spencer, E. Haeckel).

Evolutionsökonomik (evolutorische Ökonomik), neuere Richtung der Volkswirtschaftslehre, in deren Mittelpunkt die Analyse des ständigen wirtsch. Wandels und seiner Triebkräfte steht. Die E. verknüpft Denkansätze J. A. Schumpeters (Theorie der wirtsch. Entwicklung) und F. A. von Hayeks (»Wettbewerb als Entdeckungsverfahren«) mit organisationstheoret. Ansätzen, der Neuen ↑Institutionenökonomik, der Spieltheorie und Konzepten versch. Evolutionstheorien.
📖 *Herrmann-Pillath, C.: Grundriß der E.* München 2002.

Evolutionstheorie, ↑Abstammungslehre.

evolvieren, entwickeln, entfalten; entwickelnd darstellen; Ggs.: ↑involvieren.

Évora [ˈɛvurə], Hptst. des Distrikts É., im Alentejo, Portugal, 38 900 Ew.; Erzbischofssitz; Handelszentrum für Agrarprodukte (Vieh, Getreide, Öl, Kork); Landmaschinenbau, Elektroind.; bed. Fremdenverkehr. E. hat seit 1979 wieder eine Univ. (schon 16.–18. Jh.). – Das histor. Zentrum wurde von der UNESCO zum Weltkulturerbe erklärt: röm. Tempelruine (2. oder 3. Jh.), frühgot. Kathedrale (1186 begonnen), festungsartige Kirche São Brás (1485), ehem. Lóios-Kloster im Emanuelstil, São Francisco (Ende 15. Jh.) mit Knochenkapelle (17. Jh.), Alte Univ. (1551), ehem. Bischofspalast (16./17. Jh.). – Schon in röm. Zeit war É. ein bed. Waffenplatz; im Spät-MA. diente É. häufig als königl. Residenz.

Evorsion [lat.] *die,* aushöhlende Wirkung von im Wasser wirbelnden Steinen und Sandkörnern, ↑Kolk.

evozieren [lat.], durch ↑Evokation 1) hervorrufen, bewirken.

EVP, Abk. für ↑Europäische Volkspartei.

Evren, Kenan, türk. General, *Alaşehir (Prov. Manisa) 1. 1. 1918; den Ideen Atatürks (»Kemalismus«) zugewandt, seit 1977 Generalstabschef, führte den Militärputsch vom Sept. 1980 und war danach bis 1989 Staatspräsident.

Évreux [evˈrø], Hptst. des frz. Dép. Eure, in der Normandie, 51 500 Ew.; Metall-, Textil- u. a. Industrie. – Kathedrale Notre-Dame (12./13. Jh., bis ins 17. Jh. Umbauten) mit bed. Glasfenstern (14. Jh.), ehemaliger Bischofspalast (15. Jh.), Uhrturm (15. Jh.). – Als **Mediolanum Aulercorum** Hptst. der kelt. Aulerker-Euroviker; 52 v. Chr. römisch, eine der blühendsten Städte Galliens, wurde am Ende des 4. Jh. Bischofssitz und kam 911 zum Herzogtum Normandie. Die danach neu geschaffene Grafschaft É. fiel im 12. Jh. und endgültig 1404 an die frz. Krone.

Evros, grch. Name des Flusses ↑Maritza.

Évry [eˈvri], Hptst. des frz. Dép. Essonne, südl. von Paris, 48 900 Ew.; gehört zu den fünf Neuen Städten in der Region Paris; katholischer Bischofssitz (Kathedrale von M. Botta, 1991–95); Forschungsinst. für Informatik und Raumfahrt, Luftfahrt und elektrotechn. Industrie.

evviva! [eˈviːva, italien.], italien. Hochruf.

Evzonen [altgrch. »Wohlgegürtete«, im Sinne von Leichtbewaffnete], ehem. königlich-grch. Leibgarde; in Nationaltracht mit Fes und Fustanella; nach Abschaffung der Monarchie mit Wach- und Repräsentationsaufgaben betraut.

Ewabinseln, Inselgruppe der Südmolukken, Indonesien, ↑Kaiinseln.

Ewald, Name zweier angelsächs. Priestermönche, nach ihrer Haarfarbe »der Schwarze E.« und »der Weiße E.« gen.; erlitten als Missionare bei den Sachsen (wohl im Gebiet zw. Rhein, Ruhr und Lippe) um 695 den Märtyrertod. – Heilige (Tag: 3. 10.).

Ewald, 1) Georg Heinrich August von (seit 1841), evang. Theologe, Orientalist, *Göttingen 16. 11. 1803, †ebd. 4. 5. 1875; einer der ↑Göttinger Sieben; verfasste Epoche machende Arbeiten zum A. T. und zur hebr. Grammatik und die erste krit. Gesamtdarstellung der Gesch. des jüd. Volkes

(»Gesch. des Volkes Israel bis Christus«, 6 Bde., 1843-58).
2) Johannes, dän. Dichter, *Kopenhagen 18. 11. 1743, † ebd. 17. 3. 1781; von Klopstock beeinflusster Dramatiker; seinem Singspiel »Die Fischer« (1779) entstammt die dän. Nationalhymne.

Ewe, sudanides Volk in der Regenwaldzone Westafrikas, in SO-Ghana, S-Togo und S-Benin; die etwa 2 Mio. Menschen sind in mehr als 100 Stämme unterteilt. Ihre Sprache, das Ewe, wird als Verkehrssprache über das Gebiet der E. hinaus verwendet. Die E. sind Bauern, Fischer und Händler; hoch entwickeltes Kunsthandwerk (Weberei, Töpferei).

Ewenken (früher Tungusen), Volk mit ↑ tungusischer Sprache in Sibirien, im Gebiet zw. Jenissei und Ochotsk. Meer sowie im südl. Transbaikalien, in den nordöstl. Ebenen Chinas und der Mongolei; in Russland leben rd. 30 000. Der **Autonome Kreis der E.** in der Russ. Föderation liegt im O der Region Krasnojarsk, im Mittelsibir. Bergland, umfasst 767 600 km² mit 18 100 Ew. (u. a. 67,5 % Russen, 14,1 % Ewenken); Hauptort ist Tura. Wirtsch. Grundlagen bilden Pelztierjagd und -zucht sowie Rentierzucht.

Ewers, Hanns Heinz, Schriftsteller, *Düsseldorf 3. 11. 1871, † Berlin 12. 6. 1943; schrieb fantast. Erzählungen und Romane, in denen er erot. und okkultist. Motive verwendet: »Alraune« (1911), »Vampir« (1921).

EWG, Abk. für ↑ Europäische Wirtschaftsgemeinschaft.

EWI, Abk. für ↑ Europäisches Währungsinstitut.

ewige Anbetung, *kath. Kirche:* die ununterbrochene (Tag und Nacht) Verehrung des Allerheiligsten (der konsekrierten Hostie). Die e. A. wird v. a. in Klöstern gepflegt.

ewige Anleihe, Anleihe ohne fixierte Laufzeit, deren Tilgung nicht im Voraus festgelegt oder nicht vorgesehen ist.

Ewiger Jude, der zu ewiger Wanderung verurteilte Jude **Ahasver** (latinisiert **Ahasverus**). Nach der Legende darf der E. J. nirgends ruhen und muss ewig unstet über die Erde wandern, als Strafe dafür, dassda er Christus geschlagen oder ihm bei seinem Gang zur Kreuzigung eine kurze Rast versagt hat. Man will ihn zu den verschiedensten Zeiten gesehen haben. Frühe Stufen der Sage stammen aus dem 13. Jh. Ihre spätere Gestalt erhielt sie um 1600 durch die »Kurtze Beschreibung und Erzählung von einem Juden mit Namen Ahasverus«; dichter. Behandlung später u. a. bei Goethe (Eposfragment, 1774), C. F. Schubart (lyr. Rhapsodie, 1787), A. von Arnim (Drama, 1811), C. R. Maturin (Roman, 1820), E. Sue (Roman, 1844), P. Lagerkvist (zwei Romane, 1956 und 1960), S. Heym (Roman, 1981).

Ewiger Landfriede, das auf dem Reichstag zu Worms am 7. 8. 1495 beschlossene Reichsgesetz, das das mittelalterl. Fehderecht abschaffte. Ansprüche sollten nur noch auf dem Rechtsweg geltend gemacht werden. Die Wahrung des E. L. wurde dem neu geschaffenen Reichskammergericht als oberster Rechtsinstanz übertragen.

ewiges Leben, ↑ Unsterblichkeit.

ewiges Licht (ewige Lampe), in kath. Kirchen ein mit Öl oder Wachs gespeistes (nur im Ausnahmefall elektrisches) Licht vor jedem Tabernakel, in dem das Allerheiligste aufbewahrt wird, als Zeichen der Gegenwart Christi in der Eucharistie.

Ewige Stadt, häufige Bez. für die Stadt Rom.

Ewigkeit, 1) Zustand der Zeit: endloser Fluss der Zeit, unendl. Dauer. 2) Zustand jenseits der Zeit: Zeitlosigkeit. – Nach der *christl. Glaubenslehre* kommt E. im zweiten Sinn (als Sein über der Zeit ohne Anfang und Ende, lat. aeternitas) allein Gott zu; E. im ersten Sinn (als Dauer ohne Ende nach einem Anfang, lat. sempiternitas) den menschl. ↑ Seelen (↑ Unsterblichkeit).

Ewigkeitssonntag, ↑ Totensonntag.

EWIV, Abk. für ↑ Europäische Wirtschaftliche Interessenvereinigung.

EWS, Abk. für ↑ Europäisches Währungssystem.

EWU, Abk. für ↑ Europäische Währungsunion.

EWWU, Abk. für ↑ Europäische Wirtschafts- und Währungsunion.

ex, ex... [lat.], aus, heraus, z. B. Exkurs, Export; auch ehemalig, z. B. Exminister.

Exa, Vorsatzzeichen E (↑ Vorsätze), steht für den Faktor 10^{18} (Trillion); z. B.: 1 Exajoule = 1 EJ = 10^{18} J.

exakt [lat.], genau (und sorgfältig); pünktlich.

exakte Wissenschaften, diejenigen Wissenschaften, die entweder messende (quantitative) Methoden verwenden oder

deren Ergebnisse auf log. und/oder math. Begriffen und Beweisen beruhen (u. a. Mathematik, Physik, Logik); der Begriff e. W. ist wissenschaftstheoretisch umstritten.
Exaktheit *die,* Genauigkeit, Sorgfältigkeit.
exaltieren [lat.] sich überschwänglich benehmen; sich hysterisch erregen. – **exaltiert,** aufgeregt, überspannt.
Examen [lat.] *das,* Prüfung, bes. als Studienabschluss.
Examinand [lat.] *der,* Prüfling.
Examinator [lat.] *der,* Prüfer.
examinieren [lat.], im Rahmen eines Examens prüfen, befragen; prüfend ausfragen, ausforschen, prüfend untersuchen.
ex ante [lat.], *Wirtschaft:* im Voraus; Ggs. ↑ex post.
Exanthem [grch.] *das,* der ↑Ausschlag.
Exanthropie [grch.-nlat.] *die,* Menschenscheu.
Exaration [lat.] *die, Geomorphologie:* ein Prozess der ↑Glazialerosion.
Exarch [grch.] *der,* **1)** im Byzantin. Reich der Statthalter eines Exarchats.
2) bis zum 5. Jh. den Patriarchen vergleichbarer unabhängiger Oberbischof über mehrere Bistümer; heute in den Ostkirchen ein übergeordneter Leiter von Kirchengemeinden, die nicht im Territorium ihres Patriarchats liegen.
Exarchat *das,* byzantin. Verwaltungsbezirk in Afrika (Sitz: Karthago) und Italien (Sitz: Ravenna), der seit 584 einem Statthalter, dem Exarchen, unterstellt war; dieser vereinigte polit. und militär. Gewalt in seiner Hand. Das E. Afrika bestand bis 698 (Eroberung Karthagos durch die Araber), das E. Italien bis 751 (Eroberung Ravennas durch die Langobarden).
Exaudi [lat. »erhöre«], in den *evang. Kirchen* Name des 6. Sonntags nach Ostern.
exc., excud., Abk. für lat. excudit, »hat (es) geprägt«, auf Kupferstichen hinter dem Namen des Druckers (Verlegers).
Excalibur [lat.], das wunderbare Schwert des Königs Artus. Schon in kelt. Sagen wird ein berühmtes Schwert (»Calad[h]bolg«) erwähnt, das Geoffrey of Monmouth dann als Schwert »Caliburnus« Artus zuschrieb. Unter dem Namen E. (zuerst im »Roman de Brut«, beendet 1155, von dem Anglonormannen Wace) hat es sich bis in die modernen Adaptionen des Artus-Stoffes gehalten.
ex cathedra [lat. »vom Stuhl« (Petri)], Bez. der Lehrentscheidungen, die der Papst als oberster Lehrer der Kirche mit dem Anspruch der ↑Unfehlbarkeit verkündet; danach allg.: von maßgebender Seite, abschließend.
Excel, 1985 von der Firma Microsoft Corp. vorgestelltes Programm zur Tabellenkalkulation, das unter »Windows« läuft.
Exceptio [lat. »Ausnahme«] *die,* die Einrede im röm. Zivilprozess; **E. Doli,** die Einrede der Arglist oder des Betruges, auf dem Grundsatz von Treu und Glauben fußendes Abwehrrecht gegen missbräuchlich geltend gemachtes Recht.
Exchange [ɪksˈtʃeɪndʒ; engl., zu frz. échange »umtauschen«] *die,* 1) Tausch, Geldwechsel; 2) Wechselstube; 3) Wertpapierbörse **(Stock E.).**
Exchequer [ɪksˈtʃekə; engl. »Schachbrett«] *das,* das brit. Schatzamt. Es besteht seit dem 11. Jh., mit eigenem Gerichtshof **(Court of E.)** seit dem 13. Jh.; besondere E. bestanden für Schottland und Irland bis 1832/33. **E. Bill,** Schatzwechsel der brit. Regierung. **E. Bond,** Schatzanweisung. **Chancellor of the E.,** Titel des brit. Schatzkanzlers (Finanzmin.). – In Kanada ist **E. Court** das oberste Gericht für Urheber- und Patentstreitigkeiten, für Seeangelegenheiten und Amtshaftungsklagen.
Excimer [ɪkˈsaɪmə; von engl. **exc**ited di**mer,** »angeregtes Dimer«], meist kurzlebige, durch Anlagerung eines angeregten Moleküls an ein nicht angeregtes Molekül gebildete Molekülkomplexe, die als Zwischenstufen z. B. bei photochem. Reaktionen und Energieübertragungsprozessen eine Rolle spielen. Sind die zusammentretenden Moleküle voneinander versch., so spricht man von **Exciplexen** (engl. **exc**ited **complex**es). – Die E.- bzw. Exciplexbildung aus Edelgas-Halogen-Molekülen wird beim **E.-Laser** genutzt, einem äußerst leistungsstarken Impulslaser im ultravioletten Spektralbereich.
Exciton, *das, Festkörperphysik:* ↑Exziton.
excudit [lat. »hat es verfertigt«], Abk. **exc.** und **excud.,** Vermerk des Druckers (bei Kupferstichen vor dem Namen des Verlegers).
ex definitione [lat.], wie es die Definition beinhaltet.
Executive Producer [ɪgˈzekjʊtɪv prəˈdjuːsə, engl.] *der* (Produktionschef), *Film:* Leiter der Produktion eines Filmstudios bzw. einer Produktionsfirma; Studiobeauftragter für mehrere Filmproduktionen.

Exedra [grch.] *die,* in der Antike nischenartiger offener oder überdachter Raum als Erweiterung eines Saals oder einer Halle, der sich frei oder mit einer Säulenstellung auf einen Hof oder Platz öffnet. In der frühchristl. Basilika wurde die E. übernommen (später als Apsis bezeichnet).

Exegese [grch.] *die,* Auslegung von Schriftwerken, Rechtsquellen und bes. der bibl. Schriften. Die bibl. E. zielt darauf, Bedeutung und Sinn des in den Texten Gemeinten zu verdeutlichen. Hauptprobleme dieser Bemühung sind zum einen der überlieferte normative Charakter der bibl. Schriften als Hl. Schrift (die Texte gelten als Offenbarung und sprechen damit für sich selbst, bedürfen also keiner Auslegung), zum anderen die hermeneut. Problematik, dass die Texte Zeugnis für eine bestimmte geschichtl. Situation sind, gleichwohl für allgemein gültig gehalten werden, d. h. auch für alle Zeiten in gleicher Weise verbindlich (↑Hermeneutik). Die im nachbibl. Judentum ausgebildete E. kannte die wörtl. und die allegor. Schriftdeutung, die altkirchl. Theologie entwickelte die **Lehre vom dreifachen Schriftsinn** (↑Origenes). Seit dem 18. Jh. (J. S. ↑Semler) setzte sich als ein neuer Ansatz zunehmend die **historisch-krit. E.** durch, die das histor. gegen das dogmat. Bibelverständnis stellte und die Bibel und ihre Quellen der wiss. Kritik unterzog (z. B. in der ↑Leben-Jesu-Forschung). Heute arbeitet sie auf der Grundlage eines großen Methodenpluralismus.
📖 Berger, K.: E. des Neuen Testaments. Heidelberg u. a. ³1991. – E. des Alten Testaments. Einführung in die Methodik, Beiträge v. G. Fohrer u. a. Heidelberg u. a. ⁶1993. – Reventlow, H. von: Epochen der Bibelauslegung, 4 Bde. München 1990–2001.

Exekias, attischer Töpfer und Meister der schwarzfigurigen Vasenmalerei, tätig um 550–530; mehrere Gefäße tragen seine Signatur (u. a. Schale mit der Meerfahrt des Dionysos, um 530 v. Chr.). Er konzentrierte seine szen. Darstellungen auf wenige Figuren im offenen Raum. (↑Vase)

exekutieren [lat.-nlat.], 1) an jemandem ein Urteil vollstrecken, vollziehen; jemanden hinrichten; 2) (österr.:) pfänden.

Exekution [lat.] *die,* Recht: bes. in *Österreich* Bez. für die Zwangsvollstreckung, geregelt durch die E.-Ordnung (EO) vom 27. 5. 1896; i. e. S. für Hinrichtung.

Exekutive [lat.] *die,* die vollziehende Gewalt (**Exekutivgewalt**), die gesamte Staatstätigkeit mit Ausnahme der gesetzgebenden (Legislative) und der rechtsprechenden Gewalt (Judikative; ↑Gewaltenteilung). Träger der E. ist in einer parlamentar. Demokratie die vom Vertrauen des Parlaments abhängige Regierung (und die ihr unterstellte Verwaltung), in einer Präsidialdemokratie der Präsident.

Exempel [lat.] *das,* **1)** *allg.:* Beispiel, Muster.

2) *Literaturwissenschaft:* kurze, belehrende Einfügung, aus der antiken Rhetorik in die dt. Literatur übernommen, bes. beliebt im MA., häufig in Predigten (Predigtmärlein) verwendet, verwandt mit dem ↑Bispel.

Exemplar [lat.] *das,* Einzelstück (aus einer Reihe gleichartiger Gegenstände oder Lebewesen).

exemplarisch [lat.], 1) beispielhaft, musterhaft; 2) warnend, abschreckend; hart und unbarmherzig vorgehend, um abzuschrecken.

exemplarisches Lernen, Unterrichtsweise, die anstelle vollständiger Stoffdarbietung themat. Schwerpunkte der didakt. Arbeit setzt, die dem Schüler an ausgewählten Beispielen das selbsttätige Verständnis übergreifender Bezüge ermöglichen sollen.

exempli causa [lat.], Abk. **e. c.,** beispielshalber.

exemplifizieren [mlat.], an Beispielen erläutern.

Exekias: Amphora mit einer Darstellung des Selbstmordes von Ajax (540 v. Chr.)

exemt [lat.], von bestimmten allg. Lasten oder gesetzl. Pflichten befreit.

Exemtion [lat.] *die,* **1)** *kath. Kirchenrecht:* die Herausnahme von Gebieten, natürl. und jurist. Personen aus der Jurisdiktion

des zunächst zuständigen kirchl. Amtsträgers und direkte Unterstellung unter den nächsthöheren Amtsträger. So ist z. B. ein **exemtes Bistum** keiner Kirchenprov. zugeordnet, sondern direkt dem Papst als der ihm übergeordneten jurisdiktionellen Ebene.
2) *Völkerrecht:* die ↑Exterritorialität.
exen [zu lat. ex], 1) von einer (Hoch-)Schule weisen; 2) eine Unterrichtsstunde unentschuldigt versäumen.
Exequatur [lat. »er vollziehe«] *das,* **1)** die einem Konsul vom Empfangsstaat erteilte, auf den Konsularbezirk beschränkte Zustimmung zur Ausübung seiner Befugnisse. **2)** Urteil, das ein im Ausland gefälltes Gerichtsurteil im Inland für vollstreckbar erklärt.
Exequilen [lat.] (Exsequien), *kath. Liturgie:* die Riten des Totengeleits vom Sterbehaus bis zum Grab: Segnung der Leiche im Sterbehaus, Überführung in die Kirche, Totenoffizium, Requiem, Prozession zum Grab und Beerdigung.
Exergie *die, techn. Thermodynamik:* der in wirtschaftlich verwertbare Form umwandelbare Teil der zugeführten Energie (z. B. in Wärmekraftmaschinen). Der für die prakt. Nutzung verloren gehende Teil heißt **Anergie**.
exergonisch, Energie abgebend; eine **exergon. Reaktion** ist eine chem. Reaktion, in deren Verlauf Energie freigesetzt wird. Ggs.: endergonisch.

Exerzieren [lat.], das Einüben von Tätigkeiten im Rahmen der militär. Ausbildung.
Exerzitien (lat. Exercitia spiritualia), *kath. Kirche:* Zeiträume der Besinnung und geistl. Übungen, die zurückgezogen unter Besinnung auf die Grundlagen des christl. Lebens und unter Anleitung des E.-Priesters verbracht werden. Ihre klass. Form erhielten sie durch Ignatius von Loyola.
ex est [lat.], es ist aus.
Exeter [ˈekstə], Stadt in der engl. Cty. Devon, am Exe, 94 700 Ew.; anglikan. Bischofssitz; Univ.; Papier-, Metall-, Textil- und Druckindustrie. – Hochgot. Kathedrale Saint Peter (erbaut 1275–1365) mit Doppeltürmen über dem Querhaus (von dem 1133 geweihten Vorgängerbau), Gildenhaus (Guildhall, urspr. 1160; 1330 und 1466/84 umgebaut). – Hauptort der kelt. Dumnonier, kam im 7. Jh. zu Wessex. Um 675/685 wurde in E. ein angelsächs. Kloster errichtet, in dem der hl. Bonifatius seine erste Ausbildung erhielt; seit 1050 Bischofssitz.
ex falso quodlibet [lat. »aus Falschem (folgt) Beliebiges«], Grundsatz der scholast. Logik: Aus einer falschen Aussage kann jede beliebige Aussage gefolgert werden.
Exhalation [lat. »Ausatmung«] *die, Vulkanologie:* Ausströmen von Gasen aus Vulkanen, Laven und Spalten (Fumarole, Mofette).
Exhaustionsmethode [spätlat. exhaus-

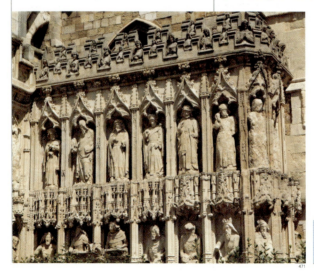

Exeter: Figurenreihen an der Westfassade der Kathedrale Saint Peter

tio »Ausschöpfung«], ein bereits in der Antike entwickeltes Verfahren zur Bestimmung von Flächen- bzw. Rauminhalten gekrümmter Figuren und Körper, indem man das Gebilde mit einer Folge von immer größer werdenden, durch Geraden oder Ebenen begrenzten Figuren »ausschöpft«.

Exhibitionismus [lat. exhibitio »das Vorzeigen«] *der,* bes. bei Männern vorkommende, auf sexuellen Lustgewinn gerichtete Neigung zur Entblößung der Geschlechtsteile in Gegenwart anderer Personen. In Dtl. ist der E. von Männern nach § 183 StGB strafbar (nur auf Antrag verfolgt, außer bei besonderem öffentl. Interesse). Ähnlich in der *Schweiz* (Art. 194 StGB); in *Österreich* wird E. als »öffentl. unzüchtige Handlung« erfasst (§ 218 StGB).

Exhumierung [zu lat. exhumare »ausgraben«], im Strafverfahren das Ausgraben und Untersuchen von Leichen auf Anordnung der Justiz, um beim Verdacht einer strafbaren Handlung Beweis zu erheben (in Dtl. §§ 87 ff. StPO).

Exil [lat.] *das,* meist politisch bedingter Aufenthalt im Ausland nach Verfolgung, Verbannung, Ausbürgerung oder Flucht. (↑Emigration)

Exilliteratur (Emigrantenliteratur), Literatur, die während eines (meist aus polit., rass. oder religiösen Gründen) erzwungenen oder freiwilligen Exils entsteht. I. w. S. werden auch Werke nicht exilierter Autoren, die nur im Ausland publizieren können, als Teil der E. betrachtet. E. gibt es seit frühesten Zeiten, wenn staatl. Unterdrückung, Zensur, Schreibverbot oder Verbannung Schriftsteller zur Emigration zwangen (z. B. Hipponax und Ovid in der Antike, Dante im MA.). Bed. moderne E. ist ein großer Teil der Werke G. Büchners, H. Heines und L. Börnes, ebenso Werke des poln. Dichters A. Mickiewicz. Eine große Gruppe bilden die Werke der während des Nationalsozialismus aus rass. oder polit. Gründen im Exil lebenden v. a. dt. und österr. Schriftsteller (T. W. Adorno, W. Benjamin, E. Bloch, B. Brecht, H. Broch, A. Döblin, L. Feuchtwanger, Else Lasker-Schüler, Heinrich, Klaus und Thomas Mann, R. Musil, E. M. Remarque, J. Roth, Anna Seghers, Nelly Sachs, K. Tucholsky, F. Werfel, E. Canetti, P. Zech, A. Zweig, S. Zweig, C. Zuckmayer u. a.). In den Zentren Paris, Amsterdam, Stockholm, Zürich, Prag und Moskau (nach Ausbruch des Krieges in den USA, Mexiko, Argentinien und Palästina) entstanden neue Verlage, Emigrantenvereinigungen und v. a. Emigrantenzeitungen und -zeitschriften. Die veröffentlichte E. ist künstlerisch, inhaltlich und formal uneinheitlich, wird aber beherrscht von der Idee der Humanität und der entschiedenen Opposition gegen den Nationalsozialismus. E. ist die repräsentative dt. Literatur der Jahre 1933–45, da im Heimatland fast ausschließlich nat.-soz. Literatur Anerkennung fand und auch die Werke der Schriftsteller der ↑inneren Emigration (u. a. E. Wiechert, Reinhold Schneider, W. Bergengruen, Erich Kästner) unterdrückt wurden. Eine neue Emigrationsbewegung entstand innerhalb Dtl.s, als sich Schriftsteller von der DDR distanzierten und deshalb in ihren Publikationsmöglichkeiten beschränkt wurden; diese Autoren siedelten in die Bundesrepublik Dtl. über oder wurden ausgebürgert (P. Huchel, W. Biermann, R. Kunze, Sarah Kirsch u. a.). Die längste Exilgeschichte des 20. Jh. hat die russ. Literatur (u. a. M. Gorki, I. A. Bunin, A. A. Amalrik, I. A. Brodski, A. I. Solschenizyn). Weitere bed. Autoren der ost- bzw. mittelosteurop. E. des 20. Jh. sind der Pole C. Miłosz, die Tschechen O. Filip, P. Kohout und M. Kundera, der Slowake L. Mňačko, der Ungar G. Lukács und der Rumäne M. Eliade. Gegenwärtig ist v. a. die regimekrit. Literatur vieler Länder der Dritten Welt Exilliteratur. Eine besondere Stellung nimmt die E. der jüd. Autoren (↑jiddische Literatur) ein.
📖 *Walter, H.-A.: Deutsche E. 1933–1945, 6 Bde. Darmstadt 1972–74. – Strelka, J.: E. Grundprobleme der Theorie, Aspekte der Gesch. u. Kritik. Bern u. a. 1983. – E. 1933–1945, hg. v. W. Koepke u. M. Winkler. Darmstadt 1989. – Kasack, H.: Die russ. Schriftsteller-Emigration im 20. Jh. Beiträge zur Gesch., den Autoren u. ihren Werken. München 1996. – Stern, G.: Literar. Kultur im Exil. Dresden u. a. 1998. – Englmann, B.: Poetik des Exils. Die Modernität der dt. E. Tübingen 2001.*

Exilregierung, nach dem Völkerrecht ein außerhalb des eigenen Staatsgebiets tätig werdendes Organ, das für sich in Anspruch nimmt, die höchsten staatl. Funktionen im eigenen Staatsgebiet auszuüben, und diesen Anspruch auch mit Zustimmung und

Unterstützung des Aufenthaltsstaates verwirklicht oder zu verwirklichen sucht. Der E. stehen alle Rechte zu, die ihr bei einer Tätigkeit auf dem eigenen Staatsgebiet zukämen. Sie verliert ihren Status als legitime Reg. nach dem Grundsatz der Effektivität, wenn eine im Land selbst etablierte Reg. die Anerkennung der Staatengemeinschaft wirksam und dauerhaft durchgesetzt hat.

eximieren [lat.], von einer Verbindlichkeit, bes. von der Gerichtsbarkeit eines anderen Staates, befreien (exemt).

Existenz [lat.] *die,* **1)** *allg.:* das tatsächliche Vorhandensein von Dingen und Gegenständen.
2) *Philosophie:* zentraler Begriff der ↑Existenzphilosophie, der die Seinsart des Menschen im Unterschied zur Seinsart der Dinge charakterisiert. Gegen die abstrakte, verallgemeinernde Begrifflichkeit des hegelschen Systems gewandt, bezeichnet S. Kierkegaard mit E. die Einmaligkeit und Innerlichkeit des vereinzelten Ich. Dieses sei gegenüber allem Bewusstsein und Denken das Tiefere und Ursprüngliche. – Für K. Jaspers schließt E. einen Appell ein: Der existenzielle Mensch muss offen sein für seine eigenen Möglichkeiten, darf sich nicht in dogmat. Wahrheiten, Begriffen und Systemen verhärten. – Diesen Aspekt des Offenseins enthält auch Heideggers E.-Begriff: Als E. findet sich der Mensch zwar immer schon in die Welt geworfen vor, zugleich überschreitet er sie aber beständig auf die Zukunft hin. – Mit seinem E.-Begriff betont J.-P. Sartre die Tatsache, dass der Mensch in seinem Wesen (Essenz) nicht festgelegt sei, sondern zunächst nur da sei und sich zu entwerfen habe: Die E. geht der Essenz voraus.

Existenz|analyse, von V. E. Frankl begründete psychoanalyt. Methode, bei der – unter der Annahme eines grundlegenden menschl. Sinngebungsbedürfnisses – die Geschichte eines Individuums auf Sinn- und Wertbezüge durchforscht wird. (↑Logotherapie)

Existenz|aussage (Existenzialaussage), eine Aussage, in der behauptet wird, dass es mindestens einen Gegenstand gibt, auf den ein bestimmter (genannter) Prädikator zutrifft, z. B. »Es gibt ein weißes Fahrrad«.

Existenzgründung, i. e. S. die Gründung eines Unternehmens, i. w. S. die Aufnahme einer selbstständigen Tätigkeit, die ggf. mit einer Gewerbeanmeldung verbunden ist. E. werden von Bund (v. a. durch die Ministerien für Wirtschaft und Arbeit sowie für Bildung und Forschung), öffentlich-rechtl. Sonderkörperschaften (Industrie- und Handelskammern, Kreditanstalt für Wiederaufbau, Dt. Ausgleichsbank u. a.), den Länderreg. und im Rahmen der EG gefördert, u. a. durch Finanzhilfen, E.- und Eigenkapitalhilfeprogramme, Beratungsförderung und Bürgschaften.

Existenzgründungszuschuss, monatl. Leistung der Bundesagentur für Arbeit an Arbeitnehmer, die durch Aufnahme einer selbstständigen Tätigkeit die Arbeitslosigkeit beenden (§ 4211 SGB III). Anspruch haben Existenzgründer (für höchstens drei Jahre), die vor der selbstständigen Tätigkeit Lohnersatzleistungen (z. B. Arbeitslosengeld, -hilfe, Unterhaltsgeld) bezogen haben oder in ABM oder Strukturanpassungsmaßnahmen beschäftigt waren und Arbeitseinkommen vor voraussichtlich nicht mehr als 25 000 € jährlich beziehen werden (sog. Ich-AG). Die Förderung mithilfe von E. ist auch möglich, wenn Arbeitnehmer in der Ich-AG beschäftigt werden. Der Gründer einer Ich-AG ist in den Schutz der gesetzl. Renten-, Kranken-, Pflege- und Unfallversicherung einbezogen. Der E. ist ausgeschlossen, wenn Überbrückungsgeld gewährt wird.

existenzial [lat.] (existenziell), auf das unmittelbare Dasein bezogen.

Existenziali|en, in der Fundamentalontologie M. Heideggers die Wesensmerkmale (»Seinscharaktere«) des menschl. Daseins, im Ggs. zu den Wesensmerkmalen der Dinge, den Kategorien; grundlegende E. sind z. B. die Befindlichkeit, die Angst, das In-der-Welt-Sein, die Geworfenheit.

Existenzialismus *der,* ↑Existenzphilosophie.

Existenzminimum, materielle Güter, die ein Mensch zur Bestreitung seines existenznotwendigen Bedarfs benötigt **(physisches E.),** bzw. die Gütermenge, die zur Realisierung des Lebensunterhalts und der Aufrechterhaltung von Beziehungen zur Umwelt (d. h. Teilnahme am gesellschaftl. und kulturellen Leben) erforderlich ist **(soziales oder kulturelles E.).** – In der Einkommensteuer wird das E. durch einen Grundfreibetrag berücksichtigt, der von der Besteuerung ausgenommen ist (§ 32 a EStG). Dieses **steuerl. E.** beträgt (2004) 7664 € bei Ledigen (Ehepaare: 15 328 €); 2003

hatte es 7 235 € (14 470 €) betragen. In der Sozialhilfe sollen die Regelsätze das E. garantieren.
Existenzphilosophie, Oberbegriff für seit Ende der 1920er-Jahre in Dtl. entstandene, seit den 40er-Jahren bes. in Frankreich aufgegriffene philosoph. Richtungen, die auf einem subjektivist., individualist. Begriff der menschl. Existenz aufbauen, anknüpfend an S. Kierkegaard, der die Einsamkeit des Menschen vor Gott und die Grundbefindlichkeit der Angst herausstellte, und an die Lebensphilosophie von F. Nietzsche, H. Bergson und W. Dilthey. Die Grundzüge der E. spiegeln die zeitgenöss. Situation des Menschen, die Erschütterung seines Daseins in den politisch-histor. Entwicklungen seit dem Ersten Weltkrieg, wider. Bestimmende Aspekte sind dementsprechend die Grunderfahrungen bzw. existenziellen Erlebnisse von Angst, Sorge, »Geworfenheit«, Tod, Scheitern, Ekel, Nichts und der Absurdität der Welt. Die E. versucht in Abkehr von den traditionellen metaphys. Entwürfen und der rational-techn. Welterklärung und -beherrschung zu einer neuen Sinnfindung durch die Betonung des persönl. Vollzugs in der Verwirklichung von Existenz zu gelangen, sei es im Rahmen einer Neuerschließung von Sein und Transzendenz (M. Heidegger, K. Jaspers), sei es im Rückgang auf die Subjektivität des einsamen Ich, das sich angesichts des Nichts und der Absurdität zu dem machen muss, was es ist (J.-P. Sartre). – In Heideggers Fundamentalontologie ist der Ausgangspunkt der Analyse das Wesen des menschl. Daseins in seiner »Alltäglichkeit« (existenziale Analytik), die Grundbestimmung des Daseins (Existenzial) die »Sorge«, der Horizont des Seinsverständnisses die Zeitlichkeit. Durch die Grundverfassung des Daseins als In-der-Welt-Sein wird die erkenntnistheoret. Entgegensetzung von Subjekt und Objekt aufgehoben; damit wird das isolierte Subjekt und Bewusstsein zu einem abgeleiteten, nicht ursprüngl. Phänomen. – Die »Existenzerhellung« K. Jaspers' (1932) nutzt die Erkenntnisse wiss. Welterklärung, überschreitet sie aber im Hinblick auf die »mögl. Existenz« des Individuums. Die Selbstwerdung des Menschen vollziehe sich in Grenzsituationen (Leiden, Tod, Schuld, Angst, Schicksal, Liebe). – In Frankreich als **Existenzialismus** bezeichnet, fand die E. bes. in der von Sartre im Ausgang von G. W. F. Hegel, E. Husserl und bes. Heidegger entwickelten, atheistisch, pessimistisch, später marxistisch orientierten Philosophie Verbreitung und hatte v. a. anfangs im Sinne eines allg. Lebensstils größeren Einfluss auf die Jugend. – Das Denken von A. Camus betont stärker den humanen Aspekt mitmenschl. Solidarität in der Revolte gegen die Absurdität des Daseins; M. Merleau-Ponty entwickelte eine phänomenologisch vorgehende Bewusstseinstheorie. Bed. Vertreter einer christl. E. sind bes. G. Marcel und J. Wahl. Einflüsse des frz. Existenzialismus sind in der italien. E. u. a. bei N. Abbagnano, E. Grassi greifbar.
In der *Theologie* wurde die E. auf prot. Seite bes. bei K. Barth und R. Bultmann, auf kath. u. a. bei K. Rahner wirksam; in der *Psychologie*, bes. in der Tiefenpsychologie, bei L. Binswanger (Daseinsanalyse) und E. Drewermann, in der humanist. Psychoanalyse E. Fromms, bei V. E. von Gebsattel, V. E. Frankl (Existenzanalyse) und L. Szondi (Schicksalsanalyse). – Dichter der E. sind v. a. R. M. Rilke und F. Kafka.
📖 *Heidegger, M.: Sein u. Zeit.* Tübingen [17]1993. – *Sartre, J.-P.: Der Existentialismus ist ein Humanismus. A. d. Frz. Neuausg.* Reinbek 1994. – *Sartre, J.-P.: Das Sein u. das Nichts. Versuch einer phänomenolog. Ontologie. A. d. Frz. Neuausg. Reinbek 15.–18. Tsd.* 1995. – *Seibert, T.: E.* Stuttgart u. a. 1997. – *Camus, A.: Der Mythos von Sisyphos. A. d. Frz. Neuausg. Reinbek* 2000. – *Heidegger, M.: Über den Humanismus. Frankfurt am Main* [10]2000. – *Gesch. der Philosophie, hg. v. W. Röd, Bd. 13: Thurnher, R.: Lebensphilosophie u. E.* München 2002.
existieren [lat.], vorhanden sein, bestehen; leben.
Exit [lat.-engl.] *der,* engl. Bez. für Ausgang, Notausgang.
Exitus [lat. »Ausgang«] *der, Medizin:* Kurzform für **E. letalis,** tödl. Ausgang einer Krankheit.
Exklave [lat.-frz.] *die,* ↑Enklave.
Exklusion [lat.] *die,* log. Beziehung zw. zwei Aussagen: Aus der Wahrheit der einen folgt, dass die andere nicht wahr sein kann.
exklusiv [lat.-mlat.-engl.], 1) sich gesellschaftlich abschließend, abgrenzend, abhebend (und daher in der allg. Wertschätzung hoch stehend); höchsten Ansprüchen genügend; (vornehm und) vorzüglich, an-

EXK Exklusivfoto

spruchsvoll; 2) ausschl. einem bestimmten Personenkreis oder bestimmten Zwecken, Dingen vorbehalten, nicht allen zugänglich.
Exklusivfoto, nur einem bestimmten Fotografen gestattete, nur einer einzigen Zeitung usw. zur Veröffentlichung freigegebene Aufnahme.
Exkommunikation [lat.] *die* (früher Kirchenbann), *kath. Kirchenrecht:* der strafweise Ausschluss eines Kirchenmitglieds aus der Gemeinschaft der Gläubigen (nicht aus der Mitgliedschaft der Kirche) und damit die Beschränkung von Mitgliedsrechten (bes. von Vollzug und Empfang der Sakramente).
Exkremente [lat.], unverdaul. Teile der aufgenommenen Nahrung, die vom menschl. oder tier. Körper ausgeschieden werden (↑Kot, ↑Harn).
Exkretion [lat.] *die,* die Ausscheidung von Abfallprodukten **(Exkreten)** aus dem Stoffwechsel von Lebewesen, bes. von stickstoffhaltigen Resten aus dem Proteinstoffwechsel: Ammoniak (Einzeller, Schwämme), Harnsäure (Reptilien, Vögel, Insekten), Harnstoff (Fische, Amphibien, Säugetiere). E.-Organ der Wirbeltiere ist v. a. die Niere. Exkrete bei den Pflanzen sind z. B. Alkohole, Harze und äther. Öle.
Exkulpation [lat.] *die, Recht:* Rechtfertigung.
Exkurs [lat.] *der,* bewusste Abschweifung vom Thema; Behandlung eines Nebenthemas.
Exkursion [lat.] *die,* Lehr- und Studienfahrt.

Exlibris: Emy Fierz, gestaltet von Otto Eckmann (um 1890)

Exlibris [lat. »aus den Büchern«] *das* (Bücherzeichen, Bucheignerzeichen), künstlerisch ausgeführter, auf die Innenseite des vorderen Buchdeckels geklebter Zettel mit dem Namen, oft auch dem Monogramm und Wappen des Besitzers; die dazugehörigen Worte »ex libris« wurden zur Bez. für das Bucheignerzeichen selbst; der künstler. Schmuck spiegelt den Zeitgeschmack wider oder charakterisiert auch den Lebensbereich des Besitzers. Die frühesten im Druckverfahren hergestellten E. stammen aus dem letzten Jahrzehnt des 15. Jh. Viele bed. Künstler haben E. in Holzschnitt, Kupferstich usw. geschaffen (A. Dürer, L. Cranach d. Ä., in neuerer Zeit M. Liebermann, M. Slevogt, L. Corinth, M. Klinger, O. Eckmann, H. Vogeler, F. Masereel).
Exmatrikel [lat.-nlat.] *die,* Bescheinigung über das Verlassen der Hochschule.
Exmatrikulation [lat.] *die,* Streichung eines Studenten aus der Matrikel beim Verlassen einer Hochschule.
Emission [lat.-nlat.] *die,* gerichtl. Ausweisung aus einer Wohnung oder von einem Grundstück.
exmittieren, *Recht:* zwangsweise aus einer Wohnung oder von einem Grundstück weisen.
Exmittierung *die,* Ausweisung aus einer Wohnung, Zwangsräumung.
ex nihilo nihil (fit) [lat. »nichts entsteht aus nichts«], philosoph. Grundsatz, der die Ewigkeit aller Dinge behauptet und im Ggs. zur Schöpfungslehre steht; von Lukrez u. a. formuliert.
ex nunc [lat. »aus dem Jetzt«], *Recht:* Bez. für die Wirkung einer Handlung u. Ä. von der Gegenwart in die Zukunft, z. B. Kündigung; Ggs. **ex tunc** (lat. »aus dem Damals«), die Wirkungen einer Handlung o. Ä. reichen in die Vergangenheit zurück, z. B. Anfechtung.
exo... [grch.], außen, außerhalb.
Exobiologie [grch.] (Ektobiologie), ↑Kosmobiologie.
Exodos [grch. »Auszug«] *der,* das Auszugslied des Chors in der grch. Tragödie, auch der Schlussteil der Tragödie.
Exodus [grch.-lat.] *der,* **1)** Abwanderung, Auszug, bes. der Israeliten aus Ägypten. **2)** in der Vulgata Bez. für das 2. Buch Mose.
ex officio [lat.], Abk. **e. o.,** von Amts wegen, kraft Amtes.
Exogamie [grch.] *die,* eine Form der ↑Ehe bei Naturvölkern.
exogen [grch.], **1)** *allg.:* durch äußere Ursachen bedingt; Ggs.: endogen. **2)** *Geowissenschaften:* (außenbürtig), auf Kräften beruhend, die von außen auf die Erdkruste einwirken (z. B. Wasser, Wind,

Gletscher, Organismen); **exogen** bestimmte Vorgänge sind u. a. Verwitterung, Abtragung, Ablagerung, Bodenbildung. Ggs.: endogen.
3) *Medizin:* außerhalb des Organismus entstehend; von außen her in den Organismus eindringend (Stoffe, Krankheitserreger oder Krankheiten).
Exokarp (Ektokarp) [grch.] *das, Botanik:* meist ledrig derbe äußerste Wandschicht der Frucht; durch Wachsbeläge (z. B. Zwetschge) oder Haarüberzüge (z. B. Pfirsich, Aprikose) verdunstungshemmend. (↑Endokarp, ↑Mesokarp)
exokrin [grch.], das Sekret nach außen bzw. in Körperhohlräume absondernd; **exokrine Drüsen,** ↑Drüsen.
Exon *das,* ↑Mosaikgene.
ex opere operato [lat. »durch die vollzogene Handlung«], *kath. Dogmatik:* Bez. für die »objektive« Wirkungsweise der ↑Sakramente aufgrund ihres richtigen Vollzugs, unabhängig von der sittl. »Disposition« des spendenden Priesters.
Exophorie [grch.] *die,* ↑Schielen.
Exophthalmus [grch.] *der* (Glotzauge), die Verlagerung des Augapfels nach vorn, beidseitig bei ↑Basedow-Krankheit, meist einseitig bei Tumoren in der Augenhöhle.
Exoplanet [grch.] (extrasolarer Planet), ein Planet, der außerhalb des Sonnensystems einen Stern umkreist. Bislang hat man bei nahezu 50 Sternen Begleiter entdeckt, mit Mindestmassen von 0,15 bis 13 Jupitermassen, die wahrscheinlich zu den Planeten zu rechnen sind (2002 waren rd. 100 E. bekannt). E. werden i. Allg. durch period. Linienverschiebungen (Doppler-Verschiebung) in den Spektren der umlaufenden Sterne nachgewiesen. Beim Umlauf eines Planeten um einen Stern bewegt sich auch dieser um den gemeinsamen Schwerpunkt, was für einen entfernten Beobachter als »Hinundherpendeln« erscheint.
EXOR [Abk. für engl. **e**xclusive **or**, »ausschließendes Oder«] (Antivalenz, Exklusiv-ODER), eine log. Verknüpfung; in der *Digitaltechnik* Grundfunktion der ↑Schaltalgebra.
exorbitant [lat.], außergewöhnlich; übertrieben; gewaltig.
ex oriente lux [lat.], aus dem Osten (kommt) das Licht (urspr. auf den Sonnenaufgang, später auf Christentum und Kultur bezogen).
exorzieren (exorzisieren) [lat.], Dämonen und Geister durch Beschwörung austreiben.
Exorzismus [grch.] *der,* Beschwörung; in Religionen, in denen Besessenheit von Menschen oder Sachen für möglich gehalten wird, das Verfahren (durch Wort und Geste), Dämonen auszutreiben (»Teufelsaustreibung«). – Die *kath. Kirche* übt bis heute den E. mit Erlaubnis des zuständigen Bischofs bei ↑Besessenheit. Grundlage ist das 1614 eingeführte kirchl. E.-Ritual in der 1998 durch Papst Johannes Paul II. approbierten neuen (Erkenntnisse der Psychiatrie und Psychoanalyse berücksichtigenden) Fassung.
Exorzist *der,* Geisterbeschwörer.
Exostose [grch.-nlat.] *die,* gutartige Knochenneubildung, meist als Knorpel-Knochen-Bildung in der Nähe der Wachstumszone.
Exoten [grch.], 1) Wertpapiere von Emittenten aus kleinen, meist überseeischen Staaten ohne funktionsfähigen Kapitalmarkt; 2) spekulative Werte, die nicht amtlich notiert sind und außerhalb des Freiverkehrs nach Börsenschluss gehandelt werden.
Exoteriker *der,* Außenstehender, Nichteingeweihter; Ggs. ↑Esoteriker.
exotherm [grch.], chem. oder physikal. Prozesse, die unter Freisetzung von Wärme ablaufen; Ggs.: endotherm.
Exotik [grch.] *die,* exot. Aussehen, Wesen; exot. Beschaffenheit, Gestaltung.
exotisch [grch.], aus fernen Ländern stammend, fremdartig; ungewöhnlich.
exotische Atome, Atome, bei denen entweder in der Atomhülle ein Elektron oder im Atomkern ein Proton durch ein anderes Elementarteilchen gleicher Ladung ersetzt ist, i. w. S. jeder atomähnl., kurzlebige gebundene Zustand zweier entgegengesetzt geladener Teilchen, z. B. eines Elektrons mit einem Positron **(Positronium)** oder einem positiven Myon **(Myonium)**, eines Pions mit einem entgegengesetzt geladenen Myon **(Pionium)** oder eines Protons mit einem Antiproton **(Protonium)**. Bei einem **myon. Atom** ist ein Elektron der Atomhülle durch ein negativ geladenes Myon ersetzt; zw. Myon und Atomkern dominieren elektromagnet. Wechselwirkungen. Ein **Hyperatom** enthält im Atomkern neben den Nukleonen ein Hyperon.
exotische Teilchen, *Elementarteilchenphysik:* Bez. für Teilchen, die sich nicht in

EXO Exotismus

die übliche Klassifikation des Standardmodells der Elementarteilchenphysik einfügen lassen, wonach Mesonen als Quark-Antiquark-Paar und Baryonen als Drei-Quark-Systeme aufgefasst werden (↑Quarks). Exot. Mesonen, sog. **Glueballs,** könnten z. B. aus Gluonen bestehen. Es gab immer wieder unsichere experimentelle Hinweise auf e. T.; 2003 gelang es einer Forschergruppe am japan. Synchrotron SPring-8 in Harima (bei Kōbe), ein bereits 1997 von einem dt.-russ. Forscherteam vorhergesagtes Teilchen – **Pentaquark** bzw. Θ^+ (»Theta+«) genannt – nachzuweisen, das mit einer Halbwertszeit von 10^{-20} s in ein Neutron und ein positiv geladenes K-Meson zerfällt. Die Entdeckung wurde von einem amerikan. Forscherteam am Thomas Jefferson National Accelerator Facility in Newport News (Va.) bestätigt; unterstützende Hinweise kommen auch von Experimenten am DESY (Hamburg) und am ITEP-Labor (Moskau). Von weiteren Teilchen wird derzeit vermutet, dass sie exotisch sein könnten, z. B. wird spekuliert, dass das kürzlich gefundene Teilchen $D_S(2317)$ aus vier Quarks zusammengesetzt ist.
Exotismus [grch.] *der,* **1)** Einstellung, Grundhaltung, die sich durch eine in besonderem Maße positive Bewertung für das jeweils Fremde (zeitlich oder räumlich Entfernte) auszeichnet und diesem eine besondere Anziehung zuschreibt.
2) *Sprachwiss.:* fremdsprachiges Wort, das auf einen Begriff der fremdsprachigen Umwelt beschränkt bleibt (z. B. Kolchos, Lord, Cowboy).
Exotropie [grch.] *die,* ↑Schielen.
ex ovo [lat.], ↑ab ovo.
exp, Funktionszeichen der ↑Exponentialfunktion.
Expander [engl.] *der,* dehnbares Übungsgerät zur Kräftigung der Muskulatur, das an zwei Griffen auseinander gezogen wird.
expandieren [lat.], (sich) ausdehnen.
Expansion [lat.] *die,* **1)** *allg.:* Ausdehnung.
2) *Geologie:* Bez. für die Ausdehnung der Meeresböden durch ↑Sea-Floor-Spreading bei der Plattentektonik.
3) *Kosmologie:* (E. des Weltalls), aufgrund der ↑Rotverschiebung des Lichtes ferner Galaxien (↑Hubble-Effekt) angenommene Theorie der zeitlich fortschreitenden räuml. Ausdehnung des Weltalls, nach der sich alle Galaxien voneinander wegbewegen. (↑Kosmologie)

4) *Physik, Technik:* ↑Ausdehnung.
5) *Wirtschaft:* Aufschwungphase im Konjunkturverlauf (↑Konjunktur).
Expansionspolitik, polit., militär. u. a. Maßnahmen eines Staates zur Ausdehnung seiner Macht- und Einflusssphären, u. a. durch die Annexion fremder Gebiete oder mittels der Durchsetzung eigener Interessen in anderen Territorien.
Expatriation [lat.] *die* (Expatriierung), die Ausbürgerung, Entzug der ↑Staatsangehörigkeit.
expedieren [lat.], absenden, abfertigen, befördern (von Gütern und Personen).
Expedition [lat.] *die,* **1)** *allg.:* Forschungsreise; veraltet auch: Feldzug.
2) *Wirtschaft:* Versandabteilung eines Unternehmens mit **Expedienten** als Sachbearbeitern.
Expektoranzien [lat.] *Pl.,* Mittel, die den Auswurf aus verschleimten und entzündeten Atemwegen fördern, indem sie zähes Bronchialsekret verflüssigen oder verstärkten Abtransport bewirken. Sie finden als Hustenmittel (z. B. Ammoniumchlorid, Fenchelfrüchte, Anisöl) Verwendung.
Expektoration [lat.] *die,* Abhusten und Entleeren von Auswurf aus den Atemwegen, auch Bez. für den Auswurf selbst.
Experiencing [ɪksˈpɪərɪənsɪŋ, engl.] *das,* das Erleben eines Menschen, wenn er sich mit einer Sache beschäftigt, die für ihn persönlich wichtig ist. Das Konzept des E. ist bes. im Rahmen erlebnisorientierter Psychotherapien von Bedeutung.
Experiment [lat.] *das,* methodisch-planmäßige Herbeiführung von reproduzierbaren, meist variablen Umständen zum Zwecke wiss. Beobachtung; wichtigste empir. Methode der Naturwiss., aber auch anderer empirisch vorgehender Wiss. (z. B. Psychologie, z. T. auch Soziologie). Während man in der Antike an der Beobachtung der möglichst ungestörten natürl. Abläufe interessiert war, greift das moderne E. gezielt in die Natur ein. Heute ist ein grundsätzlich neues Verständnis des E. erforderlich, da sich die Beobachtungen in vielen Bereichen nur statistisch durchführen lassen und eine eliminierende Wechselwirkung zw. Beobachter und Beobachtetem besteht.
experimentelle Dichtung, umstrittene Bez. für Lit., in der sich ein freier dichter. Umgang mit Sprache und Erprobung neuer (bes. formaler) literar. Ausdrucksmöglichkeiten zeigt; charakteristisch sind Struk-

turdurchbrechungen in Grammatik, Syntax und Semantik, Experimente mit stilist. Mitteln, Metaphern, Themen, Collage- und Montagetechniken, Aufnahme musikal. und bildl. Darstellung (daher auch **akust.** oder **visuelle Dichtung**), Veränderung der Autorenrolle durch Computereinsatz (zufallsabhängige Verfahren, automat. Niederschrift) und Aufhebung des traditionellen Erzählprinzips. Die e. D. i. e. S. wurde erst im Zuge der tief greifenden Krise der europ. Kultur zu Beginn des 20. Jh. möglich; wegweisende Autoren: u. a. H. Ball, C. Einstein, J. Joyce, Gertrude Stein; nach dem Zweiten Weltkrieg: ↑Nouveau Roman, in der dt.-sprachigen Lit.: u. a. H. Heißenbüttel, E. Jandl, Friederike Mayröcker, F. Mon.
📖 *Hartung, H.: Experimentelle Lit. u. konkrete Poesie.* Göttingen 1975. – Schmid-Bortenschlager, S.: *Konstruktive Lit. Gesellschaftl. Relevanz u. literar. Tradition experimenteller Prosa-Großformen im dt., engl. u. frz. Sprachraum nach 1945.* Bonn 1985. – *Experimental – visual – concrete. Avantgarde poetry since the 1960s,* hg. v. D. Jackson u. a. Amsterdam 1996.
experimentelle Musik, Bez. für versch. seit den 1950er-Jahren praktizierte Kompositionsweisen experimentellen Charakters. Hierzu gehören bes. die Arten der elektroakust. Musik, speziell die ↑Musique concrète, die ↑elektronische Musik und die ↑Computermusik. Darüber hinaus wird auch die ↑Aleatorik, die der improvisator. Freiheit und dem spontanen Einfall während der Interpretation breiten Raum lässt, als e. M. angesehen.
Experte [lat.] *der,* Sachverständiger.
Expertensystem, *Informatik:* Computer- und Programmsystem aus dem Bereich der künstl. Intelligenz, das Expertenwissen über ein spezielles Fachgebiet (z. B. medizin. Diagnostik, Suche nach Bodenschätzen) speichert, Schlussfolgerungen daraus zieht und zu konkreten Problemen des Gebiets Lösungen anbietet, d. h. Aufgaben übernehmen kann, die bisher Experten lösen mussten. E. können große Mengen auch diffusen und unformalisierten Wissens in problembezogener Weise darstellen, aus diesem auf log. und/oder heurist. Weg neues Wissen gewinnen sowie Anfragen zu präzisen Problemstellungen umformulieren und im Dialog mit dem Benutzer Lösungen finden. Zur Bewältigung dieser Aufgaben besitzen E. eine Struktur, die aus Wissensbasis, Wissensveränderungs-, Dialog-, Problemlösungs- und Erklärungskomponente besteht.
Expertise [frz.] *die,* schriftl. Gutachten.
Explanation [lat.] *die,* Auslegung, inhaltl. Erläuterung, Erklärung von Texten in sachl. Hinsicht.
Explantation [lat. »Auspflanzung«] *die,* Entnahme von Körpergeweben oder Körperorganen zur Transplantation oder zur Gewebezüchtung (Gewebekultur) in geeigneten Nährflüssigkeiten zu Studienzwecken.
Expletiv [lat.] *das,* für den Sinn des Satzes entbehrl. Wort, auch Flick- oder Füllwort

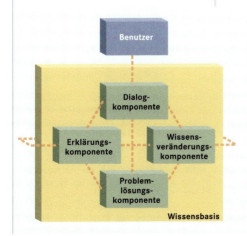

Expertensystem: Komponenten

genannt, z. B. »vielleicht« in »Können Sie mir vielleicht sagen, wie spät es ist?«.
explicit [lat. »es ist vollzogen, es ist zu Ende«], steht gewöhnlich am Ende von Handschriften und Frühdrucken; Ggs. ↑incipit.
Explikation [lat.] *die,* allg. Erklärung, Darlegung; in der *Logik* die wissenschaftssprachl. Fassung eines vorwiss. Begriffs (**Begriffs-E.**).
explizieren [lat.], darlegen, erklären, erläutern.
explizit [lat.], **1)** *allg.:* ausdrücklich, deutlich, klar; ausführlich und differenziert; Ggs.: ↑implizit. **2)** *Mathematik:* nach einer bestimmten Variablen aufgelöst, z. B. bei Gleichungen mit mehreren Variablen; Ggs.: implizit.
explodieren [lat.], durch heftigen inneren Druck plötzlich auseinander getrieben werden, mit Knall zerplatzen, bersten; einen heftigen Gefühlsausbruch zeigen.
Exploit [eks'plwa, frz.] *der,* schweiz. für hervorragende Leistung, Glanzleistung (bes. im Sport).
Exploration [lat.] *die,* Erforschung, Erkundung.
Explorer [ɪks'plɔːrə; engl. »Kundschafter«] *der,* **1)** *Informatik:* 1) ein Dienstprogramm (Dateimanager), mit dem der Benutzer Dateien und Ordner suchen und öffnen kann (ab Windows 95 bzw. Windows NT). – 2) **Microsoft Internet E.®**, Browser für den Zugang zum World Wide Web (WWW), der in die Windows-Betriebssysteme (ab Windows 98 bzw. Windows NT) integriert wurde. Neben seinen Multimediafähigkeiten verfügt der E. über vielfältige Navigationshilfen und Suchwerkzeuge, er unterstützt HTTP zur Datenübertragung im Internet, die Sprachen Java und HTML sowie weitere Komponenten zur Webseitengestaltung (»ActiveX-Technologie« von Microsoft). Das Konkurrenzprodukt zum E. ist der »Communicator« der Firma Netscape.
2) *Raumfahrt:* wiss. Satellitenprogramm der NASA mit breitester Zielsetzung. Von 1958 bis 1977 wurden etwa 60 E.-Satelliten gestartet. Danach wurde die E.-Serie mit Satelliten unterschiedl. Zweckbestimmung und versch. Bezeichnungen fortgesetzt.
explosibel [nlat.], explosionsfähig, explosionsgefährlich.
Explosion [lat.] *die,* schlagartige Verbrennung von Gemischen aus brennbaren Gasen, Dämpfen oder Stäuben mit Luft oder Sauerstoff, führt durch Entstehung von Verbrennungsgasen und durch Temperaturanstieg zu einer plötzl. Volumenvergrößerung und ist von einem Knall, häufig auch von zerstörender Wirkung (E.-Druck, Stoßwellen) begleitet. Je nach Geschwindigkeit der Zersetzungsreaktion wird zw. ↑Deflagration (bis 1 km/s) und ↑Detonation (über 1 km/s) unterschieden. Ohne Stoßwellen und viel langsamer (1–100 cm/s) läuft die ↑Verpuffung ab.
Explosionsumformung, *Fertigungstechnik:* das Pressen eines ebenen Blechs oder eines vorgeformten Hohlkörpers in die Form mithilfe eines Druckstoßes, der durch Detonation eines Sprengstoffes in einer z. B. mit Wasser gefüllten Hohlform erzeugt wird. Je nach verwendetem Explosivstoff und Übertragungsmedium können sehr hohe Umformgeschwindigkeiten (z. B. 2 000 m/s in Wasser) erreicht werden.
Explosivlaut, ein Verschlusslaut, ↑Laut.
Explosivstoffe, feste, flüssige oder gelatinöse explosionsfähige Stoffe, die zum Sprengen (**Sprengstoffe**), Treiben (**Treibmittel**, z. B. für Geschosse), Zünden (↑Zündmittel) sowie für pyrotechn. Zwecke (↑Pyrotechnik) hergestellt werden. – **Gewerbliche Sprengstoffe** werden im Bergbau, für Straßenbauten, Steinbrüche u. a. verwendet. Zu ihnen gehören Gesteinssprengstoffe (z. B. Ammonite, Ammon-Gelite), die für Sprengarbeiten ohne Schlagwettergefahr zugelassen sind, und ↑Wettersprengstoffe für den Kohlenbergbau. Ein im Bohrloch angewendeter E. muss ein hohes Arbeitsvermögen haben, das v. a. von der Gasausbeute (Schwadenvolumen) und der bei der Explosion freigesetzten Wärme abhängig ist. Bei **militär. Sprengstoffen** (z. B. für Granaten, Minen) wird häufig eine hohe Brisanz (Stoßdruck) angestrebt, z. B. mit Hexogen und Nitropenta. Trinitrotoluol (TNT) ist sehr unempfindlich gegen Stoß und Schlag und daher für militär. Zwecke bes. geeignet. Die Schlagempfindlichkeit von E. wird mit einem Fallhammer bestimmt. Die niedrigsten **Schlagenergien** (in Joule), die eine Explosion auslösen, sind für Nitroglycerin 0,2, für Ammon-Gelite 2,0, für Nitropenta 3,0, für Hexogen 7,4 und für TNT 15. – **Plastiksprengstoffe** sind knetbare Mischungen aus brisanten Sprengstoffen mit Plastifizierungsmitteln wie Wachs oder Vaseline.

Das dt. Sprengstoff-Ges. i. d. F. v. 17. 4. 1986 regelt die Einfuhr von und den Umgang und Verkehr mit explosionsgefährl. Stoffen; Verstöße gegen seine Vorschriften werden mit Freiheits- und Geldstrafe oder als Ordnungswidrigkeiten mit Geldbuße belegt. Die Herbeiführung einer Gemeingefahr durch Explosion und die Vorbereitung eines Sprengstoffdelikts werden nach §§ 308, 310 StGB mit Freiheits- oder Geldstrafe bedroht. – Ähnl. Regelungen finden sich im *österr.* (§§ 173–175) und im *schweizer.* StGB (Art. 224–226).

EXPO 2000 [Kurzwort für Exposition] *die,* Bez. für die erste ↑Weltausstellung in Dtl., die vom 1. 6. bis 31. 10. 2000 unter dem Motto »Mensch – Natur – Technik« in Hannover stattfand. Sie präsentierte sich als Weltausstellung neuen Typs mit ökolog. Orientierung und krit. Auseinandersetzung mit dem industriellen Fortschritt, auch unter Einbeziehung der bildenden Kunst.

Exponat [lat.-russ.] *das,* Ausstellungsstück.

Exponent [lat.] *der,* **1)** *allg.:* herausgehobener Vertreter z. B. einer Partei. **2)** *Mathematik:* (Hochzahl), die hochgesetzte Zahl bei ↑Potenzen oder ↑Wurzeln.

Exponentialfunktion, jede Funktion $f(x) = a^x$ mit positiver reeller Basis a, wobei die unabhängige Veränderliche als Exponent vorkommt. Besondere Bedeutung hat die E. zur Basis e (**e-Funktion,** Funktionszeichen **exp**); sie wird definiert durch die Reihe

$$e^x = \exp x = 1 + x + \frac{x^2}{2!} + \frac{x^3}{3!} + \ldots$$

Mithilfe der e-Funktion können die Winkel- und die Hyperbelfunktionen beschrieben werden. Viele Naturerscheinungen, v. a. in Physik und Biologie, verhalten sich entsprechend einer E. (z. B. ↑Radioaktivität). Die Umkehrfunktion der E. ist die ↑Logarithmusfunktion.

exponieren [lat.], darstellen, zur Schau stellen.

Export [lat.-engl.] *der,* ↑Ausfuhr.

Export, Valie, österr. Medienkünstlerin, *Linz 17. 5. 1940; seit 1995 Prof. an der Kunsthochschule für Medien in Köln; erforscht in Performances, Fotografien, Computerarbeiten und (Dokumentar-)Filmen u. a. die Wechselwirkung zw. Emotion und Bewusstsein.

Exportbier, untergäriges, meist helles Gerstenvollbier; Stammwürzegehalt 12 bis 13 %.

Exportförderung, staatliche und private Maßnahmen zur Steigerung der Ausfuhr eines Landes. Wichtige Mittel staatl. E. sind Exportsubventionen, Steuererleichterungen, Kreditvergünstigungen, Ausfuhrgarantien und -bürgschaften, Information und Beratung (z. B. durch die Bundesagentur für Außenwirtschaft). Maßnahmen zur E. sind z. T. umstritten, da sie die internat. Arbeitsteilung bei Freihandel beeinträchtigen können.

Exposé [-'ze:, frz.-lat.] *das,* **1)** Darlegung, kurze Erläuterung; **2)** Zusammenstellung, Übersicht; **3)** Handlungsskizze, v. a. als Vorstufe eines Drehbuchs.

Exposition [lat.] *die,* **1)** *Fotografie:* die ↑Belichtung.
2) *Geographie:* Lage eines Hanges oder einer anderen Reliefeinheit in Bezug auf Sonneneinstrahlung, vorherrschende Windrichtung oder Niederschläge. Die E. ist von Einfluss hinsichtlich der Hangformung, der Bodenbildung und bes. der Vegetation.
3) *Literatur* und *Film:* erster Teil einer dramat. Handlung, in dem die Verhältnisse und Zustände, aus denen der dramat. Konflikt entwickelt wird, einschließlich der Vorgeschichte enthalten sind; im Film die Einführung in die Vorgeschichte.
4) *Medizin:* Gesamtheit der Umwelteinflüsse, denen der Körper ausgesetzt ist; äußere Krankheitsbedingungen.
5) *Musik:* die Themenaufstellung in der Sonatensatzform; auch das erste Auftreten des Themas in der ↑Fuge.

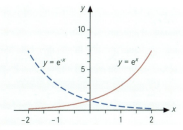

Exponentialfunktion: die Exponentialfunktionen e^x und e^{-x}

ex post [lat.], *Wirtschaft:* im Nachhinein; Ggs. ↑ex ante.

express [lat.], eilig; eigens, ausdrücklich.

EXP Expressionismus

Expressionismus *der,* Begriff zur Bez. einer alle Künste umfassenden Stilrichtung des frühen 20. Jh., v. a. in Deutschland.
Bildende Kunst: Kennzeichnend ist die Darstellung innerer Wirklichkeitserlebnisse. Psych. Impulse, Affekte, Befindlichkeiten u. a. werden durch eine großflächige, scharf konturierte Formsprache mit starken Farb- und Proportionskontrasten verdeutlicht. Zur Steigerung des Ausdrucks wurde – neben der Flächigkeit – das Mittel der Deformation eingesetzt. Als Wegbereiter gelten u. a. P. Gauguin, V. van Gogh, F. Hodler, J. Ensor und H. de Toulouse-Lautrec. In Dtl. ist der Beginn des E. 1905 mit der Gründung der ↑Brücke anzusetzen, der neben den Gründungsmitgl. E. L. Kirchner, E. Heckel und K. Schmidt-Rottluff auch M. Pechstein, O. Mueller und (kurzzeitig) E. Nolde angehörten. Auch frühe Werke von Künstlern des ↑Blauen Reiters in München zählen zum E. Ein weiteres Zentrum wurde Berlin durch die von H. Walden gegr. Ztschr. »Der Sturm« (1910–32) und die gleichnamigen Ausstellungen, aber auch durch den Zuzug der Brückekünstler aus Dresden (1910). Eine eigene Variante des E. bildeten die »rhein. Expressionisten« (H. Nauen, H. Campendonk u. a.). Expressionist. Elemente finden sich auch im Werk M. Beckmanns, C. Rohlfs' und Paula Modersohn-Beckers. Eigenständige Formen des E. entwickelten sich u. a. in Österreich (O. Kokoschka, A. Kubin, E. Schiele) und Belgien (C. Permeke, G. de Smet). Als frz. Parallele zum dt. E. kann der Fauvismus betrachtet werden; außerdem finden sich u. a. im Werk der Franzosen G. Rouault und C. Soutine expressionist. Züge. In der Bildhauerkunst traten v. a. W. Lehmbruck und E. Barlach hervor. Nach 1945 lebten Elemente des histor. E. im ↑abstrakten Expressionismus, im ↑Action-Painting, im ↑Tachismus, in der Malerei der Gruppe ↑Cobra oder in der ↑Art brut und bei den ↑Neuen Wilden wieder auf.
Architektur: Expressionist. Tendenzen zeigen v. a. die Werke H. Poelzigs (Großes Schauspielhaus in Berlin, 1918/19; nicht erhalten), L. Mies van der Rohes (Projekte eines Bürogebäudes an der Berliner Friedrichstraße, 1919), E. Mendelsohns (Einsteinturm in Potsdam, 1920/21), P. Behrens' (Verwaltungsgebäude der Hoechst AG, 1920–24) sowie das 2. Goetheanum

1 Fritz Höger, Chilehaus in Hamburg (1922–23)
2 Ernst Ludwig Kirchner, »Eine Künstlergemeinschaft – Die Maler der Brücke« (1926/27; Köln, Museum Ludwig)
3 Erich Heckel, »Selbstbildnis«, Holzschnitt (1919)
4 Max Beckmann, »Der Mann im Dunkeln« (1934; München, Staatsgalerie moderner Kunst)
5 Ernst Barlach, »Singender Mann«, Bronze (1930, nach verlorenem Original von 1928; Mannheim, Städtische Kunsthalle)
6 Franz Marc, »Blaues Pferd I« (1911; München, Städtische Galerie im Lenbachhaus)

Expressionismus EXP

von R. Steiner in Dornach (1924-28) und das »Scheepvaarthuis« in Amsterdam von M. de Klerk, J. M. van der Mey und P. Kramer (1911-16). Zu den wichtigen schriftl. Zeugnissen gehören u. a. der Briefwechsel der ↑Gläsernen Kette sowie die Publikationen B. Tauts (Die Stadtkrone, 1919; Alpine Architektur, 1920).
Literatur: Nahezu gleichzeitig mit dem E. in der bildenden Kunst entwickelte sich in Dtl. der E. als eine literar. Generationsbewegung der etwa zw. 1875 und 1895 Geborenen, bei stark individueller Ausprägung übereinstimmend in der Radikalität der die Tradition durchbrechenden Kunsttheorie und -praxis. Der literar. E. wirkte sich mit chiffrenhaft verknappter, stark verdichteter und rhythmisch ausgreifender Sprache zunächst bes. in der Lyrik aus (G. Trakl, G. Heym, F. Stadler, E. Stramm, J. van Hoddis, J. R. Becher, Y. Goll, G. Benn u. a.), dann im symbolhaft gestalteten Drama (u. a. C. Sternheim, W. Hasenclever, G. Kaiser, E. Toller, B. Brecht, E. Barlach), jedoch auch in der erzählenden Prosa (C. Einstein, A. Döblin, G. Heym u. a.). Typisch für den E. waren zahlr., oft nur kurzlebige Ztschr. der expressionist. Gruppen (»Der Sturm«, 1910-32; »Die Aktion«, 1911-32; »Die weißen Blätter«, 1914-21), Manifeste und Anthologien. Weiteres ↑deutsche Literatur, ↑Film, ↑Theater.
Musik: Nach Vorankündigungen bei R. Strauss und M. Reger, mit A. Schönbergs »George-Liedern« op. 15 (1908/09) findet der musikal. E. seinen Höhepunkt in Schönbergs einaktigen Opern und dem Melodram »Pierrot lunaire« op. 21 (1912), ferner in A. Weberns Miniaturen und Liedern, bes. den »Trakl-Liedern« op. 14 (1917-21) sowie in A. Bergs Oper »Wozzeck« (1914-21). Er klingt aus im gelösten Spiel von Schönbergs Serenade op. 24 (1920-23) und in Vertonungen expressionist. Dramen (O. Kokoschka, A. Stramm) durch E. Krenek und P. Hindemith. An die Stelle der Dreiklänge treten vieltönige Dissonanzen, an die regelmäßig gegliederter Melodien Prosamelodik (musikal. Prosa), an die der traditionellen Gattungen und Formen kurze, konzentrierte Stücke. Die funktionsharmonisch bestimmte Tonalität ist ebenso aufgegeben (atonal) wie die klass. Akzentrhythmik. Insgesamt ist der E. keine einheitl. Stilphase. Schönberg und seine Schüler, I. Strawinsky, P. Hindemith, B. Bartók u. a., die sie durchliefen, gelangten zu jeweils versch. kompositor. Ergebnissen.
📖 *Theorie des E., hg. v. O. F. Best. Neuausg. Stuttgart 1982, Nachdr. 1994. – E. Literatur u. Kunst 1910-1923, bearb. v. P. Raabe u. H. L. Greve, Ausst.-Kat. Deutsches Literaturarchiv, Marbach 22.-23. Tsd. 1990. – Raabe, P.: Die Autoren des literar. E. Ein bibliograph. Handbuch. Stuttgart ²1992. – Vietta, S. u. Kemper, H.-G.: E. München ⁵1994.*

expressis verbis [lat. »mit ausdrückl. Worten«], ausdrücklich, deutlich.

Expressstraßen, in der Schweiz autobahnähnlich ausgebaute Straßen (Richtungsfahrbahnen, kreuzungsfrei); Autobahnzubringer.

ex professo [lat.], berufsmäßig, von Amts wegen, absichtlich.

Expropriation [lat.] *die,* ↑Enteignung.

exquisit [lat.], ausgesucht, erlesen.

Exsequien [lat.], ↑Exequien.

Exsikkanzien [lat.], *Medizin:* die ↑austrocknenden Mittel.

Exsikkator [lat.] *der,* gläsernes, meist evakuierbares Laborgerät mit aufgeschliffenem Deckel zum Trocknen oder zum trockenen Aufbewahren von (feuchtigkeitsempfindl.) Substanzen über einem Trockenmittel.

Exsikkose [lat.] *die,* Austrocknung des Körpers durch erhebl. Wasser- und Salzverluste, z. B. bei unstillbarem Erbrechen oder lang andauernden Durchfällen.

Exspiration [lat.] *die,* Ausatmung, Teil der ↑Atmung.

exspiratorischer Akzent (Druckakzent), den german. Sprachen eigener Akzent, der auf der Verstärkung des Stimmtons beruht.

Exstirpation [lat.] *die,* operative Entfernung eines erkrankten Organs, Organteils oder eines gut abgegrenzten Tumors.

Exsudat [lat.] *das,* Absonderung bei ↑Ausschwitzung.

Exsudation [lat.] *die,* **1)** *Geomorphologie:* Verdunstung der Bodenfeuchtigkeit durch Sonneneinstrahlung in Trockengebieten, verbunden mit Ausscheidung von Mineralstoffen, wie Gips und Salzen, z. B. bei der Krustenbildung.
2) *Medizin:* die ↑Ausschwitzung.

exsudative Diathese, angeborene Neigung des kindl. Organismus, auf leichte äußere Reize mit Haut- (Ekzem, Milchschorf u. a.) und Schleimhauterkrankungen (Katarrhe der oberen Luftwege) zu reagieren.

Exsurge Domine [lat. »erhebe dich, Herr«], Bannandrohungsbulle Papst Leos X. gegen M. Luther vom 15. 6. 1520; die erste amtl. Stellungnahme der Kirche zu Luthers Lehrauffassungen; von ihm am 10. 12. 1520 öffentlich verbrannt.
ex tempore [lat., eigtl. »aus dem Zeitabschnitt heraus«], aus dem Stegreif, unvorbereitet. – **Extempore,** *das,* improvisierte Einlage; Stegreifspiel.
Extender [lat.] *der,* ↑ Füllstoffe.
Extension [lat.] *die, Logik:* Umfang eines Begriffs; Gesamtheit der Gegenstände, die unter diesen Begriff fallen. Zwei Begriffe gelten als gleich, wenn ihre E. übereinstimmen **(Extensionalitätsaxiom).**
Extensionsverband (Streckverband), unter Zug wirkender Verband zum Einrichten von Knochenbrüchen, Verrenkungen oder zum Entlasten von Gelenken und Wirbelsäulenabschnitten.
extensiv [lat.], **1)** *allg.:* ausgedehnt, umfassend, in die Breite gehend; Ggs.: intensiv.
2) *Landwirtschaft:* auf große Flächen bezogen.
extensive Größen, *Physik:* ↑ intensive Größen.
Extensoren, die ↑ Streckmuskeln.
Exter, Alexandra, ukrain. Malerin, * Belestok (bei Kiew) 6. 1. 1882, † Paris 17. 3. 1949; lebte seit 1924 in Paris; bed. Künstlerin der russ. Avantgarde; als Bühnen- und Kostümbildnerin zahlr. Entwürfe für Theater und Film sowie für Ausstellungsdekorationen.
Exterieur [-ri'ør, frz.] *das,* das Äußere, Außenseite; äußere Erscheinung.
extern [lat.], draußen befindlich, auswärtig.
Externat [nlat. »Gegenbildung zu Internat«] *das,* Lehranstalt, deren Schüler außerhalb der Schule wohnen.
Externe [lat.], *Pädagogik:* 1) Schüler, die nicht im Internat wohnen; 2) Schüler, die die Abschlussprüfung an einer Schule ablegen, ohne diese zuvor besucht zu haben.
externe Effekte, ↑ Umweltökonomik.
Externsteine, in einzelne Felstürme aufgelöste Sandsteinfelsgruppe im östl. Teutoburger Wald bei Horn-Bad Meinberg (Kr. Detmold, NRW); möglicherweise urspr. eine heidn. Kultstätte. Wohl um 1000 wurden in den Felsen zwei Kapellen eingehauen, die die hl. Stätten von Jerusalem nachahmen sollten. An der Außenfront des Felsens findet sich ein Relief mit der Kreuzabnahme Christi (um 1130).
Exterritorialität [lat.] *die,* kraft Völkerrechts zugunsten bestimmter Personen und Sachen bestehende Ausnahme von der Gerichtsbarkeit und Zwangsgewalt (nicht von der Rechtsordnung insgesamt) des Gebietsstaates. Mit dem Begriff der E. eng verknüpft ist der der völkerrechtl. ↑ Immunität. E. genießen: ein fremdes Staatsoberhaupt mit seinem Gefolge, diplomat. Vertreter mit Angehörigen, Gesandtschaftsgebäude, Vertreter der Staaten bei internat. Konferenzen und Organisationen, Gebäude und Beamte dieser Organisationen, Richter des Internat. Gerichtshofes, fremde Truppenteile bei genehmigtem Durchzug oder Stationierung in einem fremden Staat sowie Kriegsschiffe und Militärflugzeuge bei abgestimmtem Aufenthalt in fremden Hoheitsgebieten.
Extinktion [lat.] *die,* **1)** *allg.:* Auslöschung, Erlöschen.
2) *Optik:* die Schwächung von Strahlung beim Durchgang durch Materie infolge Streuung und Absorption.
3) *Psychologie:* das Verlöschen von Gedächtnisinhalten oder bedingten Reflexen (Abbau der Reiz-Reaktions-Verknüpfung).
extra [lat.], besonders, für sich; zusätzlich, dazu; ausdrücklich; absichtlich; zu einem bestimmten Zweck; besonders (im Sinne einer Steigerung), z. B. extrafein.
Extra [lat.] *das,* Zubehörteil, das über die übl. Ausstattung hinausgeht.
extra dry [-drai, engl.], Geschmacksrichtung v. a. bei Schaumweinen: recht herb (Zuckergehalt 12–20 g/l).
extra ecclesiam nulla salus [lat. »außerhalb der Kirche ist kein Heil«], *kath. Dogmatik:* von Cyprianus von Karthago geprägter Glaubenssatz, der damit die Unwirksamkeit der außerhalb der kath. Kirche gespendeten Sakramente (bes. der Taufe) sowie die Unmöglichkeit begründen wollte, dass jemand ohne formelle Zugehörigkeit zur Kirche sein Heil erwirken könne; heute in der kath. Kirche so interpretiert, dass eine unverschuldete Nichtzugehörigkeit zur Kirche dem Heil des Einzelnen nicht im Wege steht, wenn er gewillt ist, nach dem ihm durch sein ↑ Gewissen bekannten Gebot Gottes zu leben.
extragalaktisch (außergalaktisch), außerhalb des Milchstraßensystems (der Galaxis); Ggs.: galaktisch.

EXT Extrahandel

Extrahandel, in der Außenhandelsstatistik Bez. für den grenzüberschreitenden Warenverkehr der EU-Staaten mit Drittländern.

extrakorporale Befruchtung, die ↑In-vitro-Fertilisation.

Extrakt [lat.] *der,* **1)** *allg.:* Auszug; Zusammenfassung der wesentl. Punkte eines Textes.
2) *Pharmazie* und *Lebensmitteltechnologie:* der eingedickte Auszug aus pflanzl. oder tier. Stoffen.

Extraktion [lat.] *die,* **1)** *Chemie:* selektives Herauslösen bestimmter Substanzen aus flüssigen **(Flüssig-flüssig-E., Solvent-E.)** oder festen **(Fest-flüssig-E., Auslaugung)** Stoffgemischen mithilfe von Lösungsmitteln (E.-Mitteln). Die **Flüssig-flüssig-E.** wird als therm. Trennverfahren v. a. eingesetzt, wenn die zu trennenden Komponenten nahe beieinander liegende Siedepunkte haben, ↑azeotrope Gemische bilden oder wenn mehrere Komponenten mit unterschiedl. Siedepunkten gleichzeitig abgetrennt werden sollen. Eine einfache einstufige Flüssig-flüssig-E. gelingt durch Schütteln des zu trennenden Gemisches mit dem Lösungsmittel in einem Scheidetrichter. Techn. Anlagen arbeiten meist mehrstufig mit mehreren in Serie geschalteten Misch- und Beruhigungsapparaten (Mixer-Settler) oder Kolonnen. Bei der **Fest-flüssig-E.** wird der zerkleinerte Feststoff z. B. in E.-Türmen oder auf Siebbändern mit Lösungsmittel behandelt. Ein neues Verfahren ist die **Hochdruck-E.** mit überkrit. Gasen. Sie dient zur Zerlegung fester oder flüssiger Stoffgemische mit Gasen, z. B. zur Entkoffeinierung von Kaffee mit Kohlensäure.

2) *Medizin:* operatives Herauslösen eines Körperteils (z. B. Zahn, Augenlinse bei Staroperation); auch das geburtshilfl. Herausziehen des Kindes.

Extraktivdestillation [lat.], therm. Verfahren zur Trennung von Flüssigkeitsgemischen, die durch ↑Destillation nicht trennbar sind. Bei der E. wird mit einem selektiv wirkenden Zusatzstoff gearbeitet.

extramundan [lat.], außerweltlich; Ggs. intramundan.

extramural [nlat.], außerhalb der Stadtmauern befindlich.

extraordinär [frz.], außergewöhnlich.

Extraordinarius [lat.] *der,* ↑Professor.

Extrapolation [lat.] *die,* die Fortsetzung einer math. oder statist. Beziehung (z. B. einer Funktionskurve über den Definitionsbereich hinaus) zur näherungsweisen Bestimmung unbekannter Werte, im Unterschied zur ↑Interpolation.

extrapyramidal [lat.], *Anatomie:* außerhalb der Pyramidenbahn befindlich. – Das **extrapyramidale System** ist die Gesamtheit von Nervenzellen, die in bestimmten Gehirnabschnitten liegen und zusammen mit dem Pyramidenbahnsystem die Skelettmuskulatur innervieren sowie Muskeltonus und Bewegungsabläufe regulieren.

Extrasystole [lat.-grch.] *die,* innerhalb des normalen Herzrhythmus vorzeitig einsetzende Herzaktion. E. beruhen auf Fehlsteuerungen der Herznerven oder auf organ. Herzerkrankungen.

extraterrestrisch [lat.], außerhalb der Erde auftretend.

extraterrestrisches Leben, ↑außerirdisches Leben.

Extratour [-tu:r] *die,* eigenwilliges und ei-

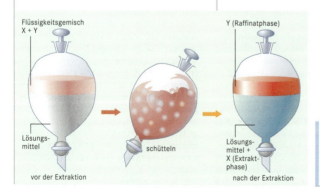

Extraktion 1): Darstellung der einstufigen Flüssig-Flüssig-Extraktion im Scheidetrichter (schematisch)

Extremalprinzipien EXT

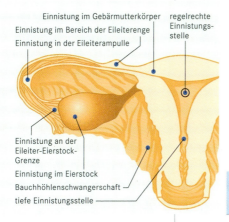

Extrauteringravidität: schematische Darstellung der möglichen Einnistungsstellen des befruchteten Eies

gensinniges Verhalten oder Vorgehen innerhalb einer Gruppe.

Extra|uter|ingravidität [lat.] (Extrauterinschwangerschaft), jede sich außerhalb der Gebärmutterhöhle entwickelnde Schwangerschaft. Der häufigste Sitz einer E. ist der Eileiter (**Eileiter-** oder **Tubenschwangerschaft**); E. entsteht, wenn dem befruchteten Ei die Weiterwanderung durch einen unterentwickelten, entzündeten oder durch Narben verwachsenen Eileiter versperrt ist. Seltener kommt es zur Einnistung in der Bauchhöhle (**Bauchhöhlenschwangerschaft**) oder im Eierstock (**Eierstockschwangerschaft**). Die gefährlichste Komplikation der E. ist eine zw. der 6. und 9. Schwangerschaftswoche auftretende Blutung in die Bauchhöhle; der Blutverlust kann zur Verblutung führen. Symptome sind bei allen Formen der E. nach Ausbleiben der Menstruation und normalen Schwangerschaftsbeschwerden plötzl. wehenartige, einseitig auftretende Schmerzen im Unterleib durch die Einbettung des Eies am falschen Ort sowie Blutungen. *Behandlung:* sofortige Operation. Bei Verdacht sofort Notarzt rufen.

Extravaganten [lat. »die außerhalb Umherschweifenden«], *Kirchenrecht:* Bestandteil des ↑Corpus Iuris Canonici.

Extravaganz [auch ˈɛks-] *die,* etwas, was aus dem Rahmen des Üblichen herausfällt; bewusst ausgefallenes Verhalten; (ohne Plural) Ausgefallenheit; Überspanntheit.

Extraversion [lat.] *die,* in der Psychologie C. G. Jungs: nach außen orientierte Grundeinstellung (Ggs.: Introversion); der extrovertierte Typ ist aufgeschlossen, kontaktfreudig, vertrauensvoll.

extrazellulär [lat.], außerhalb der Zelle gelegen; Ggs.: intrazellulär.

extrem [lat.], äußerst (hoch, niedrig o. Ä.); ungewöhnlich; radikal.

Extremadura (Estremadura), autonome Region in W-Spanien, zw. Hauptscheidegebirge und Sierra Morena, umfasst die Prov. Badajoz und Cáceres, 41 634 km², 1,058 Mio. Ew.; Hptst. ist Mérida. Die wellige Rumpffläche wird durch ein Gebirgssystem in einen N-Teil mit dem Becken des mittleren Tejo und einen S-Teil mit dem Becken des mittleren Guadiana geteilt. Die Böden in den Ebenen sind sehr fruchtbar, im rauen N überwiegen extensive Viehwirtschaft, im S weite, intensiv genutzte Bewässerungsgebiete. Die E. ist dünn besiedelt und wenig industrialisiert.

Extremalprinzipi|en, vorwiegend die Mechanik betreffende Aussagen über das Verhalten physikal. Systeme, wobei eine bestimmte Größe bei der Bewegung einen Extremwert (meist ein Minimum) annimmt. Die E. sind gleichwertig zu den newtonschen Axiomen, oft aber leichter zu handhaben. Man unterscheidet **Differenzialprinzipien** (z. B. Prinzip der virtuellen Verschiebung, d'alembertsches Prinzip), bei denen benachbarte Systemzustände verglichen werden, und **Integralprinzipien** (Prinzip der kleinsten Wirkung, fermatsches und Hamilton-Prinzip), bei denen das Verhalten des Systems während endl. Zeiten auf benachbarten Bahnkurven verglichen wird.

405

Extremismus [lat.] *der,* Haltung oder Richtung des Denkens, die Unbedingtheit und Ausschließlichkeit in den – v. a. polit. – Zielsetzungen (↑Radikalismus) mit der Infragestellung des Rechtsstaatsprinzips und des gesellschaftl. Pluralismus verbindet sowie Gewalt als Mittel der Politik nicht ausschließt. Der **Rechts-E.** ist durch autoritäre, nationalist. oder rassist. Gesinnung gekennzeichnet, der **Links-E.** durch eine sozialrevolutionäre, doktrinär verengte Gesellschaftsauffassung. Wachsende Bedeutung kommt daneben einem religiös-politisch motivierten, **fundamentalist. E.** zu.
📖 *Jb. E. & Demokratie.* Bonn/Baden-Baden 1989 ff.
Extremistenbeschluss, ↑Radikalenerlass.
Extremitäten [lat.] *Pl.,* die ↑Gliedmaßen.

Extremsport: Eisklettern

Extremsport, das Ausüben außergewöhnlicher sportl. Disziplinen, wobei der Betreffende höchsten phys. und psych. Belastungen ausgesetzt ist. Ist bei Durchführung der betreffenden Disziplin ein objektiv vorhandenes und/oder subjektiv empfundenes Gesundheits- bis Lebensrisiko vorhanden, spricht man auch vom **Risikosport.** Dabei wird das mit der sportl. Aktivität verbundene Risiko bewusst gesucht und als »Nervenkitzel« genossen. Extremsportarten sind u. a. Airsurfing, Bungeejumping, Eisklettern, Ironman-Triathlon, Ultramarathon.
Extremwert (Extremum), größter **(Maximum)** oder kleinster **(Minimum)** Wert einer Funktion, der **relativer (lokaler) E.** heißt, wenn er nur in einer Umgebung der betrachteten Stelle extrem ist, dagegen **absoluter (globaler) E.,** wenn er für den gesamten Definitionsbereich extrem ist. – Als **Extrem(al)stelle** bezeichnet man den zu einem E. gehörenden x-Wert; der **Extrem(al)punkt** ist der mit den Koordinaten x_0 und y_0 angegebene Punkt. Die Bestimmung der E. einer Funktion ist Bestandteil der Kurvendiskussion. Relative E. können mithilfe der Differenzialrechnung ermittelt werden. Eine differenzierbare Funktion $f(x)$ hat an der Stelle x_0 einen relativen E., wenn $f'(x_0) = 0$ und $f''(x_0) \neq 0$ gilt; für $f''(x_0) > 0$ liegt ein Minimum, für $f''(x_0) < 0$ ein Maximum vor.
extrinsisch [lat.-frz.-engl.], von außen wirkend; u. a. in der Motivationsforschung gesagt von Faktoren wie Belohnung; Ggs.: intrinsisch.
Extruder [lat.-engl.] *der,* Schneckenstrangpresse, mit der vorwiegend thermoplast. Kunststoffe in kontinuierl. Verfahren zu Schläuchen, Bändern, Ummantelungen, Stangen, Rohren u. a. Profilen verarbeitet werden. E.-Verfahren werden auch in der industriellen Lebensmittelverarbeitung angewendet, u. a. in der Teigwarenindustrie.
Extrusion [lat.] *die,* Ausdringen zähflüssiger vulkan. Gesteinsschmelzen, meist unter Bildung von Stau- und Quellkuppen.
Extrusivgesteine, ↑Vulkanite.
ex tunc [lat.], *Recht:* ↑ex nunc.
Exulanten [lat.], Verbannte, bes. die im 16./17. Jh. aus den habsburg. Erblanden, Schlesien und (im 18. Jh.) aus dem Erzstift Salzburg vertriebenen Protestanten.
Ex|ulzeration [lat.] *die,* Geschwürbildung.
ex ungue leonem [lat. »den Löwen nach der Klaue (malen)«], aus einem Glied oder Teil auf das Ganze schließen.
ex usu [lat. »aus dem Gebrauch heraus«], aus der Erfahrung, durch Übung, nach dem Brauch.
Exuvie [lat.] *die,* die bei der Häutung infolge des Wachstumsprozesses abgestreifte äußere Körperhülle, z. B. bei Schlangen das aus Horn bestehende Natternhemd.
ex voto [lat.], aufgrund eines Gelübdes (Inschrift auf Weihegaben).
Exxon Corp. [ˈɛksɔn kɔːpəˈreɪʃn], amerikan. Mineralölkonzern, Sitz: Irving (Tex.); hervorgegangen aus einer von J. D. Rockefeller und M. Clark 1863 gegr. Erdölraffi-

nerie, die nach mehreren Fusionen 1882 von der neu gegr. Standard Oil Co. of New Jersey übernommen wurde; 1892–1972 Firmierung unter Standard Oil Co. (New Jersey); 1999 Fusion mit der Mobil Corp. zur Exxon Mobil Corp.
Exxon Mobil Corp., weltweit tätiger amerikan. Mineralöl- und Petrolchemiekonzern, entstanden 1999 durch Fusion von Exxon Corp. und Mobil Corp.; Sitz: Irving (Texas). Zu den zahlr. Tochtergesellschaften gehört u. a. die Esso AG.
exzellent [lat.-frz.], hervorragend, ausgezeichnet, vortrefflich.
Exzellenz [lat.»Erhabenheit«] *die,* Titel, schon in der spätröm. Kaiserzeit, nicht scharf geschieden von ↑Eminenz, stand seit dem 17. Jh. den höchsten Beamten und Militärs zu (zuvor seit dem Früh-MA. fürstl. Titel); im Dt. Reich und in Österreich 1919 abgeschafft; heute als Anrede für Botschafter, Gesandte und Bischöfe üblich.
Exzenter [lat.] *der,* Kurbeltrieb, der entsteht, wenn eine Kreisscheibe außerhalb des Kreismittelpunktes (außermittig) gelagert wird und bei Drehung um die Drehachse der Welle schwingt. Der E. wandelt eine Dreh- in eine Hubbewegung quer zur Drehachse um. Der Abstand zw. Kreismittelpunkt und Mittelpunkt der Lagerung, die Exzentrizität *e,* entspricht dem wirksamen Kurbelradius.
Exzentertheorie, zuerst bei Hipparch zu findende Theorie der vorkeplerschen Astronomie, nach der sich ein Planet notwendig gleichförmig und auf Kreisen bewegt. Die geforderte Gleichförmigkeit der vom angenommenen Weltzentrum (Erde) aus ungleichförmig erscheinenden Umlaufgeschwindigkeit ergab sich, indem man den Planeten um einen Punkt außerhalb des Zentrums kreisen ließ, wodurch auch sein Apogäum und Perigäum eine Erklärung fand.
exzentrisch, *Geometrie:* außerhalb des Mittelpunkts liegend; Ggs.: konzentrisch.
Exzentrizität *die,* **1)** *Astronomie:* ein Bahnelement (↑Bahn).
2) *Geometrie:* bei einem Kegelschnitt wird die **lineare E.** als der Abstand *e* eines Brennpunktes vom Mittelpunkt definiert, die **numer. E.** als das Verhältnis *ε* der linearen E. zur halben Hauptachse.
exzeptionell [lat.-frz.], ausnahmsweise eintretend, außergewöhnlich.
Exzerpt [lat.] *das,* knappe, schriftl. Zusammenstellung der wichtigsten Gedanken eines Textes (mit wörtl. Auszügen).
Exzess [lat.] *der,* Ausschreitung; Ausschweifung; Maßlosigkeit.
Exzision [lat.] *die,* das Herausschneiden eines Gewebes oder Organteils zur Beseitigung eines Krankheitsherdes, auch zur operativen Wundversorgung sowie Entnahme einer Gewebeprobe **(Probe-E.)** für eine mikroskop. oder chem. Untersuchung.
Exziton [lat.] *das* (Exciton), *Festkörperphysik:* ein ↑Quasiteilchen; der durch die Coulomb-Wechselwirkung erzeugte gebundene Zustand zw. einem Elektron im Leitungsband und einem Loch im Valenzband **(Elektron-Loch-Paar)** eines Halbleiters.
Eyadéma [ejadeˈma], Étienne Gnassingbé, togoles. Politiker, * Pya (bei Kara) 26. 12. 1935; 1965–91 Oberbefehlshaber der togoles. Streitkräfte; maßgeblich beteiligt am Putsch gegen Präs. S. Olympio (1963) und gegen Präs. N. Grunitzky (1967); seit 1967 Staatspräsident.
Eyasisee [erˈjɑːsiː-] (früher Njarasasee), sodahaltiger Salzsee im Gebiet des Ostafrikan. Grabens, N-Tansania, 1 030 m ü. M., 72 km lang.
Eyb, Albrecht von, humanist. Übersetzer, * Schloss Sommersdorf (bei Ansbach) 24. 8. 1420, † Eichstätt 24. 7. 1475. Seine Hauptleistung ist die Formung dt. Kunstprosa nach lat. Muster; übersetzte auch Schriften von Plautus.
Eyck [ɛjk], Jan van, niederländ. Maler, * Maaseik ? (Prov. Limburg) um 1390, begraben Brügge 9. 7. 1441; seit 1425 im Dienst Philipps des Guten von Burgund, seit etwa 1430 meist in Brügge tätig, vollendete 1432 den Genter Altar in Sint Baafs in Gent, der, ungeachtet der künstler. Beteiligung seines Bruders Hubert van E. (* um 1370, † 1426), als sein Hauptwerk gilt. Mit dem Genter Altar beginnt die neue realist. Epoche in der Geschichte der Malerei nördlich der Alpen. Ausgehend von der niederländ. Buchmalerei sind alle Einzelheiten mit äußerster Schärfe und Sachtreue geschildert und durch das reiche Leben von Farbe und Licht zu räumlich-atmosphär. Einheit zusammengefasst. J. van E. schuf ferner das Doppelbildnis des Kaufmanns Giovanni Arnolfini und seiner Frau Giovanna Cenami, 1434 (London, National Gallery), die Madonna des Kanonikus Georg van der Paele, 1434–36 (Brügge, Groe-

ningemuseum), die Madonna des Kanzlers Nicholas Rolin, um 1437 (Paris, Louvre) sowie u. a. kleine Madonnentafeln und Bildnisse.

Jan van Eyck: Giovanni Arnolfini und seine Frau (1434; London, National Gallery)

📖 *Pächt, O.: Van E. – Die Begründer der altniederländ. Malerei. München ³2002.*

Eyecatcher [ˈaɪkɛtʃə, engl.] *der*, Blickfang (z. B. in der Werbung).

Eyrehalbinsel [ˈeə-; nach dem brit. Australienforscher E. J. Eyre, * 1815, † 1901], Halbinsel in Südaustralien zw. der Großen Austral. Bucht (im W) und dem Spencergolf; Weizenanbau, Schafzucht; Eisenerztagebau.

Eyresee [ˈeə-; nach E. J. Eyre, der ihn 1840 entdeckte], meist ausgetrocknete, abflusslose Salzpfanne in Südaustralien, 8 000 bis 15 000 km², 12 m u. M. (tiefste Stelle des Kontinents); füllt sich nur selten und dann nur teilweise mit Wasser.

Eysenck, Hans Jürgen, brit. Psychologe dt. Herkunft, * Berlin 4. 3. 1916, † London 4. 9. 1997; emigrierte 1934 und war 1955–84 Prof. in London; Studien bes. zur Persönlichkeitsforschung und Verhaltenstherapie.

Eyskens [ˈɛjskəns], **1)** Gaston, belg. Politiker, * Lier (Prov. Antwerpen) 1. 4. 1905, † Löwen 3. 1. 1988, Vater von 2); Prof. der Wirtschaftswiss. in Löwen, Mitgl. der Christl. Volkspartei, mehrmals Finanzmin., setzte in seiner 1. Amtszeit als MinPräs. (1949–50) eine Volksabstimmung über den Verbleib König Leopolds III. auf dem Thron durch, in seiner 2. Amtszeit (1958–61) die Entlassung Belgisch-Kongos in die Unabhängigkeit. 1968–72 zum dritten Mal Ministerpräsident.

2) Mark, belg. Politiker, * Löwen 29. 4. 1933, Sohn von 1); Rechts- und Wirtschaftswissenschaftler, Mitgl. der Christl. Volkspartei, war 1981 MinPräs., 1981–85 Wirtschafts-, 1985–88 Finanz-, 1989–92 Außenminister.

Eysler, Edmund, eigtl. Eisler, österr. Komponist, * Wien 12. 3. 1874, † ebd. 4. 10. 1949; komponierte über 50 Operetten und Singspiele (u. a. »Die gold'ne Meisterin«, 1927).

Eyth, Max von (seit 1896), Ingenieur und Schriftsteller, * Kirchheim unter Teck 6. 5. 1836, † Ulm 25. 8. 1906; wirkte seit 1861 mit bei J. Fowlers Konstruktion eines Dampfpflugs, den er in der Landwirtschaft vieler Länder einführte; gründete 1885 die Dt. Landwirtschaftsgesellschaft in Berlin. Neben techn. Untersuchungen verfasste er autobiograf. Berichte, volkstüml. Romane und lebendige Erzählungen aus der Welt der Technik.

EZB, Abk. für ↑Europäische Zentralbank.

Eze̱chi̱el [hebr. »Gott möge stärken«], israelit. Prophet, ↑Hesekiel.

Ezo [-z-], früherer Name für ↑Hokkaidō.

Ezzeli̱no da Roma̱no, Ghibellinenführer, * Onara (heute zu Tombolo, Prov. Padua) 25. 4. 1194, † Soncino (bei Cremona) 1. 10. 1259; Schwiegersohn Kaiser Friedrichs II., herrschte seit 1236 als Stadtherr (Signore) in Verona und Vicenza, später auch in Padua, Belluno, Feltre und Trient; berüchtigt durch seine Grausamkeit.

E̱zzes (Eizes) [jidd.] *Pl.,* (österr. umgangssprachl.) Tipps, Ratschläge.

E̱zzo, Bamberger Chorherr, Teilnehmer an der Kreuzfahrt des Bischofs Gunther von Bamberg nach Jerusalem (1064/65); soll auf den Pilgerzug den lat. Hymnus »Von den Wundern Christi« (um 1060) gedichtet haben, eine heilsgeschichtl. Darstellung des Weltgeschehens von der Schöpfung bis zur Erlösung durch Christus.

f, F, 1) stimmloser labiodentaler Reibelaut (↑Laut); der 6. Buchstabe des dt. Alphabets.
2) Abk. **f.**, *Pl.* **ff.**, für folgende (Seite, Jahr).
3) *Chemie:* **F**, chem. Symbol für ↑Fluor.
4) *Einheitenzeichen:* **f** für ↑Fermi; **F** für ↑Farad.
5) *Formelzeichen:* *F* für die ↑Faraday-Konstante, den ↑Flächeninhalt, die ↑freie Energie; *F* für die ↑Kraft; *f* für die Brennweite und die Frequenz.
6) *Mathematik:* *f* Symbol für ↑Funktion.
7) *Münzwesen:* **F**, Kennbuchstabe auf dt. Reichsmünzen nach 1872 für die Münzstätte Stuttgart, auf preuß. 1750–67 für Magdeburg, auf österr. seit 1765 für Hall in Tirol, auf frz. 1539–1772 für Angers.
8) *Musik:* **f**, der 4. Ton der C-Dur-Tonleiter, auch Zeichen für forte und für f-Moll; **F**, Zeichen für F-Dur.
9) *Vorsatzzeichen:* **f** für ↑Femto.
°F, Einheitenzeichen für ↑Grad Fahrenheit.

Fa, frz. und italien. Bez. für den Ton f; in der Solmisation der 4. Ton jeder Durtonart.
Faaker See, See im Westteil des Klagenfurter Beckens, Kärnten, Österreich, 554 m ü. M., 2,2 km² groß, bis 30 m tief; bis 27 °C warmer Badesee.
Fabaceae, die ↑Schmetterlingsblütler.
Fabales, die ↑Hülsenfrüchtler.
Fabel [von lat. fabula »Erzählung«, »Sage«], **1)** die einer epischen oder dramat. Dichtung zugrunde liegende Handlung.
2) epische Kurzform; eine in Vers oder Prosa abgefasste, meist kurze Erzählung mit lehrhafter Tendenz, in der zumeist Tiere (aber auch Pflanzen) menschl. Verhaltensweisen und Eigenschaften verkörpern. In ihrem antithet. Aufbau (gegensätzl. Positionen zweier oder mehrerer Tiere), in der Darstellung einer dramat. Handlungsumkehr und der Ausrichtung auf eine Schlusspointe zielt die F. auf Ver-

f, F 1): Druckschriftvarianten

FAB Fabeltiere

sinnbildlichung einer allgemein gültigen Sentenz, auf eine religiöse, moral. oder prakt. Belehrung oder Kritik. – F. finden sich im volkstüml. Erzählgut vieler Völker. Als Vater der europ. F. gilt der legendäre Äsop. Als mittelalterl. Schullektüre waren lat. Sammlungen in Europa verbreitet. Nach großer Beliebtheit in Humanismus und Reformation (H. Sachs) wurde die dt. F. erst im 18. Jh. (Aufklärung) wieder belebt, während J. de La Fontaine im Jh. davor die frz. F. zum Höhepunkt literar. Kleinkunst entwickelte. An die Stelle der moral. Belehrung trat nun die Betonung bürgerl. Lebensklugheit. Als dt. Fabeldichter ragen F. von Hagedorn, C. F. Gellert und J. W. L. Gleim hervor. Der auf die äsop. Tradition zurückgreifende G. E. Lessing beschloss zugleich die Entwicklung der dt. F. im 18. Jahrhundert.

📖 *Dithmar, R.: Die F. Gesch., Struktur, Didaktik. Paderborn u. a. ⁷1988. – Die dt. u. lat. F. in der frühen Neuzeit, hg. v. A. Elschenbroich, 2 Bde. Tübingen 1990. – Coenen, H. G.: Die Gattung F. Göttingen 2000. – Holzberg, N.: Die antike F. Eine Einführung. Darmstadt ²2001.*

Fabeltiere, Fantasiegeschöpfe, die in Religion, Mythos, Dichtung, Kunst und Heraldik eine große Rolle spielen, u. a. ↑Drache, ↑Einhorn, ↑Phönix; auch Mischwesen aus versch. Tieren, v. a. ↑Basilisk, ↑Greif, ↑Pegasus.

Faber, Jakobus, eigtl. Jacques Lefèvre d'Étaples (lat. Faber Stapulensis), frz. Theologe und Humanist, *Étaples (bei Boulogne-sur-Mer) um 1450, † Nérac (bei Agen) 1536; bed. Bildungsreformer und Wegbereiter des frz. Protestantismus; übersetzte 1526 die Bibel ins Französische.

Fabergé [fabɛrˈʒe], russ. Goldschmiedefamilie, Juweliere; ihr bedeutendstes Mitglied, Peter Carl F. (*Petersburg 18. 5. 1846, † Lausanne 24. 9. 1920), übernahm 1870 die Leitung der 1842 gegr. väterl. Firma in Petersburg; bekannt wurden neben Miniaturen aus Gold und Edelsteinen v. a. seine seit 1884 im Auftrag des Zaren angefertigten Ostereier.

📖 *F., Juwelier des Zarenhofes, hg. v. A. von Solodkoff, Ausst.-Kat. Museum für Kunst u. Gewerbe Hamburg. Heidelberg 1995.*

Faberrebe, früh reifende Weißweinrebe, Neuzüchtung: Kreuzung aus Weißburgunder und Müller-Thurgau, liefert fruchtige, frische Weine mit leichtem Muskatbukett.

Fabiani, Alberto, italien. Modeschöpfer, *Rom 18. 11. 1910; führte 1962–64 zus. mit seiner damaligen Frau das Pariser Haute-Couture-Haus »Simonetta et F.«, gründete dann allein in Rom ein Haute-Couture-Haus; Kreationen von großem Erfindungsreichtum und vollendeter Verarbeitung.

Fabian Society [ˈfeɪbjən səˈsaɪətɪ; engl. »Fabier-Gesellschaft«], Vereinigung brit. Intellektueller (S. und B. Webb, G. B. Shaw, H. G. Wells u. a.), entstanden 1883/84, suchte in Ablehnung des »Manchester-Liberalismus« (↑Manchestertum) und zugleich als Gegnerin des marxist. Klassenkampfgedankens den Sozialismus in verfassungsgemäßer Evolution zu verwirklichen. Sie nannte sich nach dem röm. Feldherrn Fabius Cunctator, dessen durch Geduld und Abwarten bestimmte erfolgreiche Taktik sie bei der Vergesellschaftung der Wirtschaft anwenden wollte. Die F. S. war an der Gründung der ↑Labour Party beteiligt und nahm großen Einfluss auf deren Programm. 1938 erneuerte sie sich als Arbeitskreis innerhalb der Labour Party.

📖 *Wittig, P.: Der engl. Weg zum Sozialismus. Die Fabier u. ihre Bedeutung für die Labour Party u. die engl. Politik. Berlin 1982.*

Fabius, altröm. Patriziergeschlecht **(Fabier)**, das seit dem 5. Jh. v. Chr. in Rom eine führende Stellung innehatte; Kampf und Niederlage des Geschlechts gegen Veji (477) wurden von der Legende ausgestaltet. Im 4. und 3. Jh. wirkten die Fabier entscheidend am Aufstieg Roms mit. Quintus F. **Maximus Verrucosus**, *um 280 v. Chr., † 203 v. Chr., war mehrfach Konsul, wurde im 2. Pun. Krieg nach der Niederlage am Trasimen. See 217 zum Diktator ernannt, erhielt wegen seiner nach der Niederlage von Cannae (216) erfolgreichen Kriegführung des hinhaltenden Widerstandes gegen Hannibal den Beinamen **Cunctator** (»der Zauderer«).

Fabius [faˈbjys], Laurent, frz. Politiker, *Paris 20. 8. 1946; war ein enger Mitarbeiter F. Mitterrands; 1984–86 MinPräs., 1992–93 Vors., seit 2002 stellv. Vors. der Sozialistischen Partei; 1988–92, erneut 1997–2000 Präs. der Nationalversammlung, 2000–02 Wirtschafts- und Finanzminister.

Fable convenue [fablə kɔ̃vˈny; frz. »verabredete Fabel«] *die,* etwas Erfundenes, das man als wahr gelten lässt.

Fabliaux [-bliˈo], im mittelalterl. Frankreich schwankhafte, von Spielleuten vorgetragene Erzählungen in paarweise gereimten, meist achtsilbigen Versen; bezeugt seit Mitte des 12.Jh. bis ins 14.Jh.; überliefert sind etwa 150 Fabliaux. Die Stoffe, die z. T. antiken oder oriental. Ursprungs sind, wurden u. a. von G. Boccaccio, F. Rabelais und Molière wieder verwendet.

Fåborg [ˈfɔbɔr], Stadt im S der Insel Fünen, Dänemark, 17300 Ew.; Mittelpunkt eines Landwirtschaftsgebietes, Kleinindustrie, F.-Museum (neoklassizist. Bau; Malerei). – Helligåndskirke (Ende 15. Jh.). Im Ortsteil Horne die einzige Rundkirche Fünens (12. Jh.; Anbau 15.–18. Jh.). – Das seit 1229 bezeugte F. erhielt 1251 Stadtrecht.

Fabre [fabr], Jan, belg. Maler, Choreograph, Bühnenbildner und Regisseur, *Antwerpen 14. 12. 1958; als »Universalkünstler« eingestuft; beeinflusst von M. Duchamp, R. Magritte, M. Foucault und J. Beuys. Werke sind u. a. die Choreographie »The sound of one hand clapping« (1990), die Oper »Silent screams, difficult dreams« (1992) und das Mysterienspiel »Universal Copyrights 1 & 9« (1995).

Fábri, Zoltán, ungar. Filmregisseur, *Budapest 15. 10. 1917, †ebd. 23. 8. 1994; wirkte zunächst beim Theater; Filme, meist zur jüngsten ungar. Geschichte, sind u. a. »Professor Hannibal« (1956), »Das fünfte Siegel« (1976), »Die Ungarn« (1977), »Bálint Fábián begegnet Gott« (1980).

Fabriano, Stadt in der Prov. Ancona, in den Marken, Italien, 325 m ü. M., 29 600 Ew.; Bischofssitz; Pinakothek, Papier- und Filigranmuseum.

Fabricius, 1) David, Theologe und Astronom, *Esens (Landkreis Wittmund) 1564, †Osteel (Landkreis Aurich) 7. 5. 1617, Vater von 3); entdeckte 1596 den veränderl. Stern Mira.
2) Ernst, Historiker, *Darmstadt 6. 9. 1857, †Freiburg im Breisgau 22. 3. 1942; war 1888–1926 Prof. in Freiburg und leitete seit 1902 die Reichslimeskommission, für die er das Werk »Der obergermanischrät. Limes des Römerreiches« (14 Bde., 1894–1938) herausgab.
3) Johannes, Astronom, *Osteel (Landkreis Aurich) 8. 1. 1587, †Marienhafe (Landkreis Aurich) um 1615, Sohn von 1); entdeckte 1610 die Sonnenflecken und schloss daraus auf die Rotation der Sonne.

Fabeltiere: In der Sage gehört der Kampf gegen einen Drachen zur Bewährungsprobe eines Ritters; die Illustration aus dem 15. Jahrhundert zeigt einen Krieger, der in voller Rüstung und mit geschlossenem Visier einen solchen Kampf ausficht.

Fabrik [frz.], vorherrschende Form des Ind.betriebes, gekennzeichnet durch eine stark mechanisierte Produktion für einen weitgehend anonymen Markt, räuml. Zentralisation der Arbeitsplätze und hohe Arbeitsteilung, die den Einsatz un- oder angelernter Arbeitskräfte ermöglicht. Die F. löste als Produktionsform die Manufaktur ab. Um den Automatisierungsgrad zu erhöhen wird in modernen F. häufig die computerunterstützte Fertigung (CIM) eingesetzt.

Fabrikläden, ↑Factory-Outlet-Stores.

Fabrikmarke, eine ↑Marke für eine Ware, die auf den Hersteller hindeutet.

FAB Fabrikschiff

Fabrikschiff, Fischereispezialschiff, das auf See die Fische der zugehörigen Fangboote oder des eigenen Fangs versand- und verbrauchsfertig verarbeitet.

Fabritius, Carel, niederländ. Maler, getauft Beemster (Prov. Nordholland) 27. 2. 1622, † Delft 12. 10. 1654; 1640–43 Schüler von Rembrandt, seit 1650 in Delft tätig. Seine perspektivisch-illusionist. Raumdarstellungen und die klaren, dunklen Formen vor lichten Gründen beeinflussten P. de Hooch und J. Vermeer van Delft.

Fabry-Pérot-Interferometer [fa'bri pe-'ro-; nach den frz. Physikern C. Fabry, *1867, †1945, und A. Pérot, *1863, †1925], ein Interferometer aus zwei hochreflektierend verspiegelten, leicht keilförmigen ebenen Planplatten, deren Innenflächen exakt parallel zueinander justiert sind; dient der genauen Wellenlängenmessung und zur Untersuchung der Fein- und Hyperfeinstruktur von Spektrallinien, die mit Gitter- oder Prismenspektrometern nicht aufgelöst werden können.

Fabula [lat.], Erzählung, Sage, Fabel, Schauspiel.

fabula docet [lat. »die Fabel lehrt«], die Moral von der Geschichte ist ..., diese Lehre soll man aus der Geschichte ziehen.

fabulieren, fantastische Geschichten erzählen; munter drauflosplaudern; schwindeln.

Faburden ['fɑːbədn, engl.] *der,* improvisierte Unterstimme in der engl. mehrstimmigen Musik des 15. und 16. Jahrhunderts.

fac [lat.], mach! (auf Rezepten).

Face [fas, frz.] *die,* (veraltet) Gesicht, Vorderseite. (↑en face)

Facelifting ['feɪslɪftɪŋ, engl.] *das,* **1)** *kosmet. Chirurgie:* (Lifting), die operative Straffung der Gesichtshaut zur Beseitigung altersbedingter Falten (auch Doppelkinn oder Hängebacken) durch Herausschneiden von Hautstreifen aus den Randpartien des Gesichts (Haaransatz, Ohr- und Kinnbereich).
2) *Marketing:* Veränderung einzelner, meist äußerl. Merkmale von Produkten (v. a. Farben, Formen, Oberflächen), um den Absatz mit relativ geringem Mehraufwand in den letzten Phasen des ↑Produktlebenszyklus zu erhöhen. Tiefer greifende Veränderungen von Konstruktionen oder Funktionsprinzipien unterbleiben.

Facette [fa'sɛtə, frz.] *die,* angeschliffene Fläche, v. a. bei Edelsteinen und Glas.

Facettenauge [fas-], ↑Auge.

Fach, *Weberei:* Webfach, durch Heben und Senken der Kettfäden gebildeter Zwischenraum zum Einführen des Schussfadens.

Facharbeiter, Arbeiter, der eine Lehre in einem anerkannten Lehrberuf abgeleistet und die Abschlussprüfung (Gesellen-, F.-Prüfung) abgelegt hat.

Facharzt, Arzt, der nach der Approbation durch vier- bis sechsjährige Weiterbildung besondere Kenntnisse auf einem Spezialgebiet der Medizin, z. B. Augenheilkunde, erworben hat.

Fachaufsicht, ↑Staatsaufsicht.

Fachbereich, organisator. Grundeinheit für Forschung und Lehre an Hochschulen, in der verwandte Disziplinen zusammengefasst werden; im dt. Hochschulwesen weitgehend an die Stelle der ↑Fakultäten getreten.

Fächel, Form des Blütenstandes.

Fächer, Handgerät zur Erzeugung eines Luftstromes, das über den zweckgerichteten Einsatz hinaus (Anfachen des Feuers, Kühlung) Bedeutung fand. Der F. trat im Altertum im Orient und Fernen Osten als Wedel auf und wurde auch zum Zeichen der Herrscherwürde. Bei dem **Fahnen-F.,** bei dem das F.-Blatt (Pergament, Geflecht) seitlich am Stiel befestigt ist, kam im 16. und 17. Jh. aus der Türkei nach Mitteleuropa. Der schaufelförmige **Rund-F.** mit Stiel wurde im 16. und 17. Jh. an Kette oder Band hängend am Gürtel getragen. Der in Europa noch übl. **Falt-F.** stammt aus Japan und verbreitete sich über Spanien in Europa im 16. Jh. Unter Ludwig XIV. wurde er zum Luxusgegenstand und vielfach künstlerisch gestaltet (u. a. durch J. A. Watteau und F. Boucher. Anfang des 20. Jh. kam der F. aus der Mode.

Fächerfische (Istiophoridae), Familie der Makrelenfische; trop. Hochseefische mit spindelförmigem Körper, schwertartig ausgezogenem Oberkiefer und segelähnl. Rückenflosse; z. B. der rd. 3,5 m lange **Atlant. F.** (Istiophorus albicans) und der bis 2,5 m lange **Weiße Marlin** (Makaira albida).

Fächerflügler (Strepsiptera), Insektenordnung mit mehr als 400 Arten, deren Larven, Puppen und Weibchen bes. in Hautflüglern parasitieren. Das frei lebende Männchen lebt nur wenige Tage und kann keine Nahrung aufnehmen; das

Weibchen ist ein schlauchförmiges Gebilde, dessen Vorderende aus dem Wirt herausragt.

Fächerpalmen, Gruppe der ↑Palmen.

Fachhochschule, Abk. **FH,** Hochschuleinrichtung mit relativ spezialisiertem Studienangebot von rd. 40 Fachrichtungen (z.B. Bauingenieurwesen, Betriebswirtschaft); z.T. aus höheren Fachschulen, Akademien und v.a. Ingenieurschulen hervorgegangen. In achtsemestrigem Studium vermitteln sie das ↑Diplom (FH) der versch. Fachrichtungen. Das Zeugnis der F. schließt die allgemeine Hochschulreife ein. Voraussetzung zum Besuch der F. ist der Abschluss der ↑Fachoberschule (Fachhochschulreife) oder das Abitur mit Berufsausbildung und zweijähriger Berufspraxis. Die F. wurden z.T. in Gesamthochschulen eingegliedert. – *Österreich* und die *Schweiz* kennen die Bez. höhere Fachschule, Technikerschule, Ingenieurschule, auch Hochschule.

Fachinformation, Abk. **FI,** veröffentlichtes Wissen, das zum Zweck der Erfüllung fachl. Aufgaben erfasst, aufbereitet und zur Verfügung gestellt wird. FI-Dienste sind: Fach- und Spezialbibliotheken, Referatezeitschriften und so genannte F.-Zentren (FIZ). F. werden zunehmend in elektron. Form (elektron. FI, ↑Datenbanken) bereitgestellt.

Fachlehrer, Lehrkraft mit der Lehrbefähigung für bestimmte (meist 2–3) Lehrfächer oder eine Fächergruppe **(Fachgruppenlehrer);** generell an Haupt-, Berufs-, Fach-, Realschulen und Gymnasien; im Unterschied zum Klassenlehrer der Grundschule.

Fachoberschule, Einrichtung des berufl. Schulwesens, die zur Fachhochschulreife führt. F. bauen auf dem Realschulabschluss oder einem als gleichwertig anerkannten Abschluss auf. Der Schulbesuch dauert – abhängig von der berufl. Vorbildung – bei Vollzeitunterricht mindestens ein Jahr, bei Teilzeitunterricht bis zu drei Jahren.

Fachschaft, Zusammenschluss von Studenten des gleichen Studienfachs oder der gleichen Studienrichtung an Hochschulen, die zu studienbezogenen Fragen Stellung nimmt und fachspezif. student. Interessen vertritt.

Fachschule, berufsbildende Tages- oder Abendschule, die nach Abschluss einer Berufsausbildung zur berufl. Weiterbildung oder zum Erwerb besonderer Qualifikationen (Spezialisierung, Meisterprüfung) besucht wird. Die Ausbildung dauert bei Vollzeitunterricht zw. 6 Monaten und 3 Jahren, bei Teilzeitunterricht 6–8 Semester.

Fachschulreife, mittlerer Bildungsabschluss des berufl. Bildungswesens, der in Berufsaufbauschulen und Berufsfachschulen sowie in Bad.-Württ. an Berufsoberschulen erworben wird.

Fachsprache, Sprache zur Verständigung innerhalb eines bestimmten Sachbereichs; die F. berühren sich aufgrund ihres spezif. Wortschatzes mit den Berufssprachen (↑Standessprachen) und mit den ↑Sondersprachen, stehen jedoch auch in enger Wechselbeziehung zur ↑Standardsprache.

Fachwerkbau: Quedlinburg, Haus Wordgasse 3 aus dem 14. Jh., gehört zu den ältesten Fachwerkhäusern Deutschlands

Fachwerk, eine ebene oder räuml. Baukonstruktion aus starr miteinander verbundenen Stäben i.d.R. aus Holz, Stahl oder Aluminiumlegierungen, bei der alle Kräfte und Lasten in statisch angeordneten Stäben aufgelöst werden, z.B. für den Bau frei gespannter Hallen, von Dachtragwerken, Brücken (Fachwerkträger) und Fachwerkhäusern.

Fachwerkbau, Skelettbauweise (für Häuser), bei der ein Rahmenwerk aus Holz

FAC Fachwerkstraße

als tragendes Gerippe errichtet wird. Die entstehenden Fächer werden mit einem Stroh-Lehm-Gemisch auf Holzgeflecht oder (v. a. in Nord-Dtl.) mit Ziegeln ausgefüllt. – Vorstufen gab es im Altertum in Vorderasien, in der kretisch-myken. Baukunst und in der seit dem Neolithikum üblichen Ständerbauweise in Mittel- und S-Europa. Vollständiger F. trat jedoch erst im Röm. Reich der Kaiserzeit auf. Wichtig für die Verbreitung des F. war das Vorkommen von Eichenholz. Im MA. wurde der F. in Dtl. für Bauten im städt. wie im ländl. Bereich vorherrschend. Die ältesten bekannten Beispiele aus dem 14. Jh. zeigen den F. auf hoch entwickelter Stufe und lassen auf längere Tradition schließen. In seiner künstlerisch reichsten Form trat der F. im 16. und 17. Jh. auf; seit dem späten

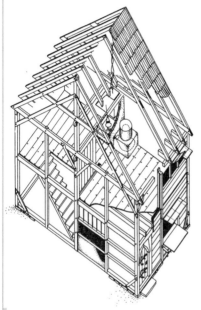

Fachwerkbau: Wohnhaus in Rottweil (Rekonstruktionszeichnung)

16. Jh. begann er hinter dem Steinbau zurückzutreten; im 18. Jh. wurde er im bürgerl. Wohnbau nur noch als betont billige Bauweise eingesetzt. Im ländl. Bereich dagegen wurde der F. noch lange verwendet. Aus dem 18. Jh. sind zahlr. Fachwerkkirchen erhalten.

📖 *Binding, G. u. a.: Kleine Kunstgesch. des dt. F. Darmstadt* ⁴*1989.* – *Gerner, M.: F. Entwicklung, Gefüge, Instandsetzung. Stuttgart* ⁸*1998.* – *Großmann, G. U.: Fachwerk als historische Bauweise. Suderburg-Hösseringen 2002.*

Fachwerkstraße, ↑Ferienstraßen (Übersicht).

Fachwirt, kaufmänn. Führungskraft der mittleren Ebene; die Ausbildung erfolgt neben der berufl. Tätigkeit an kaufmänn. Fachschulen u. a. Fortbildungseinrichtungen.

Facialis, ↑Fazialis.

Facility-Management [fə'sɪlɪtɪmænɪdʒmənt] *das,* immobilienbezogene Dienstleistung, d. h. Analyse und Optimierung aller kostenrelevanten Vorgänge rund um ein Gebäude oder ein anderes baul. Objekt (z. B. Planung, Erwerb, Erstellung, Verwertung, Instandhaltung, Wartung, Bewirtschaftung, Reinigung u. a. Dienstleistungen).

Fackel, Die, kulturkritische Zeitschrift 1899–1936, hg. von K. Kraus (Beiträge ab 1912 allein von Kraus geschrieben).

Fackel, 1) *allg.:* Beleuchtungsmittel aus grobem Gewebe, getränkt mit Wachs, Teer, Harz u. a.; gilt als Sinnbild des Erhellens, in der Antike Attribut mehrerer Gottheiten.

2) *Astronomie:* die ↑Sonnenfackel.

Façon [fa'sõ:], ↑Fasson.

Fact [fækt, engl.] *der* (meist *Pl.*), Tatsache, Tatsachenmaterial.

Factoring ['fæktərɪŋ, engl.] *das,* Methode der Absatzfinanzierung, bei der eine Herstellerfirma bzw. Händlerfirma ihre Forderungen aus Warenlieferungen gegen Vergütung an ein Finanzierungsinst. **(Factor)** verkauft; dieses übernimmt Kreditrisiko und Mahnwesen. Der Lieferant erhält den Gegenwert der Forderungen vor ihrem Verfall.

📖 *Handbuch des nat. und internat. F.,* hg. v. *K. F. Hagenmüller. Frankfurt am Main* ³*1997.* – *Schwarz, W.: F. Stuttgart* ⁴*2002.*

Factory-Outlet-Center ['fæktərɪ 'aʊtlet 'sentə; engl. »Fabrikabsatzzentrum«] *das,* Abk. **FOC,** neue Betriebs- und Vertriebsform des Einzelhandels, bei der eine Vielzahl von Herstellern eigene Markenartikel (v. a. »Designerware«) an einer gemeinsamen Verkaufsstätte (Verkaufsfläche bis zu 38 000 m²) zu günstigen Preisen direkt anbietet; spezielle Form des Direktverkaufs.

Factory-Outlet-Stores [ˈfæktərɪ ˈaʊtlet ˈstɔːz; engl. »Fabrikverkaufslager«], Fabrikläden, herstellereigene Verkaufsstellen, die Erzeugnisse (v. a. Textilien, Lederwaren) unter Umgehung des Groß- und Einzelhandels direkt vermarkten. In F., die sich i. d. R. auf dem Fabrik- oder Außenlagergelände oder in dessen unmittelbarer Nähe befinden, werden Lagerbestände, Ausschusswaren und Auslaufmodelle, aber auch Markenartikel z. T. wesentlich unter dem übl. Preisniveau an Endabnehmer verkauft.

Facultas [lat. »Möglichkeit«, »Fähigkeit«] *die,* durch Prüfung nachgewiesene Befähigung, z. B. **F. Docendi,** Lehrbefähigung.

FAD, Abk. für ↑Flavinadenindinucleotid.

Fadejew, Alexandr Alexandrowitsch, eigtl. A. A. Bulyga, russ. Schriftsteller, *Kimry (Gebiet Twer) 24. 12. 1901, †(Selbstmord) Peredelkino (bei Moskau) 13. 5. 1956; schrieb Romane und Erzählungen über die Zeit des Bürgerkrieges (»Die Neunzehn«, 1927) und den Zweiten Weltkrieg, so den Roman »Die junge Garde« (1945, 2. Fassung 1951), der als Beispiel für den sozialist. Realismus gilt.

Faden, 1) *Heraldik:* Balken, Schrägbalken oder Pfahl von sehr geringer Breite.
2) *Metrologie:* a) in Großbritannien und den USA als **Fathom** mit 1,8288 m noch gültige Längeneinheit; b) alte dt. Längeneinheit, regional unterschiedlich, meist etwa 1,8–2 m.
3) *Textiltechnik:* linienförmiges textiles Gebilde aus verdrillten (versponnenen) Natur- oder Kunstfasern, z. B. Garn, Seide, Zwirn.

Fadenglas, Kunstglas, bei dem dünne Fäden, meist aus weißem Milchglas, in ein durchsichtiges Grundglas eingeschmolzen werden. Durch Verdrehen des heißen Glases ergeben sich spiralige Windungen, durch Wiederholen des Vorgangs mit anderen Fadenrichtungen entstehen netzartige Muster. – Diese Technik erlebte ihre Blüte im 16. Jh., zuerst in Venedig (Murano), später auch in Deutschland.

Fadenkreuz, eine in der objektivseitigen Brennebene des Okulars eines Fernrohrs oder Mikroskops angebrachte Markierung in Form zweier rechtwinklig sich kreuzender Fäden oder in eine Glasplatte eingeätzter feiner Striche; dient als Ziel- oder Einstellvorrichtung.

Fadenwürmer (Nematoden, Nematodes), artenreichste Klasse der Schlauchwürmer mit mehrschichtigem Hautmuskelschlauch. F. leben frei im Boden oder im Süß- und Meerwasser oder parasitieren in Pflanzen und Tieren (einschl. Mensch), z. B. Haken-, Spul-, Madenwürmer.

Fachwerkbau: Balkenschnitzwerk am ehemaligen Wohnhaus eines Lohgerbermeisters in Eschwege (1679)

Fadenzähler, Lupe mit etwa sechsfacher Vergrößerung, um die Kett- und Schussfadenzahl von Textilien u. a. zu bestimmen.

Fading [ˈfeɪdɪŋ; engl. »Schwund«] *das,* **1)** *Funktechnik:* ↑Schwunderscheinung.
2) *Kraftfahrzeugtechnik:* unerwünschtes Nachlassen der Bremswirkung von Reibungsbremsen infolge Erwärmung beim Dauerbremsen.

Fadinger, Stephan, *um 1570, ✕ 5. 7. 1626 bei der Belagerung von Linz; Führer des oberösterr. Bauernaufstands gegen die gewaltsame Rekatholisierung und die bayer. Besetzung.

Fado [ˈfaðu; portugies. »Schicksal«] *der,* in Portugal in den 20er-Jahren des 19. Jh.

aufgekommenes, traurig gestimmtes Lied, geradtaktig, in stark synkopiertem Rhythmus.
Faeces [lat.] *Pl.* (Fäzes), ↑Kot.

Fagott: Kontrafagott

Faenza, italien. Stadt in der Emilia-Romagna, Prov. Ravenna, 53 500 Ew.; Keramikmuseum und -schule; keram. Industrie. Nach F. wurde das in der Renaissance zur Vollendung entwickelte keram. Kunsthandwerk der Stadt ↑Fayence genannt. – Dom San Pietro (1581 geweiht), Palazzo del Podestà (12. Jh.). – F. gehörte 1509 bis 1860 meist zum Kirchenstaat.
Faesi, Robert, schweizer. Schriftsteller, *Zürich 10. 4. 1883, †Zollikon 18. 9. 1972; schrieb in der Tradition des schweizer. Realismus v. a. Erzählungen und Romane aus der Zürcher Geschichte.
Fafnir (Fafner), *nord. Sage:* der von Siegfried (Sigurd) erschlagene Drache, Hüter des Nibelungenhorts. Durch das Bad im Drachenblut erlangte Siegfried Unverwundbarkeit. Das Motiv verwendete R. Wagner in »Der Ring des Nibelungen«.
Fagaceae, die Pflanzenfamilie ↑Buchengewächse.
Făgăraș [fəgəˈraʃ] (dt. Fogarasch), Stadt im Bez. Kronstadt, in Siebenbürgen, Rumänien, am Alt, 45 700 Ew.; chem., Nahrungsmittelind., Maschinenbau. – Burganlage mit Innenhof und vier Ecktürmen (14.–17. Jahrhundert).
Fagopyrismus [lat.] *der,* der ↑Buchweizenausschlag.

Fagopyrum [lat.], die Pflanzengattung ↑Buchweizen.
Fagott [italien. »Bündel«] *das,* Holzblasinstrument aus zwei eng zusammengebundenen Röhren von etwa 2,60 m Gesamtlänge mit fünf Grifflöchern, 20–24 Tonklappen, s-förmigem Metallanblasröhrchen, dem das Doppelrohrblatt aufgesteckt wird; Umfang von $_1$A oder $_1$B bis es^2 (das **Kontra-F.** steht etwa eine Oktave tiefer). Es klingt in der Tiefe voll und dunkel, in der Höhe etwas näselnd, in der Mittellage anmutig. – Das F. entstand im 16. Jh., war im Barock meist Generalbassinstrument und ist heute im Orchester das tiefste Instrument der Holzbläser.
Fagus [lat.], die Pflanzengattung ↑Buche.
Fahd [faxd] (Fahd Ibn Abd al-Asis), König von Saudi-Arabien (seit 1982), *Riad um 1920; 1962–75 Innenmin., von König Chalid 1975 zum Kronprinzen und 1. stellv. MinPräs. ernannt, übte unter diesem die eigentl. Regierung aus. Unter Aufrechterhaltung der feudalist. Strukturen verfolgte F. bei der wirtsch. und technolog. Entwicklung Saudi-Arabiens einen pragmat. Kurs. Unter dem Eindruck des 1. Golfkrieges (1980–88) verstärkte er die Zusammenarbeit mit den Golfstaaten und beteiligte sich im 2. Golfkrieg (1991) an der Allianz gegen Irak. 1986 setzte F. für sich die Anrede »Wächter der beiden Heiligen Stätten« (Mekka und Medina) durch.
Fähe [ahd. foha »Füchsin«] *die,* weibl. Tier bei Fuchs, Marder, Iltis, Wiesel, Nerz.
Fähigkeit, im Ggs. zur Begabung auch auf Lernprozesse zurückgehende Gesamtheit der psych. und phys. Bedingungen, die die Ausführung einer bestimmten Verrichtung (Leistung) ermöglicht.
Fahlband, durch Kiese (v. a. Schwefel-, Kupferkies) imprägnierte, fahl glänzende bandförmige Zone in metamorphen Gesteinen.
Fahlberg, Constantin, Chemiker russ. Herkunft, *Tambow 22. 12. 1850, †Nassau 15. 8. 1910; entdeckte den künstl. Süßstoff ↑Saccharin.
Fahlerze, kubisch kristallisierende Kupfererzminerale, oft mit Gehalt von Silber, Zink, Eisen und Quecksilber; grau, metallisch glänzend, meist derb; wichtige F. sind der **Tetraedrit** (Antimon-F., $Cu_{12}Sb_4S_{13}$) und der **Tennantit** (Arsen-F., $Cu_{12}As_4S_{13}$). F. sind weit verbreitet und kommen v. a. auf hydrothermalen Erzlagerstätten vor.

Fahnenkunde FAH

Fahlleder, pflanzlich-synthetisch gegerbtes, naturfarbenes, stark gefettetes Schuhoberleder aus Rindshäuten.

Fahndung, Maßnahmen von Staatsanwaltschaft und Polizei zur Ermittlung flüchtiger oder gesuchter Personen (z. B. Straftäter, Zeugen) oder von Sachen (Sach-F.) im Strafverfahren. Die vielfältigen Mittel der F. umfassen im Inland z. B. den Steckbrief, Auskünfte bei Behörden und zentralen Registern, die Suche über Medien sowie das Aussetzen von Belohnungen, im Ausland die Suche über Interpol. Besondere F.-Methoden sind die Raster- und die Schleppnetz-F. Bei der **Raster-F.** erfolgt ein Abgleich personenbezogener gespeicherter Daten nach bestimmten Prüfungsmerkmalen (Rastern), um Personen festzustellen, die ermittlungsbedeutsame Merkmale aufweisen; sie bedarf richterl. Anordnung oder Bestätigung (in Eilfällen) und ist nur bei Straftaten von erhebl. Bedeutung zulässig (§ 98 a ff. StPO). **Schleppnetz-F.** ist die Bez. für eine nach § 163 d StPO räumlich und zeitlich begrenzt zulässige F., bei der Daten über die Identität von Personen sowie tatrelevante Umstände gespeichert werden, die bei einer grenzpolizeil. Kontrolle oder bei einer Kontrollstelle angefallen sind. Diese Maßnahme bedarf schriftlicher richterl., bei Gefahr im Verzug staatsanwaltl. oder polizeil. Anordnung und ist nur zur Aufklärung bestimmter schwerer Straftaten und Ergreifung der Tatverdächtigen erlaubt.

Fahne [ahd. fano, eigtl. »Tuch«, gekürzt aus gundfano »Kampftuch«], **1)** *allg.:* ein- oder mehrfarbiges, leeres oder mit herald. Figuren geschmücktes Stoffstück meist symbol. Bedeutung, das an einer Stange (F.-Stange) einseitig dauerhaft oder beweglich befestigt ist. – Die F. als Kampf- und Siegeszeichen und als Herrschaftssymbol war schon den altoriental. Völkern, den Römern (als Feldzeichen), Germanen und Arabern bekannt. Die Kirche entwickelte im 10. Jh. zu liturg. Zwecken eigene Kirchen-F. Im 12. Jh. wurde die F. auch Belehnungssymbol (↑Fahnlehen). Als Hoheitszeichen war die F. u. a. Wahrzeichen der Gerichtsbarkeit, v. a. des Blutbanns (Blut-F.). Im militär. Bereich entwickelte sich die F. (bis zum 16. Jh. häufig Banner oder Panier, bei der Reiterei **Standarte** gen.) vom Richtungs- und Sammelzeichen zum Symbol der militär. Ehre und Treue; spätestens 1918 hatte sie ihren Wert als takt. Feldzeichen verloren. An ihren symbol. Wert knüpfen die Bataillons-F. der Bundeswehr (seit 1965) an. – F. werden auch von Körperschaften geführt, z. B. Vereinen, Studentenverbindungen, Zünften. – Die Ausdrucksmittel von internat. Bedeutung, z. B. für die militär. Kapitulation (weißes Tuch), die Arbeiterbewegung (rot), Genfer Konvention (weiße F. mit rotem Kreuz) oder (früher) pestverseuchte Ortschaften (gelb), sind eigtl. keine F., sondern Flaggen.
📖 *F. n. ihre Symbole, Beiträge v. P. M. Mäder u. G. Mattern, Ausst.-Kat. Schweizerisches Landesmuseum, Zürich 1993.*
2) *Botanik:* Teil der Schmetterlingsblüte (↑Schmetterlingsblütler).
3) *graf. Technik:* (Korrekturfahne), Korrekturabzug des noch nicht umbrochenen Schriftsatzes.
4) *Jägersprache:* die lang herabhängenden Haare am Schwanz (Rute) der Jagdhunde.
5) *Zoologie:* Teil der Vogelfeder (↑Federn).

Fahneneid, der militär. Diensteid (Treue- und Gehorsamseid), durch den das Dienstverhältnis und die mit ihm verbundenen Pflichten nicht begründet, sondern lediglich bekräftigt werden. In der Bundeswehr leisten die Soldaten keinen F. im eigentl. Sinn. Berufssoldaten und Soldaten auf Zeit leisten auf die Truppenfahne einen »Diensteid«, in dem sie schwören, der Bundesrep. Dtl. treu zu dienen und das Recht und die Freiheit des dt. Volkes tapfer zu verteidigen. Wehrpflichtige legen ein »feierl. Gelöbnis« gleichen Inhalts ab.

Fahnenflucht (Desertion), eigenmächtiges Sichentfernen (Verlassen) oder Fernbleiben eines Soldaten von seiner Truppe oder Dienststelle, um sich (im Unterschied zur ↑eigenmächtigen Abwesenheit) dem Wehrdienst dauernd oder für die Zeit eines bewaffneten Einsatzes von entscheidender oder die Beendigung des Wehrdienstverhältnisses zu erreichen. Die F. ist mit Freiheitsstrafe bis zu fünf Jahren, oder, wenn sich der Täter innerhalb eines Monats stellt, bis zu drei Jahren bedroht (§ 16 Wehrstraf-Ges.). Für Zivildienstpflichtige gilt Entsprechendes (§ 53 Zivildienst-Ges.). – In *Österreich* (§§ 8 f. Militärstraf-Ges.) und der *Schweiz* (»Ausreißen«, Art. 83 Militärstraf-Ges.) gilt Ähnliches.

Fahnenkunde, eine histor. Hilfswissenschaft, heißt seit 1957 weltweit ↑Vexillologie.

Fahnlehen, im mittelalterl. Hl. Röm. Reich ein vom König unmittelbar verliehenes Lehen mit herzogl. Amtsgewalt; die Investitur erfolgte durch Überreichung einer Fahne als Sinnbild des Heerbannes.

Fähnlein, im 16. und 17. Jh. unter einer Fahne zusammengeschlossener Truppenteil von 300–400 Mann Fußvolk oder 100–150 Reitern.

Fahrdynamik, Teilgebiet der techn. Mechanik (Fahrzeugmechanik), das sich mit den auf ein Fahrzeug wirkenden Kräften und den daraus resultierenden Fahrzeugbewegungen in Längs-, Quer- und Vertikalrichtung befasst. Durch den Einsatz elektron. Regelsysteme lassen sich erhebl. Verbesserungen der Längsdynamik (Antiblockiersystem), der Querdynamik (F.-Regelung mit gezielter Beeinflussung der Giermomente durch Bremseneingriff) sowie der Vertikaldynamik (Verringerung der Wankneigung des Fahrzeugaufbaus und Beeinflussung der Dämpfungseigenschaften durch elektron. Fahrwerkregelung) erzielen.

Fahren: Sechsspänner

Fähre, Wasserfahrzeug zum Transport von Personen, Gütern und Landfahrzeugen über Gewässer, oft als regelmäßige Verbindung. See-F. sind seetüchtige Schiffe mit Bug- oder Heckklappen für Kraftfahrzeuge (Auto-F.) oder Eisenbahnen (Eisenbahn-F. bzw. Trajekt) oder als kombinierte Eisenbahn-Kraftwagen-F. gebaut. Fluss-F. sind kahnähnl. Wasserfahrzeuge mit nur einem nicht überdachten Deck für Kraftfahrzeuge und Personen. Sie gibt es als Ketten- bzw. Seil-F. (die sich an einer Kette bzw. einem Seil vorwärts ziehen), Gier-F. (Antrieb durch stromseitiges Pendelseil und Strömungsdruck), Schwebe-F. (unter Brückenkonstruktionen laufend) oder F. mit übl. Motor- und Propellerantrieb. Mehrere schwere Unglücke von See-F. mit zahlr. Todesopfern führten zu einer verschärften Sicherheitsdiskussion. Laut Seerechtskonvention SOLAS (Safety of Life at Sea) muss seit 1998 für Roll-on-roll-off-Passagierschiffe ein Sicherheitsmanagement gemäß ISM Code (International Safety Management Code) entwickelt und eingeführt werden. Ziel dieses Sicherheitsmanagements ist es, Notfälle schnell zu erkennen und ein qualifiziertes und effektives Handeln der Mannschaft aufgrund von Notfallplänen zu ermöglichen. Auch einige strenge EU-Richtlinien wurden auf den Weg gebracht, einschl. zusätzlicher Überprüfungen von F. ohne vorherige Anmeldung. (↑Roll-on-roll-off-Schiff)

Fahren (Fahrsport), Prüfungen von Pferdegespannen (Ein-, Zwei-, Vier- oder Mehrspänner) bei Pferdeleistungsprüfungen, unterteilt in **Gebrauchsprüfungen** für Wagenpferde, **Dressurprüfungen,** bei denen die gleichmäßige Ausbildung und das harmon. Zusammenpassen des Gespanns bewertet werden, **Gelände-** und **Streckenfahren,** ferner das **Hindernisfahren** auf einem Parcours in beliebiger Gangart.

Fahrende (fahrende Leute, fahrendes Volk), im MA. dt. Bez. für Nichtsesshafte, die von Hof zu Hof, Stadt zu Stadt, Jahrmarkt zu Jahrmarkt (mhd. varn) zogen, bes. Hausierer, Scherenschleifer, Kesselflicker, Gaukler, Wahrsager, Musikanten, Sänger, Landstreicher und Zigeuner. F. zählten bis in die Neuzeit zu den »unehrl. Gewerben« (außerhalb der Stände stehend) und waren rechtlich benachteiligt. Der fahrende Scholar als herumziehender Student war bes. im 15./16. Jh. eine Gestalt des Schwanks.

📖 *Schubert, E.:* Fahrendes Volk im Mittelalter. Bielefeld 1995.

Fahrenheit, Daniel Gabriel, Physiker, *Danzig 24. 5. 1686, †Den Haag 16. 9.

Fahrerlaubnis FAH

1736; verbesserte das Thermometer durch Füllung mit Quecksilber anstelle von Weingeist und führte die F.-Skala ein (↑Grad Fahrenheit).
📖 *Kant, H.: Gabriel Daniel F., René-Antoine Ferchault de Réaumur, Anders Celsius*. Leipzig 1984.
Fahrerflucht, umgangssprachl. Bez. für ↑Verkehrsunfallflucht.
Fahr|erlaubnis, behördl. Erlaubnis, auf öffentl. Straßen ein Kfz mit einer durch die Bauart bestimmten Höchstgeschwindigkeit von mehr als 6 km/h zu führen; ausgenommen sind Krankenfahrstühle bis 25 km/h, Fahrräder mit Hilfsmotor bis 25 km/h (Mofas) sowie land- und forstwirtsch. Arbeits- und Zugmaschinen bis 6 km/h. Die F. ist zu erteilen, wenn der Antragsteller seinen Wohnsitz im Inland hat, das erforderl. Mindestalter erreicht hat, zum Führen von Kfz körperlich und geistig geeignet ist, nach dem Fahrlehrer-Ges. ausgebildet ist, seine Befähigung durch eine theoret. und prakt. Prüfung unter Beweis gestellt hat, in Sofortmaßnahmen am Unfallort unterwiesen worden ist und keine in einem Mitgl.staat der EU erteilte F. der entsprechenden Klasse besitzt (§ 2 Straßenverkehrs-Ges., StVG). Seit 1986 wird die F. bei erstmaligem Erwerb für zwei Jahre auf Probe erteilt. Der Nachweis der F. wird im Führerschein (seit 1.1.1999 EU-Führerschein) dokumentiert.
Erweist sich jemand als ungeeignet zum Führen von Kfz, muss ihm die F. entzogen werden, allg. durch die F.-Behörde (§ 3 StVG) oder im Rahmen eines Strafverfahrens durch das Gericht (befristet zw. sechs Monaten und fünf Jahren, bei bestimmten Delikten dauernd), wenn die Straftat im Zusammenhang mit dem Führen eines Kfz begangen wurde (§ 69a StGB); die strafgerichtl. Entziehung der F. ist im Unterschied zum ↑Fahrverbot eine Maßregel der Besserung und Sicherung. Vorläufige Entziehung der F. ist durch den Richter nach § 111a StPO möglich. Fahren ohne F. ist als Straftatbestand in § 21 StVG mit Freiheitsstrafe bis zu einem Jahr oder mit Geldstrafe bedroht.
F.-Klassen (§ 6 F.-Verordnung vom 18.8.1998): **A:** Krafträder mit Hubraum über 50 cm^3 oder mit einer bauartbestimmten Höchstgeschwindigkeit von mehr als 45 km/h; **A1:** Krafträder der Klasse A, jedoch mit einem Hubraum von nicht mehr als 125 cm^3 und einer Nennleistung von nicht mehr als 11 kW (Leichtkrafträder); **B:** Kfz (außer Krafträder) mit einer zulässigen Gesamtmasse von nicht mehr als 3500 kg und mit nicht mehr als 8 Sitzplätzen (ohne Fahrersitz); **C:** Kfz (außer Krafträder) mit einer zulässigen Gesamtmasse von mehr als 3500 kg und nicht mehr als 8 Sitzplätzen (ohne Fahrersitz); **C1:** Kfz (außer Krafträder) mit einer zulässigen Gesamtmasse von mehr als 3500 kg, aber nicht mehr als 7500 kg und mit nicht mehr als 8 Sitzplätzen (außer Fahrersitz); **D:** Kfz (außer Krafträder) zur Personenbeförderung mit mehr als 8 Sitzplätzen (außer Fahrersitz); **D1:** Kfz (außer Krafträder) zur Personenbeförderung mit mehr als 8 und nicht mehr als 16 Sitzplätzen (außer dem Fahrersitz); dabei Klassen B bis D1 auch mit Anhänger mit einer zulässigen Gesamtmasse von nicht mehr als 750 kg; **E** in Verbindung mit Klasse **B, C, C1, D** oder **D1:** Kfz der Klassen B, C, C1, D oder D1 mit Anhängern mit einer zulässigen Gesamtmasse von mehr als 750 kg; **M:** Kleinkrafträder (Höchstgeschwindigkeit bis 45 km/h und Hubraum bis 50 cm^3) und Fahrräder mit Hilfsmotor (Höchstgeschwindigkeit bis 45 km/h und Hubraum bis 50 cm^3); **T:** Zugmaschinen bis 60 km/h und selbstfahrende Arbeitsmaschinen für land- und forstwirtsch. Zwecke (bis 40 km/h); **L:** u.a. land- und forstwirtsch. Zugmaschinen mit einer Höchstgeschwindigkeit von nicht mehr als 32 km/h, auch mit Anhängern bei Höchstgeschwindigkeit bis 25 km/h.
Es berechtigen: a) F. Klasse A auch zum Führen von Kfz Klassen A1 und M (Klasse A berechtigt innerhalb von zwei Jahren nach Erteilung nur zum Führen von Krafträdern mit einer Nennleistung von nicht mehr als 25 kW, ab vollendetem 25. Lebensjahr ohne diese Beschränkung); b) F. Klasse A1 auch zum Führen von Kfz Klasse M; c) F. Klasse B auch zum Führen von Kfz Klassen M und L; d) F. Klasse C auch zum Führen von Kfz Klasse C1; e) F. Klasse CE auch zum Führen von Kfz Klassen C1E, BE, T und D1E (soweit Berechtigung für D1 vorliegt) sowie DE (sofern Berechtigung für D vorliegt); f) F. Klasse C1E auch zum Führen von Kfz Klassen BE und D1E (sofern Berechtigung für D1 vorliegt) sowie DE (sofern Berechtigung für D vorliegt); g) F. Klasse D zum Führen von

FAH Fahrgeräusch

Kfz der Klasse D1; h) F. Klasse D1E zum Führen von Kfz der Klassen BE sowie C1E (sofern Berechtigung für C1 vorliegt); i) F. der Klasse DE zum Führen von Kfz der Klassen D1E, BE und C1E (sofern Berechtigung für C1 vorliegt); k) F. der Klasse T zum Führen von Kfz der Klassen M und L. Das Mindestalter für die Erteilung der F. (§ 10 F.-Verordnung): 25 Jahre für Klasse A bei direktem Zugang oder bei Erwerb vor Ablauf der zweijährigen Frist; 21 Jahre für die Klassen D, D1, DE und D1E; 18 Jahre für die Klassen A bei stufenweisem Zugang (↑Stufenführerschein), B, BE, C, C1, CE und C1E; 16 Jahre für die Klassen A1, L, M und T. F. und Führerscheine, die bis zum 31. 12. 1998 erteilt worden sind (auch solche nach den Vorschriften der DDR), bleiben im Umfang der dadurch nachgewiesenen Berechtigung gültig.
In *Österreich* bedarf das Lenken eines Kfz einer behördl. **Lenkerberechtigung** aufgrund des Kraftfahr-Ges. vom 23. 6. 1967; die Erteilungs- und Entziehungsvoraussetzungen ähneln denen in Dtl. In der *Schweiz* ist ein **Führerausweis** Voraussetzung für das erlaubte Lenken eines Kfz auf öffentlichen eidgenöss. Straßen (Bundes-Ges. über den Straßenverkehr vom 19. 12. 1958, Bundes-Ges. über die Zulassung von Personen und Fahrzeugen zum Straßenverkehr vom 27. 10. 1976). Im Übrigen sind die Rechtsverhältnisse ähnlich wie in Dtl. und Österreich.
Fahrgeräusch, aus versch. Teilschallquellen eines Kfz (Motor, Auspuffanlage, Getriebe u. a.) während der Fahrt erzeugtes Geräusch. Messverfahren und Grenzwerte für F. sind in der EG-Richtlinie 70/157/EWG von 1981 (1991 und 1994 überarbeitet) definiert, z. B. 77 dB (A) für Pkw.
Fahrgestell, das Fahrwerk beim ↑Flugzeug.
Fahrlässigkeit, das Unterlassen der pflichtmäßigen Besonnenheit und Sorgfalt. a) *Strafrecht:* Hat der Handelnde die objektiv erforderl. und ihm auch persönlich mögl. Sorgfalt außer Acht gelassen und nicht vorausgesehen, dass er den Tatbestand der strafbaren Handlung verwirklichen könnte, so liegt **unbewusste F.** vor. **Bewusste F.** ist gegeben, wenn er die Verwirklichung des Tatbestandes zwar für möglich gehalten hat, jedoch darauf vertraute, dass sie nicht eintreten werde (↑Schuld). b) *Zivilrecht:* Fahrlässig handelt, wer die im Verkehr (im Sinne von Interaktion) erforderl. Sorgfalt außer Acht lässt. Der Schuldner haftet für Vorsatz und F., wenn eine strengere oder mildere Haftung weder bestimmt noch aus dem sonstigen Inhalt des Schuldverhältnisses, bes. aus der Übernahme einer Garantie oder eines Beschaffungsrisikos, zu entnehmen ist (§ 276 BGB). Unterschieden wird u. a. **einfache** und **grobe F.** (↑Verschulden)
Fahrleitung, Leitung zur Energieversorgung elektr. Triebfahrzeuge. Für Gleichstrom und Einphasenwechselstrom genügt ein gegen Erde unter Spannung stehender Fahrdraht, den zweiten Pol (Rückleitung) bilden die Schienen. Der dreipolige Anschluss von Drehstrombahnen erfordert zweipolige Oberleitungen, als dritter Pol dienen ebenfalls die Schienen. O-Busse benötigen wegen der drahtgebundenen Rückleitung zwei Fahrdrähte. Bei Eisenbahnen hängt der Fahrdraht meist an einem gesonderten Tragseil.
Fährmann, Willi, Schriftsteller, *Duisburg 18. 12. 1929; Kinder- und Jugendbuchautor; gestaltet Sagen und bibl. Stoffe nach (u. a. »Zeit zu hassen, Zeit zu lieben«, 1985; »Kriemhilds Rache«, 1988; »Jakob und seine Freunde«, 1993), erzählt realist. Geschichten aus christl., auch zeitkrit. Sicht (u. a. im Roman »Sie weckten das Morgenrot«, 1999).
Fahrnis (fahrende Habe), *Recht:* Bez. für bewegl. Sachen (↑Sache).
Fahrrad, ein zweirädriges, einspuriges Fahrzeug, das mit Muskelkraft durch Tretkurbeln (selten über eine Kardanwelle) angetrieben wird. Das Gleichgewicht beim Fahren wird durch Verlagern des Körpergewichts und durch Lenken des Vorderrads gehalten. Die Räder haben eine stabilisierende Kreiselwirkung. Im Rahmen aus nahtlos gezogenem Stahlrohr oder aus Leichtmetall sind die Vorderradgabel mit der Lenkstange, das Tretlager und das Hinterrad gelagert. Die Kröpfung der Vorderradgabel bewirkt den für die Stabilisierung und das Lenken wichtigen Nachlauf. Von der Lenkstange aus sind eine (Vorderrad) oder zwei Felgen-, Trommel- oder Rollenbremsen zu betätigen. An den Naben der Räder sind die Speichen tangential und schräg zur Radebene befestigt. Die Speichen sind durch Nippel an den Felgen gleichgespannt. Die Felgen tragen

Fahrrad FAH

Schlauch und Mantel (Decke) der Bereifung. Das Hinterrad wird i. d. R. durch Kettenübersetzung angetrieben. Die Übersetzung beträgt 1:2 bis 1:4, d. h., bei einer Umdrehung der Tretkurbel dreht sich das Hinterrad zwei- bis viermal. Viele F. haben eine Gangschaltung zur Änderung des Übersetzungsverhältnisses. Die Getriebe bestehen entweder aus mehreren Planetenrädern (Nabenschaltung, ↑Planetengetriebe) oder aus mehreren Kettenrädern mit versch. Durchmesser (Kettenschaltung). Es gibt auch Kombinationen von Naben- und Kettenschaltung. Der ↑Freilauf ermöglicht, das F. ohne Betätigen der Tretkurbel rollen zu lassen. Bei Nabenschaltung kann der Freilauf eine Rücktrittbremse (Hinterrad) enthalten.

Beim **Herren-F.** hat der Rahmen die Form eines Dreieckfachwerks, beim **Damen-F.** ist das Oberrohr heruntergezogen und zur Erhöhung der Festigkeit durch Stege mit dem Unterrohr verbunden. Nach dem Verwendungszweck kann man die F. in vier Hauptgruppen unterteilen: das für allg. Erledigungen im Wohnumfeld geeignete **Stadt-** oder **Cityrad**, das robustere **Trekkingrad**, das **Geländesportrad** und das **Rennrad**. Die gängigsten Schaltungen für City- und Trekkingräder sind heute mit 1-, 3-, 5- , 7- oder 12-Gang-Naben sowie 18-, 21- und 24-Gang-Kettenschaltungen ausgestattet. Die Geländesporträder haben 14, 18, 21, 24 oder 27 Gänge, um extreme Steigungen im Gelände bewältigen zu können. Hierzu gehören das BMX-Rad (↑BMX) und das ↑Mountainbike. Sonderbauarten sind Klapp-, Falt- und Liegeräder, Tandem und Spezialräder für artist. Vorführungen (z. B. Einrad).

Fahrrad: Sportler auf einem Rennrad

Recht: Die Straßenverkehrszulassungsordnung schreibt vor, dass F. mit einer hell tönenden Glocke (keine Radlaufglocke), zwei voneinander unabhängigen Bremsen, einem Scheinwerfer mit höchstens 3 Watt Nennleistung, einer roten Schlussleuchte, einem roten Rückstrahler und einem roten Großflächenrückstrahler, Pedalen mit gelben Rückstrahlern sowie mit mindestens zwei nach beiden Seiten wirkenden gelben

Fahrrad: Freizeitsportler auf dem Mountainbike

FAH Fahrrinne

Speichenrückstrahlern an jedem Rad oder mit reflektierenden weißen Streifen an den beiden Reifen ausgerüstet sein müssen. Die Beleuchtungseinrichtungen müssen auch am Tage betriebsbereit sein. Radfahrer unterliegen den allg. Verkehrsvorschriften. Sie müssen grundsätzlich hintereinander fahren und den rechten Seitenstreifen benutzen, wenn kein Radweg vorhanden ist. Sie dürfen sich nicht an Fahrzeuge anhängen oder freihändig fahren. Kinder bis zum vollendeten 8. Lebensjahr müssen mit dem F. Gehwege benutzen.

Geschichtliches: Der bad. Forstmeister C. Drais von Sauerbronn baute 1817 eine »Laufmaschine« (Draisine). Erst das mit Pedalen versehene **Veloziped** (P. Michaux, 1867) setzte sich allmählich durch. Zeitweise vergrößerte man das Vorderrad **(Hochrad)**. Die Anordnung der Pedale zw. den Rädern mit einem Kettenantrieb zum Hinterrad erfand J. K. Starley (1884). Um 1875 wurden Vollgummireifen verwendet; 1888 entwickelte J. P. Dunlop den Luftreifen, 1894 E. Sachs den Freilauf.

📖 *Winkler, F. u. Rauch, S.: Fahrradtechnik. Konstruktion, Fertigung, Instandsetzung. Bielefeld* [10]*1999. – Smolik, H.-C. Das große Fahrradlexikon. Bielefeld* [2]*2002.*

Fahrrinne, gekennzeichneter Bereich in Flussläufen und Küstengewässern mit ausreichender Wassertiefe für die Schifffahrt.

Fahrsport, *Pferdesport:* ↑Fahren.

Fahrsteig, ein vorwiegend zur Personenbeförderung (z. B. auf Bahnhöfen, Flughäfen, Ausstellungsgeländen) eingesetztes horizontales oder nur leicht geneigtes Förderband; entspricht im Aufbau der ↑Rolltreppe.

Fahrstuhl, ↑Aufzug.

Fahrt, 1) *Luftfahrt:* die Geschwindigkeit eines Luftfahrzeugs relativ zur umgebenden Luft.
2) *Schifffahrt:* die Geschwindigkeit eines Schiffes in Knoten, in der Binnenschifffahrt in km/h.

Fährte, die auf dem Boden hinterlassenen Abdrücke der Hufe des Schalenwilds (Elch-, Rot-, Dam-, Reh-, Muffel- und Schwarzwild); bei Hase, Kaninchen und Raubwild **Spur**, bei Federwild **Geläuf** genannt. Der einzelne Abdruck der F. heißt **Trittsiegel**. Der Jäger schließt aus der Art der F. auf die Beschaffenheit des Wildes.

Fahrtmessanlage, bordseitige Einrichtung zur Bestimmung der Schiffsgeschwindigkeit relativ zum umgebenden Wasser. Messung erfolgt mittels ↑Log.

Fahrtrichtungsanzeiger, Blinkanlage an Kraftfahrzeugen zur Anzeige der beabsichtigten Fahrtrichtungsänderung; in Dtl. gesetzlich vorgeschrieben (↑Blinkleuchten).

Fahrtschreiber (Tachograph), Messgerät zur Überwachung der Fahrweise von Kfz. Auf der Diagrammscheibe werden Geschwindigkeit, Wegstrecke und Zeitgruppen (Fahrt- und Haltezeit oder Lenk-, Arbeits- und Ruhezeit für Fahrer) über der Uhrzeit aufgezeichnet. F. sind für bestimmte Kraftfahrzeuge (schwere Lkw und Busse) gesetzlich vorgeschrieben.

Fahruntüchtigkeit, die mangelnde Fähigkeit, ein Fahrzeug im Verkehr sicher zu führen. Dauernde F. hindert die Erteilung einer Fahrerlaubnis oder begründet deren Entziehung. Wer im Zustand der F. ein Fahrzeug (nicht notwendig ein Kfz) führt, kann straf- und ordnungswidrigkeitenrechtlich verfolgt werden, z. B. wegen Transport- oder Straßenverkehrsgefährdung (§§ 315 a, 315 c StGB). Im Falle alkoholbedingter F. beginnt die strafbegründende absolute F. von Kraftfahrern in Dtl. bei einem Blutalkoholgehalt mit 1,1 ‰ (bei Radfahrern bei 1,6 ‰).

Fahrverbot, Nebenstrafe (neben Freiheits- oder Geldstrafe) für ein Delikt, das bei oder im Zusammenhang mit dem Führen eines Kfz begangen worden ist. Das F. kann für ein bis drei Monate erlassen werden (§ 44 StGB) und untersagt das Führen eines Kfz im Verkehr; während der Dauer des F. wird der Führerschein amtlich verwahrt. Das F. ist von der Entziehung der ↑Fahrerlaubnis zu unterscheiden. Auch bei Ordnungswidrigkeiten im Straßenverkehr kann ein F. angeordnet werden (§§ 24–25 StVG).

Fahrwasser, alle zusammenhängenden Bereiche eines Gewässers, die von Wasserfahrzeugen bis zu einem bestimmten max. Tiefgang befahren werden können, aber außerhalb der ↑Fahrrinne i. Allg. nicht bes. ausgebaut und nicht gekennzeichnet sind.

Fahrwerk, Teile eines Kfz, die der Radaufhängung und Lenkung sowie der Führung der Räder dienen. (↑Kraftwagen)

Fahrzeug, Fortbewegungsmittel (Land-, Wasser-, Luft-, Raum-F.) mit Eigen- oder Fremdantrieb zur Beförderung von Personen oder Lasten.

Fahrzeugbrief (Kraftfahrzeugbrief), für jedes Kfz bei der erstmaligen Zulassung ausgestelltes Dokument, das der Sicherung des Eigentums und anderer Rechte am Fahrzeug dient. Die Zulassungsstelle trägt das amtl. Kennzeichen und die Personalien dessen, für den das Kfz zugelassen wird, ein. Der Verlust des F. ist der zuständigen Zulassungsstelle anzuzeigen (§§ 20, 25 StVZO). Der F. ist Beweisurkunde, d. h., die Veräußerung des Kfz ohne Vorlage des F. schützt den Erwerber nicht in seinem guten Glauben an die Veräußerungsbefugnis des Verkäufers. Für Anhänger gibt es entsprechend den **Anhängerbrief.**

Fahrzeugversicherung, ↑Kraftfahrtversicherung.

Faial, Insel der Azoren, zu Portugal, 173 km², 14 800 Ew.; Hauptort und -hafen ist Horta; vulkan. Ursprungs, erdbebengefährdet, im Kraterrand Gordo de Caldeira bis 1 043 m ü. M.

Faible [ˈfɛːbl, frz.] *das,* Vorliebe, Neigung.

Faijum [arab., aus kopt. p-jom »das Seeland«] (Fayum, El Faijum), Oasenlandschaft in der Libyschen Wüste mit dem **Karunsee** (223 km², leicht salzhaltig, fischreich, 45 m u. M.), fruchtbarste Ackerbauprovinz Oberägyptens, durch den Jusufkanal von wenige Kilometer entfernten Nil her bewässert; hat als Gouvernorat 1 827 km² und 1,99 Mio. Ew.; Hauptstadt ist **El-F.** (Medinet el-F.; 250 000 Ew., landwirtsch. Fakultät, Baumwoll- und Wollverarbeitung). Das F. war urspr. großenteils Sumpfland (mit dem viel größeren Mörissee), das die Pharaonen der 12. Dynastie durch Deich und Kanalanlagen entwässerten. Im F. wurden viele Mumienporträts (↑Mumie) gefunden.

Faille [faːj oder ˈfaljə, frz.] *die,* taftbindiges, querrippiges Naturseiden- oder Chemiefasergewebe; eine leichte Qualität wird als **Failletine** bezeichnet.

fair [ˈfɛə, engl.], anständig, gerecht; (im Sport) die Spielregeln beachtend, kameradschaftlich. (↑Fairness)

Fairbanks [ˈfɛəbæŋks], Stadt in Zentralalaska, USA, am Chena River, 22 600 Ew.; kath. und anglikan. Bischofssitz; Univ.; Endpunkt der Eisenbahnlinie von Seward (756 km) und der Alaskastraße, internat. Flughafen. – 1902 nach Goldfunden gegründet; Höhepunkt des »Goldrausches« 1906.

Fairbanks [ˈfɛəbæŋks], **1)** Douglas, sen., amerikan. Filmschauspieler, *Denver (Col.) 23. 5. 1883, † Santa Monica (Calif.) 12. 12. 1939, Vater von 2); Mitgründer der »United Artists Corporation Inc.«, Darsteller in Abenteuerfilmen und romant. Filmmärchen (»Der Dieb von Bagdad«, 1924).
2) Douglas, jr., amerikan. Filmschauspieler, *New York 9. 12. 1909, † ebd. 7. 5. 2000, Sohn von 1); Marineoffizier im Zweiten Weltkrieg, Diplomat; hatte ersten Erfolg mit dem Tonfilm »Katharina die Große« (1934); Mitorganisator der CARE-Aktion.

Fair Deal [ˈfɛə ˈdiːl; engl. »gerechter Anteil«], wirtschafts- und sozialpolit. Programm, vorgelegt 1949 von Präs. H. S. Truman, nach dem in Anknüpfung an F. D. Roosevelts New Deal der Einzelne einen gerechten Anteil am volkswirtsch. Gesamtertrag erhalten sollte. Es forderte u. a. ein Beschäftigungs- und Wohnungsbauprogramm, Erziehungshilfen und Abbau der Rassenschranken. Aufgrund der Widerstände im Kongress konnte Truman nur einen kleinen Teil des F. D. verwirklichen.

fairer Handel [ˈfɛər-], ↑TransFair.

Fairness [ˈfɛːrnɛs, engl.] *die,* allg. Anständigkeit, gerechte, ehrl. Haltung; im *Sport:* den Spielregeln entsprechendes, anständiges und kameradschaftl. Verhalten **(Fairplay).**

Fairbanks: Blick auf die Universität

Fair Trial [ˈfɛə ˈtraɪəl; engl. »faires Verfahren«], aus dem angloamerikan. Prozessrecht stammender, im Rechtsstaatsprinzip verankerter Grundsatz, bes. dem Beschuldigten im Strafprozess die zur wirksamen

Wahrung seiner Rechte notwendigen Mittel zur Verfügung zu stellen.
Fairway [ˈfeəweɪ, engl.] *das, Golf:* kurz gemähte Spielbahn zw. Abschlag und Grün.
Faisal, Könige von Irak und Saudi-Arabien, ↑Feisal.
Faisalabạd (bis 1979 Lyallpur), Stadt in der Prov. Punjab, Pakistan, im Zwischenstromland von Chenab und Ravi, 2,19 Mio. Ew.; Univ.; Düngemittel-, Chemiefaser-, pharmazeut., Textilindustrie.
Faiseur [fɛˈzøːr; frz. »Macher«] *der,* jemand, der eine geplante (üble) Unternehmung durchführt, Anstifter.
Faistauer, Anton, österr. Maler, *Sankt Martin bei Lofer (Bez. Zell am See) 14. 2. 1887, †Wien 13. 2. 1930; gelangte von P. Cézanne ausgehend zu einem freien Kolorismus; schuf u. a. Fresken im Salzburger Festspielhaus (1926).
Faistenberger, Tiroler Maler- und Bildhauerfamilie der Barockzeit; bed. Vertreter: Andreas (*1646, †1735), Hofbildhauer in München, arbeitete für die Theatinerkirche; Simon Benedikt (*1695, †1759) arbeitete v. a. in Tirol (Wand- und Deckenmalereien).
Fait accompli [fɛtakɔ̃ˈpli, frz.] *das,* vollendeter Tatbestand, Tatsache.
Fäkạli|en [lat.], die Exkremente (↑Kot, ↑Harn).
Fakir [arab. faqīr »arm«] *der,* urspr. ein muslim. Asket und Bettler in islam. Ländern, später auch Bez. für hinduist. Asketen in Indien, die heimat- und besitzlos umherstreifen. Unter den F. finden sich Mitglieder religiöser Orden, die sich durch asket. Übungen (Yoga) von der Bindung an die Sinnenwelt zu lösen suchen.
Faksịmile [lat. fac simile »mach ähnlich!«] *das,* originalgetreue Wiedergabe von Vorlagen, bes. von Handschriften; früher mithilfe graf. Drucktechniken erzeugte Nachahmung, heute mit fotograf. Verfahren hergestellte genaueste Wiedergabe, die auch in der Größe mit dem Original übereinstimmt. – In der *Telekommunikation* die durch die Übermittlung von Fernkopien (↑Fax) erhaltene Nachbildung einer Originalvorlage.
Fạktis [Kw.] *der,* kautschukähnl. Stoff, der z. B. durch Einwirken von Schwefel oder Schwefelchlorid auf trocknende Öle gewonnen wird; dient zum Strecken von Kautschuk.
Faktitịvum [lat.] *das,* ein von einem Adjektiv abgeleitetes Verb, das eine Wirkung ausdrückt, z. B. hart – härten; halb – halbieren.
Faktizität [zu lat. factum »Tatsache«], allg. Tatsächlichkeit, Gegebenheit. M. Heidegger bezeichnet mit F. die Tatsache, dass dem Menschen sein eigenes Sein überantwortet ist: Er hat sein Sein zu sein; er ist nicht nur gegeben wie ein Ding.
Fạktor [lat.] *der,* **1)** *allg.:* maßgebl. Bestandteil, wichtiger Gesichtspunkt. **2)** *Mathematik:* Zahl oder Größe, die mit einer anderen multipliziert wird.
Faktorei, bis zum 19. Jh. Bez. für eine (überseeische) Handelsniederlassung europ. Kaufleute.
Faktọrenanalyse, math.-statist. Methode, die in der Psychologie u. a. Wiss. en zur Ordnung, Klassifikation und Reduktion beobachteter Merkmalszusammenhänge verwendet wird. Das Verfahren soll aus den Korrelationen einer Anzahl von Variablen (z. B. Ergebnisse psycholog. Tests oder Messwerte) die gemeinsamen Faktoren erschließen, die der Vielfalt der beobachteten Phänomene zugrunde liegen.
Faktọrenaustausch, das ↑Crossingover.
Faktọtum [lat. »mach alles!«] *das,* jemand, der in einem Haushalt oder Betrieb alle nur mögl. Arbeiten und Besorgungen erledigt; Mädchen für alles.
Fạktum [lat. »das Getane«, »das Geschehene«] *das,* nachweisbare Tatsache, Ereignis, unumstößl. Tatbestand.
Faktur [italien.] *die* (Faktura), Rechnung für eine gelieferte Ware, Lieferschein.
Fakultät [von mlat. facultas »Wissensgebiet«] *die,* **1)** *Hochschulwesen:* traditionelles Selbstverwaltungsorgan und Gliedkörperschaft an Hochschulen (bes. Univ.) zur Wahrnehmung der Aufgaben in Forschung, Lehre und akadem. Prüfungswesen. An der Spitze der F. steht der ↑Dekan. Zu den traditionellen, berufsbezogenen theolog., medizin. und rechtswiss. F. traten Ende des 18. Jh. die philosoph., später die mathematisch-naturwiss. u. a. Nach den Empfehlungen des Wissenschaftsrates wurden in der Bundesrep. Dtl. die F. weitgehend durch die Gliederung in enger umgrenzte ↑Fachbereiche abgelöst. **2)** *Mathematik:* Zeichen !, endl. Produkt natürl. Zahlen: $1 \cdot 2 \cdot 3 \cdot \ldots \cdot n = n!$ (gesprochen »*n* Fakultät«) mit $0! = 1$ und $1! = 1$; z. B. ist $5! = 1 \cdot 2 \cdot 3 \cdot 4 \cdot 5 = 120$.

fakultativ [lat.], nach eigener Wahl, nicht verbindlich (z. B. Unterricht); Ggs.: obligatorisch.
Fakultätsreife (fachgebundene Hochschulreife), die auf eine Fachrichtung beschränkte Studienberechtigung an einer Hochschule. Die F. wird an Berufsoberschulen (Bayern) und techn. Oberschulen (Bad.-Württ.) erteilt. An techn., wirtsch. und ernährungswiss. Gymnasien kann sowohl die fachgebundene als auch die allg. Hochschulreife erlangt werden.
Falange [faˈlaŋxe, span.] *die,* Kurzbez. der span. Staatspartei unter General F. Franco Bahamonde, 1934 entstanden aus der F. Española (1933 gegr. von J. A. Primo de Rivera) und den nat. Syndikalisten (Juntas de Ofensiva Nacional-Sindicalista, Abk. J. O. N. S.), vereinigte sich 1937 mit den traditionalist. Karlisten zur **F. Española Tradicionalista y de las J. O. N. S.**
In dem von Faschismus und Nationalsozialismus beeinflussten Parteiprogramm (1934) strebte die F. den totalitären Führerstaat und ein Korporativsystem an; außenpolit. Ziel war die Hegemonie Spaniens im span. Sprachraum. Nach dem Wahlsieg der Volksfront im Febr. 1936 wurde sie von der republikan. Regierung als Partei faschist. Typs verboten. Zu Beginn des Span. Bürgerkriegs (Juli 1936) schloss sie sich dem Aufstand von General Franco Bahamonde an. Dieser übernahm 1937 die Führung der F. und baute sie zu einem »Sammelbecken nat. Kräfte« um. Nach dem Sieg Francos (1939) im Bürgerkrieg wurde die F. allein zugelassene Staatspartei und Basis eines diktator. Reg.systems. Das Programm der F. wurde 1958 zur Staatsdoktrin erklärt, die F. selbst zum **Movimiento Nacional** erhoben. Nach Francos Tod (1975) verlor die F. an Einfluss. Im Zuge der Demokratisierung Spaniens löste sie der span. Ministerrat 1977 auf.
📖 *Böcker, M.:* Ideologie u. Programmatik im span. Faschismus der Zweiten Republik. *Frankfurt am Main u. a. 1996.*
Falascha [amhar. »Vertriebene«] (Falasha, schwarze Juden, Selbstbez. Beta Israel), die äthiopiden Juden, die im Bereich des Tanasees lebten; vermutlich Nachkommen von Äthiopiern, die durch frühe jüd. Missionare bekehrt worden waren. Von den etwa 25 000 F. wanderten 1984/85 10 000 und im Mai 1991 weitere 15 000 nach Israel aus. Nach israel. Angaben leben (1999) keine F. mehr in Äthiopien, nach anderen Angaben noch einige Hundert.
📖 *Der vergessene Stamm. Die äthiop. Juden u. ihre Geschichte,* Beiträge v. *R. C. Schneider* u. *E. Baitel. Wien 1995.*
Falbe, gelblich cremefarbenes Pferd mit dunklen Mähnen- und Schweifhaar.
Falbel, dicht gefältelter oder gereihter Besatzstreifen aus leichtem Stoff oder Spitze; v. a. in der Mode des Rokokos.
Falckenberg, Otto, Regisseur, * Koblenz 5. 10. 1873, † München 25. 12. 1947; Mitgründer des Kabaretts »Elf Scharfrichter«, leitete 1917–44 die Münchner Kammerspiele; bed. auch als Schauspiellehrer.
Falconara Marittima, Stadt in der Prov. Ancona, in den Marken, Italien, an der Adria, 28 500 Ew.; Erdölhafen und Industriestandort mit Erdölraffinerie, chem. u. a. Industrie.

Étienne-Maurice Falconet: Reiterstandbild Peters des Großen in Sankt Petersburg (1782 enthüllt)

Falconet [-ˈnɛ], Étienne-Maurice, frz. Bildhauer, * Paris 1. 12. 1716, † ebd. 24. 1. 1791; künstler. Leiter der Porzellanmanufaktur in Sèvres; sein Hauptwerk ist das Reiterstandbild Peters d. Gr. (1782 enthüllt) in Sankt Petersburg, wo er sich 1766–78 aufhielt.

Falerner [lat.] *der,* in der Antike berühmtester Wein Italiens; der heutige **Falerno del Massico** ist ein einfacher Weiß- oder Rotwein aus Kampanien.

Falięri, Marino, Doge von Venedig (seit 1354), *1274, †(hingerichtet) Venedig 17. 4. 1355; versuchte durch einen (fehlgeschlagenen) Staatsstreich 1355, die Adelsrep. in eine erbl. Signoria umzuwandeln. – Dramen von G. Byron (1821), C. Delavigne (1829); Novelle »Doge und Dogaressa« von E. T. A. Hoffmann (1819); Oper von G. Donizetti (1835).

Falken: Würgfalke (etwa 50 cm groß) beim Beutefang

Falk, 1) Adalbert, preuß. Politiker, *Metschkau (heute Mieczków, bei Breslau) 10. 8. 1827, †Hamm 7. 7. 1900; schuf 1872–79 als Kultusmin. Simultanschulen, verbesserte Ausbildung sowie Stellung der Lehrer; spielte eine führende Rolle im ↑Kulturkampf. Wegen ihres liberalen Gedankenguts war seine Politik nicht unumstritten.
2) Johannes Daniel, Schriftsteller und Pädagoge, *Danzig 26. 10. 1768, †Weimar 14. 2. 1826; häufiger Gast Goethes (»Goethe aus näherm persönl. Umgange dargestellt«, 1832); gründete eine Erziehungsanstalt für gefährdete Kinder, für die er das Weihnachtslied »O du fröhliche ...« schrieb.
3) [fɔ:k], Peter, amerikan. Schauspieler, *New York 16. 9. 1927; debütierte 1955 am Off-Broadway; wurde weltweit populär durch die TV-Serie »Columbo« (ab 1967, als Serie seit 1971).
4) Robert Rafailowitsch, russ.-jüd. Maler, *Moskau 27. 10. 1886, †ebd. 1. 10. 1958; lebte 1928–38 in Paris; malte unter starkem Einfluss von P. Cézanne und des frz. Kubismus v. a. Architekturlandschaften, Porträts und Stillleben.

Falke, bildhafte Bez. für den Verfechter einer kompromisslosen Linie bei der Verfolgung (außen-)polit. Interessen; Ggs.: Taube.

Falke, Konrad, schweizer. Schriftsteller und Literarhistoriker, eigtl. Karl Frey, *Aarau 19. 3. 1880, †Eustis (Fla.) 28. 4. 1942; schrieb u. a. den Roman »Der Kinderkreuzzug« (1924), Herausgeber der Monatsschrift »Maß und Wert« (1937–40, mit T. Mann); übersetzte Dantes »Divina Commedia« (1921).

Falken (Falconidae), Familie der Greifvögel mit 60 Arten, in Europa vertreten durch Arten der Gattung **Falco,** die in offenem Gelände jagen und sich durch einen zahnartigen Höcker des Oberschnabels **(F.-Zahn)** sowie durch lange, schmale, spitz zulaufende Flügel von anderen Greifvögeln unterscheiden. Der in Mitteleuropa verbreitete (jetzt seltenere) **Wanderfalke** (Falco peregrinus) jagt fliegende Vögel bis zur Größe von Enten. Ihm ähnlich ist der in SO-Europa heim. **Würgfalke** (Falco cherrug), der außer Vögeln auch Nagetiere schlägt. Der **Gerfalke** (Falco rusticolus) Norwegens und Islands tritt in Grönland fast weiß auf (Grönländ. Jagdfalke, Falco rusticolus candicans). Viel kleiner als die Vorgenannten sind unter den heim. F. **Baumfalke** (Falco subbuteo), **Rotfußfalke** (Falco vespertinus) und **Turmfalke** (Falco tinnunculus), am kleinsten der **Merlin** (Falco columbarius). Der Baumfalke macht Jagd auf fliegende Insekten und kleine Vögel. Der oben rostbraune Turmfalke ergreift seine Beute (Mäuse, Insekten) fast nur am Boden. Der nordeuras. Merlin ist ein Vogeljäger, der gesellige Rotfußfalke SO-Europas ein Insektenfresser. – Über **Falkenjagd** (Falknerei, Falkenbeize) ↑Beize.
📖 *F., bearb. v. M. Tennesen. A. d. Amerikan. Braunschweig 1992.*

Falkenau an der Eger, Stadt in der Tschech. Rep., ↑Sokolov.

Falkenberg [-bærj], Hafenstadt und Ba-

Falklandinseln FAL

Falklandinseln: Hauptort Stanley an der Ostküste der Insel Ostfalkland

deort in S-Schweden, am Kattegat zw. Helsingborg und Göteborg, 38 600 Ew.; Werft, Holzverarbeitung, Waggonfabrik; Brauerei. – F. war schon im MA. ein bed. Handelsort, er erhielt 1525 Stadtrecht.

Falkenberg/Elster, Stadt im Landkreis Elbe-Elster, Brandenburg, in der Niederlausitz, 6100 Ew.; Eisenbahnmuseum; Elektrotechnik, Imprägnierwerk, Holzverarbeitung, Kalksandsteinwerk; Eisenbahnknotenpunkt.

Falkenhausen, Alexander von, General, *Rittergut Blumenthal (bei Neisse, heute Nysa) 29. 10. 1878, †Nassau 31. 7. 1966; war 1934–39 in China militär. Berater Chiang Kai-sheks und 1940–44 Militärbefehlshaber in Belgien und N-Frankreich. Wegen seiner Verbindung zum Widerstand befand er sich 1944/45 im KZ. 1951 wurde er in Belgien wegen seiner Tätigkeit als Militärbefehlshaber zu 12 Jahren Zwangsarbeit verurteilt, im selben Jahr freigelassen.

Falkenhayn, Erich von, General, *Burg Belchau (bei Graudenz, heute Grudziądz) 11. 9. 1861, †Schloss Lindstedt (bei Potsdam) 8. 4. 1922; 1913–15 preuß. Kriegsmin., im Ersten Weltkrieg 1914–16 als Nachfolger H. von Moltkes Chef des Generalstabs des dt. Feldheeres. Nach dem Scheitern seines Versuchs, die Kriegsentscheidung im W (Schlacht um Verdun) zu erreichen, wurde F. 1916 durch Hindenburg abgelöst; danach war F. 1916/17 Armeeführer im Feldzug gegen Rumänien, 1917/18 im Nahen Osten (Ernennung zum türk. Marschall) und 1918 in Weißrussland.

Falkensee, Stadt im Landkreis Havelland, Brandenburg, westlich von Berlin-Spandau, 28 100 Ew.; Förderanlagen-, Transformatorenbau, Papier- und Schreibwarenfertigung; S-Bahn nach Berlin. – Locker bebaute Gartenstadt.

Falkenstein, 1) Burg im Landkreis Aschersleben-Staßfurt, Sa.-Anh., im Unterharz auf einem Felsen 150 m über dem Selketal bzw. 325 m ü. M., im Kern aus dem 12. Jh., um 1600 umgebaut; heute Jagdmuseum.

2) Falkenstein/Vogtl., Stadt im Vogtlandkreis, Sachsen, an der Göltzsch, 9800 Ew.; Gardinen-, Wäsche- und Spitzenherstellung. – F. erhielt als Bergbauort schon 1448 Stadtrecht.

Falkirk [ˈfɔːlkəːk], Local Authority im O Schottlands, südöstlich von Stirling, 297 km², 145 200 Ew.; Hauptort ist Falkirk.

Falklandinseln [nach Lord Falkland] (Malvinen, engl. Falkland Islands, span. Islas Malvinas), Inselgruppe im südl. Atlant. Ozean, rd. 600 km östlich der Küste Argentiniens, brit. Kronkolonie, 12 173 km², (2001) 3000 Ew. sowie Truppenkontingent von etwa 2000 Personen; Hauptort ist Stanley (auf Ostfalkland) mit 1 640 Ew.

FAL Falklandstrom

Die beiden Hauptinseln (Ost- und Westfalkland), durch den 20 km breiten **Falklandsund** voneinander getrennt, haben das Relief eines Tafellandes (Westfalkland bis 705 m ü. M.: Mount Adam); die Küsten sind stark gegliedert; rd. 200 kleinere Inseln. Es herrscht hochozean. und nebelreiches Klima mit mildem Wintern und kühlen Sommern. Schafzucht ist der einzige Erwerbszweig von Bedeutung (Ausfuhr von Wolle und Häuten), etwas Fischerei. Seit 1985 Flughafen für schwere Transportflugzeuge 50 km von Stanley.
Geschichte: Die F. wurden im 16. Jh. entdeckt (nach brit. Angaben 1592 durch den engl. Kapitän J. Davis, aus argentin. Sicht bereits 1520 durch Teilnehmer der Magalhães-Expedition). 1764 ließen sich Franzosen auf Ostfalkland und 1765 Briten auf Westfalkland nieder, 1767–70 wurden sie von den Spaniern verdrängt. 1820 nahm die La-Plata-Konföderation (Argentinien) die 1811 von den Spaniern aufgegebenen Inseln in Besitz. 1833 besetzte Großbritannien die F. wegen ihrer strateg. Bedeutung, erhob sie zur Kronkolonie und wies in der Folgezeit alle Besitzansprüche Argentiniens zurück, das sich bis heute als Rechtsnachfolger Spaniens sieht. Im April 1982 besetzten argentin. Truppen die Inseln, die nach vergebl. Vermittlungsversuchen der UN bis zum 14. 6. 1982 von brit. Streitkräften zurückerobert wurden **(Falklandkrieg).** Bis 1985 bildeten die F. zus. mit Südgeorgien und den Süd-Sandwichinseln die brit. Kronkolonie Falkland Islands and Dependencies.
📖 Dolzer, R.: *Der völkerrechtl. Status der Falkland-Inseln (Malvinas) im Wandel der Zeit.* Heidelberg 1986. – Mack, C. E.: *Der Falkland-(Malvinas)-Konflikt.* Frankfurt am Main u. a. 1992. – Seeler, R.: *Argentinien u. F.* Köln ⁴2001.
Falklandstrom, nach N gerichtete kühle Meeresströmung im Südatlantik zw. Südamerika und den Falklandinseln.
Falkner (Falkenier, Falkonier, Beizjäger), ein Jäger, der mit abgerichteten Greifvögeln (meist Falken) jagt (↑Beize).
Falkone [frz.-italien.] *die* (Falkonett), leichtes Geschütz des 15. bis 17. Jh., auf einem Fahrgestell (↑Lafette) von einem Pferd gezogen.
Falköping [´fɑːltɕø:pɪŋ], Stadt in Schweden, 31 900 Ew.; wichtiger Marktort; Textil-, Zementindustrie. – F., seit frühgeschichtl. Zeit als Handels- und Thingstätte erwähnt, erhielt im 13. Jh. Stadtrecht.
Fall, Leo, österr. Operettenkomponist, *Olmütz 2. 2. 1873, †Wien 16. 9. 1925. Erfolgreich waren bes. »Der fidele Bauer« (1907), »Die Dollarprinzessin« (1907), »Der liebe Augustin« (1912), »Die Rose von Stambul« (1916), »Madame Pompadour« (1923).

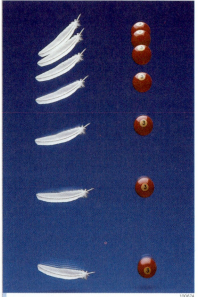

Fall 2): Feder und Kugel fallen im Vakuum gleich schnell.

Fall, 1) *Grammatik:* ↑Kasus.
2) *Physik:* Bewegung eines Körpers unter dem Einfluss der Schwerkraft, speziell im Schwerefeld der Erde. Wirkt außer der zum Erdmittelpunkt gerichteten Schwerkraft keine zusätzl. Kraft auf den Körper, ist also kein Luftwiderstand vorhanden (z. B. in einem F.-Turm), so spricht man vom **freien F.;** dabei fallen alle Körper unabhängig von ihrer Masse und Form gleich schnell, die Bewegung ist gleichmäßig beschleunigt. F.-Geschwindigkeit v, F.-Zeit t und F.-Weg h sind mit der (in der Nähe der Erdoberfläche konstanten) ↑Fallbeschleunigung g über die **F.-Gesetze** verknüpft:

$$h = \frac{1}{2} g \cdot t^2, \quad v = g \cdot t, \quad v = \sqrt{2gh}.$$

Fallingbostel FAL

Ist der fallende Körper dem Luftwiderstand ausgesetzt, so strebt seine Geschwindigkeit nach anfänglich beschleunigter Bewegung einem konstanten Wert zu.

Falla [´faʎa], Manuel de, span. Komponist, *Cádiz 23. 11. 1876, †Alta Gracia (Prov. Córdoba, Argentinien) 14. 11. 1946; lebte 1907–14 in Paris, danach in Granada, seit 1939 in Argentinien. F. verband span. Nationalkolorit mit Elementen des frz. Impressionismus (C. Debussy, M. Ravel). Er schrieb u. a. Ballette (»Der Liebeszauber«, 1915; »Der Dreispitz«, 1919), die Oper »La vida breve« (1913), Klavierstücke, das Konzert »Nächte in spanischen Gärten« (1915), ein Cembalokonzert (1923–26), Lieder.
📖 *Pahlen, K.: M. de F. u. die Musik in Spanien. Mainz u. a. 1994.*

Fallada, Hans, eigtl. Rudolf Ditzen, Schriftsteller, *Greifswald 21. 7. 1893, †Berlin 5. 2. 1947; schilderte in seinen sozialkrit. Romanen mit lebensnahen Dialogen das Milieu der »kleinen Leute«, ihre Ratlosigkeit und ihre Lebenstapferkeit (»Bauern, Bonzen und Bomben«, 1931; »Kleiner Mann – was nun?«, 1932; »Wer einmal aus dem Blechnapf frißt«, 1934; »Wolf unter Wölfen«, 1937; »Jeder stirbt für sich allein«, 1947; »Der Trinker«, hg. 1950; »Ein Mann will hinauf«, hg. 1953). Erst 1994 erschien der 1939 entstandene Roman »Dies Herz, das dir gehört«.
📖 *Manthey, J.: H. F. Reinbek 49.–50. Tsd. 1998.* – *Williams, J.: Mehr Leben als eins. H.-F.-Biographie. A. d. Engl. Berlin 2002.*

Fallbeil, die ↑Guillotine.

Fallbeschleunigung (Gravitationsbeschleunigung, Schwerebeschleunigung, Formelzeichen g), Beschleunigung, die ein frei fallender Körper im Gravitationsfeld eines Himmelskörpers, speziell der Erde **(Erdbeschleunigung)** erfährt. Bei rotierenden Körpern überlagert sich der der reinen Gravitationswirkung entgegengerichtete Anteil der Zentrifugalkraft. Die F. nimmt (gemäß dem Gravitationsgesetz) mit wachsender Entfernung von der Erdoberfläche ab und infolge der Erdabplattung vom Äquator ($g \approx 9{,}78\,\text{m/s}^2$) nach den Polen ($g \approx 9{,}83\,\text{m/s}^2$) zu; infolge inhomogener Masseverteilungen treten zusätzlich lokale Schwankungen auf (↑Schwereanomalie). Die F. ist somit ortsabhängig. Als gerundeten Wert verwendet man in mittleren Breiten $g = 9{,}81\,\text{m/s}^2$, die **Norm-F.** beträgt $g_n = 9{,}806\,65\,\text{m/s}^2$.

Fallbö, heftige, abwärts gerichtete Luftströmung; dabei können kräftige Windscherungen auftreten.

Fallbrücke, 1) röm. Belagerungsmaschine für die Überdeckung feindl. Festungsgräben; 2) Zugbrücke.

Fallbügelschreiber (Punktschreiber), elektr. Messgerät zur Registrierung eines Messwerts auf bewegtem Papier. Der Zeiger wird periodisch auf das Papier gedrückt, dadurch werden die Messwerte als Punktfolge festgehalten.

Fälldin, Thorbjörn, schwed. Politiker, *Högsjö (Gem. Ramvik, Västernorrland) 24. 4. 1926; Landwirt, 1971–85 Vors. der Zentrumspartei, war 1976–78 und 1979–82 Ministerpräsident.

Falle, Vorrichtung zum Fang von Tieren; zugelassen sind in Dtl. nach dem Bundesjagd-Ges. nur F., die entweder lebend fangen oder sofort töten.

Fallen, *Geologie:* ↑Streichen und Fallen.

Fallenbild, *Kunst:* reliefartiges Bild, das (auf den Bildträger befestigte) zufällige Restbestände eines stattgefundenen Vorgangs (z. B. einer Mahlzeit) als Erinnerungsstück an diesen zeigt; von D. ↑Spoerri zuerst praktizierte Technik.

Fallersleben, seit 1972 Stadtteil von ↑Wolfsburg.

Fallgatter (Fallgitter), vor Toren herablassbares Gatter aus unten zugespitzten und mit Eisen beschlagenen Balken.

Fallgrube (Fanggrube), abgedeckte Grube zum Fang von Wild; in Dtl. verboten.

Fallhammer, ein ↑Maschinenhammer.

Fallhöhe, *Wasserbau:* senkrechte Höhendifferenz zw. Bezugshorizonten, die für eine Wasserkraftnutzung wichtig sind.

Fallibilismus [lat.] *der,* wissenschaftstheoret. Annahme, dass alle synthet. Erkenntnisse, wie sie für die empir. Wiss.en kennzeichnend sind, hinsichtlich ihres Gültigkeitsbereichs nur wahrscheinlich (hypothetisch, **fallibel**) sind, weil sie nicht endgültig verifiziert, wohl aber definitiv widerlegt **(falsifiziert)** werden können.

fallieren [italien.], in Konkurs gehen; missraten, misslingen.

Fälligkeit, Zeitpunkt, zu dem der Gläubiger die Leistung vom Schuldner verlangen kann und der Schuldner sie bewirken muss (↑Leistungszeit).

Fallingbostel, Krst. des Landkreises Soltau-F., Ndsachs., in der südl. Lüneburger

| FAL | **Fall Line** |

Heide, 11 700 Ew.; Kneippheilbad und Luftkurort; Nahrungsmittelindustrie. – Südöstlich von F., im Truppenübungsplatz Bergen, liegen die **Sieben Steinhäuser,** eine Gruppe von Großsteingräbern aus der Jungsteinzeit. – Das 993 erwähnte F. erhielt 1949 Stadtrecht und wurde 1954 Kneippkurort.

Fallschirm: Gleitfallschirm

Fall Line [ˈfɔːl ˈlaɪn, engl.] (Fall-Linie), Geländestufe im O der USA zw. der Atlant. Küstenebene und dem Piedmontplateau; durch Gesteinsunterschiede konnten sich die Flüsse stark einschneiden (Bildung von Wasserfällen); hier endete die Schifffahrt ins Binnenland.

Falllini|e, *Kartographie:* auf einer geneigten Fläche die Richtung des größten Gefälles (auch: **Fallrichtung**). Auf der topograph. Karte verläuft die F. senkrecht zu den Höhenlinien (Isohypsen), bei der Darstellung durch Schraffen geben diese die F. an.

Fallot-Kardiopath<ins>ie</ins>n [faˈlo-; frz., nach dem frz. Arzt E. L. A. Fallot, *1850, †1911], angeborene Herzfehler.

Fall-out [ˈfɔːlaʊt, engl.] *der,* ↑radioaktiver Niederschlag.

Fallrecht, Rechtsordnung, die auf richterl. Entscheidungen exemplar. Fälle beruht, sich künftig an diesen ausrichtet und durch sie fortgebildet wird, z. B. das **Case-Law** des angloamerikan. Rechts. Der Ggs.

ist das Gesetzesrecht, das Sachverhalte allg. und losgelöst vom Einzelfall regelt.

Fallreep, in Fahrtrichtung an der Schiffswand schräg nach oben führende, einziehbare Treppe aus Holz oder Leichtmetall. Das **See-F.** (Jakobsleiter) ist eine Strickleiter mit festen Sprossen.

Fallschirm, schirmförmiges Gebilde aus Naturseide, Baumwolle oder Chemiefasern zur Minderung der Sinkgeschwindigkeit fallender Körper. Neben den bislang überwiegend verwendeten **Rundkappenschirmen,** die allein durch Vergrößerung des Luftwiderstands die gewünschte Sinkgeschwindigkeit von etwa 5 m/s erreichen, werden **Gleit-F.** verwendet, deren Schirmkappe sich in Form einer rechteckigen gewölbten Fläche entfaltet, die bei einer der Fallbewegung überlagerten Horizontalbewegung eine aerodynamisch erzeugte Auftriebskraft liefert (**Flügelschirme** oder **Rechteckgleiter**). Die Schirmkappe ist durch Fangleinen und eine abtrennbare Kupplung mit dem Gurtzeug verbunden, das am fallenden Körper befestigt ist. Bei Sport-F. kann die Form der Kappe über Steuerleinen während des Falles verändert und damit die Fallrichtung beeinflusst werden. Kappe und Fangleinen werden in gefaltetem Zustand in einen Packsack eingelegt. Zur Entfaltung des Schirmes wird der Packsack durch manuelle Betätigung (**manueller F.**) oder durch eine mit dem Luftfahrzeug verbundene Aufziehleine (**automat. F.**) geöffnet. Nach der Verwendung unterscheidet man Rettungs-F., Sprung-F. (für sportl. und militär. Zwecke) und Lasten-F., nach Anordnung des Packsacks am Körper des Trägers Brust-F., Rücken-F. und Sitzfallschirme.

Fallschirmjäger, Soldaten, die mit Fallschirmen über dem Einsatzgebiet aus Flugzeugen abspringen (↑Luftlandetruppen).

Fallschirmskispringen [-ʃi-], der ↑Paraski.

Fallschirmsport (Fallschirmspringen), sportlich betriebener Absprung mit Fallschirm aus speziellen Flugzeugen in versch. Disziplinen mit unterschiedl. Wettbewerben. Es werden Einzel- und Gruppensprünge, Tages- und Nachtsprünge, Höhen-, Ziel-, Figuren- und Formationssprünge, entweder mit sofortiger, meist mit verzögerter Fallschirmöffnung unterschieden.

Fallstreifen, Niederschlag, der schleier-

oder streifenartig herabfallende Schleppen bildet; besteht aus Eiskristallen (Virga), die aus Zirruswolken fallen, oder aus Regenschauern, die schon vor Erreichen des Bodens verdunsten.

Fallstudi|e (Casestudy), Methode bes. der empir. Sozialforschung: Untersuchung eines Einzelfalls (Individuum, soziale Gruppe, Institution) zur Gewinnung repräsentativer Daten.

Fallstufe (früher Gefällestufe), natürl. oder künstl. Stufe in einem Fließgewässer. Den Energiehöhenunterschied vor und hinter einer F. bezeichnet man als ↑Fallhöhe.

Fallsucht, *Medizin:* die ↑Epilepsie.

Fallturm, Laboranlage für Mikrogravitation, bei der eine mit Experimenteinrichtungen bestückte Kapsel in einer hinreichend langen, luftleer gepumpten Röhre frei fällt (↑Fall); sie erlaubt Kurzzeitexperimente unter Schwerelosigkeit. Im F. der Univ. Bremen (Höhe 146 m) beträgt die Fallzeit der Kapsel bei einer Fallhöhe von 112 m 4,74 s.

Fällung (Ausfällen), Abscheiden eines gelösten Stoffs als unlösl. Niederschlag durch Zugabe fester, flüssiger oder gasförmiger **F.-Mittel.** F. kann u. a. ausgelöst werden durch chem. Reaktion des F.-Mittels mit der zu fällenden Substanz, durch Änderung des pH-Werts oder durch Überschreiten des ↑Löslichkeitsprodukts. **F.-Reaktionen** dienen zum qualitativen Nachweis von Elementen oder Verbindungen aufgrund eines charakterist. Niederschlags.

Fallwind, großräumige, abwärts gerichtete Luftströmung in der Atmosphäre, z. B. der Föhn (warm) und die Bora (kalt).

Falmouth [ˈfælməθ], Stadt und Seebad (mit mildem Klima und subtrop. Vegetation) an der Südküste Englands in der Cty. Cornwall, 17 800 Ew.; Reparaturwerft, Maschinenbau; Küstenfischerei.

Falott (Fallot) [frz.] *der,* (österr.) Gauner, Betrüger.

Falsa demonstratio [lat.] *die, Recht:* die fehlerhafte (objektiv unrichtige oder mehrdeutige) Ausdrucksweise bei der Willenserklärung.

Falschaussage (falsche uneidliche Aussage), die uneidl., vorsätzlich falsche Aussage eines Zeugen oder Sachverständigen vor Gericht oder einer anderen zur eidl. Vernehmung zuständigen Stelle, ist mit Freiheitsstrafe von drei Monaten bis zu fünf Jahren bedroht (§ 153 StGB). Strafmilderung oder Absehen von Strafe sind im Falle von Aussagenotstand, bes. zugunsten von Angehörigen, sowie bei rechtzeitiger Berichtigung durch den Täter möglich. – Ähnl. Regelungen gelten in *Österreich* (§§ 288 ff. StGB). In der *Schweiz* ist auch die falsche Parteiaussage im Zivilverfahren (»Beweisaussage«) strafbar (Art. 306 ff. StGB).

Falschbe|urkundung, Herstellen einer echten, aber inhaltlich falschen Urkunde, zu unterscheiden von der ↑Urkundenfälschung. Die F. (»schriftl. Lüge«) ist als solche nicht strafbar, kann aber unter anderen Aspekten, z. B. als Betrug, strafbar sein. Strafrechtlich verfolgt wird die F. als **F. im Amt** (§ 348 StGB, Freiheitsstrafe bis zu fünf Jahren oder Geldstrafe), wenn ein Beamter vorsätzlich eine rechtlich erhebl. Tatsache falsch beurkundet. Nach § 271 StGB strafbar ist die **mittelbare F.** (Freiheitsstrafe bis zu drei Jahren oder Geldstrafe), bei der der Täter, bes. durch vorsätzlich falsche Angaben, bewirkt, dass beweiserhebl. Umstände in öffentl. Urkunden falsch beurkundet werden; eine damit verbundene Bereicherungsabsicht wirkt strafverschärfend. Ähnl. Regeln enthalten die StGB *Österreichs* (§§ 228, 311) und der *Schweiz* (Art. 253, 317).

Falsch|eid, die tatsächlich falsche eidl. Aussage, die der Schwörende für wahr hält. Beruht die Unkenntnis auf Fahrlässigkeit, wird der F. mit Freiheitsstrafe bis zu einem Jahr oder Geldstrafe (§ 163 StGB) geahndet; korrigiert sich der Aussagende rechtzeitig durch Widerruf, bleibt er straflos. Wer einen anderen zum F. verleitet, wird nach § 160 StGB mit Freiheitsstrafe bis zu sechs Monaten oder Geldstrafe bis zu 180 Tagessätzen bestraft. (↑Meineid)

falsche Verdächtigung, ↑Verdächtigung.

Falschfarbenfotografie, fotograf. Aufzeichnen der unterschiedl. (unsichtbaren) Infrarotreflexionen von Objekten durch nicht dem Objekt entsprechende Farben mit einem Falschfarbenfilm. Der Film weist mindestens zwei verschieden sensibilisierte Schichten auf, von denen eine infrarotempfindlich ist; er wird farbentwickelt. Anwendung in Land- und Forstwirtschaft, beim Umweltschutz und bei der Weltraumforschung.

FAL Falschmünzerei

Falschmünzerei, ↑Geld- und Wertzeichenfälschung.
Fälschung, das Herstellen eines unechten Gegenstandes oder das Verändern eines echten Gegenstandes (Falsifikat) zur Täuschung im Rechtsverkehr. Das Strafrecht kennt u. a. ↑Geld- und Wertzeichenfälschung, F. technischer Aufzeichnungen und ↑Urkundenfälschung. F. von *Kunstwerken* entstehen durch die betrüger. Nachbildung oder Veränderung eines Kunstwerkes oder die bewusste falsche Angabe über Herkunft, Alter und Künstler, um einen höheren (Kunst-)Wert vorzutäuschen. Nachahmungen und eindeutige F. sind bereits aus der Antike bekannt. In der Renaissance wurden Antiken gefälscht und auch Werke bed. Zeitgenossen (z. B. Dürers Grafik). Als die größten Fälscher der Neuzeit wurden H. van Meegeren mit Werken J. Vermeers und L. Malskat mit got. Wandmalereien im Dom zu Lübeck bekannt. Aufsehen erregten u. a. die Skandale 1984 um die Zuschreibungen der bei der Suche nach Skulpturen A. Modiglianis aus einem Kanal in Livorno geborgenen Plastiken, Ende der 80er-Jahre um die Kunst-F. von K. Kujausowie Ende der 90er-Jahre um die von J. Drewe in Auftrag gegebenen Gemälde-F., die u. a. den Auktionshäusern Sotheby & Co. und Christie's zum Verkauf angeboten wurden. Bei Zweifeln an der Echtheit von Kunstwerken können Materialuntersuchungen durchgeführt werden: ↑Altersbestimmung bei Altertümern, Materialvergleiche, Alterssprünge im Unterschied zu künstl. Brüchen, bei Bildern Infrarot-, Ultraviolett-, Röntgenaufnahmen (bringen evtl. jüngere, übermalte Bilder zum Vorschein oder echte Fragmente und spätere Ergänzungen).
Die F. von *Urkunden* war im MA. sehr verbreitet und wurde meist von Fürsten oder Klöstern veranlasst, um sich Rechte oder Besitz zu sichern. Bekannt sind auch F. mittelalterl. und späterer Geschichtsquellen. Diese F. entstanden aus falschem Ehrgeiz, polit. oder religiösen Gründen, zur Begründung von Erbansprüchen usw.; grch. und lat. Texte sind vielfach gefälscht worden. Die berühmtesten kirchl. F. sind die Konstantin. Schenkung und die Pseudoisidor. Dekretalen.
Auch in der *Dichtung* kamen F. vor, zum Beispiel der fälschlich als Übersetzung aus dem Altgälischen angegebene »Ossian«

J. Macphersons (1760 ff.) und die angeblich alttschech. Gedichte enthaltende »Königinhofer Handschrift« aus Prag (1817).
📖 *Döpfner, K.:* Der Restaurierungsbetrug. Eine strafrechtsdogmat. Untersuchung zu Formen der Kunstverfälschung. Lübeck 1989. – *Gefälscht! Betrug in Politik, Literatur, Wissenschaft, Kunst u. Musik,* hg. v. *K. Corino.* Neuausg. Frankfurt am Main 1996.
Fälschung technischer Aufzeichnungen, ↑Urkundenfälschung.
Fälschung von Zahlungskarten und von Vordrucken für Euroschecks, das Herstellen, Verschaffen, Feilhalten oder Überlassen falscher Vordrucke oder Zahlungskarten in Gebrauchsabsicht, nach § 152a StGB mit Freiheitsstrafe von 1 bis zu 10 Jahren bedroht.
False Bay [ˈfɔːls beɪ; engl.»falsche Bai«] (afrikaans Vaalsbaai), Bucht des Ind. Ozeans südöstlich von Kapstadt, Rep. Südafrika, mit Kriegshafen Simonstown, Seebädern und Fischereihafen.
Falsẹtt [italien.] *das,* durch Brustresonanz verstärkte männl. Kopfstimme. – Die **Falsettisten** sangen im 16./17. Jh. die Alt-, gelegentlich auch die Sopranpartien v. a. in der geistl. Chormusik.
Falsifikat [lat.] *das,* gefälschter Gegenstand, ↑Fälschung.
Falsifikation *die,* Wissenschaftstheorie: ↑Verifikation.
Falstaff [ˈfɔːlstɑːf], Sir John, kom. Figur in Shakespeares »Heinrich IV.« und in den »Lustigen Weibern von Windsor«, ein beliebter alter Ritter, Schlemmer, Feigling und Prahlhans mit Geist und Witz; Opernfigur u. a. bei G. Verdi (1893).
Falster, Ostseeinsel südlich von Seeland, Dänemark, 514 km², bis 44 m ü. M., 43 200 Ew.; an der Vogelfluglinie, von Lolland durch den Guldborgsund, von Seeland durch Storstrømmen getrennt (beide Sunde von Brücken überspannt); hügelige Moränenlandschaft; Weizen-, Zuckerrüben- und Obstbau; Fremdenverkehr; Hauptort ist Nykøbing. Von Gedser im S Eisenbahnfähre nach Rostock-Warnemünde und Autofähre nach Lübeck-Travemünde.
Falsterbo [-buː], Seebad auf der Halbinsel Skanör und der SW-Spitze Südschwedens; vor der Küste der Orte F. und Skanör lagen im MA. die Fangplätze der hanseat. Heringsfischerei.

Falsus Procurator [lat.] *der, Recht:* eine Person, die als Vertreter ohne Vertretungsmacht handelt (↑Vertretung ohne Vertretungsmacht).
Faltboot, zerlegbares Paddelboot.
Falte, *Geologie:* durch seitl. Druck und Einengung (**Faltung**) entstandene Verbiegungsform urspr. ebener Gesteinsschichten. Die Einbiegungen einer F. nennt man **Mulde, Synkline** oder **Synklinale**, die Aufwölbungen **Sattel, Gewölbe, Antikline** oder **Antiklinale**. Wichtige F.-Elemente sind: die **F.-Achse**, eine längs des F.-**Scheitels** oder Scharniers gedachte Linie; die **F.-Ebene**, in der die F.-Achsen sämtl. Schichten einer F. liegen; die **F.-Schenkel** oder **-Flügel** umschließen den F.-**Kern**; der **First**, die höchste Sattelerhebung, die **Basis**, das Muldentiefste; der **F.-Spiegel**, eine gedachte Ebene als Verbindung der First- oder Basislinien; die **Vergenz**, die Neigungsrichtung der Achsenebene. Im F.-Kern liegen beim Sattel die ältesten, bei der Mulde die jüngsten Gesteine. Bei gleichmäßiger Biegung entstehen einfache, aufrechte oder stehende F. mit nahezu senkrechter Achsebene und symmetrisch zu den Muldenachsen einfallenden Schenkeln. Je nach ihrer Lage werden folgende F.-Formen unterschieden: **stehende F.** (mit senkrechter Achsenebene), **schiefe F.**, **überkippte F.** (wenn beide F.-Flanken in die gleiche Richtung einfallen) und **liegende F. (Deck-F.)**, wenn sich der Sattel weit über die vorgelagerte Mulde legt. In besonderen Fällen taucht die Achsenebene unter die Horizontale und bildet dadurch eine **Tauchfalte**. **Isoklinal-F.** sind durch starke Einengung entstanden und weisen daher weitgehend parallel verlaufende F.-Schenkel auf. **Koffer-F.** sind durch flachen Scheitel und fast rechtwinklig abgesetzte steile Schenkel gekennzeichnet. Parallel gerichtete, aber schräg hintereinander gestaffelte F. nennt man **Kulissenfalten**. F. treten meist nicht einzeln, sondern zu mehreren geschart oder gebündelt (**F.-Schar, -Bündel, -System**) auf. Durch Abtauchen der Sattelachse oder Auftauchen der Muldenachse entsteht im Schnittbild mit der Horizontalen umlaufendes Streichen der Schichten. Der **Luftsattel** ist im geolog. Schnitt die zeichner. Ergänzung abgetragener F.-Teile. Nach dem Faltungsvorgang werden folgende »F.-Typen« unterschieden: **Biege-F.** (**Knick-F.**), **Scher-F.** und **Fließ-F.**, die durch Übergänge verbunden sein können. **Faltengebirge** sind u. a. Alpen, Karpaten, Pyrenäen und Rocky Mountains.

📖 *Möbus, G.: Tektonik. Eine method. Einführung für Studium u. Praxis. Leipzig 1989.*

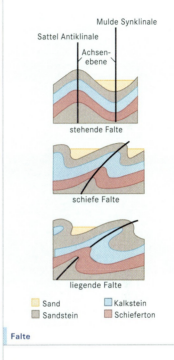

Falte

Faltenwespen, zu den Stechimmen gehörende ↑Wespen.
Falter, ↑Schmetterlinge.
Falterblumen, Pflanzen, deren Blüten von Schmetterlingen bestäubt werden, z. B. Arten der Gattung ↑Buddleia.
Fălticeni [fəltiˈtʃenj], Stadt im Bezirk Suceava, NO-Rumänien, 33 200 Ew.; Flachs- und Hanfspinnerei; Möbelindustrie.
Faltstuhl, klappbarer Stuhl aus zwei scherenförmigen, durch Querhölzer verbundenen Teilen, mit Stoff- oder Ledersitz; schon im alten Ägypten, in Griechenland und Rom bekannt; in N-Europa bereits in der Bronzezeit, dann bes. im MA. verbreitet.
Faltung, 1) *Geologie:* ↑Falte, ↑Faltungsphasen.

FAL Faltungsphasen

2) *Mathematik:* die aus zwei im Bereich $-\infty < t < \infty$ integrierbaren Funktionen $F_1(t)$ und $F_2(t)$ gebildete Funktion

$$(F_1 * F_2)(t) = \int_{-\infty}^{+\infty} F_1(t-\tau) F_2(\tau) \, d\tau.$$

Faltungsphasen, Zeiten stärkerer gebirgsbildender Tätigkeit durch Faltung, die, verhältnismäßig kurzzeitig, längere Zeiten tekton. Ruhe unterbrechen.

Faltwerk, 1) *Bautechnik:* aus ebenflächigen Scheiben zusammengesetztes Tragwerk mit räuml. Spannungszustand, eignen sich wegen ihrer einfachen Form zur Herstellung vorgefertigter Elemente (v. a. Dachelemente).
2) *Kunst:* geschnitztes Ornament in Form geradliniger Falten, an Möbeln u. a. in Spätgotik und Renaissance, bes. in Nord-Dtl. und den Niederlanden.

Falun Gong: Mitglieder von Falun Gong, einer spirituellen Bewegung, die verschiedene chinesische Traditionen in sich vereint, meditierten im Jahr 2002 in einem Park in Hongkong. Sie protestierten damit gegen die Propagandakampagne der chinesischen Regierung, mit der die Bewegung als regierungsfeindliche Organisation gebrandmarkt wurde.

Falun, Hptst. des schwed. VerwBez. Dalarna, 54 700 Ew.; Univ.; durch Kupfererzabbau einst weithin berühmt; Dalarna-Museum; Herstellung von Kupplungen, Fahrzeugachsen, Antriebstechnik, Farben, elektron. u. a. Industrie. – F. entstand 1288 als Bergwerkssiedlung. 1687 beendete eine Bergsturzkatastrophe die Blütezeit des Kupfererzbergbaus. – Die histor. Ind.landschaft des Großen Kupferbergs in F. wurde 2001 zum UNESCO-Weltkulturerbe erklärt.

Falun Gong [-ˈgʊŋ; chines. »Rad des Gesetzes«] *die,* chines. spirituelle Bewegung, die versch. chines. Traditionen in sich aufgenommen und verschmolzen hat: Buddhismus, Daoismus und v. a. die Meditationstechnik ↑Qigong. Grundlage sind die Ideen des in China (Prov. Jilin) geborenen, heute in New York lebenden Li Hongzhi (eigtl. Li Lai, *1951). Die unter seinem Namen verbreiteten Schriften definieren das im Buddhismus angestrebte Leben in Übereinkunft mit dem universalen Gesetz als Ziel und Qigong als Weg von F. G.: das In-Gang-Halten des durch Li Hongzhi in seinen Anhängern in Gang gesetzten Gesetzesrades (Falun) durch unablässiges Schöpfen der kosm. Energie ↑Qi auf dieses. Aus der Tradition des Daoismus ist bes. dessen Grundverständnis von Meditation als »Erleuchtung« (Einssein mit dem Kosmos) in F. G. eingegangen; seit 1999 sind ihre Anhänger in China staatl. Repressionen ausgesetzt.

Falz, 1) *Buchbinderei:* alle Stellen eines Buches, an denen das Material gefaltet wurde oder wie ein Scharnier bewegt werden kann.
2) *Fertigungstechnik:* formschlüssige Verbindung von Blechen, die durch Umbiegen und Ineinanderschieben der Ränder hergestellt wird.
3) *Holzbearbeitung:* Aussparung oder Vertiefung zum guten Ineinandergreifen von Hölzern.

Falzaregopass, Pass in den Dolomiten zw. Ampezzotal und Buchenstein, Italien, 2 105 m ü. M., wird von der Dolomitenstraße überquert.

Falzen, 1) *Buchbinderei:* durch scharfkantiges Falten Papierbogen das gewünschte Format geben.
2) *Lederherstellung:* das Egalisieren von gegerbtem Leder durch Abnahme von feinen Spänen.

Fama [lat.] *die,* im alten Rom Personifikation des Gerüchts **(Frau F.),** im MA. Verkörperung des ird. Ruhms, heute allg. Gerücht, Nachrede.

Famagusta, Hafenstadt im O der Insel Zypern; seit 1974 unter türkisch-zypr. Verw.; 23 100 Ew.; Univ.; vor der türk. Besetzung bekannter Badeort. – Ummauerte Altstadt mit drei Stadttoren, Kastell (v. a. 15. Jh.). Die im Stil der frz. Gotik erbaute Kathedrale (geweiht 1326) wurde durch den Anbau eines Minaretts nach 1571 in

Familie FAM

eine Moschee (Lala-Mustafa-Moschee) umgewandelt.

Famatina, Sierra de, Gebirgskette der Pampinen Sierren, westlich von La Rioja, Argentinien, bis 6 250 m ü. M.

Familiaren [lat.], *Pl., kath. Kirchenrecht:* Bez. für die Bediensteten eines Klosters und die zur ↑päpstlichen Familie gehörenden Personen.

Fami̱li̱|e [lat. familia »Hausstand«], **1)** *biolog. Systematik:* (Familia), systemat. Kategorie, in der näher verwandte Gattungen zusammengefasst werden; in der Zoologie gekennzeichnet durch die Endung **-idae,** in der Botanik durch **-aceae.** **2)** *Recht:* a) als Groß-F. der Kreis der durch Ehe und Verwandtschaft miteinander verbundenen Personen, hat z. B. bei der gesetzl. Erbfolge Bedeutung; b) i. e. S. die Ehegatten und deren Kinder (nicht die Partner einer eheähnl. Gemeinschaft).
3) *Sozialgeschichte, Soziologie:* soziale Gruppe, die in der heutigen Ind.gesellschaft in der Regel aus den Eltern und ihren (unselbstständigen) Kindern besteht **(Kern-F.** oder **Klein-F.).** Im allg. Sprachgebrauch wird oft auch die Verwandtschaft als F. bezeichnet; zur besseren Abgrenzung des Begriffes ist in der F.-Soziologie deshalb der gemeinsame Haushalt für eine F. konstitutiv. Beschränkt sich die F. allein auf die Ehepartner, spricht man von **Gatten-F.,** fehlt ein Elternteil, von **unvollständiger F.** oder **Eineltern-F.,** leben über die Kern-F. hinaus noch (verwandte) Personen im Haushalt, von **erweiterter F.** Die F.-Formen sind abhängig von der jeweiligen Wirtschafts- und Sozialstruktur. Neben der Regelung der Geschlechtsbeziehung ist heute die primäre Sozialisation der Kinder die wichtigste soziale Funktion der modernen F. In früheren Gesellschaften hatte die F. dagegen zusätzlich häufig Kult-, Gerichts-, Schutzfunktionen (auch Altersversorgung durch hohe Kinderzahl) und wirtsch. Funktionen. Die heute in westl. Industriegesellschaften (zunehmend) verbereitete Form der **partnerschaftl.** F. setzte sich – bes. im Zusammenhang mit der wachsenden Berufstätigkeit der Frauen – seit Beginn der 1960er-Jahre durch und ist mit neuen Auffassungen über F. und die Formen des F.-Lebens verbunden. So hat bes. die häufig kritisierte Eigenschaft der F., die entscheidende »Reproduktionsagentur« bestehender Klassen- und Schichtenunterschiede, überkommener Autoritätsstrukturen sowie traditioneller Geschlechterrollenstereotype zu sein, in den vergangenen Jahrzehnten an Bedeutung eingebüßt. Zugenommen haben in den letzten Jahren die Zahl der nicht ehel. Lebensgemeinschaften (auch mit Kindern) und der sog. ↑Patchwork-Familien sowie der allein erziehenden Mütter und Väter (↑Alleinerziehender).

Geschichte: Die histor. ↑Familienforschung hat gezeigt, dass frühere Auffassungen von der sich über Stamm, Sippe, Groß-F. und schließlich Klein-F. verkleinernden F.-Form wohl falsch sind und auch in der Antike sowie im MA. die Klein-F. vermutlich die verbreitetste F.-Form war. Durch zahlr. Analysen gesellschaftl. Feinstrukturen ist auch anerkannt, dass die Entwicklung der vorindustriellen patriarchalen Hauswirtschaft sowie die mehrdimensionale Komplexität des histor. Strukturwandels der F. seit dem 18. Jh. auf der Grundlage von Urbanisierung und Industrialisierung sowohl Abbrüche, Verwerfungen als auch Gleichzeitigkeit und Vielfalt unterschiedl. Entwicklungsverläufe nicht ausschließt. Schon vor dem MA. besaß die Sippe bzw. die F. Bedeutung für Wirtschaftsleben, Volkskultur und Recht; ihrer Sicherung wurde im Erb- und Eherecht des Feudal- wie auch später des bürgerlich geprägten Staates große Bedeutung beigemessen. – In der Agrargesellschaft waren v. a. Formen der erweiterten F. vorherrschend: 1) die **generationale F.,** in der Söhne mit Frauen und Kindern unter der Herrschaft des Vaters verblieben; 2) die Gemeinschaft mehrerer Kern-F., die **Groß-F.,** die dadurch entstand, dass Söhne nach dem Tod des Vaters nicht auseinander gingen, sondern mit ihren Frauen und Kindern gemeinsam Grund und Boden des Vaters bewirtschafteten. – Die fortschreitende Ausbildung des Lehnswesens und des Feudalsystems führte zu unterschiedl. F.-Formen im bäuerl., grundherrschaftl. und im adlig-feudalen Bereich. Mit der Entstehung der Städte seit dem 12. Jh. entwickelten sich neue, stärker von Beruf und Stand geprägte F.-Formen (Handwerker- und Kaufmanns-F.). Der seit dem 11. Jh. sich allmählich durchsetzende Sakramentscharakter der Ehe führte zur christlich geprägten Hausgenossen-

FAM Familienbeihilfe

schaft bzw. Haushalts-F., bei der alle zum ↑Haus (deshalb gleichbedeutend mit F. gebraucht) gehörenden Personen (Hausgenossen, z. B. unmündige und mündige Kinder, Alte, Verwandte, Gesinde, Gesellen) unter dem Mundium (Munt; »Schutz«) des F.-Vaters zur F. zählten. Der Zerfall der Hausgenossenschaft durch die zunehmende Ausprägung der bürgerl. F., endgültig durchgesetzt im 18. Jh., sowie der Übergang zur Ind.gesellschaft im 19. Jh. führten zur dominierenden Rolle der vormodernen Kern- oder Klein-F. mit ihrer strikten Rollen- und Arbeitsteilung, wonach der Vater durch seine Arbeit außer Haus den Lebensunterhalt sicherte und die Mutter für Haushalt und Kindererziehung verantwortlich war. Häufig war aber die Mitarbeit von Frau und Kindern nötig, um in Bauern- und Handwerker-F. den F.-Betrieb aufrechtzuerhalten oder, bes. im 19. Jh., in Landarbeiter- und Proletarier-F. (seit etwa 1850 bevölkerungsstatistisch größte Sozialgruppe) den kärgl. Lebensunterhalt zu sichern. – In Adels-F. waren F.-Verbände lange Zeit vorherrschend (bes. F.-Fideikommisse). Seit Beginn des 20. Jh. haben sich die Arbeits-, Wohn- und allg. Lebensbedingungen in den versch. F.-Formen und Sozialschichten stärker angeglichen, als dies je zuvor der Fall war. Von Europa im 18./19. Jh. ausgehend, ist die bürgerl. (Klein-)F. weltweit (in Ind.gesellschaften) zur vorherrschenden familialen Lebensform geworden. Enttraditionalisierungs- und Ausdifferenzierungsprozesse in der modernen Gesellschaft führten zugleich zur stärkeren Angleichung von Männern und Frauen (↑Geschlechterforschung); inzwischen wird sogar die Reduzierung der modernen Klein-F. auf die postmoderne Rest-F. konstatiert.

📖 *Beuys, B.: Familienleben in Deutschland. Neue Bilder aus der dt. Vergangenheit. Reinbek 25.–28. Tsd. 1990. – Vom Patriarchat zur Partnerschaft. Zum Strukturwandel der F., Beiträge v. M. Mitterauer u. R. Sieder. München ⁴1991. – Sieder, R.: Sozialgesch. der F. Frankfurt am Main ⁴1995. – Gesch. der F., hg. v. A. Burguière u. a., 4 Bde. A. d. Frz. Frankfurt am Main 1996–98. – Weber-Kellermann, I.: Die dt. F. Versuch einer Sozialgesch. Neuausg. Frankfurt am Main 1996. – Familien in versch. Kulturen, hg. v. B. Nauck u. U. Schönpflug. Stuttgart 1997. – Gestrich, A.: Gesch. der F.* im 19. u. 20. Jh. München 1999. *– Familienwiss. u. familienpolit. Signale, hg. v. B. Jans u. a. Grafschaft 2000. – Kontinuität u. Wandel der F. in Dtl. Eine zeitgeschichtl. Analyse, hg. v. R. Nave-Herz. Stuttgart 2002.*

Famili|enbeihilfe, in Österreich Bez. für ↑Kindergeld.

Famili|enberatung, ↑Eheberatung.

Famili|enbuch, 1) (Familienchronik), ein privates Buch, in dem die für die Familie und ihre Ahnen wichtigen Ereignisse, z. B. Geburten, Eheschließungen, Todesfälle, eingetragen sind sowie wichtige Urkunden und Familienfotos mit verbindenden Texten gesammelt werden. **2)** ein vom Standesbeamten geführtes Personenstandsbuch, das den jeweiligen Personenstand der Familienangehörigen ersichtlich macht. Das F. wird im Anschluss an die Eheschließung angelegt und enthält u. a. Angaben zur Person der Ehegatten und der Eltern, die Staatsangehörigkeit der Ehegatten; es wird durch Aufnahme bedeutsamer Veränderungen ständig fortgeführt (§§ 12 ff. Personenstands-Ges.). – F. entstanden in Dtl. im Zusammenhang mit der Schaffung der Personenstandsregister (1876) und sind seitdem – in Ablösung der Kirchenbücher – bedeutende genealog. Quellen.

Famili|enchronik, ↑Familienbuch.

Famili|enforschung, 1) ↑Genealogie. **2)** (historische Familienforschung), Teildisziplin der Sozialgesch. bzw. der histor. Sozialwiss.en, erforscht interdisziplinär die komplexen Prozesse des Wandels der ↑Familie, ihrer Formen, Funktionen usw. im Zusammenhang mit den Veränderungen der gesellschaftl. Verhältnisse bzw. der sozialen Mikro- und Makrostrukturen.

Famili|engericht, Abteilung des Amtsgerichts, die ausschl. in Familien- und Kindschaftssachen entscheidet. Das F. ist mit einem Einzelrichter besetzt. In bestimmten Familiensachen besteht Anwaltszwang. Rechtsmittelinstanz der F. ist das Oberlandesgericht. Familiensachen sind ehebezogene Streitigkeiten wie Ehesachen (bes. Ehescheidung) und Scheidungsfolgesachen (Unterhalt, Versorgungsausgleich, Hausratverteilung, Güterrechtsansprüche, Umgangsrecht für gemeinsame Kinder). Kindschaftssachen sind z. B. Streitigkeiten über Vaterschaftsanerkennung und deren Anfechtung.

📖 *Heintschel-Heinegg, B. von: Das Verfah-*

ren in *Familiensachen. Schwerpunkte, Begriff der Familiensache, Zuständigkeit,...* Neuwied u. a. ⁶2001.
Famili|engeschichtsforschung, 1) die von Laien betriebene ↑Genealogie.
2) (seltene bzw. unkorrekte) Bez. für die histor. ↑Familienforschung.
Famili|engüter, das Grundeigentum, dessen Verbleib innerhalb einer bestimmten Familie festgelegt war, zum Beispiel als Familienfideikommisse; bereits im 19.Jh. weitgehend abgeschafft.
Famili|enkasse, ↑Kindergeld.
Famili|enlastenausgleich, ↑Kinderlastenausgleich.
Famili|enname, ↑Name.
Famili|enplanung, alle Maßnahmen, um die Anzahl und den Zeitpunkt der Geburten in der Familie unter Berücksichtigung der individuellen und gesellschaftl. Lebensbedingungen zu planen. Dazu gehören Methoden zur Begrenzung (z. B. durch Verbreitung von empfängnisverhütenden Mitteln) und auch zur Steigerung der Kinderzahl; Sterilisation und Abtreibung werden nicht zu den Methoden der F. gezählt. Die freie und verantwortungsvolle Elternschaft gehört seit 1968 zu den Menschenrechten. ❖ **siehe ZEIT Aspekte**
Famili|enpolitik, Maßnahmen zum Schutz und zur Förderung der Familien, bes. auch zum Ausgleich ihrer wirtsch. Belastungen durch Kinder: Zahlung von Kindergeld, Erziehungsgeld, Ausbildungs-, Mietbeihilfen, Steuererleichterungen (Kinderlastenausgleich), Fahrpreisermäßigungen u. a. In Dtl. gehört die F. zum Aufgabenbereich des Bundesministeriums für Familie, Senioren, Frauen und Jugend.
Famili|enrecht, die Gesamtheit der in Bezug auf Ehe und Verwandtschaft geltenden Rechtsregeln, im Wesentlichen geregelt im 4. Buch des BGB (§§ 1297 ff.), ergänzt u. a. durch das Personenstands-Ges. vom 8. 8. 1957. Das F. des BGB umfasst die Bestimmungen über die bürgerl. Ehe (Verlöbnis, Wirkungen der Ehe i. Allg., ehel. Güterrecht), Ehescheidung und Scheidungsfolgen (Unterhalt, Versorgung), Verwandtschaft (Abstammung, Unterhalt, elterl. Sorge), Annahme als Kind (Adoption), Vormundschaft, Betreuung und Pflegschaft.
Der Begriff der Familie wird im BGB nicht eigens definiert, v. a. weil hier Fragen individueller Rechtsbeziehungen einzelner Familienmitglieder zueinander im Vordergrund stehen und der Begriff der Familie nur vereinzelt auftaucht. Der das Privatrecht beherrschende Grundsatz der Vertragsfreiheit gilt im F. nur eingeschränkt. – Das österr. F. ist im 1. Teil des ABGB (§§ 44–283) ähnlich wie in Dtl. geregelt. – Das schweizer. ZGB behandelt im 2. Teil unter diesem Titel und mit ähnl. Gliederung dieselben Gebiete.
📖 *Weinreich, G. u. a.: Kompaktkommentar F.* Neuwied u. a. 2002. – *Münch, E. M. von: Ehe- u. Familienrecht von A–Z.* München ¹⁵2002.
Famili|ensoziologie, soziolog. Teildisziplin (spezielle Soziologie), die nach dem Zusammenhang von Familienformen, der Rolle der Familie und der allg. Gesellschaftsentwicklung fragt und die Familie als soziale Gruppe untersucht.
Famili|enstammbuch, Loseblattsammlung in Buchform, die beweiskraftfähige Personenstandsurkunden (z. B. Heirats-, Geburts-, Sterbe-, Abstammungsurkunden, Familienbuchauszüge) und kirchl. Urkunden enthält; zu unterscheiden vom ↑Familienbuch.
Famili|enstand, in der Bev.statistik und bei Verwaltungsvorgängen die Angabe, ob eine Person ledig, verheiratet, verwitwet oder geschieden ist. (↑Personenstand)
Famili|entherapie, Sonderform der ↑Gruppentherapie, die familiäre Strukturen und Konflikte als Ursache psych. Störungen bewusst machen und Verhaltensänderungen bewirken will.
Famili|enversicherung, in der gesetzl. Kranken- und Pflegeversicherung die beitragsfreie Versicherung der unterhaltsberechtigten Ehegatten und Kinder von Mitgl. (§ 10 SGB V), wenn diese ihren Wohnsitz oder gewöhnl. Aufenthalt im Inland haben, nicht selbst einen gesetzl. Anspruch auf Leistungen besitzen und ihr Einkommen ein Siebtel der monatl. Bezugsgröße nach § 18 SGB IV nicht überschreitet.
Famili|enzuschlag, ↑Besoldung.
Family [ˈfæmɪlɪ; engl. »Die Familie«] (bis 1982 Children of God, bis 1991 Family of love), religiöse Bewegung, gegr. 1968 in Kalifornien (zunächst unter Anhängern der Hippiebewegung) von dem amerikan. Prediger David Berg (* 1919, † 1994), gen. »Mose David«, abgekürzt »MO«. Die vorwiegend jugendl. Anhänger leben in Wohn-

gemeinschaften und verbreiten die Bibelinterpretationen und Endzeitvisionen Bergs (»MO-Briefe«), den sie als Propheten verehren.

famos [lat. »viel besprochen«; »berühmt«; »berüchtigt«], durch seine Art beeindruckend, Gefallen, Bewunderung erweckend; großartig, prächtig.

Famosschrift [zu famos] *die,* (histor.) Schmähschrift im Zeitalter des Humanismus und der Reformation.

Famulus [lat. »Diener«, »Gehilfe«] *der,* **1)** im MA. ein bevorzugter Unfreier, der dem König oder Grundherrn ehrenvolle persönl., auch Waffendienste leistete (später: Knappe). **2)** *Hochschulwesen:* 1) bis Ende des 19. Jh. Student, der einem Hochschullehrer Dienste leistete (später: Assistent); 2) Medizinstudent während des Praktikums in Arztpraxen, Krankenhäusern u. a.

Fan [fæn; engl., gekürzt aus fanatic »Fanatiker«] *der,* begeisterter Anhänger von jemandem (bes. von Stars aus Sport und Film) oder etwas.

Fanal [frz. »Leuchtfeuer«, »Feuerzeichen«] *das,* Ereignis, Handlung als (Aufmerksamkeit erregendes) Zeichen, das eine Veränderung, den Beginn zu etwas Neuem ankündigt.

Fanarioten, ↑Phanarioten.

Fanatismus [lat.] *der,* das blinde und aggressive Verfolgen eines Ziels, das ohne Bezug auf die Gesamtwirklichkeit zur absoluten Norm erhoben wird. Der **Fanatiker** schaltet Selbstkritik und Einwände aus und ist fremden Anschauungen gegenüber blind und (oder) intolerant. Der F. kann sich zu Massenbewegungen ausweiten (Inquisition, Hexenprozesse, Rassenwahn). 📖 *Hole, G.:* F. Der Drang zum Extrem u. seine psycholog. Wurzeln. Freiburg im Breisgau u. a. 1995.

Fanck, Arnold, Filmregisseur und -autor, * Frankenthal (Pfalz) 6. 3. 1889, † Freiburg im Breisgau 28. 9. 1974; Begründer der Freiburger Kameraschule, erweiterte den Ski- und Bergsteigerfilm zur eigenen Gattung des Naturspielfilms (u. a. »Die weiße Hölle vom Piz Palü«, 1929; »Der weiße Rausch«, 1931).

Fancy ['fænsi; engl., eigtl. »Fantasie«], **1)** *Musik: die,* kurze Instrumentalfantasie. **2)** *Textiltechnik: der* oder *das,* beidseitig gerauter Flanell in Leinen- oder Köperbindung (einer Webart).

Fandango [span. aus portugies.] *der,* span. Volkstanz im $^3/_4$- oder $^3/_8$-Takt mit Gitarren- und Kastagnettenbegleitung.

Fanega [arab.-span.] *die,* 1) früheres span. sowie lateinamerikan. Volumenmaß unterschiedl. Größe; 2) früheres span. sowie lateinamerikan. Flächenmaß.

Fanfani, Amintore, italien. Politiker, * Pieve Santo Stefano (Prov. Arezzo) 6. 2. 1908, † Rom 20. 11. 1999; Wirtschaftswissenschaftler, 1954–59 und 1973–75 Gen.-Sekr. der Democrazia Cristiana (DC), deren sozialreformator. Flügel er vertrat. Ab 1947 mehrfach Min., war in 1954, 1958–59, 1960–63, 1982–83 und 1987 MinPräs. sowie 1968–73, 1976–82 und 1985–87 Senatspräsident.

Fanfare [frz.] *die, Musik:* 1) lange, ventillose Trompete; 2) das Trompetensignal (auf Töne des Dreiklangs); 3) kurzes Musikstück, meist für Trompeten und Pauken.

Fang, das Maul der Hunde und Raubtiere. (↑Fänge)

Fang (Pangwe), Bantuvolk im südl. Kamerun, Äquatorialguinea und N-Gabun. Die etwa 3,3 Mio. F. leben als Hackbauern im trop. Regenwald. Ihre Holzschnitzkunst war bis zur ersten Hälfte des 20. Jh. hoch entwickelt (Wächterfiguren und -köpfe für den Ahnenkult).

Fangarme, ↑Tentakel.

Fänge, *Jägersprache:* 1) die Eckzähne der Hunde und Raubtiere (↑Fang); 2) die mit Krallen bewehrten Zehen der Greifvögel und Eulen.

Fanggrube, ↑Fallgrube.

Fanggürtel, um den Stamm von Obstbäumen angebrachte Wellpappestreifen oder Strohseile, in denen sich Insektenlarven (z. B. vom Apfelwickler) verpuppen können, die dann durch Verbrennen der F. vernichtet werden.

Fanghaken, Haken unter dem Rumpf von Flugzeugen zur Landung auf Flugzeugträgern. Der Haken erfasst quer zum Landedeck gespannte **Fangseile,** wodurch die Ausrollstrecke stark verkürzt wird.

Fangheuschrecken, veraltete Bez. für die ↑Fangschrecken.

Fangio ['faŋxio], Juan Manuel, argentin. Automobilrennfahrer, * Balcarce (Prov. Buenos Aires) 24. 6. 1911, † Buenos Aires 17. 7. 1995; Formel-1-Fahrer 1950–57; Weltmeister 1951, 1954 (jeweils »Mercedes und Maserati«), 1955 (»Mercedes«), 1956

(»Lancia und Ferrari«) und 1957 (»Maserati«); 24 Grand-Prix-Siege.

Fang Lizhi [- lidʒi], chines. Bürgerrechtler, *Peking 12. 2. 1936; Astrophysiker, Prof. an der TU Hefei, 1985–89 Vizepräs. der Akademie der Wiss., in den 1980er-Jahren einer der Vordenker der Demokratiebewegung, floh nach deren blutiger Niederschlagung Anfang Juni 1989 in die US-Botschaft; konnte im Juni 1990 in die USA ausreisen.

Fanglomerat [zu engl. fan »Fächer« und (Kon)glomerat] *das* (Schlammbreccie), *Geologie:* fächerartig ausgebreitete, ungeschichtete, aus wenig gerundeten Gesteinsbrocken im feinkörnigen Grundmaterial bestehende Ablagerungen, die i. d. R. in aridem Klima aus Schlammströmen entstehen.

Fango [italien. »Schlamm«] *der,* Mineralschlamm vulkan. Ursprungs, Ablagerung auf dem Boden heißer Quellseen oder aus verwittertem Basalttuff. Der mit heißem Wasser angerührte Mineralschlamm wird in Form von Packungen und Umschlägen zur Schmerzlinderung, z. B. bei rheumat. Erkrankungen, angewendet.

Fangschaltung, *Telekommunikation:* vermittlungstechn. Einrichtung zur Identifizierung der Rufnummer des Anrufers; moderne Telekommunikationsnetze bieten die Rufnummerfeststellung des anrufenden Anschlusses als Leistungsmerkmal an. F. werden z. B. bei Belästigung durch anonyme Anrufer, zur Feststellung von Störungen des Verbindungsweges und in der Verbrechensbekämpfung eingesetzt.

Fangschnur, *Militärwesen:* urspr. an Achsel und Helm befestigte Schnur, die beim Ritt den Verlust der Kopfbedeckung verhindern sollte. In der Bundeswehr ein Abzeichen, eine geflochtene Schnur aus Metallgespinst, an der Schulter getragen (↑Schulterschnur).

Fangschrecken (Mantodea), räuberisch lebende Insekten, 1–16 cm lang, mit bewegl., abgerundet-dreieckigem Kopf und zusammenklappbaren Fangorganen (Vorderbeine), die erhoben getragen werden. Manche trop. Arten sind blatt- oder astförmig getarnt. (↑Gottesanbeterin, ↑Teufelsblume)

Fangschuss, *Jagd:* aus der Nähe abgebener Schuss zum Töten angeschossenen Wildes.

Fanklub [ˈfæn-, engl.] *der,* von Fans einer bekannten Persönlichkeit oder Anhängern eines Sportvereins (bes. Fußballvereins) gegründeter und getragener Klub.

Fannings [ˈfɛn-, engl.] *Pl.,* durch Sieben gewonnene kleinblättrige, feine handelsübl. Teesorte (in Dtl. fast ausschl. für Aufgussbeutel verwendet).

Fano, Stadt in den Marken, Italien, Prov. Pesaro e Urbino, 56 700 Ew.; Seebad am Adriat. Meer; Textil-, Schuhindustrie; Fischerei. – In der Altstadt Reste einer röm. Stadtmauer mit einem Augustusbogen (2 n. Chr.); Dom (urspr. um 1000, Neubau nach Brand 1113–40; Fresken von Domenichino).

Fanø [-nøː], Insel an der W-Küste Jütlands, Dänemark, 56 km², 3 300 Ew.; Fischerei, Seebäder; Hauptorte sind Nordby und Vesterhavsted.

Fangschrecken: Gottesanbeterin

Fanon [faˈnɔ̃], Frantz, afroamerikan. Schriftsteller und polit. Theoretiker, *Fort-de-France (Martinique) 20. 7. 1925, †Bethesda (Md.) 6. 12. 1961; Arzt, schloss sich 1954 in Algier der FLN an. Sein Buch »Die Verdammten dieser Erde« (1961), in dem er (auf Marx, Freud, Lenin aufbauend) die Notwendigkeit gewaltsamer

FAN Fantasia

antikolonialer Revolution zu begründen suchte, übte großen Einfluss in der Dritten Welt aus. Von F. stammen die Parolen »Blackpower« und »Black America«.

Fantasia [span.] *die,* Reiterspiel in Algerien und Marokko, bei dem auf galoppierenden Pferden akrobat. Kunststücke gezeigt werden.

Fantasie [grch.] *die* (Phantasie), **1)** *Musik:* (italien. Fantasia), ein Instrumentalstück mit freier, häufig improvisationsähnl. Gestaltung ohne feststehende formale Bindung. Seit dem frühen 16. Jh. (Orgelmusik) gebräuchlich, war die F. bis zum Beginn des 18. Jh. mit Formen wie Ricercar, Präludium, Toccata oder Capriccio weitgehend identisch. Als Opern-, Walzer-, Marsch-F. u. Ä. bezeichnete man im 19. Jh. potpourriartige Bearbeitungen entsprechender Werke. Im 20. Jh. kommt der Titel F. (außer in der Orgelmusik) nur noch selten vor.
2) *Philosophie, Psychologie:* Vorstellung, Vorstellungsvermögen, Einbildungskraft; die schöpfer. Fähigkeit des menschl. Geistes, neue Vorstellungsbilder hervorzubringen und zu kombinieren.

Fantasiestein, gefärbter Stein; auch Schmuckstein mit außergewöhnl. Schliff oder ein Kunstprodukt zur Imitation von Schmucksteinen.

fantastischer Realismus, *Kunst:* Mitte der 1950er-Jahre aufgekommene Bez., die sich zunächst nur auf die Maler der ↑Wiener Schule des phantastischen Realismus bezog. – I. w. S. auch Bez. für eine visionäre Malerei, die bis ins 18. Jh. zurückreicht und der Künstler wie J. H. Füßli, W. Blake, C. D. Friedrich, A. Böcklin ganz oder teilweise zuzurechnen sind.

Fantasy ['fæntəsı, engl.] *die,* Roman- oder Filmgattung, die märchen- und mythenhafte, archaische und fantast. Traumwelten darstellt, die häufig von Elfen, Riesen, Zwergen, Feen oder Dämonen bevölkert sind; im Ggs. zur ↑Science-Fiction öfter zeitlich rückwärts gewandt und eher technikfeindlich. Beherrschendes Thema ist der ewige Kampf zw. Gut und Böse, verbunden mit der Möglichkeit der Aussöhnung von Mensch, Natur und Magie. In der Literatur existieren die von Gewaltfantasien bestimmten »harte« **Heroic F.** (R. E. Howards »Conan«-Romane, 1906 ff.) und die weniger brutale **High F.,** die von J. R. R. Tolkiens »Hobbit«-Geschichten (1937 ff.), M. Endes »Unendlicher Geschichte« (1979) und von Joanne K. Rowlings »Harry Potter«-Romanen (1997 ff.) repräsentiert wird; weitere wichtige Autoren: M. L. Peake, P. S. Beagle, M. Z. Bradley, G. Bradshaw, B. Bates, W. Hohlbein.
📖 *Hetmann, F.:* Die Freuden der Fantasy. Frankfurt am Main u. a. 1984.

Fantin-Latour [fãtɛla'tu:r], Henri, frz. Maler, *Grenoble 14. 1. 1836, †Buré (Orne) 25. 8. 1904; stand den Impressionisten nahe, blieb aber der tradierten Malkultur verpflichtet. Gruppenbildnisse der Freunde, u. a. »Un atelier aux Batignolles« (1870; Paris, Musée d'Orsay) ein Porträt É. Manets im Kreis gemeinsamer Freunde, Blumenstillleben, Fantasieszenen zur Musik von Wagner, Berlioz u. a. sind seine wichtigsten Themen.

Fanzine ['fænzi:n; Kw. aus engl. fan und magazine] *das,* Zeitschrift für Anhänger (Fans) bestimmter Personen oder (Musik-)Gruppen bzw. -richtungen.

Faọ (Al-Faw), Stadt in Irak, am inneren Ende des Pers. Golfs, 1951 zum Erdölhafen ausgebaut; vor der Küste zwei künstl. Inseln mit Tiefwasserhäfen (Khor al-Amaija und Mina al-Bakr).

FAO [Abk. für engl. Food and Agriculture Organization], UN-Sonderorganisation für Ernährung, Landwirtschaft, Fischerei und Forstwesen, gegr. 1945; Sitz: Rom. Wichtigste Aufgaben: Verbesserung, Sicherung und Erweiterung der weltweiten Nahrungsmittelversorgung, Bekämpfung des Hungersnöte, Durchführung von Entwicklungsprojekten, Genehmigung von Nahrungsmittelhilfen im Rahmen des Welternährungsprogramms.

FAQ [fæk, Abk. für engl. frequently asked questions, »häufig gestellte Fragen«], *Informatik:* ein Dokument, das häufig gestellte Fragen zu einem bestimmten Themengebiet beinhaltet.

Farạbi, Abu Nasr Mohammed al-F. (Alfarabi), islam. Philosoph, *Wasidj (Distr. Farab, Turkestan) um 870, †bei Damaskus 950; bed. Kommentator der aristotel. und neuplaton. Philosophie, Schriften zur Ethik, Politik, Mathematik und Musiktheorie. Von der neuplaton. Emanationslehre beeinflusst, deutet f. das Seiende als in versch. Gradabstufungen des Seins aus dem einen göttl. Sein entspringend. (↑Ibn Sina)

Farbanpassung FAR

Farad [nach M. Faraday] *das,* Einheitenzeichen **F,** SI-Einheit der elektr. Kapazität. Ein Kondensator hat die Kapazität 1 F, wenn eine elektr. Ladung von 1 Coulomb (C) eine Spannung von 1 Volt (V) an ihm erzeugt: 1 F = 1 C/1 V.
Faraday ['færədɪ], Michael, brit. Physiker und Chemiker, *Newington Butts (heute zu London) 22. 9. 1791, † Hampton Court (heute zu London) 25. 8. 1867; bildete sich nach einer Buchbinderlehre autodidaktisch, wurde 1813 Laboratoriumsgehilfe bei H. Davy und 1825 dessen Nachfolger als Direktor des Laboratoriums der Royal Institution, danach auch Prof. für Physik und Chemie. F. entdeckte das Benzol im Leuchtgas, die elektromagnet. Induktion, die Selbstinduktion, die dielektr. und diamagnet. Erscheinungen, die Drehung der Polarisationsebene des Lichts durch ein magnet. Feld (**F.-Effekt,** ↑ Magnetooptik) und die Grundgesetze der Elektrolyse. F. führte den Begriff der elektr. und magnet. Kraftlinien ein und konstruierte den ersten Dynamo.
Werke: Experimental researches in electricity, 3 Bde. (1844–55); Experimental researches in chemistry and physics (1859).
📖 *Lemmerich, J.: M. F. 1791–1867. Erforscher der Elektrizität.* München 1991.
Faraday-Käfig ['færədɪ-; nach M. Faraday], allseitig geschlossene Hülle aus leitfähigem Material, in die kein äußeres elektr. Feld eindringen kann. Das äußere Feld induziert zwar eine Ladung auf der Oberfläche, aber das Innere des Käfigs bleibt feldfrei; es wirkt als Äquipotenzialfläche. F.-K. sind z. B. Autos, Flugzeuge und das ein Gebäude umgebende Drahtsystem einer Blitzschutzanlage.
Faraday-Konstante ['færədɪ-; nach M. Faraday], Formelzeichen *F,* physikal. Konstante der Elektrolyse; Produkt aus Avogadro-Konstante N_A und Elementarladung *e;* sie gibt die Ladungsmenge an **(Faraday-Ladung),** die zur elektrolyt. Abscheidung von 1 Mol eines chemisch einwertigen Stoffs nötig ist: $F = N_A \cdot e$ = 96 485,309 C/mol.
faradaysche Gesetze ['færədɪ-], die 1833/34 von M. Faraday aufgestellten Zusammenhänge zw. dem Stromfluss bei der Elektrolyse und den an den Elektroden abgeschiedenen Stoffmengen. Nach dem **1. f. G.** ist die Masse *m* einer aus einem Elektrolyten abgeschiedenen Stoffmenge der durchflossenen Ladung *Q* proportional, $m = cQ$; der Proportionalitätsfaktor *c* heißt **elektrochem. Äquivalent** des abgeschiedenen Stoffes. Nach dem **2. f. G.** scheiden gleiche Elektrizitätsmengen aus versch. Elektrolyten gleiche Äquivalentmassen der Stoffe ab.
Farah, Nuruddin, somal. Schriftsteller, *Baidoa (Britisch-Somaliland, heute Somalia) 24. 11. 1945; lebte während der Militärherrschaft ab den 1970er-Jahren im Exil in europ. und afrikan. Ländern; schreibt Romane in engl. Sprache, die u. a. musikal. Kompositionsmuster, didakt. Passagen und Mittel der mündl. Erzähltradition Afrikas einfließen lassen und sich thematisch mit den sozialen und polit. Verhältnissen in Afrika beschäftigen (Trilogie: »Bruder Zwilling«, 1979; »Tochter Frau«, 1981; »Vater Mensch«, 1983; Trilogie: »Maps«, 1986; »Duniyas Gaben«, 1992; »Geheimnisse«, 1998).
Farah Diba, Kaiserin von Iran (1967–79), *im iran. Aserbaidschan 15. 10. 1938; ∞ 1959 mit Schah Mohammed Resa Pahlewi, ging 1979 ins Exil (seit 1980 in Ägypten).
Farandole [frz.] *die* (provenzal. Farandoulo), provenzal. Kettenreigen in mäßig schnellem $^6/_8$-Takt.
Farbabweichung, *Optik:* ↑ Abbildungsfehler.

Farbanpassung: Wasserfrosch mit aktiver Farbanpassung an seine Umgebung (auf einem Teich schwimmende Wasserlinsen)

Farbanpassung (Homochromie), farbl. Übereinstimmung oder Ähnlichkeit von Organismen mit ihrer Umgebung. Zur **passiven F.** gehören u. a. die Farbgleichheit vieler Insekten mit ihrer Futterpflanze, die Ähnlichkeit des Farbkleides mancher Organismen mit dem Boden und

441

FAR **Farbband**

die unterschiedl. Färbung der meisten Fische (dunkler Rücken, heller Bauch). Tiere mit **aktiver F.** ändern ihre Farbe entsprechend ihrer Umgebung, z. B. Chamäleon, Laubfrosch (↑Farbwechsel).
Farbband, farbgetränktes oder einseitig beschichtetes Kunststoffband; dient als Farbträger v. a. für Schreibmaschinen.
Farbbücher (Buntbücher), amtl. Veröffentlichungen zur Regierungspolitik, bes. zur Außenpolitik (in farbigem Umschlag): **Weißbücher** (Dtl., erstmalig 1876; Portugal), **Rotbücher** (Österreich, Spanien, z. T. USA), **Gelbbücher** (Frankreich, China), **Grünbücher** (Italien, Rumänien, Mexiko), **Graubücher** (Dänemark, Japan), **Orangebücher** (Niederlande, bis 1917 Russland), **Blaubücher** (Großbritannien, erstmalig 1624). – Daneben werden auch nicht amtl. Bücher vorwiegend polem. Inhalts als F. herausgegeben. Die Farbe weist dabei auf den polit. Hintergrund hin (z. B. das »Braunbuch über Reichstagsbrand und Hitlerterror«, 1933, von W. Münzenberg).
Farbe, 1) eine durch Licht bestimmter spektraler Beschaffenheit ausgelöste und durch das Auge vermittelte Sinnesempfindung (↑Farbensehen); die wahrgenommene F. ist keine physikal. Eigenschaft der Gegenstände, wird jedoch im Sprachgebrauch für die auslösende Lichtstrahlung selbst oder für stoffl. ↑Farbmittel verwendet.
An den **bunten F.** nimmt man einen **Farbton** wahr (Gelb, Rot, Blau, Grün), der versch. stark ausgeprägt sein kann **(Sättigung)**, sowie eine **Helligkeit**. Fehlt der F. der Farbton, ist die Sättigung null, und es liegt eine **unbunte F.** vor (Schwarz, Weiß und ihre Mischungen, die F. der Graureihe). – Eine F. eines bestimmten Farbtons lässt sich in zweierlei Weise abwandeln: Durch additive Zumischung von gleich hellem Grau kann man den Farbtoncharakter immer mehr zurückdrängen lassen; die ursprüngl. Helligkeit bleibt unverändert und die Sättigung wird vermindert. Durch Abdunkeln der gegebenen F., d. h. eine additive Zumischung von Schwarz, bleiben Farbton und Sättigung unverändert; nur die Helligkeit nimmt ab, und es entstehen F. derselben **Farbart**. Da außerdem der Farbton geändert werden kann, ergibt sich eine dreifache Variationsmöglichkeit der F.: Die F. ist »dreidimensional«, d. h., drei voneinander unabhängige Bestimmungs-

sind zur eindeutigen Beschreibung einer Farbempfindung notwendig; diese Dreidimensionalität ist im physiolog. Vorgang des Farbensehens begründet und wird in der Farbmetrik ausgenutzt. – Die Helligkeitsempfindung bei nicht selbstleuchtenden Flächen (**Körper-F.**) wird vom Auge stets relativ zu den Helligkeiten gleichzeitig gesehener anderer Flächen beurteilt **(gebundene F.).** Bei selbstleuchtenden Objekten (Lichtquellen) ist dem Auge ein solcher Bezug nicht möglich; deshalb wird deren Helligkeit durch das photometr. Maß der Leuchtdichte beschrieben. Eine **freie F.** wird wahrgenommen, wenn durch geeignete Mittel (z. B. Abbildung der Farbfläche in die Augenpupille) Form, Raumlage und Oberflächenstruktur der gesehenen Fläche unsichtbar gemacht sind.
Die Folge der Farbtöne läuft in sich zurück: Auf Gelb folgen Orange, Rot, Violett, Blau, Blaugrün, Grün, Gelbgrün und dann wieder Gelb. Daher wird die Reihe der Farbtöne häufig in einem Kreis, dem **Farbkreis** (oder **Farbtonkreis**), angeordnet, von dem v. a. zwei Arten üblich sind: Bei der einen Art stehen sich **Gegen-F.**, d. h. **Komplementär-F.** (solche, die sich bei additiver Mischung zu Unbunt kompensieren lassen, z. B. Gelb-Violettblau, Purpur-Grün), diametral gegenüber, z. B. im ostwaldschen Farbtonkreis; bei der anderen Art sind die Farbtöne so angeordnet, dass gleich großen Empfindungsunterschieden gleich große Abstände im Kreis entsprechen, z. B. im Farbsystem DIN 6164. Beide Prinzipien lassen sich nicht miteinander vereinbaren.
Die ↑Farbmetrik beruht auf den Gesetzen der additiven ↑Farbmischung; diese liefern auch die Grundlage für die Farbmessung, die z. B. für Farbfestlegungen und Farbtoleranzvereinbarungen wichtig ist.
📖 Pawlik, J.: *Theorie der F. Eine Einf. in begriffl. Gebiete der ästhet. Farbenlehre.* Köln ⁹1990. – Gage, J.: *Kulturgesch. der F. Von der Antike bis zur Gegenwart.* A. d. Engl. Ravensburg 1994. – Liedl, R.: *Die Pracht der F.* Heidelberg 1997. – Itten, J.: *Kunst der F. Subjektives Erleben u. objektives Erkennen als Wege zur Kunst.* Berlin 2001. – Welsch, N. u. Liebmann, C. C.: *F. Sehen, Wahrnehmen, Verstehen.* Heidelberg u. a. 2002.
2) *Elementarteilchenphysik:* die ↑Farbladung.

Farben-Helligkeits-Diagramm FAR

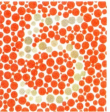
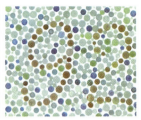

Farbenfehlsichtigkeit: (von links) Normalsichtige erkennen in erster Linie die Farbunterschiede und lesen CH, Farbenfehlsichtige lesen nach den Helligkeitsunterschieden 31; die graue 5 wird bei Rotgrünstörung infolge der hierbei erhöhten Kontrastwirkung als grünlich angesehen; bei Blaugelbstörung ist die 92 nicht erkennbar.

Farbechtheit, Widerstandsfähigkeit einer Färbung gegen Säuren, Alkalien, Oxidationsmittel, Reiben, Licht, Schweiß, Waschen u. a. Die Echtheitsprüfungen sind genormt.

Färbeko|effizient (Hämoglobinkoeffizient, Hb-Wert, MCH), Maß für den mittleren Hämoglobingehalt der Erythrozyten; vermindert bei Anämie, großen Blutverlusten oder Eisenmangel.

Farbenblindheit, ↑Farbenfehlsichtigkeit.

Farbendruck (Mehrfarbendruck), Illustrationsdruck zur farb- und tonwertähnl. Wiedergabe farbiger Halbtonvorlagen in allen Druckverfahren. Hierzu benutzt man beim **Drei-F.** drei Teilfarbauszüge (Druckformen): je eine für Gelb, Magenta (Purpur) und Cyan (Blau). Durch Übereinanderdruck dieser drei Farben lassen sich zus. mit dem Weiß des Bedruckstoffes alle Mischfarben erzielen. Die Herstellung dieser drei Druckformen erfolgt durch fotograf. Ausfilterung der einzelnen Farbanteile bei der Aufnahme sowie durch Retusche und Fertigung der einzelnen Druckformen. Beim **Vier-F.** kommt eine weitere Druckform (meist Schwarz) zur Unterstützung der Zeichnung und zur Verbesserung des Schwarzgehalts hinzu. Die Dreifarbenskala wird vorwiegend im Tiefdruck, v. a. bei farbigen Zeitschriften, angewendet. Am häufigsten wird die Vierfarbenskala benutzt. Zur möglichst originalgetreuen Wiedergabe von Vorlagen (z. B. Gemälde) ist im Offset- bzw. Lichtdruck mitunter eine Verwendung von mehr als vier Farben nötig.

Farbenfehlsichtigkeit (Dyschromasie, Farbensinnstörung), meist angeborene oder erworbene Abweichung vom normalen Farbenempfinden bzw. Farbenunterscheidungsvermögen. Man unterscheidet: **Farbenasthenopie,** schnelle Ermüdbarkeit des (sonst normalen) Farbensehens; **Farbenamblyopie,** selektiv herabgesetztes Farbenunterscheidungsvermögen; **Farbenanomalie,** als F. i. e. S., entweder mit verminderter Empfindungsfähigkeit für eine bestimmte Farbe (**anomale Trichromasie**), vollständig fehlender Empfindungsfähigkeit für eine Farbe (**Dichromasie**) oder aber mit dem völligen Verlust des Unterscheidungsvermögens für Farben überhaupt durch Ausfall der Farbensehfunktion der Netzhautzapfen (**Monochromasie, Achromatopsie, totale Farbenblindheit**). Der Funktionsausfall aller Zapfentypen kommt sehr selten vor (etwa bei 0,01 % der Menschen), meist liegt eine partielle Farbenblindheit vor (am häufigsten Rotgrünblindheit, dabei Ausfall einer Farbkomponente, d. h. entweder Rot oder Grün. Nach der Young-Helmholtz-Theorie des Farbensehens beruht die anomale Trichromasie gewöhnlich auf einer verminderten Empfindungsfähigkeit der rot- oder grünempfindl. Elemente (**Protanomalie** = Rotschwäche; **Deuteranomalie** = Grünschwäche), wesentlich seltener der blauempfindl. Elemente (**Tritanomalie** = Blauschwäche). Bei der Dichromasie ist ein Zapfentyp vollständig ausgefallen (**Protanopie** = Rotblindheit, **Deuteranopie** = Grünblindheit, **Tritanopie** = Blaublindheit). Für viele Berufe ist das genaue Erkennen von Farben erforderlich (z. B. Piloten, Kraftfahrer) und muss vor Beginn der Berufsausbildung (z. B. durch Farbtafeln, Anomaloskop) überprüft werden.

Farben-Helligkeits-Diagramm, Abk. **FHD,** *Astronomie:* Zustandsdiagramm, das die scheinbare Helligkeit der Sterne in

FAR Farbenhören

Abhängigkeit vom ↑Farbenindex darstellt. Das FHD ist dem ↑Hertzsprung-Russell-Diagramm gleichwertig.
Farbenhören (frz. Audition colorée), das Wahrnehmen von Farben beim Hören von Tönen, Harmonien, Musik. Oft werden dabei hohe Töne mit hellen Farben verbunden, tiefe mit dunklen. Umgekehrt kann ein Farbreiz Klangempfindungen auslösen. (↑Farbenmusik, ↑Synästhesie)
Farbenindex (Farbindex), die Differenz der scheinbaren Helligkeiten eines Sterns (oder eines anderen Himmelskörpers) in zwei versch. Spektralbereichen; sie ist ein Maß für die Intensitätsverteilung der Strahlung und damit die Farbtemperatur des Sterns. Der gebräuchlichste F. ergibt sich aus der Differenz von Blau- und Gelbhelligkeit.
Farbenlehre, die Wiss. von der ↑Farbe, im naturwiss. Sinn von der Farbe als physiologisch-opt. Erscheinung. Die F. basiert somit auf Erkenntnissen aus Physik, Biologie, Physiologie und Psychologie. Teilgebiete sind u. a. die Lehre vom ↑Farbensehen und die ↑Farbmetrik; zur F. gehören auch die Lehre vom Sinneserlebnis Farbe und seinen Wirkungen, wozu Fragen der Farbästhetik und der Farbenharmonie zählen. – J. W. von Goethes »Farbenlehre« (1810) nimmt eine Sonderstellung ein. Sie behandelt insbes. die Physiologie und die psycholog. Wirkung der Farben und vertritt im Ggs. zu I. Newton, der v. a. physikal. Gesichtspunkte betrachtete, die Einheitlichkeit des weißen Lichts.
Farbenmusik (Farblichtmusik, Farbe-Ton-Kunst), die künstler. Verbindung von Farblicht und Musik. Die Bemühungen, ein sinnvoll aufeinander bezogenes gleichzeitiges Erleben von Tönen und Farben mittels neuartiger Instrumente zu ermöglichen und damit ein Gesamtkunstwerk zu schaffen, reichen bis in das 17.Jh. zurück. Anfang des 20.Jh. gab es Versuche mit Farbenklavieren bei A. N. Skrjabin und A. László. Eine Verbindung von Ton und Farbe strebte W. Kandinsky mit seiner Bühnenkomposition »Der Gelbe Klang« (1912) an. In der Nachfolge Kandinskys und Skrjabins stehen Versuche der letzten Jahre, so u. a. J. A. Riedls audiovisuelle Elektronik, D. Schonbachs Environments und Multimediaopern sowie P. Sedgleys Light-Sound-Demonstrationen.
Farbenraum, ↑Farbmetrik.

Farbensehen, die beim Menschen, den Wirbeltieren und bei vielen Wirbellosen vorhandene Fähigkeit, mit ihren Augen Farben unabhängig von ihren Helligkeitswerten aufgrund der Wellenlänge des Lichtes zu unterscheiden. Träger dieser Funktion sind die für das Tagessehen bestimmten Zapfen in der Netzhaut des Auges. Der Mensch sieht trichromatisch, d. h., alle Farbeneindrücke entstehen entsprechend dem Erregungszustand der drei vorkommenden Zapfentypen (Rot, Grün, Blau). Innerhalb eines bestimmten Wellenlängenbereichs (380 nm bis 750 nm) der elektromagnet. Strahlung (sichtbarer Spektralbereich) kann das menschl. Auge etwa 160 Farbtöne unterscheiden. Im Grün- (um 500 nm) und im Rotbereich (um 620 nm) ist die Unterscheidungsfähigkeit am besten (2 nm). Aus der Mischerregung zweier oder aller drei Zapfentypen ist entsprechend einer additiven Farbmischung die Vielfalt der etwa 500 000 Farbempfindungen erklärbar (**Dreikomponententheorie, Dreifarbentheorie, Young-Helmholtz-Theorie**). Farbkontraste und farbige Nachbilder erscheinen in der Komplementärfarbe. Die Wahrnehmung von Farben beruht auf komplexen Mechanismen, denen das ganze Sehsystem vom Auge bis zur Hirnrinde beteiligt ist.
Farbensymbolik, vornehmlich in Kult und Brauchtum lebendige Bedeutung der Farben, heute meist nur noch sinnbildlich verstanden. Die Sinngebung der Farben ist in den versch. Kulturen uneinheitlich und wandelt sich mit den Zeiten. In der mittelalterl. Malerei Europas ist Gold z. B. Zeichen des göttl. Lichts, Grün ist die Farbe der Barmherzigkeit oder der Neugeburt, des neuen Lebens aus dem Glauben, Hochrot die Farbe der Liebe oder des Heiligen Geistes. – Gelegentlich sind Farben zum Symbol bestimmter Religionen geworden, z. B. Grün – Islam, Gelb – Lamaismus, Weiß – Parsismus. – Zur F. der christl. Kirchen ↑liturgische Farben. – Auf nicht religiösem Gebiet tritt die symbol. Bedeutung von Farben vorrangig in den Fahnen der Nationen zutage (National-, Landesfarben; z. B. ↑deutsche Farben), aber auch in der Kennzeichnung polit. Bewegungen: Rot für Arbeiterbewegung, Schwarz für Anarchismus, Faschismus, Konservatismus, Braun für den Nationalsozialismus, Grün für landwirtsch. oder Umweltschutz-

organisationen. Auch der Darstellung psych. Befindlichkeiten dienen Farben. So steht im europ. Kulturkreis z.B. Grün für Hoffnung, Gelb für Neid und Schwarz für Trauer.
📖 *Riedel, I.: Farben in Religion, Gesellschaft, Kunst u. Psychotherapie. Stuttgart ¹⁴1996.*
Färberdistel, eine Färberpflanze ↑Saflor.
Färberei, wichtiges Textilveredlungsverfahren, das in allen Verarbeitungsstufen und -zuständen möglich ist. Die Verfahren sind bei den versch. Fasern (pflanzlich, tierisch oder vollsynthetisch) unterschiedlich und hängen von den verwendeten Farbmitteln ab. Meist werden Lösungen oder Dispersionen mit Farbstoffen oder anderen farbgebenden Substanzen in wässrigem Medium oder organ. Lösungsmitteln verwendet.
Färberröte (Krapp, Rubia tinctorum), aus dem Mittelmeerraum stammendes Rötegewächs mit gelbl. Blüten. Der Farbstoff der roten Wurzel (Alizarin) war im Altertum bereits Indern, Ägyptern, Griechen und Römern bekannt und diente zum Färben.
Farbfeldmalerei (engl. Color-Field-Painting), eine Ende der 1950er-Jahre in den USA entstandene Malerei, die sich auf reine Farbflächen beschränkt und auf raumillusionist. Wirkungen verzichtet (Helen Frankenthaler, M. Louis, K. Noland, A. Reinhardt, F. Stella).
Farbfernsehen, heutige Form des ↑Fernsehens. Das Grundprinzip beruht auf der Umwandlung von Farbtönen und -sättigungen in elektr. Signale und deren Rückumwandlung, wobei Informationen zu Helligkeit (Luminanzsignal), Farbsättigung und -ton (zus. Chrominanzsignal) erforderlich sind. Aus der additiven Mischung von Rot, Grün und Blau lassen sich alle anderen Farben unter Berücksichtigung der menschl. Farbempfindlichkeit darstellen. Farbsättigung und Farbton können zwei voneinander unabhängigen Größen, wie z.B. Betrag und Phase einer Schwingung, zugeordnet werden. Hierauf beruhen die Farbfernsehsysteme ↑NTSC und ↑PAL; ein weiteres System ist ↑SECAM.
Farbfilm, ↑Film, ↑Farbfotografie.
Farbfilter, ein ↑Lichtfilter.
Farbfotografie, fotograf. Verfahren zum Herstellen farbiger Bilder (Diapositive, Aufsichtsbilder) und kinematograph. Filme. Zur Farbwiedergabe dient heute fast ausschl. die subtraktive Farbmischung im Mehrschichtenfarbfilm. Wird das Spektrum des weißen Lichts in die drei Grundfarben Blau, Grün und Rot eingeteilt, die in der additiven Farbmischung wieder weißes Licht ergeben, so ergeben je zwei Farben davon in ihrer Mischung die Farben der subtraktiven Farbmischung (Gelb = Rot und Grün, Purpur = Rot und Blau sowie Blaugrün = Blau und Grün). Umgekehrt lassen Filter dieser Farben jeweils die beiden Spektralanteile hindurchtreten und absorbieren den dritten Teil (ein Gelbfilter lässt Rot und Grün durchtreten und absorbiert Blau). Zwei Filter hintereinander lassen nur noch ein Spektraldrittel durchtreten (Gelb- und Purpurfilter lassen nur noch Rot durchtreten), drei Filter hintereinander absorbieren alle Farben (sie erscheinen grau bis schwarz). – Auf der Grundlage der subtraktiven Farbmischung wurde der Mehrschichtenfarbfilm mit drei übereinander gegossenen, bes. sensibilisierten Silberhalogenidschichten (und einer Gelbfilterschicht), in denen jeweils die drei farbigen Teilbilder entstehen, entwickelt. Jede Schicht enthält einen Farbstoffbildner, der die Komplementärfarbe zur Farbempfindlichkeit der Schicht entwickelt; in der oberen, blauempfindl. Schicht entsteht der gelbe Farbstoff, in der mittleren, grünempfindl. Schicht der purpurne und in der unteren, rotempfindl. Schicht der blaugrüne Farbstoff bzw. das gelbe, purpurne und blaugrüne Teilbild. Beim Negativfilm entstehen bei der Farbentwicklung in den einzelnen Schichten die Farben, die in ihrer Gesamtwirkung etwa komplementärfarbig zu den Farben der Vorlage sind. Der Farbumkehrfilm liefert ein farbrichtiges Dia, nach Erstentwicklung in einem Schwarz-Weiß-Negativentwickler, diffuser Zweitbelichtung, bei der alle bisher nicht reduzierten Silberhalogenide entwickelbar werden, und anschließender Farbentwicklung.
Farbgläser, farbige Gläser, hergestellt durch Farbzusatz zur Glasschmelze und nachträgl. Wärmebehandlung (**Anlaufgläser**).
Farbgleichung, Darstellung des Ergebnisses einer additiven Farbmischung in Form einer linearen Vektorgleichung zw. den Farbvektoren. (↑Farbmetrik)
Farbige, umgangssprachl. Bez. für Men-

FAR Farbkörper

schen nichtweißer Hautfarbe. Im statistisch-demograph. Sinn bezeichnet der Begriff F. in einzelnen Ländern unterschiedl. Bev.-Gruppen (z. B. in den USA und Kanada die Colored People oder Coloured People genannten europid-negriden Mischlinge).

Farbkörper, Teil des Farbenraums (↑Farbmetrik).

Farbkreis, ↑Farbe.

Farblack, durch Umsetzung von lösl. Farbstoffen mit Metallsalzen, Tannin oder Brechweinstein auf der Faser erzeugte Pigmente (kein Lack im Sinne der Anstrichtechnik).

Farbladung (Farbe, amerikan. Color), *Elementarteilchenphysik:* innere Quantenzahl, ein Freiheitsgrad der Quarks (↑Quantenchromodynamik).

Farblichtmusik, ↑Farbenmusik.

Farbmetrik, die Lehre von den Maßbeziehungen zw. den Farben. In der **Farbvalenzmetrik (niedere F.)** gilt nur das Gleichheitsurteil des Auges; hier werden die Farbmerkmale durch versch. Maßsysteme **(Farbsysteme)** erfasst, die u. a. in Farbenkarten (Farbatlanten) dargestellt sind (z. B. nach Mansell, Ostwald, DIN 6164). Das **Normvalenzsystem** beschreibt eine Farbe (↑Farbvalenz) als die Summe aus drei Mischungswerten, das heißt den **Normfarbwerten** X, Y, Z (DIN 5033); häufig werden auch die **Normfarbwertanteile** x und y angegeben, wobei $x = X/(X+Y+Z)$ und $y = Y/(X+Y+Z)$ gilt. Bei der graf. Darstellung der Farbart in der zweidimensionalen **Farbtafel** dienen x, y als rechtwinklige Koordinaten der Farborte. Bei dreidimensionaler Darstellung werden Farbvalenzen durch Ortsvektoren **(Farbvektoren)** wiedergegeben und bauen so den **Farbenraum** auf; hierin grenzt der **Farbkörper** das körperl. Gebilde ab, in dem alle Körperfarben ihren Ort haben. – In der **Farbempfindungsmetrik (höhere F.)** wird der Farbreiz in Beziehung zur Farbwahrnehmung gesetzt.

Farbmischung, eine Mischung von Farben, in deren Ergebnis eine von den Ausgangsfarben versch. Mischfarbe entsteht. Eine **additive** F. ist eine Kombination mehrerer ↑Farbvalenzen. Sie kommt zustande, wenn zwei oder mehr unterschiedl. Farbreize gleichzeitig (z. B. durch Übereinanderprojektion) oder in rascher period. Folge (z. B. durch eine rotierende Farbscheibe) die gleiche Netzhautstelle erregen, oder wenn sie unterhalb der Auflösungsgrenze des Auges dicht nebeneinander liegende Netzhautpunkte treffen (wie beim Farbfernsehen oder Farbrasterdruck). Die additive F. gehorcht einfachen Gesetzen, die die Grundlage für die Farbenlehre bilden. Von **subtraktiver** (oder auch **multiplikativer**) F. spricht man, wenn Farbstoffe gemischt werden (Farbkasten) oder Strahlung durch hintereinander angeordnete Farbfilter spektral beeinflusst wird. Im Unterschied zur additiven ist die subtraktive F. ein physikalisch-opt. Vorgang. (↑Farbendruck)

Farbmittel, nach DIN Sammelname für alle farbgebenden Stoffe. (↑Pigmente, ↑Farbstoffe)

Farbstich, *Farbfotografie:* die in einer Farbe merkl. Neigung zu einer Nachbarfarbe, verursacht durch falsche Belichtung oder Beleuchtung, nicht einwandfreies Fotomaterial oder Verarbeitungsfehler.

Farbstoffe, organ. Stoffe, die zur Farbgebung verwendet werden und die im Ggs. zu ↑Pigmenten im Anwendungsmedium löslich sind. F. lassen sich nach dem Verwen-

Farbmischung: additive (links) und subtraktive Farbmischung

dungszweck in Textil-F., Lebensmittel-F. u.a. einteilen. – **Natürl. F.** sind pflanzl. oder tier. Ursprungs. So unterscheidet man u.a. Holz-, Blüten-, Blut-F. Einige (z.B. Purpur) waren schon im Altertum bekannt, Indigo und Krapp waren über Jahrhunderte die wichtigste Textilfarbe. Beschränkte Bedeutung haben heute z.B. Betanin, Carotin, Carminsäure. – Mauvein war der erste **synthet. F.**, der Mitte des 19.Jh. aus Produkten des Steinkohlenteers hergestellt wurde. Synthet. F. beherrschen heute mit mehreren Tausend Produkten den Markt. Sie lassen sich nach charakteristischen chem. Gruppen (Chromophore) einteilen, z.B. Azo-, Formazan-, Methin-F. **Textil-F.** müssen aus dem Färbebad (Flotte) gleichmäßig auf die Faser aufziehen. Manche Textil-F. lassen sich nur für bestimmte Fasern verwenden. Zum Färben von Polyamidfasern (Nylon) sind **Säure-F.** geeignet, für Polyacrylfasern **kation. F.**, für Polyesterfasern **Dispersions-F.**; **Entwicklungs-F.** werden erst auf der Faser synthetisiert. **Direkt-F. (substantive F.)** lassen sich direkt auf Baumwolle aufziehen; diese wird jedoch heute meist mit **Reaktiv-F.** gefärbt oder bedruckt. (↑Küpenfarbstoffe)

Farbstofflaser, ein ↑Laser mit einem organ. Farbstoff im Lösungsmittel als aktivem Medium. F. können (mit unterschiedl. Farbstoffen) als abstimmbare Laser den Spektralbereich von etwa 300 bis 1 000 nm überdecken. Sie erreichen im kontinuierl. Betrieb Leistungen bis zu 100 mW, im Impulsbetrieb bis in den Megawattbereich.

Farbtafel, ↑Farbmetrik.

Farbtemperatur, Temperatur des ↑schwarzen Körpers, bei der dieser Licht der gleichen Farbe (spektralen Intensitätsverteilung) wie die zu kennzeichnende Lichtquelle aussendet. Die F. dient z.B. zur Charakterisierung von Sternen.

Farbtonkreis (Farbkreis), ↑Farbe.

Färbung, natürl. oder künstl. Farbgebung in toten oder belebten Körpern, konstant oder periodisch wechselnd. Bei Mensch und Tieren entsteht die F. 1) durch Körperflüssigkeiten, z.B. Blut, so bei roten Lippen und Wangen, dem roten Kamm der Hühner; 2) durch Pigmente (chem. Farben) in Haaren und Federn oder in ↑Chromatophoren; 3) durch Strukturfarben (physikal. Farben), die Schillereffekte bewirken, z.B. Schuppen der Schmetterlingsflügel. Bei Pflanzen vorherrschend ist die durch das Chlorophyll hervorgerufene Grünfärbung. Carotinoide sind beteiligt an der Gelb-, Orange- oder Braun-F. von Blüten und Früchten sowie an der Herbst-F. der Blätter. Rot- und Blaufärbung bewirken die Anthocyane.

Farbvalenz, Maß für die Farbempfindung; kennzeichnet die Wirkung eines Farbreizes, die für sein Verhalten in der additiven ↑Farbmischung maßgebend ist. Jede F. kann aus drei Maßzahlen X, Y, Z **(Farbmaßzahlen)**, die nicht durch Mischung auseinander hervorgehen, bzw. einen Ortsvektor im Farbenraum (↑Farbmetrik) charakterisiert werden.

Farbwechsel, Änderung der Körperfärbung bei Tieren. Man unterscheidet zw. dem langsam ablaufenden **morpholog. F.**, bei dem es durch Veränderung der Chromatophorenzahl (bzw. Pigmentmenge) oder durch Einlagerung neuer, anderer Pigmente (wie bei der Mauser) zu einem relativ lange andauernden Zustand kommt, und dem **physiolog. F.**, der auf einer Wanderung schon vorhandener Pigmente in den Chromatophoren beruht. Dieser F. erfolgt relativ schnell und kann sich rasch wieder umkehren.

Farce ['fars(ə); frz.»Füllsel«] *die,* **1)** *allg.:* sinnentleerte Zeremonie, billiger Scherz, Verhöhnung.

2) *Kochkunst:* (Fülle), fein gemahlenes Fleisch, Geflügel, Wild oder Fisch, mit Zutaten angerührt; zum Füllen von Fisch, Fleisch, Geflügel u.a.

3) *Literatur:* derb-komisches Lustspiel. In Frankreich seit dem Ende des 14. Jh. belegt, urspr. für volkstüml. Einlagen (daher der Name) in geistl. Mysterien- und Mirakelspielen. Heute oft gleichbed. mit Posse verwendet, kann auch in die Nähe der Groteske oder Satire rücken (↑Pathelin).

Fareham ['fεərəm], Stadt in S-England, in der Cty. Hampshire, bildet eine administrative Einheit mit Portchester, 54 900 Ew.; Hafen im Innern des Portsmouth Harbour; Boots- und Maschinenbau, Baustoff- und Bekleidungsindustrie.

Farel, Guillaume, Reformator der frz. Schweiz, * Gap (Dép. Hautes-Alpes) 1489, † Neuenburg 13. 9. 1565; brach 1521 mit der kath. Kirche; floh 1523 nach Basel; führte 1535 die Reformation in Genf ein, zog Calvin dorthin, wurde mit diesem 1538 aus Genf verwiesen, lebte in Neuenburg, wo er die ref. Kirche organisierte; schuf die erste frz. reformierte Liturgie.

Farfa, Benediktinerabtei nordöstlich von Rom (gegr. im 6. Jh.); in der Abteikirche Santa Maria (Neubau 1492) Fresken (Mitte des 16. Jahrhunderts).

Fargue [farg], Léon-Paul, frz. Lyriker, *Paris 4. 3. 1876, † ebd. 24. 11. 1947; beeinflusst u. a. von S. Mallarmé und J. Laforgue; Dichter der Stadt Paris, deren Wandlung seit der »Belle Époque« er mit starker Suggestionskraft beschrieb (u. a. in »D'après Paris«, lyr. Prosa, 1932; »Der Wanderer durch Paris«, Skizzen, 1939).

Farin [aus lat. farina »Mehl«] *der,* meist gelb bis braun gefärbter Verbrauchszucker aus Raffinerieabläufen.

Färinger, die Bewohner der ↑Faröer.

Farm [engl.] *die,* urspr. Bez. für größeres, pachtweise genutztes Landgut, heute in angelsächs. Ländern für landwirtsch. Betriebe aller Art. In Dtl. Bez. für spezialisierte Betriebe (Geflügel-, Pelztierfarm).

Farman [farˈmã], Henri, frz. Flieger und Flugzeugkonstrukteur, *Paris 26. 5. 1874, † ebd. 18. 7. 1958; urspr. Rennfahrer, baute mit seinem Bruder Maurice F. (*1877, †1964) die ersten brauchbaren Doppeldecker, gründete die **F.-Flugzeugwerke** in Boulogne-Billancourt, stellte als Flieger mehrere Weltrekorde auf.

Farnborough [ˈfaːnbərə], Stadt in S-England, in der Cty. Hampshire, 52 500 Ew.; brit. Forschungszentrum für Flugzeugbau und Weltraumfahrt; jährl. Flugschau.

Farne (Filicopsida, Pteropsida, Filicatae), Klasse der Farnpflanzen mit rd. 10 000 Arten; vorwiegend krautige Pflanzen mit großen, meist gestielten und gefiederten Blättern (Farnwedel). Auf der Unterseite der (in der Jugend stark eingerollten) Blätter befinden sich die Sporenbehälter (Sporangien), die meist in kleinen Gruppen (Sori) zusammenstehen und häufig von einer zarten Hülle (Schleier oder Indusium) umhüllt oder klappenförmig überdeckt werden. – Charakteristisch für die F. ist der Wechsel von zwei Generationen. Beide Generationen, **Gametophyt** und **Sporophyt** (die eigentl. Farnpflanze), leben selbstständig. Aus einer Spore entwickelt sich ein Gametophyt (Prothallium, Vorkeim); auf ihm bilden sich die männl. und weibl. Geschlechtsorgane. Die Befruchtung der Spermatozoid- und Eizellen ist nur in Wasser (feuchter Untergrund, Tautropfen) möglich. Aus der befruchteten Eizelle entsteht der ungeschlechtl. Sporophyt. Aus seinen Sporangien lösen sich die Sporen, die wieder zu Gametophyten auswachsen. – Die F. sind größtenteils Bewohner schattiger und feuchter Orte, deshalb am mannigfaltigsten im trop. Regenwald; im Nebelwald treten auch baumförmige F. auf. Nur widerstandsfähigere Arten, z. B. der Adler-F., reichen bis in subarkt., arkt. und alpine Gebiete. Als Zierpflanzen werden u. a. ↑Geweihfarne verwendet.

📖 *Steinbachs Naturführer, Bd. 20: Flechten, Moose, F. Europ. Arten.* München 1991. – *Marbach, B.* u. *Kainz, C.: Moose, F. u. Flechten. Häufige u. auffällige Arten erkennen u. bestimmen.* München 2002.

Farnese, italien. Adelsgeschlecht, aus dem Papst Paul III. (1534–49) stammt. Er verlieh 1545 seinem natürl. Sohn Pier Luigi F. (ermordet 1547) das neu geschaffene Herzogtum ↑Parma und Piacenza; bed. Kunstmäzen. Dessen Enkel Alessandro F. (*1545, †1592), Sohn der Margarete von Parma (Tochter Karls V.), war seit 1578 span. Statthalter der Niederlande, wo er den S mit Antwerpen wieder unter span. Herrschaft brachte.1731 starb das Haus F. im Mannesstamm aus. – Der Bau des **Palazzo F.** in Rom wurde 1534 (Pläne bereits 1514) von A. da Sangallo d. J. begonnen und 1546 von Michelangelo fortgeführt (Fresken v. a. von Annibale Carracci). Die **Farnes. Sammlungen** von Bildwerken der Antike (Farnes. Stier, Farnes. Herakles u. a.) befinden sich im Archäolog. Nationalmuseum in Neapel.

Farnesina, Villa im Stadtteil Trastevere in Rom, für den Bankier A. Chigi 1508–11 von B. Peruzzi erbaut, später im Besitz der Farnese. Im Innern Fresken von Raffael und seinen Schülern.

Farnpflanzen (Pteridophyta), Abteilung der Pflanzen mit den Klassen: Urfarne (Psilophytopsida; ausgestorben), Gabelblattgewächse (Psilotopsida), Bärlappgewächse (Lycopodiopsida), Schachtelhalmgewächse (Equisetopsida) und ↑Farne.

Faro [ˈfaru], Hptst. des Distr. F. in der Algarve, an der S-Küste Portugals, 32 000 Ew.; Museen; Hotelfachschule; Fischhandel, Korkverarbeitung; Jachthafen, Flugplatz. – Kathedrale (Wiederaufbau 1755) mit Azulejoschmuck.

Faröer (färöisch Føroyar, dän. Færøerne), zu Dänemark gehörende Inselgruppe im

Farrère FAR

Faröer: Stadtansicht von Tórshavn

Nordatlantik, zw. Schottland und Island, 1 399 km², 47 000 Ew. Von den rd. 25 Felseninseln und zahlr. Schären sind 17 bewohnt. Die größte Insel ist Streymoy (Strømø) mit der Hptst. Tórshavn. Die baumlose Moränendecke über den Basalt- und Tuffschichten ist dank des milden feuchten Klimas mit Wiesen, Mooren und Heide bedeckt; die Küsten sind durch Fjorde stark gegliedert. Die Bewohner (**Färinger**) haben eine eigene Sprache (↑färöische Sprache), Dänisch wird aber in allen Schulen unterrichtet. Haupterwerbszweig, noch vor der früher dominierenden Schafzucht, ist die Fischerei (Dorsch, Hering).

Geschichte: Die seit 650 von kelt. Mönchen besiedelten F. wurden im 8./9. Jh. von norweg. Wikingern erobert; sie gehörten 1035–1380 zu Norwegen, mit dem sie dann an Dänemark fielen. Nach der Lösung Norwegens von Dänemark (1814) blieben die F. dänisch und erhielten 1948 Selbstverw. mit eigener Volksvertretung (Lagting; Løgting); im dän. Folketing sind sie mit zwei Abg. vertreten.

färöische Sprache (färingische Sprache), eine der ↑germanischen Sprachen. Sie ging wie das eng verwandte Isländische aus dem Altnordischen hervor; von etwa 40 000 Menschen auf den Färöern gesprochen. V. U. Hammershaimb schuf um 1846 die auf etymolog. Prinzipien aufbauende färöische Schriftsprache.

Farrakhan [færə'ka:n], Louis Haleem Abdul (eigtl. Louis Eugene Walcott), amerikan. Bürgerrechtler, *New York 11. 5. 1933; Musiker; schloss sich in den 1960er-Jahren den ↑Black Muslims an, wurde einer ihrer radikalsten Wortführer; initiierte mit dem »Million Man March« (16. 10. 1995) in Washington (D. C.) die bis dahin größte Demonstration schwarzer Amerikaner.

Farrell ['færəl], James T. (Thomas), amerikan. Schriftsteller, *Chicago (Ill.) 27. 2. 1904, †New York 22. 8. 1979; naturalist. Erzähler in der Nachfolge von T. Dreiser und J. Joyce; in seinen Arbeiten stellt er das Leben der Armen und Ausgestoßenen dar; Trilogie »Studs Lonigan« (1932–35).

Farrère [fa'rɛ:r], Claude, eigtl. Frédéric-Charles Bargone, frz. Schriftsteller, *Lyon 27. 4. 1876, †Paris 21. 6. 1957; schrieb zahlr. exotisch-farbige Romane, deren Handlung meist vor dem Hintergrund gegensätzlicher europ. und oriental. Kulturen spielt (»Opium«, 1904; »Die Schlacht«, 1909).

Farrow [ˈfærəʊ], Mia, amerikan. Filmschauspielerin, *Los Angeles (Calif.) 9. 2. 1945; spielt seit den 1960er-Jahren Filmrollen, u. a. in R. Polanskis »Rosemaries Baby« (1968); 1982–92 Hauptrollen in W. Allens Beziehungstragikomödien, u. a. in »The Purple Rose of Cairo« (1985), »Hannah und ihre Schwestern« (1986), »Alice« (1991).

Fasanen: Diamantfasan

Farrukhabad [fə-] (F.-Cum-Fatehgarh), Stadt in Uttar Pradesh, Indien, 194 600 Ew.; Agrarzentrum, Baumwollverarbeitung, Metallindustrie.
Fars, Prov. in Iran, in den südl. Ketten des Zagrosgebirges, 120 006 km², 3,82 Mio. Ew.; Hptst. ist Schiras. – Das Gebiet von F., altpers. **Parsa,** grch. **Persis,** war nach pers. Besiedlung im 8. Jh. v. Chr. der Kernraum des pers. Reiches.
Färse, weibl. Rind vor dem ersten Kalben.
Farsi, ↑persische Sprache.
Faruk I., König von Ägypten (1936–52), *Kairo 11. 2. 1920, †Rom 18. 3. 1965; Sohn Fuads I.; seine probrit. Haltung sowie Korruptionsvorwürfe führten in Ägypten zu einer wachsenden Opposition; 1952 gestürzt und zum Verlassen des Landes gezwungen.
Farvel, Kap (grönländ. Uummanarsuaq), die Südspitze Grönlands, auf der der Hauptinsel vorgelagerten Eggerinsel.
FAS, Abk. für engl. free alongside ship, Handelsklausel (Incoterms); Verkäufer trägt Kosten und Gefahren bis zur Lieferung längsseits des Schiffs im Hafen.
Fasanen [grch.] (Phasianinae), Unterfamilie der Fasanenartigen, z. B. mit dem in Asien verbreiteten ↑Jagdfasan, dem grünen **Schiller-F.** (Phasianus versicolor) aus Japan, dem **Gold-F.** (Chrysolophus pictus) aus dem südl. China, dem **Diamant-F. (Amherst-F.,** Chrysolophus amherstiae) der Bergwälder W-Chinas, dem langschwänzigen **Königs-F.** (Syrmaticus reevesi) Mittelchinas, dem **Kupfer-F.** (Syrmaticus soemmerringii) Japans und dem südchines. **Silber-F.** (Gennaeus nycthemerus). F. können mit Schwanzfeder insgesamt eine Länge von 2 m erreichen; die Hähne sind häufig prächtig gefärbt. Viele Arten sind heute in ihrem Bestand gefährdet.
Fasanenartige (Phasianidae), weltweit verbreitete Familie der Hühnervögel mit rd. 200 Arten; meist Bodenbewohner; Männchen häufig auffallend gefärbt, mit großen Schmuckfedern. Zu den F. zählen u. a. die ↑Fasanen, ↑Feldhühner, ↑Truthühner, ↑Perlhühner, ↑Pfauen.
Fasanerie die, Fasanenzucht, -garten.
Fasces [lat.] (eingedeutscht Faszes), bei den Römern die von ↑Liktoren den obersten Beamten vorangetragenen Rutenbündel mit Beil, Symbol der Amts- und Strafgewalt der röm. Magistrate. – Im italien. Faschismus ab 1926 offizielles Staatssymbol.
Fasch, 1) Carl Friedrich, Komponist, *Zerbst 18. 11. 1736, †Berlin 3. 8. 1800, Sohn von 2); Cembalist Friedrichs II.; gründete 1791 die Berliner Singakademie. **2)** Johann Friedrich, Komponist, *Buttelstedt (bei Weimar) 15. 4. 1688, †Zerbst 5. 12. 1758, Vater von 1); seit 1722 Hofkapellmeister in Zerbst; schrieb Kirchenkantaten, Messen, Sinfonien, Konzerte u. a.
Faschine [von lat. fasces] die, walzenförmiges Reisigbündel, durch Draht zusammengehalten; im Wasserbau zum Befestigen von Ufern.
Fasching [mhd. vaschanc »Ausschank des Fastentrunks«], ↑Fastnacht.
Faschismus [italien. von fascio »Rutenbündel«] der, zunächst Eigenbez. einer polit. Bewegung, die unter Führung von B. Mussolini 1922–45 in Italien die beherrschende polit. Macht war und ein diktator. Reg.system trug; später für alle extrem nationalist., nach dem Führerprinzip organisierten, antiliberalen und antimarxist. Bewegungen, Ideologien oder Herrschaftssysteme, die seit dem Ersten Weltkrieg die

parlamentarischen Demokratien abzulösen suchten.
Der F. in Italien: Den ersten »Fascio di combattimento« (Kampfbund) gründete Mussolini 1919 in Mailand. 1921 wurde die faschist. Partei gegründet (Partito Nazionale Fascista), die von Mussolini als »Duce« (Führer) autoritär geleitet wurde. Die scharfe Frontstellung gegen den revolutionären Sozialismus und Kommunismus sicherte ihm in der Nachkriegskrise Italiens Anhänger auch in Bürokratie, Armee und kath. Kirche. Kernorganisation war die militärisch ausgebildete Nationalmiliz (Schwarzhemden), der u. a. die vormilitär. Erziehung oblag, die bereits mit der ↑Balilla begann. – Auf dem Parteikongress in Neapel (1922) entschloss sich Mussolini zum Staatsstreich; am 28. 10. 1922 traten rd. 26 000 Schwarzhemden unter Führung der ↑Quadrumvirn den »Marsch auf Rom« an; die Reg. wurde gestürzt, Mussolini vom König zum Reg.chef ernannt. Durch Propaganda, rücksichtslosen Machtgebrauch und Terror übernahmen die Faschisten vollständig die Staatsgewalt und beherrschten bald alle Lebensbereiche. Die Mandate der antifaschist. Opposition (»Aventinianer«: bürgerl. Parteien, Sozialisten und Kommunisten) wurden 1926 für ungültig erklärt, die Parteiorganisationen aufgelöst, die Justiz gleichgeschaltet und die Pressefreiheit aufgehoben. Das parlamentar. System wurde durch den Korporativstaat verdrängt (1939), doch behielt die staatl. Organisation gegenüber der faschist. Partei eine gewisse Selbstständigkeit; der totalitäre Staat verkörperte sich in der persönl. Machtfülle Mussolinis. Eines der wichtigsten faschist. Gesetze war die »Carta del lavoro« (Arbeitsverfassung), die mit diktator. Mitteln soziale Fortschritte zu erzielen suchte. Rassist. Vorstellungen übernahm der italien. F. erst im Zuge der engeren Zusammenarbeit mit dem dt. Nationalsozialismus (Achse Berlin–Rom). Bereits im Span. Bürgerkrieg hatte Mussolini gemeinsam mit dem nat.-soz. Dtl. interveniert. Im Juni 1940 trat Italien auf dt. Seite in den Zweiten Weltkrieg ein. Die militär. Niederlagen führten zum Sturz Mussolinis durch den konservativ-monarchist. Flügel im »Großrat des F.« (24./25. 7. 1943). Damit verlor der F. in Italien seine polit. Macht. Die im Sept. 1943 in Oberitalien errichtete faschist. »Repubblica Sociale Italiana« konnte sich bis April 1945 nur mit Unterstützung der dt. Besatzungsmacht halten. (↑Italien, Geschichte)
F. allgemein: Die Verallgemeinerung des F.-Begriffs von einer zeitlich und nat. begrenzten Eigenbez. zur Gattungsbez. einer bestimmten Herrschaftsart ist umstritten, bes. für den ↑Nationalsozialismus in Dtl. Im übrigen Europa gab es in den 1920er- und 1930er-Jahren folgende faschist. Bewegungen: *Spanien:* ↑Falange, *Großbritannien:* British Union of Fascists, *Frankreich:* Action française, Croix-de-feu, Parti Populaire Français, *Niederlande:* Nationaal-Socialistische Beweging, *Belgien:* ↑Rexbewegung, *Norwegen:* Nasjonal Samling, *Schweiz:* Frontismus, *Österreich:* ↑Heimwehren, *Ungarn:* Pfeilkreuzler, *Rumänien:* ↑Eiserne Garde, *Slowakei:* Hlinka-Garde, *Kroatien:* ↑Ustascha. Auslöser waren meist die sozialen und polit. Veränderungen nach dem Ersten Weltkrieg und die Furcht vor der seit der russ. Oktoberrevolution 1917 offenen Möglichkeit einer sozialen Revolution. – Als ↑Neofaschismus bezeichnet man Strömungen und Parteien, die nach 1945 an die Tradition des F. anknüpften.

📖 *Wippermann, W.: Europ. F. im Vergleich (1922–1982). Frankfurt am Main ³1991. – Hornung, K.: Das totalitäre Zeitalter. Bilanz des 20. Jh. Berlin 1997. – Wippermann, W.: F.-Theorien. Darmstadt ⁷1997. – Woller, H.: Rom, 28. Oktober 1922. Die faschist. Herausforderung. München 1999. – Laqueur, W.: F. Gestern, heute, morgen. A. d. Engl. Neuausg. Berlin 2000. – Nolte, E.: Der F. in seiner Epoche. Action française, italien. F., Nationalsozialismus. Neuausg. München u. a. ⁵2000. – Reichardt, S.: Faschist. Kampfbünde. Gewalt u. Gemeinschaft im italien. Squadrismus u. in der dt. SA. Köln 2002.*

Faschodakrise, britisch-frz. Kolonialkonflikt um die Herrschaft über den Sudan 1898/99; entstand, als brit. und frz. Truppen 1898 in dem am Weißen Nil gelegenen Ort Faschoda (Kodok) aufeinander stießen. Die dadurch heraufbeschworene Kriegsgefahr wurde beigelegt durch den Sudanvertrag vom 21. 3. 1899, in dem Frankreich auf das obere Nilgebiet verzichtete, wofür Großbritannien den westl. Sudan als frz. Interessengebiet anerkannte.

Fase [frz.], durch Bearbeiten einer eben

FAS Faser

abgeschrägten Kante entstandene, abgeschrägte Fläche.
Faser [mhd. vase »loser Faden«], langes, feines Gebilde, das zu Garnen versponnen werden kann, wobei man Natur-F. (z. B. Baumwolle, Wolle) und Chemie-F. unterscheidet. (↑Fasern)
Fasergitter (Faser-Bragg-Reflektor), opt. Gitter, das durch die period. Modulation der Brechzahl einer Lichtleitfaser entsteht. Licht mit einer durch die Gitterparameter festgelegten Wellenlänge wird innerhalb der Faser reflektiert. F. bilden die Basis für wellenlängenselektive Filter und schmalbandige Spiegel, sie werden zur Frequenzstabilisierung von Laserdioden sowie als ↑faseroptische Sensoren verwendet. F. können erzeugt werden, indem z. B. fotoempfindl. Fasern period. UV-Intensitätsmustern ausgesetzt werden.
Fasermetallurgie, die Herstellung von Formkörpern aus Draht, Metallfasern oder -wolle mittels Pressdruck und Wärme. Im Schmelzextraktionsverfahren werden feine metall. Fasern ohne mechan. Umformen direkt aus der Schmelze gewonnen. Fasermetallkörper sind bes. schlagfest und porös mit Porenvolumina von 50–95 %; sie werden für hoch beanspruchbare Teile (Lagerschalen, Turbinenschaufeln) und Filter verwendet.
Fasern, mehr oder weniger lang gestreckte Strukturen im pflanzl. und tier. Organismus, bestehend aus einzelnen Zellen, Zellsträngen, Zellstrangbündeln oder auch Teilen von Zellen. F. sind bei Mensch und Tieren Bestandteile des Bindegewebes, der Muskeln und der Nerven; ferner Haare, die Byssusfäden der Muscheln und die Seide der Seidenspinner.
Faseroptik (Fiberoptik), 1) Teilgebiet der Optik, das sich mit der Übertragung von Licht und Bildinformationen durch fortgesetzte Totalreflexion in ↑Lichtleitern befasst; 2) Bez. für alle aus gebündelten lichtleitenden Fasern bestehenden opt. Bauelemente zur Informationsübertragung.
faseroptische Sensoren (Fasersensoren), miniaturisierte Sensoren, die dämpfungsarme Lichtwellenleiter (↑Lichtleiter) in dotierten Glasfasern zur Messung unterschiedl. Größen (wie Temperatur, Dehnung, Vibration) nutzen. F. S. weisen gegenüber konventionellen elektron. Sensoren zahlr. anwendungsspezif. Vorteile auf. Sie sind u. a. einsetzbar in Hochspannungs- und Kernstrahlungsbereichen, chemisch aggressiven Medien sowie bei hohen Temperaturen, sie ermöglichen Online-Messwerterfassungen und sind unempfindlich gegenüber elektromagnet. Störfeldern. F. S. ermöglichen eine verstärkerlose opt. Signalübertragung.
Faserstoffe, Stoffe mit einer ausgeprägten Faserstruktur. Sie zeichnen sich durch eine parallele Anordnung aller an ihrem Aufbau beteiligten Moleküle oder kleinen Kristallbereiche aus.
Faserzement, Gemisch aus organ. Fasern, synthet. Bewehrungsfasern und Zement sowie von Zuschlagstoffen unter Zugabe von Wasser; F. ist Rohprodukt für Herstellung von F.-Platten, F.-Rohren.
Fashion [fæʃn; engl., von frz. façon »Form«, »Machart«] *die,* Mode; guter Ton, Lebensart. – **fashionable,** modischelegant; in Mode.
Fasnacht (Fasnet), ↑Fastnacht.
Fasolt, in der dt. Heldensage ein Riese, von Dietrich von Bern besiegt.
Fass, 1) aus Holzdauben zusammengesetztes bauchiges Gefäß von rundem oder ovalem Querschnitt, an zwei Seiten durch einen Boden geschlossen und durch Reifen zusammengehalten; heute oft durch Metall- und Kunststofffässer oder durch Stahl- oder Glasbehälter ersetzt.
2) frühere Volumeneinheit zw. rd. 10 und 1700 Liter; bes. in Dtl., Österreich und der Schweiz verwendet.
Fassatal (italien. Val di Fassa), das Tal des oberen Avisio (Etschzufluss) in den Dolomiten, Italien, zw. Rosengarten und Marmolada, Südtirol; Hauptorte sind Vigo di Fassa, Campitello und Canazei. Die ladin. Sprache im F. wird zunehmend vom Italienischen verdrängt.
Fassbaender, Brigitte, Sängerin (Mezzosopran), *Berlin 3. 7. 1939; bed. Interpretin der Hosenrollen in Opern von W. A. Mozart und R. Strauss; auch Oratorien- und Liedsängerin; 1995–97 Operndirektorin in Braunschweig, seit 1999 Intendantin des Tiroler Landestheaters in Innsbruck.
Fassbinder, der ↑Böttcher.
Fassbinder, Rainer Werner, Schriftsteller, Regisseur, Schauspieler, *Bad Wörishofen 31. 5. 1945, †München 10. 6. 1982; in den 1960er-Jahren zunächst Bühnenschauspieler und -regisseur, leitete 1968 bis zur Auflösung Anfang der 1970er-Jahre das »antitheater« in München (seitdem häu-

fige Zusammenarbeit mit Hanna Schygulla) und 1974/75 das Frankfurter Theater am Turm (TAT). Seine Regiearbeiten und eigenen Theaterstücke (»Katzelmacher«, 1968) zeigen v. a. sich an der Kälte der Gesellschaft reibende Außenseiter; seit Ende der 1960er-Jahre auch Filmregie als Vertreter des »Neuen dt. Films« (»Angst essen Seele auf«, 1973; »Fontane Effi Briest«, 1972–74; »Die Ehe der Maria Braun«, 1978; Fernsehserie in 14 Folgen »Berlin Alexanderplatz«, nach dem Roman von A. Döblin, 1980; »Lola«, 1981; »Die Sehnsucht der Veronika Voss«, 1982; »Querelle«, 1982).
📖 *Spaich, H.: R. W. F. Leben u. Werk. Weinheim 1992. – Thomsen, C. B.: R. W. F. Leben u. Werk eines maßlosen Genies. A. d. Dän. Hamburg 1993. – Elsaesser, T.: R. W. F. A. d. Engl. 1996. – Töteberg, M.: R. W. F. Reinbek 2002.*

Rainer Werner Fassbinder

Fasson [faˈsõː, schweizer. und österr. meist faˈsoːn, frz.] (Façon) *die,* die bestimmte Art und Weise (des Zuschnitts, Sitzes usw.); **Fasson** *das,* ↑Revers.
Fassschnecken (Tonnenschnecken, Doliolidae), im Atlant., Ind. und Pazif. Ozean sowie westl. Mittelmeer räuberisch lebende Familie der Vorderkiemer. Die Speicheldrüsen der **Tonnenschnecke** (Tonna galea) sondern Asparagin- und Schwefelsäure ab, die die Beutetiere lähmen und deren Kalkskelette zersetzen.
Fassung, 1) *Elektrotechnik:* Halte- und Kontaktvorrichtung bei elektr. Leuchten zur Aufnahme des Lampensockels.
2) *Goldschmiedekunst:* dauerhafte Befestigung von Edelsteinen und Perlen in Metall.
3) *Kunst:* farbige Bemalung eines plast. Bildwerkes durch den Fassmaler. Unter einer F. versteht man den vollständigen, meist komplizierten Aufbau: u. a. die oft modellierende Grundierung mit Kreide- oder Gipsgrund, das Belegen der Fugen mit Leinwand, die Vergoldung und die La-

sierung naturbelassener Teile. Die meisten Bildwerke der Antike waren auf F. angelegt, der Verlust bedeutet eine Entstellung des Gesamtkunstwerks.
4) *Literatur:* die einem literar. Text vom Autor bei der Niederschrift gegebene Form bzw. deren Umarbeitungen; bei älterer Literatur die versch. Aufbereitungen des Stoffes oder Werkes in den versch. Handschriften.
Fạst, Howard Melvin, eigtl. Walter Ericson, amerikan. Schriftsteller, *New York 11. 11. 1914, † Old Greenwich (Conn.) 12. 3. 2003; schrieb histor. Romane (»Die letzte Grenze«, 1941; »Spartakus«, 1952); bekannt wurde die R.-Tetralogie »Die Einwanderer« (1977), »Die Nachkommen« (1978), »Die Arrivierten« (1979), »Die Erben« (1985); 1943–56 Mitgl. der KP (»The naked god«, Autobiografie, 1957); schrieb unter dem Pseudonym **E. V. Cunningham** Kriminal- und Detektivromane. – Weiteres Werk: Roman: Eine unabhängige Frau (1997).
fast alle, *Mathematik:* Bez. für »alle mit Ausnahme von endlich vielen«, z. B. sind f. a. Primzahlen ungerade (Ausnahme: die Zahl 2).
Fast|ebene, *Geomorphologie:* ↑Rumpffläche.
Fasten, in den versch. Religionen eine Form der Askese; Motive sind Reinigung des Körpers, Sammlung von Willenskräften, der Wunsch, Buße zu tun und zu innerer Einkehr zu gelangen. Durch F. erzeugte ekstat. Zustände, Visionen und Träume stellen im Verständnis des Gläubigen einen direkten Kontakt zu dem verehrten Gott bzw. dem Göttlichen her. In den großen Weltreligionen ist das F. meist an bestimmte Zeiten gebunden, z. B. im Islam an den ↑Ramadan. Die kath. Kirche kennt zwei F.-Zeiten (vor Ostern und Weihnachten). Fasttage sind (seit 1966) der Aschermittwoch und alle Freitage des Jahres, die keine Feiertage sind. An diesen Tagen gilt das Abstinenzgebot (Enthaltung von Fleischspeisen); am Aschermittwoch und Karfreitag sind *eine* Hauptmahlzeit sowie morgens und abends eine kleine Stärkung erlaubt. Zum F. verpflichtet sind alle Kirchenangehörigen vom vollendeten 18. bis zum beginnenden 60. Lebensjahr. Die evang. Kirchen kennen (im Sinne verpflichtender kirchl. Vorschriften) keine F.-Gebote.

FAS Fastenkur

Fastenkur (Heilfasten), Nahrungsentzug unter ärztl. Kontrolle als zeitlich begrenzte diätet. Maßnahme. Man unterscheidet **Vollfasten** (↑Nulldiät) und **Saftfasten** (mit Obst- und Gemüsesäften) für einige Tage oder für 2–4 Wochen. Meist ist jedoch die ↑Reduktionsdiät geeigneter.

Fastentuch, ↑Hungertuch.

Fastenzeit, *kath. Kirche:* ↑Fasten.

Fast Ethernet [faːst ˈiːθərnət, engl.] *das,* ↑LAN.

Fast Food [ˈfɑːstfuːd, engl.] (Fastfood), schnell und leicht verzehrbare kleinere Gerichte, die in Schnellgaststätten angeboten werden.

Fạsti [lat. »Spruchtage«] *Pl.,* Tage des altröm. Kalenders, an denen staatl. und gerichtl. Angelegenheiten erledigt werden durften.

Fastigium [lat.] *das,* Gipfel, Höhepunkt einer Krankheit, insbesondere einer Fieberkurve (Akme).

Fastnacht: Jubiläumsumzug zur Schifferfastnacht im sächsischen Elbeort Prossen

Fastnacht [zu ahd. fasta »Fasten(zeit)« und naht »Vorabend«], urspr. der Abend vor der Fastenzeit, seit dem 15./16. Jh. v. a. die letzten drei (»tollen«) Tage, auch die vorhergehende Woche, seit dem 19. Jh. meist die vom Dreikönigstag bis Aschermittwoch dauernde Zeit des Frohsinns, verbunden mit Tanzveranstaltungen, Maskeraden u. a. Vergnügungen, mit Höhepunkt und Ende am F.-Dienstag. Es entwickelte sich ein vielgestaltiges Brauchtum in fast allen dt. Ländern, was auch die Fülle der landschaftl. Bezeichnungen bezeugt;

so begehen das Rheinland den **Karneval,** Mainz und Umgebung die **F.,** das Elsass, Baden, die dt.sprachige Schweiz und Vorarlberg die **Fasnacht,** Franken die **Fosnat,** Bayern und Österreich den **Fasching** (um 1283 belegt). Prägend für die heutige Form der F.-Feier wurde 1820/30 der oberdt. Raum. – Grundlegendes Motiv der versch. F.-Bräuche dürften die bevorstehenden, zur Enthaltsamkeit mahnenden Fasten- und Bußwochen sein; die populäre Zurückführung von Brauchelementen der F. auf heidn., german. oder kelt. Fruchtbarkeitskulte oder die röm. Saturnalien verkennt Ursprung und Sinnbezug der F. als »kath. Fest« im Mittelalter. Die F.-Bräuche des MA. sind bes. gut in den Städten fassbar und hier wesentlich von Erscheinungsformen des öffentl. Festwesens geprägt. Bis ins 14. Jh. dominierten zur F. Reiterspiele der Patrizier, im 15. Jh. entwickelte sich ein vielgestaltiges Maskenbrauchtum (z. B. Schembartlaufen in Nürnberg). Den vielfach groben und exzessiven Brauchhandlungen des Spät-MA. folgten im 16. Jh. neue Schau- und Vorführbräuche der Handwerker; ab Mitte des 15. Jh. verband sich die F. zudem immer stärker mit der Zentralfigur des Narren (Narrenfeste). In der Barockzeit (16. und 17. Jh.) blühte die F. als prunkvolles Kostümfest an den Fürstenhöfen und beeinflusste mit ihren motiv. Ausformungen die bürgerl. F. der Städte bis ins 19. Jh.; Spuren finden sich noch heute in der schwäbisch-alemann. Fasnet (»Mummenschanz«; eigene Art erlangte die »Basler Fasnacht« am Montag nach Aschermittwoch). Wichtige Einflüsse auf die künstler. Ausgestaltung kamen seit etwa 1700 aus Italien; 1823 begründete die Kölner Bürgerschaft eine neue Tradition des rhein. ↑Karnevals mit Rosenmontagszug, Einsetzung eines Karnevalsprinzen, Kappensitzungen und Büttenreden (ab 1827), Festrat (»Elferrat«; zuerst 1829 in Aachen aus elf Personen gebildet) sowie Funkengarde. Öffentl. Feiern mit Umzügen, Heischebräuchen und Verkleidungen charakterisieren die F. als Zeit, in der die gewohnte Ordnung außer Kraft gesetzt ist und im Gewand des Narren verspottet wird, z. B. Etablierung einer »Gegenreg.« (Elferrat), Übergabe des Rathausschlüssels an die Narren u. a. Vielfach wurde in der Gesch. die »Ventilfunktion« der F. bedeutsam, etwa im satirisch gewendeten Widerstand gegen kirchl. Institutionen seit dem 15. Jh. oder gegen die frz. Besatzung im Rheinland Anfang des 19. Jh., wovon sich v. a. in Rosenmontagsumzügen zeitkrit. Elemente erhalten haben.

📖 *Moser, D.-R. : F., Fasching, Karneval. Das Fest der »verkehrten Welt«. Graz 1986. – Mezger, W.: Narrenidee u. F.-Brauch. Studien zum Fortleben des MA. in der europ. Festkultur. Konstanz 1991. – F. – Karneval im europ. Vergleich, hg. v. M. Matheus. Stuttgart 1999. – Mezger, W.: Das große Buch der schwäbisch-alemann. Fasnet. Entwicklungen u. Erscheinungsformen organisierter Narretei in SW-Dtl. Stuttgart 1999.*

Fastnachtsspiel, ältester gattungsmäßig ausgebildeter Typ des weltl. Dramas in dt. Sprache, v. a. in Nürnberg entwickelt im Rahmen stadtbürgerl. Fastnachtsfeiern, d. h. vermummter Fastengesellschaften; literarisch greifbar etwa zw. 1430 und 1600. Es lassen sich zwei Typen unterscheiden: das Reihenspiel (H. Rosenplüt), hervorgegangen aus einer Folge derb-kom. Sprüche, und das Handlungsspiel (H. Folz), das oft an spätmittelalterl. Schwänke anknüpft. Seinen künstler. Höhepunkt erlebte das F. im 16. Jh. durch H. Sachs. – Das der Fastnacht zeitlich benachbarte jüd. ↑Purimfest wurde gleichfalls als Spielrahmen genutzt; das Purimspiel überdauerte die eigentl., um 1650 endende F.-Tradition bis ins 18. Jahrhundert.

📖 *Catholy, E.: Fastnachtspiel. Stuttgart 1966. – Fastnachtspiel – Commedia dell'arte. hg. v. M. Siller. Innsbruck 1992.*

Faszes, ↑Fasces.

Faszile [lat. »Binde«] *die, Anatomie:* bindegewebige Umhüllung von Muskeln oder Muskelgruppen sowie von Organen.

Faszination [lat. »Beschreiung«, »Behexung«] *die,* fesselnde Wirkung, die von einer Person oder Sache ausgeht.

Faszinosum *das,* auf seltsame, geheimnisvolle Weise Faszinierendes, Fesselndes, Anziehendes.

Fatah [fa'tax; von arab. fath »Sieg«, »Eroberung«] (Al-Fatah, El-Fatah), militante palästinens. Kampforganisation, Kern der PLO, gegr. 1958 von palästinens. Arabern, begann 1965 unter Führung von J. ↑Arafat mit Guerillaaktionen gegen Israel. Nach Zerschlagung der von Jordanien aus operierenden Verbände der F. durch die jordan. Armee 1970/71 wurde Libanon die wichtigste Operationsbasis. Unter dem militär. Druck Israels mussten die Kampfverbände der PLO 1982 Libanon verlassen. Ende der 1980er-Jahre offizielle Abkehr vom Terrorismus; 1996 deutl. Mehrheit bei Wahlen zum Autonomierat; ab 2000 an der 2. Intifada beteiligt.

fatal [lat. »vom Schicksal bestimmt«], sehr unangenehm und peinlich, misslich; verhängnisvoll, verderblich, folgenschwer.

Fatalismus [zu lat. fatalis »vom Schicksal bestimmt«] *der,* Glaube an Vorherbestimmung, ergebungsvoller Schicksalsglaube.

Fata Morgana [ital. Fee Morgana] *die,* eine ↑Luftspiegelung.

Fatehpur-Sikri [fə'teɪpʊə-], Stadt im Bundesstaat Uttar Pradesh, N-Indien, westlich von Agra, 17 900 Ew. – Die weitgehend erhaltene Mogulstadt mit Freitagsmoschee und vielen Palästen ist UNESCO-Weltkulturerbe. – 1569 von Akbar gegr., 1574–86 Hptst. des Mogulreiches.

Fath, Jacques, frz. Modeschöpfer, *Vincennes (Dép. Val-de-Marne) 12. 9. 1912, †Paris 13. 11. 1954; gründete 1937 in Paris sein Modehaus und entwarf 1948 eine erste Prêt-à-porter-Kollektion für die USA, wo seine Modelle besonderen Anklang fanden; sehr feminine Mode, mit betonter Wespentaille und ↑Enger Linie, in bevorzugt strahlenden Farben; auch Filmkostüme, Parfüm.

Father Divine ['fɑːðə dɪ'vaɪn, engl.], Würdebezeichnung für den farbigen Baptisten George Baker, *1877(?), †Woodmont (Pa.) 10. 9. 1965; gründete 1915 F. D.'s Peace Mission, die ihre Aufgabe darin sieht, auf Erden die Gottesherrschaft zu errichten.

Fathom ['fæðəm, engl.] *das,* ↑Faden.

Fatiha [arab. »die Eröffnende«] *die,* die 1. Sure (Abschnitt) des Korans, Hauptgebet der Muslime.

Fatima, jüngste Tochter des Propheten Mohammed und der ↑Chadidja, *Mekka 606, †Medina 632; Mutter von Hasan und Husain, gilt als Ahnfrau der Fatimiden; von den Schiiten als Mitgl. der »Hl. Familie« hoch verehrt.

Fátima, kath. Wallfahrtsort im Distr. Santarém, Mittelportugal, 7 200 Ew. Drei Kinder hatten hier 1917 jeweils am 13. der Monate Mai bis Okt. Marienerscheinungen, die 1930 von der kath. Kirche für glaubwürdig erklärt wurden. Die bereits kurz

FAT Fatimiden

Fátima: Blick auf den Versammlungsplatz und die neobarocke Wallfahrtsbasilika Unserer Lieben Frau (65 m hoher Turm)

nach den Erscheinungen (1919 und 1920) verstorbenen Kinder wurden im Mai 2000 selig gesprochen. Am Erscheinungsort entstand ab 1928 die neobarocke Basilika Unserer Lieben Frau (1953 geweiht), um die seitdem ein sehr umfangreicher Heiligtumskomplex errichtet wurde. – F. wurde zum Ausgangspunkt einer christl. Erneuerung in Portugal und der Marienverehrung schlechthin.

Fatimiden, von Fatima abstammende islam. Dynastie schiit. Richtung (909–1171). Die F. nahmen in der Prov. Ifrikija in Nordafrika (im späteren Tunesien) ihren Ausgang. Nach 970 wurde Ägypten ihr Herrschaftszentrum, das durch sie eine materielle und kulturelle Blütezeit erlebte. Von Ägypten dehnten sie ihre Macht nach Syrien und Palästina aus. Sultan Saladin (Dynastie der Aijubiden) setzte ihrer Herrschaft ein Ende.

Fatjanowokultur, kupferzeitl. Kulturgruppe (um 2000 v. Chr.) Zentralrusslands, ben. nach einer Fundstelle bei dem Dorf Fatjanowo (Gebiet Jaroslawl); u. a. steinerne und kupferne Streitäxte, Feuersteingeräte, schnur-, stich- und stempelverzierte Gefäße.

Fatra, waldreiche Mittelgebirgszüge in der Slowakei: **1) Malá F., Kleine F.,** von der Waag durchflossener Gebirgszug der Westkarpaten, im Vel'ký Kriván bis 1 709 m ü. M.; Fremdenverkehr.
2) Vel'ká F., Große F., Gebirgszug der Westkarpaten südlich der Waag, im Ostredok bis 1 592 m ü. M.

Fatshan [-ʃ-], Stadt in China, ↑ Foshan.
Fatum [lat.] *das,* Schicksal, Geschick, Verhängnis; urspr. der durch den Seher verkündete Spruch der Gottheit im alten Rom.

Fatwa, islam. Rechtsgutachten, ↑ Fetwa.

Faubourg [foˈbuːr, frz.] *der,* Vorstadt, außerhalb der Befestigungsanlage erbaut; heute oft Name von Straßen und Stadtteilen, die früher Vorstädte waren (z. B. in Paris F. Saint-Germain).

Faulbaum (Rhamnus frangula), in Europa und NW-Asien beheimatetes Kreuzdorngewächs feuchter Wälder mit grünlichweißen Blüten und roten, später schwarzvioletten giftigen Steinfrüchten; die Rinde wird als Abführmittel verwendet.

Faulbaum

Faulbrut, durch Bakterienbefall hervorgerufene, seuchenartig auftretende, anzeigepflichtige Krankheit der Honigbienenbrut; gekennzeichnet durch schleimige Zersetzung der Larven.

Faultiere FAU

Faules Meer, Seitenbecken des Asowschen Meeres, ↑Siwasch.

Faulgas, das ↑Biogas.

Faulhaber, Michael von (seit 1913), kath. Theologe, * Heidenfeld (heute zu Röthlein, Landkreis Schweinfurt) 5. 3. 1869, † München 12. 6. 1952; Prof. für A.T., seit 1917 Erzbischof von München und Freising, seit 1921 Kardinal; stellte sich (mit seiner Verteidigung des A.T.) entschieden gegen den Rassismus und gegen die Kirchenfeindlichkeit des Nationalsozialismus.

Faulkner ['fɔːknə], **William,** amerikan. Schriftsteller, * New Albany (Miss.) 25. 9. 1897, † Oxford (Miss.) 6. 7. 1962. Hauptthema seiner Werke sind der geistig-kulturelle Untergang des amerikan. Südens sowie der wachsende Einfluss skrupelloser Aufsteiger nach dem Sezessionskrieg. Raum und Figuren von Yoknapatawpha County in Mississippi und die Zerfallserscheinungen der aristokrat. Oberschicht erlangen in der Darstellung universellsymbol. Bedeutung (»Schall und Wahn«, R., 1929; »Als ich im Sterben lag«, R., 1930; »Licht im August«, R., 1932; »Absalom, Absalom!«, R., 1936; »Griff in den Staub«, R., 1948; »Requiem für eine Nonne«, R., 1951; Trilogie: »Das Dorf«, »Die Stadt«, »Das Haus«, 1959; »Die Spitzbuben«, 1962). F. verwendete Mittel wie die Technik des ↑Stream of Consciousness, den Wechsel der Erzählperspektiven. 1949 erhielt er den Nobelpreis für Literatur.
📖 Nicolaisen, P.: W. F. Reinbek 1995.

Fäulnis, anaerobe, bakterielle Zersetzung stickstoffhaltiger Substanzen, v. a. von Proteinen unter Entwicklung von z. T. übel riechenden Verbindungen (u. a. Ammoniak, Kohlenmonoxid, Schwefelwasserstoff); einige wirken giftig. F. kommt im Darm der Fleischfresser und im Dickdarm des Menschen vor. (↑Verwesung)

Fäulnisdyspepsie, akute Darmstörung mit Gasbildung und Durchfall, im Unterschied zur Gärungsdyspepsie eine gesteigerte Fäulnis proteinhaltigen Materials; verursacht durch überreiche Aufnahme proteinhaltiger Speisen oder übermäßige Absonderung proteinhaltigen Darmsaftes.

Faulschlamm, 1) *Abwasserreinigung:* in Kläranlagen im Faulbehälter entstehender Schlamm.
2) *Bodenkunde:* (Sapropel), schwarzer Schlamm am Boden nährstoffreicher Gewässer, bildet ein feinkörniges, graues bis schwarzes, bitumenreiches Sediment mit organ. Resten. Verfestigt ergeben sich **Sapropelite,** z. B. bestimmte Kohlen, Öl- und Kupferschiefer.

William Faulkner

Faultiere (Bradypodidae), Familie der Zahnarmen mit zwei Gattungen in den Wäldern des trop. Mittel- und Südamerika; an Blätternahrung und an das Leben in Bäumen angepasste Tiere, die fast immer mit dem Rücken nach unten an den langen Krallen der starken Gliedmaßen hängen und sich so langsam fortbewegen.

Faultiere: Zweifingerfaultier (Unau, Körperlänge bis 85 cm)

Die Körpertemperatur beträgt 24–35 °C. Im Pelz wachsen Algen und schmarotzen Kleinschmetterlinge. Zu den **Zweifinger-F.** gehört der olivgraue bis -braune **Unau** (Choloepus didactylus), zu den **Dreifinger-F.** gehören das aschgraue **Ai**

(Bradypus tridactylus) und das **Kragen-F.** (Bradypus torquatus) mit schwarzem Schulter- und Halskragen.
Faun (Faunus), altröm. Naturgott, Schirmherr der Herden. Sein Fest waren die **Luperkalien**; später dem grch. Pan gleichgesetzt und wie dieser gehörnt und bocksbeinig dargestellt; die **Faune,** lüsterne Waldgeister, entsprechen den grch. Satyrn.
Fauna [lat.], altital. Feld- und Waldgöttin, Gemahlin des Faun.
Fauna [lat.] *die,* die Tierwelt eines bestimmten Gebietes.
Faure [fɔːr], **1)** Edgar, frz. Politiker, *Béziers 18. 8. 1908, †Paris 30. 3. 1988; Rechtsanwalt, Mitgl. der Radikalsozialist. Partei, seit 1940 in der Widerstandsbewegung tätig, gehörte 1945/46 der frz. Anklagevertretung bei den Nürnberger Prozessen an. F. war 1952 und 1955/56 MinPräs. Nach Auseinandersetzungen mit seiner Partei (1955/56 ausgeschlossen) näherte er sich den Gaullisten. Er befürwortete 1958 die Berufung General C. de Gaulles zum MinPräs. Vor dem Hintergrund der Studentenunruhen leitete er 1968 als Unterrichtsmin. eine Univ.reform ein. 1971–78 war F. Präs. der Nationalversammlung.
2) Félix, frz. Politiker, *Paris 30. 1. 1841, †ebd. 16. 2. 1899; Reeder; gemäßigter Republikaner; 1895–99 Präs. der Republik.; unter ihm wurde 1897 das frz.-russ. Bündnis abgeschlossen.
Fauré [fɔːre], Gabriel Urbain, frz. Komponist, *Pamiers (Dép. Ariège) 12. 5. 1845, †Paris 4. 11. 1924; verarbeitete Einflüsse der frz. und der dt. Romantik; entwickelte unter Wahrung der Harmonik bes. die Satzkunst; schrieb Opern (»Prométhée«, 1900; »Pénélope«, 1913), Orchesterwerke, Kammermusik, Lieder, Requiem (1888) u. a.
Faust, Johannes (oder Georg), Arzt, Astrologe und Schwarzkünstler, *Knittlingen (Enzkreis) um 1480, †Staufen im Breisgau 1536 (oder kurz vor 1540); studierte nach 1507 wohl Theologie in Heidelberg; war u. a. 1513 in Erfurt, 1520 in Bamberg, 1528 in Ingolstadt, 1532 in Nürnberg. F. stand in Verbindung mit humanist. Gelehrtenkreisen und hatte anscheinend Kenntnisse auf dem Gebiet der Naturphilosophie (»magia naturalis«) der Renaissance. – Aus Berichten über F., verschmolzen mit älteren Zaubergeschichten, entstand die **F.-Sage,** die zur Grundlage eines Volksbuches wurde (Erstausgabe »Historia von D. Johann Fausten« 1587 bei J. Spies in Frankfurt am Main, geht mit einer um 1575 niedergeschriebenen Wolfenbüttler Handschrift auf eine gemeinsame, nicht erhaltene Vorlage zurück; 1599 neu bearbeitet von G. Widmann in Hamburg, 1674 von J. N. Pfitzer gekürzt). Das älteste überlieferte F.-Drama ist »The tragical history of Doctor Faustus« (1604, entstanden wohl vor 1589) von C. Marlowe; es schließt sich eng an das (spiessche) F.-Buch an. Den Anfang bildet der F.-Monolog, in dem F. sich der Magie verschreibt (festes Bauelement fast aller späterer F.-Dramen). F.-Spiele waren bei den ↑englischen Komödianten (zuerst 1608 in Graz bezeugt) und später bei den dt. Wandertruppen beliebt, worauf das Puppenspiel vom Doktor F., das seit 1746 bezeugt ist, fußt. G. E. Lessing sah in seinem F.-Drama in F.s Streben nach Wissen erstmals nicht Vermessenheit und Aufbegehren gegen Gott. Die Dichter des Sturm und Drang fassten F. als titan. Persönlichkeit auf (Maler Müller, F. M. Klinger sowie der junge Goethe mit seinem »Urfaust«, entstanden 1772–75,

Faust: Holzschnitt der Erstausgabe des Faust-Dramas von Christopher Marlowe (1604)

erhalten in einer Abschrift des Fräuleins von Göchhausen; erschienen 1887). Durch Goethe wird das F.-Drama zum Menschheitsdrama, verwirklicht in der Endfassung des Werkes (Teil I, 1808; Teil II, hg. 1832): In einer doppelten Wette Mephistopheles' mit dem »Herrn« und mit F. geht es um das Streben des Menschen nach Selbstverwirklichung, das für den (die Wette verlieren-

Fauves FAU

den) Nihilisten Mephistopheles nur Selbsttäuschung ist und daher in dumpfem Genuss enden muss. Im 19. Jh. bearbeiteten u. a. C. D. Grabbe und N. Lenau, im 20. Jh. P. Valéry, T. Mann und M. Bulgakow den Stoff. – Bilder zu Goethes F. schufen P. Cornelius, E. Delacroix, E. Barlach u. a. F.-Opern von L. Spohr (1816), C. Gounod (1859), A. Boito (1868), F. Busoni (1925); eine F.-Ouvertüre komponierte R. Wagner, eine F.-Sinfonie F. Liszt. Ausgewählte Teile vertonte R. Schumann; auch »Fausts Verdammung« von H. Berlioz knüpft an Goethe an.
📖 *Conradt, M. u. Huby, F.: Die Gesch. vom Doktor F.* München 1980. – *Das Faustbuch von 1587. Provokation u. Wirkung,* hg. v. R. Auernheimer u. F. Baron. München 1992. – *Hucke, K.-H.: Figuren der Unruhe. Faustdichtungen.* Tübingen 1992. – *Mahl, B.: Goethes »F.« auf der Bühne. (1806–1998).* Stuttgart 1999.

Fausta (Flavia Maxima F.), röm. Kaiserin, *wohl 298, † (ermordet) Trier 326; seit 307 Gemahlin Konstantins d. Gr., Mutter von Konstantin II., Constantius II. und Constans; soll die Hinrichtung ihres Stiefsohns Crispus erwirkt haben, wurde bald danach auf Befehl Konstantins d. Gr. getötet.

Faustball, auf einem 50 m × 20 m großen Hartplatz betriebenes Rückschlagspiel zweier Mannschaften von je fünf Spielern. Der 320 bis 380 g schwere Hohlball (Umfang 62 bis 68 cm) ist mit Faust oder Unterarm so über eine in 2 m Höhe gespannte Leine zu schlagen, dass der Gegner den Ballwechsel nicht regelgerecht fortsetzen kann. Spielzeit 2 × 15 min. Der Ball darf nacheinander von höchstens drei Spielern einer Mannschaft mit jeweils einer Bodenberührung geschlagen werden. Gegnerische Fehler ergeben je einen Punkt.

Fäustel, bergmänn. Werkzeug (Gezähe), Hammer mit schlankem, leicht gekrümmtem Körper.

Faustfeuerwaffe, einhändig zu gebrauchende Handfeuerwaffe (Pistole, Revolver).

Faustina, 1) F. d. Ä., *104/105, † 140/141, Mutter von 2); Gemahlin des Kaisers Antoninus Pius.
2) F. d. J., *Rom 125, † Halala (heute Ulukişla, Kappadokien) 176, Tochter von 1); Gemahlin des Kaisers Mark Aurel.

Faustkeil, vorgeschichtl., meist aus Feuerstein gefertigtes, keilförmiges, beidseitig flächenretuschiertes Mehrzweckgerät; kennzeichnender Werkzeugtypus (Leitform) der **F.-Kulturen,** zu denen v. a. die altsteinzeitl. Kulturstufen Acheuléen (Altpaläolithikum) und Micoquien (Mittelpaläolithikum) zählen. († Altsteinzeit)

Faustkeil aus einer Tongrube bei Mülheim-Kärlich (etwa 400 000 Jahre alt)

Faustrecht, eine Rechtsordnung, in der Ansprüche durch gewaltsame Maßnahmen des Einzelnen durchgesetzt werden, früher z. B. die Blutrache und Fehde, im modernen Recht nur als Ausnahme zulässig (z. B. ↑Notwehr).

Fauteuil [fo'tœːj, frz.] *der,* vollständig gepolsterter Sessel.

Fautfracht [zu frz. faux fret »falsche Fracht«], *Seehandelsrecht:* Vergütung, die dem Schiffer zusteht, wenn der Befrachter vom Vertrag zurücktritt (§ 580 HGB).

Fautrier [fotri'e], Jean, frz. Maler und Grafiker, *Paris 16. 5. 1898, † Châtenay-Malabry (Dép. Hauts-de-Seine) 23. 7. 1964; löste sich um 1928 ganz vom gegenständl. Bezug und wurde neben P. Soulages, Wols und H. Hartung wichtiger Mitbegründer der ↑informellen Kunst in Frankreich.

Fauves [foːv; frz. »Wilde«], eine zuerst im Pariser Herbstsalon 1905 geschlossen aufgetretene Gruppe von Malern, die, den dt. Expressionisten verwandt, im Ggs. zu den Impressionisten den Ausdruck durch starke, kaum abschattierte Farben zu steigern suchten **(Fauvismus).** Anregungen bezogen sie von der afrikan. und ozean. Kunst, ebenso von mittelalterl. Glasfenstern und alten Holzschnitten. Zu den F. gehörten u. a. H. Matisse, M. de Vlaminck, G. Braque, A. Marquet, G. Rouault, R. Dufy, A. Derain. Die Gruppe löste sich zw. 1907 und 1909 auf.

Fauxpas [fo'pa; frz. »Fehltritt«] *der*, Taktlosigkeit; Verstoß gegen gesellschaftl. Umgangsformen.

Favelas [portugies.], die Elendsquartiere (Slums) in den Großstädten Brasiliens.

Favorit [frz., aus ital. favorito »Begünstigter«, zu favore »Gunst«] *der*, **1)** allg. jemand, der bevorzugt wird; begünstigte Person; veraltet: Günstling, Geliebter. **2)** *Sport:* im Ggs. zum ↑Außenseiter der Teilnehmer an einem Wettbewerb mit den größten Aussichten auf Erfolg.

Favre [fa:vr], **1)** Jules, frz. Politiker, *Lyon 21. 3. 1809, †Versailles 19. 1. 1880; scharfer Gegner Napoleons III. und neben A. Thiers Führer der demokrat. Republikaner; 1870/71 Außenminister. **2)** Louis, schweizer. Ingenieur, *Chêne-Bourg (Kt. Genf) 26. 1. 1826, †19. 7. 1879 im Gotthardtunnel (fertig gestellt 1881), dessen Erbauer er war.

Favus [lat. »Honigwabe«] *der* (Tinea favosa, Kopfgrind), durch Fadenpilze hervorgerufene ansteckende Pilzkrankheit, bes. bei Kindern auf dem behaarten Kopf; früher oft familiär gehäuft (»Erbgrind«); kommt auch bei Haustieren vor; von diesen auf den Menschen übertragbar, bes. Trichophytie.

Fawkes [fɔ:ks], Guy, engl. Verschwörer, *York 1570, †London 31. 1. 1606 (nach Entdeckung der ↑Pulververschwörung hingerichtet). Der Tag, an dem der Anschlag stattfinden sollte (5. 11. 1605), wird noch heute als **Guy-Fawkes-Day** gefeiert.

Fax [Kw. zu Faksimile] *das*, Telekommunikationsdienst, mit dem sich schriftl. Vorlagen (ebenfalls F. gen.) über Telefonleitung kopieren lassen (früher **Fernkopieren**). Der entsprechende Dienst der Dt. Telekom AG heißt **Telefax**. – Die Nutzung des Dienstes erfolgt mit einem **F.-Gerät** (häufig auch kurz als F. bezeichnet), mit dessen Hilfe die Dokumente übertragen werden. Die Dokumentenvorlage wird beim »Faxen« vom Sendegerät zeilen- und punktweise optisch abgetastet, die Schwarzweißwerte über das Netz übertragen und im Empfangsgerät Punkt für Punkt wieder aufgezeichnet. F.-Geräte werden beim analogen Anschluss (digital moduliert) mit standardisierten Datenübertragungsraten bis 14 400 bit/s betrieben (die Übertragungsdauer für eine DIN-A4-Seite beträgt dabei ca. 30 s); im digitalen ISDN-Netz erfolgt die Übertragung mit 64 Kbit/s (DIN-A4-Seite: ca. 9 s). Über ein **F.-Modem** oder eine **F.-Karte** (spezielle Steckkarte) ist es möglich, Dokumente auch direkt aus dem Computer an ein F.-Gerät oder einen entsprechend ausgestatteten PC zu versenden. Werden F.-Gerät und Telefon bzw. Anrufbeantworter an einem Anschluss betrieben, ist eine **F.-Weiche** erforderlich. Aktive Weichen nehmen den Anruf entgegen und erkennen eine F.-Verbindung (im Unterschied zu einem Telefonat) am Erkennungston anhand des **CNG-Signals** (Abk. für engl. calling). Passive Weichen können den Ton erst erkennen, nachdem der Anruf vom Telefon bzw. Anrufbeantworter übernommen wurde. **Geschichte:** Das erste Patent für eine Übertragung graf. Vorlagen mittels ↑Telegrafie wurde 1843 erteilt. Um 1948 wurden erste (bezahlbare) Fernkopierer für Schwarz-Weiß-Vorlagen in den USA vorgestellt. 1979/80 wurde in Dtl. der erste F.-Standard verabschiedet.

Faxabruf, Anwendung, durch die Vorlagen (z. B. Formulare, Anleitungen, Informationsblätter) durch Faxgeräte abgerufen werden können. Dabei unterscheidet man zw. **Faxpolling** (»Fax abrufen«) und **Fax-on-Demand** (»Fax auf Anforderung«). Beim Faxpolling überträgt das angerufene Faxgerät (Pollinggerät) die gewünschte Vorlage auf das anrufende Faxgerät, bei dem die Betriebsart »Polling« eingestellt sein muss. Fax-on-Demand-Geräte sind mit einer Spracherkennung ausgerüstet. Der Anrufer wählt die gewünschten Vorlagen aus und gibt über die Spracherkennung oder die Tastatur die Nummer des eigenen Faxgerätes an. Per Rückruf werden dann die gewünschten Vorlagen auf sein Faxgerät übertragen.

Fayalit [nach der Azoreninsel Faial] *der,* gelbl. bis grünschwarzes Mineral, ein ↑Olivin, tritt v. a. als Gemengeteil basischer magmat. Gesteine auf.

Faye [faj], Jean-Pierre, frz. Schriftsteller, *Paris 19. 7. 1925; Vertreter der Avantgardeliteratur der 1960er- und 1970er-Jahre; experimentelle Lyrik, Romane (»Pulsschläge«, 1962; »Die Schleuse«, 1964; »Les Troyes«, 1970) und Essays; beschäftigt sich u. a. mit dem Zusammenhang zw. Sprache und Totalitarismus (»Totalitäre Sprachen«, 1972; »Dictionnaire politique portatif en cinq mots«, 1982).

Fayence [faˈjãs; frz., nach ↑Faenza] *die* (Majolika), tonkeram. Erzeugnis, dessen poröser roter oder ockerfarbener Scherben mit einer farbigen oder weiß deckenden Zinnglasur bedeckt ist. Nach dem Formen werden die Stücke getrocknet, bei etwa 900 °C gebrannt und nach dem Erkalten in das zinnoxidhaltige Glasurbad getaucht. Die Glasurmasse bleibt als Überzug auf dem Stück haften und wird bei einem zweiten Brand bei etwa 1100 °C aufgeschmolzen. Farbige Muster können entweder vor dem Glasurbrand mit Scharffeuerfarben (wegen der hohen Temperatur beschränkt auf Blau, Mangan, Gelb, Grün, Rot, Braun und Schwarz) oder auf die fertig glasierten Stücke mit Muffelfarben aufgetragen werden. Die Muffelfarben werden in einem dritten schwachen Brand eingebrannt.

Fayence: italienische Fayenceschale mit dem Bildnis einer jungen Frau (1537; St. Petersburg, Eremitage)

Tonwaren mit gefärbten Bleiglasuren (ohne Zinn) sind schon im 4. Jt. v. Chr. in Ägypten hergestellt worden, ebenso im Bereich der ägäischen Kultur. Echte F. sind erst seit 500 v. Chr. in Mesopotamien und Persien nachweisbar. Wahrscheinlich unabhängig davon entstanden F. sehr früh auch schon in China und Indien. Die Araber brachten die Lüster-F. nach Spanien. Italien wurde von dort mit F.-Waren versorgt, v. a. von Mallorca aus (daher Majolika). Von Italien gelangte die F. nach Frankreich, wo sich im 17./18. Jh. ein besonderer Dekorationsstil ausbildete, und nach den Niederlanden, wo sie seit dem 16. Jh., bes. in Delft seit dem 17. Jh., als Nachahmung chines. Porzellane Weltruhm erlangte. Von Delft aus wurden seit 1660 in Dtl. die ersten Fabriken gegründet. Um 1800 wurde die F. durch engl. Steingut verdrängt.

📖 *Graesse, J. G. T. u. Jaennicke, E.: Führer für Sammler von Porzellan u. F.,* neu bearb. v. *L. Behse.* A. d. Frz. München ²⁷1991.

Fayum (El-Fayum), ägypt. Oasengebiet, ↑Faijum.

Fazelet (Fazenet) [lat.-italien.] *das,* veraltet: (Zier-)Taschentuch.

Fazenda [-z-; portugies. »Besitz«] *die,* in Brasilien vorwiegend ackerwirtsch. genutzter landwirtsch. Großbetrieb.

Fazetie [lat. »Witz«] *die,* epigrammatisch zugespitzte, satir. oder erot. Kurzerzählung, urspr. in lat. Prosa. Ihr Schöpfer ist der Florentiner G. F. Poggio Bracciolini. Seine »Libri facetiarum IV« (entstanden 1438–52, hg. 1471, dt. »Schwänke und Schnurren«) wurden Vorbild für ähnl. lat. (H. Bebel) und dt. (J. Wickram) Sammlungen.

fazial [zu Fazies], zum Gesicht gehörend.

Fazialis *der* (Facialis, Nervus facialis, Gesichtsnerv), der VII. Gehirnnerv, der die mim. Muskulatur des Gesichts versorgt.

Fazialislähmung (Fazialisparese, Gesichtslähmung, Gesichtsmuskellähmung), Schädigung des Fazialis, die teilweisen oder totalen Ausfall der mim. Gesichtsmuskulatur zur Folge hat (herunterhängender Mundwinkel, unvollständiger Augenlidschluss); tritt bei Erkrankungen der Ohrspeicheldrüse, des Ohres, des Hirnstammes und bei Schädelbrüchen auf.

Fazies [lat. »äußere Gestalt«, »Gesicht«] *die,* Gesamtheit der petrograph. und paläontolog. Merkmale eines Sediments, die von den geograph. und geolog. Verhältnissen des Abtragungs- und Ablagerungsraums bestimmt werden. Die **Petro-** oder **Litho-F.** kennzeichnet den petrograph. Aufbau, die **Bio-F.** den Fossilinhalt des Gesteins. Man unterscheidet außerdem zw. terrestr. (**Land-F.**) und mariner F. (**Meeresfazies**).

Fazilität [lat.] *die,* einem Kunden von der Bank eingeräumte Kreditmöglichkeit, die bei Bedarf bis zu einer bestimmten Höhe in Anspruch genommen werden kann (**Kreditlinie**). Im internat. Währungssystem

sind F. Zugriffsmöglichkeiten nat. Währungsbehörden auf Devisenkredite (**Kredit-F.**) internat. Währungsbehörden (z. B. des Internationalen Währungsfonds).
Fazit [lat. »es macht«] *das,* Schlusssumme einer Rechnung; Ergebnis; Schlussfolgerung.
FBI [ɛfbi:ˈaɪ, engl.], Abk. für Federal Bureau of Investigation, die dem Bundesjustizmin. unterstehende Bundeskriminalpolizei der USA, 1908 als Bureau of Investigation eingerichtet, seit 1935 FBI; Sitz: Washington (D. C.). Aufgaben: Aufklärung von Verstößen gegen Bundesstrafrecht, Sammlung von erkennungsdienstl. Unterlagen und Beweismaterial, Spionage- und Sabotageabwehr, Staatsschutz und Schutz des Präsidenten.
FBW, Abk. für ↑Filmbewertungsstelle Wiesbaden.
FC, *Sport:* Abk. für Fußballclub.
FCKW, Abk. für ↑Fluorchlorkohlenwasserstoffe.
Fdérik (F'Derik, bis 1969 Fort-Gouraud), Ort im zentralen N Mauretaniens, etwa 5 000 Ew.; Flugplatz; Erzbahn; östlich von F. bedeutendste Eisenerzmine des Landes.
FDGB, Abk. für ↑Freier Deutscher Gewerkschaftsbund.
FDJ, Abk. für ↑Freie Deutsche Jugend.
FDP, **1)** 1968/69–2001 parteioffiziell **F. D. P.,** Abk. für ↑Freie Demokratische Partei.
2) Abk. für ↑Freie Demokratische Partei Österreichs.
3) Abk. für Freisinnig-Demokratische Partei der Schweiz.
Fe, chem. Symbol für ↑Eisen.
Feasibility-Studie [fi:zɪˈbɪlɪtɪ-; engl. »Eignung«] *die,* Prüfung der Realisierbarkeit und des wirtsch. Nutzens einer Produktionsanlage oder eines Großprojekts. Dabei spielen Marktanalysen, Standortfragen, Rohstoffpreise sowie der Anfall von Nebenprodukten und Schadstoffen eine Rolle.
Feature [ˈfiːtʃə; engl. »Merkmal«, »Eigenschaft«, »Besonderheit«] *das,* auch *die,* Begriff aus der Fachsprache der angloamerikan. Publizistik: 1) der Hauptfilm eines Filmprogramms, allg. der Spielfilm; 2) der aus bestimmtem Anlass durch Aufmachung bes. herausgestellte Text- oder Bildbeitrag; 3) seit 1945 in der dt. Rundfunksprache an den Möglichkeiten des *Hörfunks* orientierte Sendegattung, die auf eine geschlossene Spielhandlung verzichtet und zumeist aktuelle Ereignisse unter Verwendung funkgerechter Ausdrucksmittel (Reportage, Dokument, Tonzitat, Kommentar, Statement, Dialog, Interview, elektroakust. Effekte) meist mit Mitteln der Montage aufbereitet. Das F. bei *Film* und *Fernsehen,* das undramat. Stoffe, Tatbestände und Sachverhalte gestaltet, hat primär dokumentar. Charakter, besitzt jedoch gegenüber der Dokumentation v. a. durch dramaturg. Mittel größere Eindringlichkeit.
Febris [lat.] *die,* das ↑Fieber.
Febronianismus *der,* nach dem Pseud. »Justinus Febronius« des Trierer Weihbischofs Nikolaus von Hontheim (*1701, †1790) benannte, im 18. Jh. entstandene kirchenpolit. Richtung, deren Ziel die Stärkung des Episkopalismus und Zurückdrängung der päpstl. Primatansprüche in Dtl. war. Getragen wurde der F. durch die Erzbischöfe von Köln, Mainz, Trier und Salzburg, die eine von Rom weitestgehend unabhängige dt. Nationalkirche erstrebten (↑Emser Punktation).
Februar [zu lat. februare »reinigen«], der zweite Monat des Jahres mit 28, in einem Schaltjahr mit 29 Tagen; alter dt. Name: **Hornung.**
Februarrevolution, **1)** die frz. Revolution vom 24. 2. 1848 (↑Frankreich, Geschichte).
2) die russ. Revolution vom März (nach altem Stil Febr.) 1917 (↑Russland, Geschichte).
Febvre [fɛːvr], Lucien, frz. Historiker, *Nancy 22. 7. 1878, †Saint-Amour (Dép. Jura) 26. 9. 1956; ab 1919 Prof. in Straßburg, ab 1933 am Collège de France in Paris; begründete 1929 mit M. Bloch die Zeitschrift ↑Annales; Verfechter einer »histoire totale«, Mitbegründer der Mentalitätsgeschichte (»Philippe II et la Franche-Comté«, 1911).
Weitere Werke: Le problème de l'incroyance au 16e siècle. La religion de Rabelais, dt. Das Problem des Unglaubens im 16. Jh. Die Religion des Rabelais (1947); Combats pour l'histoire (1953).
fec., Abk. für ↑fecit.
Fécamp [feˈkɑ̃], Hafenstadt in der Normandie, Dép. Seine-Maritime, Frankreich, 21 100 Ew.; Werften, Herstellung von Fischkonserven und Likör (Bénédictine); Seebad; Handels- und Fischereihafen. –

Fechten: Florettfechten

Frühgotische Kirche der ehem. Abtei (12./13. Jh.). – Die Benediktinerabtei (Ursprungsort des Benediktinerlikörs), um 600 gegr., war seit 1001 Zentrum monast. Reformen.

Fechner, Gustav Theodor, Naturforscher und Psychologe, *Groß-Särchen (heute zu Knappensee, bei Hoyerswerda) 19. 4. 1801, †Leipzig 18. 11. 1887; lehrte Physik, Naturphilosophie und Anthropologie in Leipzig. Er gilt als Begründer der Psychophysik und der experimentellen Psychologie (↑Weber-Fechner-Gesetz) und erarbeitete eine psycholog. Ästhetik. Die Welt betrachtete er als beseelt (»Tagesansicht«, im Ggs. zur »Nachtansicht« des physikalisch-mathemat. Weltbildes), das Stoffliche nur als Außenseite des Daseins.

Fechser, unterird. Abschnitte vorjähriger Triebe, aus deren Knospen sich im Frühjahr die neuen Laubsprosse bilden, z. B. bei Hopfen und Wein.

Fechten, Zweikampfsportart, bei der angestrebt wird, den Gegner mit einer bestimmten Waffe regelgerecht zu treffen, ohne selbst getroffen zu werden, oder dem gegner. Treffer zeitlich deutlich zuvorzukommen. Es gibt ↑Degen und ↑Florett als Stoßwaffen und ↑Säbel als Hieb- und Stoßwaffe. Die **Fechtbahn (Planche)** ist 14 m lang, 1,80 bis 2 m breit und beim F. mit elektroautomat. Trefferanzeige von einem Strom führenden Belag bedeckt. Die Fechtkleidung besteht aus Fechtanzug mit metallisierter (bei Florett und Säbel) gültiger Trefffläche, Fechtmaske und -handschuhen. Die effektive Kampfzeit beträgt bei Gefechten auf 5 Treffer 4 min und ist ggf. vorzeitig beendet, wird aber bei Unentschieden um einen Treffer bzw. eine Minute verlängert. Im Direktausscheid wird auf 15 Treffer (drei Drittel zu je 3 min) gefochten. Ziel ist es, einen gültigen Treffer zu landen und dabei nicht selbst getroffen zu werden. Die Kampfregeln werden vom Obmann überwacht. Über das student. F. ↑Mensur. (↑Sportarten, Übersicht)

Fechter, Paul, Schriftsteller, Literaturhistoriker und -kritiker, *Elbing (heute Elbląg) 14. 9. 1880, †Berlin 9. 1. 1958; war Feuilletonredakteur und einflussreicher Theaterkritiker; schrieb mit »Der Expressionismus« (1914) eines der frühesten Werke über diese Richtung; auch humorvolle Berlin- und Ostpreußenromane sowie autobiograf. Schriften.

Florettfechten   Säbelfechten   Degenfechten

Fechten: Trefffflächen

FEC fecit

fecit [lat. »(er) hat gemacht«], Abk. **fec.**, auf Bildwerken in Verbindung mit dem Künstlernamen, bes. auf Kupferstichen, auch neben ↑invenit.

Fed, Abk. für ↑**F**ederal Reserve System.

Fedajapass, Pass in den Dolomiten, zw. Fassa- und Cordevoletal, Italien, 2057 m ü. M.

Fedajin [arab. »Opferbereite«] *der* (Fedayeen), Name der im Untergrund gegen Israel kämpfenden palästinens. Araber.

Fedcup [ˈfedkʌp, engl.] (früher Federation Cup), *Tennis:* seit 1963 jährlich nach dem Pokalsystem durchgeführter internat. Mannschaftswettbewerb für Frauen, das Gegenstück zum ↑Daviscup der Männer. Der F. wird als Turnier an einem Ort mit jeweils zwei Einzelspielen und einem Doppel pro Begegnung ausgetragen.

Feddersen Wierde, vorgeschichtl. Wurt 15 km nördlich von Bremerhaven; ständig bewohnt etwa 50 v. Chr. bis 450 n. Chr., bestand in der Blütezeit im 3. Jh. aus 28 großen, dreischiffigen Hallenhäusern mit vereinigtem Wohn- und Stallteil.

Feder, 1) *Holztechnik:* bei Holzverbindungen eine angefräste Leiste zur Verbindung zweier Brettkanten durch Eingreifen in den ausgearbeiteten Schlitz (Nut).
2) *Maschinenbau:* Maschinenelement, das aufgrund seiner elast. Eigenschaften bei Verformung Arbeit aufnehmen kann und beim Entlasten diese mit Reibungsverlusten (Dämpfung) wieder abgibt (Rückfederung). F. dienen als Arbeitsspeicher (Uhrwerk), Kraftmesser (F.-Waagen), zur Stoß- und Schwingungsdämpfung (Fahrzeugbau) sowie zur Kraftverteilung und zum Kraftausgleich (Spannwerkzeuge). F. lassen sich nach der Art ihres Werkstoffes, ihrer Gestalt und der Art der Beanspruchung einteilen. F. sind zumeist aus Stahl, für besondere Anforderungen aus nichtmetall. Werkstoffen (z. B. Gummi, Luft). Nach Art des Kraftangriffes werden biege- und drehbeanspruchte sowie zugdruckbeanspruchte F. unterschieden. Die Gestalt von F. ist unterschiedlich (z. B. Blatt-, Spiral-, Teller-, Schrauben-F.) und v. a. von der Beanspruchungsart und dem Verwendungszweck abhängig. Kennzeichnend für jede F. ist die **F.-Kennlinie,** die progressiv, linear oder degressiv verlaufen kann. Je steiler die Gerade im F.-Diagramm verläuft, desto geringer ist bei gleicher Kraft der F.-Weg und desto steifer (härter) ist die F. Die Kennlinien für Be- und Entlastung fallen bei dämpfungsarmen (reibungsfreien) F. zusammen.
3) *Zoologie:* ↑Federn.

Federal Bureau of Investigation [ˈfedərəl bjʊəˈrəʊ ɔf ɪnvestɪˈgeɪʃn, engl.], ↑FBI.

Federalist, The [ðə ˈfedərəlɪst, engl.], von A. Hamilton, J. Madison und J. Jay unter dem gemeinsamen Pseudonym »Publius« 1787/88 verfasste Zeitungsaufsätze, die die amerikan. Verfassung erläuterten. Bereits 1788 von Hamilton in zwei Bänden herausgegeben, gelten sie als klass. Werk der polit. Literatur.

Federalists [ˈfedərəlɪsts, engl.], ↑Föderalisten.

Federal Reserve System [ˈfedərəl rɪˈzɜːv ˈsɪstɪm], Abk. **Fed,** Geld- und Kreditsystem der USA, geschaffen durch Ges. vom 23. 12. 1913, später mehrfach umgestaltet durch Ergänzungsgesetze. Die USA sind in 12 Bankbezirke mit je einer **Federal Reserve Bank** (F. R. B., Bundesreservebank) eingeteilt. Die Bundesreservebanken sind gemeinwirtschaftlich organisiert, ihr Kapital wird von den Mitgl.banken aufgebracht. Ihre Geschäfte entsprechen den übl. Aufgaben einer Zentralbank (Ausgabe von Banknoten **(Federal Reserve Notes),** geld- und kreditpolit. Maßnahmen). An der Spitze des Banksystems steht der Board of Governors of the F. R. S. (Bundesbankrat) in Washington, der die Geld- und Währungspolitik der USA bestimmt sowie die Ausgabe der Noten und die gesamte Bankpolitik überwacht. Der Board of Governors besteht aus sieben vom Präs. der USA mit Zustimmung des Senats auf 14 Jahre ernannten Mitgl.; er ernennt je drei Direktoren für die 12 Bundesreservebanken (jeweils sechs weitere Direktoren werden von den Mitgl.banken gewählt), deren größte die **Federal Reserve Bank of New York** ist; sie schließt als einzige Bank Geschäfte mit ausländ. Kunden ab.

Federal Style [ˈfedərəl ˈstaɪl, engl.], Baustil der amerikan. Architektur, der sich, von engl. Vorbildern (Georgian Style) ausgehend, ab etwa 1780 entwickelte und bis um 1825 vorherrschte. Er löste den Kolonialstil ab. Die Häuser sind vorwiegend aus Ziegelsteinen erbaut, weiß gestrichen oder haben weiße Tür- und Fensterrahmen. Die führenden Architekten waren C. Bulfinch in Boston und Samuel McIntire (* 1757, † 1811) in Salem (Mass.).

Federmotten FED

Fédération Internationale des Jeunesses Musicales [federa'sjɔ̃ ɛ̃tɛrnasjɔ-'nal deʒø'nɛs myzi'kal, frz.], internat. Vereinigung zur musikal. Förderung der Jugend, gegr. 1940 von M. Cuvilier, Sitz: Brüssel. 1951 kam die Bundesrep. Dtl. als 9. nat. Sektion hinzu (Sitz: Weikersheim).
Federball, als Freizeitsport betriebenes ↑Badminton (im Freien auf ebenen Plätzen, mit Mittelschnur).
Federbein, 1) *Kfz-Technik:* Bauelement, bei dem in einer Hülse eine Schraubenfeder mit dem Stoßdämpfer kombiniert ist, bes. bei Krafträdern.
2) *Luftfahrt:* radtragendes und mit gedämpfter Teleskopfederung versehenes Bauteil eines Fahrwerks.
Federer, 1) Heinrich, schweizer. Schriftsteller, *Brienz 7. 10. 1866, †Zürich 29. 4. 1928; stellte in Romanen (»Berge und Menschen«, 1911) und Erzählungen (»Papst und Kaiser im Dorf«, 1924) Menschen und Landschaften der Schweiz und Mittelitaliens dar.
2) Roger, schweizer. Tennisspieler, *Basel 8. 8. 1981; Profi seit 1998; gewann 2003 die All England Championships und den Masters Cup sowie 2004 die Australian Open und die All England Championships; siegte seit 2001 bei 12 ATP-Turnieren.
Federfußball, dem Fußballtennis ähnl. Spiel auf einem Badmintonfeld mit einem ebenfalls »Federfußball« genannten Spielgerät (zylindr. Gummihohlkörper mit vier symmetrisch angeordneten Vogelfedern), das mit Fuß, Knie, Hüfte, Oberkörper oder Kopf über ein Netz gespielt wird. Jede der beiden Mannschaften besteht aus sechs Spielern, von denen jeweils drei im Einsatz sind. F. ist v. a. im (ost-)asiat. Raum verbreitet.
Federgewicht, *Sport:* ↑Gewichtsklassen (Übersicht), ↑Profiboxen (Übersicht).
Federgras (Pfriemengras, Stipa), Gattung der Süßgräser, charakteristisch für die Steppen der nördl. Erdhalbkugel; in Mitteleuropa heimisch z. B. das geschützte **Echte F.** (Stipa pennata), mit federartig behaarten Grannen.
Federkrone (Pappus), Haarkelch bei Korbblütlern und Baldriangewächsen zur Windverbreitung der Früchte.
Federle, Helmut, schweizer. Maler, *Solothurn 31. 10. 1944; Vertreter einer konsequent abstrakten Malerei; geometr. Urformen, seine Initialen H und F, asiat. Zei-

chen u. a. werden in farbreduzierten Arbeiten präsentiert.
Federlinge, Insekten, ↑Haarlinge.
Federman ['fedəmən], Raymond, amerikan. Schriftsteller frz. Herkunft, *Paris 15. 5. 1928; wanderte 1947 nach den USA aus. Seine Romane, u. a. »Alles oder Nichts« (1971), »Take it or leave it« (1976), »Eine Liebesgeschichte oder sowas« (1985), »Betrifft: Sarahs Cousin« (1990), verbinden autobiograf. Themen mit experimentellen Erzähltechniken; auch Lyrik (»Nun denn«, 1992) und Kritiken.
Federmann, Nikolaus, Konquistador, *Ulm um 1505, †Valladolid (Spanien) 22. (oder 23.) 2. 1542; kam 1530 im Dienst der Welser nach Coro in Venezuela und erkundete das Landesinnere; drang auf der Suche nach dem Eldorado 1537–39 bis ins Hochland von Bogotá vor; Mitbegründer der Stadt Bogotá.
Federmessergruppen, Bez. für versch. Kulturgruppen der späten Altsteinzeit in Mitteleuropa; kennzeichnender Steinwerkzeugtyp ist das Federmesser, eine spitz zulaufende Klinge aus Silex mit bogenförmig gestumpftem Rücken.

Federgras: Echtes Federgras

Federmotten (Federgeistchen, Pterophoridae), Familie der Schmetterlinge mit rd. 600 Arten, deren Vorderflügel meist in

zwei, die Hinterflügel in drei federartige Lappen aufgeteilt sind.
Federn (Vogelfedern), charakterist. Horngebilde der Oberhaut der Vögel; bilden die Voraussetzung für den Vogelflug und dienen der Wärmeisolation sowie dem Schutz vor Nässe. Die F. bestehen aus **F.-Kiel (F.-Achse)** und **F.-Fahne**. Der hautnahe, runde Teil des Kiels (**F.-Spule**) steckt in einer Hauttasche (**F.-Balg**) und enthält während des Wachstums blutreiches Gewebe, der restl. markhaltige Abschnitt (**F.-Schaft**) ist kantig und trägt die F.-Fahne. F.-Arten sind **Kontur-** oder **Deck-F.** mit steifem Schaft und fester Fahne; **Daunen-** oder **Flaum-F.** (Dunen), bei denen die Federstrahlen kranzförmig angeordnet sind, also der Federschaft fehlt; **Faden-F.** mit dünnem Schaft und verkümmerter oder fehlender Fahne. Die Farbstoffe der F. wandern in die Oberhautzellen vor deren Verhornung ein. Farbiges Schillern der F. beruht auf der Interferenz des weißen Lichtes an stark abgeflachten Melaninkörnern der Strahlenzellen.
F. wurden bes. von Indianern und Völkern Ozeaniens zu Kopf- und Körperschmuck und anderen Zierarten (z. B. Mosaiken) mit meist kult. oder sozialer Bedeutung verarbeitet. Sie dienten zur Verzierung von Geräten, als Geld (mit F. umwickelte Rollen) oder zur Flugstabilisierung von Pfeilen. Im Abendland zierten F. seit dem MA. festl. Kopfbedeckungen von Männern und Frauen (Helmzier, Pfauenhut, Federbusch), bevor sie seit dem Ende des 17. Jh. hauptsächlich nur noch in der Frauenmode Verwendung fanden (Hutputz, Fächer, Boa, Muff u. a.). Über die Kleidung hinaus besitzen F. seit Jahrhunderten Bedeutung als Kissen- und Bettfüllungen (Daunen). Vor Erfindung der Stahl-F. wurden Kiele von Gänse- und Schwanen-F. zu Schreibgeräten zugeschnitten.
Federsee, verlandender Moränenstausee bei Bad Buchauin Oberschwaben, Bad.-Württ., 1,4 km² groß, bis 2,8 m tief; See und Röhrichtgürtel wurden 1939 unter Naturschutz gestellt. Im Umkreis des ehem. Ufers mittelsteinzeitl. Fundstellen sowie neolith. und bronzezeitl. Dorfanlagen (Aichbühl, Dullenried u. a.). Die Wasserburg Buchau, eine Moorsiedlung der jüngeren Bronzezeit, konnte in ganzem Umfang ausgegraben werden.

Federspiel [mhd. vederspil »Jagdvogel«] (Vorlass), *Jägersprache:* Kissen mit zwei Vogelflügeln, gespickt mit einem Fleischbrocken, um den Beizvogel zum Falkner zurückzulocken. Danach wurde früher die gesamte Beizjagd als F. bezeichnet.
Federspiel, Jürg, schweizer. Schriftsteller, Filmkritiker und Reporter, *Zürich 28. 6. 1931; schreibt vielschichtige Erzählungen und Romane in sachl. Sprache (u. a. »Orangen und Tode«, Erzn., 1961; »Paratuga kehrt zurück«, Erzn., 1973; »Die Liebe ist eine Himmelsmacht. 12 Fabeln«, 1985; »Geographie der Lust«, R., 1989). Seine Lyrik gibt in präzisen, z. T. beklemmenden Bildern einer melanchol. Weltsicht Ausdruck (gesammelt u. a. in »Im Innern der Erde wütet das Nichts«, 2000); auch Hörspiele, Dramen, Essays.
Federung, Anordnung von ↑Federn zw. bewegl. Maschinenteilen; bei Fahrzeugen elast. Verbindung zw. den Achsen und dem Aufbau (Rahmen), wobei neben den Federelementen auch die Luftreifen federnd wirken.
Federwaage, ↑Waage.
Federwechsel, die ↑Mauser.
Federweißer (Sauser), fast durchgegorener, kohlensäurehaltiger Traubenmost, dessen Hefe sich abzusetzen beginnt; Vorstufe des Weins.
Federwild (Flugwild), die jagdbaren Vögel.
Federwolken, federförmige Eiswolken, ↑Wolken.
Federzeichnung, mit Feder (im MA. v. a. Gänsekiel) und Tusche oder Tinte (auch farbig, z. B. Sepia) ausgeführte Zeichnung auf (früher oft grundiertem) Papier, z. T. ein- oder mehrfarbig getönt (laviert) oder weiß gehöht; eine der ältesten Techniken der ↑Zeichnung.
Fedin, Konstantin Alexandrowitsch, russ. Schriftsteller, *Saratow 24. 2. 1892, †Moskau 15. 7. 1977; schloss sich 1921 den ↑Serapionsbrüdern an; Romane (»Städte und Jahre«, 1924; »Frühe Freuden«, 1945; »Ein ungewöhnlicher Sommer«, 1949; »Die Flamme«, 1961–67), auch Erzählungen. 1959 wurde F. Erster Sekretär des sowjet. Schriftstellerverbandes.
Fedossejew, Wladimir Iwanowitsch, russ. Dirigent, *Leningrad (heute Sankt Petersburg) 5. 8. 1932; seit 1974 Chefdirigent des Tschaikowsky Symphonieorchesters des Moskauer Rundfunks (ehem. Gro-

Fehlbildungen FEH

ßes Radiosinfonieorchester Moskau), daneben seit 1997 der Wiener Symphoniker; Gastdirigent zahlr. bedeutender europ. Orchester.

Fedtschenko, Alexei Pawlowitsch, russ. Naturforscher und Asienreisender, *Irkutsk 7. 2. 1844, † (verunglückt) am Montblanc 15. 9. 1873; erforschte 1868–71 zus. mit seiner Frau das Gebiet des Syrdarja (Kysylkum, Alaigebirge). Nach ihm ist der **F.-Gletscher,** mit 77 km der längste außerarkt. Gletscher, im Pamir (Tadschikistan) benannt.

Fee [frz.], zauberkundiger weibl. Naturgeist der kelt. Mythologie; in Quellen, Grotten oder Wäldern lebend. F. helfen den Menschen, bestrafen aber Undankbare und Neugierige. Der Feenglauben verschmolz früh mit den antiken Vorstellungen der Schicksalsgöttinnen (Moiren), doch blieben die F. mit der Natur verbunden. Im dt. Volksglauben spielen sie kaum eine Rolle, an ihrer Stelle stehen hier Frau Holle u. a. Gestalten. Aus der altfrz. Dichtung wurden die F. in die mhd. höf. Dichtung übernommen. Feengestalten erschienen dann bes. in der engl., span. und italien. Literatur; von großer Wirkung waren die aus der Volksüberlieferung schöpfenden Märchen von G. F. Straparola (16. Jh.) und G. Basile (17. Jh.).

Feedback [ˈfiːdbæk, engl.] *das,* ↑Rückkopplung.

Feeding-on-Demand [ˈfiːdɪŋɔndɪˈmaːnd, engl.] *das,* Stillen oder Füttern des Neugeborenen nach Bedarf, d. h. ohne feste Zeiten.

Feeling [ˈfiːlɪŋ, engl.] *das,* psycholog. Einfühlungsvermögen; Gefühl; Stimmung, Atmosphäre.

Feengrotten, Tropfsteinhöhlen in ↑Saalfeld/Saale.

Feerie [feaˈri, frz.] *die,* szen. Aufführung einer Feengesch. mit raffinierten bühnentechn. Mitteln und großem Ausstattungsaufwand; bes. ab Ende des 17. Jh. in England und Frankreich beliebt.

Feet [fiːt], Pl. von ↑Foot.

Fegefeuer [zu mhd. vegen »reinigen«] (lat. Purgatorium), *kath. Glaubenslehre:* seit dem MA. übl. Bez. für den Zustand der Läuterung des Menschen nach dem Tod. Die Lehre vom F. (aus der Bibel nicht direkt zu begründen und deshalb von der evang. Theologie abgelehnt) geht davon aus, dass im Tod endgültig über das Schicksal des Menschen entschieden wird und die in der Gnade Gottes Sterbenden durch ein von der Sühnetat Christi und der Fürbitte der Kirche getragenes Leiden gereinigt und vollendet werden (arme Seelen). – Eindrucksvolle dichter. Darstellung des F. in Dantes »Divina Commedia«.

fegen, *Jägersprache:* den Bast vom Geweih abscheuern.

Feh (Grauwerk), Handelsbez. für den Pelz sibir. und nordosteurop. Unterarten des Eichhörnchens; als Pelzkleidung bes. im MA. verbreitet.

Fehde [ahd. (gi)fēhida, zu gifēh »feindselig«], Feindschaft, Privatkrieg zw. zwei Freien oder ihren Sippen in german. Zeit und im MA.; zunächst außerrechtlich, später von der Rechtsordnung anerkannt. Die F. diente der Wiederherstellung der verletzten Sippenehre. Von der auch im Bauernstand verbreiteten ↑Blutrache unterschied sich später die F. durch die gebotene, aber häufig missachtete Wahrung ritterl. Formen. Kirche und Staat haben, z. B. durch Gottes- und Landfrieden, durch das Erfordernis der vorherigen Erschöpfung des Rechtswegs, der Ankündigung (F.-Brief), der Waffenverbote für Bauern, des Friedensschutzes für Personen und Sachen, des Sühnezwangs (»Urfehde« u. ä.), die F. einzudämmen versucht; im ↑Ewigen Landfrieden (1495) wurde sie verboten.

Fehdehandschuh, bei der ritterl. Fehde der Handschuh, der dem zum Zweikampf Herausgeforderten zugeworfen wurde.

Fehlbelegungsabgabe, Ausgleichszahlung, zu der Mieter von öffentlich geförderten Wohnungen im Rahmen der ↑sozialen Wohnraumförderung verpflichtet werden können, wenn ihr Einkommen die gesetzl. Einkommensgrenzen überschreitet (§§ 7, 9, 34–37 Wohnraumförderungs-Ges. vom 13. 9. 2001, Ges. über den Abbau der Fehlsubventionierung im Wohnungswesen i. d. F. v. 13. 9. 2001).

Fehlbildungen (Missbildungen), krankhafte Veränderungen von Form und Größe eines oder mehrerer Organe oder Organsysteme als Folge einer Störung der frühkindl. Entwicklung im Mutterleib. Ursachen sind Defekte der Erbsubstanz (Gametopathien) oder exogene Einflüsse (z. B. Infektionskrankheiten der Mutter, die Einwirkung ionisierender Strahlen oder bestimmter Arzneimittel, das Auftreten mechan. Einflüsse wie Lageanomalien, Sau-

erstoffmangel des Kindes, Mangel- oder Fehlernährung der Mutter).
Fehldruck, mangelhafter, mit textl. oder techn. Fehlern behafteter Auflagendruck u. a. von Banknoten, Briefmarken.
Fehler, 1) *Informatik:* ↑Error.
2) *Mathematik:* die Abweichung eines Wertes x_i vom wahren Wert x oder vom mittleren Wert $\bar{x}$ **(arithmet. Mittelwert),** wobei $|x - x_i| = \Delta x_i$ (gesprochen »Delta x_i«) der **absolute** F. und $\Delta x_i / x$ der **relative** F. ist. Bei Messungen treten vermeidbare **systemat.** F. (z. B. bedingt durch fehlerhafte Messinstrumente, gesetzmäßig schwankende Versuchsbedingungen) und unvermeidbare **zufällige** F. auf, die statistisch vorkommen. Der **durchschnittl.** F. einer Messreihe aus x_i Werten ($i = 1, 2, ..., n$) berechnet sich zu:

$$\frac{1}{n}\sum_{i=1}^{n}\Delta x_i^2.$$

Die Differenzen $x - x_i$ bzw. $\bar{x} - x_i$ werden auch **wahrer** bzw. **scheinbarer** F. der einzelnen Messwerte genannt. Überträgt sich der F. einer Größe auf eine andere, von dieser abgeleitete Größe, so spricht man von **F.-Fortpflanzung.** Zur Darstellung der Verteilung von F. bei hinreichend vielen Einzelmessungen hat sich die gaußsche F.-Kurve (↑Normalverteilung) bewährt. – Das Rechnen mit fehlerbehafteten Größen ist Gegenstand der **F.-Rechnung.** Sie befasst sich v. a. mit statist. Methoden zur Erfassung von F. und der **F.-Abschätzung,** d. h. der Bestimmung einer Größe (**F.-Schranke, F.-Grenze**), die mit Sicherheit kleiner ist als der Betrag des F. (↑Genauigkeit).
3) *Recht:* ↑Mangel.
Fehler|erkennung, *Informatik:* Erkennung von Übertragungsfehlern beim Empfänger einer Nachrichten- oder Datenübertragungsstrecke mithilfe **Fehler erkennender Codes.** Bei den Fehlern kann es sich um gestörte oder verfälschte Zeichen handeln, die entweder nicht der zw. Sender und Empfänger vereinbarten Codierungsvorschrift entsprechen oder falsche Informationen liefern. Zur Fehlerkorrektur werden neben der Möglichkeit, die Korrektur durch eine Wiederholung der Übertragung zu erreichen, v. a. **Fehler korrigierende Codes** eingesetzt.
Fehler|ortsbestimmung, systemat. Ermittlung der genauen Lage und ggf. der Art eines Fehlers in einem Kabel, Gerät oder System durch elektr. Messungen. Man unterscheidet Impedanz-, Laufzeit- bzw. Impuls-Echo- und Kennungsmessungen.
Fehlerspannungsschutzschalter (FU-Schutzschalter), Schutzschalter zur Vermeidung gefährl. Berührungsspannungen beim Auftreten von Fehlern an elektr. Anlagen. Überschreitet bei einem Körperschluss die zw. Körper und Hilfserder auftretende Spannung den Wert der höchstzulässigen Berührungsspannung, unterbricht der F. den Betriebsstromkreis sofort allpolig. Der F. wurde (seit 1970) zunehmend durch den ↑Fehlerstromschutzschalter ersetzt.
Fehlerstrom, der bei Isolationsfehlern an elektr. Anlagen, Geräten und Betriebsmitteln über die Fehlerstelle fließende Strom. Der F. kann mit einem ↑Fehlerstromschutzschalter überwacht werden. F. sind z. B. Kurzschluss- oder Erdschlussströme (Erd-F.), i. w. S. auch ↑Leckströme.
Fehlerstromschutzschalter (FI-Schutzschalter, Fehlerstromschutzeinrichtung, engl. **r**esidual **c**urrent protective **d**evice, Abk. RCD), Schalteinrichtung, die einen elektr. Stromkreis augenblicklich oder kurz verzögert allpolig unterbricht, sobald ein durch Körperschluss oder anderweitigen Erdschluss hervorgerufener Fehlerstrom in bestimmter Höhe auftritt. Beim F. wird die Summe aller im Leitungssystem fließenden Ströme in einem Stromsummenwandler ermittelt. Tritt infolge eines Fehlers ein in Richtung Erde fließender Fehlerstrom auf, wird dieser im Wandler als Differenzstrom registriert. Sobald der Fehlerstrom einem bestimmten Nennwert entspricht (Bemessungsströme bis 125 A bzw. Bemessungsdifferenzströme zw. 10 und 500 mA) wird die Schaltung ausgelöst und der fehlerbehaftete Betriebsstromkreis unterbrochen. Benötigen die F. zur Fehlerstromerfassung eine Hilfsspannung, werden sie i. Allg. als **Differenzstromschutzeinrichtung (DI-Schutzeinrichtung)** bezeichnet.
Fehlfarbe, 1) beim Kartenspiel die Farbe, die nicht Trumpf ist; auch Farbe, die im Blatt eines Spielers fehlt.
2) Zigarre mit missfarbigem Deckblatt.
Fehlgeburt (Abort, Abortus), vorzeitige Beendigung einer Schwangerschaft durch

Feiertage **FEI**

Ausstoßung einer Frucht ohne Lebenszeichen mit einem Gewicht unter 500 g. Die **unvollständige F.** (inkompletter Abort) ist eine F., bei der Teile der Frucht oder Nachgeburt nicht ausgestoßen werden; die **vollständige F.** (kompletter Abort) führt zum Abgang der Frucht und der gesamten Nachgeburt. Im Anschluss an eine F. wird zur Vermeidung von Blutungen und aufsteigenden Infektionen meist eine Ausschabung vorgenommen.
Fehlhandlung (Fehlleistung), Fehler bes. bei automatisierten Handlungen (z. B. Versprechen, Verschreiben, Vergessen); gewöhnlich durch Ermüdung, Konzentrationsmangel oder Erregtheit verursacht; von der Psychoanalyse als Wirkung verdrängter Vorstellungen oder Affekte gedeutet.
Fehling, Jürgen, Regisseur, *Lübeck 1. 3. 1885, †Hamburg 14. 6. 1968; bis 1944 meist am Berliner Staatstheater tätig, vereinigte in seinen Inszenierungen gesteigerten Ausdruck – vom Expressionismus herkommend – mit oft musikal. Stilisierung.
Fehling-Lösung [nach dem Chemiker H. von Fehling, *1812, †1885], aus Kupfersulfatlösung und einer Seignettesalz- sowie Weinsäurelösung bestehendes Reagenz zum Nachweis von Zucker (z. B. im Harn) u. a. reduzierenden Verbindungen, v. a. von Aldehyden.
Fehlordnung, Abweichungen der Realkristalle in ihrem strukturellen Aufbau sowie in ihrer chem. Zusammensetzung vom idealkristallinen Aufbau der Festkörper.
Fehlschluss (Paralogismus), **1)** *Ethik:* in G. E. Moores »Principia ethica« (1903) als **naturalist.** F. die fälschl. Identifizierung eines Wertes oder Zweckes mit dem Begriffsinhalt von »gut«.
2) *Logik:* ein ↑Schluss, bei dem logisch nicht gültige Schlussweisen angewendet werden.
Fehlsichtigkeit, ↑Brechungsfehler des Auges.
Fehlstart, *Sport:* der ↑Frühstart.
Fehlweisung, Differenz zw. Magnetkompassanzeige und der auf geographisch Nord bezogenen Richtung.
Fehlzündung, die Entzündung des Luft-Kraftstoff-Gemischs bei einem Ottomotor erst im heißen Auspuffrohr und nicht im Zylinder. Die F. macht sich durch einen Knall im Auspuff bemerkbar; dabei können Auspuffanlage und Katalysator beschädigt werden.

Fehmarn, Ostseeinsel und Stadt (seit 2003), 185 km^2, gehört zu Schlesw.-Holst., 12 600 Ew.; Verw.sitz ist der Stadtteil Burg auf Fehmarn (6 200 Ew.). Die Insel ist durch den **F.-Sund** von der Halbinsel Wagrien, durch den **F.-Belt** von der dän. Insel Lolland getrennt. Seit dem Bau der ↑Vogelfluglinie verstärkter Tourismus.
Fehn [mhd. venne »Sumpf«, »Moorland«] (Vehn, Venn, Feen, Fenn), sumpfiges, mooriges Gelände, oft in Hochmoor übergehend.
Fehnkolonien, in Moorgebieten der Niederlande und NW-Deutschlands zur Entwässerung und Urbarmachung angelegte Bauernsiedlungen.
Fehrbellin, Stadt im Landkreis Ostprignitz-Ruppin, Brandenburg, am Rhinluch, 3 100 Ew.; Herstellung von techn. Textilien. – In der Schlacht bei F. siegte der Große Kurfürst am 28. 6. 1675 über die Schweden.
Fehrenbach, Konstantin, Politiker (Zentrum), *Wellendingen (heute zu Bonndorf im Schwarzwald) 11. 1. 1852, †Freiburg im Breisgau 26. 3. 1926; 1920–21 Reichskanzler; seine Reg. scheiterte an der Reparationsfrage (↑Reparationen).
Feichtmayr, Künstlerfamilie, ↑Feuchtmayer.
Feidman, Giora, eigtl. Gerardo F., israel. Klarinettist, *Buenos Aires 25. 3. 1936; war 1957–75 Soloklarinettist des Israel Philharmonic Orchestra in Tel Aviv; lebt seit Anfang der 1970er-Jahre in den USA. F., der zu den bekanntesten Vertretern der Klezmer zählt, spielte u. a. auch die Titelmelodie zu S. Spielbergs Film »Schindlers Liste« (1993).
Feier, ↑Fest.
Feiertage, allg. arbeitsfreie Tage, festl. Tage. Man unterscheidet gesetzl. und kirchl. F. An gesetzl. F. erhalten Arbeitnehmer, auch Heimarbeiter, normalen Lohn, der ohne den F. angefallen wäre. Arbeitnehmer, die unmittelbar vor oder nach F. unentschuldigt der Arbeit fernbleiben, haben keinen Anspruch auf Bezahlung des F. (Entgeltfortzahlungs-Ges. vom 26. 5. 1994). Für am F. geleistete Arbeit wird meist ein tarifvertraglich vereinbarter Zuschlag bezahlt. An kirchl. F. (↑Festtage), die nicht gesetzl. F. sind, besteht grundsätzlich kein Arbeitsverbot, aber beschränkter gesetzl. F.-Schutz, bes. zur Teilnahme an Gottesdiensten. Die Festlegung

FEI Feige

Gesetzliche Feiertage

	Deutschland	Baden-Württemberg	Bayern	Berlin	Brandenburg	Bremen	Hamburg	Hessen	Mecklenburg-Vorpommern	Niedersachsen	Nordrhein-Westfalen	Rheinland-Pfalz	Saarland	Sachsen	Sachsen-Anhalt	Schleswig-Holstein	Thüringen	Österreich	Schweiz[1]
Neujahr (1. 1.)	x	x	x	x	x	x	x	x	x	x	x	x	x	x	x	x	x	x	x
Berchtoldstag (2. 1.)																			x[2]
Heilige Drei Könige (6. 1.)		x	x												x			x	x[2]
Karfreitag	x	x	x	x	x	x	x	x	x	x	x	x	x	x	x	x	x	–	x[2]
Ostermontag	x	x	x	x	x	x	x	x	x	x	x	x	x	x	x	x	x	x	x[3]
1. Mai	x	x	x	x	x	x	x	x	x	x	x	x	x	x	x	x	x	x	x[2]
Christi Himmelfahrt	x	x	x	x	x	x	x	x	x	x	x	x	x	x	x	x	x	x	x[4]
Pfingstmontag	x	x	x	x	x	x	x	x	x	x	x	x	x	x	x	x	x	x	x[2]
Fronleichnam	x	x						x			x	x	x	+			+	x	x[2]
Bundesfeier (1. 8.)																			x
Mariä Himmelfahrt (15. 8.)		+											x					x	x[2]
Tag der Deutschen Einheit (3. 10.)	x	x	x	x	x	x	x	x	x	x	x	x	x	x	x	x	x		
Nationalfeiertag (26. 10.)																		x	
Reformationstag (31. 10.)					x				x					x	x		x[5]		
Allerheiligen (1. 11.)		x	x								x	x	x				+	x	x[2]
Buß- und Bettag														x					x[6]
Mariä Empfängnis (8. 12.)																		x	x[2]
1. Weihnachtstag (25. 12.)	x	x	x	x	x	x	x	x	x	x	x	x	x	x	x	x	x	x[7]	x
2. Weihnachtstag (26. 12.)	x	x	x	x	x	x	x	x	x	x	x	x	x	x	x	x	x	x[8]	x[2]

× in allen Gemeinden beziehungsweise Kantonen; + nur in Gemeinden mit überwiegend katholischer Bevölkerung; – nur für Angehörige der evangelischen Kirche. – 1) Verschiedene Kantone haben zusätzliche Feiertage. – 2) Nicht in allen Kantonen. – 3) Nicht in Wallis. – 4) In der Schweiz »Auffahrt« genannt. – 5) In Gemeinden mit evangelischer Bevölkerungsmehrheit. – 6) In der Schweiz als Eidgenössischer Buß- und Bettag am 3. Sonntag im September. – 7) In Österreich: Christtag. – 8) In Österreich: Stephanitag.

von F. geschieht i. Allg. aufgrund der F.-Gesetze der Länder, nur ausnahmsweise durch den Bund (Tag der Dt. Einheit, 3. 10.). – In *Österreich* ist neben den traditionellen, auch in Dtl. anerkannten F. der 26. 10. als National-F. festgelegt. In der *Schweiz* sind F. überwiegend kantonal geregelt, National-F. ist der 1. 8. (Bundesfeier).

Feige [lat.], *Botanik:* 1) (Ficus) Gattung der Maulbeergewächse mit etwa 1 000, hauptsächlich trop. Arten; bekannte Arten

feindliche Übernahme FEI

sind Feigenbaum, Gummibaum und Maulbeerfeigenbaum. Die **Birken-F.** (Ficus benjamina) ist eine beliebte Zimmerpflanze. 2) Frucht des ↑Feigenbaums.

Feige: Seitenast mit Früchten (oben) und Längsschnitt durch eine Frucht (Länge 3–10 cm)

Feigenbaum (Ficus carica), Art der Gattung Feige, wild wachsend vom Mittelmeergebiet bis NW-Indien, kultiviert und eingebürgert in vielen trop. und subtrop. Ländern. – Der wild wachsende F. bildet drei Feigengenerationen mit unterschiedl. Früchten pro Jahr, davon essbare im Sept. **(Fichi)** und ungenießbare im April/Mai **(Mamme)** und im Juli **(Profichi)**. Die aus dem wilden F. entwickelte Kulturform tritt in zwei Varietäten auf, wovon die **Bocksfeige** (Holzfeige) nur männl. Blüten hat und keine essbaren Früchte hervorbringt. Die **Kulturfeige** (Essfeige) hat nur weibl. Blüten und bildet drei Generationen: **Fiori di fico** (Juni/Juli), **Pedagnuoli** (Aug. bis Okt., Haupternte) und **Cimaruoli** (Dez. bis März). – Die Feige genannte Frucht des F. ist ein grüner oder violetter Steinfruchtstand. Essbar (mit fleischigem, zuckerhaltigem Fruchtfleisch) sind nur Feigen, deren weibl. Blüten von der Feigenwespe bestäubt wurden. Feigen werden frisch oder getrocknet gegessen. – Seit dem 1. Jh. n. Chr. im westl. Mittelmeerraum kultiviert; Symbol der Fruchtbarkeit und des Wohlbefindens. In Griechenland war der F. dem Dionysos heilig.

Feigenbaum, Mitchell Jay, amerikan. Mathematiker und Physiker, *Philadelphia (Pa.) 19. 12. 1945; u. a. an der Cornell University (N. Y.) und am Los Alamos National Laboratory (N. Mex.); entwickelte in den 1970er-Jahren die math. Konzepte des determinist. Chaos (↑Chaostheorie).
Feigenblatt, bildl. Ausdruck für schamhafte Verhüllung nach 1 Mos. 3, 7.
Feigenkaktus, eine ↑Opuntie.
Feigenwespe (Blastophaga psenes), rd. 2,5 mm lange Erzwespe, wichtig für die Befruchtung der Feigenblüten.
Feigl, Herbert, Philosoph, *Reichenberg (heute Liberec, Tschech. Republik) 14. 12. 1902, †Minneapolis (Minn.) 1. 6. 1988; seit 1940 Prof. an der Univ. von Minnesota; Vertreter des neopositivist. Wiener Kreises; wollte das ↑psychophysische Problem mit einer sprachlich demonstrierbaren Identitätslehre lösen.
Feigwarze, warzenartige Hautwucherung (↑Kondylom).
Feile, Werkzeug aus gehärtetem Stahl zur spanabhebenden Bearbeitung von Metall, Holz, Kunststoffen u. a. Die Oberfläche ist mit vielen Schneiden (Hieben) besetzt. Einhieb-F. haben eine Schar paralleler Schneiden, F. mit Doppel- oder Kreuzhieb zwei sich kreuzende Scharen paralleler Schneiden, F. mit Pocken- oder Raspelhieb spitze Erhöhungen. Dem Querschnitt nach werden unterschieden Flach-, Vierkant-, Dreikant-, Halbrund-, Rund-, Schwert-, Messer-, Nadel-F. u. a., die durch die F. erreichbaren Oberflächengüte nach Schrupp-, Feinschlicht-, Schlichtfeile.
Feilnbach, Bad, ↑Bad Feilnbach.
Feindbild, sozialwiss. Begriff für in der Gesellschaft individuell und kollektiv vorhandene negative (oft gezielt abwertende) Vorstellungen über bestimmte Personen, soziale Gruppen, weltanschaul. Gemeinschaften, Völker und Nationen.
Feindesliebe, *Religion:* ↑Liebe.
feindliche Übernahme (engl. hostile take over), die Übernahme eines Unternehmens durch Dritte (»Raider«) gegen den Willen der Entscheidungsträger des Zielunternehmens. Der Käufer erwirbt die dazu erforderl. Mehrheitsbeteiligung entweder durch sukzessives Aufkaufen der betreffenden Aktien an der Börse oder durch eine öffentl. Übernahmeofferte (Angebot, Aktien zu einem i. d. R. deutlich über der

FEI Feindschaft

Lyonel Feininger: »Blaue Dorfkirche«, Tusche, Aquarell (1955; Ludwigshafen, Wilhelm-Hack-Museum)

aktuellen Börsennotierung liegenden Preis anzukaufen). Als dritte Übernahmetaktik (auch für nicht börsennotierte Gesellschaften) besteht die Möglichkeit der Kooperation mit den bisherigen Anteilseignern. Finanziert wird der Kaufpreis oftmals überwiegend mit Fremdkapital (↑ Leveraged Buy-out). Motive für eine f. Ü. können wirtsch. (das Zielunternehmen soll selbst weitergeführt werden, um Diversifikations-, Kostensenkungs- oder marktanteilsbedingte Ertragseffekte zu nutzen) oder spekulativer (Weiterverkauf einzelner Unternehmensteile bzw. Zerschlagung des Unternehmens, um kurzfristige Gewinne abzuschöpfen) Natur sein. Zur Abwehr einer f. Ü. können neben der Pflege von Kapitalgeberbeziehungen (Investor-Relations) die Übertragbarkeit der Anteile beschränkt (↑ Vinkulierung, Belegschaftsaktien mit Veräußerungssperre) oder das Stimmrecht (stimmrechtslose Aktien, Höchststimmrechte) ausgeschlossen werden. Die Zielgesellschaft kann auch ein befreundetes Unternehmen (engl. white knight) bitten, den Raider durch ein besseres Angebot zu verdrängen.

Feindschaft, Verhältnis zw. Personen und sozialen Kollektiven (z. B. Staaten), das durch entschiedene gegenseitige Ablehnung gekennzeichnet ist, die im Extremfall bis zum Vernichtungswillen reicht. (↑ Feindbild)

Feinen, das Reinigen (Desoxidieren und Entschwefeln) von Stahl im Elektroofen mittels reduzierender Schlacke.

Feingehalt (Feinheit, Feine), der Gehalt an Edelmetall in einer Legierung, bei Gold und Silber heute meist als Anteil des reinen Edelmetalls an 1 000 Teilen der Legierung; früher Angabe bei Gold in Karat, bei Silber in Lot; z. B. »900er-Gold« mit 900 Teilen Gold, 100 Teilen Zusatzmetallen (entspricht 21,6 Karat) oder »925er-Silber« (entspricht 14,8 Lot).

Feingewicht, in Gramm ausgedrückte Masse eines in einer Edelmetalllegierung enthaltenen Edelmetalls.

Feininger, 1) Andreas, amerikan. Fotojournalist dt. Herkunft, *Paris 27. 12. 1906, †New York 18. 2. 1999, Sohn von 2); studierte Architektur am Bauhaus, später Mitarbeiter von Le Corbusier; ab 1939 in den USA, 1943 freier Publizist für die Ztschr. »Life«; veröffentlichte Bildbände und Fachbücher.

2) Lyonel, amerikan. Maler und Grafiker dt. Abstammung, *New York 17. 7. 1871, †ebd. 13. 1. 1956, Vater von 1); lehrte 1919–33 am Bauhaus, kehrte 1936 in die USA zurück, nachdem die Nationalsozialisten seine Bilder als »entartet« deklariert hatten. F. begann als Karikaturzeichner, malte, angeregt vom Kubismus, Straßen, Architekturen und Meeresbilder, komponiert aus prismatisch gebrochenen, sich in zarten Tönen überblendenden Formen.

📖 Hess, H.: L. F. Stuttgart 1959, Nachdr. Stuttgart 1991. – Deuchler, F.: L. F. Sein Weg zum Bauhaus-Meister. Leipzig 1996.

Feinmechanik, Teilgebiet der ↑ Feinwerktechnik, das sich mit der Herstellung mechanisch arbeitender Geräte hoher Präzision befasst.

Feinmess|okular, an Mikroskopokularen eine Einrichtung, mit der die Intervalle von Messskalen weiter unterteilt werden können. Ein F. auf mechan. Grundlage ist die **Okularmessschraube** (früher Okularschraubmikrometer), bei dem eine Strichplattenskala mithilfe einer eingebauten Messschraube verschoben werden kann. Beim **Koordinatenmessokular** sind zwei Strichplattenskalen senkrecht gegeneinander verschiebbar. Bei F. auf opt. Grundlage werden ein oder mehrere Maßstabstriche durch opt. Mittel gegen die Okularstrichplatte verschoben.

Feinmesstechnik, allg. die Technik jeder Art von Präzisionsmessungen; umfasst bes. die Grundlagen, Arbeitsmethoden und Instrumente bei genauen Messungen der Abmaße und der Oberflächengüte von Lehren und Bauteilen in Maschinenbau, Feinmechanik u. a. Die verwendeten Feinmessgeräte beruhen häufig auf opt. (Interferometer, Interferenzkomparator, Messmikroskop), mechan. (Schieblehre, Messschraube, Messuhr), elektr. (Sensor) oder pneumat. (Blasen eines Luftstroms mit konstantem Druck gegen die Messfläche) Verfahren.

Feinnadelbiopsie, Form der ↑Biopsie; durch Punktion mit einer bes. feinen Kanüle werden Gewebeproben (unter Ultraschallkontrolle) entnommen, die zytologisch untersucht werden; dient bei Erkrankungen von Prostata oder Leber u. a. zur diagnost. Klärung.

Feinsteuerungsoperationen, ↑Offenmarktpolitik.

Feinstruktur, *Physik:* 1) der Aufbau der Materie im Bereich submikroskop. Dimensionen (F. der Materie); 2) in der Spektroskopie die bei genügend hoher Auflösung sichtbar werdende Struktur der Spektrallinien (Aufspaltung in mehrere eng benachbarte Komponenten, sog. ↑Multipletts), die von der Wechselwirkung zw. Spin und Bahndrehimpuls der Elektronen herrührt. Die Größe der F.-Aufspaltung ist eng mit der ↑sommerfeldschen Feinstrukturkonstanten verknüpft. Eine noch feinere Aufspaltung ist die ↑Hyperfeinstruktur.

Feinstrukturanalyse, die ↑Röntgenstrukturanalyse.

Feintaster (Feinzeiger), Messgeräte, die kleine Maßunterschiede oder Längenänderungen (bis zu 0,1 μm) stark vergrößert anzeigen.

Feinwerktechnik, Zweig der Technik, der sich mit der Konstruktion und Fertigung techn. Geräte, v. a. der Feinmechanik, Optik (z. B. Mikroskopie, Augenoptik), Elektronik, Optoelektronik (Optronik), Sensorik, Signalübertragung sowie Steuerungs-, Regelungs- und Mikrosystemtechnik befasst. Es bestehen enge Verbindungen zu Elektrotechnik und Informatik, da die entwickelten Geräte i. Allg. signalorientiert sind und der Erzeugung, Verarbeitung und Übertragung elektr., opt., akust. u. a. Signale dienen. Beispiele sind Feinmess-, Registrier- und Zählgeräte, Geschwindigkeits-, Kraft- und Drehmomentmessgeräte sowie Waagen, Uhren, Musikinstrumente, Präzisionswerkzeuge.

Feira de Santana ['fejra di-], Stadt im Bundesstaat Bahia, Brasilien, 450 500 Ew.; Textilind.; Zentrum eines Agrargebiets (Rinder, Tabak).

Feisal (Faisal), Herrscher:
Irak: **1) F. I.,** * Mekka 20. 5. 1885, † Bern 8. 9. 1933; aus dem Hause der Haschimiten, beteiligte sich im Ersten Weltkrieg maßgeblich an Vorbereitung und Durchführung des Aufstandes der Araber gegen das Osman. Reich. 1920 in Syrien zum König gewählt, musste er jedoch bald frz. Interessen weichen und ging nach der Besetzung von Damaskus durch frz. Truppen außer Landes. Mit brit. Hilfe wurde er 1921 König von Irak. In Verhandlungen mit der brit. Regierung erreichte er bis 1932 die Anerkennung der irak. Unabhängigkeit.
Saudi-Arabien: **2) F. Ibn Abd al-Asis Ibn Saud,** * Riad Nov. 1906, † (ermordet) ebd. 25. 3. 1975; Sohn Ibn Sauds, 1953–64 Kronprinz, 1958–60 und seit 1962 Min.-Präs., bestieg 1964 den Thron, bekämpfte ägypt. Führungsansprüche in der arab. Welt und reihte sein Land seit etwa 1967 in die Front gegen Israel ein.

Feisterling, ein Pilz, ↑Krause Glucke.

Feisthirsch, Hirsch kurz vor der Brunft; Feistzeit: August bis September.

Feiung, natürl. aktive Immunisierung durch Krankheitserreger im Verlauf einer Erkrankung, bei der **stillen F.** ohne äußere Krankheitszeichen.

Felber, René, schweizer. Politiker, * Biel 14. 3. 1933; Lehrer, Mitgl. der SPS, Bundesrat 1988–93 (Leiter des Eidgenöss. Departements des Äußeren); Bundespräs. 1992.

Felber Tauern, Pass in den Hohen Tauern.
Felchen, ↑Renken.
Feld, 1) *Heraldik:* der Hintergrund, in dem ein Wappenbild steht.
2) *Militärwesen:* Kriegsschauplatz, Front, Schlachtfeld.
3) *Naturwissenschaften:* allg. die eindeutige, i. Allg. stetige Zuordnung von Ereignissen zu den Punkten eines abstrakten Raumes, z. B. in der *Mathematik* die Zuordnung math. Größen, wie Skalare (Skalar-F.), in der *Stochastik* von Ereignissen (Ereignis-F.), in der *Informatik* von Daten (↑Array, ↑Datenfeld).

Feld 4): Verlauf der magnetischen Feldlinien um einen Hufeisenmagneten

4) *Physik:* die Gesamtheit der allen Punkten des mit einem besonderen physikal. Zustand verbundenen Raumes zugeordneten Werte von physikal. Größen, den **F.-Größen,** die orts- und i. Allg. auch zeitabhängig sind. Der Begriff des F. ist grundlegend für die gesamte Physik. Hängen die F.-Größen nicht von der Zeit ab, so liegt ein **statisches F.** vor; **stationäre F.** haben zeitunabhängige F.-Größen und beschreiben stationäre Bewegungszustände. Ein F. heißt **homogen,** wenn jedem Raumpunkt die gleiche F.-Größe zugeordnet ist, andernfalls **inhomogen.** – Die physikalisch mögl. räumlich-zeitl. Änderungen der F.-Größen werden durch **F.-Gleichungen,** meist partielle Differenzialgleichungen, eingeschränkt. Lokale F.-Gleichungen verknüpfen F.-Größen in unmittelbar benachbarten Raum- und Zeitpunkten und drücken damit die (im Ggs. zur ↑Fernwirkung) angenommene Vorstellung der kausalen Nahwirkung aus.
Nach der math. Struktur der F.-Größen unterscheidet man **Skalar-F.** (z. B. Potenzial-F., Temperatur-F.), **Tensor-F.** (mechan. Spannungs-F. bei deformierten elast. Körpern) und **Spinor-F.** (zur Beschreibung von Fermionen); eine bes. große Rolle spielen **Vektorfelder.** Sie lassen sich durch **F.-Linien** veranschaulichen, deren Tangenten in jedem Raumpunkt mit der Richtung der F.-Größen übereinstimmen (am bekanntesten sind die mit Eisenfeilspänen sichtbar gemachten magnet. F.-Linien). Ein Maß für den Betrag der F.-Größe (**F.-Stärke**) ist die F.-Liniendichte. Beispielsweise nimmt beim elektr. F. einer geladenen Kugel die F.-Liniendichte und damit der Betrag E der elektr. F.-Stärke nach außen hin ab; E ist die F.-Stärke (der F.-Vektor) des elektr. Feldes. Beispiele für Vektor-F. sind alle **Kraft-F.,** d. h. jedes auf Probekörper Kräfte ausübende F. (z. B. Gravitations-F.), jedes durch die Geschwindigkeitsvektoren einer strömenden Flüssigkeit dargestellte Strömungs-F. sowie die elektr., magnet. bzw. elektromagnet. F. (↑Elektrizität, ↑Magnetismus). – Je nach der Struktur eines Vektor-F. unterscheidet man zw. **Quellen-F.,** bei denen die F.-Linien von Quellen des F. ausgehen und in Senken enden, und **Wirbel-F.,** die nur in sich geschlossene F.-Linien haben. Während Geschwindigkeits-, Temperatur-F. u. a. seit dem Erkennen der atomist. Struktur der Materie als nur für eine grobe makroskop. Beschreibung der Materie brauchbare, auf mikroskop. Strukturen zurückführbare Hilfsbegriffe angesehen werden, sind heute die versch. zur Beschreibung von Elementarteilchen dienenden Materie-F. (↑Materie) und die den Wechselwirkungen vermittelnden ↑Eichfelder sowie die Gravitations-F. (↑Gravitation) als fundamentale physikal. Realitäten zu betrachten.
5) *Sprachwissenschaft:* ↑Feldforschung, ↑Wortfeld.
Feldbahn, leicht verlegbare Schmalspurbahn, v. a. in Steinbrüchen und Sägewerken; Spurweite 500–900 mm.
Feldberg, 1) F. (Schwarzwald), Gem. und Luftkurort im Landkreis Breisgau-Hochschwarzwald, Bad.-Württ., 900 bis 1493 m ü. M., im Gebiet des Feldbergs, 1700 Ew.; Glasbläserei; Fremdenverkehr.
2) Stadt im Landkreis Mecklenburg-Strelitz, Meckl.-Vorp., auf der Mecklenburg. Seenplatte, am 1,35 km² großen Haussee, 2700 Ew.; Erholungsort im Naturpark »Feldberger Seenlandschaft«; Hans-Fallada-Haus.
3) höchster Berg des Schwarzwaldes, 1493 m ü. M.; Aussichts- und Fernseh-

turm, Wetterstation; in der Ostflanke des F. der als Karsee eingetiefte **Feldsee** (1113 m ü. M.).

4) Name zweier Gipfel im Taunus: **Großer F.**, mit 879 m ü. M. höchste Erhebung, und der südwestlich vorgelagerte **Kleine F.** (826 m ü. M.); auf dem Großen F. Aussichtsturm, Wetter- und Erdbebenwarte, Fernmelde- und Fernsehsendeturm; auf dem Kleinen F. das Taunus-Observatorium.

Feldeffekt, *Physik:* 1) die ↑Feldelektronenemission; 2) die Änderung der elektr. Leitfähigkeit eines Halbleiters infolge eines äußeren elektr. Feldes, durch das in einem Halbleiterkanal Ladungen influenziert werden.

Feldeffekttransistor, Abk. **FET,** Halbleiterbauelement, bei dem (im Ggs. zum ↑Bipolartransistor) am Stromfluss nur Ladungsträger einer Art (Elektronen beim n-Kanal-F. oder Defektelektronen beim p-Kanal-F.) beteiligt sind, deshalb auch als **Unipolartransistor** bezeichnet. Der F. hat zwei nicht sperrende Schichten und eine davon isolierte Steuerelektrode, die den wirksamen Querschnitt des Stromwegs **(Kanal)** beeinflusst. Die dem Emitter- und dem Kollektoranschluss beim Bipolartransistor entsprechenden Anschlüsse werden als **Source (Quelle)** und **Drain (Senke),** die Steuerelektrode als **Gate (Tor)** bezeichnet. Die Funktion des F. beruht auf der Steuerung des Widerstands des leitfähigen Kanals zw. den zwei Elektroden (Source und Drain) durch die isolierte Steuerelektrode. Je nach Art der Isolierung zw. Steuerelektrode und Halbleiterkanal (die für die Änderung des Kanalwiderstands zw. Source und Drain verantwortlich ist) unterscheidet man **Sperrschicht-F.** (Abk. **SFET)** und **Isolierschicht-F.** (Abk. **IGFET,** engl. insulated gate field effect transistor). Die Vorteile gegenüber den Bipolartransistoren liegen in dem bes. hohen Eingangswiderstand und der damit verbundenen leistungslosen Steuerung.

Sperrschicht-F.: Bei den Sperrschicht-F. erfolgt eine Änderung des Kanalquerschnitts mithilfe von Sperrschichten (Isolation durch gesperrten pn-Übergang, die Breite der Raumladungszone wird verändert). Dazu nutzt man die klass. Sperrschicht-F. mit pn-Übergang **(JFET,** engl. junction field effect transistor), Schottky-Übergänge wie beim **MESFET** (engl. metal silicon field effect transistor) oder Hetero-Übergänge (↑HEMT).

Isolierschicht-F.: Bei den Isolierschicht-F. erfolgt die Veränderung der Ladungsträgerdichte im Kanal durch Influenz (dielektr. Isolation). Zu diesen F. gehören die in MOS-Technik hergestellten **MOSFET** (engl. metal oxide semiconductor field effect transistor), die in MIS-Technik hergestellten **MISFET** (engl. metal insulator silicon field effect transistor) und in einer besonderen Ausführungsform dünner Schichten die **Dünnschichttransistoren (TFT,** engl. thin film transistor). Besondere Arten mit Speicherfunktionen **(Speicher-F.)** sind ↑MNOSFET und ↑MASFET. Für den speziellen Einsatz als Leistungsverstärker eignet sich aufgrund seines vertikal zum Substrat liegenden Kanals der **VFET** (engl. vertical field effect transistor).

Feldelektronenemission (Feldemission, Feldeffekt), Austritt von Elektronen aus kalten Metallen bei Einwirkung eines äußeren Feldes von sehr hoher Feldstärke (etwa 10^7 V/cm).

Feldelektronenmikroskop (Feldemissionsmikroskop), von E. W. Müller entwickeltes linsenloses Elektronenmikroskop, bei dem in einem Vakuumgefäß eine sehr feine Kathodenspitze aus Wolframdraht (Spitzenmikroskop) einem Leuchtschirm gegenübersteht. Legt man eine hohe Spannung (1–10 kV) zw. Kathodenspitze und Anodenbelag an, so treten aus der Spitze infolge der sehr hohen Feldstärke (Feldelektronenemission) Elektronen durch ↑Tunneleffekt aus. Die Elektronen verlassen die Oberfläche praktisch senkrecht und erzeugen auf dem Leuchtschirm ein Bild von der Emissionsverteilung der Spitzenkuppe in einer Vergrößerung, die gleich dem Verhältnis von Schirmabstand zum Krümmungsradius der Spitze ist. Das Auflösungsvermögen reicht mit etwa $2 \cdot 10^{-9}$ m bis in den molekularen Bereich.

Feldemission, die ↑Feldelektronenemission.

Feldenkrais-Methode, von dem Physiker und Physiologen Moshe Feldenkrais (*1904, †1984) entwickelte Körpertherapie zur Verbesserung der Körperwahrnehmung und indirekt der gesamten Selbstwahrnehmung durch langsame Ausführung bestimmter Bewegungen.

FEL Feldforschung

Feldforschung, 1) *Ethnologie* und *empir. Sozialforschung:* Arbeitsmethode, mit der soziokulturelle Lebensverhältnisse versch. sozialer Gruppen innerhalb der alltägl. Umwelt untersucht werden. **2)** *Sprachwissenschaft:* die wiss. Analyse von bisher unzureichend oder gar nicht untersuchten (meist nur gesprochenen) Sprachen. Sie umfasst bes. die Befragung von Sprechern, Sammlung charakterist. Materials, Aufzeichnungen in Lautschrift und Bestandsanalyse (unter Einbeziehung beobachteter allg. und kultureller Gegebenheiten); Methoden der F. werden in der Ethnolinguistik und Mundartforschung angewandt.

Feldfrüchte, die auf dem Feld (Acker) angebauten Kulturpflanzen im Ggs. zu Garten- und Waldfrüchten.

Feldgemeinschaft, versch. Formen kollektiven, nicht staatl. Rechts am Boden, im Unterschied zum freien Landbesitz; z. B. ↑Allmende.

Feldgendarmerie [-ӡãd-], früher die Militärpolizei; bei der Bundeswehr ↑Feldjäger.

Feldgleichungen, *Physik:* ↑Feld.

Feld-Gras-Wirtschaft (Wechselgrünland), eine Form der landwirtsch. Bodennutzung, bei der dieselbe Bodenfläche turnusmäßig wechselnd als Ackerland und als Grünland genutzt wird.

Feldgröße, *Physik:* ↑Feld.

Feldhäcksler, Erntemaschine, die Grünfutter mäht, aufnimmt, zerkleinert und durch Gebläse auf einen Sammelwagen fördert.

Feldheer, in den Armeen der schon im Frieden präsente und zum sofortigen Kampfeinsatz vorgesehene Teil des Heeres im Unterschied zu den mobilmachungsabhängigen territorialen Kräften.

Feldherrnhalle, Bauwerk am Odeonsplatz in München, 1841–44 von F. von Gärtner erbaut. Am 9. 11. 1923 war die F. Ziel eines militanten nat.-soz. Demonstrationszuges (Hitlerputsch).

Feldheuschrecken, ↑Heuschrecken.

Feldhühner (Perdicinae), Unterfamilie der Fasanenartigen mit etwa 100 Arten, z. B. Reb-, Rot-, Steinhuhn, Wachtel, Frankoline.

Feldhüter, ↑Feldpolizei.

Feldionenmikroskop, dem Feldelektronenmikroskop ähnl. Gerät zur vergrößerten Abbildung und Strukturuntersuchung bes. von Metallen mithilfe von Ionenstrahlen. Durch das sehr starke elektr. Feld (elektr. Feldstärke von einigen 10^9 V/cm) vor einer sehr feinen Metallspitze (Krümmungsradius $< 0,1$ µm), die mit dem positiven Pol einer Hochspannungsquelle verbunden und auf die Temperatur von flüssigem Helium oder Wasserstoff abgekühlt ist, werden die Atome eines auf niedrigem Druck ($< 10^{-2}$ Pa) befindl. Edelgases ionisiert (Feldionisation). Dies führt zu einem Ionenstrom zw. Probe und einem als Kathode geschalteten Bildschirm, wo eine stark vergrößerte Abbildung der Emissionsverteilung an der Spitze entsteht. Das F. liefert millionenfache Vergrößerungen (bis in atomare Dimensionen, die die einzelnen Atome der Probe erkennen lassen).

Feldjäger, Truppengattung der Bundeswehr zur Aufrechterhaltung der militär. Ordnung und Disziplin, zur Verkehrsregelung und -überwachung sowie Sicherung militär. Anlagen. F. nehmen auch die Aufgaben der Strafvollzugs- und Justizpolizei wahr. Besondere Kennzeichen: weiße Mütze, weißes Koppel.

Feldkirch, Bez.-Hptst. in Vorarlberg, Österreich, an der Ill, 28 100 Ew.; Behörden- und Schulstadt; kath. Bischofssitz; Textil-, Holzind.; Fremdenverkehr; Heimatmuseum in der Schattenburg (1. Viertel des 13. Jh.); Ausgangspunkt von Bahn und Straße über den Arlberg. – Altstadt mit spätgot. Dompfarrkirche St. Nikolaus, Bürgerhäuser mit Laubengängen, Reste der Stadtbefestigung. – F., als Stadt um 1190 durch die Grafen von Montfort gegr., wurde von diesen 1375 an die Habsburger verkauft.

Feldkirchen in Kärnten, Bez.-Hptst. am N-Rand des Klagenfurter Beckens, Österreich, 14 000 Ew.; Textil-, Lederind., Sägewerke; Sommerfrische. – Romanisch-gotische Pfarrkirche mit Wandmalereien (13./14. Jahrhundert).

Feldkonstanten, für physikal. Felder charakterist. Naturkonstanten, die elektr. F. ε_0 (↑Dielektrizitätskonstante) die magnet. F. μ_0 (↑Permeabilität).

Feldküche, mobiles Militär Fahrzeug mit Kochkesseln zur Zubereitung warmer Verpflegung für etwa 150 Mann; früher meist Einachsanhänger (volkstümlich Gulaschkanone).

Feldlerche, ↑Lerchen.

Feldlinien, *Physik:* ↑Feld.

Feldman [ˈfeldmən], Morton, amerikan. Komponist, *New York 12. 1. 1926, †Buffalo (N. Y.) 3. 9. 1987; komponierte mit überwiegend leisen Klängen zahlr. Orchesterwerke (u. a. »Coptic light«, 1986), Oper »Neither« (1977).

Feldmark, Ländereien eines landwirtsch. Betriebes oder der Gemarkung eines Dorfes.

Feldmarschall, im 16. Jh. Befehlshaber der Reiterei, seit dem 18. Jh. höchste Rangstufe der Generale (**General-F.**). Dieser Rang wurde allg. nur im Krieg verliehen.

Feldmaße (Ackermaße), Flächeneinheiten zur Bemessung landwirtsch. genutzter Flächen. Gesetzl. Einheit ist das Quadratmeter; zulässig sind auch die Bez. Ar (für 100 m²) und Hektar (1 ha = 100 Ar). Alte dt. F. sind u. a. Acker, Joch, Morgen und Scheffel.

Feldmaus, ein Nagetier, ↑Wühlmäuse.

Feldplatte, ein magnetoelektr. Halbleiterbauelement, dessen elektr. Widerstand durch ein von außen einwirkendes Magnetfeld gesteuert wird.

Feldpolizei (Feld- und Forsthüter), die von Gemeinden und Grundeigentümern für Aufgaben des Feld- und Forstschutzes bestellten Privatbediensteten, die infolge Bestätigung durch die dafür zuständige Polizeiaufsichtsbehörde hilfsweise mit polizeil. Funktionen betraut sind; die Regelung obliegt den Bundesländern.

Feldpost, *Militärwesen:* tariffreie Postversorgung der Truppen im Krieg. Die erste dt. F. wurde um 1500 unter Kaiser Maximilian I. eingerichtet. Im Ersten Weltkrieg unterstand die F. dem Reichspostamt, im Zweiten Weltkrieg der Wehrmacht.

Feldposten, zur Sicherung der Truppe auf wichtigen Geländepunkten meist in Feindrichtung platzierte militär. Abteilung in der Größenordnung bis zu einem verstärkten Zug; hat die Aufgabe, feindl. Gefechtsaufklärung zu erschweren, die Truppe zu alarmieren und ihr Zeit zum Herstellen der Gefechtsbereitschaft zu geben.

Feldquanten, *Quantenfeldtheorie:* die kleinsten einem Feld zugeordneten Einheiten (Energiequanten) von korpuskularem Charakter; i. e. S. die versch. Bosonen, die Wechselwirkungen zw. Materieteilchen vermitteln (↑Eichbosonen).

Feldsalat (Ackersalat, Valerianella), Gattung der Baldriangewächse, mit etwa 60 Arten auf der Nordhalbkugel; einjährige Kräuter mit grundständiger Blattrosette. Der **Gemeine F.** (**Rapunzel,** Valerianella locusta) ist ein Wildkraut auf Äckern und Wiesen, das in seiner Kulturform als Blattsalat gegessen wird.

Feldschlange, Geschütz des 15. bis 17. Jh. mit kleinem Kaliber und relativ langem Rohr.

Feldspäte (Feldspate), Gruppe der wichtigsten gesteinsbildenden Minerale (50 bis 60 % aller Silikatminerale; fast 60 Vol.-% der Erdkruste). Die F. sind Hauptbestandteil fast aller magmat. und vieler metamorpher Gesteine. Sie bilden zwei Reihen von Mischkristallen, die **Kalknatron-F.** oder **Plagioklase** (triklin und »schief spaltend«) und die **Alkali-F.** oder **Orthoklase** (monoklin und »gerade spaltend«). Die triklin kristallisierenden Kalknatron-F. haben die Zusammensetzungen Albit (Natron-F.), $Na[AlSi_3O_8]$, und Anorthit (Kalk-F.), $Ca[Al_2Si_2O_8]$; als Zwischenglieder unterscheidet man mit steigendem Anorthitgehalt Oligoklas, Andesin, Labradorit und Bytownit. Eine Grenzzusammensetzung der monoklin oder triklin kristallisierenden Alkali-F. ist der Kali-F., chemisch $K[AlSi_3O_8]$. Er tritt in den For-

Feldspäte: Orthoklas

men Orthoklas (monoklin), Sanidin (monoklin) und Mikroklin (triklin) auf. Zwischenglieder, $(Na, K)[AlSi_3O_8]$, sind Perthit (Orthoklas mit Albitschnüren), Antiperthit (Orthoklaskriställchen in Albit), Natronsanidin (monoklin) und Anorthoklas (triklin). Die F. sind meist weiße bis grauweiße oder auch unscheinbar gefärbte Minerale. Einige Varietäten der F. mit besonderen opt. Effekten eignen sich als Schmuckstein, z. B. der ↑Aventurinfeldspat (Sonnenstein; Varietät des Oligoklas mit metall. Schimmer), der Labradorit (mit blaugrünem Farbenspiel), der Mondstein (↑Adular; Varietät des Orthoklas mit bläul. Schimmer), der Amazonit (blaugrün gefärbte Varietät des Mikroklins).

Feldspatvertreter (Foide), Gruppe wichtiger gesteinsbildender Minerale in SiO_2-ärmeren Magmatiten anstelle von Feldspat, meist farblos oder weiß; z.B. Leucit, Nephelin, Sodalith, Analcim.

Feldstärke, Bez. für die Feldgröße bei einem Vektorfeld, z.B. die elektr. F. *E* und die magnet. F. *H*.

Feldstecher [zu Feld (»Schlachtfeld«) und Stecher (wohl »Stichwaffe«)], von dem Wiener Optiker G.S. Plößl (*1794, †1868) geprägte Bez. (1829) für ein (damals noch monokulares) Prismenfernrohr; heute synonym zu ↑Fernglas gebraucht.

Feldstern, einzelner Stern eines Sternsystems, der nicht einem Sternhaufen oder einer Sternassoziation angehört (Ggs.: Haufenstern).

Feldtheorie, 1) *Physik:* mathematisch-physikal. Formalismus, der es gestattet, jede durch ein ↑Feld bzw. seine Feldgrößen beschreibbare Erscheinung nach einheitl. Gesichtspunkten zu charakterisieren. Jede speziell-relativist. F. ist eine Nahwirkungstheorie, da sich alle Wirkungen nur mit endl. Geschwindigkeit (Lichtgeschwindigkeit) ausbreiten. Aus der Invarianz gegenüber Koordinatentransformationen folgen in der **allgemeinen F.** die ↑Erhaltungssätze für Energie, Impuls u.a. der betrachteten Felder. In der **klass. F.** wird der Formalismus der allgemeinen F. auf Felder angewendet, die nicht der Feldquantisierung unterworfen sind. Durch die Quantisierung der klass. F. (↑Quantenfeldtheorie) lassen sich die von den Feldquanten vermittelten Wechselwirkungen und der Dualismus von Welle und Teilchen erfassen. Wichtige F. sind die ↑maxwellsche Theorie des elektromagnet. Feldes und die diracsche Theorie des Elektron-Positron-Feldes (↑diracsche Wellengleichung). Das Aufstellen einer **einheitl. F.** (↑Große Vereinheitlichte Theorie), die allen vier bekannten Wechselwirkungen nur ein einziges Feld zuschreibt, ist ein grundlegendes Ziel der Elementarteilchenphysik.

2) *Psychologie:* die urspr. auf die Gestaltpsychologie zurückgehende umstrittene Auffassung, nach der dem Wahrnehmungsfeld ein physikal. Kraftfeld entsprechen soll, durch das eine analoge Erregungsverteilung in der Hirnrinde erzeugt wird. – Eine sozialpsycholog., mathemat. **F. des Handelns** entwickelte K. Lewin (↑topologische Psychologie).

Feldversuch, wiss. Versuch unter realen Bedingungen; Ggs.: Laborversuch.

Feldverweis (Hinausstellung, Platzverweis), in Mannschaftssportarten wie Fußball, Handball, Hockey Ausschluss eines Spielers von der weiteren Teilnahme am Spiel; wird vom Schiedsrichter für regelwidriges Verhalten in schweren Fällen verhängt und optisch durch eine **rote Karte** angezeigt. – **F. auf Zeit:** in versch. Sportarten sofortiger, zeitlich befristeter Spielausschluss.

Feldwaage (magnetische Feldwaage), ein ↑Magnetometer.

Feldwebel [von ahd. weibil »Gerichtsbote«], Unteroffiziersdienstgrad, bis 1945 bei der Artillerie und Kavallerie **Wachtmeister;** in der Bundeswehr unterster Dienstgrad, in dem ein Soldat Berufssoldat werden kann.

Feldweibel, ein Dienstgrad in der Schweizer Armee.

Feldzeichen: altrömische Fahne mit Adler

Feldzeichen, allg. jedes Abzeichen, das die Zugehörigkeit eines Einzelkriegers zu einer Krieg führenden Partei erkennen lässt oder zur Kennzeichnung von Truppenteilen dient; bei den Römern unter versch., schwer abzugrenzenden Bez. bekannt (»Vexillum«, »Signum«).

In Europa traten im MA. zur Kennzeichnung einzelner Truppenkontingente neben die F. alter Art (z.B. Adlerzeichen in dt. Heeren) seit den Kreuzzügen Fahnen. Als Kennzeichen des Einzelkriegers dienten Wappen des Schildes und Helmzier, bei

den Söldnerheeren des späten MA. und der frühen Neuzeit an die Kopfbedeckung gesteckte Zweige, Federn und Strohbüsche. Im 16. und 17. Jh. wurden zunächst breite über die Schulter oder um den Leib gelegte Schärpen in bestimmten Farben üblich, dann schmalere Leibbinden (Feldbinden). An die Stelle dieser F. trat seit dem 18. Jh. im Zuge der einheitl. Uniformierung der Truppen mehr und mehr die Kokarde. Seit dem 19. Jh. benutzt man das Wort F. vorzugsweise als Sammelbegriff für Fahnen und Standarten.
Feldzeugmeister, im 16. und 17. Jh. der Befehlshaber der Artillerie; seit dem 19. Jh. in Dtl. der Chef der Versorgung des Heeres mit Waffen, Munition und Gerät, der **Feldzeugmeisterei,** verantwortlich auch für die Verw. der Zeugämter. In Österreich-Ungarn war F. bis 1908 der zweithöchste Generalsrang.
Felge, der Teil eines Fahrzeugrades, der die Bereifung trägt.
Félibres [feˈlibrə, frz.], Dichter (um F. Mistral, T. Aubanel, J. Roumanille u. a.), die 1854 den Bund **Félibrige** zur Neubelebung der provenzal. Literatur und Sprache gründeten.
Felicitas, Märtyrerin in Karthago, †7.3. 202 oder 203; Sklavin, wurde zus. mit der vornehmen Frau Perpetua u. a. Christen zum Tode durch wilde Tiere im Amphitheater verurteilt. – Heilige, Tag: 7. 3. (zus. mit Perpetua).
Felidae [lat.], wiss. Name der ↑Katzen.
Felix, der Europ. Filmpreis, verliehen von der ↑European Film Academy.
Felix, Päpste:
1) F. II. (F. III.; 483–92), †Rom 1. 3. 492; Römer, bannte 484 in den Auseinandersetzungen um den Monophysitismus den Patriarchen Acacius von Konstantinopel; Folge war das erste Schisma zw. der lat. Kirche und der byzantin. Reichskirche (484–519). – Heiliger, Tag: 1. 3.
2) F. V., Gegenpapst, ↑Amadeus VIII.
Felixmüller, Conrad, Maler und Grafiker, * Dresden 21. 5. 1897, † Berlin (West) 24. 3. 1977; dem sozialkritisch engagierten Expressionismus der Frühzeit folgte ein expressiver Realismus. Neben Ölbildern und Aquarellen schuf er ein bed. graf. Werk (bes. Holzschnitte); von den Nationalsozialisten als »entartet« verfemt.
Felix und Regula, nach der Legende Geschwister aus dem heutigen Wallis, die in Turicum (heute Zürich) während der diokletian. Christenverfolgung hingerichtet wurden (wahrscheinlich 303). – Heilige, Schutzpatrone von Zürich; Tag: 11. 9.
Felke, Emanuel, evang. Geistlicher und Naturheilkundiger (»Lehmpastor«), * Kläden (bei Stendal) 7. 2. 1856, † Sobernheim (heute Bad Sobernheim) 16. 8. 1926; wurde bekannt wegen seiner Augendiagnostik und seiner naturheilkundl. Behandlungsmethoden mit Lehmbädern und -packungen.
Fell, Haarkleid der Säugetiere, auch die abgezogene behaarte Haut vor der Verarbeitung. (↑Haut)
Fellachen [arab.»Pflüger«], die Ackerbau treibende, Arabisch sprechende, meist muslim. Landbev. im Nahen Osten, bes. in Ägypten.
Fellatio [lat.] *die,* Form des sexuellen Kontaktes, bei der Penis mit Mund und Zunge gereizt wird.
Fellbach, Große Kreisstadt im Rems-Murr-Kr., Bad.-Württ., 42 700 Ew.; Schweißtechn. Lehr- und Versuchsanstalt; Maschinen-, Fahrzeug- und Karosseriebau, Metall verarbeitende und Farbenind.; bed. Wein-, Obst- und Gartenbau. – F., 1121 erstmals erwähnt, erhielt 1933 Stadtrecht.
Fellenberg, Philipp Emanuel von, Sozialpädagoge, * Bern 15. 6. 1771, † Hofwil (heute zu Münchenbuchsee, Kt. Bern) 21. 11. 1844; errichtete 1799 unter dem Einfluss von J. H. Pestalozzi auf dem Gut Hofwil bei Bern eine Erziehungsanstalt. Sie umfasste mehrere Schularten von der Armenschule bis zum Gymnasium und war Vorbild für Goethes »Pädagogische Provinz« in »Wilhelm Meisters Wanderjahre«.
Fellini, Federico, italien. Filmregisseur, * Rimini 20. 1. 1920, † Rom 31. 10. 1993; als Drehbuchautor und Regieassistent maßgeblich an der Entwicklung des ↑Neorealismus beteiligt; arbeitete oft mit seiner Frau Giulietta Masina und M. Mastroianni zusammen. Bekannt wurde er v. a. durch »La Strada« (1954), »Die Nächte der Cabiria« (1956). In »Das süße Leben« (1959; »La dolce vita«) übte F. Kritik an der Äußerlichkeit des Glaubens und an der Dekadenz der italien. Oberschicht; »Roma« (1972) und »Amarcord« (1973) tragen biograf. Züge.
Weitere Filme: Julia und die Geister (1965); Satyricon (1969); Casanova

(1976); Die Stadt der Frauen (1979); Schiff der Träume (1983); Ginger und Fred (1985); Die Stimme des Mondes (1989).
📖 *Verdone, M.: F. F.* Mailand 1994. – *Ich, F. Mit einer Filmographie u. einem Verzeichnis der wichtigsten internat. Filmpreise,* bearb. v. C. Chandler. A. d. Amerikan. Neuausg. Reinbek 1996.

Federico Fellini

Fellner, Ferdinand, österr. Architekt, * Wien 19. 4. 1847, † ebd. 2. 3. 1916; baute mit H. Helmer (* 1848, † 1919) in historisierenden Stilen der Gründerzeit bes. Theater, u. a. in Wien (Stadttheater, 1872), Prag (Dt. Theater, 1882), Budapest (Volkstheater, 1889) und Zürich (Stadttheater, 1890).
Fellow ['feləʊ; engl. »Genosse«] *der,*
1) Mitglied einer wiss. Gesellschaft in Großbritannien; der Hinweis darauf wird hinter dem Namen geführt (z. B.: F. R. S. beim F. of the Royal Society.
2) Collegemitglied, bes. in Oxford und Cambridge, das aufgrund wiss. Leistungen befristet oder auf Lebenszeit ernannt wird. Die Mitgliedschaft (**Fellowship**) ist oft mit Beteiligung an Lehrbetrieb und Verw.

verbunden. Fellowship heißen in Großbritannien und in den USA auch Stipendien aus Collegemitteln.
Fellowtraveller ['feləʊtrævlə; engl. »Mitreisender«] *der,* Anhänger und Verfechter (kommunist.) polit. Ideen, der nicht eingeschriebenes Parteimitglied ist; polit. Mitläufer.
Felsberg, Stadt im Schwalm-Eder-Kr., Hessen, im Tal der Eder; 11 500 Ew.; Metallbau, Baustoffindustrie.
Felsbilder, in allen Erdteilen vorkommende, in Höhlen und Nischen oder an frei liegenden Felsflächen und Blöcken (v. a. mit mineral. Stoffen) gemalte oder gravierte bildhafte Darstellungen. Die jungpaläolith. F. (frankokantabr. Kunst) sind nur aus Höhlen bekannt. Die dem Mesolithikum zugehörigen Felsmalereien (O-Spanien, N-Afrika [Tassili N'Ajjer], Australien) finden sich dagegen in offenen Nischen und unter Überhängen, während die Gravierungen in Skandinavien, Karelien, Italien oder im südl. Afrika völlig ungeschützt im Freien auf Felsflächen und Blöcken angebracht sind. Bei den Malereien sind drei Techniken des Farbenauftrags bekannt: 1) Zeichentechnik mit Verwischen nach Art der Pastellmalerei, 2) Pulverisierung des Farbstoffes und Mischung mit Bindemitteln, wobei die Malerei mit Pinseln aus Tierhaaren nach Art der Öl- bzw. Temperatechnik aufgetragen wurde, 3) Pulverisieren der Farbe und Aufstäuben mittels dünner Röhrenknochen. Bei den Gravierungen treten feine Ritzzeichnungen, breite und tiefe Ausschleifungen oder eine flächenhafte Bearbeitung

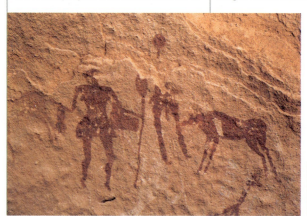
Felsbilder: Felsmalereien im Akakusgebirge (Djebel Akakus) im Südwesten von Libyen

in »Picktechnik« auf. Die stilist. Unterscheidungsmerkmale lassen meist eine relative Datierung zu (bei der Altersbestimmung berücksichtigt man neben archäolog. Kriterien auch naturwiss. Methoden). So lässt sich von der naturnahen, mitunter impressionistisch anmutenden eiszeitl. Höhlenkunst über die in der Form verfestigten, eher expressiv wirkenden Darstellungen der ostspan. Gruppe ein Wandel zur Stilisierung und Abstraktion in den F. des Neolithikums und der Bronzezeit feststellen. **Deutung:** Der eiszeitl. Höhlenmalerei liegen vermutlich Vorstellungen von Bildmagie zugrunde, die durch das Abbild zauber. Gewalt über das dargestellte Objekt verleihen sollte (Fruchtbarkeits-, Jagdmagie, Vernichtungs-, Abwehrzauber). Mit dem Wandel der Wirtschafts- und Gesellschaftsform durch Ackerbau und Viehzucht im Neolithikum und in der Bronzezeit und mit dem Wunsch nach Beeinflussung höherer Mächte (Sonnenkult, Verehrung der Fruchtbarkeit der Erde u. a.) kommt es zur abstrakten, symbolhaften Darstellung. In der Eisenzeit treten dann Götterdarstellungen auf. (↑Felsreliefs)
📖 Anati, E.: F. Wiege der Kunst u. des Geistes. A. d. Italien. Zürich 1991. – Evers, D.: F., Botschaften der Vorzeit. Leipzig u. a. 1991. – König, M. E.: Am Anfang der Kultur. Die Zeichensprache des frühen Menschen. Berlin ⁴1996. – Lorblanchet, M.: Höhlenmalerei. A. d. Frz. Sigmaringen 1997.
Felsenbein (Petrosum, Os petrosum), innerster Teil des Schläfenbeins und härtester Abschnitt der Schädelknochen; bildet die knöcherne Hülle für das Innenohr (Labyrinth) der Säugetiere.
Felsenbirne (Amelanchier), Gattung der Rosengewächse mit etwa 25 Arten in Nordamerika, Eurasien und Nordafrika; Sträucher oder kleine Bäume. In Mitteleuropa heimisch ist die **Gemeine F.** (Amelanchier ovalis) mit weißen, an der Spitze oft rötl. Blüten.
Felsendom, oktogonaler Kuppelbau (Durchmesser der Kuppel 20,4 m) auf dem Tempelberg in Jerusalem, 669–692 von dem Kalifen Abd al-Malik erbaut. Der Fels wurde als Stätte des Abrahamsopfers verehrt und gehörte bereits zum 1. jüd. Tempelbau, der 587 v. Chr. zerstört wurde. Der F. ist eines der Hauptheiligtümer und ein bed. Pilgerzentrum des Islam; nach islam. Überlieferung der Ausgangspunkt der ↑Himmelfahrt Mohammeds. Im Innern (13./14. Jh.) Marmorinkrustationen, spätantike Säulen- und Kapitellspolien sowie reiche vegetabile Ornamentik und goldgrundige Mosaiken. Der Außenbau wurde im 16. Jh. z. T. mit Fliesen verkleidet. Der F. ist UNESCO-Weltkulturerbe. – Abb. S. 482

Felsbilder: Bogenschützen (Libysche Wüste)

Felsengebirge, die ↑Rocky Mountains.
Felsengräber, natürl. oder künstlich ausgehauene Felshöhlen, die als Begräbnisstätte dienten und wie andere Grabformen als Wohnung der Toten verstanden wurden. Bekannt sind v. a. die ägypt. F. bei Giseh, in Beni Hasan, in Assiut, in Theben-West (↑Tal der Könige) und bei Assuan, die phönik. F. von Byblos, die F. der Achaimenidenherrscher (Naksch-e Rostam bei Persepolis) sowie die F. der Nabatäer in ↑Petra. In der Spätantike kamen die ↑Katakomben auf. Aus Altamerika sind v. a. die monumentalen F. von Tierradentro berühmt.
Felsenkirchen, aus dem oder in den Fels gehauene Kirchen; bei in den Fels geschlagenen Kirchen spricht man auch von **Höhlenkirchen.** Monolith., frei stehende F. sind im 12. Jh. bei Lalibela (Äthiopien) aus dem Gestein in den Boden gemeißelt worden. Im Wesentlichen ins 8.–12. Jh. werden

FEL Felsenkirsche

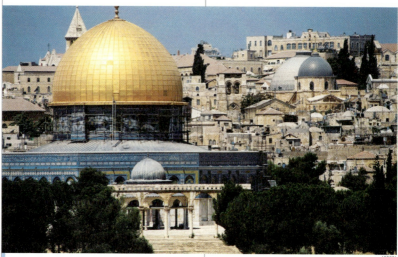

Felsendom: Blick auf die Altstadt von Jerusalem mit dem Felsendom (goldene Kuppel) im Vordergrund

die in die Tuffkegel Kappadokiens (östl. Zentraltürkei) gehöhlten byzantin. F. der hierher vor den Arabern zurückgewichenen Christen datiert; bes. bekannt sind die Höhlenkirchen von ↑Göreme. Europ. Felsen- oder Höhlenkirchen gibt es v.a. in Osteuropa (z.B. Kiewer Höhlenkloster, 11. Jh.).
Felsenkirsche (Steinweichsel, Prunus mahaleb), Art der Rosengewächse in Europa und Vorderasien, in lichten Wäldern und Gebüschen; Strauch oder bis 6 m hoher Baum mit weißen Blüten und kugeligen, schwarzen, bitteren Früchten.
Felsenmeer, das ↑Blockmeer.
Felsenmispel, die ↑Felsenbirne.
Felsennelke (Petrorhagia, Tunica), Gattung der Nelkengewächse, meist in den östl. Mittelmeerländern. Heimisch ist die **Steinbrech-F.** (Petrorhagia saxifraga) mit helllila bis rosa gefärbten Einzelblüten.
Felsenrös|chen, *Botanik:* ↑Loiseleuria.
Felsenstein, Walter, österr. Regisseur und Theaterleiter, *Wien 30. 5. 1901, †Berlin (Ost) 8. 10. 1975; war seit 1947 Intendant der Kom. Oper in Berlin (Ost); suchte v.a. in Operninszenierungen nach einer text- und partiturgetreuen Darstellung im Sinne des realist. Musiktheaters; forderte als Solisten und im Chor »Sänger-Darsteller«.

Felsentaube, Stammform der Haustaubenrassen (↑Tauben).
Felsentempel, in Fels gehauene ↑Höhlentempel.
felsisch, Bez. für die hellen Minerale in magmat. und metamorphen Gesteinen sowie für diese Gesteine selbst, wenn solche Minerale überwiegen; Ggs.: ↑mafisch.
Felsmechanik (Gebirgsmechanik), als Teilgebiet der Ingenieurgeologie eine theoret. und angewandte Wiss., die sich mit dem mechan. Verhalten von Fels- und Gesteinsmassen, v.a. bei bautechn. Eingriffen, auseinander setzt und im Fels- oder Felshohlraumbau (z.B. beim Bau von Brücken, Staumauern, Tunneln und Stollen) praktisch-techn. Anwendung findet.
Felsreli|efs, Reliefdarstellungen an Felswänden, bes. in den alten Orient; dargestellt sind meist siegreiche Könige, später auch Götterweihungen, häufig mit Inschriften. Älteste F. befinden sich im Zagrosgebirge (Ende 3. Jt. v. Chr.), F. ägypt., assyr. und babylon. Könige am Nahr el-Kelb nördlich von Beirut, assyr. Götterreliefs nördlich von Ninive (um 720 v. Chr.), neuelam. (7. Jh. v. Chr.) in SW-Iran, in Behistan und in ↑Naksch-e Rostam, wie auch mittelelam. F. des 2. Jt. v. Chr. Um Schami finden sich parth. F. (110 v. Chr. bis 2. Jh. n. Chr.); in Kleinasien entstanden zw. 1400 und 1200 hethit. Reliefs (u.a. in Fıraktın und Yazılıkaya bei Boğazkale).
Felssturz, ↑Bergsturz.

Felswüste, ein Wüstentyp, bei dem die Oberfläche weitgehend vom Fels des Untergrunds oder grobem Verwitterungsschutt gebildet wird, z. B. die Hammadas in der Sahara. (↑Wüste).

Feltre, Stadt in Venetien, Prov. Belluno, Italien, an einem Nebenfluss der Piave, 19 500 Ew.; Univ. (v. a. Sprachen), Museen; Metallindustrie. – Auf einem schmalen Bergrücken die Renaissance-Oberstadt mit zahlr. gut erhaltenen Häusern des 16. Jh. (Sgraffitodekorationen) und Kirchen.

Feluke [frz.-span.] *die* (Felucke), zweimastiges Küstenfahrzeug im Mittelmeer mit Lateinsegeln (↑Galeere).

Feme, ↑Femgerichte.

Femel [lat.] *der,* männl. Pflanze bei Hanf und Hopfen.

Femelschlagbetrieb, forstwirtsch. Hochwaldbetriebsform, bei der alle Altersstufen einzeln oder gruppenweise gemischt auf derselben Bestandsfläche vorkommen. Die Nutzungshiebe (älteste, stärkste, kranke Bäume; einzeln oder in Gruppen) dienen zugleich der Naturverjüngung; bes. im Gebirge verbreitet, häufig als Schutzwald.

Fememorde, politisch motivierte Morde, verübt von Geheimgesellschaften oder Untergrundorganisationen, die sich gesetzwidrig richterl. Befugnisse und einen entsprechenden Strafvollzug anmaßten. Insbesondere in der Zeit der Weimarer Republik (1918–33) führten rechtsradikale Gruppen F. in Dtl. durch. Neben republikan. Politikern (u. a. M. Erzberger, W. Rathenau) waren die Opfer Mitgl. der eigenen Verbände, die sich des Verrats verdächtig gemacht hatten; ähnl. Erscheinungen z. B. im Ku-Klux-Klan.

Femgerichte [mhd. veime »heiml. Gericht«] (Feme, Freigerichte), im späteren MA. die Gerichte Westfalens zur Aburteilung schwerer Rechtsbrüche, die aus den fränk. Grafengerichten hervorgegangen sind. Vors. war der **Freigraf,** Urteilsfinder waren die **Freischöffen,** die Dingstätte wurde **Freistuhl** genannt. Die F. tagten öffentlich als »offenes« Gericht (echtes Ding) für die gewöhnl. Rechtssachen ihres Sprengels oder unter Ausschluss der Öffentlichkeit als »heiml.« oder »stilles« Gericht (gebotenes Ding), besetzt mit den Freigrafen und sieben Freischöffen, zur Aburteilung auswärtiger Rechtssachen. Wer der Ladung vor die F. nicht Folge leistete, wurde »verfemt«, ihm drohte die Hinrichtung. Seit dem 14. Jh. griff die Wirksamkeit der F. über Westfalen hinaus auf ganz Dtl. über. Durch Abwehrbündnisse der Landesherren und Städte, die das Eingreifen dieser fremden Gerichtsgewalten in ihre Herrschaftsgebiete als Übergriffe empfanden, wurde ihr Einfluss im 15. Jh. gebrochen. Die F. sanken zu Bauerngerichten herab. Um 1810 wurden sie durch die frz. Machthaber in Westfalen beseitigt.

Feminat *das,* System, in dem die Frau die bevorzugte Stellung innehat; nur aus weibl. Mitgliedern bestehendes Gremium.

feminin [zu lat. femina »Frau«], weiblich; das Weibliche betonend, zart.

Femininum *das, Sprachwissenschaft:* weibl. Geschlecht (↑Genus), weibl. Substantiv.

Felsenkirsche: blühender Strauch

Feminisierung, Verweiblichung, Gesamtheit der körperl. und psych. Veränderungen beim Mann als Folge einer Minderleistung der männl. Keimdrüsen oder der Nebennierenrinde; gekennzeichnet durch Nachlassen von Libido und Potenz, Hodenatrophie, Ausfall der Geschlechtsbehaarung sowie erhöhte Hormonausscheidung. Krankheitsbedingt tritt F. am häufigsten bei Nebennierenrindentumoren **(adrenale F.)** auf; eine ähnl. Erscheinung findet sich bei Leberzirrhose als Folge un-

genügenden Estrogenabbaus in der Leber. Bei versch. Formen von ↑Intersexualität wird die F. als Behandlungsziel angestrebt.
Feminismus *der,* Richtung innerhalb der ↑Frauenbewegung.
feministische Philosophie, im Gefolge der Frauenbewegung nach 1968, aber auch im Rückgriff auf frühere Ansätze (bes. Simone de Beauvoir) entstandene Richtung der Philosophie, die den spezif. Beitrag von Frauen zur Entwicklung der Philosophie herausarbeitet, patriarchale Strukturen und Verdrängung von Frauen aus dem Bereich der Wiss. analysiert und eine neue Wertorientierung propagiert. Bekannte feminist. Theoretikerinnen sind z. B. in den USA Seyla Benhabib, Judith Butler, Mary Daly, Sandra Harding, in Frankreich Élisabeth Badinter, Luce Irigaray, Julia Kristeva, im deutschsprachigen Bereich Herta Nagl-Docekal, Herlinde Pauer-Studer.
feministische Theologie, vom Feminismus inspirierter Neuansatz theolog. Denkens seit den 1960er-Jahren; parallel zur Theologie der Befreiung und der Theologie der Dritten Welt entstanden. Als **religiöser Feminismus** wendet sich die f. T. vom Christentum, das sie als patriarchale Religion versteht, ab und sucht eine neue feminist. Spiritualität zu entwickeln; als **bibelkritischer Feminismus** behält sie die Befreiungsbotschaft Jesu bei und vertritt die These der patriarchalen Redaktion des N. T.; als **christl. Feminismus** versucht die f. T., Bibel und Tradition nicht patriarchal zu deuten.
📖 *Frauenbefreiung. Bibl. u. theolog. Argumente, hg. v. E. Moltmann-Wendel. München* ⁴*1986.* – *Wörterbuch der f. T., hg. v. E. Gössmann. Gütersloh 1991.* – *Göttinnen u. Priesterinnen, hg. v. D. Pahnke u. R. Sommer. Gütersloh 1995.* – *Wie wir wurden, was wir sind. Gespräche mit feminist. Theologinnen der ersten Generation, hg. v. G. Feld u. a. Gütersloh 1998.*
feministische Wissenschaft, ↑Frauenforschung.
femisch [Kw. aus lat. ferrum und magnesium], *Petrographie:* Bez. für eisen- und magnesiumreiche Minerale; Ggs.: ↑salisch.
Femme fatale [fam fa'tal; frz. »verhängnisvolle Frau«] *die,* verführer. Frau mit Intellekt, die sich über geltende gesellschaftl. Normen hinwegsetzt.
Femto... [schwed. femton »fünfzehn«], Vorsatzzeichen **f,** ein Vorsatz vor Einheiten für den Faktor 10^{-15} (Billiardstel); z. B. 1 Femtometer = 1 fm = 10^{-15} m.
Femtosekundenchemie (kurz Femtochemie), Teilgebiet der Photochemie, das ultraschnelle, durch Licht induzierte chem. Reaktionen untersucht. Die experimentelle Beobachtung dieser im Pikosekunden- (10^{-12}) und Femtosekundenbereich (10^{-15}) ablaufenden Reaktionen ist erst durch die Entwicklung spezieller Laser (Femtosekundenlaser) möglich (↑Femtosekundenspektroskopie). Reaktionen, die mit extremer Zeitauflösung im Femtosekundenbereich beobachtet werden, offenbaren zahlr. Zwischenstrukturen, die heute neue Möglichkeiten bei der nanoskaligen Synthese von Materialien eröffnen (↑Nanotechnologie). – Die F. zielt auf eine Beobachtung von Kernbewegungen während einer Photoreaktion, auf die Bestimmung von Zwischenzuständen und damit auf die Aufklärung der Reaktionsmechanismen. So sind ultraschnelle Elektrontransferprozesse, welche die ersten Schritte der biolog. Photosynthese bestimmen, eingehend untersucht und theoretisch modelliert worden. Ein weiteres wichtiges Anwendungsfeld sind die Dynamik von Wasserstoffbrücken und Protontransferprozesse.
Femtosekundenspektroskopie (Ultrakurzzeitspektroskopie), Methode der zeitaufgelösten opt. Spektroskopie, um ultraschnelle Abläufe in Echtzeit zu verfolgen. Viele funktions- und strukturbestimmende mikroskop. Vorgänge in Physik, Chemie und Biologie laufen extrem schnell ab, häufig im Pikosekunden- (10^{-12} s) und Femtosekundenbereich (10^{-15} s). Beispiele sind die Schwingungsbewegungen von Molekülen, die Verschiebung von Ladungen und Atomketten sind. Reaktionen oder Umverteilungs- und Energieverlustprozesse von Elektronen in Festkörpern. – Die F. beruht auf der Anwendung von Femtosekundenlaserimpulsen. Nach Anregung des zu untersuchenden Systems durch einen Femtosekundenimpuls wird die zeitl. Entwicklung eines opt. Signals gemessen. Sequenzen solcher Momentaufnahmen ergeben detaillierte Informationen über ultraschnelle Prozesse, z. B. die Rückkehr des Systems in seinen Ausgangszustand.
Femur [lat.] *das,* der Oberschenkel(knochen) (↑Bein).

Fenchel (Foeniculum), Gattung der Doldenblütler mit drei Arten im Mittelmeergebiet; gelb blühende, würzig riechende, bis 1,5 m hohe Stauden. Bekannteste Art ist der **Echte F.** (Foeniculum vulgare) mit bis 8 mm langen, gefurchten Spaltfrüchten. Die Unterart **Garten-F.** (ssp. vulgare) wird seit dem Altertum in SO-Europa kultiviert, und zwar in den beiden Sorten: **Gewürz-F.** (**Süßer F.**; var. dulce) als Gewürz und zur Herstellung von F.-Öl und F.-Tee (gegen Husten und Blähungen) sowie **Gemüse-F.** (**Knollen-F., Zwiebel-F.**; var. azoricum) mit zwiebelartig verdickten, grundständigen Blattscheiden (für Gemüse).

Fenchel: Fruchtdolden des Echten Fenchels

Fendant [fã'dã, frz.] *der,* Weißwein aus Gutedeltrauben aus dem Wallis, Schweiz.
Fender [engl.] *der,* Schutzkörper aus Tauwerk, Kork, Holz, Rohrgeflecht oder Gummi gegen Stöße und Scheuern zw. Schiffsbordwand und Anlegestelle oder zw. zwei Schiffen.
Fendi, 1925 von Adele Fendi (* 1897, † 1978) gegründeter Pelzsalon in Rom, der später auch mit Lederbekleidung und -waren aller Art sowie Accessoires und Parfüm internat. bekannt wurde (weltweite Lizenzen und Boutiquen); seit 1965 ist K. Lagerfeld Chefdesigner für die gesamte Damenmode. 1999 ging F. an das Unternehmen Prada.

Fenech Adami, Edward (»Eddie«), maltes. Politiker, * Birkirkara 7. 2. 1934; Rechtsanwalt; war 1962–69 als Mitgl. der Nationalist Party (PN) Chefredakteur der Parteizeitung »Il Poplu«, wurde 1969 Parlaments-Abg. und 1977 PN-Vors. Als Premiermin. (1987–96 und 1998–2004) setzte er sich für eine Mitgliedschaft seines Landes in der EU ein. 2004 wurde er zum Staatspräs. gewählt.
Fenek (Fennek) *der,* Art der Echten ↑Hunde.
Fénelon [fen'lɔ̃], eigtl. François de Salignac de la Mothe-F., frz. Schriftsteller und Theologe, * Schloss Fénelon (Dép. Dordogne) 6. 8. 1651, † Cambrai 7. 1. 1715; als erfolgreicher Pädagoge seit 1689 Erzieher des Thronfolgers, des Enkels Ludwigs XIV., seit 1695 Erzbischof von Cambrai; hervorragender Prediger. Sein Hauptwerk ist der gegen seinen Willen gedruckte Bildungsroman »Die Erlebnisse des Telemach« (1699, bis 1717 verboten), der das Idealbild eines weisen Königtums entwirft. Ab 1688 war F. Anhänger des ↑Quietismus. Auseinandersetzungen mit J. B. Bossuet, dem frz. Hof sowie Rom führten 1699 zu seiner Verurteilung und Verbannung in seine Diözese; Wegbereiter der Aufklärung.
📖 *Kapp, V.: Télèmaque de Fénelon. La signification d'une œuvre littéraire à la fin du siècle classique. Tübingen 1982.*
Fengshan [-ʃ-], Hauptstadt des Kr. Kaohsiung im S von Taiwan, 301 700 Ew.; Sitz der Whampoa-Militärakademie; Nahrungsmittelindustrie.
Fengshui [-ʃui; chines. »Wind-Wasser«] *das* (Feng-Shui), chines. Kunst der harmon. Lebens- und Wohnraumgestaltung, basierend auf daoist. und allgemein volksreligiösem Gedankengut und eine komplexe Lehre bezeichnend, die auf das ganzheitl. Wohlbefinden alles Lebenden abzielt.
📖 *Too, L.: Das große Buch des F.-S. München 1997.*
Fengyan, Hptst. des Kr. Taichung im W von Taiwan, 157 500 Ew.; Sägemühlen, Nahrungsmittelindustrie.
Fen He, zweitlängster Nebenfluss des Hwangho, China, 695 km lang, entspringt am Wutai Shan und durchfließt die Prov. Shanxi, nicht schiffbar.
Fenier [nach der sagenhaften altirischen Kriegergruppe der »Fianna«] (engl. Feni-

ans), die Mitglieder eines 1858 von irischen Emigranten in den USA gegründeten Geheimbundes, der für den Sturz der brit. Herrschaft in Irland kämpfte; verlor nach Niederschlagung eines Aufstandes in Irland (1867) an Bedeutung, gewann jedoch im frühen 20. Jh. seine Bedeutung wieder und war für den irischen Osteraufstand von 1916 mitverantwortlich.

Fénis [fe'ni], Gem. im Aostatal, Italien, 1 600 Ew. In F. steht die bedeutendste der rd. 110 mittelalterl. Wehrburgen des Aostatals (nach 1337 schlossartig ausgebaut).

Fenn, John B., amerikan. Chemiker, *New York 15. 6. 1917; lehrte an der Yale University. F. veröffentlichte 1988 die »ESI«-Methode (Abk. für engl. electrospray ionisation), bei der kleine geladene Tropfen einer Lösung zu untersuchender Proteine produziert werden, die sich im Massenspektrometer beobachten lassen. Für diese Entwicklung einer wichtigen Methode zur Analyse von Proteinen erhielt F. 2002 mit K. Tanaka und K. Wüthrich den Nobelpreis für Chemie (zu einem Viertel).

Fennek (Fenek) *der*, Art der Echten ↑Hunde.

Fennich, eine Hirseart, ↑Hirse.

Fennosarmatia [mlat., nach Finnland und lat. Sarmatia »polnisch-russ. Tiefland«], *Geologie:* ein bereits seit dem Präkambrium bestehender Festlandsblock, der die Russ. Tafel, den Ukrain. und den Balt. Schild umfasst.

Fennoskandia [mlat., nach Finnland und lat. Scandia, wohl »Schweden«], *Geologie:* zusammenfassender Name für die Landscholle, die den Baltischen Schild und die kaledonisch gefalteten Gebiete W-Skandinaviens umfasst.

Fenrir (Fenriswolf), *nord. Mythos:* der gefährlichste Dämon, Sohn Lokis und einer Riesin, Bruder der Hel und der Midgardschlange. Die Asen fesselten ihn mit dem unzerreißbaren Band Gleipnir; kurz vor dem Weltbrand entledigt sich F. seiner Fesseln, tötet Odin, fällt aber selbst durch dessen Sohn Vidar.

Fens, The [ðə 'fenz], Landschaft in O-England, erstreckt sich westlich und südlich des Wash (Nordseebucht); umfasst Seemarschen in Küstennähe, Flussmarschen, Moore und flache Hügel (z. B. Isle of Ely) der zerstörten Kreideschichten weiter landeinwärts. Die F. sind ein Gebiet intensiven Ackerbaus mit Spezialkulturen. – Bereits in der Bronzezeit besiedelt, von den Römern z. T. kultiviert, seit dem 17. Jahrhundert trockengelegt.

Fenster [ahd. fenstar, von lat. fenestra] *das,* **1)** *Architektur:* in oberirdisch angelegten Gebäuden ein verglastes Ausbauelement zum Verschluss einer Wandöffnung und zum Beleuchten und Belüften eines Innenraumes. Die F.-Öffnung wird unten durch die äußere **Sohlbank** und die innere **F.-Bank (F.-Brett),** seitlich durch die **F.-Laibung** und oben durch den **F.-Sturz** gebildet und unten durch die **F.-Brüstung** begrenzt. Das F. besteht aus F.-Rahmen und F.-Flügel(n) (dieser aus Flügelrahmen, Beschlägen und Verglasung). Ein F. wird nach versch. Gesichtspunkten eingeteilt: a) nach Werkstoff (z. B. Holz-, Metall-, Kunststoff-F.); b) nach Konstruktion des F.-Rahmens (Blendrahmen-, Zargen-, Kasten-F.); c) nach Zahl der hintereinander befindl. Glasscheiben (Einfach-, Doppel-, Dreifach-F.); d) nach Öffnungsart der Flügel (Drehflügel-, Wendeflügel-, Schwingflügel-, Drehkippflügel-, Kipp-, Klapp-F.); e) nach der Lage im Gebäude (Innen-, Außen-F.); f) nach Funktion (Küchen-, Dach-, Keller-F. u. a.).

Geschichte: In prähistor. Zeit gab es lediglich Licht- und Abzugsöffnungen, wie sie auch noch durch frühgrch. und altital. (bes. etrusk.) Zeugnisse belegt sind. In der minoischen Kultur auf Kreta gab es Aussichts-F.; F. zu den Innenhöfen sind bes. aus der hellenist. Zeit, v. a. aus Delos und von Priene, bekannt, nach der Straße wie zum Garten hinaus in Herculaneum und Pompeji. Die Römer verwendeten als F.-Füllung seit dem 1. Jh. n. Chr. als Erste Glas. – War in der altchristl. und frühmittelalterlichen kirchl. Architektur i. d. R. das F. rundbogig geschlossen und aus einer senkrecht in die Mauer eingeschnittenen Laibung entstanden, so kam in der Romanik das schräg zur Mauerstärke eingeschnittene F.-Gewände auf. Der Verschluss der F.-Öffnung erfolgte v. a. in Kirchen mit Glas (Glasmalerei), das in Bleistege gefasst war und meist in einem in die Mauer eingelassenen Holzrahmen saß. Auf das roman. Rundbogen-F. folgte das spitzbogige F. der Gotik, das, größer werdend, die Wand zunehmend auflöste. In der Renaissance wurde das F. für die Fassade bestimmendes Element, neben dem Rundbogen wurde der gerade F.-Sturz verwendet, und die F. erhielten häufig eine Umrahmung bzw. Verdachung, welche im Barock Giebel- oder Segmentbogenformen annahm, während der Klassizismus wieder gerade Formen bevorzugte. – Nachdem die Architektur des 19. Jh. mit dem Glaspalast der Weltausstellung in London (1851) und dem Münchner Glaspalast (1853–54) eine architekton. Neubewertung des F. versucht hatte, entstand im 20. Jh. mit der Entwicklung des Neuen Bauens eine Glasarchitektur, an deren Ausbildung Dtl., Frankreich, die Niederlande und die USA wesentlich beteiligt sind.

📖 *Kräftner, J. u. Fussenegger, G.: F. St. Pölten 1979. – F. Planung, Gestaltung u. Konstruktion, bearb. v. K. Pracht. Stuttgart 1982.*

2) *Informatik:* ↑Windows.

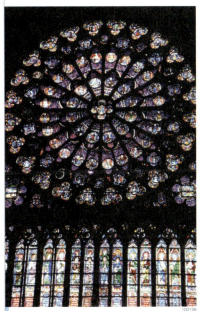

Fensterrose der Kathedrale Notre-Dame in Paris (um 1270)

Fensterrose, in der spätroman. und bes. der got. Baukunst ein großes Rundfenster mit radial angeordnetem Maßwerk und Glasmalerei, meist über dem Westportal, auch an den Stirnseiten der Querschiffe; eine Vorstufe ist das Radfenster.

Fentanyl, synthet. Morphinderivat mit schmerzlindernder und atemdepressiver Wirkung; wird v. a. zur Narkose eingesetzt. F. ist etwa 100-mal stärker wirksam als Morphin.

Fenton [ˈfentən], Roger, brit. Fotograf, *Heywood (heute zu Manchester) 1819, †London 8. 8. 1869; nutzte als Erster die Fotografie zur Kriegsberichterstattung (Krimkrieg 1855).

Fenz [engl.] *die,* von Deutschamerikanern verwendete Bez. für Zaun, Einfriedung.

Feodossija, Stadt und Schwarzmeerkurort an der SO-Küste der Krim, Ukraine, etwa 80 000 Ew.; Möbel-, Tabakfabrik, Weinkellereien; Badestrand; Hafen. – F., im 6. Jh. v. Chr. als grch. Handelsstadt **Theodosia** gegr., wurde 1266 genuesisch **(Kafa),** 1475 türkisch **(Kefe);** kam 1783 zu Russland.

Ferberit *der,* ein Mineral, ↑Wolframit.

Ferdinand (span. und portugies. Fernando, italien. Ferdinando), Herrscher: *Hl. Röm. Reich:* **1)** F. I., Kaiser (1556/58–64), *Alcalá de Henares 10. 3. 1503, †Wien 25. 7. 1564; Enkel Maximilians I. und Bruder Karls V.; erhielt 1521/22 die österr. Erblande. Als König von Böhmen und Ungarn (seit 1526) wurde er zum Begründer der habsburg. Donaumonarchie. Sein Einfluss im Reich als Stellvertreter Karls V. vergrößerte sich durch seine Wahl zum Röm. König (1531). In den österr. Erblanden förderte er die Vereinheitlichung der Verwaltung. In Dtl. erstrebte er einen Ausgleich mit den Protestanten (Passauer Vertrag 1552, Augsburger Religionsfriede 1555). Durch die Abdankung Karls V. wurde er 1556 Kaiser (Herrschaftsantritt 1558). Auf dem Konzil von Trient bemühte er sich um Aufhebung des Zölibats und Gewährung des Laienkelchs.

📖 *Kohler, A.: F. I. 1503–1564. Fürst – König – Kaiser. München 2003.*

2) F. II., Kaiser (1619–37), König von Böhmen (1617) und Ungarn (1618), *Graz 9. 7. 1578, †Wien 15. 2. 1637, Enkel von 1), Vater von 3); von Jesuiten erzogen, rekatholisierte er die österr. Erblande; seine gegenreformator. Maßnahmen in Böhmen führten zum ↑Dreißigjährigen Krieg. Gegen Zugeständnisse (v. a. Verzicht auf die Durchführung des ↑Restitutionsedikts) setzte er die Wahl seines Sohnes zu seinem Nachfolger durch. Der Versuch, mit dem Prager Frieden 1635 den Dreißigjährigen

Krieg zu beenden, scheiterte durch das Eingreifen Frankreichs.
📖 *Franzl, J.: F. II. Kaiser im Zwiespalt der Zeit.* Graz u. a. ²1989.
3) F. III., Kaiser (1637–57), *Graz 13. 7. 1608, †Wien 2. 4. 1657, Sohn von 2); befehligte mit M. Gallas das kaiserl. Heer, das die Schweden 1634 bei Nördlingen besiegte, konnte aber die Zersplitterung des Reiches im Westfäl. Frieden (1648) nicht verhindern. In Österreich schuf er eine straffe Verwaltung.
Aragonien: **4) F. II., der Katholische**, König (1479–1516), als Herrscher von Kastilien und León F. V., *Sos del Rey Católico (Prov. Saragossa) 10. 3. 1452, †Madrigalejo (Prov. Cáceres) 23. 1. 1516; seit 1468 König von Sizilien. F. heiratete 1469 Isabella von Kastilien, so wurden Aragonien und Kastilien mit León unter der gemeinsamen Reg. des Herrscherpaars (seit 1496 von Papst Alexander VI. mit dem Titel »Kath. Könige« geehrt) vereinigt. Sie unterwarfen 1492 Granada, den letzten Stützpunkt der Mauren in Spanien. Von Frankreich gewann F. 1504 das Königreich Neapel (dort F. III.), ferner 1512 Obernavarra. Im Inneren brachen er und Isabella die Macht des Adels, führten die Inquisition ein, vertrieben die Juden und die Mauren. Sie begründeten die Weltmachtstellung Spaniens im 16. Jahrhundert.
Bulgarien: **5) F. I.**, König (1908–18), *Wien 26. 2. 1861, †Coburg 10. 9. 1948; Prinz von Sachsen-Coburg und Gotha(-Koháry); wurde 1887 zum Fürsten von Bulgarien gewählt, aber erst 1896 von den Großmächten anerkannt. 1908 erklärte er sich zum unabhängigen König (Zar) der Bulgaren. Im Sept. 1915 trat F. an der Seite der Mittelmächte in den Ersten Weltkrieg ein. Am 3. 10. 1918 dankte er ab (↑Boris).
Kastilien und León: **6) F. I., der Große**, König (seit 1037/38), *1016 oder 1018, †León 27. 12. 1065; ab 1035 Alleinherrscher in Kastilien, erwarb 1037 León, erweiterte beide Königreiche im Kampf gegen die Mauren; wurde seit etwa 1054 Kaiser genannt.
7) F. III., der Heilige, König (1217–52), *1201, †Sevilla 31.(?)5. 1252; vereinigte 1230 endgültig León mit Kastilien, eroberte 1236 Córdoba und 1248 Sevilla; erneuerte die Univ. Salamanca. 1671 heilig gesprochen, Tag: 30. 5.
Neapel: **8) F. I.**, gen. Ferrante, König (1458–94), *Valencia 2. 6. 1431, †Neapel 25. 1. 1494; natürl. Sohn Alfons' V. von Aragonien; setzte sich gegen das Haus Anjou und den aufständ. Adel durch. Sein Hof war ein Mittelpunkt der Renaissance und des Humanismus.
9) F. III., ↑Ferdinand 4).
10) F. IV., ↑Ferdinand 14).
Österreich: **11) F. I.**, Kaiser (1835–48), *Wien 19. 4. 1793, †Prag 29. 6. 1875; Sohn Kaiser Franz' I.; war trotz seiner körperl. und geistigen Schwäche aus Legitimitätsgründen zur Thronfolge verpflichtet; die Reg. führte die sog. Staatskonferenz (v. a. Staatskanzler Metternich und Min. Graf Kolowrat-Liebsteinsky); verzichtete am 2. 12. 1848 zugunsten seines Neffen Franz Joseph (I.) auf den Thron.
Portugal: **12) F. I., der Schöne** (auch F. der Unbeständige), König (seit 1367), *Lissabon 31. 10. 1345, †ebd. 22. 10. 1383; Sohn und Nachfolger Peters I.; letzter König aus dem Haus Burgund. Seine Absicht, Portugal mit Kastilien zu vereinigen, wurde von den portugies. Cortes vereitelt.
Rumänien: **13) F. I.**, König (1914–27), *Sigmaringen 24. 8. 1865, †Sinaia 20. 7. 1927; Prinz von Hohenzollern-Sigmaringen, Neffe Karls I. von Rumänien; trat 1916 nach dem Willen der Brătianu-Reg. im Ersten Weltkrieg auf die Seite der Entente. 1922 in Karlsburg (Alba Iulia) zum ersten »König aller Rumänen« gekrönt.
Sizilien: **14) F. I.**, König beider Sizilien (seit 1816), zuvor als F. IV. König von Neapel und als F. III. König von Sizilien (seit 1759), *Neapel 12. 1. 1751, †ebd. 3. 1. 1825; gelangte auf den Thron, als sein Vater Karl III. König von Spanien wurde; ∞ seit 1768 mit Maria Carolina, einer Tochter Maria Theresias. 1798/99 und 1805–15 verlor F. Neapel an die Franzosen. 1816 vereinigte er Neapel und Sizilien zum Königreich beider Sizilien. Die Revolte von 1820 erzwang von F. eine Verf., doch stellte er 1821 sein absolutes Regiment mithilfe österr. Truppen wieder her. 1805 stiftete er die Univ. Palermo.
15) F. II., König beider Sizilien (seit 1830), *Palermo 12. 1. 1810, †Caserta 22. 5. 1859, Enkel von 14); verfolgte mit großer Härte die Liberalen, bes. nach der Niederwerfung der Revolution von 1848/49; starb an den Folgen eines Attentats (12. 12. 1856).
Spanien: **16) F. VII.**, König (seit 1814),

Ferkelratten FER

*Schloss La Granja de San Ildefonso (bei Segovia) 14. 10. 1784, † Madrid 29. 9. 1833; geriet als Kronprinz in scharfen Gegensatz zu Godoy, dem leitenden Min. seines Vaters Karl IV. Im März 1808 dankte Karl zugunsten F.s ab. Napoleon I. zwang im Mai 1808 auch F. zur Thronentsagung. 1814 zurückgekehrt, hob er die Verf. von 1812 auf und verfolgte die Liberalen mit großer Härte. Die Revolution von 1820 wurde mit frz. Hilfe 1823 niedergeschlagen. Zugunsten seiner Tochter Isabella hob er 1830 durch die Pragmat. Sanktion das sal. Erbfolgerecht auf und verursachte so die Kriege der ↑Karlisten.
Tirol: **17)** F. II., Erzherzog von Österreich, *Linz 14. 6. 1529, † Innsbruck 24. 1. 1595; Sohn von 1); ∞ 1557 in geheimer Ehe mit der Augsburgerin Philippine Welser; war seit 1563 Landesfürst von Tirol und Vorderösterreich; als Regent, der 1548–67 die Statthalterschaft in Böhmen innehatte, kümmerte er sich um die Reform der Staatsverwaltung. Schloss ↑Ambras machte er zu einem kulturellen Zentrum.
Toskana: **18)** F. III., Großherzog (1790 bis 1801 und 1814–24), *Florenz 6. 5. 1769, † ebd. 18. 6. 1824; gelangte zur Reg., als sein Vater Leopold II. Kaiser wurde. Durch die Frz. Revolutionskriege verlor er sein Land; 1803 wurde er Kurfürst von Salzburg, 1805 Kurfürst (1806 Großherzog) von Würzburg; 1814 erhielt er die Toskana zurück.
Fergana (bis 1907 Nowy Margelan, bis 1924 Skobelew), Hptst. des Gebiets F., Usbekistan, 180 500 Ew.; TH; Baumwoll-, Seiden-, Nahrungsmittel-, chem. Ind., Erdölraffinerie; Flughafen.
Ferganabecken, weite, im Innern wüstenhafte Beckenlandschaft in Usbekistan, z. T. auch in Tadschikistan und Kirgistan, von Gebirgsketten des Tienschan im N, Alaigebirge und Turkestankette im S und Ferganakette im O umgrenzt, Fläche etwa 22 000 km²; vom Syrdarja und einem verzweigten Kanalsystem bewässert; kontinentales Klima. Bed. Oasenwirtschaft; auf den fruchtbaren Lössböden werden Baumwolle, Obst, Gemüse und Wein angebaut; Seidenraupenzucht; Teppichweberei; Bodenschätze (Kohle, Erdöl, Erdgas, Schwefel, Quecksilber, Buntmetalle) förderten Besiedlung und Industrialisierung.
Ferguson [ˈfɔːɡəsn], **1)** Adam, schott. Historiker und Philosoph, *Logierait (bei Perth) 20. 6. 1723, † Saint Andrews 22. 2. 1816; Moralist. Sein Werk »Versuch über die Gesch. der bürgerl. Gesellschaft« (1767) ist die erste Darstellung der Gesch. der durch Arbeitsteilung und Konflikt (u. a. Eigentum) charakterisierten bürgerl. Gesellschaft, deren versch. Klassen er aus den Eigentumsverhältnissen herleitet.
2) Sir (seit 1999) Alex, schott. Fußballtrainer, *Glasgow 31. 12. 1941; gewann u. a. mit FC Aberdeen 1983 und mit Manchester United 1991 den Europapokal der Pokalsieger, mit »ManU« den Supercup 1991 und die Champions League 1999.
3) Sir (seit 1878) Samuel, irischer Dichter schott. Herkunft, *Belfast 10. 3. 1810, † Howth (heute zu Dublin) 9. 8. 1886; gestaltete in Liedern, Balladen und Epen Motive der irischen Sagenwelt.
ferial [lat.], österr.: zu den Ferien gehörend; frei, unbeschwert.
Ferialdatierung, vom 13. bis 16. Jh. übliche Art der Datierung, bei der die Wochentage (mlat. feria) auf Heiligenfeste bezogen wurden, z. B. Montag vor Johannis (24. 6.).
Ferien, 1) *allg.:* längere Arbeitspause einer Institution oder eines Betriebs.
2) (Feriae) im *antiken Rom* die Tage, an denen die Arbeit zu Ehren bestimmter Götter ruhte.
Ferienkurse (Sommerkurse), von Hochschulen in den vorlesungsfreien Zeiten veranstaltete Kurse mit Vorlesungen, Diskussionen, Sprachunterricht, Exkursionen u. a. Veranstaltungen von drei bis vier Wochen zur Ausbildung vorwiegend in der Sprache, Kultur und Literatur des veranstaltenden Landes.
Feriensachen, *Recht:* ↑Gerichtsferien.
Ferienstraßen (Fremdenverkehrsstraßen), Verkehrswege zur Erschließung von Ausflugs- und Erholungsgebieten, von Gebieten mit bedeutendem kulturellem Erbe, mit Sehenswürdigkeiten oder mit speziellen Produktionen (z. B. Wein, Spielwaren).
Ferkel, junges Schwein von der Geburt bis zum Alter von 14 bis 16 Wochen.
Ferkelratten (Baumratten, Capromyidae), auf den Westindischen Inseln beheimatete Nagetierfamilie; kurzbeinige Tiere mit kleinen Augen und Ohren und rattenähnl. Gestalt, z. B. die **Greifschwanz-F.** (Gatt. Capromys) auf Kuba und die **Stummelschwanz-F.** (Gatt. Geocapromys) auf Jamaika.

489

FER Ferienstraßen

Ferienstraßen in Deutschland (Auswahl)

Name	Streckenverlauf
Alte Salzstraße	Lüneburg–Lauenburg/Elbe–Mölln–Lübeck
Bäderstraße	Lahnstein–Bad Ems–Wiesbaden
Badische Weinstraße	Baden-Baden–Offenburg–Freiburg im Breisgau–Weil am Rhein*)
Bayerische Ostmarkstraße	Marktredwitz–Cham–Regen–Passau
Bergstraße	Darmstadt–Heidelberg–Wiesloch
Bier- und Burgenstraße	Bad Frankenhausen–Weimar–Saalfeld/Saale–Kronach–Passau
Burgenstraße	Mannheim–Heidelberg–Heilbronn–Rothenburg ob der Tauber–Nürnberg
Deutsche Alleenstraße	Rügen–Brandenburg–Sachsen-Anhalt–Sachsen–Thüringen–Hessen–Bodensee
Deutsche Edelsteinstraße	Idar-Oberstein–Allenbach–Kempfeld–Herrstein–Fischbach–Idar-Oberstein
Deutsche Fachwerkstraße	sieben Regionalstrecken: Stade–Nienburg–Bad Essen–Hessisch Oldendorf–Holzminden–Uslar–Northeim–Einbeck–Alfeld; Hitzacker–Salzwedel–Celle–Helmstedt–Goslar–Duderstadt mit Abzweig Wernigerode–Quedlinburg; Hann. Münden–Eschwege–Fritzlar–Alsfeld; Rotenburg–Bad Hersfeld–Fulda–Johannesberg–Grünberg; Herborn–Wetzlar–Limburg–Hochheim; Trebur–Steinheim–Miltenberg–Michelstadt–Reichelsheim; Stolberg (Harz)–Worbis–Mühlhausen/Thüringen–Schmalkalden
Deutsche Ferienstraße Alpen–Ostsee	Insel Fehmarn–Helmstedt–Berchtesgaden
Deutsche Limesstraße	Miltenberg–Schwäbisch Gmünd–Aalen–Gunzenhausen–Weißenburg i. Bay.–Regensburg
Deutsche Märchenstraße	Hanau–Kassel–Hameln–Bremen
Deutsche Porzellanstraße	Selb–Marktredwitz
Deutsche Weinstraße	Bockenheim an der Weinstraße–Bad Dürkheim–Edenkoben–Schweigen-Rechtenbach
Fränkische Bierstraße	Nürnberg–Bayreuth–Hof
Glasstraße	Fichtelberg–Weidenberg–Bayreuth
Goethestraße	Frankfurt am Main–Fulda–Weimar–Leipzig–Dresden
Grüne Küstenstraße	niederländ. Grenze–Leer (Ostfriesland)–Oldenburg (Oldenburg)–Bremen–Hamburg–Husum–Niebüll–dän. Grenze*)
Hunsrück-Höhenstraße	Koblenz–Morbach–Saarburg
Kannenbäckerstraße	Montabaur–Höhr-Grenzhausen–Hillscheid
Klassikerstraße Thüringen	Mühlhausen/Thüringen–Eisenach–Gotha–Erfurt–Weimar–Jena–Rudolstadt–Arnstadt–Ilmenau–Stützerbach–Meiningen
Mitteldeutsche Straße der Braunkohle	Kemberg–Gräfenhainichen–Bitterfeld–Delitzsch–Leipzig–Altenburg–Zeitz–Weißenfels–Geiseltal–Röblingen
Nibelungen-Siegfried-Straße	Worms–Bensheim–Michelstadt–Amorbach–Würzburg
Oberschwäbische Barockstraße	Ulm–Zwiefalten–Weingarten–Ochsenhausen–Ulm*)
Romantische Straße	Würzburg–Tauberbischofsheim–Rothenburg ob der Tauber–Dinkelsbühl–Nördlingen–Donauwörth–Augsburg–Füssen
Sächsische Silberstraße	Zwickau–Schneeberg–Schwarzenberg–Annaberg-Buchholz–Seiffen/Erzgebirge–Freiberg–Freital–Dresden
Sächsische Weinstraße	Pirna–Dresden–Pillnitz–Radebeul–Meißen–Diesbar-Seußlitz
Schwäbische Weinstraße	Bad Mergentheim–Heilbronn–Fellbach–Stuttgart–Esslingen am Neckar
Schwarzwald-Hochstraße	Baden-Baden–Freudenstadt
Spielzeugstraße	Waltershausen–Königsee–Lauscha–Sonneberg–Neustadt bei Coburg–Erlangen–Nürnberg

Ferienstraßen in Deutschland (Auswahl; Fortsetzung)

Name	Streckenverlauf
Störtebekerstraße	Leer (Ostfriesland)–Norden–Wilhelmshaven–Cuxhaven–Stade
Straße der Romanik	Magdeburg–Havelberg–Jerichow–Halberstadt–Quedlinburg–Gernrode–Querfurt–Memleben–Bad Kösen–Naumburg (Saale)
Straße der Weserrenaissance	Hann. Münden–Höxter–Blomberg–Hameln–Bückeburg–Rinteln–Minden–Petershagen
Thüringer Porzellanstraße	Regionalstrecken: Reichenbach–Saalfeld–Schmiedefeld–Eisfeld; Reichenbach–Kahla–Rudolstadt–Sitzendorf; Plauen–Ilmenau–Gehren–Großbreitenbach

*) Hauptstrecke

Ferlach, Stadt in Kärnten, Österreich, im Rosental, 466 m ü. M., 7 600 Ew.; Werkzeugbau, Metallverarbeitung, Herstellung von Jagdwaffen.

Fermanagh [fəˈmænə], Distrikt im SW von Nordirland, beiderseits von Lower Lough Erne und Upper Lough Erne, 1 699 km², 57 500 Ew.; Verw.sitz ist Enniskillen.

Fermat [fɛrˈma], Pierre de, frz. Mathematiker, *Beaumont-de-Lomagne (bei Montauban) 17.(?), getauft 20. 8. 1601, †Castres 12. 1. 1665; erarbeitete sich strenge infinitesimale Methoden (Extremwert- und Tangentenbestimmungen, Quadraturen u. a.), beschäftigte sich mit Wahrscheinlichkeitsproblemen und leitete das Brechungsgesetz der Optik aus dem Minimalprinzip (↑fermatsches Prinzip) ab. Bed. Beiträge zur Zahlentheorie sind die ↑fermatschen Sätze.

Fermate [italien.] *die, Musik:* Haltezeichen (⌒) über einer Note oder Pause, das den Noten- oder Pausenwert verlängert.

fermatscher Satz [fɛrˈma-; nach P. de Fermat], 1) **Kleiner f. S.**, Satz der Zahlentheorie: Ist a eine ganze Zahl, die sich durch die Primzahl p nicht teilen lässt, so ist $a^{p-1} - 1$ durch p teilbar. 2) **Großer f. S.**, auch **fermatsche Vermutung (fermatsches Theorem)**, math. Vermutung, die besagt, dass die Gleichung $a^n + b^n = c^n$ für ganze Zahlen $n > 2$ keine ganzzahligen, von null verschiedenen Lösungen a, b, c hat. Für $n = 2$ wird die Gleichung durch die pythagoreischen Zahlen gelöst, z. B. $3^2 + 4^2 = 5^2$. 1993 legte der brit. Mathematiker A. Wiles einen Beweis des großen f. S. vor, den er 1994 (zus. mit R. Taylor) nach allg. Überzeugung vollendete.

fermatsches Prinzip [fɛrˈma-; nach P. de Fermat], Grundgesetz der geometr. Optik, nach dem sich Licht zw. zwei Punkten so ausbreitet, dass der opt. Lichtweg extremal, d. h. ein Minimum ist; das Licht wählt den schnellsten und nicht den geometrisch kürzesten Weg.

fermatsches Theorem, der große ↑fermatsche Satz.

fermatsche Vermutung [fɛrˈma-; nach P. de Fermat], der große ↑fermatsche Satz.

Fermentation *die,* Umsetzung biolog. Materialien, die durch Enzyme katalysiert und durch Sauerstoffentzug, Belüftung, Wärme, Licht oder Dunkelheit beeinflusst oder gelenkt wird. Durch F. werden die Aroma- und Farbstoffe gebildet und allg. die Qualität in techn. und ernährungsphysiolog. Hinsicht vorteilhaft verändert. F. finden z. B. bei Gärungen oder bei der Käsebereitung statt. Der Begriff F. wird auch bei der techn. Aufarbeitung von Leder, Flachs, Tabak, Kaffee, Tee u. a. benutzt.

Fermente [lat. fermentum »Gärung«, »Gärstoff«], veraltete Bez. für die ↑Enzyme.

Fermenter *der* (Bioreaktor), Reaktionsapparat zur Durchführung biochem. Reaktionen (↑Biotechnologie). Für die bes. wichtigen Submersverfahren, bei denen die Mikroorganismen (Hefen, Pilze, Bakterien) in der Nährlösung verteilt sind, werden meist geschlossene Behälter aus Edelstahl verwendet, die u. a. mit Vorrichtungen zur Durchmischung und Kühlung sowie für die Zuführung von steriler Luft, Nähr- und Impflösungen ausgestattet sind.

Fermi [nach E. Fermi] *das,* Einheitenzeichen **f**, $1\,\text{f} = 10^{-15}\,\text{m}$, nicht gesetzl. Einheit in der Kernphysik, ersetzt durch das **Femtometer (fm)**: $1\,\text{fm} = 10^{-15}\,\text{m}$.

Fermi, Enrico, italien. Physiker, *Rom 29. 9. 1901, †Chicago (Ill.) 28. 11. 1954; Prof. in Rom, später in den USA, verwendete als Erster Neutronen zur Umwandlung schwerer Atomkerne (dafür 1938 Nobelpreis für Physik), war maßgebend am

FER Fermi-Dirac-Statistik

Bau des ersten Kernreaktors (1942) und der Entwicklung der Atombombe (↑Manhattan-Projekt) beteiligt.
Fermi-Dirac-Statistik [-di'ræk-; nach E. Fermi und P. Dirac] (Fermi-Statistik), Quantenstatistik, die für gleichartige, nicht unterscheidbare Teilchen mit halbzahligem Spin **(Fermionen)** gilt, z. B. für Elektronen, Protonen, Neutronen (↑Elementarteilchen). Im Unterschied zur ↑Bose-Einstein-Statistik dürfen die Besetzungszahlen der einzelnen Energiezustände bei der F.-D.-S. wegen des ↑Pauli-Prinzips nur die Werte 0 und 1 annehmen. Von bes. Bedeutung ist die F.-D.-S. bei der Theorie der metall. Leitung (Elektronengas).
Fermi-Energie [nach E. Fermi], in der quantenstatist. Theorie der Festkörper (↑Energiebändermodell) die Energiegrenze **(Fermi-Grenze)** der besetzten Elektronenzustände in einem Metall oder Halbleiter am absoluten Nullpunkt der Temperatur. Die zur F.-E. gehörende Fläche konstanter Energie im Wellenvektorraum ist die **Fermi-Fläche**.
Fermi-Flüssigkeit [nach E. Fermi], eine ↑Quantenflüssigkeit.
Fermi-Gas [nach E. Fermi], Gesamtheit von Fermionen, deren gegenseitige Wechselwirkung vernachlässigt (ideales F.-G.) oder durch ein mittleres Potenzial approximiert werden kann.
Fermi National Accelerator Laboratory [ˈfɜːmɪ ˈnæʃnl əkˈseləreɪtə ləˈbɒrətri, engl.], Abk. **FNAL** (Kurz-Bez. Fermilab), amerikan. Forschungszentrum für Elementarteilchenphysik in Batavia (Ill.) mit dem zurzeit größten Proton-Antiproton-Speicherring (»Tevatron«).
Fermionen [nach E. Fermi], Sammelbez. für Teilchen mit halbzahligem Spin, die der ↑Fermi-Dirac-Statistik gehorchen.
Fermium [nach E. Fermi] *das,* Symbol **Fm,** künstl. radioaktives chem. Element (Transuran) aus der Gruppe der Actinoide, Ordnungszahl 100, Isotope 242–259 mit Halbwertszeiten von 0,38 ms bis zu 100 Tagen (^{257}Fm). – F. verhält sich chemisch ähnlich wie Erbium; seine Isotope sind meist Alphastrahler.
Fermo, Stadt in den Marken, Prov. Ascoli Piceno, Italien, nahe der Adria, 35 589 Ew.; Erzbischofssitz; Handels- und Landwirtschaftszentrum mit drei Häfen. – In der auf steiler Felsenhöhe gelegenen mittelalterl. Altstadt unter anderem Rathaus (1446–1525), erzbischöfl. Palast (1391) und roman.-got. Dom mit röm.-byzantin. Fußbodenmosaik. – F. ist das antike **Firmum Picenum,** das 264 v. Chr. röm. Provinz wurde; fiel durch die Pippinsche Schenkung an den Papst.
Fernabsatzvertrag, der Verkauf von Waren und die Erbringung von Dienstleistungen aufgrund von Verträgen, die zw. einem Unternehmer und einem Verbraucher unter ausschließl. Verwendung von Fernkommunikationsmitteln abgeschlossen werden (§ 312b ff. BGB). Fernkommunikationsmittel in diesem Sinne sind Briefe, Kataloge, Telefonanrufe, Telekopien, E-Mails, Rundfunk, Tele- und Mediendienste. Zum Schutz des Verbrauchers bei F. (bes. vor den Risiken des ↑elektronischen Geschäftsverkehrs) werden dem Unternehmer umfassende Informationspflichten auferlegt, z. B. über seine Identität und Anschrift, über wesentl. Merkmale der Ware oder Dienstleistung und darüber, wie der Vertrag zustande kommt, über den Preis, das Bestehen eines Widerrufs- und Rückgaberechts (§ 1 BGB-Informationspflichten-VO). Der Verbraucher kann den F. innerhalb von zwei Wochen ohne Angabe von Gründen gemäß § 355 BGB widerrufen. Anstelle des Widerrufsrechts kann ihm bei einem F. über die Lieferung von Waren auch ein Rückgaberecht eingeräumt werden (§§ 312d, 356 BGB). Die Widerrufsfrist beginnt nicht vor der Erfüllung der Informationspflichten, bei der Lieferung von Waren nicht vor deren Eingang (§ 312d BGB). Die Vorschriften über F. finden aber keine Anwendung bei Finanzgeschäften, Versicherungsverträgen, Immobiliengeschäften u. a. (§ 312b BGB).
Fernandel [-nã'dɛl], eigtl. Fernand Contandin, frz. Filmschauspieler, *Marseille 8. 5. 1903, †Paris 26. 2. 1971; v. a. bekannt als Charakterkomiker in den »Don Camillo und Peppone«-Filmen (1952 ff.).
Fernandez [fɛrnãˈdɛs], Dominique, frz. Schriftsteller, *Neuilly-sur-Seine 25. 8. 1929; gestaltet in seinen Romanen komplexe Lebenssituationen schwieriger Helden (»Porporino oder die Geheimnisse von Neapel«, 1974; »Die Schule des Südens«, 1991); auch Essays.
Fernández de la Reguera [fɛrˈnandeθ ðe la rreˈɣera], Ricardo, span. Schriftsteller, *Barcenillas (bei Santander) 27. 4.

1912; Verfasser realist. Romane, z. T. aus dem Span. Bürgerkrieg: »Schwarze Stiere meines Zorns« (1950), »Wehrlos unter Waffen« (1954), »Die Einfalt der Liebe« (1956).

Fernández Retamar [fɛr'nandes rrɛta-'mar], Roberto, kuban. Schriftsteller, *Havanna 9. 6. 1930; schreibt politisch engagierte Lyrik (»A quien pueda interesar«, 1970; »Aquí«, 1994) sowie literaturwiss. und kulturkrit. Essays (»Kaliban – Kannibale. Essays zur Kultur Lateinamerikas«, 1971).

Fernando de Noronha [-du di no'roɲa], vulkan. Insel im Atlantik, 340 km nordöstlich von Kap São Roque, seit 1988 Teil des Bundesstaates Pernambuco, Brasilien; mit Nebeninseln 26 km², 1 300 Ew.; Hauptort ist Remédios; seit 1987 Meeresnationalpark zum Schutz von Delphinen und Meeresschildkröten. – Während des 2. Weltkrieges Marinestützpunkt und Gefängnisinsel.

Fernando Póo, früherer Name von ↑Bioko.

Fernau, Joachim, Schriftsteller, *Bromberg 11. 9. 1909, †München 24. 11. 1988; schrieb sehr erfolgreiche Geschichtsdarstellungen in der unterhaltenden Art des Feuilletons, u. a. »Rosen für Apoll. Die Gesch. der Griechen« (1961), »Halleluja. Die Gesch. der USA« (1977).

Fernbedienung, Einrichtung zur Steuerung versch. Funktionen elektr. Geräte und Anlagen ohne direkte manuelle Einstellung am Gerät. – Heute werden fast ausschließlich drahtlose F. eingesetzt. Die Übertragung der Steuersignale erfolgt mit Infrarot- oder Funkwellen, im industriellen Bereich vereinzelt noch mit Ultraschallwellen.

Fernbieter, Interessent an versch. Stücken einer ↑Versteigerung, an der er jedoch nicht persönlich teilnehmen kann. Sein Gebot **(Ferngebot)** muss schriftlich mit genauer Angabe des Limits erfolgen.

Ferner [von Firn], in Tirol Bez. für ↑Gletscher.

Fern|erkundung (Remote Sensing), *Geowissenschaften:* die Gesamtheit von Verfahren, die die Umwelt und ihre Veränderungen ohne direkten physikal. Kontakt erfassen können. Als Träger der Informationen dient die elektromagnet. Strahlung, die von einem beobachteten Objekt abgestrahlt und durch spezielle Aufnahmesysteme (Sensoren) von Flugzeugen oder Satelliten aus empfangen wird. Bei der Aufnahme werden die empfangenen Messwerte meist in Bilddaten (z. B. ↑Luftbilder) umgesetzt. Gegenstand der Beobachtung ist die Erdoberfläche mit allen darauf befindl. Objekten oder die Oberfläche anderer Planeten. Nicht abbildende Systeme kommen zur Erfassung der Meeresoberfläche oder der Atmosphäre vor.

Ferner Osten, 1) (engl. Far East) die ostasiat. Randländer des Pazifiks.
2) in Russland Bez. für dessen östl. Randgebiete, v. a. die zum Pazifik entwässernden, einschl. der Tschuktschenhalbinsel, der Halbinsel Kamtschatka, der Insel Sachalin und der Kurilen.

Ferngas, Brenngas, das durch Hochdruckfernleitungen über größere Entfernungen von den Gewinnungsstätten (Kokerei, Raffinerie, Gasfeld) zu den Abnehmern geführt wird, v. a. Erdgas.

Ferngespräch, ↑Tarifzone.

Fernglas, kleineres Prismendoppelfernrohr von 8- bis 10facher (mitunter bis 20facher) Vergrößerung für den Handgebrauch, bei dem die Bildumkehr durch Prismensysteme erfolgt (↑Fernrohr). Die histor. Bez. ↑Feldstecher ist auch heute noch üblich und wird synonym verwendet.

Fernheizung, ↑Fernwärme.

Fernkauf, ↑Distanzgeschäft.

Fernkopieren (Telekopieren), ältere Bez. für die originalgetreue Übertragung von Dokumenten über das Telefonnetz. Der entsprechende Dienst der Dt. Telekom AG heißt **Telefax,** die internat. Bez. ist ↑Fax. Entsprechend werden die Kopiergeräte (Fernkopierer, Telekopierer) heute als **Fax-** bzw. **Telefaxgeräte** bezeichnet.

Fernkorn, Anton Ritter von (seit 1860), Bildhauer und Erzgießer, *Erfurt 17. 3. 1813, †Wien 15. 11. 1878; schuf u. a. die Denkmäler auf dem Wiener Heldenplatz (»Prinz Eugen«, 1860–65).

Fernlenkung (Fernsteuerung), Steuerung eines (unbemannten) Fahrzeugs (Flugzeug, Flugkörper, Landfahrzeug, Schiff, Raumflugkörper) durch funktechn., bei kurzen Entfernungen auch drahtelektr., mechan., akust. oder opt. Signale von außen. Das wesentl. Verfahren der F. ist die **Kommandolenkung** von einem Fernlenkstand aus, wo durch Messungen die Bewegungskommandos gebildet und auf das Lenkobjekt übertragen wer-

FER Fernlenkwaffen

den. Besondere Formen der Kommandolenkung sind das **Leitstrahlverfahren**, bei dem die Bewegungsbahn des Lenkobjekts durch einen funktechnisch erzeugten Leitstrahl (Schnittlinie zweier gerichteter Strahlungsfelder) vorgeschrieben wird, und das **Zieldeckungsverfahren**, bei dem die Lenkkommandos aus den Abweichungen des Lenkobjekts aus einer optisch kontrollierten Visierlinie zum Ziel gewonnen werden. – Neben der F. werden auch Verfahren der ↑Eigenlenkung zur Beeinflussung der Bewegung von Fahrzeugen verwendet.

Fernlenkwaffen, durch Fernlenkung geführte Waffen oder gelenkte Fernwaffen (Waffen großer Reichweite mit Fern- oder Eigenlenkung), die nur zum einmaligen Gebrauch bestimmt sind. Beim Einsatz gegen ruhende Ziele haben gelenkte Waffen (bes. bei großen Entfernungen) eine bessere Treffgenauigkeit und beim Einsatz gegen bewegte Ziele wegen der Nachführmöglichkeit eine größere Treffwahrscheinlichkeit als ungelenkte Waffen. Verwendet werden überwiegend angetriebene Flugkörper sowie in geringerem Umfang auch antriebslose Flug- (Gleitbomben) und getriebene Schwimmkörper (Torpedos).

Fernlicht, Beleuchtung, mit der Kfz zur Fahrbahnbeleuchtung ausgerüstet sein müssen. Die Mindestbeleuchtungsstärke soll 100 m vor dem Fahrzeug mindestens 1 Lux betragen. F. ist nur außerhalb von Ortschaften, wenn keine Blendungsgefahr für Gegenverkehr besteht, erlaubt; dient auch als Lichthupe.

Fernmeldeanlagen, techn. Einrichtungen (Kabel-, Freileitungs-, Übertragungs-, Vermittlungs-, Funk- und Stromversorgungsanlagen), die der Erzeugung, Übertragung und dem Empfang von Nachrichten dienen. Der Begriff F. ist zunehmend durch den Begriff Telekommunikationsanlagen ersetzt worden.

Fernmeldeaufklärung, von Fernmeldetruppenteilen durchgeführte Tätigkeit, die das Aufklären des gegner. Fernmeldeverkehrs sowie dessen techn., betriebl. und takt. Auswertung umfasst. Die F. ist Teil der elektron. Kampfführung.

Fernmeldegeheimnis, ↑Brief-, Post- und Fernmeldegeheimnis.

Fernmeldenetze, ↑Telekommunikationsnetze.

Fernmeldesatellit, ↑Nachrichtensatellit.

Fernmeldetechnik, Bereich der Nachrichtentechnik, der sich mit den (meist leitungsgebundenen) Verfahren elektr. Übertragungs- und Vermittlungstechniken befasst, die der Kommunikation dienen; heute unter der Bez. ↑Telekommunikation. Zur F. gehören Telefonie und Telegrafie, ein Schwerpunkt ist der Aufbau und Betrieb von Fernmeldenetzen (Telekommunikationsnetzen).

Fernmeldetruppe, Truppengattung des Heeres; zu ihren Hauptaufgaben gehört das Herstellen, Betreiben und Unterhalten von Fernmeldeverbindungen u.a. zum Übermitteln von Befehlen, Meldungen. Neben den diese Aufgabe wahrnehmenden Fernmeldeverbindungstruppen und den bodenständigen Fernmeldediensten verfügt die F. über besondere Verbände für die elektron. Kampfführung und die »operative Information« (früher »psycholog. Verteidigung«).

Fernmeldewesen, die Fernsprech-, Telegrafen-, Funk- und Fernsehwesen umfassende Nachrichtenübertragung, heute unter der Bez. ↑Telekommunikation.

Fernmessung, die ↑Telemetrie.

Fernordnung, geordnete Aneinanderreihung der Atome in einem kristallinen Festkörper (↑Kristall) über makroskop. Bereiche hinweg. Ggs.: ↑Nahordnung.

Fernpass, Pass in N-Tirol.

Fernpunkt, Punkt, der beim akkommodationslosen Auge (↑Akkommodation) noch scharf gesehen werden kann; er kennzeichnet den Beginn des Bereiches »unendlich« und ist bei Normal- und Übersichtigkeit mehr als 5 m, bei Kurzsichtigkeit weniger als 5 m entfernt.

Fernrohr, **1)** *Astronomie:* (lat. Telescopium), ein Sternbild am Südhimmel. **2)** *Optik:* (Teleskop), ein opt. Gerät, das entfernte Gegenstände unter einem größeren Sehwinkel zeigt, sie also scheinbar näher rückt. Bei einem **Linsen-F. (Refraktor, dioptr. F.)**, das nur aus lichtbrechenden opt. Bauelementen besteht, entwirft die Gegenstandslinse (das Objektiv) ein **Spiegel-F.** oder ↑Spiegelteleskop **(Reflektor, katoptr. F.)** dagegen ein Hohlspiegel ein Bild des Gegenstandes in der Gesichtsfeldblende. **Katadioptr. F.** verwenden Linsen und Spiegel gleichzeitig. Das Bild, das bei sehr fernen Gegenständen im Abstand der Brennweite vom Objektiv liegt, wird durch die Augenlinse

Fernrohr FER

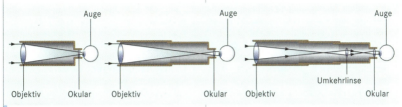

Fernrohr 2): schematische Darstellung der Strahlengänge im holländischen Fernrohr (links) mit konvexer Objektiv- und konkaver Okularlinse, im astronomischen Fernrohr (Mitte) mit konvexer Objektiv- und Okularlinse, im keplerschen terrestrischen Fernrohr (rechts) mit einer dritten konvexen Linse zur Umkehrung des Bildes

(Okular) betrachtet. – Besseres Tiefenunterscheidungsvermögen liefern **Doppel-F.** (z. B. Fernglas, Scheren-F.), bei denen beidäugige Beobachtung durch zwei miteinander verbundene gleiche F. erfolgt. Vergrößerung und Objektivdurchmesser eines F. werden üblicherweise durch ein Zahlenpaar bezeichnet, etwa 8 × 50. Teilt man die zweite (Objektivdurchmesser) durch die erste Zahl (Vergrößerung), so erhält man ein Maß für die Lichtstärke des Fernrohrs.

Linsen-F.: Das **holländ. (galileische) F.** hat als Objektiv eine Sammel- und als Okular eine Zerstreuungslinse, die um die Differenz ihrer Brennweiten voneinander entfernt sind. Es entsteht kein reelles Zwischenbild. Das zerstreuende Okular erzeugt im Unendlichen ein aufrechtes, virtuelles Bild. Verwendung findet es vorwiegend als Opernglas mit 2- bis 3facher Vergrößerung oder als vergrößernde Sehhilfe (F.-Lupenbrille). – Bei den **astronom. (keplerschen) F.** bestehen Okular und Objektiv aus einer Sammellinse, deren Abstand voneinander gleich der Summe ihrer Brennweiten ist. Sie liefern reelle, vergrößerte, umgekehrte Bilder. – Beim **terrestr. F. (Erd-F.)** wird mit einer dritten Linse eine zweite Umkehrung des Bildes und damit dessen aufrechte Stellung erreicht. Mit 10- bis 30facher Vergrößerung dient es als Zielfernrohr. – Wird statt einer Sammellinse ein Prismensatz zur Aufrechtstellung des Bildes benutzt, erhält man ein **Prismen-F.** (für den Handgebrauch auch als **Prismenglas** oder **(Prismen-)Feldstecher** bezeichnet). Beim **Scheren-F.** erzeugt ein Abstand der Objektive bis zu einem Meter eine noch weit stärkere plast. Wirkung.

Geschichte: Das dioptr. F. wurde um 1608 wahrscheinlich von dem niederländ. Brillenmacher J. Lipperhey erfunden. Galilei baute 1609 ohne Kenntnis dieser Erfindung das nach ihm benannte F., mit dem er die Sonnenflecken, die Phasen der Venus, die Jupitermonde, den Saturnring sowie die Natur der Milchstraße entdeckte. Das astronom. F. erfand Kepler 1611, das katoptrische wahrscheinlich L. Digges (um 1571) oder N. Zucchius (um 1608).

Fernrohr 2): die Fernrohre von Galileo Galilei (1609; Florenz, Museo di Storia della Scienza)

📖 *Rohr, H.: Das F. für jedermann*, bearb. v. H. Ziegler u. W. Brunner. Zürich u. a. ^{7}1983. – *Riekher, R.: F. e u. ihre Meister.* Ber-

Fernrohrmontierung

lin ²1990. – Learner, R.: Die Gesch. der Astronomie u. die Entwicklung des Teleskops seit Galilei. A. d. Engl. Neuausg. Bindlach 1991.

Fernrohrmontierung (Teleskopmontierung), *Astronomie:* die mechan. Tragekonstruktion zur optimalen Nutzung eines Fernrohrs. Die F. wird so gewählt, dass das Fernrohr auf alle Punkte des Himmels gerichtet werden kann. Dazu muss es um zwei zueinander senkrechte Achsen drehbar gelagert sein. Die Montierungen von Meridiankreisen erlauben nur Beobachtungen in unmittelbarer Nähe des Meridians.

Fernsehen: der Erfinder A. Karolus mit dem von ihm konstruierten »Großen Fernseher«, der 1928 auf der »Großen Deutschen Funkausstellung Berlin« vorgestellt wurde

Fernschreiber, als Endgerät der Fernschreibtechnik benutzter schreibmaschinenähnl. Drucktelegraf (Ein- und Ausgabe im Klartext), der als Sende- und Empfangsanlage arbeitet und als Blatt- oder Streifenschreiber ausgeführt ist (↑Telegrafie). Nach Niederdrücken einer Taste sendet der Fernschreibsender eine für das zu übermittelnde Zeichen charakterist. Gruppe von elektr. Signalen. Der Fernschreibcode hat für jedes Zeichen eine Kombination von fünf (Internat. Telegrafenalphabet Nr. 2) oder sieben (Alphabet Nr. 3 und 5) gleich langen »Schritten«, mit einer Schrittgeschwindigkeit von 50 Bd (Baud). Der F. arbeitet nach dem Start-Stop-Prinzip, d. h., Sender, Empfänger und Drucker werden für jedes Zeichen in Gang gesetzt und wieder angehalten. – Der entsprechende Dienst des **Fernschreibens** heißt ↑Telex. Fernschreibgeräte werden internat. mit

TTY (für Teletype) abgekürzt. Mit der zunehmenden Verbreitung von Internetzugang und E-Mail in der Bürokommunikation hat das Fernschreiben seit Beginn der 1990er-Jahre an Bedeutung verloren.

Fernsehempfänger, Gerät zum Empfang und zur Wiedergabe von Fernsehsendungen. Die Rückwandlung der Fernsehsignale erfolgt i. Allg. in der Fernsehbildröhre (↑Bildröhre). Nach einer Vorverstärkung werden die als Ultrakurz- (VHF) und Dezimeterwellen (UHF) ankommenden Bild-, Ton- und Synchronsignale durch Mischung in den Zwischenfrequenzbereich umgesetzt, verstärkt und anschließend demoduliert. Weiterhin erfolgt eine Trennung der Bild-, Ton- und Synchronsignale; das Bildsignal (Videosignal) dient zur Helligkeitssteuerung der Bildröhre, das Tonsignal wird dem Lautsprecher zur Tonwiedergabe zugeführt, und die Synchronsignale steuern die Ablenkschaltungen in der Weise, dass Zeilen- und Bildwechsel im F. mit denen in der ↑Fernsehkamera synchron erfolgen. Beim Farb-F. übernimmt ein Decoder die Rückgewinnung der drei Farbkomponentensignale Rot, Grün und Blau, mit denen die Farbfernsehröhre ausgesteuert wird. Moderne F. sind mit Elektrolumineszenz-, Plasma- oder Flüssigkristalldisplays ausgerüstet. Für den Empfang von ↑digitalem Fernsehen sind spezielle F. oder vorschaltbare Decoder (↑Set-Top-Box) erforderlich.

Fernsehen (engl. Television, Abk. TV), drahtlose oder kabelgebundene Übertragung von Bildern bewegter und unbewegter Objekte mit zugehörigem Begleitton für einen großen, mit entsprechenden Empfangsgeräten ausgestatteten Teilnehmerkreis. Mittels Bildaufnehmern (↑Bildaufnahmeröhre) in der Fernsehkamera werden bei zeilenweiser Abtastung die Bilder in elektr. Signale umgewandelt, verstärkt und durch die ebenfalls elektr. Ton- und Synchronsignale ergänzt. Zur Übertragung werden diese Signale über Kabel- oder Richtfunkverbindungen einem Fernsehsender zugeführt, wo die Bild- und Synchronsignale im Bild-, die Tonsignale im Tonsender je einem Träger aufmoduliert und als elektromagnet. Wellen ausgestrahlt werden. Fernsehsendungen können nur mit hohen Sendefrequenzen (ultrakurze elektromagnet. Wellen) übertragen werden, denn die Bildsignale selbst benötigen

Fernsehen FER

zur Wiedergabe der Bildeinzelheiten analoge oder digitale elektr. Signale sehr hoher Frequenz (bis zu mehreren MHz). Es werden Ultrakurz- (VHF) und Dezimeterwellen (UHF) verwendet, die sich lichtähnlich ausbreiten, weswegen Sendeantennen auf Bergen oder Türmen errichtet werden müssen. Empfang und Wiedergabe der Signale erfolgen über die ↑Bildröhre im ↑Fernsehempfänger. Während beim Schwarz-Weiß-F. das Bildsignal nur Helligkeitswerte überträgt, enthält es beim ↑Farbfernsehen Helligkeits- und Farbinformationen. Standardfernsehsysteme für das Farbfernsehen sind ↑NTSC, ↑PAL und ↑SECAM. Bei neueren Fernsehsystemen, wie dem Breitwandverfahren **PALplus** und dem hochauflösenden Fernsehen ↑HDTV, stehen die Verbesserung der Wiedergabequalität durch größere Bildschärfe, kräftigere Farben, verändertes Bildseitenverhältnis, Flimmerfreiheit und CD-Qualität des Begleittons im Vordergrund. Beim ↑digitalen Fernsehen werden sowohl Bild- als auch Tonsignale digital übertragen; über einen Rückkanal zum Sender wird ↑interaktives Fernsehen ermöglicht.

Stark verbreitet sind inzwischen das ↑Kabelfernsehen und das ↑Satellitenfernsehen. In Dtl. verfügt inzwischen mehr als ein Drittel aller Fernsehhaushalte über Satellitendirektempfang, mehr als die Hälfte über Kabelanschluss. Anfang 2002 gab es in Dtl. rd. 35,5 Mio. angemeldete Fernsehgeräte. Technisch und publizistisch ist das F. eine Weiterentwicklung des Hörfunks. Unterschieden werden staatl., öffentlich-rechtl. und privatwirtsch. (kommerzielle) Systeme, wobei in den meisten Ländern Mischformen existieren, in Dtl. seit 1984 das duale Rundfunksystem aus öffentlich-rechtl. und privaten Sendern. Während Erstere ihre Kosten größtenteils aus Rundfunkgebühren (Einnahmen 2002: ARD rund 5 Mrd. €; ZDF rd. 1,6 Mrd. €) und zu einem geringeren Anteil aus Werbung bestreiten (Netto-Werbefernsehumsätze 2002: ARD 136,7 Mio. €; ZDF 116,1 Mio. €), finanzieren sich Letztere ausschl. aus Werbeeinnahmen (2002: z. B. RTL 1,18 Mrd. €, Sat.1 795 Mio. €, ProSieben 786 Mio. €) oder aber, wie der Pay-TV-Sender Premiere, über Zuschauer-Abonnemententgelte.

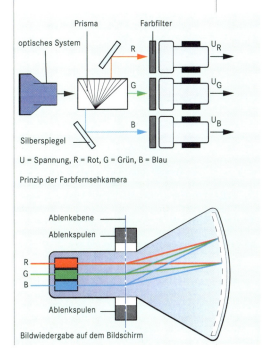

Fernsehen: die Zerlegung des Fernsehbildes in der Farbfernsehkamera in die drei Grundfarben Rot, Grün und Blau (oben) sowie die Bildwiedergabe auf dem Bildschirm (Schema)

FER Fernsehen

Fernsehen: TV-Shop

Zu den öffentlich-rechtl. Sendeanstalten gehören die ARD mit ihren neun (2003 fusionierten Ostdt. Rundfunk Brandenburg und Sender Freies Berlin) Landesrundfunkanstalten, die ein Erstes Fernsehprogramm und sieben dritte Programme veranstalten, das ZDF, die beiden Kulturprogramme ARTE und 3sat, der Kinderkanal KI.KA, der Dokumentationskanal Phoenix sowie die Auslandsrundfunkanstalt Dt. Welle, die Mitgl. der ARD ist und die das Fernsehprogramm »DW-tv« ausstrahlt. Empfangen werden können ferner, größtenteils über Kabel oder Satellit, rd. 30 Privatfernsehkanäle, darunter befinden sich die Vollprogramme RTL, RTL II, Sat.1, ProSieben und VOX sowie die Spartenkanäle DSF, Eurosport (Sport), n-tv, CNN, N24 (Nachrichten), Super RTL, Kabel 1, Neun live (Unterhaltung), MTV, VH 1, Viva, Viva plus, Onyx (Musik), QVC, Home Shopping Europe, RTL Shop (Teleshopping), außerdem die digitale Pay-TV-Plattform Premiere, die ihr Programm verschlüsselt anbietet. Die öffentlich-rechtl. Sender unterliegen einem gesetzlich fixierten Programmauftrag, der sie zur Grundversorgung der Bev. mit Information, Bildung, Kultur und Unterhaltung verpflichtet; gewährleistet sein müssen ferner tatsächl. Erreichbarkeit, Meinungsvielfalt (Programmausgewogenheit) und Spartenvielfalt. Marktführer unter den Fernsehanstalten ist seit Jahren der Privatsender RTL (2003: 14,9% Zuschauermarktanteil), ARD und ZDF lagen 2003 mit einer Quote von 14,0% bzw. 13,2% vor Sat.1 (10,2%), ProSieben (7,1%), RTL II (4,7%) und Kabel 1 (4,2%); die Dritten Programme der ARD erreichten zus. 13,4% Marktanteil. Die Fernsehnutzung hat in Dtl. seit der Einführung des Kabel- und Satelliten-F. zugenommen und lag 2003 bei durchschnittlich 199 Minuten pro Tag. Das F. erreicht täglich 73% der Bev., der Hörfunk 79%. – *Rechtliches:* ↑ Rundfunk.

Geschichte: 1843 gab A. Bain das Prinzip der zeilenweisen Abtastung für elektrisch zu übertragende Bilder an. 1883 erfand P. Nipkow den mechan. Bildzerleger (Nipkow-Scheibe), der noch bis in die 30er-Jahre dieses Jh. verwendet wurde. Erst mit der Einführung des Röhrenverstärkers nach dem Ersten Weltkrieg begann die eigentl. Entwicklung: 1924/25 erste prakt. Vorführungen in Dtl. (A. Karolus), Großbritannien (J. L. Baird) und den USA (C. F. Jenkins). Ein tägl. Programm begann in der Bundesrep. Dtl. 1952 der NWDR, dem die weiteren Anstalten folgten. 1966/67 wurde das PAL-Farbfernsehsystem (von W. Bruch) eingeführt. Etwa seit 1990 werden die verbesserten Farbfernsehsysteme PALplus und HDTV eingeführt. Bis etwa 2010 soll in Dtl. der Übergang vom analogen zum (kostengünstigeren) digitalen F. vollzogen werden, um dadurch Frequenzengpässe abzubauen und die in der Entwicklung befindl. Verknüpfung von F., Hörfunk, Internet und Mobiltelefon voranzutreiben.

📖 *Gesch. des F. in der Bundesrep. Dtl.*, hg. v. H. Kreuzer u. C. W. Thomsen, 5 Bde. München 1993–94. – Doh, M.: *10 Jahre Privatfernsehen. Gesellschaft, Fernsehlandschaft u. Medienpädagogik im Wandel.*

Fernsehsatellit FER

München 1994. – Buddemeier, H.: Illusion u. Manipulation. Die Wirkung von Film u. F. auf Individuum u. Gesellschaft. Stuttgart ²1996. – Schönfelder, H.: Fernsehtechnik im Wandel. Berlin u. a. 1996. – Hickethier, K.: Gesch. des dt. F. Stuttgart u. a. 1998. – Wehmeier, S.: F. im Wandel. Differenzierung u. Ökonomisierung eines Mediums. Konstanz 1998. – Winterhoff-Spurk, P.: F. Fakten zur Medienwirkung. Bern u. a. ²2001. – Internat. Hb. Medien, hg. v. Hans-Bredow-Inst. für Medienforschung an der Univ. Hamburg. Baden-Baden u. a. 2002/03 ff. (zweijährl.; Ausg. 1992/93 bis 2000/01 u. d. T. Internat. Hb. für Hörfunk u. F.). – Mäusl, R.: F.-Technik Vom Studiosignal zum DVB-Sendesignal. Heidelberg ³2002.

Fernsehfilm, eigens für die Wiedergabe im Fernsehen gedrehter Dokumentar- oder Spielfilm.

Fernsehkamera, ähnlich einer ↑Videokamera aufgebautes Gerät, das ein opt. Bild einer Szene in ein Bildraster zerlegt und zu jedem Bildelement des Rasters ein elektr. Signal abgibt, das dessen äußerer Leuchtdichte entspricht. Wichtigster Teil der F. ist die ↑Bildaufnahmeröhre.

Fernsehkarte (TV-Karte), Zusatzkomponente, meist als Steckkarte, für den Einbau in einen Computer (PC), um mit diesem fernsehen zu können. Die F. wird mit dem Antennen- oder Kabelanschluss verbunden und die zugehörige Software auf dem Computer installiert. Mit einer F. ist es möglich, Sendungen aufzuzeichnen, Standbilder abzuspeichern und weiter zu bearbeiten.

Fernsehkirche (engl. Electronic Church), von privaten Fernsehstationen getragene Fernsehsendungen religiösen Anspruchs und Inhalts in den USA; auf prot. Seite stark durch einen charismatisch-theolog. Ansatz und populäre **Fernsehprediger** geprägt.

Fernsehnormen, die Vorschriften über die für eine Fernsehübertragung notwendigen Größen wie etwa Bildwechselzahl, Modulationsart oder Gleichlaufsignale. In den versch. Ländern gelten aus histor. Gründen heute noch versch. Normen. In Europa gibt es mehrere Normen, die zur Kurzbez. mit Großbuchstaben benannt werden. Sie geben u. a. Vorschriften über folgende Größen: Zeilenzahl je Bild (Z), Videobandbreite eines Fernsehkanals (VB), Bild-Ton-Träger-Abstand (BT), Modulationsart für Bild (BM) und Ton (TM), Leistungsverhältnis Bild-/Tonsender (LBT), Restseitenband (RB), Bandbreite eines Fernsehkanals (KB). Nach dem Stockholmer Wellenplan (1952) sind für Fernsehen die Bänder I, III (VHF) sowie IV, V (UHF) vorgesehen. Band II ist dem UKW-Rundfunk vorbehalten.

Fernsehsatellit, als aktiver Sender oder Umsetzer wirkender ↑Nachrichtensatellit zur Übertragung von Fernsehprogrammen. F. erhalten die auszustrahlenden Signale von Bodenstationen, haben hohe Sendeleistung und müssen gut ausgerichtete Antennen aufweisen; bevorzugt werden geostationäre Satelliten. Für die Übertragung der Programme zw. zwei Endstellen sind (seit 1962) Nachrichtensatelliten im Einsatz, u. a. aus der Reihe ↑INTELSAT (z. B. Early Bird), ↑EUTELSAT (z. B. Hot Bird) und ↑Astra (z. B. Astra 1F).

Fernsehsatellit: die drahtlose Übertragung von Fernsehprogrammen durch Fernsehsatelliten

FER Fernsehserie

Fernsehserie, Folge von inhaltlich zusammengehörigen Fernsehsendungen, die in regelmäßigen Abständen ausgestrahlt werden. Man unterscheidet nicht fiktionale F. (Ratgeber- und Bildungssendungen) und fiktionale F., für die v. a. die Wiederkehr der auftretenden Personen charakteristisch ist. In deren Mittelpunkt stehen häufig Familien oder Freundeskreise (↑Soapopera), Kriminalisten, Detektive oder Agenten sowie Geschehnisse in Hotels, Krankenhäusern oder auf (Raum-)Schiffen. Im Ggs. zum mehrteiligen Fernsehfilm steht bei der F. die Handlungsdramaturgie der einzelnen Episode und weniger des Gesamtwerkes im Vordergrund.

Fernsehspiel, spezif. Sendeform im Fernsehen mit fließenden Grenzen zu Theaterstück und Film; zum F. zählen: das eigentl. F. als eine eigens für das Fernsehen konzipierte Form eines Stoffes, der vorher noch in keinem anderen Medium Niederschlag fand; die F.-Adaption eines Theaterstücks, eines Hörspiels oder einer epischen Vorlage sowie auch der Fernsehfilm. Weiterhin ist das dokumentar. F. zu nennen, das sich wiederum unterscheidet vom Informationen aufbereitenden Fernsehfeature. – Dem theater- und literaturorientierten F. der 1950er-Jahre folgten historisch-polit. F. der 1960er- und soziale Problem-/Themen-F. der 1970er-Jahre, seitdem herrschen erzählende und psycholog. F. vor. Mehrteilige F. bilden den Übergang zur ↑Fernsehserie.
📖 *Hickethier, K.: Das F. der Bundesrep. Themen, Form, Struktur, Theorie u. Gesch., 1951–1977. Stuttgart 1980. – Das Ende der Euphorie. Das dt. F. nach der Einigung, hg. v. K. Hickethier u. a. Münster u. a. 1997.*

Fernsprecher, Einrichtung zum Senden und Empfangen gesprochener Nachrichten. Erst 1980 wurde der Begriff F. (bzw. **Fernsprechen**) von der Dt. Bundespost durch die Bez. ↑Telefon (bzw. **Telefonieren**) ersetzt.

Fernsprechgeheimnis, ↑Brief-, Post- und Fernmeldegeheimnis.

Fernsprechnetz, ↑Telefonnetz.

Fernstraßen, Hauptverbindungen der Straßennetze, die bed. Städte, Ind.zentren oder Ballungsräume verbinden; in der Bundesrep. Dtl. die ↑Bundesfernstraßen. (↑Europastraßen)

Fernstudium, Erwachsenenqualifizierung auf Hochschulniveau, die über Studienbriefe oder den Verbund versch. Medien (z. B. Funkkolleg, Telekolleg) zu (staatl. anerkannten) Zertifikaten oder (staatl.) Examen führt, ohne die Anwesenheit an einem bestimmten Studienort zu erfordern; als Begriff umgangssprachl. auch für sonstigen ↑Fernunterricht verwendet. Ein Vollstudium mittels Studienbriefen bietet die Fernuniversität – Gesamthochschule in Hagen (↑Fernuniversität) für versch. Fachrichtungen an.

Ferntrauung, im Zweiten Weltkrieg Eheschließung in Abwesenheit des Mannes; 1946 (brit. Besatzungszone 1949) abgeschafft.

Fernuniversität, Bez. für eine Univ., die ihren Studienbetrieb im Rahmen von Fernstudiengängen organisiert (↑Fernstudium); in Dtl. die F. – Gesamthochschule in Hagen, eröffnet 1975.

Fernunterricht, privatrechtlich angebotener, meist berufl. Unterricht (auch Schulabschlüsse), der in Form von Fernlehrgängen erfolgt. Anbieter können private und öffentl. Institute sein. Die Fernlehrgänge führen zu internen Abschlussprüfungen oder bereiten auf staatl. bzw. öffentlich-rechtl. Prüfungen vor. Zulassungen für Fernlehrgänge, die auf staatl. bzw. öffentlich-rechtl. Prüfungen vorbereiten (zulassungspflichtige Fernlehrgänge), erteilen die Staatl. Zentralstelle für F. (ZFU; Sitz: Köln); bei bestimmten berufsbildenden Fernlehrgängen nach vorheriger Stellungnahme durch das Bundesinst. für Berufsbildung (BIBB; Sitz: Bonn). Darüber hinaus registriert die ZFU die nicht zulassungspflichtige Fernlehrgänge (»Hobby-Lehrgänge«, die ausschließlich der Freizeit dienen), deren Vertrieb ihr anzuzeigen ist.

Fernunterrichtsschutzgesetz, seit dem 1. 1. 1977 gültiges Ges. zum Schutz der Teilnehmer am Fernunterricht. Derartige Lehrgänge unterliegen nach §§ 12 ff. der behördl. Zulassung. Der Fernunterrichtsvertrag ist schriftl. abzuschließen; er muss Gegenstand, Ziel, Beginn und voraussichtl. Dauer des Lehrgangs sowie die Art des Lehrgangsabschlusses, den Gesamtbetrag der Vergütung und die Kündigungsbedingungen enthalten. Dem Teilnehmer steht ein schriftl. Widerrufsrecht innerhalb von zwei Wochen nach Eingang des ersten Lehrmaterials zu (§ 4 F., § 355 BGB). Die erstmalige Kündigung ist zum

Ablauf des ersten Halbjahres nach Vertragsschluss möglich (§ 5).
Fernwärme (F.-Versorgung), in einer zentralen Anlage, z. B. im reinen Heizwerk oder im Heizkraftwerk (Kombi-, Blockheizkraftwerk) mit Elektroenergiegewinnung erzeugte Wärme, die über ein Rohrleitungsnetz (F.-Netz) in Form von Dampf oder Heißwasser einer Vielzahl von Wärmeverbrauchern, z. B. zur Heizung **(Fernheizung),** Warmwasserbereitung und Prozesswärmeversorgung, zugeführt wird.
Fernwirktechnik, Teilgebiet der Nachrichtentechnik, das sich mit dem Überwachen und Steuern räumlich entfernter Objekte mit signalumsetzenden Verfahren hoher Zuverlässigkeit befasst. Das **Fernüberwachen** bedeutet das Erfassen, Übertragen und Auswerten von Information über den Zustand der Objekte, wobei man Fernmessen bzw. Telemetrie (Information ist »Messwert« mit mehr als zwei Zuständen) und Fernanzeigen (Information ist binäre »Meldung«) unterscheidet. Das **Fernsteuern** ist das Eingeben, Übertragen und Ausgeben von »Steuerinformation« zur Beeinflussung der Objekte, wobei man Ferneinstellen (Information ist »Stellwert« mit mehr als zwei Zuständen) und Fernschalten (Information ist binärer »Befehl«) unterscheidet.
Fernwirkanlagen umfassen die Gesamtheit der Stationen, Verbindungen und Warten für einen Funktionsablauf. Sie verwenden vorwiegend elektr. Signale als Träger der Information sowie die Methoden und Verkehrsarten der Nachrichtentechnik (z. B. Codierung, Modulation, Pulscodemodulation, Multiplexsysteme). Anwendungsbeispiele sind u. a.: a) Meldung von Schaltzuständen, Erfassen von Messwerten und Zählerständen, Erteilen von Schaltbefehlen in der elektr. Energieversorgung, b) Erfassen der Betriebsdaten und Übertragen von Stell- und Steuerbefehlen bei Fernleitungen für Erdöl, Gas und Wasser, c) Verbinden von Stellwerken versch. Bahnhöfe mit zentralen Stellwerken im Schienenverkehr, d) Steuerung von Ampeln im Straßenverkehr, e) Überwachung und Steuerung im industriellen Bereich, bei chem. Prozessen und in gefährdeten (z. B. radioaktiven) Zonen, f) Lenken und Betreiben unbemannter Land-, Wasser-, Luft- und Raumfahrzeuge.

Fernwirkung, 1) *Parapsychologie:* ↑Telepathie, ↑Telekinese.
2) *Physik:* jede Kraftwirkung, die ohne die Vermittlung des dazwischenliegenden Raumes oder eines Zwischenmediums auftritt. Die **F.-Theorie,** die dem coulombschen Gesetz der Elektrostatik und dem newtonschen Gravitationsgesetz zugrunde liegt, wurde seit der Mitte des 19. Jh. zugunsten der **Nahwirkungstheorie** (↑Feldtheorie) aufgegeben, da die Annahme einer augenblickl. (instantanen) F. der in der relativist. Physik postulierten endl. Ausbreitungsgeschwindigkeit von Wirkungen widerspricht. Alle modernen Wechselwirkungstheorien sind als Nahwirkungstheorien formuliert.
feroce [fe'ro:tʃə, italien.], musikal. Vortrags-Bez.: wild, ungestüm, stürmisch.
Ferrara [fə'rɑːrə], Abel, amerikan. Filmregisseur, *New York 1951; entwirft düstere Gesellschaftsbilder »Die Affäre Aldo Moro« (1986), »Bad Lieutenant« (1992), »Snake Eyes« (1993), »Giovanni Falcone« (1993), »Body Snatchers« (1994), »The Addiction« (1994), »Das Begräbnis« (1996), »Subway Stories« (1997); »New Rose Hotel« (1998).
Ferrara, 1) Provinz in der Emilia-Romagna, Italien, 2 632 km², 347 600 Einwohner.
2) Hptst. von 1), in der Poebene, 131 700 Ew.; Erzbischofssitz; Univ. (gegr. 1391), Museen; Nahrungsmittel-, Textil-, petrochem. Ind., Düngemittelfabrik. – In der von einer Mauer umschlossenen Altstadt (UNESCO-Weltkulturerbe) liegen das Castello Estense mit Wassergräben (Baubeginn 1385, 1554 und 1570 verändert), der roman. Dom (begonnen 1135; unvollendeter Campanile) und Adelspaläste, v. a. aus der Renaissance. – F. wurde gegen Ende des 10. Jh. vom Papst dem Markgrafen von Tuszien geschenkt und stand 1264–1598 als Herzogtum meist unter der Herrschaft der Este. Im 15./16. Jh. war es ein glanzvoller Mittelpunkt der italien. Renaissance (Ariosto, Tasso). – **Konzil von F.,** ↑Reformkonzilien. – Abb. S. 502
Ferrari, 1) Enzo, italien. Automobilfabrikant, *Modena 20. 2. 1898, †ebd. 14. 8. 1988; baute seit 1943 Renn- und Sportwagen unter eigenem Namen.
2) [fɛra'ri], Luc, frz. Komponist, *Paris 5. 2. 1929; studierte u. a. bei A. Honegger, E. Varèse und O. Messiaen, ging von der

FER Ferras

Ferrara 2): Castello Estense; erbaut im späten 14. Jh. mit 4 Ecktürmen (1554 und 1570 verändert)

seriellen Musik aus und griff Elemente der Musique concrète auf; entwickelte eine von ihm als »anekdot.« Musik bezeichnete Tonbandmusik, in der er Naturgeräusche, Gespräche und eigene Musik mit Poesie verbindet.

Ferras [fɛˈraːs], Christian, frz. Violinist, *Le Touquet-Paris-Plage (Dép. Pas-de-Calais) 17. 6. 1933, † Paris 15. 9. 1982; bed. Interpret v. a. klass. Violinkonzerte.

Ferrate [zu lat. ferrum »Eisen«], die Salze der Sauerstoffsäuren des Eisens.

Ferreira [fəˈrrɛira], António, portugies. Dichter, *Lissabon 1528, † ebd. 29. 11. 1569; wurde neben F. de Sá de Miranda zum Wegbereiter der klass. portugies. Lit.; schrieb die erste portugies. Tragödie (»Tragédia... de D. Inês de Castro«, um 1558, hg. 1587).

Ferreira de Vasconcelos [fəˈrrɛira ðə vaʃkõˈsɛluʃ], Jorge, portugies. Dichter, *Lissabon um 1515, † ebd. um 1585; schrieb u. a. die Prosakomödie »Eufrósina« (1555).

Ferrero-Waldner, Benita-Maria, österr. Politikerin, *Salzburg 5. 9. 1948; Juristin; Mitgl. der ÖVP, seit 1984 im diplomat. Dienst tätig, zuletzt 1994–95 Protokollchefin der Vereinten Nationen; war vom 4. 5. 1995 bis 4. 2. 2000 Staatssekretärin im Bundesministerium für auswärtige Angelegenheiten, wurde am 4. 2. 2000 Bundesministerin für auswärtige Angelegenheiten.

Ferres, Veronica Maria, Schauspielerin, *Solingen 10. 6. 1965; spielt nach Absolvierung einer klass. Schauspielausbildung seit den 1980er-Jahren Bühnenrollen (u. a. in München und 2002 in Salzburg in der Rolle der Buhlschaft im »Jedermann«) sowie Film- (»Schtonk«, 1991; »Rossini«, 1997; »Die Braut«, 1999) und Fernsehrollen (»Die Manns – Ein Jahrhundertroman«, 2001).

Ferret, Val [val fɛˈrɛ], Name zweier Alpentäler am O-Hang des Montblancmassivs, die vom Col Ferret (2 537 m ü. M.) ausgehen; das schweizer. Val F. (Kt. Wallis) führt als linkes Seitental des Val d'Entremont nach N (bis Orsières), durchflossen von der **Drance de Ferret;** das italien. Val F. mit der **Doire de Ferret,** einem Quellfluss der Dora Baltea, führt nach SW (bis Entrèves) zum Aostatal.

Ferri, Enrico, italien. Kriminologe, Rechtsphilosoph und Politiker* San Benedetto Po (bei Mantua) 25. 2. 1856, † Rom 12. 4. 1929; führte die von C. Lombroso begründete »positivist.« Schule der Kriminologie fort, betonte bes. die sozialen Ursachen von Verbrechen; hatte maßgebl. Anteil am italien. StGB (1921). F. war sozialist. Abg. (1886–1919), trat 1926 zum Faschismus über.

Ferri... [zu lat. ferrum »Eisen«], veralteter Namensbestandteil für Verbindungen des 3-wertigen Eisens, heutige Bez.: Eisen(III)-Verbindungen.

Ferrière [fɛrˈjɛːr], Adolphe, schweizer. Pädagoge, *Genf 30. 8. 1879, †ebd. 16. 6. 1960; setzte sich für die Selbsttätigkeit des Schülers in einer »École active« ein; gründete 1921 mit Elisabeth Rotten (*1882, †1964) u. a. die New Education Fellowship (seit 1927 Weltbund der Erneuerung der Erziehung).

Ferrimagnetismus, Sonderform des ↑Antiferromagnetismus; in ferrimagnet. Stoffen (z. B. ↑Ferrit, ↑Spinelle) sind die magnet. Momente antiparallel ausgerichtet und kompensieren sich in ihrer Wirkung teilweise, sodass nach außen eine geringe ferromagnet. Wirkung auftritt.

Ferrit der, Gefügeart in Eisenlegierungen, die unterhalb von 911 °C beständig ist und aus kubisch-raumzentrierten Kristallen des α-Eisens besteht.

Ferritin das, Eisen-Eiweiß-Verbindung (bis 25 % Eisen), das der Eisenspeicherung im Organismus dient und für die Regulierung der Resorption des Eisens von Bedeutung ist; kommt in der Dünndarmschleimhaut und v. a. in der Leber vor.

ferritischer Stahl, Stahl, der zum größten Teil aus ↑Ferrit besteht; hat zumeist einen Kohlenstoffgehalt von weniger als 1 % und wird u. a. mit Chrom, Nickel, Silicium, Aluminium, Magnesium für techn. Zwecke legiert. Je nach Kristallstruktur unterscheidet man hart- und weichmagnet. f. S.; hartmagnet. f. S. werden als Dauermagneten eingesetzt, weichmagnet., die bei Einwirkung äußerer magnet. Felder ferromagnet. Eigenschaften zeigen und nach deren Entfernung schnell wieder in den unmagnet. Zustand übergehen, werden z. B. in der Hochfrequenztechnik eingesetzt.

Ferro, früherer Name der Kanarischen Insel ↑Hierro.

Ferro... [zu lat. ferrum »Eisen«], veralteter Namensbestandteil für Verbindungen des 2-wertigen Eisens; heutige Bez.: Eisen(II)-Verbindungen.

ferro|elektrischer Wandler, Gerät zur Direktumwandlung von Wärme in elektr. Energie durch Ausnutzung der Temperaturabhängigkeit der Kapazität eines Kondensators aus ferroelektr. Material, z. B. Bariumtitanat.

Ferro|elektrizität, Erscheinung, die bei gewissen pyroelektr. Substanzen, den **Ferroelektrika,** auftritt. Ferroelektr. Kristalle zeigen spontane elektr. Polarisation, d. h., sie sind bereits ohne ein angelegtes elektr. Feld polarisiert. In einem Ferroelektrikum kann die Richtung der spontanen Polarisation durch ein genügend starkes äußeres elektr. Feld in die Gegenrichtung umgeklappt werden. Die phänomenologisch-makroskop. Beschreibung der F. steht in Analogie zu der des Ferromagnetismus, es treten Domänen (Bereiche mit homogener Polarisation) auf. Beim Erhöhen der elektr. Feldstärke wächst die Polarisation nur bis zu einem bestimmten Wert (ferroelektr. Sättigung); die Polarisation durchläuft in Abhängigkeit von der elektr. Feldstärke eine Hysteresekurve. – Atomistisch wird die spontane Polarisation durch Ionenverschiebung im Kristallgitter verursacht.

Ferro|elektromagnet, Stoff, der gleichzeitig ferromagnetisch (oder antiferromagnetisch) und ferroelektrisch (oder antiferroelektrisch) geordnete Domänen aufweist. Beispielsweise enthält Yttriummanganat ($YMnO_3$) antiferromagnet. und ferroelektr. Domänen. Derartige Materialien könnten z. B. als Datenspeicher Anwendung in der Spintronik (↑Magnetoelektronik) finden, die über die Wechselwirkung von Domänenwänden elektr. Domänen durch Magnetfelder und magnet. Domänen durch elektr. Felder beeinflussen lassen.

Ferrofluid, die ↑magnetische Flüssigkeit.

Ferrol (zeitweise El F. del Caudillo), Stadt an der galic. NW-Küste Spaniens, Prov. La Coruña, in einer geschützten Ria des Atlantik; 83 000 Ew.; Werften, Docks, Gießereien, Fischerei und Fischkonservenind.; bed. Kriegshafen.

Ferrolegierungen, Legierungen des Eisens mit relativ hohen Anteilen anderer Metalle oder Nichtmetalle, so enthält z. B. Ferromangan bis 95 % Mangan.

Ferromagnetismus, bereits im Altertum bekannte Erscheinungsform des Magnetismus, die sich in einer spontanen Magnetisierung bestimmter kristalliner Festkörper **(Ferromagnetika)** äußert. Zu ihnen gehören die Elemente Eisen, Nickel und Kobalt sowie Legierungen, deren Komponenten

Ferrum

z. T. oder alle **(Heusler-Legierungen)** nicht ferromagnetisch sind. Im Magnetfeld haben die Ferromagnetika eine um einige Tausend Mal größere Magnetisierung als para- oder diamagnet. Stoffe. Sie nimmt mit zunehmender Temperatur ab und verschwindet bei einer für den Stoff charakterist. Temperatur, der Curie-Temperatur, oberhalb derer die Substanz nur noch paramagnetisch ist. Die ↑Permeabilität ist bei Ferromagnetika keine Materialkonstante, sondern hängt in komplizierter Weise vom äußeren Magnetfeld ab (↑Hysterese) und erreicht einen Sättigungswert. Ferromagnet. Stoffe können nach außen unmagnetisch wirken, da sich viele spontan magnetisierte, durch Bloch-Wände getrennte homogene Bereiche (Domänen), die Weiss-Bezirke, bilden, deren Magnetisierung sich gegenseitig aufheben kann. – Der F. wird durch die magnet. Momente der Elektronenspins hervorgerufen.

Heinrich von Ferstel: Votivkirche in Wien im Stil der französischen Gotik (1856–79)

Ferrum *das,* lat. Bez. für ↑Eisen.
Ferry [fɛˈri], Jules, frz. Politiker, *Saint-Dié (Dép. Vosges) 5. 4. 1832, †Paris 17. 3. 1893; Linksrepublikaner, Abg. seit 1869; bekämpfte als Unterrichtsmin. (1879–83, mit Unterbrechungen) den Einfluss der geistl. Orden im Schulwesen. Als MinPräs. (1880–81 und 1883–85) betrieb er die Ausdehnung des frz. Kolonialreichs (Tunis, Madagaskar, Tongking).

Ferse, hinterer Teil des menschl. Fußes. Die knöcherne Grundlage bildet das **Fersenbein** (Calcaneus), der größte Fußwurzelknochen.

Fersensporn (Kalkaneussporn), dornartiger Auswuchs am Fersenbein im Bereich einstrahlender Sehnen (Achillessehne, Fußsohlenband); Folge von Überlastung.

Ferstel, Heinrich Freiherr von (seit 1879), österr. Baumeister, *Wien 7. 7. 1828, †Grinzing (heute zu Wien) 14. 7. 1883; war maßgebend am Ausbau Wiens beteiligt (v. a. Bauten der Ringstraße), im Stil der frz. Gotik entstand die Votivkirche (1856–79), im Neurenaissancestil das Museum für angewandte Kunst (1868–71).

Fertigbau (Fertigteilbau), Bauwerk, das auf der Baustelle unter Verwendung vorgefertigter Bauelemente wie Decken- und Wandplatten, Trägern, Platten und Bindern bei Gebäuden, Fahrbahnplatten und Trägerteilen bei Brücken, zusammengefügt (montiert) wird **(Montagebau).** – Beim F. des Hochbaus **(Fertighaus)** werden die geschosshohen vorgefertigten Elemente **(F.-Teile, Fertigteile)** aus Beton, Holz, Kunststoffen u. a. in Fabriken serienmäßig hergestellt. Als Vorteile des F. gegenüber konventionellen Baumethoden gelten v. a. kürzere Bauzeit und niedrigere Kosten.

Fertigung, alle techn. Maßnahmen zur Herstellung von Erzeugnissen. Man unterscheidet die Prozesstypen **Einzel-F., Sorten-F., Serien-F.** und **Massen-F.,** woraus sich das anzuwendende ↑Fertigungsverfahren ergibt. Dies hängt stets mit den Organisationstypen der F. zusammen, z. B. die Fließ-F. mit der Serien- und Massen-F. Der F.-Plan ist Grundlage der F.-Kalkulation, in der die planmäßigen Herstellungskosten ermittelt werden.

Fertigungsstraße, Form der Fertigung unter Verwendung von Fließbändern, an denen im Zeittakt versch. Fertigungsschritte hintereinander ausgeführt werden, z. B. bei der Montage von Kraftfahrzeugen.

Fertigungstechnik, Teilgebiet der Produktionstechnik, das techn. und organisa-

Fès FES

Fertigungstechnik: Im Wolfsburger Volkswagenwerk werden Rohkarosserien vollautomatisch durch Roboter geschweißt.

tor. Hilfsmittel und Methoden zur Umwandlung von Rohmaterialien in Einzelteile, d. h. die Herstellung geometrisch bestimmter fester Körper oder Stückgüter (diskrete Produktion) umfasst. Geometrisch bestimmte Teile (z. B. Maße, Werkstoff, Oberflächengüte) werden von Hand oder mittels Maschinen (Werkzeugmaschinen) u. a. Fertigungsmitteln (Vorrichtungen, Werkzeuge, Prüfmittel) im Industrie- oder Handwerksbetrieb aus formlosem Zustand durch unterschiedl. Fertigungsverfahren verändert. Dabei umfasst der Fertigungsfluss den Stoff-, Informations- und Personenfluss. Die **flexible automatisierte** F. ermöglicht gegenüber der konventionellen F. Kostenreduzierungen, Qualitätsverbesserungen und Zeiteinsparungen.
📖 Warnecke, H. J.: Einführung in die F. Stuttgart ³1998.

Fertigungsverfahren, alle Verfahren, die in der Fertigungstechnik zur Herstellung oder Veränderung von Werkstücken zur Verfügung stehen. Die Wahl des anzuwendenden F. hängt von der vorgegebenen Werkstückform mit den Abmessungen, Maßtoleranzen, Oberflächengüten sowie von betriebl. Gegebenheiten ab. Es werden unterschieden: 1) **Urformen** wie Gießen, Pressen, Sintern; 2) **Umformen** wie Schmieden, Ziehen, Biegen; 3) **Trennen** mit den Untergruppen Zerteilen (z. B. Abschneiden), Spanen (z. B. Drehen, Bohren, Fräsen, Schleifen), Abtragen (z. B. Elysieren, Ätzen, Erodieren), Zerlegen, Reinigen und Evakuieren; 4) **Fügen** wie Nieten, Schweißen, Kleben; 5) **Beschichten** wie Aufdampfen, Anstreichen, Galvanisieren; 6) **Stoffeigenschaftsändern** wie Härten, Entkohlen, Nitrieren.

Fertilität [lat.], ↑Fruchtbarkeit; Ggs.: Infertilität.

Fertőd ['fɛrtøːd] (bis 1950 Eszterháza), Ort in W-Ungarn, südlich des Neusiedler Sees, 3 100 Ew.; prachtvolles Barockschloss, 1760–69 unter Fürst N. Esterházy erbaut (unter Einbeziehung eines Jagdschlosses von 1720); heute z. T. Museum. Hier wirkte 1761–90 J. Haydn als Hofmusiker.

Fertő-tó ['fɛrtøːtoː], ungar. Name des ↑Neusiedler Sees.

Ferula [lat.] die, Kreuzstab der Päpste, nur noch bei besonderen liturg. Handlungen in Gebrauch.

fes das, Musik: Halbton unter f (f mit ♭).

Fes [türk., nach der Stadt Fès] der (Fez, Tarbusch), die früher im Orient und auf dem Balkan weit verbreitete rotwollene, kegelförmige Mütze mit flachem Deckel und blauer, schwarzer oder goldener Quaste; bis 1926 in der Türkei, bis 1953 in Ägypten getragen; heute nur noch in Trachten auf dem Balkan.

FES, Abk. für Inst. für **F**orschung und **E**ntwicklung von **S**portgeräten, 1961 gegründete wiss.-techn. Einrichtung, in der für den Spitzensport Prototypen und Kleinserien von Wettkampfgeräten entwickelt, getestet und produziert werden; Sitz: Berlin-Köpenick. Das FES arbeitet eng mit dem ↑Institut für Angewandte Trainingswissenschaft e. V. zusammen.

Fès [fɛs, frz.] (Fez), Prov.-Hptst. im nördl. Marokko, im Vorland des Mittleren Atlas,

774 800 Ew.; ein kulturelles und religiöses Zentrum des Landes, Handelsstadt für die Agrarprodukte des fruchtbaren Sebou-Tales; Sitz einer der bedeutendsten islam. Univ. (gegr. 859) und einer weiteren Univ. (gegr. 1973) sowie geistl. islam. Schulen; bed. Handel und altes Gewerbe (Leder-, Seiden-, Mosaikarbeiten, Färberei); Verkehrsknotenpunkt, internat. Flughafen; Fremdenverkehr. – Die Altstadt F. el-Bali, eine der am besten erhaltenen mittelalterl. islam. Städte mit prachtvollen Moscheen, wurde von der UNESCO zum Weltkulturerbe erklärt. – F. wurde 788/89 und 808 als Doppelstadt gegründet (Residenzen der Idrisiden). Beide Stadtteile wurden im 11. Jh. durch die Almoraviden durch eine Mauer zusammengeschlossen; Blütezeiten im 11./12. Jh., im 13./14. Jh. (1276 Gründung von F. el-Djedid) sowie im 18. und 19. Jh.; 1911–56 frz. Protektorat.

fesch [engl.; österr. feːʃ], österr. und umgangssprachlich schick, schneidig, flott, elegant; österr. nett, freundlich.

Feschak der, österr. umgangssprachlich: fescher (junger) Mann.

Fessan: Dünen im Fessan

Fessan der (Fezan, italien. Fezzan), Wüstenlandschaft in der nördl. Sahara, im SW Libyens; den größten Teil nehmen zwei mit Dünenfeldern bedeckte Becken ein: die Edeien von Ubari im N und die Edeien von Mursuk im S; ferner vulkan. Gebirgsmassive und ausgetrocknete Salzseen. Nur etwa 2 % des F. können als Kulturland (Oasen) genutzt werden. Die Bev., v. a. Tuareg und Tubu, lebt in den Oasensiedlungen Mursuk und Sebha oder als Nomaden. – Im äußersten SW zeugen zahlr. Felsgravierungen von einer frühen Jägerkultur. Im 1. Jt. v. Chr. errichteten die Garamanten ein Reich mit der Hptst. Garama (Ruinen nur z. T. ausgegraben).

Fessel, *Anatomie:* 1) Teil des Huftierfußes; liegt im Bereich des obersten Zehengelenkes und der ersten Zehengliedes (F.-Bein); 2) beim Menschen der Übergang von der Wade zur Knöchelregion.

Fesselballon [-balɔŋ, -balõ], durch ein Seil (F.-Seil) über einem festen Ort gehaltener Ballon; entweder kugelförmig oder von lang gestreckter Form mit Stabilisierungsflächen am Heck (**Drachenballon**). Heute werden F. fast nur noch als Instrumententräger für meteorolog. Untersuchungen der unteren Luftschichten oder für Zwecke der Luftwerbung verwendet.

Fesselflug, Flug eines Flugmodells, das durch eine Leine (F.-Leine) zu einem Kreisbahnflug gezwungen wird.

Fesselung, im Strafverfahren zulässige Einschränkung der Bewegungsfreiheit (§ 119 Abs. 5 StPO), wenn die Gefahr besteht, dass der Verhaftete Gewalt anwendet, Widerstand leistet, zu fliehen versucht, Selbstmord oder Selbstschädigung begeht.

Fest [zu lat. festus »feierlich«], seiner Sinngebung nach eine religiöse Feier; unterlag weitgehender Säkularisierung, enthielt jedoch von Anfang an profane Elemente, war z. B. mit Märkten verbunden (↑ Volksfeste); integraler Bestandteil der Alltagskultur. Anlass religiöser F. sind zunächst die großen Einschnitte des menschl. Lebens: Geburt, Pubertät, Hochzeit und Tod. In Jägerkulturen veranlassen Beginn und Abschluss der Jagd große Feste. Die Haupt-F. bäuerl. Kulturen richten sich nach dem Vegetationsrhythmus (Aussaat und Ernte). Das höf. F., v. a. im Barock, hervorgegangen aus dem F. der Patrizier im Spät-MA. und der frühen Neuzeit, war Staatsaktion und Demonstration der Bedeutung des Veranstalters. Im 19. Jh. verbreiteten Schützen-, Turn- und Sänger-F. häufig liberal-bürgerl. Gedankengut. Im 20. Jh. wurden F. vielfach vom Marketing überformt. (↑ Festtage)

📖 *Das F. Eine Kulturgesch. von der Antike bis zur Gegenwart*, hg. v. Uwe Schultz. München 1988. – Jung, Vera: *Körperlust u. Disziplin. Studien zur F.- und Tanzkultur im 16. u. 17. Jh.* Köln 2001. – Moser, D.-R.: *Bräuche u. F.e durch das ganze Jahr. Gepflogenheiten der Gegenwart in kulturgeschichtl. Zusammenhängen. Freiburg i. Br. 2002.

Fest, Joachim, Publizist und Historiker, *Berlin 8. 12. 1926; 1973-93 Mithg. der »Frankfurter Allgemeinen«, bearbeitet v. a. zeitgeschichtl. Themen (»Hitler - eine Biographie«, 1973; »Staatsstreich. Der lange Weg zum 20. Juli«, 1994; »Speer. Eine Biographie«, 1999; »Der Untergang. Hitler u. das Ende des Dritten Reiches«, 2002).

Festgeld (feste Gelder), ↑Einlagen.

Festigkeit, *Werkstoffkunde:* Widerstand, den ein fester Körper den auf ihn wirkenden Kräften gegen Verformung und Bruch entgegensetzt. Als Maß für die F. wird die Kraft, bezogen auf den Querschnitt, angegeben, die für die Formänderung notwendig ist (Einheit: N/mm^2 = MPa). Man unterscheidet nach dem zeitl. Verlauf der Belastungsart die **stat. F.** (allmähl. Belastungssteigerung bis zu einer Höchstbelastung) und die **dynam. F.** (schlagartige oder schwingende Beanspruchung), nach der Krafteinwirkung die Zug-, Druck-, Schub-, Biege- und Torsions-F. sowie die ↑Dauerfestigkeit.

festina lente! [lat., etwa »Eile mit Weile!«], nach Sueton (»Leben des Augustus«, Kap. 25) häufiger Ausspruch des röm. Kaisers Augustus.

Festival [frz. -'val; engl. 'fɛstɪvəl] das, ↑Festspiel.

festivo [italien.], musikal. Vortrags-Bez.: festlich, feierlich.

Festkommadarstellung, ↑Festpunktdarstellung.

Festkörper, Stoffe im festen Aggregatzustand. Sie besitzen ein definiertes Volumen und eine definierte Form, deren Änderung sie einen großen Widerstand entgegensetzen, da die durch die versch. Arten der ↑chemischen Bindung räumlich fixierten Bausteine (Atome, Moleküle oder Ionen) ihre feste Anordnung zu halten suchen. Vom F. zu unterscheiden ist der ↑starre Körper, der in der Mechanik eine besondere Rolle spielt, wenn von den elast. Eigenschaften (↑Elastizität) der F. abgesehen wird.
Nach der Art der Ordnung der Bausteine unterscheidet man kristalline F. und amorphe (nicht kristalline) Festkörper. In den **kristallinen F.** sind die Atome in einer regelmäßigen Gitterstruktur (↑Kristall) angeordnet, wobei die Realkristalle in ihrer Struktur infolge von Fehlordnungen und Gitterschwingungen versch. stark von der der Idealkristalle abweichen. Viele physikal. Eigenschaften kristalliner F., v. a. die unterschiedliche elektr. Leitfähigkeit von Metallen, Halbleitern und Isolatoren, lassen sich nur quantentheoretisch erklären (↑Energiebändermodell). **Amorphe F.** (z. B. Glas, Teer, Siegellack) weisen eine regellose statist. Verteilung der Atome und Moleküle auf (Nahordnung); sie können als Flüssigkeiten mit extrem hoher Zähigkeit **(unterkühlte Flüssigkeiten)** aufgefasst werden. Durch die im Vergleich zu den Kristallen schwächeren Bindungskräfte sind amorphe Stoffe leichter verformbar. Während die kristallinen F. einen definierten Schmelzpunkt besitzen, erweichen amorphe F. bei Temperaturanstieg allmählich und gehen erst in den zäh-, dann in den dünnflüssigen Zustand über. Sie lassen sich z. B. durch schnelles Abkühlen von Schmelzen (↑metallische Gläser) herstellen. – Zu den physikal. Phänomenen von F. gehören der ↑Ferromagnetismus und die ↑Supraleitung.

📖 *Lehrbuch der Experimentalphysik,* begr. v. L. Bergmann u. C. Schaefer, Bd. 6: F., hg. v. W. Raith. Berlin u. a. 1992. – Hänsel, H. u. a.: Physik. Studienausg., Bd. 4: Moleküle u. F. Heidelberg u. a. ⁴1996. – Maier, J.: F. Fehler u. Funktion; Prinzipien der physikal. F.-Chemie. Stuttgart u. a. 2000. – Böhm, M.: Symmetrien in F. Gruppentheoret. Grundlagen u. Anwendungen. Berlin 2002.

Festkörperchemie, Teilgebiet der anorgan. Chemie, das sich mit der Darstellung (↑Kristallzüchtung, ↑Epitaxie) und Untersuchung fester Stoffe beschäftigt, deren chem. und physikal. Eigenschaften stark durch die period. Anordnung der Bausteine in einem ausgedehnten Kristallgitter bestimmt werden.

📖 *West, A. R.: Grundlagen der F. A. d. Engl. Weinheim u. a. 1992. – Maier, J.: Festkörper. Fehler u. Funktion; Prinzipien der physikal. F. Stuttgart u. a. 2000.*

Festkörperphysik, Gebiet der Physik, das sich mit den physikal. Eigenschaften von Festkörpern und der theoret. Deutung dieser Eigenschaften befasst. Die F. untersucht insbesondere kristalline Materie, wie die räumlich-period. Anordnung der Gitterbausteine, die elementaren Anregungszustände sowie die Wechselwirkungen in

FES Festkörperschaltung

den Festkörpern; die Wechselwirkungen zw. Licht und Materie finden z. B. bei der Entwicklung von Halbleiterlasern, Lumineszenzdioden, Photodetektoren, Solarzellen u. a. optoelektron. Bauelementen Anwendung. Wichtige Spezialgebiete der F. sind ↑Halbleiterphysik, ↑Oberflächenphysik und Physik ↑dünner Schichten sowie ↑Supraleitung.
📖 *Christman, J. R.: F. Die Grundlagen. A. d. Engl. München u. a.* ²*1995.* – *Kittel, C.: Einführung in die F. A. d. Amerikan. München u. a.* ¹³*2002.* – *Ibach, H. u. Lüth, H.: F. Einführung in die Grundlagen. Berlin u. a.* ⁶*2002.* – *Kopitzki, K.: Einführung in die F. Stuttgart* ⁴*2002.*

Festkörperschaltung, Ausführungsform des ↑integrierten Schaltkreises, bei der ein Halbleiter- oder Isolatoreinkristall als Grundkörper (Substrat) dient; eine monolith. Schaltung.

Festlandsockel, der ↑Schelf.

Festmeter, Einheitenzeichen **Fm** oder **fm,** *Forstwirtschaft:* gebräuchl., aber nicht gesetzl. Rechnungs- und Buchungseinheit, entspricht 1 m³ fester Holzmasse ohne der Zwischenräume der Schichtung; bes. zur Messung von Langnutzhölzern. (↑Raummeter)

Festnahme, die aufgrund eines richterl. Haft- oder Unterbringungsbefehls (↑Unterbringung) erfolgende Freiheitsentziehung (§§ 112 ff. StPO). Die **vorläufige F.** ist die ohne richterl. Haftbefehl vorgenommene vorläufige Freiheitsentziehung. Berechtigt zur vorläufigen F. sind Staatsanwaltschaft und Polizei, wenn die Voraussetzungen eines Haft- und Unterbringungsbefehls vorliegen und Gefahr im Verzug ist, d. h., wenn der richterl. Befehl sonst nicht rechtzeitig erwirkt oder vollstreckt werden könnte (§ 127 StPO), ferner auch, wenn gegen den auf frischer Tat Betroffenen die unverzügl. Entscheidung im beschleunigten Verfahren wahrscheinlich und das Fernbleiben von der Hauptverhandlung zu befürchten ist (Hauptverhandlungshaft, § 127 b StPO). Jedermann ist zur vorläufigen F. befugt, wenn der Täter auf frischer Tat ertappt wird und fluchtverdächtig ist oder seine Personalien nicht festgestellt werden können. Der Festgenommene ist spätestens am Tage nach der F. dem Amtsrichter vorzuführen (§ 128 StPO). Dieser muss den Festgenommenen auf seine Rechte (bes. sein Aussageverweigerungsrecht) hinweisen, ihn vernehmen und daraufhin entweder einen Haft- oder Unterbringungsbefehl erlassen oder die Freilassung anordnen. Das Recht zur F. steht auch dem Gläubiger bürgerlich-rechtl. Ansprüche als Selbsthilfe gegen den fluchtverdächtigen Schuldner zu, wenn amtl. Hilfe nicht zur Stelle ist (§ 229 f. BGB, §§ 918, 933 ZPO). Allg. gilt, dass zur Durchsetzung der F. auch Gewalt angewendet werden kann, sofern die Verhältnismäßigkeit gewahrt bleibt. – Ähnl. Regelungen gelten in *Österreich* (§§ 177 ff. StPO, vorläufige Verwahrung) und in der *Schweiz* (Art. 62, 63 Ges. über die Bundesstrafrechtspflege).

Feston [fɛsˈtɔ̃, frz.] *das,* **1)** *Kunst:* Schmuckmotiv in Form eines Gehänges aus Bändern, Blumen, Früchten und Laubwerk; seit der Antike in Baukunst, Kunstgewerbe und Malerei beliebt.
2) *Stickerei:* Randbegrenzung der Weißstickerei in Bogen oder Zacken.

Festplattenspeicher (Festplatte, engl. Harddisk), ein ↑Magnetplattenspeicher, der fest in einen Computer eingebaut ist. F. zeichnen sich durch schnelle Zugriffszeiten und hohe Speicherkapazität aus.

Festpreis, staatlich festgelegter oder vertraglich vereinbarter Preis, der über oder unter dem jeweiligen Marktpreis liegt. (↑Richtpreis)

Festpunkt, 1) *Thermodynamik:* (Fixpunkt), physikalisch sehr genau definierter Temperaturpunkt reiner Stoffe (wie Tripel-, Schmelz-, Erstarrungspunkte) zur Festlegung einer Temperaturskala und zur Eichung von Thermometern. In der internat. Temperaturskala von 1990 sind 17 F. vereinbart worden, z. B. der Tripelpunkt des Wassers.
2) *Vermessungstechnik:* ein Punkt im Gelände, der genau eingemessen und gekennzeichnet ist.

Festpunktdarstellung (Festkommadarstellung), *Informatik:* Darstellung von Zahlen (Festpunkt-, Festkommazahlen) durch Ziffernfolgen in einem Stellenwertsystem, für die die Position des Kommas bzw. Punktes in der Programmdeklaration festgelegt wird. Der Rechner behandelt Festpunktzahlen als reine Ziffernfolgen, erst im Resultat wird der Stellenwert wieder eingesetzt. Rechenoperationen in F. können wesentlich schneller ausgeführt werden als in Gleitkommadarstellung, das Resultat kann jedoch leicht ungenau sein.

Festspeicher, *Informatik:* der ↑Festwertspeicher.

Festspiel, 1) (Festival), Aufführung von Dramen, Opern, Musikwerken bei festl. Anlass oder im Rahmen von periodisch wiederkehrenden festl. Tagen oder Wochen: F. in Salzburg, Bayreuth, München, Edinburgh u.a.; **Film-F.** u.a. in Cannes, Venedig, Berlin.
2) zu einem festl. Anlass verfasstes Bühnenstück; als dramat. Gattung v.a. in der Renaissance und im Barock von Bedeutung.

Feststellungsklage, eine Klageart vor den Zivil-, Arbeits-, Verwaltungs- und Finanzgerichten, die auf Feststellung des Bestehens **(positive F.)** oder Nichtbestehens **(negative F.)** eines Rechtsverhältnisses, der Echtheit oder Unechtheit einer Urkunde oder der Nichtigkeit eines Verwaltungsaktes gerichtet ist. F. sind subsidiär, d.h. unzulässig, wenn mit einer Leistungsklage das gleiche Ziel erreicht werden kann.

Festtage, regelmäßig wiederkehrende Feiertage. F. gliedern den Jahres- und Lebenslauf; sie markieren Höhepunkte im Leben des Einzelnen und der Gemeinschaft. Staaten gedenken an Nationalfeiertagen herausragender Ereignisse ihrer Gesch.; alle Religionen kennen regelmäßig wiederkehrende Festtage. – Die ältesten *christl.* F. sind der Sonntag, Ostern und Pfingsten; es folgen als weitere wichtige F. Epiphanias, Weihnachten und Himmelfahrt. Die wichtigsten *jüd.* F. sind neben den beiden Hauptfesten Neujahr (Rosch ha-Schanah) und großem Versöhnungstag (Jom Kippur) die drei Wallfahrtsfeste Passah, Wochenfest (Schawuot) und Laubhüttenfest (Sukkot). Hl. Wochentag ist der Sonnabend (Sabbat). Der *Islam* kennt als Hauptfeste das »Fest des Fastenbrechens« (kleiner Bairam) und das »Opferfest« (großer Bairam). Hl. Wochentag ist der Freitag.

📖 *Religiöse Feste der Juden, Christen u. Moslems. Daten u. Erläuterungen,* hg. v. F. Thiele. Konstanz ⁴1990. – Kirste, R. u.a.: *Die Feste der Religionen. Ein interreligiöser Kalender mit einer synopt. Übersicht.* Gütersloh 1995.

Festuca, die Grasgattung ↑Schwingel.

Festung, ständig befestigte Anlage zur Sicherung eines strategisch wichtigen Geländeabschnitts oder wichtiger Verkehrsverbindungen. – Mit der Einführung von Feuerwaffen erwies sich die Anlage von Erdwällen mit Brustwehren und von vorn halbrunden Bastionen, die weit in die Gräben vorsprangen, um sie flankierend unter Feuer nehmen zu können, anstelle von Burgmauern und -türmen als zweckmäßig. Der bastionierte Grundriss rund um eine Stadt bestimmte den F.-Bau vom 16. Jh. bis in die 1. Hälfte des 18. Jh., der bedeutendste F.-Baumeister um 1700 war der frz. Marschall S. le Prestre de Vauban. Es folgte im 18./19. Jh. der sternförmige Grundriss mit langen Wällen und abwechselnd ein- und ausspringenden Winkeln. In der 2. Hälfte des 19. Jh. zwang die gesteigerte Leistungsfähigkeit der Artillerie (v.a. durch die gezogenen Geschützrohre) zur Ausweitung und zum weiteren Ausbau der F.-Bauten. Die vor der Kernumwallung lie-

Festspiel 1): Inszenierung von Richard Wagners »Meistersinger von Nürnberg« (Bayreuther Festspiele 1984)

FES Festungshaft

genden Stützpunkte wurden um mehrere Hundert Meter vorgeschoben, um die gegner. Artillerie auf Distanz zum F.-Kern zu halten. Es entwickelte sich die **Fort-F.**, in der sich die Verteidigung von der Kernumwallung auf den Ring der bald kilometerweit vorgeschobenen Außenwerke (Forts und kleinere Zwischenwerke) verlagerte. Beispiele für diese großräumigen F. sind Metz und Paris sowie die im Ersten Weltkrieg z. T. heftig umkämpften Städte Lüttich, Antwerpen und Verdun. Zw. den beiden Weltkriegen entstanden ausgedehnte, durchgehende Befestigungsfronten mit stark betonierten, teilweise unterird. Anlagen, versenkbaren Geschütztürmen und Panzersperren (Maginotlinie, Westwall, Atlantikwall).

📖 *Glossarium artis, hg. v. R. Huber u. R. Rieth, Bd. 7: F.en. Tübingen u. a.* ²*1990.* – Meyer, Werner: *Dt. Burgen, Schlösser u. F.en. Neuausg. Bindlach 1994.* – Neumann, H.: *Festungsbaukunst u. Festungsbautechnik. Dt. Wehrbauarchitektur vom XV. bis XX. Jh. Bonn* ²*1994.*

Festungshaft, früher eine ausschließlich militär., auf einer Festung vollstreckte, nicht entehrende Freiheitsstrafe (custodia honesta) bei Zweikampf und einigen polit. Straftaten.

festverzinsliche Wertpapiere (Rentenpapiere, Renten), mittel- oder langfristige, von der öffentl. Hand, Banken oder Industrieunternehmen ausgegebene und am Rentenmarkt gehandelte ↑Schuldverschreibungen mit gleich bleibendem, bereits bei der Emission verbrieftem Zinsertrag (öffentl. Anleihen, Kommunal- und Industrieobligationen).

Festwertspeicher (Festspeicher), *Informatik:* Speicher zur permanenten Speicherung von Informationen. Als F. werden heute Halbleiterspeicher bezeichnet, deren Dateninhalt unveränderlich ist (»Nurlesespeicher«, ↑ROM).

Feszenninen [lat.; wahrscheinl. nach der etrusk. Stadt Fescennium] *Pl.,* altital. Festlieder voll derben Spotts.

Fet, Afanasi Afanassjewitsch, russ. Lyriker, *Nowosjolki (bei Mzensk, Gebiet Orel) 5. 12. 1820, †Moskau 3. 12. 1892; schrieb formvollendet-klangvolle Gedichte; auch Übersetzer.

FET, Abk. für ↑Feldeffekttransistor.

Feta® [ngrch.] *der,* (stark gesalzener) grch. Weichkäse aus Schafsmilch.

fetal [lat.] (fötal), den Fetus betreffend.
Fethiye [ˈfɛthiːjɛ], Stadt in der Prov. Muğla, Türkei, an der SW-Küste Kleinasiens, 20 000 Ew.; Seebad; Ausfuhrhafen für Chromerze; nach Erdbeben 1958 neu aufgebaut.
Fetialen [lat.] *Pl.,* Priesterkollegium im alten Rom, das die für den völkerrechtl. Verkehr bestehenden Vorschriften überwachte.
Fetisch [von portugies. feitiço »Zauber(mittel)«] *der,* von den Portugiesen zunächst für westafrikan. Götterbilder gebrauchter Ausdruck, dann allg. für einen Gegenstand, dem eine außernatürl. Kraft zugemessen und der deshalb verehrt wird (F. Kult).

Fetisch: Fetischfigur (Nagelfetisch) aus dem Kongogebiet; verlangt man die Hilfe dieser Figur, wird ein Nagel eingeschlagen (Philadelphia, Pennsylvania Museum)

Fetischismus *der,* **1)** *Philosophie:* nach A. Comte (Dreistadiengesetz) die für das erste Stadium der Menschheitsgeschichte charakterist. Form der Welterklärung (Deutung von Dingen als wirkmächtige Wesen). – K. Marx spricht vom »Fetischcharakter« der Waren, der die Entfremdung des Arbeiters von seinem Produkt und damit die Verdinglichung der gesellschaftl. Verhältnisse widerspiegelt.
2) *Psychologie:* sexuelle Störung, bei der Gegenstände als einzige oder bevorzugte Objekte sexueller Erregung und Befriedigung dienen.
Fetometrie [lat.-grch.] *die,* das Ausmessen des Fetus im Mutterleib mithilfe der Ultraschalldiagnostik im Rahmen der Schwangerschaftsvorsorge; Abweichun-

gen von den Referenzbereichen deuten auf eine Störung hin, z. B. auf genet. oder intrauterine Störungen.
Fetopathie [lat.-grch.] *die,* Schädigung des ungeborenen Kindes nach Abschluss der Organentwicklung, d. h. nach dem 3. Schwangerschaftsmonat; verursacht durch Infektionen, Blutgruppenunverträglichkeit zw. Mutter und Kind sowie Stoffwechselstörungen.
Fetoskopie [lat.-grch.] *die,* Betrachtung des Fetus in der Frühschwangerschaft mit einem durch Bauchdecke und Gebärmutterwand eingeführten Spezialendoskop; aufgrund des dabei bestehenden Fehlgeburtrisikos (3–5 %) ist die F. heute weitgehend durch die Ultraschalldiagnostik ersetzt.
Fetscher, Iring, Politikwissenschaftler, *Marbach am Neckar 4. 3. 1922; befasst sich v. a. mit der Gesch. der polit. Theorien, bes. des Marxismus.
Werke: Von Marx zur Sowjetideologie (1956); Der Marxismus. Seine Gesch. in Dokumenten, 3 Bde. (1963–68); Demokratie zw. Sozialdemokratie u. Sozialismus (1973); Vom Wohlfahrtsstaat zur neuen Lebensqualität (1983); Überlebensbedingungen der Menschheit (1991); Neugier u. Furcht. Versuch, mein Leben zu verstehen (1995).
Fett|abscheider, Anlage zum Absondern von Fett aus Abwässern, z. B. von Großküchen unter der Entwässerungsanlage.
Fett|alkohole, geradkettige höhere primäre Alkohole mit 8 bis 22 Kohlenstoffatomen, durch Hydrierung von Fettsäuren aus Fetten und Ölen oder synthetisch hergestellt. Die Schwefelsäureester (F.-Sulfate) und F.-Äthoxylate haben große Bedeutung als biologisch abbaubare Tenside.
Fette, Ester des Glycerins mit einem bis drei Molekülen Fettsäure, die als Stoffwechselprodukte von Pflanzen und Tieren in der belebten Natur weit verbreitet vorkommen. Am häufigsten sind Triglyceride mit drei Fettsäuremolekülen. Die ↑Fettsäuren der natürl. F. sind fast ausnahmslos unverzweigt und von geradzahliger Kettenlänge, weil bei ihrem Aufbau und Abbau im Fettstoffwechsel stets C_2-Einheiten auftreten. Die in den F. am häufigsten enthaltenen Fettsäuren haben eine Kettenlänge von 16 oder 18 C-Atomen, wobei in den tier. F. Palmitin-, Stearin- und Ölsäure überwiegen; pflanzl. F. enthalten zudem noch mehrfach ungesättigte und damit leichter verdaul. Fettsäuren, die die tier. Zelle nicht zu synthetisieren vermag. Bei Zimmertemperatur flüssige F. bezeichnet man als **fette Öle.** In vielen F. finden sich auch gesättigte Fettsäuren geringerer Molekülgröße. Alle natürl. F. enthalten in wechselnden Mengen (meist 0,1–2 %) Begleitstoffe versch. Art, bes. Verbindungen aus der Reihe der ↑Lipoide (u. a. Phosphatide, Cerebroside, Sterine, fettlösl. Vitamine, Carotinoide), die mit den F. die Gruppe der ↑Lipide bilden.
Die F. sind in reinem Zustand farb-, geruch- und geschmacklos, sie können aber ranzig werden: Beim chem. Verderben der F., bes. durch Autoxidation, entstehen unangenehm riechende Verbindungen. Höhere Temperatur, Licht und Spuren mancher Metalle beschleunigen den Vorgang. Daher schützt man Speise-F. durch Kühlung, Licht- und Luftabschluss. Das biochem. Verderben geht auf den Einfluss von noch im F. enthaltenen Enzymen, bes. Lipasen, oder auf Mikroorganismen zurück (Sauer-, Seifigwerden). Manche Schimmelpilze bauen die Fettsäuren zu Methylketonen ab, die stark unangenehm riechen (Ketonranzigkeit). F. sind leichter als Wasser, in diesem unlöslich, aber löslich in Lösungsmitteln, z. B. Benzol und Tetrachlorkohlenstoff. In äußerst feiner Verteilung bilden sie Emulsionen, die durch Eiweiß u. a. Emulgatoren vor der Anreinigung der F. an der Oberfläche (dem Aufrahmen) geschützt werden können (z. B. Milch). Bei den Ölen unterscheidet man je nach dem Sättigungsgrad des Fettsäureanteils **nicht trocknende Öle** (v. a. mit gesättigten und einfach ungesättigten Fettsäuren), **halb trocknende Öle** (mit einfach und zweifach ungesättigten Fettsäuren) und **trocknende Öle,** die durch einen hohen Anteil an bestimmten, mehrfach ungesättigten Fettsäuren charakterisiert sind und wegen ihrer leichten Oxidierbarkeit und Härtung zur Herstellung von Anstrichmitteln verwendet werden. Die Weltproduktion an F. beträgt heute über 100 Mio. t, davon dienen 80 % der menschl. Ernährung. Außerdem werden F. als Rohstoff zur Herstellung von Seifen, Waschmitteln, Lacken, Firnissen, Ölfarben, Kunststoffen, Textilhilfsmitteln u. a. verwendet.

📖 *Fett in der Ernährung,* hg. v. D. Rohweder u. M. Hacks. Hamburg u. a. 1991. – Bockisch, M.: Nahrungsfette u. -öle. Stuttgart 1993. – Fett in Nahrung u. Ernährung, hg. v. C. Wenk u. a. Stuttgart 1997.

Fettfänger, eine Einrichtung in Kläranlagen zum Entfernen und Wiedergewinnen des auf den Abwässern schwimmenden Fettes.

Fettfarbstoffe, fett- und öllösl. Farbstoffe zum Färben von Schmier- und Hydrauliköl, Schmierfetten, Wachsen, für die Kunststoff verarbeitende Ind. und zur Markierung z. B. von Vergaser- und Dieselkraftstoffen.

Fettfleckenkrankheit, durch das Bakterium Pseudomonas phaseolicola hervorgerufene Krankheit der Gartenbohne mit durchscheinenden, fettig aussehenden, später eintrocknenden Flecken auf Blättern und Hülsen.

Fettflosse (Adipose), flossenähnl. Fortsatz zwischen Rücken- und Schwanzflosse; in der Regel ohne knöcherne Flossenstrahlen, zum Beispiel bei den Lachsfischen.

Domenico Fetti: Porträt von einem Schauspieler (1623; Sankt Petersburg, Eremitage)

Fettgeschwulst, das ↑Lipom.

Fettgewebe, Art des Bindegewebes; Verband von Fettzellen, die durch Einlagerung von Fetttröpfchen in Retikulumzellen entstehen. Das F. enthält das dem Fettstoffwechsel dienende **Speicherfett** oder das druckelast. Polster bildende **Baufett**.

Fetthenne (Sedum), Gattung der Dickblattgewächse; Kräuter und Halbsträucher mit dickfleischigen, Wasser speichernden Blättern. Die europäisch-asiat. **Große F.** (Sedum maximum) ist eine bis 60 cm hohe Staude mit Knollen und gelbl. Blüten. Weitere Arten: die bis 15 cm hohe, gelbblütige **Scharfe F. (Mauerpfeffer,** Sedum acre), die weiß- bis lilaweiß blühende, bis 20 cm hohe **Weiße F.** (Sedum album), die bläulich grüne, gelb blühende **Felsen-F. (Tripmadam,** Sedum reflexum).

Fettherz, durch verstärkte Fettablagerung verändertes Herz; beruht auf Zunahme des dem Herzen i. d. R. aufliegenden Fettgewebes oder Umwandlung des zw. den Herzmuskelfasern gelegenen Bindegewebes in Fettgewebe bei Fettsucht; kann zur Beeinträchtigung der Reservekräfte des Herzens führen.

Fetti, Domenico, italien. Maler, * Rom um 1589, † Venedig 16. 4. 1623; 1614 Hofmaler in Mantua, siedelte 1622 nach Venedig über. Den großfigurigen Bildern seiner Frühzeit folgten später kleinfigurige Bibelszenen; die scharfe Beobachtungsgabe mit poet. Empfinden verbinden; Meister des venezian. Hochbarock.

Fetting, Rainer, Maler, * Wilhelmshaven 31. 12. 1949; Vertreter der ↑Neuen Wilden, schuf neben männl. Aktdarstellungen, Stadtlandschaften, Landschaften und Stillleben, seit 1986 auch Bronzeplastiken und Combine-Paintings.

Fettkohle, eine ↑Steinkohle.

Fettkraut (Pinguicula), Gattung der Wasserschlauchgewächse mit etwa 35 Arten auf der nördl. Erdhalbkugel; in Mitteleuropa u. a. das **Gemeine Fettkraut** (Pinguicula vulgaris); durch Kleb- und Verdauungsdrüsen auf den grundständigen Blättern dem Insektenfang angepasst; in Dtl. unter Naturschutz.

Fettleber, krankhafte Veränderung der Leber, die durch einen abnormen Fettgehalt der Leberzellen (Parenchym) gekennzeichnet ist (Leberverfettung). Die Ursachen sind z. B. übermäßiger Alkoholgenuss, Stoffwechselerkrankungen wie Diabetes mellitus, Fehl- oder Überernährung. Bei rechtzeitiger Ausschaltung der Ursache ist die F. voll rückbildungsfähig; aus einer chron. F. kann sich eine Leberzirrhose entwickeln.

Fettleibigkeit, die ↑Fettsucht.
Fettsäuren, die aliphat. einbasigen organ. Säuren (Monocarbonsäuren), die in der Natur v. a. an Glycerin gebunden in Form tier. und pflanzl. Fette und fetter Öle vorkommen und am Aufbau weiterer Naturstoffe beteiligt sind. Die **gesättigten F.** leiten sich von den Paraffinen ab; zu ihnen gehören Ameisen-, Essig-, Propion-, Butter-, Valerian-, Capronsäure und **höhere F.** wie die Palmitinsäure. Die **ungesättigten F.** enthalten eine Doppelbindung (einfach ungesättigte F., z. B. die Ölsäure) oder mehrere Doppelbindungen (mehrfach ungesättigte F., z. B. die Linolsäure). Mehrfach ungesättigte F. haben als **essenzielle F.** (Vitamin F) Bedeutung für den Fettstoffwechsel; sie senken den Cholesterinspiegel des Blutes und beugen so einer Arterienverkalkung vor; vom Organismus sind sie nicht synthetisierbar, daher in der Nahrung unentbehrlich.
Fettsäuresynthese, biolog. Bildung von Fettsäuren als Komponenten des Fettes in den Zellen; geht von aktivierter Essigsäure, einem Abbauprodukt der Glucose in der Atmung, aus und wird durch Fettsäuresynthetase, einen Multienzymkomplex, gesteuert. Die Essigsäure wird durch Kondensation um jeweils zwei Kohlenstoffeinheiten erweitert, bis die geradzahligen Fettsäuren mit 12–18, selten 20 Kohlenstoffatomen entstehen.
Fettsteiß (Steatopygie), extreme Fettablagerung in der Steißregion; häufig bei Hottentotten- **(Hottentottensteiß)** und Buschmannfrauen.
Fettsucht (Fettleibigkeit, Adipositas, Obesitas), abnorme Ansammlung von Körperfett mit entsprechend vermehrter Körpermasse (Übergewicht) infolge konstitutioneller Disposition, endokriner und Zwischenhirn-Erkrankungen oder durch zu reichl. Nahrungsaufnahme (z. T. aus psychisch begründeter Appetitsteigerung). Die F. ist ein Risikofaktor für Folgekrankheiten, z. B. Bluthochdruck, Diabetes mellitus, Arteriosklerose und Gicht. Die Frühsterblichkeit von Fettsüchtigen liegt um 10 % höher als die der Normalgewichtigen. Ziel der Behandlung ist eine negative Energiebilanz durch Einschränkung der Kalorienzufuhr. (↑Fastenkur, ↑Nulldiät, ↑Reduktionsdiät)   ❖ **siehe ZEIT Aspekte**
📖 *Laessle, R.: Adipositas im Kindes- u. Jugendalter. Basiswissen u. Therapie. New York u. a. 2001. – Praxisbuch Adipositas, hg. v. H. Toplak. Wien u. a. 2002.*
Fetus [lat.] *der* (Fötus), die Frucht der höheren Säugetiere und des Menschen im Anschluss an die Embryonalperiode; beim Menschen vom 3. Monat an bis zum Ende der Schwangerschaft.

Rainer Fetting: Ricky (Figur rasierend); 1980 (Privatbesitz)

Fetwa [arab.] *das* (Fatwa), Rechtsgutachten des Muftis, in dem festgestellt wird, ob eine Handlung mit dem islam. Recht vereinbar ist.
Feuchtersleben, Ernst Freiherr von, österr. Lyriker und Essayist, *Wien 29. 4. 1806, †ebd. 3. 9. 1849; Arzt und Dozent für ärztl. Seelenkunde; schrieb »Zur Diätetik der Seele« (1838), Gedichte und Aphorismen.
Feuchtgebiete, unter Natur- oder Landschaftsschutz stehende Landschaftsteile, deren pflanzl. und tier. Lebensgemeinschaften an das Vorhandensein von Wasser gebunden sind, z. B. natürl. Gewässer, Moore, Feuchtwiesen, Küsten, Wattflächen. Großflächige F. in Dtl. sind u. a. Dümmer, Steinhuder Meer, Ammersee, Müritz, Spreewald. (↑Ramsar-Konvention)
Feuchtigkeit (Feuchte), **1)** *allg.:* das in anderen Stoffen enthaltene Wasser.
2) *Meteorologie:* der Wasserdampf in der Luft (↑Luftfeuchtigkeit).

FEU Feuchtigkeitsmesser

Feuchtigkeitsmesser, das ↑Hygrometer.
Feuchtigkeitspflanzen, ↑Hygrophyten.
Feuchtmayer (Faichtmayr, Feichtmayr), aus Wessobrunn stammende Künstlerfamilie, deren Mitglieder im 17. und 18. Jh. tätig waren; bed. Vertreter: **1)** Franz Xaver, Stuckator, * Haid (heute zu Raisting) 10. 12. 1705, † Augsburg 1764; schuf virtuose Stuckdekoration u. a. in der Kirche des Klosters Wilten in Innsbruck (1754/55).
2) Johann Michael, Bildhauer, Stuckator, Ornamentstecher, getauft Haid (heute zu Raisting) 5. 8. 1709 oder 25. 9. 1710, † Augsburg 4. 6. 1772; schuf die Stuckdekorationen der ehem. Abteikirchen in Zwiefalten, Amorbach und Ottobeuren sowie von Vierzehnheiligen.

Joseph Anton Feuchtmayer: Chorgestühl der Stiftskirche von Sankt Gallen (1763-68)

3) Joseph Anton, Bildhauer und Stuckator, getauft Linz 3. 6. 1696, † Mimmenhausen (heute zu Salem) 2. 1. 1770; wirkte im Bodenseegebiet, wo er u. a. die Ausstattung der Wallfahrtskirche Birnau (1748-57), den Hochaltar der Franziskanerkirche in Überlingen (1760) sowie für die Stiftskirche in Sankt Gallen u. a. Chorgestühl (1763-68) und Beichtstühle (1761-63) schuf.
Feucht|raumleitung, eine gegen Nässe bes. geschützte elektr. Leitung; entsprechend ist die Elektroinstallation (nach DIN) als **Feuchtrauminstallation** auszuführen (z. B. speziell gekapselte Schalter, Verteilerdosen).
Feuchtsavanne, Vegetationstyp der wechselfeuchten Tropen mit einfacher Trockenzeit. Neben geschlossenem Graswuchs sind Baumgruppen und Galeriewälder typisch; v. a. in Afrika südlich und nördlich des trop. Regenwaldes anzutreffen.
Feuchtwangen, Stadt im Landkreis Ansbach, Mittelfranken, Bayern, 12 100 Ew.; Kunststoffverarbeitung, Papierwarenfabrik. – Gut erhaltene Altstadt mit evang. Pfarrkirche (ehem. Stiftskirche, 12./13. Jh. über Vorgängerbau, später zahlr. Umbauten), vom spätroman. Kreuzgang blieben zwei Flügel erhalten, spätgot. evang. Johanniskirche (15./16. Jh.), Marktplatz mit Fachwerkhäusern und Röhrenbrunnen (1726). – F. war von 1285 bis 1376 Reichsstadt.
Feuchtwanger, Lion, Schriftsteller, * München 7. 7. 1884, † Los Angeles 21. 12. 1958; hielt sich 1933-40 als Emigrant in Frankreich auf, dort 1940 interniert, floh im gleichen Jahr über Spanien und Portugal in die USA. F.s histor. Romane begreifen Geschichte als Lerngegenstand im Sinne aktueller Erkenntnis; einen zentralen Platz nimmt im Gesamtwerk die Auseinandersetzung mit der Geschichte des jüd. Volkes ein (u. a. Josephus-Trilogie: »Der jüd. Krieg«, 1932, »Die Söhne«, 1934, »Der Tag wird kommen«, 1945). Zeitgeschichte verarbeitete er in der »Wartesaal-Trilogie« (»Erfolg«, 1930; »Die Geschwister Oppenheim«, 1933 [1949 u. d. T. »Die Geschwister Oppermann«]; »Exil«, 1940).
📖 *Dietschreit, F.:* L. F. Stuttgart 1988. – *Sternburg, W. von:* L. F. Ein deutsches Schriftstellerleben. Neuausg. Berlin u. a. 1994.
feudal [mlat.], das Lehnswesen betreffend; den höheren Ständen angehörend, aristokratisch, vornehm, herrschaftlich; prunkvoll, reichhaltig ausgestattet.
Feudalismus [zu lat. feudum »Lehngut«] *der,* eine Form der sozialen, wirtsch. und polit. Ordnung, in der eine adlige Oberschicht vom Herrscher lehnsrechtlich mit Grundherrschaft und versch. Vorrechten ausgestattet wird. Der **Feudalstaat** war bes. im späten MA. die auf der Grundlage des ↑Lehnswesens ausgebildete Staatsform, die Vorstufe des späteren ↑Stände-

staats. Im Absolutismus wurden die Privilegien und Zuständigkeiten der Feudalherren durch die monarch. Souveränität und die aufkommende Bürokratie verdrängt. Das wirtsch.-soziale Feudalsystem dauerte jedoch oft noch lange an. In der Geschichtsphilosophie des Marxismus steht der F. als Entwicklungsstufe zw. der antiken Sklavenhaltergesellschaft und dem von der Bourgeoisie getragenen Kapitalismus. Die nicht marxist. Sozialgeschichte schränkt den F. auf das mittelalterl. Lehnswesen in W- und Mitteleuropa ein.
Anderson, P.: Von der Antike zum F. Spuren der Übergangsgesellschaften. A. d. Engl. Frankfurt am Main ²1981. – Duby, G.: Die drei Ordnungen. Das Weltbild des F. A. d. Frz. Frankfurt am Main ²1993. – Die Gegenwart des F., hg. v. N. Fryde u. a. Göttingen 2002.

Feuer, 1) *allg.:* die äußere, sichtbare Begleiterscheinung einer Verbrennung. Es verbrennen gasförmige und flüssige Stoffe sowie deren Dämpfe mit Flammen, feste Stoffe mit Flammen und/oder Glut. – Im grch. Mythos von Prometheus erscheint das F. als heilig und Eigentum der Götter. Über die Entdeckung des F. berichten zahlr. Sagen, in denen fast immer das Motiv des F.-Raubes wiederkehrt. Das deutet darauf hin, dass der Gebrauch des F. nicht von allen Völkern selbstständig entdeckt, sondern auch übertragen wurde. Bereits vor rd. 400 000 Jahren konnte der ↑ Pekingmensch das F. ständig unterhalten. In Europa ist der Besitz des F. seit der Altsteinzeit bekannt; auch hier handelte es sich zunächst um F.-Bewahrung (z. B. aus Bränden bei Blitzschlag), dann um bewusste Feuererzeugung. Auch die Verehrung des F. ist seit frühester Zeit bekannt (↑Feuerkult).
Rossotti, H.: F. Vom zündenden Funken zum flammenden Inferno. Heidelberg u. a. 1994.

2) *Militärwesen:* neben der Bewegung das Hauptelement des bewaffneten Kampfes; das Schießen mit Waffen aller Art auf den Gegner.

3) *Mineralogie:* Farbenspiel bei manchen Kristallen, bes. bei Edelsteinen.

Feueralarm, Alarmierung der Feuerwehrkräfte zur Bekämpfung von Bränden, bei techn. Hilfeleistungen oder Notständen. (↑Feuermeldeanlagen)

Feuerameise (Solenopsis geminata), 2–6 mm lange, in den amerikan. Tropen und Subtropen vorkommende Art der Knotenameisen. die durch Benagen der Rinde, Knospen, Blätter und Früchte an Nutzpflanzen schädlich werden kann. Ihr Stich ist sehr schmerzhaft.

Anselm Feuerbach: Medea mit dem Dolche (1871; Mannheim, Städtische Kunsthalle)

Feuerbach, 1) Anselm, Maler, *Speyer 12. 9. 1829, †Venedig 4. 1. 1880, Enkel von 3); ausgebildet in Düsseldorf, München, Antwerpen und Paris, ging 1856 nach Rom; 1873–77 Akademieprof. in Wien. F. wurde in seiner künstler. Entwicklung durch seine Stiefmutter Henriette, geb. Heydenreich (*1812, †1892), entscheidend gefördert. Sie veröffentlichte nach seinem Tod seine an sie gerichteten Briefe u. d. T. »Ein Vermächtnis« (1882). In seinen monumentalen mytholog. Gemälden von melancholisch-heroischer Stimmung fand seine Kunst ihre endgültige Form.
Werke: Hafis vor der Schenke (1852, Mannheim, Städt. Kunsthalle); Nanna-Porträts (1861–64, u. a. Karlsruhe, Staatl. Kunsthalle; Stuttgart, Staatsgalerie; Berlin, Nationalgalerie); Porträts der Stiefmutter (1867, Heidelberg, Kurpfälz. Museum;

Berlin, Nationalgalerie); Medea (1870, München, Neue Pinakothek; u. a.); Iphigenie II (1871, Stuttgart, Staatsgalerie).
📖 *Ecker, J.: A. F. Leben u. Werk.* München 1991. – *Kupper, D.: A. F.* Reinbek 1993. – *A. F., Beiträge von W. Leitmeyer u. a. Ausst.-Kat. Histor. Museum der Pfalz, Speyer. A. d. Ital.* Ostfildern-Ruit 2002.
2) Ludwig Andreas, Philosoph, *Landshut 28. 7. 1804, †auf dem Rechenberg bei Nürnberg 13. 9. 1872, Sohn von 3); seit 1828 Privatdozent in Erlangen, gab aufgrund theolog. Anfeindungen wegen seiner Schrift »Gedanken über Tod und Unsterblichkeit« (1830) seine akadem. Laufbahn auf. Urspr. von Hegel und der Kritik an dessen Konzeption vom »absoluten Geist« ausgehend, entwickelte F. seinen anthropolog. Materialismus: Das sinnl. Einzelwesen in Kommunikation mit dem Anderen sei die wahre Wirklichkeit, aus der heraus sich der Mensch, seine Wünsche in eine übersinnl. Welt projizierend, seine Religion schaffe. F.s Anthropologie und Religionskritik (»Das Wesen des Christentums«, 1841; »Vorlesungen über das Wesen der Religion«, 1851) wirkten auf K. Marx und F. Engels, M. Buber und K. Löwith.
Werke: Das Wesen des Christentums (1841); Grundsätze der Philosophie der Zukunft (1843); Vorlesungen über das Wesen der Religion (1851).
📖 *Sass, H.-M.: L. F.* Reinbek 20.–21. Tsd. 1994. – *L. F. u. die Gesch. der Philosophie,* hg. v. *W. Jaeschke u. F. Tomasoni.* Berlin 1998. – *Weckwerth, C.: L. F. zur Einf.* Hamburg 2002.
3) Paul Johann Anselm Ritter von, Jurist, *Hainichen (bei Jena) 14. 11. 1775, †Frankfurt am Main 29. 5. 1833, Großvater von 1), Vater von 2); war Prof. in Jena, Kiel und Landshut, wurde 1817 Präs. des Appellationsgerichts in Ansbach. F. ist der Begründer der modernen dt. Strafrechtslehre, der psycholog. Abschreckungstheorie und der Schöpfer des bayer. StGB von 1813. Er lehrte, dass nicht erst die Strafvollstreckung, sondern bereits die Strafdrohung die Bürger vor Straftaten abschrecke. Daraus folge, dass Gesetze allg. bekannt, Tatbestände klar formuliert sein und die Unrechtsfolgen von vornherein feststehen müssten, was in die Formel »nulla poena sine lege« (lat. »keine Strafe ohne Gesetz«), eines der zentralen rechtsstaatl. Postulate, mündete (dargelegt in: »Lehrbuch des gemeinen, in Dtl. gültigen peinl. Rechts«, 1801).
Werke: Kritik des natürl. Rechts... (1796); Anti-Hobbes (1797); Kaspar Hauser. Beispiel eines Verbrechens am Seelenleben des Menschen (1832).

feuerbeständig, ↑feuerfeste Stoffe.

Feuerbestattung (Einäscherung, Leichenverbrennung), Totenbestattung, bei der der Leichnam durch Feuer in Asche verwandelt wird; bereits im 7. Jh. v. Chr. nachweisbar; gewann seit dem 19. Jh. v. a. aus hygien. (gesundheitspolit.) Gründen an Verbreitung (erstes Krematorium 1874 in Gotha). – Die kath. Kirche hält grundsätzlich an der Erdbestattung fest, doch ist seit 1963 die F. erlaubt.
Recht: Als Bestattungsart sind F. und Erdbestattung gundsätzlich gleichgestellt. F. ist landesrechtlich geregelt. Die Art der Bestattung richtet sich nach dem Willen des Verstorbenen. Ist der Wille des Verstorbenen nicht nachweisbar, treffen die bestattungspflichtigen Angehörigen die Bestimmung. Die Einäscherung darf nur in behördlich genehmigten Anlagen und unter Beachtung bestimmter Vorschriften erfolgen.

Feuerdorn

Feuerdorn (Pyracantha), Gattung der Rosengewächse; meist immergrüne, dornige Sträucher mit fleischigen Früchten (Steinäpfel). Die Art Pyracantha coccinea (Heimat: S-Europa, SW-Asien) ist ein beliebter Zierstrauch.
Feuerfalter, Schmetterlinge, ↑Bläulinge.
feuerfeste Stoffe, Werkstoffe und Bauteile (z. B. aus Bauxit, Magnesit, Quarz)

mit der Eigenschaft, hohen Gebrauchstemperaturen zu widerstehen (z. B. in Heizanlagen, Schmelzöfen, Hitzeschild an Weltraumkapseln). Sie sind **feuerhemmend,** wenn sie nach halbstündiger Einwirkung des Feuers nicht selbst brennen und ihren Zusammenhang bewahren; sie sind **feuerbeständig,** wenn sie unter gleichen Bedingungen eineinhalb Stunden lang dem Feuer widerstehen, und **hochfeuerbeständig,** wenn sie der gleichen Prüfung drei Stunden standhalten.

Feuerflunder, eine Art der ↑Rochen.

feuergefährliche Flüssigkeiten, leicht verdampfbare Flüssigkeiten, z. B. Benzin, Äther, deren Dämpfe sich rasch ausbreiten und an einem offenen Feuer oder durch Funken entzünden können. (↑brennbare Flüssigkeiten, ↑Gefahrstoffe)

Feuerkäfer (Pyrochroidae), Käferfamilie mit rd. 150 Arten, davon drei in Mitteleuropa, u. a. die etwa 15 mm lange orangerote **Feuerfliege** (**Orangeroter F.,** Pyrochroa coccinea). F. leben bevorzugt am Waldrand auf Holz, Blüten, Baumstümpfen, ihre Larven räuberisch unter losen Baumrinden.

Feuerkraut, das Schmalblättrige ↑Weidenröschen.

Feuerkreuzler (frz. Croix-de-Feu), urspr. eine Frontkämpferorganisation in Frankreich, gegr. 1927, entwickelte sich unter der Führung von F. de la Rocque zu einer faschist. Kampftruppe (1935: 260 000 Mitgl.). Nach Auflösung der Organisation schlossen sich viele Mitgl. dem faschist. Parti social français (PSF; 1937 verboten) an.

Feuerkugel, *Astronomie:* ↑Meteor.

Feuerkult, Verehrung des Feuers als göttl. Macht. Bei den Indern wurde Agni als Feuergott verehrt, bei den Griechen Hephaistos, bei den Römern Vulcanus. Ausgeprägt war der F. bei den Persern, Skythen, Griechen (↑Prometheus) und Römern (↑Vesta). Spuren des F. finden sich auch bei Kelten, Germanen und Slawen. 📖 *Glöckner, H.:* Feuergötter zwischen der Bretagne u. Indien. Frankfurt am Main u. a. 1993.

Feuerland (span. Isla Grande de la Tierra del Fuego), große, stark vergletscherte Insel (47 000 km²) an der S-Spitze Südamerikas, durch die Magellanstraße vom Festland getrennt; bildet mit einer Inselgruppe den **F.-Archipel** (73 746 km²). F. ist benannt nach den Indianerfeuern, die F. de Magalhães 1520 nachts aufleuchten sah. Der westl. Teil und die Inseln südlich des Beaglekanals (mit der Hoorninsel, auf der Kap Hoorn liegt) gehören zu Chile (Region Magallanes), der östl. zu Argentinien (Nationalterritorium Tierra del Fuego). Im SW erstreckt sich die stark vergletscherte Hauptkordillere (im Cerro Yogan 2 469 m ü. M.), im O flaches Grasland (Schafzucht); Erdöl- und Erdgasförderung.
📖 *Gaida, K. G.:* Erdrandbewohner. Köln 1995. – *Gebhard, P.:* Patagonien, F. Rosenheim 1996.

Feuerland: durch den ständigen Wind verbogene Bäume

Feuerländer, die (fast ausgestorbenen) Indianer Feuerlands: auf der Hauptinsel die **Selk'nam (Ona),** südlich davon die **Yahgan (Yamana)** und westlich davon die **Alakaluf.** Die Selk'nam waren Jäger und Sammler; Yahgan und Alakaluf lebten umherziehend vom Fischfang, von der Jagd auf Robben, Pinguine, Wale und Wasservögel sowie vom Sammeln von Muscheln, Krabben und Schnecken. Die F. sind in den 1980er-Jahren als Ethnie ausgestorben. An der Küste der Wellingtoninsel haben etwa 50 Alakaluf überlebt.

Feuerleiter, Metallleiter an der Außenseite von Gebäuden; kann der Feuerwehr als Zugangs-, gefährdeten Personen als Rückzugsweg dienen.

Feuerleitsystem, ↑Waffenleitsystem.

Feuerlöschanlagen, ortsfeste Anlagen, die einen Brand unmittelbar nach seinem Ausbruch durch Abgabe geeigneter Löschmittel wirksam bekämpfen oder zumindest

FEU Feuerlöschboot

begrenzen sollen. F. werden als Raum- und Objektschutzanlagen (für Maschinen, Förderbänder u. a.) eingesetzt, wobei selbstständige F. auf Bildung von Wärme, Rauch oder optisch auf Flammen ansprechen. Wasser wird in Sprinkler-, Sprühwasseranlagen, Regenvorhängen oder Berieselungsanlagen verwendet. **Sprinkleranlagen** schützen Gebäude mithilfe eines Rohrnetzes, das in regelmäßigen Abständen mit Sprühdüsen (Sprinklern) versehen ist, die sich bei bestimmten Temperaturen selbsttätig öffnen. **Schaumlöschanlagen** für Schwer- oder Leichtschaum dienen bes. zum Schutz von Tankanlagen für brennbare Flüssigkeiten. **Kohlendioxid-Löschanlagen** gibt es als Niederdruck- oder Hochdruckanlagen mit Ausstoß von Kohlendioxid in Form von Schnee, Gas oder Nebel. **Löschpulveranlagen** eignen sich bes. für Raffinerien.
Feuerlöschboot, Spezialwasserfahrzeug mit Wasserwerfern, Schaumrohren u. a. zur Bekämpfung von Bränden auf Schiffen, im Hafengebiet und in Ufernähe. Seetüchtige F. sind die **Löschkreuzer.**
Feuerlöscher, mit bis zu 20 kg Einsatzmasse gefüllte, von Hand tragbare Feuerlöschgeräte, die ihren Löschmittelinhalt (↑Feuerlöschmittel) durch gespeicherten oder bei der Inbetriebsetzung erzeugten Druck selbsttätig ausstoßen. Sie dienen zur sofortigen Bekämpfung von Entstehungsbränden und Kleinbränden und müssen auch von wenig geübten Personen gehandhabt werden können. F. bestehen aus einem druckfesten Behälter, der das Lösch- und meist auch das Treibmittel (z. B. Kohlendioxid) enthält. Durch Betätigung eines Schlagbolzens oder eines Schraub- oder Hebelventils wird das Treibmittel wirksam und drückt das Löschmittel über ein Steigrohr durch die Spritzdüse ins Freie. F. sind typprüfungs- und zulassungspflichtig.
Feuerlöschmittel, flüssige oder dampfförmige Stoffe sowie mehrphasige Systeme (z. B. Schäume, Pulverwolken) zur Brandbekämpfung. F. wirken durch Ersticken (Hemmen der Sauerstoffzufuhr), Abkühlen (z. B. durch Verdampfen von Wasser) oder Unterbinden der Verbrennungsreaktion. Das wichtigste F. ist Wasser. Kohlendioxid und Standardlöschpulver werden für Brände in elektr. Anlagen sowie für Gas- und Flüssigkeitsbrände, ABCD-Löschpulver für Glut- und Metallbrände und Schaumlöschmittel für großflächige Brände von Erdölprodukten verwendet. Halone sind aus Umweltschutzgründen seit dem 1. 1. 1994 verboten.
Feuermal, ein ↑Blutgefäßmal.
Feuermeldeanlagen, Gefahrenmeldeanlagen zur Alarmierung von Feuerwehrkräften bei Brandausbrüchen oder sonstigen Gefahrenzuständen unter Angabe des Meldeortes. Öffentlich zugängl. Hauptmelderanlagen übermitteln eine Feuermeldung über Meldungsgeber und ein öffentl. Leitungssystem zur Feuerwache. Eine F. besteht aus mehreren Meldungsgebern, dem Leitungsnetz und der Feuermelde-Empfangszentrale in der Einsatzzentrale der Feuerwehr mit der erforderl. Stromversorgung. Möglichkeiten der Verbindung zur Feuerwehr: 1) das Schleifensystem, bei dem bis zu 30 Melder in einer Leitungsschleife oder Ringleitung hintereinander geschaltet und vom gleichen Strom durchflossen werden; 2) das Liniensystem, das für jeden Melder einen separaten Stromweg über eine Zweidrahtleitung erfordert.
Meldungsgeber werden handbetätigt **(Druckknopfmelder)** oder reagieren selbstständig. Zu Letzteren gehören **Wärmemelder,** die sich bei Erreichen einer bestimmten Höchsttemperatur schließen oder öffnen (Maximalmelder) oder auf den durch den Brandausbruch entstandenen Temperaturanstieg je Zeiteinheit reagieren (Differenzialmelder), **Flammenmelder,** die auf die von den Flammen ausgehende Infrarotstrahlung reagieren, und Rauchmelder. Zu den **Rauchmeldern** gehören opt. Melder und Ionisationsrauchmelder, die die Feststellung von Brandausbrüchen ermöglichen, lange bevor Flammenbildung oder Temperaturerhöhung auftreten. – Sprechmöglichkeit bieten Melder in Fernsprechnotrufsäulen; Notrufmelder für zwei Richtungen (Polizei und Feuerwehr) gibt es als Zusatzgerät zum Münzfernsprecher. Gebührenfreier Notruf im öffentl. Fernsprechnetz in Dtl.: 112.
Feuerprobe, ein ↑Gottesurteil.
Feuersalamander, ein Lurch, ↑Molche und Salamander.
Feuerschiff, an navigatorisch wichtigen oder gefährl. Stellen verankertes Spezialschiff mit starkem Leuchtfeuer und Nebelsignalapparaten; heute unbemannt oder

ersetzt durch entsprechend ausgerüstete Leuchttürme oder Baken.
Feuerschutz, ↑Brandschutz.
Feuerschutzsteuer, Steuer auf die Entgegennahme von Versicherungsentgelten aus Feuerversicherungen. Der Steuersatz beträgt seit dem 1. 7. 1994 einheitlich 8 % des Versicherungsentgeltes. Steuerschuldner sind die Versicherungsunternehmen. Das Aufkommen (2001: 293,3 Mio. €) fließt den Ländern zu und ist zweckgebunden an die Förderung des Feuerlöschwesens und des vorbeugenden Brandschutzes.

Feuerschwamm

Feuerschwamm, mehrere zur Familie der Porlinge gehörende Ständerpilze mit harten, holzigen, huf- bis konsolenförmigen Fruchtkörpern; Parasiten an versch. Baumarten, Erreger der Weißfäule; früher zur Zunderherstellung genutzt.
Feuerstein (Flint), dichtes, hartes kieseliges Gestein aus Chalcedon und beigemengtem Opal, leicht zersprengbar zu scharfkantigen Stücken; ältester vom Menschen zur Herstellung seiner Geräte verwendeter Rohstoff. Der F. war in der Steinzeit ein wichtiger Handelsgegenstand. Zum Feuerschlagen wurde er bis in die Gegenwart verwendet.
    Koesling, V.: Vom F. zum Bakelit: histor. Werkstoffe verstehen. Stuttgart 1999.
Feuerstellung, *Militärwesen:* nach takt. Gesichtspunkten ausgewählte Stelle im Gelände, wo eine Einheit oder Teileinheit der Artillerie für den Feuerkampf in Stellung ist oder in Stellung gehen soll.
Feuersturm, Sturm, der durch einen Flächenbrand hervorgerufen wird. Der Sog der aufwärts strömenden, überaus großen Masse von heißen Brandgasen bewirkt eine intensive, zum Zentrum des Brandes gerichtete Windströmung.
Feuertod, im MA. bes. bei Brandstiftern, Hexen und Ketzern gebräuchl. Vollzugsform der Todesstrafe (Lebendigverbrennen auf dem Scheiterhaufen); auch bei Judenpogromen; im 18. Jh. abgeschafft.
Feuerton, ein aus relativ feinkörniger Rohschamotte und Ton als Bindemittel hergestellter keram. Werkstoff, der v. a. für starkwandige Stücke, z. B. großformatige, sanitärkeram. Erzeugnisse, verwendet wird.
Feuerüberfall, *Militärwesen:* für den Gegner nach Zeit und Ort überraschender Überfall mit Feuerwaffen und hoher Schussfolge auf ein bestimmtes Ziel.
Feuerung, Einrichtung zur Erzeugung von Wärme durch Verbrennung von geeigneten Brennstoffen. Für feste Brennstoffe werden **Rost-F.** benutzt, deren Rost aus Eisenstäben besteht, durch dessen Zwischenräume Luft an den brennenden Kohlenstücken vorbeistreicht. Je nach Schornsteinzugstärke werden neben dem natürl. Druckunterschied zusätzl. Einrichtungen, z. B. Saugzugventilator oder Druckbelüftung durch »Unterwind-F.«, benutzt, um die erforderl. Zugstärke herbeizuführen. Als Rost dient ein ruhender Planrost oder bei großen Kesseln ein Wanderrost, bei dem die Roststäbe und damit die Kohle so bewegt werden, dass die auf der einen Seite zugeführten Stücke bis zum anderen Ende des Brennraums verbrannt sind. Die Kohle kann auch durch ihr Eigengewicht bewegt werden (Treppenrost) oder durch abwechselnd aufwärts und abwärts bewegte Roststäbe (Schrägrost). Beim Walzenrost, der bes. zur Müllverbrennung entwickelt wurde, werden die Schichten zw. den Walzen immer wieder gewendet und mit dem bereits gezündeten Brennstoff in Berührung gebracht.
Bei F. für staubförmige Brennstoffe wird die feste Kohle vor dem Eintritt in den Brennraum gemahlen und nötigenfalls getrocknet. Zur Verbrennung wird der Staub,

FEU Feuerversicherung

mit Luft gemischt, dem Brenner zugeführt. In der **Schmelz-F.** wird die Verbrennungstemperatur auf 1 700 °C gebracht, sodass die Schlacke schmilzt und dann in flüssigem Zustand abgeführt werden kann. In der **Zyklon-F.** geschieht dieses Ausscheiden der Schlacke bereits im eigentl. Brenner. Eine bes. schadstoffarme F.-Technik ist die **Wirbelschicht-F.** Durch Zugabe von Kalk werden große Mengen Schwefeldioxid noch im Feuerraum zu Calciumsulfat umgesetzt und in die Asche eingebunden; die günstige Betriebstemperatur (800–900 °C) führt auch zu einer geringeren Stickoxidbildung.
In F. für flüssige Brennstoffe (meist Mineralöl unterschiedl. Viskosität) werden diese vor der Zuführung zum Brenner verdampft oder zerstäubt, wobei sie zur Verminderung der Viskosität zuvor erwärmt werden. **Öl-F.** werden häufig in Ind.betrieben und in Wohnhäusern eingesetzt, v. a. wegen der weitgehend rückstandslosen Verbrennung.
Als gasförmiger Brennstoff wird Hochofengas, Koksgas oder Erdgas benutzt. Die Gase können – ähnlich wie flüssige Brennstoffe – durch eine Düse, mit Luft vermischt, der F. zugeführt werden (Vormischung) oder die Mischung findet erst unmittelbar vor der Zündung am Brenneraustritt statt (Nachmischung).
Der Ausstoß von Schadstoffen aus F.-Anlagen ist gesetzlich geregelt. **Großfeuerungsanlagen** der Kraft- und Fernheizungswerke unterliegen der VO über Großfeuerungsanlagen vom 22. 6. 1983. Zur Durchführung des Bundesimmissionsschutzgesetzes wird eine Begrenzung aller Emissionskomponenten (Schwefeldioxid, Stickstoffoxide, Kohlenmonoxid, Halogenverbindungen und Staub) vorgeschrieben. Die Anforderungen der VO sind nach Feuerwärmeleistungsklassen geordnet. Altanlagen müssen seit 1993 den für Neuanlagen geltenden Anforderungen entsprechen. Um dies zu gewährleisten, müssen sie mit Rauchgasentschwefelungs- und Entstickungsanlagen nachgerüstet sein.
Kleinfeuerungsanlagen in privaten Haushalten, Handwerks- und Gewerbebetrieben, in der Landwirtschaft und in öffentl. Einrichtungen unterliegen der VO über Kleinfeuerungsanlagen i. d. F. v. 14. 3. 1997. Dort werden die Anforderungen an die F.-Anlage (z. B. Abgasverluste) und an die erlaubten festen und gasförmigen Brennstoffe vorgeschrieben.
📖 *Görner, K.: Techn. Verbrennungssysteme. Grundlagen, Modellbildung, Simulation. Berlin u. a. 1991. – Verbrennungen u. Feuerungen, hg. von der VDI-Gesellschaft Energietechnik. Düsseldorf 1997.*

Feuerversicherung, Versicherung, die Schäden durch Brand, Blitzschlag und Explosion sowie die dabei unvermeidlich auftretenden Folgeschäden (z. B. durch Löschen, Niederreißen, Ausräumen) ersetzt. Sie haftet nicht für »unechte Brandschäden«, z. B. Sengschäden. Ausgeschlossen sind Schäden durch Krieg, innere Unruhen, Erdbeben, Kernenergie, böswilliges oder grob fahrlässiges Verschulden des Versicherten. Arten der F. sind: einfache F. (Versicherung von Wohn- und Geschäftsgebäuden), landwirtsch. F. (den speziellen Gefahren und Arbeitsabläufen landwirtsch. Betriebe angepasst) und industrielle F.; die Hausratversicherung umfasst auch Feuerschäden. Für F.-Verträge wird eine ↑Feuerschutzsteuer erhoben.
Feuerwache, stets besetzte Unterkunft der Feuerwehr, in der Fahrzeuge, Geräte und Mannschaften (nur bei Berufsfeuerwehren) ständig in Bereitschaft stehen.
Feuerwaffen, alle diejenigen Rohrwaffen (Geschütze, Handfeuer- und Maschinenwaffen), aus denen ein Geschoss durch Gasdruck, der beim Verbrennen der Pulverladung entsteht, herausgeschleudert wird. – Ggs.: ↑blanke Waffen.
Feuerwalzen (Pyrosomida), Unterklasse der ↑Salpen; bilden röhrenförmige Gallertkolonien, die frei im Meer schwimmen; in den paarigen Leuchtorganen im Kiemen-Darm-Bereich bewirken symbiot. Leuchtbakterien ein intensives Leuchten.
Feuerwanze (Pyrrhocoris apterus), meist flügellose mitteleurop. Landwanze; Pflanzensauger; fast immer schwarz und rot oder schwarz und gelb, oft scharenweise am Fuß von Linden.
Feuerwehr, öffentl. (Berufs-, Pflicht-, freiwillige F.) oder private (Werk-, Betriebs-F.) Einrichtung, deren Hauptaufgaben der abwehrende Brandschutz (Abwehr von Gefahren für Leben, Gesundheit und Sachwerte durch Brände und Explosionen), techn. Hilfeleistung bei Überschwemmungen, Unfällen (z. B. Chemie- und Gefahrgutunfälle), Einsturzgefahren, Umweltkatastrophen, Giftgasalarm u. a.

sowie die Mitwirkung im Rahmen des vorbeugenden Brandschutzes (z. B. Maßnahmen zur Verhinderung eines Brandes oder Sicherung der Rettungswege) sind. Vielfach ist der F. auch der Rettungs- und Krankentransportdienst übertragen. Das F.-Wesen ist in Dtl. landesrechtlich z. T. unterschiedlich geregelt.

Die **Berufs-F.** besteht aus Beamten des feuerwehrtechn. Dienstes, die **freiwillige F.** i. d. R. aus ehrenamtlich tätigen Einsatzkräften. Können die F.-Aufgaben auf diese Weise von einer Gemeinde nicht oder nicht ausreichend erfüllt werden, muss eine **Pflicht-F.** aus dienstverpflichteten, nebenamtlich tätigen Einsatzkräften gebildet werden.

Feuerwehr: Einsatzfahrzeug mit aufgerichteter Leiter und Rettungskorb

Einheiten der F. sind der Trupp (ein Führer und höchstens zwei Truppmänner, Kurzbez. 1/2), die Staffel (Staffelführer, Maschinist und zwei Trupps, 1/5), Gruppe (Gruppenführer, Maschinist, Melder und drei Trupps, 1/8) und der Zug (Zugführer, Gruppenführer, Maschinist, Melder und zwei Gruppen oder eine entsprechende Anzahl von Staffeln oder Trupps, 1/22). Der **Löschzug** der Berufsfeuerwehr besteht heute meist aus einem Löschgruppenfahrzeug, einem Tanklöschfahrzeug (Wassertank 1600 l, Besatzung 6 Mann) und einem Hubrettungsfahrzeug (Dreh-

leiter, Leiterbühne, Gelenk- oder Teleskopmastbühne). Für Sonderaufgaben stehen Spezialfahrzeuge zur Verfügung: Schlauchwagen, Atemschutzwagen, Rüstwagen, Kranwagen, Strahlenmesswagen, Wasserrettungs- und Bootswagen, mobile Leitstellen, Großtanklöschfahrzeuge, Rüstwagen für Öleinsätze, für Schieneneinsätze, Erdbewegungsgeräte, Löschpulver- und Schaumfahrzeuge, Notarztwagen u. a. Die individuelle Ausrüstung der F.-Leute soll einheitlich sein: u. a. Schutzkleidung, F.-Helm, Hakengurt.

📖 *Hornung-Arnegg, W.:* Feuerwehrgeschichte. Brandschutz u. Löschgerätetechnik von der Antike bis zur Gegenwart. Stuttgart ⁴1995.

Feuerwerk, ↑Pyrotechnik.

Feuerwerker, 1) (Pyrotechniker) Chemiebetriebswerker; Tätigkeit: Herstellung und Verwendung von Feuerwerkskörpern. **2)** *Militärwesen:* a) urspr. Bez. für Artillerieunteroffiziere, seit Mitte des 19. Jh. nur für solche mit Sonderausbildung im Umgang mit Munition, bes. für deren Lagerung, Materialerhaltung und techn. Sicherung; b) Bez. für die mit dem Entschärfen von Kriegsmunition befassten Spezialisten.

Feuerzangenbowle [-bolə], heißes Getränk aus Wein, karamellisiertem Zucker (und zusätzl. Alkohol): Ein großes Stück Zucker wird in eine über dem Punschgefäß liegende Feuerzange geklemmt, mit Rum, Arrak oder Weinbrand begossen und angezündet; durch das Schmelzen des Zuckers zu Karamell erhält das Getränk einen würzigen Geschmack.

Feuerzeug, Gerät zur Erzeugung einer Flamme. Das **Gas-F.** enthält verflüssigtes Butan oder Propan als Brennstoff. Der Zündfunke wird durch Reiben eines Stahlrädchens an einem Zündstein aus Cereisen oder durch Piezoelektrizität erzeugt.

Feuillage [fœˈjaːʒə, frz.] *die,* geschnitztes oder gemaltes Laub- oder Blattwerk.

Feuilleton [fœj(ə)ˈtõ; frz., zu feuillet »(Buch-)Blatt«] *das,* der kulturelle Teil einer Zeitung (Berichte aus dem Kultur- und Geistesleben, Theater-, Kunst-, Film- u. a. Kritiken, Buchbesprechungen, Reiseberichte, Glossen und Abhandlungen zum Zeitgeschehen, Gedichte, Erzählungen, Fortsetzungsromane). Auch die Kulturredaktion einer Zeitung oder Ztschr. wird F. genannt; ferner der einzelne Beitrag, bes.

die geistreich pointierte Betrachtung (als Werk des **Feuilletonisten**). − Vorformen des F. waren im 18. Jh. die Plaudereien der »Moral. Wochenschriften«. Im 19. Jh. haben frz. Schriftsteller sowie H. Heine und die Jungdeutschen den zeitgenöss. F.-Stil entwickelt. Gepflegt wurde das F. bes. in Familienblättern, in der großen Berliner und Wiener Presse.

Feydeau [fɛˈdo], Georges, frz. Dramatiker, * Paris 8. 12. 1862, † Rueil (heute Rueil-Malmaison, Dép. Hauts-de-Seine) 5. 6. 1921; schrieb Vaudevilles und zahlr. erfolgreiche Lustspiele (u. a. »Die Dame vom Maxim« 1899; »Occupe-toi d'Amélie«, 1908), die durch groteske Situationskomik gekennzeichnet sind.

Feyerabend, 1) Paul Karl, österr. Philosoph, * Wien 13. 1. 1924, † Genf 11. 2. 1994; Prof. in Berkeley (Calif.) und Zürich; befasste sich mit Wissenschafts- und Erkenntnistheorie sowie den soziokulturellen Folgen der Wiss.en; entwickelte eine »anarchist. Erkenntnistheorie«, die jede rationale Methodologie zugunsten von Kreativität und Spontaneität ablehnt (»Wider den Methodenzwang«, 1975; »Skizze einer anarchist. Erkenntnistheorie«, 1976; »Wissenschaft als Kunst«, 1984).

2) Sigmund, Buchdrucker und Verleger, * Heidelberg 1528, † Frankfurt am Main 22. 4. 1590; betrieb in Frankfurt am Main seit 1559 ein bed. Verlagsgeschäft. Führende Holzschnittmeister der Zeit lieferten den Buchschmuck (V. Solis, J. Amman, T. Stimmer).

Feynman [ˈfeɪnmən], Richard Phillips, amerikan. Physiker, * New York 11. 5. 1918, † Los Angeles 15. 2. 1988; grundlegende Arbeiten zur Theorie der Suprafluidität und des flüssigen Heliums II sowie zur Theorie des Betazerfalls. F.s Lehrbücher begründeten eine neue Physikdidaktik. Für seine Beiträge zur Quantenelektrodynamik erhielt er 1965 mit J. Schwinger und S. Tomonaga den Nobelpreis für Physik.

📖 *Mehra, J.: The beat of a different drum. The life and science of R. F.* Neuausg. Oxford 1994. − *Gribbin, J. u. Gribbin, M.: R. F. Die Biographie eines Genies*. A. d. Engl. München u. a. 2001.

Feynman-Graphen [ˈfeɪnmən-; nach R. P. Feynman] (Feynman-Diagramme), Diagramme zur anschaul. Darstellung und Berechnung von Wechselwirkungsprozessen (bes. von Zerfalls- und Streuprozessen) zw. Elementarteilchen.

Fez [frz.] *der, umgangsprachl.:* Spaß, Vergnügen, Ulk, Unsinn.

Fez [fɛːz], Stadt in Marokko, ↑ Fès.

Fezan [-s-], Landschaft in Libyen, ↑ Fessan.

ff, *Musik:* Abk. für fortissimo (↑ forte).

FF, Abk. für den frz. Franc (Franc Français), ↑ Franken.

ff., Abk. für folgende (Seiten).

FFFF, Abk. für den Turnerwahlspruch ↑ Frisch, Fromm, Fröhlich, Frei.

FGG, Abk. für das Ges. über die Angelegenheiten der ↑ freiwilligen Gerichtsbarkeit.

FIA, Abk. für Fédération Internationale de l'Automobile, ↑ Motorsport.

Fiaker, bes. in Österreich Bez. für eine (zweispännige) Pferdedroschke, auch für ihren Kutscher.

Fiale [grch.] *die,* in der got. Baukunst Ziertürmchen als Bekrönung von Strebepfeilern und paarweise als seitl. Begrenzung von Wimpergen; meist mit vier oder acht Giebeln und einem krabbenbesetzten, mit einer Kreuzblume abgeschlossenen Helm (»Riese«).

Fianarantsoa [fjanarantsoˈa], Prov.-Hptst. in Madagaskar, im südöstl. Hochland, 1 200 m ü. M., 130 000 Ew.; Erzbischofssitz; Univ. (gegr. 1988); Eisenbahnendpunkt, Flugplatz.

Fianna Fáil [-fɔjl; gäl. »Schicksalskämpfer«], irische polit. Partei, gegr. 1926 von E. de Valera als Sammelbecken aller Gegner des angloirischen Vertrages von 1921; betont republikanisch. Seit 1932 stärkste Partei, stellte sie seitdem oft den MinPräs. (seit 1997 B. Ahern) und den Staatspräsidenten.

Fiasko [italien.] *das,* Misserfolg, Reinfall; Zusammenbruch.

fiat [lat. nach dem Schöpfungsspruch fiat lux! »es werde Licht!«, 1. Mose 1, 3], es geschehe!

Fiat S. p. A., Abk. für Fabbrica Italiana Automobili Torino, italien. Industriekonzern, eines der größten europ. Kfz-Unternehmen, Sitz: Turin; gegr. 1899 von Giovanni Agnelli (* 1866, † 1945). Die Fiat S. p. A. ist eine Holdingges. zahlr. in- und ausländ. Unternehmen, v. a. in den Bereichen Pkw (Fiat, Autobianchi, Lancia, Ferrari, Maserati), Nutzfahrzeuge (Iveco

N. V.), Metallurgie, Maschinen- und Anlagenbau, Versicherungs- und Verlagswesen.

Fibel [lat. fibula »Spange«], der Sicherheitsnadel und Brosche ähnl. Gewandnadel der vor- und frühgeschichtl. Zeit, die zum Zusammenheften der Kleidung, auch von Haartracht und Haube diente. Unterschieden werden zwei- und eingliedrige F. sowie Scheibenfibeln. Die ältesten Funde stammen aus dem Vorderen Orient, wo die F. aber erst ab 1000 v. Chr. verbreitet war. Ihr Ursprung liegt nach heutiger Einschätzung in Europa, wo sie gegen Ende der älteren Bronzezeit im 14./13. Jh. v. Chr. in Gebrauch kamen, eine sehr differenzierte Entwicklung erfuhren und daher zu den wichtigsten Leitformen der vor- und frühgeschichtl. Archäologie zählen.

Fibel: Bügelfibel aus Soest (6. Jh.; Münster, Westfälisches Landesmuseum)

Die **zweigliedrige** F. kommt seit etwa 1400 v. Chr. in Nord-Dtl. und Südskandinavien vor: Nadel und Bügel sind einzeln gefertigt und frei beweglich miteinander verbunden (Hauptformen sind Spiralplatten-, Bogenbügel- und Platten-F.).

Bei der **eingliedrigen** F. sind Nadel und Bügel mittels einer Federspirale elastisch miteinander verbunden. Verbreitet ist sie seit dem 13. Jh. v. Chr. zunächst in S- und SO-Europa, seit der älteren Eisenzeit auch im ehem. Gebiet der zweigliedrigen F. (Hauptformen sind die Violinbogen-F., Bogen-F., Achterschleifenbügel-F. sowie die Brillen-F. aus zwei gegenläufig gewickelten Spiralscheiben aus Bronzedraht). – In der jüngeren Eisenzeit herrschten La-Tène-F., darunter Masken- und Tier-F., vor. Röm. F. liegen in einer Vielzahl von Typen vor (bes. wichtig seit dem 1. Jh. n. Chr. die Augen-F. mit paarweisen Kreisornamenten), ebenso die oft kostbaren Bügel-F. der Völkerwanderungszeit.

Bei der **Scheiben-F.** wird die Funktion des Bügels von einer (meist verzierten) Scheibe übernommen, an der einerseits die Federkonstruktion mit Nadel und andererseits die Nadelrast befestigt ist. Die Scheiben-F., auch mit figürl. »Scheibe« (z. B. in Adlerform), ist von der La-Tène-Zeit bis in das frühe MA. in Gebrauch. Als Gebrauchsgegenstand wurde die F. mit dem Aufkommen geknöpfter Kleidungsstücke im Spät-MA. überflüssig.

📖 *Reichstein, J.: Die kreuzförmige F. Neumünster 1975. – Klein-Pfeuffer, M.: Merowingerzeitl. F. u. Anhänger aus Preßblech. Marburg 1993.*

Fibel [Kinderwort aus »Bibel«], Lesenlernbuch (Abc-Buch), im übertragenen Sinn auch Lehrbuch zur elementaren Einführung in andere Sachbereiche (z. B. Gesundheitsfibel).

Fiber [lat.] *die*, Faser.

Fiberoptik, die ↑Faseroptik.

Fibiger, Johannes, dän. Pathologe, *Silkeborg 23. 4. 1867, †Kopenhagen 30. 1. 1928. F. gelang 1912 die erste experimentelle Krebserzeugung bei Ratten durch Verfütterung von infizierten Küchenschaben (sog. Spiropterakrebs); hierfür erhielt er 1926 den Nobelpreis für Physiologie oder Medizin.

Fibonacci-Folge [-ˈnattʃi-; nach dem italien. Mathematiker L. Fibonacci, *um 1180, †um 1250], die Folge der Zahlen 1, 1, 2, 3, 5, 8, 13, ..., wobei jedes Glied gleich der Summe der beiden vorangehenden Glieder ist; allg.: $a_{n+1} = a_{n-1} + a_n$, mit $a_1 = a_2 = 1$ und $n \geq 2$.

FIBOR, Abk. für Frankfurt Interbank Offered Rate, 1985 geschaffener Referenzzinssatz für den dt. Geldmarkt; ermittelt als Durchschnittswert der Zinsofferten internat. tätiger Banken in Frankfurt am Main für Laufzeiten von 1 bis 12 Monaten; diente v. a. als Bezugsgröße für zinsvariable Anleihen (Floating-Rate-Notes) und Kreditverträge; wurde zum 1. 1. 1999 durch den ↑EURIBOR bzw. den ↑EONIA abgelöst.

Fibrillation [lat.] *die,* schnell aufeinander folgende Kontraktionen einzelner Fasern des Muskelgewebes, bes. von Herzmuskelanteilen beim Vorhof- und Kammerflimmern.

Fibrille [lat.] *die,* v. a. aus Eiweißen oder Polysacchariden bestehende, nur mikroskopisch erkennbare, lang gestreckte Struktur in pflanzl. und tier. Zellen; wesentl. Bestandteil der pflanzl. Zellwände, der Muskeln und der Grundsubstanz des Bindegewebes.

Fibrin [lat.] *das* (Blutfaserstoff, Plasmafaserstoff), Protein, das bei der Blutgerinnung unter der Wirkung von Prothrombin aus der Vorstufe Fibrinogen entsteht. F. ermöglicht die Blutgerinnung durch seine Fähigkeit zur vernetzenden Polymerisation. Bei der Fibrinolyse wird F. durch Fibrinolysin wieder aufgelöst.

Fichte: Gemeine Fichte mit Zapfen

Fibrinolysetherapie, medikamentöse Auflösung eines Blutgerinnsels (Embolus, Thrombus), z. B. bei Herzinfarkt, Gefäßverschlüssen oder Lungenembolie, mit Fibrinolytika wie Streptokinase.

Fibrinolytika [grch.-lat.] (Thrombolytika), Arzneimittel (bes. Streptokinase), die die Auflösung des Fibrins bewirken; dienen zur Behandlung von Thrombosen und Embolien.

Fibroin [lat.] *das,* ein Faserprotein, Hauptbestandteil des Seidenfadens.

Fibrom [lat.] *das* (Fasergeschwulst), langsam wachsende, vorwiegend aus gefäßreichem Bindegewebe bestehende gutartige Gewebeneubildung, die an den verschiedensten Stellen des Körpers vorkommen und bis Kopfgröße erreichen kann. Die seltene bösartige Form wird als **Fibrosarkom** bezeichnet.

Fibromyalgie [lat.-grch.] *die* (Fibrositissyndrom, Tendomyopathie), auf den ganzen Körper ausgebreitete rheumat. Erkrankung; gekennzeichnet durch chron. Schmerzen an typ. Schmerzpunkten im Bereich von Muskulatur, Knochen und Bindegewebe.

Fibronektine [lat.], faserige Glykoproteine (Kohlenhydratanteil etwa 5%), die von Zellen im Bindegewebe (Fibroblasten) ständig gebildet und von deren Oberfläche an die Umgebung abgegeben werden. F. vermitteln die Bindung an andere Makromoleküle wie Kollagen, Fibrin oder Aktin.

Fibroplasie [lat.-grch.] *die,* die krankhafte Vermehrung von faserigem Bindegewebe, auch in Form der ↑Fibrose.

fibrös [lat.], aus derbem Bindegewebe bestehend; faserreich.

Fibrose *die,* häufig auch als Sklerose bezeichnete, meist entzündlich bedingte Bindegewebevermehrung, z. B. der Lunge, Leber oder Bauchspeicheldrüse; kann zur Funktionsuntüchtigkeit des betroffenen Organs führen.

Fibrositissyndrom [lat.-grch.], die ↑Fibromyalgie.

Fibrozyt [lat.-grch.] *der,* spindelförmige Zelle des ↑Bindegewebes mit langen Fortsätzen.

Fiche [ˈfiʃ(ə), frz.] *die,* Spielmarke.

Fichte (Picea), Gattung der Kieferngewächse mit über 40 Arten auf der nördl. Erdhalbkugel; immergrüne Nadelbäume mit einzeln stehenden, spiralig um den Zweig gestellten Nadeln und hängenden Zapfen. Die F. i. e. S. ist die **Gemeine F.** (**Rottanne,** Picea abies), der wichtigste Waldbaum N- und Mitteleuropas; wird bis 60 m hoch und bis 1 000 Jahre alt; mit spitzer Krone und flacher, weit reichender Bewurzelung; Borke rötlich bis graubraun, in runden Schuppen abblätternd; Nadeln vierkantig, glänzend grün, stachelspitzig; reife Zapfen braun, hängend, als Ganzes abfallend. Von Natur aus kommt die Ge-

meine F. meist in luftfeuchten Gebirgslagen vor. Sie wird jedoch häufig standortfremd angebaut und ist dann gegenüber Schädlingen bes. anfällig.
Wichtige F.-Arten sind auch einige nordamerikan. Arten: die bis 40 m hohe **Schimmel-** oder **Weiß-F.** (Picea glauca) mit kurzen, blaugrünen Nadeln und 3–5 cm langen, spindelförmigen Zapfen; die anspruchslose, raschwüchsige, bis 90 m hohe **Sitka-F.** (Picea sitchensis) mit blaugrünen, dünnen, stechenden Nadeln; die bis 45 m hohe **Stech-** oder **Blau-F.** (Picea pungens) mit blaugrünen, dicken, stechenden Nadeln. Aus Kleinasien stammt die dicht beastete, bis 50 m hohe **Kaukasus-F.** (Picea orientalis), deren Nadeln die kleinsten von allen F.-Arten sind, vom Balkan die bis 40 m hohe **Omorika-** oder **Serb. F.** (Picea omorika), die wegen der sehr schmalen und tiefen Krone ein beliebter Zierbaum ist.

Fichte, 1) Hubert, Schriftsteller, *Perleberg 21. 3. 1935, †Hamburg 8. 3. 1986; verfasste autobiografisch geprägte Romane (»Das Waisenhaus«, 1965; »Versuch über die Pubertät«, 1974), die seine Außenseiterrolle erkennen lassen, auch Text- und Bildbände über afrikan. Religionen (mit der Fotografin Leonore Mau, »Xango«, 1976); der auf 19 Bde. angelegte Zyklus »Die Gesch. der Empfindlichkeit« blieb Fragment (hg. 1987 ff.).
2) Immanuel Hermann, Philosoph, *Jena 18. 7. 1796, †Stuttgart 8. 8. 1879, Sohn von 3); entwarf in Anlehnung an und Abgrenzung zu G. W. F. Hegels monist. Idealismus und J. F. Herbarts realist. Individualismus seinen an G. W. Leibniz orientierten spekulativen Theismus.
3) Johann Gottlieb, Philosoph, *Rammenau (bei Bischofswerda) 19. 5. 1762, †Berlin 29. 1. 1814, Vater von 2); wurde 1794 Prof. in Jena, 1799 in der Folge des Atheismusstreits entlassen, 1805 Prof. in Erlangen, 1811 erster gewählter Rektor der Univ. Berlin.
Seine Philosophie ist eine Fortbildung des kant. Kritizismus zu einem metaphys. Idealismus (»Wissenschaftslehre«). Nach den grundlegenden Schriften »Über den Begriff der Wissenschaftslehre« (1794), »Grundlage der gesamten Wissenschaftslehre« (1794/95) u. a. entwarf F. zahlr. neue Fassungen seines Systems. Immer handelt es sich um den Versuch, das Bewusstsein mit seinen Inhalten aus der Selbstsetzung des Ich (»Tathandlung«) abzuleiten. Dies ist einer der folgenreichsten Ansätze der neueren Philosophie (↑deutscher Idealismus, ↑Neukantianismus). F. erhob als Erster den dialekt. Dreischritt (These–Antithese–Synthese) zur grundlegenden Methode philosoph. Denkens. Im

Johann Gottlieb Fichte

»Geschlossenen Handelsstaat« (1800), noch stärker in der »Rechtslehre« von 1812 und in den Fragmenten von 1813, vertrat F. einen Staatssozialismus. Von 1806 an wirkte er für die Erhebung gegen Napoleon I. und seit 1807 für die allg. Volksbewaffnung. In den 1807/08 gehaltenen »Reden an die dt. Nation« rief F. zur gesellschaftl. Erneuerung durch eine Nationalerziehung im pestalozzischen Sinn auf.
📖 *Rohs, P.: J. G. F. München 1991. – Seidel, H.: J. G. F. zur Einf. Hamburg 1997. – Jacobs, W. G.: J. G. F. Reinbek 13.–14. Tsd. 1998.*

Fichtelberg, nach dem Keilberg zweithöchster Berg des Erzgebirges, 1 214 m ü. M., in Sachsen; neues F.-Haus (seit 1999), Wetterwarte; Wintersportgebiet; Schwebebahn (Strecke 1 175 m) von Kurort Oberwiesenthal.

Fichtelgebirge, Mittelgebirge in Oberfranken, Bayern, grenzt im NO an die Tschech. Republik, wird im NW vom Frankenwald, im N von den Hochflächen des Vogtlandes und dem Elstergebirge begrenzt, wird im SO durch die Naab-Wondreb-Senke vom Oberpfälzer Wald getrennt. Das F. ist eine stark abgetragene Rumpfscholle. Die höheren Erhebungen aus Granit und Gneis (Schneeberg 1 051 m ü. M., Ochsenkopf 1 024 m ü. M.) mit blockförmigen Felsklippen und Felsenmeeren (z. B. ↑Luisenburg, mit Naturtheater) bilden bewaldete Höhenzüge, zu denen im S auch der **Steinwald** gehört. Sie umschließen ein flachwelliges, nach NO sich

FIC Fichtennadelöle

abflachendes, dichter besiedeltes inneres Hochland. Zw. Schneeberg und Ochsenkopf liegen das **Fichtelsee-Hochmoor** (Naturschutzgebiet) und der **Fichtelsee.** Im F. entspringen Weißer Main (zum Rhein), Fichtelnaab (zur Donau), Saale und Eger (zur Elbe). Rodungen im ehem. dicht bewaldeten F. begannen erst im 12. Jh. Der im 14.–17. Jh. bed. Bergbau (auf Zinn, Gold, Blei, Silber, später auch Eisen) ist erloschen. Im 17. und 18. Jh. wurden bes. Glas **(Fichtelberger Gläser)** und bis in die jüngste Zeit farbige Glasperlen hergestellt. Wegen der rauen niederschlagsreichen Klimas beschränkt sich die Landwirtschaft auf den Anbau von Roggen, Gerste, Kartoffeln und Viehwirtschaft; daneben (bes. in Marktredwitz und Selb) Porzellan-, Stein-, Speckstein- (für elektr. Isolierstoffe), Textilind.; Uranerzvorkommen; Fremdenverkehr (Bad Alexandersbad, Bad Berneck, Bischofsgrün, Wunsiedel u. a.).
📖 *Neidhardt, J.: Wanderführer durch das F. Hof* ⁶*1987.* – *Messarius, G.: F. Naturpark zw. Bayreuth, Hof u. Selb. Pforzheim* ⁴*1992.* – *Herrmann, D.: F., Bayer. Vogtland, Steinwald, Bayreuther Land: Lexikon. Hof 2000.*

Fichtennadelöle, ↑Koniferenöle.

Fichtenspargel (Monotropa hypopitys), ein blattgrünfreies saprophyt. Fichtenspargelgewächs mit blassgelbem Blütenstand, Schuppenblättern und Mykorrhiza; in Nadel- und bodensauren Laubwäldern vorkommend.

Fichu [fiˈʃy, frz.] *das,* dreizipfliges Brust- und Schultertuch, dessen Enden, über der Brust gekreuzt, auf dem Rücken verknüpft werden, getragen etwa 1785–1840, heute noch in Volkstrachten.

Ficino [fiˈtʃiːno], Marsilio, italien. Arzt, Humanist und Philosoph, *Florenz 19. 10. 1433, †Careggi (heute zu Florenz) 1. 10. 1499; Mitgl. der ↑Platonischen Akademie; schuf die erste vollständige Platonübersetzung in lat. Sprache.

Ficker, 1) Julius von (seit 1885), Historiker, *Paderborn 30. 4. 1826, †Innsbruck 10. 7. 1902, Vater zu 2); 1852–79 Prof. in Innsbruck; beschäftigte sich mit dem Verfassungswesen des MA.; verteidigte gegenüber H. von Sybel vom kath.-großdt. Standpunkt aus die Kaiserpolitik des Mittelalters.
2) Ludwig von, kath. Publizist und Verleger, *München 13. 4. 1880, †Innsbruck

20. 3. 1967, Sohn von 1); gründete 1910 in Innsbruck die literar. und kulturpolit. Ztschr. »Der Brenner«, an der u. a. G. Trakl, T. Däubler, E. Lasker-Schüler, F. Ebner und T. Haecker mitarbeiteten.

Fiction [ˈfɪkʃn], engl. Sammelbegriff für dichter., schöngeistige Literatur.

Ficus [lat.], die Pflanzengattung ↑Feige.

Fidanza, Johannes, ↑Bonaventura.

FIDE, ↑Schach.

Fideli Defensor [lat. »Verteidiger des Glaubens«] (Defensor Fidei, engl. Defender of the Faith), heute noch geführter Titel der engl. Könige, von Papst Leo X. 1521 Heinrich VIII. verliehen, vom engl. Parlament 1544 für erblich erklärt.

Fideikommiss [von lat. fidei commissum »zu treuen Händen belassen«] *das,* im früheren dt. Recht ein unveräußerliches und unteilbares Familienvermögen, i. d. R. Grundbesitz, das stets geschlossen in der Hand eines Familienmitgl. blieb; nur der Ertrag stand zu freier Verfügung. Dadurch blieb die vermögensrechtl. Grundlage für eine Familie und ihre soziale Stellung gesichert. Seit Aufkommen des Liberalismus bekämpft und im Bereich des frz. Rechts (Code Napoléon), also auch im linksrhein. Dtl. beseitigt, bestimmte Art. 155 der Weimarer Reichsverf. die Auflösung der F. (ergänzt durch Reichs-Ges. vom 6. 7. 1938, bestätigt durch Kontrollrats-Ges. Nr. 45 von 1947).

Fideismus [zu lat. fides »Glaube«] *der,* Anschauung, die philosophisch die menschl. Fähigkeit zur vernunftgemäßen Erkenntnis metaphys. und religiöser Wahrheiten bestreitet und sie theologisch als nur einem Gefühlsglauben zugänglich behauptet; vom 1. Vatikan. Konzil verurteilt.

fidel [lat. »treu«], lustig, heiter, gut gelaunt, vergnügt.

Fidel, ↑Fiedel.

Fidelis, Klostername von Markus Roy, Kapuziner, *Sigmaringen Sept./Okt. 1578, †(von kalvinist. Bauern erschlagen) bei Seewis im Prättigau (Schweiz) 24. 4. 1622; wirkte für die Rekatholisierung Graubündens; Heiliger, Tag: 24. 4.

Fidelismus (Castrismus), ein von Fidel ↑Castro Ruz in Kuba entwickeltes, auf lateinamerikan. Verhältnisse zugeschnittenes Gesellschaftskonzept, das die Forderung nach sozialer Revolution mit der nach nat. Unabhängigkeit (bes. vom Einfluss der USA) verknüpft. Der F. sollte auf dem

Fidschi FID

Weg des revolutionären Kleinkriegs (↑Guerilla) in ganz Lateinamerika verwirklicht werden.

Fidenza, Stadt in der Prov. Parma, Emilia-Romagna, Italien, 23 100 Ew.; kath. Bischofssitz; Glasfabrik u. a. Ind.; Bahnknotenpunkt. – Roman. Dom (um 1200 begonnen, Ende des 13. Jh. vollendet) mit Skulpturenschmuck wohl von B. Antelami und seiner Schule.

Fides [lat.] *die,* Verlässlichkeit, Treue, Glaube, personifiziert in der gleichnamigen altröm. Göttin (mit Füllhorn, Schale, Ähren und Fruchtkorb).

Fides et ratio [lat. »Glaube und Vernunft«], Enzyklika Papst Johannes Pauls II. vom 14. 9. 1998, gerichtet »an die Bischöfe der kath. Kirche« und »an alle Menschen, die sich auf der Suche befinden«; befasst sich, die Grundfragen der Menschen aufgreifend und die europ. Geistesgeschichte von ihren antiken Quellen bis in die Gegenwart rezipierend, mit grundsätzl. Fragen des Verhältnisses von Theologie und Philosophie.

Fidibus [Herkunft unsicher] *der,* Holzspan oder gefalteter Papierstreifen zum Feuer- oder Pfeifeanzünden.

Fidschi (amtl. englisch Republic of Fiji, fidschianisch Na Matanitu ko Viti; dt. Rep. F.), Inselstaat im SW-Pazifik, zw.

Melanesien und Polynesien, umfasst die rd. 360 F.-Inseln (davon 105 bewohnt) und die Insel Rotuma als Außengebiet.

Staat und Recht: Nach der Verf. von 1997 (ab 27. 7. 1998 in Kraft) ist F. eine Republik. Staatsoberhaupt und Oberkommandierender der Streitkräfte ist der Präs. (vom Großen Rat der Stammesführer auf 5 Jahre ernannt). Die Legislative liegt beim

Fidschi: Blick auf den Strand der Insel Mana

Zweikammerparlament (Legislaturperiode 5 Jahre), bestehend aus Senat (32 ernannte Mitgl.) und Abg.haus (71 gewählte Abg.), die Exekutive bei der Reg. unter Vorsitz des Premiermin. – Die im Mai 2000 nach einem Putsch suspendierte Verf. wurde am 1. 3. 2001 wieder in Kraft gesetzt. – Einflussreichste Parteien: Vereinigte Partei (SDL), Arbeitspartei (FLP), Konservative Allianz-Partei (MV), Neue Vereinigte Arbeitspartei (NLUP) und Nat. Bündnis-Partei (NFP).

Landesnatur: Die größeren Inseln, Viti Levu, Vanua Levu und Taveuni, bestehen aus alten Gesteinen, die von jungen Vulkankegeln (auf Viti Levu bis 1 323 m ü. M.) gekrönt sind. Die kleineren Inseln sind v. a. aus Korallenkalk aufgebaut. Auf den niederschlagsreichen Luvseiten der Gebirge wächst trop. Regenwald mit wertvollen Edelhölzern, die Leeseiten sind meist mit Savanne bedeckt (Viehzucht); die flachen, dicht besiedelten Küstenräume werden von Mangrovenwäldern gesäumt. Das Klima ist tropisch-maritim.

Bevölkerung: Die einheim. Fidschianer (rd. 50 % der Ew.) sind nach Rasse und Sprache Melanesier, jedoch mit polynes. Kultur. Sie leben in traditionellen Dorfgemeinschaften und stellen die Landbesitzer.

Fidschi	
Fläche	18 333 km²
Einwohner	(2003) 839 000
Hauptstadt	Suva
Verwaltungsgliederung	14 Provinzen
Amtssprachen	Englisch und Fidschianisch
Nationalfeiertag	10. 10.
Währung	1 Fidschi-Dollar ($F) = 100 Cent (c)
Zeitzone	MEZ + 11 Std.

FID Fiducia

Zweitgrößte Bev.gruppe sind mit 44% die Inder (von den Engländern als Plantagenarbeiter herbeigeholt, heute selbstständige Bauern und Händler), ferner gibt es Europäer und Chinesen. – Über 50% der Bev. sind Christen (v. a. Methodisten), rd. 38% Hindus, rd. 8% Muslime. – Es besteht eine achtjährige Grundschulpflicht. Die Analphabetenquote beträgt 7%. Univ. in Suva (University of the South Pacific, gegr. 1968).

Wirtschaft und Verkehr: Wichtigster Zweig ist die Landwirtschaft, bes. der Anbau von Zuckerrohr, Kokospalmen, Bananen, Ananas, Kakao und Zitrusfrüchten für den Export; für den Eigenbedarf Anbau u. a. von Reis, Mais, Bataten, Jamswurzeln. Die Fischereiwirtschaft wird mit japan. Hilfe ausgebaut. Von Bedeutung sind die Nahrungsmittelind., ferner Bergbau (auf Gold und Silber) und Fremdenverkehr. – Auf Viti Levu gibt es eine 650 km lange Schmalspurbahn der Zuckergesellschaft. Das Straßennetz von rd. 5100 km Länge ist recht gut ausgebaut; internat. Flughäfen sind Nadi und Nausori auf Viti Levu; wichtigster Verkehrsträger ist die Schifffahrt, größter Hafen Suva.

Fidschi

Geschichte: Die 1643 von A. J. Tasman entdeckten F.-Inseln wurden 1874 brit. Kronkolonie. 1875 fiel etwa ein Drittel der Bev. einer Masern-Epidemie zum Opfer. Zw. 1879 und 1916 holen die Briten Zehntausende Inder v. a. als Zuckerrohrarbeiter in die Kolonie. 1966 erhielten die Inseln innere Autonomie, 1970 als parlamentar. Monarchie die staatl. Unabhängigkeit im Rahmen des Commonwealth. Unter Erhaltung bestimmter Vorrechte des melanes. Bev.teils suchte Premiermin. Ratu Sir Kamisese K.T. Mara (Allianzpartei) die ethn. Spannungen in seinem Lande auszugleichen. Nach dem Wahlsieg einer Koalition der indisch dominierten (Nationalen) Föderationspartei und der Arbeitspartei (April 1987) lösten Überlegungen, die Vorrechte der Melanesier abzubauen, im Mai 1987 einen Militärputsch unter Oberstleutnant Sitiveni Rabuka aus. Nach einem erneuten Putsch rief die Militärreg. im Okt. 1987 die Republik aus (daraufhin Ausschluss aus dem Commonwealth). Bei den Wahlen von 1992 und 1994 siegte die (Fidschian.) Polit. Partei als Interessenvertretung des melanes. Bev.teils. 1992 wurde Rabuka Premiermin., der vorherige Reg.chef Mara 1993 zunächst amtierender Staatspräs. (1994 und 1999 als Staatsoberhaupt bestätigt). 1997 erfolgte die Wiederaufnahme F.s ins Commonwealth. Aus den Parlamentswahlen vom Mai 1999 ging die Arbeitspartei als Sieger hervor; sie bildete unter dem indischstämmigen Premiermin. Mahendra Chaudhry eine Koalitionsreg. Der anhaltende ethn. Konflikt zw. Melanesiern und Indern mündete im Mai 2000 in einen Staatsstreich melanes. Rebellen (mehrwöchige Geiselnahme und Sturz der Reg.). Neuer Staatspräs. wurde im Juli 2000 Ratu Josefa Iloilovatu Uluivuda. Dieser bestätigte die geschäftsführende Zivilreg. unter Laisena Qarase. Im Nov. 2000 musste die Armee erneut die Rebellion von Soldaten einer Eliteeinheit niederschlagen. Die Parlamentswahlen von 2001 entschied die neu gegr. melanesisch-nationalist. Vereinigte Partei für sich; deren Führer Qarase wurde im Amt des Reg.chefs bestätigt.

📖 *Stanley, D.: F.-Hb.. A. d. Engl. Bremen ⁴1994.* – *Mückler, H.: F. Das Ende eines Südseeparadieses. Wien 2001.* – *Robertson, R. u. Sutherland, W.: Government by the gun. Unfinished business of Fiji's 2000 coup. London 2002.*

Fiducia [lat. »Vertrauen«, »Unterpfand«] *die,* Treuhand, im röm. Recht eine pfandähnl. Sicherheit, die in das Eigentum des Gläubigers überging und bei Tilgung der Schuld rückgewährt wurde.

Fidulität [lat.] *die,* der inoffizielle, zwanglosere zweite Teil eines student. ↑Kommerses.

Fiduz *das,* umgangsprachl. für Mut; nur noch in »kein F. zu etwas haben«.

fiduziarisches Rechtsgeschäft, das treuhänder. Rechtsgeschäft, ↑Treuhand.
fiduzit! [lat. fiducia sit »vertraue darauf!«], Antwort des Studenten auf den Bruderschafts- und Trinkzuruf »schmollis!«.
Fieber (lat. Febris), Erhöhung der Körpertemperatur über den Normalwert (beim Menschen über 37,5 °C, rektal gemessen), meist als Abwehrreaktion des Organismus gegen Krankheitserreger ausgelöst. Im Unterschied zur Hyperthermie ist das F. eine aktive Leistung des Organismus und tritt dann ein, wenn der Sollwert des Wärmeregulationszentrums im Zwischenhirn (Hypothalamus) durch Reizung erhöht, d. h. die Empfindlichkeit der zentralen Messfühler (Thermorezeptoren) gegen Wärme herabgesetzt ist. Hierdurch kommt es zu subjektiver Kälteempfindung (Frösteln) und v. a. bei plötzlichem hohem F. zu kurzfristigen Aufheizungsreaktionen in Form einer Verminderung der Wärmeabgabe und Steigerung der Wärmebildung (Kältezittern der Glieder, Schüttelfrost). Ist die dem erhöhten Sollwert entsprechende Körpertemperatur erreicht, wird diese konstant gehalten. Die Temperaturerhöhung führt zu einer Steigerung des Stoffwechsels mit Puls- und Atembeschleunigung. Weitere Begleiterscheinungen sind Appetitlosigkeit, Mattigkeit, Benommenheit, Kopfschmerzen, Unruhe, F.-Fantasien (Delirien). Häufig treten **F.-Bläschen** (Herpes labialis), auch Hautreaktionen (Exanthem) auf. Bei Rückgang des F. kommt es zu Hitzegefühl mit gesteigerter Hautdurchblutung (**F.-Erythem**) und Schweißabgabe; langsame Normalisierung wird als Lysis, abrupte als Krisis bezeichnet. Häufige Ursachen des F. sind v. a. allg. oder örtl. Infektionen (v. a. Infektionskrankheiten), bei denen die Bakterien, ihre Toxine oder Zerfallsprodukte als Fieber erzeugende (pyrogene) Stoffe wirken, sowie Reaktionen auf artfremdes Eiweiß (Nessel-F.) und körpereigene Abwehrstoffe (z. B. bei Abtransport von Blutergüssen, abgestorbenem Gewebe), des Weiteren Austrocknung des Körpers, Störung des Salz-Wasser-Haushaltes, Arzneimittelüberempfindlichkeit. **Behandlung:** Neben hydrotherapeut. Maßnahmen (kühle Packungen, Umschläge, Wadenwickel, Bäder, Abwaschungen) ist die medikamentöse Senkung durch ↑Fiebermittel möglich. Allg. Regeln sind Schonung, Ruhe, reichlich Flüssigkeitszufuhr zum Ausgleich der Verluste durch Schweißabsonderung.

Schmidt, Klaus L.: Hyperthermie u. F. Wirkungen bei Mensch u. Tier. Stuttgart ²1987. – Fauser, A.: Therapeut. Vorgehen bei F. unklarer Genese. Bremen 2002.

Fieberklee, der ↑Bitterklee.
Fieberkrämpfe (Infektkrämpfe), Krämpfe, die im Säuglings- und Kleinkindesalter während eines raschen Fieberanstiegs auftreten und ärztl. Hilfe erfordern.
Fiebermittel (grch. Antipyretika), Arzneimittel zum Herabsetzen erhöhter Körpertemperatur; die meisten F. besitzen gleichzeitig schmerzlindernde und entzündungshemmende Wirkung, z. B. Salicylsäure- und Pyrazolonderivate.
Fiebermücken (Gabelmücken, Malariamücken, Anopheles), Gattung der Stechmücken mit rd. 200 Arten; davon übertragen etwa 50 Arten die Malaria, in Mitteleuropa bes. Anopheles maculipennis mit versch. Rassen; nur die Weibchen sind Blutsauger und damit Überträger. – Die Bekämpfung erfolgt durch Beseitigen der Brutplätze, Aussetzen sterilisierter Männchen oder Einsetzen bestimmter Fische (Gambusien) in die Brutgewässer.
Fieberrinde, die ↑Chinarinde.
Fieberthermometer, geeichtes Maximumthermometer zur Messung der Körpertemperatur (Messbereich 35–42 °C). Neben dem Quecksilber-Glas-F. gibt es Instrumente mit elektron. Temperatursensoren und digitaler Anzeige sowie stark verkürzter Messzeit (unter einer Minute).
Fiebig, Eberhard, Bildhauer, * Bad Harzburg 1. 3. 1930; nach autodidakt. Anfängen mit Schrottteilen entstanden seit den 1950er-Jahren v. a. Metallskulpturen aus vorgefertigten Stahlelementen (»Tor des ird. Friedens«, Univ. Kassel, 1986/87). F. entwarf auch Möbel und trat als Fotograf und Publizist hervor.
Fiedel (Fidel), das wichtigste Streichinstrument des MA. und der Renaissance, eine Vorform der Geige, seit dem späten 8. Jh. nachweisbar.
Fiedler, Conrad, Kunsthistoriker, * Oederan 23. 9. 1841, † München 3. 6. 1895; seine Kunsttheorie, die den autonomen Charakter des Kunstwerks betont, wurde zur Grundlage für eine neue Auffassung der Kunstbetrachtung des späten 19. Jahrhunderts.

FIE Field

Fields-Medaille[*]: Preisträger	
1936 (Oslo)	Lars Ahlfors
	Jesse Douglas
1950 (Cambridge)	Atle Selberg
	Laurent Schwartz
1954 (Amsterdam)	Kunihiko Kodaira
	Jean-Pierre Serre
1958 (Edinburgh)	Klaus Roth
	René Thom
1962 (Stockholm)	Lars Hörmander
	John Milnor
1966 (Moskau)	Michail Atiyah
	Paul J. Cohen
	Alexander Grothendieck
	Stephen Smale
1970 (Nizza)	Alan Baker
	Heisuke Hironaka
	Sergei Nowikow
	John G. Thompson
1974 (Vancouver)	Enrico Bombieri
	David B. Mumford
1978 (Helsinki)	Pierre Deligne
	Charles L. Fefferman
	Alexander Margulis
	Daniel Quillen
1983 (Warschau)	Alain Connes
	William P. Thurston
	Xingdong Yao
1986 (Berkeley)	Simon Donaldson
	Michael Freedman
	Gerd Faltings
1990 (Kyōto)	Edward Witten
	Vaughan F. R. Jones
	Wladimir G. Drinfeld
	Mori Shigesumi
1994 (Zürich)	Jean Bourgain
	Pierre-Louis Lions
	Jean-Christophe Yoccoz
	Efim Zelmanow
1998 (Berlin)	Maxim Kontsevich
	Richard Ewen Borcherds
	William Timothy Gowers
	Curtis T. McMullen
2002 (Peking)	Laurent Lafforgue
	Wladimir Woewodski

[*] in Klammern steht der jeweilige Tagungsort

Field [fi:ld], **1)** John, irischer Pianist und Komponist, *Dublin 26. 7. 1782, †Moskau 23. 1. 1837. Seine »Nocturnes« für Klavier sind Vorbild für die gleichnamigen Klavierstücke von F. Chopin.

2) Sally, eigtl. S. Mahoney, amerikan. Filmschauspielerin, *Pasadena (Calif.) 6. 11. 1946; spielt oft aktive, engagierte Frauen; auch in Komödien zu sehen; »Norma Rae« (1979), »Magnolien aus Stahl« (1989), »Nicht ohne meine Tochter« (1991), »Mrs. Doubtfire« (1993), »Forrest Gump« (1994), »Eye for an Eye« (1996).

Fielding [ˈfiːldɪŋ], Henry, engl. Schriftsteller, *Sharpham Park (bei Glastonbury, Cty. Somerset) 22. 4. 1707, †Lissabon 8. 10. 1754; schuf mit seinem Roman »Abenteuer Joseph Andrews' und seines Freundes Abraham Adams« (1742), einer Parodie auf S. Richardsons »Pamela«, den ersten komisch-realist. Roman der engl. Literatur, in dem er der psychologisierenden Empfindsamkeit das Gentleman-Ideal entgegenstellte. Sein Meisterwerk ist »Tom Jones oder die Geschichte eines Findelkindes« (1749, 1963 verfilmt), eine Art Bildungsroman.

Werke: Jonathan Wild (1743), Tagebuch einer Reise nach Lissabon (1755).

📖 *H. F. u. der engl. Roman des 18. Jh.s*, hg. v. W. Iser. Darmstadt 1972. – Battestin, M. C. u. Battestin, R. R.: *H. F. A life*. London u. a. 1989.

Fieldresearch [ˈfiːldrɪˌsəːtʃ, engl.] *das* (Feldforschung), in der empir. Markt- und Meinungsforschung angewendete Methode, die sich auf primärstatist., im »Feld« selbst (z. B. durch Interviews, Zählungen, Tests) gewonnene Ergebnisse stützt. – Ggs.: Deskresearch.

Fields-Medaille [ˈfiːldzmedaljə], bis zur Einführung des Abel-Preises (2003) höchste wiss. Auszeichnung auf dem Gebiet der Mathematik, die seit 1936 auf dem i. d. R. alle vier Jahre stattfindenden Internat. Mathematikerkongress an Mathematiker(innen) unter 40 Jahren vergeben wird; »anstelle« eines Nobelpreises in der Mathematik von dem kanad. Mathematiker John Charles Fields (*1863, †1932) gestiftet.

Fier, Bez.-Hptst. im südl. Mittelalbanien, 45 200 Ew.; Wärmekraftwerk, Düngemittelfabrik. - Nahebei die Ruinen von Apollonia in Illyrien (gegr. 588 v. Chr.).

Fierant [italien.] *der, österr.:* Markthändler.

Fieren, *Seemannssprache:* das Herablassen eines Segels, eines Boots u. a. mit einem Tau.

Fierlinger, Zdeněk, tschechoslowak. Politiker, *Olmütz 11. 7. 1891, †Prag 2. 5. 1976; Lehrer, seit 1918 enger Mitarbeiter von E. Beneš, war 1945/46 MinPräs., 1946/47 und 1948–53 stellv. MinPräs., 1945–48 Vors. der Sozialdemokrat. Partei. F. nahm 1948 am kommunist. Staatsstreich teil und verschmolz 1949 seine Partei mit der KP. 1953–64 war er Präs. der Nationalversammlung.

fiero [italien.], musikal. Vortrags-Bez.: stolz, wild, heftig.

Fiescher Gletscher, 16 km langer, 33 km² großer Gletscher an der Südseite der Berner Alpen, senkt sich vom Finsteraarhorn und den **Fiescher Hörnern** (Ochs-, Hinter-, Großfiescherhorn, bis 4 049 m ü. M.) nach S ins hintere **Fiescher Tal,** das bei **Fiesch** ins Rhonetal mündet.

Fieschi [fi'eski], genues. Adelsgeschlecht; ihm entstammten die Päpste Innozenz IV. (1243–54) und Hadrian V. (1276), auch zahlr. Kardinäle sowie Feldherren der Städte Genua, Mailand und Florenz; Parteigänger der Guelfen. Als Haupt einer Verschwörung gegen die Herrschaft Andrea Dorias in Genua ertrank Giovanni Luigi F. (*1522, †1547), gewöhnlich **Fiesco** genannt, im Hafen seiner Heimatstadt (darüber Trauerspiel von Schiller, 1783).

Fieseler, Gerhard, Kunstflieger und Flugzeugbauer, *Glesch (heute zu Bergheim) 15. 4. 1896, †Kassel 1. 9. 1987; im Ersten Weltkrieg Jagdflieger, dann Kunstflieger (Weltmeister 1934); gründete 1930 in Kassel die spätere **F.-Flugzeugbau GmbH,** die u. a. 1937 den »F.-Storch« (Fi 156), das erste Kurzstartflugzeug, herausbrachte. Schrieb »Meine Bahn am Himmel« (1979).

Fiesole, Stadt in der Toskana, Italien, nordöstlich von Florenz, 14 800 Ew.; Fremdenverkehr; Sitz des Europ. Hochschulinst. von Florenz im ehem. Franziskanerkloster (12.–15. Jh., mit Museum). – Reste etrusk. Mauern, eines röm. Bades und Theaters; roman. Kathedrale (1028 begonnen, im 13. und 14. Jh. erweitert). – Urspr. etrusk. Stadt, seit dem 3. Jh. v. Chr. unter röm. Einfluss **(Faesulae);** 405 schlug Stilicho hier die Ostgoten. 1125 wurde F. von Florenz unterworfen.

Fiesta [span.] *die,* span. Volksfest.

FIFA, Abk. für frz. Fédération Internationale de Football Association, Internat. Fußballverband. Vereinigung der nat. Fußballverbände aller Kontinente; gegr. 1904 in Paris, Sitz: Zürich, Präs. (seit 1998): J. Blatter. Die FIFA organisiert u. a. die WM, das olymp. Fußballturnier sowie die U 17- und U 20-WM. Der FIFA (203 Mitgl.-Verbände) sind sechs Kontinentalkonföderationen angeschlossen: AFC (Asien), CAF (Afrika), CONCACAF (Nord-, Zentralamerika, Karibik), CONMEBOL (Südamerika), OFC (Ozeanien) und ↑UEFA. Der **FIFA Confederations Cup** (Konföderationen-Cup) ist ein 1992 erstmals und seit 1995 alle zwei Jahre ausgetragener Pokalwettbewerb für (Männer-)Nationalmannschaften. Daran nehmen i. d. R. die Meister der sechs Kontinentalföderationen, der Veranstalter sowie ein weiterer Vertreter teil.

Fife [faɪf], Local Authority in O-Schottland, nördlich des Firth of Forth, 1 325 km², 349 400 Ew., Verw.sitz ist Glenrothes.

Fifo [Abk. für engl. first in first out, »als Erstes herein, als Erstes heraus«], *Informatik:* Form der Stapelspeicherung, bei dem die zuerst eingegebenen Daten als Erste wieder ausgelesen werden, Organisationsprinzip einer Warteschlange; Ggs.: Lifo (↑Keller).

Fifo-Methode, *Wirtschaft:* Verfahren zur Bewertung gleichartiger Gegenstände des Vorratsvermögens. Es wird unterstellt, dass die zuerst angeschafften oder hergestellten Waren auch zuerst verbraucht oder veräußert worden sind; d. h., der Endbestand wird mit den Anschaffungs- oder Herstellungskosten der zuletzt erworbenen Waren bewertet. Ggs.: ↑Lifo-Methode.

FIFPro, Abk. für frz. Fédération International de Footballeurs Professionels, 1968 gegründete internat. Vereinigung zum Schutz der Rechte von Profifußballern, Sitz: Gouda ([2002] 45 Mitgliedsverbände); anerkannt von der ↑FIFA und der ↑UEFA. In Dtl. besteht als nat. Verband die ↑Vereinigung der Vertragsfußballspieler e. V. (VdV).

fifty-fifty [engl.-amerikan. »fünfzig-fünfzig«], *umgangssprachl.:* halb und halb, zu gleichen Teilen, halbpart.

Figaro, Dienerfigur in Komödien von P. de Beaumarchais, in Mozarts Oper »Die Hochzeit des Figaro« und Rossinis Oper »Der Barbier von Sevilla«.

Fight [faɪt; engl. »Kampf«] *der,* lebhaft geführter Kampf, v. a. bei sportl. Wettbewerben.

Figl, Leopold, österr. Politiker, *Rust (heute zu Michelhausen, Bez. Tulln) 2. 10. 1902, †Wien 9. 5. 1965; Agraringenieur; war als Gegner der Annexion Österreichs durch das Dt. Reich 1938–43, nach Tätigkeit (1943) in einer Untergrundgruppierung 1944/45 im KZ. 1945 beteiligte er sich an der Gründung der Österr. Volkspartei (ÖVP) und leitete sie bis 1951 als Bundesobmann. 1945 und 1962–65 war er Landeshauptmann von Niederösterreich. Als Bundeskanzler (1945–53) und Außenmin. (1953–59) hatte F. wesentl. Anteil an der Wahrung der staatl. Einheit der Zweiten Rep. Österreich und am Abschluss des Österr. Staatsvertrages (1955). 1959–62 Präs. des Nationalrats.

Figner, Wera Nikolajewna, russ. Revolutionärin, *Christoforowka (Gouv. Kasan) 7. 7. 1852, †Moskau 15. 6. 1942; war als führendes Mitgl. der radikalen Geheimorganisation »Narodnaja Wolja« 1881 an der Ermordung Kaiser Alexanders II. beteiligt; 1883 zum Tode verurteilt, zu lebenslängl. Haft begnadigt, 1904 amnestiert. – Memoiren »Nacht über Rußland« (1925).

Figo, Luis, portugies. Fußballspieler, *Lissabon 4. 11. 1972; spielte u. a. beim FC Barcelona (1995–2000), dann bei Real Madrid; 82 Länderspiele (seit 1991). Fußballer des Jahres in Portugal 1995–2000, Europas Fußballer des Jahres 2000, Weltfußballer des Jahres 2001.

Figueira da Foz [fi'γeira ða fɔʃ], Hafenstadt und Seebad in Mittelportugal, Distr. Coimbra, an der Mündung des Mondego in den Atlantik, 25 700 Ew.; Holzausfuhr; Kabeljaufang und -verarbeitung, Schiffbau; weite Sandstrände.

Figueres [fi'γeres] (span. Figueras), Stadt in Katalonien, Spanien, Hauptort des fruchtbaren Empordà (Ampurdán), 35 200 Ew.; Museo Salvador Dalí; Eisenindustrie. – Got. Pfarrkirche mit roman. Kapelle; fünfeckige Festung Castillo de San Fernando (18. Jh.) oberhalb der Stadt.

Figuig [fi'gig, frz.] (Figig), Oase in SO-Marokko, an der alger. Grenze, 900 m ü. M.; sieben Ksar-Siedlungen mit zus. etwa 17 000 Ew. (meist Berber); in bewässerten Gärten etwa 200 000 Dattelpalmen.

Figur [lat.] *die,* **1)** *allg.:* äußere Erscheinung, Gestalt, Körperform.
2) *Heraldik:* Wappenbild, Aufteilung des Wappenschildes (Heroldsstück) oder gemeine Figur.

3) *Literatur:* 1) handelnde Person oder Charakter in einem literar. Werk; 2) sprachl. Kunstform, Stilmittel.
4) *Musik:* kleine, melodisch und rhythmisch zusammengehörige Tongruppe.

𝔇𝔞𝔰 𝔥𝔬𝔯𝔫 𝔡𝔢𝔯 𝔊𝔩ü𝔠𝔨𝔰𝔢𝔩𝔦𝔤𝔨𝔢𝔦𝔱.

Schöne Früchte:
Blumen / Korn /
Kirschen / Äpfel /
Birn / und Wein /
Und was
sonst mehr
kan seyn /
sind hier
in diesem
HORN /
das Glück /
auf daß
es uns
erquick' /
hat selbst
es so
mit hüll
und füll
erfüllt.
wol dem /
dem es
ist
mild.

Figurengedicht aus der Zeit des Barock (»Das Horn der Glückseligkeit«, von J. Steinmann, 1653)

Figura etymologica [lat.] *die,* Verbindung von Verben und Substantiven gleichen Stammes (z. B. *einen harten Kampf kämpfen*) oder gleicher Bedeutung (z. B. *eines unnatürlichen Todes sterben*).

figural [nlat.], mit Figuren versehen.

Figuralmusik *die,* mehrstimmiger kontrapunkt. Tonsatz in der Kirchenmusik des MA.; Ggs. †gregorianischer Gesang.

Figura piramidale [ital.], Kompositionsschema in Malerei und Bildhauerkunst, bei dem der Aufbau einer Figurengruppe der Gestalt einer gleichseitigen Pyramide entspricht; bes. beliebt in der ital. Hochrenaissance (z. B. »Hl. Anna selbdritt« von Leonardo da Vinci).

Figura serpentinata [italien.], Kompositionsschema der manierist. Plastik, das dann auch für die Malerei und den Kupferstich übernommen wurde: ein vom Sockel her sich nach oben entwickelnder spiralförmiger Figurenaufbau unter Verwendung des ↑Kontraposts (z.B. »Raub der Sabinerin« von Giambologna).

Figuration *die,* **1)** *Kunstwissenschaft:* a) figürl. Darstellung; b) Formgebilde. **2)** *Musik:* Auflösung einer Melodie oder eines Akkords in rhythm. (melodisch untereinander gleichartige) Notengruppen.

Figuration libre [figyrasjõ'librə; frz.], Tendenz in der frz. Kunst, die sich in den 1980er-Jahren in Form einer vitalen erzähler. Malerei als Reaktion auf konzeptuelle Kunsthaltungen (↑Conceptart) entwickelte. Elemente aus Sub- und Alltagskultur werden locker mit denen versch. Kunstepochen kombiniert.

Figurengedicht (Bildgedicht), Gedicht, in dessen Schrift- oder Druckbild ein Gegenstand, der zum Inhalt (meist) in direkter oder symbol. Beziehung steht, im Umriss nachgebildet wird (↑visuelles Gedicht). Das antike F. (von Theokrit u.a.), grch. **technopaignia,** lat. **carmen figuratum,** geht auf Inschriften an kleinen Gegenständen zurück. Das F. wurde von der Renaissancepoetik übernommen und in der dt. Barockliteratur (»Bilderreim«) bes. gepflegt. Die ↑experimentelle Dichtung bedient sich ebenfalls der Form.

Figurentheater (Puppenspiel, Puppentheater), Theaterspiel mit Puppen oder anderen mechanisch bewegten Figuren. Plast. Figuren sind Fingerpuppen, die auf jeweils einem Finger sitzen und von ihm geführt werden, ↑Handpuppen, ↑Marionetten, ↑Stabfiguren (auch Stockpuppen, ↑Hänneschen-Theater). Flachfiguren können starr oder beweglich sein und kommen v. a. im ↑Schattenspiel zum Einsatz. – Schon für das 5. Jh. v. Chr. ist Theater mit Figuren bezeugt, seine Herkunft liegt wohl in Griechenland oder im Orient, wo das F. v. a. in China, Japan, Birma und Indonesien (Wayang) zu hoher Blüte kam. Für Dtl. finden sich erste Belege im Mittelalter (um 1450), die Stücke mit dramat. Handlung wurden v. a. auf Jahrmärkten aufgeführt; bes. Interesse galt dem F. in der Romantik; Mitte des 19. Jh. wurde es von Graf Pocci für pädagog. Zwecke weiterentwickelt. Um 1910 wurde das F. unter asiat. Einflüssen erneuert. Gepflegt wird das F. in ganz Europa, bemerkenswert sind u. a.

das russ. (S. W. Obraszow) und tschech. F., das mit Puppenfilmen (J. Trnka) hervortrat. Viele Figuren eroberten sich auch einen Platz im Fernsehen, z. B. in den USA die Muppets oder in Dtl. die Augsburger Puppenkiste.

📖 *Ramm-Bonwitt, I.: F. Lebendige Tradition des Puppen- u. Schattenspiels in Asien.* Stuttgart u. a. 1991.

Figur-Grund-Verhältnis, *Psychologie:* das Sichabheben jedes wahrnehmbaren Gesamtbilds von einem »Hintergrund«; entscheidend für die Wahrnehmung strukturierter und sinnvoller Formen (visuelle Objekte, Melodien). ↑Inversion.

figurieren, eine Rolle spielen; in Erscheinung treten.

Figurine [frz. »Figürchen«] *die,* **1)** *Malerei:* kleine Statue; auch Nebenfigur im Hintergrund von Landschaftsgemälden. **2)** *Theater:* Kostümzeichnung oder Modellbild für Theateraufführungen.

figürlich, in Bezug auf die ↑Figur, eine Figur darstellend, z. B. in der Kunst.

Fiji ['fi:dʒi:, engl.], Inselstaat, ↑Fidschi.

Fikh [arab.] *das,* die Rechtswiss. des Islam; ihr Lehrer ist der **Fakih.**

Figurentheater: Kasperl und Kater Mikesch aus der Augsburger Puppenkiste

Fiktion [lat.] *die,* **1)** *allg.:* etwas, das nur in der Vorstellung existiert, etwas Erdachtes. **2)** *Literatur:* bestimmendes Element von erzählender und dramat. Literatur, die reale und nicht reale (erfundene) Sachverhalte als wirkliche darstellt.

3) *Philosophie:* in Erkenntnistheorie und Ontologie eine Annahme, deren Wahrheit nicht erkannt werden, die aber zu einem bestimmten theoret. oder prakt. Zweck im wiss. Verfahren methodisch geboten sein kann (z. B. Hypothesen oder auch die Vernunftbegriffe Kants).

4) *Recht:* im Gesetz die Annahme eines Sachverhalts als wahr, der in Wirklichkeit nicht besteht, um hieraus die Ableitung sonst nicht mögl. Rechtsfolgen vornehmen zu können (z. B. gilt der vor dem Erbfall Gezeugte als bereits geboren, sodass auf ihn das Erbrecht anwendbar ist).

fiktional [nlat.], auf einer Fiktion beruhend.

Fiktionalismus *der,* andere Bez. für die Philosophie des »Als-ob« von H.↑Vaihinger.

fiktiv, eingebildet, erdichtet; angenommen, auf einer ↑Fiktion beruhend.

Filage [-ʒə] *die,* 1) das Zusammendrehen von Seidenfäden; 2) das Abziehen der gezinkten Karten beim Falschspiel.

Filago, die Pflanzengattung ↑Filzkraut.

Filament [lat. filum »Faden«] *das,* 1) *Astronomie:* allg. eine fadenförmige Struktur in kosm. Objekten, insbes. die ↑Protuberanz auf der Sonnenscheibe, die sich gegenüber der hellen Photosphäre als dunkles, lang gestrecktes Gebilde darstellt. - **Intergalakt. F.** sind leuchtende Materiebrücken zw. Galaxien.

2) *Botanik:* Staubfaden (↑Blüte).

3) *Chemiefaserherstellung:* praktisch endlose Chemiefaser zur textilen Verarbeitung.

4) *Zytologie:* lichtmikroskopisch nicht darstellbare, stab- oder fadenförmige Struktur (Durchmesser 5–50 nm), z. B. im Muskel (**Myo-F.**).

Filarete, eigtl. Antonio di Pietro Averlino, italien. Bildhauer, Baumeister und Kunsttheoretiker, *Florenz um 1400, †Rom 1469; schuf die Bronzetür von St. Peter in Rom (1433–45) und das Ospedale Maggiore (1456–65) in Mailand. Sein berühmtes »Trattato d'architettura« (1464 vollendet) enthält Pläne einer Idealstadt »Sforzinda« über einem sternförmigen Grundriss.

Filarien [zu lat. filum »Faden«] (Filariidae), Gruppe der Fadenwürmer, Erreger der **F.-Krankheiten (Filariosen),** die sich beim Menschen als Elefantiasis äußern können. Die Larven von F. schmarotzen in den Blut- und Lymphwegen, gelangen durch saugende Mücken in deren Darm und werden nach einer Entwicklungsperiode einem neuen Wirt durch Stich eingeimpft.

filar il tuono [italien.], musikal. Vortragsanweisung, beim Gesang und beim Streichinstrumentenspiel den Ton gleichmäßig ausströmen, sich entwickeln lassen.

Filastò, Nino, ital. Schriftsteller, * 19. 1. 1938; Rechtsanwalt, Kenner der Florentiner Kunstszene; schreibt atmosphär. dichte, oft von authent. Fällen inspirierte Kriminalromane um die Figur des Avvocato Scalzi (»Der Irrtum des Dottore Gambassi«, 1997; »Forza Maggiore«, 2000), mit ironisch-krit. Blick auf die italien. Gesellschaft.

Filbinger, Hans, Politiker (CDU), *Mannheim 15. 9. 1913; Rechtsanwalt, 1960–66 Innenmin., war 1966–78 Min-Präs. von Bad.-Württ. (Rücktritt nach Vorwürfen wegen seiner Tätigkeit als Marinerichter im Zweiten Weltkrieg), 1971–79 Landesvors. der CDU, 1973–79 stellv. Bundesvors. der CDU.

Filchner, Wilhelm, Forschungsreisender, *München 13. 9. 1877, †Zürich 7. 5. 1957; unternahm einen Ritt über den Pamir (1900), mit A. Tafel eine Forschungsreise nach O-Tibet und China (1903–05), leitete 1911/12 die zweite dt. Südpolarexpedition. Drei Expeditionen nach Zentralasien (1926–28, 1934–38, 1939/40) dienten erdmagnet. Messungen. Neben wiss. Werken schrieb er viel gelesene Reiseberichte.

Filchner-Ronne-Schelfeis, schwimmende Eistafel über dem Schelf im S des Weddellmeeres; mit etwa 500 000 km² das zweitgrößte Schelfeis der Antarktis. 1982 wurde die dort ständig besetzte dt. Filchner-Sommerstation eingerichtet; Anfang 1999 musste sie nach dem Abbruch einer riesigen Eisplatte, die mit der Station wegdriftete, demontiert werden.

Filder, fruchtbares, mit Lösslehm bedecktes Plateau südlich Stuttgarts. Neben Zuckerrüben, Kartoffeln und Getreide wird v. a. Spitzkohl (**F.-Kraut**) angebaut und zu Sauerkraut verarbeitet; durch Flughafenausbau eingeschränkte landwirtsch. Nutzung.

Filderstadt, Stadt (Große Kreisstadt) im Landkreis Esslingen, Bad.-Württ., 41 700

Ew.; Maschinenbau, elektron. Ind., Sauerkrautfabriken. – 1975 (als **Filderlinden**) durch Zusammenschluss von fünf Gem. entstanden, seit 1976 Stadt.
File [faɪl, engl.] *das, Informatik:* die ↑Datei.
Filet [fiˈleː, frz.] *das, Lebensmittelkunde:* Lendenstück (Schlachtvieh, Wild), abgelöstes Bruststück (Geflügel), entgräteter Rücken (Fisch).
Filetarbeit [fiˈleː-], Handarbeit(stechnik), bei der ein Gitterwerk aus quadratisch verknüpften Fäden hergestellt wird, das dann in verschiedenartiger Weise bestickt wird.
Fil-fil [hottentottisch] *das* (Pepperkopp, Pfefferkornhaar), Wuchsform des Kopfhaares der Khoisan: Die in kleinen Büscheln wachsenden, kurzen, stark gewundenen Haare lassen Teile der Kopfhaut frei.
Filiale [lat.] *die* (Filialbetrieb), räumlich getrennter Zweigbetrieb einer Unternehmung, der rechtlich und wirtsch. von einer Zentrale (Hauptniederlassung) abhängig ist, bes. im Einzelhandel verbreitet.
Filialgeneration, Abk. F (Tochtergeneration), *Genetik:* Bez. für die direkten Nachkommen (F_1) eines Elternpaares (Elterngeneration) und die auf diese folgenden Generationen (F_2 usw.).
Filiation [lat., von filius »Sohn«] *die, Genealogie:* (rechtmäßige ehel.) Abstammung von den leibl. Eltern (Kindschaft, Kindesverhältnis); im MA. u. a. bedeutsam bei der ↑Ahnenprobe. In der modernen Genealogie sind beide Elternteile gleichwertig, deshalb ist für die Feststellung der F. die F.-Probe (Abstammungsnachweis) von Vater und Mutter erforderlich (bei unehel. Geburt bezogen auf den leibl. Vater).
Filiationsprobe [lat., von filius »Sohn«] (Abstammungsnachweis), *Genealogie:* der Nachweis einer behaupteten Abstammung bzw. der Herkunft aus einer rechtskräftigen Ehe (Filiation), d. h. durch Urkunden u. a. anerkannte Quellen bzw. Zeugen bekräftigter Beweis der richtigen Bestimmung und Angabe der Ahnen (Ahnennachweis, ↑Ahnenprobe; Sonderform: Adelsprobe). Der Abstammungsnachweis wird am übersichtlichsten in einer Ahnentafel geführt.
Filibuster, 1) [ˈfɪlɪbʌstə, engl.] *das,* Bez. für die u. a. im Senat der USA angewandte Verschleppungstaktik (langatmige Redebeiträge) einer Minderheit, um Abstimmungen über missliebige Mehrheitsanträge zu verhindern.
2) *der,* ↑Flibustier.
Filicatae [lat.], die ↑Farne.
filigran, aus Filigran bestehend; filigranähnl. Formen aufweisend; sehr fein, feingliedrig.
Filigran [italien., zu lat. filum »Faden« und granum »Korn«] *das,* Goldschmiedearbeit aus feinem Gold- oder Silberdraht, oft in Verbindung mit ↑Granulation, entweder auf eine Metallplatte aufgelötet oder als kunstvolles Geflecht in durchbrochener Arbeit. Erstmalig erscheint das F. um 2500 v. Chr. in Mesopotamien, um 2200 v. Chr. in Troja, dann v. a. bei den Etruskern, in der Kunst der Völkerwanderungszeit und des MA., in neuerer Zeit bes. in der europ. Volkskunst.
Filigranglas, fälschlich für ↑Fadenglas.
filioque [lat. »und vom Sohne«], durch die Theologie des Augustinus angeregter Zusatz der lat. Kirche zum Nicänisch-Konstantinopolitan. Glaubensbekenntnis (381), der besagt, dass der Hl. Geist vom Vater »und vom Sohn« ausgeht; von der Ostkirche abgelehnt; in Rom 1014 offiziell eingeführt.
Filip, Ota, tschech. Schriftsteller, * Ostrau 9. 3. 1930; emigrierte 1974 in die Bundesrep. Dtl. (seit 1977 dt. Staatsbürgerschaft); schreibt gesellschaftskrit., oft burleske Romane: »Das Café an der Straße zum Friedhof« (1968), »Die Himmelfahrt des Lojzek Lapáček aus Schlesisch Ostrau« (1973), »Die Sehnsucht nach Procida« (1988), »... doch die Märchen sprechen deutsch« (1996).
Filipendula, die Pflanzengattung ↑Mädesüß.
Filipino, Amtssprache der Philippinen (↑philippinische Sprachen).
Filipinos [span.], die Bewohner der Philippinen, i. e. S. die christl. Bev. der Philippinen (knapp 95%), die aus jungmalaiischen Völkern besteht.
Filitosa, prähistor. Fundstätte im SW Korsikas, im Tal des Flusses Taravo (Dép. Corse-du-Sud). Bei Ausgrabungen ab 1954 wurden eine megalith. Kultstätte sowie ein befestigtes Dorf der Torreaner (vielleicht das Seevolk »Shardana«) mit steinernen Turmbauten in Kegelform freigelegt. Keramikfragmente bezeugen eine Besiedlung seit dem Neolithikum.
Filius [lat.] *der, scherzhaft:* Sohn.

FIL Film

Film [engl. »Häutchen«], **1)** *allg.:* dünne Schicht, die oft eine Oberflächenschicht auf andersartigem Material bildet, z. B. Lack-, Ölfilm.
2) *Filmkunst:* mit fotograf. oder elektron. Mitteln erzeugte Folge von Einzelbildern, die – schnell nacheinander auf eine Leinwand projiziert oder auf einem Bildschirm sichtbar gemacht – den Eindruck von Bewegung (»laufende Bilder«, »bewegte Bilder«) hervorruft. In den 1920er-Jahren setzte sich der F. als eine mit technischen Mitteln ausgeführte, neuartige Kunstform durch.

FILMGATTUNGEN
Nach der Länge des F. unterscheidet man **Kurz-** (i. Allg. weniger als eine Stunde) und **Lang-F.** (i. Allg. mehr als eine Stunde); nach der Funktion **Unterhaltungs-**, **Werbe-** oder **Lehr- F.**; der Machart entsprechend **Trick-** bzw. **Animations-F.** (u. a. Zeichen- und Puppentrickfilm) und **Real-F.** und dem Inhalt nach den **Dokumentar-F.** (Wiedergabe der Realität auf Grundlage dokumentar. Materials, häufig durch gesprochene Texte kommentiert) und den **Spiel-F.** (Gestaltung einer Spielhandlung durch Schauspieler auf der Grundlage eines Drehbuchs). Spielfilmgenres sind u. a. Komödie, Drama, Kriminal-F., Science-Fiction-F., Fantasy-F., Abenteuer-F., Horror-F., Action-F., Heimat-F., Kriegs-F., Liebes-F., Märchen-F., Sex- und Porno-F., Western und Musik- und Tanzfilm.

FILMGESCHICHTE
In den Anfängen des Mediums wurden F. zunächst ohne Ton, als **Stumm-F.** gedreht, die bei der Vorführung meist von Klavier-, Orgel- oder Orchestermusik begleitet wurden. Die allerersten F.-Streifen wurden 1890 in England, 1894 in Russland, 1894 in den USA (New York) vorgeführt; als Beginn der Kinematographie gilt jedoch das Jahr 1895. Im Nov. 1895 zeigten die Brüder M. und E. Skladanowsky im Berliner »Wintergarten« mit dem »Bioscop« ein Programm kurzer F.; Vorführungen dokumentar. F. präsentierten die Brüder L. und A. Lumière im Pariser »Grand Café« ab Dez. 1895. Nach 1905 entwickelte sich die F.-Industrie. Die wichtigsten F.-Länder der Stumm-F.-Zeit waren Frankreich, die USA, Dtl. und die Sowjetunion. Im ersten Jahrzehnt des 20. Jh. produzierte man mehr und mehr abendfüllende Spiel-F., die das aus Kurz-F. bestehende »Kino der Attraktionen« zum künstlerisch motivierten Erzählkino wandelten. Gleichzeitig etablierten sich ortsfeste Kinos. Erste **Ton-F.** wurden ab 1926, in Europa ab 1929 gedreht. In den 1930er-Jahren kam zuerst in den USA, dann in Europa der Farb-F. auf. Oft findet man das Jahr 1960 als Zäsur für das Einsetzen des **modernen Films**.

FILMLÄNDER
Frankreich: Das führende F.-Land der Anfangsjahre war Frankreich. Hier entwickelten die Brüder Lumière den **Dokumentar-F.**, indem sie mit fotograf. Wirk-

Film 2): »Das Mädchen und der Kommissar« (1970) von Claude Sautet, mit Romy Schneider und Michel Piccoli

lichkeitstreue Szenen des Alltagslebens filmten (»L'arrivée d'un train«, 1895). Als Urvater des **Spiel-F.** gilt G. Méliès (»Die Reise zum Mond«, 1902), der seine Spielhandlungen mit künstler. Mitteln (Theaterillusionen, Überblendungen, F.-Tricks) umsetzte. Weitere Stumm-F. waren die Kriminal-F. (»Fantômas«-Serie, 1913 ff.) von L. Feuillade, die F.-Burlesken von G. Durand und M. Linder, die vom Dadaismus beeinflussten, experimentellen Spiel-F. von R. Clair und der surrealist. F. »Der andalus. Hund« (1928) von L. Buñuel (mit S. Dalí). Mit dem Ton-F. setzte in Frankreich der »poet. Realismus« der 1930er-Jahre ein, der impressionist. und naturalist. Strömungen mit romant. Ironie und Skepsis zu poesievollen Milieuschilderungen verband. R. Clair drehte »Unter den Dächern von Paris« (1930), M. Carné »Hafen im Nebel« (1938), J. Renoir verfilmte literar. Werke. Unter Bedingungen der Illegalität während der dt. Besetzung drehte M. Carné (mit J. Prévert) 1943–45 den legendären F. »Kinder des Olymp«. Nach dem Zweiten Weltkrieg trat eine Vielzahl von Regisseuren mit (Farb-)F. versch. Stilrichtungen hervor: romantisch-surrealist. F. wie »Orphée« (1945, J. Cocteau) auf der einen Seite oder die Serie der »schwarzen F.« (H.-G. Clouzot). Einzelgänger waren der Komiker J. Tati und R. Bresson. Die Ende der 1950er-Jahre entstandene **Nouvelle Vague** (»Neue Welle«) strebte den unkonventionellen Autoren-F. an; wichtige Vertreter sind C. Chabrol (»Schrei, wenn du kannst«, 1958), F. Truffaut, J.-L. Godard (»Außer Atem«, 1960), A. Resnais (»Hiroshima mon amour«, 1959), L. Malle und É. Rohmer. Weiterhin waren in den 1960er-Jahren von Bedeutung: R. Bresson, J.-P. Melville (»Der eiskalte Engel«, 1967), L. Buñuel (»Viridiana«, 1961) und S. Sautet (»Das Mädchen und der Kommissar«, 1970). Die Regisseure der »Nouvelle Vague« prägen bis heute den frz. Film: F. Truffaut (»Die letzte Metro«, 1980), L. Malle (»Auf Wiedersehen Kinder«, 1987), C. Chabrol (»Dr. M.«, 1990). Wesentlich sind auch C. Lelouch, A. Mnouchkine, J. Rivette, A. Varda, Luc Besson (mit dem aufwendigen Science-Fiction-F. »Das fünfte Element«, 1997), C. Costa-Gavras (mit Kriminal- und Politthrillern), C. Breillat sowie J.-P. Jeunet und F. Ozon.

Italien: Erste Bedeutung erlangte Italien schon zur Zeit des Stumm-F. mit monumentalen Historien-F. wie »Die letzten Tage von Pompeji« (L. Maggi, 1908). Seine Hochzeit hatte der italien. F. gegen Ende

Film 2): »La dolce vita« (1959) von Federico Fellini, mit Anita Ekberg

des Zweiten Weltkriegs mit der dokumentarisch-sozialkrit. Stilrichtung des **Neorealismus,** die von L. Viscontis Erstlings-F. »Von Liebe besessen« (1942) eingeleitet wurde, ihm folgten R. Rossellini (»Rom, offene Stadt«, 1945) und V. De Sica (»Fahrraddiebe«, 1948). Typisch für diese F. ist die sozialkrit. Darstellung menschl. Leidens und proletar. Elends. – Die bed. F.-Autoren der 1950er-Jahre waren u. a. F. Fellini (»La Strada«, 1954; »La dolce vita«, 1959) und M. Antonioni (»Der Schrei«, 1957). C. Zavattini hat besonderen Anteil auch als Theoretiker und Drehbuchautor. In den 1960er-Jahren entstand in Italien eine spezif. Ausprägung des Western, der **Italowestern,** mit dem die Namen S. Leone (»Spiel mir das Lied vom Tod«, 1968) und S. Corbucci verknüpft sind. Die wesentl. F. schufen seit dieser Zeit F. Fellini (»$8^1/_2$«, 1963; »Roma«, 1972), M. Antonioni, P. P. Pasolini (»Accatone«, 1961), L. Visconti (»Der Tod in Venedig«, 1970), B. Bertolucci (»1900«, 1974/75), F. Rosi, die Brüder P. und V. Taviani, E. Scola (»Le Bal«, 1983) und Lina Wertmüller. N. Moretti beschrieb die Stimmung der linken Intellektuellen (»Liebes Tagebuch«, 1995).

USA: Pioniere des amerikan. Stumm-F. waren E. S. Porter, der mit »Der große Eisenbahnraub« (1903) das Urbild des **Western** schuf, sowie D. W. Griffith, der den amerikan. Geschichts-F. und das lyr. F.-Melodrama begründete. Von ihm wurden viele Regisseure beeinflusst: E. von Stroheim, R. Flaherty, J. von Sternberg, F. Capra, J. Ford. 1912 entwickelte M. Sennett die spezifisch amerikan. Schule der **Slapstick-Comedy.** Dieser Schule entstammte auch C. Chaplin, andere Vertreter der Komikerschule waren B. Keaton, H. Lloyd sowie S. Laurel und O. Hardy (»Dick und Doof«). Seit 1911 wurden in Hollywood F. produziert, wobei das Studiosystem, der Einsatz techn. Effekte und der Starkult typisch waren. Ab 1914 wurden die USA marktbeherrschend. Ab den 1930er-Jahren bewirkte auch in den USA die neue Ästhetik des Ton-F. tief greifende Veränderungen. Kennzeichnend war die Ausprägung fester Genres: Die Gangster-F. mit ihrem Pessimismus waren der Versuch einer Antwort auf die Krisenhaftigkeit der sozialen Verhältnisse. Vertreter des Horror-F. war J. Whale mit »Frankenstein« (1931). W. Disney begründete in den 1930er-Jahren eine umfangreiche Produktion von **Zeichentrick-F.** (»Bambi«, 1942). E. Lubitsch (»Ninotschka«, 1939) und R. Mamoulian brillierten mit Komödien. J. Ford spezialisierte sich auf den Western. C. Chaplin setzte die Linie seiner gesellschaftskrit. Komik mit »Lichter der Großstadt« (1931), »Moderne Zeiten« (1936) und »Der große Diktator« (1940) fort. Einer der ersten Farb-F. war »Vom Winde verweht« (V. Fleming, 1939). Während der Kriegsjahre entstanden zahlr. Dokumentar-F. Düstere Kriminal-F. der »Schwarzen Serie« (J. Hustons »Der Malteserfalke«, auch »Die Spur des Falken«, 1941) spiegelten in den 1940/50er-Jahren im Genre des »Film noir« das von Trauer, Wut und Zynismus geprägte Klima der Kriegs- und Nachkriegszeit wider. Auch zeigten sich nach 1945 Parallelen zum Neorealismus (»Sunset Boulevard«, B. Wilder, 1950). Gleichzeitig führte seit den 1940er-Jahren das neue Medium Fernsehen einerseits zum Zusammenbruch des alten Hollywoodsystems, andererseits beeinflusste es inhaltlich und stilistisch den F., der sich mit einem stärker reportagehaften Stil u. a. den Problemen der »großen Masse« widmete. Daneben konsolidierte sich das »Showbusiness«. Der späte Western (»Zwölf Uhr mittags«, F. Zinnemann, 1952) und das **Musical** fanden neue Formen. In den 1960er-Jahren drehte A. Hitchcock einige seiner besten F. (»Psycho«, 1960; »Die Vögel«, 1962). 1968 entstand S. Kubricks **Science-Fiction-F.** »2001 – Odyssee im Weltraum«. J. Lewis und W. Allen etablierten in den 1960er-

Film 2): »Moderne Zeiten« (1936) von und mit Charlie Chaplin

und 1970er-Jahren eine Komödienschule. Nach 1960 formierte sich das »New American Cinema« als eine dem Hollywood-Kommerzialismus entgegengesetzte Richtung, die sich dem Dokumentar-F. und dem Experimental-F. verbunden fühlte. Ende der 1960er-Jahre entstand die **New-Hollywood-Bewegung,** die größere gestalter. Freiheiten beanspruchte. Wichtige Regisseure des »New Cinema« sind D. Hopper (»Easy rider«, 1969), J. Cassavetes (»Schatten«, 1960), R. Polanski (»Rosemaries Baby«, 1968), A. Penn (»Bonnie und Clyde«, 1967), R. Altman (»Nashville«, 1975), F. F. Coppola (»Der Pate«, 1972; »Apocalypse now«, 1979), P. Bogdanovich (»Die letzte Vorstellung«, 1971), M. Scorsese (»Taxi Driver«, 1975), M. Forman (»Einer flog übers Kuckucksnest«, 1975; »Amadeus«, 1984), S. Pollack (»Tootsie«, 1982), W. Allen (»Der Stadtneurotiker«, 1977), S. Soderbergh. Weitere wichtige Regisseure sind J. Jarmusch und D. Lynch. An ein jugendl. Publikum wenden sich die F. von B. de Palma und die Science-Fiction-F. von S. Spielberg. Die modernen Science-Fiction-F., häufig Remakes oder Fortsetzungen, besitzen nicht mehr den selbstiron. Umgang mit dem eigenen Genre, sondern versuchen, mit Katastrophen, Verfolgungsjagden, Gewalttätigkeit und dem Einsatz digitaler Technik ihre Vorgänger zu übertreffen. Erfolgreiche Außenseiter sind Literaturverfilmungen wie »Der engl. Patient« (1996, Regie: A. Minghella) oder die romant. Komödie »Notting Hill« (1999, Regie: R. Michell).

Neben schnelllebigen »Blockbustern« entstehen auch F., die die reale Ausprägung des amerikan. Traums hinterfragen, z. B. »American Beauty« (1999) von S. Mendes, »Traffic – Die Macht des Kartells« (2000) von S. Soderbergh oder der Dokumentar-F. »Bowling for Columbine« (2002) von M. Moore.

Film 2): »Alle sagen: I love you« (1997) von und mit Woody Allen, mit Julia Roberts

Dänemark: Schon vor dem Ersten Weltkrieg produzierte die Firma Nordisk F. Bedeutendster dän. Regisseur war C. T. Dreyer (»La passion de Jeanne d'Arc«, 1928). Ein wichtiger Impuls für den F. ging in den 1990er-Jahren vom dän. Filmemacherkollektiv **Dogma 95** (L. v. Trier: »Idioten«, 1998; T. Vinterberg: »Das Fest«, 1998) aus. Die »Dogma-Regeln« fordern, filmtechn. Effekten zu entsagen, und zielen auf ein realist. Erzählen, das sich inhaltlich und ästhetisch auf das Wesentliche, d. h. auf die Geschichte und die Figuren beschränkt.

Schweden: Zur Zeit des Stumm-F. drehte V. Sjöström myth. Landschafts-F. und Historien-F. (»Gösta Berling«, 1924). M. Stiller spezialisierte sich auf Gesellschaftskomödien und begründete (1924) die Karriere von G. Garbo. Nach künstler. Krise erlebte der schwed. F. erst nach 1945 einen Aufschwung. Prägend war v. a. I. Bergman mit seinen realist. F. (»Wilde Erdbeeren«, 1957). Er blieb auch ab den 1960er-Jahren die überragende Gestalt des schwed. F. Bedeutung erlangten auch M. Zetterling (»Amorosa«, 1986), B. Widerberg, B. August, J. Troell und L. Hallström (»Chocolat«, 2000).

Deutschland: Nach dem Ersten Weltkrieg war Dtl. das künstlerisch bed. F.-Land. 1917 veranlasste E. Ludendorff die Gründung des F.-Großkonzerns Universum-Film AG (Ufa). Die stark vom Expressionismus beeinflussten Stumm-F. zeigten eine Vorliebe für irreale Sujets, u. a. »Das Kabinett des Dr. Caligari« (1919) von R. Wiene und »Metropolis« (1926) von F. Lang. Zur Avantgarde des dt. F. der 1920er-Jahre gehörte L. Reiniger mit Silhouetten-F. Der zumeist im kleinbürgerl. Milieu spielende Kammerspiel-F. (»Die Hintertreppe« von L. Jessner, 1921) strebte die Psychologisierung der Figuren an. Eine Tendenzwende kündigte sich in den F. von F. W. Murnau (»Nosferatu«, 1922) an. Dem Realismus waren v. a. die F. von C. W. Pabst (»Die freudlose Gasse«, 1925) verpflichtet. Wie in anderen F.-Ländern führte auch in Dtl. die Entwicklung des Ton-F. zur Produktion von zahlr. Musik-F. (»Der blaue Engel«, 1930, von J. von Sternberg) bzw. von F. mit tragenden akust. Elementen (»M – Eine Stadt sucht einen Mörder«, 1931, von F. Lang). Bis 1933 konnten sich gesellschaftskrit. F. durchsetzen, u. a. von G. W. Pabst (»Die Dreigroschenoper«, 1931), P. Jutzi (»Berlin – Alexanderplatz«, 1931) und S. Dudow (»Kuhle Wampe«, 1932). – Nach 1933 lenkte J. Goebbels den dt. F. auf den Kurs angeblich unpolit. Unterhaltung, indirekt dienten jedoch die meisten F. der nat.-soz. Ideologie. Die Machtübernahme Hitlers hatte über 500 Regisseure und Schauspieler zur Emigration gezwungen: P. Czinner und Elisabeth Bergner, W. Dieterle, F. Kortner, F. Lang, M. Ophüls, O. Preminger, Detlev Sierck (Douglas Sirk), R. Wiene, B. Wilder, F. Zinnemann u. a. Die nat.-soz. Propaganda gipfelte in monumentalen Dokumentar-F. (»Triumph des Willens«, Leni Riefenstahl, 1934) und tendenziös-dramat. Spiel-F. (»Hitlerjunge Quex«, H. Steinhoff, 1933). V. Harlan unterstützte den Antisemitismus (»Jud Süß«, 1940) und drehte den »Durchhalte-F.« »Kolberg« (1945). – Der Nachkriegs-F. in Dtl., dessen F.-Industrie zunächst danniederlag, behandelte Schicksale im nat.-soz. Dtl. und in »Trümmer-F.« die dt. Ruinenlandschaft. Es entstanden weitere unverbindl. Unterhaltungs-F. An zeitkrit. Reflexionen versuchten sich u. a. W. Staudte (»Die Mörder sind unter uns«, 1946) und H. Käutner (»In jenen Tagen«, 1947). Die ersten DEFA-F. in der DDR waren »Das kalte Herz« (1950, P. Verhoeven), »Der Untertan« (1951, W. Staudte). Von wenigen Ausnahmen (»Des Teufels General«, 1955, H. Käutner; »Wir Wunderkinder«, 1958, K. Hoffmann; »Die Brücke«, 1959, B. Wicki) abgesehen, wandte sich der F. in der Bundesrep. Dtl. bald der Unterhaltung zu. In der DDR wurden nach künstlerischpolit. Konfrontationen Mitte der 1960er-Jahre 12 DEFA-F. der Jahre 1965/66 (u. a. »Spur der Steine«, F. Beyer) verboten. Zunehmende künstler. und polit. Restriktionen hatten den Weggang vieler Schauspieler, Regisseure und Autoren zur Folge. In der Bundesrep. Dtl. wandten sich in den 1960er-Jahren jüngere Regisseure gegen den konventionellen F. der älteren Generation: Die **Oberhausener Gruppe** forderte unter dem Motto »Papas Kino ist tot« die Einbeziehung von Gegenwartsproblemen in den F. Zu den wichtigsten Regisseuren des daraus entstandenen »Jungen dt. F.« zählten A. Kluge (»Abschied von gestern«, 1966), V. Schlöndorff (»Der junge Törless«, 1966; »Die Blechtrommel«, 1978/79), U. Schamoni und v. a. R. W. Fassbinder (»Die Ehe der Maria Braun«, 1978). In der DDR drehte H. Carow den F. »Paul und Paula« (1973) und K. Wolf »Solo Sunny« (1979), die dezent die Suche nach bewusster Reflexion gesellschaftl. Realität widerspiegeln. Die bedeutenden Regisseure der Bundesrep. Dtl. waren in den 1970/80er-Jahren: W. Herzog (»Nosferatu«, 1979), H. J. Syberberg, M. von Trotta, H. Achternbusch, R. van Ackeren (»Die flambierte Frau«, 1983), W. Wenders (»Paris, Texas«, 1984; »Der Himmel über Berlin«, 1987), E. Reitz (»Heimat«, 1984), Doris Dörrie (»Männer«, 1985), D. Graf (»Die Katze«, 1987), P. Adlon (»Out of Rosenheim«, 1987), H. Dietl (»Schtonk«, 1992). Die Generation der 1990er-Jahre folgte nicht mehr der Tradition des Autorenkinos, sondern setzte verstärkt auf Unterhaltung und Beziehungskomödien (S. Wortmann). Gegen Ende der 1990er-Jahre verarbeitete der dt. F. die Wiedervereinigung der beiden dt. Staaten, als Komödie mit dem F. »Sonnenallee« (1999) von L. Haußmann, als Psychogramm einer gescheiterten Künstlerin in »Die Unberührbare« (1999) von O. Roehler und als deutsch-deutsche Gesellschaftsstudie mit

Film FIL

Film 2): »Panzerkreuzer Potemkin« (1925) von Sergei Eisenstein

»Die Stille nach dem Schuss« (2000) von V. Schlöndorff.
Russland: Eine eigenständige F.-Produktion entwickelte sich schon in zarist. Zeit. 1919 wurde das F.-Wesen verstaatlicht. In der Sowjetunion wurden zunächst nur Agitations-F. und Wochenschauen produziert, u. a. die »Kinoprawdas« des Dokumentarfilmpioniers D. Wertow. S. M. Eisenstein drehte 1924 »Streik« und 1925 »Panzerkreuzer Potemkin«; die Entstehung seiner letzten Werke war z. T. mit polit. Schwierigkeiten verbunden. Bedeutende Exponenten des sowjet. Stumm-F. waren auch W. I. Pudowkin, A. P. Dowschenko (»Erde«, 1930), G. Kosinzew und J. Trauberg. Gemäß dem sozialist. Realismus standen v. a. positive Helden im Mittelpunkt der F. In den 1950er-Jahren ermöglichte die »Tauwetter«-Periode neue Ansätze realist. Gestaltung, so z. B. in M. Kalatosows »Wenn die Kraniche ziehen« (1959). A. Tarkowski und A. Kontschalowski begründeten den Autoren-F., jedoch wurden ihre krit. F. nach der Entstalinisierungsperiode verboten. Die jahrzehntelang unterdrückte F.-Kunst erlebte erst in den 1980er-Jahren wieder einen Aufschwung, als zahlr. Filmemacher rehabilitiert wurden und die beschlagnahmten F. die Archive verließen. Als Exponenten des russ. F. sind v. a. zu nennen: A. Tarkowski (1984 Emigration: »Der Stalker«, 1979; »Nostalghia«, 1983; »Opfer«, 1985), E. Klimow (»Agonia – Rasputin«, 1981 veröffentlicht; »Abschied von Matjora«, 1983), T. Abuladse (»Reue«, 1984) sowie A. Askoldow (»Die Kommissarin«, 1987 freigegeben), S. Botrow (»Freiheit ist ein Paradies«, 1989), W. Pitschul (»Kleine Vera«, 1988), N. Michalkow (»Urga«, 1991).
Großbritannien: Schon zw. 1899 und 1903 experimentierte die »Schule von Brighton« mit Einstellungsformen, Kamerafahrten und Montage. Den Stumm-F. prägten in Großbritannien Klassikerverfilmungen, Komödien, Ausstattungs-F. und Kriminal-F. In den 1930er-Jahren entwickelte sich die **Brit. Dokumentarfilmschule** v. a. mit L. Grierson. Nach 1945 entstanden neben Shakespeareverfilmungen von L. Olivier und Kriminalthrillern von A. Hitchcock und C. Reed (»Der dritte Mann«, 1949) Komödien mit typisch engl. Humor mit gruselig-grotesken Zügen. Um 1960 erregte das »Free cinema«, u. a. um die Regisseure K. Reisz und T. Richardson, Aufsehen. Sie gingen jedoch bald zum kommerziellen F. über, der Ende der 1950er-/Anfang der 1960er-Jahre mit dem Horror-F. und dem Spionagethriller (»James-Bond«-Serie) große Erfolge hatte. Später erlangten internat. Bedeutung: J. Losey, S. Kubrick, K. Russell, R. Attenborough (»Gandhi«, 1982), J. Ivory, P. Greenaway. M. Leigh und K. Loach behandelten sozialkrit. Themen. K. Branagh belebte die Tradition der Shakespeareverfilmungen. Zu den wichtigsten Regisseuren zählen aus *Polen:* A. Wajda (»Asche und

FIL Film

Diamant«, 1959; »Der Mann aus Eisen«, 1981), R. Polanski, der seit den 1960er-Jahren im Ausland arbeitet, K. Zanussi, K. Kieślowski (»Drei Farben: Blau. Weiß. Rot«, 1993/94) und Agnieszka Holland; aus *Ungarn:* Z. Fábri (»Zwanzig Stunden«, 1965), I. Szabó (»Mephisto«, 1980; »Oberst Redl«, 1985) und Márta Mészáros (»Tagebuch für meine Lieben«, 1986); aus *Finnland:* A. Kaurismäki; aus *Spanien:* C. Saura (»Carmen«, 1983), M. Camus und P. Almodóvar; aus *Portugal:* M. de Oliveira; aus *Griechenland:* T. Angelopoulos; aus der *Schweiz:* A. Tanner, M. Soutter; aus *Kanada:* D. Cronenberg, A. Egoyan; aus *Argentinien:* F. E. Solanas; aus *Brasilien:* G. Rocha, L. Hirszman; aus *Australien:* P. Weir, J. Campion; aus *Japan:* Yasujiro Ozu (»Spätherbst«, 1960), Akira Kurosawa (»Rashomon«, 1950; »Sieben Samurai«, 1954; »Kagemusha«, 1980), Kenji Mizoguchi (»Ugetsu – Erzählungen unter dem Regenmond«, 1953) und Takeshi Kitano (»Brother«, 2000); aus *China:* Xie Tian (»Das Teehaus«, 1982), Zhang Yimou (»Rotes Kornfeld«, 1987), Chen Kaige (»Lebewohl, meine Konkubine«, 1993); aus *Hongkong:* Wong Kar-Wai (»Fallen Angels«, 1995); aus *Taiwan:* Ang Lee (»Tiger & Dragon«, 2000). *Indien* ist mit fast 1 000 Spiel-F. pro Jahr der größte F.-Produzent, jedoch bedienen die in den F.-Studios bei Bombay (»Bollywood«) gedrehten farbenfrohen F. mit viel Musik und Tanz v. a. den regionalen Markt.

FILMHERSTELLUNG
Die F.-Handlung wird zunächst meist in einem **Exposee** dargestellt, im **Treatment** sind Schauplätze und Charaktere umrissen. Das **Rohdrehbuch** enthält die für die F.-Aufnahme wesentl. Angaben; der Regisseur arbeitet mit den Autoren danach das **Drehbuch** aus. Die Produktionsfirma engagiert den Stab (für Kamera, Bauten und Ausstattung, Schnitt, Musik) und es erfolgt die Besetzung der Haupt- und Nebenrollen. Im **Drehplan** sind die nummerierten Kameraeinstellungen und die an den einzelnen Drehtagen aufzunehmenden Szenen enthalten. Die F.-Aufnahmen erfolgen im Freien oder im F.-Atelier (Studio). Mithilfe der **F.-Montage (F.-Schnitt)** werden die einzelnen Szenen nach künstler. Gesichtspunkten zusammengesetzt. Der zumeist vom Bild getrennt aufgenommene Ton (Dialog, Musik, Geräuschkulisse) ist im fertigen F. auf einem F.-Streifen mit dem Bild vereinigt.
📖 *Toeplitz, J.: Gesch. des F., 5 Bde. A. d. Poln. Neudruck Berlin 1992. – Gesch. des dt. F., hg. v. W. Jacobsen. Stuttgart u. a. 1993. – Die Chronik des F., Beiträge v. B. Beier u. a. Gütersloh u. a. 1994. – Lexikon des internat. F., begr. v. K. Brüne, hg. vom Kath. Inst. für Medieninformation (KIM) u. a., 10 Bde. u. Register-Bd. Neuausg. Reinbek 1995. – Metzler-F.-Lexikon, hg. v. M. Töteberg. Stuttgart u. a. 1995. – Kracauer, S.: Theorie des F. Die Errettung der äußeren Wirklichkeit, hg. v. K. Witte. A. d. Amerikan. Frankfurt am Main ³1996. – Krusche, D.: Reclams F.-Führer. Stuttgart ¹¹2000. – Monaco, J.: F. verstehen. Kunst, Technik, Sprache u. Theorie des F. u. der Medien. A. d. Engl. Reinbek ³2000. – Hagener, M.: F. – an international bibliography. Stuttgart u. a. 2000.*

3) Fototechnik: lichtempfindl., biegsames Aufzeichnungsmaterial für fotografische bzw. kinematograph. Bilder; besteht aus einem durchsichtigen Schichtträger (Acetylcellulose), der schwer entflammbar ist **(Sicherheits-F., Safety-F.)** und als Unterlage für die lichtempfindl. Schicht (Emulsion) bzw. mehrere Schichten dient. Die Farbwiedergabe erfolgt beim **Negativ-F.** als Farb-F. komplementärfarbig, als Schwarz-Weiß-F. in umgekehrten Grauwerten (Schwarz als Weiß usw.); beim **Umkehr-F.** als Farb-F. in den natürl. Farben, als Schwarz-Weiß-F. in entsprechenden Grauwerten. Durch das Kopieren des Negativ-F. auf Positivmaterial (Papier oder Positiv-F.) erhält man im Positiv die dem Motiv entsprechenden Farben bzw. Grauwerte. Nach der Konfektionierung werden F. unterschieden in **Roll-F.** (auf eine Spule gewickelter F. mit Papierunterlage, meist in den Formaten 6 × 9 cm, 6 × 6 cm, 4,5 × 6 cm, zur Verwendung in Rollfilmkameras), **Plan-F.** (zum Einlegen in Kassetten bestimmte einzelne F.-Blätter zur Verwendung in Plattenkameras) und den mit dem Kinenormal-F. ident. **Kleinbild-F.** (in Tageslichtpatronen, Einlegepackungen und als Meterware zur Verwendung in Kleinbildkameras); Kleinbild-F. haben eine Lichtsignierung, die auf den F.-Rand kopiert und nach der Entwicklung sichtbar wird und die den Hersteller, die F.-Art, die Bildnummer u. a. angibt. Für spezielle Einsatzgebiete wurden entsprechende F. geschaffen, wie **Dokumen-**

ten-F., Mikrat-F. und Mikro-F. zur Aufnahme von Schriftstücken, Zeichnungen usw. **Kunstlicht-F.** als Farb-F. ist ausschl. bei Beleuchtung mit Fotoleuchten zu verwenden, als Schwarz-Weiß-F. eignet er sich wegen der hohen Rotlichtempfindlichkeit vorzugsweise für Kunstlichtaufnahmen. Die wichtigsten Eigenschaften der F. sind: a) Allgemeinempfindlichkeit; b) die Farbempfindlichkeit, die durch die Sensibilisatoren beeinflusst wird; Schwarz-Weiß-F. sind in der Hauptsache orthochromatisch (nicht für Rot empfindlich) und orthopanchromatisch bzw. panchromatisch (für alle Farben empfindlich, Letztere v. a. für Kunstlicht geeignet) sensibilisiert; c) die Schwärzungskurve; d) die Körnigkeit, die mit steigender Empfindlichkeit i. Allg. zunimmt und bes. bei Kleinbild-F. wegen der notwendigen Vergrößerungen möglichst gering gehalten sein soll (Feinkorn-F.); e) das Auflösungsvermögen, das i. Allg. mit zunehmender Empfindlichkeit abnimmt und in Linien je mm angegeben wird (bei mittelempfindl. Schwarz-Weiß-F. etwa 100 Linien/mm); f) Lichthoffreiheit, d. h., dass eine Überstrahlung der Lichter durch den entstehenden Lichthof möglichst unterdrückt wird.
Aufnahme- und Kopiermaterial: Zur kinematograph. Aufzeichnung von Bildern bewegten Inhalts und Schallereignissen werden F. unterschiedl. Breite eingesetzt: **Schmal-F.** in den Breiten von 32 mm (2 × 16 mm, mit je ein- oder doppelseitiger Perforation, nur für Kopierverfahren), 16 mm (mit ein- oder doppelseitiger Perforation), 8-mm- oder Doppel-8-mm-F. (mit einseitiger Perforation) sowie Super-8-mm-F., auch Single-8-mm-F. gen. (mit einseitiger Perforation, verringerter Perforationslochgröße und vergrößertem Perforationslochabstand), **Kinenormal-F.** in der Breite von 35 mm (mit doppelseitiger Perforation) und teilweise angewendete **70 mm breite F.** (mit doppelseitiger Perforation).
Aufnahme und Wiedergabe: Die Bildinformationen werden mit einer **Bildaufnahmekamera (F.-Kamera),** einem optisch-mechan. Gerät, als Phasenbilder eines Bewegungsvorgangs auf einem perforierten F.-Streifen auf fotograf. Weg aufgezeichnet. Der F.-Streifen wird dabei schrittweise mithilfe eines Greifers durch einen F.-Kanal mit einem Bildfenster bewegt und hier während der Stillstandzeiten belichtet. Während des F.-Transports wird der F. lichtdicht durch den Dunkelsektor eines Umlaufverschlusses abgedeckt. Die Belichtungszeit beträgt gewöhnlich $^1/_{30}$ bis $^1/_{50}$ s (allgemeine Bildfrequenz 24 Bilder je Sekunde). Sprache, Musik und Geräusche werden i. Allg. zunächst auf unperforiertem 35 mm breitem Magnet-F. aufgezeichnet, später (bei der Herstellung der Theater- oder Sendekopie) auf die kombinierte Bild-Ton-Kopie übertragen. Sie können dort in einer Magnetspur oder in mehreren Magnetspuren bzw. in einer Lichttonspur oder in einer kombinierten Licht- und Magnetspur (Magoptical-Kopie) gespeichert enthalten sein. Bei den Spiel-, Dokumentar- u. a. F. verwendet man den 35 mm breiten Film. Für die Produktion von Groß-F. wurde v. a. der 70 mm breite F. verwendet, ausschl. als Farbfilm. Für wiss. F. wird sowohl der 35-mm-Normal-F. als auch der 16- und 8-mm-Schmal-F. angewendet. Der Super-8-mm-F. mit seiner um 44 % größeren Fläche eines Phasenbildes hat heute den 8-mm-F. der klass. Art und den 9,5-mm-F. verdrängt. Der Farb-F. hat den Schwarz-Weiß-F. weitgehend abgelöst. Der **F.-Projektor (Laufbildwerfer)** dient der Wiedergabe der gespeicherten Phasenbilder und ähnelt in Aufbau (bis auf die zusätzlich vorhandene Projektionslichtquelle) und Arbeitsweise der Bildaufnahmekamera. Wichtigste Teile sind das Projektorlaufwerk, das Abbildungssystem, die Tonabtasteinrichtung und der Antriebsmotor mit konstanter Drehzahl (Asynchron- oder Synchronmotor).
Filmarchiv, geordnete Sammlung von Filmen sowie filmhistorisch bed. Dokumenten; bes. Cinémathèque Française (Paris), British Film Institute (London), Museum of Modern Art (New York), Film Library (New York), Gosfilmofond (Moskau), Dt. Institut für Filmkunde (Wiesbaden), Dt. Kinemathek (Berlin), Bundesarchiv (Koblenz; übernahm 1990 das staatliche F. der DDR), Institut für den Wiss. Film (Göttingen).
Filmbewertungsstelle Wiesbaden, Abk. **FBW,** 1951 in Wiesbaden gegr. Länderbehörde zur Beurteilung der von Verleih und Herstellung eingereichten Kurz- und Spielfilme. Der Bewertungsausschuss vergibt die Prädikate »wertvoll« und »bes.

FIL Filmfestspiele

wertvoll«, die u. a. für Subventionen nach dem Filmförderungsgesetz wirksam sind.
Filmfestspiele, Filmfestival, i. d. R. jährlich stattfindende Präsentation neuerer (internat.) Filme, meist mit Wettbewerb und Preisverleihung für die besten Filme, Regisseure, Darsteller. Die Regeln der großen F. werden kontrolliert von der »Fédération Internationale des Associations de Producteurs de Films« (FIAPF). Die wichtigsten F. finden statt in Venedig (seit 1932, Hauptpreis »Goldener Löwe«), Cannes (seit 1946, Hauptpreis »Goldene Palme«), Berlin (seit 1951, Hauptpreis »Goldener Bär«), San Sebastián (seit 1954) sowie alternierend in Karlsbad (seit 1946) und Moskau (seit 1959). Für einzelne Filmgenres existieren Spezialfestivals, z. B. für den Dokumentarfilm in Leipzig oder für den Kurzfilm in Oberhausen.
Filmförderung, Förderung der Filmwirtschaft durch staatl. Subventionen, Schutzbestimmungen sowie durch Selbsthilfemaßnahmen. Rechtl. Grundlage ist das F.-Gesetz von 1979 i. d. F. v. 6. 8. 1998. Die Förderungsaufgaben (Steigerung der Qualität des dt. Films, Verbesserung der Struktur der Filmwirtschaft, Unterstützung dt.-ausländ. Gemeinschaftsproduktionen und der Zusammenarbeit zw. Film und Fernsehen, Gewährung von Förderungshilfen) wurden der F.-Anstalt in Berlin übertragen. Die Mittel zur F. stammen aus dem Haushalt sowie aus der Filmabgabe, mit der entgeltl. Filmvorführungen am Maßstab des Umsatzes belastet werden.
Filmgroteske, ↑ Groteskfilm.
Filmhochschule, Einrichtung zur berufl. Ausbildung für Filmschaffende (u. a. zum Drehbuchautor, Regisseur, Filmarchitekten, Kameramann/-frau, Produktionsleiter); teils in Univ. integriert, teils selbstständig; Abschluss meist mit Diplom; in Dtl. in Berlin, Potsdam-Babelsberg, München, Stuttgart-Ludwigsburg.
Filmmusik, Musik in Filmen zur Untermalung und Kommentierung der Handlung. In der frühen Stummfilmzeit (seit 1895) wurde sie auf dem Klavier oder Harmonium improvisiert oder aus bekannten Musikstücken zusammengestellt, später (seit 1914) von kleinen Ensembles oder auch auf der Kinoorgel gespielt. Erst allmählich wurde originale F. geschaffen. Mit der Möglichkeit der exakten Koordination von Bild und Musik in den Tonfilmen (seit 1927) erwuchsen der F. neuartige Aufgaben. Auf den dt. Unterhaltungsfilm wirkte die Operette (Schlager, Lied, Tanz) entscheidend ein. Komponisten unterhaltender F. waren u. a. R. Gilbert, F. Grothe, R. Stolz, P. Kreuder, T. Mackeben, R. Benatzky, N. Dostal. Anspruchsvolle F. schufen P. Dessau, W. Egk, H. Eisler, W. Fortner, H. W. Henze, H. Sutermeister, im internat. Film die Amerikaner G. Antheil (* 1900, † 1959), A. Copland, I. Pizzetti, die Franzosen G. Auric und M. Jarre sowie der Italiener E. Morricone. Im modernen Film werden elektron. Musik wie auch Ausschnitte aus klass. Musik wirkungsvoll eingesetzt, ferner ethn. Stile einbezogen. Als F.-Komponisten für den dt. Film profilierten sich u. a. P. Raben (* 1941), J. Knieper (* 1941), K. Doldinger, M. Böttcher (* 1927), H. Faltermeier (* 1952) und H. Zimmer, für den frz. G. Delerue (* 1925, † 1992), für den engl. A. Lloyd Webber und M. Nyman (* 1944), für den amerikan. P. Glass, B. Fiedel (* 1951) und D. Elfman (* 1953).
📖 *Thomas, T.: Die großen Filmkomponisten – ihre Kunst u. ihre Technik. München 1995. – Kreuzer, A. C.: F. Gesch. u. Analyse. Frankfurt am Main u. a. 2001.*
filmogen, als Stoff für eine Verfilmung, eine film. Darstellung geeignet.
Filmographie *die,* Verzeichnis, Zusammenstellung aller Filme eines Regisseurs oder Schauspielers.
Filmothek *die,* ↑ Kinemathek.
Filmwirtschaft, ein um 1900 entstandener Wirtschaftszweig, der sich in filmtechn. Betriebe (Filmateliers und Kopierwerke), Filmproduktion, Filmverleih und Filmtheater gliedert; der Verleih ist Mittler zw. Hersteller und Filmtheater und trägt meist auch das wirtsch. Risiko. Der internat. Filmmarkt wird von amerikan. und japan. Unternehmen beherrscht. Ein wichtiger Partner der F. ist das Fernsehen.
Filou [fi'lu:, frz.] *der,* auch *das, scherzhaft:* jemand, der andere mit Schläue, Raffinesse (in harmloser Weise) zu übervorteilen versteht.
Filoviren [-v-, lat.] (Filioviridae), Familie fadenförmiger Viren, sie zeigen oft Verzweigungen bzw. U- oder Ringform. Zur Gattung Filovirus gehören das ↑ Marburg-Virus und das ↑ Ebola-Virus.
Fils [arab.] *der,* Münzeinheit in Bahrein,

Filtration **FIL**

Irak, Jemen, Jordanien und Kuwait. (↑Währung, Übersicht)
Fils *die,* rechter Nebenfluss des Neckars, Bad.-Württ., 63 km lang, kommt aus der Schwäb. Alb bei Wiesensteig, mündet bei Plochingen.
Filter *der,* fachsprachl. meist *das,* **1)** *Akustik:* Vorrichtung zur Schallanalyse oder zum Aussieben bestimmter Schallfrequenzbereiche.
2) *chem. Technik:* Gerät zur ↑Filtration. Im Labor werden v. a. **F.-Papier** und Glas-F. unterschiedl. Porosität verwendet. Zur Wasserreinigung dienen Schüttungen von Sand, Koks u. Ä., sie werden nach der Durchflussart des Wassers als Langsam- und Schnell-F. unterschieden. **F.-Pressen** bestehen aus vielen mit F.-Tüchern bespannten F.-Platten, **Trommelzellen-F.** aus drehbaren, in Zellen eingeteilte Trommeln mit gelochter Mantelfläche, die mit F.-Tuch bespannt ist (↑Zentrifuge). Zur Sterilfiltration von Druckluft und zum Klären von Flüssigkeiten (z. B. Kraftstoffe, Öle, Trinkwasser) werden längl., zylindr. F.-Elemente mit Papier, Metallvliesen, Sinterwerkstoffen, Aktivkohle u. a. F.-Mitteln verwendet. Gase (↑Luftfilter) reinigt man oft mit **Schlauch-F.** (Entstaubung) oder **Hochleistungsschwebstoff-F.** aus feinsten Glasfasern, sie erreichen in der Reinraumtechnik für Aerosole mit einem Partikeldurchmesser von 0,3 µm Durchlassgrade von unter 0,03%. **Ultra-F.** erlauben die Abtrennung kolloider Teilchen (↑Membranverfahren).
3) *Elektrotechnik, Elektronik:* (Frequenzfilter), ein Netzwerk, das zur Trennung von elektr. Wechselspannungen bzw. elektromagnet. Wellen unterschiedl. Frequenzen dient; eine ↑Siebschaltung. F., die einen begrenzten Frequenzbereich übertragen, nennt man **Pass.** Nach Lage der Sperr- und Durchlassbereiche unterscheidet man zw. ↑Tiefpass, ↑Hochpass, ↑Bandpass, ↑Bandsperre und ↑Allpass.
F. für elektr. Wechselspannungen stellen Vierpole dar, die Induktivitäten (L), Kapazitäten (C), Widerstände (R), Operationsverstärker, Digitalschaltkreise sowie Quarz- (↑Quarzfilter), Metall- oder Keramikresonatoren enthalten können. Man unterscheidet **analoge** und **digitale** F. (Abtast-F.), die Digitalschaltkreise enthalten. Zu den analogen F. gehören die passiven RC-, RLC- und LC-F. (↑RC-Glied,

↑LC-Glied), die aktiven RC-F. (Operationsverstärker) sowie die mechan. Filter. F. für Mikrowellen werden durch metall. Leitungsstrukturen (Topfkreis, Hohlraumresonator, Streifenleitung) realisiert.
4) *Optik* (opt. Filter), ↑Lichtfilter.
Filtergeräte, leichte ↑Atemschutzgeräte, die schädl. Bestandteile aus der Atemluft durch mechan. Siebung, Adsorption oder chem. Bindung fern halten. F. sind nur im Freien verwendbar und wenn die Umgebungsatmosphäre mindestens 17% Sauerstoff, kein Kohlenmonoxid und weniger als 2% Giftstoffe enthält. Die **Atemfilter** (Filtereinsätze) werden in Atemanschlüsse der Atemschutzmasken eingeschraubt. Als Filtermaterial dienen Papier-, Watte- oder Zellstoffschichten gegen Schwebstoffe, gekörnte Aktivkohle hauptsächlich gegen organ. Dämpfe, bestimmte Chemikalien vorwiegend gegen anorgan. Gase und Dämpfe. F. schützen nicht gegen Stickstoff, Methan oder Kohlenmonoxid. Gegen Kohlenmonoxid gibt es Spezialfilter (↑Filterselbstretter).
Filterglas, Glas mit definierter Lichtdurchlässigkeit für eine bestimmte Wellenlänge innerhalb des opt. Spektralbereiches (ultraviolett, sichtbar, infrarot), z. B. als ↑Lichtfilter.
Filterhilfsmittel, feste Stoffe (z. B. Asche, Holzmehl), die bei der Filtration zugesetzt werden, um bei feinen, schlammartigen Suspensionen ein schnelles Verstopfen des Filters zu verhindern oder um bei niedrigem Feststoffgehalt der Suspension die Ausbildung eines Filterkuchens zu ermöglichen.
Filterkuchen, ↑Filtration.
Filtermittel, ↑Filtration.
Filterselbstretter, Atemschutzgerät, das als Fluchtgerät für Bergleute dient. F. sollen bei plötzlich auftretenden Grubenbränden und Explosionen vor Atemgiften, bes. Kohlenmonoxid **(CO-F.),** schützen. In Bergwerken mit Gefahren von CO_2-Ausbrüchen und Gummigurtbränden müssen die Bergleute unabhängig von der Umgebungsluft funktionierende **isolierende Selbstretter** mit sich führen, bei denen der verbrauchte Sauerstoff durch chem. Reaktion wieder ergänzt wird.
Filtration *die* (Filtrieren), mechan. Trennverfahren zur Abscheidung von meist festen Teilchen aus einer Flüssigkeit oder einem Gas mithilfe eines porösen **Filtermit-**

tels (z. B. Filtertuch, Kiesschüttung). Die Teilchen können auf dessen Oberfläche als zusammenhängender **Filterkuchen** abgesetzt **(Oberflächen-F., Kuchen-F.)** oder an der Oberfläche der einzelnen Filtermittelteilchen adsorbiert werden **(Tiefen-F.).** Eine durch F. zu trennende Suspension bezeichnet man als **Trübe,** die ablaufende klare Flüssigkeit als **Filtrat.** Die Triebkraft für die F. wird durch Überdruck auf der Seite der Trübe **(Druck-F.),** durch Unterdruck auf der Filtratseite **(Vakuum-F.)** oder durch die Schwere der Trübe **(Schwerkraft-F.)** erzeugt.

Filz, Textilerzeugnis aus Wolle und/oder anderen Tierhaaren, die sich beim Walken unter Einwirkung von feuchter Wärme, Druck und Seife umschlingen. Man unterscheidet **Walk-F.** und **Web-F.** (nachträglich gefilztes und gewalktes Gewebe).

Filzkraut (Fadenkraut, Schimmelkraut, Filago), Gattung der Korbblütler, kleine Kräuter mit filzig behaarten Stängeln und Blättern; Blütenköpfchen knäulig angeordnet; überwiegend an trockenen Standorten; in Mitteleuropa im Bestand stark gefährdet.

Filzlaus, eine Art der ↑Läuse.

Filzokratie [zu grch. kratein »herrschen«] *die,* Bez. für verflochtene (»verfilzte«) Machtverhältnisse, die durch Begünstigung bei der Ämterverteilung o. Ä. zustande kommen.

Filzschreiber, Schreib- und Zeichenstift mit einem Speicher für Tinte und einer Schreibspitze aus hart gepresstem Filzdocht; beim **Faserschreiber** besteht die Spitze aus Glasfasern.

Fimbrilen [lat.], die fransenartigen Fortsätze am ↑Eileiter.

FINA, Abk. für frz. Fédération Internationale de Natation Amateur, ↑Schwimmen.

final [lat.], das Ende, den Schluss von etwas bildend.

Final Cut [ˈfaɪnl kʌt, engl.] *der, Film:* die für die endgültige Form des Films entscheidende Stufe der Filmbearbeitung; das Recht des Regisseurs, über die ins Kino kommende Schnittfassung eines Films zu entscheiden.

Finale [italien.] *das,* **1)** *allg.:* glanzvoller Abschluss, Schlussteil.
2) *Musik:* Schlusssatz eines mehrteiligen Musikstücks; die einen Opernakt abschließende Szene.
3) *Sport:* Endspiel einer Meisterschaft oder eines Pokalwettbewerbs; außerdem z. B. in den Mannschaftsspielen: **Achtel-F.** (viertletzte Runde, 16 Mannschaften, 8 Spiele), **Viertel-F.** (drittletzte Runde, 8 Mannschaften, 4 Spiele), **Halb-** oder **Semi-F.** (vorletzte Runde, 4 Mannschaften, 2 Spiele).

finale Handlungslehre, *Recht:* ↑Welzel.

Finale Ligure, italien. Badeort in Ligurien, Prov. Savona, an der Riviera di Ponente, 12 300 Ew.; Flugzeugindustrie. – Im MA. Reichslehen, seit 1598 spanisch, 1713 an Genua verkauft.

Finalis [lat.] *die,* die Tonart bestimmender Schlusston einer kirchentonalen Melodie.

Finalismus *der,* naturphilosoph. Lehre, nach der alles von Zwecken bestimmt ist und zielstrebig verläuft.

Finalist [frz. und italien.] *der,* Teilnehmer an einem ↑Finale.

Finalität [zu lat. finis »Ziel«], *Philosophie:* Zielstrebigkeit, Zweckmäßigkeit. Bei Aristoteles und in der metaphys. Tradition hat die Ziel- oder Zweckursache **(Finalursache)** unter den Arten der Ursachen (↑Causa) eindeutig Vorrang: Alles Seiende ist in seiner Bewegung durch die Kraft seines Ziels bestimmt, das in ihm (z. B. im Samen) als vorweggenommene Zukunft schon gegenwärtig wirkt. Die neuzeitl. Naturwiss. beschränkte sich zunehmend auf die Naturerklärung aus Wirkursächlichkeit (Kausalität im modernen eingeschränkten Sinn), doch stellte sich das Problem der F. bes. in der Biologie (↑Vitalismus) und in der Ethik. (↑Entelechie, ↑Teleologie)

Finalsatz (Absichtssatz), Nebensatz, der einen Zweck oder eine Absicht zum Ausdruck bringt (↑Syntax, Übersicht).

Financial Engineering [faɪˈnænʃl endʒɪˈnɪərɪŋ, engl.], umfassende, auf den einzelnen Kunden zugeschnittene Finanzierungs-, Beratungs- und Betreuungsleistungen, die von Banken v. a. im institutionellen Großkundengeschäft erbracht werden.

Financial Times [faɪˈnænʃl ˈtaɪmz], brit. Wirtschaftstageszeitung, gegr. 1888 in London, erscheint seit 1957 im Verlag Pearson plc, der im Febr. 2000 mit dem Verlag Gruner + Jahr die dt. Ausgabe »F. T. Deutschland« auf den Markt brachte (Auflage 2004, 1. Quartal: 94 000).

Finanzamt, ↑Finanzverwaltung.

Finanzausgleich, Regelung der finanziellen Beziehungen zw. den Gebietskörperschaften eines Staates oder einer Staatenverbindung. Die Verteilung der Aufgaben und der mit ihrer Erfüllung verbundenen Ausgaben wird als **passiver F.**, die Verteilung der Einnahmen als **aktiver F.** bezeichnet. In einem föderativen Bundesstaat erfolgt die Aufgabenverteilung nach dem ↑Subsidiaritätsprinzip. Erfolgt der F. zw. gleichgeordneten Körperschaften, so spricht man von **horizontalem F.** (Länder-F., interkommunaler F.), ein F. zw. über- und untergeordneten Körperschaften (Bund, Länder und Gemeinden) wird als **vertikaler F.** bezeichnet. Entsprechend dem Grad der Finanzautonomie der untergeordneten Körperschaft wird unterschieden zw. **freiem Trennsystem** (jede Körperschaft kann Art und Höhe der Steuer selbst bestimmen), **gebundenem Trennsystem** (jeder Körperschaft werden bestimmte Steuerquellen zugewiesen) und **Verbundsystem** (mehrere Körperschaften teilen sich das Aufkommen einer oder mehrerer Steuern). Beim **Zuweisungssystem** kommt es zu einer vertikalen Umverteilung der eigenen Steuereinnahmen einer Gebietskörperschaft durch anschließende Finanzzuweisungen (von oben nach unten) oder Umlagen und Matrikularbeiträge (von unten nach oben). In Dtl. kommt ein **Mischsystem** zur Anwendung, d. h., Bund und Ländern werden teils eigene, teils gemeinsame steuerl. Einnahmequellen (Gemeinschaftsteuern) überlassen; außerdem erhalten die Länder eine Reihe von ↑Zuweisungen des Bundes. Der **Länder-F.** wird nach dem Verhältnis zw. Finanzkraft- und Ausgleichsmesszahl geregelt. Die Finanzkraftmesszahl eines Landes ergibt sich aus der Summe seiner Steuereinnahmen, die Ausgleichsmesszahl aus den Steuereinnahmen je Ew. im Bundesdurchschnitt, multipliziert mit der Ew.zahl des Landes. Ausgleichszahlungen müssen solche Länder leisten, deren Finanzkraftmesszahl größer ist als die Ausgleichsmesszahl. Die neuen Bundesländer sind seit 1995 in den Länder-F. einbezogen. – Nach dem Maßstäbe-Ges. v. 9. 9. 2001 und einem neuen, zum 1. 1. 2005 in Kraft tretenden F.-Ges., das als Teil des Solidarpaktfortführungs-Ges. am 20. 12. 2001 verabschiedet wurde, wird der Länder-F. neu geregelt: Der Tarif für die Ausgleichsleistungen zugunsten der finanzschwachen Länder wird abgeflacht und die maximale Grenzbelastung von bisher 80 % auf 75 % gesenkt. Dieser Satz kommt erst bei 120 % (bisher 110 %) der durchschnittl. Finanzkraft zum Tragen. Darüber hinaus wird bei Ländern mit überproportionalen Einnahmezuwächsen je Ew. der überproportionale Teil der Steuerzuwächse z. T. ausgleichsfrei gestellt. Die durchschnittl. Abschöpfung der Überschüsse der Geberländer wird auf 72,5 % beschränkt. (↑Gemeindefinanzen, ↑Länderfinanzen)

📖 *Carl, D.: Bund-Länder-F. im Verfassungsstaat. Baden-Baden 1995. – Geske, O. E.: Der bundesstaatl. F. München 2001.*

Finanzdienstleistungen, auf Bereitstellung, Anlage und Verfügung von Liquidität bzw. Vermögen sowie auf dessen Verw. abzielende Dienstleistungen. **Finanzdienstleister** sind Kreditinstitute mit den in § 1 Kreditwesen-Ges. genannten Bankgeschäften und banknahe Institute (Near Banks) wie Versicherungen, Leasing-, Factoring-, Kreditkarten-, Kapitalbeteiligungs- und Kapitalanlagegesellschaften sowie Vermögensverwaltungs-, Anlageberatungsgesellschaften und Broker.

Finanzen [lat.], i. w. S. Geldangelegenheiten, Vermögenslage; Geldmittel; i. e. S. Einnahmen und Ausgaben der öffentl. Hand.

Finanzgerichtsbarkeit, unabhängige, von der Finanzverw. getrennte Gerichtsbarkeit zur Entscheidung von Streitigkeiten über Abgaben-, insbesondere Steuer- und verwandte Angelegenheiten; Rechtsgrundlage ist die Finanzgerichtsordnung (FGO) i. d. F. v. 6. 4. 2001. Die F. ist zweistufig, Instanzen sind die Finanzgerichte der Länder (Besetzung: Senate mit drei Berufsrichtern und i. d. R. zwei ehrenamtl. Richtern, soweit nicht ein Einzelrichter entscheidet) und der Bundesfinanzhof (Abk. BFH) in München (Besetzung der Senate: i. d. R. fünf Berufsrichter; ein Großer Senat besteht zur Entscheidung grundsätzl. Fragen und bei beabsichtigter Abweichung in der Rechtsprechung der Senate). – Dem Finanzgerichtsverfahren muss i. d. R. ein Einspruchsverfahren vor der Finanzverw. vorausgehen. Im Ggs. zu den Finanzgerichten besteht vor dem BFH Vertretungszwang; vertretungsberechtigt sind Rechtsanwälte, Steuerberater und Wirtschaftsprüfer. Die Revision zum BFH gegen Urteile des Finanzgerichts bedarf der Zulassung durch das Finanzgericht. –

FIN Finanzhedging

Das System der F. findet in *Österreich* und in der *Schweiz* keine direkte Entsprechung; dort wird Rechtsschutz gegen die Finanzverw. v. a. durch Verw.gerichte gewährt.
📖 *Bähr, H. u. Schurmann, W.: Abgabenordnung u. Finanzgerichtsordnung. München u. a.* ²*1995.* – *Rose, G.: Abgabenordnung. Mit Finanzgerichtsordnung. Berlin* ⁴*2003.*

Finanzhedging [-'hedʒɪŋ, engl.], ↑Hedging.

Finanzhoheit, Teil der Staatshoheit, der die Befugnis des Staates zu autonomer Regelung des öffentl. Finanzwesens betrifft. Die F. umfasst die gesetzgebende, die vollziehende (↑Finanzverwaltung) und die Recht sprechende Gewalt (↑Finanzgerichtsbarkeit). Sie stellt sich zum einen als Ausgaben-, zum anderen als Ertragshoheit dar. Die Ausgaben werden in Dtl. von Bund, Ländern und Gemeinden in getrennten Haushalten selbstständig festgestellt. Die Zuständigkeit für die gesetzl. Regelung der Steuern (Gesetzgebungskompetenz), das Recht, über den Ertrag einer Steuer zu verfügen (Ertragskompetenz), und das Recht, die Steuern zu verwalten, sind im GG (Art. 105-108) geregelt. Der Bund hat die ausschl. Gesetzgebungshoheit über Zölle (allerdings stark eingeschränkt durch EG-Recht) und Finanzmonopole; darüber hinaus ist ihm die konkurrierende Gesetzgebung über alle wichtigen Steuern vorbehalten. Den Ländern steht die Gesetzgebungsgewalt über Verbrauch- und Aufwandsteuern mit örtlich bedingtem Wirkungskreis zu. Die Verteilung der Ertragshoheit auf Bund, Länder und Gem. ist Kernstück des vertikalen ↑Finanzausgleichs. – In *Österreich* ermächtigt das Finanzverfassungsgesetz vom 21. 1. 1948 den Bund zur Regelung der Abgabenerhebung, der Ertragsverteilung auf die Gebietskörperschaften sowie der Finanzzuweisungen; diese Regelung geschieht alle vier Jahre im Finanzausgleichsgesetz. In der *Schweiz* steht dem Bund die Steuerhoheit nur für die in der Bundes-Verf. aufgeführten Steuern zu; die Kantone haben im Rahmen der Bundesregeln zur Steuerharmonisierung das Recht, jede Steuer zu erheben, die nicht dem Bund vorbehalten ist.

Finanzierung, Gesamtheit der Maßnahmen eines Unternehmens zur Beschaffung von Kapital. Nach der Mittelherkunft lassen sich Innen- und Außen-F. unterscheiden. Bei der **Innen-F.** werden die Finanzmittel aus dem eigenen Betriebs- und Umsatzprozess (v. a. aus Abschreibungen, Rückstellungen, Einbehaltung von Gewinnen) beschafft. Bei der **Außen-F.** wird Kapital von außen zugeführt durch Anteilseigner oder Eigentümer **(Eigen-F.)**, neue Gesellschafter **(Beteiligungs-F.)** oder externe Gläubiger **(Fremd-F.).** – Fremd-F. erlaubt die Abwälzung des Kapitalrisikos auf die Gläubiger; sie bringt jedoch im Unterschied zur Eigen-F. Zins- und Tilgungsverpflichtungen mit sich, die auch bei ungünstiger wirtsch. Lage zu erfüllen sind, daneben häufig Kontroll- und Mitspracherechte des Kreditgebers.
📖 *Drukarczyk, J.: F. Eine Einführung. Stuttgart* ⁸*1999.* – *Olfert, K.: F. Ludwigshafen am Rhein* ¹¹*2001.*

Finanzierungsgesellschaften, Unternehmen zur Beschaffung von Kapital für andere (oft nahe stehende) Unternehmen; i. e. S. Gesellschaften, die selbstständig finanzielle Mittel zum Zweck der Weitergabe an andere Unternehmen aufnehmen, z. B. durch Emission von Wertpapieren. Formen der F. sind z. B. Beteiligungs- und Holdinggesellschaften, Investmenttrusts.

Finanzierungsschätze des Bundes, Wertpapiere zur Deckung des kurzfristigen Kreditbedarfs des Bundes (Laufzeit wahlweise ein oder zwei Jahre). Der Mindestauftragswert beträgt 500 €, ihr Zinsertrag ergibt sich dadurch, dass beim Erwerb dieser Wertpapiere ein um die Zinsen verringerter Teilbetrag des Nennwertes zu zahlen ist (Abzinsungspapier ohne laufende Zinszahlung).

Finanz|innovationen (engl. Financial Innovations), i. e. S. Bez. für neue Finanzierungsinstrumente, die seit etwa 1980 vor dem Hintergrund der Bonitätsverschlechterung internat. Schuldner entwickelt wurden. Den Anstoß gaben ferner Bestrebungen, die Geldbeschaffungskosten an den Kapitalmärkten zu senken, zusätzl. Liquidität bereitzustellen, Zins- und Wechselkursschwankungen zur Erzielung von (Spekulations-)Erträgen zu nutzen bzw. daraus resultierende Risiken zu begrenzen und/oder administrative Finanzmarktregelungen in einigen Ländern zu umgehen. Zwei Entwicklungstrends sind zu unterscheiden: 1) Securitization (wertpapiermäßige Unterlegung von Finanzbeziehungen) mit Euro-Commercial-Papers, Euronotes, Floating-Rate-Notes, Doppelwährungsanleihen und Zerobonds; 2) Futurisierung (Termingeschäfte) durch ↑Derivate. I. w. S. zählen zu den F. auch vor 1980 entstandene Geschäftsformen wie Leasing, Factoring, Forfaitierung. – Neben den dargestellten **Finanzproduktinnovationen** werden im weitesten Sinn auch alle Neuerungen im Finanzwesen, z. B. Liberalisierungen im Kapitalverkehr, Einführung computergestützter Handelssysteme (**Finanzprozessinnovationen**) sowie andere techn., rechtl. und organisator. Änderungen an Börsen und Kapitalmärkten (**Finanzmarktinnovationen**) als F. bezeichnet.

Finanzinstrument zur Ausrichtung der Fischerei, Abk. **FIAF,** 1994 geschaffener Fonds zur Unterstützung von Strukturmaßnahmen der EU-Staaten in den Bereichen Fischerei und Aquakultur sowie Verarbeitung und Vermarktung der entsprechenden Erzeugnisse.

Finanz|intermediäre, die ↑Parafiski.

Finanzkapital, von R. Hilferding geprägter Begriff für das in wenigen Händen (z. B. Großbanken) konzentrierte Geldkapital, das zur polit. und wirtsch. Beeinflussung, bes. zur machtpolit. Beherrschung großer Konzerne oder ganzer Wirtschaftsgruppen dient; hat oft internat. Charakter.

Finanzkontrolle, Prüfung und Überwachung der öffentl. Finanzwirtschaft. Die **Kassenkontrolle** prüft die Kassenbestände mit den Kassenbuchsalden; **Rechnungskontrolle** ist die rechner. Prüfung der Belege, Kassen- und Rechnungsbücher, **Verw.kontrolle** die sachl. Prüfung der Finanzgebarung auf ihre Planmäßigkeit, Gesetzmäßigkeit, Zweckmäßigkeit und Wirtschaftlichkeit. Kontrollbehörden sind jeweils die übergeordneten Verw.instanzen sowie unabhängige Kontrollbehörden (↑Bundesrechnungshof) und die parlamentar. Organe.

Finanzmärkte, Märkte, an denen Kreditbeziehungen zw. Anbietern von Finanzierungsmitteln (Gläubigern) und Nachfragern nach Finanzierungsmitteln (Schuldnern) entstehen.

Finanzmonopol, das Recht des Staates, unter Ausschluss des Wettbewerbs bestimmte Produkte herzustellen und/oder abzusetzen, um Einnahmen zu erzielen. In Dtl. liegen Gesetzgebungs-, Ertrags- und Verw.hoheit für F. beim Bund (↑Branntweinmonopol).

Finanzplanung, 1) *Betriebswirtschaftslehre:* alle Dispositionen, die aufgrund einer finanziellen Vorschau zur Deckung des erwarteten Kapitalbedarfs eines Unternehmens getroffen werden, insbesondere zur Sicherung der Zahlungsfähigkeit. **2)** *Finanzwissenschaft:* ↑mittelfristige Finanzplanung.

Finanzplanungsrat, 1968 gegründetes Gremium zur Koordinierung der Finanzplanung von Bund, Ländern und Gem., bestehend aus dem Bundesfinanz-Min. (Vorsitz), dem Bundeswirtschafts-Min., den Finanz-Min. der Länder, vier Vertretern der Gem. und Gemeindeverbände und der Dt. Bundesbank (beratend). Hauptaufgabe gemäß § 51 Haushaltsgrundsätze-Ges. ist die Koordinierung der ↑mittelfristigen Finanzplanung. Seit 1. 7. 2001 (In-Kraft-Treten des § 51 a) spielt der F. auch eine zentrale Rolle bei der Einhaltung der Haushaltsdisziplin der Gebietskörperschaften im Rahmen der EWWU.

Finanzpolitik, der Einsatz der öffentl. Finanzwirtschaft, also der Ausgaben und Einnahmen der Gebietskörperschaften und der Parafiski, für die Ziele der Wirtschaftspolitik (daher auch **Budgetpolitik**). Im Ggs. zur übl. Charakterisierung der Teilbereiche der Wirtschaftspolitik durch die Ziele (z. B. Stabilitäts-, Wachstumspolitik) oder die Eingriffsbereiche (z. B. Agrar-, Verkehrspolitik) ist der Begriff F. von den eingesetzten Instrumenten her bestimmt. Die F. stellt neben der Geldpolitik und der direkten wirtschaftspolit. Einwirkung durch Ge- und Verbote (Regulierung) die dritte große Gruppe wirtschaftspolit. Instrumente dar.

Die F. verfolgt neben der Beschaffung öffentl. Einnahmen auch nicht fiskal. Ziele. Drei Bereiche sind dabei zu unterscheiden. 1) *Allokationspolitik:* Aufteilung der volkswirtsch. Ressourcen auf die Befriedigung privater und öffentl. Bedürfnisse (Bildungswesen, Rechtssicherheit, Gesundheitswesen usw.). Die Abzweigung volkswirtsch. Mittel zur Deckung der öffentl. Bedürfnisse kann durch unmittelbare Umlenkung von Produktionsfaktoren oder im Zuge des Besteuerungs-/Ausgabenprozesses herbeigeführt werden. 2) *Distributionspolitik:* Die öffentl. Einnahmen und Ausgaben haben zwangsläufig Wirkungen

auf die Einkommensverteilung, erwünschte Verteilungskorrekturen sind dabei am direktesten durch ein System von steuerl. Maßnahmen und Transferzahlungen zu erreichen. 3) *Stabilisierungspolitik:* Erreichung und Erhaltung eines hohen Nutzungsgrades des gesamtwirtsch. Produktionspotenzials und eines stabilen Preisniveaus. Eine Variante der Stabilisierungspolitik ist die antizykl. F.: In einer Rezession wird die zu niedrige private Nachfrage durch zusätzl. Ausgaben des Staates, die aus Rücklagen oder Krediten zu finanzieren sind, erhöht und die Übernachfrage im Boom durch verminderte Staatsausgaben – bei Stilllegung der erhöhten Steuereinnahmen – eingeschränkt. (↑Built-in-Flexibility, ↑Defizitfinanzierung)
📖 *Wagenblass, W.: Volkswirtschaftslehre, öffentl. Finanzen u. Wirtschaftspolitik. Heidelberg ⁷2001.*

Finanzprokuratur die, in Österreich eine dem Bundesfinanzmin. unterstellte Behörde zur Vertretung des Bundesvermögens vor Gericht.

Finanzrecht, Wiss. von der rechtl. Ordnung der Finanzwirtschaft, umfasst bes. das Recht der Finanzverw., das Haushalts- und das Steuerrecht.

Finanzreform, Neugestaltung der Finanzverfassung, um Widersprüche und Mängel zu beseitigen, die durch die wirtsch. Entwicklung zw. dem materiellen Inhalt der Rechtsnormen und den Erfordernissen der aktuellen Gestaltung der Finanzwirtschaft auftreten. Angesichts des schnellen Wandels grundlegender ökonom. Sachverhalte kann die F. als eine permanente Aufgabe der Finanzpolitik angesehen werden. – Die jüngeren finanzpolit. Maßnahmen in Dtl. betrafen v. a. den Finanzausgleich und das Steuersystem.

Finanztheorie, ↑Finanzwissenschaft.

Finanzverfassung, die Gesamtheit der Bestimmungen, die das öffentl. Finanzwesen in einem Staat regeln, insbesondere das Recht, Steuern zu erheben (↑Finanzhoheit), die Verteilung der Einnahmen und die Haushaltswirtschaft.

Finanzvermögen, Teil des ↑Staatsvermögens, der wirtsch. genutzt wird und regelmäßig Einkünfte erbringt. Bestandteile des F. sind: Betriebsvermögen (z. B. öffentl. Unternehmen) und allg. Kapital- und Sachvermögen (z. B. Darlehen, Treuhandvermögen). Ggs.: Verwaltungsvermögen.

Finanzverwaltung, der Teil der öffentl. Verw., der sich bes. mit der individuellen Festsetzung und Erhebung von Steuern, der Vermögensverw. der öffentl. Hand und der Einziehung von Strafen, Beiträgen und Gebühren befasst. Nach Art. 108 GG ist die Steuerverw. zw. Bund und Ländern aufgeteilt. Der Bund verwaltet Zölle, Finanzmonopole, bundesrechtl. Verbrauchsteuern und Abgaben im Rahmen der EG. Die übrigen Steuern (z. B. Einkommensteuer) werden durch Landesfinanzbehörden verwaltet. Grundlage des Aufbaus der F. ist das F.-Ges. i. d. F. v. 30. 8. 1971; **Bundesfinanzbehörden** sind: der Bundesmin. der Finanzen (oberste Behörde), Bundesamt für Finanzen u. a. (Oberbehörde), Oberfinanzdirektion (Mittelbehörde), Hauptzollämter u. a. (örtl. Behörde). **Landesfinanzbehörden** sind: Landesfinanzministerium (oberste Behörde), Oberfinanzdirektion (Mittelbehörde), Finanzamt (örtl. Behörde). Die Oberfinanzdirektion ist sowohl Bundes- als auch Landesbehörde, sie steht der F. des Bundes und der Länder in ihrem Bezirk vor. Auf die Einrichtung der Mittelbehörden kann auf Bundes- und Landesebene verzichtet werden. – In *Österreich* gilt das Abgabenverwaltungsorganisations-Ges. von 1974, wonach in erster Instanz Finanz- und Zollämter, in zweiter Instanz die Finanzlandesdirektionen tätig werden. In der *Schweiz* ist die F. zw. Bund, Kantonen und Gemeinden aufgeteilt.

Finanzwirtschaft (öffentliche Finanzwirtschaft), Wirtschaft der Gebietskörperschaften (Bund, Länder, Gemeinden) und Parafiski (z. B. Sozialversicherungen), die durch folgende Besonderheiten geprägt ist: 1) Die vom öffentl. Sektor angebotenen Güter unterscheiden sich von privaten Gütern durch Nichtrivalität und Fehlen des Anschlussprinzips (↑öffentliche Güter). 2) Im Ggs. zu den freiwilligen Transaktionen am Markt kann der Staat durch Gebote und Abgaben Ressourcen und Produkte an sich ziehen bzw. die Inanspruchnahme von Leistungen erzwingen. 3) Die ökonom. Aktivitäten sind Ergebnis eines polit. Willensbildungsprozesses; insbesondere wird die öffentl. F. nach einem vollzugsverbindl. ↑Haushaltsplan geführt. (↑Staatsausgaben, ↑Staatseinnahmen, ↑Gemeindefinanzen, ↑Länderfinanzen)

Finanzwissenschaft, Teildisziplin der Wirtschaftswiss., deren Untersuchungsobjekt die wirtsch. Aktivitäten der öffentl. Gebietskörperschaften und Parifiski sowie deren Beziehungen zu anderen Bereichen der Volkswirtschaft sind. Die F. analysiert v. a. die Wirkung finanzpolit. Maßnahmen auf Beschäftigung, Einkommensverteilung, Preise. Teilgebiete der F.: die **Finanztheorie** (analysiert Ursachen und Wirkungen ökonom. Aktivitäten des öffentl. Sektors), die Budgettheorie (behandelt Haushaltsplan, Budgetgrundsätze), die **allgemeine Steuerlehre** (untersucht Grundlagen und Wirkungen der Besteuerung), die **spezielle Steuerlehre** (Darstellung der Einzelsteuern), die ↑Finanzpolitik, ferner die Theorie des öffentl. Kredits (untersucht Arten der öffentl. Verschuldung und die Wirkung von Haushaltsdefiziten), Finanzsoziologie und -geschichte. Enge Beziehungen bestehen zu Finanz- und Steuerrecht, Finanzstatistik (Erfassung und Darstellung der öffentl. Finanzwirtschaft, v. a. die Haushalts- sowie Vermögensstatistik) sowie zu betriebl. Steuerlehre, Verw.recht und Kommunalwirtschaft. – Die F. entstand in der Zeit des Merkantilismus, im dt. Sprachgebiet gilt K.Klock (*1583, †1655) als Begründer; sie wurde weiterentwickelt von Kameralisten, Physiokraten und den Klassikern der Nationalökonomie. Im 20. Jh. brachten die »reine Finanztheorie«, auf E. Sax (*1845, †1927) zurückgehend, die soziolog. Schule der F. und der Einfluss der Wirtschaftstheorien von J. M. Keynes u. a. Neuorientierungen. Neuere Themen der F. sind u. a. die Analyse von Steuerhinterziehung und Schattenwirtschaft sowie die Theorie des Staatsversagens.

📖 *Musgrave, R. A. u. a.: Die öffentl. Finanzen in Theorie u. Praxis, 3 Bde. A. d. Engl. Tübingen ⁴⁻⁶1992–94. – Andel, N.: F. Tübingen ⁴1998. – Graf, G.: Grundlagen der F. Heidelberg 1999. – Brümmerhoff, D.: F. München u. a. ⁸2001.*

finassieren [frz.], Ränke schmieden; Kniffe, Tricks, Kunstgriffe anwenden.
Finca ['fiŋka, span.] *die*, Landhaus mit Garten, in Lateinamerika Landgut.
Finch [fintʃ], Peter, brit. Schauspieler, *London 28. 9. 1916, †Beverly Hills (Calif.) 14. 1. 1977; spielte an Londoner Bühnen; zahlr. Filmrollen, u. a. in »Elefantenpfad« (1953), »Geschichte einer Nonne« (1959), »Sunday, Bloody Sunday« (1979), »Network« (1977).

Finck, 1) Heinrich, Komponist, *Bamberg 1444 oder 1445, †Wien 9. 6. 1527; schuf mehrstimmige geistl. Werke und weltl. Liedsätze, die den Übergang von der spätgot. Satzweise zur renaissancehaften Ausdruckskunst zeigen.
2) Werner, Kabarettist, Theater- und Filmschauspieler, *Görlitz 2. 5. 1902, †München 31. 7. 1978; leitete 1929–35 in Berlin das Kabarett »Die Katakombe«, dann Berufsverbot; ab 1948 leitete er Kabarette in Stuttgart bzw. ab 1951 in Hamburg; seit 1954 in München; zeitkrit., satir. Schriften, Autobiographie: »Alter Narr, was nun?« (1972).
Findelkind, ausgesetztes neugeborenes Kind. Ein F. ist spätestens am Tag nach seinem Auffinden der Polizei zu melden. Die zuständige Verw.behörde setzt nach Anhörung des Gesundheitsamts den vermuteten Ort und Tag der Geburt fest und bestimmt einen Namen für das Kind (§ 25 Personenstands-Ges.). Für ein F. ist ein Vormund zu bestellen.
Finderlohn, ↑Fund.
Fin de Siècle [fɛd'sjɛkl; frz. »Ende des Jh.«, nach dem gleich lautenden Titel eines Lustspiels von F. de Jouvenot und H. Micard, 1888] *das,* die Zeit des ausgehenden 19. Jh., die in Gesellschaft, Kultur und Kunst bestimmte krisenhafte, für eine Spätzeit typ. Erscheinungsformen aufwies. (↑Dekadenz)
Findling, ↑erratische Blöcke, ↑Geschiebe.
Fine [italien.] *das,* Ende eines Musikstückes; steht bes. bei Sätzen mit Da-capo-Form.
Fine Gael ['finəge:l, irisch »Stamm der Gälen«] (engl. United Ireland Party), irische polit. Partei, gegr. 1933; entstand durch Zusammenschluss der 1923 von W. T. Cosgrave gegr. Cumann na nGaedheal (Befürworter des anglor. Vertrags von 1921, ↑Sinn Féin) mit anderen polit. Gruppen, u. a. mit der National Guard. Seit Mitte der 1930er-Jahre setzte sich die konservativ-demokrat. Linie in der Gesamtpartei durch. Die von ihr maßgeblich mitgetragene Reg. Costello rief 1949 die Rep. aus. Nach der Fianna Fáil ist die F. G. heute die zweitstärkste Partei im Parlament und stellte wiederholt den Ministerpräsidenten.
Fines Herbes [fin'zɛrb, frz. »feine Kräuter«] *Pl.,* Bez. für ein Gemisch von fein gehackten aromat. Kräutern zum Würzen,

FIN Finesse

manchmal durch gehackte Champignons oder Trüffeln ergänzt.
Finesse [frz.] *die,* Feinheit, Kunstgriff; Trick.
Fingal, irisch-schott. Sagengestalt, ↑Finn.

Fingalshöhle

Fingalshöhle [nach Finn] (engl. Fingal's Cave), in einem Basaltlavastrom (mit säulenförmiger Absonderung) ausgebildete Grotte an der SW-Küste der schott. Insel Staffa (Innere Hebriden), 69 m lang, rd. 12 m breit, bis 20 m hoch.
Finger (Digiti), *Anatomie:* die urspr. in Fünfzahl ausgebildeten, häufig zahlenmäßig reduzierten bewegl. Abschnitte der Vordergliedmaße bzw. der Hand, v. a. bei Affen und beim Menschen. Bei den meisten Säugetieren und beim Menschen besteht das Skelett der F. aus je drei F.-Knochen **(Phalangen),** das des Daumens aus zwei. Beim Menschen befinden sich zw. den F.-Knochen und den Mittelhandknochen Kugelgelenke (mit Ausnahme des Daumens). Das letzte F.-Glied trägt auf der Oberseite den **F.-Nagel,** auf der Unterseite die **F.-Beere** (F.-Ballen), deren Hautleistenmuster bei jedem Menschen charakteristisch angeordnet ist und zahlr. Tastkörperchen enthält.
Fingerabdruckverfahren, die ↑Daktyloskopie.
Finger|entzündung (Umlauf, Panaritium), im Anschluss an meist geringfügige Fingerverletzungen entstehende, v. a. durch Staphylokokken hervorgerufene eitrige Entzündung. Die **oberflächl. F.** hat ihren Sitz in Haut und Unterhautfettgewebe der Beugeseiten der Finger. Sie ist mit Rötung, Schwellung und starken Schmerzen verbunden und hat große Tendenz zum tieferen Fortschreiten **(tiefe F.).** – *Behandlung:* Ruhigstellen, Antibiotikagaben, u. U. operative Eröffnung des Eiterherdes.
Fingerhut (Digitalis), Gattung der Rachenblütler, überwiegend hohe Stauden mit zweilippigen, langröhrigen meist nickenden roten, weißen oder gelben Blüten in Trauben; in Mitteleuropa drei (giftige) Arten: **Großblütiger F.** (Digitalis grandiflora), bis 1 m hoch mit großen gelben Blüten, geschützt; **Gelber F.** (Digitalis lutea), Blüten gelb, bis 2,5 cm groß, geschützt; **Roter F.** (Digitalis purpurea) mit bis 6 cm langen Blüten, liefert herzwirksame Glykoside.
Fingerkraut (Potentilla), Gattung der Rosengewächse, fast ausnahmslos auf der nördl. Erdhalbkugel; meist Kräuter mit fingerförmig gefiederten Blättern und gelben oder weißen Blüten, u.a.: **Blutwurz (Aufrechtes F.,** Potentilla erecta), 10–40 cm hoch mit gelben Blüten, alte Heilpflanze; **Kriechendes F.** (Potentilla reptans) mit bis zu 1 m langen Ausläufern und gelben Blüten; **Gold-F.** (Potentilla aurea), Blüten goldgelb mit silbrig behaarten Kelchblättern, und **Frühlings-F.** (Potentilla tabernaemontani) mit seidig glänzenden Blättern und gelben Blüten.
Fingerpuppe, ↑Figurentheater.
Fingersatz (Applikatur), Anweisung zum zweckmäßigen Einsatz der Finger beim Spielen von Musikinstrumenten. Bei den Tasteninstrumenten geht die Bez. von 1 (Daumen) bis 5 (kleiner Finger).
Fingersprache (Daktylogie, Handsprache), Zeichensprache; die ↑Gebärdensprache der schwer Hörgeschädigten.
Fingertiere (Daubentoniidae), Halbaf-

fenfamilie mit nur einer Art, dem **Fingertier** oder **Aye-Aye** (Daubentonia madagascariensis) auf Madagaskar; mit langen, dünnen Fingern (bes. der Mittelfinger), großen, unbehaarten Ohren, meißelförmigen Schneidezähnen, dunkelbraunem Fell, buschigem Schwanz. F. sind nachtaktive Baumtiere, die sich von Insekten, Früchten und dem Mark von Bambus ernähren.

fingieren [lat.], in einer bestimmten Absicht vorspiegeln, vortäuschen; erdichten.

Fin|invest S. p. A., italien. Holdinggesellschaft, gegr. 1978 von S. Berlusconi als Bau- und Medienkonzern, Sitz: Mailand; umfasst u. a. Beteiligungen an der Versicherungsgruppe Mediolanum, der Verlagsgruppe Mondadori, der Filmproduktionsges. Medusa sowie der Mediengruppe Mediaset (Privatfernsehsender Canale Cinque, Rete Quattro, Italia Uno, Pay-TV-Sender Stream und Telepiù; internat. Medienbeteiligungen).

Finis [lat. »Ende«] *das,* (ohne Artikel) Schluss, Ende; früher Schlussvermerk in Druckwerken.

Finish [ˈfɪnɪʃ, engl.] *das, Sport:* entscheidende letzte Phase eines Wettkampfs; Endkampf, -spurt.

Finishing [ˈfɪnɪʃɪŋ, engl.] *das* (Finish), abschließende Arbeit an einem Produkt **(Endbearbeitung),** d. h. das Herstellen des Auslieferungszustandes (z. B. im Fotolabor: Foto-F.).

Finis operis – Finis operantis, Begriffspaar der Scholastik; bezeichnet das einer Sache an sich innewohnende Ziel (Finis operis) und den ihr von außen frei gesetzten Zweck (Finis operantis). Ethisch relevant wird das Verhältnis in seinen beiden klass. Umkehrungen: dem Gebrauch einer an sich guten Sache zu einem schlechten Zweck bzw. einer schlechten Sache zu einem guten Zweck.

Finissage [-ˈsaːʒə, frz.] *die,* Veranstaltung zur Beendigung einer Kunstausstellung, Schließung einer Galerie o. Ä.

Finistère [finisˈtɛːr; von lat. finis terrae »Landesende«], Dép. in der Bretagne, W-Frankreich, 6733 km², 852000 Ew.; Hptst. ist Quimper.

Finisterre, Kap [»Kap des Landendes«] (galic. Fisterra), nach S vorspringendes Felsenkap der NW-Küste Spaniens, westlichster Punkt des span. Festlandes.

Finite-Elemente-Verfahren, numer. Verfahren zur Lösung math. formulierbarer Feldprobleme, speziell in der Festigkeitslehre zur Ermittlung von Spannungen und Dehnungen an komplizierten, analytisch nicht berechenbaren, belasteten Bauteilen. Das Bauteil wird dabei durch eine Anzahl von Teilstücken (Elementen) endlicher (finiter) Größe (z. B. Stäbe, Dreieckelemente) idealisiert. Das urspr. für den Flugzeugbau entwickelte Verfahren wird heute im gesamten ingenieurtechn. Bereich eingesetzt.

finite Form, *Grammatik:* Verbform mit Angabe von Person, Numerus, Tempus und Modus (im Unterschied zu Infinitiv und Partizipien).

Finitismus [lat.] *der,* Lehre von der Endlichkeit der Welt und des Menschen.

Fink, Agnes, schweizer. Schauspielerin, *Frankfurt am Main 14. 12. 1919, †München 28. 10. 1994; war ∞ mit B. Wicki;

Fingerhut: Roter Fingerhut

Charakterdarstellerin, bes. in München, Zürich und Hamburg.

Finken (Finkenvögel, Fringillidae), bis starengroße Singvögel in Amerika, Eurasien und Afrika; vorwiegend Körnerfresser mit Kegelschnabel. In Mitteleuropa sind Buch-F., Grünling, Stieglitz, Erlen- und Birkenzeisig, Hänfling, Girlitz, Zitronengirlitz, Gimpel, Karmingimpel, Fichtenkreuzschnabel und Kernbeißer hei-

misch. Berg-F. und Berghänfling, die im N brüten, sind regelmäßige Wintergäste.
Finkenwerder, Marschinsel der Niederelbe in Hamburg. Die tief gelegene, durch Ringdeiche geschützte Insel verlor nach der Sturmflut von 1962 durch Abdämmung der Süderelbe und Schaffung neuer Verkehrswege ihren Inselcharakter; mit Containerhäfen und Großind. gehört der größte Teil von F. zum Hafengebiet.

Finken: Weberfink

Finn, nach irischer Sage im 3.Jh. n.Chr. Fürst der Fian(n)a, eines nach eigenen Gesetzen lebenden Kriegerkorps. F. und sein Sohn Oisín (↑Ossian) sind Mittelpunkt eines Sagenkreises in S-Irland und Schottland (hier findet sich auch die Namensform **Fingal**), ebenso im Werk des schott. Dichters J. Macpherson.
Finnair O/Y ['finneə-], finn. Luftverkehrsgesellschaft, gegr. 1923 (↑Luftverkehrsgesellschaften, Übersicht).
Finnbogadóttir, Vigdís, isländ. Politikerin (parteilos) und Philologin, * Reykjavík 15. 4. 1930; 1972–80 Leiterin des Stadttheaters von Reykjavík, war 1980–96 Staatspräsidentin (weltweit erstes direkt gewähltes weibl. Staatsoberhaupt).
Finn-Dinghi *das* (auch Finn-Dinghi, Finn), *Segeln:* olymp. Einmannjolle; 4,50 m lang, 1,51 m breit, 0,85 m Tiefgang, 10 m^2 Segelfläche. (↑Sportarten, Übersicht)
Finne *die,* Höhenzug am N-Rand des Thüringer Beckens, bis zu 356 m ü. M., östl. Fortsetzung von Schmücke und Schrecke; besteht aus einer Buntsandsteinhochfläche mit einzelnen Muschelkalkschichtkämmen.
Finne, 1) Bez. für die Rückenflosse der Haie und analoge Bildungen der Wale.
2) (Blasenwurm), ↑Bandwürmer.
Finnen (Suomalaiset), Volk in N-Europa, etwa 5,2 Mio., davon etwa 4,8 Mio. in Finnland, etwa 225 000 in Schweden und 12 000 in Norwegen. – Die F. kamen zuerst mit der balt., dann frühzeitig mit der german. Kultur in Berührung und wurden von ihr wesentlich beeinflusst. Die agrarisch bestimmte Kultur der F. ist heute stark von urbanen Lebensformen und der Industrialisierung beeinflusst. Die Volkskunst (Holzschnitzereien, Knüpfteppiche) ist beachtlich.
Finnenausschlag, die ↑Akne.
Finnenkrankheit, Erkrankung des Menschen und der Haustiere durch Jugendformen (Finnen) von ↑Bandwürmern. Die **Zystizerkose** ist eine Erkrankung durch bestimmte Finnenarten (Zystizerken). Hierzu zählt die für den Menschen gefährl. Erkrankung durch die Finnen des Schweinebandwurms, die sich in Gehirn oder Augen ansiedeln und zu einer walnussgroßen Blase entwickeln können. Die **Echinokokken-Krankheit,** die durch die Finne des Hundebandwurms (↑Echinokokken) hervorgerufen wird, kann den Menschen ebenfalls befallen.
Finnentrop, Gem. im Kreis Olpe, NRW, 18 500 Ew.; Metall-, Kunststoff-, Holzverarbeitung, Fleischwarenfabrik. – F. entstand 1969 durch Zusammenschluss mehrerer Gemeinden.
Finney ['fɪnɪ], Albert, brit. Schauspieler, * Salford (Cty. Lancashire) 9. 5. 1936; spielte 1965–75 am National Theatre; seit 1959 Filmrollen (u. a. »Samstagnacht und Sonntagmorgen«, 1960; »Ein ungleiches Paar«, 1983; »Millers's Crossing«, 1990; »Washington Square«, 1997; »Breakfast of Champions«, 1999), auch Filmregisseur.
finnische Kunst. Die mittelalterl. Kunst Finnlands stand in engem Zusammenhang mit der des europ. Nordens. Die Kirchen sind meist schlichte Feldsteinbauten mit steilem Satteldach und abseits stehendem Glockenturm, nur am Westgiebel zuweilen Schmuck. Das Innere, meist dreischiffig und gewölbt, wurde im späteren MA. durch reiche Wandmalerei mit Volkskunstcharakter ausgestattet. Der bedeutendste Kirchenbau ist die Domkirche (Anfang des 13. Jh. begonnen) in Turku. Auch Künstler aus dem Einflussgebiet der Hanse arbeiteten für Finnland, v.a. Meister Francke (Barbara-Altar; Helsinki, Kansallismuseum). Von großartiger Strenge sind die finn. Burgbauten des MA., z. B. in Turku, Häme, Viipuri (heute Wyborg). Zur Zeit

finnische Kunst FIN

Gustavs I. Wasa wurden zahlr. Burgen erneuert und erweitert. Mittelpunkt kulturellen Lebens wurde der Renaissancehof des späteren Königs Johann III. am Turkuer Schloss.

In den Wirren nach der Reformation entstanden im 16. Jh. nur wenige und bescheidene Kirchen, meist aus Holz. Im 17. Jh. wurden v. a. Gutshöfe und prot. Predigtkirchen gebaut; neben die Langkirche aus Holz trat die Kreuzkirche mit vier gleich langen Armen und einer Kuppel in der Mitte. Bed. Leistungen der Bildhauerkunst sind die Ornamente der Grabdenkmäler. In der 2. Hälfte des 18. Jh. begann man mit dem Ausbau der Städte, ab 1778 wurde die Hafenfestung Suomenlinna (Helsinki) errichtet. Die Malerei, bes. die Kirchenmalerei mit Mikael Toppelius sowie das Porträt, erfuhr einen Aufschwung. Seit 1816 wurde Helsinki neu gestaltet und ausgebaut. Die klassizist. Bauten des Baumeisters C. L. Engel beherrschen noch heute das Stadtbild. Die Malerei blieb im 19. Jh. zunächst an Schweden orientiert, Mitte des Jh. wurden Düsseldorf und schließlich Paris für die finn. Landschaftsmalerei wichtig, wo Albert Edelfelt und A. ↑Gallén-Kallela, der bekannteste Maler des finn. Jugendstils und Symbolismus, studierten.

Die Baukunst fand von der »Nationalromantik« der Zeit um 1900 (Nationalmuseum in Helsinki) bald zu klaren und ruhigen Formen. Wegweisend waren die Bauten von Eliel Saarinen (Bahnhof in Helsinki, 1910–14). Weltruhm erlangte die finn. Architektur u. a. durch A. Aalto und das Ehepaar Kaija und Heikki Sirén. Als Nestor der finn. Bildhauerei des 20. Jh. gilt V. Aaltonen. Den Anschluss an die internat. Moderne fanden die Bildhauer Aimo Tukiainen, Eila Hiltunen und Kain Tapar.

finnische Kunst: Akseli Gallén-Kallela, »Mary am Ufer« (1908; Budapest, Museum für Bildende Künste)

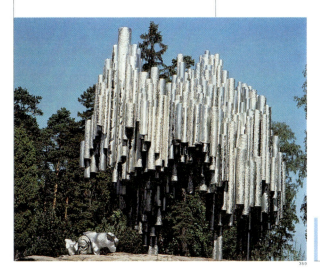

finnische Kunst: Eila Hiltunen, Denkmal für Jean Sibelius in Helsinki (1962–67)

FIN finnische Literatur

finnische Kunst: Opernhaus in Helsinki (1986–93; Architekten: Ero Hyvämäki, Jukka Karhunen und Risto Parkkinen)

Die Malerei öffnete sich seit Ende der 40er-Jahre abstrakten Richtungen (u. a. Ahti Lavonen und Kimmo Kaivanto). Bereits seit den 50er-Jahren wurde Finnland im Industriedesign führend.
Internat. beachtete Lösungen in der Architektur fanden Ero Hyvämäki, Jukka Karhunen und Risto Parkkinen mit dem Opernhaus in Helsinki (1986–93), Sakari Aartelo und Esa Piironen mit der Musik- und Kongresshalle in Tampere (1987–89), Mikko Heikkinen und Markku Komonen mit dem finn. Wiss.zentrum Heureka in Tikkurila (1987–88), Reima Pietilä und seine Frau Raili Paatelainen (organ. Formengrundlage, Einbezug regionaler Traditionen: u. a. Mantyniemi, Sitz des finn. Präs., Helsinki, 1993) sowie das Büro VIIVA Arkkitehtuuri Oy aus Helsinki mit der finn. Botschaft in Berlin (1997–99). Hervorragende Architektur entstand auch mit dem neuen Konzert- und Kongresszentrum in Lahti (2000 eröffnet; Entwurf des Konzertsaales: Hannu Tikka und Kimmo Lintula). Elemente des Dekonstruktivismus zeigen die Bauten von Jyrki Tasa (*1944).

📖 *H. Lilius u. R. Zeitler: Reclams Kunstführer Finnland. Kunstdenkmäler u. Museen. A. d. Schwed. Stuttgart 1985. – Knaurs Kulturführer in Farbe. Finnland, hg. v. O. M. Schneider u. M. Mehling. München 1988. – Poole, S.: Die neue finn. Architektur. A. d. Amerikan. Stuttgart u. a. 1992.*

finnische Literatur. Die finn. Volksdichtung mit ihren lyr. und ep. Liedern, Zaubersprüchen, Märchen und Sagen bildet den Grund für die finn. Kunstdichtung. – Die ältesten Werke in finn. Sprache verfasste und übersetzte der Begründer der finn. Schriftsprache M. Agricola. Weltliterar. Bedeutung erlangte das nat. Epos »Kalevala« (1835, endgültige Fassung 1849), das E. Lönnrot aus den alten ep., lyr. und mag. Liedern gestaltete. Die klass. Epoche der neuzeitl. f. L. begann mit Dramatik und Prosa von A. Kivi. – Gegen Ende des 19. Jh. erlangten literar. Strömungen aus dem übrigen Europa Einfluss. Realist. und sozialkrit. Werke schrieben Minna Canth, J. Aho, A. Järnefelt und J. Linnankoski. Neuromantiker waren V. Kilpi, J. Lehtonen und Aino Kallas. Der Nobelpreisträger F. E. Sillanpää gestaltete Menschen und Natur seiner westfinn. Heimat. Bedeutende Lyriker: E. Leino, O. Manninen, V. A. Koskenniemi. In den 1920er-Jahren experimentierten die »Tulenkantajat« (Feuerträger) mit dem Expressionismus: U. Kailas, K. Vala, P. Mustapää, A. Hellaakoski und K. Sarkia; aus diesem Kreis gingen viele Prosaisten, u. a. P. Haanpää, T. Pekkanen und der zu Weltruf gelangte M. Waltari hervor. – Charakterdramen und Komödien schrieben Maria Jotuni, Hella Wuolijoki (Mitarbeiterin von B. Brecht) und L. Haarla. Der Durchbruch zur dichter. Moderne fand Ende der 1940er-Jahre statt: u. a. P. Haavikko, Eeva-Liisa Manner. V. Linna und V. Meri schrieben über den Krieg. Produktive Erzähler sind außerdem V. Huovinen, A. Hyry, H. Salama und L. Viita; in der jüngsten Zeit: H. Turunen, A. Ruuth (*1943, †2002), Eila Pennanen, Kerttu-Kaarina Suosalmi. (↑schwedische Literatur)

📖 *Kunze, E.: F. L. in dt. Übers., 1675 bis 1975.* Helsinki 1982. – *Laitinen, K.: F. L. im Überblick. A. d. Finn.* Helsinki 1989. – *Lassila, P.: Gesch. der f. L. A. d. Finn.* Tübingen u. a. 1996.

finnische Musik. Zum ältesten Volksliedgut gehören die teils pentaton. Runenmelodien, auf die, begleitet von der fünfsaitigen Kantele, Stücke aus dem Kalevala-Epos gesungen werden. Das finn. Kirchenlied entwickelte sich im 16. Jh., eine eigenständige Kunstmusik seit dem 19. Jh. Sie stand anfangs unter starkem Einfluss aus Schweden und Deutschland. Bedeutendes leistete J.↑Sibelius, der einen eigenen, nat.-finn. Stil entwickelte. Neben ihm traten v. a. hervor Ilmari Krohn (*1867, †1960), Armas Järnefelt (*1869, †1958), Erkki Melartin (*1875, †1937), Selim Palmgren (*1878, †1951), Toivo Kuula (*1883, †1918), Armas Launis (*1884, †1959), Yrjö Kilpinen (*1892, †1959) und Aarre Merikanto (*1893, †1958). Opern komponierten bes. Joonas Kokkonen (*1921), Aulis Sallinen (*1935) und Paavo Heininen (*1938). Mit neuen Kompositionstechniken (Reihentechnik, Aleatorik) setzte sich zuerst Erik Bergman (*1911) auseinander. Ferner zu nennen sind u. a. Einojuhani Rautavaara (*1928), Usko Meriläinen (*1930), Erkki Salmenhaara (*1941), Kalevi Aho (*1949) und Magnus Lindberg (*1958) sowie die seit Anfang der 80er-Jahre in Paris lebende Kaija Saariaho (*1952).

Finnischer Meerbusen, der östl. Seitenarm der Ostsee zw. Finnland und Estland/Russland, etwa 430 km lang, zw. 60 und 120 km breit, im Winter zwei bis sechs Monate vereist.

finnische Sprache, gehört zur ostseefinn. Gruppe der finnougr. Sprachen. Sie wird außer in Finnland von Minderheiten u. a. in Schweden und Estland gesprochen.

Finnland FIN

Kennzeichnend sind Anfangsbetonung des Wortes, Vokalreichtum, relativ kleiner Bestand an Konsonanten, ↑Vokalharmonie (nur vordere Vokale, ä, ö, y [= ü], oder hintere Vokale, a, o, u, in einem Wort, e und i neutral), Stufenwechsel (quantitativer und qualitativer Konsonantenwechsel im Flexionsparadigma). Die Dialekte werden in eine westl. und eine östl. Hauptgruppe eingeteilt. Die Orthographie ist nahezu phonetisch, die Schrift lateinisch.

Finnland

Fläche	338 145 km²
Einwohner	(2003) 5,207 Mio.
Hauptstadt	Helsinki
Verwaltungsgliederung	5 Provinzen und autonome Ålandinseln
Amtssprachen	Finnisch und Schwedisch
Nationalfeiertag	6. 12.
Währung	1 Euro (EUR, €) = 100 Cent
Zeitzone	OEZ

Finnland (finn. Suomi, schwed. Finland; amtl. finn. Suomen Tasavalta, schwed. Republiken Finland; dt. Rep. Finnland), Staat in N-Europa, liegt zu einem Drittel nördlich des Polarkreises (Lappland), grenzt im W an den Bottn. Meerbusen, im NW an Schweden, im N an Norwegen (Finnmark), im O an Russland und im S an den Finn. Meerbusen; zu F. gehören die 40 km vor der schwed. Küste in der Ostsee gelegenen ↑Ålandinseln.

Staat und Recht: Nach der Verf. vom 4. 6. 1999 (in Kraft seit 1. 3. 2000) ist F. eine parlamentar. Rep. Staatsoberhaupt ist der auf 6 Jahre direkt gewählte Präsident. Wenn im 1. Wahlgang kein Kandidat die absolute Mehrheit erzielt, kommt es im 2. Wahlgang zur Stichwahl zw. den beiden Bestplatzierten. Die Legislative liegt beim Reichstag (200 Abg., für 4 Jahre gewählt;

FIN Finnland

Finnland FIN

Finnland: am Saimaasee

aktives und passives Wahlrecht ab dem 18. Lebensjahr), die Exekutive beim Kabinett unter Vorsitz des MinPräs. (vom Parlament gewählt). Einflussreichste Parteien: Zentrumspartei (KESK), Sozialdemokrat. Partei (SDP), Nat. Sammlungspartei (KOK), Linksbund (VAS), Schwed. Volkspartei (SFP), Grüne Partei (VIHR), Christdemokraten Finnlands (KD).
Landesnatur: Granite, Gneise, Glimmerschiefer, Kalke und Quarzite des Balt. Schildes bilden den Gesteinsuntergrund, der von einer dünnen Bodenschicht bedeckt ist. Die Eiszeiten und ihre Rückzugsstadien haben eine Landschaft von Seen, Moränenzügen (Salpausselkä), Findlingsblöcken, Drumlins u. a. glazialen Formen hinterlassen. Bes. reich an Seen (rd. 56 000) ist der S des Landes (Finn. Seenplatte); die wichtigsten sind ↑Saimaa und ↑Päijänne. Der buchtenreichen Küste im W (Bottn. Meerbusen) und bes. im S (Finn. Meerbusen) sind zahlr. Inseln und Schären (insgesamt rd. 33 000) vorgelagert. Nach N steigt das Gelände vom Flachland zum Hügelland an, Moore und Sümpfe treten verstärkt auf. Die höchsten Höhen erreicht das Relief in Lappland im NW (Haltiatunturi 1 328 m ü. M.). – Das Klima ist kontinental mit subpolaren Zügen (z. B. die Mitternachtssonne des Sommers). Die Winter sind kalt und schneereich (Februar-Mittel − 9 °C, im N − 12 °C), die Sommer mäßig warm (mittlere Jahrestemperatur in Helsinki: 5,4 °C, Juli-Mittel 14,5 °C). Die gegen Jahresende beginnende Vereisung der Küstengewässer schreitet im Hochwinter meist rasch voran, sodass vom Jahresanfang bis Mitte März eine Eisbrücke die Ålandinseln mit SW-Finnland verbindet. – F. ist das waldreichste Land Europas; 68 % der Landesfläche sind mit Wäldern (Fichte, Kiefer, Birke, Erle) bedeckt; im äußersten N herrscht Tundrenvegetation vor.
Bevölkerung: Die Bev. besteht aus Finnen (92 %), Schweden (5,6 %, v. a. auf den Ålandinseln, in Südwest-F. und in Österbotten), überwiegend in Finnisch-Lappland leben etwa 7 000 Lappen. Die Bev.dichte (im Durchschnitt 15,1 Ew. je km^2) ist im N und in der Mitte des Landes sehr gering. In Städten lebt die Mehrheit der Bev. (67 %), allein in den sechs Großstädten Helsinki, Espoo, Tampere, Vantaa, Turku und Oulu 28 % (2001). – Rd. 86 % der Bev. gehören der Finn. Evang.-Luther. Kirche an, rd. 1,1 % der orth. Kirche. – Es besteht eine neunjährige allg. Schulpflicht und ein für alle Kinder obligator., auf den Besuch der ersten Klasse vorbereitender Vorschulunterricht. Die älteste Univ. ist die Univ. von Helsinki (gegr. 1640 in Turku, 1828 nach Helsinki verlegt).
Wirtschaft und Verkehr: F. ist ein moderner Ind.staat. Ackerbaulich genutzt werden nur 7,5 % der Landfläche (Anbau von Kartoffeln, Futterrüben, Hafer, Gerste und Weizen); Kleinbetriebe überwiegen.

FIN Finnland

Wichtigster Zweig der Landwirtschaft ist die Milchwirtschaft; im N werden Rentier- und Pelztierzucht betrieben. Forstwirtsch. genutzt werden die ausgedehnten Wälder. An Bodenschätzen verfügt F. über Eisen-, Kupfer-, Nickel-, Zink-, Chrom-, Titan-, Blei-, Vanadium-, Kobalterze sowie Pyrit, Selen, Asbest und Torf. In der Ind. dominieren die Holzverarbeitung (Papier-, Zellstoff-, Möbelherstellung) und die Metallind. (Erzverhüttung, Metallverarbeitung, Maschinen-, Fahrzeug- und Schiffbau, elektrotechn. und elektron. Ind.); außerdem chem., Textil-, Leder-, Glas- und Keramikind.; finn. Qualität und Design werden bes. bei Konsum- und Luxusartikeln geschätzt. Auch der Fremdenverkehr spielt wirtsch. eine Rolle. Die wichtigsten Handelspartner sind die EG- und EFTA-Länder, die USA, Russland, Litauen, Lettland und Estland. – Das Schienennetz (russ. Breitspur) hat eine Länge von 5850 km (2001), davon 2400 km elektrifiziert. Das Straßennetz hat (2001) eine Länge von 78059 km. Wichtig für den Holztransport sind die vielfach durch Kanäle verbundenen Seen. Über den Saimaakanal ist ein Teil Südost-F.s mit Russland verbunden. Hauptseehäfen besitzen Helsinki, Naantali, Kotka, Hamina und Rauma; wichtigster internat. Flughafen ist der von Helsinki, Luftfahrtges. die Finnair O/Y.

Geschichte: Zw. dem 2. und 8. Jh. n. Chr. besiedelten finn. Stämme (vom Baltikum und aus dem O kommend) Süd- und Mittelfinnland. Mitte des 12. Jh. wurde das Land von Schweden aus christianisiert und von diesem auch schrittweise erobert (Kreuzzüge 1157 unter Erich IX., 1249 [1238/39?] unter Birger Jarl und 1293); Ende des 13. Jh. reichte die schwed. Macht bis nach Karelien. 1323 wurde erstmals zw. Schweden und dem Fürstentum Nowgorod die finn. Ostgrenze festgelegt. Unter Gustav Wasa (1523–60) führte M. Agricola, dessen Bibelübersetzung zur Ausformung der finn. Schriftsprache beitrug, die Reformation ein. 1581 wurde F. zum Großfürstentum erhoben, tatsächlich jedoch als schwed. Provinz verwaltet. Ein großer Bauernaufstand (1596/97, »Keulenkrieg«) wurde blutig niedergeschlagen. Unter dem schwed. General-Gouv. Graf Per Brahe (*1602, †1680) erlebte F. eine wirtsch. und kulturelle Blüte (»Grafenzeit«). Im 2. Nord. Krieg war F. 1713–21 von Russland besetzt, das sich im Frieden von Nystad (1721) das südwestl. Karelien mit Wyborg sicherte und im Frieden von Åbo (1743) weitere Teile im SO erhielt. Nach dem russ.-schwed. Krieg von 1808/09 musste Schweden im Frieden von Fredrikshamn (1809) ganz F. an Russland abtreten. Im März 1809 erklärte Zar Alexander I. F. zum autonomen Großfürstentum innerhalb des russ. Reiches (1811 Wiedereingliederung der im 18. Jh. an Russland abgetretenen Gebiete). 1812 wurde Helsinki zur Hptst. erhoben. In der 1. Hälfte des 19. Jh. bildete sich ein finn. Nationalbewusstsein heraus, das einerseits gegen Russland, andererseits gegen das schwed. kulturelle Übergewicht gerichtet war. In der Reformära Alexanders II. wurde 1863 wieder ein Landtag einberufen. Das Sprachreskript (1863) legte die Gleichberechtigung des Finnischen mit dem Schwedischen fest, 1865 erhielt F. eine eigene Münzstätte, 1878 eine eigene Armee. Unter Alexander III. setzte eine Russifizierungspolitik ein; die 1899 beseitigte finn. Autonomie gestand Kaiser Nikolaus II. nach der russ. Revolution von 1905 jedoch wieder zu. Die Landtagsreform von 1906 führte einen Einkammerlandtag mit allgemeinem und gleichem (auch Frauen-)Wahlrecht ein. Stärkste Partei wurde die Sozialdemokratie.

Nach dem Sturz des russ. Zaren in der Februarrevolution 1917 übernahm der finn. Landtag die Regierungsgewalt, erklärte am 6.12.1917 F. für unabhängig und schloss am 7.3.1918 einen Sonderfrieden mit dem Dt. Reich. In einem Bürgerkrieg (Jan.–Mai 1918) setzten sich die von General C. G. Freiherr von Mannerheim geführten »weißen« Truppen mit dt. Unterstützung (»Ostseedivision« unter General R. Graf von der Goltz) gegen die bolschewist. Kräfte, die »Roten«, durch. Am 12.12.1918 wurde Mannerheim Reichsverweser. Am 17.7. 1919 bekam F. eine republikan. Verfassung. Im Frieden mit Russland (Dorpat 14.10. 1920) erhielt es das Petsamogebiet. 1921 wurden ihm vom Völkerbund im Streit mit Schweden die Ålandinseln zugesprochen. Die 1929 gegründete bäuerlich nationalist. ↑Lappo-Bewegung erreichte 1930 die Verabschiedung antikommunist. Gesetze; ihre Putschversuche schlugen jedoch fehl. 1933 wurde die Sozialdemokratie wieder die stärkste Partei. In den Jahren nach 1930 begann eine Periode wirtsch. Aufschwungs,

bes. unter Staatspräs. P. E. Svinhufvud (1931–37 Nachfolger: K. Kallio). Nach Ausbruch des Zweiten Weltkriegs wurde F. im Nov. 1939 von der UdSSR, die die Abtretung strategisch wichtiger Gebiete gefordert hatte, angegriffen. F. verteidigte sich im »Winterkrieg« hartnäckig gegen die sowjet. Übermacht, musste aber im Frieden von Moskau (12. 3. 1940) große Teile W-Kareliens, das Sallagebiet sowie den finn. Teil der Fischerhalbinsel abtreten und den Stützpunkt Hanko verpachten. Staatspräs. wurde 1940 R. Ryti. 1941 nahm F. auf dt. Seite den Krieg gegen die UdSSR wieder auf (»Fortsetzungskrieg«). Im Waffenstillstand vom 19. 9. 1944, bestätigt im Frieden von Paris (10. 2. 1947), musste F. dieselben Gebiete wie 1940 und das Petsamogebiet der UdSSR überlassen; Hanko wurde gegen Porkkala ausgetauscht. 1944–46 war Mannerheim Staatspräsident. Das Land, das unbesetzt blieb, erholte sich unter Staatspräs. J. K. Paasikivi (1946–56) rasch von den Kriegsfolgen (bis 1952 Erfüllung der Reparationsforderungen von 300 Mio. Dollar) und konnte seine Selbstständigkeit bewahren. Ins Zentrum der finn. Außenpolitik rückte die Entwicklung eines gutnachbarl., konfliktfreien Verhältnisses zur Sowjetunion, dem ein 1948 mit ihr abgeschlossener »Vertrag über Freundschaft, Zusammenarbeit und gegenseitigen Beistand« diente (1955, 1970 und 1983 verlängert). Dieser außenpolit. Kurs, nach seinen maßgebl. Vertretern, den Präs. Paasikivi und U. K. Kekkonen (1956–81), als »Paasikivi-Kekkonen-Linie« bezeichnet, verband sich mit einem Ausbau der Beziehungen zu den skandinav. Ländern (1955 Beitritt zum Nord. Rat) und zu den westeurop. Staaten (1961 assoziiertes Mitgl. der EFTA, 1974 InKraft-Treten des Handelsvertrages mit der EWG). 1969 ging von F. der Vorschlag für die Einberufung einer europ. Sicherheitskonferenz (↑KSZE) in Helsinki aus. Nachfolger von Präs. Kekkonen wurde 1981/82 M. Koivisto (im Amt bis 1994). Neben der Zentrumspartei (bis 1965 Bauernpartei) war v. a. die Sozialdemokrat. Partei immer wieder an der Regierungsbildung beteiligt (ausgenommen 1962–66). Das ab 1982 regierende Koalitionskabinett unter dem Sozialdemokraten K. Sorsa wurde 1987 durch eine Regierung aus Nat. Sammlungspartei, Sozialdemokraten, Schwed. Volkspartei und Finn. Landvolkpartei unter H. Holkeri (Nat. Sammlungspartei) abgelöst. Die Zentrumspartei wurde erstmals nach 50 Jahren in die Opposition verwiesen. Aus den Parlamentswahlen 1991 ging sie jedoch als stärkste Partei hervor und bildete zus. mit den Konservativen, der Schwed. Volkspartei und der Christl. Union eine Koalitionsregierung unter MinPräs. E. Aho. Ihr folgte 1995 ein breites Fünfparteienkabinett unter dem Sozialdemokraten P. Lipponen (2002 Austritt der Grünen Partei aus der Reg. nach dem Beschluss zum Ausbau der Kernenergieerzeugung). Im März 2003 ging die Zentrumspartei als stärkste Kraft aus den Reichstagswahlen hervor. Anneli Jäätteenmäki wurde im darauf folgenden Monat MinPräs. einer Reg.koalition mit den Sozialdemokraten und der Schwed. Volkspartei; wegen einer Politund Wahlkampfaffäre trat sie bereits im Juni 2003 wieder zurück. Danach wurde der bisherige Verteidigungsmin. Matti Vanhanen (Zentrumspartei) Reg.chef.
Bei der ersten Direktwahl des finn. Staatspräs. wurde 1994 der Sozialdemokrat M. O. Ahtisaari gewählt; mit seiner Nachfolgerin T. K. Halonen erlangte 2000 erstmals in F. eine Frau das Amt des Staatsoberhaupts. Anstelle des mit Auflösung der Sowjetunion gegenstandslos gewordenen Freundschafts- und Beistandspakts schlossen F. und Russland im Jan. 1992 einen neuen Grundlagenvertrag. Am 1. 1. 1995 wurde F. Mitgl. der Europ. Union; es schloss sich der Euro-Zone an.

📖 *Atlas der finn. Volkskultur. Suomen kansankulttuurin kartasto,* hg. v. *T. Vuorela* u. a., 2 Bde. Helsinki 1976–94. – *Paloposki, T. J.: Quellenkunde zur Geschichte F.s.* A. d. Finn. Wiesbaden 1988. – *Doepfner, A.: F.s Winterkrieg 1939/40.* Zürich ²1990. – *F.-Studien,* hg. v. *E. Hösch,* 2 Bde. Wiesbaden 1990–93. – *Zetterberg, S.: F. ab 1917.* A. d. Finn. Keuruu 1991. – *Koivisto, M.: Geographie u. Geschichte. Finn. Sicherheitspolitik.* A. d. Finn. Düsseldorf u. a. 1992. – *Rikkinen, K.: A geography of Finland.* Lahti 1992. – *Jokipii, M.: F. u. Dtl. im 20. Jh.* Kuopio 1994. – *Klinge, M.: Geschichte F.s im Überblick.* Dt. Fassung v. *J. Holz-Mänttäri.* Helsinki ⁴1995. – *Maude, G.: Historical dictionary of Finland.* Lanham, Md., 1995. – *Sobik, H.: F.* München 1996. – *Geographical Survey of Finland,* hg. v. *S. Autio.* Espoo 1997. – *Militz, E.: F. Schnittstelle zwischen den Mächten am Rande Europas. Gotha und Stuttgart 2002.*

Finnmark, Abk. **Fmk** (finnisch Markka), bis zur Einführung des Euro Währungseinheit in Finnland, 1 Fmk = 100 Penniä (p).

Finnmark, nördlichste und größte Prov. von Norwegen, 48 637 km², 74 900 Ew.; Hptst.: Vadsø; von der Steilküste binnenwärts abfallende felsige Hochfläche (Finnmarksvidda) bis 1 218 m ü. M.; Tundrenklima mit Waldtundra; Eisenerzbergbau auf der Halbinsel Sør-Varanger; Fischfang, Rentierhaltung.

finnougrische Sprachen (finnisch-ugrische Sprachen), bilden mit dem Samojedischen die ural. Sprachfamilie. Sie werden in z. T. weit verstreuten Siedlungsgebieten von NW-Schweden bis zum Ob in Sibirien und in Ungarn von etwa 25 Mio. Menschen gesprochen. Als Urheimat der zum finnougr. Sprachgebiet gehörigen Völker gilt das Gebiet zw. Oberlauf der Kama und Wolga. Die f. S. gliedern sich in: **Lappisch, Ostseefinnisch** (Finnisch i. e. S., Karelisch, Wepsisch, Ingrisch, Wotisch, Estnisch, Livisch), **Wolgafinnisch** (Mordwinisch, Tscheremissisch), **Permisch** (Syrjänisch, Wotjakisch), **Obugrisch** (Wogulisch, Ostjakisch), **Ungarisch** (Magyarisch). – Die f. S. gehören dem agglutinierenden Sprachtyp an (↑Sprache). Characterist. Züge sind: Vokalharmonie; Grundwortstämme i. Allg. zweisilbig; Betonung auf der 1. Silbe; grammat. Beziehungen werden durch Suffixe bezeichnet; kein grammat. Geschlecht; kein Artikel (außer im Ungarischen). Die Zahl der Kasus schwankt zw. 3 und 18.

📖 *Haidú, P. u. Domokos, P.: Die uralischen Sprachen u. Literaturen. A. d. Ungar. Hamburg 1987. – Karlsson, F.: Finn. Grammatik. A. d. Finn. Hamburg ²1995.*

Finno|ugristik *die,* Zweig der Sprachwissenschaft, der sich mit den finnougr. Sprachen beschäftigt; wird die ↑samojedische Sprache einbezogen, spricht man von **Uralistik.**

Finnwale, Gattung der ↑Furchenwale.

Finow [-no], Stadtteil von ↑Eberswalde.

Finowkanal [-no-], Wasserstraße (1620 fertig gestellt) vom Voßkanal bei Liebenwalde zum Oder-Havel-Kanal unterhalb von Niederfinow, Brandenburg; 31,8 km lang; verläuft parallel zum Oder-Havel-Kanal.

Finsen ['fensən], Niels Ryberg, dän. Arzt, *Thórshavn (Färöer) 15. 12. 1860, †Kopenhagen 24. 9. 1904; führte die Lichtbehandlung mit kaltem, UV-reichem Bogenlicht (**F.-Licht**) ein (früher zur Behandlung der Hauttuberkulose genutzt); erhielt dafür 1903 den Nobelpreis für Physiologie oder Medizin.

Finspång ['finspɔŋ], Marktort in Mittelschweden, in der Prov. Östergötland, als Gem. 1 060 km² mit 23 100 Ew.; ein Hauptort der schwed. Schwerindustrie (Eisenwerke, Metallwarenindustrie, Turbinenbau).

Finsteraarhorn, höchster Gipfel des Berner Oberlandes, 4 274 m ü. M., Teil der **F.-Gruppe;** an ihrem Osthang liegen die **Aargletscher** (Quellgebiet der Aare): Finsteraargletscher, Lauteraargletscher (Strahleggletscher), die den Unteraargletscher ergeben, und Oberaargletscher (zus. 43 km²).

Finstermünz, Pass, Felsenenge am Inn zw. Unterengadin (Schweiz) und Oberinntal (Österreich). In der Talschlucht liegt **Alt-Finstermünz** (995 m ü. M.) mit Türmen aus dem 15. Jh., oberhalb die Festungsruine **Hoch-Finstermünz** (1 137 m ü. M.).

Finsternis, Erscheinung, bei der für einen Beobachter ein Himmelskörper zeitweilig von einem anderen ganz (**totale F.**) oder teilweise (**partielle F.**) abgedunkelt wird (Verfinsterung), entweder durch Eintritt in den Schatten des anderen (z. B. tritt bei einer ↑Mondfinsternis der Mond in den Schatten der Erde) oder durch das vorübergehende Dazwischentreten eines anderen, z. B. des Mondes vor die Sonne (↑Sonnenfinsternis).

Finsterwalde, Stadt im Landkreis Elbe-Elster, Brandenburg, 20 500 Ew.; Betriebe für Schweißtechnik, Metallguss und Elektromaschinenbau, Holz-, Lebensmittelind., »Energiepark Lausitz« (rationelle Energieanwendung und Technologieentwicklung). – Spätgot. Dreifaltigkeitskirche (1578–1617), Renaissanceschloss (im Wesentlichen 2. Hälfte 16. Jh.), Kurtsburg (Mitte 16. Jh.). – Entstand vor 1282; Stadtrecht vor 1300; 1952–93 Kreisstadt.

Finte [italien.] *die,* Vorwand, Täuschung, Scheinmanöver.

fiore, II [italien. »die Blume«], allegorisch-didakt. Dichtung des 13. Jh., eine Sammlung von 232 Sonetten; eine Bearbeitung des frz. Rosenromans (↑Roman de la rose) (↑Durante).

Fioritur [italien., eigtl. »Blüte«] *die,* Verzierung beim Gesang (Koloratur), beliebt v. a. in den Opernarien des 18. Jahrhunderts.

Firat [fə-] *der,* türk. Name des ↑Euphrat.

Firdausi (Firdosi), Abu l-Kasim Mansur, der bedeutendste epische Dichter der Perser, *Tos (Khorasan) um 934, †ebd. 1020; Schöpfer des pers. Königsbuchs (»Schah-Name«; 50 000 Doppelverse) über die Gesch. des iran. Reiches von den myth. Anfängen bis zur Eroberung durch die Araber (651 n. Chr.).

Firenze, italien. Name von ↑Florenz.

Firewall [ˈfaɪəwɔːl, engl. »Brandmauer«] *der,* auch *die,* Sicherungssystem, das ein Intranet vor dem Zugriff nicht befugter Nutzer schützt; verhindert die unerlaubte Kommunikation unternehmensinterner Rechner mit netzfremden externen Geräten (und umgekehrt).

Firkušný [ˈfirkuʃniː], Rudolf (Ruda), amerikan. Pianist und Komponist tschech. Herkunft, *Napajedla (bei Zlín) 11. 2. 1912, †Staatsburg (N. Y.) 19. 7. 1994; setzte sich bes. für L. Janáček, B. Martinů und für das zeitgenöss. Schaffen ein; schrieb Vokal-, Klavier- und Kammermusik.

Firlefanz [Herkunft unsicher] *der, umgangssprachl.:* überflüssiges, wertloses Zeug; Unsinn.

firm [lat.] (österr. auch ferm), bes. in der Verbindung »in etwas firm (erfahren, beschlagen) sein«.

Firma [italien., zu lat. firmare »beglaubigen«], *der,* Handelsname eines Kaufmanns, unter dem er seine Geschäfte betreibt und seine Unterschrift abgibt. Recht und Pflicht zur Führung einer F. haben Kaufleute und Handelsgesellschaften (§§ 17-37 HGB; das F.-Recht wurde durch das Handelsrechtsreform-Ges. vom 22. 6. 1998 liberalisiert). Die F. muss zur Kennzeichnung des Kaufmanns geeignet sein und Unterscheidungskraft besitzen. Jede neue F. muss sich von am gleichen Ort bereits eingetragenen F. deutlich unterscheiden. Sie darf keine über geschäftl. Verhältnisse irreführenden Angaben enthalten. Die F. aller handelsrechtl. Unternehmen muss zur Offenlegung der Haftungsverhältnisse die Bez. ihrer Rechtsform als Zusatz enthalten (z. B. GmbH); bei Einzelkaufleuten muss der Zusatz »eingetragener Kaufmann« verwendet werden. Eine alte F. darf jedoch nach §§ 21 ff. HGB fortgeführt werden (bes. um die Geschäftsbeziehungen zu erhalten), auch wenn sie den geänderten Verhältnissen nicht mehr entspricht. Der Kaufmann muss seine F. zur Eintragung in das Handelsregister anmelden; er kann unter dem Firmennamen klagen und verklagt werden. Die F., die einen erhebl. materiellen Wert verkörpern kann, ist vererblich und übertragbar, jedoch nur mit dem Unternehmen. – In *Österreich* gilt das dt. HGB seit 1939. – Die Grundsätze des *schweizer.* Rechts (Art. 944–956 OR) sind mit denen des dt. Rechts vergleichbar.

📖 *Kögel. S.: Die Firmengründung,* begr. v. *H. H. Wessel.* Heidelberg ⁷2001.

Firmament [lat. »Stütze«] *das, dichterisch* für Himmel, Himmelsgewölbe.

Firmenbuch, in Österreich seit 1991 Bez. für das (in einer elektron. Datenbank durch die Gerichtshöfe erster Instanz geführte) Handelsregister.

Firmenwert (Geschäftswert, Goodwill), die sich im Rahmen der Gesamtbewertung eines Unternehmens bei Kauf oder Übernahme zeigende Differenz zw. dem Ertragswert (Zukunftserfolgswert) und dem Substanzwert (Rekonstruktionswert). Der F. beruht u. a. auf den Beziehungen des Unternehmens zum Markt (Standort, Ruf, Kundenkreis) sowie dem Wert von innerer Organisation und Mitarbeiterstamm. Für die Bilanzierung wird zw. selbst geschaffenem **originären** F. und **derivativem** F. unterschieden. Letzterer wird durch Kauf erworben und entspricht der Differenz zw. Kaufpreis und Substanzwert (Summe der Vermögensteile eines Unternehmens nach Abzug der Verbindlichkeiten).

firmieren, unter einem bestimmten Geschäftsnamen bestehen, einen bestimmten Namen führen (von Unternehmen gesagt).

Firminy [-ˈni], Industriestadt im östl. Zentralmassiv, Dép. Loire, Frankreich, 23 100 Ew.; u. a. Eisen- und Stahlindustrie.

Firmung (lat. Confirmatio), Sakrament der kath., der anglikan. und der Kirchen der Utrechter Union (Altkatholiken) sowie der orth. Kirche (hier: **Myronsalbung**); theologisch mit Aussagen aus dem N. T. (Apg. 8, 14–17) begründet. In der kath. Kirche wird die F. den Kindern (die damit nun auch hinsichtlich ihrer vollen Rechte der Gemeinschaft der Kirche angehören) im Alter von 7 bis 12 Jahren vom Bischof oder einem von ihm Beauftragten durch

Handauflegung, Salbung, Gebet und einen leichten Backenstreich gespendet. Die Myronsalbung der orth. Kirche wird in altkirchl. Tradition unmittelbar nach der Taufe vollzogen. – Die Kirchen der Reformation lehnen die F. als Sakrament ab, der ihr zu Grunde liegende Gedanke ging jedoch in die ↑Konfirmation ein.

Firmware [ˈfəːmweə, engl.] *die, Informatik:* Systemsoftware, die in einem Festwertspeicher gespeichert ist.

Firn [ahd. firni »vorjährig«], alter, mehrjähriger Schnee des Hochgebirges, der durch wiederholtes Auftauen und Gefrieren körnig geworden ist; wird zu wasserundurchlässigem, milchigem **F.-Eis**, das schließlich in Gletschereis übergeht. – Die **F.-Linie (F.-Grenze)** ist die sommerl. Untergrenze der zusammenhängenden Schneedecke auf Gletschern; sie liegt etwa 100 m tiefer als die ↑Schneegrenze im unvergletscherten Nachbargebiet, da der Gletscher abkühlend wirkt.

Firne, Altersstadium des Weins (mit typ. Altersgeschmack).

Firnis, Sammelbegriff für nicht pigmentierte Anstrichstoffe aus trocknenden Ölen oder Harzlösungen (z. B. Leinöl-F., Harz-F.) mit Sikkativen. Die wichtigen **Öl-F.** dienen als Bindemittel für Ölfarben und Grundierungsmittel, Lack-F. enthalten außer dem Öl noch Natur- oder Kunstharze, **ölfreie F.** auf der Basis von Naturharzen dienen zum Überziehen von Gemälden (Gemälde-F.).

Firsowa, Jelena Olegowna, russ. Komponistin, * Leningrad (heute Sankt Petersburg) 1. 3. 1950; studierte 1970–75 am Moskauer Konservatorium. F. schrieb, an der 2. Wiener Schule orientiert, Bühnen-, Orchester- und Vokalwerke sowie Kammermusik. Seit Beginn der 1980er-Jahre kamen ihre häufig von der Lyrik O. Mandelstams inspirierten Werke zunehmend auch in Westeuropa zur Aufführung.

First, 1) *Bautechnik:* (Dachfirst), oberste waagerechte Schnittlinie von Dachflächen. **2)** *Bergbau:* (Firste), obere Begrenzungsfläche eines Grubenbaus. **3)** *Geologie:* (Firstlinie), ↑Falte.

first class [ˈfəːst ˈklaːs, engl.], der ersten Klasse, Spitzenklasse zugehörend, von hohem Standard. – **First-Class-Hotel,** Luxushotel.

First Lady [ˈfəːst ˈleɪdɪ; engl. »erste Dame«] *die,* Frau eines Staatsoberhauptes.

First Run [ˈfəːst rʌn, engl.] *der, Film:* das Recht der ↑Erstaufführung in einer Stadt, einem Gebiet oder bestimmten Kino, meist mit Auflagen des Verleihs verbunden.

Firusabad, Stadt südöstlich von Schiras, in SW-Iran, im Zagrosgebirge, 19 300 Ew. – Nordwestlich von F. Reste der kreisförmig angelegten sassanid. Stadt **Gor** mit zentralen Tempelanlagen; außerhalb der Stadt Ruinen eines Königspalastes mit überwölbten Empfangsräumen und um einen Hof gruppierten Wohnräumen.

fis, *Musik:* das um einen Halbton erhöhte f (f mit ♯).

FIS, 1) Abk. für frz. Front Islamique du Salut (Islam. Heilsfront), islamistische polit. Partei in Algerien, gegr. 1989, fordert die Einführung des islam. Rechts und die Errichtung einer islam. Gesellschaft, errang im Dez. 1991 beim ersten Wahlgang zum nat. Parlament die Mehrheit der Stimmen, ging nach der Suspendierung des zweiten Wahlgangs und ihrem Verbot 1992 in den Untergrund.

2) Abk. für frz. Fédération Internationale de Ski, ↑Skisport.

Fisch, 1) *Astronomie:* zwei Sternbilder des Südhimmels: 1) das Sternbild Volans (↑Fliegender Fisch); 2) das Sternbild Piscis Austrinus (↑Südlicher Fisch).
2) *frühchristl. Symbol* für Christus (↑Ichthys).
3) *Zoologie:* ↑Fische.

Fischadler (Pandion haliaëtus), v. a. an Seen, Flüssen und Meeresküsten vorkommender, etwa 55 cm großer Greifvogel mit unbefiederten Läufen; ernährt sich von Fischen, die er beim Stoßtauchen im Wasser mit den Fängen ergreift.

Fischart, Johann, gen. Mentzer (Mainzer, nach der Herkunft seines Vaters), satir. Schriftsteller, * Straßburg um 1546, † Forbach (bei Saarbrücken) 1590; war Advokat beim Reichskammergericht in Speyer und seit 1583 Amtmann in Forbach. Alle umfangreicheren, in Prosa oder Knittelversen verfassten Werke F.s sind nach Vorlagen gearbeitet. F., Meister von Wortspiel, Paraphrase und Handhabung fremder Formen, griff die Jesuiten als Träger der Gegenreformation an; schrieb Moralsatiren (»Floeh Haz Weiber Traz«, 1573), eine Schrift zum Lob der Ehe (»Ehzuchtbüchlin«, 1578). Sein Hauptwerk ist eine freie Bearbeitung von Rabelais' »Gargantua« (1. Aufl. 1575), die seit der 3. Aufl. (1590)

Fischer **FIS**

Fischadler mit Beute

unter dem sprichwörtlich gewordenen Titel »Geschichtsklitterung« erschien.
Fischau-Brunn, Bad, ↑Bad Fischau-Brunn.
Fischbandwurm, ↑Bandwürmer.
Fischbein, hornartige, harte, aber elast. Substanz aus den Barten (Hornlamellen) der Bartenwale; diente ab dem 16. Jh. zur Versteifung von Miedern.
Fischblase, 1) *Kunst:* (Schneuß), Ornament, das seinem Umriss nach der Schwimmblase eines Fisches ähnlich ist; verbreitet in der kelt. Kunst der La-Tène-Zeit, in der irischen Buchmalerei und bes. im spätgot. Maßwerk (↑Flamboyantstil). Oft werden mehrere F. innerhalb eines Kreises angeordnet, sodass ein Wirbel entsteht.
2) *Zoologie:* Schwimmblase der ↑Fische.
Fischchen (Silberfischchen, Zuckergast), Insekt der Familie ↑Borstenschwänze.
Fische (lat. Pisces), **1)** *Astronomie:* zum Tierkreis gehörendes Sternbild der Äquatorzone (Zeichen ♓), im Herbst am Abendhimmel sichtbar; in ihm liegt der Frühlingspunkt.
2) *Zoologie:* Überklasse seit dem Silur bekannter, wasserbewohnender, durch Kiemen atmender, wechselwarmer Wirbeltiere. Die rezenten F., von denen zwei Drittel im Meer und ein Drittel im Süßwasser leben, werden in zwei Klassen unterteilt: **Knorpel-F.** und **Knochen-F.** Die Körperform ist der Lebensweise angepasst: Schwimm-F. sind torpedoförmig, Boden-F. sind abgeplattet, Riff-F. sind seitlich zusammengedrückt. Die F. haben Gliedmaßen (Flossen) und Schuppen, Schilde oder Platten in der Lederhaut. Das Skelett ist entweder verknöchert (Knochen-F.) oder knorpelig (Knorpel-F.) und bei Knochen-F. ergänzt durch feine Verknöcherungen der bindegewebigen Scheidewände, die die einzelnen Muskelschichten trennen (Gräten). Die meisten F. legen Eier (Fischrogen), wenige sind lebend gebärend. Die F. leben hauptsächlich von tier. Nahrung (Insekten, Würmer). Als Vorstufen zu den F. sind die niedersten Wirbeltiere anzusehen, die ↑Lanzettfischchen und die ↑Rundmäuler. Den Übergang zu den Amphibien bilden die ↑Lungenfische.
📖 *Bone, Q. u. Marshall, N. B.:* Biologie der F. Stuttgart 1985. – Urania-Tierreich, Bd. 1: F., Lurche, Kriechtiere, Beiträge v. K. Deckert u. a. Neuausg. Leipzig u. a. 1991. – Die große Enzyklopädie der F. Süßwasser- u. Meeresfische, hg. v. *J. H. Reichholf* u. *G. Steinbach.* München 1992. – *Greger, B.:* F. Verhalten, Ernährung, Pflege. Stuttgart 2001.
Fisch|egel (Piscicola geometra), an Fischen in Süß-, Brack- und Meerwasser saugender Egel, bis 5 cm lang.
Fischen i. Allgäu, Gem. im Landkreis Oberallgäu, Bayern, 760–1 100 m ü. M., 2 900 Ew.; heilklimat. Kurort, Sommer- und Winterfremdenverkehr.
Fischer, 1) Aloys, Pädagoge, * Furth i. Wald 10. 4. 1880, † München 23. 11. 1937; 1914–37 Prof. ebd.; neben die geisteswiss. Fundierung der Pädagogik (Philosophie, Psychologie, Soziologie) stellte er als einer der Ersten in umfassender Weise Empirie und Experiment.

FIS Fischer

Werke: Deskriptive Pädagogik (1914); Pädagog. Soziologie (1932).
2) Andrea, Politikerin (Bündnis 90/Die Grünen), *Arnsberg 14. 1. 1960; Druckerin und Volkswirtin; seit 1994 MdB, war Okt. 1998 bis Jan. 2001 Bundesgesundheitsministerin (Rücktritt wegen der BSE-Krise).
3) Anni, ungar. Pianistin, *Budapest 5. 7. 1914, †ebd. 10. 4. 1995; Liszt- und Schumann-Interpretin.
4) Birgit, Kanurennfahrerin, *Brandenburg an der Havel 25. 2. 1962; zw. 1980 und 2004 (außer 1984, 1988) achtfache Olympiasiegerin, zw. 1979 und 1998 27-fache Weltmeisterin; erfolgreichste dt. Olympiateilnehmerin aller Zeiten.
5) Edmond Henri, amerikan. Biochemiker, *Schanghai 6. 4. 1920; entdeckte den biolog. Regulierungsmechanismus, der das Zusammenspiel von bestimmten Proteinen (v. a. Phosphorylase) im Körper steuert und erhielt dafür (mit E. Krebs) 1992 den Nobelpreis für Physiologie oder Medizin.
6) Edwin, schweizer. Pianist und Dirigent, *Basel 6. 10. 1886, †Zürich 24. 1. 1960; bed. Bach- und Beethoven-Interpret. – »Musikal. Betrachtungen« (1949), »L. van Beethovens Klaviersonaten« (1956).
7) Emil Hermann, Chemiker, *Euskirchen 9. 10. 1852, †Berlin 15. 7. 1919; Prof. in München (1879), Erlangen (1882), Würzburg (1885) und Berlin (1892). F. gehört zu den bedeutendsten Naturstoffchemikern des 19./20. Jh. Er ermittelte die Konstitution und Konfiguration der wichtigsten Zucker, arbeitete über Eiweiß- und Gerbstoffe sowie Enzyme, erhielt für seine Arbeiten auf dem Gebiet der Kohlenhydrate und Purine 1902 den Nobelpreis für Chemie. – Die **Emil-Fischer-Gedenkmünze** wird von der Gesellschaft dt. Chemiker für Verdienste um die organ. Chemie verliehen.
8) Ernst, österr. Politiker und Schriftsteller, *Komotau 3. 7. 1899, †Deutschfeistritz (Steiermark) 31. 7. 1972; Redakteur, ab 1920 Mitgl. der SPÖ, trat 1934 der KPÖ bei. 1939 emigrierte er nach Moskau. 1945 nach Österreich zurückgekehrt, wurde er wegen seines Protestes gegen die Niederschlagung des Prager Frühlings (1968) 1969 aus der KPÖ ausgeschlossen. Er schrieb Lyrik, expressionist. Dramen und über Kunst als Brücke zw. Ost und West; autobiograf. Schriften (u. a. »Das Ende einer Illusion«, 1973).
9) Ernst Otto, Chemiker, *München 10. 11. 1918; seit 1957 Prof. in München; erhielt 1973 für Beiträge zur Chemie der metallorgan. und Sandwich-Verbindungen mit G. Wilkinson den Nobelpreis für Chemie.
10) Eugen, Anthropologe, *Karlsruhe 5. 6. 1874, †Freiburg im Breisgau 9. 7. 1967; erbrachte den Nachweis, dass menschl. Merkmale sich nach den mendelschen Gesetzen vererben.
11) Franz, Chemiker, *Freiburg im Breisgau 19. 3. 1877, †München 1. 12. 1947; seit 1911 Prof. in Berlin, zugleich 1913–43 Leiter des Kaiser-Wilhelm-Inst. für Kohlenforschung in Mülheim an der Ruhr, führend beteiligt an der Entwicklung der ↑Fischer-Tropsch-Synthese (1926) und der Paraffinsynthese (1936).
12) Fritz, Historiker, *Ludwigsstadt (Landkreis Kronach) 5. 3. 1908, †Hamburg 1. 12. 1999; 1942–73 Prof. in Hamburg. Mit seinen Untersuchungen zur Vorgeschichte und Geschichte des Ersten Weltkriegs (z. B. »Griff nach der Weltmacht«, 1961), in denen er den Kriegsausbruch als zwangsläufige Folge der nach Weltgeltung drängenden dt. Politik seit 1871 interpretierte, löste F. Anfang der 1960er-Jahre eine in der Fachwelt wie auch in der Öffentlichkeit geführte Diskussion **(F.-Kontroverse)** um die Kriegsschuldfrage aus.
13) Hans, Chemiker, *Höchst (heute zu Frankfurt am Main) 27. 7. 1881, †München 31. 3. 1945; Prof. in Innsbruck, Wien und München (1921); arbeitete über die Blut- und Blattfarbstoffe; für die Synthese des Hämins erhielt er 1930 den Nobelpreis für Chemie; 1935 gelang ihm die Klärung der Konstitution des Chlorophylls.
14) Johann Michael, Baumeister, *Burglengenfeld 18. 2. 1692, †München 6. 5. 1766; einer der Hauptmeister des dt. Spätbarock, war seit 1721 im Kirchen- und Klosterbau Altbayerns und Schwabens tätig. Seine Innenräume verschmelzen Zentral- und Langhaus durch Gruppierung verschieden gestalteter Haupt- und Nebenräume, unter reichem, später sparsamerem Rokokodekor bleibt das Raumgefüge klar erkennbar; die Außenfronten sind schlicht.
Werke: Kirchen in Dießen a. Ammersee (1732–39), Berg am Laim (heute zu München; 1735–42), Zwiefalten (1741–50), Ot-

tobeuren (1756 geweiht), Rott am Inn (1759–63).
📖 *J. M. F. 1692–1766,* hg. v. G. Dischinger, 2 Bde. Tübingen 1994.

15) Joseph (Joschka), Politiker (Bündnis 90/Die Grünen), * Gerabronn (Landkreis Schwäbisch Hall) 12. 4. 1948; 1968–75 im APO-Milieu in Frankfurt am Main, schloss sich 1982 der Partei Die Grünen an, war in Hessen 1985–87 Min. für Umwelt und Energie sowie 1991–94 stellv. MinPräs. und Min. für Umwelt; 1994–98 Sprecher der Fraktion Bündnis 90/Die Grünen im Bundestag; wurde 1998 Bundesminister des Auswärtigen und Vizekanzler.

Joschka Fischer

16) Kuno, Philosoph, * Sandewalde (Niederschlesien) 23. 7. 1824, † Heidelberg 5. 7. 1907; Prof. in Jena und Heidelberg; schuf mit seiner Kant-Monographie (1860) die Grundlage für den Neukantianismus.
Werke: Logik und Metaphysik oder Wissenschaftslehre (1852); Gesch. der neueren Philosophie (8 Bde.; 1852–93). Ferner Arbeiten zu Lessing, Schiller, Goethe.
17) Ottfried, Kabarettist und Schauspieler, * Ornatsöd (heute zu Untergriesbach, Landkreis Passau) 7. 11. 1953; spielte 1976–82 mit dem Kabarett »Machtschattengewächse« in München, erstes Soloprogramm 1989; übernahm ab 1983 zahlr. Rollen in Fernseh- und Spielfilmen, u. a. »Der Superstau« (1990), »Der Bulle von Tölz« (1996 ff.).
18) O. W. (Otto Wilhelm), österr. Film- und Bühnenschauspieler, * Klosterneuburg 1. 4. 1915, † Lugano 1. 2. 2004; Bühnenrollen am Wiener Burgtheater; in den 1950er-Jahren Filme (u. a. »Herrscher ohne Krone«, 1957, »Peter Voß, der Millionendieb«, 1958). – »Meine Geheimnisse. Erinnerungen und Gedanken« (2000).
19) Robert (»Bobby«) James, amerikan. Schachspieler, * Chicago (Ill.) 9. 3. 1943; gewann 1972 gegen B. W. Spasskij den Weltmeistertitel, der ihm 1975 aberkannt wurde, da er zum Wettkampf gegen den Herausforderer A. J. Karpow nicht antrat.
20) Ruth, eigtl. Elfriede Golke, polit. Publizistin und Politikerin (KPÖ, KPD), * Leipzig 11. 12. 1895, † Paris 13. 3. 1961; gewann als Repräsentantin des »ultralinken« Flügels der KPD zus. mit A. Maslow 1924 die Parteiführung; wurde auf Betreiben Stalins 1926 aus der Partei ausgeschlossen. 1925/26 in Moskau unter Bewachung festgehalten, konnte sie 1926 nach Dtl. fliehen. Nach 1933 lebte sie in der Emigration (Paris, New York).
21) Samuel, Verleger, * Liptószentmiklós (heute Liptovský Mikuláš) 14. 12. 1859, † Berlin 15. 10. 1934; gründete 1886 in Berlin den **S. Fischer Verlag,** der bes. die Dichtung seit den Anfängen des Naturalismus förderte (G. Hauptmann, H. Ibsen, T. Mann u. a.).
22) Sven, Biathlet, * Schmalkalden 16. 4. 1971; Staffelolympiasieger 1994 und 1998, Mannschaftsweltmeister 1993, Staffelweltmeister 1995, 1997 und 2004 sowie Einzelweltmeister 1999 (15 und 20 km); gewann den Gesamtweltcup 1997, 1998 und 1999.
23) Theodor, Architekt, * Schweinfurt 28. 5. 1862, † München 25. 12. 1938; Bauten mit sorgfältiger Materialbehandlung und Detailgestaltung (Wende vom Historismus zur zweckbetonten Bauweise); Mitbegründer des Dt. ↑Werkbundes (Pfullinger Hallen, 1905/06; Univ. Jena, 1905–08; Museumsbauten, Kirchen, Schulen, Stadtbaupläne).

Fischerbänke, bevorzugte Fischgründe der Hochseefischerei in der Nordsee: die **Große Fischerbank** (45–60 m u. M.) liegt nördlich der Doggerbank, die **Kleine Fischerbank** (30–50 m u. M.) nordöstlich der Doggerbank.

Fischer-Dieskau, Dietrich, Sänger (Bariton), * Berlin 28. 5. 1925; gastierte an fast allen bed. Opernhäusern der Welt sowie bei Festspielen; auch Oratorien- und v. a. Liedsänger sowie Dirigent.

Fischerei, gewerbl. Fang von Fischen, Weich- und Krebstieren, auch Gewinnung von Algen, Schwämmen, Seemoos, Naturperlen, Bernstein. Man unterscheidet **Hochsee-, Küsten-** und **Binnen-F.** einschl. ↑Teichwirtschaft. (↑Fischereirecht, ↑Fischwirtschaft)

Fischereifahrzeuge, Spezialschiffe

versch. Größen für Fischfang, -verarbeitung und Fischereiforschung. Die große Hochseefischerei verwendet ↑Logger und ↑Trawler sowie ↑Fabrikschiffe, die kleine Hochseefischerei (Nord- und Ostsee) und die Küstenfischerei ↑Kutter.

Fischereigrenze, *Völkerrecht:* seewärtige Begrenzung der Fischerei- und Wirtschaftszone, die gemäß der Seerechtskonvention von 1982 bis zu einer Tiefe von 200 Seemeilen errichtet werden kann. Das dadurch abgesteckte Gebiet gehört nicht zum Staatsgebiet des Uferstaates, jedoch besitzt dieser in der Zone das ausschließl. Recht, über den Fischfang zu entscheiden.

Fischereirecht, 1) *bürgerl. Recht:* die Befugnis, in einem Binnengewässer Fische u. a. Wassertiere, die nicht Gegenstand des Jagdrechts sind, zu hegen und sich anzueignen. Das F. steht im Range eines absoluten Rechts dem Gewässereigentümer zu; es kann z. B. durch Pachtvertrag übertragen werden. Landesrechtlich bestehen Schonzeitbestimmungen für bestimmte Fischarten.
2) *öffentl. Recht:* die Gesamtheit der Rechtsvorschriften, die Umfang und Ausübung der See- und Binnenfischerei regeln. **Hochsee-** und **Küstenfischerei** gehören in Dtl. zur konkurrierenden Gesetzgebung des Bundes (Art. 74 GG); das auf dieser Grundlage erlassene Seefischerei-Ges. i. d. F. v. 6. 7. 1998 und die VO zur Durchsetzung des gemeinschaftl. F. vom 16. 6. 1998 beschränken sich allerdings auf Vollzugsvorschriften zur verwaltungstechn. Umsetzung des gemeinschaftl. F. der EG im Inland. Das dominierende EG-Recht (u. a. techn. Bestimmungen, Vorschriften über Fangbeschränkungen und Quotierungen, Kontrollvorschriften) regelt die materiellen Voraussetzungen für Fangerlaubnisse, -gebiete und -gerät. Ferner ist Dtl. an mehrere internat. Abkommen gebunden. Das **Binnen-F.** ist weitgehend Landesrecht. Die Fischerei-Ges. der Länder enthalten vielfältige Vorschriften zum Schutz des Fischbestandes (z. B. Festsetzung von Schonzeiten und Mindestmaßen). Für die Binnenfischerei ist ein von der unteren Fischereibehörde ausgestellter Fischereischein erforderlich, der jedoch erst nach Erlaubnis des Inhabers des F. (Grundeigentümer) zur Fischerei berechtigt. – In *Österreich* wird das F. dort, wo es vom Eigentum abgesondert ist, als selbstständiges dingl. Recht angesehen (§§ 295, 383, 413 ABGB). In der *Schweiz* ist die Ausübung der Fischerei im Bundes-Ges. vom 21. 6. 1991 geregelt, der Vollzug liegt bei den Kantonen.
📖 *Lorz, A.: Jagdrecht, F. Bundesjagdgesetz mit Verordnungen u. Länderrecht, Binnen-F., Fischereischeinrecht, See-F.,* bearb. v. *E. Metzger u. a.* München ³1998.
3) *Völkerrecht:* Auf der hohen See gilt der Grundsatz der Freiheit des Fischfangs für alle Staaten und ihre Angehörigen. Die Fischerei in den Territorialgewässern und der darüber hinausreichenden Fischerei- und Wirtschaftszone unterliegt der Regelung des Uferstaates.

Fischerhalbinsel, in die Barentssee vorspringende tundrenbedeckte Halbinsel im NW der Halbinsel Kola, Russland; 1920–47 verlief auf der F. die finnisch-sowjet. Grenze.

Fischerring (lat. Anulus piscatoris, Anulus piscatorius), der mit dem Bild des Apostels Petrus (mit Fischernetz) und dem Namen des jeweiligen Papstes versehene Amtsring des Papstes; seit dem 13. Jh. belegt.

Fischer-Tropsch-Synthese, von F. Fischer und H. Tropsch entwickeltes indirektes Verfahren der ↑Kohlehydrierung, in den 1930er- und 40er-Jahren in Dtl. zur Herstellung von flüssigen Kohlenwasserstoffen aus Kohlenmonoxid und Wasserstoff angewandt. Bei 220 bis 340 °C und 20–25 bar bilden sich an Eisenkatalysatoren CH_2-Radikale, die sich je nach den Bedingungen zu mehr oder weniger langen Ketten addieren. V. a. Benzin und feste Paraffine entstehen beim Arbeiten mit Festbettreaktoren **(Argeprozess),** gasförmige Kohlenwasserstoffe bei Flugstaubreaktoren **(Syntholprozess).**

Fischer von Erlach, Johann Bernhard, österr. Baumeister, *Graz 20. 7. 1656, †Wien 5. 4. 1723; Hauptvertreter des österr. Hochbarock, seit 1705 Oberbauinspektor in Wien. In seinen Bauten vereinigte er Formelemente des italien. Hochbarock, der frz. Klassik und der Spätantike zu einem neuen, eigenen Stil. Seine Kirchen (Kollegienkirche in Salzburg, 1696 bis 1707; Karlskirche in Wien, 1714 begonnen) und profanen Bauten (Schloss Schönbrunn, seit 1696; Winterpalais des Prinzen Eugen, 1695–97; Palais Trautson, 1710–12; Hofbibliothek, 1723 ff., in Wien) bestehen aus plastisch bewegten Baukör-

Was ist eigentlich ein …

Lilienhähnchen?

a) Blattkäfer
b) Drosselart
c) Schmetterling
d) Schwertlilie

+ 9° C Nürnberg

Die Merkel ist Kanzlerin — und niemand mag sie

06:29 ☉ 20:16 | 19:34 ☽ 05:59
Widder

Erna, Ernestine, Hedwig, Lidia

14 Montag
April 2014

Wo	14	15	16	17	18
Mo		7	14	21	28
Di	1	8	15	22	29
Mi	2	9	16	23	30
Do	3	10	17	24	
Fr	4	11	18	25	
Sa	5	12	19	26	
So	6	13	20	27	

a) Blattkäfer

Aussehen: Die 6–8 mm großen Käfer haben einen leuchtend roten Schild, einen schwarzen Kopf und sechs schwarze Beine. Der Schädling, der in Europa auf Wiesen, an Ufern sowie in Gärten und Parks weit verbreitet ist, befällt vor allem Liliengewächse. Auch in Nordafrika und Asien kommt das Lilienhähnchen vor. Ein naher Verwandter mit rotem Kopf und roten Beinen ist das Maiglöckchenhähnchen.

Verhalten: Vor allem die gefräßigen Larven des Lilienhähnchens richten an Blumen große Schäden an. Vor Feinden tarnen sie sich in einem Häutchen aus Ausscheidungen. Auf der Unterseite der Blätter legen die Weibchen etwa 300 rote, zylinderförmige Eier ab. Nach drei bis fünf Wochen ist der Prozess des Verpuppens und Schlüpfens abgeschlossen und die ausgebildeten Käfer ziehen los.

Schutz: Zum Schutz von Zierpflanzen können die Larven des Lilienhähnchens mit einem Wasserstrahl oder einem schmierigen Gemisch aus Seife und Alkohol vertrieben werden.

Am 14. April wurden geboren:
Adrien Brody (* 1973), US-amerikan. Schauspieler; **Péter Esterházy** (* 1950), ungar. Schriftsteller; **Eva Wagner-Pasquier** (* 1945), dt. Theatermanagerin; **Julie Christie** (* 1941), brit. Schauspielerin; **Rod Steiger** (1925–2002), US-amerikan. Filmschauspieler; **John Gielgud** (1904–2000), brit. Schauspieler, Regisseur und Theaterleiter

Fischschuppenkrankheit FIS

Johann Bernhard
Fischer von Erlach:
Karlskirche in Wien
(1714 ff.)

pern, die einander durchdringen; Lang- und Zentralbau verschmelzen, meist über einem ellipt. Grundriss. Seine Formgedanken und fantasievollen Rekonstruktionen berühmter Bauten veröffentlichte er in »Entwurf einer Histor. Architektur« (1721) und schuf damit die erste universale Architekturgeschichte. Sein Sohn Joseph Emanuel (*1693, †1742) vollendete Bauten seines Vaters und näherte sich in seinen eigenen (Hofreitschule Wien, 1729–35) dem frz. Klassizismus.

📖 *Lorenz, H.: J. B. F. v. E. Zürich u. a. 1992. – F. v. E. u. die Wiener Barocktradition, hg. v. F. Polleroß. Wien u. a. 1995. – Sedlmayr, H.: J. B. F. v. E. Stuttgart 1997.*

Fischfanggeräte, Fangausrüstung der Fischer. Nach den Fangprinzipien lassen sich die Gruppen Angeln, Reusen, Stell-, Wurf-, Treibnetze, Hamen, Zug- und Schleppnetze unterscheiden.

Fischfluss, ↑Großer Fischfluss.

Fischgratgewebe, Gewebe in Köperbindung mit wechselnder Gratrichtung, sodass die fischgratähnl. Musterung entsteht.

Fischland-Darß-Zingst, Halbinsel an der Boddenküste der Ostsee, Meckl.-Vorp.; den mittleren Teil bildet die Halbinsel **Darß,** durch die 10 km lange Nehrung **Fischland,** auf der die Ostseebäder Ahrenshoop und Wustrow liegen, mit dem Festland verbunden. Die Fortsetzung nach O bildet die Halbinsel **Zingst** mit dem Ostseebad Zingst (Brücke zum Festland). Der bewaldete Zentralteil des Darß, der gesamte O-Teil von Zingst und die im Bodden vorgelagerte Insel Große Kirr (bed.

Vogelschutzgebiet) sind Teil des Nationalparks Vorpommersche Boddenlandschaft.

Fischläuse, die parasit. ↑Ruderfußkrebse.

Fischleder, gegerbte Haut von Fischen (meist Haifischen) für Handschuhe, Täschnerwaren.

Fischler, Franz, österr. Politiker, *Maria Absam (bei Innsbruck) 23. 9. 1946; Landwirt; Mitgl. der ÖVP; wurde 1995 1. österr. Kommissar der EG für Landwirtschaft.

Fischli & Weiss, 1979 gegründete schweizer. Künstlergruppe, bestehend aus Peter Fischli (*1952) und David Weiss (*1946); stellen in ihren Projekten, die Fotografie, Film, Skulptur, Rauminstallation und Malerei integrieren, ironisch-absurde Zusammenhänge her.

Fischlupe, ein Echolot mit Sichtgerät, auf dessen Leuchtschirm der vom Meeresboden oder von Fischen reflektierte Ultraschallimpuls angezeigt wird; in der Hochseefischerei genutzt.

Fischmehl, hochwertiges, eiweißhaltiges Futtermehl aus Fischen oder Fischabfällen.

Fischlotter, ↑Otter.

Fischpässe, ↑Fischwege.

Fischsaurier, die ↑Ichthyosaurier.

Fischschuppenkrankheit (grch. Ichthyosis), Gruppe erbl. Hautkrankheiten, bei denen eine Verhornungsstörung der gesamten Haut vorliegt; kennzeichnend sind trockene, fein bis großflächig schuppende Haut, herabgesetzte Talg- und Schweißdrüsenabsonderung und verminderter Haarwuchs. *Behandlung:* milchsäure- und harnstoffhaltige Salben.

FIS Fischsterben

Fischsterben, Massensterben von Fischen in Gewässern, verursacht bes. durch Sauerstoffmangel infolge Wasserverschmutzung, Vergiftung durch eingeleitete Chemikalien oder Infektionskrankheiten.

Fischtest, Methode, um die Giftigkeit eines Abwassers gegenüber Fischen zu bestimmen. Maßgebend ist der kleinste Verdünnungsfaktor des Abwassers, bei dem unter genormten Bedingungen innerhalb von 48 Stunden alle Testfische überleben.

FI-Schutzschalter, der ↑Fehlerstromschutzschalter.

Fischvergiftung, meist schwere, akute Erkrankung nach dem Genuss verdorbener, infizierter oder giftiger Fische. Diese können z. B. bakteriell zersetzt sein (Fische sind auch in geräuchertem oder mariniertem Zustand noch ein guter Nährboden für Bakterien) oder für den Menschen schädl. Parasiten enthalten (Fischbandwurm u. a.). Eine F. äußert sich in krampfartigen Bauchschmerzen, Erbrechen, Durchfall, mitunter auch in Lähmungen. – Die *Behandlung* besteht in möglichst rascher Magenspülung, in der Gabe von medizin. Kohle und Antibiotika.

Fischwege (Fischaufstiegsanlagen), Einrichtungen, die Fischen die Überwindung künstl. Hindernisse in Fließgewässern ermöglichen. Bei **Fischpässen** oder **Fischtreppen** wird der Höhenunterschied zw. Ober- und Unterwasser durch eine Kette kleiner wassergefüllter Becken überwunden. **Wildpässe** haben Einbauten, die die Fließgeschwindigkeit des Wassers stark herabsetzen. **Aalgänge** oder **-leitern** sind mit Reisig oder Grobkies gefüllte Rohrleitungen.

Fischwehr, Vorrichtung in Gewässern, die wandernde Fische zu bestimmten Stellen (z. B. Reusen) hinführt oder von ihnen abhält (z. B. Turbinen).

Fischwirtschaft, Zweig der Ernährungswirtschaft, umfasst Fang und Verarbeitung von Fischen, Krebs- und Weichtieren des Meeres und der Binnengewässer, ferner Fischzucht und Teichwirtschaft. Die weltweiten Fischereierträge sind seit einigen Jahren aufgrund zunehmender Meeresverschmutzung und Überfischung rückläufig und betrugen (2000/01) rd. 125 Mio. t pro Jahr. Die Fangmenge der deutschen Hochsee- und Küstenfischerei sank von (Mitte der 1970er-Jahre) einst 500 000 t auf heute (2000) 217 300 t. Innerhalb der EU werden zur Erhaltung und Erholung der Fischbestände (v. a. in Nord- und Ostsee, Mittelmeer und Nordatlantik) seit Mitte der 1980er-Jahre jährlich Fangquoten vergeben. Darüber hinaus gelten seit 2002 ein Verbot der Treibnetzfischerei und Verordnungen über die Mindestmaschengröße von Netzen.

Fischzucht, die planmäßige Vermehrung und genetische Auslese (Selektionszucht) von Fischen und ihre weitere Aufzucht zu Satz-, Speise- oder Zierfischen in Teichwirtschaften, Zierfischzuchtbetrieben oder in Intensivbetrieben der Aquakultur. Die Elternfische laichen unter kontrollierten Bedingungen in Teichen ab, in denen auch die Eientwicklung bis zum Schlüpfen der Brut erfolgt. Bei der **künstl. Befruchtung** von Fischen (z. B. Forelle, Lachs, Zander, Hecht u. a.) werden die Geschlechtsprodukte zunächst in eine Schale abgestreift, anschließend die befruchteten Eier in Trögen, auf Rahmen oder in Glasgefäßen bis zum Ausschlüpfen erbrütet. Bei Karpfen, Schleien und Forellen züchtet man Stämme mit bestimmten Merkmalen (u. a. Krankheitsresistenz) heraus.

Fisetholz (Fisettholz, Fustikholz, Gelbholz), Holz des Färbermaulbeergewächses Chlorophora tinctoria und des Perückenstrauches Cotinus coggygria; enthält als färbenden Bestandteil das zu den Flavonen gehörende **Fisetin,** das früher zum Färben von Wolle und Leder verwendet wurde.

Fisher ['fɪʃə], **1)** *Irving,* amerikan. Volkswirtschaftler, *Saugerties (N. Y.) 27. 2. 1867, † New York 29. 4. 1947; Vertreter der math. Richtung der Nationalökonomie und der Grenznutzenschule; befasste sich bes. mit der Preis- und Zinstheorie; verfasste u. a. »Die Kaufkraft des Geldes« (1911). **2)** *John,* engl. Geistlicher, *Beverley (bei Kingston upon Hull) 1459 oder 1469, †London 22. 6. 1535; wurde 1504 Bischof von Rochester und Kanzler der Univ. Cambridge; neben T. Morus der bedeutendste Humanist seiner Zeit in England; einer der schärfsten Gegner M. Luthers; widersprach der Scheidung Heinrichs VIII. von Katharina von Aragonien; wurde nach Verweigerung des Suprematseides hingerichtet; Heiliger, Tag: 22. 6. **3)** *Ronald Aylmer, Sir* (seit 1952), brit. Genetiker und Statistiker, *East Finchley (heute zu London) 17. 2. 1890, †Adelaide 29. 7. 1962; Prof. in London und Cambridge; Begründer der math. ausgerichteten Statistik, die er auch auf Biologie und Medizin anwandte.

Fishing for Compliments [ˈfɪʃɪŋ fə ˈkɔmplɪmənts, engl. »nach Komplimenten angeln«] *das*, auffallend bescheidene oder negative Selbstdarstellung (durch die andere sich zu einer positiven Reaktion oder zu Lob veranlasst sehen).

Fishta [ˈfiʃta], Gjergj, alban. Dichter, *Fishta 23. 10. 1871, †Shkodër 30. 12. 1940; schrieb, an die nordalban. Volksepik anknüpfend, das Großepos »Die Laute des Hochlandes« (1937), das als bedeutendstes alban. Literaturwerk gilt.

Fisimatenten [Herkunft unsicher] *Pl., umgangssprachl.:* unernstes, albernes Verhalten; umständl. Gebaren.

Fiskal [lat.] *der,* in Dtl. ein Amtsträger, der vor Gericht die Interessen des Kaisers oder des Landesherren zu vertreten hatte (15.–19. Jh.).

Fiskalismus [lat.] *der,* urspr. Richtung der Finanzpolitik, die einseitig an der Beschaffung von Einnahmen zur Deckung des Staatsbedarfs orientiert war; heute Bez. für den Keynesianismus im Ggs. zum modernen Monetarismus.

Fiskalpolitik (engl. Fiscal Policy), finanzpolit. Maßnahmen des Staates im Dienste der Konjunktur- und Wachstumspolitik. Die auf die Wirtschaftstheorie von J. M. Keynes zurückgehende F. im Sinne einer bewussten Steuerung der gesamtwirtsch. Nachfrage (**antizykl. Finanzpolitik**) ist häufig verbunden mit Verschuldungspolitik zur Erreichung der für die Nachfragebeeinflussung notwendigen Einnahmen. In Dtl. wurde die F. im ↑Stabilitätsgesetz verankert. Zunehmende Kritik an der F. führte zum Konzept einer mittelfristig angelegten angebotsorientierten Wirtschaftspolitik.
📖 *Müller, E.:* Lohn- u. F. in einer Währungsunion. Wiesbaden 2000. – *Müller, M.:* Geld- u. F. in gleichgewichtigen Finanzmarktmodellen. Aachen 2001.

Fiskus [lat. fiscus »Korb«, »Kasse«] *der,* urspr. das Staatsvermögen, heute der Staat oder jede andere jurist. Person des öffentl. Rechts, soweit sie als reiner Vermögensträger tätig wird und als Rechtssubjekt im Privatrechtsverkehr auftritt (z. B. Bundes-, Landes-, Gemeinde-F.). Staat und F. sind im Ggs. zu früheren Auffassungen keine getrennten Rechtspersonen mehr. Der F. unterliegt den Bestimmungen des Zivilrechts, bes. hinsichtlich der Vertretungsbefugnis und der Haftung für Organe und Gehilfen. Er kann im Zivilprozess klagen und verklagt werden.

Fisole *die, österr.* für Gartenbohne.

fissil [lat.], spaltbar.

Fission-Track-Methode [ˈfɪʃntræk-, engl.], die ↑Kernspaltungsspuren-Methode.

Fissur [lat.] *die, Medizin:* Spalt, Furche; normale Spaltbildungen in Knochen, Geweben; aber auch schmerzhafter Hautriss bei unelastisch gewordener Haut.

Fistel [lat.], angeborener, erworbener (z. B. durch entzündl. Prozesse, Verletzungen, Tumoren) oder operativ angelegter (z. B. bei Harnleiter- oder Darmverschluss) röhrenförmiger Gang, der Körperorgane oder -hohlräume untereinander (innere F.) oder mit der Körperoberfläche (äußere F.) verbindet.

Fistelstimme, männl. hauchige Kopfstimme, bei der die Stimmbänder nur an ihren Rändern schwingen.

fit [engl.-amerikan.], in guter körperl. Verfassung, leistungsfähig, sportlich durchtrainiert.

Fitch [fɪtʃ], Val Logsdon, amerikan. Physiker, *Merriman (Nebr.) 10. 3. 1923; erhielt für die gemeinsame Entdeckung (1964) der Verletzung fundamentaler Symmetrieprinzipien (↑CPT-Theorem) beim Zerfall von langlebigen, neutralen K-Mesonen zus. mit J. W. Cronin 1980 den Nobelpreis für Physik.

Fitis [lautmalend] *der,* Singvogel, ↑Laubsänger.

Fitness [engl.] *die,* **1)** gute körperl. Verfassung, Leistungsfähigkeit (durch sportl. Training).
2) *Evolutionsbiologie:* der Fortpflanzungserfolg eines Individuums in der nächstfolgenden Generation. Dieses Maß ist Ausdruck der gesamten Lebensleistung des Individuums unter den Bedingungen der natürl. Selektion.

Fitnesscenter [-sentə] *das,* Einrichtung, in der man an speziellen Geräten seine körperl. Leistungsfähigkeit verbessern oder auf einem hohen Stand halten kann; Schwerpunkt ist das Trainieren allgemeiner Beweglichkeit. F. werden zunehmend zu **Erlebniscentern** umgestaltet (z. B. mit Solar-, Sauna-, Massageräumen, Kosmetiksalons, Vitaminbars). ↑Workout.

Fittiche, Gesamtheit der Hand- bzw. Armschwingen (Schwungfedern 1. und 2. Ordnung) am Flügel der Vögel.

Fitting [engl.] *das,* ↑Formstück.
Fitz, Lisa, Schauspielerin und Kabarettistin, *Zürich 15. 9. 1951; kabarettist. Soloprogramme (»Die heilige Hur«, 1983); Theater- und Fernsehrollen, häufig in Zusammenarbeit mit F. X. Kroetz.
Fitzgerald [fɪtsˈdʒerəld], **1)** Ella, amerikan. Jazzsängerin, *Newport News (Va.) 25. 4. 1918, †Beverly Hills (Calif.) 15. 6. 1996; eine der Hauptvertreterinnen des ↑Scat.
2) Francis Scott Key, amerikan. Schriftsteller, *Saint Paul (Minn.) 24. 9. 1896, †Los Angeles (Calif.) 21. 12. 1940; Vertreter der ↑Lostgeneration. Sein autobiografisch gefärbtes Werk verarbeitet die gesellschaftl. Veränderungen nach dem Ersten Weltkrieg, v. a. in »Der große Gatsby« (1925), »Zärtlich ist die Nacht« (1934).
📖 *Höss, T.: F. S. F. Die Philosophie des Jazz Age. Frankfurt am Main u. a. 1994. – Turnbull, A.: F. S. F. Das Genie der wilden zwanziger Jahre. A. d. Amerikan. München 1996.*
FitzGerald [fɪtsˈdʒerəld], Garret, irischer Politiker, *Dublin 9. 2. 1926; Jurist, Mitgl. der Fine Gael, trat als eines der führenden Mitgl. der Europ. Bewegung für die Mitgliedschaft seines Landes in der EG ein. 1973–77 Außenmin., 1977–87 Parteivors., 1981–82 und 1982–87 Ministerpräsident.
Fiume, italien. Name der kroat. Stadt ↑Rijeka.
Fiumicino [-ˈtʃiːno], Hafen und Seebad nördlich der Tibermündung, in Latium, Prov. Rom, Italien, 52 000 Ew.; Fischerei, Erdölhafen; internat. Flughafen »Leonardo da Vinci«.
Five o'Clock [ˈfaɪvəˈklɔk, engl., Kurzform von Five o'Clock Tea] *der,* Fünfuhrtee.
fix [lat.], 1) fest, feststehend (z. B. fixe Kosten); 2) geschickt, agil, schnell.
Fixativ *das,* farblose Lösung von Schellack oder anderen filmbildenden Stoffen, die auf Zeichnungen in Graphit, Kohle, Kreide und Pastell aufgesprüht wird, um diese unverwischbar zu machen.
fixe Kosten (Fixkosten), ↑Kosten.
Fix|element, *Mathematik:* Element einer Menge geometr. Objekte, z. B. Punkt, Gerade, Ebene, das bei einer ↑Abbildung auf sich selbst abgebildet wird **(Fixpunkt, Fixgerade, Fixebene).** Sind alle Punkte einer Geraden oder Ebene Fixpunkte, so nennt man sie **Fixpunktgerade** bzw. **Fixpunktebene.**
fixen, *Jargon:* sich Drogen einspritzen.

Fixerstube, der ↑Drogenkonsumraum.
Fixgeschäft [engl. to fix »festsetzen«], ein Vertrag, meist Kaufvertrag, bei dem die Leistung eines Partners zu einem bestimmten Termin oder innerhalb einer bestimmten Frist so erfolgen soll, dass weder eine frühere noch eine spätere Leistung als Vertragserfüllung gilt. Liegt ein absolutes F. vor (Beispiel: Taxi zum Bahnhof), begründet die Nichteinhaltung der Leistungszeit ↑Unmöglichkeit der Leistung. Der Gläubiger kann Schadensersatz statt Leistung verlangen (§ 283 BGB). Außerdem kann er vom Vertrag zurücktreten (§ 326 Abs. 5 BGB). Beim relativen F., bei dem die Leistung nach der bestimmten Zeit noch möglich, aber nicht vertragsgerecht ist, kann der Gläubiger vom Vertrag zurücktreten (§ 323 Abs. 2 Nr. 2 BGB). Befindet sich der Schuldner im Verzug, kann der Gläubiger v. a. Schadensersatz wegen Verzögerung der Leistung verlangen (§§ 280 Abs. 2, 286 BGB). Für das handelsrechtl. F. gelten Sonderbestimmungen (§ 376 HGB). – In *Österreich* ist das F. in den §§ 919 ABGB und 376 HGB, in der *Schweiz* in den Art. 108, 190 OR geregelt.
fixieren, *Fotografie:* fotograf. Schichten nach dem Entwickeln lichtbeständig machen durch Herauslösen der nicht belichteten und somit auch nicht geschwärzten Silberhalogenidkristalle in einem Fixierbad (wässrige Lösung des Fixiermittels, meist Natriumthiosulfat, und evtl. bestimmter Zusätze).
Fixierung, 1) *biolog. Technik:* die Haltbarmachung von tier. oder pflanzl. Material (ganze Organismen, Körper-, Gewebeteile u. a.) durch Behandlung mit F.-Mitteln (z. B. Alkohol, Formalin, Sublimat, Osmiumsäure) für mikroskop. Untersuchungen.
2) *Psychoanalyse:* Stehenbleiben auf nicht altersgemäßen Formen der Persönlichkeit und des Trieblebens; Entwicklung zu Neurosen und Psychosen möglich (↑Infantilismus im Unterschied zur ↑Regression); i. w. S. Verlust an Flexibilität, Festhalten an bestimmten Einstellungen und Verhaltensweisen.
3) *Sinnesphysiologie:* die Einstellung des Auges auf ein bestimmtes Wahrnehmungsobjekt (F.-Punkt) derart, dass dieses an der Stelle des schärfsten Sehens (dem gelben Fleck) auf der Netzhaut abgebildet wird.
Fixing [engl.] *das,* amtl. Festsetzung von

Fjord FJO

Fjord: Geirangerfjord in Mittelnorwegen

Börsenkursen, z. B. des amtl. Goldpreises (Gold-F.) an der Londoner Börse und der amtl. Devisenkurse (↑ Devisen) an den Devisenbörsen.

Fixpunkt, 1) *Mathematik:* ↑ Fixelement. **2)** *Thermodynamik:* der ↑ Festpunkt.

Fixsterne [lat. stellae fixae »fest stehende Sterne«], aus dem Altertum stammende Bez. für die mit versch. Helligkeit und Farbe selbst leuchtenden, ihre Position am Himmel scheinbar nicht verändernden ↑ Sterne, im Ggs. zu den als **Wandelsterne** bezeichneten ↑ Planeten. Seit dem 18. Jh. ist bekannt, dass Sterne eine ↑ Eigenbewegung aufweisen; in wiss. Darstellungen verwendet man deshalb die Bez. Sterne.

Fixum [lat.] *das,* festes Entgelt (garantiertes Mindesteinkommen), das um eine Leistungsvergütung vermehrt werden kann.

Fizeau [fi'zo], Armand Hippolyte Louis, frz. Physiker, * Paris 23. 9. 1819, † Venteuil (bei Épernay) 18. 9. 1896; führte 1849 die erste terrestr. Bestimmung der Lichtgeschwindigkeit durch (Zahnradmethode); fand 1850, dass die Lichtgeschwindigkeit in strömendem Wasser geringer ist als in Luft. Dieser so genannte F.-Versuch wurde zu einer wesentl. Stütze der speziellen Relativitätstheorie.

Fizz [fɪz, engl.] *der,* kaltes, moussierendes alkohol. Mixgetränk (Longdrink mit Mineralwasser oder Sekt).

Fjärd [schwed.] *der,* weit in das Land eingreifender, nicht sehr tiefer Meeresarm an der mittelschwed. und finn. Schärenküste, durch Meeresüberflutung glazial überformter Täler entstanden.

Fjell [norweg.] *das* (schwed. Fjäll), die weiten, während der Eiszeiten abgeschliffenen Hochflächen Skandinaviens oberhalb der Waldgrenze, oft vermoort und von vielen Seen bedeckt.

Fjodor, russ. Herrscher: **1) F. I. Iwanowitsch,** Zar (1584–98), * Moskau 31. 5. 1557, † ebd. 17. 1. 1598; Sohn Iwans IV. Der regierungsunfähige Zar betraute seinen Schwager Boris ↑ Godunow mit der Führung der Staatsgeschäfte. Mit F. starb die Moskauer Dynastie der Rurikiden aus.
2) F. III. Alexejewitsch, Zar (1676–82), * Moskau 9. 6. 1661, † ebd. 7. 5. 1682; Halbbruder Peters d. Gr.; kränkl. Herrscher; beendete 1681 ergebnislos den 1. Russisch-Türk. Krieg; schaffte 1682 die Rangordnung des Dienstadels ab, förderte die Modernisierung des Heerwesens.

Fjord [skandinav.] *der* (in Schottland Firth), lange, schmale, meist tiefe, vielfach sich verzweigende Bucht, bes. an felsigen Steilküsten; entstanden aus mündungsnahen Strecken glazial übertiefter Trogtäler

573

FJO Fjordland

ehem. Vereisungsgebiete, in die das Meer nach einem Meeresspiegelanstieg (↑eustatische Bewegungen) oder einer Landsenkung eingedrungen ist. F. bilden Küstenlandschaften von großartiger Schönheit (Skandinavien, Schottland, Labrador, Neuseeland, Feuerland) und tief ins Land vordringende Seeverkehrswege; die Steilheit der Ufer verhindert aber i. Allg. eine günstige Verbindung zum Hinterland.

Fjordland [engl. 'fjɔːdlənd], Hochgebirgsregion im SW der Südinsel Neuseelands, im S bis rd. 1700 m ü. M., im N bis 2746 m ü. M.; mit dem **Fiordland National Park** (1952 gebildet; 12 520 km²; UNESCO-Weltnaturerbe), der bes. dem Schutz neuseeländ. Vogelarten (v. a. Kakapo und Tahake) dient.

FKK, Abk. für ↑Freikörperkultur.

fl, Fl, Abk. für Floren, Florin. (↑Gulden)

Fla (schweizer. Flab), Abk. für ↑Flugabwehr, meist in Verbindungen mit anderen Abkürzungen (z. B. »Fla-Rak« für »Flugabwehrrakete«).

Fla., Abk. für den Bundesstaat **Florida,** USA.

Flachbildschirm (engl. Flatscreen, Flat Panel Display), Bildschirm, der aufgrund seiner geringen Tiefe (ca. 2 bis 20 cm) keine Kathodenstrahlröhre enthält. Gebräuchl. Anzeigetechniken sind Elektrolumineszenz- (ELD), Plasma- (PDP) und Flüssigkristall-Displays (LCD). Durch die digitale Funktionsweise entsteht eine hohe Bildqualität. Weitere Typen von F., die auf dem Prinzip der Kathodenstrahlröhre basieren, sind der flache Elektronenstrahlbildschirm und das Feldemmissions-Display (FED). Am meisten verbreitet sind derzeit (noch) ↑Flüssigkristallbildschirme, die auf dem Funktionsprinzip der Flüssigkristallanzeige beruhen. – Im Vergleich dazu zeichnen sich **Plasmabildschirme** durch ein leuchtstärkeres, kontrastreicheres Farbbild und einen breiteren Betrachtungswinkel aus. Sie basieren auf dem Prinzip der ↑Plasmaanzeige und haben für die Anwendung als F. sehr gute Zukunftsperspektiven. – ↑Elektrolumineszenzbildschirme werden angesichts der teuren Fertigung und eingeschränkten Möglichkeiten zur Farb- und Grauwertdarstellung bisher nur für Spezialanwendungen eingesetzt.

Flachdruck, ↑Druckverfahren.

Fläche, ebenes oder beliebig gekrümmtes Gebilde im Raum, insbesondere jede Begrenzung (Oberfläche) einer räuml. Figur. In der *Mathematik* wird als F. eine Menge von Punkten im Raum definiert, zw. deren Koordinaten eine feste, bestimmten Stetigkeitsforderungen genügende Beziehung besteht. Sie wird durch eine Gleichung bestimmt (z. B. durch eine algebraische ↑Gleichung bei den **algebraischen F.**). Die Ordnung einer F. wird durch den Grad der sie beschreibenden Gleichung angegeben: **F. erster Ordnung** sind die Ebenen, **F. zweiter Ordnung** z. B. Kugel, Kegel, Zylinder, Ellipsoide, Hyperboloide und Paraboloide. Besondere F. sind u. a. ↑abwickelbare Flächen und ↑Schraubenflächen.

Flächenbelastung, Verhältnis des Fluggewichts eines Flugzeuges zu seiner Flügelfläche; wichtiger und leistungsbestimmender Entwurfsparameter.

Flächeneinheit, Maß für den Flächeninhalt; meist das Quadrat der Längenmaße, z. B. Quadratmeter. (↑Einheiten)

Flächenerwerb, die Möglichkeit des begünstigten Erwerbs von ehem. volkseigenen, durch die Bodenverwertungs- und -verwaltungs GmbH zu privatisierenden land- und forstwirtsch. Flächen in den neuen Ländern durch begünstigte Personen. Der F. ist im § 3 Ausgleichsleistungs-Ges. vom 27. 9. 1994 und in der F.-Verordnung vom 20. 12. 1995 (beide durch Ges. vom 15. 9. 2000 tief greifend geändert) geregelt.

Flächengewicht, auf die Fläche bezogene Masse von Papier, Karton oder Pappe in g/m².

Flächenheizung, Heizung mit unmittelbarer Erwärmung der Decke **(Deckenheizung),** des Fußbodens **(Bodenheizung)** oder der Wand **(Wandheizung)** durch eingebettete Warmwasserheizrohre, durch elektr. Heizwiderstände oder durch Warmluftkanäle.

Flächeninhalt, Größe eines von einem geschlossenen Linienzug begrenzten Teils einer Fläche (↑Integralrechnung). Die Flächeneinheiten, die in einem ebenen oder gekrümmten Flächenstück enthalten sind, sind der Quadratmeter (m²) und seine dezimalen Vielfachen und Teile.

Flächenladung, flächenhaft verteilte elektr. Ladung. Ihre Dichte, die **F.-Dichte** σ, ist als Ladung je Flächeneinheit definiert.

Flächenmesser, Gerät zum mechan. Ausmessen des Flächeninhalts (↑Planimeter).

Flächennutzungsplan, Teil der Bauleitplanung, der die beabsichtigte Art der Bodennutzung in einer Gemeinde in den Grundzügen darstellt; aus dem F. ist der ↑Bebauungsplan zu entwickeln. Der F. wird von der Gemeinde durch Beschluss aufgestellt, er muss öffentlich ausgelegt und von der höheren Verwaltungsbehörde genehmigt werden (§§ 5 f. Baugesetzbuch).

Flächensatz, ein Sonderfall des Satzes von der Erhaltung des Drehimpulses: Ein Körper bewegt sich unter dem Einfluss einer Zentralkraft so, dass die Verbindungslinie zum Kraftzentrum in gleichen Zeiten gleiche Flächeninhalte überstreicht. (↑keplersche Gesetze)

Flächentragwerke, Tragwerke aus platten-, scheiben- oder schalenartigen Teilen, die so miteinander verbunden sind, dass das Ganze als frei gespanntes Hallendach, rippenloser Turmschaft u. Ä. angewendet werden kann.

Flächenwaffen, Bez. für eine Vielzahl konventioneller Artilleriewaffen und Flugzeugbomben, mit denen stationäre und bewegl. (z. B. Panzerverbände) Flächenziele (Ggs.: Punktziele) bekämpft werden; u. a. Streu- und Schüttelbomben, Napalmbomben, Mehrfachraketenwerfer.

Flachgau, Nordteil des Bundeslandes Salzburg, Österreich, umfasst das salzburg. Alpenvorland, das Salzburger Becken und das salzburg. Salzkammergut.

Flachland, Landgebiet mit flacher Bodengestaltung, bei geringen oder fehlenden Höhenunterschieden **Ebene** genannt; durch Abtragung oder Aufschüttung entstanden. F. nehmen große Teile der Erdoberfläche ein, am häufigsten als **Tiefland.** Ein in größerer Höhe über dem Meeresspiegel gelegenes F. nennt man **Hochland.**

Flachrennen, *Pferdesport:* als Leistungsprüfung über 1000 bis 3200 m für Vollblutpferde auf flacher Bahn ausgetragenes ↑Galopprennen.

Flachs (Echter Lein, Linum usitatissimum), vorwiegend in der nördl. gemäßigten Zone verbreitete Leinart. Das einjährige, 30–120 cm hohe Kraut besitzt lanzettförmige Blätter und himmelblaue oder weiße, selten rosafarbene Blüten in endständigen, überhängenden Wickeln. Die fünffächerigen Kapselfrüchte enthalten 5–10 öl- und eiweißhaltige Samen mit quellbarer, brauner Schale. Man unterscheidet zw. den Kulturformen **Gespinstlein** (Faserlein) mit nicht oder kaum verzweigten Stängeln, der v. a. in O- und W-Europa zur Gewinnung von F.-Fasern angebaut wird, und **Öllein,** einer reich verzweigten Pflanze, deren zahlr. große, das Leinöl liefernde Samen (Leinsamen) einen Rohfettgehalt von 32 bis 34 % haben. – F., eine der ältesten Faser- und Nahrungspflanzen, bezeugt seit der Jungsteinzeit, wurde in Mesopotamien seit dem 5. Jt. v. Chr. angebaut. 📖 *Waskow, F.: Hanf & Co. Die Renaissance der heim. Faserpflanzen. Göttingen u. a. 1995.*

Flachs: blühender Öllein

Flachsee, Meeresgebiet bis etwa 200 m Tiefe. (↑Schelf)

Flachslilie (Phormium tenax), neuseeländ. Liliengewächs, mit bis 3 m langen, harten Blättern und roten bis gelben Blüten; die Blattfasern werden für Tauwerk und Fußbodenmatten verwendet.

Flachspross (Platykladium), eine abgeflachte bis blattähnl. Sprossachse, z. B. beim Feigenkaktus und bei Mäusedornarten.

Flacius, Matthias, eigtl. Matija Vlačić, gen. Illyricus, luth. Theologe kroat. Herkunft, * Albona (heute Labin, Istrien) 3. 3. 1520, † Frankfurt am Main 11. 3. 1575; Schüler M. Luthers in Wittenberg; war ab 1557 Prof. in Jena, wurde jedoch 1561 wegen von ihm vertretener theolog. Sonderlehren abgesetzt. Seine Kompromisslosigkeit brachte dem Luthertum schwere innere Kämpfe und ihm selbst Verfolgung. F. war ein bed. Kirchenhistoriker (Magdeburger Zenturien) und gilt als Begründer des Luthertums als Konfession.

Fladen [ahd. flado »Opferkuchen«], flaches, brotartiges Gebäck aus Gersten- oder Hafermehl ohne Treibmittel.

Flag [flæg, engl.] *die,* Zustandssignal bei Computern, z. B. Anzeige bei Bereichsüberschreiten, Übertrag, Nullzustand eines Werts.

Flagellanten, ↑Geißler.

Flagellantismus [lat.] *der* (Flagellomanie, Flagellation), körperl. Züchtigung als Mittel zur sexuellen Erregung.

Flagellaten [lat.] (Geißelträger, Geißelinfusorien, Flagellata, Mastigophora), formenreiche Gruppe der Einzeller, deren Arten sich mit einer oder mehreren Geißeln fortbewegen; teils blattgrünhaltig und autotroph **(Geißelalgen, Phyto-F.),** teils blattgrünfrei und heterotroph **(Geißeltierchen, Zoo-F.).** F. besiedeln Gewässer, feuchte Orte und Schnee. Einige befallen als Parasiten Mensch und Tier und rufen gefährl. Erkrankungen hervor, z. B. die Trypanosomen die Schlafkrankheit.

Flagellum [lat.] *das,* **1)** im alten Rom jedes Instrument zum Antreiben und Züchtigen, bes. die Peitsche.

2) *Biologie:* (Geißel), zarter, fadenförmiger, aktiv bewegl. Zellfortsatz bei Protozoen, der der Fortbewegung der Zelle dient.

Flageolett [flaʒoˈlɛt, frz.] *das,* **1)** eine gegen 1600 in Frankreich entwickelte kleine Blockflöte mit einem schmalen Schnabel aus Elfenbein oder Horn.

2) hohes Flötenregister der Orgel.

Flageoletttöne [flaʒoˈlɛt-, frz.], bei Saiteninstrumenten hohe Töne (Obertöne), die durch leichtes Aufsetzen des Fingers an den ganzzahligen Teilungspunkten der Saitenlänge erzeugt werden.

Flagge, drei- oder viereckiges, i. Allg. mit herald. Farben bzw. Bildern bedrucktes Stofftuch; zeigt die Zugehörigkeit zu einer Körperschaft, bes. einer Nation; kann im Unterschied zur Fahne mit einer Leine an F.-Masten (auf Schiffen F.-Stöcken) gehisst werden. **National-F.** bzw. **Staats-F.** sind Hoheits- und Ehrenzeichen eines Staates; ihre Beschreibung ist meist durch Ges. bzw. in der Verf. geregelt. Identisch mit ihnen sind teils die **Handels-** und die **Kriegsflaggen.**

Recht: Die Bundes-F. der Bundesrep. Dtl. ist schwarz-rot-gold (Art. 22 GG). Nähere Regelungen zugleich über die Standarte des Bundespräs. und die Dienst-F. der Bundesbehörden trifft die Anordnung des Bundespräs. über die dt. F. vom 13. 11. 1996. Die Dienst-F. der Streitkräfte der Bundeswehr ist durch Anordnungen vom 25. 5. 1956 und 1. 10. 1956 bestimmt. Für die F. der Bundesländer gelten Landesvorschriften. Nach dem Flaggenrechts-Ges. i. d. F. v. 26. 10. 1994 sind alle Kauffahrtei- und sonstigen Seeschiffe zur Führung der Bundes-F. verpflichtet, deren Eigentümer Deutsche sind und ihren Wohnsitz in Dtl. haben. Das Recht zur Führung der F. wird durch Schiffszertifikat nachgewiesen. Nähere Bestimmungen über F.-Zeugnisse, F.-Scheine, Postsignal-F. u. a. treffen die Durchführungsverordnungen. Die F. sind gegen Verunglimpfung geschützt (§ 90a StGB). – Abb. S. 578

📖 *F. u. Wappen der Welt. Gesch. u. Symbolik der F. u. Wappen aller Staaten,* Beiträge v. K. -H. Hesmer. Gütersloh u. a. 1993. – Visser, D.: *F., Wappen, Hymnen.* Augsburg 1994.

Flaggenalphabet, ↑Signal.

Flaggenparade, das Heißen (Hissen) und Niederholen der Flagge unter Ehrenbezeigungen.

Flaggschiff, Kriegsschiff, auf dem sich der Befehlshaber des Verbandes **(Flaggoffizier)** befindet; gekennzeichnet durch die dem Rang des Flaggoffiziers entsprechende Flagge; übertragen auch Bez. für das größte Schiff einer Reederei.

flagrant [frz.], deutlich und offenkundig (im Ggs. zu etwas stehend), ins Auge fallend; **in flagranti,** »auf frischer Tat«.

Flagstad [-sta], Kirsten, norweg. Sängerin (dramat. Sopran), * Hamar (Hedmark) 12. 7. 1895, † Oslo 7. 12. 1962; bed. Wagner-Interpretin.

Flaherty [ˈflɛətɪ], Robert, amerikan. Filmregisseur, * Iron Mountain (Mich.) 16. 2. 1884, † Dummerston (Vt.) 23. 7. 1951; gilt mit »Nanuk, der Eskimo« (1922) und »Moana« (1926) als Schöpfer des künstler. Dokumentarfilms.

Flair [flɛːr, frz.] *das,* Fluidum, Atmosphäre; Ahnungsvermögen, Spürsinn.

Flaischlen, Cäsar, Schriftsteller, * Stuttgart 12. 5. 1864, † Gundelsheim (Landkreis Heilbronn) 16. 10. 1920; Lyriker, Dramatiker und Erzähler der Jugendstilzeit; war 1895–1900 in Berlin Redakteur der Kunstzeitschrift »Pan«.

Flak, Kurzwort für **Fl**ugabwehr**k**anone, ↑Flugabwehr.

Flake, Otto, Schriftsteller, * Metz 29. 10. 1880, † Baden-Baden 10. 11. 1963; schrieb

Flaggen der deutschen Bundesländer

zahlr. Essays, Biografien und Romane zu den dt.-frz. Beziehungen; auch histor. und philosoph. Werke (»Ruland-Zyklus«, R., 5 Tle., 1913–28; »Fortunat«, R., 2 Bde., 1946).

Flakhelfer, ↑Luftwaffenhelfer.

Flakon [fla'kɔ̃, frz.] *das* oder *der,* geschliffenes Parfümfläschchen aus versch. Materialien.

Flambeau [flã'bo:, frz.] *der,* hoher, mehrarmiger Leuchter.

Flamberg [von Floberge, dem Schwert in einem altfrz. Heldenepos], Zweihänderschwert mit gewellter (»geflammter«) Klinge.

flambieren [frz.], *Gastronomie:* Speisen mit Spirituosen übergießen und den verdunstenden Alkohol entzünden; dient zur Geschmacksverfeinerung.

Flamboyantstil [flãbwa'jã-; frz. »flammend«], im 15. und Anfang des 16. Jh. bes. in Frankreich und England ausgebildeter Stil der Spätgotik, ben. nach der züngelnden Flammen ähnelnden Fischblasenornamentik des Maßwerks.

Flamen [lat. »Anbläser«], Titel röm. Opferpriester im Dienste versch. Götter.

Flamen (Flamländer, fläm. Vlamingen, frz. Flamands), die Flämisch sprechende Bev. Flanderns, etwa 6 Mio. Menschen. Die F. sind ihrer Herkunft nach Niederfranken (sal. Franken) mit fries. und niedersächs. Einschlag, die in der Völkerwanderungszeit, von O kommend, die romanisierten keltisch-german. Mischstämme (Wallonen) zurückdrängten.

Flamenco [span.] *der,* Gattung volkstümlicher südspan. (andalus.) Tanzlieder dramat. Charakters, gesungen (meist mit Gitarrenbegleitung) zu einem Solo- oder Einzelpaartanz, dessen Rhythmus durch Stampfen, Klatschen oder mit Kastagnettenspiel akzentuiert wird. Zur Gruppe der F. gehören u. a. der ↑Fandango und die ↑Seguidilla.

Flame-out [fleɪm'aʊt, engl.] *der,* durch Treibstoffmangel bedingter Ausfall eines Flugzeugstrahltriebwerks.

Fläming [nach hier im 12. Jh. nach fläm. Recht angesiedelten Kolonisten], Höhenrücken nördlich und östlich der mittleren Elbe, Sa.-Anh. und Brandenburg, erstreckt sich, über 100 km lang, von SO nach NW, im Hagelberg im Hohen F. (seit 1998 827 km^2 großer Naturpark) bis 201 m ü. M.; eiszeitlich geformt; wenig fruchtbare Sandböden (meist Kiefernforste; Roggen-, Kartoffelanbau); dünne Besiedlung.

Flamingoblume (Anthurie, Anthurium), Gattung der Aronstabgewächse des trop. Amerikas; einige Arten liefern als Gewächshauspflanzen Schnittblumen mit

FLA Flagge

Staats- bzw. Nationalflaggen unabhängiger Staaten (Stand 31. Juli 2004)

Flagge FLA

FLA Flagge

Staats- bzw. Nationalflaggen unabhängiger Staaten (31. Juli 2004)

Makedonien	Malawi	Malaysia	Malediven	Mali
Malta	Marokko	Marshallinseln	Mauretanien	Mauritius
Mexiko	Mikronesien	Moçambique	Moldawien	Monaco
Mongolei	Namibia	Nauru	Nepal	Neuseeland
Nicaragua	Niederlande	Niger	Nigeria	Norwegen
Oman	Österreich	Osttimor	Pakistan	Palau
Panama	Papua-Neuguinea	Paraguay	Peru	Philippinen
Polen	Portugal	Ruanda	Rumänien	Russland
Saint Kitts and Nevis	Saint Lucia	Saint Vincent and the Grenadines	Salomoninseln	Sambia
Samoa	San Marino	São Tomé und Príncipe	Saudi-Arabien	Schweden

meist lackrotem Hochblatt und gelblichen Blütenkolben.

Flamingos [span.] (Phoenicopteridae), Familie stelzenbeiniger Regenpfeifervögel; bis 1,4 m hohe Wasservögel v. a. an Salzseen und Brackgewässern S-Europas (Camargue, S-Spanien), S-Asiens, Afrikas sowie Mittel- und Südamerikas; gesellig lebend, meist weiß, rot oder rosafarben befiedert; leben von Krebsen, Algen, Protozoen, die sie mit ihren hakenförmig gebogenen Schnäbeln aus dem Wasser filtern. Das einzige Ei wird in ein kegelstumpfförmiges Schlammnest gelegt. Alle Arten sind geschützt.

Flaminius, Gaius, röm. Staatsmann aus plebej. Geschlecht, † 217 v. Chr.; setzte 232 v. Chr. als Volkstribun die Aufteilung des den Kelten abgenommenen Gebietes um Ariminum (heute Rimini) an röm. Bürger durch (ager Gallicus). Als Zensor ließ er 220 den Circus F. in Rom erbauen und die Flamin. Straße (Via Flaminia) über den Apennin nach Ariminum anlegen. 217 fiel er in der Schlacht am Trasimen. See gegen Hannibal.

Flämisch-Brabant, Prov. in Belgien, 2 106 km², 1,018 Mio. Ew.; Hauptort ist Löwen.

Flämische Bewegung, eine polit. Bewegung in Belgien, entstanden unter den Flamen nach Gründung des belg. Staates (1830/31), um das sprachlich-kulturelle, wirtsch.-soziale und polit. Übergewicht der Französisch sprechenden Wallonen abzubauen. Zunächst von Literaten und Sprachforschern (u. a. H. Conscience, J. A. de Laet) mit dem Ziel einer kulturellen Emanzipation getragen, setzte die F. B. bis zum Ende des 19. Jh. die Anerkennung des Niederländischen als gleichberechtigte Schul-, Amts- und Gerichtssprache im fläm. Landesteil Belgiens durch (Ges. von 1873, 1878 und 1888). Im Ersten Weltkrieg arbeiteten die fläm. »Aktivisten« mit der dt. Verwaltung in Belgien zusammen und erreichten 1916/17 vorübergehend die Flamisierung der Univ. Gent (endgültig 1930) und die Verwaltungstrennung Flanderns von Wallonien. Trotz Verfolgung der »Aktivisten« nach 1918 bildete sich ein neuer fläm. Nationalismus, der 1932–38 weitere grundlegende Ges. zur Sicherung der fläm. Sprachenrechte durchsetzte. Der 1933 gegründete Vlaams Nationaal Verbond (Fläm. Nat. Verband), der einen »großniederländ.« Staat erstrebte, wurde wegen Kollaboration mit der dt. Besatzungsmacht im Zweiten Weltkrieg 1944 verboten. Die sich in der Nachkriegszeit nur langsam neu organisierende F. B. erhielt mit der 1954 gegründeten Volksunie eine radikale Interessenvertreterin. Seit der Wende zu den 1960er-Jahren entwickelte sie die F. B. zu einem Motor des flämisch-wallon. Konflikts (»Sprachenstreit«), der nunmehr das gesamte polit.

Flamingos: Rote Flamingos (Phoenicopterus ruber)

Kräftefeld in seinen Bann zog und über Zwischenstufen mit der Umwandlung ↑Belgiens in einen Bundesstaat (Verf.reformen von 1988 und 1993) seine Lösung finden sollte.

flämische Kunst, ↑niederländische Kunst.

flämische Literatur, die niederländ. Literatur, die seit dem 13.Jh. im nördl. Teil des heutigen Belgien bzw. in Flandern entstand und sich seit dem 17.Jh. allmählich gegenüber dem »Holländischen« eigenständig entwickelte. Seit der 2. Hälfte des 17.Jh. und v.a. nach der frz. Eroberung (1794) hatte sich die f. L. gegen die Französisierung des fläm. Lebens zu behaupten. In den Jahren des Vereinigten Königreichs der Niederlande (1815-30) und mit der Gründung des belg. Staates (1830) setzte eine Wiedergeburt der f. L. ein (↑niederländische Literatur). Die Romantik stand im Zeichen der ↑Flämischen Bewegung; diese Zeit war bes. von J. F. Willems, den Lyrikern K. L. Ledeganck, P. von Duyse bestimmt, danach traten u. a. H. Conscience, G. Gezelle, A. Rodenbach hervor.

Die Jahre des Impressionismus und Naturalismus (1875-1915) standen im Zeichen der Erneuerung (Ztschr. »Van Nu en Straks«, 1893 gegr.) und der Verbundenheit mit der Fläm. Bewegung. Führend waren die Lyriker P. van Langendonck, der Kultur- und Kunsthistoriker A. Vermeylen sowie K. van de Woestijne. Im Naturalismus wurzeln die Erzählungen von C. Buysse und S. Streuvels. Weitere Erzähler: F. Timmermans, E. Claes, H. Teirlinck.

Der Expressionismus fand Widerhall bei P. A. van Ostaijen, W. Moens, K. van den Oever, Schlichtheit kennzeichnet die Werke von M. Roelants und R. Minne. 1930-40 meldete sich eine neue Generation zu Wort: J. Daisne, M. Coole, K. Jonkheere, R. Verbeeck, in der Prosa W. Elsschot, G. Walschap, F. de Pillecijn, M. Gijsen, A. Demedts, M. Gilliams; abseits stand der Hymniker und Essayist C. Verschaeve.

Nach dem Zweiten Weltkrieg konzentrierte sich das literar. Leben um Zeitschriften. In den letzten Jahrzehnten setzten sich in der Prosa, neben älteren Erzählern, die unbürgerlich eingestellten P. L. Boon und P. van Aken mit pessimist. Darstellungen des Arbeiterlebens durch, ferner: J. Daisne, I. Michiels. Neuere Lyriker: H. Claus (auch Dramatiker und Romancier), H. C. Pernath, P. Snoek. Experimentelle Romane schrieb P. de Wispelaere; ihm nahe stehen W. Roggeman und L. Veydt. Seit 1970 debütierten als Prosaschriftsteller P. Koeck und Monika van Paemel, ferner L. Pleysier, S. Hertmans, H. Brusselmans, P. Hoste u. a., als Lyriker J. 't Hooft und L. Nolens.

📖 *Lissens, R. F.: F. L. des 19. u. 20. Jh.s A. d. Niederländ. Köln u. a. 1970. – Lit. in den Niederlanden u. Flandern, hg. v. H. Vekeman u. a. Köln 1986. – Die niederländ. u. die f. L. der Gegenwart, hg. v. F. Ligtvoet u. M. van Nieuwenborgh. München u. a. 1993.*

flämische Sprache, a) sprachhistorisch die niederländ. Mundarten in Flandern; b) alle niederländ. Mundarten, die nördlich der niederländisch-frz. Sprachgrenze gesprochen werden: das Südniederländische. Drei Hauptmundarten: Flämisch (Ost- und Westflandern), Brabantisch und Limburgisch; c) in Belgien auch Bez. für die verbindl. Hochsprache für den niederländischsprachigen Teil des Landes.

Flamme, Bereich brennender Gase oder Dämpfe, von denen sichtbare Strahlung ausgeht. Man unterscheidet **vorgemischte F.,** bei denen ein homogenes Gemisch der reagierenden Gase vorliegt (z. B. Bunsenbrenner), **Diffusions-F.,** bei denen Brennstoffe und Oxidationsmittel getrennt zugeführt werden (z. B. Kerze) und die **turbulenten F.** bei nichtlaminaren Gasströmen. – Eine stark leuchtende F. enthält wenig Sauerstoff; sie entzieht daher diesen einem sauerstoffreichen Stoff (**Reduktions-F.**). Nicht leuchtende, d. h. viel Sauerstoff enthaltende F. oxidieren Stoffe (**Oxidationsflamme**).

Flammé [frz.] *der* (Flammenstoff), Gewebe, das durch Verwendung von Effektfäden (Flammengarn) durch unterschiedl. Verdickungen interessante Oberflächeneffekte hervorruft.

Flammendes Herz, ↑Tränendes Herz.

Flammenfärbung, Färbung der nicht leuchtenden Flamme, z. B. des Bunsenbrenners, beim Hineinhalten bestimmter Substanzen; tritt v. a. bei Metallsalzen auf. Natriumsalze z. B. verursachen eine intensive Gelbfärbung, Calciumsalze ziegelrote, Barium- und Kupfersalze grüne Färbungen. Die F. liefert bei der **Flammenspektroskopie** Hinweise auf die qualitative Zusammensetzung der zu untersuchenden Substanzen. Für jedes chem. Element entstehen charakterist. Linienspektren.

Flammenwerfer, *Militärwesen:* tragba-

FLA Flammeri

res oder fahrbares Gerät, mit dem durch Flammenstrahl der Gegner auf kurze Entfernung bekämpft werden kann.

Flammeri [kelt.-engl.] *der,* kalte Süßspeise aus Milch, Zucker, Stärkeprodukten und Früchten (die zum Servieren gestürzt wird).

Flammpunkt (Entflammungstemperatur), die niedrigste Temperatur, bei der sich aus einer brennbaren Flüssigkeit so viele Dämpfe entwickeln, dass sich ein durch Fremdzündung entflammbares Dampf-Luft-Gemisch bildet.

Flammschutzmittel, Stoffe, die bei Kunststoffen, Holz oder Textilien u. a. die Entflammbarkeit herabsetzen oder das Weiterbrennen verhindern.

Flammspritzen, das Aufspritzen metall. oder nichtmetall. Überzüge (z. B. Kunststoffe) auf metall. Werkstücke als Korrosionsschutz oder Isolation, wobei das Spritzgut in einer Brenngas-Sauerstoff-Flamme geschmolzen und zerstäubt wird.

Flammstrahlen, das kurzzeitige Erhitzen von Metalloberflächen mit einer Brenngas-Sauerstoff-Flamme, um Rost oder Anstrichreste zu beseitigen.

Barry Flanagan: »Demut«, Bronze, Höhe 162 cm (1993; Privatbesitz)

Flanagan [ˈflænəgən], **1)** Barry, brit. Bildhauer, *Prestatyn (Wales) 11. 1. 1941. F., dessen Gesamtwerk von einer iron. Sicht auf den Alltag geprägt ist, verwendete zunächst instabile Materialien wie Leinwand und Sand. Später entstanden v. a. Arbeiten in Stein (u. a. Obelisken) und Bronze. Der Hase (1979 erstmals in Bronze ausgeführt) als figurative Abstraktion für menschl. Gefühle und Verhaltensweisen wurde zu einem zentralen Motiv in seinem Schaffen. **2)** Edward Joseph, amerikan. kath. Priester, *Roscommon (Irland) 13. 7. 1886, †Berlin (West) 15. 5. 1948; gründete 1917 bei Omaha (Nebr.) die Jungenstadt »Boys Town« (seit 1936 selbstständige Gemeinde), wo sozial entwurzelte Jugendliche durch Vertrauen, Selbsterziehung und Verantwortung in der Gemeinschaft gefordert und gefördert wurden; wirkte nach 1945 u. a. beratend in Deutschland.

Flandern (niederländ. Vlaanderen, frz. Flandre), histor. Landschaft in den südwestl. Niederlanden (S der Prov. Seeland), NW-Belgien (Prov. Ost- und Westflandern) und N-Frankreich (N der Dép. Nord und Pas-de-Calais), erstreckt sich von der Nordseeküste bis etwa zur Schelde bzw. den Ardennenvorbergen, ist im Wesentlichen von ↑Flamen bewohnt; bed. Viehwirtschaft, Anbau von Getreide, Kartoffeln und Gemüse. An der Dünenküste zahlr. Seebäder und Hafenstädte. Die Bedeutung der Textilind. (sie entwickelte sich aus der traditionellen fläm. Tuchmacherei) ist zurückgegangen; heute überwiegen Stahlerzeugung, Fahrzeugbau u. a. Industrie.

Geschichte: Ab dem 9. Jh. war F. eine Grafschaft zw. Schelde, Canche und Nordseeküste (frz. Lehen, daher »Kron-F.«), zu der zeitweise auch das Artois, der Hennegau und die Grafschaft Aalst (Reichslehen, daher »Reichs-F.«) gehörten. Das einheim. Grafenhaus der Balduine regierte (mit Unterbrechung 1119–91) bis 1280. Die durch Handel und Tuchherstellung zu wirtsch. Macht gelangten flandr. Städte (v. a. Brügge, Gent, Kortrijk, Ypern) verteidigten 1302 in der »Sporenschlacht« von Kortrijk durch die Vernichtung eines frz. Ritterheers ihre ständ. Rechte. 1384/85 fiel F. an Burgund, 1477 an die Habsburger, 1556 an deren span. Linie. Der N (»Staats-F.«) kam 1648 als Teil der Prov. Seeland an die niederländ. Generalstaaten, die südl. Grenzgebiete wurden 1659–79 französisch.

Der Hauptteil fiel 1714 an Österreich, 1794 an Frankreich, kam durch den Wiener Kongress (1814/15) an das Königreich der Vereinigten Niederlande und 1830 an Belgien. Im Ersten Weltkrieg Schauplatz schwerer Kämpfe (Schlacht um F., 1917).

✧ **siehe ZEIT Aspekte**

📖 *Haegendoren, M. van: F. den Flamen. Der lange Weg zur Gleichberechtigung ... A. d. Niederländ. München 1987. – Weidemann, S.: F. Antwerpen, Brügge, Gent. Ostfildern ³1996.*

Flanell [engl.-frz.] *der,* weiches ein- oder beidseitig gerautes Gewebe aus Baumwolle, Wolle oder Zellwolle, u. a. für Anzüge.

Flaneur [fla'nø:r, frz.] *der,* jemand, der flaniert, ohne bestimmtes Ziel langsam spazieren geht.

Flanke [frz.], **1)** *Militärwesen:* Seite einer Truppe in ihrer ganzen Tiefe im Gefecht oder auf dem Marsch.
2) *Sport:* 1) Fußball: in Tornähe von außen in die Spielfeldmitte halbhoch geschlagener Ball, auch Bez. für die Spielfeldlängsseite; 2) Turnen: Überqueren eines Turngeräts mit geschlossenen und gestreckten Beinen, wobei eine Körperseite (F.) dem Gerät zugewandt ist.
3) *Zoologie:* die seitl. Teile des Tierkörpers, bes. bei Säugetieren.

flankieren [frz.], zu beiden Seiten von etwas, jemandem stehen, gehen; etwas, jemanden (schützend) begleiten.

Flansch, plattenförmiger Ansatz an Rohrenden oder Gehäuseteilen zur Verbindung, Abdichtung oder Versteifung.

Fla-Rakete, Abk. für **F**lug**a**bwehr**rakete**, ↑Raketenwaffen.

Flare [fleə, engl.] *das,* kurzfristiger Strahlungsausbruch von Sternen (↑Flare-Sterne), speziell ein heftiger, von einigen Minuten bis zu Stunden dauernder Strahlungsausbruch in der Chromosphäre der Sonne **(Sonneneruption, chromosphär. Eruption),** der im Zusammenhang mit Sonnenflecken auftritt.

Flare-Sterne ['fleə-, engl.] (Flackersterne, UV-Ceti-Sterne), zu den Veränderlichen zählende kleine Gruppe von Zwergsternen, die plötzl. Helligkeitsausbrüche (in 3-100 s bis zu sechs Größenklassen), so genannte **Flares,** zeigen.

Flasche, Hohlgefäß aus Glas, Metall, Keramik, Kunststoff u. a. für Flüssigkeiten und Gase, mit enger Öffnung und Halsansatz. **Glas-F.** werden durch Mundblasen oder maschinell (an Blas-Blas- oder Press-Blas-Maschinen) hergestellt; **Stahl-F.** für komprimierte Gase werden über einen Dorn gezogen; **Kunststoff-F.,** im Blasverfahren hergestellt, haben hohe chem. Widerstandsfähigkeit.

Flaschenbäume (Tonnenbäume), Laubbäume der periodisch trockenen Tropen, die im Bastring ihrer verdickten Stämme Wasser speichern, z. B. der ostafrikan. Af-

Flaschenkürbis

fenbrotbaum.

Flaschenkürbis (Lagenaria vulgaris, Lagenaria siceraria), Kürbisgewächs der Tropen Afrikas und Asiens. Die einjährige, weiß blühende Schlingpflanze wird heute weltweit in wärmeren Gebieten angebaut; ihre ausgehöhlten Früchte werden zu Behältern (Kalebassen) verarbeitet.

Flaschenpost, Nachricht in einer dicht verschlossenen Flasche, die (von Schiffbrüchigen) auf späteres Auffinden hoffend ins Meer geworfen wird; wurde auch zur Erforschung von Meeresströmungen verwendet.

Flaschenzug, manuell oder elektrisch betriebenes Lastenhebegerät, bei dem ein Seil oder eine Kette über Rollengruppen (zu »Flaschen« oder Kloben vereinigt) geführt wird. Beim einfachen F. ist die obere Flasche fest, die untere beweglich. Nach dem Ges. »Kraft × Kraftweg = Last × Lastweg« ist der Weg der Kraft entsprechend größer als der der Last. Beim **Differenzial-F.** wird eine endlose Kette oben über zwei koaxiale, fest miteinander verbundene feste Rollen von unterschiedl. Durchmesser und unten über eine lose Rolle geführt. Zum Heben der Last ist nur die Differenz der an den oberen Rollen wirkenden Drehmomente aufzubringen.

Flasertextur [Flaser »Linse im Gestein«, verwandt mit Fladen], muskelfaserartiges Gesteinsgefüge aus Lagen von blättchen- oder stängelförmigen Mineralen (Glimmer, Aktinolith), die gröbere Mineralkörner oder Gesteinsbruchstücke umschmiegen (Flasergneis, Augengneis).

Flash [flæʃ; engl. »Blitz«] *der*, **1)** *Film:* kurze Einblendung in eine längere Bildfolge; Rückblick, Rückblende. (↑Flashlight)
2) *Informatik:* Softwarewerkzeug zur Erstellung animierter Webseiten, das als Kombination aus einem Grafikprogramm und einer Animationssoftware aufgefasst werden kann. F. eignet sich zur Erstellung von Präsentationen, Bannern, Intros und Onlinespielen, die im Browser über ein Zusatzmodul (sog. ↑Plug-in) dargestellt werden können. Die Nutzung von F. bietet sich insbes. bei solchen Anwendungen an, bei denen animierte Vektorgrafiken und Sound zu einer interaktiven Einheit verschmelzen sollen.
3) *Publizistik:* Eil-, Kurzmeldung in Presse, Hörfunk, Fernsehen.

Flashback [ˈflæʃbæk, englisch] *der* oder *das*, durch ↑Konditionierung bedingter Rauschzustand wie nach der Einnahme von Drogen, ohne dass eine Einnahme von Drogen erfolgt wäre.

Flashlight [ˈflæʃlaɪt, engl.] *das*, aufeinander folgende Lichtblitze, aufblitzendes Licht (z. B. in Diskotheken); Anlage, die F. erzeugt.

Flash-Spektrum [ˈflæʃ-, engl.], Spektrum der Sonnenchromosphäre, das nur im Moment des Aufblitzens dieser Schicht beim Eintritt einer totalen Sonnenfinsternis aufgenommen werden kann.

flat [flæt], engl. Bez. für das Erniedrigungszeichen ♭; als Zusatz bei Tonnamen bezeichnet f. die Erniedrigung um einen chromat. Halbton (z. B. a flat = as).

Flatrate [ˈflɛtreɪt; engl. »Einheitssatz«, »Pauschalsatz«] *die*, Pauschalpreis, meist monatlich für die Nutzung von Telekommunikationsdienstleistungen. Bei Anwendung der F. wird weder Dauer noch Umfang der Nutzung protokolliert, sondern ein fester Betrag gezahlt, durch den jede Nutzung in einem vorbestimmten Zeitraum abgedeckt ist.

Flatscreen [flɛtˈskriːn, engl.], *der*, der ↑Flachbildschirm.

Flattergras (Waldhirse, Milium effusum), bis meterhohes, ausdauerndes Waldgras; wertvolles Futtergras.

Flattern, selbst erregte Schwingungen elastomechan. Systeme, die bei Luft- und Raumfahrzeugen infolge der Wechselwirkungen zw. instationären Luftkräften, elast. Reaktionskräften und Trägheitskräften in bestimmten Geschwindigkeitsbereichen angeregt werden können, was meist zu Überbeanspruchung tragender Bauteile führt. Bei Kraftfahrzeugen ist F. der elastisch bereiften Vorderräder um die Lenkzapfen möglich, angeregt durch Fahrbahnunebenheiten. Dadurch werden Fahrsicherheit und Reifenverschleiß ungünstig beeinflusst.

Flattersatz, *graf. Technik:* Schriftsatz mit ungleich langen Zeilen.

Flattertiere (Fledertiere, Handflügler, Chiroptera), Säugetierordnung mit rd.

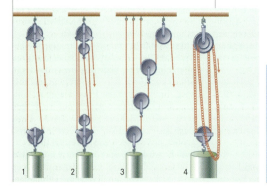

Flaschenzug: 1 einfacher Flaschenzug (die Kraft beträgt $1/2$ der Last); 2 vierrolliger Flaschenzug (die Kraft beträgt $1/4$ der Last); 3 Potenzflaschenzug (die Kraft beträgt $1/8$ der Last); 4 Differenzialflaschenzug (die Kraft beträgt $1/2$ der Last, multipliziert mit dem Verhältnis der Differenz der Radien der beiden oberen Rollen zum Radius der größeren dieser Rollen)

1 000 Arten, weltweit verbreitet. Der Körper ist kurz und gedrungen, Arme, Mittelhandknochen und Finger (außer Daumen) sind stark verlängert. Die dünne, fast nackte Flughaut ist zw. Rumpf, Gliedmaßen und Schwanz ausgespannt. Die scharfen, gekrümmten Klauen dienen zum Anklammern im Ruhehang (mit Kopf nach unten). F. leben meist gesellig; sie schlafen in Höhlen und Bäumen. Geboren wird meist nur ein Junges, das von der Mutter bis zu mehreren Monaten getragen wird. F. sind dämmerungs- und nachtaktiv; sie umfassen zwei Unterordnungen: Groß-F. oder Flederhunde (Megachiroptera) mit der Familie ↑Flughunde und die ↑Fledermäuse.

Flatterzunge, eine durch schnelle Flatterbewegungen der Zungenspitze bewirkte tremoloartige Tonwiederholung beim Blasinstrumentenspiel.

Flatulenz [zu lat. flatus »das Blasen«] *die,* ↑Blähungen.

Flaubert [flo'bɛːr], Gustave, frz. Schriftsteller, *Rouen 12. 12. 1821, †Croisset (bei Rouen) 8. 5. 1880. Die posthum veröffentlichten Jugendwerke »Erinnerungen eines Narren« (R., 1838, hg. 1901) und »November« (R., 1840–42, hg. 1910) zeigen F. als Erben der Romantik. Mit »Madame Bovary« (R., 1857) gewann er die für ihn bezeichnende unpersönl., wiss. genaue Sachlichkeit in Sehart und Stil. Die nüchterne Darstellung seiner Heldin brachte F. eine Anklage wegen Verletzung der öffentl. Moral ein. »Lehrjahre des Gefühls« (R., 1869) vermittelt die Situation der Generation um die Jahrhundertmitte. »Bouvard und Pécuchet« (R., unvollendet, hg. 1881) ist eine Satire auf die zeitgenöss. triviale Fortschrittsgläubigkeit. F.s Schreibweise, die das Urteil des Autors vollkommen zurücknimmt, beeinflusste erheblich die Lit. des 20. Jh.s; seine strenge Prosa ist mustergültig für die frz. Sprache. Weitere Werke sind »Salammbô« (R., 1862), »Die Versuchung des hl. Antonius« (R., 1874), »Drei Erzählungen« (1877). – Tagebücher (3 Bde., hg. 1919).

📖 *Krömer, W.: F.* Darmstadt 1980. – *Lottman, H. R.: F. Eine Biographie. A. d. Amerikan.* Frankfurt am Main u. a. 1992. – *La Varende, J. de: G. F. mit Selbstzeugnissen u. Bilddokumenten. A. d. Frz.* Reinbek 43.–44. *Tsd.* 1996. – *Orr, F.: F.* Oxford 2000. – *Descharmes, R.: Autour de F.* Genf 2002.

Flaumfedern (Flaum), die ↑Daunen.

Flausch (Flaus, Fries), durch ↑Walken und/oder ↑Rauen erzeugte Textilien, meist Streichgarngewebe.

flautando [italien. »flötend«] (flautato), Klangeffekt bei Streichinstrumenten durch Streichen der Saiten nahe am Griffbrett.

Flauto traverso, italien. Bez. für ↑Querflöte.

Flavin ['fleɪvɪn], Dan, amerikan. Lichtkünstler, *New York 1. 4. 1933, †Riverhead (N. Y.) 29. 11. 1996; verwendete seit 1963 Röhren mit fluoreszierendem Licht für Objekte und Environments. Seine Arbeiten stehen sowohl in Bezug zur Minimalart als auch zur Farbfeldmalerei.

Flavin|adenin|dinucleotid [lat.] *das,* Abk. **FAD,** wasserlösl. Flavinnucleotid im pflanzl. und tier. Stoffwechsel; als prosthet. Gruppe zahlr. **Flavoproteine (Flavoenzyme)** wichtig als Wasserstoffüberträger, z. B. in der Atmungskette und im Zitronensäurezyklus.

Flavius, Name eines röm. Plebejergeschlechtes, ihm entstammen die röm. Kaiser Titus, Vespasian und Domitian **(Flavier).**

Flavone [lat.], komplexe aromat. Verbindungen, Grundsubstanzen vieler gelber Blütenfarbstoffe. Die F. sind strukturell eng mit den Anthocyanen verwandt und treten oft gemeinsam mit diesen auf.

Flavoproteide (Flavoproteine, Flavinenzyme), Gruppe natürl., in den Zellen aller Organismen vorkommender Enzyme, die bei der biolog. Oxidation als Wasserstoffüberträger wirksam werden.

Flavour ['fleɪvə; engl. »Geschmack«] *der,* auch *das* (amerikan. Flavor), *Physik:* Sammelbez. für die durch die **F.-Quantenzahlen** Isospin, Strangeness (oder Hyperladung), Charm, Bottom und Top gekennzeichnet charakterist. Eigenschaften der versch. Arten von ↑Quarks, die bei starker Wechselwirkung erhalten bleiben.

Flaxman ['flæksmən], John, engl. Zeichner und Bildhauer, *York 6. 7. 1755, †London 7. 12. 1826; bed. Vertreter des engl. Klassizismus; arbeitete ab 1775 für die Manufaktur Wedgwood (Entwürfe zu Reliefs, Porträtmedaillons u. a.); angeregt von grch. Vasenbildern, entwickelte F. einen strengen, feinen Linienstil u. a. für Illustrationen zu Werken Homers und Dantes.

Flechtarbeit, (kunst)handwerkl. Technik, bei der dünne, biegsame Materialien von Hand oder maschinell durch regelmäßiges

FLE Flechtband

Verkreuzen oder Verschlingen zu einem Geflecht (Flechtwerk) verbunden werden; auch Bez. für die auf diese Weise gefertigten Produkte. Die Flächen- und Körperbildung erfolgt in der **Korbflechterei** über Stuhlrohr-, Weidenstock-, Stahl- und Holzgestelle. Für Matten, Korbwaren, Sitzmöbel, Hüte, Gürtel, Masken u.a. werden gespaltene und gehobelte Weidenruten (bes. der Korbweide), Stroh, Bast, Binsen, Schilf u.a. verwendet, auch synthet. Materialien. Durch Bearbeiten und Färben des Materials und durch versch. Flechttechniken lassen sich die unterschiedlichsten Wirkungen und Muster erzielen. – Das Flechten gehört zu den ältesten handwerkl. Techniken der Menschheit.

Jensen, E.: Korbflechten. Das Handbuch. A. d. Amerikan. Bern u. a. 1994.

Flechtband, ↑Flechtwerk.

Flechte, volkstüml. Bez. für versch. Hautkrankheiten, z.B. Ekzem, Schuppenflechte.

Flechten (Lichenes), Abteilung der Pflanzen mit über 20 000 Arten in etwa 400 Gattungen. Sie stellen einen aus Grün- oder Blaualgen und Schlauchpilzen bestehenden Verband (↑Symbiose) dar, der eine morpholog. und physiolog. Einheit bildet. Die Alge versorgt den Pilz mit organ. Nährstoffen (Kohlenhydrate), während das Pilzgeflecht der Alge als Wasser- und Mineralstoffspeicher dient. – Die Vermehrung der F. erfolgt meist ungeschlechtlich durch abgeschnürte, Algen enthaltende Pilzhyphen (Soredien) oder durch stift- oder korallenförmige Auswüchse auf der Thallusoberfläche (Isidien), seltener geschlechtlich durch Ausbildung von Fruchtkörpern des Pilzes. Nach der Gestalt unterscheidet man **Krusten-F.** (haften flach auf der Unterlage), **Laub-F.** (großflächige, blattartige Ausbildung) und **Strauch-F.** (ähneln den höheren Pflanzen). – Da fast alle F.-Arten zum Leben saubere Luft benötigen, werden sie heute als Indikatorpflanzen für die Beurteilung der Luftqualität in Ballungsräumen benutzt. Bekannte F. sind ↑Mannaflechte, ↑Rentierflechte und ↑Isländisches Moos.

Masuch, G.: Biologie der F. Heidelberg u. a. 1993. – Jahns, H. M.: Farne, Moose, F. Mittel-, Nord- u. Westeuropas, unter Mitarbeit v. A. K. Masselink. München ⁴1995.

Flechtheim, Ossip K. (Kurt), Politikwissenschaftler, *Nikolajew (Ukraine) 5. 3. 1909, †Kleinmachnow (Kr. Potsdam-Mittelmark) 4. 3. 1998; Arbeiten bes. zur Gesch. des Parlamentarismus und zur Futurologie.

Flechtinger Höhenzug, bewaldete Hügelkette im nördl. Harzvorland westlich von Haldensleben, Sa.-Anh., bis 146 m ü. M.; Naherholungs- und Landschaftsschutzgebiet.

Flechtwerk, 1) *Bautechnik:* a) **F.-Bau,** ein Wandbau aus um Pfähle, Stangen u. a. gewundenem (Weiden- oder Hasel-)Geflecht, das mit Lehm verkleidet wird; die einfachste, schon in vorgeschichtl. Zeit angewendete Bautechnik; b) in der Baustatik ein Stabwerk, dessen Knotenpunkte und Stäbe sämtlich auf einem Mantel liegen, der einen zusammenhängenden Raum rundum schließt. Nach der Mantelform gibt es **Kugel-, Tonnen-** oder **Pyramiden-F.;** c) im Wasserbau ein aus Reisig geflochtener Baukörper zum Befestigen von Böschungen gegen Einwirkung von Wasser, Frost, Verwitterung.

2) *Ornamentik:* (Flechtband), ein aus verflochtenen Bändern gebildetes Ornament, das im Alten Orient und der Antike vorkommt und im frühen MA. zu reich verschlungenen Formen oft auch in Verbindung mit Tierornamenten entwickelt wurde, bes. in Irland und Skandinavien.

Fleck, Konrad, mhd. Dichter der 1. Hälfte des 13. Jh., wohl aus alemann. Gebiet, verfaßte nach frz. Vorlage den Versroman von ↑Flore und Blancheflur. Die Datierung (um 1220) ist unsicher.

Flecke [ahd. flec(cho) »Lappen«], ↑Kutteln.

Flechten: 1 Flechte mit Fruchtkörpern; 2a–c verschiedene Flechtenformen: a Krustenflechte; b Laubflechte; c Strauchflechte

Flecken, histor. Bez. für Dörfer mit gewissen städt. Rechten; z. B. ein **Marktflecken** mit Marktrecht. In Ndsachs. noch heute amtl. Bezeichnung.

Fleck|entfernungsmittel, zum Entfernen von Flecken v. a. auf Textilien dienende Chemikalien, die je nach Fleckenart (Fett, Farben, Rost, Tinte u. a.) und Stoffmaterial (Wolle, Seide, Baumwolle, Kunststoffe) zu wählen sind; meist Gemische von flüssigen Lösungsmitteln für Fette und Mineralöle, z. B. Aceton, Äther, Benzin. Alle F. sind gesundheitsschädlich und zu kennzeichnen. Verboten sind Benzol, Tetrachlorkohlenstoff, Tetra- und Pentachloräthan. (↑chemische Reinigung) – Für den Haushalt ist Gallseife (eine Kernseife mit bis zu 8 % Rindergalle) eine umweltschonende, ungiftige Alternative.

Fleckerlteppich (Allgäuer Teppich), Gewebe mit grobfädiger Kette und Schuss aus Web- und Wirkstoffresten in versch. Farben.

Fleckfieber (epidemisches Fleckfieber, Flecktyphus, Läusefleckfieber, Typhus exanthematicus), akute, meist epidemisch (in kühlen Höhenlagen der Tropen) auftretende, meldepflichtige Infektionskrankheit. Der Erreger (Rickettsia prowazeki) wird durch Läuse, bes. Kleiderläuse, von Mensch zu Mensch übertragen. Die Inkubationszeit beträgt 10–14 Tage. Kennzeichen sind anhaltend hohes Fieber um 40 °C, kleinfleckiger Hautausschlag, Bewusstseinsstörungen und Lähmungen. F. führt unbehandelt in 10–20 % der Fälle zum Tod. Überstandenes Fieber hinterlässt lebenslange Immunität. *Behandlung:* Antibiotika (v. a. Tetracycline) und Kreislaufmittel; prophylaktisch ist die Bekämpfung der Kleiderlaus wichtig; eine Schutzimpfung ist möglich.

Fleckschiefer, ↑Kontaktschiefer.

Fledermäuse (Kleinfledermäuse, Microchiroptera), eine Unterordnung der Flattertiere mit rd. 800 meist trop. Arten in etwa 100 Gattungen und 16 Familien. Die **Blattnasen** (Phyllostomidae) haben blattartige Nasenaufsätze ebenso wie die von Früchten lebende **Große Spießblattnase** (Vampyrum spectrum) mit 90 cm Flughautspannweite. Die **Glattnasen** (Vespertilionidae) kommen bes. in Mitteleuropa vor, z. B. das **Große Mausohr** (Myotis myotis) mit etwa 35 cm Flughautspannweite, die **Zwerg-F.** (Pipistrellus pipistrellus) mit nur 20 cm Spannweite oder die **Nord-F.** (Eptesicus nilssoni), die bis über den Polarkreis vordringt. Die **Dreizehigen Hufeisennasen** (Rhinolophidae) sind auch in Mitteleuropa verbreitet, so die **Große** und die **Kleine Hufeisennase** (Rhinolophus ferrumequinum, Rhinolophus hipposideros). Die meisten F. sind nützl. Insektenvertilger. Sie nehmen Beutetiere auch bei völliger Dunkelheit wahr. Nach dem Prinzip der Echopeilung (↑Echoorientierung) vermitteln Ultraschallwellen den Tieren ein gehörtes Raumbild. – Zu den F. gehören auch die ↑Vampire.

Fledermäuse: Das Braune Langohr (Plecotus auritus) gehört zu den Glattnasen.

📖 *Neuweiler, G.:* Biologie der F. Stuttgart u. a. 1993. – *Natuschke, G.:* Heimische F. Magdeburg u. a. ²1995. – *Schober, W.:* Ultraschall u. Echolot. Die Fledertiere der Welt. Leipzig u. a. ²1996. – *Siemers, B. u. Nill, D.:* F. Das Praxisbuch. Echoortung, Jagdverhalten, Winterquartiere, Schutz… München u. a. 2000.

Fleet [niederdt., zu vleten »fließen«], **1)** *Fischereitechnik:* miteinander verbundene Treibnetze.
2) *Wasserbau:* Entwässerungsgraben oder -kanal; auch Zufahrtskanal zu Lagerhäusern, Werften u. a. Anlagen in Seehäfen.

Fleiner, Fritz, schweizer. Staatsrechtslehrer, *Aarau 24. 1. 1867, †Ascona 26. 10. 1937; Prof. in Zürich, Basel, Tübingen und Heidelberg; erarbeitete die erste moderne Darstellung des schweizer. Staatsrechts (»Schweizer. Bundesstaatsrecht«; 1923).

Fleisch, i. w. S. Weichteile von Mensch

FLE Fleischbeschau

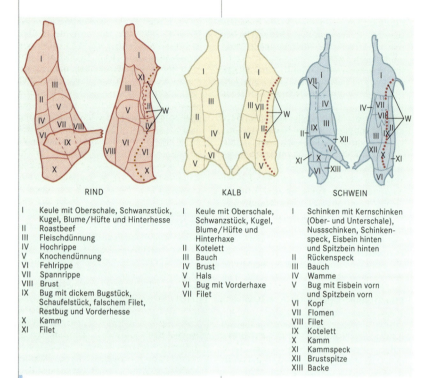

RIND
- I Keule mit Oberschale, Schwanzstück, Kugel, Blume/Hüfte und Hinterhesse
- II Roastbeef
- III Fleischdünnung
- IV Hochrippe
- V Knochendünnung
- VI Fehlrippe
- VII Spannrippe
- VIII Brust
- IX Bug mit dickem Bugstück, Schaufelstück, falschem Filet, Restbug und Vorderhesse
- X Kamm
- XI Filet

KALB
- I Keule mit Oberschale, Schwanzstück, Kugel, Blume/Hüfte und Hinterhaxe
- II Kotelett
- III Bauch
- IV Brust
- V Hals
- VI Bug mit Vorderhaxe
- VII Filet

SCHWEIN
- I Schinken mit Kernschinken (Ober- und Unterschale), Nussschinken, Schinkenspeck, Eisbein hinten und Spitzbein hinten
- II Rückenspeck
- III Bauch
- IV Wamme
- V Bug mit Eisbein vorn und Spitzbein vorn
- VI Kopf
- VII Flomen
- VIII Filet
- IX Kotelett
- X Kamm
- XI Kammspeck
- XII Brustspitze
- XIII Backe

Fleisch: Teilstücke des Körpers verschiedener Schlachttiere; links Außenseite, rechts Innenseite der Tierhälften; W Wirbel

und Tier im Ggs. zu den harten Stützsubstanzen (z. B. Knochen, Muschelschalen); i. e. S. das als menschl. Nahrungsmittel verwendete Muskelgewebe der Tiere mit Fett- und Bindegewebe und Sehnen sowie innere Organe (Herz, Lunge, Leber u. a.). F. als Nahrungsmittel enthält etwa 75 % Wasser, fettreiches F. weniger, fettarmes mehr. Für die Ernährung sind Eiweiß (Proteine, etwa 22 %, biolog. Wertigkeit = Ausnutzungsgrad 85–90 %), Fett, Mineralstoffe (darunter Selen, Zink, Mangan und Eisen in bes. gut resorbierbarer Form) sowie Vitamine (v. a. B_1, B_2, B_6, B_{12}, D, E) am wichtigsten. Das Fett der wichtigsten Fleischarten weist zu 5–14 % mehrfach ungesättigte Fettsäuren auf. F. enthält neben dem Muskeleiweiß geringe Anteile an Bindegewebssubstanzen (Kollagen, Elastin 1–5 %), darüber hinaus Spuren von Kohlenhydraten (Glykogen unter 0,5 %). Das Muskel-F. von Säugetieren ist je nach Myoglobingehalt hellrosa bis dunkelrot gefärbt (beim Wild-F. beruht die Rot- bis Braunfärbung auf einem hohen Blutgehalt infolge geringer Ausblutung). Das F. von Geflügel, Fischen, Krebsen, Muscheln und Schnecken ist meist weiß (durch einen niedrigen Myoglobingehalt). Der süßl. Geschmack von Pferde-F. beruht auf seinem relativ hohen Glykogengehalt. Fisch-F., das Muskel-F. der Fische, besitzt ebenso wie Säugetier-F. einen hohen Nährwert; es wird aufgrund seines geringeren Gehalts an Bindegewebe leichter und schneller verdaut (daher geringerer Sättigungswert). Ernährungsphysiologisch ist Fisch-F. dem Säugetier-F. ebenbürtig. Durch Kochen in Wasser gehen die lösl. Bestandteile des F. ins Wasser über (F.-Brühe), das ausgekochte F. ist nährstoffarm und schwerer verdaulich. Beim Legen in kochendes Wasser, Braten in heißem Fett oder Grillen gerinnt das Eiweiß, und der Nährwert bleibt erhalten. Durch Trocknen, Hitze, Kälte, Räuchern, Pökeln kann F. haltbar gemacht werden.

Fleischbeschau, ↑ Fleischhygiene.

Fleischbrühe (Bouillon), durch Kochen v. a. von Rindfleisch und/oder Knochen zus. mit Gewürzen und Aromastoffen in Wasser gewonnener flüssiger Auszug aus Fleisch. **F.-Würfel (Bouillonwürfel)** bestehen aus Fleischextrakt, Gewürzen, Fett, Küchenkräutern und höchstens 65% Kochsalz.
Fleischer (Metzger, Schlachter), Beruf des Handwerks (vereinzelt auch der Ind.) mit dreijähriger Ausbildung, Gesellen- und Meisterprüfung; Fortbildung an Fachschulen. – Aufgaben: Schlachten und Zerlegen von Schlachtvieh, Herstellen von Fleisch- und Wurstwaren sowie deren Verkauf.
Fleischerpalme, die ↑Schusterpalme.
Fleischextrakt, pastenartig eingedickter Auszug aus frischem Fleisch. Das Fleisch wird mit Wasser von 90°C extrahiert; dient als Würzmittel.
Fleischfliegen (Aasfliegen, Sarcophaginae), Unterfamilie der Schmeißfliegen, deren Larven sich häufig in zerfallenden organ. Substanzen entwickeln (z. B. Fleisch, Aas).
Fleisch fressende Pflanzen (tierfangende Pflanzen), Pflanzen nährstoffarmer, v. a. stickstoffarmer Böden, die kleine Tiere, bes. Insekten (deshalb auch Bez. **Insektivoren**), anlocken, festhalten und durch Enzyme verdauen, wodurch sie sich zusätzlich Nährstoffquellen (Eiweiß) erschließen. Der Fang geschieht aktiv mit Klappmechanismus (z. B. Venusfliegenfalle), passiv nach dem Leimruten- (z. B. Sonnentau) oder Fallgrubenprinzip (z. B. Kannenpflanze).
📖 *Braem, G. J.: Fleischfressende Pflanzen. Arten u. Kultur. Gladenbach 1996.*
Fleischfresser (Karnivoren), Tiere, die sich vom Körpergewebe anderer Tiere ernähren, z. B. Raubtiere.
Fleischhygiene, die zu treffenden Maßnahmen, um den Gefahren, die vom Fleisch der Schlachttiere für den Menschen ausgehen, zu begegnen. Nach dem F.-Ges. i. d. F. v. 8. 7. 1993 unterliegen alle herkömml. Schlachttiere und erlegtes Haarwild, von Ausnahmen für den Eigenverbrauch abgesehen, der Untersuchungspflicht. Durch VO können hygien. Mindestanforderungen für Schlacht- und Weiterverarbeitungsbetriebe festgelegt werden. Die Untersuchungen obliegen dem amtl. Tierarzt und den öffentlich angestellten Fleischkontrolleuren. Schlachtiere müssen so gekennzeichnet sein, dass auch nach der Schlachtung der Erzeugerbetrieb ermittelt werden kann. Zur Schlachtung vorgesehene Tiere bedürfen der Schlachterlaubnis. Die Untersuchung, die nach der Schlachtung zu erfolgen hat (früher amtlich, heute umgangssprachlich **Fleischbeschau**), stuft das Fleisch als tauglich, tauglich nach Brauchbarmachung oder untauglich ein. Die Untersuchungspflicht auf BSE bei Rindern mit Schnelltests ist durch VO der EG vom 22. 5. 2001 geregelt. In Dtl. sind, über die VO hinausgehend, alle über 24 Monate alten für den menschl. Verzehr geschlachteten Rinder und alle über 24 Monate alten verendeten Rinder auf BSE zu untersuchen.
Fleischtomaten, großfrüchtige, fleischige Tomatensorten.
Fleischvergiftung, unter dem Bild einer akuten Magen-Darm-Entzündung (↑Brechdurchfall) verlaufende Erkrankung, die durch den Genuss von verdorbenem Fleisch (↑Botulismus, ↑Lebensmittelvergiftung) entsteht; das verdorbene Fleisch enthält bei Fäulnis giftige Eiweißzersetzungsprodukte, bei bakteriellem Befall (z. B. durch Streptokokken, Salmonellen, Clostridium botulinum) Bakterientoxine. Gründl. Kochen und Braten zerstört i. d. R. die von den Bakterien produzierten Giftstoffe; die Endotoxine der Salmonellen werden durch Temperaturen über 80°C zerstört.

Fleisch fressende Pflanzen: Venusfliegenfalle

Fleißer, Marieluise, Schriftstellerin, *Ingolstadt 23. 11. 1901, †ebd. 2. 2. 1974; von B. Brecht beeinflusst; erhielt 1935 Schreibverbot; schrieb sozialkrit. Dramen (»Fegefeuer in Ingolstadt«, 1926; »Pioniere in In-

FLE Fleißiges Lieschen

golstadt«, 1929), auch einen Roman und Erzählungen, die fast stets in ihrer bayer. Heimat spielen.

Fleißiges Lies|chen, volkstüml. Bez. für mehrere fortgesetzt reich blühende Zierpflanzen; z. B. die **Immer blühende Begonie** (Begonia semperflorens) und die **Zimmerbalsamine** (Impatiens walleriana).

flektieren [lat.], ein Wort in seinen grammat. Formen abwandeln, beugen. (↑Flexion)

flektierende Sprachen, ↑Sprache.

Flémalle, Meister von [- fle'mal], fläm. Maler, ↑Campin, Robert.

Fleming, 1) Alexander, Sir (seit 1944), brit. Bakteriologe, *Lochfield (bei Ayr) 6. 8. 1881, †London 11. 3. 1955; entdeckte (1928) das Penicillin; erhielt 1945 mit Sir H. Florey und E. B. Chain den Nobelpreis für Physiologie oder Medizin.

📖 *Maurois, A.: A. F. Arzt u. Forscher. Leipzig 1962.*

Sir Alexander Fleming

2) Ian Lancaster, engl. Schriftsteller, *London 28. 5. 1908, †Canterbury 12. 8. 1964; Verfasser der erfolgreichen, häufig verfilmten James-Bond-Agentenromane: u. a. »Casino Royale (1953), »Liebesgrüße aus Moskau« (1957), »James Bond jagt Dr. No« (1958), »Goldfinger« (1959).

3) [fle:-], Paul, Dichter, *Hartenstein (Landkreis Zwickauer Land) 5. 10. 1609, †Hamburg 2. 4. 1640; bed. Barocklyriker, schrieb Lieder von ungezwungener Frische, gefühlsbetonte Liebesdichtung (»Teutsche Poemata«, 1642) sowie lat. Gedichte.

Flensburg, kreisfreie Stadt in Schlesw.-Holst., an der Grenze zu Dänemark, am Ende der **Flensburger Förde** (43 km ins Land reichender Meeresarm der Ostsee) gelegen, 84 500 Ew.; Handels- und Verwaltungsstadt, Hafen und Marinestützpunkt (Mürwik), Kraftfahrt-Bundesamt, dt. Büchereizentrale, Bildungswiss. Hochschule F.-Univ., FH, Fachschulen, dänische kulturelle Einrichtungen; Schiff-, Maschinen- und Apparatebau, Spirituosenherstellung, Brauereien, Verlage. – F. hat zahlr. mittelalterl. Kirchen, u. a. got. Marien- und Nikolaikirche, Johanniskirche (im Kern Feldsteinbau um 1200), Heiliggeistkirche (1386 begonnen); Reste der Stadtmauer mit Nordertor (1595); Bürgerhäuser (16.–19. Jh.). – F., um 1200 entstanden, erhielt 1284 Stadtrecht.

Flensburg-Handewitt, SG, Handballklub, gegr. 1974 als **SG Weiche-Handewitt** (bis 1990); internat. Erfolge: EHF-Pokal (1997), City-Cup (1999) und Europapokal der Pokalsieger (2001).

Flerov [ˈfljɔ-], Georgi Nikolajewitsch, ↑Fljorow.

Flesch, Carl, ungar. Violinist, *Wieselburg (heute zu Mosonmagyaróvár, Ungarn) 9. 10. 1873, †Luzern 15. 11. 1944; schrieb u. a. »Die Kunst des Violinspiels« (2 Bde., 1923–28).

Fletcher [ˈfletʃə], John, engl. Dramatiker, ↑Beaumont, Francis.

Flettner, Anton, Ingenieur, *Eddersheim (heute zu Hattersheim am Main) 1. 11. 1885, †New York 29. 12. 1961; konstruierte den nach ihm benannten **F.-Rotor** zum Antrieb von Schiffen. Aufgrund des Magnus-Effektes erfährt ein von einem Motor angetriebener Zylinder bei der Wasseranströmung eine senkrechte Kraft zur Strömungsrichtung des Wassers, die das Schiff antreibt; bisher ohne prakt. Bedeutung.

Fleur [flœːr; frz. »Blume«, »Blüte«] *die,* das Beste von etwas, Zierde, Glanz.

Fleuron [fløˈrɔ̃; frz., zu fleur »Blume«] *das,* stilisierte Blumen als Ornament (z. B. in Korb- oder Bukettform), bes. in Baukunst und Buchdruck.

Fleuron [fløˈrɔn], Svend, dän. Schriftsteller, *Katrinedal (auf Møn) 4. 1. 1874, †Humlebæk (bei Helsingør) 5. 4. 1966; Schöpfer des modernen (beobachtenden) Tierromans (u. a. »Meister Lampe«, 1918).

Fleurop GmbH [ˈfløːrɔp; Abk. von lat. Flores **europ**ae, »Blumen Europas«], Organisation zur Vermittlung von Blumenpräsenten mit rd. 7 000 (weltweit 50 000) angeschlossenen Blumengeschäften; gegr. 1908, Sitz: Berlin.

Fleury [flœˈri], Benediktinerabtei, ↑Saint-Benoît-sur-Loire.

Fleury [flœˈri], André Hercule de, Kardinal (seit 1726), frz. Staatsmann, *Lodève (Dép. Hérault) 22. 6. 1653, † Issy-les-Molineaux (Dép. Hauts-de-Seine) 29. 1. 1743; Erzieher Ludwigs XV.; leitete als dessen Staatsminister (seit 1726) die frz. Politik, suchte den Ausgleich mit Großbritannien und Österreich, erwarb 1738 (Wiener Frieden) die Anwartschaft Frankreichs auf Lothringen; bekämpfte den Jansenismus.

Flevoland, Prov. der ↑Niederlande.

Flex, Walter, Schriftsteller, *Eisenach 6. 7. 1887, ✕Ösel (heute Saaremaa) 16. 10. 1917; war Privatlehrer im Hause Bismarck. Sein Kriegserlebnisbuch »Der Wanderer zw. beiden Welten« (1917) wurde zum Kultbuch der nationalist., später auch der nat.-soz. Jugendbewegung.

Flexenpass (Flexensattel), Pass in den Lechtaler Alpen, Österreich, 1 773 m ü. M.; über ihn führt die 1895–97 angelegte **Flexenstraße** vom Klostertal (Arlbergstraße) ins oberste Lechtal.

Flexibilität [zu lat. flectere »biegen«] *die,* Biegsamkeit; Fähigkeit, sich wechselnden Situationen anzupassen; Ggs.: ↑Rigidität.

flexible Altersgrenze, ↑Rentenversicherung.

Flexible Response [ˈfleksɪbl rɪsˈpɔns, engl.] (flexible Reaktion), von 1968 bis Ende 1991 geltende strateg. Konzeption der NATO: Im Fall eines feindl. Angriffs sollten die Verteidigungsmaßnahmen jeweils der Lage angepasst werden; mit dem Ziel, einen Angriff wirksam zu beantworten und die Kriegsauswirkungen begrenzt zu halten. Die F. R. wurde 1991 bzw. 1999 durch ein neues strateg. Konzept ersetzt (↑NATO).

flexible Wechselkurse, frei schwankende Wechselkurse (↑Floating).

Flexion [lat.] *die,* **1)** *Medizin:* aktive oder passive Beugung des Körpers oder eines Körperteils; auch die Abknickung eines Organs, z. B. der Gebärmutter **(Flexio uteri). 2)** *Sprachwissenschaft:* die Abwandlung eines Wortes (Beugung) im Hinblick auf seine Zuordnung im Satz: Deklination, Konjugation, Komparation.

Flexionslage, normale Einstellung der kindl. Geburtshaltung mit Beugung des Kopfes auf die Brust; Ggs. ↑Deflexionslagen.

Flexner, Simon, amerikan. Pathologe, Bakteriologe, *Louisville (Ky.) 25. 3. 1863,

† New York 2. 5. 1946; Prof. in Baltimore (Md.) und Philadelphia (Pa.), ab 1903 Leiter des Rockefeller Institute; entdeckte den Ruhrbazillus **(F.-Bakterium).**

Flexodruck, *graf. Technik:* ↑Druckverfahren.

Flexoren [lat.], die ↑Beugemuskeln.

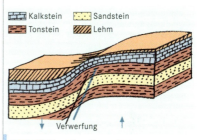

Flexur 2) über einer Verwerfung

Flexur [lat. »Biegung«] *die,* **1)** *Anatomie:* Biegung, Krümmung, v. a. Bez. für gekrümmte Abschnitte des Darmrohrs. **2)** *Geologie:* s-förmige Verbiegung von Gesteinsschichten, entstanden durch gegenläufige relative Verschiebung zweier Erdkrustenschollen ohne Bildung größerer Brüche. Die F. kann bei stärkeren Vertikalbewegungen in eine ↑Verwerfung übergehen.

Flibustier [von niederländ. vrijbuiter »Freibeuter«] *der* (Bukanier), Freibeuter und Seeräuber an den Küsten Mittel- und Südamerikas vom 17. bis 19. Jh. **Filibuster** wurden Abenteurer aus den USA gen., die 1850–60 auf Kuba und in Nicaragua einfielen.

Flic [frz.] *der,* umgangssprachliche frz. Bez. für Polizist.

Flick, 1) Friedrich, Unternehmer, *Ernsdorf (heute zu Kreuztal) 10. 7. 1883, † Konstanz 20. 7. 1972, Vater von 2); beherrschte nach 1920 die Vereinigten Stahlwerke AG und später den Montankonzern Mitteldt. Stahlwerke. 1933–45 erlangte F., der auch dem Freundeskreis H. Himmlers angehörte, als bed. Rüstungsindustrieller Kontrolle über die Montanind. in den besetzten europ. Ländern. 1947 als Kriegsverbrecher zu sieben Jahren Gefängnis verurteilt und 1950 entlassen; baute ab 1952 einen Konzern auf, der ihn zu einem der weltweit reichsten Menschen werden ließ.

2) Friedrich Karl, Unternehmer, *Berlin 3. 2. 1927, Sohn von 1); hatte seit 1975 die alleinige Verfügungsgewalt über den Flick-Konzern, von dem er 1975 einen Teil veräußerte. Ende 1985 verkaufte F. den Konzern an die Dt. Bank AG, die den Konzern auflöste († Parteispendenaffäre).

Flickenschildt, Elisabeth, Schauspielerin, *Hamburg 16. 3. 1905, † Stade 26. 10. 1977; kam über die Münchener Kammerspiele zum Dt. Theater und Staatl. Schauspielhaus in Berlin, dort und dann in Düsseldorf und Hamburg unter G. Gründgens bed. Charakterdarstellerin; seit 1935 auch in Filmen (»Faust«, 1960); schrieb u. a. »Kind mit roten Haaren – Ein Leben wie im Traum« (1971).

Flickflack *der, Turnen:* Handstützüberschlag rückwärts aus dem Stand heraus.

Flieder, 1) (Syringa), Gattung der Ölbaumgewächse mit großen, duftenden Blütenrispen. Der **Gemeine F.** (Syringa vulgaris) mit herzförmigen Blättern und weißen oder rot- bis blauvioletten Blüten ist ein beliebter Zierstrauch.
2) (Deutscher F.), volkstüml. Bez. für den Schwarzen † Holunder.

Fliedner, Theodor, evang. Theologe, *Eppstein 21. 1. 1800, † Kaiserswerth (heute zu Düsseldorf) 4. 10. 1864; gründete 1836 in Kaiserswerth, wo er 1822–49 Pfarrer war, zus. mit seiner Frau Friederike (*1800, † 1842) die erste Diakonissenanstalt (Kranken- und Mutterhaus), die ihrerseits Vorbild für diakon. Einrichtungen in Dtl. und im Ausland wurde.

Fliege, 1) *Angeln:* künstl. Köder (Insektenimitation).
2) *Astronomie:* (lat. Musca), Sternbild am Südhimmel, zw. dem Kreuz des Südens und dem südl. Himmelspol gelegen.
3) *Herrenmode:* als Querschleife gebundene Krawatte.
4) *Zoologie:* a) † Fliegen; b) ein Käfer († Spanische Fliege).

Fliegen, † Flug.

Fliegen (Brachycera), Unterordnung der Zweiflügler mit gedrungenem Körper und kurzen Fühlern; Körperlänge 1 bis 70 mm. Ihre Hinterflügel sind zu Schwingkölbchen umgestaltet, die die Flügelschwingungen regulieren. Die Larven (Maden) sind beinlos und minieren in Blättern, leben in Holz, Früchten und Abfällen, sind Räuber und Schmarotzer und entwickeln sich z. T. im Wasser. Die Vollinsekten besuchen Blüten, saugen Säfte oder Blut, sitzen auf Kot und Abfällen, in Tiernestern und Höhlen. F. gehören zu den vielseitigsten Schadinsekten: z. B. als Seuchenüberträger, als Parasiten bei Haus- und Wildtieren, als Schädlinge an Kulturpflanzen. Sie nützen als Vertilger von Schädlingen, durch rasche Beseitigung zerfallender organ. Substanzen und durch Blütenbestäubung. Die F. umfassen etwa 94 Familien mit mehr als 45 000 Arten, darunter Bremsen, Raub-F., Schweb-F., Tau-F., Bohr-F., Voll-F. (Stubenfliege), Raupen-F., Dassel-F. und Lausfliegen.

📖 *Sauer, F.: F. u. Mücken nach Farbfotos erkannt. Karlsfeld ²1991. – Chinery, M.: Pareys Buch der Insekten. Ein Feldführer der europ. Insekten. A. d. Engl. Hamburg u. a. ²1993. – Hannemann, H.-J.: Exkursionsfauna von Deutschland. Bd. 2 Wirbellose: Insekten. Heidelberg ⁹2000.*

Fliegende Blätter, humoristisch-satir. Zeitschrift, 1844–1944 in München erschienen. Zu den graf. Mitarbeitern gehörten M. von Schwind, C. Spitzweg, W. Busch, A. Oberländer, F. von Stuck, T. T. Heine.

Fliegende Fische (Exocoetidae), Familie der Echten Knochenfische, 138 Arten mit länglich-spindelförmigem Körper sowie flügelartig vergrößerten Brustflossen. F. F. leben in trop. und subtrop. Meeren und können mehrmals hintereinander bis zu 50 m lange Gleitflüge durch die Luft machen (dient der Flucht vor Feinden). Die am besten segelnde Art ist **Exocoetus volitans**.

fliegende Hitze, † Hitzewallung.

Fliegende Hunde, † Flughunde.

fliegende Mücken, † entoptische Wahrnehmungen.

Fliegender Fisch (lat. Volans), Sternbild des Südhimmels, in der Milchstraße nahe dem südl. Himmelspol gelegen.

Fliegender Holländer, Sage um einen Schiffskapitän, der in vermessener Art und Weise bei widrigem Wind ein sturmreiches Kap umsegeln möchte und als Strafe dazu verdammt ist, in Ewigkeit gegen die Winde zu kreuzen. Literar. Gestaltungen der Sage im 19. Jh. (u. a. durch S. T. Coleridge, H. Heine); romant. Oper von R. Wagner (1843).

📖 *Laroche, B.: Der Fliegende Holländer. Wirkung u. Wandlung eines Motivs. Frankfurt am Main u. a. 1993.*

fliegender Start, *Sport:* Beginn eines Rennens, bei dem die Teilnehmer schon vor dem Überqueren der Startlinie in Bewe-

gung sind, z. B. beim Rennrodeln, Bobfahren, Springreiten, Trabrennen, Segeln, z. T. auch beim Motorsport. Einen f. S. innerhalb des Wechselraums führen auch die Staffelläufer bei Übernahme des Staffelstabes durch.
fliegender Wechsel, *Sportspiele:* Spieleraustausch während des laufenden Spiels, nicht erst bei Spielunterbrechung (z. B. beim Hallenhandball, -fußball, Eishockey).
Fliegengewicht, *Sport:* ↑Gewichtsklassen (Übersicht), ↑Profiboxen (Übersicht).
Fliegenpilz (Amanita muscaria), häufiger, sehr giftiger Lamellenpilz mit roter oder gelbroter Huthaut (häufig mit weißen Schuppen besetzt) sowie an der Hutunterseite mit weißen Blättern und weißem Stiel mit Knolle und Manschette; bes. unter Birken und Nadelbäumen. Der F. enthält Ibotensäure, Muscarin u. a. Gifte und kann tödlich wirken. F. sind eines der ältesten Halluzinogene des Menschen (u. a. von nordsibir. Volkstämmen benutzt).
Fliegenschnäpper (Muscicapidae), fast weltweit verbreitete Familie der Singvögel, die in winterkalten Gebieten zu den Zugvögeln gehören; sie jagen nach Insekten. In Dtl. brüten der **Graue F.** (**Grauschnäpper,** Muscicapa striata) in Höhlungen mit weiter Öffnung, der **Trauerschnäpper** (Ficedula hypoleuca) in Nisthöhlen; der **Zwergschnäpper** (Ficedula parva) lebt in Buchenwäldern. Letzterer überwintert in Indien, die beiden anderen in Afrika.
Flieger, 1) *Militär:* seit 1935 der niedrigste Mannschaftsdienstgrad in der dt. Luftwaffe.
2) *Segelschifffahrt:* das oberste, dreieckige Vorsegel, das am Stag gesetzt wird.
Fliegerabwehr, Bez. für die von allen Truppen gegen Bedrohung aus der Luft zu treffenden Maßnahmen, wie Tarnung, Deckung, Täuschung, Luftraumbeobachtung, Bekämpfung tief fliegender Luftfahrzeuge und gegner. Fallschirmjäger. (↑Flugabwehr)
Fliegerbombe, Kampfmittel der Luftkriegführung, das als Wurfkörper von Angriffsflugzeugen (**Bombern**) eingesetzt wird. F. sind i. d. R. zylindr. oder tropfenförmige Metallhohlkörper mit Stabilisierungsflächen, die mit Sprengstoff, einem Brandsatz oder Kampfstoff gefüllt sind. Nach der Wirkung unterscheidet man **Spreng-** und **Splitterbomben,** beide heute zur Mehrzweckbombe zusammengefasst, **Brand-** und **Sonderbomben** (Leucht-, Nebel- und Versorgungsbomben), **Atombomben** (↑ABC-Waffen), **zielsuchende Bomben** (↑Lenkbombe) sowie die **Schütt-** oder **Streubomben,** die eine Vielzahl kleinerer Bomben (Bomblets) enthalten.
Fliegerhorst, Militärflugplatz zum Einsatz und zur Unterhaltung fliegender Verbände.
Fliegerkrankheit, die ↑Höhenkrankheit.

Fliegenpilz

Fliegerrennen, 1) *Bahnradsport:* frühere Bez. für ↑Sprinterrennen.
2) *Pferderennsport:* Flachrennen über kurze Strecken bis 1 400 m, im Ggs. zu **Steherrennen** (Prüfung auf Ausdauer des Pferdes).
Fliegerschule (Flugschule), Ausbildungsstätte für Flugzeugführer zum Erwerb von ↑Luftfahrerscheinen. Neben staatlich anerkannten privaten F. betreiben auch die Vereine des Dt. Aeroclubs die Ausbildung von Privatflugzeugführern, während die ergänzende Ausbildung von Linienflugzeugführern in besonderen F. erfolgt, die meist von Luftverkehrsgesellschaften unterhalten werden. Luftstreitkräfte betreiben eigene Flugzeugführerschulen für die Fliegertruppen.
Fliegertruppe, ↑Luftwaffe.
Fliehburgen (Fluchtburgen), vor- und frühgeschichtl. Befestigungen, die i. d. R. nicht dauernd bewohnt waren, sondern als Zufluchtsstätten der umliegenden Bevölkerung in Notzeiten dienten.
Fliehkraft, die ↑Zentrifugalkraft.
Fliehkraftregler, mechan. Drehzahlregler mit meist zwei an gegenüberliegenden Pendeln befestigten Schwungmassen, die bei rascher Umdrehung durch die Fliehkräfte angehoben werden. Dabei betätigen die auseinander strebenden Pendel meist über ein Hebelsystem ein Regelorgan (z. B. Drosselklappe).
Fliesen [mnd. vlise »Steinplatte«], unter

hohem Druck gepresste und bei Temperaturen von 1 200 bis 1 300 °C gebrannte keram. Platten zur Verkleidung von Innen- und Außenwänden oder als Bodenbelag. Der dichte, gesinterte Scherben oder (bei porösem Scherben) die glasierte Oberfläche verhindern das Eindringen von Feuchtigkeit, Schmutz und Mikroorganismen. Die Bez. F., die eigtl. nur für plattenförmige Gebilde aus Steinzeug oder Steingut angewandt werden sollte, wird auch für Platten aus Glas, Naturstein, Kunststein, Linoleum, Gummi, Kunststoff u. a. gebraucht.

Geschichte: Marmorplatten fanden im griech. Tempelbau und in der hellenist. Palast- und Stadtbaukunst Verwendung. Sie wurden seit der späteren Kaiserzeit auch in Rom üblich, dann bes. in Italien im MA. (↑Cosmaten) und in der Renaissance. – Die keram. F. haben ihre Vorläufer in glasierten Ziegeln (Emailziegel, Fayenceziegel), die schon im Altertum um die Mitte des 2. Jt. v. Chr. bekannt waren; sie spielten eine wichtige Rolle in der assyr., babylon. und altpers. Baukunst und in den südamerikan. Inkakulturen. In Vorderasien erblühte die Kunst der F. wieder seit dem 12. Jh. n. Chr. Die Mauren führten im 14. Jh. vielfarbig bemalte und glasierte keram. F. (↑Azulejos) nach Spanien ein. Ein Höhepunkt in der F.-Produktion lag im 16. Jh. in den Niederlanden, wo in Delft u. a. Werkstätten im 17. und 18. Jh. sowohl F.-Tableaus als auch Einzel-F. hergestellt wurden. In der Baukunst der Gegenwart finden F. wieder verstärkt Verwendung.

📖 *F. in Kunst u. Architektur,* bearb. v. H. van Lemmen. A. d. Engl. Stuttgart 1994.

Fließband, Stetigförderer mit Gurt- oder Kettenband, der u. a. in der Serienfertigung zum Materialtransport oder z. B. im Bergbau zur Beförderung großer Mengen von Schüttgütern eingesetzt wird.

Fließbett, *chem. Technik:* die ↑Wirbelschicht.

Fließbild (Fließschema), zeichner. Darstellung verfahrenstechn. Anlagen, in der die Hauptverfahrensschritte als Kästchen und die wichtigsten Stoffströme als Pfeile wiedergegeben sind. Das **Verfahrens-F.** enthält alle für das Verfahren erforderl. Apparate und Maschinen sowie die wesentl. Stoffströme mit Benennung der Ein- und Ausgangsstoffe. Das **Rohrleitungs- und-Instrumenten-F. (RI-F.)** enthält darüber hinaus v. a. sämtl. Rohrleitungen, Armaturen sowie Mess- und Regelstellen.

Fließen, 1) *Physik:* durch Einwirkung äußerer Kräfte hervorgerufene, bei Überschreiten der Fließgrenze einsetzende Bewegung der Teilchen flüssiger, viskoser oder plast. Stoffe sowie von Festkörpern geringer Festigkeit (geringer Elastizitätsgrenze) bei höheren Temperaturen oder auch hohen Drücken.

Bei den **newtonschen Flüssigkeiten** (»normale« Flüssigkeiten, z. B. Wasser), deren dynam. Viskosität vom Spannungs- oder Deformationszustand unabhängig ist, setzt das F. sofort bei Beginn der Krafteinwirkung (also schon durch die eigene Gewichtskraft) ein; solche Stoffe haben keine ↑Fließgrenze. Beim **laminaren F.** (Strömungsgeschwindigkeiten unter 0,1 m/s) schieben sich Flüssigkeitsschichten aneinander vorbei, ohne sich zu mischen. Bei größeren Geschwindigkeiten herrscht das durch Turbulenz gekennzeichnete **turbulente F.** vor, bei dem sich die Flüssigkeit strömend oder schießend bewegt; im ersten

Fliesen: Ausschnitt aus dem Keramikmosaik eines türkischen Palastes in Istanbul (5. Jh.)

Fall ist die Wellengeschwindigkeit kleiner, im letzten größer als die Fließgeschwindigkeit. Die Gesetzmäßigkeiten newtonscher Flüssigkeiten untersucht die ↑Hydrodynamik. – **Nichtnewtonsche Flüssigkeiten** sind viskose Stoffe mit nichtlinearer Viskosität, unscharfer bis scharfer Fließgrenze und stark temperaturabhängigem Fließverhalten. Zu ihnen gehören Kolloide, Dispersionen, Suspensionen, polymere Lösungen, Schmelzen. Das nichtnewtonsche F. wird in der Rheologie (Fließkunde) durch allgemeine Zustandsgleichungen beschrieben, die die Beziehungen zw. Spannungs-, Dehnungs- oder Deformationsvorgeschichten wiedergeben.
2) *Werkstoffkunde:* der Vorgang der plast. Verformung von Metallen und Legierungen bei hohen Belastungen. Im kalten Zustand tritt dabei eine Verfestigung des Werkstoffs ein. Bei hohen Temperaturen ist die Verfestigung gering, da durch therm. Aktivierung kontinuierlich Entfestigung auftritt. Dies wird bei der Warmumformung technisch genutzt.
Fließerde, Bodenbewegung, ↑Solifluktion.
Fließfertigung, Fertigungsverfahren in Industriebetrieben für gleichartige Produkte in großen Serien, bei dem die Betriebsmittel (Zubringer-, Bearbeitungs-, Mess- und Steuereinrichtungen) und Arbeitsplätze in lückenloser Folge der Arbeitsgänge in Fertigungslinien bzw. -straßen angeordnet sind. Bei durch ein Transportband miteinander verbundenen Arbeitsstationen spricht man von **Fließbandfertigung.**
Fließgleichgewicht, *Thermodynamik:* der stationäre (kleinen Schwankungen unterworfene, aber im Mittel unveränderl.) Zustand offener Systeme (↑Entropie), den sie trotz ständigen und wechselnden Stoffaustauschs mit der Umgebung erreichen können. Geschlossene Systeme müssen einem Zustand des Gleichgewichts zustreben.
Fließgrenze, *Physik, Werkstoffkunde:* mechan. Spannung, bei deren Überschreiten der Werkstoff vom elastischen in den plast. Zustand übergeht. Bei Metallen sinkt die F. mit zunehmiger Temperatur.
Fließpressen, *Fertigungstechnik:* Umformverfahren zur Herstellung von Voll- oder Hohlkörpern und Profilen, bei dem der Werkstoff durch hohen Druck zum Fließen gebracht und durch den von Pressstempel und Pressbüchse gebildeten Hohlraum unter Druckeinwirkung hindurchgepresst wird. Beim **Vorwärts-F.** haben Stempelbewegung und Werkstofffluss die gleiche Wirkrichtung, beim **Rückwärts-F.** ist der Stofffluss der Werkzeugbewegung entgegengesetzt; bei Verwendung einer geteilten Pressbüchse ist auch ein **Quer-F.** möglich. Abhängig von der Fließfähigkeit des Werkstoffes wird F. bei Raumtemperatur **(Kalt-F.),** bei Temperaturen zwischen Raumtemperatur und ca. 750 °C **(Halbwarm-F.)** und Temperaturen über 750 °C **(Warm-F.)** durchgeführt.

Fließfertigung: Fließbandfertigung des Modells T (»Tin Lizzy«) in Henry Fords Automobilwerk in Detroit (Foto von 1913)

Fließverbesserer, Zusätze für Dieselkraftstoff und leichtes Heizöl, die die Filtrierbarkeit und Pumpbarkeit bei tiefen Temperaturen verbessern.
Fließzone, *Geologie:* ↑Asthenosphäre.
Flimm, Jürgen, Regisseur und Theaterleiter, *Gießen 17. 7. 1941; wirkte 1974–78 in Hamburg, ab 1979 in Köln; schuf v. a. unkonventionelle Klassikerinszenierungen; 1985–2000 Intendant des Hamburger Thalia-Theaters, 1999–2003 Präs. des Dt. Bühnenvereins, ab 2001 Leiter des Schauspiels der Salzburger Festspiele.
Flimmern, 1) 1) der period. Wechsel von Lichtzeichen, die vom Auge weder als getrennte Einzelreize noch als Einheit wahrgenommen werden können; 2) zum F. der Luft ↑Luftunruhe, zum F. der Sterne ↑Szintillation.
2) *Zoologie:* ↑Zilien.

Flimmerphotometer, ein visuelles Photometer (↑Photometrie).

Flimmerskotom, anfallsweise auftretende Sehstörung mit Augenflimmern und zentraler Teilverdunkelung des Gesichtsfeldes infolge zerebraler Durchblutungsstörungen, v. a. bei Migräne.

Flims (bündnerroman. Flem), Fremdenverkehrsort im Kt. Graubünden, Schweiz, 1070 m ü. M., über der Schlucht des Vorderrheins an der Stelle des vorgeschichtl. **Flimser Bergsturzes;** 2400 Ew., Seilbahnen.

Flinderhaube, mit Silber- oder Goldblättchen behängte Frauenhaube der städt. Oberschicht vom 15. bis zum Anfang des 17. Jh.; lebte weiter in ländl. Brautkronen.

Flinders [ˈflɪndəz], Matthew, brit. Entdeckungsreisender, * Donington (Lincolnshire) 16. 3. 1774, † London 19. 7. 1814; schlug für den von ihm 1795–1803 erkundeten Kontinent 1814 den Namen Australien vor (terra australis, das lang gesuchte Südland).

Flinders Ranges [ˈflɪndəz ˈreɪndʒəz], Bergkette im südöstl. Australien, bei Port Augusta, bis 1165 m ü. M.; reiche Steinkohlen- und Erzvorkommen, Abbau von Kupfer- und Uranerz; im Zentrum liegt der F. R. National Park, im N der Gammon Ranges National Park.

Flindt [dän. flend], Flemming, dän. Tänzer, Choreograph und Ballettdirektor, * Kopenhagen 30. 9. 1936; war 1966–78 Leiter des Königlich-Dän. Balletts in Kopenhagen, leitete 1978–81 mit seiner Frau, der Tänzerin Vivi Gelker (* 1943), ein privates Ballettensemble; seit 1981 Ballettdirektor des Dallas Civic Theater (Tex.); eigene Choreographien, v. a. nach E. Ionesco.

Flinsberg, Bad, Stadt in Polen, ↑Świeradów Zdrój.

Flint [mittelniederländ. vlint »Steinsplitter«], ↑Feuerstein.

Flint, Stadt in Michigan, USA, am Oberlauf des Flint River; 134900 Ew.; Zentrum der Automobilindustrie.

Flinte, urspr. Steinschlossgewehr, heute Sammelbez. für Jagd- und Sportgewehre mit glattem Lauf zum Verfeuern von Schrot.

Flintglas, ein ↑optisches Glas.

Flintshire [-ʃɪə], VerwBez. in NO-Wales, Großbritannien, südlich der Deemündung, 438 km², 145700 Ew.; Verw.sitz ist Mold.

Flinz, *Geologie:* 1) mergelige, feinsandige Gesteine im Miozän des dt. Alpenvorlandes; 2) dunkle, feinkörnige, bituminöse Plattenkalke und Tonschiefer im Devon des Rhein. Schiefergebirges.

Flip [engl.] *der,* 1) Cocktail mit Eigelb. 2) *Eis-, Rollkunstlauf:* Sprung, getupfter (getippter) ↑Salchow.

Flipchart [-tʃɑːt, engl.] *das,* auf einem Gestell befestigter großer Papierblock, dessen Blätter nach oben umgeschlagen werden können.

Flipflop [engl.] *das* (bistabiler Multivibrator), bistabile Kippschaltung, bestehend aus zwei Teilsystemen, die über gleichstromdurchlässige Rückkopplungsglieder verbunden sind. Dabei enthält jedes Teilsystem ein aktives (verstärkendes) Schaltelement (Transistor). Die Umschaltzeiten von einem Zustand in den anderen hängen von den Eigenschaften der Teilsysteme ab und können extrem kurz sein. F. sind Grundbausteine von Digitalschaltungen mit sequenzieller Logik. Das Zusammenschalten von F. gestattet z. B. die Realisierung von speichernden Baugruppen (Schaltkreisen).

Flipper [engl.] *der,* Spielautomat, bei dem man eine Kugel möglichst lange auf dem abschüssigen Spielfeld halten muss.

Flirt [flɜːt, engl.] *der,* 1) *allg.:* Liebelei, Tändelei. 2) *Verhaltensforschung:* in allen menschl. Kulturen charakterist. Verhalten bei homo- und heterosexuellen Beziehungen, das der Partnerwahl dient. (↑Balz)

Flitner, Wilhelm August, Pädagoge, * Bad Berka 20. 8. 1889, † Tübingen 21. 1. 1990; Prof. in Kiel (seit 1926) und Hamburg (seit 1929); verband mit histor. Forschung die gegenwartsbezogene Arbeit u. a. über Lehrer- und Erwachsenenbildung; bestimmte die Pädagogik als hermeneutisch-pragmat. Wissenschaft.

Werke: Systemat. Pädagogik (1933, u. d. T. Allgemeine Pädagogik 1950); Das Selbstverständnis der Erziehungswiss. in der Gegenwart (1957); Die gymnasiale Oberstufe (1961); Die Gesch. der abendländ. Lebensformen (1967).

📖 *Heinen, K.: Das Problem der Zielsetzung in der Pädagogik W. F.s. Eine krit. Interpretation. Bern u. a. 1973.*

Flittergold, das ↑Rauschgold.

Flitterwochen [wohl von mhd. vlittern »flüstern«, »liebkosen«], die erste Zeit der Ehe.

Fljorow (Flerov), Georgi Nikolajewitsch, sowjet. Physiker, *Rostow am Don 2. 3. 1913, †Moskau 9. 11. 1990; arbeitete im Kernforschungszentrum Dubna, erkannte 1940 die Möglichkeit von Kernkettenreaktionen und die Spontanspaltung von Uran, entdeckte 1963 die Protonenradioaktivität. F. und seine Mitarbeiter synthetisierten 1957/58 erstmals das chem. Element 102 (↑Nobelium), 1964 das Element 104 (↑Rutherfordium) und 1967 das Element 105 (↑Dubnium).

FLN, Abk. für frz. Front de Libération Nationale (Nationale Befreiungsfront), alger. Partei, gegr. 1954 in Kairo; bildete 1958 in Tunis die provisor. Reg. der alger. Republik. Nach der Entlassung Algeriens in die Unabhängigkeit (1962) war die nach dem Kaderprinzip aufgebaute FLN bis zur Einführung eines Mehrparteiensystems 1989 die allein zugelassene Partei mit sozialist. und arabisch-nationalist. Programm. – Die FLN war das Vorbild für zahlr. Befreiungsbewegungen bes. in Afrika.

Floatglas [ˈflǝʊt-, engl.], ein opt. ↑Glas.

Floating [ˈflǝʊtɪŋ, engl.] *das,* Wechselkursbildung durch freies Spiel von Angebot und Nachfrage am Devisenmarkt, ohne dass Währungsbehörden durch Interventionen, also Ankauf oder Verkauf von Devisen, eingreifen würden (freie oder flexible Wechselkurse; Ggs.: feste Wechselkurse). Wenn die Währungen mehrerer Länder untereinander feste Wechselkurse haben, jedoch gegenüber Drittwährungen frei schwanken können, liegt **Block-F.** oder **Gruppen-F.** vor.

Floating-Rate-Notes [ˈflǝʊtɪŋ reɪt nǝʊts, engl.], Abk. **FRN** (Floater), mittel- bis langfristige Anleihen mit variabler Verzinsung, deren Zinssatz in bestimmten Zeitabständen (i. d. R. alle 3 bis 6 Monate) an einen Referenzzinssatz (↑EURIBOR) angepasst wird. FRN sind im Regelfall mit einem vorzeitigen Kündigungsrecht des Emittenten ausgestattet.

Flobertgewehr (Flobertpistole), nach N. Flobert (*1819, †1894), dem Erfinder der Einheitspatrone (1845), ben. Feuerwaffe für schwache Patronen, deren Zündladung zugleich als Treibladung dient.

Flocculi [lat. »Flöckchen«], *Astronomie:* die hellen Strukturelemente der netzförmigen Hell-Dunkel-Struktur der obersten Sonnenchromosphäre

Flocke, *allg.:* kleine Zusammenballung von Fasern (Wolle), Kristallen (Schnee) u. a. (↑Flockung); auch Bez. für durch Quetschen von Getreidekörnern u. a. zw. Walzen entstandenes Nährmittel (z. B. Hafer-F.).

Flockenblume (Centaurea), Gattung der Korbblütler mit über 500 Arten, v. a. in den gemäßigten Zonen; meist flockig behaarte Kräuter mit in Köpfchen stehenden, großen Röhrenblüten; bekannte mitteleurop. Arten sind u. a. die **Kornblume** (Centaurea cyanus), bis 60 cm hoch, Randblüten leuchtend blau, auf Getreidefeldern und an Feldrainen, sowie die **Wiesen-F.** (**Gemeine F.,** Centaurea jacea), 10–80 cm hoch, mit rötl. Blütenköpfchen, auf Wiesen und an Wegrändern.

Flockenblume: Großköpfige Flockenblume

Flockseide, gezwirnte Naturseide.

Flockung, alle Vorgänge, die die Abscheidung der in einem kolloiden System suspendierten Teilchen in Form von Flocken bewirken. Die Zusammenlagerung der fein- oder kolloiddispersen Teilchen wird durch **F.-Mittel** ermöglicht, die die elektrostat. Abstoßung der im Wasser (bzw. in anderen Dispersionsmitteln) meist negativ aufgeladenen Teilchen überwinden. Häufig werden dazu Metallsalze oder wasserlösl. Polymere verwendet. Von techn. Bedeutung ist die F. heute v. a. für die Aufbereitung von Oberflächenwasser und Klärschlämmen sowie bei der Erz- und Kohleaufbereitung.

Flöha, Stadt im Landkreis Freiberg, Sachsen, an der Mündung der Flöha in die Zschopau, 12 300 Ew.; Dampfkesselbau, elektrotechn. Industrie. – F. entstand im 12. Jh., erhielt 1933 Stadtrecht und war bis 1994 Kreisstadt.

Flöhe (Siphonaptera, Aphaniptera, Suctoria), Ordnung flügelloser Insekten mit saugend-stechenden Mundwerkzeugen; Hinterbeine zu Sprungbeinen entwickelt. Die Larven ernähren sich von organ. Abfallstoffen, erwachsene F. saugen Blut. Als

FLO Flohkäfer

Überträger von Krankheiten können F. gefährlich werden. Der **Menschenfloh** (Pulex irritans) lebt auf Menschen, Hunden, Ratten, Katzen, Hühnern; er ist etwa 3 mm lang, braun, harthäutig, fähig, bis zu 35 cm weit und 20 cm hoch zu springen. Die Eier werden in Ritzen, Kleider, Betten gelegt. Die weißl., bis 1 cm lange, behaarte Made hat kauende Mundteile; sie verpuppt sich in einem mit Schmutzteilchen verklebten Gespinst. Die F. können monatelang hungern. Ihre Stiche verursachen starken Juckreiz. Bekämpfung: Sauberhalten der Wohnung; Insektengifte. – Zu den F. gehören auch der **Hundefloh** (Ctenocephalides canis) auf Hund, Katze, Ratte und der indisch-afrikan. **Rattenfloh** (Xenopsylla cheopis), ein Überträger der Pest von Ratten auf Menschen.

Flöhe: Seitenansicht (oben) und Vorderansicht eines Menschenflohs (unten)

Flohkäfer, die ↑Erdflöhe.
Flohkraut (Pulicaria), gelb blühende Korbblütlergattung mit zwei mitteleurop. Arten: **Großes F.** (Pulicaria dysenterica), auf feuchtem Grasland; **Kleines F.** (Pulicaria vulgaris), an Dorfrändern.
Flohkrebse (Amphipoden, Amphipoda), eine Gruppe der höheren Krebse ohne Scheren, die mit den Asseln die Gruppe Ranzenkrebse (Peracarida) bilden; meist seitlich abgeflacht, gekennzeichnet durch sechs Beinpaare am Hinterleib, von denen die drei hinteren als Sprungbeine, die drei vorderen als Schwimmbeine dienen. In Bächen lebt unter Steinen der **Bach-F.** (Gammarus pulex) von faulenden Stoffen; am Strand **Strandflöhe,** u. a. der **Gemeine Sandhüpfer** (Talitrus saltator).
Flohmarkt [übersetzt von frz. marché aux puces], Markt für den Handel mit alten, gebrauchten Waren jeder Art, die man umgangssprachlich auch Trödelware **(Trödelmarkt)** nennt.
Flohn, Hermann, Meteorologe, *Frankfurt am Main 19. 2. 1912, †Bonn 23. 6. 1997; 1952–61 beim Dt. Wetterdienst, seit 1961 Prof. in Bonn; Arbeiten über die Zirkulation der Atmosphäre und die Paläoklimatologie.
Floor [flɔ:, engl.] *der,* 1) Bez. für den Börsensaal, in dem sich Makler zur Abwicklung ihrer Geschäfte zusammenfinden; 2) vereinbarter Mindestzins bei Krediten oder Floating-Rate-Notes.
Flop [engl.] *der,* Angelegenheit oder Sache, die keinen Anklang findet und deshalb nicht den erwarteten (finanziellen) Erfolg bringt.
Floppy Disk [engl.] *die,* ↑Diskette.
FLOPS [Abk. für engl. **fl**oating-point **o**perations **p**er **s**econd], die Anzahl der Gleitkommaoperationen pro Sekunde als ein Maß für die Rechengeschwindigkeit eines (bes. leistungsfähigen) Computers; Angabe z. B. in MFLOPS (↑Mega), GFLOPS (↑Giga), TFLOPS (↑Tera).
Flor [verwandt mit Velours] *der,* **1)** *allg.:* dünnes, durchsichtiges Gewebe.
2) *Spinnerei:* bis zur einzelnen Faser durch Kardieren oder Krempeln geöffnete Faserschicht.
Flora, altital. Göttin der Blumen und des Getreides. Die Spiele **(Floralia),** mit denen 238 v. Chr. ihr Tempel in Rom geweiht wurde, fanden seit 173 v. Chr. regelmäßig statt.
Flora *die,* **1)** Gesamtheit der in einem bestimmten Gebiet **(Florengebiet)** natürlich wachsenden Pflanzen; danach: ein Verzeichnis oder Buch, das diesen Bestand behandelt.
2) Gesamtheit der im Darm (Darm-F.) oder Mund (Mund-F.) lebenden Bakterien.
Flora, Paul, österr. Grafiker, *Glurns (Südtirol) 29. 6. 1922; bekannt durch Buchillustrationen, satir. Zeichnungen und polit. Karikaturen.
Floren *der* (Florin), Abk. **fl., Fl.,** florentin. Goldmünze, zuerst 1252 geprägt (italien. Fiorino, ↑Gulden).
Florenreich, floristisch gekennzeichneter Teil der Erde, der sich grundlegend durch das Fehlen oder Auftreten bestimmter Pflanzensippen von anderen Erdräumen absetzt. Man unterscheidet sechs F.: Hol-

Florenz FLO

Florenz 2): Blick über die Stadt mit der Kuppel des Doms Santa Maria del Fiore (1296–1436), dem Palazzo Vecchio (1298–1314; rechts davon) und dem Campanile (1334–59; links davon)

arktis, Paläotropis, Neotropis, Capensis, Australis und Antarktis.
Florentiner [nach der italien. Stadt Florenz) *der,* **1)** *Lebensmittel:* halbseitig mit Kuvertüre überzogenes Gebäckstück mit Honig und Nüssen oder Mandeln.
2) *Mode:* Damenstrohhut mit breitem, schwingendem Rand.
Florenz (italien. Firenze), **1)** Prov. in der Toskana, Italien, 3 514 km², 956 500 Einwohner.
2) Hptst. von 1) und der Region Toskana, 374 500 Ew., beiderseits des Arno. F. ist Sitz eines Erzbischofs; Univ. (seit 1924, als Hochschule 1349 gegr.), Akademien (z. B. Accademia della Crusca), Dt. Kunsthistor. Inst., Konservatorium, Internat. Inst. für Etrusk. Studien, meteorolog. Observatorium, Sternwarte, Militärgeograph. Inst., Nationalbibliothek, Biblioteca Medicea Laurenziana, Theater, Oper. Die Museen gehören zu den bedeutendsten der Erde, v. a. die Galerien der ↑Uffizien und des Palazzo ↑Pitti, das Nationalmuseum (Bargello), das Dommuseum, das Archäolog. Museum. Die Stadt hat Maschinenbau, chem. und pharmazeut. Ind. sowie ein hoch entwickeltes Kunsthandwerk (Stickereien, Terrakotten, Porzellan-, Lederwaren) und ist außerdem ein Banken-, Handels- und Messezentrum (Mode, Pelze, Antiquitäten); als Kulturmetropole hat F. bed. Fremdenverkehr; Verkehrsknotenpunkt, internat. Flughafen. Nahe der Stadt liegt das alte ↑Fiesole mit dem 1976 gegr. Europ. Hochschulinstitut.
Stadtbild: Die Altstadt wurde von der UNESCO zum Weltkulturerbe erklärt. Wahrzeichen von F. ist der gewaltige Dom Santa Maria del Fiore (1296–1436) mit der achteckigen Kuppel (1419/20–36) von Brunelleschi. Neben dem Dom (die im 16. Jh. zerstörte Fassade erhielt ihr heutiges Aussehen 1875–87) der Campanile (1334–59); gegenüber das Baptisterium (11.–13. Jh.) mit den drei Bronzetüren von A. Pisano (1330–36) und L. Ghiberti (1403–24; 1425–52). Weitere bed. Kirchen sind die gotische Franziskanerkirche Santa Croce (ab 1294/95), Kirche Or San Michele (1337–1404, mit got. Tabernakel von A. Orcagna), die Dominikanerkirche Santa Maria Novella (ab 1246; inkrustierte Marmorfassade 1470 vollendet; mit Fresken u. a. von D. Ghirlandaio, F. Lippi, Masaccio) und die ab 1420 von Brunelleschi erbaute Kirche San Lorenzo mit Fürstenkapelle (1605 begonnen) und Grabkapelle der Medici (»Neue Sakristei«, Bau 1520 von Michelangelo begonnen und mit Marmorgrabmälern ausgestattet) sowie der sich an die Kirche anschließenden Biblioteca Medicea Laurenziana (ebenfalls von Michelangelo); bed. ist auch das ehem. Kloster San Marco (heute Museo dell'Angelico; 1437–52, Mönchszellen mit Fresken von Fra Angelico). Unter den weltl. Bauten ragen hervor: der burgartige Palazzo Vecchio (1298–1314) mit schlankem Turm und Säu-

lenhof, der Palast der Uffizien (1560 ff. von Vasari erbaut), ferner Palazzo Pitti, Palazzo Strozzi, Palazzo Medici-Riccardi, Palazzo Rucellai u. a. Älteste Brücke über den Arno ist der Ponte Vecchio (14. Jh.) mit Brückenhäusern. – F. ist der Geburtsort des italien. Dichters Dante Alighieri.
Geschichte: Das antike **Florentia** ist eine röm. Gründung des 2. Jh. v. Chr., die sich rasch zum Handelsplatz entwickelte. Im 11. Jh. löste sich F. aus der Markgrafschaft Tuszien, erlangte städt. Autonomie und unterwarf 1125 das konkurrierende Fiesole. Im Kampf gegen die stauf. Kaiser erweiterte die Stadt ihren Einfluss bis zur beherrschenden Stellung in Mittelitalien. In den heftigen Kämpfen zw. papsttreuen Guelfen und den kaisertreuen Ghibellinen im 13. Jh. stand F. an der Spitze der Partei der Guelfen. Gleichzeitig drängten die Zünfte gegenüber den alten Adelsgeschlechtern zur Macht. 1282 erlangten die oberen Zünfte (u. a. Bankiers, Großkaufleute) die Herrschaft über F. Seit 1293 bildete die Signoria unter Vorsitz der Gonfaloniere die oberste Reg.behörde. Die Stadt erlangte durch ihre Tuchind. und Banken eine führende Stellung im westeurop. Wirtschaftsleben. Die Belagerung durch Kaiser Heinrich VII. war vergeblich. Die sozialen Kämpfe fanden mit der Niederwerfung des Aufstands der »Ciompi« (Wollkämmer, 1378–82) ihr Ende. 1406 konnte F. seine Herrschaft über Pisa und 1421 über Livorno ausdehnen. 1434 übernahm mit Cosimo dem Alten die Familie Medici die Regierung. Sein Nachfolger, Lorenzo der Prächtige, erreichte durch Verfassungsänderung eine fast absolute Macht. Unter ihm wurde F. glanzvoller Mittelpunkt der italien. Renaissance. Als der frz. König Karl VIII. 1494 F. besetzte, mussten die Medici die Stadt verlassen. Der Versuch Savonarolas, in F. ein theokrat. Regime zu errichten, scheiterte 1498, 1512 erzwang Papst Julius II. die Rückkehr der Medici. 1527–30 erneut vertrieben, festigten sie (seit 1531 Herzöge) mithilfe Kaiser Karls V. wieder ihre Macht: Herzog Cosimo I., der 1555 Siena eroberte, wurde 1569 Großherzog von Toskana, deren Hptst. F. wurde; 1737 fiel es an Habsburg-Lothringen. 1865–71 war F. Hptst. des Königreichs Italien.

📖 *Brucker, G. A.: F. in der Renaissance. Stadt, Gesellschaft, Kultur. A. d. Amerikan. Reinbek 1990. – Krämer, T.: F. u. die Geburt der Individualität. Ghiberti, Brunelleschi, Donatello, Masaccio. Stuttgart 1992. – Philipp, E.: F. Pforzheim 1992. – Wundram, M.: Kunstführer F. Stuttgart 1993. – Schreiber, H.: F. Eine Stadt u. ihre Menschen. Neuausg. München u. a. 1994.*

Flores, 1) ['florɪʃ], westlichste Insel der Azoren, 143 km², 4300 Ew.; im Morro Grande 941 m ü. M.; Hauptort ist Santa Cruz das Flores; die Insel weist viele Kraterseen auf; Haupterwerbszweig ist die Rinderzucht.
2) ['floreːs], die zweitgrößte der Kleinen Sundainseln, Indonesien, 14273 km²; Hauptort ist Endeh (Hafen an der S-Küste); besteht aus einer Kette von z. T. noch tätigen Vulkanen (1987 Ausbruch des Mandosawu).
3) Hptst. des Dep. Petén, Guatemala, auf einer Insel im Petén-Itzá-See, 1300 Ew.; Ausgangspunkt für Ausflüge zu den Mayaruinen von Tikal.

Flores Facussé, Carlos Roberto, honduran. Politiker, * Tegucigalpa 1. 5. 1950; politisch aktiv im Partido Liberal, 1994–97 Parlamentspräs.; 1998–2002 Staatspräs. (abgelöst im Jan. 2002 durch R. Maduro).

Floressee, Teil des Australasiat. Mittelmeers, zw. den Kleinen Sundainseln und Celebes.

Florett [italien., frz.] *das*, *Fechten:* sportl. Stoßwaffe, 1,10 m lang und etwa 500 g schwer; besteht aus einer 90 cm langen Klinge und dem Gefäß. (↑Fechten)

Flore und Blancheflur [- ˈblãʃəfluːr, »Blume und Weißblume«, »Rose und Lilie«], byzantinisch-mittelalterl. Erzählung von der Liebe des span. Königssohns Flore, eines Heiden, zu Blanchefur, einer christl. Gefangenen. Altfrz. und dt. Bearbeitungen sind bereits aus dem 12. und 13. Jh. bekannt (so von Konrad Fleck), später auch in dt. Volksbuch.

Florey ['flɔrɪ], Sir (seit 1965) Howard Walter, brit. Pathologe, * Adelaide 24. 9. 1898, † Oxford 21. 2. 1968; führte das Penicillin in die medizin. Behandlung ein. Er erhielt 1945 mit A. Fleming und E. B. Chain den Nobelpreis für Physiologie oder Medizin.

Florfliegen (Goldaugen, Chrysopidae), Familie grünl. oder gelbl. Netzflügler mit goldglänzenden Augen und vier dicht geaderten Flügeln. F. und ihre Larven fressen bes. Blattläuse (Blattlauslöwen); die Eier sind lang gestielt.

Florian, röm. Beamter in Noricum, Märtyrer, † um 304; Schutzheiliger Oberösterreichs, hier und in Bayern Patron gegen Feuersgefahr; Heiliger, Tag: 4. 5.

Florianópolis [-pulis], Hptst. des brasilianischen Bundesstaates Santa Catarina, 322 000 Ew.; Hafenstadt auf der durch eine Brücke mit dem Festland verbundenen Insel Santa Catarina; Erzbischofssitz; Univ.; Textil- und Nahrungsmittelindustrie; Flughafen.

Florida, Abk. **Fla.,** der südöstlichste Bundesstaat der USA, 170 314 km², (2000) 15,98 Mio. Ew.; Hauptstadt ist Tallahassee; umfasst die rd. 650 km lange Halbinsel F. und einen Küstenstreifen am Golf von Mexiko. F. ist fast ganz eben, im N erreicht ein seenreiches, verkarstetes Hügelland 100 m ü. M. Die Golfküste ist reich an Buchten und Haffs, an die Sandstrände und Nehrungen der Atlantikküste schließt sich das Sumpfgebiet der ↑Everglades an. Die S-Spitze setzt sich in der Koralleninselkette Florida Keys fort. Das Klima ist subtropisch, wintermild und wintertrocken, im äußersten S tropisch; häufig treten Wirbelstürme (Hurrikans) auf. Dank der klimat. Begünstigung wird der Staat gern als Altersruhesitz gewählt und ist ein beliebtes Ziel des Fremdenverkehrs: Vergnügungsparks »Walt Disney World« und »EPCOT Center« (bei Orlando), Everglades National Park, Miami und Palm Beach als Luxusbadeorte. F. profiliert sich zunehmend als Ind.staat mit chem., elektrotechn. und Raumfahrtind. (Raketenstartplatz Cape ↑Canaveral). Wichtigste landwirtsch. Erzeugnisse sind Zitrusfrüchte und Gemüse; Viehzucht (Rinder, Pferde, Hühner); bed. Küstenfischerei. Um Tampa wird im Tagebau Phosphat gefördert. Wichtigster Hafen ist Jacksonville. Staatsuniv. in Tallahassee. – F. wurde um Ostern (span. Pascua Florida) 1513 von J. Ponce de León entdeckt und für Spanien in Besitz genommen, aber erst viel später besiedelt. 1763–83 war es britisch. 1819 wurde es von Spanien an die USA verkauft und 1845 als 27. Staat in die Union aufgenommen.

📖 *F., Fotografien v. E. Wrba, Text v. C. Sahner. München* ²*1994. – The new history of F., hg. v. M. Gannon. Gainesville, Fla. 1996. – Milanich, F. T.: F.'s Indians from ancient times to the present. Gainesville, Fla. 1998.*

Florida Keys [ˈflɔrɪdə ˈkiːz], Kette aus etwa 150 Koralleninseln südlich der Halbinsel Florida, USA; erstreckt sich etwa 240 km in südwestl. Richtung. Eine Dammstraße verbindet die Inseln untereinander und mit dem Festland; Fremdenverkehr und Fischerei. Bekanntester Ort ist Key West.

Florida: der kilometerlange Strand von Daytona Beach

Floridastraße, Meeresstraße zw. Florida im N, Kuba im S und den Bahamainseln im SO; 170 km breit, verbindet den offenen Atlant. Ozean mit dem Golf von Mexiko; vom Floridastrom, einem Teilsystem des ↑Golfstroms, durchflossen.

Florin *der,* **1)** [floˈriːn], der ↑Floren.
2) [flɔˈrɛ̃], frz. Name für ↑Gulden.
3) [ˈflɔrɪn], ehemals engl. Silbermünze zu 2 Shilling.

Florina (Phlorina), Bezirkshauptstadt im NW von Makedonien, Griechenland, nahe der Grenze zum Staat Makedonien, 12 600 Ew.; orth. Bischofssitz; Archäologiemuseum; Hauptort der fruchtbaren Pelagonija.

Floris, 1) Cornelis, fläm. Baumeister, Bildhauer und Ornamentzeichner, *Ant-

FLO Florist

werpen 1514, † ebd. 20. 10. 1575, Bruder von 2); baute 1561–65 das Antwerpener Rathaus mit italien. Palastfassade und nord. Giebelschmuck; schuf den **Florisstil,** der die röm. Groteske durch Rollwerk, Kartuschen und Fruchtschnüre bereicherte.
2) Frans, fläm. Maler, *Antwerpen zw. 1516 und 1520, † ebd. 1. 10. 1570, Bruder von 1); führender fläm. Maler seiner Zeit. Aus seiner Werkstatt gingen zahlr. Bilder in manierist. Monumentalstil mit bibl. und mytholog. Szenen hervor; bed. Porträtist.
Florist der (Blumenbinder), Ausbildungsberuf (Ausbildungszeit: drei Jahre). Der F. bindet Kränze, Sträuße, gestaltet Dekorationen und Ähnliches.
Flörsheim am Main, Stadt (seit 1953) im Main-Taunus-Kreis, Hessen, am Untermain, 18 600 Ew.; Papierind., pharmazeut. Betriebe, Großtanklager; Weinbau im Ortsteil Wicker.
Flory ['flɔrı], Paul, amerikan. Chemiker, *Sterling (Ill.) 19. 6. 1910, † Big Sur (Calif.) 9. 9. 1985; Prof. an der Cornell University in New York und der Stanford University in Kalifornien. Für seine Forschungen auf dem Gebiet der Polymere erhielt er 1974 den Nobelpreis für Chemie.
Floskel [lat. »Blümchen«] die, nichts sagende Redensart, formelhafte Redewendung.
Floß, 1) *Fischereiwesen:* Schwimmkörper an Angel oder Netz.
2) *Transportwesen:* ein flach gehendes Wasserfahrzeug aus beliebigen Schwimmkörpern (Baumstämme, Binsen, Fässer, Kalebassen u. a.). Zu ihrem sichereren Transport werden (heute selten) Baumstämme durch Taue oder Querhölzer zu F. zusammengefügt **(Flößerei).** Naturvölker benutzen Flöße auch als Tragkörper für ihre Unterkunft.
Flosse, 1) *Luftfahrt:* am Flugzeug die fest stehenden Teile des Leitwerks, im Unterschied zu den bewegl. Rudern.
2) *Tauchsport:* flossenartiger Schwimmschuh.
3) *Zoologie:* ↑Flossen.
Flösselhechte (Polypteriformes), zu den Knochenganoiden gehörende afrikan. Süßwasserfische mit kleinen Rückenflossen und Lunge. Die F. haben zahlr. altertüml. Merkmale und stammen direkt von den Urknochenfischen ab.
Flossen (Pinnae), *Zoologie:* zur Fortbewegung dienende, häufig breitflächige, unpaare oder paarige Organe der Hautsäume im Wasser lebender Tiere. Bei Fischen werden die paarigen Bauch- und Brust-F. von den unpaaren Rücken-, After- und Schwanz-F. unterschieden.
Flossenbürg, Gemeinde im Landkreis Neustadt a. d. Waldnaab, Bayern, in der Oberpfalz, 1 800 Ew. – 1938 errichtete die SS in F. ein Konzentrationslager, in dem bis 1945 etwa 30 000 Menschen zu Tode kamen.
Flotation [lat.] *die,* mechan. Verfahren zur Trennung feinkörniger Gemenge (z. B. Erze) in einer wässrigen Suspension mithilfe von Luftblasen. Durch Zusatz von Sammlern **(F.-Mittel)** wird eine Feststoffkomponente durch Wasser hydrophob gemacht, während die andere hydrophil bleibt. In die Trübe eingebrachte Luftblasen haften an den hydrophoben Teilchen und tragen sie zur Wasseroberfläche, während die hydrophilen Teilchen suspendiert bleiben.
Flöte [frz.], **1)** *Kunsthandwerk:* hohes Trinkglas mit tiefem Kelch, bes. verbreitet im 17./18. Jh.
2) *Musik:* eines der ältesten Blasinstrumente, das bereits im Jungpaläolithikum nachweisbar ist. Der Ton entsteht, indem beim Anblasen ein Luftstrom gegen eine Kante oder Schneide geleitet wird, der die in einer Röhre befindl. Luftsäule zu Eigenschwingungen anregt. Die F. werden unterschieden nach der Spielhaltung in Längs- und Quer-F., nach der Bauart in Kernspalt-, Block- oder Schnabel-, Kerb- und Gefäß-F. (↑Okarina). Bis etwa 1750 verstand man unter F. (ohne Zusatz) die Block-F., seither allg. die Querflöte. – Bei der *Orgel* Bez. für alle Labialstimmen.
Flötner, Peter, Ornamentzeichner, Kunsttischler und Holzschneider schweizer. Herkunft, *im Thurgau zw. 1486 und 1495, † Nürnberg 23. 10. 1546; wirkte durch die Verbreitung v. a. oberitalien. Formen bahnbrechend für die dt. Renaissance; schuf neben Ornamentvorlagen u. a. Entwürfe für Medaillen, Kleinbildwerke, Spielkarten.
Flotow [-to:], Friedrich Freiherr von, Komponist, *Teutendorf (heute in Sanitz, bei Rostock) 27. 4. 1812, † Darmstadt 24. 1. 1883; schuf etwa 40 Opern (von der frz. kom. Oper beeinflusst; z. B. »Alessandro Stradella«, 1844; »Martha«, 1847), Ballette, Operetten und Kammermusik.

Flotte [zu fließen], **1)** *Seewesen:* Gesamtheit der Schiffe eines Staates (Kriegs-F., Handels-F., Fischerei-F.), i.e. S. größerer Verband von Schiffen. **2)** *Textiltechnik:* Behandlungsbad für Textilien bei Veredlungsprozessen wie Färben, Bleichen, Waschen.
Flottenabkommen von 1935, geschlossen zw. der brit. Reg. und der nat.-soz. Reichsreg.: legte das Verhältnis der dt. Flottenstärke zur brit. auf 35:100, der U-Boot-Tonnage auf 45:100 fest.
Flottenstützpunkt, befestigter Seehafen an einem strategisch wichtigen Punkt, bes. außerhalb des Heimatlandes; dient der Versorgung der Kriegsschiffe.
Flottille [auch -'tiljə, span.] *die,* früher Bez. für einen Verband kleinerer Kriegsschiffe; in der Bundesmarine ein Verband gleichartiger Schiffe oder Boote.
Flowchart [ˈfləʊtʃɑːt], engl. für ↑Flussdiagramm.
Flowerpower [ˈflaʊəpaʊə, engl.] *die,* Schlagwort der ↑Hippies, die der bürgerl. Gesellschaft Blumen als Symbol für ihr Ideal einer sinnerfüllten, von bürgerl. Zwängen befreiten humaneren Welt entgegenstellten.
Flöz [ahd. flezzi »geebneter Boden«], eine ausgedehnte Gesteinsschicht mit nutzbaren Gesteinen oder Mineralen (Kohle, Salz, Erz).
Fluate [Kw. für **Flu**orosilik**ate**], technisch wichtige Salze der Hexafluorokieselsäure, H_2SiF_6. Die Säure und die F. sind giftig, wirken gärungshemmend und werden als Schwamm- und Schädlingsvernichtungsmittel, für Oberflächen- und Holzschutz und als Flammenschutzmittel verwendet. In der Bautechnik dienen sie zum Härten kalkhaltiger Baustoffe sowie zum Dichten und Härten von Zement **(Fluatieren).**
Fluch [zu altengl. flocan »schlagen«], *Religionsgeschichte:* ein gegen Menschen, Tiere oder Sachen gerichteter, oft durch symbol. Gesten unterstützter Unheilswunsch; als Verwünschung Grundbestand archaischer Gebetswünsche; ist wie sein Gegenstück, der ↑Segen, urspr. Zauberwort, dem Wirkmächtigkeit zugesprochen wird.
Flucht, *Bautechnik:* senkrechte oder waagerechte Ebene, in der z. B. eine Wand errichtet bzw. ein Fenster eingebaut wird.
Fluchtbewegung, *Astronomie:* das Sichentfernen der Sternsysteme vom Milchstraßensystem (↑Hubble-Effekt).
Fluchtburgen, die ↑Fliehburgen.
Fluchtgefahr, ↑Fluchtverdacht.
Fluchtgeschwindigkeit, die zweite ↑kosmische Geschwindigkeit.
Flüchtigkeit, 1) *Chemie:* die Eigenschaft flüssiger und fester Stoffe, bei Normalbedingungen mehr oder weniger stark durch Verdunstung in den Dampfzustand überzugehen.
2) *Informatik:* die Eigenschaft eines Speichers, seine Informationen nach dem Abschalten der Versorgungsspannung zu verlieren.
Flüchtlinge, unscharfer Sammelbegriff für Personen, die durch politische (Zwangs-)Maßnahmen, Kriege und existenzgefährdende Notlagen veranlasst wurden, ihre Heimat vorübergehend oder auf Dauer zu verlassen. Dieser Begriff schließt neben Emigranten auch Vertriebene,

Flüchtlinge: Flüchtlingsstrom in Afrika Mitte der 1990er-Jahre

FLU Fluchtpunkt

Zwangsumgesiedelte, Deportierte und in fremde Gebiete verschleppte Zwangsarbeiter ein. Das Genfer F.-Abkommen vom 28. 7. 1951, das Grundlage des internat. F.-Rechts ist, benutzt den engeren Begriff des »polit. F.«: Als F. gilt demnach nur eine Person, die sich »aus wohlbegründeter Furcht vor Verfolgung aus Gründen der Rasse, der Religion, der Nationalität, der Zugehörigkeit zu einer bestimmten gesellschaftl. Gruppe oder der polit. Meinung außerhalb des Landes ihrer Nationalität befindet ...«. Diese Definition setzt die Furcht vor Verfolgung als Fluchtmotiv und den Grenzübertritt als Fluchtfolge voraus. Sie ist nur auf internat. F. anwendbar, die sich außerhalb ihres Heimatstaates befinden und in einem anderen Staat polit. Asyl suchen. Von ihnen zu unterscheiden sind nat. F. (wie die dt. »Heimatvertriebenen« oder Aussiedler), die als konationale F. in Gebieten ihrer eigenen Nationalität, Sprache und Kultur verbleiben. De-facto-F. sind Asylbewerber, deren Asylanträge zwar abgelehnt wurden, die jedoch aus humanitären Gründen nicht abgeschoben werden. In diese Kategorie fallen auch Bürgerkriegs-F., die ein begrenztes Bleiberecht erhalten. Die Genfer F.-Konvention klammert auch nach einem ergänzenden Protokoll von 1967 die »Quasi-F.« aus: Binnen-F., die sich in einer »flüchtlingsähnl. Situation« befinden, obwohl sie keine Staatsgrenzen überschritten haben, außerdem die wachsende Zahl von so genannten Wirtschafts-F. aus Gebieten, in denen Massenelend herrscht, ferner die Umwelt-F., die aufgrund von Umweltzerstörungen ihre Heimat verlassen müssen. Von versch. Institutionen wird gefordert, einen weiter gefassten F.-Begriff praktisch wirksam werden zu lassen, z. B. von Kriegsereignissen und Katastrophen »entwurzelte« Personen in das Schutz- und Hilfsmandat des UNHCR einzubeziehen. Es liegt aber weiterhin im Ermessen der Staaten, wen sie als F. aufnehmen.

Die lange Geschichte von Flucht und Vertreibung lässt einige wiederkehrende Ursachen erkennen: Kriege, Eroberungen, Bürgerkriege, Verfolgung von Minderheiten, religiöse oder ideolog. Intoleranz, aber auch Hungersnöte, die ganze Völkerwanderungen ausgelöst haben. Nach dem Zweiten Weltkrieg wurde innerhalb der UN die Internat. Flüchtlingsorganisation gegründet; seit 1951 nehmen die Betreuung der F. der ↑Hohe Flüchtlingskommissar der Vereinten Nationen (UNHCR) und das spezielle UN-Hilfswerk für Palästina-F. im Nahen Osten (UNRWA, gegr. 1949; zuständig 2003 für rd. 3,9 Mio. Palästinenser) wahr. Anfang 2003 betreute UNHCR weltweit rd. 20 Mio. F. (einschl. Rückkehrer, Asylsuchende und Binnen-F.), die sich v. a. auf Asien und Pazifik (rd. 9,5 Mio.), Europa (4,4 Mio.), Afrika (4,5 Mio.) und Amerika (2,1 Mio.) konzentrierten. Schätzungen zufolge beläuft sich die Zahl der F. weltweit auf fast 50 Mio. Obwohl die Zahl der F., die in den europ. Ländern Zuflucht suchen, gewachsen ist, ist ihr Anteil an der Gesamt-Bev. i. d. R. geringer als in den Entwicklungsländern.

❖ **siehe ZEIT Aspekte**

F. in Asien u. Australien, Ozeanien. Eine Bibliographie, bearb. v. W. Pohl u. a., hg. vom Berliner Inst. für Vergleichende Sozialforschung. Berlin 1992. – Weltflüchtlingsbericht. Ein Handbuch zu Fluchtursachen u. Asyl, Bevölkerungsbewegungen u. Entwicklungspolitik, hg. vom Berliner Inst. für Vergleichende Sozialforschung u. Netzwerk Menschenrechte, Loseblatt-Ausg. Berlin 1992 ff. – Wöhlcke, M.: Umweltflüchtlinge. Ursachen u. Folgen. München 1992. – Europa gegen den Rest der Welt? Flüchtlingsbewegungen, Einwanderung, Asylpolitik, hg. v. C. Butterwegge u. S. Jäger. Köln 1993. – Nuscheler, F.: Internat. Migration – Flucht u. Asyl. Opladen 1995. – Marrus, M. R.: Die Unerwünschten. Europ. Flüchtlinge im 20. Jahrhundert, aus dem Engl. v. G. Deckert, Berlin u. a. 1999.

Fluchtpunkt, 1) *Astronomie:* 1) der ↑Apex (bei der Sonne); 2) der ↑Vertex (bei Sterngruppen).

2) *bildende Kunst:* ↑Perspektive.

Fluchtstab (Bake), meist 2 m langer und 3 cm dicker Stab, abwechselnd weiß und rot (seltener schwarz) gestrichen; bei Vermessungen zur Bez. von Punkten und zum Abstecken (Ausfluchten) von Linien benutzt.

Fluchtverdacht (Fluchtgefahr), die durch konkrete Umstände nahe gelegte Gefahr der Flucht eines Beschuldigten oder Verurteilten; eine der Voraussetzungen für den Erlass eines Haftbefehls (§§ 112, 113, 457 StPO). Besteht bei einem auf frischer Tat Ertappten F., hat jedermann das Recht zur vorläufigen ↑Festnahme. (↑Verkehrsunfallflucht)

ZEIT ASPEKTE

Das Beste aus der ZEIT zu ausgewählten Stichwörtern dieses Bandes.

Einwanderung
Elite Elser
Etrusker
Eugenik
Europäisches Wirtschaftssystem
Familienplanung

ZEIT Aspekte

Friedrich Ebert	**Ein deutscher Lincoln oder der Stalin der SPD?** *Felix Hirsch*	610
Einwanderung	**Nie mehr Migrations-Ali** *Susanne Gaschke*	616
Eisbär	**Sehnsucht nach Eiszeit** *Peter Korneffel*	621
Dwight D. Eisenhower	**Feldherr und Friedenspräsident** *Joachim Schwelien*	625
Eisenhüttenstadt	**Die verbotene Stadt** *Michael Allmaier*	628
Eiskunstlauf	**Wasser ist Körper, Boden die Welle!** *Erwin Brunner*	632
Elegien	**Gut geklagt ist halb gewonnen** *Rolf Vollmann*	637
Elite	**»Sprengt die Fesseln!«** *Roman Herzog*	643
Georg Elser	**Der Mann, der es tat** *Peter Steinbach und Johannes Tuchel*	653
Emanzipation	**Scharf aufs Leben** *Sabine Rückert*	658
Erdbeben	**Orakel des Todes** *Axel Bojanowski*	666
Fritz Erler	**Staatsmann ohne Amt** *Helmut Schmidt*	671
Theodor Eschenburg	**Gelebte Autorität** *Theo Sommer*	676
Etrusker	**Fette Schlemmer** *Astrid Viciano*	680
Eugenik	**Check im Eikern** *Ulrich Bahnsen*	683
Europäisches Währungssystem	**EWS fördert die Angleichung** *Helmut Schmidt*	686

✤ Inhalt

Familien-planung	**Das kinderlose Land** *Susanne Gaschke*	690
Fettsucht	**Essen lernen!** *Sabine Etzold*	695
Flandern	**Hommelpap frisch ab Hof** *Günter Ermlich*	698
Flüchtlinge	**Abstimmung mit den Füßen** *Josef Müller-Marein*	702

Friedrich Ebert

Ein deutscher Lincoln oder der Stalin der Sozialdemokratischen Partei?

Der erste Präsident der Weimarer Republik beeindruckte durch undoktrinäre Staatsklugheit

Von Felix Hirsch

Von der Parteien Gunst und Hass verwirrt, schwankt sein Charakterbild in der Geschichte. – Für wenige deutsche Politiker unseres Jahrhunderts gilt dieser Satz aus dem Prolog zu Schillers »Wallenstein« mehr als für Friedrich Ebert, den ersten Präsidenten der Weimarer Republik. Fünfzig Jahre sind seit seinem Tod am 28. Februar 1925 vergangen, aber noch immer können sich die Historiker nicht über seinen Platz in der deutschen Geschichte einigen.
Auf der einen Seite diejenigen, die seine großen Verdienste um den Aufbau der deutschen Demokratie nach dem militärischen Zusammenbruch von 1918 würdigen, auf der anderen jene, die ihn aus der Perspektive von 1933 und der darauf folgenden Epoche sehen und die Wurzeln des Unheils in seiner Amtszeit suchen. Theodor Heuss nannte Ebert bei der Bonner Feierstunde anlässlich seines 25. Todestages den »Abraham Lincoln der deutschen Geschichte« und urteilte über ihn und seine Mitstreiter: »Sie standen im Zwielicht und in der Leidenschaft zerwühlter Jahre, selber Bändiger der eigenen Leidenschaft und Männer der eigenen Gestaltung ... Hier wachte und wirkte das rechte Maß und die echte Kraft.« Doch auch ein anderer Satz ist häufig zitiert worden; ein Satz aus dem Buch des Princeton-Historikers Carl Schorske über die deutsche Sozialdemokratie 1905–1917: »Farblos, kühl, entschlossen, fleißig und streng praktisch, besaß Ebert alle jene Eigenschaften, die ihn, *mutatis mutandis*, zum Stalin der Sozialdemokratie machen sollten.«
Wie ist es möglich, dass Ebert so unterschiedlich bewertet wird? Sicherlich lässt sich das teilweise auf die Tatsache zurückführen, dass der größte Teil von Eberts

Nachlass nicht erhalten geblieben ist. Noch zwei Monate vor ihrem Tode versicherte mir seine Witwe, dass im Zweiten Weltkrieg alle Papiere Eberts, die noch in Familienbesitz waren, verloren gegangen seien; auch alles Bildmaterial sei verbrannt. Dieser Mangel an Material ist besonders spürbar in den deutschen biografischen Arbeiten über Ebert aus der Nachkriegszeit. Selbst die drei besten von ihnen – die Studien von Georg Kotowski, Waldemar Besson und Peter-Christian Witt – lassen manches zu wünschen übrig.

Friedrich Ebert

Friedrich Ebert

»Ebert ist Süddeutscher.« So beginnt eine kurze autobiografische Skizze, die der Reichspräsident in der dritten Person niederschrieb. Nicht ohne Grund stellte er diese Tatsache obenan; sie erklärt manches in seiner Persönlichkeit. Der preußische Stil der Hohenzollern-Herrscher, besonders des letzten, blieb ihm fremd. Während Wilhelm II. noch am 9. November 1918 davon träumte, König von Preußen zu bleiben, war es Eberts Hauptanliegen zu jener Zeit, die Einheit des Reichs zu bewahren.

In der Pfaffengasse zu Heidelberg, nicht weit von der alten Universität, steht das Haus, in dem Ebert geboren wurde. Es ist ein bescheidener Bau, und die Wohnung, die der Schneidermeister Karl Ebert mit seiner rasch wachsenden Familie innehatte, war sehr eng. Der junge Fritz ging, zum Sattler ausgebildet, als Siebzehnjähriger auf die Wanderschaft. Nirgends hielt es ihn lange; die Polizei war hinter dem jungen sozialistischen Agitator her. Erst in Bremen fühlte er sich heimisch, hier konnte er viele seiner Gaben entwickeln. Er wurde Redakteur am Parteiblatt, Wirt der von den Genossen frequentierten Gastwirtschaft (wobei ihm seine junge Frau sehr half), Arbeitersekretär und schließlich Mitglied der Bremer Bürgerschaft.

Er war Realist, kein »Revisionist«

Seine politische Grundhaltung war gemäßigt; er war Realist, kein »Revisionist«. Die Parteileitung wurde bald auf ihn aufmerksam. 1905 wurde er als Sekretär in den Vorstand der SPD gewählt. Dort konzentrierte er sich mit wachsendem Erfolg auf organisatorische Arbeit; immerhin hatte die Zahl der Parteimitglieder schon vor dem Ersten Weltkrieg eine Million überschritten.

Die Genossen vertrauten Ebert: Als Nachfolger August Bebels wurde er 1913 mit überwältigender Mehrheit zum Parteivorsitzenden neben Hugo Haase gewählt. Schon im Jahre zuvor war er in den Reichstag eingezogen, allerdings stand er hier zunächst im Schatten Philipp Scheidemanns.

Der Krieg führte die Partei in ihre schwerste Krise; die Einheit der Partei zerbrach. Während der radikale Flügel, geführt von Haase, im Dezember 1915 die

Kapp-Putschisten verteilen Flugblätter.

Kriegskredite verweigerte, unterstützte Ebert zwar alle Bemühungen der Zweiten Internationale um einen Verständigungsfrieden, aber er handelte immer als deutscher Patriot. Im Juli 1917 spielte er eine führende Rolle bei den Verhandlungen, die der Friedensresolution des Reichstages vorausgingen. 1918 wurde er Vorsitzender des Hauptausschusses des Reichstags. Als im September dieses Jahres das Kabinett Hertling nicht mehr zu halten war, erklärte Ebert nachdrücklich, dass nun die SPD zur Rettung des Landes in die Bresche springen müsste.

Aber er wollte nicht selbst in das neue Kabinett des Prinzen Max von Baden eintreten, sondern überließ das Scheidemann. In einer der letzten Sitzungen des alten Reichstags Ende Oktober 1918 habe ich Ebert zum ersten Mal sprechen hören. Seine Erscheinung war schlicht, aber würdevoll. Ihm fehlte der Glanz der Rede, der große Parlamentarier wie Naumann und Stresemann auszeichnete, aber was er sagte, war wohl überlegt und überzeugte das Haus. Sein Freund Wilhelm Sollmann hat später von ihm gesagt: »Friedrich Ebert war ein grundgescheiter Mann. Er gab sich

Friedrich Ebert

nie den Anschein, Dinge zu wissen, die jenseits seiner Begabung, Erziehung und Erfahrung lagen. Er war in seiner bedächtigen, mehr wägenden als wagenden Politik der echte deutsche Arbeiterführer.«

Diese Qualitäten bewies er am 9. November 1918, als die Revolution nicht mehr aufzuhalten war. Ebert wollte in diesem Augenblick wohl die Abdankung des Kaisers, nicht aber den Sturz der Monarchie. Deshalb zürnte er Scheidemann, als dieser die Republik proklamierte. Ebert hatte die Entscheidung über die Staatsform lieber einer Konstituante überlassen wollen. Doch da nun einmal Tatsachen geschaffen worden waren, übernahm er am gleichen Tage noch die Geschäfte des Reichskanzlers, die ihm das Kabinett des Prinzen Max übertragen hatte. Als ihn Friedrich Stampfer, der Chefredakteur des »Vorwärts«, am Nachmittag in Bismarcks einstigem Arbeitszimmer aufsuchte, fand er einen Ebert vor, der sich bereits ganz klar über die Aufgaben der neuen Regierung war: »Es war in dem Raum und dem Mann eine Art von feierlicher Ruhe, in seltsamem Kontrast zu dem aufgeregten Treiben in den Straßen.« Bewegend war am gleichen Nachmittag der Abschied von Prinz Max. »An der Tür«, berichtet dieser, »wandte ich mich noch einmal zurück: ›Herr Ebert, ich lege Ihnen das Deutsche Reich ans Herz!‹ Er antwortete: ›Ich habe zwei Söhne für dieses Reich verloren.‹«

Das Gebot der Stunde war die enge Zusammenarbeit mit den Unabhängigen Sozialdemokraten im Rat der Volksbeauftragten. Auch in diesem paritätisch zusammengesetzten revolutionären Gremium hatte Ebert die unumstrittene Führung; er war für Innen- und Militärpolitik verantwortlich und führte den Vorsitz in allen Sitzungen des Rats. Haase kam neben ihm kaum zur Geltung. Am Abend des 10. Novembers rief auf einer geheimen Leitung General Groener aus dem Großen Hauptquartier an, um ihm und seinen Kollegen die Unterstützung der Heeresleitung anzubieten. An seine Frau schrieb Groener, dass Hindenburg und er sich zu dieser Zusammenarbeit mit Ebert, »den ich als graden, ehrlichen und anständigen Charakter persönlich schätze«, entschlossen hätten, »damit der Karren nicht noch weiter nach links rutscht.« Von da an telefonierten Ebert und Groener jeden Abend über die Lage.

Man hat Ebert Vorwürfe über diese Zusammenarbeit mit der Obersten Heeresleitung gemacht, aber wie hätte er ohne die Hilfe des Heeres damals das Chaos verhüten können? Eine republikanische Schutztruppe konnte nicht über Nacht aus dem Boden gestampft werden; den aus dem Felde heimkehrenden Arbeitern stand nicht der Sinn nach abermaligem Militärdienst.

Wie schwierig die Lage war, zeigte sich an den »Freikorps«, die allerorten entstanden und in denen sich alle Arten von Abenteurern zusammenfanden. Beim Kapp-Putsch sollte es sich noch bitter rächen, dass es der neuen Regierung nicht mehr gelungen war, die Soldateska besser zu kontrollieren. Eberts enger Freund Gustav Noske, dem er die Organisation der Wehrmacht anvertraut hatte, verlor darüber Amt und guten Namen. Doch schon im Januar 1919 war es nicht gelungen, die Ermordung von Rosa Luxemburg und Karl Liebknecht zu verhindern.

Eberts Entschluss, die bürgerlichen Staatssekretäre im Amte zu belassen, erwies sich dagegen als weise. Sie halfen wesentlich bei der Lösung der vordringlichen Probleme der Volksernährung und Demobilmachung. Erleichtert wurde dies auch, weil sich aufs Ganze gesehen die Beamtenschaft als loyal erwies. Schon am 9. November hatte der SPD-Vorstand in einem Aufruf verkündet: »Eine verfassunggebende Nationalversammlung tritt schnellstens zusammen.« Ebert betraute schon wenige Tage nach der Revolution den liberalen Professor Hugo Preuss mit der Ausarbeitung einer demokratischen Verfassung.

Friedrich Ebert wollte die Fortentwicklung Deutschlands auf demokratischer Basis

Inzwischen türmten sich die Schwierigkeiten für die Politik Eberts immer höher: Die Unabhängigen Sozialdemokraten hatten es nicht sehr eilig mit der Wahl der Nationalversammlung, und die Kommunisten wollten sie verhindern. Ebert glaubte nicht an die demokratische Natur der aus der Revolution erwachsenen Arbeiterräte. Er wollte die geordnete Fortentwicklung auf demokratischer Basis, er wollte die soziale Reform.

Friedrich Ebert

Schon am 12. November verkündeten die von Ebert geführten Volksbeauftragten in einem Aufruf, den man als die Magna Charta der Revolution bezeichnet hat, historische Fortschritte: Achtstundentag und Koalitionsfreiheit für alle Arbeitnehmer; viele andere Reformen folgten in den nächsten Wochen.

Dennoch konnte Eberts Partei bei den Wahlen zur Nationalversammlung nur 37,9 Prozent der Stimmen auf sich vereinigen und 163 von 421 Mandaten erringen. Das hieß, Koalition mit Demokraten und Zentrum. Vielleicht war es ein gewisser Trost, dass die Unabhängigen, die im Dezember aus dem Rat der Volksbeauftragten ausgetreten waren, nur ein Fünftel der SPD-Stimmen und 22 Mandate erhielten. Die große Mehrheit der Arbeiter stand also hinter Ebert und Scheidemann.

Am 11. Februar wurde er mit überwältigender Mehrheit zum Reichspräsidenten gewählt.

Dieses Amt, das er offenbar von vornherein angestrebt hatte, nahm er mit dem Versprechen an, dass er als der Beauftragte des ganzen Volkes handeln werde, nicht als Vormann einer einzigen Partei. Er fügte hinzu: »Ich bekenne aber auch, dass ich ein Sohn des Arbeiterstandes bin, aufgewachsen in der Gedankenwelt des Sozialismus, und dass ich weder meinen Ursprung noch meine Überzeugung jemals zu verleugnen gesonnen bin.«

Als Reichspräsident dachte er nicht daran, sich nur auf Repräsentationspflichten zu beschränken.

Für ihn war das Amt eine politische Position höchsten Ranges. Ebert hielt sich streng an die Verfassung, die dem Reichspräsidenten – unter dem Einfluss der Ideen Max Webers – sehr umfassende Funktionen gab. Er mischte sich nicht in die Routineaufgaben der Reichsregierung ein, aber er war immer dabei, wenn die großen Entscheidungen getroffen wurden. Bei den erregten Diskussionen über Ablehnung oder Annahme des Versailler Friedensvertrags legte er sich nicht wie Scheidemann öffentlich auf das »Unannehmbar« fest, obwohl er sachlich mit ihm sicher weitgehend übereinstimmte.

Ebert empfand es als seine bittere Aufgabe, im Amt ausharren zu müssen, als Scheidemann durch Gustav Bauer als Kanzler ersetzt wurde und die erste Weimarer Koalition zerbrach. Er ermahnte damals Volk und Heer zur Pflichttreue. »Es gibt nur einen Weg aus der Finsternis dieses Vertrages: Erhaltung von Reich und

Die SPD-Politiker Philipp Scheidemann (r.), Friedrich Ebert und Gustav Noske (stehend)

Friedrich Ebert

Volk durch Einigkeit und Arbeit!«, schließt einer seiner Aufrufe.
Als Wirth und Rathenau ihn später nicht vor dem Abschluss des Rapallovertrages konsultierten, war er aufs tiefste entrüstet, zumal er ernste sachliche Bedenken geltend machte. Auch in den innenpolitischen Krisen war sein Wort oft entscheidend. Bei den Verhandlungen kurz vor dem Kapp-Putsch schob er Reichskanzler Bauer, der seiner Aufgabe nicht gewachsen war, bald beiseite. Dem Aufbau der Reichswehr, deren Oberbefehl ihm die Verfassung (Artikel 47) gab, galt sein stetes Bemühen. Die beiden Wehrminister Noske und Gessler hatten sein besonderes Vertrauen. General von Seeckt stand ihm dagegen innerlich fern, aber er versuchte, unnötige Konflikte mit ihm zu vermeiden, besonders zur Zeit des Hitler-Putsches. Es muss aber Ebert beunruhigt haben, dass sich die Reichswehr unter Seeckt zum Staat im Staate entwickelte.

Eberts Amtsführung war seit den Wahlen vom Juni 1920 sehr erschwert. Damals verloren die drei Parteien der Weimarer Koalition die Mehrheit. Die Sozialdemokraten zogen sich jahrelang in die Opposition und damit von der politischen Verantwortung zurück. So blieb der Reichspräsident als die letzte Säule der Novemberrevolution. Sein persönliches Prestige war aber so groß, dass er noch ein entscheidendes Wort bei der Auswahl der rasch wechselnden bürgerlichen Kanzler sprechen konnte. Wilhelm Cuno verdankte das Amt, dem er nicht gewachsen war, nur dem Vertrauen Eberts, der seine Sachkunde als Wirtschaftsführer hoch schätzte. Gegen Stresemann hatte er lange Bedenken, die auf dessen Haltung im Weltkrieg zurückgingen, aber er unterstützte ihn dann loyal in den stürmischen hundert Tagen seiner Kanzlerschaft. Als Brüning später mithilfe des Artikels 48 zu regieren suchte, wehrte er oft Kritik mit dem Hinweis auf Ebert ab, der diesen Artikel besonders 1923 häufig angewandt hatte.

Der Reichspräsident wurde Opfer einer Rufmordkampagne

Friedrich Eberts letztes Amtsjahr war qualvoll.
Auf Bildern aus dieser Zeit sieht er vergrämt aus. In seiner Partei agitierten seine

Der badische Staatspräsident Willy Hellpach hielt in Heidelberg die Trauerrede auf den toten Reichspräsidenten.

alten Widersacher, besonders die ehemaligen Unabhängigen Sozialdemokraten, gegen ihn; auf dem Berliner Parteitag lagen sogar Ausschlussanträge gegen ihn vor. Eine Rufmordkampagne wurde gegen ihn inszeniert. Er suchte sich ihrer durch 173 Beleidigungsprozesse zu erwehren. In einem Prozess vor dem Landgericht Magdeburg schämte sich der Richter nicht, ihn im Zusammenhang mit dem Munitionsarbeiterstreik vom Januar 1918 des Landesverrats zu beschuldigen. Obwohl das Reichskabinett Luther sich demonstrativ auf Eberts Seite stellte, fühlte er sich verpflichtet, Berufung gegen das Urteil einzulegen.

Er war am Ende seiner Kraft. »Ich kanns nicht mehr tragen«, sagte er zu seinem Freunde Otto Braun. Über dieser abscheulichen Prozessaffäre vernachlässigte er seine angegriffene Gesundheit. Der Chirurg, der ihn an einer verschleppten Blinddarmentzündung operierte, kam zu spät. Am 28. Februar 1925 starb Ebert, kaum 54-jährig. Nun erst zeigte sich, dass er sich im Volke viel höherer Wertschätzung erfreute, als er

Friedrich Ebert

selber je geahnt hatte. Am Tag der Trauerfeier in Berlin, dem 4. März, stauten sich in der Wilhelmstraße, vor dem Reichstag und auf dem Wege zum Potsdamer Bahnhof Hunderttausende, um Abschied von Ebert zu nehmen. Auf dem Weg durch die Nacht von Berlin nach Heidelberg sah ich vom Zug auf allen Stationen Menschenansammlungen, sie wollten den toten Präsidenten noch einmal grüßen. In seiner Heimatstadt Heidelberg wurde er von vielen Zehntausenden erwartet.

Der badische Staatspräsident Willy Hellpach hielt die Trauerrede. Er rühmte Eberts tiefen und edlen Sinn für Anstand und Abstand, für Wert und Würde. Er habe das Amt geadelt, das er als Erster bekleidete: »Damit wurdest du im Geiste der Wahrheit und Echtheit das vorbildliche republikanische Oberhaupt des Deutschen Reiches.«

Wie sehen wir ihn heute, nachdem eine Fülle neuer Dokumente und Papiere über seine Amtszeit zugänglich geworden sind? Ich glaube, er war und bleibt die einzige große staatsmännische Gestalt, die aus der sozialdemokratischen Arbeiterschaft Deutschlands im ersten Drittel dieses Jahrhunderts hervorging. Keiner seiner Freunde hatte ähnliches Kaliber. Hätte Ebert länger gelebt und wäre er nach dem Ablauf seiner Präsidentschaft mit neuer Kraft in die politische Arena zurückgekehrt, die SPD und die Gewerkschaften wären nicht so schwach und mutlos in die Krise der Dreißigerjahre eingetreten.

Eberts undoktrinäre Staatsklugheit erscheint heute in vieler Hinsicht als ein Vorbild für sozialdemokratische Staatsmänner einer neuen Generation. Er war kein dogmatischer Marxist, mehr Demokrat als Sozialist. Kein Mann der großen Worte, sondern ein streng sachlicher Politiker. Er war kein Kerenski und erst recht kein Stalin. Das Godesberger Programm würde seinen Idealen in vielem entsprochen haben.

So versteht es sich, dass Willy Brandt, aus dem Exil heimkehrend, fühlte, dass man den von ihm früher scharf kritisierten Ebert und seine Freunde ehren und ihnen den ihnen zukommenden Platz in der Geschichte geben müsste. Auch Helmut Schmidt empfindet, dass wir Ebert »unsern Dank bei weitem noch nicht in jenem Maße sichtbar abgestattet haben, das wir ihm schuldig sind«.

»Er beging Irrtümer, wie alle Menschen. Aber er blieb auch in schwerster Stunde seinem Auftrage treu. Wer sich Friedrich Ebert zum Vorbild setzt, kann nicht fehlgehen.« *28. Februar 1975*

siehe auch
❖ **deutsche Geschichte**
❖ **Kapp-Putsch**
❖ **Sozialdemokratische Partei Deutschlands**
❖ **Weimarer Republik**

Einwanderung

Nie mehr Migrations-Ali

»Türken in Deutschland« – eine unbekannte Erfolgsstory. Längst gibt es ein deutschtürkisches Bildungsbürgertum, das durch Schwung, Ehrgeiz und Ideen auffällt: Stetig wächst die Zahl der Akademiker und Unternehmer. Wann sind Türken in Deutschland erfolgreich? Und woran kann ihr Weg in die Gesellschaft scheitern?

Von Susanne Gaschke

Verrottender Altbau, blätternde Farbe, die Wohnung eine Sperrmüllhöhle. Das Chaos ist allerdings liebevoll zusammengestellt: Bilder in unterschiedlichen Stadien der Vollendung, Manuskripte, Abwasch, baumelnder Ethnokitsch. Roter Plüschbezug auf dem Klo, offenkundige Verachtung für verbürgerlichte Putzstandards. Künstlerbehausung!, schreit diese Wohnung. Hier lebt Feridun Zaimoglu, Bestsellerautor, 38.

Eine bestechende Idee machte ihn vor Jahren bekannt: Im Stadtteil Gaarden seiner Heimatstadt Kiel sprach er mit Rappern, Zuhältern, Kleinkriminellen, Arbeitslosen – den »randständigen«, aber gleichzeitig, wie Zaimoglu sagt, »virilen« und »vitalen« Jungmännern der türkischen Gemeinschaft. Er ließ sie reden über Gott und ihre Weltsicht und suchte nach einer adäquaten Übertragung ihres wilden Sprachgemischs ins Deutsche. Genial (und extrem marktgängig) war der Name, den Zaimoglu für das Idiom erfand: Kanak Sprak. So lautete auch der Titel seines 1995 erschienenen Erfolgsbuchs. Kanak? So kann der aufgeklärte deutsche Gutmensch seine ausländischen Mitbürger doch nicht nennen. Aber wenn sie selbst es tun?

Damit hatte Zaimoglu einen effektiven Weg gefunden, sich in den deutschen Feuilletondiskurs hineinzuboxen: Tabubruch, Rebellentum. Andere wählen konventionellere, wenngleich nicht weniger wirksame Strategien. Die Zahl der türkischstämmigen Selbstständigen in Deutschland wächst stetig, ebenso die der Akademiker. Wenn sich im PISA-gebeutelten Deutschland irgendwo eine Bildungsreserve vermuten lässt, dann unter den deutschtürkischen Jugendlichen. Die Bio-

Bestsellerautor Feridun Zaimoglu

grafien der Erfolgreichen zeigen aber auch, welche Entschlossenheit, welcher Fleiß, nicht selten welcher Mut nötig sind, um sich einen Platz in dieser Gesellschaft zu erkämpfen. Diesen Willen, sich das Leben in Deutschland zu Eigen zu machen, kann kein staatliches Förderprogramm ersetzen.

Feridun Zaimoglu ist ein sehr lebendiges Beispiel dafür, dass Integration nicht Anpassung bedeuten muss – auch nicht an die Erwartungen der Mediengesellschaft. »Seit ›Kanak Sprak‹ könnte ich jede Woche als Fremdvölkerkundler in einer Talkshow auftreten und den Veranstaltern eine Freude machen, die an Verständigung durch Petting glauben«, sagt Zaimoglu. »Aber ich habe keine Lust.«

Lauwarme Gefühle liegen ihm nicht, aber der Mann hasst differenziert, zum Beispiel die gut gemeinte Tendenz deutscher Bildungsbürger, problematische Verhaltensweisen der eingewanderten türkischen Unterschicht mit »Mittelschichtsbegriffen« schönzureden. »Diese Leute müssen mal kapieren, wie weit die Landnahme durch die Ethnos in manchen Gegenden Deutschlands fortgeschritten ist.« Fast ebenso sehr verabscheut er die Selbstbespiegelung der deutschen Generation Golf. »Diese Mittelstandsneurosen, diese Playmobil-Leben, das ist doch auch nicht zum Aushalten.«

Was ist ihm noch zuwider? Podiums- und Schriftstellerkolleginnen, die auf »Exoten-Weibchen« machen. »Ach, was sind wir heute authentisch, so besonders authentisch, so temperamentvoll.« Und allgemeines Einwanderergejammer über die Ausgrenzung in der deutschen Gesellschaft. »Solchen Leuten sage ich: ›Du Blödmann, lern erst mal, deutsche Nachnamen richtig auszusprechen, und beschwer dich dann darüber, dass deiner falsch ausgesprochen wird.‹« Doch auch für diesen toughen Intellektuellen-Macker gibt es Grenzen. Er habe den Ehrgeiz, sagt Zaimoglu, es als deutscher Autor weit zu bringen. Und da hört der Spaß auf. Sein 2002 erschienener Roman »German Amok« ist von der Kritik ebenso gnadenlos verrissen worden, wie »Kanak Sprak« bejubelt wurde. Es hagelte Beschimpfungen wie »Kultursöldner«, es gab widerliche Anspielungen auf das Sexualleben des Autors. Zaimoglu weiß, dass er an den Aggressionen, die er auf sich zieht, nicht vollkommen unschuldig ist, schließlich teilt er auch aus – in »German Amok« gegen die dekadente Berliner Kunstszene. »Die Botschaft der Rezensionen war aber ganz klar«, sagt er. »Migrations-Ali versucht, einen auf Kultur zu machen. Das soll er mal lieber lassen.« Über das deutsche Feuilleton sagen diese Kritiken mehr als über Zaimoglus Buch. Der hat sich allerdings schon wieder berappelt – spätestens, seit er Anfang Juli den Preis der Jury des Klagenfurter Literaturwettbewerbs erhielt.

»Ich habe kein Wort verstanden«

Am Abend steht noch eine Podiumsdiskussion zum Thema »Gender Budgeting« auf ihrem Programm. Schon jetzt, als sie in die Brasserie am Berliner Gendarmenmarkt eilt, ist Dilek Kolat etwas abgehetzt. Und hungrig. Aber sie hat kaum Gelegenheit, ihre drei Rohmilchkäse-Variationen mit kunstvoll geschnitztem Gemüse und Vollkornbrotecken zu essen, denn wenn sie erzählt, dann erzählt sie. Gender Budgeting? »Das bedeutet, dass alle Haushaltsposten daraufhin überprüft werden, ob und in welcher Weise sie frauenrelevant sind«, sagt die 36-jährige SPD-Politikerin. Und lächelt dabei so fein, dass deutlich wird: Gender Budgeting ist auch eine wichtige Sache.

Seit 2001 sitzt die Wirtschaftsmathematikerin im Berliner Abgeordnetenhaus, gewählt mit 44,8 Prozent, dem besten Erststimmenergebnis ihrer Partei. Sie ist Mitglied im Hauptausschuss, zuständig für Haushalt und Verwaltungsmodernisierung; stellvertretende Sprecherin im SPD-Fachausschuss für Wirtschaft, Arbeit und Technologie; stellvertretende Kreisvorsitzende der SPD in Tempelhof, Vorsitzende der Abteilung Friedenau. Einen Halbtagsjob bei der Deutschen Kreditbank macht sie nebenbei, aber nicht mit halber Kraft.

Eine türkische Familie grillt im Görlitzer Park, einem beliebten Freizeitgelände im Berliner Stadtbezirk Friedrichshain-Kreuzberg.

Einwanderung

Brücke über den Çoruh bei Artvin im Nordosten Anatoliens.

Dilek Kolat gehört zu den wenigen Leuten, bei denen das Wort »Projekt« nicht wie ein Euphemismus für irgendetwas halb Gares klingt. Ihr erstes Projekt nahm sie in Angriff, als sie an der Technischen Universität Berlin studierte und sich in einer türkischen Studentenorganisation engagierte. »Ich gehöre zur zweiten Generation der Türken in Deutschland«, sagt sie. »Ich komme aus einfachen Verhältnissen. Am ersten Schultag saß ich in der Schule und habe kein einziges Wort verstanden. Es war einer der schrecklichsten und traurigsten Momente in meinem Leben.«
Anderen wollte sie diese Erfahrung ersparen und organisierte deshalb zusammen mit Kommilitonen Ergänzungsunterricht an der TU Berlin: eine enorme Hilfe für viele Migrantenkinder.
»Später habe ich Türkischkurse für Leute wie mich selbst organisiert, für Bildungsinländer«, sagt Kolat. Nachdem sie ihre anfänglichen Sprachschwierigkeiten überwunden hatte, wollte sie nämlich mit ihren Freunden nur noch Deutsch sprechen. »Es war ungeheuer frustrierend, beim ersten Kontakt mit türkischen Akademikern festzustellen, dass ich nur drei Gedanken auf Türkisch formulieren konnte. Ich beherrschte die Alltagssprache einer Siebtklässlerin.«

Irgendwann, sagt sie, sei ihr klar geworden, dass ihre Vereins- und Projektarbeit immer nur »Feuerwehrfunktion« haben konnte. »Die eigentlichen Lösungen für große Probleme werden in der Politik beschlossen.« Für sie selbst sei nur die SPD infrage gekommen. »Es war doch klar, dass ich mich für Chancengleichheit einsetzen musste.« Ohne die Gesamtschule, sagt sie, wäre ihr die eigene Bildungskarriere niemals gelungen. Bildungs- und Einwanderungsfragen blieben zu Beginn ihrer politischen Laufbahn die bestimmenden Themen. »Dann merkte ich, dass ich nicht von Beruf Ausländerin sein will.« Die Entscheidung für das struppige Feld der Haushaltspolitik hatte auch mit dieser Erkenntnis zu tun. »Es irritiert mein Publikum manchmal, wenn ich als jüngere, türkischstämmige Frau den Mund aufmache und über Finanzpolitik und Kameralistik rede.«
Die türkischen Medien in Berlin verfolgen die Aktivitäten der Sozialdemokratin aufmerksam. »Migranten sind politisch, aber sie haben wenig Erfahrung mit unserer Art von Parteipolitik«, sagt Dilek Kolat. »Bei mir hören sie genau zu – natürlich auch, weil ich ihre Sprache spreche.« Konflikte, auch mit Teilen der türkischen Gemeinschaft, sucht sie dort, wo sie ihr unter Integrationsgesichtspunkten wichtig erscheinen. Als die radikale »Islamische Föderation« vor Gericht das Recht erstritt, Religionsunterricht an Grundschulen zu erteilen, forderte Kolat die Eltern öffentlich auf, ihre Kinder nicht hinzuschicken. Den unvermeidlichen Ärger mit den Islamisten hielt sie aus. Locker.

Das Benehmen gegenüber Einwanderern ist heute besser

Asaf Pekdeger, Professor für Hydrogeologie an der Freien Universität Berlin, kann auf einen illustren Familienstammbaum zurückblicken. Da gab es im 18. Jahrhundert einen Großwesir, der in der Türkei Reformen nach preußischem Muster organisierte – anders als heutige Modernisierer allerdings am Ende seiner Bemühungen geköpft wurde. Pekdegers Urgroßvater Asaf Pasha promovierte in Leipzig und wurde Professor für Gynäkologie in Berlin. Auch sein Vater war Arzt, die Mutter arbeitete bei der deutschen Botschaft in

Ankara; sein Vetter Kemal Dervis, ehemaliger Vizepräsident der Weltbank, wurde 2001 Superminister im Kabinet Ecevit. Pekdeger wuchs in Ankara auf. Über den weiten Freundeskreis seiner Großmutter bekam er Kontakt zu türkischen und deutschen Geologen und Archäologen. »Ich habe erst noch erwogen, aus Familientradition Medizin zu studieren. Aber eigentlich war klar: Geologie ist mein Fach«, sagt er. »Ich wollte unbedingt in Afrika arbeiten, das war so ein Traum vom großen Aufbruch.«

Es kam ein wenig anders. Zum Studium ging Pekdeger nach Deutschland, weil ihm das politische Klima in der Türkei Ende der Sechzigerjahre nicht behagte, »wobei ich heute, was ich ungern zugebe, die Rolle der Militärs etwas anders einschätze als damals: Heute scheinen sie mir doch vor allem Garanten der Moderne zu sein, gegen alle islamistischen Tendenzen.« Auch sprach für Deutschland der damals noch gute internationale Ruf seiner Universitäten. »Das ist leider nicht mehr so«, sagt Pekdeger. »Wenn ich mir die Ausstattung unserer Hochschulen ansehe, dann muss ich sagen: Deutschland steigt ab, Länder wie die Türkei steigen auf.« Zwischen 1987 und 1990 habe seinem Institut in Berlin mehr Geld für die Forschung zur Verfügung gestanden als von 1990 bis heute. Natürlich sei auch sein Themengebiet, der Umweltschutz, ein wenig aus der Mode gekommen. Pekdeger ist Spezialist für den Schutz des Grundwassers gegen Verunreinigungen durch atomare Endlager und Mülldeponien.

In türkischen Mittel- und Oberschichtfamilien sei es längst nicht mehr üblich, die Kinder zur akademischen Ausbildung nach Deutschland zu schicken; viel mehr wende man sich nach Amerika oder England. Dafür mag es neben dem Qualitätsverlust der Universitäten noch einen weiteren Grund geben. »In Amerika sind Sie nach einem Jahr Amerikaner«, sagt Pekdeger, »Deutscher werden Sie nie.« Selbst wohlmeinende Kollegen fragten ihn regelmäßig, wenn er zu Bohrungen in die Türkei fahre: »Na, geht es in die Heimat?«

»Insgesamt ist das Benehmen gegenüber Einwanderern besser geworden, seit ich 1970 hierher kam«, sagt Pekdeger. »Aber am Anfang war es überraschend, als Sohn aus guter Familie behandelt zu werden wie ein Mensch zweiter Klasse. Immer noch gibt es bei manchen Deutschen die Haltung: Professor ist was, Türke ist nichts.« Hakenkreuzschmierereien am Labor, ein Student, der sagt: »Ich lass mich doch nicht von einem Scheißtürken prüfen« – auch so etwas kommt gelegentlich vor. Vollkommen könne er das nicht unter dem Stichwort »bescheuert« ablegen, sagt der Professor, eine internationale Koryphäe in seinem Fach, 120 Diplome, 20 Promotionen, Hunderte von Studenten. »Das geht schon unter die Haut.« Vielleicht habe sich wegen solcher Erfahrungen nach der Wiedervereinigung so gut mit vielen ostdeutschen Kollegen verstanden, sagt er. »Die waren hervorragende Wissenschaftler und erlebten, wie die Wessis alles besser wussten. Das kam mir bekannt vor. Ich hatte von Anfang an gespürt: Nur gut zu sein reicht nicht. Du musst besser sein als alle anderen, um das Gleiche zu erreichen.«

Zu Anfang hat sie sehr gelitten

»Viele Leute haben doch ziemliche Vorurteile«, sagt Hacer Yüksel, »und das macht den Umgang miteinander manchmal schwierig. Aber die Baubehörde ist lange nicht so bürokratisch wie ihr Ruf.« Die 36-jährige Architektin arbeitet als Bauprüferin beim Bauamt im Hamburger Stadtteil Eimsbüttel. Sie ist zuständig für die Bewilligung von Bauanträgen; sie überwacht Baustellen, nimmt Rohbauten und fertige Gebäude ab. »Der Berufseinstieg war hart«, sagt sie, »da kommt man als 25-jährige Frau, Anfängerin, und soll Bauherren oder Architekten etwas erzählen, die seit 30 Jahren im Geschäft sind. Ich habe mich durchgebissen: Bei uns gelten nun einmal bestimmte Vorschriften, und wir sorgen dafür, dass die eingehalten werden.« Das habe im Übrigen die positive Folge, dass hierzulande das meiste funktioniere. »Auch in der Türkei gibt es Baurecht, auch in der Türkei gibt es Statik – aber eben eine gewisse Neigung, es damit nicht so genau zu nehmen. Das kann schlimme Folgen haben, wenn man etwa an die Verheerungen denkt, die die letzten Erdbeben angerichtet haben.«

Mit 13 Jahren zog die Gymnasiastin Hacer Yüksel mit ihren Eltern aus der Türkei

Einwanderung

nach Deutschland. Ihr Vater, ein Germanist aus Ankara, promovierte in Hamburg, die Tochter, bisher eine fröhliche, begeisterte Schülerin mit Spitzennoten, kam im Einwandererstadtteil Wilhelmsburg aufs Gymnasium. Ohne ein Wort Deutsch zu können.

Deutsche und türkische Jugendliche spielen Tischfußball.

Die Einsamkeit, das plötzliche Eingesperrtsein im eigenen Kopf, die Unfähigkeit, sich zu äußern, am Unterricht teilzunehmen, Freunde zu finden – all das muss schlimm gewesen sein für ein Mädchen am Rande der Pubertät.

Hacer Yüksel spricht zurückhaltend über diese Zeit, vorsichtig, sehr höflich. Es soll nicht so klingen, als wolle sie Deutschland kritisieren. Aber sie hat gelitten. »Das hat mir viel von einem Großteil meiner Jugend genommen«, sagt sie. Ihre Lehrer immerhin waren weitsichtig genug, ihre Begabung zu erkennen und sie nach Kräften zu fördern: Im ersten Jahr bekam sie überhaupt keine Noten, dafür zweimal pro Woche zusätzlichen Sprachunterricht. »Mein Vater hat mit mir zusammen gekämpft«, sagt Yüksel, »oft genug sind wir morgens um vier Uhr aufgestanden, um die Hausaufgaben zu machen, für die ich abends zu müde gewesen war.«

Wegen ihrer begrenzten Ausdrucksmöglichkeiten stürzte sich Hacer Yüksel auf Mathematik und die Naturwissenschaften. »Außerdem habe ich gut gezeichnet«, sagt sie. Das Architekturstudium war da eine nahe liegende Wahl. Das eigene Haus im Hamburger Stadtteil Schnelsen hat sie indes nicht selbst entworfen. »Standardhaus«, sagt sie, »und das hat mich schon genug Nerven gekostet.« Aber dafür sitzt es sich nun behaglich in dem schönen, hellen Gartenwohnzimmer mit edlen Korbmöbeln und zahllosen Büchern. Ihr Mann bringt überbackene Toasts, scharfe Gürkchen und Tee. »Hacer kocht gar nicht«, sagt er lachend, und es klingt, als sei das möglicherweise gut so.

Zu Hause und mit ihrer fünfjährigen Tochter Nidalzu, die nach den Sommerferien in die Schule kommt, sprechen die Yüksels nur Türkisch. Offenbar ist das die richtige Strategie, das Mädchen bewegt sich sicher in beiden Sprachen. »Am Anfang habe ich mir Sorgen gemacht«, sagt Hacer Yüksel, »zuerst konnte man Nidalzu im Kindergarten einfach nicht verstehen, warum sie auf Türkisch etwas sagt und niemand weiß, was sie meint.« Erst durch ihr Kind fühle sie sich in Hamburg vollkommen zu Hause. »Früher konnte ich mir gut vorstellen, in der Türkei zu arbeiten. Und oft habe ich die Tage bis zu den Ferien gezählt.« Das werde weniger, seit ihr Lebensmittelpunkt so klar definiert sei.

Der »Lebensmittelpunkt« hat heute darauf bestanden, »bauchfrei« zum Spielen zu gehen – schließlich tun das nahezu alle Mädchen in diesem Land in diesem Sommer. Also kramt die Mutter die kurzärmelige Jeansbluse wieder hervor, aus der die Nidalzu eigentlich schon längst herausgewachsen war, und zwischen Hemd und Jogginghose blitzen die nötigen zehn Zentimeter nackter Haut hervor.

Kein Erziehungskonflikt. »Ich bin Mohammedanerin«, sagt Hacer Yüksel. »Aber ich denke, dass man an Allah glauben kann, ohne jede einzelne islamische Alltagsregel zu befolgen.«

21. August 2003

siehe auch
✤ Ausländer
✤ Türkei
✤ Türken

Eisbär

Sehnsucht nach Eiszeit

Die Eisbären der Hudson Bay spüren den Klimawandel als Erste.
Ihre Jagdgründe schmelzen dahin

Von Peter Korneffel

Mit schier grenzenloser Geduld liegt der Eisbär im trockenen Seegras der Hudson Bay und blickt auf das Meer. Der Polarwind bläst ihm über seine schwarze Schnauze. Merkt der Bär, dass der Wind allmählich wärmer wird? Für den kanadischen Biologen Nick Lunn ist der cremeweiße Eisbär im Seegras der 115., dem er in dieser Saison auf den Zahn fühlen will. Der Helikopter des Canadian Wildlife Service fliegt das Tier vom Meer aus an. »Wir müssen ihn weiter ins Landesinnere treiben«, dirigiert Lunn den Piloten. Auf dem Rücksitz macht sich der Biologiestudent Evan Richardson für den Betäubungsschuss bereit. Sechs Gramm Zoletil, ein Cocktail aus Narkose- und Beruhigungsmittel, sollen das mittlerweile alarmierte Tier wieder zur Ruhe bringen.

Die beiden Biologen erforschen im Auftrag des World Wide Fund for Nature (WWF), wie sich das Leben der Eisbären unter dem wachsenden Druck des globalen Klimawandels verändert. Denn die deutliche Erwärmung der Erde ist in der Nordpolarzone stärker als in anderen Breiten. Und der Rückgang des nordpolaren Meereises zeigt sich an den subarktischen Gestaden bei Kap Churchill besonders deutlich: Je früher das saisonale Wintereis auftaut, desto weniger Zeit bleibt den Eisbären zur Jagd auf dem Eis.

Der Hubschrauber senkt sich bis zu einem Meter über dem galoppierenden Bären, der verwirrt anhält und zu dem dröhnenden Vogel hochschaut. Evan Richardson lehnt sich weit aus dem Fenster, den Kolben an der Schulter, und drückt ab. »Getroffen«, meldet der 26-Jährige über die Kopfhörer. Die fingerlange Aluminiumhülse ankert im Nacken des Eisbären. Sofort steigt der Helikopter auf, und die Forscher beobachten, wie der Bär nach wenigen Minuten taumelnd zu Boden sinkt. »Fertig zur Landung.« Nick Lunn notiert die Zeit, Evan Richardson schließt die Drogenkiste.

Die Temperaturen in der Arktis sind im vergangenen Jahrhundert um fünf Grad Celsius gestiegen. Der Internationale Ausschuss für Klimawandel (IPCC) macht dafür insbesondere den weltweiten Ausstoß von Treibhausgasen verantwortlich. Deshalb soll auch das Kyoto-Protokoll die CO_2-Emissionen begrenzen – ob das gelingt, erscheint allerdings fraglicher denn je. Wohin eine weitere Erderwärmung führt, ist absehbar. Gemäß einer NASA-Studie des Global Space Flight Center steigt die Temperatur an der arktischen Eisoberfläche um 1,2 Grad Celsius pro Jahrzehnt. Weltraumaufnahmen belegen einen Rückgang des ständigen Meereises der nördlichen Polarkappe um neun Prozent pro Dekade. Eine Fortsetzung dieses Prozesses könne »drastische Veränderungen im arktischen Klimasystem« zur Folge haben, warnt die NASA.

Für die Polarforschung ist der Eisbär von besonderem Interesse, da er am Ende der arktisch-marinen Nahrungskette steht.

Für die Polarforschung ist der Eisbär von besonderem Interesse, da er am Ende der arktisch-marinen Nahrungskette steht.

Eisbär

Je früher die Frühlingssonne das Eis bricht, desto schneller endet die Jagd für den größten Fleischfresser unter allen Landtieren.

»Der Eisbär nimmt eine Schlüsselposition ein und gibt uns Aufschluss darüber, welche Probleme auf andere Tierarten der Arktis zukommen«, erläutert Nick Lunn. Seit dem internationalen Abkommen zum Schutz von Polarbären vom 15. November 1973 haben sich die Feldstudien an den Polarbären zu einem der weltweit am besten koordinierten Forschungsgebiete der Biologie entwickelt.
Insgesamt leben in der Arktis etwa 22 000 bis 25 000 Eisbären, schätzt die Polar Bear Specialist Group. Bislang ist der Bestand weitgehend stabil. Vielerorts dürfen Bären sogar gejagt werden. Noch. Nick Lunn fürchtet: »Setzt sich die polare Eisschmelze fort, werden die Eisbären aussterben.« Dies gelte insbesondere für die Hudson Bay und die James Bay, die südlichsten Siedlungsgebiete der Eisbären. »Denn hier verschwindet das Eis zuerst.«

Der Eisbär ist Symboltier für die Bedrohung der Umwelt

Die Küste bei Churchill in der kanadischen Provinz Manitoba gilt als eines der drei umfangreichsten Gebiete von Eisbär-Wurfhöhlen weltweit. An der westlichen Hudson Bay, in der rund 1 200 Eisbären leben, hat Kanada 1996 den 11 475 Quadratkilometer großen Wapusk National Park eingerichtet. Am Rande des Parks, im Churchill Northern Studies Center, sammelt Nick Lunn seine Daten. Ein dreijähriges Forschungsprogramm, ob und wie der Klimawandel seine Schützlinge beeinträchtigt, soll mit Zahlen belegen, was er befürchtet. Der WWF will den Eisbären, ähnlich wie den Pandabären, zum Symboltier für den bedrohten Zustand unserer Umwelt stilisieren.

»Hey, bear! Hey, bear!« Nick Lunn nähert sich vorsichtig dem betäubten Tier. Es schnauft noch etwas von der kurzen Jagd, Speichel hängt am Maul, seine offen stehenden Augen sind regungslos. »Er schläft«, gibt Lunn freie Bahn, »keine weitere Spritze.« Während der Pilot sich mit dem Schreibbrett in das Tundragras fallen lässt, beginnen Lunn und Richardson, den Bären zu untersuchen: Körperlänge, Brustumfang und Kopfbreite weisen das männliche Tier als etwa 900 Pfund schwer aus. Die Forscher messen Temperatur, Atemfrequenz und Fettmasse des stattlichen Raubtiers, untersuchen das Gebiss und die Wunden auf der Nase. Operativ entnehmen sie etwas Fett; bei der Markierung der Ohren fällt eine Hautprobe für den genetischen Vaterschaftstest ab. Ins Zahnfleisch tätowiert Richardson dem Bären eine lebenslange Kennung. Dann zieht er ihm einen kleinen, degradierten Backenzahn für die Altersbestimmung. Schließlich bekommt der Bär einen schwarzen Punkt auf den Rücken gesprüht, damit das Forscherteam ihn in der laufenden Saison nicht mehr verfolgt. Noch etwa eine Stunde bleibt der Eisbär benommen liegen, ausgestreckt in einer X-Haltung, während die Biologen bereits weiterfliegen. Täglich betäuben sie bis zu zwölf Exemplare, Erstlinge wie auch Altbekannte aus früheren Jahren. Alle finden sich im jährlich aktualisierten Eisbärenregister wieder.

Bei gutem Herbstwetter fällt es den Forschern leicht, die Tiere aufzuspüren, denn die Bären stehen wie weiße Knäuel an der Wasserkante – und warten schlicht auf das Eis. Der Name »Eisbär« passt ebenso trefflich zu ihnen wie ihr biologischer Name Ursus maritimus, »Meerbär«. Dabei ist der Meerbär ein Landsäugetier. Zumindest die weiblichen Tiere der kanadischen Arktis, wo 60 Prozent aller Eisbären leben, können nicht ständig auf dem Eis wandeln. Sie brauchen die stabilen Schneewehen auf dem Permafrostboden der Tundra. »In gleicher Weise, wie das Eis zurückgeht, entdecken wir jetzt an Land, dass die Winterschneewehen bei Churchill immer dünner werden«, berichtet Nick Lunn. Damit schwinde der Schutz der Wurfhöhlen, die Fortpflanzung der Eisbären sei bedroht.

Eisbären sind Könige des Fastens

Andererseits zählen Eisbären zu den anpassungsfähigsten Säugetieren. So können sie ihrer Beute über Hunderte Kilometer folgen, sogar noch bei minus 37 Grad Celsius jagen, und die begrenzten Nahrungsressourcen im arktischen Lebensraum ließen sie zu Königen des Fastens werden: Bis zu acht Monate leben Eisbärweibchen, ohne zu fressen, ohne zu trinken, gar monatelang, ohne zu urinieren. Diese für Raubtiere einzigartige Askese überstehen die Bären allein durch Anfressen gewaltiger Fettreserven in ihrer Jagdperiode und dank eines optimierten Stoffwechsels. Der Eisbärenforscher Ian Stirling von der University of Alberta wog markierte Eisbärenweibchen vor und direkt nach der Jagdzeit. In einem extremen Fall legte eine hagere Bärin von 97 Kilo Gewicht binnen Monaten auf 505 Kilo zu. Sie hatte sich acht Zentner Fett angefressen, um die Fastenzeit zu überstehen und ihren kommenden Nachwuchs zu säugen. Zur Schonung ihres Fetthaushalts zögern trächtige Eisbärinnen die Embryonenentwicklung sogar über vier bis fünf Monate hinaus, bis sich im September das befruchtete Ei im Uterus einnistet.

Selbst nach der kurzen Wachstumszeit im Mutterleib kommen die Jungen zwischen November und Januar nur meerschweinchengroß mit einem Körpergewicht zwischen 600 und 700 Gramm auf die Welt. Erst beim nun einsetzenden Säugen verbraucht die Mutter ihre Fettsubstanzen. Diese kann sie erst ab etwa März und nur bis zur Frühjahrseisschmelze wieder auffüllen. Auf den Vater kann sie dabei nicht zählen – der paart sich auf ferner Wanderschaft möglicherweise bereits von neuem. Ihre Energiequellen finden die Bären allein auf dem arktischen Eis. Dort leben die fettleibigen Ringelrobben, die Grundnahrung der Eisbären. Wenn die Robben im April ihre Jungen im Packeis der Hudson Bay gebären, werden die Babys zur leichten Beute für die weißen Räuber. Sie spüren die Jungrobben vor allem durch ihren hervorragenden Geruchssinn auf. Dann beginnt eine brutale, aber überlebenswichtige Raubtiervöllerei. Noch befinden sich die Populationen von Eisbären und einigen Millionen Ringelrobben in der gesamten Arktis in einem natürlichen Gleichgewicht.

Doch je früher die Frühlingssonne das Eis wieder bricht, desto schneller endet die Jagd für den größten Fleischfresser unter allen Landtieren. Denn an Land finden die

Eisbärenweibchen sind extrem ortsverbunden.

Eisbär

Bären allenfalls Gräser, Tang und Beeren und gelegentlich einen Kadaver, aber bisher nichts, das ihren extrem fettabhängigen Stoffwechsel am Leben halten könnte. Die große Frage wird also sein: Wie entwickeln sich künftig die Robbenbestände, wo werden sie ihre Jungen zur Welt bringen, und können die Eisbären ihnen folgen?

Ohne Eis werden die Bären nicht überleben können

»Die Eisperiode bei Churchill ist binnen 20 Jahren bereits um etwa zwei Wochen im Jahr kürzer geworden«, warnt Nick Lunn, der die Eisbären der Hudson Bay seit Anfang der Achtzigerjahre erforscht. »Wir sehen die Tiere jetzt mit deutlich weniger Fett von der Jagd heimkehren«, sagt der Biologe. Das führe zu Veränderungen bei der Aufzucht der hiesigen Jungtiere. »Drillingsgeburten kommen heute fast gar nicht mehr vor. Und die Babys müssen bereits 30 Monate gestillt werden, um mit genügend Kraft von der Mutter loszukommen.« Vor 20 Jahren wurde noch fast jedes zweite Eisbärenbaby nach 18 Monaten abgestillt. Eines steht für ihn schon zu Beginn des dreijährigen Forschungsprojekts fest: »Ohne Eis werden Eisbären nicht überleben. Es wird zuerst die Jungtiere treffen, denn die Muttertiere werden bei fortschreitendem Nahrungsmangel noch weniger Nachwuchs haben oder für ihre Jungen zu wenig Milch produzieren.« Der kritische Punkt? »Der junge Eisbär braucht schätzungsweise zehn Kilo Gewicht, wenn er erstmals mit der Mutter auf das Eis rauszieht«, ermittelte Lunn. »Ansonsten sind seine Überlebenschancen gering.«

Für die Tourismusveranstalter, die seit Jahren mit den spektakulären Eisbärenexpeditionen bei Churchill Geschäfte machen, sind das Schreckensmeldungen. Das sei völlig übertrieben, meint Hotelchef Dawn Daudrich von der Lazy Bear Lodge in der »Welthauptstadt der Eisbären«. Alles sei im Lot, bekundet auch Merv Gunter von den Tundra Buggy Tours. Der Tourismusmanager sorgt sich allenfalls darüber, dass »gelegentlich Eisbären mit einem schwarzen Fleck auf dem Rücken die Fotografen verärgern«. Bob Reside, der Direktor des Wapusk-Nationalparks, sieht immerhin die Gefahr von Veränderungen: »Wenn die Erwärmung der Arktis nicht aufzuhalten ist, wird Churchill in zehn Jahren nicht mehr über die weltweit größte Dichte an Eisbären-Wurfhöhlen verfügen.«

Aber können die Tiere unter dem Druck des Klimawandels nicht einfach nach Norden ziehen? Ganz so einfach sei das nicht, meint Nick Lunn. Der Weg in kältere Regionen bleibe den Churchill-Bären versperrt, denn die dortigen Eisbärenpopulationen würden »die von der Wärme vertriebenen Artgenossen nicht in ihrem Revier akzeptieren«, glaubt der Biologe. Außerdem seien Eisbärenweibchen extrem ortsverbunden. Zum Teil würden die Wurfhöhlen im Wapusk-Nationalpark »über Generationen hinweg von denselben Familien genutzt«. Trotz ihres Anpassungsvermögens könne er sich nicht vorstellen, »dass Eisbären binnen weniger Jahre ohne Schnee und Permafrost leben können«. Er verweist auf Prognosen des kanadischen Instituts für Ozeanwissenschaften eine eisfreie Arktis könne sich »saisonweise schon zwischen 2030 und 2040 einstellen«. Dann lebten Eisbären womöglich nur noch an den nördlichen Küsten von Grönland, Spitzbergen, Russland, Alaska und Kanada.

Allerdings sind nicht nur Bären, sondern auch Robben anpassungsfähig. Das macht Langzeitprognosen in komplexen Ökosystemen schwierig. Vielleicht wissen wir in drei Jahren mehr. Bis dahin muss Nick Lunn noch viele Eisbären mit dem Betäubungsgewehr jagen. *11. Dezember 2003*

siehe auch
- Arktis
- Bären
- Kanada
- Klimaänderung
- Treibhauseffekt

Dwight D. Eisenhower
Feldherr und Friedenspräsident
Nicht seine Politik, sein Charakter verlieh ihm Größe

Von Joachim Schwelien

Warum war Dwight D. Eisenhower einer der wenigen Menschen dieses Jahrhunderts, die schon zu Lebzeiten fast allseitige Verehrung genossen? Denen nur in ganz wenigen Ausnahmefällen Feindschaft, Polemik oder Hass entgegenschlug? Feldmarschall Montgomery, der alte britische Waffengefährte aus den Tagen der Schlacht um Europa, der die militärischen Führungseigenschaften Eisenhowers gewiss nicht allzu hoch schätzte, hat es mit einem Satz umrissen: »Wenn er einen anlächelte, war es unmöglich, ihm etwas abzuschlagen.«

Das war der Ike, wie ihn die Amerikaner und schließlich die ganze Welt kannten, ein Mann, der keinen Mitmenschen verachtete, der keinen Groll weckte oder zeigte, der mit seiner moralischen Kraft mehr bewirkte als mit der Autorität des hohen Offiziers oder dem Genius des Staatsmannes. An das Gute glaubte er so fest, dass er auch seinen bedeutendsten geschichtlichen Auftrag, die Befreiung der von den Achsenmächten besetzten Länder, als einen Kreuzzug in Europa sah und so später schilderte.

Seine Landsleute sahen in ihm den Prototyp des Amerikaners. Er stieg aus kleinsten Verhältnissen zu seinen ruhmvollen Ämtern auf, ein unbekannter Kadett der Militärakademie von West Point, der eigentlich erst zur Marine hatte gehen wollen und in seiner Klasse von über 250 Schülern seines Jahrganges nur als 61. abschnitt. Schließlich befehligte er die mächtigsten Armeen, die eine Allianz jemals ins Feld geführt hatte. Sein Charisma wurzelte nicht in einem hervorragenden Intellekt oder in monumentalen, heroischen militärischen Führungseigenschaften; es waren seine einfache Gradheit und überzeugende Herzlichkeit, die Fähigkeit zum Schlichten und zum Ausgleichen, die Eisenhower zum Leitbild seiner Epoche werden ließen.

Dwight David Eisenhower

Jedoch beruhte seine Größe nicht darauf, dass ihn der Zufall oder eine Kette glücklicher Fügungen auf seine Posten gestellt hätte. Die amerikanische Nation hat sich in ihm kein Ersatzmonument geschaffen; nichts ist abwegiger als das Wort vom »amerikanischen Hindenburg«.

Ich habe beide Männer persönlich kennen gelernt – Hindenburg als Reichspräsidenten, wie er seine alte, längst in ein Gymnasium umgewandelte Kadettenanstalt in Berlin-Lichterfelde besuchte; Eisenhower auf seiner Farm in Gettysburg, am Rande des Schlachtfeldes, auf dem der amerikanische Bürgerkrieg entschieden wurde. Beide Männer waren verehrte Symbole ihrer Völker, doch welch ein Unterschied: hier der knorrige, an seine Tradition ge-

Dwight D. Eisenhower

bundene, geistig unbewegliche deutsche Feldmarschall, dem die Demokratie wesensfremd war, der seine Autorität brachliegen ließ und dem Zerfall des Weimarer Staates gleichgültig zusah und bei allem persönlichem Widerwillen gegen Hitler duldete, dass der Usurpator diesem Staat den Todesstoß versetzte; dort der zivile und urbane amerikanische General, der mit frischem und lebendigem Gedächtnis Episoden seines Lebensweges schilderte, die unerschöpfliche Fülle der Ereignisse in einer internationalen Gemeinschaft von Völkern wachrief und sich mit sehr persönlichem Interesse über die Chancen des republikanischen Präsidentschaftskandidaten äußerte – ein Mensch von scharfem Urteil und wachem Verstand, der sich als einfacher Mitbürger seines Volkes begriff.

Paul von Hindenburg wurde wie Eisenhower vom Volk stark verehrt, charakterlich lagen zwischen beiden jedoch Welten.

Die Kunst, Menschen zusammenzuführen, war das Geheimnis Eisenhowers. Sie bestimmte Roosevelt, den noch unbekannten Chef der Planabteilung des amerikanischen Generalstabes im Februar 1942 zum Kommandierenden General auf dem europäischen Kriegsschauplatz und, nach der Landung in Nordafrika, schließlich zum Oberbefehlshaber der alliierten Streitkräfte im Westen zu ernennen. In England hatte Eisenhower die schwerste Entscheidung seiner Karriere zu treffen: bei zweifelhafter Wetterlage den Befehl zum Beginn jener Invasion vom 6. Juni 1944, die das Ende des Zweiten Weltkrieges in Sicht rückte. Eisenhower verfasste in dieser Stunde ein Kommuniqué, in dem er für den Fall des Misslingens die volle Verantwortung allein übernahm. Dies zeichnet ihn mehr aus als alle Orden.

Der Sieger war der erste General, der den Unterlegenen schließlich die Hand wieder entgegenstreckte – wenn auch noch nicht bei der bedingungslosen Kapitulation von Reims, in der Eisenhower barsch und kalt auftrat. Noch schmerzten die Wunden des Krieges, noch war das Grauen zu groß, das Eisenhower empfand, als er Gewissheit über die Konzentrationslager erlangte. Und noch wusste er nicht, dass er als Politiker einmal berufen sein würde, eine westliche Völkergemeinschaft zusammenzuführen, in der sich die Kriegskoalition mit den Feinden von gestern verband.

Wohl bot ihm Harry Truman schon nach der Potsdamer Konferenz an, sich 1948 als Kandidat der Demokraten um das Präsidentenamt zu bewerben, doch Eisenhower wurde sich nicht schlüssig – das tat er erst 1952, dann aber als Kandidat der Republikaner. Bis es so weit kam, war er Stabschef des Heeres, dann – 1948 bis 1950 – Präsident der Columbia-Universität, schließlich NATO-Oberbefehlshaber in Europa.

Zweimal entschieden sich die Amerikaner für den Nationalhelden

Zweimal – 1952 und 1956 – entschieden sich die Amerikaner in der Präsidentenwahl für den Nationalhelden Eisenhower und gegen den bedeutendsten Intellektuellen unter den Politikern dieser Zeit, Adlai Stevenson. Ike war im Weißen Haus kein bedeutender Motor seiner Nation, kein Neuerer. Wahrscheinlich versäumte er, manches zu ordnen, was sich dann in den Sechzigerjahren im Gegensatz der Rassen, in starken sozialen Spannungen und in den Widersprüchen der amerikanischen Weltpolitik bisweilen vulkanisch zu entladen begann. Aber er gab seinem Volk Ruhe und Sicherheit in gefahrenreicher Zeit. Er schloss den Krieg in Korea mit dem ersten Unentschieden der amerikanischen Geschichte ab; er nahm undiplomatisch, aber redlich die Verantwortung für den U-2-Zwischenfall auf sich; er bewirkte mit der Einladung Chruschtschows nach Amerika den Beginn der Entspannung zwischen den Weltmächten und bändigte eine Nahostkrise mit der schnellen Entsendung eines Detachements der Marineinfanterie in den Libanon. Er herrschte so über Amerika, wie die Amerikaner es am liebsten sehen – mit so wenig Regierung wie möglich. Auch als Staatsmann war Eisenhower wie zuvor schon als Offizier Besitz und Sprecher vieler Völker. Die Liste seiner Auszeichnungen weist 29 Ehrendoktorwürden von Universitäten des Inlandes und des Auslandes auf, und er hätte sich, was er nie tat, mit 51 höchsten Orden aller möglichen Staaten – von der Sowjetunion bis Ägypten oder Guatemala – schmücken können.

Die Welt versammelte sich bei den drei Tage dauernden Beisetzungsfeierlichkeiten an seiner Bahre: General de Gaulle und der Verteidiger von Stalingrad, Marschall Tschuikow, Lord Mountbatten und Bundeskanzler Kiesinger, König Baudouin von Belgien und Vizeluftmarschall Nguyen Kao Ky aus Süd-Vietnam. Seinen Sarg trugen die alten Waffengefährten, unter ihnen die Generale Bradley, Norstad und Gruenther, zur Aufbahrung in der Rotunda des Kapitols. Es begleiteten ihn 45 Abordnungen der Streitkräfte und 32 Delegationen der Kriegsteilnehmerverbände, doch im Gedächtnis der Amerikaner bleibt Eisenhower nicht Kriegsgott oder Schlachtenheld, sondern der Mann, der ihnen am Ende seiner Amtszeit als Präsident zurief, sie sollten den militärisch-industriellen Machtkomplex nicht überwuchern lassen. Richard Nixon, der acht Jahre unter ihm Vizepräsident war, rief ihm nun als Präsident Amerikas nach:»Wir grüßen Dwight David Eisenhower, wie er dort in unserem Gedächtnis steht – der Erste im Krieg, der Erste im Frieden und der Erste in den Herzen seiner Mitmenschen, wo immer Freiheit geschätzt wird.« *4. April 1969*

siehe auch
❖ **Chruschtschow, Nikita**
❖ **Hindenburg, Paul von**
❖ **Koreakrieg**
❖ **Vereinigte Staaten von Amerika**
❖ **Weltkrieg, Der Zweite Weltkrieg**

Eisenhüttenstadt

Die verbotene Stadt

Vor 50 Jahren wurde ein Ort in der DDR auf den Namen Stalinstadt getauft – gleich nach dem Tod des sowjetischen Diktators. Eine Spurensuche im heutigen Eisenhüttenstadt

Von Michael Allmaier

Von alldem kann man nichts sehen. Man sieht nur die Verwunderung in den Augen der Einheimischen, wenn man sich für die alten Geschichten interessiert. »Es war doch nur ein Name«, meint Horst Siebert, der damals als Anwohner in das Spektakel hineingezogen wurde. Der Name und die Geschichten sind alles, was vom kühnsten und kläglichsten Sozialexperiment der DDR bleibt. Die acht Jahre von Stalinstadt beginnen am 7. Mai 1953 mit dem Auftritt eines Gespenstes. Jossif Stalin weiht den ersten volkseigenen Hochofen und die zugehörigen Wohnanlagen ein, in denen die Utopie vom neuen Zusammenleben Wirklichkeit werden soll: »Der feierliche Ernst seiner Gesichtszüge ist einem gütigen, väterlichen Aussehen gewichen. Zart spielt der Wind mit Silberfäden seines Haupthaares. Grünumgebene Frühlingsblumen heben ihre Köpfe höher, die Amseln im nahen Forst schlagen heller: Stalin schreitet durch das Kombinat.« So schreibt der Reporter der örtlichen Tageszeitung in der Ausgabe vom folgenden Tag.

Seine Leser wissen natürlich, dass Stalin zu diesem Zeitpunkt schon zwei Monate tot ist. Eben hat die Führung der KPdSU seinen Leib in das Leninmausoleum überführt. Aber es gilt eine Peinlichkeit zu kaschieren: Die DDR hat es versäumt, beizeiten eine Stadt nach ihrem »Befreier« zu benennen. Auch die mit sowjetischer Hilfe erbauten Wohnviertel des Eisenhüttenkombinats sollten eigentlich Karl Marx zugeeignet werden. Aber solange man wenigstens Stalins Geist gewogen stimmen kann, ist das Schlimmste vermieden, Materialismus hin oder her.

Walter Ulbricht erscheint körperlich zur Nottaufe und lobt »den weisen Stalin, den großen Baumeister des Sozialismus«. Stalinstadt soll es Magnitogorsk gleichtun und zeigen, wie vereinter Wille eine Idealstadt mit stählernem Herzen aus dem Boden stampfen kann. An nichts würde es fehlen, bis auf private Geschäfte natürlich. Und die Kirche.

Einen Turm brauche man nur für das Rathaus – dieser Satz Ulbrichts liegt Heinz Bräuer, der 1953 als Pfarrer nach Stalinstadt kam, noch heute auf der Zunge. Er erinnert sich auch an den Beifall der Menge. »Orkanartig« nannte ihn damals der Rundfunk. »Routiniert« fand ihn Bräuer: »Es war üblich, nach fast jedem Satz zu klatschen.«

Bald darauf schwand seine Gemeinde. Schulklassen und Brigaden traten geschlossen aus, manche Mitglieder sogar mehrfach. Bräuer predigte für wenige Getreue in Dachkammern und Baracken. Heute ist er 86 und lebt in einem kleinen Haus mit Blick auf die Kirche. Nach der Wende hat ihn Eisenhüttenstadt zum Ehrenbürger gemacht. Demnächst will man sogar eine Straße nach ihm benennen. »Der Brauch«, sagt er, damit es nicht stolz klingt, »kommt noch von den Kommunisten.« Er hat sie überlebt.

Die Stalinstädter waren nicht sehr linientreu, sie wollten hohe Löhne

Auch die Sieberts konnten sich auf ihre Art gegen die Ortsdoktrin behaupten, indem sie ihren Schiffswindenbetrieb bis zum Schluss vor der Verstaatlichung schützten. Sie haben die Stalinstädter nicht als besonders linientreu erlebt. Die meisten seien nur der Aussicht auf hohe Löhne und moderne Wohnungen gefolgt und hätten sich, meint Brigitte Siebert, mitunter sogar für den Namen ihrer neuen Heimat geschämt. Aber zugeben konnte das keiner: »Wenn ein Betrunkener über die Kette vom Ehrenmal gestolpert ist, hieß es doch schon, der hat die ruhmreiche Sowjetunion geschändet.« Außerdem hatte es seine Vorzüge, als politisch zuverlässig zu gelten, ohne etwas dafür tun zu müssen. Die Zollabfertigung bei Reisen zur Westverwandtschaft soll rascher abgewickelt worden sein, wenn man seinen Stalinstädter Personalausweis zückte.

Welches Erbe sie angetreten haben, spüren die Bürger schon sechs Wochen nach der Benennung, am 17. Juni. Dank der bevorzugten Arbeitsbedingungen demonstrieren nur wenige, aber in der »ersten sozialistischen Stadt Deutschlands« ist jeder Einzelne einer zu viel. Die Rote Armee marschiert auf und nimmt fast hundert Menschen fest. Später wird es heißen, die »Erzbarone an Rhein und Ruhr« hätten Provokateure geschickt; doch am unbeugsamen Schaffensdrang der Stahlwerker, fortan »rote Hochöfner« genannt, wären ihre Streikaufrufe gescheitert. Manche Eisenhüttenstädter glauben das bis heute.

Den nächsten Schlag erhält der Mythos von Stalinstadt 1956, aber es ist fraglich, ob die Bewohner es merken. Der Besucher findet niemanden, der damals etwas von Chruschtschows Geheimrede gegen den Personenkult gehört haben will. Es sind keine Direktiven dafür erhalten, wie man mit dem Namenspatron umgehen soll, der im eigenen Land in Ungnade gefallen ist. Aber wer etwa in der Werkzeitung der Hütte blättert, stellt fest, dass der »unsterbliche Name« Stalins, den sie zuvor noch gepriesen hatte, nach dem 20. Parteitag wie verschollen ist. Anscheinend hoffen die Ortsfunktionäre, dass der Geist, den man gerufen hat, auch wieder verschwindet, wenn man ihn nur nicht mehr beschwört. Doch so leicht ist das nicht. Denn mit jenem Jahr beginnt auch die kurze Blüte der Stadt, und die hat mehr vom stalinistischen Pomp als vom Zweckbauideal der Ära Chruschtschow.

Was geblieben ist – die Poliklinik, das neoklassizistische Theater, die Prachtstraße zwischen Rathaus und Werk, die fünfstöckigen Wohnhäuser mit den großen begrünten Höfen –, wirkt noch heute, als hätte jemand das Herz einer futuristischen Großstadt mitten in die Provinz gestellt. Der Anblick damals muss so imposant gewesen sein, dass mancher westliche Besucher, der hier herumgeführt wurde, kurzerhand übersiedelte.

»Am Anfang waren wir hier glücklich«

Zum Beispiel die damalige Lehrerin Helga Böhm. »Stalinstadt war für uns das Nonplusultra«, erzählt sie. Die effiziente Verwaltung, das Kulturangebot, der Stolz der Arbeiter auf ihr Werk machten tiefen Eindruck auf sie. »Am Anfang waren wir hier glücklich. Wir wollten es sein.« Später entdeckt sie die unvorteilhaften Seiten der Stadt: die Kleinbürgerlichkeit, die sie hinter sich gelassen zu haben glaubte; den Größenwahn, der das Experiment schließlich scheitern ließ. »Hier im Westen«, sagt sie, wenn sie von der Gegenwart spricht. Sie führt den Besucher auf den Dachgarten und erklärt, wie es aussah, als hier noch Osten war. Sie hält der Stadt die Treue: »Es ist immer noch eine Freude, hier zu leben.«

In den guten Tagen von Stalinstadt ist selbst die SED einmal der Zeit voraus. Sie nimmt eine Grundsteinlegung zum Anlass, schon 1960 mit großem Aufwand das zehnjährige Bestehen zu feiern. Der stellvertretende nordvietnamesische Kulturminister gratuliert in Versform:

»Sing ich von Stalinstadt euch,

Aufbahrung des toten Stalin: Weil die DDR-Führung es versäumt hatte, zu Lebzeiten des Diktators einer Stadt seinen Namen zu geben, wurde dies kurz nach seinem Ableben nachgeholt.

Eisenhüttenstadt

*so künd ich / Ein goldenes Zeitalter an:
Das Errungene / lässt sich nie mehr
entwinden der Mensch.«*
Das neue Zeitalter beginnt ein Jahr später
mit dem 22. Parteitag der KPdSU, und darin ist für Stalin kein Platz mehr. Sein Leichnam wird aus dem Leninmausoleum verbannt. Kurz darauf ist Stalinstadt von der Landkarte verschwunden, als hätte es nie existiert.
Brigaden rücken aus und beseitigen über Nacht alles, was Stalins Namen trägt, von den Ortsschildern bis zu den Behördenstempeln. Den amtlichen Grund dafür entnehmen die Bürger am nächsten Tag einem knappen Bericht in der örtlichen Zeitung. Werkgruppen und Hausgemeinschaften haben in spontanen Diskussionen festgestellt, dass ihnen nach den jüngsten Enthüllungen der Name ihrer Stadt nicht mehr behagt. Die Stadtverordnetenversammlung erkannte an der Zahl und der Bestimmtheit ihrer Eingaben eine Manifestation des Volkswillens, dem es sogleich nachzukommen galt.
In Wahrheit hat das Politbüro der SED am 7. November detaillierte »Empfehlungen« für die Umbenennung erlassen, die von den untergeordneten Gremien abgenickt wurden. Ob auch die Stalinstädter in dieser Zeit tatsächlich diskutierten, ist fraglich. Briefe existieren. Achtzehn davon hat das Stadtarchiv gesammelt. Alle sind Abschriften aus der Hand desselben Schreibers, der die Namen der Verfasser für gewöhnlich unterschlägt. Die meisten datieren auf die zwei Tage vor der Umbenennung. Inhalt und Stil sind identisch: Man beschwört die »deutsch-sowjetische Freundschaft«, man rügt die »ernsthaften politischen Verfehlungen Stalins«, man »hat erkannt, dass mit dem Personenkult Schluss gemacht werden muss«, man »fordert« einen »würdigen Namen« und hat, von »Oderhütte« bis »Gagarinstadt«, Vorschläge parat. Doch auch darüber ist bereits entschieden.
Man fragt sich, warum die SED so ängstlich darum bemüht war, die Spuren zu verwischen. Denn Widerstand gegen die Umbenennung hatte sie kaum zu erwarten. Die Verehrung eines toten sowjetischen Diktators war selbst den Betonköpfen der Partei nur eine lästige Pflicht. Vielleicht fürchtete man um die eigene Haut, falls der Wind wieder umschlagen sollte. Vielleicht war man auch nur einfach nicht mehr gewohnt, eine populäre Entscheidung zu fällen.

Die Stadt wächst weiter,
aber die Privilegien schwinden
Sicherheitshalber wurde sogar noch ein zweiter Grund vorgeschoben: die Fusion mit dem 700 Jahre alten Nachbarort Fürstenberg. Davon sei zuvor nie die Rede gewesen, meint Brigitte Siebert: »Die Musterstadt sollte doch keine bürgerliche Vergangenheit haben.« Aber das war nun auch egal. Fortan gab es nur noch Altstadt und Neustadt.
Wie ernst es der Staatsführung mit der Nomenklatur war, berichtete der inzwischen verstorbene Getränkehändler Hans Lang nach der Wende einem Journalisten. Er hatte bei einer Bierlieferung am 11. November den Scherz gewagt, beim neuen Kurs der Partei heiße Stalinstadt wohl bald die »Stadt des großen Verbrechers«. Sein Gesprächspartner, ein IM, meldete die »staatsfeindliche Hetze« der Stasi. Lang kam für zwei Jahre und zehn Monate ins Gefängnis.
Die Musterstadt bleibt vom Pech verfolgt. Ihre Taufe hat der 17. Juni zum Anachronismus gemacht. Für die Umbenennung tut das der Mauerbau. Horst Siebert sagt: »Als der Name weg war, ging der Stalinismus erst richtig los.« Die Stadt wächst weiter, aber die Privilegien schwinden. Plattenbauten verdecken die ehrgeizigen Architektenentwürfe und holen das, was der Welt Vorbild sein wollte, in den ostdeutschen Alltag zurück. Der Versuch ist gescheitert. Also warum noch davon reden?
Stalin aus der Geschichte des Sozialismus zu löschen ist der SED nicht gelungen. Bei Stalinstadt hatte sie Erfolg. Ein halbes Jahrhundert nach ihrer Gründung wissen nur wenige, dass es sie jemals gab. Günter Fromm, der Gründungsdirektor des Stadtmuseums, zählte zu den Ersten, die in den Achtzigerjahren versuchten, das Schweigen zu brechen. Es war seiner Karriere nicht dienlich. Für den Druck seiner Diplomarbeit wurde plötzlich kein Papier mehr bewilligt.
Heute ist Fromm arbeitslos. »Sektor Kader und Schulung« steht auf dem Schild

Eisenhüttenstadt

Das Stahlwerk ist nach wie vor in Betrieb. Jeder Fünfte in Eisenhüttenstadt ist arbeitslos.

über seiner Wohnzimmertür. Die ganze Wohnung ist voller Relikte aus der Zeit, die vergessen werden sollte. Er schafft Bücher herbei. Eine Stadtchronik aus den Siebzigerjahren führt für 1961 nur auf, dass am 1. Mai die Brigade des Brigadiers Kurt Kuchling als erste des Eisenhüttenkombinats Ost mit dem Titel »Brigade der sozialistischen Arbeit« ausgezeichnet wurde. Eine andere spricht verschämt von der »Stadt«, wo eigentlich »Stalinstadt« stehen müsste. Eine dritte zieht es vor, die verfänglichen Jahre vollständig zu übergehen. Und weil der kleine Ort an der polnischen Grenze nach der Wiedervereinigung kaum jemanden interessierte, liest man es so noch in neueren Werken.

Günter Fromm schreibt dagegen an. Aber gedruckt zu werden ist auch heute nicht leicht. Schwerer jedenfalls als für die durchreisenden Historiker aus dem Westen. »Eine Geschichtsfälschung ohnegleichen. Die Kader, die Verbrecher«, murmelt er beim Blättern wie jemand, der seine Merkzettel durchgeht.

Stalinstadt sollte Modell stehen für die Zukunft der DDR. Das tat sie auch, aber anders, als ihre Väter es sich erhofften. Die Heimat der neuen Menschen ist heute nur ein weiterer gebeutelter Ort im Osten von Brandenburg. Jeder Fünfte ist arbeitslos. Der örtliche Radiosender veranstaltet Lotterien, bei denen man seine unbezahlten Rechnungen einsenden kann. Wer kann, zieht weg. Die einst so junge Stadt leidet an Überalterung. Viele Gebäude verfallen. Irgendjemand, der noch Russisch gelernt hat, brachte den Namen »Schrott-Gorod« auf.

Es ist ein langer Spaziergang vom geschrumpften, aber noch immer gewaltigen Stahlwerk über das »Citycenter« und das sowjetische Ehrenmal zu den Mustersiedlungen des Architekten Kurt Leucht, vorbei am frisch renovierten Fritz-Wolf-Theater und an dem geschlossenen Hotel Lunik, dann über die Brücke nach Fürstenberg, wo hinter verfallenden Plattenbauten die historische Altstadt mit ihrer neuen Kirche liegt. Und man kommt nicht einmal in die Nähe eines städtebaulichen Idylls. Aber wer weiß, wie schön das alles gedacht war, der entdeckt in der Geisterstadt ein Mausoleum der Träume vom besseren Leben. *27. Februar 2003*

siehe auch
❖ Brandenburg
❖ Stalin, Jossif

Eiskunstlauf
Wasser ist Körper, Boden die Welle!
Eine Revue deutscher Gleitkultur im Lichte der Poesie
Von Erwin Brunner

Endlich, Winterbeginn. Jetzt, jetzt müssten die Eisblumen blühn, müsste die Alster zufrieren, der Nymphenburger Kanal, unser kleiner namenloser Baggersee. Am liebsten so wie zum Beispiel im Jahr 1775, als noch niemand El Niño, das wetterwendische Christkind, zu fürchten brauchte. Schon am 21. Dezember berichtet der kurz zuvor an den Weimarer Hof berufene 26-jährige Goethe an Freund Lavater in Zürich: »Nach einem herrlichen Wintertag, den ich meist in freyer Luft Morgens mit dem Herzog, Nach Mittag mit Wielanden zugebracht habe, ziemlich müd und ausgelüfftet von der Eisfahrt siz ich bey Wieland ...«

Zürich schickt begeisterten Zuspruch, eine anfeuernde Short Message: »Ha! Wie fliegt dir mein Blick mit hoch aufschlagender Brust nach, wenn auf dem glashellen Eis dein Fuß den Geniusflug fliegt! Ferner, Fliehender, Naher du Kühner, Fester und Schneller, wende Schwebender dich wie Feuer-Räder und treibe dich auf den Schauenden hin und grüß ihn und wende dich wieder!«

Die Eislauflust kommt über Weimar: Was der Neue aus Frankfurt da mit seinen stählernen Schnabelschuhen vormacht, bringt alle zum Auftauen. Das Schlittschuhverbot für die Jugend wird umgehend aufgehoben. Damen von Rang lassen sich aufs Glatteis locken. Man feiert, flaniert und flirtet im Gleiten. Und Herder, der oberste Geistliche des geistvollen Herzogtums, gibt den »Eisfahrern« im zweiten Jahr dieses neumodischen Treibens feierlich seinen Dichtersegen: »Wir schweben, wir wallen auf hallendem Meer, / Auf Silberkrystallen dahin und daher: / Der Stahl ist uns Fittich, der Himmel das Dach, / Die Lüfte sind heilig und schweben uns nach. / So gleiten wir, Brüder, mit fröhlichem Sinn / Auf eherner Tiefe des Lebens dahin.«

Klingt allerdings reichlich nach gravitätischem Menuett, nach Pflicht. Noch daheim in Frankfurt hatte Goethe indes bereits in der Saison 1773/74 eine veritable Kür als Kufenkünstler hingelegt, auf den Wiesen an der zugefrorenen Nidda. Musik gabs und Wein und Teilchen. Verehrerinnen die Menge. Eine Maximiliane, der er gefallen wollte – und Mutter Goethe, die schwadronierte, als seis fürs Fernsehen: »Da fährt er hin, wie ein Göttersohn auf dem Eiß. So was Schönes gibts nicht mehr ...« Wilhelm von Kaulbach, der Münchner Salonliebling, hat die Szene ein Jahrhundert später gemalt.

Es muss eine regelrechte Manie gewesen sein. »Einen herrlichen Sonntag so auf

Johann Wolfgang von Goethe hatte bereits in der Saison 1773/74 eine veritable Kür als Kufenkünstler hingelegt.

Eiskunstlauf

dem Eise zu verbringen, genügte uns nicht«, erinnert sich Goethe in »Dichtung und Wahrheit«. Bis »spät in die Nacht« frönte die empfindsame Jeunesse dorée jener Zeit dem neuen Sport, und allenthalben deklamierte einer der Mitläufer den großen Meister und Mentor des winterlichen Zeitvertreibs: Klopstock!

Der umtriebige Aufklärer war in Diensten des Königs von Dänemark auf den Geschmack gekommen. Dort war das Eislaufen so populär wie in Holland, dem Mutterland des Schlittschuhvergnügens, wo schon die Maler des 16. und goldenen 17. Jahrhunderts die Freuden des Winters in allen Farben geschildert hatten. Seit Klopstock aber 1764 die Ode »Der Eislauf« gedichtet hatte, war es auch hierzulande mit dem Stubenhocken vorbei:

»O Jüngling, der den Wasserkothurn / Zu beseelen weiß, und flüchtiger tanzt, / Laß der Stadt ihren Kamin! Komm mit mir, / Wo des Krystalls Ebene dir winkt!«

Fünfzehn Strophen über die »Flügel am Fuß«

Klopstock drängt und stürmt. Fünfzehn Strophen lang wird da in freien Rhythmen der »Schrittschuh« zum »Wasserkothurn« geadelt, der »schlüpfende Stahl«, die »Flügel am Fuß« besungen, mit glühendem Eifer ein neues Outdoor-Evangelium gepredigt:

»Und sollte der unsterblich nicht seyn, / Der Gesundheit uns und Freuden erfand, / Die das Roß muthig im Lauf niemals gab, / Welche der Ball selber nicht hat.«

Des Menschen Erdenweg ein Parcours, der Eislauf ein Ausbruch aus den Konventionen, Schlittschuhschritte als Versmaß: jedem seine eigene Spur. Schlangenlinien, Mondnächte auf dem Eis, klingende Kufen. Die Botschaft verfängt, in Hamburg schart Klopstock Apostel um sich (Matthias Claudius darunter, ein begnadeter Sprinter!), er gründet eine Eislaufgesellschaft und träumt gar davon, die deutschen Flüsse durch Kanäle zu verbinden. 1797 blickt er mit einer letzten Schlittschuh-Ode auf ein erfülltes Läuferleben zurück: »Wasserkothurn, du warest der Heilenden einer; ich hätte, / Unbeseelet von dir, weniger Sonnen gesehn!« Noch in größter Gefahr – 1762 brach er auf dem Lyngby-See ein – war ihm das Glück hold:

Freund Beindorf konnte ihn retten. Mit dem Schnupftuch.

Allerdings, Klopstocks »Schrittschuh« verlor à la longue gegen Goethes Schlittschuh. Und tatsächlich war Klopstock wohl auch nicht der erste Herold deutscher Eislaufpoesie. Dieser Lorbeer gebührt mit

Friedrich Gottlieb Klopstock schart Apostel um sich und gründet eine Eislaufgesellschaft.

größter Wahrscheinlichkeit (wie die Kärntner Autorin Helga Glantschnig in ihrem wunderbaren Schlittschuhbuch »Meine Dreier« meint, das 1998 im Droschl-Verlag erschienen ist) jenem Anonymus aus Salzburg, der 1699 munter drauflosreimte: »Die Eyß-Schu seynd verfertiget schon: / Heut will ich sie probiren, / Eine schöne Recreation, / sich darmit exerciren. / Doch wer nicht hat Muth oder Lust / Diß Freuden-Spil zu treiben, / Dem sey hiemit kundt und bewust, / Daß ers kann lassen bleiben.« Ende des 18. Jahrhunderts konnte vom Bleibenlassen keine Rede mehr sein. Im Gegenteil: Das ehedem verpönte, in absolutistischen Zeiten verschiedentlich gar verbotene Rutschen und Schleifen entwickelte sich zu einem willkommenen Spaß für alle Stände. In Weimar läuft Goethe auf der Ilm mit Frau von Stein (sie soll »eine lächerliche Figur« gemacht haben dabei), der Herzog gibt Eisfeste, Eismaskeraden, Eisturniere (mit neckischem Apfelstechen aus voller Fahrt). Auch im höfischen Wien wagt sich ein durchaus gemischtes Publikum auf das Eis: »Sonst war diese Winterunterhaltung nur die Beschäftigung einiger Gassenbuben, aber seitdem die Menschen aufgeklärter und geschliffener geworden sind, ist sie das glatte Studium der galantesten Stutzer«, notiert 1788 der Lustspielautor Joachim Perinet.

Die Dichter lässt es nicht los. Goethe hängt zwar im Dezember 1799 seine Eisen an den Nagel, aber nicht ohne das Terrain noch einmal wortmächtig zu markieren:

Eiskunstlauf

»Wasser ist Körper, und Boden die Welle! Das neuste Theater / Thut, in der Sonne Glanz, zwischen den Ufern sich auf ...« Doch auch der zarte Novalis preist die »blendende Eisbahn«, und Jean Paul schickt 1805 Vult und Walt, die Helden seines Romans »Flegeljahre«, auf einen schmalen Teich, wo drei Grazien, »Wina sowohl als Raphaela und Engelberta«, ihre Schlittschuhe angeschnallt haben: »›Göttlich‹ – rief Walt, als er sie fahren sah – ›fliegen die Gestalten wie Welten durcheinander, umeinander; welche Schwung- und Schlangenlinien!‹« Raphaela »fuhr sogar ihr Namens-R mit den Schuhen in die Eisrinde wie in eine Baumrinde ein«.

Jetzt geht es auf dem Eis fast schon virtuos zu! Die Oden tun ihre Wirkung. Manchenorts werden auf geeigneten Gewässern Eisbahnen angelegt, die erste 1815 auf dem Spreekanal in Berlin. In Nürnberg erscheint 1825 »Der Eislauf«, ein Taschenbuch für Jung und Alt: das erste deutsche Lehrbuch zum populären Vergnügen. Eislaufen, wird da verkündet, »ist gesünder und heilsamer als jede andere Bewegung«. Besser als Gehen, Fahren, Reiten, Tanzen; ja geeignet, »selbst das frühe Altern abzuwehren«. Es folgen Tipps für die Wahl der Schuhe (erstaunlich: drei Kufenbreiten, für größte Kälte, gewöhnliche Kälte und Tauwetter). Und die Kleiderordnung. Er trage am besten: »niedrige Mütze, Dollmann oder Pelz, lange Hosen und kurze, die Wade nicht pressende Halbstiefel«. Sie: »niedrige Kopfbedeckung, ein etwas kurzes Frauenkleid, welches beim Eislauf nach Willkühr aufgeschürzt werden kann, sowie Schnürstiefelchen und Handschuhe«.

Ein ganzes Kapitel ist allein der Befestigung der Schuhe am Fuße gewidmet: Die Gleiter dieser Zeit mussten nämlich so kunstvoll wie langwierig unters Schuhwerk geschnürt werden – die späteren »Schraubendampfer« sind noch weit, unsere heutigen Stiefel schon gar.

Ausgiebig referiert das Büchlein die »vier Elementarbewegungen«: den geradeaus gehenden Eislauf, das Übertreten, den auswärts gehenden Bogenlauf, das Umwenden – und dazu »ihre mannigfaltigen Nüancen und Verbindungen«, vom simplen Dreier bis zur noch mehr erahnten als propagierten Pirouette. Als konkrete Übungen stehen »Gesellschaftsfiguren« auf dem Programm: Darbietungen für zwei, sechs, zwölf und mehr Läufer, die eher an preußische Exerzitien erinnern als an den frei flottierenden Klopstock. Natürlich alles mehr für Männer. Für Frauen ist der »Eisschlitten« gedacht, um ihnen »den Mitgenuß einer belebten Bahn zu gewähren ...«.

Auf dem Eis war vieles möglich

Zum Glück wurde dem gleitlustigen Publikum im Anhang noch dargeboten, was andernorts auf dem Eis alles möglich war. In Holland hatte es am 29. Dezember 1822 eine erste Wiederholung jener legendären »Schlittschuhreise« gegeben, auf der 1776 vier verwegene »schaatser« in unglaublichen 16,5 Stunden die Kanäle und Grachten entlang zwölf Städte abgesaust waren. In Friesland gabs einen neuen Schnelligkeitsrekord: 55 rheinische Ruten (circa 207 Meter) in 18 Sekunden. Auf holländischen Eisfesten konnte man den Frauen schon die Schlittschuhe anschnallen – und wurde dafür auf der Stelle geküsst. Paris hatte eine »Curiosität« zu bieten, die beliebten galanten Eisschlitten-Karambolagen: Die Damen mussten diese Tändeleien mit einem schelmischen »On s'accoutume à tout« goutieren, »man gewöhnt sich an alles«.

Auf deutschen Eisbahnen erübrigte sich das. Hier wird vorerst weniger poussiert als trainiert und organisiert. Von Mitte des 19. Jahrhunderts an entsteht ein Eislaufverein nach dem anderen: zuerst 1861 in Frankfurt, 1867 folgt Wien, dann Augsburg, Bonn, Hamburg, Berlin. Die 1892 in München errichtete erste überdachte Kunsteisbahn kann nun schon das halbe Jahr lang benutzt werden. Wien – eisversessen von jeher – nimmt 1909 die erste Freiluft-Kunsteisbahn in Betrieb.

In Hamburg findet 1861 auf dem Diebsteich ein öffentliches Schaulaufen statt. Das wäre nicht weiter aufregend, träte da nicht erstmals einer auf den Plan, der die Kufenkunst schlichtweg revolutionieren sollte: Jackson Haines. Ein amerikanischer Tänzer, der in Paris (hört, hört, Inlineskater!) auf Rollschuhen die »Quadrille des Eisläufers« in Giacomo Meyerbeers Wiedertäufer-Oper »Der Prophet« gegeben hat – und fortan nur noch Eisgott sein will. Er erfindet ohne Umschweife den modernen

Eiskunstlauf

Schlittschuh (Kufe fest mit dem Stiefel verbunden), geht auf Europatournee und entlässt die Leute nicht mehr aus dem Staunen. London, Wien, St. Petersburg. Walzer, Märsche, Mazurken, atemraubende Figuren. Und die erste Sitzpirouette – mit jedes Mal effektvoll davonfliegender Mütze.

Die erste internationale Eiskunstlauf-Konkurrenz

Alle Welt will jetzt gleiten, tanzen, schweben. Lange vor dem Skifahren wird das Eislaufen zum bürgerlichen Winterkult par excellence. Fun und Fitness des Fin de Siècle. Worauf das hinausläuft, immer und stets, kleidete 1893 der Wiener Dichter Ferdinand von Saar in klassische Verse: »Sieh nur den zierlichen Reigen! Es trennen und fliehn sich die Paare, / Aber in reizendem Bug kehren sie wieder zurück. / Liebliches Meiden und Finden – gemeinsam wonniges Kreisen. / Bis die Dämmerung webt um das lebendige Bild. / Aber da zuckt auch empor das elektrische Licht und umschimmert / Magisch den spiegelnden Plan und die Gestalten darauf / Ach, wer entfernte sich jetzt? Erstarren die Finger im Müffchen, / Spürt auch das Näschen den Frost – lodert in Flammen das Herz.« Nach Haines ist kein Halten mehr. Wien 1882, erste internationale Eiskunstlauf-Konkurrenz. Ein gewisser Axel Paulsen, 27 Jahre alt, aus Norwegen, wird zwar nur Dritter – aber unsterblich. Er springt anderthalb Drehungen ins vorwärts-auswärts auf rechts rückwärts-auswärts: den seither nach ihm benannten Sprung aller Sprünge, den Axel. (Ein Tipp für Ihre Eislauf-Stunden mit Eurosport: Sie erkennen ihn ganz leicht, es ist der einzige, der vorwärts abgesprungen wird.)

St. Petersburg erlebt 1896 die erste Weltmeisterschaft (nur für Männer, Eiskunstlauf ist schließlich Wettkampf!). Bei der WM 1902 in London wird, britische Fairness, auch eine Frau aufs Eis gelassen – und prompt Zweite. 1906 wertet man erstmals Damen extra und Paare. Und zwei Jahre später erhält der Eiskunstlauf – als früheste Wintersportdisziplin überhaupt – die olympischen Weihen. Gelaufen wird noch bei den Sommerspielen, denn ein eigenes Winterolympia gibt es erst von 1924 an.

Zu diesem Zeitpunkt ist der gute alte Schlittschuhlauf längst ein durchreglementierter Hochleistungssport. Mit fester internationaler Wettlaufordnung, Grundfiguren, Pflichtfiguren – und einem halben Dutzend Sprüngen als wichtigen Kürelementen, fast alle benannt nach ihren Protagonisten. Der Schwede Ulrich Salchow legte 1901 auf der WM in Stockholm einen der Basissprünge vor: gedreht von links rückwärts-einwärts nach rechts rückwärts-auswärts. Werner Rittberger präsentierte seine Variante – Anlauf rechts rückwärts-auswärts, nach einer Drehung Aufsprung rückwärts auf dem Absprungbein – 1910 in Davos. Der Wiener Alois Lutz starb 1918 mit neunzehn Jahren an Lungenentzündung, noch bevor er den Ruhm seines nach dem Axel schwierigsten Sprungs ernten konnte. Der Lutz, sagen Feinspitze des Kunstlaufs, konnte nur jemandem einfallen, der sozusagen vom Spielbein des Eissports kam, vom Eishockey: langer Anlauf, Sprung von links rückwärts-auswärts, einhaken mit dem rechten Fuß, Drehung nach links, landen auf rechts rückwärts-auswärts.

Alles durchweg einfach gesprungen seinerzeit, aber schon damals ein höchst ernsthaftes Geschäft. Da blieb sie schon mal auf der Strecke, die Eislaufpoesie, wie Christian Morgenstern sie noch 1905 beschwor: »Ein Seufzer lief Schlittschuh auf nächtlichem Eis / und träumte von Liebe und Freude. / Es war an dem Stadtwall, und schneeweiß / glänzten die Stadtwallgebäude. / Der Seufzer dachte an ein Maidelein / und blieb erglühend stehen. / Da schmolz die Eisbahn unter ihm ein – / und er sank – und ward nimmer gesehen.«

Das Eislaufen lässt sich nicht verbieten.

Eiskunstlauf

Auf schreckliche Weise allerdings wurden Morgensterns verträumte Zeilen im Januar 1912 Wirklichkeit, als sein Dichterkollege Georg Heym, erst 24 Jahre alt, beim Schlittschuhlaufen auf der Berliner Havel einbrach und ertrank. »Wenn es wahr ist«, schrieb der polnische Lyriker Zbigniew Herbert sechzig Jahre später darüber, »wenn es wahr ist / dass das Bild dem Gedanken vorauseilt / könnte man meinen / dass Heyms Ideen / beim Schlittschuhlaufen entstanden ... / – die Bezüglichkeit der Bewegung / das spiegelgleiche Durchdringen der Systeme ... / – der Sturz des Determinismus / die wunderbare Koexistenz der Möglichkeiten ...«

Das war es doch, was den Eislauf zweihundert Jahre lang zur beliebtesten Wintersportart machte!

Der Dichter Georg Heym ertrank beim Schlittschuhlaufen in der Berliner Havel.

Erst den Nazis passte das nicht. Als »zu weibisch« brandmarkte die Reichsjugendführung 1943 den Eiskunstlauf. Kein Kampfsport, also wertlos für Zucht und Ordnung und den Endsieg. Die Meisterschaften der Hitlerjugend werden mit einem Federstrich abgeschafft. Deutschland, eisig Vaterland.

Neue Traumtänzer kommen nach

Aber das Eislaufen lässt sich nicht verbieten. Deutschland-West hat sich gerade wieder aufgerappelt, da tauchen am Horizont, nein im Wohnzimmer diesmal, zwei schöne Seelen auf: Marika Kilius und Hans-Jürgen Bäumler. Europameister, Weltmeister, nur der Olympiasieg bleibt dem Traumpaar versagt: sowohl 1960 in Squaw Valley als auch 1964 in Innsbruck. Mehr als zwanzig Millionen Deutsche fahren und fiebern über Eurovision mit. Doch bei aller Sympathie für die beiden und aller Antipathie gegen die »Soffjets«: Ludmilla Belousowa und Oleg Protopopow kann man den Sieg wirklich nicht neiden – so gefühlvoll, so fabelhaft, wie die den »Sterbenden Schwan« hinlegen!

Und neue Traumtänzer kommen nach. Der Engländer John Curry, der Kanadier Toller Cranston. Ihre Sprünge, Figuren, ihr Schmelz beflügeln noch den hintersten Kleinstadt-Eisplatz. Und doch: Um wie vieles aufregender laufen dort, nach der Schule, Lorenza, Mirella, Donatella, Christine, Isolde! Und war man nicht selber letztlich doch toller als Cranston? Die Dichter dieser schönen Jahre waren anderweitig engagiert, aber man hatte ja André Heller: »Weißt du denn nicht, / wie brüchig das Eis ist, / auf dem wir leben? / Ein achtloser Achter zu viel; / und du hast im Herzen die Fische ...«

Schade nur, dass hierzulande der Kufenzauber ganz allmählich nachließ. Dass Boris Becker und Steffi Graf dem Tennis verfielen und eine ganze Generation auf einen anderen Platz lockten ... selbst Bäumlers eigene Söhne, Christopher und Bastian! Und dass der Eislauf sich in Technik zu verlieren droht, Perfektion statt Poesie; dass es heute eine der wichtigeren Fragen zu sein scheint, ob der wahre Profi nicht nur den Salchow, sondern auch den Lutz und den Axel vierfach springen soll.

Altmeister Klopstock hätte das alles gar nicht geschmeckt. Ihm, dem Elegant der frühen Jahre, war es schon zu viel, dass Matthias Claudius zum Schnelllauf tendierte. »Claudius«, so wird berichtet, »schoss hin auf dem Eise wie ein Pfeil, und Klopstock strafte ihn: Der Eislauf verlöre alle Grazie dadurch; die arbeitenden Glieder, der gestreckte Leib ... Stellungen wie die lieb ich nicht.«

Goethe hingegen, maßvoll wie immer, sprach die Wahrheit, als er notierte: »Die Welt rennt unter einem weg wie der Schlittschuh, man muss sich vorwärts beugen, um nur nachzukommen, rückwärts darf man nicht schauen.« Und deshalb jetzt die Eisen raus und hinaus – auch wenn's nur in die nächste Eishalle geht!

20. Dezember 2000

siehe auch
❖ Eisschnelllauf
❖ Goethe
❖ Klopstock, Friedrich Gottlieb
❖ Schlittschuhe

Elegien
Gut geklagt ist halb gewonnen
Elegien sind ein schwacher Trost. Aber was hat der, der nicht einmal Elegien hat?

Von Rolf Vollmann

Wenn der Mensch vielleicht auch nicht zum Klagen geboren ist, so ist er doch wie geschaffen dafür, und jedenfalls klagt er, seit er herausgekriegt hat, wie gut er das kann: als hätten die Götter ihm die Stimme gegeben, weil ihnen nichts so schön klang wie Klagen. Es scheint ihnen gegangen zu sein wie jenem indischen Fürsten, der, wenn ihm so zumute war, ganze Herden von Elefanten (Indischen, das sind die mit den kleineren Ohren) in tiefe Schluchten jagen ließ, weil er so gern zuhörte, wie sie brüllten, wenn sie stürzten – der Dichter Sebald erzählt, glaube ich, diese Geschichte irgendwo; kaum einer wiederum kann ja schöner als er, elegischer, um das Wort nun einmal zu sagen, die Welt beschreiben als die große Tiefebene der ewigen Klagen. Unvergesslich zum Beispiel, wie einmal ein gewaltiger Sturm ihm eines Nachts alle alten, großen, schönen Bäume umhaute, die seit Jahren, ach, was sag ich, seit Jahrhunderten sein Haus in England umstanden hatten: weg nun alle, und als der Sturm vorbei war, hätten die Sterne geschienen wie noch nie; und als der März kam, war überall um das Haus herum, wo sonst Anemonen geblüht hatten, Schlamm und noch mal Schlamm gewesen.

Wie ja auch Heine schon einmal (das füge ich jetzt hinzu) in der Natur so entsetzlich elegisch geworden war:

Verdrossnen Sinn im kalten Herzen hegend,
reis ich verdrießlich durch die kalte Welt,
zu Ende geht der Herbst, ein Nebel hält
feucht eingehüllt die abgestorbne Gegend.
Die Winde pfeifen, hin und her bewegend
das rote Laub, das von den Bäumen fällt,
es seufzt der Wald, es dampft das fahle
Feld,
nun kommt das Schlimmste noch, es regnet.

So ist der Mensch, genau so, und er kann wahrscheinlich nichts dafür. Und im Grunde ist die große Frage allen Klagens, wenn also das Klagen selbst nun einmal sein muss: Muss die Klage, soll sie, darf sie schön klingen? Und in wessen Ohren? Oder ist sie, solang sie schön klingt, oder gar schön klingen soll, noch gar keine richtige Klage? Die Alten hatten ihren Orpheus, der so schön um seine geliebte Eurydike (eine Schlange hatte sie gebissen) klagte, dass, wie Rilke einmal, ihn anredend, in fast neidvoller Anerkennung sagt:

Dein Klang noch in Löwen und Felsen
verweilte
und in den Bäumen und Vögeln. Dort singst
du noch jetzt.
O du verlorener Gott!

Und dann war die biblische Menschheit da und mit ihr Hiob, der große Schreihals Gottes, kein Sänger mehr im Leid, kein Dichter, einfach nur noch ein Schreihals. Offenbar kannte er seinen Gott und wusste, dass den die Schönheit nicht so richtig rühren würde (in unsern Tagen hat Thomas Mann dann in seinem Joseph den gewiss etwas langatmigen, aber doch wunderbaren Versuch gemacht, Gott zur Poesie zu bekehren).

Seither, also seit Hiob, wiegt bei den wirklich ernsthaften Menschen, bei Tolstoi etwa oder bei Erich Fried, ein wirkliches Leid immer noch sämtliche Poesie auf, ja, es verdächtigt sie der Unterschlagung der Wahrheit zugunsten einer Schönheit, die also zu einer falschen Verschleierung geworden zu sein scheint.

Wenn Tolstoi einmal sagt, kein Buch oder Gedicht oder was er da nennt wiege das Weinen eines Kindes auf, dann muss ja jeder zustimmen, der sich nicht um seinen moralischen Kredit bringen will, aber solang er bei Sinnen bleibt, wird er sich auch sagen, dass Tolstoi nicht ganz Recht haben kann und dass seine Idee ein bisschen infam ist oder ein bisschen dumm. Und

Erich Fried versteigt sich in einem 45-strophigen Gedicht (in unserm Buch hier, »Unerhörte Klagen. Deutsche Elegien des 20. Jahrhunderts«, Hrsg. Rüdiger Görner, ist es abgedruckt, die bisher zitierten sind es nicht) zu dem Gedanken, eine Klage um einen Tod müsse geradezu grausam und hässlich sein, weil dieser Tod selbst auch grausam und hässlich war.

Da hat die Schönheit des Klagens dann wirklich aufgehört, aber wenn man wieder bei Sinnen ist, dann begreift man, dass in so einem Fall Schönheit ohnehin keine Chance hat. Vergleichbares wird man fast immer finden, leider Gottes bei einem, dem ohnehin nicht Poesie in dem Maße gegeben war (von Klugheit jetzt geschwiegen), dass Löwen ihm hätten zuhören mögen, und geschwiegen auch noch einmal von jenen Göttinnen allen, die Schiller nennt, wenn er meint, es sei doch eben schön, ein Klaglied zu sein, und nur das Gemeine gehe klanglos hinab in den Orkus oder wohinein und hinab nun immer es muss: wenn das Schöne vergeht, wenn das Vollkommene stirbt, wie er sagt.

Die Ursprünge der Elegie liegen im Dunkeln

Aber jetzt zur Geschichte des Elegischen und des Klagens, wir wollen ja auch etwas lernen. Wie der hervorragende Referent des betreffenden Artikels in der Kurzfassung von »Paulys Realenzyklopädie des Altertums« ausführt, liegen die Ursprünge der Elegie völlig im Dunkeln; und im 4. Jahrhundert folgt auch schon ihr Niedergang. Dem Namen nach hängt sie mit der Flöte zusammen, mit kleinasiatischen Trauergesängen; nieder geht sie dann, wie alles, was hier groß wurde, in Griechenland. In der hellenistischen Dichtung wird sie zu einem exklusiven Kunststück, bald ist dann die Liebe, und zwar meistens die unglückliche, ihr hauptsächlicher Gegenstand; wobei die einen sagen, subjektives Erleben herrsche vor, die andern, nein. Aber auch Trauergesänge und Klagen gibt es natürlich, schöne Grabepigramme oder -gedichte, hier ist eines, wenngleich kein neues, aber es ist so schön, dass ich's gleich bringe, eine Elegie auf Alfred Wegeners Grab im Eis; Alfred Wegener, ein Cousin Pauls übrigens, der 1914 den Golem drehte, war der zeitlebens verkannte große Entdecker der Kontinentalverschiebung, für die er bis zu seinem Tode, besonders auf Expeditionen in Grönland, Beweise suchte:

Einen Erdteil aus Eis erhieltst du zum
       Sarkophag,
für dich allein, du Bescheidener, einen
       Blumenhag
ewigen Firns, der dir blüht und in welchem
       du sinkst,
in der Rosigkeit deines Lächelns Frische des
       Winters trinkst,
tausend und tausend sich häufende Jahre
       Schnee,
Flockenjahrhunderte, funkelnden Stillesee.
Europa verwuchert im Urwald – Berlin und
       Paris,
Kathedralenschutt, Sage von einstigem
       Paradies;
du aber, Wegener, nun auf der Gletscher
       Grund,
rollst mit dem Schotter unter der
       Dämmerung und
hörst einen Aufruhr, nahenden Jüngsten
       Tag,
der dich in Brodem und Brandung
       wiederum finden mag

Ich werde nachher sagen, wer dieses merkwürdig schöne Gedicht geschrieben hat. Zunächst weiter mit der Geschichte, denn dann kommt die römische Elegie, aber auch deren Anfänge verlieren sich wieder im Dunkeln, zum Beispiel bei Ennius, den keiner kennt. Aber dann irgendwann kommt der herrliche Catull, bei Gott, jeder ist zu bedauern, der ihn nicht liest, ihm folgen Tibull, Properz, Ovid, und immer mehr wird das Hauptthema nun wirklich die Liebe. »Aus Erlebtem und Erdachtem«, so der Referent (Karl Vretska, Graz), »formt der Dichter, literarische Tradition mitverwebend, ein Kunstwerk persönlichen Charakters, keinen bloßen Abklatsch der Wirklichkeit« – leicht ließe sich hier einwenden, dass diese Definition für fast alle Gedichte gilt, aber das macht erstens nichts, und zweitens ist eben auch fast jedes Gedicht irgendwie eine Elegie, oder nicht? So wie wir gebaut sind, wir ewig Klagenden.

Aber dann kommt auch schon wieder der Niedergang, ein paar christliche Elegiker noch, und Ende. Später dann, im Zeitalter der Nationalsprachen, trennte sich die Elegie dann vom bis dahin vorherrschenden Distichon (Siehe! Da weinen die Götter, es weinen die Göttinnen alle, / dass das Schöne vergeht, dass das Vollkommene stirbt, Schiller, wie gesagt), fast nur im Deutschen würden noch, so endet der Referent spürbar lustlos, Elegien im alten Maße gedichtet.

Also zusammengefasst: Die Elegie ist inhaltlich zuerst vielleicht etwas eher Trauriges, nimmt dann die Form von Hexameter und Pentameter an, in der sie alles enthalten kann, zum Beispiel sind noch in den ersten bekannten Anfängen patriotische Kampfaufrufe beliebt, aber natürlich auch Trauriges; vor allem wird die Liebe ihr Thema, die ihrerseits, sobald vor allem über sie Gedichte entstehn, natürlich auch oft so ihre Dunkelheiten, ihre Schattenseiten hat, schönes Beispiel: Goethe, der, völlig in klassischen Distichen, seine doch eher lustvollen »Römischen Elegien« schreibt, und später, als er die Römer lange hinter sich gelassen hat und weißhaarig gern in Marienbad die süße Ulrike geheiratet hätte, aber eine Abfuhr kriegt, eine deutsch gereimte Liebesklage anstimmt, der er den Titel »Elegie« gibt.

Auch Alfred Wegeners Tod in Grönland (Ende November 1930) wurde zum Gegenstand einer Elegie: »Einen Erdteil aus Eis erhieltst du zum Sarkophag, für dich allein, du Bescheidener, einen Blumenhag ...«.

Jede Elegie bietet nur einen schwachen Trost

Um auch hier den Niedergang sogleich ins Auge zu fassen, so parodiert diese Elegie rund 170 Jahre später ein Dichter, als er zufällig, oder weil er vielleicht auch das Ding schon in der Tasche hatte, in Marienbad ist, und schreibt, dieser elegische Schuft, wie man ihn mit Hamlet nennen möchte (es ist wieder Sebald, den wir schon kennen, und dieses Gedicht ist das vorletzte in unserm Buch hier, letztes Jahr entstanden): Mir aber wollte es / nicht recht gefallen, nämlich jenes goethesche Gedicht; ihm sei, schreibt er, eine Dochtschere, vermutlich aus Ulrikes Besitz, näher gegangen, desgleichen seien ihm dies ein Paar Pulswärmer Ulrikes.

Nun ja, so geht es Leuten, die den Puls nicht mehr fühlen, möchte man sagen, so platt das wäre, sie nehmen eben die Pulswärmer; jedem das Seine, römisch gesprochen. Oder wie Properz, an sein Grab denkend, einem, der ihn schmähen sollte, einmal in zwei schönen Distichen zuruft, deutsch jetzt in Prosa:

Und du, wenn auch du dich einmal deinem Ende näherst und dein Haar weiß ist, so denke dran und geh diesen Weg zum Stein, der mein Gedächtnis bewahrt. Doch inzwischen hüte dich wohl, mich zu verachten, auch wenn ich begraben bin: Die Erde spürt und weiß recht gut, was geschieht.

Unter uns: ein schwacher Trost, nicht wahr? Ja, das ist es, was man im Grund eben über alles Elegische schreiben kann: ein schwacher Trost. Doch andrerseits, was hat denn der, der nicht einmal eine Elegie hat, diesen schwachen Trost? Der hat nichts, gar nichts. Das ist alles Gedichtete: ein schwacher Trost, aber gegen ein Nichts. Das erwähnte Buch, das ich hier vor mir habe, enthält, wie der Untertitel sagt, deutsche Elegien des 20. Jahrhunderts. In einer ersten Abteilung, die bis 1926 reicht, geht es mit Mombert los, dann kommt Rudolf Borchardt mit einem fast privaten Gedicht auf eine geliebte Vivian, »Saturnische Elegie«, terzinenartig, sehr, sehr gut, wie immer, wo Borchardt traditionell sein darf, dort dann auch mit sehr schönen Erfindungen wie diesem Wind:

Elegien

... und immer frischen
Hauch atmend geht der tagelange Wind
hin, her und hin, und wo die Lippen glühen
Aber dann macht er seine typischen gedichtverderbenden Fehler wieder dort, wo er exaltiert ist; aber anders als etwa bei Rilke, dessen gelegentliche Exaltationen Versuche sind, mit Mitteln, die sich vielleicht nach einiger Zeit als untauglich erweisen, Sachen zu sagen, die wirklich sehr schwer zu sagen waren und wofür er noch kein richtiges Vokabular hatte, anders

Rainer Maria Rilkes Elegien lehnen sich sehr schön ans alte Versmaß an.

also als bei Rilke haben Borchardts Exaltationen ihren wahren Grund in einer gewissen indiskreten Nähe, in die ihn seine starken, namentlich männlichen Empfindungen oft treiben, etwa wenn ihm, in dem allzu hohen Ton, den er dann leider anschlägt, das »edle« Schreiten seiner Freundin »heilig« vorkommt, und »gnadevoll« erwidere sie seinen Gruß und sei eine »Halbgöttin« (ich kann das alles verstehn, bloß macht das ja noch kein Gedicht), und er dann, im Weiterdichten, im Grunde nur ein hinreißend sonderbares, ziemlich großes Ölgemälde von Burnet-Jones beschreibt, diesen Heruntergang von einem Dutzend wie geklonter Mädchen (wo jede jeder gleicht, sagt Borchardt sehr hübsch, auch in seinen Fehlern hat er was) eine goldene Treppe von oben mit Instrumenten in den Händen herab.

Hier geht es um den elend vorangestellten Genitiv

Die Lasker-Schüler dann, oje, oje, Becher, Ehrenstein, Haringer und Stefan George und Weinheber, etwas verloren dazwischen Trakl, Gott ja, und dann Rilke, unvergleichlich, doch, mehr und mehr, aus den Elegien, die sicher so heißen, weil sie sich sehr schön ans alte Versmaß anlehnen, denn eigentlich könnten natürlich eine Menge der Orpheus-Sonette, ich habe daraus ja zitiert, ebenso gut Elegien heißen, etwa dieses vorvorletzte Stück aus dem ersten Teil, das losgeht:
Sollen wir unsere uralte Freundschaft,
die großen
niemals werbenden Götter, weil sie der
harte
Stahl, den wir streng erzogen, nicht kennt,
verstoßen ...
Diese gewaltigen Freunde, die uns die Toten
nehmen
Rilke: eine Bemerkung noch wegen seines in dieser Anthologie so spürbaren enormen Einflusses, bis in unsre Tage. Botho Strauß zum Beispiel, von dem diese Anthologie ein langes Gedicht enthält, schreibt darin, ich reiße das natürlich aus dem Zusammenhang heraus:
Sind wir nicht Aufklärer in des Dunklen
Pflege?
Immer dieser elend vorangestellte Genitiv – und egal jetzt, ob wir solche Aufklärer nun sind oder nicht: Hier geht es um den vorangestellten Genitiv, des Dunklen Pflege. Nämlich in der gesamten elegischen deutschen Dichtung, soweit sie den hohen Ton hat, und das hat sie wahnsinnig oft, gerade bei Pathetikern wie Broch etwa (von den noch viel schlechteren Lyrikern, von deren Gedichten dieses Buch leider übervoll ist, will ich schweigen), überall ist dieser elend vorangestellte Genitiv eigentlich das, was solche Verse dann von schlichter Prosa unterscheiden soll und dies natürlich auch tut. Gleich danach be-

nutzt Strauß den hohen gnomischen Ton, den der rätselvollen wohl- und tief klingenden Wahrwörter wie von weit her, mindestens aber von Hölderlin:
Ruhe ist nirgends im All
außer im lichten Bewusstsein des Menschen.
Stille des Seins ...
und so fort, was ja nun wirklich nicht etwa eine sehr gewagte, sondern einfach eine x-beliebige Behauptung ist, leicht ließen sich da Dutzende andrer dichten, und dann versetzt sich Strauß ganz in Rilke hinein und schreibt, als zitierte er ein paar irgendwo nachgelassene Verse:
Immer gilt es, unsere Ruhe rein und bereit zu halten ... nun ja, das ist noch nicht so ganz gelungen rilkisch, aber jetzt: *... und ein geordneter Aufstieg zu sein –* also natürlich, Rilke selbst würde protestieren, aber für einen, der ihn nicht versteht, ist das eben elegisch im Sinne Rilkes.

Aber wie hat Rilke selbst das nun eigentlich gemacht? Hier ein Stückchen aus der siebenten Elegie, Görner druckt sie ab:
Nirgends, Geliebte, wird Welt sein, als
innen.
Unser Leben geht hin mit Verwandlung.
Und immer
geringer schwindet das Außen.
Wo einmal ein dauerndes Haus war,
schlägt sich erdachtes Gebild vor,
quer, zu Erdenklichem völlig gehörig,
als stünd es noch ganz im Gehirne.
Oder ein Stückchen noch aus der von Görner ebenfalls zitierten zehnten Elegie:
Aber dort, wo sie wohnen, im Tal, der
Älteren eine,
der Klagen, nimmt sich des Jünglings an,
wenn er fragt:
Wir waren, sagt sie, ein großes Geschlecht,
einmal, wir Klagen.
Die Väter trieben den Bergbau dort in dem
großen Gebirg;
bei Menschen findest du manchmal ein
Stück geschliffenes Ur-Leid
oder, aus altem Vulkan, schlackig
versteinerten Zorn.
Ja, das stammte von dort. Einst waren wir
reich.

Das Wagnis, das Rainer Maria Rilke eingehen musste

Das ist eine völlig einfach hinredende Sprache, nur oft ist etwas noch nicht so ganz Ausgedrücktes dabei, die Sprache stockt, etwas Neues kommt: nicht durchweg vielleicht Gelungenes, jedenfalls soweit wir das bisher erkennen können, aber das Wagnis wird deutlich, das Rilke da eingehen musste. Bei Strauß und andern Epigonen (jedenfalls das Lyrische angehend bei Strauß) wird etwas schon völlig Begriffenes nur noch einmal gesagt, und zwar mit sozusagen aufgeladener Bedeutung, die einen andern Ton zu erfordern scheint: den man sich eben wie aus dem Regal nimmt.

Friedrich Hölderlins Elegien beeinflussten auch Botho Strauß.

Manchmal ist, in aller Konvention, eine Empfindung, etwa also der Schmerz hier im elegischen Feld, so groß und wahr, dass sie sich gewissermaßen überstürzt. Ich erinnere mich, dass ich vor grausam vielen Jahren bei Carossa nur diesen Schmerz gehört habe, noch nicht das Vergriffene des Tons, das nicht Gekonnte, erst jetzt kann ich nur unter großer Beklommenheit weiterlesen, wie hoffend, dass mir keiner über die Schulter sieht, wenn sein Klagegedicht, die so genannte »Abendländische Elegie«, mit diesem so übergroßen Kalauer anfängt, dass man ihn fast nicht sieht (etwa

Elegien

Bei Strauß wird etwas schon Begriffenes mit aufgeladener Bedeutung noch einmal gesagt.

wie man das Zuckerbäckerhafte an einem Wolkenkratzer leicht übersehen kann):
Wird Abend über uns, o Abendland?
Ja, wessen Auge würde da nicht lieber trocken bleiben? Baermann-Steiner dann auch im hohen Ton, schwer erträglich, Yvan Goll macht es nun tatsächlich nicht unter Hiob, Hesse, nun ja, Rudolf Alexander Schröder, dito. Aber dann, im ganz hohen Ton, Lernet-Holenia, mit einem überlangen Gedicht, betitelt »Germanien«, Inhalt: gewaltige Klage über das, was Deutschland aus sich gemacht hat. Es gibt mehrere solcher Klagen, aber dieses Klagen ist doch ein bisschen sehr wohlfeil, und ich geniere mich, wenn ich unsre Dichter sich beklagen höre über das entsetzliche Leid, das doch hauptsächlich wir den andern gebracht haben, oder war das gar nicht so? Sind wir etwa die Beklagenswerten, weil wir so übel waren, wir, die wir einst so gut gewesen zu sein scheinen? Sind wir beklagenswert, weil wir durch unsre Schandtaten das Land zugrunde gerichtet hatten?

Und dann noch, technisch jetzt, Räsonnements, wie sie im Barock einmal schön waren, wenn etwa Paul Fleming über die Zeit nachdenkt:

Die Zeit, die stirbt in sich und zeugt sich
auch aus sich.
Dies kömmt aus mir und dir, von dem du
bist und ich.
Der Mensch ist in der Zeit; sie ist in ihm
ingleichen.
Doch aber muss der Mensch, wenn sie noch
bleibet, weichen.
Die Zeit ist, was ihr seid, und ihr seid, was
die Zeit,
Nur dass ihr weniger noch als was die Zeit
ist seid.

Räsonnements, die jetzt aber, bei Lernet-Holenia, zu bloßer Routine verkommen sind, zu Blödelei fast, ungewollter:
... Zwar

14. Dezember 2000

siehe auch
❖ deutsche Literatur
❖ Lyrik
❖ Rilke, Rainer Maria
❖ Strauß, Botho

Elite

»Sprengt die Fesseln!«

Bildung und Elite: Wissen ist die wichtigste Ressource. Wir brauchen eine Debatte über die Zukunft unseres Bildungssystems. Dies fordert Bundespräsident Roman Herzog

Von Roman Herzog

Vor einem halben Jahr habe ich einen neuen Aufbruch in der Bildungspolitik gefordert. Bildung, so sagte ich damals, muss in unserem Land zum »Megathema« werden, wenn wir uns in der Wissensgesellschaft des nächsten Jahrhunderts behaupten wollen. Ich weiß, dass die Debatte über die Reform unseres Bildungswesens in vollem Gang ist. Aber es sind nur die Experten, die über den Wert des Abiturs, über die Erneuerung des dualen Ausbildungssystems, über verkürzte Regelstudienzeiten und neue Studienabschlüsse streiten. Viel zu selten erreicht die Diskussion die Titelseiten unserer Zeitungen und Zeitschriften. Deshalb mündet die Debatte nicht in wirkliche Veränderungen.

Ich wage mich heute auf vermintes Gelände. Aber wir dürfen diese Diskussion nicht nur in den Ländern führen. Sie ist auch nicht nur den Spezialisten und Lobbyisten vorbehalten. Eltern, Lehrer, Schüler und Studenten müssen sich beteiligen – mit einem Wort: wir alle. Denn es handelt sich um eine der ganz großen Zukunftsfragen unseres Landes. Wir brauchen eine breite, nationale Debatte über die Zukunft unseres Bildungssystems!

Die Spatzen pfeifen es von den Dächern: Wissen ist heute die wichtigste Ressource in unserem rohstoffarmen Land. Wissen können wir aber nur durch Bildung erschließen. Wer sich den höchsten Lebensstandard, das beste Sozialsystem und den aufwendigsten Umweltschutz leisten will, der muss auch das beste Bildungssystem haben. Außerdem ist Bildung ein unverzichtbares Mittel des sozialen Ausgleichs. Bildung ist der Schlüssel zum Arbeitsmarkt und noch immer die beste Prophylaxe gegen Arbeitslosigkeit. Sie hält die Mechanismen des sozialen Auf- und Abstiegs offen und damit unsere offenen Gesellschaften in Bewegung. Und sie ist zugleich das Lebenselixier der Demokratie in einer Welt, die immer komplexer wird, in der kulturelle Identitäten zu verschwimmen drohen und das Überschreiten der Grenzen zu anderen Kulturen zur Selbstverständlichkeit wird.

Man sagt das so leicht, Bildung entscheidet über unsere Zukunft. Aber wie steht es dann um diese Zukunft, wenn die besten Köpfe dieser Welt auf der Suche nach den besten Ausbildungsmöglichkeiten nicht mehr nach Deutschland kommen?

Noch ist es so, dass Eliten in Asien oder Südamerika häufig Deutsch sprechen, weil sie in Deutschland studiert haben. Das schafft Bindungen für das ganze Leben. Aber die Söhne und Töchter dieser Eliten zahlen inzwischen lieber hohe Studiengebühren in den USA, als dass sie an unseren Universitäten studieren möchten. Es ist nicht nur der Verlust an Internationalität, der uns schadet. Darin steckt vor allem die unverblümte Nachricht: Ihr seid nicht mehr gut und rasch genug. Diese Nachricht müsste uns treffen wie einst der Sputnikschock die USA! Als Signal dafür, jetzt alle Kräfte zusammenzunehmen und einen neuen Aufbruch zu wagen. Mit halbem Herzen ist diese Reform nicht zu schaffen. Auch nicht mit dem Hin- und Herschieben von Verantwortung und mit billiger Gruppenschelte. Es stimmt nicht, dass unsere Jugendlichen Aussteiger mit Null-Bock-Mentalität sind! Es ist falsch, Lehrer pauschal als faul zu beschimpfen, obwohl sie tatsächlich mehr Unterrichtsstunden mit größeren Klassenstärken als vor wenigen Jahren bewältigen. Und vielen Professoren werden gewaltige Überlastquoten an Studenten als Dauerzustand aufgedrückt, obwohl von ihnen gleichzeitig Wunderdinge in der Forschung erwartet werden.

Elite

Unsere Bildungsdefizite sind nicht allein mit dem Scheckbuch zu lösen
Es ist auch nicht richtig, alle Defizite auf das fehlende Geld zu schieben. Natürlich ist gute Bildung nicht im Billigangebot zu haben; trotzdem sind unsere Defizite nicht allein mit dem Scheckbuch zu lösen! Und erst recht ist Kosten-Nutzen-Denken nicht bildungsfeindlich. Es geht darum, Tabus zu knacken, Irrwege abzubrechen und falsche Mythen zu beseitigen.
Erstens: Menschen sind Individuen. Sie haben unterschiedliche Begabungen. Wer das leugnet, vergisst einerseits die herausragenden Talente, die unser Bildungssystem oft genug behindert, und andererseits die weniger Begabten, denen unser Bildungswesen jeglichen Abschluss verweigert.

Bildung beginnt nicht erst mit dem Abitur.

Zweitens: Bildung beginnt nicht erst mit dem Abitur. Praktische und theoretische Begabungen sind gleichwertig! Das muss sich auch in den Bildungsangeboten, den Abschlüssen und Berufschancen, der gesellschaftlichen Achtung niederschlagen.
Drittens: Es gibt keine Bildung ohne Anstrengung. Wer die Noten aus den Schulen verbannt, schafft Kuschelecken, aber keine Bildungseinrichtungen, die auf das nächste Jahrtausend vorbereiten.
Viertens: Es ist ein Irrglaube anzunehmen, ein Bildungssystem komme ohne Vermittlung von Werten aus! Viele Lehrer leisten diese Wertevermittlung durch ihr Beispiel und durch Diskurse in ihren jeweiligen Fächern. Aber es ist auch auf Werte vermittelnde Fächer zu achten. Deshalb gehört zum Beispiel der Religionsunterricht in die Schule und darf nicht in die Pfarrsäle verdrängt werden.
Fünftens: Falsch ist auch die Vorstellung, die Schule sei Reparaturbetrieb für alle Defizite der Gesellschaft. Hier sind schon auch die Eltern gefordert! Die Schule kann die Eltern bei der Erziehung nur unterstützen, ersetzen kann sie sie nicht.
Sechstens: Es ist falsch zu glauben, dass alle Bildungsinhalte durch bürokratische Vorgaben festgelegt und möglichst einheitlich geregelt sein müssten.
Siebtens: Es ist ebenso falsch anzunehmen, das beste Bildungsangebot könne nur vom Staat kommen. Gerade in einem guten öffentlichen Bildungssystem brauchen private Initiativen Ermutigung.
Keiner von uns weiß, wie die Welt von morgen aussehen wird. Wir können nur ahnen, was durch die modernen Kommunikationsmedien und Informationstechniken entstehen wird. Wir haben noch kaum eine Vorstellung von dem künftigen multikulturellen Kosmos, in dem man in einer vernetzten Welt auf globalen Märkten jederzeit Wissen und Dienstleistungen abrufen kann.

Unsere Kinder müssen sich in der komplexeren Welt und mit einer neuen Freiheit zurechtfinden können
Wir wissen nur eines schon jetzt: Vor uns liegt eine offene Welt, mit großer Komplexität und neuer Freiheit, damit aber mit größerer Verantwortung für den Einzelnen. Es geht für unsere Kinder und Enkel darum, dass sie sich in dieser komplexeren Welt zurechtfinden können und dass sie nicht in einer Woge ungeordneter Fakten und Ereignisse untergehen.
Mit kosmetischen Korrekturen ist es da nicht getan. Es geht nicht um kleine Retuschen an Studienordnungen, es geht auch um mehr als eine Rechtschreibreform. Wir müssen an die Inhalte unseres Bildungswesens herangehen! Ich rufe auf zu einem öffentlichen Diskurs über die Inhalte, die das 21. Jahrhundert bestimmen werden.
Dazu brauchen wir – zumindest im Kern – einen neuen Grundkonsens über unsere Bildungsziele, an dem sich alle Bildungsinstitutionen orientieren können. Damit meine ich beileibe nicht neue verordnete

Einheitlichkeit, sondern neue Leitgedanken, die Freiräume für Kreativität und Farbigkeit bieten. Ich weiß, wie schwierig das ist. Dennoch möchte ich Ihnen – in aller Subjektivität – die Eckpunkte eines solchen Bildungsmodells skizzieren.

Ich glaube an die Zukunft eines Bildungssystems, das sich durch sechs Eigenschaften auszeichnet: das erstens wertorientiert und zweitens praxisbezogen ist, das drittens international und viertens vielgestaltig ist, das fünftens Wettbewerb zulässt und sechstens mit der Ressource Zeit vernünftig umgeht.

Zum Ersten: Ich wünsche mir ein Bildungssystem, das wertorientiert ist. Ich weiß sehr wohl, dass jede Art von Wertekatalog seit Jahren unter den Ideologieverdacht fällt, zumindest wenn er sich nicht auf Allgemeinplätze zurückzieht. Aber Bildung darf sich nicht auf die Vermittlung von Wissen und funktionalen Fähigkeiten beschränken! Zur Persönlichkeitsbildung gehört neben Kritikfähigkeit, Sensibilität und Kreativität eben auch das Vermitteln von Werten und sozialen Kompetenzen. Dabei denke ich durchaus auch an die Vermittlung von Tugenden, die gar nicht so altmodisch sind, wie sie vielleicht klingen: Verlässlichkeit, Pünktlichkeit und Disziplin, vor allem aber der Respekt vor dem Nächsten und die Fähigkeit zur menschlichen Zuwendung. Wir sollten uns auch die Zusammenhänge bestimmter Werte stärker bewusst machen: Toleranz kann es nur geben, wo es auch einen eigenen Standpunkt gibt. Eine Auseinandersetzung mit fremden Denk- und Wertesystemen setzt das Wissen über die eigene Herkunft und die eigenen prägenden Traditionen voraus. Andere Kulturkreise nehmen das kreative Potenzial unserer auf die Freiheit setzenden abendländischen Gesellschaft viel bewusster wahr als wir selbst. Hier liegen unsere Stärken, die wir nicht gering schätzen sollten.

Wir müssen unseren Kindern aber auch vermitteln, dass Freiheit ohne Ziele Orientierungslosigkeit ist und dass Individualismus ohne Solidarität kein Gemeinwesen begründen kann. Wir brauchen also den Mut, erzieherische Werte wieder offensiver in den Unterricht einzubauen. Zugleich müssen sich unsere Bildungsinstitutionen wieder darauf besinnen, dass man Leistung nicht fördern kann, ohne sie auch zu fordern. Das setzt freilich das Bewusstsein aller voraus, dass es im Leben ohne Anstrengung nicht geht. Wenn wir uns als Bildungsziel darauf verständigen können, junge Menschen auf ein Leben in Freiheit und Selbstbestimmung vorzubereiten, reicht dafür kein Laissez-faire, sondern wir müssen schon auch deutlich machen, dass Freiheit anstrengend ist, weil eben jeder die Ergebnisse seiner Freiheit zunächst selbst verantworten muss.

Kurz: Wir brauchen eine neue Kultur der Selbstständigkeit und Verantwortung! Und beides kann nicht durch abstrakte Theorie vermittelt werden, sondern nur durch das täglich gelebte Beispiel von Eltern, Lehrern und Erziehern.

Das Bildungssystem muss praxisbezogen sein.

Ich wünsche mir – zweitens – ein Bildungssystem, das praxisbezogen ist. Das heißt nicht, einem »Bildungsmaterialismus« das Wort zu reden, bei dem es nur um vordergründig verwertbares Wissen für die Wirtschaft geht. Aber mich beeindruckt die Klage, dass bis zu fünfzehn Prozent der Lehrstellenbewerber nicht ausbildungsfähig seien, und das nicht zuletzt, weil ihnen die erforderlichen Kenntnisse im Lesen, Schreiben und Rechnen fehlen. Und mich beunruhigt, dass ein beträchtlicher Teil unserer Hochschulabsolventen keinen der Ausbildung entsprechenden Arbeitsplatz findet.

Ich verstehe sehr wohl, dass bei der heutigen Spezialisierung von Wirtschaft und Verwaltung keine Ausbildung alles vermitteln kann, was ein junger Mensch auf seinem ersten Arbeitsplatz braucht, und dass daher betriebliche Einweisung unvermeidlich bleiben wird. Aber deshalb darf die Bildungsphase eines Menschen doch nicht vollständig von der Lebenswirklichkeit abgekoppelt sein. Manchmal verrät ja schon ein Blick in die Schulbücher, dass die Realität davon meilenweit entfernt ist. Schulbildung bereitet oft auf andere Fächer und Bildungswege, nicht unbedingt aber auf die Lebenspraxis vor.

Nicht jedes Schulfach muss ein akademisches Propädeutikum sein. Physik für Physiker und Linguistik für Linguisten gibt es an den Universitäten genug. In einer Welt, die sich immer mehr in kleine Fachwelten aufsplittert, in denen Eingeweihte und Experten im jeweils eigenen Jargon kommunizieren, sollten wir nicht noch einer allzu frühen Spezialisierung Vorschub leisten. Die Palette unserer Pflichtschulfächer muss also breit bleiben oder besser: wieder breiter werden. Das heißt aber nicht, dass auf alle Schüler noch mehr stofflicher Inhalt zukommen wird. Im Gegenteil: Es geht darum, sich wieder auf das Wesentliche zu konzentrieren und allen ein breites Grundwissen zu vermitteln, ob sie nun später Rechtsanwalt, Arzt, Techniker oder Polizeibeamter werden wollen.

Zur Vorbereitung auf die Lebens- und Berufswelt gehört aber selbstverständlich auch das Wissen über wirtschaftliche Zusammenhänge und eine Vertrautheit mit den neuen Medien. Die Beherrschung der Grundfähigkeiten im Umgang mit dem Computer wird in Zukunft genauso selbstverständlich sein wie heute das Lesen und Schreiben. Wie wir unsere jungen Leute auf das Informationszeitalter vorbereiten, darüber lohnt sich zu streiten – nicht aber über die Frage, ob man Schifffahrt mit drei f schreibt.

Interdisziplinäres Lernen ist nötig

In der Lebens- und Berufspraxis spielt sich das Wesentliche immer öfter in den Zwischenräumen ab: Neue akademische und berufliche Entwicklungsgebiete entstehen zwischen den Grenzen des klassischen Fächerkanons. Das verlangt ein neues projektorientiertes und interdisziplinäres Lernen, in dem – beispielsweise – das Fachwissen der Biologie mit dem der Chemie und der Ethik, das der Mathematik mit dem der Elektronik und das der Soziologie mit dem der Wirtschaftskunde verknüpft wird. Nicht zuletzt deshalb warne ich auch davor, unsere Überlegungen zur Bildungsreform allein auf Naturwissenschaften, Technik und Wirtschaft zu konzentrieren. Wir werden auch diese Disziplinen Grenzüberschreitungen aus den Geisteswissenschaften und der Kunst aussetzen müssen, vor allem aus der Ethik und umgekehrt!

Dafür brauchen wir persönliche Flexibilität der Lehrer und Schüler, aber auch mehr Flexibilität im Schulalltag. Die Überalterung mancher Lehrerkollegien ist dafür ebenso gefährlich wie starre bürokratische Vorgaben.

Dass solch ein fächerübergreifendes Lernen auch eine veränderte Kommunikationskultur nach sich zieht, ist sicher. Eine Kommunikationskultur übrigens, die auf geübtem Lesen, Schreiben und Reden aufbaut. Nehmen wir uns ein Beispiel an der in England gepflegten Debatten- und Dialogpraxis, durch die ja nicht nur die Kunst der Rhetorik, sondern auch das Einfühlen

Ein wertorientiertes Bildungssystem muss absoluten Vorrang haben.

in den Standpunkt des anderen vermittelt wird.
Sind unsere Lehr- und Ausbildungspläne hinreichend aktuell und zeitgemäß für die Praxis? Vor allem in unserem dualen Ausbildungssystem habe ich daran Zweifel. Es ist schlimm genug, dass wir offenbar zu wenig Ausbildungsplätze haben und leistungswillige junge Leute auf Last-Minute-Initiativen vertrösten müssen. Das eigentliche Problem aber ist, dass die Veränderungen in der Berufswelt heute hundertmal schneller verlaufen als die Anpassung und Formulierung zeitgemäßer Berufsbilder. Viele der boomenden Dienstleistungsbranchen bei uns haben keinerlei definierten Ausbildungsweg! Viele Jugendliche müssen sich mit einem Training on the Job begnügen – und das in Zukunftsbranchen!

Notwendig ist ein neues, projektorientiertes und interdisziplinäres Lernen.

Wenn wir verhindern wollen, dass unser zu Recht gerühmtes duales Ausbildungssystem zum Auslaufmodell wird, wenn wir weiterhin Arbeitgebern und Jugendlichen eine festgeschriebene Ausbildungsqualität garantieren wollen, dann müssen wir unsere Ausbildungsordnungen also schneller modernisieren. Und wenn der klassische Facharbeiter, wie manche sagen, langsam auszusterben droht und in Zukunft der multifunktionale Mitarbeiter mit Teamqualitäten gefragt ist, dann muss unser Berufsbildungssystem auch darauf reagieren: durch neue Ausbildungsverbünde, fächerübergreifende Rotationsmodelle, Stärkung von Schlüsselqualifikationen und so weiter. Ich weiß, dass hierfür schon längst Vorschläge auf dem Tisch liegen und dass in den vergangenen Jahren schon über fünfzig Ausbildungsberufe gründlich überarbeitet worden sind. Auch die Berufsakademien setzen gute Beispiele, und manche Unternehmen haben eigene, vorbildliche Betriebsberufsschulen eingerichtet. Aber die Mühlen unserer Ausbildungsbürokratie mahlen immer noch zu langsam, trotz der Fortschritte in der letzten Zeit.

Auch von den Hochschulen fordere ich mehr Praxisbezug. Wenn heute bis zu vierzig Prozent eines Jahrgangs studieren, ist es unrealistisch zu erwarten, jedem stünden die klassischen Akademikerlaufbahnen offen – zudem im gewünschten Fachgebiet. Wir können es uns nicht mehr leisten, jährlich Tausende von hochintelligenten Menschen am Arbeitsmarkt vorbei auszubilden. Viele Unternehmen leisten sich heute teure betriebsinterne Zusatzausbildungen, um junge Universitätsabsolventen auf die Arbeitswirklichkeit vorzubereiten. Ich habe schon gesagt, dass sich das bei der Hochspezialisierung vieler Unternehmen nicht ganz vermeiden lassen wird. Aber auch die Hochschulen haben hier zu tun, wozu sie imstande sind!

Für die Hochschulen heißt Praxisbezug, stärker als bisher auf den Verbleib der Absolventen zu schauen. Natürlich erwarte ich von jedem Hochschulabgänger genügend Selbstständigkeit, den eigenen Weg in das Berufsleben zu gehen. Aber ich frage mich doch schon lange, wie eine Hochschule eigentlich die Qualität ihrer Ausbildung überprüfen will, solange nicht auch handfeste Daten über die beruflichen Werdegänge ihrer früheren Studenten ausgewertet werden. Jedes Wirtschaftsunternehmen weiß heute alles über den Verbleib seiner Produkte und über die Abnehmer seiner Dienstleistung.

Wir brauchen eine direkte Verbindung zwischen Hochschule und Berufswelt

In Amerika gibt es an den Universitäten schon lange »Career Centers«, in denen sich Absolventen und zukünftige Arbeitgeber begegnen können und mit denen eine direkte Verbindung zwischen Hochschule und Berufswelt geschaffen ist, die beide Seiten zwingt, ihre Ansprüche und Ange-

Elite

bote immer wieder aufeinander abzustimmen. Bei uns ist so etwas leider immer noch eine große Seltenheit.

Ich wünsche mir – drittens – ein Bildungssystem, das international ist. Dafür reicht die Einführung neuer, international anerkannter Hochschulabschlüsse, so wichtig sie ist, nicht aus. Alle unsere Bildungsstätten sind gefordert, sich noch mehr als bisher der Welt zu öffnen, kosmopolitscher zu werden. Wir müssen schon früh die wichtigsten Sprachen der Welt lehren; warum beginnen wir nicht mit dem Englischunterricht in der Grundschule? Sprachen lernt man am effektivsten in ganz jungen Jahren. Warum bauen wir nicht den zweisprachigen Unterricht an unseren Schulen konsequent aus? Und ist es wirklich abwegig, ganze Schulklassen für ein halbes Jahr im Ausland unterrichten zu lassen und dafür Austauschschüler für sechs Monate auf deutsche Schulbänke zu holen?

Provinzielles Denken darf vor allem in unserer Hochschullandschaft keinen Platz haben. Ich weiß: Es gibt inzwischen schon eine Reihe von Hochschulen, in denen – beispielsweise – Vorlesungen auf Englisch zum Alltag gehören und die ein enges Netz mit ausländischen Universitäten geknüpft haben. Aber ich sehe auch noch immer große Inseln des Provinzialismus: Warum bedarf es immer noch einer Sondergenehmigung, um eine Diplomarbeit in Englisch abzufassen, der Lingua franca vieler Wissenschaften? Warum werden den zum Wechsel bereiten deutschen Studenten bei einem Auslandsaufenthalt zusätzlich Steine in den Weg gelegt, weil die Prüfungsbürokratie ausländische Studienleistungen nicht anerkennt? Im Examen stellt sich sowieso heraus, ob der Prüfling etwas gelernt hat oder nicht!

Warum sind die Wörter »Service« und »Kundenorientierung« auf dem Campus noch immer Fremdwörter? Es gibt auch heute noch Bibliotheken, die ihre Pforten um 16.30 Uhr schließen! Warum lebt ein Teil des wissenschaftlichen Nachwuchses noch immer in altertümlichen Abhängigkeitsverhältnissen unter der Patronage von Ordinarien, anstatt, wie andernorts, durch eigenverantwortliche Forschung die produktivsten Lebensjahre bestmöglich zu nutzen? Warum lassen wir als Folge schlechter Studienbetreuung und -beratung Begabungen verkümmern oder in andere Länder abwandern?

Wir müssen bei Gott nicht das Rad neu erfinden. Oft genügt ein Blick auf das, was längst internationaler Standard ist. Ohne eine ganz klar internationale Blickrichtung werden wir jedenfalls schnell hinter diese Standards zurückfallen.

Ich wünsche mir – viertens – ein Bildungssystem, das vielgestaltig ist.

Wir besitzen ein vorbildlich gegliedertes Schulsystem. Diese Vielfalt müssen wir aber auch nutzen! Wir müssen ehrlich fragen: Welche Schule sichert welchem Kind die beste Förderung? Das ist nicht immer die Schule mit dem höchstmöglichen Abschluss. Deshalb darf die Hauptschule nicht immer mehr zur Restschule verkümmern. Sie muss für viele Berufe qualifizieren, indem sie praktische Neigungen weckt und frühzeitig auch Praxisbezüge herstellt. Wer die Welt mit der Hand begreift, hat nicht weniger Anspruch auf bildungspolitische Beachtung als der theoretisch Begabte.

Gute Schüler gut und schlechte Schüler schlecht nennen

Auch innerhalb der Schularten erscheint mir noch viel mehr Differenzierung möglich, ohne dass dabei die Vergleichbarkeit der Schulabschlüsse mehr auf dem Spiel stünde als heute. Wir sollten wieder den Mut finden, gute Schüler gut und schlechte Schüler schlecht zu nennen. Das verpflichtet uns aber zugleich, uns beiden Gruppen besonders zu widmen und sie mit abgestimmten Förderprogrammen optimal zu betreuen.

Mit meiner Forderung nach mehr Differenzierung ziele ich aber in besonderer Weise auf die Hochschulen. Wenn wir nach den Erwartungen an ein Studium fragen, so werden wir ganz unterschiedliche Antworten erhalten, je nachdem, ob wir Studenten, Wissenschaftler oder Unternehmer ansprechen. Aber vielleicht leitet uns diese simple Tatsache schon zu möglichen Lösungen. Der eine verspricht sich vom Studium eine kompakte Berufsvorbereitung, dem anderen geht es eher um Persönlichkeitsbildung. Der begabte Student möchte eine frühe Vertiefung des Stoffes im Studium, dem weniger ambitionierten geht es nur um ein Überblickswissen und um den schnellen Weg zur beruflichen Verantwortung. Mancher Wissenschaftler wird sagen, dass exzellente Forschungsleistungen noch mehr Spezialisierungen im Studium verlangen. Dem Unternehmer wiederum sind die Hochschulabsolventen schon heute oft zu alt und mit zu wenig verwertbarem Wissen für die Berufspraxis ausgestattet.

Keinem kann man darauf ernsthaft widersprechen, wahrscheinlich sind es gerade diese unterschiedlichen Erwartungen an das Bildungssystem, die einen Konsens bei den Reformen so schwierig machen. Aber die Antwort auf die differenzierten Erwartungen kann doch wiederum nur lauten: größtmögliche Differenzierung auch bei den Bildungsangeboten.

In Deutschland folgt die Hochschullandschaft einem Säulenmodell. Auf der einen Seite stehen die Universitäten, auf der anderen die Fachhochschulen. Längst haben sich die Fachhochschulen aus dem Schatten der Universitäten befreit – sowohl was die Studentenzahlen als auch was die Qualität der Ausbildung anbelangt. Durch viele zukunftsorientierte, praktisch und auch international ausgerichtete Ausbildungsgänge sind sie inzwischen auch für die besten Abiturienten attraktiv geworden. Dennoch werden die Fachhochschulabsolventen bei der Entlohnung ein Leben lang gegenüber Universitätsabsolventen benachteiligt, und es ist für sie auch nicht leicht, ihr Können durch akademische Weiterqualifizierung, also etwa durch eine Promotion, unter Beweis zu stellen. Da gibt es noch immer zu viele Berührungsängste zwischen Universitäten und Fachhochschulen. Hier müssen die Durchlässigkeiten erhöht werden.

Andererseits sind unsere universitären Studiengänge noch zu oft so strukturiert, als ob die Studierenden allesamt zu potenziellen Wissenschaftlern ausgebildet werden müssten. Muss jedes geisteswissenschaftliche Studium wirklich mit einem Magister abgeschlossen werden? Qualifiziert bei naturwissenschaftlichen Studiengängen wirklich erst der Doktortitel oder das Diplom für den Arbeitsmarkt? Muss tatsächlich jeder ausgebildete Jurist heute noch die Fähigkeit zum Richteramt nachweisen? Sollten wir nicht – angesichts von Berufskarrieren, die immer weniger planbar werden – eine Vielzahl von Schnittstellen schaffen, an denen man zu unterschiedlichen Zeitpunkten im Leben zwischen der Berufswelt und den verschiedenen Ausbildungsstätten pendeln kann? Was wir in Zukunft ganz sicher brauchen, sind kürzere, miteinander verbundene Ausbildungsbereiche. Technisch gesprochen: Wir müssen unsere Ausbildungs- und Studiengänge in passgerechte Module umwandeln, die aufeinander aufbauen und auch aufeinander aufgebaut werden können. Ich weiß, dass an vielen Stellen schon erfolgreich damit experimentiert wird, und ich möchte alle ermutigen, viele weitere solche Experimente zu wagen.

Innerhalb der Schularten sollte noch viel mehr Differenzierung möglich sein.

Es ist hier aber nicht damit getan, Zwischenprüfungen in Bachelor-Grade und den Magister in den Master umzutaufen. Semantische Kosmetik bringt überhaupt nichts! Wir müssen im neuen modularen System den Studienaufbau grundlegend neu strukturieren. Mit einem klaren Bekenntnis zu einem breiten Basiswissen und einer profunden Methodenkenntnis für alle im Grundstudium und einer noch tiefer gehenden Spezialisierung für eine geringere Anzahl von Studenten in aufgefächerten Studiengängen und für die wenigen Studenten, die den Weg in die Wissenschaft gehen wollen.

Vermitteln wir nicht zu viel Lernstoff?

Ein modularer Studienaufbau heißt für mich auch, dass dem Studenten nicht am Ende eines Studiums das gesamte Wissen

Elite

in einer gigantischen Prüfungsorgie auf einmal abverlangt wird. Freischussregelungen und examensrelevante Prüfungen, die das Studium vom ersten Semester an begleiten, werden vielen die Examensangst nehmen, damit das Studium abkürzen und dem Studierenden viel früher die Gewissheit geben, ob er für ein Studium geeignet ist oder nicht. Mit zwanzig kann man noch wechseln; mit dreißig ist es meist zu spät!

Bei einer solchen Umstrukturierung müssen wir uns auch allen Ernstes fragen, ob wir heute nicht zu viel Lehrstoff vermitteln. Ich höre schon den Aufschrei, den eine solche Frage hervorruft! Wie kann man in Zeiten, in denen das Wissen rasant zunimmt, ausgerechnet die Reduzierung des vermittelten Wissens anregen? Die Antwort darauf liegt ziemlich nahe: Erstens können wir trotz der Zunahme des Wissens unsere Ausbildungszeiten nicht beliebig verlängern, und zweitens führt die Explosion des Wissensstoffes nicht nur zu einer Vermehrung, sondern auch zu einem raschen Veralten von Wissen. Statt also alle Studierenden mit unendlichem Detailwissen auf den letzten Stand der Forschung zu bringen, müssen wir noch stärker ihre Fähigkeit schulen, Informationen auszuwählen und zu bündeln, sich Daten, Fakten und Probleme selbst zu erarbeiten. Wir müssen sie also das Lernen lehren – und nicht nur an den Hochschulen. »Lebensbegleitendes Lernen« ist schon seit einiger Zeit ein Schlagwort in aller Munde. Geschehen ist in dieser Sache aber nur wenig. Wir müssen dafür endlich die Möglichkeiten schaffen!

Ich wünsche mir – fünftens – ein Bildungssystem, das Wettbewerb zulässt. Wenn wir mehr Spitzenleistungen wollen, müssen wir Unterschiede in den Leistungen sichtbarer machen. Das beginnt schon bei den Schulen: Geben wir ihnen wieder mehr Verantwortung zurück! Was spricht etwa dagegen, sie bei der Auswahl des Kollegiums zu beteiligen? Ich habe auch nie verstanden, warum Lehrer und Professoren unbedingt Beamte sein müssen, warum die Verwaltung in das Korsett einer kameralistischen Haushaltsführung gepresst werden muss, warum ein Schulleiter bei der Entscheidung über Sachmittel und Personal weniger Entscheidungsspielraum hat als der Sachbearbeiter in einer Schraubenfabrik.

Und warum haben wir uns bislang gescheut, unsere Schulen in einen Vergleich treten zu lassen, der den Wettbewerb fördert? In den USA ist Präsident Clinton gerade dabei, einen National Achievement Test für Schüler einzuführen, damit Eltern im ganzen Land wissen, welche Schulen gut und welche weniger gut sind. Wäre das nicht auch ein Modell für uns? Könnten dann nicht die guten Schulen das Vorbild und den Ansporn für andere geben, die eigenen Angebote zu verbessern?

Vor allem für die Hochschulen ist es höchste Zeit, sich vom Mythos vermeintlicher Gleichheit zu verabschieden. Meist handelt es sich dabei doch nur noch um Fiktionen, die mit der Wirklichkeit nichts mehr zu tun haben. Seien wir realistisch: Niemand wird in der Wirtschaft heute nur aufgrund eines Stückes Papier mit einer Note eingestellt. Überall weiß man, dass es zwischen den einzelnen Fachbereichen und Universitäten große Unterschiede gibt: Das betrifft die Forschungsleistungen ebenso wie die personelle und finanzielle Ausstattung, das Lehrangebot und nicht zuletzt die Notengebung. Viele Unternehmen haben heute schon aufwendige Assessment-Verfahren entwickelt, weil sie um die Unterschiede in der Ausbildung ihrer Bewerber wissen.

Nur der öffentliche Dienst leistet sich noch die Fiktion der Gleichwertigkeit aller Studienabschlüsse eines Faches. Aber der öffentliche Dienst ist nicht mehr der Maßstab, zumal die Zeiten hoher Einstellungsraten vorbei sind.

Wir müssen die Qualitätsunterschiede endlich wieder transparent machen und auch dafür sorgen, dass gute Leistungen belohnt und schlechte durch die Entziehung von Ressourcen sanktioniert werden. Ich weiß, dass der Gedanke eines Rankings bei vielen Angst und Unbehagen auslöst. Aber wir sind es den Studenten schuldig, die bereits vor Beginn des Studiums wissen müssen, wo sie ihre Zeit und Anstrengungen investieren sollen. Das sind die Hochschulen auch den öffentlichen Geldgebern schuldig. Das Ranking kommt so oder so: Wenn sich die Hochschulen ihm verweigern, kommt es eben von außen, zum Beispiel von den Medien –

und dann nach eher zweifelhaften Kriterien! Universitäten müssen sich durch Personal, Inhalte und Ideen schärfer als bisher profilieren können. Dazu gehören die Auswahl der Studenten und die Möglichkeit der Gewichtung von Abiturfächern. Akzeptieren wir endlich, dass auch hinter gleichen Abiturdurchschnittsnoten unterschiedliche Begabungen stecken und dass nicht jedes Abiturfach eine gleichgewichtige Rolle für so unterschiedliche Fächer wie Deutsch, Medizin oder Jura spielen kann. Freilich: Die Auswahl von Studierenden darf auch nicht zum Selbstzweck werden. Vielmehr geht es um ein klares Signal an die Studenten: Wir wollen euch haben und übernehmen damit auch die große Verantwortung für die wertvollste Zeit eures Lebens. Wir kümmern uns um euch durch optimale Beratung und Betreuung von Anfang an.

Hochschulen müssen miteinander im Wettbewerb stehen

Wenn wir sagen, dass die Hochschulen sich im Wettbewerb profilieren und ihre Effizienz steigern sollen, dann müssen wir sie aber endlich auch aus der bürokratischen Fremdsteuerung entlassen. Sie müssen die Freiheit erhalten, sich so zu organisieren, wie es die erfolgreichsten Vorbilder auf der ganzen Welt tun.

Bei dieser Gelegenheit sollten wir nicht zuletzt auch das föderalistische Einstimmigkeitsprinzip unserer Bildungspolitik zum Gegenstand öffentlicher Diskussionen machen. Der Sinn des Föderalismus ist doch gerade, unterschiedliche Lösungen möglich zu machen. Was ist wichtiger – die Einheitlichkeit der Bildungsverhältnisse (was immer das sein mag) oder der Wettbewerb um den besten Weg aus der Sackgasse, in dem sich unser Bildungswesen befindet? Wäre es nicht besser, die bundesweiten Festlegungen, soweit irgend möglich, zu beseitigen und stattdessen sowohl die Länder wie auch die einzelnen Bildungseinrichtungen experimentieren zu lassen? Reicht nicht eine Verständigung auf sorgfältig festzulegende Mindeststandards? Natürlich muss auch weiterhin ein Wechsel von Kiel nach Passau möglich sein. Aber vergessen wir nicht: In Zukunft wird auch ein Wechsel von Freiburg nach Straßburg oder von Bologna nach München auf der Tagesordnung stehen, und darauf sind wir wenig vorbereitet.

Keiner von uns weiß, welches Konzept zum Erfolg führen wird. Aber da wir es alle nicht wissen, lassen Sie uns doch nicht alles schon von vornherein bürokratisch festlegen. Die Stärke der Novelle des Hochschulrahmengesetzes liegt meines Erachtens vor allem darin, dass es sich durch die Streichung von Vorschriften teilweise selber außer Kraft setzt. Ich warne davor, diese kreativen Lücken nun in den Länderparlamenten wieder mit Paragraphen zu füllen. Geben wir die Kompetenzen dorthin, wo die neuen Konzepte greifen sollen. Wagen wir möglichst viele Experimente, über deren Qualität dann die Praxis entscheiden muss. Und: Geben wir vor allem auch privaten Bildungseinrichtungen ihre Chancen.

Absolventen der Columbia-Universität (gegründet 1754) in New York: Ein Bildungssystem soll Wettbewerb zulassen.

Wenn sich eine Hochschule für obligatorische Auslandsjahre ihrer Studenten entscheidet und dieses Modell zu besseren Einstiegschancen im Berufsleben führt, werden die Studenten deswegen dorthin wandern. Wenn sich eine andere Hochschule in einem Fach zu einem Center of Excellence entwickelt, werden die besten Professoren und Studenten dort Schlange stehen. Wenn andere Universitäten mehr Praxisteile in die Studiengänge bauen, erfahrene Wirtschaftsfachleute als Dozenten berufen und das Fach Unternehmensgründung als Pflichtfach einführen, wird das die innovationsfreudigsten und kreativsten Teile unserer Jugend anziehen. Die Studenten werden mit ihren Füßen über die Qualität dieser Modelle abstimmen – und ihre Kriterien werden ihre eigenen sein, nicht die einer anonymen Verwaltung. Einige dieser Modelle gibt es übrigens schon. Hören wir endlich auf, Angst vor der Freiheit zu haben, die wir uns selber geben können.

Die Ausbildungsdauer ist zu lang

Ich wünsche mir schließlich – sechstens – ein Bildungssystem, das mit der Ressource Zeit vernünftig umgeht. Personal, staatliches Geld und Ausstattung werden in Zukunft gewiss bei allen Konzepten wichtige Kriterien sein. Die Ressource, um die es aber vor allem geht, ist die Zeit: die Zeit der Hochschullehrer, die durch Überlastquoten und zu viel Bürokratie an dem gehindert werden, wofür sie zumindest auch

Die Fortentwicklung des Bildungssystems muss zur Daueraufgabe gemacht werden.

da sind, nämlich an der Forschung und an der Transmission ihrer Ergebnisse. Und die Zeit der Studenten, die in ihren besten Jahren daran gehindert werden, Gelerntes so rasch anzuwenden, dass sie aus ersten Erfolgen fundiertes Selbstvertrauen gewinnen könnten. Von der Zeit, die Deutschland im Verhältnis zu seinen Konkurrenten in der Welt verschwendet, will ich noch nicht einmal reden.

Noch einmal: Die Ausbildungsdauer ist bei uns überall zu lang. Daher sind alle Seiten gefordert, mit der Zeitverschwendung Schluss zu machen. Schon im Vorschulalter liegen Begabungen brach, weil viele Kinder in den prägendsten Lebensjahren nicht hinreichend gefördert werden. Wir leisten uns dreizehn Schuljahre für die Vermittlung von Wissen, das andere Länder in zwölf Jahren unterrichten. Wir vergeuden Zeit in unnützen Warteschleifen, weil Schulabschluss und Studienbeginn vielfach nicht zeitlich koordiniert sind. Wir verschwenden Zeit mit überfüllten Lehrplänen an den Universitäten. Das Band, das uns alle verbindet, ist doch das Bewusstsein, dass unsere Lebenszeit eng begrenzt ist. Warum versuchen wir dann nicht entschlossen und gemeinsam, allen Beteiligten wieder Zeit zu verschaffen und diese auch optimal zu nutzen? Zeit ist das Wichtigste, was der Mensch zum Reifen, Lernen, Forschen und Umsetzen der Forschungsergebnisse braucht. Sie ist die Ressource, die alles entscheidet – so wichtig mehr Geld und mehr Personal sein mögen. Ich sage nicht, dass wir jetzt mit einem Schritt den großen Wurf landen müssen, der bis weit ins 21. Jahrhundert hinein Bestand hat. Wir brauchen – eher im Gegenteil – eine Fähigkeit zur ständigen Weiterentwicklung. Schon unsere Großeltern wussten: Wer rastet, der rostet. Das gilt erst recht dort, wo stündlich Neues entdeckt wird. Wir folgen bisher viel zu sehr dem Modell, zuerst viel Reformdruck aufzustauen, der sich dann im Erdbeben einer Großreform entlädt, um anschließend wieder innovationsunwillig jeder Neuerung zu trotzen. Künftig müssen wir die Fortentwicklung des Bildungssystems zur Daueraufgabe machen. Unser Bildungssystem war einst ein Modell für die ganze Welt. Aber es muss weiterentwickelt werden. Das Bessere ist bekanntlich der Feind des Guten. Ziehen wir daraus die Konsequenzen. Machen wir es zu einem Modell für das 21. Jahrhundert!

Schaffen wir ein Bildungswesen, das Leistung fördert, keinen ausschließt, Freude am Lernen vermittelt und selbst als lernendes System kreativ und entwicklungsfähig ist. Setzen wir neue Kräfte frei, indem wir bürokratische Fesseln sprengen. Entlassen wir unser Bildungssystem in die Freiheit.

7. November 1997

siehe auch
❖ Bildung
❖ Bildungspolitik
❖ Herzog, Roman
❖ Hochschulen

Georg Elser

Der Mann, der es tat

Das Leben des Widerstandskämpfers Georg Elser – des ersten und (neben Stauffenberg) einzigen Deutschen, der versucht hat, Hitler zu töten

Von Peter Steinbach und Johannes Tuchel

Berlin, 5. April 1945: Während sich sowjetische Truppen der Reichshauptstadt nähern, beschließt die NS-Führung den Mord an prominenten Gefangenen des Regimes. Hitlers und Himmlers Entscheidungen sollen von Gestapochef Heinrich Müller in die Tat umgesetzt werden, der den Auftrag gleich an den SS-Standartenführer Walter Huppenkothen weitergibt. Zunächst fährt Huppenkothen ins KZ Sachsenhausen. Hier ist er am 6. April »Ankläger« eines Standgerichts, das dem Mord an dem Widerstandskämpfer Hans von Dohnanyi einen justizförmigen Anschein verleihen soll. In derselben Funktion beteiligt sich Huppenkothen im KZ Flossenbürg zwei Tage später an der Ermordung des Theologen Dietrich Bonhoeffer, des ehemaligen Abwehrchefs Wilhelm Canaris, des Abwehroffiziers Ludwig Gehre und des Chefs der Heeresjustiz, Karl Sack. Sie alle werden am Morgen des 9. April gehenkt.

Von Flossenbürg aus fährt ein Begleiter Huppenkothens nach Dachau, einen weiteren Mordbefehl in der Tasche. Es ist ein Brief Müllers an den Kommandanten des KZ Dachau, SS-Sturmbannführer Eduard Weiter: »Auch wegen unseres besonderen Schutzhäftlings ›Eller‹ wurde erneut an höchster Stelle Vortrag gehalten. Folgende Weisung ist ergangen: Bei einem der nächsten Terrorangriffe auf München bzw. auf die Umgebung von Dachau ist angeblich ›Eller‹ tödlich verunglückt. Ich bitte, zu diesem Zweck ›Eller‹ in absolut unauffälliger Weise nach Eintritt einer solchen Situation zu liquidieren. Ich bitte besorgt zu sein, dass darüber nur ganz wenige Personen, die ganz besonders zu verpflichten sind, Kenntnis erhalten. Die Vollzugsmeldung hierüber würde dann etwa an mich lauten: Am ... anlässlich des Terrorangriffs auf ... wurde u. a. der Schutzhäftling ›Eller‹ tödlich verletzt.« Damit verfügt der Kurier über ganz konkrete Mord- und Tarnanweisungen des Schreibtischtäters Heinrich Müller, als er am Abend des 9. April in Dachau eintrifft. Die Methode hatte sich bereits bei der Erschießung des KPD-Vorsitzenden Ernst Thälmann am 23. August 1944 im KZ Buchenwald »bewährt«.

Doch die Führung des völlig mit verhungernden Häftlingen überfüllten KZ Dachau hat andere Sorgen als die sorgfältige Vertuschung eines einzelnen Mordes und wartet nicht erst einen Luftangriff ab. Noch am selben Abend wird der Häftling »Eller« aus seiner Doppelzelle geholt und in der Nähe des alten Krematoriums von

Georg Elser

Georg Elser

einem SS-Oberscharführer erschossen, die Leiche am nächsten Tag verbrannt.

»Eller« – das war Georg Elser, der Mann, der noch in letzter Stunde ermordet wurde, weil er, als erster und neben Stauffenberg einziger Deutscher, dem Ziel, Hitler zu töten, denkbar nahe gekommen war: Am Abend des 8. November 1939 hatte seine Bombe den Diktator im Münchner Bürgerbräukeller nur um 13 Minuten verfehlt. Elser »durfte« als Häftling bis April 1945 überleben, weil ihm nach einem gewonnenen Krieg ein großer Schauprozess gemacht werden sollte. Denn seit Ende 1939 galt der NS-Propagandaversion, dass der britische Geheimdienst Urheber des Attentats und der Schreiner Elser nur ein Werkzeug gewesen sei. Erst als der Münchner Historiker Lothar Gruchmann in den Sechzigerjahren ein ausführliches Vernehmungsprotokoll Elsers in den Akten des Reichsjustizministeriums fand, wurden Motive, Überzeugungen und der biografische Hintergrund des Widerstandskämpfers deutlich.

Mit seinem Anschlag im Münchner Bürgerbräukeller will Georg Elser den Krieg aufhalten

Geboren 1903 im württembergischen Hermaringen, wächst Georg Elser in Königsbronn unter schwierigen Verhältnissen auf. Der Vater trinkt, die Familie verarmt. Schon früh gilt Elser als handwerklich und zeichnerisch besonders begabter Schüler. Nach siebenjähriger Schulzeit und einer Lehre im Hüttenwerk Königsbronn, die er aus gesundheitlichen Gründen abbrechen muss, wird er Schreiner. Elser arbeitet exakt, überprüft immer wieder das Geschaffene. Er empfindet Stolz auf seinen Beruf, verlangt aber auch angemessenen Lohn; sein Sinn für Gerechtigkeit ist wach und empfindlich. Sowohl im Berufs- als auch im Privatleben legt er Wert auf seine Unabhängigkeit: Er fällt seine eigenen, von anderen nicht immer akzeptierten Entscheidungen. Mehrfach muss er in den wirtschaftlichen Wirren der späten Zwanzigerjahre seinen Arbeitsplatz wechseln. Dies wurde später fälschlich als Unrast ausgelegt, tatsächlich ist die schlechte Auftragslage die Ursache, denn er wird überall wegen seiner perfekten Arbeit geschätzt.

Georg Elser gilt als ein zwar schweigsamer, aber dennoch geselliger Mensch. Seit seiner Schulzeit musiziert er. Er spielt Zither, im Gesangverein von Königsbronn auch den Kontrabass und musiziert oft auf Tanzabenden. Zusammen mit Freunden wandert er über die Alb und durch den Schwarzwald. Die Frauen mögen ihn, und er mag die Frauen. Seine Freundin Mathilde Niedermann bringt 1930 einen Sohn, Manfred, zur Welt.

Politische Anregungen und Anstöße scheint Elser erst während seiner Lehrzeit erhalten zu haben. Er wird Mitglied im Holzarbeiterverband und tritt 1928/29 dem kommunistischen Roten Frontkämpferbund bei, ohne sich in beiden Organisationen stark zu engagieren. Bis 1933 wählt er nach eigener Aussage die KPD, weil er sie für die beste Vertretung der Arbeiterinteressen hält.

Die nationalsozialistische »Bewegung« lehnt Elser von Anfang an entschieden ab. Den braunen Aufzügen geht er aus dem Weg; er verweigert konsequent den Hitlergruß und nimmt auch nicht an den gemeinsamen Sitzungen vorm Volksempfänger teil, wenn der Führer spricht. Schon das zeigt, wie sich ein Einzelner den Zumutungen der NS-Herrschaft selbst im überschaubaren dörflichen Milieu entziehen konnte.

Elsers Politikverständnis ist stark geprägt von seinem eigenen Wunsch nach Freiheit und Unabhängigkeit. Daher bleibt auch ein erstes und wichtiges Motiv für seine Gegnerschaft zum Nationalsozialismus die Verschlechterung der Lebensbedingungen in den Jahren nach 1933. Vor der Gestapo sagt er dazu später: »So z. B. habe ich festgestellt, dass die Löhne niedriger und die Abzüge höher wurden. ... Der Stundenlohn eines Schreiners hat im Jahr 1929 eine Reichsmark betragen, heute wird nur noch ein Stundenlohn von 68 Pfennigen bezahlt.« Auch andere Missstände bedrücken Elser: »Der Arbeiter kann z. B. seinen Arbeitsplatz nicht mehr wechseln, wie er will; er ist heute durch die HJ nicht mehr Herr seiner Kinder.«

1937/38 tritt ein anderes Motiv in den Vordergrund: Elser beobachtet die umfangreichen Kriegsvorbereitungen. Er erlebt, dass die Westmächte den territorialen Forderungen Deutschlands im September 1938

Georg Elser

Durch die Ermordung Hitlers hofft Elser, einen drohenden Krieg zu verhindern.

auf der Münchener Konferenz nachgeben: Deutsche Truppen marschieren in der Tschechoslowakei ein und besetzen das »Sudetenland«. Doch dies ist für die aggressiven Pläne von Wehrmacht und NS-Führung nur ein Aufschub. Für Elser ist »ein Krieg unvermeidlich«. Selbst in der geschraubten Sprache des Gestapo-Protokolls vom November 1939 bleibt dieses Motiv noch deutlich: »Die von mir angestellten Betrachtungen zeitigten das Ergebnis, dass die Verhältnisse in Deutschland nur durch eine Beseitigung der augenblicklichen Führung geändert werden könnten. Unter der Führung verstand ich die ›Obersten‹, ich meine damit Hitler, Göring und Goebbels. Durch meine Überlegungen kam ich zu der Überzeugung, dass durch die Beseitigung dieser 3 Männer andere Männer an die Regierung kommen, die an das Ausland keine untragbaren Forderungen stellen, ›die kein fremdes Land einbeziehen wollen‹ und die für eine Verbesserung der sozialen Verhältnisse der Arbeiterschaft Sorge tragen werden.« Der konsequente Kriegsgegner Elser ist zum Tyrannenmord entschlossen.
Um einen geeigneten Ort für den Anschlag zu finden, fährt er am 8. November 1938 nach München zum Jahrestag des Hitlerputsches von 1923. Nach Hitlers Rede kann er am selben Abend den unbewachten Bürgerbräukeller besichtigen. Am 9. November beobachtet Elser den Erinnerungsmarsch der NS-Spitze durch München und fährt nach Königsbronn zurück. Sein Entschluss steht fest: Das Lokal ist der Ort, wo es geschehen soll.
Elser bereitet die Tat zielstrebig vor. An seinem Arbeitsplatz in der Heidenheimer Armaturenfabrik kann er sich mindestens 250 Presspulverstücke und einige Zünder beschaffen. Er versteckt sie zu Hause im Kleiderschrank, später in einem Holzkoffer mit doppeltem Boden. Mit zwei Uhrwerken baut er einen Zeitzünder. Im Herbst 1938 prüft er auch Fluchtmöglichkeiten in die Schweiz; im April 1939 besucht er erneut München, um die Bewachung des Saales und seine Zugänge zu überprüfen. Zudem misst er die Säule aus, in die er die Bombe einbauen will – sein Versuch allerdings, eine Anstellung im Bürgerbräu zu erhalten, scheitert.
Seit April 1939 arbeitet Elser in einem Königsbronner Steinbruch, wo er mehr als 100 Sprengpatronen und über 125 Sprengkapseln entwenden kann. Im Juli unternimmt er Zündversuche im Obstgarten seiner Eltern, kurz darauf zieht er nach München.
In Schwabings Türkenstraße, bei Karl und Rosa Lehmann, findet er Quartier. Tagsüber arbeitet er gelegentlich für einige Handwerker, die auch (ohne ihr Wissen) einzelne Teile für den Sprengkörper fertigen. Abend für Abend versteckt er sich auf der Galerie des Saales im Bürgerbräu und lässt sich nach Lokalschluss unbemerkt dort einschließen. Mit einfachen Werkzeugen gelingt es ihm, in mehr als 30 Nächten zwischen August und November die Säule hinter dem Rednerpult zu präparieren.
Die Arbeit ist mühsam, Elser arbeitet im Knien. Einige Male wird er im Saal überrascht. Er fängt den Schutt in einem selbst gefertigten Sack auf, sammelt das Ganze in einem Karton und beseitigt es tagsüber unter den Augen der Kellnerinnen. Wenn der Karton »voll war, bin ich um die Mittagszeit mit einem Handkoffer von der Kellerstraße aus durch den rückwärtigen Eingang in den Saal gegangen, begab mich in mein Versteck und schüttete den Inhalt

Georg Elser

Mahnmal im ehemaligen KZ Sachsenhausen; in Sachsenhausen war Elser inhaftiert, bevor er ins KZ Dachau verlegt wurde

des Kartons in den Koffer. Dann verließ ich mit dem Koffer den Saal auf dem gleichen Weg und begab mich damit zu Fuß in die Anlagen hinter dem Volksbad, wo ich im Hochwasserbett der Isar bei dem dort befindlichen Schutthaufen den Koffer entleerte. ... Auf diese Weise habe ich ungefähr 2- bis 3-mal den durch meine Arbeit anfallenden Schutt aus dem Bürgerbräu gebracht.«

Er arbeitet im Wettlauf mit der Zeit, denn bis zur Kundgebung im November müssen die Vorbereitungen abgeschlossen sein. Den Krieg, den Deutschland am 1. September mit dem Überfall auf Polen beginnt, kann Elser nicht mehr verhindern. Aber dies bestärkt ihn in seinem Vorhaben. Mit seiner Tat will er »noch größeres Blutvergießen« – die Ausweitung des Krieges im Westen – vermeiden.

Die meisten Bestandteile seines Sprengkörpers fertigt Elser selbst. Lediglich einzelne Metallstücke lässt er in verschiedenen Werkstätten bearbeiten. In der Nacht vom 2. auf den 3. November baut er die Bombe in die Säule ein und verfüllt den restlichen Hohlraum zusätzlich mit Sprengstoff und Pulver. Seinen komplizierten Zündapparat, der sechs Tage im Voraus eingestellt werden kann, installiert er (nach einem am Abend zuvor gescheiterten Versuch) in der Nacht vom 5. auf den 6. November. Am Morgen des 6. November stellt er beide Uhrwerke auf den Abend des 8. November ein. Er lässt, wie er später bekennt, »damit der Sache ihren freien Lauf«. Nach einer letzten Überprüfung des Uhrwerks in der Nacht zum 8. November verlässt Georg Elser München. Doch eine unerwartete Wendung scheint den gesamten Plan gleich zu durchkreuzen: Hitler ist zunächst fest entschlossen, wegen des Krieges und des aus seiner Sicht unmittelbar bevorstehenden Angriffs deutscher Truppen im Westen erstmals bei den Feiern zum Jahrestag des Putsches nicht selbst zu reden. Statt seiner soll Rudolf Heß auftreten. Aber dann entschließt sich Hitler doch noch zu einer grundsätzlichen Rede, gewürzt mit Attacken gegen Großbritannien. Er spricht erheblich kürzer als bei früheren Feiern, weil er unmittelbar darauf nach Berlin zurückwill. Wegen des Wetters kann Hitler die Reise nicht per Flugzeug antreten, sondern muss seinen Sonderzug nehmen. Gegen 21.07 Uhr verlassen der Diktator und andere hohe NS-Führer den Saal, 13 Minuten später explodiert die Bombe.

Hitlers Rednerpult liegt unter einem meterhohen Schutthaufen begraben. Die Explosion zerstört nicht nur die Säule hinter dem Podium, sondern auch die gesamte Saaldecke, sieben »alte Kämpfer« und eine Kellnerin sterben, es gibt viele Verletzte. Sofort beginnt die Fahndung. Die Polizei löst Großalarm aus. Alle Grenzkontrollen werden verstärkt. Für die Ergreifung der Täter ist eine hohe Belohnung ausgesetzt, was Hunderte von Denunziationen zur

Folge hat. Erst nach Tagen gehen konkretere Hinweise auf einen noch unbekannten »Handwerker« ein, der in den Wochen vor dem Anschlag oft im Bürgerbräukeller gesehen worden sei.

Die Flucht über die Grenze zur Schweiz misslingt im letzten Augenblick

Elser ist am 8. November nach Konstanz gefahren, um dort illegal die Grenze zur Schweiz zu passieren. Es ist unklar, wie er auf der anderen Seite behandelt worden wäre. Auch wer die sorgfältigen Ermittlungsergebnisse liest, welche die schweizerische Polizei nach einem umfangreichen Fragenkatalog des Reichssicherheitshauptamtes Anfang 1940 zusammenstellte (von Ulrich Renz gefunden und publiziert und jüngst auch von Hellmut G. Haasis in seiner spannend geschriebenen Elser-Biografie ausgewertet), wird hierin keine Hinweise finden – dafür viele Lebensdetails bis hin zu Elsers einstigem Stundenlohn (1,20 Franken).

Aber Georg Elser erreicht die Schweiz nicht. Um 20.45 Uhr wird er von einer deutschen Zollstreife festgenommen und der Grenzpolizei übergeben. Er trägt eine Ansichtskarte des Bürgerbräukellers, ein Abzeichen des Roten Frontkämpferbundes, Aufzeichnungen über Rüstungsfertigungen sowie einige Teile des Zeitzünders bei sich: Dokumente, die seine Opposition gegen den Nationalsozialismus, möglicherweise auch seine Urheberschaft am Attentat beweisen und ihn vor einer Auslieferung nach Deutschland schützen sollen. Doch jetzt, bei seiner Festnahme, werden sie ihm zum Verhängnis. Der Zollassistent Xaver Rieger, der ihn verhaftet, darf übrigens zur Belohnung in den Rang eines Zollinspektors aufrücken, der ihn begleitende Hilfsgrenzangestellte Waldemar Zipperer wird zum Zollassistenten befördert. Zipperer ist nach 1945 als Unternehmer tätig und erhält noch im Jahr 1978 das Verdienstkreuz am Bande der Bundesrepublik Deutschland.

Bald darauf wird Elser nach München überführt, hier in der Staatspolizeileitstelle im Wittelsbacher Palais verhört und gefoltert. In der Nacht vom 13. auf den 14. November 1939 gesteht er seine Alleintäterschaft. Während er die ermittelnden Kriminalisten mit der Fülle seines Detailwissens überzeugen kann, schenkt die NS-Führung Elsers Behauptung, alleine gehandelt zu haben, zunächst keinen Glauben. Hitler persönlich vermutet hinter dem Anschlag den britischen Geheimdienst. Und so lesen es auch die Volksgenossen in allen deutschen Zeitungen – Ursprung jener Diffamierung des Widerstandskämpfers, welche die NS-Zeit noch um Jahrzehnte überdauern sollte.

Für Georg Elser aber beginnt ein Weg durch die Gefängnisse in München und Berlin, in das KZ Sachsenhausen und schließlich in das KZ Dachau, wo er am 9. April 1945 erschossen wird. Zurück bleibt nur seine selbst gebaute Zither, auf der er in der Einsamkeit seiner Haft gespielt hatte – bis zuletzt. *2. Januar 2003*

siehe auch
❖ **Geheime Staatspolizei**
❖ **Hitler, Adolf**
❖ **Widerstandsbewegung**

Emanzipation

Scharf aufs Leben

Eine emanzipierte Gesellschaft schafft sich im Fernsehen neue Heldinnen – Frauen über 50. Das Stereotyp vom trüben Altern ist gebrochen

Von Sabine Rückert

Hannelore Elsner ist eine Schönheit, die keinen Tag jünger aussieht, als sie ist. Auf schwarzen Stöckeln kreist »die Kommissarin« den Täter ein. Senta Berger ist der Inbegriff reifer Erotik. Ihren Frauenfiguren glaubt man den zweiten Aufbruch ins Leben. Hannelore Hoger zeigt das Antlitz einer Frau, die schon immer für ihr Gesicht verantwortlich war. Ihre »Bella Block« ist eine Kultfigur. Evelyn Hamann ist eine Schauspielerin von unauffälligem Äußeren. Bei ihr zählt nicht das Alter, sondern der Humor.

Es ist später Abend, mitten am Vormittag. Draußen knallt die Sonne auf die Blumenrabatten, drinnen neigt sich im gedämpften Licht der Wohnzimmerlampe eine Ehe dem Ende zu. Dietrich: »Du trinkst zu viel.« Marie: »Ach, halt die Klappe.« Er: »Lass deine Menopause nicht an mir aus.« Sie: »Du bist der mit der Menopause.« Sie wird weinerlich und fängt von früher an, er sagt: »Ich leg mich schon mal hin.« Jetzt muss die Aufnahme unterbrochen werden, denn Margarethe von Trotta hat einen Lachanfall bekommen, mitten hinein ins Ehedrama: »Mein erster Mann war genauso.«

Dreharbeiten zur Fernsehkomödie »Mit fünfzig küssen Männer anders«, Senta Berger spielt die Hauptrolle der Marie, die Trotta führt Regie. Das Thema: Eine Frau mit 30 Ehejahren auf dem Buckel, zwei Kinder hat sie aufgezogen und die 50 hinter sich gelassen, hat ihr Leben satt. Sie lässt ihren Erbsen zählenden Mann stehen, nimmt sich Liebhaber und beginnt eine Karriere als Malerin. Der Film greift die Idee eines Frauenromans von Dorit Zinn auf, der in Deutschland 400 000-mal verkauft wurde – an Hausfrauen mittleren Alters, so darf vermutet werden. Im Februar 1999 wird die TV-Reihe »Lauter tolle Frauen«, zu der diese Komödie gehört, in der ARD ausgestrahlt. Sie besteht aus sechs Teilen, jeder ist die Verfilmung eines Frauen-Bestsellers. Und es werden wohl Millionen von Zuschauerinnen für eine phänomenale Quote sorgen.

Die Hauptdarstellerin und noch mehr die Regisseurin galten einst als Protagonistinnen der Frauenbewegung. Senta Berger kämpfte für die Abschaffung des Paragraphen 218, sie war eine der prominenten Frauen, die 1971 im »stern« bekannten: Ich habe abgetrieben. Margarethe von Trotta wurde in den Siebzigern und Achtzigern durch ihre politischen Frauenfilme wie »Bleierne Zeit« oder »Rosa Luxemburg« zur Ikone des Feminismus. Ist das, wofür die beiden mit Herzblut gekämpft haben, heute nur noch eine Fernsehkomö-

Hannelore Elsner kreist in ihren Krimis auf Stöckelschuhen die Täter ein.

Emanzipation

die, harmlose Unterhaltung für das Massenpublikum?
»Nein«, sagt Senta Berger, »solche Filme sind Folge und Auswirkung der Frauenbewegung. Marie, eine ganz normale Hausfrau, traut sich in späten Jahren auszubrechen. Das ist es doch, was wir wollten.«
Senta Berger ist Mutter zweier erwachsener Söhne und alt genug, um sich an den Krieg zu erinnern. Trotzdem glaubt ihr jeder die Liebhaber und den zweiten Aufbruch in Jeans und Turnschuhen. Je älter sie wird, desto glaubwürdiger wird sie, inmitten der konstruierten Illusion des Fernsehens.
Als Senta Berger jung war, waren Frauen über 40 alte Schachteln. Und besonders welk kamen sie auf dem Bildschirm daher. Mit Grauen entsinnt sich Senta Berger der 60er-Jahre-Serie Die Familie Hesselbach. Hier war Frau Hesselbach ihrem Mann zur Mutter geworden, ließ sich mit Mama anreden, trug eine Kittelschürze und hatte abgeschlossen mit allem, was schön war im Leben. Die Darstellerin, Liesl Christ, war zu Beginn der Serie 42 Jahre alt, am Ende 47.
Senta Berger ist heute 57 und nach wie vor ein Sinnbild der Erotik. Im Fragebogen der Woche antwortete sie auf die Frage Wie würden Sie Ihr Äußeres beschreiben?: »Weiblich!« Sie spielt Ärztinnen, Taxifahrerinnen und Mütter. Ihre Figuren haben Falten, viel bayerischen Charme und ein ausgeprägtes Liebesleben. Senta Berger steht für einen neuen Frauentyp, der neuerdings im Fernsehen angekommen ist – die schöne, selbstbewusste und begehrenswerte Frau über 50.
Die Wende begann vor vier oder fünf Jahren. Heute gibt es inzwischen Schauspielerinnen, die den Höhepunkt ihrer Karriere in einem Alter erleben, in dem ihre Kolleginnen früher am Tiefpunkt ihrer beruflichen Existenz angekommen waren. Gerade der Zeitraum zwischen dem 45. und dem 60. Lebensjahr, also die Phase des Klimakteriums, galt für Frauen als rollenlose Zeit. Es war die Zeit, in der die Frauen »unsichtbar« wurden. Sie war vergiftet von der Aura des Verfalls und des Sichfügens. So hatten auch hervorragende Schauspielerinnen wenig Chancen, etwas anderes darzustellen als die Aufopferung der Serienmutti oder den Frust der betrogenen Mittelstandsgattin im deutschen Krimi.

Ältere Frauen waren bisher im Film völlig unterrepräsentiert

1992 untersuchte die Medienwissenschaftlerin Monika Weiderer das Bild der Frau im Fernsehen. Sie wertete mit einem Team 627 Sendungen in 320 Programmstunden aus. Ihre Ergebnisse wichen kaum ab von jenen, die der Soziologe Küchenhoff schon 1975 dokumentiert hatte: 70 Prozent aller Frauen im Spielfilm waren unter 35 Jahren, 70 Prozent aller Männer älter als 36 Jahre. Ältere Frauen waren also »völlig unterrepräsentiert«. 94 Prozent

Junge Schauspieler wie Moritz Bleibtreu (hier im Kinofilm »Lola rennt«) sprechen vor allem die 15- bis 25-Jährigen an.

der Frauen waren gepflegt, 80 Prozent schlank, nur 9 Prozent hatten Falten, keine trug eine Brille. Außerdem bildeten Frauen in den meisten Filmen die »zweite Garnitur«, der aktive, handelnde Part blieb den männlichen Helden vorbehalten. Männer wurden bei der Berufsausübung gezeigt, Frauen bei der Ausübung von Liebesbeziehungen. Männer hatten »Positionen der Kompetenz, Verantwortung und Macht« inne, Frauen waren »untergeordnet und abhängig«. Männer wirkten »kreativ und initiativ«, Frauen »angepasst und regeltreu«.
Vor knapp fünf Jahren dann habe es »eine Welle gegeben«, erinnert sich Susanne Plasa, Serienredakteurin im NDR: »Das ganze Frauenfach hat sich verändert, neue Rollenformate sind entwickelt worden, weil jeder plötzlich Frauen sehen wollte.« – »Heute«, sagt der stellvertretende Programmdirektor des ZDF, Hans Janke, »sind die älteren Fernsehfrauen weder unsichtbar noch fett oder frustriert; sie sind spannende Figuren, die scharf sind aufs Leben. Sie sind so nervös wie 30-Jährige und haben die Erfahrung von 50 Jahren.« Sie heißen Senta Berger, Hannelore Elsner, Iris Berben, Gabi Dohm, Uschi Glas,

Emanzipation

Senta Berger steht für Sinnlichkeit und Konturen im Gesicht.

Thekla Carola Wied, Hannelore Hoger, Christiane Hörbiger, Evelyn Hamann, Gudrun Landgrebe oder anders. Sie haben die 50 überschritten oder stehen kurz davor. Sie spielen Kommissarinnen, Sekretärinnen, Anwältinnen, Geliebte, Reporterinnen, Hebammen, Unternehmerinnen und Kreative – nicht in der Nebenrolle. Sie müssen sich nicht an die Regeln halten, die für Frauenrollen im Fernsehen galten: Sie sind nicht untergeordnet, sondern vorgesetzt oder besser als die Vorgesetzten, sie suchen nicht den Mann fürs Leben, sondern den Mörder. Manche ist keine Schönheitskönigin, aber alle sind Events, abendfüllend präsent. Das Massenpublikum ist verrückt nach ihnen.

Professor Wolfgang Becker, Medienforscher an der Universität Osnabrück, findet bei seiner laufenden Analyse des Frauenbildes in Fernsehproduktionen neuerdings TV-Heldinnen, die mit »Willenskraft, Mut, Klugheit und Aggressivität« ausgestattet sind und doch feminin bleiben. Es handele sich, sagt er, um Frauenfiguren, die im Fernsehen ohne Tradition seien. Angesiedelt zwischen »jugendlicher Schönheit« und »verständnisvoller Großmutter«. Beruflich: kompetent, charmant, ehrgeizig und körperlich aktiv. Privat: rational und zugleich emotional; selbstbewusst, aber auch sinnlich. Verena Kulenkampff, Chefin des Fernsehspiels und der Serie im NDR, nennt sie »Siegertypen«.

Hannelore Elsner verkörpert diesen Typ. Ihre Wirkung beruht auf der Stärke wider Erwarten. Sie hat eine in langen Jahren versammelte Fangemeinde. Heute, 54 Jahre alt, wird sie »mit Rollenangeboten zugeschissen«, wie es ein ZDF-Redakteur formuliert. In der ZDF-Komödie Andrea und Marie lockte sie mit Iris Berben 7,35 Millionen Zuschauer vor die Empfänger. Die Themen der Filme ähneln sich: Ehefrau wird betrogen/verlassen, bricht zusammen, erwacht/erblüht und geht letztlich triumphierend aus der Katastrophe hervor.

Wie Senta Berger steht auch Hannelore Elsner für Sinnlichkeit mit Konturen im Gesicht. Sie wirkt feminin und lebendig und sieht doch keinen Tag jünger aus, als sie ist. Diese Mischung, sagt sie, sei die Folge eines reichen Lebens jenseits vom Beruf, obwohl sie viel Kummer gehabt hat in diesem Leben. Keine der Erinnerungen hat sie sich aus dem Gesicht liften lassen. Warum sollte sie die Schrecken einer Schönheitsoperation ertragen? Nur, um »lächerlichen Vorstellungen dummer Männer hinterherzulaufen«? Und als Sinnbild weiblicher Verkrüppelung diente ihr schon immer der schaurige Anblick einer in die Jahre gekommenen Bekannten, die stets mit erhobenem Haupt und hochgerecktem Kinn dagesessen habe, damit der Hals keine Falten würfe.

Ältere Schauspielerinnen, die sich an die Erotikfront wagen, sind immer noch vereinzelte Figuren und daher pausenlos intimsten Erkundungen ausgesetzt. Jeder nimmt sich das Recht, nachzufragen, ob sie keine Angst hätten vor dem Alter. »Nein«, sagt Hannelore Elsner dann, »und wenn – was würde das ändern? Wer nicht älter werden will, der muss halt früher sterben.« Die bekannteste Rolle der Elsner ist die »Kommissarin« im Vorabendprogramm der ARD. Die Serie wurde ihr auf den Leib geschneidert und wird dominiert von einer Kommissarin in schwarzen Pumps, die wie eine Tigerin den Mörder einkreist. Sie ist für den psychologisch-intuitiven Teil der Jagd zuständig. Sie wird unterschätzt und durchschaut doch als Einzige das Verhängnis menschlicher Leidenschaft. Das Grobe erledigt der Mann an ihrer Seite: Til Schweiger spielte in vielen Folgen den jungen Untergebenen mit dem »guten Körper«, zu dem die Kommissarin knisternden Umgang pflegt.

Das ungleiche Paar kommt an bei der Jugend. Und das soll es auch. Die öffentlich-rechtlichen Sender versuchen, die jungen Leute vor allem zwischen 18 und 20 Uhr vor den Apparat zu locken. Das ist die Zeit der Fernsehwerbung. Und sie sind die Zielgruppe, auf die man es abgesehen hat. Daher ist das Vorabendprogramm mit seinen Serien und Werbeeinblendungen ganz gezielt auf Zuschauer unter 40 zugeschnitten. Die jungen Frauen finden Elsner klasse, die jungen Männer finden sich in dem schicken, jungen Kriminalbeamten wieder. Wenn Hannelore Elsner geschminkt wird, ist das Präzisionsarbeit. Jede Wimper, jedes Puderstäubchen muss sitzen, denn ihr Gesicht wird auch auf 22 mal 10 Meter große Leinwände geworfen. Im Kino lebt, anders als im Fernsehen, das tradierte Bild der Frau fort. Die Elsner spielt nur eine Nebenrolle. Diesmal die Managerin eines Popstars in einem Film für Teenager. Sie trägt eine rote Perücke, Fuchspelz und lange rosa Klauen. Hannelore Elsner ist jeder Winkel ihres Gesichtes vertraut, jede Zahnecke. Ein kleiner Handspiegel wirft ihr Auge zurück, riesenhaft und verletzlich unter falschen Wimpern.

Frauen ihres Alters bekommen im Kino keine Hauptrolle mehr. Das deutsche Kino ist der Zufluchtsort für Kinder und Jugendliche. Kasse machen die so genannten Popcorn-Filme, flockige Streifen mit Girls wie Heike Makatsch und Boys wie Moritz Bleibtreu in den Hauptrollen. Das Publikum ist zwischen 15 und 25. Junge Leute, die den Abendtrubel suchen und dem Elternhaus entfliehen. Vor dem Fernseher sitzen dagegen Berufstätige, Leute mit kleinen Kindern und vor allem Ältere. Und Ältere wollen keine Teenies als Helden sehen. Der Fernseherfolg älterer Frauen ließe sich also auch als schlichte Folge der demographischen Entwicklung interpretieren. Die stärkste Bevölkerungsgruppe sind derzeit die Enddreißiger und die Mittfünfziger. Es gibt ein Drittel mehr Sechzigjährige als Zwanzigjährige.

Frauen im Fernsehen sind inzwischen ein Wirtschaftsfaktor

Die Deutschen werden zwar immer älter, fühlen sich aber immer jünger. Tatsächlich ist das Alter, wie Gerontologen wissen, nicht nur Abbau und Abwärtstrend. »Die biologische Sicht auf das Alter wird aufgeweicht und ergänzt durch die Lebensspannenpsychologie«, sagt die Psychologin Ursula Staudinger, die der Arbeitsgruppe Altern und gesellschaftliche Entwicklung der Akademie der Wissenschaften zu Berlin angehört. Persönlichkeit, Erfahrung, berufliche Kompetenz, menschliche Souveränität wüchsen im Alter weiter. Das trübe Altersstereotyp der Nachkriegsjahre sei gebrochen. »1940 war ein 60-jähriger Mensch richtig alt, heute fängt mit 60 das Leben an.

Auch Iris Berben überwand die Grenzen, die für Frauenrollen im Fernsehen galten.

Und diese 60-jährigen tun viel dafür, dass junge Leute ein erfreuliches Bild vom Alter haben.« Das gilt auch – und ganz besonders – für Frauen. Sie können mit fast 80 Lebensjahren rechnen. Ihre Adoleszenz erstreckt sich in der Mittel- und Oberschicht ins 30. Lebensjahr, und eine 40-jährige Erstgebärende gehört in jedem Kreißsaal zur Normalität. Durchgängig gute Ernährung, Sport, Entspannung, geregelte Arbeitszeiten, keine harte körperliche Arbeit – das sind die Faktoren, die bewirken, dass auch der biologische Zustand einer 50-jährigen von heute mit dem einer Gleichaltrigen der Fünfzigerjahre nicht mehr vergleichbar ist. Frauen tragen heute höchstens zwei Kinder aus. Infektionskrankheiten bekämpfen sie mit Penicillin, Hungersnöte und Krieg kennen sie nicht, dafür aber medizinische Vorsorge und Zahnersatz.

»Auch die Menopause erlebt ihre Relativierung durch die Kultur«, sagt Ursula Staudinger. »Im reinen Patriarchat ist die klassische Produktivität der Frau das Gebären. Die Menopause macht sie zum Abfallprodukt.« Doch im Postpatriarchat der westlichen Welt seien Frauen unabhängig von ihrer Gebärfähigkeit produktiv, durch berufliche Kompetenz, soziale Kreativität und wirtschaftliche Kraft.

Deshalb sind diese Frauen im Fernsehen ein neuer wirtschaftlicher Faktor. »Anfang oder Mitte der Neunzigerjahre wurde der Markt eng. Die Privatsender hatten sich konsolidiert, und der Fernsehwettbewerb wurde schärfer«, sagt Katharina Trebitsch, Chefin der gleichnamigen Film- und Fernsehproduktion. »Plötzlich entdeckte man, dass Frauen als Marktgruppe gar nicht im Visier waren. Die Zuschauerin wurde plötzlich wichtig, sie war nicht mehr selbstverständlich.« Also begannen die Sender, spannende Unterhaltung ganz gezielt fürs weibliche Publikum zu inszenieren. Einer fing an, und die anderen Sender zogen nach. Sie wurden belohnt mit einem Marktanteil von manchmal 25 Prozent. Die Sehbeteiligung ist im Fernsehen das Maß aller Dinge. Und Frau Trebitsch konstatiert: »Die Quote ist die große Gerechtigkeit für die Frauen«.

Die Produzentin Katharina Trebitsch hat die wohl auffälligste Erscheinung ins Fernsehen gehievt: die ZDF-Kommissarin Bella Block. Eine rothaarige Frauenfigur Mitte 50 mit hoher Intelligenz und ohne Furcht. Sie ist zugleich fähig zu großer Herzensstärke und zu eiskaltem Kalkül. Jeder Fall führt sie an die Grenzen menschlicher Existenz, jeder Täter wird in schwerem, psychischem Kräftemessen niedergerungen – fast ein Kampf auf Leben und Tod. Die Kriminalbeamtin vertritt den Staat und seine Gesetze und folgt doch letztlich nur den eigenen. Sie ist ein subversives Wesen von humaner Moral.

Die Kommissarin Bella Block tut, was sich Frauen nicht trauen

In einem alten renovierten Bauernhaus irgendwo in Norddeutschland lebt die Erfinderin dieser Figur, die Schriftstellerin Doris Gercke. Sie hat ihren ersten Block-Krimi 1987 geschrieben. »Das war die Zeit, in der es hieß, die Frauenbewegung sei am Ende«, sagt Frau Gercke. »Also erdachte ich eine Figur, die die psychologisch gelungene Frauenbewegung verkörpert. Bella ist das Ziel, das wir angepeilt hatten. Sie ist stolz, selbstständig, unabhängig.« Und anarchisch. »Jede Frau wird anarchisch, wenn sie anfängt, über sich nachzudenken. Sie lebt in einer Ordnung, die nicht die ihre ist. Und sie kann sich darin nur anarchisch bewegen.« Doris Gercke ist selbst eine unabhängige Frau um die 60, umweht vom Hauch feministischer Ernüchterung. 1970 trat sie in die DKP ein und hat es bis heute vergessen, wieder auszutreten. Die Kommissarin Bella Block ist ihrer Schöpferin eine Kunstfigur geblieben, die stellvertretend »all das wagt, was die Frauen sich nicht trauen«.

Rainer Werner Fassbinder vertrat Ende der Siebzigerjahre die Ansicht, dass Frauen sich entweder unterordnen oder einsam leben sollten.

Kurz nach ihrem Erscheinen gerieten die Block-Romane in die Hände von Katharina Trebitsch. Die war gerade auf der Suche nach einer Frauenrolle, die die Dimensionen der Schauspielerin Hannelore Hoger zu fassen vermöchte. »Und puff machte es«, sagt Frau Trebitsch. Das war 1992. Was danach begann, war eine traurige Odyssee durch deutsche Fernsehspielredaktionen. »Die Hoger ist zu alt!« hieß es. »Und überhaupt: Wer kennt denn die? Können wir nicht ne Jüngere nehmen oder ne Schönere? Schläft die noch mit Männern, oder was? Das wird bestenfalls ein mittelmäßiger Tatort!«

»Es war eine unglaubliche Ignoranz und Arroganz, die uns da entgegenschlug«, sagt Katharina Trebitsch, »dabei haben sie den Stoff schlicht nicht erkannt.« Erst im ZDF stießen die drei auf einen Jungredak-

Emanzipation

teur. Der las das Drehbuch und meinte: »Ich habe hier nicht viel zu sagen, aber es ist toll!« Dieser Berufsanfänger ist heute einer der erfolgreichsten Fernsehspielredakteure des ZDF. »Das muss man auch mal sagen«, sagt Katharina Trebitsch, »ein Mann hat die Sache gerettet.« Seit ihrem ersten Auftritt, 1994 war das, hat die Kommissarin Bella Block nur viermal ermittelt. Die Figur wird mit so großer Sorgfalt und so hohem Aufwand in Szene gesetzt, dass sie nur einmal im Jahr erscheinen kann. Trotzdem ist ihr Bekanntheitsgrad gigantisch. Fast sieben Millionen schalten ein. Die Schauspielerin Hannelore Hoger, die seit Jahrzehnten schon im kleinen Kreis des Theaterpublikums ein Star war, ist heute eine Volksheldin. Mit 57 Jahren. Ihre Bella Block erhielt den Adolf-Grimme-Preis mit Gold, den RTL-Fernsehpreis Goldener Löwe und die Goldene Kamera, den Publikumspreis der »Hörzu«. Bella Block gehört damit zu den raren Gestalten in der Fernsehlandschaft, die Qualität und Quantität versöhnen.

Hannelore Hoger lagert auf einem roten Samtdiwan in der prunkvollen Bar des alten Hamburger Hotels Atlantic. Sie ist ungeschminkt und zeigt das Antlitz einer Frau, die schon immer für ihr Gesicht verantwortlich war. Ein Gesicht zum drin Herumlaufen, keine gepflegte Grünanlage, wie sie ältere Schauspielerinnen gern vor sich hertragen. »Ich finde nicht, dass ich eine alte Frau bin«, sagt sie. »Alte Frauen meines Alters dümpeln in toten Ehen herum und hoffen, dass der Olle sie in Ruhe lässt.« Dennoch würden ihr Rollen angetragen, die ältere Frauen auf dem Abstellgleis zeigen, wie die tragische Figur der aufdringlichen Klatschreporterin, die sie in Helmut Dietls Kinoschlager Rossini gespielt hat. Beliebt sei auch das Stereotyp der Großmutter, die nur noch kocht, oder der verblödeten Schwiegermutter, bei deren Eintreffen alle in Deckung gehen. Man mags kaum glauben.

»Die meisten guten Rollen sind immer noch für Männer« bemerkt die Hoger nicht ohne Grimm. »Ich drehe eine Hauptrolle im Jahr. Ein Mann wie Götz George, der ist 60 und spielt in der gleichen Zeit vier bis fünf Hauptrollen. Und haben Sie schon mal gesehen, dass der im Film eine 60-jährige Geliebte hatte?« Sie beugt sich

Erhält Götz George mehr gute Rollen in Film und Fernsehen als seine Kolleginnen?

vor und deutet ein paar Tische weiter. Da sitzen drei graue Krawatten- und Aktenkofferträger. Der eine ist dünn und faltig, bei den beiden anderen quillt das Doppelkinn aus dem Hemdkragen. »Sehen Sie die Herren am Fenster? Die sind auch nicht mehr ganz frisch. So um die 50. Glauben Sie, die denken sich: Hilfe! Ich krieg keine mehr ab? Keine Rede, die halten sich für die Größten. Eine Frau in deren Alter versinkt im Boden.« Sie lehnt sich wieder in ihren Diwan, weit davon entfernt, im Boden zu versinken.

Nach einer Weile sagt sie versöhnlich: »Na, ich will kein Mann sein. Die haben viel auszuhalten. Die haben im Leben die schwerere Rolle. Und nichts ist schlagender, als wenn eine Frau sich hinsetzt und sagt: Das bin ich, und mehr ist nicht. Das ist Bella Block.« Die Kommissarin Bella Block hat nicht nur viele Mütter, sie hat auch einen Vater: Max Färberböck, einen der Besten des Metiers. Er führte Regie und schrieb auch zwei der Drehbücher. Obwohl offensichtlich ein Mann, beschäftigt er sich in seinen Filmen fast nur mit Frauenleben. »Ich bin in einem Matriarchat aufgewachsen«, sagt er dazu. Vor 20 Jahren sei das Fazit des Regisseurs Rainer Werner Fassbinder gewesen: »Frauen können sich nur unterordnen oder einsam leben.« »Das gilt nicht mehr«, sagt Färberböck. »Die Emanzipation ist in jedes Dorf

Emanzipation

vorgedrungen, sie trifft jede einzelne Familie. Sie ist ein größerer Umwälzungsprozess, als je einer gedacht hätte.«

Die Menge der Frauenfilme, die in den Fernsehanstalten ersonnen werden, interpretiert er jedoch nur als kommerzielle Ausbeutung dessen, was die Frauenbewegung angestoßen hat: »Ein ungeheurer Verflachungsprozess. Konfektionierte, brave Fröhlichkeit.« Im Gegensatz dazu wollte Färberböck aus seiner Bella einen »richtigen Menschen« machen. Die Summe ihrer Lebenserfahrung sollte sie auf jeden ihrer Fälle anders reagieren lassen. »Sie ist so klug und in keiner Weise zu beschädigen – und stürzt doch plötzlich ab«, sagt Färberböck. »Sie hat so viel Böses gesehen und ist doch nicht hart geworden. Und wer sich darauf verlässt, dass sie nicht hart ist, kriegt die Bratpfanne ins Gesicht.«

Es ist kein Zufall, dass die älteren Frauen den Bildschirm als Kommissarinnen eroberten. Der menschliche Konflikt ist im Kriminalfilm Voraussetzung; der schwierige Umgang damit und der Weg zur Lösung machen das Zuschauen zum Vergnügen. Die Inszenierungen spielen mit der besonderen Form weiblicher Konfliktlösung: Die Ermittlerinnen sind dem Opfer nahe, aber auch dem verfolgten Täter. Sie handeln im Bewusstsein gesellschaftlicher Unterlegenheit, zu der sowohl das Opfersein als auch das Verfolgtsein gehören. Und sie schaffen Gerechtigkeit, weil sie als Frauen die Ungerechtigkeit kennen. Berufsgruppen mit großer Autorität müssen im Fernsehen von Personen verkörpert werden, denen das Publikum eine moralische Haltung und Durchsetzungsvermögen zutraut. Nur solche Figuren sind glaubwürdig. Man möchte wissen, wie sie in schwierigen Situationen reagieren.

Die jungen Leute wollen im Film Figuren zum Anfassen

Filme mit älteren Hauptdarstellerinnen werden mit großer Leidenschaft auch von jungen Frauen aufgesogen. Das ist die Erfahrung in den Sendeanstalten. Was die Jungen verprellte, heißt es dort, seien nicht alte Gesichter, sondern altbackene Dramaturgie, sei das pädagogisch belehrende, moralinsaure Fernsehspiel. Die jungen Leute wollten Figuren zum Anfassen vorgesetzt bekommen, mit krummen und gebrochenen Lebensläufen. Die Alterspsychologin Ursula Staudinger weiß, warum: »Frauen, gerade junge, suchen nach Lebensmodellen. Sie lechzen regelrecht danach. Die Existenz der modernen Frau ist ungeklärt. Deshalb sucht sie nach Lösungen und verlangt nach Medienbildern, die in die Zukunft führen.«

»Wo sollen 30-jährige Fernsehheldinnen ihre Konflikte herhaben?« fragt Gerd Bauer, Produzent bei der Filmgesellschaft ndF. »Die müssen von außen an sie herangetragen werden.« Die 50-Jährigen dagegen befänden sich im Umbruch, konfrontiert mit Angst und Verlust und gleichzeitig zu allem fähig. Damit seien sie »dramaturgisch hochinteressant«. »Mit 50 ist man im Heute angekommen«, sagt Bauer, selbst 69 Jahre alt. »Früher hat man in die Zukunft gelebt – dann aber lebt man im Tag. Und man muss immer darauf achten, nicht ins Gestern zu verfallen. Diese Zeit ist die spannendste des Lebens.«

Gerd Bauer betreut die ARD-Serie »Adelheid und ihre Mörder«. Darin spielt Evelyn Hamann eine pfiffige Sekretärin fortgeschrittenen Alters, die im Morddezernat Briefe tippt und nebenbei – unerlaubt und an allen Beamten vorbei – die Fälle löst. In der Serie findet der Deutsche alles wieder, was er aus dem Büroalltag kennt: den unfähigen Vorgesetzten, die rührenden Versuche, Inkompetenz zu kaschieren oder sich selbst Geltung zu verschaffen. Die Tippse Adelheid ist die einzige Frau in der Abteilung: ohne jeden Rang und Titel, aber die Schlaueste. Doch der Kampf der Geschlechter findet nicht statt. Die Serie ist kein feministischer Feldzug. Sie erkennt gesellschaftliche Gegebenheiten augenzwinkernd an und lässt den Zuschauer doch spüren, wie zutiefst ungerecht die Situation ist. Die Hauptdarstellerin Evelyn Hamann steht mit 56 Jahren im Zenit ihrer Karriere. Auch wenn sie in hanseatischem Understatement nur die dürren Worte findet: »Ja, ich habe zu tun.« Als sie jung war, hatte sie es weit schwerer als heute, da alle Drehbücher auf sie zugeschrieben werden und ihr die Leute auf der Straße um den Hals fallen. Als Charakterdarstellerin von unauffälligem Äußeren spielte sie schon mit Ende 20 alte Damen: die Königin Elisabeth in Schillers »Maria Stuart«, die böse Nachbarin Grete Schwertlein in Goethes »Faust«.

Erst als der Komiker Loriot sie Mitte der Siebzigerjahre zu seiner Partnerin machte, ging ihr Stern auf. Heute ist sie ein einsames Phänomen am Fernsehhimmel: eine Frau, die die Leute zum Lachen bringt. »Alter ist für mich kein Thema«, meint sie lakonisch, »ich wachse langsam rein.«
Die Welt des Fernsehens speist sich aus den Lebenswirklichkeiten der Menschen. Drehbuchautoren, Produzenten, Redakteure und andere Kreative der Sendeanstalten durchforsten die Welt pausenlos nach Geschichten, um den Moloch mit den 30 Programmen zu füttern. Sie bedienen sich in der Literatur und in der Bild-Zeitung, sie verwursten Geschichten aus dem eigenen Privatleben oder dem ihrer Nachbarn und schauen dem Volk in der U-Bahn aufs Maul. Die aufgestöberten Figuren werden dramatisiert und in Fernsehspiele gepresst. So kommt es, dass der Bildschirm zwar nicht unbedingt gesellschaftliche Wirklichkeiten in korrekter Proportion widerspiegelt (nur etwa fünf Prozent der deutschen Kommissare sind weiblich), aber gesellschaftliche Wahrheiten. Die fiktiven Heldinnen dienen keineswegs nur dazu, bittere Fünfzigerinnen über ein ersticktes oder zerronnenes Leben hinwegzutrösten.

Das Fernsehen wirft diese Leitbilder allabendlich in die Wohnzimmer und erweckt dort den Wunsch, ebenso zu sein. Anders wäre der Erfolg der Fifty-Stars gerade bei jungen Frauen nicht zu erklären. Das Fernsehen gibt vor und spielt nach. Gerade die elektronischen Medien werden von Frauen bevölkert, die dort in immer verantwortlichere Positionen aufsteigen. Wer sich hinter den Fernsehkulissen umschaut, stößt auf ein Heer von älteren und jungen Frauen, deren dramaturgisch bearbeitete Stellvertreterinnen auf dem Bildschirm agieren. Die Film- und Fernsehbranche ist jung und daher extrem durchlässig. Frauen erreichen hier schneller hohe Positionen als in der traditionell männlich dominierten Wirtschaft. Die Medien sind Sammelbecken für Quereinsteiger und gerade die Produktionsgesellschaften Refugien für Hierarchiescheue. Junge Frauen drängen besonders in den Produktionssektor, in dem weibliche Eigenschaften wie Teamfähigkeit die Grundlage jeden Erfolges sind. Ein Viertel der großen und mittleren Produktionsfirmen haben inzwischen weibliche Chefs.

Es ist Zeit für die Darstellung einer sympathischen Versagerin

Da trifft man auf die elegante Katharina Trebitsch, eine Frau Ende 40 mit jugendlichem Lächeln, von der es heißt, sie riskiere es, für Qualität auch viel Geld zu verlieren. Man trifft auf die nüchterne Claudia Sihler, die einer der größten deutschen Produktionsfirmen, der ndF, vorsteht. Sie plant, die Lebensgeschichte der Maria Sibylla Merian zu verfilmen, die ihren Mann mit 52 Jahren verließ, um sich in Surinam der Insektenforschung zu widmen. Jeder Deutsche kennt diese Frau: ihr Bild schmückt den 500-Mark-Schein.

Man trifft auf die kolossale Regina Ziegler, deren Berliner Produktionsfirma die anfangs erwähnte ARD-Reihe »Lauter tolle Frauen« ins Leben rief. Sie ist Familienmutter und eine großartige Erscheinung: rote Haare, roter Schal, rote Stöckelschuhe; eine Figur wie eine Fruchtbarkeitsgöttin, umflattert von schwarzen Gewändern. Vor vier Jahren hat sie ihren 50. Geburtstag mit einem Dreitagefest begangen und warf am Schluss 6000 rote Luftballons in Herzform aus dem Fenster, auf denen stand: Endlich 50.

Im NDR-Unterhaltungsressort trifft man auf ein ganzes Frauenbataillon, das hier den Ton angibt. Sie verströmen sachliche Kühle und achten garantiert darauf, dass die ältere Ehefrau im TV-Scheidungsdrama am Schluss gut dasteht.

Und wie werden die Frauenrollen im nächsten Jahrtausend aussehen? Man solle mit mehr Gelassenheit an die Darstellung von Frauen gehen, heißt es bei den Damen. Eine sympathische Versagerin sei mal an der Zeit. Die Frauen müssten runter vom Podest. Wer immer toll ist, sei öde. Verena Kulenkampff, die NDR-Unterhaltungschefin, will mehr die Unzulänglichkeiten thematisieren, also eher schwierige Frauen zeigen, die Fehler haben, aber auch Humor. »Alle Sieger geben Schwächen gerne zu, wenn sie gesiegt haben«, sagt sie und meint damit: Das dürfte jetzt der Zeitpunkt sein. *24. September 1998*

siehe auch
❖ Frau
❖ Frauenbewegung
❖ Gleichberechtigung

Erdbeben

Orakel des Todes

Eine Studie ermittelt das weltweite Erdbebenrisiko – und sagt die Zahl der zu erwartenden Opfer voraus

Von Axel Bojanowski

Jeder in Istanbul weiß, dass der Tag kommen wird. Unter dem Marmarameer, südlich der Stadt, herrscht Hochspannung im Gestein. Dort stoßen die Eurasische und die Anatolische Kontinentalplatte an der Nordanatolischen Verwerfung aufeinander. Die beiden Erdplatten sind ineinander verhakt. Und seit Jahren wartet man darauf, dass sich die Spannung löst und dabei wie bei einem reißenden Gummiband blitzartig Energie frei wird. Im gesamten Verlauf der 1000 Kilometer langen Nordanatolischen Verwerfung haben verheerende Erdbeben in den vergangenen 63 Jahren den Druck der Gesteine abgebaut. 1939 setzte am östlichen Ende der Verwerfung das erste Beben ein. Mit den Katastrophen von 1999 in Düzce und Izmit erreichten die Erdbeben den bisher am weitesten westlich gelegenen Punkt der Verwerfung. Jetzt verharrt einzig ihr westliches Ende im höchsten Spannungszustand: die 160 Kilometer lange Marmarasektion südlich von Istanbul.

Die Megastadt ist auf ein Erdbeben schlecht vorbereitet. Sie belegt den zweiten Platz in einer makaber anmutenden Rangliste, die eine Forschungsgruppe der Vereinten Nationen (UN) erstellt hat. In der so genannten Gesi-Studie (Global Earthquake Safety Initiative) der UN wurden weltweit 21 stark erdbebengefährdete Großstädte untersucht. Geprüft wurde, wie sich ein schweres Erdbeben auf die Gebäude, die Böden und die Infrastruktur auswirken würde. Daraus ermittelten die Experten die Zahl der potenziellen Todesopfer. Istanbul müsste demzufolge mit 55 000 Toten und einer Vielzahl von Schwerverletzten rechnen. Die geschätzten 15 Millionen Einwohner leben in Häusern, die zum größten Teil an allen Bauvorschriften vorbei errichtet wurden. Die meisten Bewohner verdrängen die tödliche Bedrohung, obgleich immer näher kommende Beben sie alle paar Jahre daran erinnern. So auch Ministerpräsident Bülent Ecevit, der meinte: Der Staat tue alles, was er zur Verhinderung einer Katastrophe tun könne, der Rest liege bei Gott.

Gleichwohl sind es kühle Statistiken, auf deren Grundlage Wissenschaftler die

Viele Tausend Menschen sterben 1999 bei einem Erdbeben der Stärke 7,4 in der Westtürkei.

Erdbeben

Möglichkeit von Erdbeben berechnen. Aus der durchschnittlichen Häufigkeit von Starkbeben in der Vergangenheit ergibt sich für den Raum Istanbul eine Wahrscheinlichkeit von 20 bis 40 Prozent, dass die Stadt in den nächsten zehn Jahren von einem schweren Beben heimgesucht wird. Betrachtet man die kommenden 30 Jahre, beträgt die Wahrscheinlichkeit gar 50 bis 75 Prozent. »Nur wenn dabei die Verwerfung in mehrere Teile zerbricht, käme die Stadt eventuell mit einem mittelschweren Beben davon«, sagt Jochen Zschau, Leiter der Erdbebenforschung am Geoforschungszentrum Potsdam.

In Nepal sind die Gefahren am größten

Zuoberst auf ihre Liste haben die UN-Experten Kathmandu in Nepal gesetzt. Es müsste gar mit 70 000 Toten und weitaus mehr Schwerverletzten rechnen. Die Meldung löste in Kathmandu dringend notwendige Diskussionen aus. Medien und Politiker fragten sich, woran es liegt, dass ein Schulkind in ihrer Stadt bei einem starken Erdbeben 400-mal wahrscheinlicher ums Leben kommt als ein Schüler im gleichermaßen erdbebengefährdeten japanischen Kobe. Ebenso besorgt wurde der Vergleich mit Tokio aufgenommen. In Kathmandu würden bei einem schweren Beben, laut UN-Studie, siebenmal mehr Menschen sterben als in der japanischen Hauptstadt, deren Großraum 20-mal mehr Einwohner hat.

So absonderlich diese Vergleiche zunächst wirken, sie weisen doch direkt auf die Prämisse der Erdbebenvorsorge: Nicht das Beben tötet Menschen, sondern zusammenstürzende Bauten. In wirtschaftlich starken Nationen wie Japan oder den USA werden seit Jahrzehnten hohe Summen in die erdbebensichere Architektur der Gebäude investiert. Auch in ärmeren Ländern existieren Vorschriften für entsprechende Bauweisen. Gleichwohl hapert es mit ihrer Umsetzung. Als im Januar 2001 der Westen Indiens – unweit von Kathmandu – von einem schweren Beben getroffen wurde, fielen zahllose Gebäude wie Kartenhäuser zusammen. Mehr als 20 000 Eingeschlossene hatten keine Überlebenschance. Sie starben, weil die Häuser die Zugspannungen, die bei Erdbeben auftreten, nicht aufnehmen konnten. Die Gebäu-

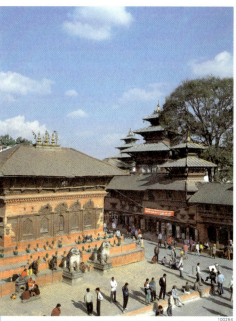

Durbarplatz (Palastplatz) mit dem Shiva-Parvati- und dem dreigeschossigen Maju-Deval-Tempel in Kathmandu, das – laut Angaben der Vereinten Nationen – im Falle eines Erdbebens mit 70 000 Toten rechnen müsste.

de standen auf Hängen, deren Böden sich bei einem Erdbeben wie Wackelpudding verhalten. Gasleitungen platzten, Lauffeuer brachen aus, Tankstellen explodierten, Wassertanks barsten und Abwässer überschwemmten Keller, die Menschen als Zufluchtsorte aufgesucht hatten. Viele starben auch deshalb, weil das Telefonnetz zusammenbrach und Straßen blockiert waren – die Helfer konnten nicht zu den Opfern vordringen.

Weil die Infrastruktur in ärmeren Ländern wie Indien anfälliger ist, bekommen deren Städte in der UN-Studie eine finstere Prognose präsentiert. Auf dem Subkontinent, der sich unerbittlich mit mehreren Zentimetern pro Jahr gegen die Eurasische Kontinentalplatte schiebt und in der Knautschzone den Himalaja aufgefaltet hat, kann die Katastrophe täglich passieren. Die Megastädte Delhi und Mumbai müssen bei einem Starkbeben mit 38 000 beziehungsweise 8 000 Toten rechnen.

Erdbeben

Bei großen Beben wird die Energie von 1000 Atombomben frei

Weltweit bedrohen Erdbeben Regionen, die unglücklich platziert sind. Normalerweise liegen die Entstehungsorte, die Erdbebenherde, in den Randbereichen der Erdplatten. Ein Mosaik dieser riesigen, etwa hundert Kilometer dicken Gesteinsblöcke bildet die Erdoberfläche. Die Platten rutschen, von heißem, zähflüssigem Gestein geschoben, wenige Zentimeter pro Jahr voran. Verhaken sich zwei ineinander, staut sich Energie.

Irgendwann bricht schlagartig das Gestein, und die Platte schnellt nach vorn. Die mechanische Energie, die bei einem solchen Ruck frei wird, ist gewaltig. Sie addiert sich bei großen Beben zur Energie von 1000 Atombomben. Millionen Tonnen Gestein werden innerhalb von Bruchteilen von Sekunden oft mehrere Meter weit gegeneinander verschoben. Die Bewegungsenergie zerstört die Gesteinspakete entlang der Berührungsfläche der Platten, und ein Teil wird in Schwingungsenergie von Erdbebenwellen umgewandelt, ähnlich, wie ein Stein beim Aufprall auf einen See Wellen erzeugt. Diese Wellen breiten sich mit Geschwindigkeiten von mehreren Kilometern pro Sekunde im Erdinnern aus. Erreichen sie die Erdoberfläche, laufen sie über große Entfernungen als Oberflächenwellen weiter.

Welche Gebäude von den Wellen zum Einstürzen gebracht werden, hängt von der Beschaffenheit der obersten Erdschicht ab. Diese nimmt, wie die Haut auf erkalteter Milch, die Bewegungen auf und schwabbelt eine Weile hin und her. Als Khillari in Indien im September 1993 von einem schweren Beben heimgesucht wurde, bei dem 9 748 Menschen starben, stürzten die meisten der niedrigen Bauernhäuser ein. Die hohen Gebäude hingegen blieben stehen. »Dort besteht die oberste Bodenschicht aus Basalt, einem schweren Gestein«, sagt Jochen Zschau. »Die feste Decke schwingt sehr schnell. Und schnelle Schwingungen bringen eher kleine Häuser zum Einstürzen.«

Anders am 19. September 1985, als Mexico City von einem starken Beben erschüttert wurde. Die Megastadt mit 20 Millionen Einwohnern ist auf einem trockengelegten See erbaut worden. Der Untergrund ist weich, die Schwingungen sind träge. Niedrige Bauwerke kommen dadurch nicht ins Schwanken. Aber hohe Gebäude. Sie sind dem gleichen Prinzip ausgesetzt wie ein Kind auf der Schaukel: Von einer Welle angestoßen, geraten sie ins Schwingen. Haben sie eine Schwingung ausgeführt, trifft sie die nächste Welle – und ihr Ausschlag verstärkt sich. Ihr Verhängnis ist, dass ihre Bewegungen ebenso träge sind wie die des Erdbodens. In Mexico City fielen 1985 reihenweise Hochhäuser zusammen, 30 000 Menschen starben.

Aufgrund dieser Erfahrung aus der jüngsten Vergangenheit fand die Stadt keine Berücksichtigung in der UN-Studie. Mexico City benötigt keine Nachhilfe. Nach dem GAU von 1985 zogen die Mexikaner Konsequenzen. Da das Geld, um alle Hochhäuser etwa mit Stahlkonstruktionen zu stabilisieren, nicht zur Verfügung stand, setzte die Stadt auf ein Frühwarnsystem. Langfristige Erdbebenprognosen aber sind nicht in Sicht. Mexico City baut daher auf kurzfristige. Man nutzt dafür die Erkenntnis, dass die Erdbebenwellen sich mit unterschiedlichen Geschwindigkeiten vom Zentrum des Bebens ausbreiten. Die zerstörerischen Sekundär-(S-)Wellen sind langsamer als die harmlosen Primär-(P-)Wellen. Treffen die P-Wellen auf einen Sensor, wird die bedrohte Stadt per Funk alarmiert. So soll vor dem Eintreffen der S-Wellen die Gasversorgung unterbrochen, Züge sollen angehalten, Ampeln auf Rot gestellt oder Gebäude geräumt werden. Mexico City bleibt ungefähr eine Minute. Die gefährlichsten Bebenherde liegen rund 300 Kilometer entfernt vor der pazifischen Küste. Dort ruckelt ein Stück Pazifikboden, die Cocos-Platte, unter die Nordamerikanische Platte. Seit 1991 analysieren an der Küste mehrere Feldstationen aufgefangene P-Wellen und prüfen die Relevanz für einen Alarm.

Die Mexikaner setzen auf ihr Frühwarnsystem

Die Mexikaner feiern die Frühwarnung als Erfolg – trotz einiger Rückschläge. 1993 ignorierte das System aufgrund eines Softwarefehlers ein Beben. Und zweimal löste es einen falschen Alarm aus. 1995 jedoch wurde rechtzeitig auf ein starkes Beben reagiert. Vier Millionen Menschen in be-

Erdbeben

Mexico City (Bild: Kathedrale) baut auf kurzfristige Erdbebenprognosen.

sonders gefährdeten Gebieten wurden 72 Sekunden vor dem Eintreffen der S-Wellen gewarnt. Auch wenn dieses Beben keine größeren Schäden anrichtete, gilt die Feuertaufe als bestanden.

Im Pionierland der Erdbebenfrühwarnung dagegen, in Japan, herrscht seit dem 17. Januar 1995 Ernüchterung. An diesem Tag starben in Kobe über 5000 Menschen. Auch wenn das Erdbeben erkannt worden wäre – es hätte kaum geholfen. Dessen Zentrum lag dicht neben der Stadt; die S-Wellen folgten den P-Wellen im Abstand weniger Sekunden. Trotzdem zählen die japanischen Metropolen heute zu den sichersten der UN-Studie. Seit den Siebzigerjahren werden riesige Budgets in die Forschung investiert. Ziel ist, das überfällige Starkbeben im Großraum Tokio, wo 30 Millionen Menschen leben, vorherzusagen. Gleichwohl muss Tokio, der Studie zufolge, mit 10 000 Toten rechnen, wenn das Beben zuschlägt. Einen Vorteil verschafft der Megastadt ihre späte Entwicklung zum modernen Wirtschaftszentrum. Viele gigantische Hochhäuser wurden erst gebaut, als die technischen Neuerungen zur Abfederung von Gebäuden verfügbar waren.

Im Gegensatz zu den Japanern, deren Disziplin viel gerühmt wird, erwarten die Kalifornier das große Beben »The Big One« mit offen zur Schau gestellter Gelassenheit. Biersorten der San-Andreas-Brauerei heißen Seismic-Ale oder October-Quake-1991. Oder es gibt als Partyspaß das »Kalifornien-Erdbeben in der Dose«: Sie wabbelt hin und her, wo immer sie steht. Das Dorf Parkfield brüstet sich seiner gefährlichen Lage wegen als »Erdbebenhauptstadt der Welt« und fordert Besucher auf: »Seien Sie hier, wenn es passiert!« Appelle der Behörden, man möge Medikamente, Kleidung, Batterien und Konserven bereithalten, verhallen meist ungehört. Der kalifornische Lebensstil ist zu sorglos. Viele verdrängen, dass ihr Siedlungsraum stabil wie Pudding ist.

Dabei ruft sich der San-Andreas-Graben, eine der spannungsgeladensten Nahtstellen der Erdkruste, ständig mit leichten oder mittleren Beben in Erinnerung. Er durchzieht Kalifornien fast in ganzer Länge. An seiner Narbe bewegen sich die Pazifische und die Nordamerikanische Platte aneinander vorbei. Rein rechnerisch werden sich das auf der Pazifikplatte gelegene Los Angeles und San Francisco auf der Nordamerikanischen Platte in 18 Millionen Jahren begegnen. »Bevor das smogverpestete Los Angeles vorbeitreibt, ziehen wir hier weg«, scherzt man in San Francisco.

Die Kalifornier müssen bald mit »The Big One« rechnen

Immer wieder haken sich die Platten fest, bis ein Erdbeben die Sperre löst. So beim großen Beben vom 18. April 1906, das San Francisco verwüstete. Damals gab es kaum Hochhäuser. Die Stadtautobahnen wurden noch nicht in drei oder vier Stockwerken übereinander geführt. Es standen nur wenige Häuser auf aufgeschüttetem

Erdbeben

Blick auf das Gebiet der San-Andreas-Spalte im Westen der Vereinigten Staaten

Bauland, das im Ernstfall wegzurutschen droht. Und es waren Tausende, nicht Millionen betroffen.

Mindestens zweimal dachte man, es wäre so weit: 1989 kamen in San Francisco 300 Menschen bei einem Beben ums Leben, und 62 Einwohner starben 1994 in Los Angeles. Beide Beben gehören zu den teuersten Naturkatastrophen der Weltgeschichte. Doch die Messungen der Erdbebenstärke gaben keine Entwarnung – es war nicht »The Big One«. Insbesondere im Süden des Sonnenstaates dürfte nach Einschätzung der Geowissenschaftler »The Big One« unmittelbar bevorstehen. Geologen haben beobachtet, dass sich der Graben in einigen Bereichen verbreitert. Sie deuten das als Zeichen dafür, dass sich die Platten zu entkoppeln beginnen. Beunruhigend erscheint zudem die Zunahme mittelschwerer Beben seit 1978. In der UN-Studie wurden die USA nicht berücksichtigt. Ein Regierungsbericht jedoch geht für Los Angeles von bis zu 15 000 Toten aus, sollte das große Beben während der Rushhour ausbrechen. Mindestens 8 000 ältere Gebäude und auch Autobahnbrücken würden zusammenstürzen.

Es wird wenig helfen, dass der San-Andreas-Graben verdrahtet und überwacht ist wie ein Patient auf der Intensivstation. Früher als eine Minute vor seinem Eintreffen wird das große Beben nicht erkannt werden. »Eine längerfristige Vorhersage kann es in absehbarer Zeit nicht geben«, sagt Jochen Zschau. Die Brüche in der Erdkruste vollziehen sich nach hochkomplexen Gesetzen. Die großen Hoffnungen der Siebzigerjahre auf taugliche Frühwarnsysteme sind verflogen. Andererseits hat die Wissenschaft Erfolge vorzuweisen: Die Ermittlung gefährdeter Regionen etwa, das grobe Verständnis der Ursachen von Erdbeben und auch die Entwicklung erdbebensicherer Bauweisen. »Hier liegt das Potenzial, Menschenleben zu retten«, sagt Zschau. 85 Prozent der von Erdbeben bedrohten Stadtbewohner leben in Entwicklungsländern. Als Konsequenz ihrer Erkenntnisse unterstützen die Vereinten Nationen deshalb jetzt 51 Großstädte in ärmeren Ländern bei der geologischen Bestandsaufnahme.

Denn das Risiko nimmt weiter zu. Nicht weil die Erde unruhiger würde, sondern weil die Großstädte immer schneller wachsen. Die Hälfte der Menschheit lebt in Regionen mit erhöhter Erdbebengefahr. Gleichwohl sind Erdbeben mehr als sinnlose Zerstörung. Menschen hätte es ohne sie nie gegeben. Nur durch die ständige Bewegung der Erdplatten haben sich Kontinente gebildet, die Lebensräume des Menschen. So ist jedes Beben auch ein Pulsschlag der Erde. *24. Mai 2002*

siehe auch
❖ Naturkatastrophen
❖ Plattentektonik
❖ San Andreas Fault

Fritz Erler

Staatsmann ohne Amt

Wie man aus der Opposition heraus Geschichte macht: Erinnerungen an meinen Lehrer Fritz Erler, der redend Politik gestaltete

Von Helmut Schmidt

Merz und Merkel können noch viel von Fritz Erler lernen: Denn so scharf seine Kritik an den Regierungen war, er blieb doch stets um Mitgestaltung bemüht. Er war ein leidenschaftlicher Redner – von vollendeter Leidenschaftslosigkeit. Er formulierte druckreif, hatte seinen Zorn, sein Temperament stets im Griff. Er sprach keineswegs frei von Emotion, aber er wandte sich weniger an die Emotionalität der Zuhörer als an deren Ratio. Er hat von 1949 bis 1966 vielleicht einhundert Mal im Bundestag gesprochen, dazu kamen zahllose Reden und Vorträge – zumeist auf Veranstaltungen der SPD und in Wahlkämpfen, in Universitäten und Akademien. Er hat redend Politik gestaltet, ja, Geschichte gemacht.

Fritz Erler, der große Oppositionsführer der SPD im Bundestag, ist eine einzigartige Gestalt der deutschen Nachkriegszeit. Sein Lebensweg vom Berliner Arbeiterquartier Prenzlauer Berg, wo er am 14. Juli 1913 geboren wurde, über Illegalität und Zuchthaus bis zur Führung der Bundestagsfraktion, die er 1964 übernahm, ist in Zukunft für keinen anderen Sozialdemokraten wiederholbar. Aber dieser Weg bleibt ein ganz großes Beispiel. Er war ein in der Wolle gefärbter, in sechs Jahren Zuchthaus und Lager leidgeprüfter Sozialdemokrat, ein gleichwohl sehr eigenständiger und auch für die eigene Partei unbequemer Mann. Ich habe Erler im Herbst 1952 kennen gelernt. Er war noch keine 40 Jahre alt, ich selbst wurde alsbald 35; das waren nur fünf Jahre Altersunterschied. Aber politisch bestand ein Generationsunterschied. Denn Erler hatte, als 1933 die NS-Diktatur begann, bereits sein eigenes Weltbild, eine gefestigte politische Grundüberzeugung. Ich hingegen war 1933 soeben erst 14 Jahre alt geworden; die Jugendlichen meines Jahrgangs waren fast alle ohne jedwede politische Erziehung. In den nachfolgenden zwölf Nazi- und Kriegsjahren hat unsereiner zwar begriffen, wogegen er sein musste. Dass ich dagegen war, das wusste ich, nicht aber konnte man damals als Jugendlicher und als jugendlicher Soldat lernen, wofür, auf welche Ziele hin wir uns anstelle der NS-Ideologie orientieren sollten. Bis Kriegsende hatten wir kein einziges positives Wort über die Demokratie gehört und sehr unklare Ziele. Wir fingen gerade erst an, politisch zu denken.

Als ich etwa 1954 mit Erler in nähere Berührung kam, da habe ich schnell begriffen: Dieser Mann hat klare Ziele. Ich sah ihn ziemlich bald als mein Vorbild an, auch als meinen politischen Erzieher – er hat davon nichts gewusst. Seine Urteilskraft bewunderte ich besonders, seine Argumentationsfähigkeit und seinen Fleiß. Der Mann

Fritz Erler

671

Fritz Erler

hatte nicht studiert, sondern sich durch privaten Fleiß ein Wissen erworben, das sehr viel breiter gefächert und tiefer gegründet war, als das gemeinhin selbst bei sehr guten Akademikern in Deutschland der Fall ist. Zudem brachte er aus seiner Zeit als Landrat 1946/47 Verwaltungserfahrung mit.

Fritz Erler faszinierte uns Jüngere in seiner Kombination aus politischer Lebenserfahrung, aus Kompetenz, Autorität, Streitlust auch, und Engagement für die Res publica. In den Fünfzigerjahren und besonders später, als er Oppositionsführer war, hat er das Prinzip verfolgt, aus der Opposition heraus an der Gestaltung des öffentlichen Gemeinwesens mitzuwirken und mitzubauen, zu diesem Zweck alle parlamentarischen Möglichkeiten auszuschöpfen und dabei doch zugleich immer mit der anderen Seite um die Führung zu kämpfen. Er war das Gegenteil einer grobschlächtigen täglichen Opposition gegen alles und jedes, was die Regierungen Adenauer und Erhard gerade taten.

Fritz Erler gelang die Konzipierung einer demokratisch gesonnenen Bundeswehr

Und obwohl nie in einem Regierungsamt hat Fritz Erler vieles vorangebracht. Auf dem Feld der Wehrverfassung etwa gelang ihm – als Abgeordnetem der Opposition! – eine Glanzleistung, nämlich die Konzipierung einer verfassungsloyalen, demokratisch gesonnenen Bundeswehr und ihr sorgfältiger Einbau in das Grundgesetz. An der parlamentarischen Durchsetzung dieses Konzepts 1955 und 1956 – gegen den erklärten Willen und gegen die Intrigen des damaligen Bundeskanzlers Adenauer – hat Erler ein geradezu dominantes Verdienst. Es war jene Grundgesetzänderung, die den Boden schuf für eine moderne Wehrgesetzgebung, für die Innere Führung, für die demokratische Erziehung der Streitkräfte, für die Ausschließung eines militärischen Oberbefehls und stattdessen die verfassungsrechtliche Schaffung eines zivilen, politischen Oberbefehls, für die volle demokratische Kontrolle – und die Regelung der Auswahlprinzipien bei der Einstellung ehemaliger Offiziere und Generale der Wehrmacht. Aber für all dies gab es gar keinen Regierungsentwurf, denn die Regierung Adenauer wollte das alles überhaupt nicht. So mussten also der Bundestag und die Fraktionen nicht etwa nur mit Zweidrittelmehrheit die Grundgesetzänderungen beschließen, sondern sie mussten vorher die Gesetzentwürfe selbst ausarbeiten. Das ist ein ungewöhnliches Kunststück gewesen!

Eine andere entscheidende Leistung Erlers war die (in den Fünfziger- und Sechzigerjahren erfolgte) Korrektur der von Kurt Schumacher geprägten außenpolitisch-strategischen Vorstellungen der SPD. In den ersten Nachkriegsjahren beherrschten Schumacher und Adenauer die deutsche Politik. Für Schumacher war die Überwindung der Teilung Deutschlands die entscheidende Forderung, von der aus er alle seine Positionen zu den außenpolitischen Fragen bestimmte. Er hat die Wiederbewaffnung abgelehnt, von der er befürchte-

Kurt Schumacher, SPD-Führungsfigur der ersten Jahre der Bundesrepublik Deutschland

te, dass sie die Teilung der deutschen Nation vertiefen oder gar verewigen könnte; das gleiche Motiv führte ihn zur Ablehnung des Schumanplans. Die Sozialdemokratie ist zu seinen Lebzeiten seinen Vorstellungen gefolgt – freilich gab es wichtige Ausnahmen wie vor allen anderen Ernst Reuter, Wilhelm Kaisen oder Max Brauer. Fritz Erler, der bereits in der Gestapo-Haft eine zufällige erste Begegnung mit Kurt

Schumacher gehabt hatte, war einer der Ersten, die sich innerlich freimachen konnten von der Faszination durch Schumachers überragende Führungskraft. Erlers innere Leidenschaft im Streben nach der deutschen Vereinigung war nicht geringer als diejenige Schumachers, aber sie hat ihn nicht dazu verführt, alle Schritte des Westens und jede Politik Adenauers abzulehnen.

Nach dem Scheitern der Europäischen Verteidigungs-Gemeinschaft 1954 und verstärkt nach dem Beitritt zum Nordatlantischen Bündnis 1955 haben Erler, Arndt und andere, ich auch, begonnen, unsere Partei zu einer Unterscheidung zwischen dem Ob und dem Wie deutscher Streitkräfte zu drängen. Die Regierung hatte mit ihrer Koalitionsmehrheit die neue Armee ohnehin schon beschlossen. Nun wollten wir auf das Wie dieser Bundeswehr Einfluss nehmen und uns darum bekümmern, damit nicht die irrlichternde Organisationsgewalt Adenauers großen verfassungspolitischen Schaden anrichten konnte. Fritz Erler ist aber danach sehr schnell sehr viel weiter gegangen. Seit Mitte der Fünfzigerjahre plädierte er für die deutsche Mitgliedschaft in der Nordatlantischen Allianz. Andere, so auch Herbert Wehner, sind ihm dabei gefolgt, keineswegs alle, viele erst viel später.

Selbstverständlich war Erler ein Advokat der Rüstungsbegrenzung. Er wandte sich aber strikt gegen einseitige Abrüstung im Westen, strikt gegen einseitig westlichen Nuklearverzicht. Er verfocht das Prinzip des militärischen Gleichgewichts. Das war ihm die Conditio sine qua non für deutsche Entspannungspolitik, zu deren Urhebern er schon zu Zeiten Adenauers und zu Zeiten Erhards gehört hat.

Im Dezember 1967 erklärte der Ministerrat der NATO unter Vorsitz des Belgiers Pierre Harmel die zweigleisige Gesamtstrategie offiziell zur Zukunftsaufgabe der NATO: nämlich einerseits die militärische Sicherheit zu gewährleisten (das damalige Stichwort hieß Flexible Response) und andererseits politische Entspannung gegenüber dem Osten zu suchen. Willy Brandt sollte darauf als Kanzler seine Ostpolitik aufbauen.

Bei aller Klarheit seiner Position und Schärfe seiner Kritik, fand Erler doch immer das Ohr Adenauers und der damaligen Regierungskoalition, auch der Spitzen des Auswärtigen Amtes und ebenso der Regierenden in Washington, in London und Paris. Er sprach fließend Französisch und Englisch; seine Gespräche mit Kennedy, mit de Gaulle, mit dem Papst, mit Tito und Chruschtschow, mit vielen anderen Großen seiner Zeit sind dokumentiert. Die Staatsmänner der Welt begriffen den sozialdemokratischen Oppositionsführer als einen wichtigen Gesprächspartner, mit dem zu reden, dem zuzuhören sich lohnte. Auch dies scheint mir nachdenkenswert für die Führungspersonen der heutigen Opposition.

Herbert Wehner unterstützte Fritz Erlers Plädoyer für eine Mitgliedschaft in der Nordatlantischen Allianz.

Er hätte ein hervorragender Außenminister oder Bundeskanzler werden können

Ich weiß, das Wort Strategie ist im alltäglichen Sprachgebrauch abgewertet. Jeder hat heute eine »Strategie«, sogar Investmentbanken und Seifenfirmen reden von ihren Strategien. Gleichwohl will ich das Wort verwenden: Fritz Erler war in den letzten zehn Jahren seines Lebens der in der ganzen deutschen Politik weit herausragende strategische Kopf. Sofern er länger gelebt hätte – er starb im Februar 1967, gerade 54 Jahre alt –, wäre er ein hervorragender Außenminister und ein hervorragender Bundeskanzler geworden.

Fritz Erler

Niemand in Bonn hat jemals weder seine persönliche Integrität noch seine unbedingte Bindung an das Ziel der Wiedervereinigung in Freiheit bezweifelt. Wenn in jüngster Zeit Angela Merkel, die heutige Oppositionsführerin, der deutschen Sozialdemokratie ein »gestörtes Verhältnis zur Nation« glaubt vorwerfen zu dürfen, sogar ein »historisches Versagen der SPD«, dann muss man ihr empfehlen, Fritz Erler nachzulesen (oder auch Kurt Schumacher oder Willy Brandt oder Carlo Schmid oder Herbert Wehner oder Hans-Jochen Vogel oder – mit Verlaub – Helmut Schmidt). Sie wird dann finden, dass Erler von 1952 bis zu seinem Tode »die Wiedervereinigung Deutschlands in Freiheit ... nicht als ein Fernziel der nächsten Generation, sondern als ... Gegenwartsaufgabe ... der Politik« erstrebt hat. Und wenn sie die Reden ihres Vorgängers Helmut Kohl nachliest, so wird sie finden, dass dieser sowohl 1975 die Helsinki-Schlussakte der KSZE als auch vorher die ganze Ostpolitik abgelehnt hat. Vielleicht führt solches Studium dann zur Einsicht, dass Oppositionsführer leider der Versuchung zur exaltierten Negation ausgesetzt sind und auch deshalb Fehler machen. Wer dieser Versuchung widerstehen kann, der mag sich zum Staatsmann entfalten – so wie Fritz Erler.

Und der Staatsmann Erler zeigte sich, wie in der Auseinandersetzung mit dem Erbe Schumachers oben angedeutet, auch im Parteimann Erler. Das Godesberger Programm der SPD von 1959 ist ganz undenkbar ohne seine Arbeit. In seinem Engagement gegen die alte Bindung der Partei an marxistische Lehren hat er auch große Worte nicht gescheut. »Wir haben vor 1914 eine revolutionäre Theorie gehabt. Die Partei hat damals geglaubt, sie habe auch eine revolutionäre Praxis. In der Weimarer Republik hat die Partei mit ihren theoretischen Postulaten an den alten Vorstellungen festgehalten, aber eine reformistische Praxis betrieben. Heute haben wir keine revolutionäre Theorie, aber wir haben eine revolutionäre Phraseologie.«

Solche Einlassungen gingen natürlich nicht ohne Friktionen ab. Lange Zeit wurde Erler verwehrt, seine Thesen in der Parteizeitung, im »Vorwärts«, zu veröffentlichen. Es war ja auch ziemlicher Zündstoff, was Erler damals gesagt hat, zum Beispiel über die gewandelte Rolle der Arbeiterschaft, über die Facharbeiterschaft, über den neuen Mittelstand – gegen all die veralteten Klassendefinitionen, die längst nicht mehr griffen. Und ich erinnere mich noch gut an 1954, als Erler und Brandt als unbequeme Reformwillige auf dem Parteitag nicht in den Parteivorstand gewählt wurden; erst 1956 gelang ihnen dies.

Nach der abermals sehr enttäuschend verlaufenen Wahl 1957 haben dann Erler, Wehner und Carlo Schmid, die drei damals so genannten Reformer, gemeinsam versucht, die bürokratische Beharrung und Erstarrung aufzulösen. Vor allem aber trieben sie den Prozess der Debatten um das neue Grundsatzprogramm voran – auf Godesberg zu. Dieses Programm hat die

Carlo Schmid galt neben Fritz Erler und Herbert Wehner als Reformer in der SPD.

Sozialdemokratie zu einer den Staat tragenden Volkspartei gemacht. Ohne Godesberg wäre es wohl 1966 kaum zur Großen Koalition gekommen, kaum zur sozialdemokratisch geführten sozialliberalen Koalition, wohl kaum zu 16 Jahren sozialdemokratischer Regierungsbeteiligung und Regierungsführung von Ende 1966 bis Ende 1982. Und auch Gerhard Schröders heutige Regierung wurzelt philosophisch in Godesberg.

Dieses Programm war ein geistiger Durchbruch. Aus dem Naturrecht, von beiden christlichen Kirchen, von gewerkschaftlicher Erfahrung bis zur marktwirtschaftlichen Lehre und Praxis, von der Staatslehre bis zur Moralphilosophie, aus fast allen Himmelsrichtungen wurde herangetragen, gesichtet, durchgearbeitet, ausgewählt, wieder verworfen, abermals aufgenommen, gefiltert: ein großartiger Bildungsprozess.

Die Trias der drei in Godesberg postulierten Grundwerte Freiheit, Gerechtigkeit und Solidarität wird auch im 21. Jahrhundert Bestand haben. Und das Programm bleibt auch deshalb bedeutend, weil es einerseits die ererbte moralische Substanz der Arbeiterbewegung und des demokratischen Sozialismus neu ins Bewusstsein gehoben hat und andererseits ebenso bewusst sich von jedwedem geschichtlichen Determinismus abgekehrt und damit den Marxismus beiseite geschoben hat.

Dabei hatte »Godesberg« schon einen Vorläufer gehabt: das Dortmunder Aktionsprogramm von 1952, wenige Wochen nach dem Tod Schumachers beschlossen. Ich habe das Glück gehabt, als relativ junger Delegierter sowohl auf dem Dortmunder als auch auf dem Godesberger Parteitag einer der Berichterstatter zu beiden Programmentwürfen sein zu dürfen. Ich kann deshalb aus eigener Erinnerung – die vorhergehenden langwierigen vielerlei Kommissionssitzungen und -debatten noch im Ohr – die große Rolle Fritz Erlers in diesem langen Prozess bezeugen. Natürlich ist der Weg nach Godesberg keineswegs von ihm allein gewiesen worden, das wäre eine ungerechte Übertreibung zulasten anderer. Aber ohne ihn wäre er so wohl kaum zustande gekommen.

»Democracy is government by discussion« – so hieß ein Lieblingswort Erlers. Er schätzte die Debatte, und sprach er auch während seines ganzen parlamentarischen Lebens als Mann der Opposition, so sprach er doch immer in einer Weise, die er als Mann einer späteren Regierung nicht hätte verändern müssen. »Opposition«, zitierte er einmal den italienischen Schriftsteller Alessandro Manzoni, »ist die Kunst, den Ast, auf dem die Regierung sitzt, so abzusägen, dass man selbst darauf Platz nehmen kann.« Wer in den Protokollen des Bundestages von 1949 bis 1966 Erlers Reden verfolgt, der wird bei ihm eine Fülle von Einsichten finden, die sogar heute noch Gültigkeit haben. Sie reichen von der föderativen Finanzverfassung bis zur Offenlegung der Parteienfinanzierung; von der Rolle der Kirchen bis zur Rolle der Bundeswehr; von der Sozial- bis zur Familienpolitik; von der unzureichenden Kapitalausstattung der Bundesbahn bis zu Bildungsfragen.

Erler spitzte zu und sagte, was er dachte. Er war tapfer, kein Opportunist und kein guter Taktiker; er überzeugte mit Vernunft. Und er war nie verletzend. Als Kanzler Erhard einmal nicht sonderlich gehaltvoll gesprochen hatte, antwortete Erler süffisant: »Die Rede des Herrn Bundeskanzlers war sehr reziplikativ – Sie werden vielleicht fragen, was das heißt. Es heißt gar nichts, aber es spricht sich so schön.«

Es gibt auch die hübsche Geschichte, in der er sich im Bundeshausrestaurant mit einigen Journalisten unterhält. Die Rede kommt auf ein Interview Adenauers mit scharfen Ausfällen gegen die Sozialdemokraten. Da tritt ein Ober an den Tisch und unterbricht Erler mit der Frage: »Käse gewünscht?« Erler: »Ja, ich bitte darum, passt zum Thema.«

Im Mai 1966 hat Fritz Erler, schon von der Krankheit gezeichnet, seine letzte Rede im Bundestag gehalten. Noch vom Sterbebett aus setzte er sich im Herbst 1966 für die Große Koalition ein. Erler hat seine sozialdemokratischen Freunde angetrieben, sich der Herausforderung zu stellen und – erstmalig seit 1930 – exekutive politische Verantwortung für das ganze deutsche Volk auf sich zu nehmen.

Die wichtigsten Ergebnisse seiner immensen Anstrengungen sollte er nicht mehr erleben. Ohne ihn hätte es keine Ostpolitik gegeben, keine Gewaltverzichtsverträge, keinen Sozialdemokraten in der Befehls- und Kommandogewalt über die Bundeswehr, keine Helsinki-Schlussakte, keinen NATO-Doppelbeschluss, auch nicht dessen Durchführung – und infolgedessen auch nicht die Einsicht bei Gorbatschow – und nicht den ersten tatsächlichen Abrüstungsvertrag zwischen West und Ost. Ohne Fritz Erlers Plazet wäre die Große Koalition 1966 nicht zustande gekommen, die 1969 zum erstmalig grundlegenden Regierungswechsel in Bonn geführt hat.

Inzwischen aber haben wir 1982 ein zweites und 1998 ein drittes Mal einen grundlegenden Regierungswechsel erlebt. Heute, im Beginn des neuen Jahrhunderts, gibt es für alle Deutschen endlich, endlich eine funktionierende Demokratie – und mein toter Freund Fritz Erler hat daran einen guten Anteil. *22. Februar 2001*

siehe auch
❖ deutsche Geschichte
❖ NATO-Doppelbeschluss
❖ Schmidt, Helmut
❖ Sozialdemokratie

Theodor Eschenburg

Gelebte Autorität

Mit dem Tübinger Gelehrten verstummt eine große Stimme der deutschen Politikwissenschaft

Von Theo Sommer

Mir war das Glück beschieden, in den Fünfzigerjahren sein Schüler zu sein. Ich erinnere mich, wie er ein Kolloquium mit der Frage einleitete: »Wann haben Sie das letzte Mal den Namen Aristoteles gelesen?« Die richtige Antwort lautete: vorige Woche, als eine Fischfangflotte des Aristoteles Onassis vor der peruanischen Küste aufgebracht wurde. Ich entsinne mich, wie er im Rigorosum meine flatternden Nerven gleich mit der ersten Frage beruhigte: »Wann hat Tocqueville gelebt – nicht genau, nur so ungefähr?« Und ich weiß ihm Dank, dass er meinen Namen nannte, als Marion Dönhoff einen jungen Mann für das politische Ressort der ZEIT suchte – im selben Jahr 1957, als die Gräfin ihn als Kommentator verpflichtete und er die ersten jener Aufsätze veröffentlichte, auf denen seine enorme publizistische Wirkung aufbaute.

Die ZEIT hatte das Glück, dass er über 30 Jahre lang ihr Autor, Mentor und Freund war. Zum Aufstieg des Blattes zur führenden Wochenzeitung hat er ein gut Teil beigetragen – mit seinen eigenen Artikeln, durch häufige Teilnahme an den Redaktionskonferenzen, durch intensive Telefonpädagogik vom Tübinger Berge. Schon bald haftete ihm das Etikett Praeceptor Germaniae an. Er trug es mit Würde und Genugtuung; nichts anderes wollte er ja sein. Den Deutschen »Politik beizubringen« war sein Ehrgeiz. Stets wollte er hineinwirken in die Polis, in die Politik.

Feder und Katheder benutzte er beide mit gleicher Brillanz. Das Wort stand ihm zu Gebote wie keinem anderen Vertreter seines Fachs. Er prägte Begriffe: »Gefälligkeitsstaat«, »Herrschaft der Verbände«, »Kanzlerdemokratie«. Seine Urteile über Politiker ziselierte er mit dem Dolch. Kiesinger nannte er einen »parfümierten Schwaben«. Von Erhard sagte er: »Ein brillanter Suppenkoch ist noch kein brauchbarer Chefkoch.« Willy Brandt hielt er für charismatisch, doch setzte er ungerührt hinzu: »Als Kanzler reichte seine Führungskraft nicht aus.«

Döntjes, bildhafte Vergleiche, Pointen nahmen seinen Darlegungen jegliche Lehrhaftigkeit. Kein Beispiel war ihm zu gering, um eine tiefere Einsicht daran festzumachen. Erdachte Figuren wie »Kasimir Pachulke« oder »Thusnelda Suppengrün« dienten ihm zur Veranschaulichung seiner Thesen. Akribisch notierte er Einzelheiten – so wenn er, Sohn eines kaiserlichen Admirals und Enkel eines Regierenden Bürgermeisters von Lübeck, über lübische Gesellickeit vermerkte: »Die Männer rauchten vor dem Abendessen.

Theodor Eschenburg

Theodor Eschenburg

Die Zigarre kostete acht bis zehn Pfennig bei Abnahme von 1000 Stück.«

Auch für die bundesdeutsche Politikwissenschaft, zu deren Gründervätern er zählte, war Theodor Eschenburg ein Glücksfall. Viele hielten ihn für einen Staatsrechtler, aber er war Historiker. Er studierte in Tübingen und Berlin. Früh fand der junge Mann engen Kontakt zu Gustav Stresemann. Als die Nazis die Macht übernahmen, war er gerade 28 Jahre alt. In der Rolle eines Industrie-Syndikus schlug er sich durch die Jahre der Diktatur. Zu seinem Bereich gehörte auch die deutsche Knopfproduktion. Mit »Druckknöpfen und Sicherheitsnadeln« hielt er sich über Wasser.

Knapp 41 Jahre alt war Theodor Eschenburg, als das »Dritte Reich« in Schutt und Asche sank. Die Kriegswirren hatten ihn ins Remstal verschlagen. Von dort holte ihn Carlo Schmid nach Tübingen, zu jener Zeit Hauptstadt von Südwürttemberg-Hohenzollern – als Flüchtlingskommissar. Die Franzosen setzten ihn 1947 wegen Unbotmäßigkeit ab; danach tat er als Ministerialrat, später als Staatsrat im Innenministerium Dienst. Damals lernte er Verwaltung von innen kennen – ein Vorzug, den er gegenüber den meisten Politologen hatte, denen der Vollzug staatlichen Handelns gänzlich fremd ist. Bei der Zusammenlegung der drei südwestdeutschen Staaten zum heutigen Baden-Württemberg spielte er eine aktive Rolle; dabei sammelte er reichlich Erfahrungen über die Kräfte der Beharrung und die Schwierigkeiten allen Wandels. Aber dann drängte es ihn in die Wissenschaft: 1952 übernahm er in Tübingen den Lehrstuhl für wissenschaftliche Politik, den er bis zu seiner Emeritierung 1973 innehatte.

Der Literaturwissenschaftler Hans Mayer wurde von Eschenburg nach Tübingen geholt.

Mit unkonventionellen Überlegungen hat er Aufsehen und Anstoß erregt

Als er 1957 seinen ersten ZEIT-Artikel schrieb, war sein Ruf längst über Tübingen hinausgedrungen. Im Jahr zuvor war sein magistrales Werk »Staat und Gesellschaft« in Deutschland erschienen. Mit unkonventionellen Überlegungen – etwa über die fragwürdige Rolle von Beamten in unseren Parlamenten – hatte er mehrfach Aufsehen und Anstoß erregt. In großen Aufsätzen beschäftigte er sich mit der Autorität des Staates und dem Egoismus der Gruppen. Sehr früh schrieb er auch über den Sold des Politikers und die Praktiken der Parteienfinanzierung.

Schon damals spürte Eschenburg dem Unterschied von Verfassungstheorie und Verfassungswirklichkeit nach. Die Berührung mit der journalistischen Aktualität drängte ihn weiter in diese Richtung. Meist ging er von Tagesereignissen aus, doch kam er in seinen Kommentaren immer rasch aufs Grundsätzliche. Fragen des Stils waren ihm so wichtig wie Substanzfragen. Theoretisieren lag ihm nicht; ihm ging es mehr um die Praxeologie eines Gemeinwesens, in dem Normen, Verfahrensregeln, Amtskompetenzen eingehalten werden müssen. Er war meinungsstark: gegen das Verhältniswahlrecht; gegen die »Verrichterlichung« der Politik; gegen jeden Koalitionsvertrag (»Dieses Sündenpapier erdrückt die Richtlinienkompetenz«). Dogmatisch ist er nie gewesen. Im Jahre 1959 sagte er Nein zur Anerkennung der DDR, 1966 forderte er sie. Anfang der Sechzigerjahre fragte er als engagierter Gegner einer dritten, liberalen Partei: »Wozu FDP wählen?«, 1969 zog er als Wahlhelfer der

Theodor Eschenburg

Liberalen durch die Lande. Mürrisch-jovial erklärte er die Motive seiner Wandlungen. »Die Beweglichkeit der eigenen politischen Ortsbestimmung ist Voraussetzung für die von Gruppenbedingungen gelöste und distanzierte Beurteilung von Vorgängen, Maßnahmen und Plänen, von Verfahren und Verhalten.«

Im Übrigen war er, was ihm angesichts seiner Überzeugungsstärke nur wenige zutrauten: tolerant. Zu seiner Streitbarkeit gehörte, dass er Kontrahenten schätzte. Als Rektor der Eberhard-Karls-Universität holte er den marxistischen Philosophen Ernst Bloch nach Tübingen, desgleichen den Literaturwissenschaftler Hans Mayer. Und als die Freie Universität in Berlin seinen früheren Schüler, den weit links stehenden Ekkehard Krippendorf, bei der Habilitation aus fadenscheinigen politischen Gründen durchfallen ließ, lud er ihn zur Habilitation nach Tübingen ein. Proteste von Fakultätskollegen beschied er bündig, nicht die Politik des Habilitanden sei zu bewerten, sondern seine wissenschaftliche Leistung.

Mit Alexis de Tocqueville teilte Theodor Eschenburg das Bestreben, die Fakten mit den Ideen zu verknüpfen.

Die Bundesrepublik hatte Glück mit dem Mann, der ihr die Leviten las

Mit Etiketten war Theodor Eschenburg schwer beizukommen. Er war liberal, wo er den Einzelnen gegen die Übergriffe des Staates und den Übermut der Ämter verteidigte. Er war konservativ, wo er die staatliche Ordnung gegen jene in Schutz nahm, die sich der notwendigen Regelbindung entziehen wollten. Einerseits verlangte er Treue zu den Institutionen, andererseits pochte er auf die Selbstzucht derer, die sie verwalten. Gerade weil er staatliche Ordnung bejahte, übte er auch Kritik an ihr. »In der Kritik liegt die Bejahung«, lautete sein Motto.

Ähnlich stand er der Demokratie gegenüber. Mit »Gemütsdemokraten« konnte er nichts anfangen. Er hielt es für »Blödsinn, Demokratie zu glauben wie das Christentum«. Im Seminar in der Brunnenstraße predigte er seinen Studenten: »Demokratie ist nicht die beste Staatsform, sondern die am wenigsten schlechte. Sie ist das geringste Übel. Warum sollte man sich an diesem Übel nicht ärgern?« Er wusste: »Wo Herrschaft ist, da ist auch Unbehagen.« Diesem Unbehagen gab er Ausdruck. So wurde er einer der schärfsten Kritiker der Demokratie, wo immer es um Stil und Formen ging. Warum? »Weil ich das System erhalten will«, lautete seine lakonische Antwort. Nüchtern konstatierte er: »Man kann nicht Demokratie wollen und die systembedingten Umständlichkeiten ihrer Entscheidungen verdammen.«

Die zweite deutsche Republik hatte Glück mit Theodor Eschenburg. Er hielt ihr den Spiegel vor und las ihr die Leviten. Denen, die Macht ausübten, setzte er Schranken; denen, über die sie ausgeübt wurde, zeigte er ihre Rechte und Pflichten auf. Er zog zu Felde gegen die Überbetonung partieller Zwecke, gegen Gruppengeltungsdrang und mangelnde Zivilcourage. Verwaltung begriff er als Leistungsaufgabe, nicht als Richtungssache; überhaupt mahnte er unentwegt, man dürfe über den Richtungsproblemen nicht die Leistungsmaßstäbe vernachlässigen. Bei alledem kam es ihm auf das Funktionieren der Herrschaft an, aber zugleich auf den Schutz vor dem Missbrauch der Herrschaft.

Theodor Eschenburg war Realist. Die Menschen nahm er, wie sie sind. »Wir soll-

Theodor Eschenburg

ten uns endlich abgewöhnen, an Genies zu glauben«, befand er nüchtern – »seien wir froh über gutes Mittelmaß.« Er machte sich nichts vor: »Wer befördert, befiehlt« – »Pannen sind etwas Normales« – »Tumulte hat es auch früher gegeben«. Sein herber Pragmatismus basierte auf der Einsicht, dass es in der Politik keine Lösung ohne Risiko gibt, dass es indessen schädlich sei, Risiken einzugehen, wenn es keine Chance auf Gelingen gebe. Sein Stilgefühl ließ ihn nie im Stich; es gab ihm Sätze ein wie: »Advokatenschläue verträgt sich nicht mit Amtswürde.« Mit Revolutionären hatte er nichts im Sinn: »Man sollte mit Medikamenten auszukommen suchen, nicht immer gleich operieren wollen.« Und stets ließ er sich von der Überzeugung leiten, dass die Res gerendae, die Dinge, die zu tun sind, nicht nur eine Sache der Obrigkeit sind, sondern die ureigene Sache der Bürger: »Die politischen Sitten müssen wir selbst formen.«

Den Akademiker wie den Publizisten Eschenburg hat gereizt, was schon Alexis de Tocqueville anzog: die Chance, die Fakten mit den Ideen zu verknüpfen. Und mit Max Weber hätte er von sich sagen können: »Ich denke unausgesetzt an die öffentlichen Dinge.« Raten, ermutigen, warnen – so hat er einmal die Aufgaben des Bundespräsidenten definiert. Knapper und treffender ließe sich auch sein eigenes Wirken nicht beschreiben. Mit Leidenschaft hat er über die innere Hygiene unseres Gemeinwesens, die Sauberkeit der Res publica, die Einhaltung von Normen und Formen gewacht.

Seine Freunde werden ihn freilich nicht nur als respektheischende Ein-Mann-Institution demokratischer Selbstkontrolle in Erinnerung behalten. Sie werden auch den hanseatischen Charmeur vermissen, den lustvollen Raconteur unzähliger Anekdoten, den sinnenfrohen Connaisseur edler Tabake und teurer Rotweine. Und sie werden es vermissen, wie er – beim Vortrag im Hörsaal, in der Redaktionskonferenz oder in Cölln's Austernstuben – seine Darlegungen mit der klassischen Eröffnungsformel einleitete: »Also hören Sie mal zu!«

Die Demokratie kritisierte Theodor Eschenburg, weil er sie erhalten wollte.

15. Juli 1999

siehe auch
❖ Politikwissenschaft

Etrusker

Fette Schlemmer

Sie liebten den Wein und prahlten gern. Wie der Alltag der Etrusker aussah, können italienische Archäologen nun noch besser erklären: Sie haben die bisher größte etruskische Siedlung freigelegt

Von Astrid Viciano

Die Damen waren sehr schön und äußerst trinkfest. Sie schlemmten, auf Blüten gebettet und an Männer geschmiegt, von üppigen Tafeln. Vor fast 3000 Jahren verspeisten die Etrusker reichlich Hasen und Fische, Ochsen und Vögel, schlürften den Wein aus silbernen Bechern. Was den Herren nicht gut bekam. Dick und träge, so schreiben griechische Autoren, lagen die Krieger bei ihren Frauen. Schüsseln, Teller, Krüge, Töpfe fand denn auch Giovannangelo Camporeale, Archäologe an der Universität Florenz, in einer etruskischen Siedlung der Toskana. Nie zuvor haben Wissenschaftler ein derart großes Wohngebiet der Etrusker freigelegt. Die Überreste sind weit verstreut, und Camporeales Team hat inzwischen einen viertel Quadratkilometer ausgegraben. »Endlich können wir mehr über den Alltag der Etrusker erfahren«, sagt der 69-Jährige. »Denn bisher wurden vor allem Grabstätten entdeckt.« Am Ufer des Lago dell'Accesa stieß der Italiener auf den Ort; er war unter Eichen, Steineichen und Eschen verborgen.

Woher die Etrusker kamen, ist umstritten; der Ursprung ihrer Sprache ist unbekannt. Legenden und Mythen ranken sich um jenes Volk der Tusci, das wohl ab 1000 vor Christus in Mittelitalien lebte und der Toskana ihren Namen gab. Rund 900 Jahre lang weilte es dort und beherrschte das Tyrrhenische Meer. Von ihm sind kaum Schriftstücke erhalten, auch Camporeale hat bei seinen Grabungen keine Aufzeichnungen gefunden.

Es gibt bisher auch keinen Hinweis auf den Namen seines Fundorts; weder die Römer noch die Griechen berichteten von einer Siedlung am Ufer des toskanischen Sees. Fünf Wohnviertel hat der Archäologe jedoch aufgetan, je zehn Häuser standen in einem Bezirk. Heute sind nur noch deren

Blick in das »Grab der Stiere« (Tarquinia, 2. Hälfte des 6. Jh. v. Chr.); noch immer sind die Etrusker von Geheimnissen umgeben

Etrusker

Steinfundamente übrig, die Wände aus Lehm und Stroh wie auch die Dachziegel haben die Zeit nicht überdauert.

Die Bewohner eines dieser Viertel lebten in Häusern aus einem einzigen Zimmer, die Bürger eines anderen Bezirks dagegen verfügten über Villen mit sieben Räumen. »Es gab innerhalb der Siedlung eine soziale Hierarchie«, folgert Camporeale. Vor etwa 2700 Jahren begannen manche Etrusker auf den Feldern Weinreben und Olivenbäume zu pflanzen, andere spezialisierten sich auf das Kunsthandwerk. »Erst mit dem Mittelstand bildete sich die Stadt«, sagt der Italiener. Vorher hatten die Besitzer der benachbarten Minen in Prachtbauten gewohnt und die Sklaven in abgelegenen Hütten gehaust.

Die Diener sollen nackt gewesen sein

Eisen und Kupfer, Zinn und Silber schafften sie nach Vetulonia, einer nahe gelegenen Hafenstadt. Der Handel blühte, und die Elite protzte mit ihren Reichtümern, so behaupten jedenfalls griechische Autoren. »Was die Männer verdienten, trugen die Frauen zur Schau«, erklärt Larissa Bonfante, Etruskologin an der New York University. Bei Trinkgelagen glänzten sie mit Armbändern, Ohrringen, und Ketten – aus Bronze, Bernstein oder Gold. »Sogar ihre Totenkleider waren mit Perlen bestickt«, berichtet Bonfante. Bei den Banketts lagen sie mit den Männern unter einer Decke, wie Wandmalereien bezeugen. Tänzer traten auf, und Musiker spielten Flöte. Und die Diener sollen nackt gewesen sein.

Die Frauen, so heißt es, gingen oft und gern aus. Waren sie aber daheim, stellten sie kostbare Stoffe her. Sie webten und spannen Muster in Blau, Rot, Grün und Gelb. Manche vornehme Damen thronten dabei auf kunstvoll gearbeiteten Sesseln. Nach dem Tod legten die Familien ihnen Spindeln ins Grab, gelegentlich sogar in Silber. Webgewichte und Spindeln aus jener Zeit fand auch der Archäologe Camporeale am Lago dell'Accesa. »Statt wie die Griechen Stoffe einfach aneinander zu heften, schnitten die Etrusker sie zurecht und nähten«, berichtet die New Yorkerin Bonfante.

Wie Wandmalereien zeigen, kleideten sich die Damen selbst in farbige Gewänder. Um die Taille schnürten sie einen Gürtel, und an den Füßen trugen sie Sandalen oder spitze Stiefel. »Sie nahmen an den Empfängen der Hausherren teil«, sagt Bonfante. »Die Frauen waren in ihren Familien ähnlich angesehen wie die Männer.«

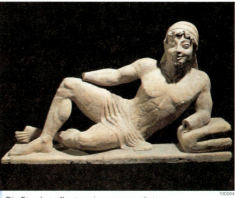

Die Etrusker pflegten einen ausgeprägten Totenkult. Die abgebildete Terrakottafigur eines Jungen gehörte zum Deckel eines Sarkophages (Museum von Cerveteri; Italien).

Manchmal bestimmten sie sogar die Politik. Tanaquil etwa, eine vornehme Etruskerin, verließ ihre Heimatstadt Tarquinia, um ihren Ehemann Tarquinius Priscus, Sohn eines griechischen Kaufmanns aus Korinth, nach Rom zu begleiten. Sie deutete für ihn die göttlichen Vorzeichen – und stachelte seinen Ehrgeiz an. »Sie half ihm, im Jahr 616 vor Christus den Königsthron zu besteigen«, berichtet Friedrich-Wilhelm von Hase, Archäologe und Etrusker-Spezialist am Römisch-Germanischen Zentralmuseum in Mainz. Priscus regierte 38 Jahre lang. 510 vor Christus vertrieben die Römer der Überlieferung nach den letzten etruskischen König.

Nicht die Frauen, sondern Priester deuteten eigentlich die himmlischen Botschaften. Der Legende nach hatte ihnen ein seltsames Wesen verraten, wie sie die Zeichen interpretieren sollten: Als einst ein Bauer nahe der Stadt Tarquinia sein Feld pflügte, entdeckte er ein Kind mit dem Kopf eines Greises. Sogleich eilten die Priester herbei, und der Fremdling offenbarte ihnen die Religion.

Etrusker

Blitze verrieten, ob die Götter tobten oder zufrieden waren

Die Etrusker glaubten, ihr Schicksal sei vorbestimmt und die Lebensdauer ihres Staates festgelegt. »Die Priester opferten Schafe und entnahmen ihnen die Leber«, sagt von Hase. Sie betrachteten konzentriert und ehrfurchtsvoll die Oberfläche des Organs. Die Götter äußerten ihren Willen darin, meinten die Etrusker, und jede Gottheit hatte dort ihren festen Platz. Als Modell diente wohl die Bronzeleber von Piacenza, die im Jahr 1877 in Norditalien entdeckt wurde: In ihre Oberfläche sind 16 Götternamen geritzt. Je nachdem, welches Leberstück verändert war, sendete dieser oder jener Gott den Erdenbürgern eine Botschaft. Ob er wütend war, ob Unglück drohte, ließ er sie auf verschiedenen Wegen wissen.

»Besonders wichtig war die Deutung der Blitze«, erklärt von Hase. Herkunft und Einschlagstelle, die Richtung und vor allem die Farbe eines Blitzes verrieten den Priestern, ob die Götter tobten oder zufrieden waren. Tinia, der bärtige Chef der etruskischen Gottheiten, hauste in gleich drei Regionen, aus denen er Blitze auf die Erde schleudern konnte. Zwei davon orteten die Priester in der Unterwelt.

Mehr als 30 kleine Kultvasen überdauerten die Zeit in der Siedlung am Lago dell'Accesa. Die Familien schöpften damit in feierlichen Ritualen vermutlich Wasser oder Wein in große Schalen. »Die Menschen zelebrierten ihren Kult zu Hause«, berichtet Camporeale. »Einen Tempel gab es in unserer Siedlung nicht.«

Diese Gefäße waren aus Bucchero gefertigt, der schwarzen Keramik der Etrusker. Um den Ton dunkel zu färben, schufen die Töpfer in den Brennöfen mithilfe von Holzkohle eine kohlenstoffgesättigte Atmosphäre. So konnte sich der Kohlenstoff im Ton einlagern. Die Bucchero-Keramik lieferten die Etrusker ab dem 7. Jahrhundert vor Christus bis nach Ägypten und in die Küstenstädte der Türkei. »Auch als Piraten sollen sie gewütet haben«, sagt von Hase. Zum einen raubten sie die Waren anderer Seeleute, zum anderen verkauften sie Metalle, Keramik und Wein.

Doch gegen Ende des 6. Jahrhunderts vor Christus brach der Handel ein. Davon künden die Spuren in der ausgegrabenen Siedlung: Sie wurde von den Bewohnern verlassen, nachdem die Hafenstadt Vetulonia ihre Macht verloren hatte. Gegen die Griechen mussten sich die Etrusker wehren, und auch die Römer breiteten sich langsam aus. Im Jahr 88 vor Christus gliederten sie das Land der Etrusker in den römischen Staatsverband ein. Schrift, Zahlensystem, Baukunst haben die Römer ihnen wohl zu verdanken – und Klappstühle aus Elfenbein.
16. Mai 2002

siehe auch
❖ Etrurien
❖ römische Geschichte
❖ Toskana

Eugenik

Check im Eikern

Eine juristisch unanfechtbare Genprüfung im Reagenzglas setzt sich durch. Fördert sie die Eugenik?

Von Ulrich Bahnsen

Sie würde den Fluch über ihrer Familie brechen, ein für alle Mal. Wenigstens die Kinder sollten verschont bleiben. Das beschloss die 30-jährige US-Amerikanerin, als sie erfuhr, sie selbst werde bald Opfer von V717L sein. Als Genetikerin wusste sie sehr genau, was sie da unternahm: Ihr Vater starb mit 42 ohne Gedächtnis. Die Schwester geriet mit 38 in die Klauen des Leidens und verdämmert, nun nicht mehr ansprechbar, in einem Pflegeheim. Bei ihrem Bruder begann das große Vergessen schon mit 35. V717L ist nur ein winziger Defekt, eine einzige Veränderung im Erbgut, und doch sind die Folgen grausam: Nahezu sicher erkranken die Träger des Genfehlers vor ihrem 40. Geburtstag an einem aggressiven Alzheimerleiden.

Um ihren Kindern dieses Schicksal zu ersparen, vertraute die Frau auf einen relativ wenig bekannten Gentest, die Polkörperdiagnose. Dieser Test erfolgt extrem früh: an einer Eizelle, in die erst vor kurzem ein Spermium eingedrungen ist. Das Erbgut von Mutter und Vater hat sich noch nicht vereinigt, deshalb genießt diese besamte Eizelle auch noch nicht den juristisch und ethisch strengeren Schutz eines Embryos. Daher ist die Polkörperdiagnose eine kaum anfechtbare Variante der umstrittenen Präimplantationsdiagnostik PID.

Mit solchen Polkörperdiagnosen an künstlich befruchteten Eizellen der jungen Genetikerin beendete der Reproduktionsforscher Yuri Verlinsky vom Reproductive Genetics Institute in Chicago das tödliche Roulette der Natur. Insgesamt 13 künstlich besamte Eizellen der Patientin hatte Verlinskys Ärzteteam mit der Polkörperdiagnose durchleuchtet. Sieben dieser Eizellen wurden verworfen, bevor ihr Leben richtig begonnen hatte. Die anderen sechs zeigten keine Alzheimerveranlagung. Vier wurden der Mutter übertragen, eine gesunde Tochter brachte sie zur Welt.

Sein noch ungeborenes Geschwister, an dessen Zeugung Verlinskys Kollegen gerade arbeiten, soll ebenfalls gesund bleiben. Auch dieses Kind wird nur leben, wenn Gentests vor seiner embryonalen Entwicklung bestätigt haben, dass es den Alzheimerdefekt nicht geerbt hat und nicht weitergeben kann – eugenische Auslese im Labor.

Der Fall, im »Journal of the American Medical Association« publiziert, ist nur der letzte in einer Reihe spektakulärer Versuche der Reproduktionsgenetiker, Albträumen der Natur zu wehren. Und nicht nur diesen. Das Anwendungsspektrum der PID-Techniken reicht inzwischen von verbesserten Schwangerschaftsraten bei Retortenbefruchtung über genetische Qualitätsprüfung bis zur Zeugung gewebekompatibler Babys, mit deren Spenderzellen todkranke Geschwister therapiert werden können.

Eizellentest auch in Deutschland

Erst vor kurzem feierte der Baby-TÜV in Deutschland seine Premiere: An der Uni-Frauenklinik Bonn wurde ein Mädchen geboren, das bereits als besamte Eizelle mit der Polkörperdiagnostik auf Chromosomenfehler geprüft worden war. Fünf weitere Schwangere hoffen dort in der Obhut der Frauenärzte Hans van der Ven und Markus Montag auf die Geburt gesunder Kinder. Mit derselben Technik untersucht Klaus Diedrich, Chef der Lübecker Uni-Frauenklinik, besamte Eizellen von Paaren mit hohem Risiko, mukoviszidosekranke Kinder zu zeugen.

Während deutsche Reproduktionsmediziner sich eher zurückhalten wegen der heftigen Diskussionen um die PID, gehen ihre Kollegen vor allem in Belgien, Großbritannien und in den USA rasch voran. Rund 700 PID-Kinder registrierte die Internationale Arbeitsgruppe für Präimplantationsgenetik bereits 2001. Die wahre Zahl dürfte viel höher liegen, denn bei weitem nicht alle Zentren berichten der Arbeitsgruppe. Inzwischen müsse der gentechnische Embryonen-TÜV als »generell akzeptable Alternative zur konventionellen Schwangerschaftsvorsorge« gelten, resümierte die von Verlinsky geführte Expertenriege. Die Zuverlässigkeit der Testtechnik liege nah bei hundert Prozent, Gefahren für die geborenen Kinder seien bislang nicht erkennbar. Nur ethisch gebe es noch einige offene Fragen.

Angst vor Designerbabys und Menschenzüchtung

Dieses Fazit dürften Kritiker der Laborreproduktion, die beim Eindringen der Genetik in die Fruchtbarkeitskliniken alle Angstszenarien zwischen Designerbabys

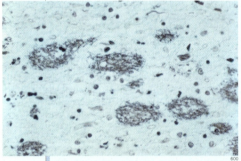

Alzheimer (mikroskopische Aufnahme). Dürfen die aussortierten Embryonen gar nicht erst leben, weil dem erwachsenen Menschen eine schwere Krankheit droht, und zwar nach 40 gesunden Jahren?

und Menschenzüchtung bestätigt sehen, als eine freundliche Bemäntelung werten. So wandte sich die Enquete-Kommission des Bundestages gegen die PID an Embryonen. Auch der Nationale Ethikrat will die PID bewerten, hat allerdings erst mit der Sichtung der Materie begonnen. Die Frage, ob, wann und wie die Testverfahren bei Embryonen und Eizellen eingesetzt werden, führt in ein schwer überschaubares Feld. Im Spiel sind zwei ethisch wie medizinisch ungleiche Verfahren, die zur

Bekämpfung höchst verschiedener Probleme dienen:
– Künstlich befruchtete Eizellen werden auf reguläre Chromosomenzahlen geprüft. Damit wird älteren Frauen überhaupt erst eine Schwangerschaft ermöglicht. Bei Frauen Ende 30 seien bis zu 70 Prozent der Eizellen infolge überzähliger oder fehlender Chromosomen nicht mehr voll entwicklungsfähig, sagt der Bonner Klinikchef van der Ven. Eine inzwischen schwangere Patientin hatte als 43-Jährige nur eine fünfprozentige Chance, auf natürlichem Weg Mutter zu werden. Auch das an der Bonner Klinik gezeugte Kind wurde aus diesem Grund getestet.
– Verfeinerte Chromosomenanalysen eröffnen inzwischen auch die Möglichkeit bei jungen Paaren, den Nachwuchs aus dem Reagenzglas so auszusuchen, dass er mit hoher Wahrscheinlichkeit anwächst. Inzwischen erreichen spezialisierte Fruchtbarkeitskliniken hohe Schwangerschaftsraten, ohne mehrere Embryonen zugleich in den Mutterleib übertragen zu müssen. Dieses Ziel streben die Mediziner schon lange an, um die häufigen und riskanten Mehrlingsschwangerschaften im Gefolge der Retortenzeugungen zu vermeiden. Auch hier geht es nicht um die Auswahl bestimmter Eigenschaften.
– Die Genprüfung soll auch schwere Erbkrankheiten vermeiden. In Lübeck wird auf Mukoviszidose getestet. In solchen Fällen erheben PID-Gegner rasch den Eugenikvorwurf: Niemandem, auch den Eltern nicht, stehe die Entscheidung zu, ob ein kranker oder ein gesunder Mensch leben dürfe. Wie diffizil die Entscheidungen sein können, zeigt der Alzheimerfall aus Chicago besonders deutlich: Dürfen die Aussortierten gar nicht erst leben, weil ihnen eine schwere Krankheit droht, und zwar nach 40 gesunden Jahren? Darf man das?, fragen nicht nur Ethiker.
Und welcher Schaden droht der nun geborenen gesunden Tochter, die bald eine Mutter haben wird, die nicht für sie sorgen kann, sie in wenigen Jahren nicht einmal mehr erkennen wird? Oder ist gerade deshalb der Embryonencheck doch vorbildlich, geradezu ethisch geboten? Schließlich hat sie ihrem Kind das eigene, schlimme Schicksal erspart. Dann müsste man allerdings auch Eltern gewähren lassen, die

Eugenik

Der Reproduktionsforscher Yuri Verlinsky half verzweifelten Eltern zu genetisch geprüftem Nachwuchs.

ihre Kinder vor dem Veitstanz (Huntingtonkrankheit) bewahren wollen. Dieses tödliche Nervenleiden bricht meist erst jenseits der 50 aus. Die Moralfrage stimmt inzwischen sogar Verfechter der Gentests an Eizellen und Embryonen nachdenklich: Die PID werde inzwischen in Situationen eingesetzt, die »niemals vorher als Grund für vorgeburtliche Diagnosen betrachtet wurden«, bekennen Testpapst Verlinsky und seine Mitstreiter.

Mindestens ein todgeweihtes Kind wurde bereits gerettet

Längst ist schon die nächste Eskalation im Ringen um die Babytests in Sicht: Rechtfertigt bereits eine erhöhte Wahrscheinlichkeit für schwere Krankheiten die Laborselektion? Die Fahndung im Erbgut von Embryozellen ermöglicht Prognosen, wie etwa durch Veränderungen im Gen BRCA1 die Anfälligkeit für Brustkrebs steigt: Je nach Art des Gendefektes liegt das Risiko bei 20 bis über 80 Prozent, im Lauf des Lebens daran zu erkranken. Kann man da eine Grenze ziehen, zumal bei einem behandelbaren Leiden? Wer täte andererseits nicht alles, um seine Kinder vor einer solchen schicksalhaften Gefahr zu bewahren?

Unwägbar erscheinen schließlich die aufsehenerregendsten Fälle Verlinskys: Bereits dreimal hat er verzweifelten Eltern zu genetisch geprüftem Nachwuchs verholfen, um ihre todkranken Kinder zu retten, denen nur noch mit Nabelschnurblut oder einer Knochenmarkspende zu helfen war. Die musste immunologisch passen – aber dafür fehlten Spender. Also half er bei der Zeugung eines passenden Babys. Mindestens ein todgeweihtes Kind hat er so bereits gerettet.

Er selbst sieht sich dabei nur als ausführendes Organ. »Diese Entscheidungen sind ausschließlich Sache der Eltern«, erklärt er. Die scheren sich meist wenig um bioethische Mahnungen. Die dürftigen Zahlen zur Abtreibungspraxis lassen vermuten, dass durch Entscheidung der Eltern längst die Eugenik von unten zur Realität in Deutschland geworden ist. Eine Untersuchung in zwölf europäischen Ländern hat 1997 ergeben, dass sich fast 90 Prozent der Eltern bei einer Diagnose auf Downsyndrom – keineswegs der bitterste aller Befunde – zur Abtreibung entschlossen.

Erfahrungsgemäß setzen sich effizienzsteigernde und Patienten schonende Methoden in der Medizin rasch durch. Die Polkörperdiagnostik – juristisch unproblematisch – könnte sich daher schon bald zum Standardtest in der Befruchtungsmedizin entwickeln, weil sie den Eltern verspricht, was sie haben wollen: ein gesundes Kind. *21. März 2002*

siehe auch
❖ Bioethik
❖ genetische Krankheiten
❖ Präimplantationsdiagnostik
❖ Reproduktionsbiologie

Europäisches Währungssystem

Das EWS fördert die Angleichung wirtschaftlichen Verhaltens

Der Prozess der westeuropäischen Integration bedarf dringend des Fortschritts

Von Helmut Schmidt

Im Jahr 1984 veröffentlichte Otto Graf Lambsdorff in der ZEIT eine fulminante Attacke gegen den von mir vorgeschlagenen weiteren Ausbau des Europäischen Währungssystems (EWS) und der künstlichen europäischen Währung ECU: »Die eigentlichen Gefahren liegen aber in dem von Helmut Schmidt aufgezeigten Leitbild eines Weltwährungsdreiecks. Es scheint mir von überraschender Animosität gegenüber den USA und der angeblich von ihnen ausgehenden Bevormundung diktiert.

Der drastische Dollarverfall trieb die Kurse von Yen und Mark in ungeahnte Höhen.

Tatsächlich läuft dies jedoch auf eine Verdrehung der Fakten hinaus. Die heutige Stärke des Dollar ist die unmittelbare Folge einer richtigen konsequenten Wirtschaftspolitik, die in den USA eine ungeheure Dynamik freigesetzt und dadurch einen anhaltenden Aufschwung bewirkt hat. Anstatt ... das gleiche offensive Rezept auch für die Bundesrepublik und für Europa zu empfehlen, sucht Helmut Schmidt das Heil in der Einigelung der Europäer.«

Abgesehen von der Polemik (»Einigung« der Europäer statt »Einigelung« wäre eher angemessen gewesen) bleibt Lambsdorffs Fehlurteil eklatant.

Denn tatsächlich kann heute jedermann in der Welt erkennen, welch schlimme Folgen die unglaubliche Ausweitung des amerikanischen Staatsdefizits unter Reagan ausgelöst hat. Aus dem größten Gläubigerstaat wurde der größte Schuldner der Welt; der infolge von Fehleinschätzungen à la Lambsdorff zunächst nach oben geschnellte Dollar-Wechselkurs hat die Exportfähigkeit mancher amerikanischen Industrien ruiniert und dadurch ein enormes Defizit der Handelsbilanz und infolgedessen schlimmen Protektionismus ausgelöst; der wenige Wochen nach Lambsdorffs Artikel einsetzende drastische Dollarverfall hat inzwischen die Kurse von Yen und Mark in ungeahnte Höhen getrieben. Unter den großen Währungen der Welt hat sich der Wechselkurs des ECU als der stabilste erwiesen – was nicht gerade gegen seine Erfinder spricht.

Graf Lambsdorff stützte sich auf Argumente aus Kreisen des Zentralbankrates der Bundesbank in Frankfurt. Dies tat auch Fritz W. Scharpf mit seinem »Plädoyer gegen eine Europäische Wirtschafts- und Währungsunion«. Lambsdorff unterstellte denjenigen, die sich für einen Ausbau des Europäischen Währungssystems einsetzen, sie seien Keynesianer und hofften auf eine keynesianische Expansion.

Auch Scharpf bezog seine Argumente aus der Bundesbank. Das gilt zum Beispiel für die Behauptung, ein einheitliches europäisches Währungssystem benachteilige die armen Regionen; wenn das richtig wäre, so müsste man wohl Ostfriesland oder Niederbayern aus dem Währungsgebiet der Mark herausnehmen und statt dessen eine inflationistische Arme-Leute-Währung für diese deutschen Provinzen schaffen. Das gilt zum Beispiel ähnlich, wenn Scharpf schreibt: »(Die) frühere »Schlange« und das jetzige EWS, beide haben zwar zu einer stabilitätspolitischen Disziplinierung der Partnerländer beigetragen. Aber sobald diese Rechnung einmal nicht aufgeht, käme es doch nur zu einer Angleichung der Inflationsraten auf mittlerem Niveau – sofern nicht die Regierungen zu einer Änderung der Wechselkurse bereit sind.«

Die Inflationsraten der beteiligten Staaten haben stark abgenommen

Der frühere französische Staatspräsident Giscard d'Estaing und die übrigen Urheber des EWS waren und sind gewiss keine Keynesianer; es sei nur daran erinnert, dass die heute von den Konservativen als disziplinierendes Allheilmittel angepriesene vorauseilende Bekanntgabe von Geldmengenzielen im Kreise mit Giscard und Raymond Barre konzipiert und von den Sozialdemokraten Karl Klasen und Schmidt dem Zentralbankrat der Deutschen Bundesbank nahe gelegt worden ist. Wenn wir uns heute für den weiteren Ausbau des EWS und für die Zulassung erweiterter privater Nutzung des ECU aussprechen, so können wir mit Genugtuung auf den schon bisher großen Erfolg des EWS hinweisen. Weil es im EWS nicht der Börse überlassen wird, die Wechselkurskonsequenzen aus falscher Geld- und Haushaltspolitik der Mitgliedstaaten zu ziehen, weil vielmehr die Regierungen selbst eine Wechselkursanpassung beantragen und aushandeln müssen, weil sie bei Aufwertung von ihrer Industrie und bei Abwertung von ihren Konsumenten und Gewerkschaften gescholten werden, *deshalb* scheuen sie den dramatischen Akt, und *deshalb* haben sie ihr monetäres und ihr fiskalisches Verhalten seit dem In-Kraft-Treten des EWS diszipliniert.

Das signifikanteste Beispiel dafür hat Frankreichs Staatspräsident François Mitterrand mit dem »Plan Delors« gegeben. Insgesamt haben die Inflationsraten der am EWS beteiligten Staaten absolut stark abgenommen, und die Divergenzen ihrer Inflationsraten sind beträchtlich kleiner geworden, als sie es in den Siebzigerjahren gewesen waren.

Mit anderen Worten: Das EWS hat durch den ihm innewohnenden Disziplinierungs-Mechanismus eine Konvergenz des ökonomischen Verhaltens der Mitgliedstaaten herbeigeführt, die es in diesem Maße seit dem Zusammenbruch des weltweiten Bretton-Woods-Wechselkurs-Systems nicht gegeben hat.

Das Quasi-Monopol des US-Dollars (Foto: US-Münzgeld) wurde durch die Haltung in Bonn und Frankfurt verlängert.

In der Tat: Ein konsequenter Keynesianer müsste (entgegen Scharpf!) statt des EWS flexible Wechselkurse verlangen – ein konsequenter Monetarist desgleichen. Die beharrliche Behinderung des Ausbaus des EWS durch die heutige Bundesbank geschieht allerdings weder aus keynesianistischen noch aus monetaristischen Gründen. Vielmehr liegt ihr Motiv in dem auf unsere eigene Mark bezogenen Stabilitäts-Sendungsbewusstsein – ganz wunderbarerweise in völliger Übereinstimmung mit dem Kompetenz-Patriotismus unseres Zentralbankrates und des Direktoriums der Bundesbank. Dies ist keineswegs unehrenhaft.

Wenn man aber sieht, wie dieses Motiv die Bundesregierung dazu verführt hat, die soeben ratifizierte »Einheitliche Europäische Akte« im Punkte Währungspolitik fast bis zur Bedeutungslosigkeit zu verwässern, dann ist die Frage zu stellen: Wie viel deutschen Eigensinn dürfen wir auf die Dauer unseren EG-Partnern zumuten? Ist es nicht schon mehr als genug mit dem britischen Eigensinn?

Und wenn man erkennt, dass das geld- und haushaltspolitische Gesamtverhalten von Bundesregierung und Bundesbank unser Land im Außenhandel zum zweitgrößten Überschussland der Welt gemacht hat, dass wir nur wegen der noch größeren japanischen Leistungsbilanzüberschüsse nicht der ökonomische Hauptangeklagte der Welt geworden sind, dann ist die Frage zu stellen: Weiß die Bundesregierung, dass ihre Währungspolitik inzwischen zu einem wesentlichen Element einer sich anbahnenden handels- und außenpolitischen Isolierung geworden ist? Wie lange soll dies so fortgesetzt werden? Währungspolitik ist zugleich immer auch Außenpolitik – dies gilt für den amerikanischen Präsidenten Ronald Reagan und für Japans Regierungschef Yasuhiro Nakasone und für Bundeskanzler Helmut Kohl gleichermaßen.

Die gegenwärtige Haltung – in Bonn wie in Frankfurt – des *benign neglect* (dies war die Redensart des US-Finanzministers John B. Connally, dem die weltpolitischen Folgen seiner Finanzpolitik gleichgültig waren) ist dreifach gefährlich. *Erstens:* Sie verlängert das Quasimonopol des US-Dollars. *Zweitens:* Sie erhöht unsere empfindliche Abhängigkeit von der Sicherheitspolitik der Vereinigten Staaten (es würde mich nicht wundern, wenn Reagan demnächst die von mir abgeschafften Stationierungskosten-Beiträge erneut einfordern würde) und von ihrem ökonomischen Verhalten (schon heute finanzieren wir mit unseren Leistungsbilanz-Überschüssen einen beträchtlichen Teil des amerikanischen Haushaltsdefizits). *Drittens:* Die immer stärkere Herausbildung des Leitwährungscharakters der Mark, ihre zunehmende Bedeutung als Reservewährung, die Basierung der verfehlten EG-Agrarpolitik auf der Mark, alles dies läuft auf eine wirtschaftliche Vormachtstellung Bonns in der EG hinaus. Je mehr andere Regierungen und je mehr die öffentliche Meinung Europas sich dieses Prozesses bewusst werden, umso größer werden die Ressentiments dagegen, und umso größer wird die Gefahr für die Kohäsionskraft der Europäischen Gemeinschaft.

Das wilde Auf und Ab des Dollarkurses, ebenso die viergeteilte verschiedene amerikanische Antiterrorismus-Politik (gegenüber Libyen, Iran, Syrien, Europa), ebenso Reykjavik, ebenso die heutige Schwäche der Reagan-Administration – viele Beispiele stehen uns gegenwärtig vor Augen, welche die seit Jean Monnet und Konrad Adenauer und Charles de Gaulle geltende Einsicht bestätigen: Westeuropa muss sich einigen, nicht aber darf es sich entzweien. Wenn Ende der Achtzigerjahre die Auslandsschulden (netto) der Vereinigten Staaten auf fünfhundert Milliarden Dollar tendieren, wenn die Zinslast unerträglich wird und deshalb die USA zu inflationärischer Geldpolitik zurückkehren werden, dann werden vielleicht sogar die eigenbrötlerischen Währungspolitiker in Westeuropa verstehen: Unser westeuropäischer Integrationsprozess bedarf dringend des Fortschritts.

England behindert den Fortschritt Europas ganz allgemein, Frankreich behindert den sicherheitspolitischen Fortschritt, die Bundesrepublik behindert den währungspolitischen Fortschritt. Alle zusammen behindern den Fortschritt bei der Herstellung eines wahrhaft gemeinsamen Marktes. Dabei bedürfte es heute auf allen diesen Feldern keiner großen Akte, keiner neuen völkerrechtlichen Verträge. Vielmehr genügte pragmatisches Handeln im Rahmen der geltenden Verträge.

Dies gilt auch für den Ausbau des ECU und des EWS. Bei dessen Gründung ist ein europäischer Fonds für monetäre Kooperation geschaffen worden, aber er schlummert immer noch vor sich hin.

Immer noch gibt es Kapitalverkehrskontrollen innerhalb der EG. Immer noch verbietet die Bundesbank ECU-Konten (immer noch müssen deutsche Firmen und Banken deshalb nach Luxemburg gehen). Immer noch fehlt eine Clearingstelle für private ECU. Immer noch nimmt Italien im EWS für den Lira-Wechselkurs, gegenüber anderen Währungen, fast die dreifache Schwankungsbreite in Anspruch (dabei ist die italienische Volkswirtschaft inzwischen innerhalb der EG an die dritte Stelle gerückt). Immer noch bleibt das Pfund Sterling außerhalb des Systems (obgleich es im ECU-Währungskorb mitgewogen wird und dort wegen der gefallenen Preise für Nordsee-Öl den Wert des ECU nach unten drückt).

Wir müssen die Wechselkurse in der EG so stabil wie möglich halten
Die »zweite Phase« des EWS verlangt, zumal nach In-Kraft-Treten der Einheitlichen Europäischen Akte, eine ratifikationsbedürftige Vertragsergänzung. Sie ist gegenwärtig *noch* nicht geboten; denn

Europäisches Währungssystem

Unter Helmut Kohls Vorsitz gaben die europäischen Regierungschefs ihr Wort, das europäische Währungssystem zu stärken.

einstweilen sind noch viele pragmatische Schritte zu tun, ehe jene Schwelle erreicht wird.
Bei allem Pragmatismus müssen wir aber die Ziele und Zwecke im Auge behalten:
Erstens: Wir müssen die Wechselkurse innerhalb der EG so stabil wie möglich halten, um so die Preisstabilität aller EG-Staaten und den innereuropäischen Wirtschaftsaustausch zu fördern.
Zweitens: Die Wechselkurse der Mitgliedswährungen müssen immer eine Sache gemeinsamer Sorge und – sofern Anpassungen nicht mehr vermeidbar sind – gemeinsamer Entscheidungen aller beteiligten Regierungen sein, um die Konvergenz ihres ökonomischen Verhaltens zu fördern.
Drittens: In zunehmendem Maße soll der ECU sich parallel zu den nationalen Währungen weiterentwickeln, damit er schließlich stark genug wird, um dann durch Vertrag zu *der* Europäischen Währung zu werden – von kategorisch gleichem wirtschaftlichem Gewicht wie Dollar und Yen. Wir Deutschen in der Bundesrepublik sind politisch auf den integrativen Fortschritt der Europäischen Gemeinschaft stärker angewiesen als die anderen beteiligten Nationen. Wir haben es deshalb nötig, positive Beispiele zu geben. Ob nun Helmut Kohl oder Johannes Rau Bundeskanzler

sein wird, ob Karl Otto Pöhl oder ein anderer Bundesbankpräsident ist, in jedem Fall bleibt das Wort über die Stärkung des EWS einzulösen, das die europäischen Regierungschefs 1983 in Stuttgart unter Kohls Vorsitz feierlich gegeben haben, weil es nämlich »ein Schlüsselelement des Fortschritts« ist.
Dies war psychologisch, politisch *und ökonomisch* ein richtiges Wort.
Wer dagegen die Herstellung der Politischen Union Europas als Voraussetzung für ein ausgebautes EWS verlangt, der mag sich zwar in das Gewand professoraler oder ideeller Prinzipientreue hüllen, aber er verbirgt damit doch nicht seine Unfähigkeit zu (oder seine Ablehnung von) pragmatischem, schrittweisem, praktischem Vorgehen. Weder dürfen die Politische Union noch auch nur die Vollendung des gemeinsamen Binnenmarktes als unabdingbare Voraussetzung für den Ausbau von EWS und ECU postuliert werden – ebenso wenig aber darf die Währungsunion als eine entscheidende Voraussetzung für die Herstellung eines wirklich homogenen gemeinsamen Binnenmarktes betrachtet werden. Vielmehr werden währungspolitischer und wirtschaftspolitischer Fortschritt sich gegenseitig in einem dialektischen Prozess beeinflussen und befördern. Apodiktische Vorurteile sind dabei genau so schädlich wie egozentrische Prinzipienreiterei.
Die Bundesbank sollte den vorhandenen Europäischen Fonds für Monetäre Kooperation (EMCF) als Grundlage für eine Initiative nutzen zur institutionalisierten engmaschigen Zusammenarbeit mit den anderen beteiligten Zentralbanken. Denn die Euro-Märkte, das *Off-Shore-Banking* und die vielen neu erfundenen internationalen Finanzierungsinstrumente, die der Kontrolle der einzelnen Zentralbank bereits weitgehend entflohen sind, bedürfen gemeinsamer Wachsamkeit, notfalls gemeinsamen Vorgehens. Auf die Dauer wird sich später aus solcher Kooperation – in der »zweiten Phase« des EWS – ein integriertes europäisches Zentralbanksystem ergeben.
                                           26. Dezember 1986

siehe auch
❖ europäische Einigungsbewegung
❖ Europäisches Währungsinstitut
❖ Wechselkurs

Familienplanung

Das kinderlose Land

Wo sind die Kinder? – Klar erkennbar: Nachwuchsmangel ist nicht allein Schuld der Frauen. Die viel zitierte »Selbstverwirklichung« der Frauen kann den Geburtenrückgang in Deutschland nicht erklären. Auch die Männer hadern mit den neuen Erwartungen an Väter – und verzichten auf Familie

Von Susanne Gaschke

Vor zwei Wochen ging die Anlageberaterin Sabine Münster (Name von der Redaktion geändert), 36, zu ihrer Frauenärztin, um sich die empfängnisverhütende Spirale ziehen zu lassen. »Ich wünsche mir ein Kind«, sagt sie, »und ich habe nicht mehr viel Zeit.« Münster steckt in einem Dilemma, das viele, vor allem viele gut ausgebildete Frauen zwischen 30 und 40 kennen: Nach einer anstrengenden und erfolgreichen Studien- und Berufsphase geraten sie unter Entscheidungsdruck. Sollen sie ein

Mangel an Kindergartenplätzen ist nicht das einzige Hemmnis für die Familiengründung.

Kind bekommen, bevor es zu spät ist? Und wenn ja: mit wem? Obwohl Sabine Münster attraktiv und beliebt ist und etliche ihrer Freunde das meiste stehen und liegen lassen würden, um mit ihr in einen Snowboard-Urlaub zu fahren, fehlt ihr der Mann, der sich auf eine Familiengründung einlassen will. »Jetzt überlasse ich es dem Zufall«, sagt Münster. »Ich finde das nicht ideal, aber was soll ich machen? Ich weiß, dass ich zur Not alleine klarkomme, auch mit einem Kind.«

Ein Einzelfall? Vielleicht. Aber in vielerlei Hinsicht bezeichnend, wenn man nach den Ursachen der deutschen Fortpflanzungsmisere sucht: Offenbar spielt das postfeministische Verhältnis von Männern und Frauen dabei eine Rolle; die neuen bildungsbegünstigten Berufsbiografien der Frauen; die geringe Sehnsucht der Männer, Familienarbeit zu übernehmen; die Schwierigkeit, Work und Life im flexiblen Kapitalismus in eine Balance zu bringen; die mitunter harten Anforderungen der Spaßgesellschaft; die psychische Verfassung einer Bevölkerung, der seit langem eingeredet wird, ihr reiches Land befände sich in der schwersten Krise seit Kriegsende.

Demographen weisen spätestens seit den Achtzigerjahren auf den dramatischen Geburtenrückgang und seine Folgen hin, aber dass wir tatsächlich vor einem gewaltigen Problem stehen, hat sich im öffentlichen Bewusstsein nur langsam durchgesetzt. Was heißt es schon, wenn die Geburtenrate bei nur mehr 1,29 liegt, aber eigentlich bei 2,1 liegen müsste, um die deutsche Bevölkerung bei 80 Millionen zu halten? Und wer kann sich wirklich vorstellen, was es bedeutet, wenn im Jahr 2050 ein Erwerbstätiger fast allein für einen Rentner aufkommen muss?

Das sind Zeiträume, in denen wir nicht zu denken pflegen. Und »Poppen für die Rente«, wie eine besonders plumpe Anzeigenkampagne es uns nahe legt, wollen wir ganz bestimmt nicht.

Wer allerdings schon heute eine sinnliche Anmutung davon erlangen möchte, wie eine alternde Gesellschaft mit wenigen Kindern und Seniorendominanz aussieht, der besuche Geschichtsvorlesungen an einer beliebigen Universität, kehre am Sonntagnachmittag in einem Landgasthof ein

Familienplanung

oder bereise weite Landstriche in Mecklenburg-Vorpommern. Ohne jede Altenfeindlichkeit und ohne allen Jugendwahn: Das sind keine guten Zukunftsmodelle. Zwar werden in der Debatte immer noch Stimmen laut, die gar nicht einsehen, warum die Deutschen überhaupt weiter existieren sollten, doch dieser historisch motivierte Selbsthass scheint langsam aus der Mode zu kommen. Die Gesellschaft in ihrer Mehrheit möchte vermutlich ganz gern fortbestehen – nur die individuelle Entscheidung zum Kind fällt immer schwerer, immer seltener und immer später, bei Frauen mit Ende zwanzig, bei Männern mit Anfang dreißig. Entgegen verbreiteten Annahmen gibt es (noch) keinen klaren Trend zur Einkindfamilie, meist geht es um zwei Kinder – oder keins.

Die Zuwanderung wird das demographische Problem nicht lösen

Wie ein Mantra wird der demographischen Implosion oft die »Zuwanderung« entgegengebetet, so als ob sich damit alle Probleme lösen ließen. Doch Zuwanderung hat mindestens Nebenwirkungen: Zum einen zeigen die eingewanderten Frauen den erstaunlichen Eigensinn, ihr Reproduktionsverhalten innerhalb einer Generation den Gepflogenheiten ihrer neuen Gesellschaft anzupassen. Zum anderen gehen selbst die vorsichtig konstruierten Szenarien der »koordinierten Bevölkerungsvorausberechnung« des Statistischen Bundesamts von mindestens 200 000 Zuwanderern im Jahr aus – 10 Millionen, wenn im Jahr 2050 noch 75 Millionen Menschen in Deutschland leben sollen. Das ist nicht unmöglich, stellt aber eine Gesellschaft, die seit den Fünfzigerjahren rund acht Millionen Zuwanderer nur sehr unentschlossen und oft mangelhaft integriert hat, vor gewaltige Herausforderungen. Deutschland ist eben, von seiner Mentalität her, doch kein Einwanderungsland wie die USA.

Eine andere Standardantwort auf die anhaltende Geburtenkrise ist mittlerweile Konsens zwischen allen Parteien: Es gelte, die Vereinbarkeit von Familie und Beruf (für Frauen) zu verbessern. Gemeint ist damit stets ein Ausbau der Kinderbetreuungseinrichtungen, besonders für die unter Dreijährigen und die Schulkinder. Es gibt wenig, was gegen die Verbesserung der Betreuungs-Infrastruktur spräche. Aber das einzige, quasi per Knopfdruck zu beseitigende Hemmnis für die Familiengründung ist der (regional sehr unterschiedlich ausgeprägte) Platzmangel nicht.

Kinder werden in den meisten Fällen vorbehaltlos den Frauen zugerechnet.

Die Sozialwissenschaftler Karsten Hank und Michaela Kreyenfeld vom Max-Planck-Institut für demographische Forschung in Rostock konnten in einer Studie, die die Lebensläufe von rund 3 000 Erstgebärenden untersuchte, keinen Zusammenhang zwischen der Entscheidung für ein Kind und der lokalen Verfügbarkeit von Kindergartenplätzen feststellen. Großen Einfluss hingegen hatte die Existenz von »informellen Netzwerken«: Lebten die Eltern einer Frau am Ort, stieg die Wahrscheinlichkeit, dass sie sich für ein Kind entscheiden würde, sprunghaft an.

Akademikerinnen scheuen die Doppelbelastung durch Kinder

Diese Spur ist interessant. Denn um Betreuung, auch um die notwendige finan-

Familienplanung

zielle Entlastung von Familien müssen keine ideologischen Schlachten mehr geschlagen werden; es mag in diesen Fragen noch ein Umsetzungsproblem geben, ein Erkenntnisproblem mit Sicherheit nicht. Unterbelichtet hingegen scheint bisher das Reich der persönlichen, generationstypischen, zeitgeistigen, arbeitsweltbedingten Frauen-und-Männer-Gründe, die gegen Kinder wirken. Die Gießener Familienwissenschaftlerin Uta Meier ermittelte in einer nichtrepräsentativen, gleichwohl aufschlussreichen Umfrage unter Studierenden und wissenschaftlichen Mitarbeitern der Universitäten Gießen und Marburg geschlechtsspezifische Antworten auf die Frage, was zum gegenwärtigen Zeitpunkt gegen ein Kind spräche: Die männlichen Befragten antworteten, sie müssten dann lebenslange Unterhaltsverpflichtungen akzeptieren; sie fürchteten die Unruhe, die ein Kind in ihre wissenschaftliche Arbeit bringen würde; sie hätten Angst, dass sie unliebsame neue Alltagsaufgaben übernehmen müssten. Die Frauen quälte in erster Linie die Sorge, nach der Geburt eines Kindes beruflich den Anschluss zu verpassen; und vielleicht den falschen Partner zu haben, der, wenn das Kind da sei, »sicher nicht« helfen werde.

An diesen Antworten wird deutlich, wie vorbehaltlos Kinder nach wie vor den Frauen zugerechnet werden – nicht zuletzt von ihnen selbst. Gerade Akademikerinnen, die viel in ihre Ausbildung investiert haben und wissen, welchen beruflichen Einsatz man von ihnen erwarten wird, scheuen, vorausschauend, die Doppelbelastung. Rund 40 Prozent von ihnen bleiben kinderlos, Tendenz steigend. Diese Entscheidung ist durchaus rational: Wenn sie aus karrieretechnischen Gründen häufig umziehen mussten, fehlt ihnen das wichtige informelle Unterstützungsnetzwerk – sie können ihr Baby ja schließlich kaum den neuen Kollegen auf den Schreibtisch setzen, während sie einen Termin wahrnehmen. Und der Partner entlastet die beruflich eingebundene Mutter nur selten: Familienforscherin Meier berichtet von Zeitbudget-Studien, nach denen frisch gebackene Väter gegenüber kinderlosen Männern ganze sechs zusätzliche Minuten am Tag mit Hausarbeit verbringen. 80 Prozent der Haushalts- und Fürsorgearbeit in Familien leisten die Frauen.

Der Wunsch nach Kindern und Familie muss mit beruflichen Zielvorstellungen in Einklang gebracht werden.

Familienplanung

Für die Erfüllung des Kinderwunsches gibt es keinen perfekten Zeitpunkt.

Die Abstinenz der Hochschulabsolventinnen wird in der Kinderlosigkeitsdebatte gern unfreundlich als »Selbstverwirklichung« apostrophiert, womit Schuldige, aber noch keine Lösung des Problems gefunden wären. Schließlich dürften selbst Hardcore-Reaktionäre heute nicht mehr ernsthaft hoffen, die Töchter der Bildungsreform würden noch einmal vollständig an Herd und Kinderbett zurückkehren. Ohne neuen Geschlechtervertrag kann mithin gar nichts besser werden. Weiblicher Gebärstreik ist aber ohnehin höchstens die halbe Wahrheit: Sieht man genau hin, dann ist die Kinderlosigkeit in dieser Gesellschaft eher ein Trend, der von der Avantgarde der Gebildeten insgesamt ausgeht – mit besonders schlechten Ergebnissen für die Männer. 52 Prozent der Akademikerinnen zwischen 30 und 35 Jahren sind (noch) kinderlos, aber 59 Prozent der männlichen Hochschulabsolventen; bei den 35- bis 40-Jährigen sind es 34 Prozent der Frauen und 41 Prozent der Männer. Bei den Hauptschulabsolventen liegt die Quote der dauerhaft Kinderlosen weit darunter, auch hier sind es aber die Männer, die häufiger ohne Nachwuchs bleiben.

Offenbar entschließen sich diejenigen, die es sich materiell am wenigsten leisten können, noch vergleichsweise am häufigsten zur Familiengründung. »Gespaltenes Fertilitätsverhalten« nennt Uta Meier das, und es mag unter anderem damit zu tun haben, dass Frauen auf einen Job als Aldi-Verkäuferin leichteren Herzens verzichten als auf eine Professur. Die Akademiker setzten aber durchaus Standards, erfährt man beim Wiesbadener Bundesinstitut für Bevölkerungsforschung: Kinderlosigkeit konzentriere sich heute vor allem im hoch qualifizierten Karrieremilieu, zunehmend aber auch in der »unteren Mitte«, im »Milieu der konkurrierenden Risiken und Ereignisse«, wo Kinder den unmittelbaren Verzicht auf Konsum, Urlaub oder Auto bedeuteten.

Eltern dürfen nicht die Dummen sein

Die Zurückhaltung der Männer bleibt das eigentlich Spannende: Ist die Familiengründung für sie weniger attraktiv, wenn sie nicht die unbestrittene Rolle des Ernährers und Haushaltsvorstands einnehmen? Bundesfamilienministerin Renate Schmidt vermutet, dass es letztlich häufiger die Männer als die Frauen seien, die bei einer Entscheidung für oder gegen ein Kind den Ausschlag gäben. Viele junge Männer könnten nicht zwischen Spaß und Freude unterscheiden, sagt Schmidt – jedenfalls dann nicht, wenn die Freude Mühe koste.

Der Berliner Familiensoziologe Hans Bertram beobachtet in diesem Zusammenhang eine Verschiebung der emotionalen Machtbalance zugunsten der Männer. »Wenn sie gut verdienen, können sie alle Hausarbeiten problemlos outsourcen«, sagt Bertram, »dafür brauchen sie keine Frauen. Und in einer enttraditionalisierten Gesellschaft, in der die Sexualität befreit, also überall ohne Auflagen verfügbar ist, sinkt der Marktwert derjenigen, die zusätzlich belastet sind, zum Beispiel durch einen Kinderwunsch.« Das aber sind nun einmal in erster Linie die Frauen, die durch ihre Körperlichkeit und vielfältigen Rollenzuweisungen gezwungen werden, sich zur Kinderfrage zu verhalten – so oder so.

Das Gefühl, trotz aller Bildungs- und Emanzipationserfolge unterlegen und emotional abhängig zu sein, mag mit dieser tektonischen Verschiebung im Postfe-

Familienplanung

minismus zu tun haben – es schlägt sich nieder in vielfältiger neuer Frauenliteratur von Bridgets Jones' Tagebuch bis zu Ildikó von Kürthys »Stoß mich, zieh dich«-Heldinnen, die Schwierigkeiten haben, sich zwischen Männerverehrung und Selbstständigkeitslust zu orientieren. Die korrespondierende Haltung der neuen Männer hat Andreas Laudert in seinem Roman »Die Unentschiedenen« geschildert. Sein Held Christoph ist der Prototyp einer sich verweigernden Männergeneration: »Manche fanden die Gleichgültigkeit anziehend, die von ihm ausging. In Wahrheit wusste er bloß nicht, was er wollte. Nie kam er über das verspielte Beginnen hinaus, das zu nichts verpflichtete. Er ertrug es nicht einmal, durch seine eigenen Wünsche zu etwas verpflichtet zu sein.«

Was vorgeschlagen wird, um diesen Trend zu wenden; um für Rente, Produktion und Konsum die notwendigen Beitragszahler, Arbeitskräfte und Käufer im eigenen Lande zu rekrutieren, wirkt dagegen oft naiv, romantisch oder rührend hilflos. Wenn Männer und Frauen doch nur sehen wollten, dass es für die Erfüllung des nach wie vor nicht unpopulären Kinderwunsches im modernen Arbeits- und Freizeitleben absolut keinen perfekten Zeitpunkt gibt! Wenn sie es aber einsähen, ginge es jederzeit, am besten früh, bevor Torschlusspanik sich breit macht. Gerade die Universitäten könnten dabei eine Schlüsselrolle spielen: Sie müssten junge Leute zur Familiengründung ermutigen und sie darin unterstützen – oder wenigstens dafür sorgen, dass Hochschulabschlüsse in einem vernünftigen Alter erreichbar sind. Am Arbeitsplatz könnte Frauen, und vor allem Männern, künftig die Familienerfahrung als wichtige sozial-berufliche Kompetenz gutgeschrieben werden: »Wie, noch keine Kinder? Dann wird es mit der Beförderung wohl auch noch eine Weile dauern!« Eltern halten, volkswirtschaftlich betrachtet, viel mehr als Singles den Betrieb am Laufen; sie dürfen am Ende nicht die Dummen sein. Aber vielleicht geht die moderne Zeit mit Sabine Münster. Vielleicht gehen immer mehr Frauen allein ihren Weg – mit Kind und Beruf und ohne Papa. *15. Januar 2004*

siehe auch
❖ Bevölkerungsentwicklung
❖ Geburtenrückgang

Fettsucht

Essen lernen!

Fast die Hälfte der Deutschen ist zu dick. Wer dauerhaft abnehmen will, muss seine Lebensweise grundlegend ändern

Von Sabine Etzold

Die amerikanische Flugaufsichtsbehörde FAA hat eine neue Gewichtsformel entwickelt: Für jeden Fluggast müssen seit Dezember 2003 zehn Pfund mehr kalkuliert werden. Anlass war der Absturz einer Kleinmaschine am 8. Januar 2003 in Charlotte. 21 Menschen kamen dabei ums Leben. Die FAA vermutet, dass der Crash auf »Überfrachtung« zurückzuführen war. Nicht nur die Fluggesellschaft kämpft mit den Pfunden. Übergewicht ist ein Trend, der sich allmählich zu einer Epidemie auswächst: 64 Prozent aller erwachsenen US-Amerikaner haben heute einen Body-Mass-Index (BMI) von mehr als 25 und gelten damit definitionsgemäß als zu dick. Davon ist sogar die Hälfte fettleibig mit einem BMI von über 30. Und Europa schließt allmählich auf zu den übergewichtigen USA: In Deutschland wiegen inzwischen 41 Prozent der Erwachsenen zu viel. Selbst die südeuropäischen Nachbarländer bleiben nicht verschont – mediterrane Kost hin oder her. In Spanien gelten mittlerweile 40 Prozent als gordos. Auch die Franzosen klagen über die Entwicklung zu einer dicken Gesellschaft; dort liegt die Quote bei 30 Prozent. Fettsucht (Adipositas) und Übergewicht machen auch schwer krank. Mittlerweile sind sie zu einer Volkskrankheit der westlichen Industrienationen geworden.

Adipositas sei das Gesundheitsproblem Nummer eins des Jahres 2004, mahnt die Weltgesundheitsorganisation und weist darauf hin, dass sich die Anzahl der Fettsüchtigen in 20 Jahren verdoppelt hat. Was sind die Gründe für die Epidemie? Jeder weiß doch inzwischen, wie Dickwerden und Abnehmen funktioniert: Wer mehr Kalorien zu sich nimmt, als er verbraucht, nimmt zu und umgekehrt. Und wer die Balance hält zwischen Verzehr und Verbrauch, der hält auch sein

Der moderne Steinzeitjäger findet an vielen Stellen leichte Beute.

Gewicht. Ganz einfach, oder? Eben nicht.

Seit 1997 beobachtet der Ernährungswissenschaftler Joachim Westenhöfer von der Hamburger Hochschule für Angewandte Wissenschaften das Essverhalten seiner Studenten, und das Ergebnis deckt sich mit dem, was auch alle anderen Studien zeigen: Abnehmen ist relativ einfach, auch ganz ohne Wunderdiät, nur nach dem Prinzip »Friss die Hälfte«, FdH. Aber dauerhaft schlank zu bleiben, das schaffen nur die, die zunächst ihr gesamtes Lebensprogramm ändern und es dann durch bewusste und unbewusste Selbststeuerung beibehalten. Das beginnt mit dem Essverhalten – regelmäßig mäßig, möglichst ausgewogen, nicht zwischendurch und nebenher – und erstreckt sich über körperliche Bewegung, Stressabbau in Beruf und Privatleben bis zu einer sonnigen Gemütsge-

Fettsucht

samtlage. »Doch das ist sehr, sehr schwer«, sagt Westenhöfer.

Die Utopie aller Hungerleider ist heute Wirklichkeit geworden

Zunächst einmal steuert die evolutionär bedingte Grundkonditionierung mächtig dagegen. Über Jahrtausende hinweg galt als wichtigste menschliche Überlebensregel: Iss so viel wie möglich, und bewege dich so wenig wie nötig – ein sinnvolles Verhalten, wenn die Nahrung knapp ist und schwer zu beschaffen.

Doch dann, im Bruchteil einer Evolutionssekunde, kippte die Situation. Heute ist die Utopie aller Hungerleider Wirklichkeit geworden. Nahrung ist – zumindest in den Industrienationen – im Übermaß verfügbar, billig und fertig zubereitet. Die gebratenen Tauben fliegen uns sozusagen direkt ins Maul. Der moderne Steinzeitjäger findet stets leichte Beute – mit allen Folgen für Figur und Gesundheit. Wer satt werden will, muss heute nicht säen und ernten, sondern Packungen aufreißen und Mikrowellen einschalten.

Der Hunger ist in den westlichen Industrienationen besiegt, selbst die untersten Schichten müssen keinen Mangel leiden. Geblieben aber ist die genetisch programmierte Angst vor dem Hunger. Und so wird pausenlos gegessen, nicht nur bei den Mahlzeiten, sondern auch vor, während und nach der Arbeit, unterwegs und in aller Eile, in den Ruhephasen und in der Freizeit; mit der Folge, dass niemand mehr weiß, wie sich Hunger eigentlich anfühlt.

Angesichts des wachsenden Gewichtsproblems hat die futternde Wohlstandsgesellschaft dem Märchen vom Schlaraffenland einen neuen Dreh gegeben: Essen ohne dick zu werden lautet nun der Menschheitstraum. Eine Illusion, die von der Nahrungsmittelindustrie, von Wissenschaft und Werbung eifrig genährt wird. Tausend leckere Kleinigkeiten wurden erfunden für den »kleinen Hunger« oder den »Hunger zwischendurch«. Alles natürlich kalorienarm und fettreduziert. Süßen ohne Zucker, Butter ohne Fett, Bier ohne Alkohol, Diäten ohne Hungergefühl, Genuss ohne Reue. Jede Diät eine Verheißung: Iss nur, du darfst! Doch die Erfahrungen der letzten Jahre zeigen, dass dieser Traum ausgeträumt ist. Im Gegenteil keimt der Verdacht, dass es gerade die Diäten mit ihren falschen Versprechungen sind, welche die Menschen immer dicker werden lassen.

Wer abnehmen will, muss erst einmal richtig essen lernen

Was nun? Ein paar tausend Jahre warten, bis sich die Menschheit qua Evolution an die Nahrungsfülle angepasst hat? Ernährungsforscher und der gesunde Menschenverstand fordern das Gegenteil: die menschliche Anpassungsfähigkeit mobilisieren, indem wir unser Verhalten und die Verhältnisse ändern. Warum nicht eine Schokoriegelsteuer einführen, ähnlich wie die Tabaksteuer? Oder Fernseher herstel-

Die größte Herausforderung besteht darin, unser individuelles Verhalten zu ändern.

Fettsucht

len, die man nur mit dem Heimtrainer zum Laufen bringen kann?

Die größte Herausforderung aber besteht darin, unser individuelles Verhalten zu ändern; zum Beispiel die Schraube aus den Gehirnen zu drehen, dass »Essen« zwar angenehm, aber ungesund ist, während alles, was mit »Ernährung« zu tun hat, gesund und fade klingt. »Haben Sie schon mal gehört, dass jemand sich abends mit Freunden ›nett ernähren‹ geht?«, fragt Westenhöfer.

Wer abnehmen will, muss zuerst einmal richtig essen lernen, und zwar am besten von Kindesbeinen an. Dazu gehört – gleichgültig, ob in der Familie, in Gruppen wie den Weight Watchers, in ganzen Städteversuchen oder im stillen Kämmerlein allein für sich – zunächst die Kunst, Maß und Balance zu halten. Das Essen genießen, seinen Wert schätzen (auch indem man wertvollere Lebensmittel isst), sich Zeit lassen und sowohl den Hunger wie die Sattheit als tatsächlich gefühlte Tatsache wahrnehmen; kurz: sich selbst in geregelten Bahnen etwas Gutes tun. Darauf kommt es an. Und in unserem tiefsten Inneren wussten wir das schon immer.

Wer jedoch nur antritt, um seinen »inneren Schweinehund« zu besiegen, muss auf Dauer verlieren, auch wenn er beträchtliche Etappensiege verbuchen kann. Das tragische Beispiel vom erst dramatisch ab- und jetzt gewaltig zunehmenden Joschka Fischer hat es gerade wieder vor Augen geführt. »Ich kannte kein Erbarmen mit mir selbst«, schreibt er in seinem Buch »Mein langer Lauf zu mir selbst«, »denn hier ging es gewissermaßen um den Kern meiner inneren Machtfrage, die ich mit mir selbst auszutragen hatte.« Wenn aber das Ich über das Ich siegt, gibt es nicht nur einen Gewinner, sondern immer auch einen Verlierer. Wer dauerhaft abnehmen und sich dabei wohl fühlen will, muss zuerst mit sich selbst im Reinen sein. Zurück an den Start, Herr Fischer, und nehmen Sie uns mit! *1. April 2004*

siehe auch
❖ Body-Mass-Index
❖ Körpergewicht
❖ Reduktionsdiät
❖ Zivilisationskrankheiten

Flandern

Hommelpap frisch ab Hof

Naturfreunde runzelten die Stirn. Flandern, »Landschaft des Jahres«? Was soll es da geben außer einer verbauten Küste und Soldatenfriedhöfen? Ein reizvolles Hinterland und viel Tradition: vom Hahnenkampf und deftiger Kost bis zum naturtrüben Bier

Von Günter Ermlich

Sein Bekenntnis trägt Christian Mercier überm bierschwangeren Bauch. Die flandrische Fahne als T-Shirt-Motiv: Vlaanderen und Flandre umrahmen den schwarzen Löwen auf gelbem Grund. Mercier ist militant flamand, kein politischer Haudegen, sondern ein Aktivist, der dafür kämpft, dass im Norden Frankreichs das historische Flandern weiterlebt, dass flämische Lebensart und Sprache nicht völlig vergessen werden. Deswegen gab er seinen Beruf als Chefbuchhalter auf und eröffnete das Estaminet Het Blauwershof im nordfranzösischen Dorf Godewaersvelde. »Nicht vorrangig, um Bier zu verkaufen«, sagt der Patron mit dem schulterlangen Haarzopf, »sondern um die Traditionen unserer populären Kultur wieder zu beleben.«
Die Schenke brummt. Großfamilien, junge Leute, alte Bekannte schätzen die Atmosphäre: schwere dunkelbraune Holztische, gehäkelte weiße Gardinen, ein emailleverzierter Ofen, Zeichnungen von Windmühlen an den Wänden und natürlich die flandrische Fahne hinter dem Tresen. Der Arbeiter im Blaumann schaut nach Feierabend auf eine Blonde, ein Pils, vorbei, der Schlipsträger mit Aktenkoffer bekommt seinen Rotwein. Die Kellnerin bringt als Tischset Pieter Breughels Bauernhochzeit und dann Coq à la bière, einen gewaltigen Hähnchenschlegel in sämiger Biersauce, die Fritten türmen sich über den Schüsselrand, das Weißbier schäumt. Aus dem Lautsprecher kommt Musik vom Dudelsack. Im Hinterzimmer gibt es manchmal Hahnenkämpfe und Sprachkurse in Flämisch.

Der vor dem Wasser floh

»La Flandre vit, Vlaanderen leeft« (Flandern lebt) steht auf Merciers Visitenkarte. Männer wie er passen gut in die »Landschaft des Jahres«: Unter dem Motto »Das alte Flandern – eine Landschaft mit Zukunft« adelte die Organisation Naturfreunde Internationale (NFI) die belgisch-französische Grenzregion im Dreieck

Marktplatz in Brügge

Flandern

Lille, Brügge und Dünkirchen. Mit der Auszeichnung wollen die Naturfreunde die Entwicklung der Region fördern, deren gemeinsame Lebensart sich trotz wechselnder Grenzen über Jahrhunderte erhalten hat, wollen das Selbstbewusstsein der Menschen, ihre Besinnung auf alte Traditionen stärken und Touristen in das vernachlässigte Hinterland der Kanalküste locken.

Die zubetonierte Küste ist ein Beispiel für die Zerstörung der Umwelt

Schon seit 1989 kürt der 600 000 Mitglieder starke Verband alle zwei Jahre »eine grenzüberschreitende und ökologisch wertvolle Region in Europa«. Als die Wahl auf Flandern fiel, runzelten jedoch ein paar Naturfreunde die Stirn. Denn die Region ist keine strahlende Ferienlandschaft mit bekannten touristischen Sehenswürdigkeiten, und auch kein Naturparadies. »Die Intensivierung der Landschaft, der Transitverkehr und der saisonale Massen- und Ausflugstourismus an der Nordseeküste«, erklärt NFI-Generalsekretär Manfred Pils, »gefährden die Umwelt und Lebensqualität.«

Was Pils meint, wird auf einer Exkursion nach de Panne schnell klar. Die mit gesichtslosen Appartementhäusern zubetonierte belgische Küste ist ein eindrucksvolles Beispiel für die Umweltzerstörung. Übrig geblieben sind gerade 340 Hektar Dünenlandschaft an der Grenze zu Frankreich. Sie wurde im Jahr 1957 zum Naturschutzgebiet De Westhoek erklärt. Doch auch hier stößt die Natur überall an ihre Grenzen: Eingekesselt vom Betonschutzwall auf der Meerseite, von Wohnwagenkolonie und Campingplatz, dem Vergnügungspark Plopsaland und wuchernden Wohnblöcken des Badeorts De Panne. »Wir verwalten nur Überreste«, bekennt der Naturwächter Marc Leten, der trotzdem unverdrossen und engagiert mit interessierten Gruppen durch die Dünen stapft. Herzstück der kleinen Sahara ist eine lang gestreckte Wanderdüne, die sich fünf bis zehn Meter im Jahr fortbewegt. »In so bekannten Orten wie Blankenberge und De Panne mag die kirmesartige Turbulenz manchen Feriengast verdrießen«, stellte der Merian schon 1960 fest. Doch bis heute verirren sich nur wenige Fremde ins Hinterland der hässlich verbauten Küste. Die wenigen werden belohnt. Das Hinterland: ausgedehnte Felder, Teiche mit Kopfweiden, von Hecken geschützte Backsteingehöfte, hier und da weiße Stümpfe von Windmühlen, Glockentürme, die wie Bleistiftspitzen hoch über die Marktflecken und Provinzstädtchen ragen. Über den Watergangs, den von Pappeln und Erlen gesäumten Kanälen des fruchtbaren Marschlands, kreisen Reiher und Kraniche. In dem Lied »Le plat pays« (»Das platte Land«) machte der Chansonnier Jacques Brel dieser Landschaft, seiner Heimat Flandern, eine melancholische Liebeserklärung.

Flandern taucht als Name zum ersten Mal in einem Dokument des 8. Jahrhunderts auf. Danach bedeutet Flandern »überschwemmtes Gebiet«, Flame »der vor dem Wasser floh«. Der Pagus flandrensis umfasste das Gebiet an der Nordseeküste zwischen Brügge und dem Fluss Yser. Noch um die erste Jahrtausendwende waren Brügge, Bergues oder Saint-Omer Hafenstädte am Meer. In den Jahrhunderten danach verlandete die Küste, die See hinterließ weitläufige Sumpfgebiete, die von Mönchen trockengelegt wurden, um fruchtbares Ackerland zu gewinnen. Heute ist das Meer gebändigt; ein lückenloses System von Deichen, Poldern, Kanälen und Wasserpumpen verhindert Überschwemmungen.

Flandern wurde aber nicht nur vom Wasser heimgesucht. Seit Karl der Große sein riesiges Reich für seine Söhne drittelte, kam der mittlere Teil nicht zur Ruhe. Frankreich, England, Spanien, Österreich, die Niederlande, alle Großmächte stritten erbittert um das reiche Flandern. Ein Hin und Her von Grenzen, Einflussgebieten und Religionen.

Die gut gepflegten Soldatenfriedhöfe gehören zum Landschaftsbild

Im Ersten Weltkrieg wurde das platte Land zum »Schlachtfeld Europas«, auf dem sich Soldaten des Deutschen Reichs und des Britischen Commonwealth gegenüberlagen. »Flandern«, das war bei Kriegsende 1918 Inbegriff des Todes. Im berüchtigten Ypernbogen wurde bis auf den letzten Mann gekämpft, 500 000 Soldaten starben. An diesen Teil ihrer Geschichte will die Region bewusst erinnern. Und ohne Scham profitieren. »Die Gegend hat sehr viel gelitten. Dafür ist der so genannte Kriegstourismus ein wirtschaftlicher Ausgleich«, sagt Stefaan Gheysen, Tourismusdirektor der belgischen Provinz Westflandern. Vor allem britische Battlefield Tourists besuchen die 160 Soldatenfriedhöfe, die Schlachtfelder Hill 60 und 62, Kommandobunker und »original britischen Schützengräben«. Die sorgsam gepflegten Soldatenfriedhöfe gehören zum Landschaftsbild. Ummauerte Parzellen mit weißen Kreuzen liegen am Straßenrand zwischen Gemüsefeldern und Backsteingehöften, Kuhweiden und Pferdekoppeln.

»Wir gehen von den Opfern aus«, erläutert Piet Chielens, der Direktor des In-Flanders-Fields-Museum in Ypern, sein Konzept. Am Museumseingang zieht der Besucher eine Namenskarte und schlüpft damit in die Haut eines Zeitzeugen, zum Beispiel in die von Albert Wheeler von der Royal Horse Artillery. Beim Gang durch die Ausstellung erfährt der Besucher, dass Wheeler den Krieg mit einer schweren Beinverletzung überlebte – und sich 1982 auf dem ehemaligen Schlachtfeld begraben ließ.

Abends pilgern britische Touristen zum Meensepoort in Ypern. Seit 1928 wird an diesem neoklassizistischen Stadttor jeden Tag »Wir werden sie nie vergessen«, um 20 Uhr »The Last Post«, »der große Zapfenstreich«, geblasen. 55000 Namen verschollener Soldaten aus dem Britischen Commonwealth sind in die Wände des mächtigen Triumphbogens eingraviert.

Ein Luftbild von 1918 zeigt Ypern verwüstet wie Hiroschima. Winston Churchill, der britische Kriegsminister, wünschte sich, dass es eine große Ruine bleibt – als ewiges Kriegsandenken. Denkmalpfleger, Politiker und Einwohner entschieden sich jedoch für die detailgetreue Rekonstruktion der zentralen, öffentlichen Gebäude im altflämischen Stil. Schmale Häuser mit Schmuckfassaden und Treppengiebeln säumen den Hauptplatz Grote Markt der ehemaligen Festungsstadt, deren ursprünglicher Wohlstand sich im 13. Jahrhundert auf den Tuchhandel gründet hatte. Heute beherbergen die Gebäude Hotels und Restaurants, Pubs, Tearooms und feine Chocolatier-Läden.

Der General thront hoch zu Ross

Vom französischen Hügelplateau in Cassel schickte General Foch seine Truppen 1914/15 in die Schlacht. Neben einer Museumswindmühle thront der General dort jetzt als Denkmal hoch zu Ross. Mit 176 Metern ist der Mont Cassel Flanderns höchster Berg. Im Städtchen Cassel ist nicht nur die kopfsteingepflasterte Grand' Place riesig, Reuze Papa und Reuze Maman, die Riesen von Cassel, sind es auch. Papa ist römischer Legionär in Ritterrüstung und Helm, Maman eine elegante Römerin. Jede flämische Stadt besitzt solche Riesen mit jeweils eigener Legende. An ihren Feiertagen tanzen und torkeln die Sechsmeterkolosse aus Holz und Pappmaché unter schwitzenden Trägern durch die engen Gassen. Sie sind der Stolz der Bürger, die Stars der Volksfeste. Tradition seit Jahrhunderten.

Wie auch das Bier. 400 regionale Biersorten haben die Flamen zur Auswahl. Marken wie Plötzlicher Tod und Straffer Hen-

»Flandern« war bei Kriegsende 1918 der Inbegriff des Todes.

400 regionale Biersorten haben die Flamen zur Auswahl.

drik, Judas und Lucifer. Schon im Mittelalter kletterte der Hopfen die Stangen hoch, doch heute lohnt der arbeitsintensive Anbau kaum mehr, das Gros des Biergrundstoffs wird billiger aus Osteuropa eingeführt.

Nicht so auf der Ferme Beck im nordfranzösischen Bailleul, wo die Pflanze auf eigenen Feldern kultiviert wird. »Der Hopfen ist doch Teil unseres kulturellen Erbes hier im Norden«, sagte sich Monsieur Beck und baute Mitte der Neunzigerjahre seine Scheune zur Kleinstbrauerei um. Vom Bierbrauen hatte der Mittfünfziger zunächst keinen Schimmer, aber schon nach sechs Monaten lief das erste Do-it-yourself-Bier ins Glas. Becks Bier heißt Hommelpap (Hopfenbräu). Inzwischen produziert der Hopfenbauer jährlich 12 000 Flaschen der naturtrüben, nicht pasteurisierten Hausmarke. Die 35 Hektar große Ferme Beck ist ein Musterbetrieb der Region und Zugpferd für sanften Landtourismus. Monsieur Beck baut mit Frau und zwei Söhnen auch Gerste, Mais und Kartoffeln an, vermietet einfache Unterkünfte, züchtet flämische Pferde und verkauft das Bier frisch ab Bauernhof – und am Wochenende können die Gäste dort bechern und schlemmen. »Flandern lebt« – auch Monsieur Beck könnte eine neue Visitenkarte gebrauchen. *4. Juli 2002*

siehe auch
❖ Belgien
❖ Flamen
❖ Weltkrieg

Flüchtlinge

Abstimmung mit den Füßen

Im Sommer 1961 schwillt der Strom der Flüchtlinge aus Ostdeutschland an

Von Josef Müller-Marein

Jenes Wort, dass die Flucht eine »Abstimmung mit Füßen« sei, stammt von Lenin – aus der Zeit, da er »mit den Füßen« gegen den Zaren gestimmt hatte und in der Schweiz lebte. Als er nach Russland heimgekehrt war, prägte er ein anderes Wort: »Man muss darüber nachdenken, auf welche Weise das Proletariat, das einen so starken Apparat des Zwanges wie die Staatsgewalt in der Hand hält, auch den Bauern als Werktätigen heranziehen und seinen Widerstand besiegen oder ihn unschädlich machen kann.«

Mag dies in der Sowjetunion gelungen sein – in Sowjetdeutschland ist es nicht gelungen. Vorab die Bauern haben mit den Füßen gegen das Regime gestimmt: zuletzt im Sommer 1960, als Ulbricht die Landwirtschaft kollektivierte. Soweit sie daheim blieben, stimmten sie dann auch auf die andere Weise gegen Ulbricht: mit den Händen in der Hosentasche.

Zumindest ein Jahr danach wird Unzufriedenheit über die Ernährung immer wieder als Grund dafür genannt, dass sich sesshafte Bürger in Flüchtlinge verwandeln. Zwar spielt die Sorge um das tägliche Brot eine große Rolle in Mitteldeutschland, wo man im Falle gefüllter Läden auf Vorrat kauft und isst, und wo man von Furcht gepackt wird, wenn es, wie augenblicklich, nur ein halbes Pfund Butter je Woche auf »Kundenliste« gibt und obendrein noch Milch und Kartoffeln rationiert sind. Aber natürlich gibt es andere und gewichtigere Ursachen dafür, dass soeben die »Flüchtlingskurve« weit über das »Normale« hinaus gestiegen ist und gegenwärtig noch immer zu steigen scheint.

Was heißt da »normal«? In den ersten vier Monaten dieses Jahres sind 66 000 Menschen aus Mitteldeutschland geflüchtet; 4000 je Woche – das nennt man die »normale Quote«. Die zweite Jahrwoche begann mit einem Flüchtlingsstrom von 400 je Tag. Diese Zahl stieg. Verdoppelte sich.

Am Dienstag meldeten sich 1 335 Flüchtlinge in Westberlin. Täglich flieht die Einwohnerschaft eines Dorfes, wöchentlich die eines Landfleckens, monatlich die einer Kleinstadt, jährlich die einer Großstadt. Die derzeitige Welle aber ist, nach der Statistik, die größte seit dem Jahre 1953.

Damals 1953: »Säuberung« der CDU (Ost), nachdem »Außenminister« Dertinger am 15. Januar verhaftet worden war (im Februar retteten sich 31 613 Menschen aus der Sowjetzone, im März 58 605). Es folgte der Aufstand vom 17. Juni (im gleichen Monat flüchteten 40 381). Heute: Im ersten Halbjahr 1961 sind bereits 103 159 Flüchtlinge in der Bundesrepublik erschienen: die Einwohnerschaft einer Großstadt.

Heute kommen die Facharbeiter

Nachdem in den vorigen Jahren die Bauern in großen Scharen flüchteten, spürt man jetzt mehr und mehr, dass die Facharbeiter und Industriehandwerker es leid sind, in der Zone zu leben: sie, die noch am ehesten verwöhnt wurden! Hier liegt eine Tendenz, die sich wirtschaftlich katastrophal für die »DDR« auswirken kann. »Wir

Flüchtlinge aus der Sowjetzone

Flüchtlinge

Bau der Berliner Mauer

müssen davon ausgehen«, so hat der Generalsekretär der Zonen-LDP, Manfred Gerlach, schon vor Monatsfrist erklärt, »dass es sich bei fast allen republikflüchtigen Handwerkern um wertvolle Menschen handelt. Und da sie meist über gutes Einkommen verfügt haben, müssen die Gründe für ihr Weggehen in Sorgen um ihre Zukunft, in Problemen des Wirtschaftsablaufes, in geistig-politischen Konflikten und in falscher Behandlung durch die Staats- und Wirtschaftsorgane liegen.« Viel einfacher hätte dieser Funktionär sagen können: »Sie flüchteten, weil unser Staat nichts taugt!«

Es gibt einen einzigen »normalen« Grund für das Anwachsen des Flüchtlingsstromes: Der Juli ist Urlaubszeit. Da gelingt die Flucht noch am ehesten unbemerkt. Aber wesentlich ist, dass die Berlin-Krise eine Unruhe ausgelöst hat, an der wenig fehlt, und die Panik ist da.

Diese Unruhe hat sich schon jetzt zu einer allgemeinen Verzweiflung gesteigert: Seit der Gründung der »Deutschen Demokratischen Republik« im Jahre 1949 sind mehr als zweieinhalb Millionen ihrer Einwohner geflüchtet. Dieses Land der heute noch 17 Millionen Menschen ist das einzige Gebiet der Welt, in dem – trotz Geburtenüberschusses – die Einwohnerzahl abnimmt. Mehr als die Hälfte der Flüchtlinge sind junge Leute unter 25 Jahren – Menschen also, die während des »Dritten Reiches« geboren wurden und die nie etwas anderes als das autoritäre Regime kennen gelernt haben. Da 80 v. H. der Flüchtlinge den Weg über Westberlin nehmen, fragt die Bevölkerung sich heute: Was, wenn dieser Weg nach Chruschtschows und Ulbrichts Willen versperrt wird? Man flüchtet also, solange dieser Fluchtweg noch möglich ist: das »offene Loch«, wie die Sowjetfunktionäre schimpfen, »das eine Konsolidierung unseres Staates erschwert«. Die Konsolidierung eines Staates von Eingesperrten!

An den Flüchtlingen des Jahres 1961 ist nichts Gehetztes, Hastiges

In diesem unseren Jahrhundert menschlicher Wanderungen und Entwurzelung hat das Bild des Flüchtlings viele Erscheinungen. Wir sahen gehetzte Opfer von Verfolgungen, ausgemergelte Gestalten, atemlos. Wir sahen Trecks, die sich in langsamer Qual über das zugefrorene Haff oder über zerstörte Landstraßen dahinbewegten.

Die Flüchtlinge des Jahres 1961 sehen anders aus: Junge Leute und Menschen mittleren Alters. Ordentlich gekleidet. Nichts Gehetztes, nichts Hastiges, nichts Flüchtiges ist an ihnen. Geduldig stehen sie in Berlin-Marienfelde, wo ein großer Komplex zwei- und dreistöckiger Steinbauten sich »Notaufnahmelager« nennt, vor den Türen und Schaltern der Registrierstellen. Haben ihre Papiere in der Hand. Nehmen

Flüchtlinge

zur Kenntnis, dass sie für einen oder zwei Tage verpflegt, für ein paar Nächte untergebracht und irgendwann einer kurzen Vernehmung unterzogen werden. Erhalten die Einweisung in ein bestimmtes Bundesland und dann den Anrechtschein auf einen Platz in einem Flugzeug, das sie in den Westen bringt.

Zehn Prozent unter ihnen gehören – so sagt die Statistik – zu den »politisch Verfolgten«, die Anrecht auf Haftentschädigung, auf Sozialversicherung, auf bevorzugte Wohnungszuweisung haben. Aber alle Flüchtlinge merken jetzt, was es bedeutet, dass die Bundesrepublik Deutschland den Anspruch darauf erhebt, der einzig rechtmäßige deutsche Staat zu sein. Sie werden nicht erst »eingebürgert«, sie sind deutsche Bürger. Sie können den Rat, sich da- oder dorthin zu begeben, annehmen, aber sie müssen nicht. Sie dürfen sich frei bewegen – sei es selbst, dass sie nach Mitteldeutschland zurückkehren wollten. Man rechnet, dass im höchsten Falle 10 v. H. dieser Neuflüchtlinge jährlich tatsächlich zurückkehren (und viele von ihnen flüchten bald zum zweiten Mal nach Westen). Man lässt sie ungeniert passieren mit Hab und Gut.

Auf diese »Rückflüchtlinge« sind die Sowjetfunktionäre ungeheuer stolz, sie, die doch selber »Republikflucht« als ein Verbrechen bestrafen. Wie viele würden erst das Reich ihrer Macht verlassen, erlaubten sie bloß das gleiche Recht der Freizügigkeit, das die Bundesrepublik gewährt und gewähren muss: aus demokratischem Prinzip! Die Zone wäre längst nicht mehr von 17 Millionen bewohnt. Ein bitteres Scherzwort sagt: »Die deutsche Wiedervereinigung findet auf westdeutschem Boden statt.« Daran ist viel Wahres.

Den Hauptteil der Neu-Flüchtlinge stellen die Arbeiter, es folgen die Bauern, die Intellektuellen, unter ihnen viele Ingenieure, Lehrer, Professoren, und man hört, dass in manchen Gegenden Mitteldeutschlands ein Kranker, der einen Arzt braucht, bis zu 60 Kilometer Weges zurücklegen müsse. In den letzten sieben Jahren sind mehr als 3 000 Ärzte geflüchtet. Und was die Fachkräfte unter den jungen Technikern und Akademikern angeht – wutentbrannt haben die Funktionäre drüben ausgerechnet, dass sie für ihre Ausbildung vier Milliarden D-Mark Ost gezahlt hätten, die ihnen durch die Flucht verloren gehen. Derart kapitalistisch begründen sie die Strenge ihrer »Republikfluchtgesetze«!

Die Tragödie der Flüchtlinge aber spielt sich zwar auf deutschem Boden ab, doch ist sie nicht von ausschließlich deutscher Problematik. Sie flüchten ja nicht nur von der Sowjetzone in die Bundesrepublik – sie flüchten von Ost nach West. Sie entziehen sich der Diktatur und setzen ihre Zuversicht auf die Demokratie. Sie überschreiten die Grenze, welche die beiden Welthälften trennt.

Gottlob brauchen wir, die wir derzeit eine halbe Million von Arbeitskräften aus anderen Ländern Europas beschäftigen, uns keine Sorgen darüber zu machen, dass wir die Neu-Flüchtlinge, die von Deutschland nach Deutschland emigrieren, nicht bei uns schaffen, wohnen, leben lassen könnten. Aber das Prinzip sollte überall in den freien Ländern anerkannt werden, wenigstens das Prinzip: Die Menschen, die über die Grenzen zweier Welten fliehen, tragen ein Schicksal, das es verdient, weltweit verstanden zu werden. *21. Juli 1961*

siehe auch
❖ Deutsche Demokratische Republik
❖ Republikflucht
❖ Sowjetzonenflüchtling